DIE BIBEL UND IHRE WELT

D1872481

Herausgeber: Gaalyahu Cornfeld

Mitarbeiter:
Shloma Ahitub, David Bahat, Gaalya Dagan, Peretz Dagan, Jack O'Dell, Israel Ef'al, Moshe Eilat, Prof. David Noel Freedman (Theological Seminary San Anselmo, San Francisco), Joseph Gefen, Dr. Raphael Giveon, Abraham Hurwitz, S. Lerner, Jacob Licht (Hebräische Universität, Jerusalem), J. Meshorer, Valery Mindlin, Joseph Naveh, Dr. Abraham Negev (Hebräische Universität, Jerusalem), S. Neufeld, Prof. Chaim Rabin (Hebräische Universität, Jerusalem), Dr. Uri Rappoport, Zion Shoer, Ephraim Stern, Dr. Haim Tadmor (Hebräische Universität, Jerusalem), Abraham Tweig, Dr. Moshe Weinfeld, M. Yeshayahu

Herausgeber und Bearbeiter der deutschen Ausgabe:
Prof. Dr. Dr. Gerhard Johannes Botterweck

Mitarbeiter:
Dr. Hans Ferdinand Fuhs, Robert Kümpel, Helmut Madl, Dr. Franz Josef Schierse, F. J. Stendebach (wissenschaftliche Mitarbeiter) – Dr. Friedrich Cornelius, Johannes Fischer, Helmut Madl, Gerhard Raabe, Dr. Franz Josef Schierse (Übersetzer)

DIE BIBEL
UND IHRE WELT

Eine Enzyklopädie
zur Heiligen Schrift in drei Bänden.
Herausgegeben von G. Cornfeld
und G. J. Botterweck

Ges–O

Sammlung Lübbe

Bildnachweis Farbabbildungen:
Alexander J. U. Déuss, Frankfurt a. M.: Rückseite;
Keystone, Hamburg: Rückklappe unten;
Scala, Antella (Firenze): Titelseite, Vorderklappe oben und unten;
Zefa, Düsseldorf: Rückklappe oben

© 1988 by Gustav Lübbe Verlag GmbH, Bergisch Gladbach
© 1964 by Hamikra Baolam Publishing House Ltd., Tel Aviv
Titel der Originalausgabe: Pictorial Biblical Encyclopedia

Umschlaggestaltung: Klaus Blumenberg, Köln
Gesamtherstellung: Clausen & Bosse, Leck
Alle Rechte vorbehalten.
Kein Teil dieses Buches darf ohne ausdrückliche Genehmigung des Verlages in irgendeiner Form reproduziert oder übermittelt werden, weder in mechanischer noch in elektronischer Form (inkl. Fotokopie).

Printed in West Germany
ISBN 3-7857-0525-5

Gesetz Israels
Gliederung: 1. Verwandtschaft mit den Gesetzbüchern Mesopotamiens. 2. Eigenart des israelitischen Gesetzes. a) Göttlicher Ursprung; b) Wirkung des gottgegebenen Gesetzes; c) Der Mensch vor dem Gesetz; d) Humanität des Gesetzes; e) Rechtsquellen des israelitischen Gesetzes; f) Verwandtschaft mit gleichzeitigen Gesetzgebungen; g) Das Gesetz als Vertrag mit Gott. 3. Die Gesetzeskorpora des Pentateuch (Thora). 4. Entwicklung des Bundesrechts, die Gesetzgeber. 5. Veränderte Lebensbedingungen vor dem Exil und ihre Wirkung auf das Gesetz. a) Opfergesetze; b) Soziale Gesetzgebung; c) Prosbul; d) Mord und Totschlag; e) Magie und Zauberei; f) Ausdrucksweise der Gesetze. 6. Das nachexilische Gesetz. a) Die Schriftgelehrten; b) Entwicklung des mündlichen Rechts; c) miṣwôt; d) halakôt; e) Das mündliche Recht; f) Leben unter dem Gesetz; g) Thorastudium; h) Einhaltung der Gesetze; i) Speisegesetze; j) Sabbat; k) Kleidung. 7. Gesetz und Thora in neutestamentlicher Zeit. a) Gesetzesverständnis der Juden; b) Essener (Qumransekte); c) Jesus und das Gesetz; d) Gesetz im Urchristentum.

1. Verwandtschaft mit den Gesetzbüchern Mesopotamiens: Gesetz ist der praktische Ausdruck der Gebräuche, Traditionen und Ethik einer Gemeinschaft. Die Gesetzbücher aus den alten Kulturen Mesopotamiens und später die Israels sind in ihrer grundsätzlichen Gleichartigkeit ein Zeugnis für die gemeinsame Kultur, der sie entstammen, die vielleicht wichtiger ist als die Unterschiede zwischen den einzelnen Gegenden und Zeiten.

Weder die Gesetzbücher Mesopotamiens noch die drei Sammlungen israelitischer ›Gesetze des Moses‹ waren ursprünglich als bindende Satzung für die Richter gedacht, an die sie sich bei der Entscheidung der ihnen vorgelegten Fälle zu halten hätten. Vielmehr wurden solche Fälle, die vor Gericht gebracht wurden, nach gängigem Brauch und Verhalten entschieden. Die Gesetzgebungen hatten den Zweck, die Auffassungen der Gemeinschaften von Recht und Gerechtigkeit auszudrücken. Es lag ihnen eine literarische und besonders eine erzieherische Absicht zugrunde, nicht eine richterliche. So versteht Hammurabi seinen Gesetzes-Kodex als Rechtsbelehrung für den Rechtsuchenden: »....ein unterdrückter Mann, der eine Rechtssache hat, soll vor meine Statue, die des Königs der gerechten Ordnung, hingehen, meine geschriebene Stele sich vorlesen lassen und meine hochzuschätzenden Worte anhören; meine Stele soll ihm seine Rechtssache aufhellen, so daß er sein Recht sieht...«

Gesetzbücher Mesopotamiens: Seit Anfang dieses Jahrhunderts sind durch archäologische Entdeckungen sechs verschiedene Gesetzbücher Mesopotamiens zum Vorschein gekommen. Drei davon sind älter als das berühmte Gesetzbuch des Hammurabi. Diese sechs Gesetzbücher sind:

1) das Gesetz des Ur-Nammu aus Sumer im 21. Jhdt. v. Chr.,
2) Gesetz des Bilalama von Eschnunna aus Babylonien im 20. Jhdt. v. Chr.,
3) Gesetzbuch des Lipit-Ischtar von Isin aus Babylonien um die Mitte des 19. Jahrhunderts v. Chr.,
4) Gesetz des Hammurabi aus Babylonien um 1700 v. Chr.,
5) Hethitisches Gesetzbuch aus der Mitte des 16. Jahrhunderts v. Chr. aus Kleinasien.
6) Assyrisches Gesetzbuch aus Assyrien im 14. bis 12. Jhdt v. Chr.

Abb. 285 zeigt den sumerischen König und Gesetzgeber Ur-Nammu, den »ersten Moses«, von dem wir wissen, wie er den Schutzgöttern von Ur eine Trankspende darbringt.

Das Bundesbuch des Exodus, das anscheinend aus dem 11. Jhdt. v. Chr. stammt und aus noch älteren Materialien, wie dem Dekalog, die bis auf die Zeit des Moses zurückgehen, ist jünger als alle diese Gesetzbücher. Die meisten heutigen Forscher sind sich einig, daß das Bundesbuch direkt oder indirekt aus früheren Gewohnheitsgesetzen des Vorderen Orients schöpfte. Der Zusammenhang tritt besonders bei jenen bedingt formulierten Gesetzen zu Tage, die in hypothetischer Art ausgedrückt sind: »Wenn ein Mann ... dann soll er...« Man nennt diese Form »Kasuistisches Recht« und unterstellt, daß sie von früheren Gerichtsentscheidungen herrührt (s. unten).

Die literarisch gefaßten Gesetze im Pentateuch ließen sich als Texte für den Unterricht der nachwachsenden Generation gebrauchen. Der große Gesetzgeber Hammurabi schließt sein Gesetzbuch mit der Bemerkung, daß die hier eingeritzten Gesetze für die künftige Generation bestimmt seien, besonders für seine königlichen Nachfolger. Tatsächlich wurde das Gesetzbuch des Hammurabi als Schultext in Mesopotamien weitere tausend Jahre benützt. In der israelitischen Überlieferung wird dieser erzieherische Gesichtspunkt noch stärker betont. Mehrmals wiederholt sich

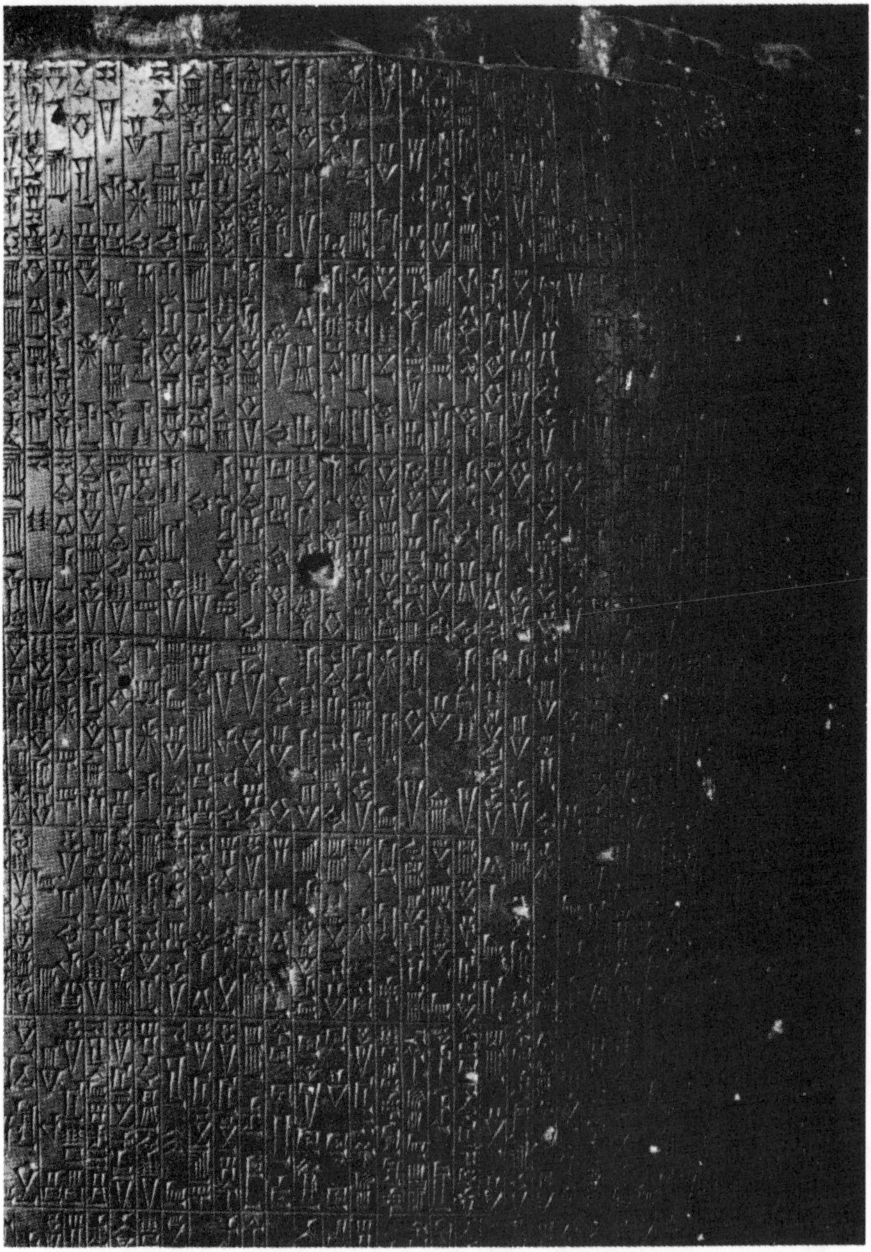

Abb. 283 (linke Seite, vergr. Ausschnitt), 284 (rechts). Gesetzessäule Hammurabis (ca. 1700 v. Chr.)

Abb. 285. Ur-Nammu, König von Sumer (21. Jhdt. v. Chr.) beim Trankopfer

die Aufforderung an die Väter, ihre Kinder die Gebote zu lehren (z. B. Dt 6, 7), und das ganze Volk Israel, Männer und Frauen, Alte und Junge, wird angewiesen, sich in bestimmten Zeitabschnitten zu versammeln, um dem Verlesen der Gesetze der Thora (des Pentateuch) zuzuhören.

Neben dieser gemeinsamen Richtung auf die Erziehung und der gleichartigen Form gewisser Gesetze zeigt ein Vergleich der israelitischen Bücher mit denen Mesopotamiens mehr Unterschiede als Ähnlichkeiten sowohl in den Gesetzen selbst als auch in den sozialen und ethischen Wertungen, auf denen sie beruhen.

Durch die mesopotamischen Gesetze war der König die oberste Autorität, und er allein entschied in allen Sachen der Regierung und Rechtsprechung. Der Stein selbst **(Abb. 283, 284)**, auf den sie geschrieben waren, sollte das Denkmal eines »gerechten Königs« sein; in der Nachschrift zu seinem Gesetzbuch bedroht Hammurabi jeden, der versuchen sollte, seine Entscheidungen umzustoßen, mit schweren Strafen.

2. Eigenart des israelitischen Gesetzes: *a) Göttlicher Ursprung:* Das israelitische Gesetz beruft sich auf Gottes Willen. Der König ist diesen Gesetzen ebenso untertan wie der einfachste Bürger. Die einzige Stelle, wo der König überhaupt genannt ist (Dt 17, 14–20), weist ihn ausdrücklich an, sich der Autorität Gottes zu unterwerfen (s. *Verfassung, Verwaltung und Staatsformen) und aus dem ›Buch des Gesetzes‹ zu lernen, wie er Gott fürchten, seine Gebote halten und keinen materiellen Reichtum anhäufen solle, damit »sein Herz sich nicht über seine Brüder erhebe« (Dt 17, 20). Gott ist der einzige Gesetzgeber und Richter, worauf die Israeliten über die Maßen stolz waren: »Er zeigt Jakob sein Wort, Israel seine Sitten und Rechte. So tut er keinem Heiden. Sie kennen sein Recht nicht« (Ps 147, 19 f). Diodorus Siculus, ein griechischer Schriftsteller des 1. Jahrhunderts v. Chr., hält es für eine interessante Tatsache (1, 94, 2), daß die Juden das mosaische Gesetz Gott selbst zuschreiben.

b) Wirkung des gottgegebenen Gesetzes: Der Glaube, daß ein Gesetz buchstäblich von Gott gegeben sei, hat die praktische Bedeutung, daß es absolut und unaufhebbar bindet. Das mag auf den ersten Blick nur als ein Unterschied in der Formulierung scheinen, aber die Wirkung geht viel tiefer. Ist ein Gesetz von menschlicher Obrigkeit erlassen, so kann es immer verändert werden, sei es von derselben oder von einer anderen, ebenso menschlichen Obrigkeit. Gottes Gesetze sind der Ausdruck eines unveränderlichen Willens der Gottheit. Der Ausdruck dieses Willens in bestimmten Geboten oder Vorschriften kann sich ändern, wie man an der wechselnden Ausdrucksweise in den biblischen Gesetzbüchern sehen kann, aber die zugrunde liegende Macht des göttlichen Willens gilt für alle Zeit.

Diese Auffassung bestimmt auch die Haltung gegenüber Übertretungen des Gesetzes. In Mesopotamien hatte das Gesetz die soziale Aufgabe zu erfüllen, den Staat und seine Bürger zu schützen. In welcher Weise das geschehen sollte, bestimmte der König, der zu den Gesetzen seines Landes in gleicher Beziehung stand wie Gott zu dem Gesetz der Bibel. Wer in Mesopotamien ein Gesetz übertrat, war damit der Obrigkeit des Königs ungehorsam, und dieser hatte die Macht zu entscheiden, ob er den Missetäter bestrafen oder begnadigen wollte, z. B. wird in Babylon (§ 129), Assyrien (§ 14–16) und bei den Hethitern (§ 198) Ehebruch als öffentliches Verbrechen betrachtet. Aber dem König ist vorbehalten, den Ehebrecher zu begnadigen, wenn der beleidigte Gatte seiner Frau vergab (die Frau des Ehebrechers wurde nicht gefragt). Das Gesetz schützte den Gatten in seinem Recht, aber wenn er nicht darauf bestand, brauchte das Gesetz nicht gegen seinen Willen durchgesetzt zu werden.

Nach dem israelitischen Gesetz wurde weder der Gatte der Ehebrecherin gefragt, noch konnte das Eingreifen des Königs angerufen werden. Ehebruch war ein Verbrechen gegen das göttliche Gesetz, das weder der Gatte noch der König, die oberste menschliche Autorität, vergeben konnte. Die Strafe war in diesem Fall der Tod (Dt 22, 22–32). Sie war von Gott gesetzt und mußte verhängt werden, obwohl Gott vergeben konnte. In der Tat ist der Kerngedanke der biblischen Religion, daß Gott in seiner Hoheit die Sünden vergeben kann und vergibt – in der Regel als Antwort auf echte Reue. Der Unterschied ist nicht, daß Verbrechen nicht vergeben werden können, sondern daß keine menschliche Autorität aus eigener Machtvollkommenheit sie vergeben kann. Nur ein Vertreter Gottes konnte solche Vergebung aussprechen. Umgekehrt gab es gewisse Verbrechen, die man in Mesopotamien aus religiösen oder ethischen Gründen verurteilte, aber das ließ die gesetzlichen Bestimmungen über sie unberührt, denn die Gesetzgebung war dort eine weltliche Sache.

In Israel war sie eine religiöse. Überdies stellte sich in den Gesetzen der Bund zwischen Gott und seinem Volk dar, und das Gesetz hatte zentrale Stellung in der israelitischen Religion. Jede Übertretung irgendeines Teilgesetzes war ein Verstoß gegen Gott. Das Gesetz war der bedeutungsvollste Bestandteil der Erziehung und bestimmte folglich die geistige Eigenart der israelitischen Gemeinschaft.

c) Der Mensch vor dem Gesetz: Das mesopotamische Gesetz scheidet das Volk, auf das es sich bezieht, in drei Klassen: a) *awelum* – freie Männer mit Vermögen in einer unabhängigen Oberschicht, b) *muškenum* – Volk ohne Eigentum, das von anderen abhängig ist, also Pächter, Tagelöhner usw., c) *wardum* – Sklaven (s. *Sklaverei). Die Gesetzgebung unterscheidet scharf zwischen diesen dreien, besonders in der Höhe der Entschädigung für erlittenes Unrecht; je höher die Klasse, desto höher ist der Schadenersatz zu berechnen. Darin spiegelt das Gesetz zuverlässig die Grundsätze, auf denen die Gemeinschaft beruhte: nur Geburt und Abstammung, Wirtschafts- und Besitzverhältnisse bestimmten den Stand.

Dazu bildet das israelitische Gesetz (nicht immer die Gesellschaftsordnung), besonders auf seinen späteren Entwicklungsstufen, einen großen Gegensatz. Gott hatte sein Gesetz für das ganze Volk gegeben, so wie jeder nach seinem Bild geschaffen war. Das Trachten nach Gleichheit für alle Geschöpfe Gottes, wie es besonders deutlich Job 31, 13–15 ausgedrückt ist, hatte indirekt eine Auswirkung auf Israels Haltung zur *Sklaverei. In der Praxis allerdings machten die Sitte und das Gesetz selbst Klassenunterschiede zwischen Freien und Sklaven, zwischen Mann und Frau.

Die israelitische Gesetzgebung betont überall den Wert des Menschen und die Heiligkeit seines Lebens. Jeder Mensch hatte seinen Platz in der übergeordneten gottgegebenen Ordnung der Welt, und man konnte seinen Wert nicht einfach nach dem Maß seiner Besitzungen bestimmen. Einen Menschen zu töten, war ein Verbrechen, das mit dem Tode zu bestrafen war. Vorsätzlicher Mord konnte nicht durch Geldzahlungen gesühnt werden wie bei manchen anderen Völkern. Dagegen genügte in den Fällen zufälliger, unabsichtlicher Tötung eine Geldzahlung und die Todesstrafe wurde nicht vollzogen. Im Gegensatz dazu schätzte das hethitische Gesetz den Menschen wegen der Arbeitskraft. Jeder, der für die Minderung einer menschlichen Arbeitsfähigkeit verantwortlich war, mußte dafür einstehen, aber er konnte es auch. § 43 des hethitischen Gesetzbuches formuliert das ganz deutlich: »Wenn ein Mann mit seinem Ochsen einen Fluß überschreitet und ein anderer stößt ihn hinein und gelangt über den Fluß, indem er sich an dem Schwanz des Ochsen hält, während der Eigentümer des Tiers fortgeschwemmt wird, so empfangen sie (gemeint ist die Familie oder Gemeinde, zu der der Ertrunkene gehörte) diesen Mann (als Ersatz).« Bei den Israeliten war eine ähnliche, leibliche Entschädigung nicht möglich. Für sie war Blutvergießen ein religiöses Verbrechen, das nur durch das Leben des Töters gesühnt werden konnte. Ungerächtes Blut befleckt die ganze Gemeinschaft (Dt 19, 10; 21, 1–9) und den Boden, auf dem sie lebt (Num 35, 33 f).

d) Humanität des Gesetzes: Das israelitische Gesetz betont nicht nur die Heiligkeit des Menschenlebens in seinem Ausmaß, das in den Gesetzen des alten Vorderen Orients nicht seinesgleichen hat. Es ist auf den Wert, die Gefühle und Ehre des Menschen bedacht und zieht die Unvergleichbarkeit von Leben und Eigentum in Betracht. »Daß das frühe, israelitische Recht die gleiche Art des Verfahrens für jede Person verlangt, so wie die erstaunlich gütige Vorsorge für den Sklaven, die praktisch die *Sklaverei zu einem freiwilligen Zustand machte, und für den Beisassen, läßt auf einen starken Gegensatz in der vielfältig ständisch geschichteten Gesellschaftsordnung Kanaans in der Spätbronzezeit schließen ..., die als polarer Gegensatz zu dem erschien, was der frühe Jahwismus darstellt« (G. E. Mendenhall; s. *Sklaverei).

Die ethische Ermahnung der Bibel: »Du sollst deinen Bruder nicht im Herzen hassen ..., sondern deinen Nächsten lieben wie dich selbst« (Lev 19, 17 f) überschreitet weit die gewöhnlichen gesetzlichen Anordnungen und ist vielmehr eine Lehre sozialer Haltung, die in ihrem humanen Geist selbst viele moderne Gesetzgebungen übertrifft.

e) Rechtsquellen des israelitischen Gesetzes: Die Entwicklung des religiösen und sozialen Lebens in Israel ergab schließlich ein einzigartiges System gesetzlicher und ethischer Vorschriften. Gleichzeitig lag jedoch sein Ursprung in der Gesamtheit der Rechtsgewohnheiten, die in gleicher Weise in der ganzen Gegend galten, und das ist die Ursache für manche nahe Übereinstimmung zwischen israelitischem und mesopotamischem Recht. Manchmal werden sogar identische Ausdrücke gebraucht. Israels Urahnen stammten aus Mesopotamien (s. *Patriarchen, Religion). Abgesehen von diesem Einfluß behauptet eine heute beliebte Theorie, daß bei kasuistischem Recht allerlei Entlehnungen gesetzlicher Formen und Überlieferungen von Kanaan stattgefunden haben, besonders in der zivilen Gesetzgebung. Nur wird die Stützung dieser Theorie dadurch erschwert, daß wir wenig Vergleichsmaterial haben. Natürlich gab es eine Grenze für Entlehnungen in Folge des Gegensatzes zwischen den gesellschaftlichen Bräuchen der Israeliten und denen der feudalen, ständisch gegliederten kanaanäischen Stadtstaaten. Auch wurde nicht unterschiedslos übernommen. Die Israeliten übernahmen nur solche Rechtsbräuche, die mit den Grundsätzen des mosaischen Glaubens (Jahwismus) im Einklang waren, und diese wurden zu Geboten Jahwes umgeformt und den einheimischen Bräuchen eingeordnet (Ex 22, 22–24).

f) Verwandschaft mit gleichzeitigen Gesetzgebungen: Wie oben erwähnt, findet man die kasuistische, im Bedingungssatz gehaltene Form, in die ein großer Teil der israelitischen zivilen Gesetzgebung gegossen ist, auch überall in den anderen orientalischen Gesetzgebungen. Man meint, daß man in Israel diese Form besonders bei Urteilssprüchen in zivilen Rechtsfragen anwandte, obgleich das Gesetz seinem Wesen nach religiösen Charakter trug.

Neben der kasuistischen Form gab es im hebräischen Gesetz besonders bei den Bestimmungen über Ritual, Gottesverehrung und andere religiöse Vorschriften die Form des direkten Gebotes oder Verbotes wie besonders im Dekalog (Ex 20). Man nennt dies »apodiktische« Gesetze. Dazu gehören z. B.: »Du sollst eine Hexe nicht am Leben lassen« (Ex 22, 18) oder »Du sollst ein Böcklein nicht in seiner Mutter Milch kochen« (Ex 23, 19; Dt 14, 21 u. ö.). Apodiktische Gesetze sind in den Gesetzbüchern des alten Orients ungewöhnlich, und manche Forscher glauben, sie seien eine Eigentümlichkeit der Hebräer. Andrerseits gebrauchen die hethitischen Verträge mit Vasallenstaaten, die aus der zweiten Hälfte des 2. Jahrtausends v. Chr. stammen, oft Imperativgesetze, z. B.: »Du sollst das Land, das ich dir gab, bewahren und sollst nach keinem Gebiet des Hattireiches begehren.« Das steht der Ausdrucksweise des Dekalogs sehr nahe. Man begegnet der gleichen Redeweise in mehreren assyrischen Vasallenverträgen, nämlich einem aramäischen Vertrag, der bei Aleppo gefunden wurde, und einem Vertrag, den Asarhaddon einem medischen Fürsten auferlegte (s. **Abb. 659**). Diese Texte stammen alle aus dem 1. Jahrtausend v. Chr. Man hat auch sie mit der Gesetzgebung des Pentateuch verglichen, doch schließt sich dieser in der Form enger an die älteren, hethitischen Urkunden an. Manche Forscher glauben, eine Brücke zu diesen in den Bruchstücken der Verträge gefunden zu haben, die die Hethiter mit Ugarit schlossen und die dort gefunden wurden, obgleich es wahrscheinlicher ist, daß es sich hier um das allgemeine Muster für Vasallenverträge in der zweiten Hälfte des 2. Jahrtausends v. Chr. handelt. So scheinen die Israeliten die allgemeine Denkweise über Oberhoheit und Untertanenschaft angewendet und sie aus dem politischen ins religiöse Gebiet übertragen zu haben, indem sie die Idee der Macht und ihren Ausdruck und das Befehlsrecht auf ihre eigene Beziehung zu Gott anwandten. Das beste Beispiel ist der *Bund selbst, der die religiöse Einheit von Israel begründete.

g) Das Gesetz als Vertrag mit Gott: Daß sie diese Form anwandten, entspricht ganz der Logik. Der Bund zwischen Jahwe und seinem Volk war von der Art der Vasallenverträge und wurde so aufgefaßt. Es ist kein Zufall, daß die ältesten Abschnitte des Pentateuch wie Sätze eines solchen Vertrages aussehen. Nach der Überlieferung der Israeliten war der *Bund am Sinai das Ereignis, durch das die Existenz von Israel als einer eigenen Volkseinheit mit eigener Religion und eigenem Gesetzessystem begründet wurde. Durch diesen Bund (den der Dekalog formuliert) wurden die halbnomadischen Stämme zu einer religiösen und politischen Gemeinschaft zusammengefaßt. So stand das Volk Israel auf vertraglicher Grundlage, eben des Bundes, der das ganze Volk mit Gott verband, und der Eide, die die Stämme zu einem Bund vereinigten. So ist von allem Anfang an das eigentümliche Gesetz des Bundes für Israels Leben und Gesetzessystem der ausschlaggebende Faktor.

Die tatsächlichen Bedingungen des Bundes bestanden darin, daß Israel Jahwe, den Gott des Bundes, als seinen Gottkönig annahm und alle anderen Gottkönige zurückwies; zweitens, daß die Israeliten sein Gesetz auf ihre Beziehungen untereinander anwendeten. Als sich ihre Gemeinschaft und folglich auch ihre Gesetzesüberlieferung nach der Niederlassung in

Kanaan weiterentwickelte, mußten auch die Bestimmungen des Bundesgesetzes den Bedingungen des täglichen Lebens angepaßt werden.
Diese Bundesbeziehungen zwischen Jahwe und Israel gaben jedem einzelnen Israeliten die Stellung eines Vasallenfürsten, der nur dem Willen Gottes, wie er im Bund ausgedrückt war, untertan war. Das religiöse Band des Bundes errichtete und umgrenzte also die Verantwortlichkeit und die Freiheit jedes Gliedes der Gruppe. Die Unterordnung unter Jahwe brachte natürlich auch gewisse negative Verpflichtungen, und diese sind im Dekalog niedergelegt, der die Verehrung und den Gottesdienst für Jahwe und die Beziehung zwischen den Menschen regelt.
3. Die Gesetzeskorpora des Pentateuch (Thora): Wie alle vorderorientalischen Gesetzbücher ist auch das Gesetzbuch des Pentateuch eine Sammlung von untereinander unabhängigen Bestimmungen; es ist sogar weniger einheitlich und organisch als viele von jenen. Da die weltlichen und religiösen Gesetze alle gleichermaßen für göttlich galten, gab es keinen Grund und auch kein Mittel, beide zu unterscheiden. Daher stehen strafrechtliche und soziale Vorschriften vermischt mit ethischen und religiösen Bestimmungen. Der einzige Unterschied besteht darin, daß kultische (religiöse) Bestimmungen den Gesetzen über menschliche Beziehungen voranzugehen pflegen, der wesentlich göttlichen Natur des Gesetzes entsprechend (s. unten 4).
Dekalog und Bundesbuch: Im Pentateuch sind drei Gesetzbücher vereinigt: a) der Dekalog und das Bundesbuch (Ex 20, 22–23, 33; s. *Exodus (Buch); b) das Heiligkeitsgesetz (Lev 17–26) und der Priesterkodex in den Büchern *Exodus, *Leviticus und *Numeri; c) das Deuteronomische Gesetz (Dt 12–26), in welchem zuerst kultische Gesetze die Gottesverehrung regeln, dann soziale und strafrechtliche Bestimmungen folgen.
Der Dekalog (Ex 20 und Dt 5) ist einer der ältesten und grundlegendsten Bestandteile des mosaischen Glaubens (s. *Moses; *Bund). Nach Meinung der meisten Forscher stammt er von Moses, aber nicht in seiner heutigen Fassung. Wie viele von den übrigen Gesetzesgruppen von ihm oder seiner Generation stammen, läßt sich nicht feststellen. Moses hat zwar nicht, wie die Überlieferung wollte, die sämtlichen Gesetze des Pentateuch niedergeschrieben (s. *Exodus; *Leviticus, *Numeri, *Deuteronomium), doch war er ohne Frage der große Gesetzgeber, der die wesentlichen Bestimmungen des Bundes niederlegte oder festlegte, nach denen sich alle Einzelgesetze zu richten hatten. Allgemein anerkannt ist heute, daß das Bundesbuch (Ex 21–23 und 34) ins 12. bis 11. Jhdt. v. Chr. zu datieren ist, mag man es nun tatsächlich Moses zuschreiben oder nicht, und daß es die gesetzlichen Regelungen aus der Zeit des Stammesbundes wiedergibt. (Die allgemeine Haltung des Gesetzes hinsichtlich Regierung und Obrigkeit und die Art, wie es angewendet wurde, sowie die religiösen, zivilen und strafrechtlichen Gesetze, die das Alltagsleben regelten, sind in den einzelnen Artikeln behandelt: *Ackerbau und Viehzucht, *Kalender, *Familie, *Begräbnis, *Reinheitsgesetze, *Magie, Wahrsagerei und Aberglauben, *Medizin, Krankheit, Gesundheit, *Wallfahrten, *Opfer, *Sklaverei, *Steuern, *Kriegführung, *Gewichte und Maße.)
4. Entwicklung des Bundesrechts, die Gesetzgeber: Wie sich Israels Gesetzgebung dem Wechsel der sozialen Lebensumstände und der Zeit entsprechend veränderte, zeigt der kurze historische Überblick (unten 5). Dabei ergibt sich zugleich sehr deutlich, wieviel enger das Gesetz dem religiösen als dem weltlichen Leben verbunden war.
Daß es einen Stämmebund als Gemeinschaft, die durch das Bundesgesetz zusammengehalten wurde, historisch gegeben hat, steht außer Frage. Weniger sicher sind seine Ursprünge vor der Richterzeit, doch wird jetzt allgemein angenommen, daß die Organisation, durch die die Landnahme möglich wurde und sich festigte, eine direkte Fortsetzung der Überlieferungen aus der vorangehenden halbnomadischen Zeit darstellte.
Die ursprünglichen Bestandteile des Bundesbuches, besonders der Dekalog, beschreiben das übliche Gerichtsverfahren zur Zeit des Stämmebundes (*Landnahme, *Richter). Die Gebote des Dekalogs und die anderen Bestimmungen werden unter Androhung schwerster Strafen erzwungen, nämlich Tod im Fall vorsätzlichen Totschlags (Ex 21, 14; Dt 19, 12). Diebstahl verlangt die Rückgabe des gestohlenen Eigentums (Ex 22, 1–4), aber das Diebstahl betreffende Gebot des Dekalogs bezieht sich wahrscheinlich auf Menschenraub, der mit dem Tod bestraft wird. Viele Nebenbestimmungen haben ihre Parallelen im mesopotamischen Recht (s. oben).
Wegen des religiösen Charakters des israelitischen Gesetzes konnten natürlich nur

Männer mit religiöser Autorität die Gesetze verändern. Gewöhnlich waren es Männer mit einer charismatischen Begabung, Auserwählte Gottes, die als seine Vermittler und Dolmetscher für Israel wirkten. Es waren diejenigen, die das Bundeszeremoniell durchführten, bei welchem das Volk Israel der Verlesung der Gesetze zuhörte, zu deren Beachtung es sich im Vertrag mit Gott verpflichtet hatte, und bei der es sein Versprechen, zu gehorchen, erneuerte. Erst nachdem die ganze Gemeinschaft die Gesetze angehört hatte, traten sie in Kraft.

Die jüdische Überlieferung hat besonders das Gedächtnis an zwei große charismatische Führer bewahrt, an Moses und Josua, die den Bund und seine Gesetze vor und bei Beginn des Stämmebundes an Israel übermittelten (Ex 24, 3–8; Jos 24, 24–26). Tatsächlich blieb während der Richterzeit der Brauch erhalten, Gesetze und Beschlüsse dadurch zu veröffentlichen, daß man sie in feierlicher Versammlung vor dem ganzen Volk verlas. Schon der Titel »Richter« bezeugt die Bedeutung der Rechtstätigkeit der Leiter des Volkes in dieser Zeit, ganz abgesehen von ihren militärischen und politischen Erfolgen. Allerdings hat das hebräische Wort *šōfēt*, das man mit Richter übersetzt, noch zusätzliche Bedeutungen (s. *Richter).

Als dann das Königtum errichtet war, wurden die alten Gesetze genauer ausgearbeitet und weiterentwickelt; aber die geringe Rolle, die der König bei ihrer Formulierung spielte, beweist, daß die Grundlagen des israelitischen Gesetzes in der Zeit vor der Monarchie gelegt waren (s. bezüglich der Rolle des Königs als Gesetzgeber: *Verfassung, Verwaltung und Staatsformen 1c/7: Der König als Gesetzgeber). Daran hat sich auch später nichts geändert. Der König übte natürlich in den Tagen der Monarchie einen großen richterlichen Einfluß aus, aber das hat nie zu einer grundsätzlichen Veränderung geführt. Trotz der vielen weltlichen Bedürfnisse, die durch die Gesetze der Königszeit geregelt werden mußten, blieb die religiöse Grundlage unwandelbar. Deshalb waren die Priester die Lehrer und Ausleger des Gesetzes. Sie haben das umfangreiche Korpus der mündlichen Überlieferungen gesammelt, das im Priesterkodex niedergelegt ist (s. *Leviticus) und in dem weltliche, ethische und rituale Fragen nebeneinander behandelt sind.

Gegen Ende der Königszeit zerriß die Vernichtung der Provinzheiligtümer und Altäre die engen Bande, die das Volk an die örtlichen heiligen Stätten und ihre Priester knüpfte (s. *Israel und Juda 5). Der Unterricht im Gesetz ging schrittweise in die Hände der »Schreiber« über. Von diesen waren einige Priester, z. B. Esra, andere nicht. Der älteste Hinweis auf ihr Vorhandensein findet sich Jer 8, 8, so daß man vermuten darf, daß die ersten Schritte zu der Entwicklung, die nach der Restauration (s. *Restauration und Perserzeit, Esra und Nehemia) ihren Höhepunkt erreichte, gerade vor dem Exil einsetzten.

5. Veränderte Lebensbedingungen vor dem Exil und ihre Wirkung auf das Gesetz: Wenn auch in der geistigen Grundlage und Motivierung der Gesetze sich nichts änderte, wandelten sich doch die Lebensbedingungen in den verschiedenen Zeiten. Das drückt sich in den verschiedenen Gesetzbüchern aus. Nach dem Bundesbuch, das noch in der Zeit vor der Monarchie Form gewann, kamen die Bestimmungen des Heiligkeitsgesetzes (Lev 17–26), der älteste Kern der Priestergesetze, der offenbar zu Anfang oder in der Mitte der Königszeit formuliert wurde, und zuletzt das deuteronomistische Gesetz, das man allgemein im 8. oder 7. Jhdt. v. Chr. ansetzt, also gegen Ende der Königszeit (s. *Leviticus und *Deuteronomium).

G. von Rad und G. E. Wright sind der Ansicht, daß viele Gesetze des Deuteronomiums, wann immer auch dessen Abfassung anzusetzen ist, ebenfalls auf die Überlieferungen aus dem frühen Stammesbund zurückgehen, und zwar wahrscheinlich in der Gestalt, wie sie in nordisraelitischen Kreisen weitergegeben wurden. Andererseits enthält der Priesterkodex, abgesehen vom Heiligkeitsgesetz Lev 17–26 (das offenbar älter ist), die Kulttradition von Jerusalem, die zwar ihre Gestalt erst nach dem Exil erhalten hat, aber letzten Endes auch noch auf die Zeit des Stämmebundes zurückzuführen ist. Nach dieser Ansicht sind die verschiedenen Zusammenfassungen der Gesetze nicht das Ergebnis einer geradlinigen Entwicklung, sondern bieten uns vielmehr Parallelentwicklungen der alten Überlieferungen des Stämmebundes in verschiedenen Schulen dar.

Ob man diese Ansicht annimmt oder nicht, jedenfalls läßt sich die Entwicklung, die in jedem Gesetzeskorpus enthalten ist, am besten an den Kultvorschriften ablesen, die ihre Einleitung bilden.

a) Opfergesetze: Dafür bietet das Gesetz über das Opfer vor der Bundeslade und im Tempel ein gutes Beispiel. Die Einleitung zum Bundesbuch (Ex 20, 24–26) ordnet Opfer an »an jedem Ort, wo ich meines Namens werde gedenken lassen«, und zwar auf einem Altar aus Erde oder unbehauenen Steinen. Nach der Einleitung zum Heiligkeitsgesetz (Lev 17) dürfen Opfer nur vor der Bundeslade (»am Eingang der Stiftshütte«) auf einem Altar dargebracht werden. Das Gesetz des Deuteronomiums, das offenbar die Zeit der Kultreformen von Hiskia und Josia widerspiegelt (s. *Israel und Juda 5) oder sich in diesen Reformen durchsetzte, bestimmt mit Nachdruck in seiner Einleitung (Dt 12), daß Opfer nur in einem einzigen Heiligtum dargebracht werden dürfen, und damit ist nach der Auslegung der Tempel von Jerusalem gemeint. Der älteste Abschnitt des Deuteronomiums – eingekleidet in eine Rede des Moses in der Ebene von Moab vor dem Übergang über den Jordan – erwähnt weder Jerusalem noch irgendeinen anderen bestimmten Ort im gelobten Land. Auch Sichem ist nicht mit Namen genannt, obwohl es den Ort darzustellen scheint, den Dt 11, 29 andeutet. Der alte Bestandteil des Deuteronomiums läßt darauf schließen, daß der Verfasser wußte, daß vor Jerusalem andere Heiligtümer bestanden hatten, und deswegen sorgfältig vermied, einen Namen zu nennen. Er überließ es Späteren, seine Bestimmung nach den Zeitumständen auszulegen. Die angeführte Entwicklung zeigt offenbar den Vorgang an, in dessen Verlauf sich der Kult allmählich zentralisierte (s. *Höhenheiligtümer, *Deuteronomium), und dies war selbst die Folge einer eigentümlichen Entwicklung des religiösen Denkens.

Der grundsätzliche Wandel, der nur mehr ein Heiligtum zuließ, verlangte eine Reihe weiterer, gravierender Änderungen. Im Bundesbuch und Heiligkeitsgesetz wird jede profane Schlachtung von Tieren verboten. Das Blut geschlachteter Rinder oder Schafe durfte unter keinen Umständen genossen werden (1 Sam 14, 32–35). Das Blut von Tieren, die für ein Opfer geeignet waren, mußte auf den Altar gesprengt werden (Lev 17, 2–12); waren es untaugliche Vögel oder Tiere, so mußte es vergraben und mit Erde bedeckt werden (Lev 17, 13 f). Als jedoch alle Opfer ausschließlich in Jerusalem konzentriert waren, mußte man durch Bestimmungen regeln, wie anderswo Tiere geschlachtet werden durften. Man konnte es von niemandem verlangen, daß er jedesmal in die Hauptstadt wandere, wenn ein Schaf geschlachtet werden mußte. Darum erlaubte das Gesetz des Deuteronomiums nichtrituelle Schlachtungen an jedem Ort (Dt 12, 20–27), während rituelle Schlachtungen auch weiterhin nur im zentralen Heiligtum stattfinden durften.

Abgesehen von den praktischen Wirkungen dieser Neuerung beeinflußten sie auch die religiöse Gedankenwelt. Man betrachtete Blut nicht mehr als heilig (tabu s. *Leviticus), obwohl auch weiterhin verboten blieb, es zu genießen. So wurde jetzt erlaubt, es »wie Wasser auf den Boden zu schütten« (Dt 12, 24). Die schrittweise Loslösung der jüdischen Religion vom äußeren, materiellen Kult mit seinen altertümlichen Tabus (Weihen, die bestimmte Dinge verboten machen), die das Herzstück der prophetischen Verkündigung bildete, ging damit einen Schritt weiter voran, doch halten manche Forscher den Vorgang nur für eine zeitlich und örtlich bedingte Wandlung.

Ähnliche Entwicklungen lassen sich an den drei Gesetzesgruppen hinsichtlich der Bestimmungen über die Priesterschaft (s. *Priester und Leviten) nachweisen. Daß nach dem Exil die Gesetze des Deuteronomiums, in denen der Geist von Josias Reform Gestalt gewonnen hatte, an Stelle des früheren Priesterkodex in Kraft traten, legt die Vermutung nahe, daß das Deuteronomium eine spätere Stufe dieser Entwicklung darstellt.

Daß die Opfer von den lokalen Stätten an ein höchstes Zentrum verlegt wurden, diente auch der stärkeren Vergeistigung der Religion. An Stelle von Ritual und Opfer traten im religiösen Brauch zu Ende der Königszeit weit mehr das Gebet und das Lesen des Gesetzes in den Vordergrund. Letzteres hörte auf, ein Standesvorrecht nur der Priester zu sein. Das Gesetz wurde die Literatur und Geschichtsüberlieferung des Volkes, in dem sich alle Zeugnisse der israelitischen Überlieferung sammelten.

Gleichzeitig entwickelte das jüdische Gesetz nach dem Exil (s. unten b) besondere Ritualvorschriften für die Reinigung des Tempels und des Altars, die für die ganze Gemeinde zentrale rituale Bedeutung erhielten.

b) Soziale Gesetzgebung: Die Entwicklung ist noch deutlicher in der sozialen Gesetzgebung. Der Gedanke des Sabbatjahrs und des Jobeljahrs veränderte sich stufenweise, was weitgehende Entwicklungen wirtschaftlicher und religiöser Gedanken offenkundig macht. Im Bundesbuch sowohl als auch im Heiligkeitsgesetz ist das Sabbatjahr heilig (s. dazu *Ackerbau und

Viehzucht, *Kalender). Das Land muß in diesem Jahr brachliegen und seine Ernte unberührt bleiben. Das Heiligkeitsgesetz (Lev 25) fügt den Gedanken des Jobeljahres (50. Jahr) hinzu, in dem alles Land, das seinen Besitzer gewechselt hatte und in fremdes Eigentum gekommen war, den ursprünglichen Besitzern zurückgegeben werden mußte – allerdings mit gewissen Ausnahmen. Zur Zeit des Deuteronomischen Gesetzes jedoch ist von Rückgabe des Landes nicht die Rede und die Vorschrift des Sabbatjahres wird statt dessen in einen Erlaß der Schulden verwandelt (Dt 15, 1–6). Im siebten Jahr erließ der Gläubiger dem Schuldner seine Schulden, und der Herr gab seinen Sklaven die Freiheit (s. *Sklaverei). Das ist ein sprechendes Zeugnis dafür, welche wirtschaftliche Entwicklung stattgefunden hatte und welche allgemeine Verbreitung das Schuldenwesen gefunden hatte. Nicht die kleinen Grundbesitzer, sondern die Schuldner und Sklaven (die gewöhnlich auch Schuldner waren, s. *Landbesitz, *Darlehen und Schulden, *Sklaverei) bedurften jetzt gesetzlichen Schutzes.

c) Prosbul: Wie sich die weitere wirtschaftliche Entwicklung auswirkte, läßt sich an einem Brauch erkennen, der sich in späthellenistischer Zeit herausbildete. Zu dieser Zeit wirkte sich das Sabbatjahr gegen den kleinen Mann aus, der nur sehr schwer einen Kreditgeber fand, weil der befürchten mußte, sein Geld bei der Streichung der Schulden im siebten Jahr zu verlieren. Daher wurde eine gesetzliche Form eingeführt, um die Streichung der Schulden zu umgehen. Sie hieß *prosbul.* Das Wort ist griechisch und bedeutet »vor dem Gericht«. Danach konnte ein Gläubiger seine Schulden einklagen ohne Rücksicht auf das Sabbatjahr, wenn er vor dem Gerichtshof erklärte: »Ich mache euch Richtern dieses Ortes hiermit bekannt, daß ich, was man mir schuldet, einheben zu können wünsche zu jeder Zeit, die ich will« (nämlich durch dieses Gericht). Rabbi Hillel hat die Gültigkeit dieses Vorgehens bestätigt, aber es scheint schon älteren Ursprungs.

Einen ähnlichen Wandel zu besser überlegter und menschlicherer Haltung und größerer Rücksicht auf das Eigentum kann man auch bei anderen Gegenständen der Gesetzgebung beobachten. Das Bundesbuch schreibt z. B. vor, wer ein streunendes Tier finde, müsse es seinem Eigentümer zurückgeben (Ex 23, 4). Das Gesetz des Deuteronomiums dehnt diese Vorschrift auf alle Arten von Verlust aus und schreibt noch dazu vor, daß der Finder den Fund oder das Tier aufbewahren muß, bis es eingefordert wird, auch wenn diese Aufbewahrung Ausgaben mit sich bringt.

d) Mord und Totschlag: Bei Mord und Totschlag ergibt sich ein ähnliches Bild. Das Bundesbuch (Ex 21, 12–14) sieht vor, daß der, der einen Menschen zufällig getötet hat, in bestimmten Heiligtümern Zuflucht suchen soll, das heißt in demjenigen, das ihm am nächsten liegt. Später ist es der Tempel, wo er die Hörner des Altars ergreifen muß (1 Kg 1, 50; 2, 28; vgl. den steinernen Altar aus Megiddo **Abb. 642**). So wird das Gesetz der Blutrache durch den Schutz im Heiligtum in Fällen von unfreiwilligem Totschlag gemildert. Nach dem Priesterkodex (Num 35) soll er nicht in einem Heiligtum Zuflucht finden, sondern in einer der sechs »Asylstädte«. Dort konnte er vor der Verwandtschaft des Getöteten sicher sein, bis die Sache vor einem ordentlichen Gericht verhandelt wurde. Die Asylstädte waren Orte zur Sühnung bei Fahrlässigkeit. Ein Aufenthalt dort war unnötig, wenn die Tötung reiner Zufall war (s. *Verfassung, Verwaltung und Staatsformen).

Auch die *lex talionis,* das Gesetz der Rache »Aug um Auge, Zahn um Zahn« (Ex 21, 23–25), wurde ähnlich gemildert. Allerdings läßt sich schwer feststellen, zu welchem Zeitpunkt der Geschichte Israels die Entschädigung des Verletzten an die Stelle der starren Bestrafung des Schädigers trat. Auch die ursprüngliche Formulierung hatte vornehmlich den Zweck, die Strafe oder Rache einzuschränken, indem sie festsetzte, daß die Rache nur das gleiche Maß wie das Verbrechen haben sollte. Manche Forscher meinen, daß die starre Formel wahrscheinlich überhaupt nur eine Redeweise gewesen sei. D. Daube und Travers Herford schließen auf einen frühen Zeitpunkt der Veränderung, da die Rabbiner des 1. und 2. Jahrhunderts n. Chr., die jedenfalls Entschädigung und nicht Bestrafung im Auge hatten, kein bestimmtes Datum für die Einrichtung angaben, sondern sie als überliefert hinnahmen.

e) Magie und Zauberei: Das Bundesbuch (Ex 22, 18) verbietet die Ausübung von Zauberei. Damit ist wahrscheinlich die »schwarze Magie« (s. *Magie, Wahrsagerei und Aberglauben) gemeint. Nekromantie und Wahrsagerei im Zusammenhang mit der Beschwörung der Seelen von Toten (1 Sam 28, 7 bis 15) verbietet das Heiligkeitsgesetz (Lev 17–26). Daraus kann man schließen, daß versucht wurde, alle Formen der Magie zu unterdrücken, die in der heidnischen Welt üblich waren. Solche Strafbestimmungen gegen Zauberer und Hexen kennen wir auch sonst im Vorderen Orient, z. B. von Gudea von Lagasch (s. *Babylon und Israel). Während das Bundesbuch sonst eine Reihe seiner Bestimmungen aus der mesopotamischen Umwelt übernimmt, darf man annehmen, daß dieses summarische Verbot der Zauberei aus der neuen Einstellung hervorging, die sie als dem israelitischen Glauben zuwider verurteilte. Das bestätigen die Gesetzbücher des Deuteronomium und des Priesterkodex.

f) Ausdrucksweise der Gesetze: Auch im Stil, in dem die verschiedenen Gesetzbücher abgefaßt sind, zeichnet sich die Veränderung der Umwelt ab. Archaische Gesetze wie die des Bundesbuches stehen ohne Erklärungen oder Motive in trockener Formulierung, sei es als kasuistisches oder apodiktisches Gebot (s. oben). Im Gegensatz dazu steht der fließende, rhetorische Stil des Deuteronomium und die ursächlich begründete Art seiner Gesetze. Auf dieser Entwicklungsstufe will der Gesetzgeber seinen Leser überreden und gibt Erklärungen und Gründe, um seine Vorschriften zu festigen.

6. Das nachexilische Gesetz: Die *Restauration, welche die Juden nach dem babylonischen Exil in ihre Heimat zurückführte, leitete eine Entwicklung ein, in der das Gemeinwesen schrittweise seine ganze Existenz auf die Religion und auf das Gesetz als den vorzüglichsten Ausdruck dieser Religion stellte. Während in der Zeit vor dem Exil das Gesetz im wesentlichen die bestehenden Gewohnheiten und Kultbräuche festhielt, schreibt es diese jetzt vor. Jede Einzelheit des wirtschaftlichen und geistigen Lebens wurde nun durch überlegte und gewissenhafte Bezugnahme auf das Gesetz geregelt, so wie es ehemals dem Moses »gegeben« worden war und sich seitdem durch die nachfolgenden Weisen und in der späteren Geschichte entwikkelt hatte.

a) Die Schriftgelehrten: Diese Entwicklung brachte einen neuen Stand an die Spitze, nämlich die Ausleger des Gesetzes, die Schriftgelehrten. Ihre Vorläufer müssen in der Zeit des Josia gelebt haben (s. oben und Jer 8, 8). Die neue theokratische Verfassung oder besser Hierarchie von Judäa (s. *Restauration und Perserzeit, Esra und Nehemia, *Priester und Leviten, *Hasmonäer), die den Hohenpriester und sein Gefolge an die oberste Spitze der Gemeinschaftsordnung brachte, hatte die unerwartete Folge, daß sich die Priester in eine abgeschlossene, aristokratische Kaste verwandelten, die weit erhaben über dem gewöhnlichen Volk und seinen weltlichen Angelegenheiten stand. Das Volk suchte Belehrung bei intellektuellen Führern, die ihm und seinen Nöten näherstanden. Es fand sie in den Schriftgelehrten, die die Auslegung des Gesetzes und die Handhabung der Justiz übernahmen, die ursprünglich zum Amtsbereich der Priester gehört hatten (Lev 13, 2 ff; Dt 17, 9 ff; 33, 10; Jer 18, 18; Ez 44, 23; Mal 2, 7; 2 Chr 19, 8). Als unvermeidliche Folge davon verdrängten die Schriftgelehrten die Priesterschaft aus der Leitung der Gemeinschaft und der Handhabung der Justiz in ihr (s. *Verfassung, Verwaltung und Staatsformen).

Esra, obgleich selber Priester, tritt als der Schreiber par excellence hervor. Er stand in dieser Entwicklungsrichtung und bestärkte sie. Seit Esra und Nehemia waren die Schreiber als die berufenen Ausleger der Thora anerkannt. Sie waren es in der Hauptsache, die die mündliche Entwicklung des Rechts in der Zeit nach dem Exil umfangreich ausgestalteten.

b) Entwicklung des mündlichen Rechts: Das geschriebene Recht der Thora (Pentateuch) bedurfte nicht nur einer autoritativen Auslegung, um es für die Bedürfnisse einer sich verändernden Gesellschaft anwendbar zu machen, es mußte auch erweitert werden. Das Bundesbuch und selbst die späteren Gesetzbücher bieten kein System der Regelung für die Gesellschaftsordnung und vor allem nicht für eine Gesellschaft, deren Zustände grundlegend von den älteren Entwicklungsstufen des Volkes Israel verschieden waren. Infolgedessen hatten sich schon vor dem Exil Überlieferungen über die Ausdeutung und Erforschung des geschriebenen Gesetzes gebildet. Davon sind uns heute nur Auszüge erhalten geblieben. Das Gewohnheitsrecht aus der Zeit der Monarchie ist ohne Zweifel zum großen Teil untergegangen. Nach der Restauration nahmen die Schriftgelehrten diese älteren Überlieferungen auf und machten sie zur Grundlage einer tiefgreifenden Durcharbeitung aller Sphären des öffentlichen Lebens, um eine Sammlung mündlichen Rechts zu schaffen, die unter den veränderten Bedingungen anwendbar war.

Während man zur Zeit des ersten Tempels den Willen Gottes im Pentateuch enthalten glaubte, der die Regeln für die Gesellschaftsordnung Israels vorschrieb (s. unten), galt in der Zeit nach dem Exil der ganze Kanon des Alten Testaments als Ausdruck von Gottes Willen (s. z. B. Joh 10, 34; 12, 34; 15, 25). Die Gebote der Thora wurden absolut bindende Verpflichtungen für jeden einzelnen Juden ohne Rücksicht auf die Gemeinschaft oder das Land, in dem er lebte. Belohnung und Strafe für die Beachtung der Gebote oder den Ungehorsam gegen sie, trafen nun den einzelnen, nicht wie früher die Gemeinschaft als Ganzes (wie etwa die Einsetzung in das Gelobte Land als Lohn dafür, daß das Volk die Bedingungen des Bundes annahm, die Verbannung als Vergeltung für deren Mißachtung). Die Gesetzgebung des Pentateuch ließ bei dieser neuen Haltung keinerlei Änderung seines Inhalts mehr zu und machte die Gesetze der Thora unantastbar. Daraus ergab sich die Notwendigkeit, allmählich eine genaue Anweisung zu entwickeln für die Anwendung der Gesetze auf das eigentliche Leben. Die Lehrer des Gesetzes behaupteten, daß die Thora selbst in Wahrheit eine solche Anleitung enthielte, so daß die Gesetze der Thora jeder möglichen Situation genügten, wenn man sie nur richtig auslegte. Die Gesetze wurden in zwei ganz verschiedenen Weisen ausgelegt:

c) Miṣwôt sind Gottes Gebote und Verbote, ob apodiktisch oder kasuistisch.

d) Halakôt (Plural von *halakā*) waren die Lehren der Schriftgelehrten und Rabbiner über diese Gebote. Heutzutage bezeichnet man mit Halacha die Gesamtheit der Lehren, die um die Gebote heranwuchsen. Was das Gesetz genau bedeutete, war oft unklar und wurde unter den Lehrern zu verschiedenen Zeiten immer wieder von neuem umstritten. So bestand ein wichtiger Teil der Halachalehre darin, aus einer Reihe von verschiedenen Möglichkeiten die bestbeglaubigte Auslegung herauszufinden (s. *Mischna).

e) Das mündliche Recht: Diese Auslegungen, die einen geschriebenen Text einer neuen Lage anpaßten, bildeten das System des »mündlichen Rechts«, dessen sich später speziell die *Pharisäer annahmen. Diese leiteten die mündlichen Überlieferungen aus dem geschriebenen Gesetz ab und rechtfertigten sie durch ihre Auslegung. Geschriebenes und mündliches Recht zusammen gaben Rahmen und Stütze für das ganze weltliche und religiöse Leben Israels. Um dem mündlichen Recht ein gleichwertiges Ansehen zu geben, behaupteten die Pharisäer, daß es »dem Moses am Sinai gegeben« worden sei, zugleich mit dem geschriebenen Gesetz und sogar durch dieses, und nur nicht niedergeschrieben worden sei. Sie bestanden darauf, daß mündliches und geschriebenes Gesetz gleich bindend seien. Die legale Theorie jedoch unterschied zwischen beiden. Todesstrafe konnte nur bei Verletzung des geschriebenen Gesetzes verhängt werden. Außerdem verwarfen die Sadduzäer diese Art des Gesetzes durch Auslegung. Auch unter den Pharisäern konnte derselbe Text allzuoft dazu dienen, vollständig entgegengesetzte Ansprüche zu rechtfertigen. Zur Zeit des zweiten Tempels gab es viele Auseinandersetzungen über die Auslegungen (s. *Pharisäer; *Mischna).

Andere Sekten, z. B. die Essener (s. *Qumran) besaßen, wie es scheint, ihre eigenen, gesonderten Überlieferungen und Halachot über die Auslegung des geschriebenen Gesetzes. Diese unterschieden sich von denen, die die Rabbiner lehrten und anwandten, scheinen aber in der Bevölkerung ziemlich weit verbreitete Überlieferungen enthalten zu haben. Manche Essener besaßen im Volk großes Ansehen. Auch die ersten Jünger Jesu verwarfen das mündliche Gesetz der Rabbiner (s. *Jesus von Nazareth; *Christentum, Frühgeschichte; *Paulus).

Trotzdem wurde die Unterwürfigkeit unter das Gesetz das unzerstörbare Kennzeichen des orthodoxen Judentums seit der Makkabäerzeit (s. *Chasidäer; *Rabbiner; *Hasmonäer). Die Verfolgung in der frühhellenistischen Zeit und das darauf folgende kulturelle Aufblühen zu einer Schwerpunktsverlegung im Judentum vom Tempel und seinem Ritual auf das Leben jedes einzelnen Juden.

In der Abwehr gegen Hellenismus und Heidentum festigten die Juden immer mehr ihre Anhänglichkeit an das Gesetz der Vorfahren, d. h. an die Bewahrung ihrer religiösen, politischen und bürgerlichen Einrichtungen, wie sie das Gesetz ihnen vorschrieb, sei es nun das schriftliche oder aber das mündliche.

f) Leben unter dem Gesetz: Unter diesen Umständen entwickelte sich eine Auffassung vom »guten Leben«, die den Gehorsam gegen jede einzelne Vorschrift von Gottes Willen in sich enthält. Dieser Philosophie kam die Natur der israelitischen Religion entgegen, die ebenso praktisch wie theologisch war. Der Pentateuch legte den Ton auf das »Einhalten aller Worte des Gesetzes« und nicht auf ein Grübeln über die »Geheimnisse, die dem Herrn gehören«. Manche haben das religiöse Leben der Juden dahingehend beschrieben, daß es mehr eine Sache des Benehmens als des Glaubens sei, wenn es auch praktisch beides umfaßt. Das *š·ma'* (Dt 6, 4–9), das ohne Zweifel eine alte Bekenntnisformel ist, macht diesen Punkt ganz deutlich. Gesetz und Propheten des 8. bis 6. Jhdts. vor Chr. paßten den Glauben Israels an die Bedürfnisse des täglichen Lebens an. Die geschichtlichen und prophetischen Bücher weisen klar darauf hin, daß der Israelit im Durchschnitt nicht immer das Maß erreichte, das das Gesetz verlangte. Trotzdem war die Kunde des Gesetzes – wahrscheinlich seines früheren Teils, nicht des vollständigen Pentateuch von heute – die Grundlage, auf der sie während des Exils und der nachfolgenden Restauration einen viel höheren Grad ethischen und moralischen Bewußtseins erreichen konnten. Der einfache Jude, der den genauen Sinn mancher Gesetze und Anweisungen nicht kannte (besonders die über Befleckung und Reinigung; s. *Reinheitsgesetze) und jedenfalls nicht imstande war, sie einzuhalten, sank in die Klasse der *'am hā'āreṣ* (des »Landvolkes«) herab. Umgekehrt machten die *Pharisäer die peinliche Beobachtung jeder Vorschrift zu einem wesentlichen Teil ihrer Lebensweise.

g) Thorastudium: Die Bibel selbst verlangt beständiges Studium der Thora (Jos 1, 8; Ps 1, 2) und den Thoraunterricht für die jüngere Generation (Dt 6, 7). Mit der Entwicklung des mündlich überlieferten Gesetzes wurde diese Forderung durch die praktische Notwendigkeit noch mehr eingeschärft, und folglich wuchs ein großer Stand von Gelehrten auf, die sich dem genauen Studium der Thora widmeten. Da sie die Beschäftigung mit der Thora als etwas an sich Rühmenswertes betrachteten, wurden auch die Gesetze über Opfer und Reinigung immer weiter entwickelt und verfeinert, obwohl sie durch die Zerstörung des Tempels alle praktische Bedeutung verloren hatten. Aber als Teil der *miṣwôt* der Thora hielt man sich ihre Bedeutung gegenwärtig. Zu einer Zeit, wo sich der Jude auf keine andere Weise auszeichnen konnte, drängten die Pharisäer und Rabbiner darauf, daß ein Mensch durch Einhalten der *miṣwôt* immer seine Ehrfurcht vor der Thora beweisen könne und folglich immer auf künftige Erlösung hoffen dürfe. Der Prophet Amos (5, 21–24) und die Rabbiner (Genesis Rabbah 44, 1) sahen die Bedeutung der *miṣwôt* nicht so sehr im Gehorsam selbst, als in der günstigen Wirkung, die der Gehorsam auf den Menschen habe, der ihn übe. Das Gesetz zu studieren, ohne seine Vorschriften auszuführen, ist nicht verdienstvoll, verordneten sie (Jebamot 109 b). Es weicht weit von der Wahrheit ab, zu glauben – wozu heutiges Denken leicht neigt –, daß die Pharisäer und ihre Nachfolger von einer bösen Freude getrieben worden seien, das Leben bis in alle Einzelheiten durch Regeln zu beschränken, ohne Rücksicht auf geistige und religiöse Werte (s. *Pharisäer). Das Aufsuchen und Ausführen von *miṣwôt* war eine Last, die man gerne auf seine Schultern nahm. Solcher Lebenszucht fügte man sich ohne Widerwillen. Ihr ganzes Bestreben war, die Juden und das Judentum gegen jede Art von Drangsal und Versuchung zu schützen.

Die *Rabbiner von Palästina beschäftigten sich nicht in erster Linie mit Theologie oder Religion. Ihre Religion war in der Thora mit enthalten, um die sich das ganze jüdische Leben und Denken bewegte. Ihr Ziel war, die Anwendung des Gesetzes als Lebensregel für das Volk im größtmöglichen Maßstab zu sichern. In späterer, talmudischer Zeit (Makkot 23 b) zählte man 613 Gesetze oder »göttliche Vorschriften« im Pentateuch. Unter diesen bezogen sich viele auf Opfer und Tempeldienst, die nach der Zerstörung des Tempels nicht mehr ausführbar waren. Ferner bezieht sich ein Teil davon auf die rituelle Reinheit (s. *Pharisäer; *Mischna), auf die täglich wiederkehrenden Bräuche des Lebens, die mit Gebet und Speise zusammenhingen; andere sind Sonderregelungen, die nur bestimmte Teile des Volkes betrafen. Ganz allgemein machte die geheiligte Überlieferung die *miṣwôt* zur Grundlage der jüdischen Theologie, sie wollte den Menschen beständig an seine Zugehörigkeit zu Gott erinnern. Für eine rationale Erklärung bestand kein Bedürfnis. Sie wurde erst in mittelalterlicher Zeit versucht. Die Gebote waren gegeben, damit die Menschen sich an Gott erinnern sollten, und das war der einzige Grund ihrer Existenz. Bei jeder Gelegenheit wurde der Mensch an die Güte und das Dasein Gottes erinnert. Damit das Leben aber nicht einseitig würde, hatte Gott andere, auf Halachot beruhende Vorschriften gegeben, die dem Menschen den vollen Genuß der Welt, die er geschaffen hatte, erlaubten.

h) Einhaltung der Gesetze: Die biblische und rabbinische Literatur betont besonders die praktische Ausübung der Zeremonialgesetze, der *miṣwôt ma'assijôt,* nämlich der Speisegesetze (*kašrut*), der

Gesetze über den *Sabbat und die Feste (s. *Feste und Feiertage) und diejenigen, die sich auf *Beschneidung, Heirat (s. *Familie), *Begräbnis und Totenklage beziehen. So war jede Einzelheit des täglichen Lebens durch Gesetze geregelt. Man kann die Auswirkung dieses Zustandes auf das persönliche und das Gemeinschaftsleben an einigen Beispielen verdeutlichen:

i) Speisegesetze: Die hierfür grundlegenden Gesetze der Thora wurden durch das mündliche Gesetz erweitert und bildeten nach der Auslegung der Rabbiner eine Reihe von umständlichen Speisevorschriften, nach denen bestimmte Speisen und Herstellungsweisen verboten, andere in ihrer Verwendung eingeschränkt wurden (s. *Nahrungsmittel); z. B. konnte nur das Fleisch von bestimmten Tieren genossen werden, und es mußte sorgfältig darauf geachtet werden, daß man kein Blut zu sich nahm. Ferner durfte Fleisch nicht gleichzeitig mit Milchprodukten genossen werden. Zu den verbotenen Speisen gehörte das Brot, wenn kein Teigopfer davon abgesondert war, die Frucht des ersten Jahres, die Milch eines verbotenen Tieres und der Wein, wenn man wußte oder den Verdacht haben konnte, daß ein Götzendiener an seiner Bereitung beteiligt gewesen war.

j) Sabbat: Im Dekalog und überhaupt im Pentateuch wird großer Nachdruck darauf gelegt, daß der Sabbat ein Tag vollständiger Ruhe ist, an dem nicht gearbeitet wird (Ex 31, 17). Spätere jüdische Gesetze haben 39 verschiedene Arten von Arbeit unterschieden, die einen Bruch des Sabbatgebotes darstellen und haben durch eine umfangreiche Gesetzgebung die Sabbatruhe als Verdienst herausgestellt.

Seit ältester Zeit wurde der Sabbat als festlicher Tag begangen. Man trug seine besten Kleider und aß die feinsten Speisen. Neben den regelmäßigen Dank- und Lobgottesdiensten wurden nach dem Zeugnis von Philo und Josephus die Bibelstudien eine vorherrschende Beschäftigung am Sabbat (s. *Feste und Feiertage).

k) Kleidung: Der eifrige Jude konnte sich von seinen Mitmenschen durch das Tragen von ṣiṣit **(Abb. 483),** das sind »Lappen und Bänder« an den vier Ecken seines Gewandes, unterscheiden (Num 15, 38; Dt 22, 12). Allerdings wurden diese später in der Praxis an der Unterkleidung befestigt (s. *Kleidung).

7. Gesetz und Thora in neutestamentlicher Zeit: *a) Gesetzesverständnis der Juden in neutestamentlicher Zeit:* Das nachexilische Judentum zeichnete sich durch Gesetzestreue und gewissenhafte Gesetzesbeobachtung aus. Auch die Literatur dieser Zeit widmete dem Gesetz, seiner Auslegung und religiösen Bedeutung größte Aufmerksamkeit. Allerdings machte sich daneben mehr und mehr ein anderes Interesse bemerkbar, die gespannte Erwartung des nahe geglaubten messianischen Zeitalters.

Von der messianischen Zeit erhoffte man sich, daß Strafandrohungen und Verbote nicht mehr nötig sein würden. Jeder Mensch werde den Willen Gottes aus eigenem innerem Antrieb erfüllen. Das Gesetz mit seinen Sanktionen und einschränkenden Bestimmungen habe dann seinen Dienst getan und brauche nicht mehr urgiert zu werden. Obwohl die Umwandlung des menschlichen Herzens erst für die messianische Zeit erwartet wurde, meinten manche Juden, dem Gesetz schon in der »gegenwärtigen Zeit« die schuldige Achtung versagen zu können. Zumindest schwand die Hochschätzung des Gesetzes als einer für alle Ewigkeit gültigen Weisung Gottes. So ist es begreiflich, daß die *Rabbiner der messianischen Bewegung und allem, was sie mit sich brachte, mit Mißtrauen begegneten. Anderseits läßt sich nicht leugnen, daß viele Juden gerade im Hinblick auf die messianische Zeit das Gesetz um so eifriger beachteten. Durch Buße und vollkommene Gesetzeserfüllung, glaubten sie, könne das Kommen des Messias beschleunigt werden.

b) Essener (Qumransekte): In den Qumranschriften ist die fruchtbare Spannung zwischen Thorafrömmigkeit und eschatologischer Erwartung besonders stark zu spüren. Messianische Hoffnungen und strengste Gesetzesbeobachtung bildeten in Qumran keine Gegensätze. (Darin ähnelten diese Essener den judaistischen Kreisen der Jerusalemer Urgemeinde.) Gerade weil das Ende der Welt nahe sei, müsse man mit peinlichster Gewissenhaftigkeit den Geboten der Thora gehorchen. Aus Treue zum Gesetz hatten die Qumran-Essener auch alle Beziehungen zu der in ihren Augen ungesetzlichen Priesterschaft von Jerusalem abgebrochen und sich geweigert, am offiziellen Tempelgottesdienst teilzunehmen. Da es aber anderseits ebenfalls gegen das Gesetz verstoßen hätte, außerhalb des Tempels Opfer darzubringen, verzichteten sie auf jeden Opferkult. Wie die alten Propheten legten sie den Nachdruck auf echte Herzensfrömmigkeit und Übung der Tugenden, ohne die levitischen

Reinheitsvorschriften im geringsten zu vernachlässigen. Zugleich erwarteten sie einen neuen *Bund, der ihnen Vergebung der Sünden, den Heiligen Geist und die selige Gemeinschaft mit den Engeln Gottes schenken sollte.

c) Jesus und das Gesetz: Die Frage, wie sich der historische Jesus zum mosaischen Gesetz verhalten hat, ist auf Grund unserer Quellen, die bereits den späteren Standpunkt der apostolischen Kirche widerspiegeln, nur schwer zu beantworten. Sehr wahrscheinlich hat Jesus, der Art seiner Predigt gemäß, niemals grundsätzlich zum Problem der Thora Stellung genommen. Alle diesbezüglichen Aussagen der Evangelien (z. B. Mt 5, 17–18) erwecken den Eindruck, Gemeindebildungen zu sein. Trotzdem lassen sich aus Jesu Entscheidungen in Einzelfällen einige Prinzipien ableiten: 1. Jesus hat den Konzessionen des mosaischen Gesetzes an die menschliche Herzenshärte den ursprünglichen Willen des Schöpfergottes entgegengestellt (z. B. Mk 10, 5–9). – 2. Jesus hat die Forderungen der Nächstenliebe über eine legalistische Erfüllung kultischer Observanzen gestellt (Mt 5, 23–26; Mk 2, 23–28; 3, 4 u. ö.). – 3. Jesus hat die mündliche Überlieferung der Pharisäer abgelehnt und dafür die sittlichen Weisungen des Gesetzes eingeschärft (Mk 7, 5–13), wie es schon die großen Propheten Israels getan hatten.

Auch in seinem persönlichen Leben blieb Jesus ein gesetzestreuer Jude, der zu den Wallfahrtsfesten nach Jerusalem hinaufpilgerte und im Tempel betete. Anderseits ließ sich Jesus durch levitische Reinheitsvorschriften oder pharisäische Tabus nicht abhalten, sich mit notorischen Sündern an einen Tisch zu setzen und sie in seine Jüngergemeinschaft aufzunehmen.

d) Gesetz im Urchristentum: Die Haltung Jesu gegenüber dem Gesetz verdeutlicht, warum sich alle Richtungen innerhalb der Urgemeinde auf sein Wort oder Tun berufen konnten. Für die streng gesetzlich denkenden Mitglieder der Jerusalemer Gemeinde war es kein Problem, den Glauben an Christus mit der peinlichsten Treue zu den Vorschriften der Thora zu verbinden. Eine freiere Stellung gegenüber Tempel und Gesetz nahmen die hellenistischen Judenchristen unter Führung des Stephanus ein, und von ihnen ging der Anstoß zu einer Entwicklung aus, die im gesetzesfreien Evangelium enden sollte. Zunächst freilich missionierten die aus Jerusalem vertriebenen »Hellenisten« nur unter Heiden, die sich bereits als Proselyten oder »Gottesfürchtige« der Synagoge angeschlossen und wesentliche Vorschriften des mosaischen Gesetzes übernommen hatten.

Die eigentlichen Schwierigkeiten begannen erst, als auch Heiden, die nie zuvor mit dem Judentum in Berührung gekommen waren, nach der Taufe begehrten. Mußten diese Heiden den Weg zur Kirche unbedingt über das Judentum nehmen, mußte man sie zuvor beschneiden und auf das ganze mosaische Gesetz verpflichten? Unter den pharisäisch denkenden Judenchristen herrschte kein Zweifel, daß nur beschnittene und dem Gesetz ergebene Heiden Christen werden könnten. Es ist das historische Verdienst des Apostels *Paulus und seiner Mitarbeiter, einem gesetzesfreien Evangelium in der Urkirche Anerkennung verschafft zu haben (Gal 2; Apg 15). Paulus hatte erkannt, daß der gekreuzigte Christus an die Stelle des Gesetzes getreten war und daß der Mensch nur noch durch den Glauben an Christus, nicht aber durch Gesetzeswerke gerettet werden könne.

Man darf die jüdische Gesetzesfrömmigkeit aber nicht allein von der recht einseitigen Polemik des Galaterbriefes aus beurteilen. Paulus selber hat an anderen Stellen seiner Briefe auch auf den Nutzen und Wert des Gesetzes hingewiesen und sich nicht ohne Stolz seiner untadeligen pharisäischen Vergangenheit erinnert (Phil 3, 6). So spricht er nicht nur vom »Fluch des Gesetzes« (Gal 3, 13), sondern auch daß es »heilig und gerecht und gut ist« (Röm 7, 12). Deshalb kann die Kirche, obwohl sie mit Paulus das Gesetz als Heilsweg ablehnt, sich weiter in ihren Gebeten zu den bewegenden Zeugnissen alttestamentlich-jüdischer Gesetzesliebe bekennen (Ps 19; 119 u. a.).

Die paulinische Gesetzeslehre ist aus verschiedenen Gründen in der späteren Christenheit nicht immer richtig verstanden worden. Da auch die wissenschaftliche Exegese bis zum heutigen Tag über den Sinn mancher dunkler Aussagen diskutiert, liegt die Schuld sicher nicht nur auf seiten der menschlichen Beschränktheit oder gar Bosheit. Schon zu Lebzeiten des Apostels muß es Leute gegeben haben, die aus seiner Lehre den Schluß zogen, der Christ brauche sich um die Gebote Gottes nicht mehr zu kümmern und könne sogar durch vermehrtes Sündigen ein Übermaß an Gnade erlangen (Röm 3, 8; 6, 1). Dieser Libertinismus führte später in gnostischen Kreisen zu den schlimmsten Verirrungen auf sexuellem Gebiet. Um dem Mißbrauch der paulinischen Gnadenlehre zu wehren, half sich die Kirche mit der vereinfachenden, den Gedanken des Apostels sicher nicht treffenden Unterscheidung, durch Christus seien nur die Zeremonialgesetze des Alten Bundes, nicht aber die sittlichen Gebote des Dekalogs abgeschafft worden. Der Christ könne, von Gottes Gnade unterstützt, das ganze Sittengesetz erfüllen, was den Juden bislang unmöglich gewesen sei. Mit dieser Unterscheidung war den Gläubigen zwar eine brauchbare Richtschnur für ihr praktisches Handeln gegeben, das theologische Problem des Gesetzes aber nicht gelöst. Die Auffassung Christi als eines neuen Gesetzgebers und des Evangeliums als des neuen Gesetzes – Formeln, die richtig verstanden werden müssen – führte vielfach und zu unverhüllter Werkgerechtigkeit. Sogar das alttestamentliche Zeremonialgesetz war nicht wirklich überwunden, sondern feierte in mancherlei Formen seine Wiederauferstehung. So ist der Kampf, den Paulus mit dem ganzen Einsatz seiner Person für das gesetzesfreie Evangelium geführt hat, in der Kirche immer aktuell geblieben.

Gewichte und Maße

Gliederung: 1. Maße. a) Längenmaße; b) Flächenmaße; c) Hohlmaße. 2. Gewichte und Währungseinheiten, Geld. a) Kikkar (Talent); b) Sekel (Lot); c) Gera; d) Mine; e) Beka. 3. Archäologischer Befund. a) Pim; b) Beka; c) Kikkar; d) Zusammenfassung.

1. Maße: Die im AT erwähnten Gewichte und Maße geben auch Aufschluß über die Metrologie anderer alter Völker. Maße wie das des *kôr, hōmær* (Esellast), *se'ā, mānæh* oder *šæqæl* (s. unten 2b), die ursprünglich in Mesopotamien in Gebrauch waren, wurden in Kanaan zusammen mit den ägyptischen *'ēfā, hīn,* dem kanaanäischen *lætæk* und anderen verwendet. Die Israeliten hatten diese offensichtlich insgesamt von ihren Nachbarn übernommen und gebrauchten sie neben ihren eigenen Bezeichnungen. Das Verständnis wird dadurch erschwert, daß etwa eine mesopotamische Bezeichnung eine ägyptische Maßeinheit bedeuten kann.

Selbst ein Maß gleichen Namens kann unterschiedliche Werte haben. In Ägypten gab es eine lange und eine kurze Elle (= *'ammā*) und in Mesopotamien kannte man einen leichten und einen schweren *šæqæl.* Außerdem galten verschiedene Gewichte nur in bestimmten Gegenden. So gab es verschiedene Gewichtsmaße in Karkemisch und in Alalach. Eine weitere Schwierigkeit bildet die Tatsache, daß in der nach-exilischen Zeit die biblische Metrologie überhaupt nicht mehr im Gebrauch war; so werden derartige Hinweise durch spätere Schriftsteller oft nicht mehr eindeutig verstanden.

Besondere Präzision war im Altertum in dieser Beziehung auch nicht notwendig. Viele »natürliche« Maßeinheiten (z.B. Handbreit usw.) hatten sich nur nach bestehendem Brauch, nicht aber nach irgendeinem amtlichen Standardwert zu richten. Daher ist es außerordentlich schwer, eine exakte Definition der in der Bibel vorkommenden Bezeichnungen zu versuchen. Ein Vergleich mit modernen Maßeinheiten ist nur durch archäologische Funde möglich, wie z.B. Gefäße, denen eine Inhaltsangabe eingeschrieben ist, oder Meßstäbe aus Holz oder Stein von angegebener Länge.

a) Längenmaße: Die Längenmaße, die ursprünglich sowohl bei alten Völkern als auch in Palästina in alttestamentlicher Zeit üblich waren, sind von der Durchschnittslänge menschlicher Gliedmaßen abgeleitet. In alten Zeiten muß man zuerst mit dem Unterarm und mit der Hand gemessen haben. So galt der Abstand zwischen dem Ellenbogenknochen bis zur Spitze des Mittelfingers als Elle oder *'ammā* (*'ammat 'îš,* Dt 3,11). Die »Spanne« der Hand, d.h. der Abstand zwischen der Spitze des kleinen Fingers und der Daumenspitze bei gespreizter Hand (*zæræt,* Ex 28,16), macht etwa eine halbe Elle aus. Die Handbreite ist etwa ein Sechstel einer Elle oder macht die Breite von vier Fingern (*ṭōfaḥ,* Ex 25,25) aus; ein Finger (*'eṣba'*) ist daher eine viertel Handbreite. Alle diese Maße wurden allmählich zu präzisen Maßeinheiten, obwohl die ursprünglichen Bezeichnungen beibehalten wurden.

Größere Maße waren noch weitgehender individuellem Ermessen anheimgestellt. Unter Bogenschuß (Gen 21,16) verstand man die Entfernung, die ein Pfeil, von einem durchschnittlichen Schützen abgeschossen, zurücklegte. Der alttestamentliche Terminus »ein Stück Weges« (*kibrat hā'āræṣ,* Gen 35,16; 2 Kg 5,19) wurde verschiedentlich als eine Einheit von etwa 2000 bis 5000 Ellen oder als ein Zweistundenweg oder auch als eine halbe Tagesreise geschätzt. Größere Entfernungen werden durchweg in Tagereisen angegeben (Gen 30,36; 31,23; Joh 3,3 und 4 usw.).

Eine Maßeinheit, die für das Bauen wichtig war, stellte der Stab oder die Meßrute (*qānæ*) dar, die etwa 6 Ellen lang war. Der Text von Ri 3,16 gibt die Länge von Ehuds Schwert, das wohl eher ein Dolch war, mit einem *gōmæd* an; dies entsprach wahrscheinlich vier Handbreiten oder zwei Drittel einer Elle. Die gebräuchlichste Maßeinheit war jedoch die Elle (*'ammā*). Das Wort kommt vom akkadischen *ammatu*, der tatsächliche Meßwert entsprach aber mehr einer ägyptischen Maßeinheit. Die Elle hatte jedoch keine einheitliche Länge. Die »gewöhnliche Elle« (2 Chr 3,3) war gleich sechs Handbreiten; und so lang ist offensichtlich »die Elle« bei den Maßangaben des Bundeszelts und des Tempels (Ex 25–27; 36–38; 1 Kg 6–7; 2 Chr 3–4). Zur Zeit Ezechiels war jedoch eine zweite »lange Elle« in Gebrauch, die sieben Handbreiten maß. (Auf Grund fester ägyptischer Maßstäbe scheint die ägyptische Elle 51,63 cm oder 44 cm gemessen zu haben.) Die hebräische Elle scheint nur ganz wenig kürzer gewesen zu sein, als die gewöhnliche ägyptische Elle. Die deutlichste Angabe über die vor-exilische hebräische Elle findet sich am Kanal Hiskias, der sich von der Gihonquelle bis zum Teich Siloah hinzog. Eine Inschrift gibt die Länge des Tunnels mit 1200 Ellen an. Der unterirdische Kanal ist tatsächlich 533,1 m lang; demnach würde auf eine Elle 0,444 m kommen. Diese Angaben werden durch die Berechnung der Größe des runden »gegossenen Meeres« im *Tempel Salomos bestätigt. Wenn man einen immerhin verständlichen Irrtum von seiten des Schreibers einkalkuliert, so würden die in 1 Kg 7,23–26 beschriebenen Größenverhältnisse, nämlich 10 Ellen im Durchmesser, ein Fassungsvermögen von 1000 Bat (*bat*) ergeben (das wären 22 000 l, wenn man sich nach der Berechnung von W.F. Albright richtet, wonach 1 Bat = 22 l ist); daraus läßt sich für die Elle eine Länge von 0,44 m errechnen.

Die folgende Tabelle bringt eine Übersicht über die aus obigen Angaben resultierenden Vergleichswerte:

1 Meßstab = 6 Ellen
1 »gewöhnliche« Elle (0,44 m) = 6 Handbreit
1 »lange« Elle (0,518 m) = 7 Handbreit
1 Handbreit = 4 Finger
1 Finger = 0,018 m

b) Flächenmaße: Als häufigste Maßeinheit bei Flächenberechnungen kommt im AT das *semed* vor, was soviel wie »Joch« heißt (1 Sam 14,14); Jes 5,10). Man dachte dabei an eine Fläche, die mit einem Joch Ochsen in einem Tag gepflügt werden konnte. Im alten Orient war dies ein gebräuchliches Feldmaß. In Mesopotamien war die Größe eines solchen Jochs mit 6480 Quadrat-Ellen, also 16 Ar oder 1600 qm angegeben. Die Römer übernahmen es als *jugerum* (vom lat. *jugum* = Joch) mit einer Größe von 0,25 ha.

Man maß auch eine Fläche nach der Menge Getreidesaatgut, die zum Besäen nötig war (Lev 27,16; 1 Kg 18,32). Während der hellenistischen Zeit brauchte man $3^3/_5$ *ṣe'ā* (Scheffel, d.i. etwa 26 l; s. unten: Hohlmaße) um ein *jugerum* Feld zu besäen, und eine Esellast oder 30 Scheffel, um 2,1044 ha zu bebauen; demnach kommt ein Scheffel etwa 7 Ar gleich.

Talmud und Mischna haben das gleiche Feldmaßsystem: *bēt qāb, ṣe'ā* (784 qm), *kôr* usw. (Pea 1,6; Baba Batra 7,1 usw.). Um rechtwinklig abgegrenzte Flächen zu messen, ist das AT viel genauer; es gibt den Flächeninhalt in Ellen und Bruchteilen von Ellen an, indem »Quadrat...« bzw. »lang... breit« zugefügt wird (Ex 27,1; 28,16 usw.).

c) Hohlmaße: Die frühesten Hohlmaße waren ebenfalls von der »Natur« abgeleitet: Die Handvoll *qōmæṣ*, bei geschlossener Hand (Lev 5,12), die offene Handvoll *ḥōfæn* oder die Menge, die in beiden hohlen Händen zu fassen war (*ḥōfnajim;* Ex 9,8 usw.). Größere Quantitäten scheinen von bestimmten Haushaltsbehältern oder Schätzungen der Landleute abhängig gewesen zu sein, wie die Garbe oder das Bündel und die Lederflasche. Diese Maße können unmöglich in moderne Maßeinheiten übersetzt werden. Der einzige Anhaltspunkt für einen Schätzwert liegt in ihrem Vergleich mit »natürlichen« Maßstäben. In gewissen Fällen wurden bestimmte Nahrungsmittel nach bestimmten mehr oder wenigen präzisen Flüssigkeits- oder Trokkenrichtmaßen eingeteilt; und von deren Verhältnis zueinander kann das Fassungsvermögen abgeleitet werden (1 Sam 25,18; 2 Sam 16,1).

Folgende Bezeichnungen kommen im AT am häufigsten vor:

Homer (ḥōmær): Das größte (Standard) Trockenhohlmaß ist vom akkadischen *imeru* abgeleitet, das wörtlich Esellast (Lev 27,16; Jes 5,10; Ez 45,11 usw.) bedeutet. Man gebrauchte diese Bezeichnungen für Mengen, die vorstellbar waren (die größte Zahl, die erwähnt wird, ist 10).

Kor: Ebenfalls vom akkadischen *kurru* abgeleitet. Es war anscheinend ebensoviel wie das Homer (Ez 45,14) und war für sehr

große Mengen gebräuchlich (1 Kg 5,11).
Lætæk: Kommt im AT nur einmal vor (Hos 3,2). Spätere Übersetzungen (von Aquila, Symmachus und der Vulgata) sehen darin ein halbes Kor. Anscheinend war es dasselbe wie das phönikische *ltk*.
Epha: Ursprünglich war es gleich ein Zehntel Homer. Ezechiel (45,13; 46, 14) erwähnt ein Sechstel Epha, ohne eine eigene Bezeichnung dafür anzugeben. Aber im Text Ex 16,36 und Lev 5,11 wird ein Zehntel Epha *'omær* oder *'issārōn* genannt.
Bat: Es war ein Trockenmaß und ebensoviel wie das Epha (Ez 45,11; 1 Kg 7,26). Im Griechischen wurde es zu *bátos* (Lk 16,6). Man hat bei Lachis einen Vorratsbehälter **(Abb. 286)** gefunden, aus dessen Inschrift (*bt lmlk* – »königliches Bat« oder »Bat nach königlichem Maß«) hervorgeht, daß er auch als Flüssigkeitsmaß galt. W.F. Albright berechnete den Inhalt mit 22 l; und von daher hat man die Vergleichswerte anderer Maße abgeleitet. (Ihr Verhältnis zueinander geht meistens aus Angaben im biblischen Text hervor.)
Sea (Scheffel): Als wahrscheinlicher Ursprung wird Mesopotamien vermutet (Akkadisch: *sutu*). Es scheint den Meßwert von einem Drittel Epha gehabt zu haben (Gen 18,6; 1 Sam 25,18).
Hin: Ein Flüssigkeitsmaß ägyptischer Herkunft; Meßwert, wahrscheinlich ein Sechstel eines Bat (Ez 45,24; 46,5). Im Buch Exodus (29,40) ergibt das Hin vier Bat, und bei Ezechiel (46,14) sind es drei. Das aber scheint die Meßmenge für ein Kab zu sein.
Kab (*qāb*): Ebenfalls nur einmal als Trokkenmaß vorkommend (2 Kg 6,25), war es nach Meinung mehrerer Übersetzer soviel wie ein Drittel Sea.
Log: Das kleinste Flüssigkeitsmaß war nach Ansicht von Übersetzern ein Zwölftel eines Hin und ein Viertel eines Kab. In der Überlieferung des Talmud war ein Log gleich 6 Eier.
Ein ungefährer Vergleich mit modernen Maßeinheiten sieht folgendermaßen aus:

Homer/Kor (10 Epha)	220	*l*
Letek (0,5 Kor)	110	*l*
Epha, Bat	22	*l*
Sea (Scheffel)	7,3	*l*
Hin	3,66	*l*
Omer – Issaron	2,2	*l*
Kab	1,2	*l*
Log	0,35	*l*

Wenn man diese alttestamentlichen Maßeinheiten mit den im NT gebräuchlichen Bezeichnungen vergleicht, so stößt man auf gewisse Schwierigkeiten, weil die griechischen und römischen Bezeichnungen verschieden waren, um leichter mit jeweils landesüblichen Richtmaßen verglichen werden zu können. (*xéstēs* = 0,54 *l; choînix* = 1,08 *l; metrétēs* = 39,38 *l;* der römische *modius* = 9 *l*). Die Septuaginta hat einmal Bat mit *metrétēs,* zweimal mit *choûs* (1/12 Metretes) und dreimal mit *kotýlē* (= 1/2 Chous) übersetzt. Josephus stellt Metretes und Bat gleich (Altertümer III, 8,3; VIII, 2,9). Ein bei Qumran gefundenes Gefäß, das die Aufschrift trägt: »2 Sea und 7 Log« faßt 33,4 *l*. Demnach wäre das Bat (= 3 Scheffel) gleich 46,5 *l*. – Diese römischen Gewichte **(Abb. 287, 288)** des 1. und 2. Jahrhunderts n. Chr. waren Meßeinheiten für Schnellwaagen mit Laufgewichten und für Hängewaagen **(Abb. 289).**
2. Gewichte und Währungseinheiten, Geld: Das Verbum »wiegen« (= *šāqal*) und der Vorgang des Wiegens war bei allen semitischen Völkern praktisch gleich. Gewöhnlich machte man Gewichte aus Stein (hebr. *'æbæn*), deshalb nannte man sie im AT einfach »Steine«. »Taschen-Steine« nannte man die Gewichte, welche die Händler in einer Leinentasche bei sich trugen (Pred 16,11; Mich 6,11 usw.); im Akkadischen war derselbe Ausdruck gebräuchlich (*uban kisi*). Man hat jedoch auch viele alttestamentliche Gewichte gefunden, die aus Metall gegossen waren (dies bezeugt z.B. auch der in **Abb. 290** gezeigte Kupferbarren aus Zypern, der aus der Zeit zwischen 1400 und 1200 v. Chr. stammt). Zur Zeit der Perserreiche kamen Metallmünzen in Gebrauch, deren Gewicht eingeprägt war, und die Gewichtsbezeichnungen gaben dann den Münzen den Namen.
Im At werden sieben Gewichte erwähnt: Kikkar, Mine, Sekel, Beka, Gera, Pim und Kesitta. Die relativen Werte (und für Pim der absolute Wert) können vom AT oder von archäologischen Funden her berechnet werden. *Qesīṭā* (Gen 33,19; Jos 24,32; Job 42,11) ist eine uralte Bezeichnung unbekannter Herkunft; man kennt den Wert dieser Währungseinheit nicht. Um den Wert der übrigen Bezeichnungen bestimmen zu können, muß man den der ersten drei kennen:
a) Kikkar (oder Talent) ist die größte im AT erwähnte Währungseinheit. Es ist akkadischen Ursprungs, und die Münze hieß so, weil sie rund war. Ex 38,25–26 heißt es, der Beitrag von je einem halben Sekel (Lot) der 603 550 »Gemusterten der Gemeinde wog 100 Talente (Kikkar) und

Abb. 286. Fragmente eines Kruges, der bei Lachis gefunden wurde. Die Inschrift besagt, daß er ein »königliches Bat« aufnehmen konnte (22 Liter)

Abb. 287–289. Römische Gewichte (1. und 2. Jhdt. n. Chr.), die sowohl für Hängewaagen als auch für Laufgewichtswaagen (unten rechts) benutzt wurden

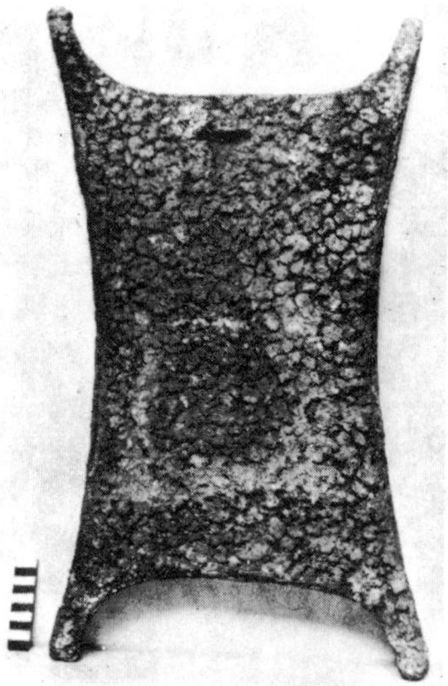

Abb. 292. Gewicht aus der Zeit Nebukadnezars II., das einer Mine entsprach

Abb. 290. Kupferbarren aus Zypern (1400–1200 v. Chr.), der als Gewicht benutzt wurde

Abb. 291. Bronzegewicht aus Ugarit (14.–13. Jhdt. v. Chr.) mit der Inschrift 20 (Sekel)

Abb. 293. Bleigewicht aus Asdod

Abb. 294. Bronzelöwe im Gewicht von zwei Minen

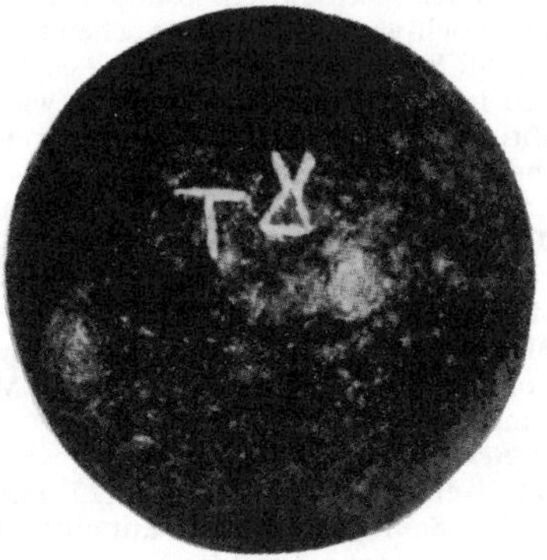
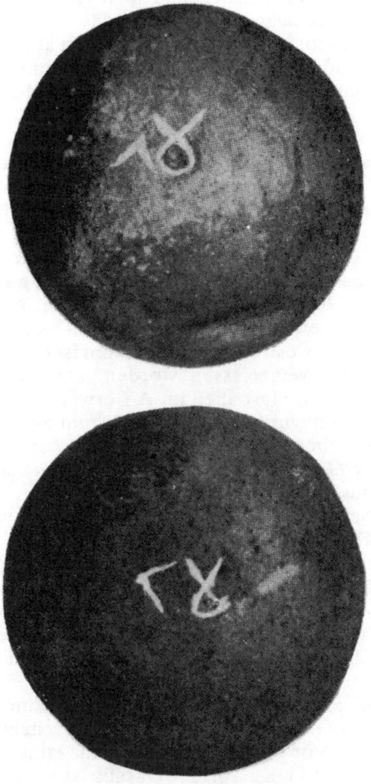

Abb. 295. Gewichte aus Lachis (7.–6. Jhdt. v. Chr.). Die Inschriften geben höchstwahrscheinlich das Gewicht in Sekel an

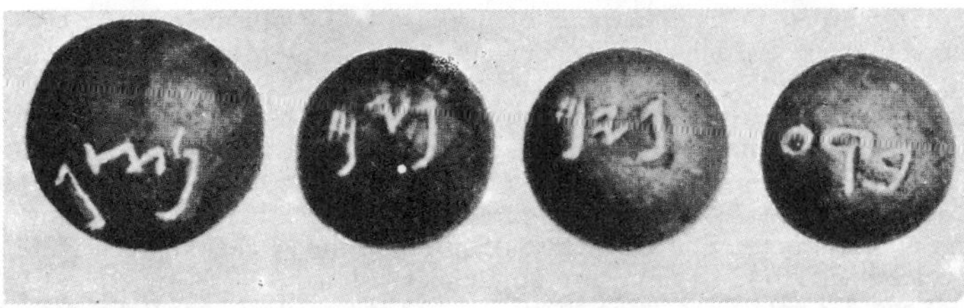

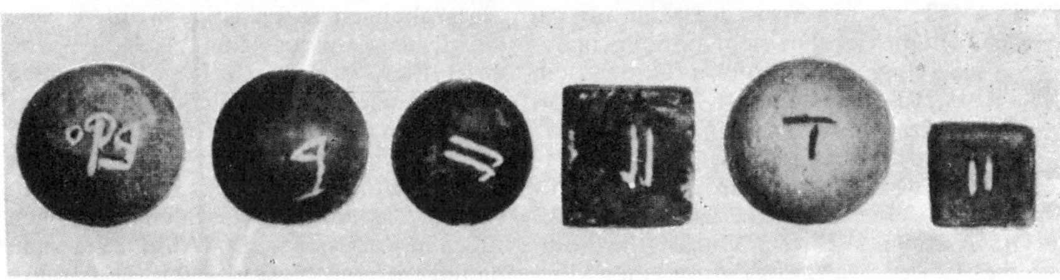

1775 Sekel (Lot)«. Demnach machten 3000 Sekel (Lot) ein Talent (Kikkar) aus. In Kanaan-Ugarit war das Verhältnis ebenso, in Mesopotamien waren allerdings 3600 Sekel ein Talent. Wahrscheinlich hat man in Kanaan das alttestamentliche Gewichtsmaß übernommen.

b) Sekel (oder Lot): Der Name bedeutet »Gewicht«. Diese Einheit war wohl die gebräuchlichste; sie kommt vom akkadischen *šiglu*. Wie bekannt diese Einheit war, kann man aus dem hebräischen Text von Gen 20,16 sehen, wo es einfach heißt »ein Tausend Silber«, ohne daß man es nötig fand, die Bezeichnung Sekel zuzufügen; es war also selbstverständlich. Auch in vielen anderen westsemitischen Texten ist das Wort Sekel weggelassen worden. Der relative Wert von fast allen im AT erwähnten Einheiten wurde im Verhältnis zum Sekel angegeben.

c) Gera: Auch diese Bezeichnung kommt aus dem Akkadischen (*giru*, womit der Same des Johanniterbrotes gemeint war). Das Buch Exodus gibt den Wert eines Gera mit einem Zwanzigstel eines Sekel an. Das babylonische *giru* war ein Vierundzwanzigstel eines Sekel und bleibt somit im Verhältnis 3000 : 3600 des Kikkar (Talent). Die Teilung des Sekel in 20 Einheiten entspricht kanaanäischer Tradition.

d) Mine: (akkadisch: *manu*) Die Mine war das Gewicht von fünfzig oder sechzig Sekel. Vor dem Exil wird sie nur einmal erwähnt (1 Kg 10,17). Daraus ist zu schließen, daß während der frühen Zeit des AT Gewichte nur mit Sekel oder Kikkar ausgedrückt wurden; in Kanaan war es ebenso (Berechnungen in den ugaritischen Inschriften werden fast immer in Sekel und Talenten – ganz selten in Minen – angegeben). Dieses Bronzegewicht aus Ugarit **(Abb. 291)** aus dem 14.–13. Jhdt. v. Chr., das als Inschrift das Symbol für »20« trägt, wiegt 468,5 Gramm. Die Gewichtseinheit wäre demnach 23,42 Gramm, also doppelt soviel wie der palästinensische Sekel.

Ez 45,12 gibt den Wert der Mine mit 60 Sekel an; dies ist aber wohl auf seine babylonische Umgebung zurückzuführen. Dem in **Abb. 292** dargestellten 1-Mine-Gewicht Nebukadnezars II. (605–562 v. Chr.) lag ein Wert zugrunde, der seit dem 2. Jahrtausend v. Chr. als Standardgewicht gegolten hatte. Ein Gewicht Salmanassars V. von Assyrien (726–722 v. Chr.), in Form eines Löwen, war zwei Drittel einer Mine wert. Dieser Bronzelöwe wog 2 Minen **(Abb. 294).** Aus den Einzelheiten, die Ezechiel angibt, könnte man folgern, daß beide Währungseinheiten gleichzeitig in Gebrauch gewesen sein könnten. Die kanaanäisch-israelitische Mine scheint soviel wie 50 Sekel gewesen zu sein (sie bleibt also im selben 50 : 60-Verhältnis wie die übrigen Gewichte), in Ugarit waren es ebenfalls 50 Sekel. In Texten, wo es um Zahlung von 50, 100 oder 200 Sekel geht (Dt 22,19 und 29; 2 Sam 18,12; 1 Kg 10,17), sind vielleicht eine, zwei oder vier Minen gemeint. Das in **Abb. 293** gezeigte Bleigewicht, das 1963 in Asdod gefunden wurde, wiegt 600 g und könnte eine Mine sein.

e) Beka (*beqa'*): Dieses Gewicht wird im AT zweimal erwähnt (Gen 24,22 und Ex 38,26). Sein Wert ist genau mit einem halben Sekel angegeben (das Wort *beqa'* bedeutet Bruchstück oder Teil).

Der Sekel ist außer in Beka und Gera auch in Viertel (Reba) und Drittel unterteilt (1 Sam 9,8; Neh 10,32). Man hat in Palästina diesbezügliche archäologische Hinweise gefunden.

Eine weitere Bezeichnung, mit der ein Gewichtsmaß gemeint ist, ist *peres;* es ist in der berühmten »Schrift an der Wand« aus dem Buch Daniel (5,25 und 28) erwähnt. Man hat vermutet, daß es eine halbe Mine (oder ein halbes Sekel) bedeutet. Aber wenn es auch in einer zweisprachigen (akkadisch-aramäisch) Inschrift vorkommt, so ist sein Wert dennoch unbekannt.

Die relativen Werte dieser Gewichte sind aus folgender Tabelle ersichtlich:

Mine zu 50 Sekel		*Mine zu 60 Sekel*	
1	Kikkar (Talent)	1	Kikkar (Talent)
60	Minen	60	Minen
3 000	Sekel	3 600	Sekel
6 000	Beka	7 200	Beka
60 000	Gera	86 400	Gera

Um jedoch einen Begriff vom tatsächlichen Wert nach heutiger Währung zu erhalten, muß die Archäologie zu Hilfe genommen werden.

3. Archäologischer Befund: Im Verlauf der Ausgrabungen in Palästina wurden viele Gewichte gefunden. Einige davon waren beschriftet, die meisten trugen jedoch keine Bezeichnungen. Die meisten der beschrifteten Gewichte (allein diese sind hier relevant) stammen aus der Zeit des späten Königtums (7. bis 6. Jhdt. vor Chr.). Gewichte, die mit einem schleifenförmigen Zeichen versehen sind **(Abb. 295;** man nimmt an, daß diese »Sekel« bedeuten), wurden bei Lachis und anderswo gefunden. Das (auf der Abbildung sichtbare) linke Zeichen stellt vermutlich die Zahl der Sekel dar. Man hat insgesamt 35 solcher Gewichte geprüft. Daraus ergab sich, daß ein Sekel 11,4 g gewogen haben muß. Die Gewichte, die dieses Zeichen trugen, wurden sämtlich innerhalb des Königreiches Juda gefunden. Daher und aufgrund anderer Hinweise hat dann Y. Yadin gefolgert, das Symbol sei für eine grobe Skizze eines Skarabäus, das Symbol des judäischen Königshofes, zu halten. Aufgrund dieses Zeichens liegt die Vermutung nahe, daß die Gewichte offiziell genehmigt (geeicht) waren. Sie waren – in der Sprache des AT – »nach königlichem Gewicht« (2 Sam 14,26).

Eine andere Gruppe von Gewichten, die in Juda gefunden wurden, trugen die Inschrift: *nṣf*. Sie waren durchschnittlich 9,84 g schwer. Vielleicht waren das minderwertige »leichte« Sekel. Oder aber, sie waren aufgrund der arabischen Bezeichnung für halb- (*nisf*) Hälften einer Gewichtseinheit von 19,70 Gramm. In der israelitischen Metrologie ist ein solches Gewichtsmaß unbekannt, wohl begegnet es in Ugarit. Aber vielleicht kommt es aus irgendeinem anderen, verlorengegangenen Maßsystem, oder von kanaanäischen Kaufleuten.

Andere Gewichte, die in Lachis gefunden wurden **(Abb. 295)**, tragen die Inschrift: 1. *nṣf* ($^5/_6$ eines gewöhnlichen Sekel); 2. und 3. *pjm* ($^2/_3$ Sekel); 4., 5. und 6. Beka ($^1/_2$ Sekel); 7. und 8. $^1/_3$ Sekel; 9. unbekannt; 10. Zeichen für $^2/_{12}$ (vielleicht vom *nṣf*-Sekel).

a) Pim: Nur einmal wird diese Einheit im AT (*pājim*) erwähnt (1 Sam 13,21), und zwar in einem unübersetzbaren Kontext. Es wurden 8 Pim-Gewichte gefunden, die durchschnittlich 7,8 g wogen. Dies scheint jedoch nicht in das israelitische Gewichtssystem zu passen. Man hat es aber auch schon als $^2/_3$ Sekel von 11,4 g gedeutet. Andere glauben, es sei ausländischer Herkunft.

b) Beka: Nur für den Beka ist im AT der genaue Wert (mit $^1/_2$ Sekel) angegeben. Auch das Gewicht dieser Werteinheit konnte anhand von Ausgrabungen festgestellt werden. Einige Funde sind mit dem Wort *beqa'*, andere nur mit einem *b* beschriftet. Allerdings beträgt das Durchschnittsgewicht aller gefundenen Beka-Stücke 6,11 g, und das ist viel mehr als die Hälfte des für das Sekel angenommenen Gewichts von 11,4 g. Bis jetzt hat sich noch keine befriedigende Erklärung dieser Unterschiedlichkeit finden lassen.

c) Kikkar (Talent): Wenn ein Sekel 11,4 g gewogen hat, so wären das für das israelitische Talent (3000 Sekel) etwas mehr als 34 kg. Das Gewicht der Mine aus Stein des Nebukadnezar wiegt 978 g. Danach wäre das Talent jedoch 58,68 kg schwer und nach dem Gewicht (in Form eines Löwen) Salmanassars sogar 59,82 kg. Man geht sicher in der Annahme, daß es sich hierbei um »schwere« oder Doppeltalente handelt, da es ja eine Gewichtsserie mit gleichen Namen, aber nur halbem Wert gibt. »Leichte« Talente aus Mesopotamien scheinen zwischen 29,76 und 30,27 kg gewogen zu haben. Wahrscheinlich lag das allgemein anerkannte Standardmaß bei 30 kg.

Man hat verschiedene andere Gewichte gefunden, die zwar Bezeichnungen trugen, deren Wert jedoch ungewiß bleibt. So trug z. B. ein Gewicht aus Petra, das 45,36 g wog, die Inschrift *ḥamišā* oder *ḥamēšæt* (? 5). Ein Gewicht von 10,6 g hatte die Bezeichnung *š·lōšæt* (vielleicht drei). In Geser und Lachis wurden fünf Gewichte mit einer Wertangabe gefunden. Aber wir wissen nicht, zu welchem Gewichtssystem sie gehört haben mögen.

d) Zusammenfassung: Wenn es auch schwerfallen dürfte, die in der Bibel erwähnten Maße zu präzisieren, so ergibt sich dennoch ein recht klares Allgemeinbild. Dies läßt sich anhand der folgenden Beispiele darstellen: Der Tempel Salomos war 60 Ellen (26,60 m) lang, 20 Ellen (8,80 m) breit und 30 Ellen (13,30 m) hoch. Ein Joch war etwa 16 Ar groß, ein »Sabbatweg« etwa 1 km lang. Im Gleichnis vom Sauerteig (Mt 13,33) werden drei Scheffel (Sea) erwähnt; nach den Angaben des Josephus (Altertümer IX, 4,5) wäre dies 3 × 13,131 l (1 Saton = $1^1/_2$ röm. modius) = ca. 40 l, nach Mischa/Menahot VII, 1 (1 Epha = 3 Sea = 21,83 l = $2^1/_2$ Sea »nach Jerusalemer Maß«) ca. 22 l. Im Gleichnis vom ungerechten Verwalter (Lk 16,6–7) betragen die 100 Bat Öl je nach der Berechnung 3600 l bzw. 2000 l und die 100 Kor entweder 36 000 l oder 22 000 l.

Gezer

Gliederung: 1. Frühzeit und außerbiblische Zeugnisse. a) Frühe Stadtsiedlung; b) Städte der Bronzezeit; c) Anwesenheit der Ägypter; d) Zeugnis der Amarnabriefe. 2) Von der Landnahme bis zum Ende des Reiches Israel. a) Gezer während und nach der Landnahme; b) Die Philister in Gezer; c) Gezer in Salomos Reich; d) Nach der Reichsteilung. 3. Nachexilische Zeit. a) Perserzeit; b) Hasmonäerzeit; c) Römerzeit.

Gezer war einer der bedeutendsten Orte Judas, ununterbrochen bewohnt vom chalkolithischen Zeitalter an (4. Jahrtausend v. Chr.) bis zur römischen und byzantinischen Zeit. Es stand an der Wegscheide zwischen den Reichen Assyrien und Ägypten, da wo die Vorberge des judäischen Hochlandes an die Ebene der Philister grenzten.
Die Ruinen von *tell ğezer* wurden zuerst 1878 n. Chr. von dem französischen Archäologen Clairmont-Ganneau entdeckt. R. A. S. Macalister aus England führte 1902/03 Ausgrabungen durch im Auftrag des Palestine Exploration Fund. Weitere Ausgrabungen an der Westseite des *tell* veranstaltete A. Rowe 1934. Die großen Fortschritte der Archäologie seit dieser Zeit haben neuerdings für manche alten Funde eine neue Deutung ergeben. Eine neue Ausgrabungskampagne startete 1965 unter der Leitung von G. E. Wright, die bisher auf Feld I die Befestigungsanlagen der Bronzezeit und auf Feld II diejenigen der Salomonischen Zeit sondierte.
1. Frühzeit und außerbiblische Zeugnisse: *a) Frühe Stadtsiedlung:* Die ältesten Schichten gehörten zu einer unbefestigten Siedlung, in welcher sich Gräber mit Spuren von Brandbestattung befanden – eine Sitte, die bis jetzt noch nicht befriedigend erklärt ist. Die Siedler dieser Zeit kamen offenbar von Nord und Ost. Ihre Keramik ist derjenigen verwandt, die man in den Gräbern von Jericho aus der gleichen Periode gefunden hat.
b) Städte der Bronzezeit: Die Stadt aus den Schichten der Frühbronzezeit, 3. Jahrtausend v. Chr., hatte an Umfang zugenommen und war von einer steinernen Mauer und einem Wall aus gestampfter Erde umgeben. Dieses Glacis stellte allerdings nach den Ausgrabungen von G. E. Wright mit der Außenmauer, die ursprünglich wahrscheinlich im 18. Jhdt. v. Chr. erbaut wurde, einen Ergänzungsbau der Mittelbronzezeit II zur Innenmauer dar. Während der späten Bronzezeit (1580–14. Jhdt. v. Chr.) wurde die Außenmauer der Stadt, als die Innenmauer nicht mehr als Stadtmauer diente, in Stein erneuert, 4 m dick, und mit quadratischen Türmen befestigt. Ein gewaltiges Tor stand am Südende der Stadt. Das Tor hatte drei Durchlässe, einer hinter dem anderen, und war außerdem von zwei Türmen an der Stirnseite geschützt. Rowe fand einen zusätzlichen Befestigungsbau aus der mittleren Bronzezeit, ferner Höhlen, Gräber und Zisternen.
c) Anwesenheit der Ägypter: Die Schicht aus der mittleren Bronzezeit erbrachte auch mannigfaltige Gegenstände, die aus Ägypten eingeführt waren. Das archäologische Zeugnis für Beziehungen zu Ägypten wird durch die erste schriftliche Erwähnung von Gezer ergänzt. Diese steht in ägyptischen Inschriften aus dem neuen Reich (15. Jhdt. v. Chr.). Bei einem Feldzug Thutmosis' III. in diesem Jahrhundert wurde die Stadt zerstört, und er brüstete sich dieses Sieges (s. *Ägypten).
d) Zeugnis der Amarnabriefe: Elf Briefe aus dem Fund von *tell el-'amārna* (14. Jhdt. v. Chr.; s. *Amarnabriefe) erwähnen Gezer und die Namen von dreien seiner Herrscher. Diese Namen lassen semitischen Ursprung der Könige und vermutlich auch ihres Volkes erschließen. Gezer war eine der bedeutendsten befestigten Städte in Palästina und sein König Milkili versuchte, das nördlich anschließende Gebiet unter seine Herrschaft zu bringen. Das verwikkelte ihn in Krieg mit dem König von Jerusalem. Die Amarnabriefe reden von den beständigen Streitigkeiten der Herrscher von Gezer mit anderen kleinen Stadtkönigen und mit den Ägyptern. Auch in den Ruinen von Gezer selbst wurde eine Schrifttafel gefunden, ein Brief an den König von einem ägyptischen Beamten, der in einer Nachbarstadt eingesetzt war und eine Lieferung von sieben Stieren verlangte. Milkili wandte sich im Zorn gegen Ägypten und ging dabei so weit, die ägyptischen Karawanen auszurauben, die ihren Weg nach Norden und Osten durch die Stadt nahmen (s. *Straßen, Beförderungsmittel, Handelswege). Wegen dieses Aufstandsversuchs wurde er abgesetzt.
Die Stadt dieser Periode (Spätbronzezeit und frühe Eisenzeit) erhielt ihr Wasser durch einen Tunnel von 67 m Länge, der das Wasser von einer Quelle außerhalb des Tors in die Stadt brachte (s. *Wasserversorgung). Am Nordende des *tell* befand sich eine Reihe von steinernen Menhiren, 1,5 bis 3 m hoch, die seit dem 21. Jhdt. v. Chr. aufgerichtet worden waren. Sieben davon standen noch aufrecht **(Abb. 296).** Es war wahrscheinlich eine Reihe von Grabsteinen von bedeutenden Personen, vielleicht von den Königen von Gezer. Außerdem fand man in Gezer auch aus Mykene und Zypern eingeführte Keramik, wie es sie in der benachbarten Gegend der Philister in Überfülle gibt.
2. Von der Landnahme bis zum Ende des Reiches Israel: *a) Gezer während und nach der Landnahme:* Die Bibel erwähnt Gezer recht häufig in den ersten Stadien der Landnahme. Nachdem Josua den Bund der

Abb. 296. Menhire in Gezer, eineinhalb bis drei Meter hoch, die man ab dem 21. Jhdt. v. Chr. aufgerichtet hatte. Sieben davon standen noch

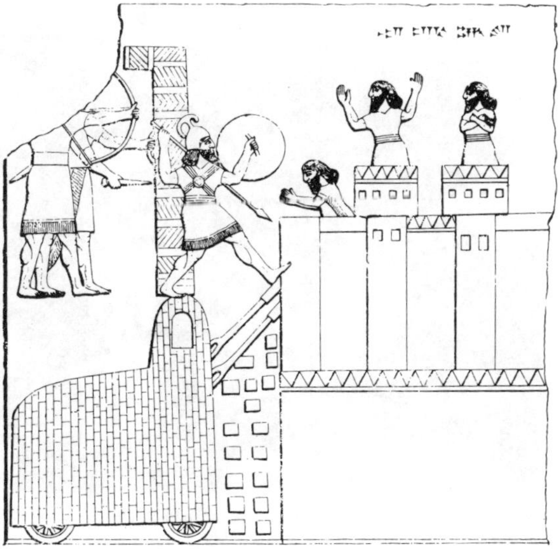

Abb. 297. Teil eines Reliefs aus Nimrud zur Zeit Tiglatpilesars III. (2. Hälfte des 8. Jhdts. v. Chr.). Gazru (Gezer?) wird mit Mauerbrechern bestürmt

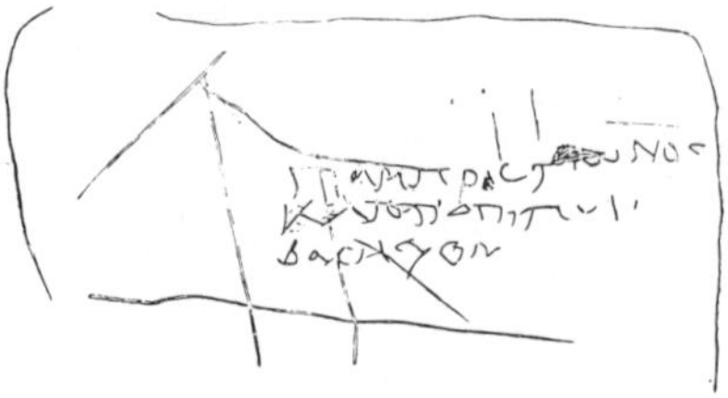

Abb. 298. Als Simon, der Hasmonäer, Gezer wieder für Juda eroberte, verbannte er alle heidnischen Bewohner und siedelte Juden an. Ein aufgefundenes Graffito deutet an, wie wenig diese Politik von den ehemaligen Einwohnern geschätzt wurde: »Möge Feuer den Palast des Simon verzehren, das sagt Pampras.«

Abb. 299. Diese in Fels gehauene Inschrift *tehum gezer* (Grenze von Gezer) half, die alte Stadt zu lokalisieren

Abb. 300. Diese Ruinen sind höchstwahrscheinlich Überreste der Hasmonäerburg, die Simon nach Gezers Rückeroberung (142 v. Chr.) baute

südlichen Kanaanäer erschlagen hatte, kam Horam, der König von Gezer, diesen zu Hilfe (Jos 10,33; 12,12) und erlitt eine Niederlage. Aus anderen Stellen ist ersichtlich, daß die Israeliten die Stadt nicht einnahmen. Auch die Ausgrabungen haben kein Anzeichen dafür ergeben, daß die Stadt im 14. oder 13. Jhdt. v. Chr. zerstört worden wäre. In der ganzen Periode der israelitischen Landnahme scheint Gezer ein kanaanäischer Stadtstaat geblieben zu sein, der den westlichen Endpunkt der Kette selbständiger, kanaanäischer Städte bildete, die die südlichen und zentralen israelitischen Stämme voneinander trennte. Die Überlieferung der Bibel behauptet, daß Gezer den erobernden Israeliten Tribut gezahlt habe (Jos 16,10; Ri 1,29).
Abgesehen von Josuas Eroberung behauptet auch der Pharao Mernephtah, Gezer erobert zu haben. Auf seiner »Israelstele« (1219 v. Chr.; s. *Auszug aus Ägypten; *Ägypten und seine Beziehung zu Israel; *Landnahme) steht der Satz: »Kanaan wurde geplündert, Askalon erobert, Gezer beschlagnahmt.« Offenbar haben die Ägypter die Küstenstädte, die die Israeliten erobert hatten, wieder in ihre Hand gebracht, damit nicht das feindliche Volk die Aufsicht über die Straße am Meer gewinne, die eine lebenswichtige Verkehrslinie des ägyptischen Reiches war.
b) Die Philister in Gezer: Als die Philister im 12. Jhdt. v. Chr. ins Land kamen, scheinen sie Gezer erobert und zu ihrer Operationsbasis gemacht zu haben, von der aus sie Ephraim zu erobern versuchten (s. *Philister). David warf sie zurück »von Geba (Gibeon) bis Gezer« (2 Sam 5,25; 1 Chr 14,16), doch auch nachdem er sein Reich gefestigt hatte, mußte er immer noch gegen die Philister von Gezer kämpfen (1 Chr 20,4) Dann schweigt die Überlieferung über das Schicksal der Stadt bis in die spätere Zeit von Salomos Regierung. Damals haben die Ägypter Gezer zerstört und verbrannt und nach dem biblischen Bericht kanaanäische Einwohner niedergemetzelt. Die Ausgrabung von Gezer wurde durchgeführt, ehe die Technik der Archäologie sich hinreichend entwickelt hatte, um die aufeinanderliegenden Reste verschiedener Perioden zu entwirren, so daß sie den Beweis für die Zerstörung der Stadt schuldig blieb.
c) Gezer in Salomos Reich: Nach 1 Kg 9,15 f wurde Gezer dem Reich Salomos als Teil der Mitgift, die er bei der Heirat mit der Tochter des Pharao Scheschonk (Sisak) erhielt, eingefügt.
Salomo baute Gezer wieder auf (10. Jhdt. v. Chr.) und befestigte es. Das Stadttor dieser Periode, das Macalister ausgegraben hat, hedoch der Makkabäerzeit zuwies, hatte vier Durchlässe hintereinander und gleicht, wie Y. Yadin neuerdings bewies, im Bauplan den Toren von Megiddo und Hazor. Offenbar baute Salomo alle drei Befestigungen nach demselben Plan. Aus dieser Zeit stammt der »Gezer-Kalender« (s. *Ackerbau und Viehzucht 1 f), eine Tontafel in kanaanäischer Mundart, die dem Hebräisch der Bibel sehr nahesteht, mit einer Liste der Monate und ihrer landwirtschaftlichen Beschäftigung.
Nach B. Mazar gehörte Gezer bei der Verwaltungsordnung des Landes während der frühen Königszeit zum zweiten Bezirk von Ephraim (1 Kg 4,8). Zweimal wird es als Levitenstadt im Gebiet von Ephraim erwähnt (Jos 21,21; 1 Chr 6,67).
d) Nach der Reichsteilung: Nach dem Ende der Regierung Salomos wird Gezer im AT kaum noch erwähnt. Es wird auf einem Relief des Sisak im Tempel von Karnak als eine der Städte genannt, die er während seines Feldzugs in Palästina kurz nach dem Tod des Salomos im 5. Jahr des Rehabeam eroberte (s. *Israel und Juda 2). B. Mazar glaubt, daß die Ägypter zuerst Gezer eine Zeitlang besetzt hatten, und es dann zerstörten (s. *Ägypten und seine Beziehung zu Israel). Die Ausgrabungen haben bewiesen, daß die Stadt kurz nach diesem Feldzug aufgegeben wurde und daß nur ein paar arme Siedler zurückblieben. Auf Grund der Ausgrabungsergebnisse meint K. Kenyon, daß Gezer zwischen 960 und 500 v. Chr. nur spärlich bewohnt war.
Im Ort dieser Zeit (vor und während der assyrischen Einfälle) hat man etliche Münzen und Gewichte gefunden mit dem Stempel *lmlk* [Siegel] des Königs (s. *Siegel; *Gewichte und Maße). Eine Zeichnung auf einem Relief aus Nimrud aus der Zeit Tiglatpilesars III. (2. Hälfte des 8. Jhdts. v. Chr.) zeigt die Stadt *gazru* (vermutlich Gezer), wie sie durch einen Mauerbrecher angegriffen wird, während die Verteidiger auf den Mauern die Geste der Ergebung ausdrücken **(Abb. 297).**
Nach dem Zusammenbruch des Reiches Israel besiedelten die Assyrer Gezer wieder nach dem üblichen assyrischen Brauch, teils mit eigenen Leuten, teils mit solchen von anderen Nationalitäten. Auch einige überlebende Israeliten waren darunter. Den Beweis dafür ergeben zwei mesopotamische Keilschrifttafeln mit dem Datum 651 und 649 v. Chr., die Namenslisten in

assyrischer und aramäischer Sprache tragen.
3. Nachexilische Zeit: *a) Perserzeit:* Unter der Perserherrschaft entwickelte sich Gezer, da es eine Schlüsselstellung an der Grenze zwischen den Teilsatrapien von Asod und Judäa (vgl. 1 Makk 14,34) innehatte, wieder zu einem bedeutenden Zentrum. Man hat typische Krughenkel aus dieser Zeit in Gezer gefunden, auf denen die Worte *jehud* (der aramäische Name für die persische Satrapie Judäa) und *jršlm* (Jerusalem) eingestempelt waren (s. *Inschriften 5).
b) Hasmonäerzeit: In Verbindung mit den Kriegen der *Hasmonäer wird Gezer häufig erwähnt. Zu Anfang des Makkabäeraufstands diente es als Zufluchtsort für die Heere der Seleukiden, wenn sie in den Vorbergen von Juda und Ephraim geschlagen waren (über die erste Niederlage der Syrer unter Gorgias vgl. 1 Makk 4,1–15; über die Niederlage Nikanors vgl. 1 Makk 7,43–45). Der syrische General Bakchides befestigte Gezer im Jahre 160 v. Chr. (1 Makk 9,52), und es blieb ein syrischer Stützpunkt bis Simon der Hasmonäer es 142 v. Chr. nach langer Belagerung zuletzt stürmte und einnahm. Mit der Eroberung von Gezer und Jaffa beginnt die unabhängige Politik der *Hasmonäer. Simon verbannte alle heidnischen Einwohner, besiedelte die Stadt mit Juden und befestigte sie stark (1 Makk 13,43–48). Daß diese Politik nicht mit voller Begeisterung von den Einwohnern unterstützt wurde, deutet ein Graffitto an **(Abb. 298),** das sich im ehemaligen Regierungspalast fand. Ein Zwangsarbeiter, vielleicht ein enteigneter hellenisierter Einheimischer, hatte auf einen Stein, den er in die Mauer fügte, geritzt: »Möge Feuer den Palast des Simon verzehren, sagt Pampras.«
Die Ruine einer Befestigung **(Abb. 300)** aus dieser Periode, die bei der Ausgrabung aufgedeckt wurde, ist vermutlich die der Hasmonäerburg. Felsen der umliegenden Felder mit der Aufschrift *tehum gezer* (Grenze von Gezer) haben dazu beigetragen, die Lage der alten Stadt festzustellen **(Abb. 299).**
Die Hasmonäerzeit ist der Höhepunkt von Gezers Entwicklung. Die Stadt wurde eine der Schlüsselstellungen der Hasmonäer und das Hauptquartier von Simons Sohn Johann Hyrkan, als er der Feldmarschall der Streitkräfte seines Vaters war (1 Makk 13,53). Dort weilte Hyrkan, als Simon und seine beiden älteren Söhne beim Anschlag gegen die ganze Dynastie ermordet wurden. Er war gewarnt und dadurch imstande, sich gegen die Angreifer zu verteidigen und nach Jerusalem zu marschieren, wo er gekrönt und einer der größten Könige von Judäa wurde (1 Makk 19,19–22).
c) Römerzeit: In dieser Zeit hatten die Bewohner von Gezer mit wachsenden Schwierigkeiten zu kämpfen, und der Wohlstand der Stadt ging zurück. Auf Befehl Vespasians wurde sie beim ersten Aufstand gegen Rom von Lucius Aeneas erobert. Der größte Teil der Bevölkerung kam um, der Rest wurde als Sklaven verkauft. Von da an bis in die Kreuzfahrerzeit lagen die Ruinen von Gezer verlassen und beinahe vergessen.

Götzendienst in Israel

Gliederung: 1. Konflikt zwischen Jahweglauben und kanaanäischem Götterkult. a) Zur Zeit der Landnahme; b) Richterzeit; c) Unter der Monarchie; d) Kritik Elias und Elisas. 2. Beurteilung der Spannungen. a) Gemeinorientalische Vorstellungen; b) Widerstreitende Traditionen in der Religion Israels; c) Unterschiedliche Interpretationen; d) Götterstatuen, Amulette, Magie im Zeugnis der Archäologie; e) Grenzen zwischen Zauber und Götzendienst. 3) Jerobeam und die Goldenen Kälber. 4. Einfluß der kanaanäischen Religion auf den Jahweglauben. a) Monolatrie – Monotheismus; b) Übernahme der kanaanäischen Heiligtümer; c) Jahweglaube des Volkes; d) Rechabiter und Nasiräer. 5. Das Fehlen theologischer Definitionen.
Propheten und Weise waren oft bestürzt, welch großen Einfluß die Nachbarn Israels auf das Leben und den Glauben ihres Volkes ausübten. Hebräische *Opfer- und *Begräbnisriten, die Verehrung Jahwes in *Höhenheiligtümern, die Architektur der Tempel und viele religiöse Symbole gingen weitgehend auf kanaanäische Vorbilder zurück. Die ansässige kanaanäische Bevölkerung verehrte von Menschenhand angefertigte Abbilder von Tieren oder Menschen oder von beiden (s. *Kanaanäische Religion) aus Stein, Holz oder Metall, die kanaanäische und später phönikische Handwerker formten oder schnitzten. Meist handelte es sich um Massenherstellung von Stein- oder Tonfiguren von geringem künstlerischem Wert. Die hebräischen Propheten, zumindest einige von ihnen, nannten diese Idole alle mit den gleichen Begriffen: *ba'alîm, 'elilîm* und *'ašērah,* obwohl es sich bei *ba'alîm* in der Regel nicht um Figuren handelte. *Gillulîm* waren wohl Talismane mit dem Abbild eines Idols.

1. Konflikt zwischen Jahweglauben und kanaanäischem Götterkult: *a) Zur Zeit der Landnahme* war die kanaanäische Mythologie und Religion, zufolge der Ugarittexte, bereits entartet (s. *Kanaanäische Religion; *Kanaanäische Kultur und Ugarit). Der südliche Teil Kanaans – das Gebiet also, das die Israeliten eroberten – war wirtschaftlich und kulturell rückständiger im Vergleich zu den hochzivilisierten Zentren *Phönikiens, zu Tyrus, Byblos und Ugarit. Die Landnahmetraditionen betonen, daß die Israeliten die religiösen Bräuche der Kanaanäer ablehnten, und tatsächlich finden sich im Jahweglauben dieser Periode kaum Spuren kanaanäischer Glaubensanschauungen. Zwar galt Jahwe als Herr der Elemente (vgl. das Deboralied Ri 5,4 ff) und der Himmelskörper (Jos 10,12 ff), und man stellte sich ihn auf Sturmesflügeln reitend vor (Ps 18,11; 104,3), doch war er weder Sonnen- noch Mond-, noch Sturmgott wie die kanaanäischen Götter. Er spendete Fruchtbarkeit und Segen (Gen 49,25 ff; Dt 33,11–16), war darum aber keineswegs ein Fruchtbarkeitsgott. Bis in die Zeit der Monarchie hinein lebten Kanaanäer und Israeliten auf engem Raum nebeneinander, ohne daß es zu einer synkretistischen Vermengung heidnischer und jahwistischer Institutionen gekommen wäre.

b) Richterzeit: Als die Israeliten nach ihrer bisherigen halbnomadischen Lebensweise in Kanaan seßhaft wurden, paßten sie sich in vielem der kanaanäischen Kultur an, vor allem in den Opferriten, in ihrem gesellschaftlichen Zusammenleben und auf künstlerischem Gebiet. Der größte Teil der Israeliten wurde zu Bauern, die Kanaans Ackerbaukultur übernahmen. Viele von ihnen sahen die kanaanäischen Fruchtbarkeitskulte als einen wesentlichen Teil des ländlichen Lebens an und bemühten sich infolgedessen, die alten Götter, die Fruchtbarkeit und reiche Ernten versprachen, gnädig zu stimmen. Daneben gab es aber viele Kanaanäer oder andere Bevölkerungsschichten mit überwiegend kanaanäischer Kultur, die sich der israelitischen Kultgemeinde anschlossen. Sie wurden zu Jahweverehrern, blieben aber oft außerdem noch ihren alten Agrargöttern treu.

Auch heute gibt es unter der arabischen Landbevölkerung Palästinas und Syriens viele Beispiele für ein Fortbestehen alter magischer Bräuche, obwohl all diese Menschen gläubige Moslems sind.

Die enge Berührung der beiden Völkerschaften blieb so nicht ohne Einfluß auf Israels Religion. Das führte dazu, daß Jahweglauben und Baalskult sich immer mehr vermischten, so daß Jahwe weitgehend die Züge einer Vegetations- und Naturgottheit annahm (s. unten 3). Das Buch der Richter beklagt die religiösen Verirrungen dieser Periode. Der Baalskult war in Gideons Heimatstadt, ja selbst im Hause Sauls heimisch. Hier liegen die Wurzeln für viele religiöse Anschauungen, die im Volk verbreitet waren und in der späteren Entwicklung eine wichtige Rolle spielen sollten.

c) Unter der Monarchie: Die Symbolkraft der kanaanäischen Riten (s. *Kanaanäische Religion), die schon jahrhundertelang im Volke heimisch waren, wurde gerade während der Zeit der Monarchie in Israel zur latenten Gefahr. Der offizielle Jahweglaube mit seinem besonderen Charakter und seinem Ausschließlichkeitsanspruch verwarf die Fruchtbarkeitsriten und die Verehrung der Hochgötter El und Baal, repräsentierten sie doch eine ganz andere Weltanschauung und damit ganz andere Wertvorstellungen. Die Unvereinbarkeit der beiden Religionen wird höchst eindringlich von der chronistischen Geschichtsschreibung zum Ausdruck gebracht. Doch macht gerade dieser Protest deutlich, daß heidnische Bräuche bereits so eng in den vom Volk geübten Kult eingegangen waren, daß man keine klaren Trennungslinien mehr ziehen konnte. Ja, die Verwirrung ging so weit, daß man Jahwe von Baal kaum mehr unterschied und die alten Glaubensüberlieferungen im heidnischen Sinn interpretierte. Die größte Gefahr erwuchs dem israelitischen Glauben nach Davids und Salomos Eroberungen, als zusätzlich Kanaanäer aus den bisher nicht eroberten Enklaven in den Gesamtverband des Reiches aufgenommen wurden. Sie unterwarfen sich zwar dem neuen König, doch ist es sehr unwahrscheinlich, daß sie ihre bisherige heidnische Lebensweise ganz aufgaben.

Später, nach der Teilung des Reiches, stellten die ehemaligen Kanaanäer innerhalb des Königreiches *Israel den zahlenmäßig größeren Bevölkerungsteil dar. Unter der Herrschaft Ahabs förderte dessen Frau Isebel die Einwanderung vieler Phöniker (Kanaanäer). Die kultivierten und wohlhabenden Phöniker wurden von der ansässigen kanaanäischen und israelitischen Bevölkerung sehr bewundert, und gerade dies war ein Grund mehr, daß der Baalskult weiter um sich greifen konnte. Isebel brachte den Baalskult von ihrer tyrischen Heimat mit an den Königshof zu Samaria

(offenbar in der Form der Verehrung des Baal-Melkart). Ahab errichtete in der Hauptstadt einen Baalstempel und ein Standbild der Aschera. Der Kult des tyrischen Baal hielt später unter Athalja auch Einzug am Jerusalemer Hof.
d) Kritik Elias und Elisas: Die frühen Propheten Elia und Elisa richteten ihre Kritik und ihre Angriffe vor allem gegen das Königshaus und die intellektuell aufgeklärten Hofkreise. »Götzendienst« wurde damals zum allgemeinen Begriff für alle kosmopolitischen Ideen und Richtungen, die den asketischen Jahwegläubigen als Beleidigung ihrer Religion erschienen, und zwar sowohl auf materiellem als auf geistig-geistlichem Gebiet.
Wieweit Israels Religion vom Ideal der klassischen Propheten abwich, ist schwer zu beurteilen. Erst in den letzten Jahrzehnten haben neue Entdeckungen in *Ugarit ein wenig mehr Licht in die kanaanäisch-phönikische Mythologie und ihre religiösen Praktiken gebracht.
2. Beurteilung der Spannungen: *a) Gemeinorientalische Vorstellungen:* Die eben genannten Funde (Ras-Schamra-Texte) zeigen uns, wie sehr das Opferritual der Hebräer dem der Kanaanäer ähnelte. Die technischen Begriffe für einige Opferarten glichen sich, dasselbe gilt für verschiedene Einzelheiten des Rituals. Obwohl eine Entlehnung von den Kanaanäern immer noch am wahrscheinlichsten ist, möchten andere Gelehrte die Übereinstimmungen auf einen gemeinsamen semitischen Ursprung zurückführen. Der Jahweglauben der Hebräer habe Seite an Seite mit theologischen Vorstellungen existiert, die im ganzen Alten Orient verbreitet gewesen seien. Diese allen semitischen Völkern gemeinsamen Vorstellungen hätten im Denken des frühen Israel eine gewichtige Rolle gespielt und seien auch in der späteren Entwicklung der Religion ein beherrschender Faktor geblieben.
b) Widerstreitende Traditionen in der Religion Israels: Sobald man erkannte, daß der in den israelitischen Heiligtümern geübte Kult in vielem dem an den heiligen Stätten Kanaans gefeierten Ritual entsprach, gewannen die ständigen Anklagen der Propheten gegen den Götzendienst einen neuen Sinn. Israels Religion erschien jetzt als das Produkt der Wechselwirkung und Spannung zwischen zwei Kräften: der kanaanäischen Umgebung Israels auf der einen und dem altehrwürdigen Väterglauben, den die Propheten verkündeten, auf der anderen Seite. Die israelitische Religion hat sich also nicht geradlinig entwickelt, sondern sich bald mehr von der eigenen Tradition, bald mehr von fremden Einflüssen bestimmen lassen.
c) Unterschiedliche Interpretationen: Ältere Theorien, aber auch modernere Richtungen betrachteten diese Spannungen von einem völlig entgegengesetzten Standpunkt (s. *Kanaanäische Religion). Die Hauptschwäche all dieser Theorien war ihre Tendenz, die verschiedenen Hypothesen und Kategorien, die sie sich selbst geschaffen hatten, als historische Tatsachen anzunehmen. Synkretismus, Monolatrie, implizierter Monotheismus oder Ritualmythen, all diese Begriffe darf man in einer methodischen Untersuchung verwenden, doch muß man daneben noch alle Fakten, die eine Situation mitbestimmt haben, berücksichtigen. Wenn man die religiöse Entwicklung der hebräischen und der Israel eingegliederten kanaanäischen Gesellschaft ausschließlich nach innerweltlichen Maßstäben beurteilt, ohne weitere Tatsachen hinzuzuziehen, dann wundert es, warum es nicht zu einem Zustand krassesten Heidentums gekommen ist. Tatsächlich stand am Ende des Prozesses aber der Monotheismus und nicht etwa das Heidentum. War dies allein das Verdienst der gelegentlichen Reformen einiger Könige oder des Wirkens der Propheten? Und konnten siebzig Jahre babylonischen Exils, auf die die religiösen Reformen der *Restauration folgten, imstande gewesen sein, einen – wie man annehmen müßte – halbheidnischen Kult in die jüdische Religion umzuwandeln? Uns scheint vielmehr, daß die vorgetragenen Theorien mit Vorsicht aufgenommen werden müssen und mehr Gewicht auf die Kenntnis der Faktoren, die Israels religiösen Hintergrund ausmachten, zu legen ist.
Beim neuesten Stand der religionsgeschichtlichen und archäologischen Forschung hat sich die Kenntnis der kanaanäischen Kultur und Religion (s. *Kanaanäische Religion) als echter Wegweiser zur Durchdringung des israelitischen Glaubens auf allen seinen Entwicklungsstufen erwiesen (das Hauptverdienst gebührt hier R. Kittel, E. Sellin, W. F. Albright, G. E. Wright). Das ändert aber nichts an der Tatsache, daß der einzigartige Charakter der israelitischen Religion nur aus dem Zeugnis der Bibel erschlossen werden kann. Archäologische Ergebnisse können dabei hilfreich sein. Man kann die Entwicklung unter verschiedenen Gesichtspunkten betrachten.

d) Götterstatuen, Amulette, Magie im Zeugnis der Archäologie: Bei allen Ausgrabungen israelitischer Städte fand man in den tiefsten Schichten aus kanaanäischer Zeit eine große Anzahl von Götterabbildungen. Gewöhnlich handelt es sich um Tontafeln, auf denen eine nackte Frauengestalt zu sehen ist (s. *Kanaanäische Religion). Diese Art von Götterbildern findet man in Palästina in allen Schichten der mittleren Bronzezeit (grob geschätzt etwa das Patriarchenzeitalter), sie blieb in verschiedenen Formen bis in die mittlere Eisenzeit oder bis zum Ende der israelitischen Monarchie weitverbreitet. Die öffentliche Verehrung der Aschera mag nachgelassen haben, doch nahm statt dessen das Volk seine Zuflucht zur Magie und zum Gebrauch von Amuletten (s. *Magie). Diese wurden vom Volk auch weiter verwendet, unabhängig davon, ob man gerade dem orthodoxen Jahweglauben treu anhing oder nicht. Diese massenhaft hergestellten weiblichen Götterbilder waren nur von sehr geringer künstlerischer Qualität. Bezeichnenderweise fand man zahlreiche Astarteabbildungen auf Tontafeln zwar in kanaanäischen Schichten und auch in israelitischen Schichten der späteren Eisenzeit, nicht jedoch in israelitischen Städten Zentralpalästinas während der frühen Eisenzeit (der Periode der Richter), obwohl sie in rein kanaanäischen Städten der gleichen Periode wieder weitverbreitet sind. Es ist nicht sicher, ob man diese Tatsache als Beweis für eine Reformbewegung im Jahweglauben deuten soll oder – was wahrscheinlicher ist – sie damit erklärt, daß die Israeliten zur kanaanäischen Bevölkerung noch wenig Kontakt hatten und somit von deren Fruchtbarkeitskult kaum beeinflußt waren. W. F. Albright hat darauf hingewiesen, daß in der folgenden Periode (der Monarchie), also der mittleren Eisenzeit, verschiedene Typen heidnischer Figuren in allen israelitischen Städten sehr beliebt waren. Man fand sie gewöhnlich in den Häuserruinen, nicht aber in den Heiligtümern, und folgert daraus, daß sie weniger zu kultischen Zwecken benutzt wurden als einem bloßen Fruchtbarkeitszauber dienen sollten. Da damals anscheinend in jedem israelitischen Haus eine oder mehrere dieser Götterstatuen standen, darf man annehmen, daß sich die Masse der israelitischen Bevölkerung allmählich die abergläubischen Gewohnheiten ihrer heidnischen Umgebung zu eigen gemacht hat, wofür auch die Proteste der Propheten Zeugnis geben.

Dieser Zustand ist leicht verständlich, wenn man sich vor Augen hält, wie häufig zu dieser Zeit – im Gegensatz zu später – Mischehen vorkamen. Das Volk wurde zudem von niemand gedrängt, seine Wohnungen von dem heidnischen Zauber der Amulette und Götterstatuen zu reinigen. Die neuesten Ausgrabungen zeigen uns somit, daß man jahrhundertelang diese Zaubermittel tolerierte und daß sie Seite an Seite mit hebräischen Symbolen das Bild des israelitischen Alltags und Familienlebens bestimmten.

e) Grenzen zwischen Zauber und Götzendienst: Wir haben schon darauf hingewiesen, daß die verschiedenen Zauberfiguren und Amulette nicht unbedingt als Anzeichen für einen Rückfall in den Götzendienst anzusehen sind, sondern mehr auf im Volk vorbereitete, abergläubische Gewohnheiten hindeuten. Den unaufhörlichen Anklagen der Propheten muß man die nüchterne Tatsache entgegenhalten, daß die Bibel ohne jedes Bedenken wiederholt von Hausgöttern erzählt und damit zeigt, daß der Besitz solcher Gegenstände nicht notwendig einen Konflikt mit der von den Propheten verkündeten Religion bedeuten muß. Die Grenze zwischen bloßen Zaubermitteln und einer Figur, der man göttliche Verehrung erweist, ist schwer zu ziehen. Da antike Skulpturen im allgemeinen nicht etikettiert sind, kann man schwerlich nachweisen, daß jede Stierabbildung einen Stiergott oder jede Scheibe eine Sonnenscheibe darstellen soll.

Zeitweise neigten die Archäologen dazu, jeden nicht genau zu identifizierenden Fund als religiös bedeutsam anzusehen. So fanden sie in jedem Steinhaufen einen Tempel und in jeder Statuette oder Figur einen Kultgegenstand. Doch brauchen größere Steinruinen nicht notwendig auf religiöse Stätten hinzudeuten. Zudem haben sorgfältige Untersuchungen ergeben, daß kleine Stein- und Keramikfiguren mit dem Kult in keinem Zusammenhang stehen.

In ganz Palästina fand man kaum ein kanaanäisches Idol in einem Tempel. Auch außerhalb der Tempel wurde kein größeres Standbild entdeckt, das, auf iinen Sockel gestellt, von einer größeren Versammlung von Anbetern hätte gesehen werden können. Darüber hinaus wurde in keiner der israelitischen Städte, soweit sie bisher ausgegraben wurden, ein männliches Abbild gefunden. Das ist wohl mehr als nur ein »Zufall der Entdeckungen«. Man hat zu beweisen versucht, daß diese Tatsache bestätigt, wie wirksam und wie notwendig die Reformen waren. Bei genauerer Untersuchung könnte man aber auch zu dem Schluß kommen, daß die Propheten zwar immer wieder den religiösen Synkretismus anprangerten, aber auf der anderen Seite die positiven Faktoren des Jahweglaubens – die Beharrlichkeit, mit der man an der bildlosen Tradition festhielt – als selbstverständlich voraussetzten. Dies war die Grundlage, die zu allen Zeiten bestanden hat und letztlich auch den Sieg davontrug. Auch wo die Bibel den Götzendienst des Volkes verurteilt, ist es notwendig, die Berechtigung eines solchen Urteils kritisch zu prüfen. Wieweit waren zum Beispiel die Goldenen Kälber im Nordreich ein Zeugnis für tatsächlichen Götzendienst, oder hatten sie etwa bereits ihren Platz in der israelitischen Tradition?

3. Jerobeam und die Goldenen Kälber: Als Folge des Schismas zwischen den beiden Königreichen bemühte sich Jerobeam, für sein Königreich ein neues Heiligtum einzurichten. Er fürchtete, das Volk würde sich wieder Rehabeam zuwenden, falls es weiter nach Jerusalem zum Opfern hinaufzöge.

Die Lösung, die er fand, war die Wiedereröffnung der alten Heiligtümer zu Bethel und Dan. Aus dem Buch Amos (7,10 bis 17, besonders V. 13) können wir entnehmen, daß Bethel wie auch Jerusalem eine Art königliches Hofheiligtum war (s. *Tempel). Im Bestreben, möglichst alte Traditionen wiederzubeleben, wählte man auch die alten Symbole, vor allem das Stierbild als Schemel für den unsichtbaren Gott. Die Sitte, Götter auf einem Tier, das ihre göttlichen Attribute noch betont, stehend darzustellen – ein Stier war zum Beispiel das Symbol für Männlichkeit –, hatte sich von Anatolien über Nordsyrien bis nach Assyrien hin verbreitet. Sie scheint jedoch in Palästina nicht heimisch gewesen zu sein. Die Israeliten beteten seit jeher einen unsichtbaren Gott an. Als es sich aber als notwendig erwies, irgendein greifbares Symbol seiner Gegenwart darzustellen, entschied man sich entweder für den Thron (s. *Stiftshütte und Bundeslade) oder für ein Tier, auf dem man sich Gott stehend dachte. W. F. Albright sagt, daß man sich im israelitischen Symbolismus zwischen 1300 und 700 v. Chr. die unsichtbare Glorie Jahwes auf den goldenen Cherubim thronend oder auf einem goldenen Stier stehend vorstellte. Dies mag auch die Episode mit dem »Goldenen Kalb« aus dem Buch Exodus erklären.

Als Jerobeam und sein Hof den Brauch einführten, Jahwe in Verbindung mit einem »Goldenen Kalb« – offensichtlich einem Stierabbild, das man spöttischerweise als »Kalb« bezeichnete – anzubeten, begann damit keineswegs die Verehrung eines heiligen Stieres. Geht man dem Problem genauer nach, muß man erkennen, daß zwischen der Reaktion der frühen und der späteren Propheten bezüglich der »Kälber« Jerobeams ein beträchtlicher Unterschied besteht. Sie standen nicht im Kreuzfeuer der Angriffe, weil sie Idole waren, sondern weil sie dem Versuch dienten, die Aufmerksamkeit vom religiösen Zentralheiligtum in Jerusalem abzulenken. So lieferten sie den Jahwegläubigen aus dem Südreich einen Vorwand für die gewollte Kränkung.

Die Einrichtung neuer Heiligtümer führte aber kein religiöses Schisma zwischen beiden Reichen herbei, wie viele Gelehrte annehmen. Sie bewirkte nur, daß sich viele Wallfahrer nach Dan und Bethel hingezogen fühlten und daß die alte Rivalität zwischen Ephraim und Juda, die durch das vereinigte Königreich nur oberflächlich überbrückt worden war, wieder aufbrach (vgl. *Israel und Juda 2). Jerobeams »Goldene Kälber« stellten Fußschemel oder Sockel für Jahwe dar, waren aber nicht sein Abbild (1 Kg 12,28). Weder Elia noch Elisa noch Amos hatten etwas gegen sie einzuwenden, obwohl sie das Heidentum im Nordreich leidenschaftlich bekämpften. Erst später empfand man sie als anstößig.

Jerobeam hatte seinem Volk ein Symbol der göttlichen Gegenwart gegeben, ohne das Gebot, kein Abbild von Gott anzufertigen, zu verletzen. Für das einfache Volk war die Unterscheidung jedoch zu schwierig, und so kam es unvermeidlich dahin, daß Jahwe mit dem Symbol, das seine unsichtbare Gegenwart repräsentieren sollte, verwechselt wurde. Man sah diese Stierabbilder bestenfalls als doppeldeutige Symbole an, deren Gehalt man verschieden interpretieren konnte.

Es ist von keinem dieser Abbilder überliefert, daß sie einen heiligen Stier darstellen sollten. Zwischen Jerobeams »Kälbern« und Apis, dem heiligen Stier der Ägypter, besteht kein Zusammenhang.

Spätere Chronisten und der Geschichtsschreiber des Deuteronomiums hatten aber nicht ganz unrecht, wenn sie Jerobeam anklagten, er habe dem Baalskult in Israel den Weg bereitet, als er das Zeichen dieses Gottes einführte und die Wallfahrten nach Dan wieder aufleben ließ. Der biblische Chronist behauptet, Jerobeams religiöse Verirrung habe das tragische Ende des Nordreichs heraufbeschworen. Sicher, diese Geschichtsschreiber stammten aus Juda und gaben einem Vorurteil Ausdruck, das so alt war wie das Schisma zwischen Israel und Juda. Doch fand ihre Botschaft Widerhall bei *Hosea, einem Repräsentanten des Nordreichs, der seine Worte in erster Linie an die Bevölkerung seines eigenen Königreiches richtete. Er weist darauf hin, daß die israelitische Religion bereits vor 721 v. Chr. von heidnischen Ideen zersetzt war. Als das Nordreich endgültig unterging, waren die religiöse Entartung und der soziale Verfall in Israel weiter fortgeschritten als in Juda. Der Synkretismus, den Hosea so leidenschaftlich verdammte, hatte in Ausschweifung, Trunkenheit und Prostitution sogar beim Heiligtum unter dem Deckmantel der Religion bittere Früchte getragen. Selbstverständlich verdarben all diese Entartungserscheinungen den Charakter der ganzen Nation und ließen wenig von der strengen Sittlichkeit übrig, die dem Jahweglauben eigen war (Hos 4,11 bis 14.17 ff). Israel stand zu Hoseas Zeit nicht nur politisch am Rande des Abgrunds.

4. Einfluß der kanaanäischen Religion auf den Jahweglauben: *a) Monolatrie – Monotheismus:* Viele Gelehrte, z. B. auch G. E. Mendenhall, sind der Ansicht, die israelitische Religion sei zur Zeit der Monarchie noch kein Monotheismus, sondern nur eine Monolatrie gewesen. Die Verurteilung des Götzendienstes durch die Propheten wäre sonst unerklärlich. Außerdem hätte der Monotheismus nur zu leicht zum Synkretismus führen können, weil sich der eine Gott, wie die Erfahrung der Religionsgeschichte zeige, mit den verschiedenen Göttern anderer Völker identifizieren lasse. Dagegen habe die Monolatrie unbedingten Gehorsam gegenüber dem einen Gott und seinem Gesetz gefordert. Dadurch seien die Anerkennung fremder Götter und synkretistische Praktiken, nicht aber Anleihen bei anderen Kulturen ausgeschlossen gewesen.

Zu dieser Beurteilung ist zu sagen, daß ein so komplexes Gebilde, wie es die israelitische Religion zur Zeit der Monarchie darstellte, nicht einfach mit abstrakten Etiketten wie »Monotheismus« oder »Monolatrie« versehen werden kann. In Wirklichkeit hat es wohl die verschiedensten Spielarten und Entwicklungsstufen religiösen Empfindens gegeben. Neben einem reinen Jahweglauben, der bereits den durchreflektierten Monotheismus Deuterojesajas und anderer Propheten vorbereitete, teilten weite Kreise sicher nur die Überzeugung, daß Jahwe anderen Göttern vorzuziehen sei, weil er sich durch die Landnahme als stärker und erfolgreicher erwiesen habe. Außerdem waren die in den israelitischen Stämmebund aufgenommenen kanaanäischen Bevölkerungsteile weitgehend Heiden geblieben. Ihre synkretistische Jahweverehrung verdient aber nicht einmal den Namen »Monolatrie«.

Ohne Zweifel haben die Israeliten viele Sitten und Anschauungen der kanaanäischen Bevölkerung übernommen und ihren eigenen Traditionen angepaßt. Ein sehr deutliches Beispiel dafür ist der Fortbestand der alten *Höhenheiligtümer.

b) Übernahme der kanaanäischen Heiligtümer: Spätestens zur Zeit, als die historischen Bücher der Bibel geschrieben wurden, wahrscheinlich aber schon viel früher, erhielten die alten kanaanäischen Heiligtümer eine neue religiöse oder nationale Bedeutung. So wurde zum Beispiel die Gründung des Heiligtums von Bethel darauf zurückgeführt, daß Gott dort einst dem Patriarchen Jakob im Traum erschienen sei (Gen 28, 10–22). Dem megalithischen Steinkreis von Gilgal, einem Überbleibsel der Ureinwohner des Landes, gab man einen neuen heilsgeschichtlichen Sinn. Er galt jetzt nicht mehr als mächtiges magisches Zeichen, sondern als Erinnerungsmal an die zwölf Stämme Israels, die mit Hilfe dieser Steine den Jordan trockenen Fußes durchschritten hätten (Jos 3–4). Wie unangefochten und selbstverständlich die Israeliten der Richterzeit und der frühen Monarchie an den alten Heiligtümern ihre Opfer darbrachten, zeigt das Beispiel Samuels in Rama (1 Sam 9, 12) oder die Offenbarung, die Salomo am »großen Höhenheiligtum« von Gibeon empfing (1 Kg 3, 4–15).

c) Jahweglaube des Volkes: Die häufigen und meist sehr verallgemeinernden Anklagen der Propheten gegen den Götzendienst dürfen gewiß nicht zu der falschen Annahme verleiten, als seien die Propheten so ziemlich die einzigen treuen Jahwediener in Israel gewesen. Trotz aller Verlockungen der kanaanäischen Fruchtbarkeitskulte hörte das Volk nie auf, Jahwe als seinen Gott zu verehren. Das AT selber widerspricht der von Wellhausen und seiner Schule vertretenen Ansicht, die Religion der großen Masse sei krasses Heidentum gewesen. Wie hätte sich dann der

Jahweglaube zu einer so hohen geistigen Religion entwickeln können? Die Propheten standen nicht allein, sie waren nicht nur – wie man im Zeitalter des Individualismus dachte – große religiöse Genies, sondern in erster Linie Vertreter einer langen, mächtigen und allseits anerkannten Tradition.

d) Rechabiter und Nasiräer: Richtig ist allerdings, daß es in Israel schon sehr früh besondere Gruppen und Gemeinschaften gegeben hat, die der Pflege und Förderung des strengen mosaischen Jahweglaubens ihre ganze Kraft widmeten. Diese Rechabiter und Nasiräer wollten durch ihre asketische Lebensweise die Erinnerung an die große religiöse Vergangenheit des Volkes wachhalten und das Wohlleben der reichgewordenen Herrenschicht verurteilen.

Man kann also nicht von einem entscheidenden Bruch in der Religionsgeschichte Israels sprechen. Die grundlegenden Prinzipien des Jahweglaubens waren von Anfang an vorhanden, sie wurden während der Richterzeit und unter der Monarchie im wesentlichen unversehrt bewahrt. Von den ältesten Zeiten bis zur Restauration im 5. Jhdt. und letztlich bis zum heutigen Judentum fließt ein ununterbrochener Strom lebendigen Glaubens und gläubigen Lebens.

5. Das Fehlen theologischer Definitionen: Im Unterschied zu vielen anderen Religionen hat das vorexilische Israel keine Neigung verspürt, seinen Glauben begrifflich zu zergliedern oder über das Wesen der Gottheit zu spekulieren. Wohl gab es alte Bekenntnisformeln (z. B. Dt 26, 5–10), die an bestimmten Wallfahrtsfesten bei der Gabendarbringung rezitiert wurden.

Aber gerade diese Formeln bekunden den geschichtlichen und nicht metaphysischen Charakter des israelitischen Glaubens. Man pries Gottes Heilshandeln an seinem Volk, nicht sein in sich ruhendes Wesen. Außerdem schuf das Fehlen theologischer Definitionen Raum für eine Fülle bildhafter Vorstellungen, über deren genauen Sinn man wohl noch nicht nachdachte. So konnten auch stark mythologisch klingende Redeweisen über Gott in die Schrift eindringen, ein Zeichen, daß man sich seines Glaubens sicher war und die Übernahme heidnischer Metaphern nicht zu fürchten brauchte.

Die Forschungen der religionsgeschichtlichen Schule (*Bibelkritik) haben uns auf Grund der archäologischen Zeugnisse ein genaueres Bild von der religiösen Entwicklung in Israel vermittelt. In diesem langen und vielschichtigen Prozeß hat auch die ständige Beeinflussung durch den bei anderen Völkern geübten Götzendienst eine wichtige, aber nicht entscheidende Rolle gespielt.

H

Haggai (Buch)

Gliederung: 1. Name und Herkunft des Propheten. 2. Historischer Rahmen. 3. Inhalt und Aufbau des Buches.

1. Name und Herkunft des Propheten: Haggai ist der zehnte der sogenannten zwölf kleinen Propheten. Der im AT einmalig vorkommende Name Haggai scheint sich wie andere theophorische Namen von *ḥaggaj* = am Festtag geboren (Festtag = *ḥag* im Hebräischen) herzuleiten, kann aber auch von *ḥag* im Sinne von Dt 16, 14 = Freude, Jubel, Dankbarkeit herrühren und so die Empfindungen widerspiegeln, die die Eltern bei der Geburt ihres Kindes empfinden.

In Hag 1, 1 lesen wir, daß Haggai mit seinen Prophetien im zweiten Regierungsjahr des Königs Darius am ersten Tag des sechsten Monats, das heißt also am 29. August 521 v. Chr., begann. Er war in Babylonien geboren und kam erst später nach Palästina. Noch zu seinen Lebzeiten predigte der Prophet Sacharja ben Iddo in Jerusalem, doch erwähnt ihn weder das Buch Haggai noch wird Haggai im Buch Sacharja genannt. Vom Auftreten beider Propheten berichtet jedoch Esr 5, 1, und es scheint, als hätten sie einen großen Einfluß auf das Volk ausgeübt. Das Buch enthält sicher nicht alle Predigten und Orakel des Haggai, aber es berichtet wiederholt über die Tätigkeit des Propheten. Im Talmud heißt es, er sei ein Mitglied des Großen Sanhedrins gewesen (Baba batra 15, 71; s. *Restauration und Perserzeit, Esra und Nehemia), und die Septuaginta sieht ihn (und Sacharja) als den Verfasser der Ps 145–148 an.

2. Historischer Rahmen: Haggai begann seine Prophetenlaufbahn ungefähr achtzehn Jahre nach der Rückkehr der Juden aus dem babylonischen *Exil. Palästina war damals eine Provinz des persischen Weltreichs; Serubabel den Sealthiel, ein Davidide, war Gouverneur von Juda und Josua ben Jozadak Hoherpriester (s. *Restauration und Perserzeit, Esra und Nehemia). Dem persischen Weltreich drohten in dieser Zeit von allen Seiten Gefahren. Kyros, der den Juden die Rückkehr nach Palästina gestattet hatte, war gestorben. Nach dem Tod seines Nachfolgers Kambyses (522 v. Chrs.) brachen überall im Reich Unruhen aus. Am 9. September 521 v. Chr. sah sich Darius I., der auf Kambyses gefolgt war, bereits zum zweiten Mal einem Aufstand in Babylon gegenüber. Anführer dieser Revolte war ein gewisser Aracha oder Nabuchodonosor IV. Doch nicht ganz drei Monate später (am 27. November) mußten sich die Aufrührer ergeben. Aracha wurde gefangengenommen.

Haggai und seine Anhänger, die auf eine messianische Erlösung Israels harrten, sahen diese Revolte als Zeichen des unmittelbar bevorstehenden Zusammenbruchs des Perserreiches an. Darum verkündigte der Prophet, Gott werde Serubabel zum König machen (2, 20–23). Über die weitere Entwicklung wissen wir wenig, doch mußten es sich die Juden nach dem Zusammenbruch der Rebellion gefallen lassen, daß die Perser sie wegen ihrer zwielichtigen Haltung in der vorangegangenen Zeit zur Rechenschaft zogen.

In den folgenden Monaten (520 v. Chr.) gelang es Haggai durch seine Predigten und Mahnungen, den Widerstand der Juden gegen den Wiederaufbau des Tempels zu überwinden. Wann das Werk in Angriff genommen wurde, wissen wir nicht genau; vermutlich geschah dies aber Ende 520 v. Chr., und trotz größter Schwierigkeiten war die Arbeit im Frühjahr 515 v. Chr. beendet. Das Land hatte damals unter einer großen Dürre und unter allgemeinen wirtschaftlichen Schwierigkeiten zu leiden. Jerusalem war noch immer weithin ein Trümmerfeld.

3. Inhalt und Aufbau des Buches: Das Buch enthält vier genau datierte Prophetensprüche. Das erste Orakel vom ersten Tag des sechsten Monats im zweiten Jahr des Perserkönigs Darius beschreibt nach einer kurzen Einleitung (1, 1–2) die beklagenswerte Lage der jüdischen Gemeinde und versucht, das Volk aus seiner Passivität aufzurütteln (1, 3–11). Solange nicht die Aufbauarbeiten am Tempel in Angriff genommen würden, könne das Volk keine Verbesserung seiner Lage erwarten. Das erste Orakel ist nach Ausbruch der babylonischen Revolte verfaßt.

Im zweiten Orakel vom einundzwanzigsten Tag des siebten Monats frohlockt Haggai über den nahe bevorstehenden Fall Persiens und schildert die künftige Herrlichkeit des neuen Tempels (2, 1–9). Während Jesaja, Micha und Jeremia ganz allgemein vom kommenden Davidssproß gesprochen hatten, scheint Haggai seine dynastischen

Hoffnungen fest an Serubabel geknüpft zu haben.
Aus dem dritten Orakel (2, 10–19) vom vierundzwanzigsten Tag des neunten Monats spricht die Sorge um die kultische Reinheit des Volkes. Haggai vertritt hier die Grundsätze des Priesterkodex, wonach Opfer ohne ein Zentralheiligtum wertlos seien. Solange das Volk keinen Tempel habe, müsse es unrein bleiben. Wenn aber der Tempel wiedererrichtet sein werde – wie bescheiden er auch sein möge –, würden die Leiden der Juden ein Ende nehmen, und Gottes Segen werde wieder über dem Land ruhen.
Das vierte Orakel (2, 20–23) ist auf den gleichen Tag datiert und stammt offensichtlich aus einer Zeit, da der babylonische Aufstand noch erfolgreich zu sein schien. Haggai spricht von der bevorstehenden Vernichtung der Heidenvölker, Serubabel aber werde der Herr zu seinem Siegelring machen.

Handel

Gliederung: 1. Regionaler und überregionaler Handelsverkehr im alten Orient. a) Biblische Hinweise; b) Archäologische Befunde; c) Internationaler Handel im Vorderen Orient; d) Königliches Handelsmonopol; e) Überlandverkehr. 2. Israels Handel in der vorköniglichen Zeit. 3. Handel in der Königszeit. a) Entwicklung des Außenhandels unter Salomo; b) Die israelitische Ausfuhr; c) Handel nach der Reichsteilung. 4. Israels Handel in nachexilischer Zeit. a) In der Diaspora; b) Hellenismus und Römerzeit. 5. Bedeutung des Handels für die israelitische Gesellschaft.

1. Regionaler und überregionaler Handelsverkehr im alten Orient: Bis zum Beginn der Königszeit widmeten sich die Israeliten dem internationalen Handel vielleicht nicht im gleichen Ausmaß wie einige ihrer Nachbarn – besonders die Kanaanäer –, doch gab es schon sehr viel früher zwischenstaatliche Kontakte, und der örtliche Handel entwickelte sich seit den frühesten Zeiten auf die übliche Art und Weise. Auf den Plätzen der Dörfer und Städte wurden Märkte (2 Kg 7, 1) abgehalten, wo die Bauern die Erzeugnisse ihrer Äcker und Viehherden und die Handwerker ihre Waren anboten. Dies war Handel in einem sehr kleinen Maßstab: der Erzeuger verkaufte direkt an den Verbraucher. Mehr Belege gibt es jedoch für das Vorhandensein einer Kaufmanns- und Handwerkerschicht in den Städten, geradeso wie in den Nachbarländern, wo es wahrscheinlich von ganz früher Zeit an Kaufleute gab. Am zwischenstaatlichen Handel dagegen beteiligten sich die Israeliten zögernder und weniger generell.
a) Biblische Hinweise: Hinweise auf Handel und Händler in der Bibel beziehen sich entweder (z. B. Gen 37, 25. 28) auf ausländische Kaufleute, die in der frühen Zeit das Land durchquerten (s. unten), oder auf die (ausländischen oder israelitischen) Händler der Königszeit (z. B. 1 Kg 10, 15 oder 2 Chr 9, 14). Die Bezeichnung der Händler als »Kanaanäer« (Job 41, 6; Spr 31, 24; Sach 14, 21) legte die Vermutung nahe, daß der Handel mit kleinen Einfuhrwaren und der Ankauf örtlicher Waren zur Ausfuhr in der frühesten Zeit der israelitischen Landnahme noch in den Händen der Ureinwohner des Landes lag. Überdies waren die Nachkommen der Kanaanäer, die Phöniker (s. *Phönikien und seine Städte), die großen Kaufleute der Epoche (ausführlich beschrieben in Ez 27 und anderwärts erwähnt, z. B. Ez 17, 4). Die Ausdrücke »Krämer« und Kaufmann« wurden anscheinend unterschiedslos verwandt, doch wird ein Kaufmann gelegentlich als »einer, der umherreist« bezeichnet, ein Wort mit derselben Wurzel wie das Verbum »gehen«. Hosea benutzte das Wort »Krämer« als Anklage gegen Israel: ein »Krämer, der falsche Waage in seiner Hand führt« (Hos 12, 7). Handel wird als »Schacher« (Ez 27, 12) oder »Tauschhandel« (Ez 27, 9) bezeichnet, aber Waren wie Edelmetalle und -steine (Job 28, 15–17 u. ö.) wurden als wertvoll anerkannt.
Bereits in der Josephserzählung (Gen 37, 25) reisen Kaufleute in Karawanen, und dies galt auch noch von Reisenden, als das Deboralied entstand (Ri 5, 6; s. dazu *Richter; *Dichtung, hebräische). Auch Job gebraucht den Ausdruck (6, 18 f), während Ez 27, 25 berichtet, wie die »Tarsisschiffe« (s. *Phönikien und seine Städte) »für dich dahinzogen«.
b) Archäologische Befunde: Es handelt sich größtenteils um bei Ausgrabungen gefundene Ostraka (auf Scherben geschriebene Mitteilungen), die auf die Verschiffung oder Lieferung von landwirtschaftlichen Produkten wie Öl, Wein oder Gerste Bezug nehmen. Ein solches, wahrscheinlich aus dem 4. Jhdt. v. Chr. stammendes Ostrakon wurde in *Asdod gefunden. Manchmal werden auf diese Weise auch Goldanweisungen aufgezeichnet (s. *Inschriften). Ähnliche Belege für Handel in Verbindung mit großen Weberei- und Färbereibetrieben wurden in Debir gefunden, wo es an

die dreißig Färbereien gab (s. *Geräte und Werkzeuge), und weitere Zeugnisse der gleichen Art wurden in *Asdod, Gibeon und zahlreichen anderen israelitischen Städten (s. *Stadtanlage, israelitische) entdeckt.

c) Internationaler Handel im Vorderen Orient: Um sich zu einem Handelszentrum zu entwickeln, muß ein Land über gute Land- und Seeverbindungen mit anderen Ländern verfügen und sollte in der Regel selbst einen Überschuß an industriellen oder landwirtschaftlichen Handelsgütern produzieren. In der biblischen Zeit fehlte es Palästina an guten Häfen, aber es wurde von den Hauptlandrouten des Alten Orients durchquert, die Ägypten und die phönikischen Häfen Tyrus und Sidon mit den reichen Gebieten Mesopotamiens, Persiens und des Nordens und Ostens verbanden. Die *via maris* und die »Königsstraße« (s. *Straßen, Beförderungsmittel, Handelswege), die wichtigsten Landwege der Epoche, kreuzten beide israelitisches Gebiet. Daher durchreisten von jeher Händler vieler Nationalitäten regelmäßig das Land. In der frühen Zeit hatten die Midianiter beinahe ein Monopol auf den internationalen Karawanenhandel zwischen Mesopotamien und Ägypten. Es war nur natürlich, daß Josephs Brüder einer solchen Gruppe begegneten (Gen 37, 25). Später wurde der zwischenstaatliche Handel zur Domäne der Phöniker (Jes 23, 2. 8; Ez 27) und der Assyrer (Nah 3, 16). An ihre Stelle traten noch später die Griechen. In biblischer Zeit traten die Israeliten nicht in diesem Ausmaß als Kaufleute auf.

Die das Land durchquerenden Händler stellten jedoch eine der wichtigsten Einnahmequellen des Staatshaushalts dar (1 Kg 10, 15; Esr 4, 20) und versetzten ferner die Israeliten in die Lage, ihre Waren gegen ausländische Handelsgüter einzutauschen. Die *Amarnabriefe (14. Jhdt. v. Chr.) enthalten ebenfalls viele Zeugnisse für den zwischenstaatlichen Handel zwischen Mesopotamien, Kanaan und Ägypten. Viele dieser Briefe nehmen auf die Karawanen Bezug, die zwischen den Reichen verkehrten. Drei Verzeichnisse von Waren, die der König von Ägypten an den König von Babylon sandte, und ein Bestandsverzeichnis der Aussteuer einer Prinzessin, die einen Ägypterkönig heiratete, bezeugen alle die Vielfalt der Waren, die damals Handelswert hatten. Das Ausmaß des zwischenstaatlichen Handels wird durch viele andere Dokumente belegt. Waren wurden zwischen den Mittelmeerländern und denen des Fernen Ostens ausgetauscht. Assyrien und Babylonien fungierten als Stapelplätze für indische und ostasiatische Produkte. Einige der frühesten Schriftdenkmäler betrafen derartige Handelsgeschäfte. Sie sind das Thema babylonischer Keilschrifttafeln aus dem 3.–1. Jahrtausend v. Chr. und werden in reichem Maße durch aus dem 10. Jhdt. v. Chr. stammende und auch jüngere assyrische Urkunden illustriert. **Abb. 301** zeigt einen Geldwechsler (s. *Gewichte und Maße).

Die Ägypter erhielten aus Nubien (dem heutigen Sudan) und den weiter südlich gelegenen Ländern Elfenbein, Bauhölzer, Leder und Sklaven und sandten bisweilen Schiffe in die »Gewürzländer«, d. h. nach Südarabien, Somaliland und Ostafrika. Überlandkarawanen kamen über Palästina aus Arabien, Mesopotamien, Syrien und dem Norden.

d) Königliches Handelsmonopol: Der Handel war im Vorderen Orient seit sehr früher Zeit ein königliches Monopol. Die Könige von Mesopotamien besaßen bereits im 3. Jahrtausend v. Chr. ihre eigenen Karawanen, und das gleiche galt von Hammurabi (s. *Babylon und Israel). In der Amarna-Epoche (s. *Amarnabriefe) standen Kaufleute im Dienst der Könige von Babylon, Zypern und anderer Länder. Die ägyptische Erzählung von Wen-Amun (s. *Phönikien und seine Städte) berichtet, der Fürst von Tanis in Ägypten habe eine Handelsflotte besessen und der König von Byblos habe über die Geschäfte Buch geführt, die er mit dem Fürsten tätigte.

e) Überlandverkehr: In Friedenszeiten und in Gebieten, wo keine Gefahr von Straßenräubern drohte, pflegten die Händler allein oder in kleinen Gruppen, zuerst zu Fuß, von Stadt zu Stadt zu ziehen, kaufend und verkaufend und ihre Waren mit sich führend. In unsichereren Zeiten brauchte eine Karawane vielleicht eine bewaffnete Wache (Esr 8, 22). Die Karawanen, die Kaufleute und Waren von Land zu Land beförderten, benutzten Esel (Gen 42, 26; 43, 18), Maultiere (2 Kg 5, 17; 1 Chr 12, 40), Kamele (Gen 37, 25), Rinder (1 Chr 12, 40) oder Sklaven (2 Kg 5, 23), aber keine Pferde, die nur Streit- oder Frachtwagen zogen. Tatsächlich werden Wagen in der Bibel gewöhnlich als Beförderungsmittel für Menschen, nicht für Waren erwähnt (Gen 45, 19. 21. 27; 46, 5; 1 Sam 6, 7–11). Das die Belagerung von Lachis darstellende Sanherib-Relief **(Abb. 503)** zeigt von Tieren gezogene Karren mit Menschen darauf. Überdies werden in dem Bericht

Abb. 301. Relief eines Geldwechslers aus Karkemisch

über den großen Zug der heimkehrenden Exulanten (Esr 2, 66 f) keine Karren oder Wagen erwähnt (s. *Straßen, Beförderungsmittel, Handelswege).

2. Israels Handel in der vorköniglichen Zeit: Die Israeliten, die in Kanaan eindrangen, waren von einer halbnomadischen Daseinsweise nicht sehr weit entfernt. Die Lebensweise eines seßhaften Bauernvolkes erlernten sie nicht über Nacht. Sie müssen mit den kanaanäischen Landesbewohnern Kontakt aufgenommen haben, deren Einfluß sich in verschiedenen Aspekten des israelitischen Lebens spiegelt. Gleichwohl wurde die Entwicklung engerer Beziehungen durch religiöse und andere Verschiedenheiten auch gehemmt. Es erscheint kaum verwunderlich, daß die den Phönikern benachbarten Stämme des Nordens als erste Handel trieben. Dies gilt ganz besonders für den isolierten halben Stamm Dan, dem im Deboralied (s. *Richter) Vorwürfe gemacht werden: »und warum bleibt Dan bei den Schiffen?« (Ri 5, 17), weil er vermutlich auf den Schiffen von Tyrus und Sidon arbeitete (s. *Phönikien und seine Städte). Die Leute vom Stamme Dan wohnten nicht an der Küste und hatten keine eigenen Schiffe. Das ernsteste Hindernis für den Handel waren in dieser Zeit jedoch die ständigen Kriege und die dauernde Unruhe. Die von *Saul begonnene und von David (s. *David und Salomo) abgeschlossene Herstellung innerer Sicherheit war eine wesentliche Voraussetzung für die Entwicklung von Handel größeren Ausmaßes, während erst der Aufstieg zu einem Großstaat die gleichermaßen notwendigen einheitlichen Maße und Gewichte brachte (z. B. der Hinweis in 2 Sam 14, 26 auf das »königliche Gewicht«; s. *Gewichte und Maße).

3. Handel in der Königszeit: *a) Entwicklung des Außenhandels unter Salomo:* Der erste große israelitische Handelsherr war König Salomo. Unter seiner Regierung wurde der Handel zum erstenmal ein bedeutsames Element in der Wirtschaft des Landes. Der Außenhandel war in hohem Maße ein königliches Monopol (s. oben 1 d), und Salomo verabredete mit Hiram von Tyrus (s. *Phönikien) die Ausrüstung einer Flotte, die das Kupfer von Ezeon-Geber am Roten Meer gegen das Gold und die Edelsteine von Ophir eintauschen sollte (1 Kg 9, 26–28; 10, 11. 22). Mit Hiram sowie mit der Königin von Saba (1 Kg 10, 10. 13) trieb Salomo auch Handel, um sich die für den Bau des Tempels in Jerusalem notwendigen Materialien zu beschaffen (1 Kg 5, 6. 10 f; 9, 11). Überdies erhielt Salomo aus verschiedenen Ländern »silberne und goldene Geräte, Gewänder, Waffen und Spezerei, Pferde und Maultiere« als Tribut (1 Kg 10, 25).

Eine seiner bemerkenswertesten Leistungen auf dem Gebiet des Handels war sein faktisches Monopol auf Geschäfte mit Pferden und Streitwagen – der wichtigsten militärischen Waffe der Zeit. Durch seine Agenten, die *soḥarē hammælæk,* importierte Salomo Pferde der berühmten Gestüte von Qu'e oder Kilikien in Anatolien und Streitwagen aus Ägypten. Mit ihnen baute er sein – einzigartiges – Streitwagenheer auf und monopolisierte die Lieferung an andere Herrscher: »Ebenso wurden sie durch Vermittlung der Händler auch an alle Könige der Hethiter und an die Könige von Syrien ausgeführt« (1 Kg 10, 28 f).

Sein Annalist verzeichnet in prahlerischer Ausführlichkeit die Vielfalt und Menge der wertvollen Güter, die in Salomos Reich eingeführt wurden. Von der Art und Weise ihrer Bezahlung ist sehr viel weniger die Rede. Der mit Hiram für den Bau des Tempels abgeschlossene Handel verzeichnet Israels Schuldverpflichtungen in Öl und Weizen, doch ersieht man aus der Geschichte von den zwanzig später an den König von Tyrus verpachteten israelitischen Städten (1 Kg 9, 11 – 13; 2 Chr 8, 2; s. *Phönikien und seine Städte), daß die Agrarerzeugung und die anderen Einkünfte des Landes wahrscheinlich keine ausreichende Basis für seinen Außenhandel boten.

b) Die israelitische Ausfuhr: Die wichtigsten palästinischen Exportgüter waren Agrarprodukte: Öl, Getreide und Wein. Die Kaufleute von Tyrus pflegten diese Güter in Israel einzukaufen und sie in den Mittelmeerstädten abzusetzen (Ez 27, 17). Salomo bezahlte Materialien für den Tempelbau in Jerusalem mit Weizen und Öl (1 Kg 5, 11). Öl wurde auch nach Ägypten verkauft (Hos 12, 1), desgleichen Kosmetika (s. *Arad). Das Land produzierte Flachs und Wolle, doch waren dies keine Ausfuhrartikel; tatsächlich erhielt Israel Wolle aus Moab (2 Kg 3, 4). Als Josephs Brüder ein aus den besten Produkten ihres Landes bestehendes Geschenk überreichen wollten, wählten sie »ein wenig Balsam und ein wenig Honig, Gummi und Harz und Pistaziennüsse und Mandeln« (Gen 43, 11), wiewohl einige von diesen auch als Erzeugnisse von Gilead erwähnt werden (Gen 37, 25).

Obwohl die besten Hölzer, besonders Zedernholz, aus Phönikien eingeführt wurden (1 Kg 5, 6), pflegte die Stadt Tyrus Eichen aus Basan zur Verwendung beim Schiffsbau und für die Herstellung von Rudern von Israel zu kaufen (Ez 27, 6). Die Assyrer führten ebenfalls phönikisches Holz ein, wie das den phönikischen Holzhandel darstellende Steinrelief **(Abb. 711)** bezeugt. Das Land erzeugte Kupfer, doch wird dieses nicht als Ausfuhr-, sondern nur als Tauschartikel erwähnt (s. *Geräte und Werkzeuge).

c) Handel nach der Reichsteilung: Mit Hirams Hilfe konnte Salomo die erste israelitische Handelsflotte aufbauen; ihr Hafen war Elath am Roten Meer; Davids Eroberung von Edom hatte den Israeliten zu diesem Gebiet Zugang verschafft. Nach Salomos Tod empörte sich Edom, und der Seeweg nach Saba in Arabien (s. *Araber, Arabien) und nach Ophir blieb Israel in Zukunft verschlossen (1 Kg 11, 4). Erst als Josaphat in Juda regierte (871–849 v. Chr.), stand dem Reich mit Ezeon-Geber wieder ein Zugang zum Roten Meer zur Verfügung. Josaphat bemühte sich, Salomos Handelstätigkeit wiederaufleben zu lassen, und schickte eine Flotte von zehn Schiffen nach Ophir, doch machte ein Sturm, in dem sie alle sanken, seine Hoffnungen zunichte. Ein späteres Angebot Ahasjas, des Königs von Israel, eine gemeinsame Expedition zu entsenden, wurde abgelehnt (1 Kg 22, 48 f).

Der internationale Handel dehnte sich weiter aus, doch verlagerte sich sein Schwerpunkt nach Salomos Tod nach Samaria, der Hauptstadt des Nordreichs. Israel trat in enge Handelsbeziehungen zu Aram und Damaskus. Ahab unterzeichnete mit Ben-Hadad, dem König von Damaskus, einen Handelsvertrag, nach dem die Israeliten in Damaskus Kaufhallen einrichten durften und der syrische König ähnliche Märkte in Samaria eröffnen konnte (1 Kg 20, 34). Dies war ein für den Alten Orient typisches Handelsgeschäft.

Der Handel beider Länder nahm während der langen Regierungszeit des Usia in Juda und Jerobeams II. in Israel beträchtliche Ausmaße an. Steigende Luxusgüterimporte führten zu Klagen der Propheten; der Ertrag des Landes, besonders das für die Armen lebensnotwendige Getreide, würden dazu verwandt, ausländische Luxusartikel für das Wohlleben der Reichen anzukaufen (Jes 2, 7; Hos 12, 7 f; Am 3, 15; 4, 1; 8, 4–6). Hosea verknüpft Israels Außenhandel mit seiner Außenpolitik: »Ephraim freut sich am Winde und jagt dem Oststurm nach. Allezeit mehren sie Lüge und Trug; sie machen einen Bund mit Assyrien und führen Öl nach Ägypten.«

Bei den Ausgrabungen antiker Plätze zeugen in ganz Palästina, von Galiläa bis zum Negeb, sowie in Ugarit und Phönikien die zutagegeförderten bemalten Töpferwaren, Waffen und Schmuckgegenstände von der Verbreitung orientalischer Künste und Techniken und weisen auf steigende Kontakte zwischen Händlern und Handwerkern hin. Wenn auch nur wenige direkte Zeugnisse für ernsthaften Handel vor dem 10. Jhdt. v. Chr. existieren, werden doch in späteren Jahrhunderten Einfuhren aus Phönikien und Zypern häufig. – Ezechiel gibt eine Beschreibung des Mittelmeerhandels. Zwar beginnt Ezechiel Kap. 27: »... Hebe ein Klagelied an über Tyrus«, aber in Wirklichkeit ist diese lebendige Schilderung einer großen Handelsstadt ein uneingeschränktes Lob phönikischer Erfolge und phönikischen Wohlstandes (s. *Phönikien und seine Städte). Der Prophet zählt die Nationen und Erzeugnisse auf, die zu Tyrus' Reichtum beitrugen, und die ganze Stelle (Ez 27, 5–25) liest sich wie eine Zusammenfassung des Handels der Mittelmeerländer und der Alten Welt: »Silber, Eisen, Zinn und Blei ... Sklaven und kupferne Geräte ... Pferde ... Elfenbeinzähne und Ebenholz ... Rubine, Buntwirkereien ... Wein, Wolle ... Lämmer, Widder und Böcke ... Spezerei, Teppiche ... Gold ... während Juda und das Land Israels ... dir Weizen, Oliven, Frühfeigen, Honig, Öl und Balsam zum Austausch lieferten ...«

4. Israels Handel in nachexilischer Zeit: *a) In der Diaspora:* Über die Handelstätigkeit der Juden während ihres Exils ist nichts überliefert, doch erfreute sich das Land, in das man sie verschickte, einer hochentwikkelten Kultur und eines blühenden Handels. Die Diasporajuden wurden infolge ihrer Kontakte mit dem babylonischen Handel notgedrungen zu Kaufleuten. In dem Maße, wie die aus ihrer Heimat vertriebenen Juden im Ausland seßhaft wurden, galten für sie immer mehr viele der Faktoren, die zu den Handelserfolgen der Phöniker und ihrer Kolonien beigetragen hatten. Sie verfügten über Kontakte in der gesamten damals bekannten Welt und sie entwickelten die Techniken von Handel und Kredit. Eine gute Illustration hierzu sind die Akten des in Babylon ansässigen Bankhauses Muraschu, dessen Tätigkeit bis zur Zeit Darius' II. fortdauerte (s. *Restauration und Perserzeit, Esra und Nehe-

mia). Als man den Juden die Rückkehr nach Sion freistellte, zogen viele es vor, zu bleiben.
Neh 13 weist auf verschiedene Berufe in Jerusalem hin, darunter die mit dem Finanzwesen verbundenen wie Steuereinnehmer, Geldverleiher und Kaufleute, doch waren solche Leute als Schicht, verglichen mit den Bäckern, Metallarbeitern und Töpfern, im Lande neu. Die Schaffung einer Kaufmannsschicht war in Palästina eine späte Entwicklung, wenn auch ben Sirach (Sir 42, 5) im 2. Jhdt. v. Chr. Handelsgewinne als legitim anzusehen vermochte.
b) Hellenismus und Römerzeit: Der internationale Handel wurde in hohem Maße durch die vom persischen Reich im ganzen östlichen Mittelmeergebiet und in Westasien errichtete und, nach einer Umbruchperiode, durch die Eroberungen Alexanders des Großen befestigte zentrale Organisation und relativ stabile Regierungsgewalt gefördert. Eine Ausweitung des Handels war ein hervorstechendes Charakteristikum der neuen Lebensweise, die der Hellenismus in diesem Gebiet einführte (s. *Hellenismus im Nahen Osten), und die Juden der Diaspora waren daran beteiligt. Die späteren römischen Eroberungen hatten schon bald zur Folge, daß sich weiter westlich Judenkolonien ansiedelten und Handel trieben.
In Palästina selbst änderte sich die Lage kaum. Der Aristeasbrief (s. *Deuterokanonische Bücher und Apokryphen) besagt, daß Gewürze, Edelsteine, Gold und die verschiedenen ausländischen Luxusgüter von Arabern in Judäa eingeführt wurden (s. *Araber, Arabien). *Hellenistische Städte, die sich zur Hauptsache mit dem Handel zwischen dem Landesinneren und der Mittelmeerwelt befaßten, säumten die Küste Palästinas. Tatsächlich erlangten die Israeliten erst in hellenistischer Zeit die Herrschaft über die Küste. Ein Teil gelangte niemals vollständig in ihre Hand, da er nicht zum »reinen«, d. h. von heidnischen Einflüssen freien Territorium des Heiligen Landes zählte. Einer eingeborenen jüdischen Händlerschicht bot sich demgemäß in ihrem Land nur ein sehr kleines Betätigungsfeld; in noch stärkerem Maß galt dies für Finanziers, von Steuerpächtern wie den Tobiaden (s. *Hasmonäer; *Hellenismus und Judentum) abgesehen.
Außerhalb Palästinas war ihre Position günstiger. Bei der Gründung von Alexandrien wurde jedem Juden, der Interesse zeigte, gestattet zu kommen und sich niederzulassen; die gleiche Regel galt in Antiochien. Es war dies ein wirksamer Anreiz für den Handel des ptolemäischen und des seleukidischen Reiches.
Papyri aus der hellenistischen Periode Ägyptens enthalten eine Fülle von Zeugnissen für die Tätigkeit von Juden als Händler, Bankiers und Makler. Obwohl die Juden jede religiöse und nationale Assimilation ablehnten, wirkte der Hellenismus zwangsläufig auf ihre materiellen und kulturellen Wertmaßstäbe ein. In der Hasmonäerzeit und danach trat eine beachtliche wohlhabende Händlerschicht unter den Juden Palästinas in Erscheinung. Dieser Vorgang wurde durch die Eroberungen der Hasmonäer beschleunigt. Als Jaffa unter jüdische Herrschaft kam (s. *Hasmonäer), wurde es mit Juden wieder bevölkert – darunter Kaufleuten, die sehr bald im internationalen Handel eine Rolle zu spielen begannen (1 Makk 14, 5) und als Händler für das ganze Mittelmeergebiet an die Stelle der Phöniker traten. (Für das Finanzwesen der Frühzeit und die entwickelteren Verfahren der nachexilischen Zeit s. *Darlehen und Schulden.)
Unter den Hasmonäerkönigen und *Herodes nahmen die Einnahmen aus in palästinischen Häfen erhobenen Zollgebühren und aus Durchfuhrzöllen auf Güter, die das jüdische Territorium durchquerten, beträchtliche Ausmaße an. Unter Herodes betrugen die Einfuhr-, Kauf- und Verkaufssteuern im Durchschnitt 25 % des Warenwerts. Verläßliche Zahlen fehlen, doch läßt sich aus den Urkunden des Herodes und seiner Nachfolger und aus verschiedenen römischen Schriftstellern ein allgemeines Bild der ökonomischen Entwicklung sowohl in der Landwirtschaft wie im Handel gewinnen. Alle nahöstlichen Länder erhoben Durchfuhr- und Hafenzölle, so daß die jüdische Staatskasse von der Ausweitung des See- und auch des Überseehandels profitierte. Im Laufe der Zeit wurde *Caesarea am Meer eines der großen Zentren für den Handel Palästinas und des gesamten östlichen Mittelmeergebietes; es stellte eine der Haupteinnahmequellen des Herodes und der späteren Herrscher dar. In jener Zeit hatte sich die Anzahl der Export- wie der Importartikel beträchtlich erhöht. In talmudischer Zeit wurden später 118 verschiedene Warengattungen aufgeführt, die aus dem Ausland nach Palästina importiert wurden. Darunter befanden sich Stoffe zur Herstellung von Kleidungsstücken, Haushaltsgegenstände und Nahrungsmittel.

5. Bedeutung des Handels für die israelitische Gesellschaft: Das Interesse der Israeliten für den Handel setzte erst viele Generationen nach der *Landnahme ein, als die Wirtschaft des Landes und seiner Städte in jüdische Hände überging und die Entfaltung des städtischen Lebens einen expansiven Markt für den Austausch von Handelsgütern schuf. In der frühen Zeit war Auslandshandel größeren Umfangs eine Angelegenheit königlicher Spekulationen – z. B. die Tätigkeit Salomos und Josaphats –, aber in der späteren Königszeit, während des babylonischen Exils und später in Palästina traten gelegentlich Einzelpersonen als Händler und Geschäftsleute auf und fungierten als Zwischen- oder Großhändler. Vom 10. Jhdt. v. Chr. an wurde dieser Vorgang durch wachsende internationale Kontakte, den Wechsel zwischen Feldzügen und Friedensperioden und die Eröffnung zwischenstaatlicher Handelswege im gesamten Vorderen Orient beschleunigt.
Die Juden waren die ganze biblische Zeit hindurch niemals ein ausgesprochenes Handelsvolk. Erst in und nach dem babylonischen Exil betätigten sich Israeliten in nennenswertem Umfang als Kaufleute, als viele Juden, die ihre herkömmliche Berufstätigkeit und Beschäftigung hatten aufgeben müssen, ihr Auskommen im Handel zu finden versuchten (s. *Exil, babylonisches; *Restauration und Perserzeit, Esra und Nehemia).
Auch dann blieben weite Teile des Volkes von der Einbeziehung des Handels in die Daseinsweise der Nation unberührt. Eine genaue Beurteilung der Auswirkungen der allmählichen Entwicklung einer jüdischen Händlerschicht auf Gesellschaft und Religion in der nachexilischen und griechisch-römischen Zeit ist schwierig. Sie sind ein Aspekt des wachsenden Kosmopolitentums, dem man im hellenistischen Zeitalter auf politischem, kulturellem und sozialem Gebiet begegnet (s. *Hellenismus; *Hasmonäer; *Gesetz Israels). Die Weisheitsliteratur und die *Pharisäer setzten sich weiterhin für die traditionelle jüdische Mäßigung ein. Wahrscheinlich wurden die wachsenden fremdländischen säkularen Einflüsse von den Juden ohne viel Aufhebens absorbiert. Mittelstand und Oberschicht wurden äußerlich weniger jüdisch, während die überkommenen Werte des Volkes als Ganzem sich fast gar nicht wandelten. Am Ende machten die Vorteile der Pax Romana keinerlei Eindruck auf die Nationalisten, die sich zur Verteidigung ihrer Traditionen gegen die gesamte Macht des römischen Reiches empörten (s. *Rom und die Juden; *Ackerbau und Viehzucht; *Geräte und Werkzeuge; *Hellenismus und Judentum; *Hellenismus und jüdische Diaspora; *Straßen, Beförderungsmittel, Handelswege; *Gewichte und Maße).

Hasmonäer

Gliederung: 1 Berührung Judäas mit dem Hellenismus. a) Allmähliche Hellenisierung Judäas seit der Eroberung durch Alexander den Großen; b) Die Tobiaden; c) Eingliederung Judäas in das Seleukidenreich; d) Menelaos und die hellenistische Reform; e) Verfolgung unter Antiochus IV. 2. Makkabäeraufstand und Aufstieg der Dynastie der Hasmonäer. a) Beginn des Aufstandes unter Mattathias; b) Erfolge und Ende des Judas Makkabäus; (1) Siege; (2) Tempelweihe; (3) Kompromißfriede; (4) Judas' Tod; c) Jonathan und Alexander Balas; d) Simon als Hoherpriester. 3. Festigung der Dynastie und Ausdehnung des Hasmonäerstaates. a) Johannes Hyrkan; b) Aristobul; c) Alexander Jannäus. 4. Ende der Dynastie und Zerfall des Hasmonäerstaates. a) Bruderkrieg zwischen Hyrkan II. und Aristobul II.; b) Ende des Hasmonäerstaates.

»Hasmonäer« werden die Mitglieder der Makkabäerfamilie und der Dynastie genannt, die Judäa bis zur Zeit des *Herodes regierten. Vermutlich leitet sich der Name von Hasmon, einem Vorfahren des Mattathias ab, dessen Sohn Judas Makkabäus den Makkabäeraufstand anführte.

1. Berührung Judäas mit dem Hellenismus: *a) Allmähliche Hellenisierung Judäas seit der Eroberung durch Alexander den Großen:* Die entfernteren Ursachen des Makkabäeraufstandes liegen bereits in der Eroberung Judäas durch Alexander den Großen (Ende des 4. Jhdt. v. Chr.). Damals kam es in Judäa zu den ersten engeren Kontakten mit dem Hellenismus, der orientalischen Form griechischer Kultur, die bald danach im östlichen Mittelmeerraum und im Mittleren Osten eine beherrschende Stellung gewann. Bis dahin hatte es nur gelegentliche Beziehungen zu griechischen Händlern und Kaufleuten gegeben. Nach Alexanders Tod im Jahre 323 v. Chr. verfiel sein Reich in vier Teile: ein ägyptisches Reich unter den Ptolemäern; ein syrisch-mesopotamisches Reich unter den Seleukiden; ein griechisch-kleinasiatisches Reich und das europäische Griechenland. Judäa fiel den Ptolemäern zu (s. **Karte 11,** die Büste des Ptolemäus Soter II., **Abb. 302**). Den Juden wurde ihre religiöse Freiheit garantiert. Der Hohepriester, dessen Amt die Mitglieder der zadokidischen Familie erblich innehatten (s. *Restauration; *Priester und Leviten), war das Haupt einer Priesterhierarchie und zugleich weltlicher Führer. In dieser Eigenschaft war er mit der Erhebung der Steuern für die ägyptischen Herrscher beauftragt. Die eigentliche Eintreibung lag in den Händen örtlicher Steuerpächter, die sich gewöhnlich aus den führenden jüdischen Familien rekrutierten.

Bald kamen griechische und makedonische Siedler nach Judäa und gründeten Zentren hellenistischer Zivilisation mit ihren gewohnten Formen sozialen und politischen Zusammenlebens, mit ihrer eigenen Selbstverwaltung, Architektur und ihrem Polytheismus (s. *Hellenismus im Nahen Osten). Die Ptolemäer förderten den kulturellen Austausch zwischen Griechen und Semiten, dessen Ergebnis ein orientalisierter Hellenismus war.

Judäa, das von einem Ring hellenistischer Städte umgeben war, verwaltete bald auch seine Städte nach griechischem Vorbild und berief wie sie alljährlich eine gewählte Volksvertretung ein. Dieses Konzept einer Kontrolle und Repräsentation durch die ganze Bürgerschaft war für orientalische Kulturen etwas völlig Neues. Es wurde jedoch nicht überall eingeführt.

In vielen Städten errichtete man auch die für griechische Verhältnisse typischen Übungsstätten zur körperlichen und moralischen Ertüchtigung für junge Männer, das *gymnasion* und das *ephebeion*. Die ersten, die diese neue Kultur guthießen, waren die Kreise, die engeren Kontakt zur Regierung hatten, der Priesteradel, der Landadel und die reichen Kaufleute (s. *Sadduzäer).

b) Die Tobiaden. Die Masse des jüdischen Volkes wurde nicht hellenisiert, und traditionsbewußte Kreise setzten der hellenistischen Lebensweise sogar erbitterten Widerstand entgegen. Trotz wachsender Spannungen innerhalb der jüdischen Gemeinde blieb die Situation relativ ruhig, bis Mitte des 3. Jahrhunderts v. Chr. der Steuerpächter Joseph ben Tobia, ein Mitglied der begüterten prohellenistischen jüdischen Klasse, zeitweilig zum Statthalter ernannt wurde, um höhere Steuern einzutreiben. Die aristokratische, einflußreiche Familie der Tobiaden läßt sich bis in die frühe nachexilische Zeit zurückverfolgen (s. *Restauration), als sie sich – ähnlich wie Sanballat und seine Familie in Samaria – in Transjordanien ansiedelte, vielleicht auch bis in die Zeit vor dem Exil (s. *Israel und Juda 2 d). Die Tobiaden, die im 4. und 3. Jhdt. v. Chr. immer mehr an Einfluß gewannen, sind ein klassisches Beispiel, wie anfällig die oberen Klassen für den Hellenismus waren, zumal ihnen diese Bewegung ein nützliches und wirksames Instrument in die Hand gab, ihren Drang nach größerem Reichtum und mehr Macht zu befriedigen.

c) Eingliederung Judäas in das Seleukidenreich: Im Jahre 198 v. Chr. wurde Judäa durch Antiochus III., den Großen, dem Seleukidenreich eingegliedert. Am Status der jüdischen Gemeinde änderte sich damit zunächst nichts, doch traten neue innere Spannungen auf, als es den Tobiaden, nun treue Untertanen des Seleukidenkönigs, gelang, den Hohenpriester Onias III. seines Amtes zu entheben und an seiner Statt seinen prohellenistisch eingestellten Bruder Jason einzusetzen.

Das Recht der Zadokiden, die Nachfolge im hohenpriesterlichen Amt zu bestimmen, war bisher nie angetastet worden. Nun räumte der Usurpator Jason Antiochus das Privileg ein, künftig die Hohenpriester zu ernennen.

Aus dem zweiten Makkabäerbuch hören wir, daß Jason in Jerusalem ein *gymnásion* und ein *ephēbeîon* errichtete und damit praktisch versuchte, die Metropole zu einer griechischen *pólis* zu machen. Bisher hatte sich das Hellenisierungsprogramm keine religiösen Ziele gesetzt. Sein Hauptzweck war nach 1 Makk, die Absonderung der Juden zu beenden und ihnen den Zugang zur hellenistischen Völkerfamilie zu ermöglichen (s. *Hellenismus und Judentum). Über die Rolle der Schriftgelehrten und *Chasidäer im Kampf gegen die Hellenisierung s. *Verfassung, Verwaltung und Staatsformen 3 d.

d) Menelaos und die hellenistische Reform: Im Jahre 171 v. Chr. unterstützten die Tobiaden mit Erfolg Menelaos, der kein direkter Abkömmling des Hauses Zadok, aber offenbar mit der Priesterdynastie verwandt war, bei seiner Bewerbung um den Posten des Hohenpriesters. Menelaos nutzte die Ernennung, die er durch Bestechung erwirkt hatte, für seine politischen und materiellen Ziele. Er war ein extremer Vorkämpfer des Hellenismus in Judäa und bestärkte noch Antiochus IV. in seiner Mißachtung des Judentums. Ferner scheute er sich nicht, den Tempel für den Seleukidenkönig zu plündern, ja, es wird sogar berichtet, er habe aktiv an den Übungen im Gymnasium teilgenommen. Sein ungezügeltes Verhalten, aber auch der

Karte 11. Die hellenistischen Reiche zu Beginn des 3. Jhdts. v. Chr.

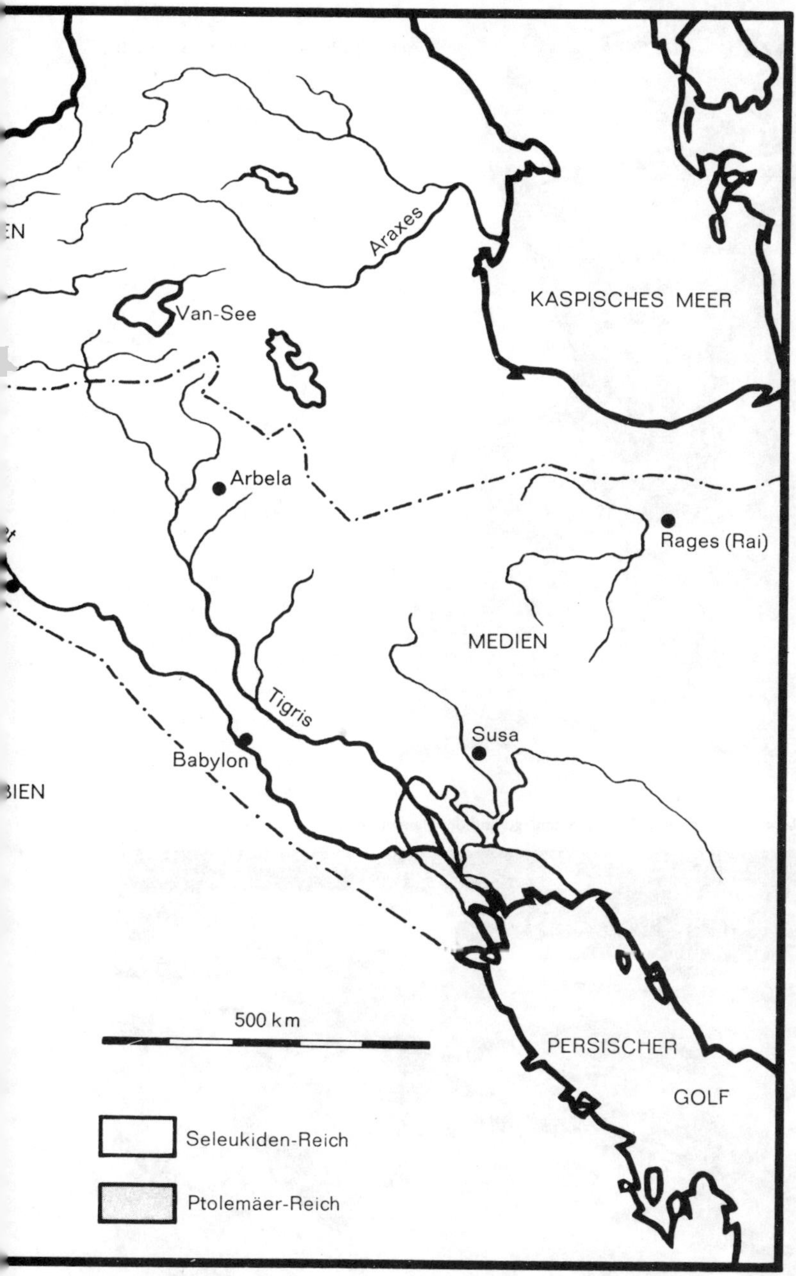

KASPISCHES MEER
Araxes
Van-See
Arbela
Rages (Rai)
MEDIEN
Tigris
Susa
Babylon
PERSISCHER
GOLF
500 km
Seleukiden-Reich
Ptolemäer-Reich

Abb. 302. Büste des Ptolemäus Soter II.

Abb. 303. Dor: Überreste der römischen Hafenanlage und der Baudenkmäler

Abb. 304. Höhlen von Arbel

Abb. 305. Modin: Symbolstätte des Makkabäeraufstandes

wachsende Gegensatz zwischen den wohlhabenden hellenisierten Juden und der Masse des übrigen Volkes führten schließlich zu Aufruhr, Krawallen und Straßenkämpfen. Im Jahre 169 v. Chr. verbreitete sich das Gerücht, Antiochus IV. sei in der Schlacht gefallen. Jason kehrte daraufhin aus der Verbannung zurück und richtete unter den Gefolgsleuten des Menelaos ein Blutbad an. In Wirklichkeit war Antiochus jedoch nicht gefallen, sondern lediglich vor den Toren Alexandriens von den Römern zur Rückkehr gezwungen worden. Menelaos und die Tobiaden eilten ihm entgegen und überbrachten die Nachricht vom Bürgerkrieg in Judäa. Noch mißgestimmt ob der ehrverletzenden Behandlung durch die Römer, ließ Antiochus seine Wut an Jerusalem aus und tötete nach Angaben des zweiten Makkabäerbuches in einem grausamen Massaker innerhalb von drei Tagen 80 000 Juden ohne Rücksicht auf Alter oder Geschlecht. Ferner entweihte und plünderte er den Tempel und führte den gesamten Tempelschatz hinweg, der damals 1800 Talente betrug (etwa 15 000 000 DM, wenn man einen Vergleich zu der damaligen Silberwährung zieht; s. *Gewichte und Maße).

In dem Bestreben, seine Position angesichts der römischen Gefahr zu festigen, gab Antiochus seinen Beamten und Militärs den Befehl, ganz Judäa endgültig und vollständig zu hellenisieren. Menelaos blieb Hoherpriester, aber der Tempel war so entweiht, daß fromme Juden es vermieden, ihn aufzusuchen, auch als er noch nicht offiziell geschlossen war.

e) Verfolgung unter Antiochus IV.: Die politische Intoleranz des Königs führte Schritt für Schritt zu einer religiösen Verfolgung, wie es sie im Hellenismus bis dahin nicht gegeben hatte. Im Jahre 167 v. Chr. verbot Antiochus die Ausübung des jüdischen Glaubens. Das Volk widersetzte sich und erduldete harte Vergeltungsmaßnahmen. V. Tcherikover nimmt jedoch an, zum Aufstand sei es nicht wegen der Unterdrückung gekommen, vielmehr sei die Verfolgung durch die Revolte herausgefordert worden. Im Jahre 168–167 v. Chr. war die Zeit für den Makkabäeraufstand reif.

2. Makkabäeraufstand und Aufstieg der Dynastie der Hasmonäer: *a) Beginn des Aufstandes unter Mattathias:* Über den tatsächlichen Ablauf des Geschehens herrscht zwischen den Berichten des ersten und zweiten Makkabäerbuches keine Übereinstimmung. Nach 1 Makk flackerte der erste bewaffnete Widerstand auf, als Mattathias, ein Priester und Landbesitzer aus Modin, sich weigerte, den hellenistischen Gott Zeus anzubeten, beziehungsweise in seine Verehrung einzuwilligen, und sowohl den syrischen Offizier, der das neue Edikt erzwingen sollte, als auch einen abtrünnigen Juden erschlug. Der Funke, der den Aufruhr entfachen sollte, war entzündet. Mattathias floh ins Bergland und begann, den Guerillakrieg zu organisieren. Eine andere Tradition im zweiten Makkabäerbuch erzählt, daß Mattathias' ältester Sohn Judas schon vorher im Bergland Zuflucht gesucht und den Aufstand bereits begonnen hatte. Wie es auch gewesen sein mag, bald gesellten sich die *Chasidäer, eine Gruppe frommer jüdischer Asketen, den Rebellen zu und wurden unter dem Zwang der Verfolgung zur Elitetruppe innerhalb des Heeres, das Judas aufstellte.

Die Partisanen breiteten sich über das ganze Land aus und sammelten 6000 Rekruten aus den Dörfern, in der Hauptsache aus dem niederen Priesterstand und der ärmeren Landbevölkerung. Im Jahr darauf starb Mattathias, aber seine fünf Söhne Judas, Johannes, Simon, Eleasar und Jonathan führten den Kampf weiter. Modin, ihr Geburtsort und ihre Begräbnisstätte (s. **Abb. 305**), blieb das Symbol des Heldentums der Makkabäer.

b) Erfolge und Ende des Judas Makkabäus: *(1) Siege:* Nach Mattathias' Tod war Judas der Anführer der Aufständischen. Seine ersten Gefechte führte er gegen die örtliche Streitmacht der Hellenisten. Mit seiner Taktik von Angriffen aus dem Hinterhalt, schnellen Vorstößen und nächtlichen Attacken besiegte er den Kommandeur Apollonius und bei Beth-Horon die Provinzarmee unter General Seron (1 Makk 3, 13–26; s. **Karte 12**).

Seine nächste Schlacht hatte er gegen eine Kolonne der Hauptarmee unter General Gorgias zu bestehen. Wieder siegte er bei Emmaus (1 Makk 4). Der Oberbefehlshaber der hellenistischen Armeen griff dann den Süden Judäas an, in dem sich inzwischen die Idumäer angesiedelt hatten, doch wurde er auch hier von Judas vertrieben (1 Makk 4, 26–35). Diese Siege führten zu einem Waffenstillstand, den prohellenistische Juden angeregt hatten.

(2) Tempelweihe: Die Makkabäer – so nannte man nun die Aufständischen – nahmen im Dezember 164 v. Chr. Jerusalem ein und reinigten als erstes den Tempel. Dann wurde er neu geweiht. Nach einer Legende fanden die Makkabäer bei Betre-

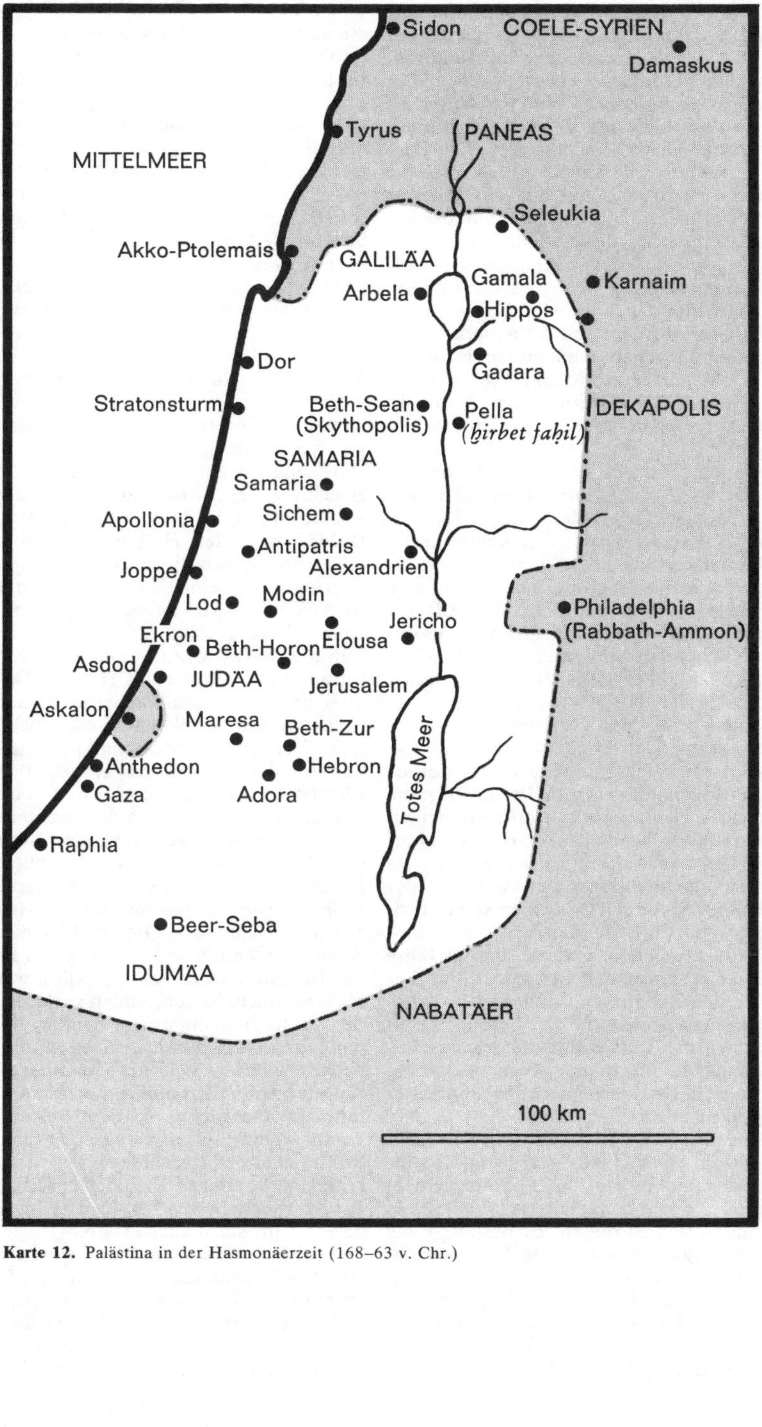

Karte 12. Palästina in der Hasmonäerzeit (168–63 v. Chr.)

ten des Tempels alles geschändet und entweiht mit Ausnahme eines Krügleins mit Öl, das gerade ausreichte, die Menorah, den siebenarmigen Leuchter, einen Tag lang zu entzünden. Wunderbarerweise hätten jedoch die mit diesem Öl entzündeten Lampen acht Tage lang gebrannt. Dieses Mirakel wurde später ein Symbol für den Aufstand und hat im alljährlichen Hannukah-Fest (s. *Feste) ein immerwährendes Gedächtnis gefunden.

(3) Kompromißfriede: Während der beiden nächsten Jahre festigten die Makkabäer ihre Stellung in Idumäa, Galiläa sowie östlich des Jordan und kamen den zerstreuten jüdischen Gemeinden in Judäa und Galiläa zu Hilfe. Auch führten sie verschiedene Überfälle durch, um die Juden von Ammon in Transjordanien zu befreien.

Nach dem Tod des syrischen Monarchen Antiochus IV. übernahm General Lysias die Regentschaft für den jungen Königssohn. Er begann wieder den Kampf gegen Judas und brachte ihm im Jahre 163 v. Chr. bei *tell zakarīja* mit großer Übermacht eine Niederlage bei. Judas' Bruder Eleasar wurde in der Schlacht unter einem zusammenbrechenden Elefanten begraben. In der Annahme, er trage den Oberbefehlshaber der syrischen Armee, hatte ihn Eleasar mit eigener Hand erstochen.

Dynastische Schwierigkeiten machten Lysias' Anwesenheit zu Haus erforderlich und zwangen ihn zu einem Waffenstillstand mit Judas. Nach 2 Makk wurden dabei Judäas religiöse Freiheit und seine kommunale Selbstverwaltung garantiert. Lysias beschuldigte den Usurpator Menelaos, der hinter der Szene in Antiochien seine Intrigen gesponnen hatte, den Krieg heraufbeschworen zu haben, und ließ ihn im Jahre 163 v. Chr. hinrichten. An seiner Statt berief er den Zadokiden Alkimos in das hohepriesterliche Amt. Mit diesem Schritt hoffte er, das Volk Judäas zu beschwichtigen und für sich zu gewinnen. Judas erkannte den neuernannten Hohenpriester jedoch nicht an.

(4) Judas' Tod: Um den syrischen Königsthron entspannen sich neue Machtkämpfe, und Demetrius I. Soter, einem weiteren Thronbewerber, gelang es, die Macht an sich zu reißen. Er bestätigte die Ernennung des Alkimos. Da dieser ein Zadokide war, standen auch die am politischen Ausgang des Kampfes uninteressierten Chasidäer hinter ihm. In ihren Augen konnte weder Judas noch einer seiner Brüder das Amt des Hohenpriesters bekleiden, da sie nicht dem Geschlecht Zadoks entstammten. Judas gab sich mit dem status quo nicht zufrieden. Sein Ziel war die politische Autonomie Judäas. Deshalb machte er aus der Widerstandsbewegung einen regelrechten Befreiungskrieg, womit er sich allerdings zeitweilig die Chasidäer entfremdete. Sie kehrten jedoch wieder zu Judas' Fahne zurück, als sie erkennen mußten, daß Alkimos nur ein Werkzeug war, um die Hellenisierung des Landes weiter voranzutreiben (s. *Chasidäer).

Trotz ihres anfänglichen Kriegsglückes, z. B. dem Sieg über Nikanor bei Adasa (*ḫirbet 'adāse*), waren die Makkabäer in einer schlechten Position und zudem der vielen Kriege müde. Judas rief den römischen Senat um Hilfe an, erhielt aber lediglich die papierene Unterstützung eines gegenseitigen Verteidigungspaktes. Im Jahr 162 v. Chr. sandte Demetrius eine Armee unter Bacchides gegen die jüdischen Truppen. Diese, nun in der Defensive, kämpften in Galiläa nahe den Höhlen von Arbel (s. **Abb. 304**) gegen einen zahlenmäßig weit überlegenen Feind. Schließlich besiegte Bacchides die Makkabäer bei Elasa, und Judas wurde getötet.

Für die Juden wurde Judas Makkabäus fortan zum Prototyp des Helden. Da das erste und zweite Makkabäerbuch über ihn berichten und die Kirche diese Bücher in ihren Kanon aufgenommen hat, erhielt er auch in der christlichen Tradition einen Ehrenplatz als Kämpfer für den Glauben und als Vorbild tapferen Soldatentums.

c) Jonathan und Alexander Balas: Nach Judas' Tod im Jahre 162 v. Chr. blieb die Macht in Judäa zunächst in der Hand der prohellenistischen Juden und des Hohenpriesters Alkimos. Die makkabäischen Rebellen standen an ihrem tiefsten Punkt seit Beginn des Aufstandes. Alles, was sie bisher erreicht hatten, schien verloren. Judas war tot, und ein dritter Bruder, Johannes, wurde kurz darauf ermordet. Die Rebellen scharten sich um Jonathan, den jüngsten Sohn der Familie. Jonathan nahm mit der Guerillataktik den Befreiungskampf wieder auf, und es gelang ihm, die Streitmacht des Bacchides empfindlich zu schlagen, womit er zugleich den Tod seiner Brüder rächte (1 Makk 9, 43–50). Im Jahre 159 v. Chr. starb auch Alkimos.

Die prohellenistischen Juden waren ohne fremden Beistand nicht in der Lage, Judäa zu regieren. Die Syrer sahen endlich ein, daß eine Herrschaft der Hasmonäer, die die Sympathien des Volkes besaßen, die einzige vernünftige Lösung war. Darum erkannten sie Jonathan ohne formellen Friedensvertrag als *de facto*-Herrscher der jüdischen Gemeinde an. Judäa blieb jedoch weiter Teil des Seleukidenreiches. Jonathan errichtete in Michmas nahe Jerusalem eine Rumpfregierung, und von dort »richtete er Israel« wie zu Väterzeiten. Der Posten des Hohenpriesters blieb jedoch noch eine Reihe von Jahren unbesetzt. Zwischendurch nutzte Jonathan interne Schwierigkeiten der Seleukiden und den langsam fortschreitenden Verfall der Dynastie für seine eigenen Ziele aus und griff das Reich an, wann immer es ihm günstig schien.

Im Jahre 157 v. Chr. trat im Seleukidenreich Alexander Balas als weiterer Thronbewerber auf, und sowohl er als auch König Demetrius I. Soter suchten Jonathans Loyalität für sich zu gewinnen, indem sie seinen Forderungen weithin entgegenkamen. Jonathan spielte einen gegen den anderen aus und wandte sich wieder Alexander zu, als dieser im Jahre 150 v. Chr. Demetrius besiegte. Alexander ernannte Jonathan zum Hohenpriester sowie zum zivilen Statthalter und Militärgouverneur von Judäa. Acht Jahre später riß Demetrius II., der Sohn des ehemaligen Königs, den Thron an sich. Anfangs bemühte auch er sich um treue Anhänglichkeit des Makkabäers und machte ihm verschiedene territoriale Zugeständnisse. Doch bald zog er gegen die Juden zu Felde. Jonathan besiegte ihn bei Hazor in Coelesyrien nördlich von Galiläa.

Zur gleichen Zeit bemühte sich im syrischen Reich eine Gegenpartei unter General Tryphon, Antiochus VI., den unmündigen Sohn Alexander Balas', zum König zu krönen. Unter dem Vorwand, Tryphon, dem er untergeordnet war, zu helfen, schlug sich Jonathan in einer Reihe von Schlachten, an deren Ende er die Herrschaft der Hasmonäer im Lande erheblich gefestigt und ausgedehnt hatte. Um sein Prestige, das er sich erobert hatte, zu unterstreichen, erneuerte er den alten Verteidigungspakt mit Rom. Tryphon sah diese Erfolge jedoch mit Mißtrauen, und durch Verrat gelang es ihm, seinen zu mächtig gewordenen Verbündeten in Akko gefangenzunehmen (1 Makk 12–13) und ihn später zu ermorden. An Jonathans Stelle trat sofort sein Bruder Simon.

d) Simon als Hoherpriester: Nach Übernahme der Führerschaft in Judäa im Jahre 142 v. Chr. eroberte Simon zunächst *Gezer, dann setzte er den Abzug der hellenistischen Garnisonstruppen aus der Festung Akra durch, die bislang Jerusalem beherrscht hatte. Die Lage am syrischen Hof war nun sehr kritisch. König Demetrius II., der verzweifelt nach Verbündeten Ausschau hielt, bestätigte Simon als Hohenpriester der Juden und ernannte ihn zum Ethnarchen sowie zum Militär- und Zivilgouverneur für Judäa. Er befreite die Juden von allen Steuern – ein Erlaß, der politischer Unabhängigkeit gleichkam, obwohl die syrisch-hellenistische Regierung als Zentralgewalt bestehen blieb.

Im Jahre 140 v. Chr. bestätigte die jüdische Gemeinde Simon als ihren Hohenpriester auf Lebenszeit und erklärte sein Amt als erblich, »bis ein glaubwürdiger Prophet erstehen würde« (1 Makk 14, 41). Damit hatte die Hasmonäerdynastie eine Macht in der Hand, die monarchischer Gewalt gleichkam. Simon erneuerte im Jahre 138 v. Chr. den Vertrag mit Rom. Drei Jahre später wurde Demetrius II. gestürzt, und sein Nachfolger, Antiochus VII. Sidetes, forderte von den Juden die Weiterzahlung der Steuern. Als Antwort auf diese Forderung setzte Simon seine Bemühungen, Israel wie in den Tagen des Königs David wiederzuvereinen, fort. Der syrische Monarch unternahm daraufhin einen Versuch, in Judäa einzudringen, wurde aber 135 v. Chr. bei Jabneel besiegt. Noch bevor die Friedensbedingungen ausgehandelt werden konnten, wurden Simon und zwei seiner Söhne von Ptolemäus, dem judaisierten idumäischen Gouverneur von Jericho, den es nach Simons Macht gelüstete, ermordet. Der überlebende Sohn Simons, Johannes Hyrkan, entkam nach Jerusalem, wo es ihm gelang, alle Trümpfe in die Hand zu bekommen, ehe Ptolemäus weiterhandeln konnte.

3. Festigung der Dynastie und Ausdehnung des Hasmonäerstaates: *a) Johannes Hyrkan:* Antiochus VII. Sidetes rückte gegen Judäa vor und fügte Hyrkanus eine vernichtende Niederlage zu. 135–134 v. Chr. nahm er Jerusalem ein und diktierte dem Lande harte Friedensbedingungen. Der Hasmonäerstaat wurde erneut tributpflichtig gemacht. Hyrkan selbst wurde mehr wie ein unabhängiger Fürst behandelt und nicht sosehr als syrischer Amtsträger angesehen. Er kam auch Antiochus bei seinem Kampf gegen die Parther als Verbündeter zu Hilfe (s. *Hellenismus im Nahen Osten). Im gleichen Jahr starb der syrische Monarch, und damit endete auch die Unterwerfung Judäas unter das Seleukidenreich.

Johannes Hyrkan setzte die Expansions-

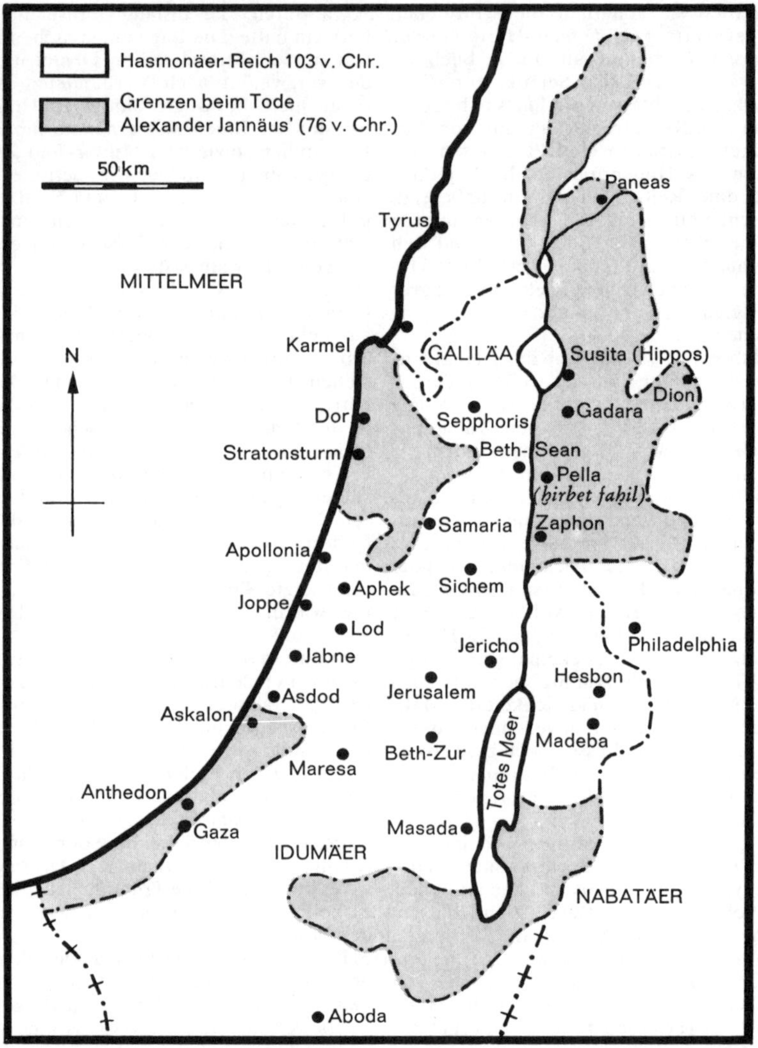

Karte 13. Eroberungen des Alexander Jannäus

politik seines Vaters fort und trieb die Judaisierung des Landes, vor allem bei den Idumäern, weiter voran (s. **Karte 12**). Er eroberte die Provinz Samaria und zerstörte die Hauptstadt. Dann unterwarf er den größten Teil Galiläas. Die Eroberung dieses Landes vollendete später sein Sohn Aristobul. Im gleichen Maße, in dem mit den Erfolgen sein Ansehen wuchs, nahmen auch der Pomp und das Zeremoniell an seinem Hofe zu, wo Hyrkan in der glanzvollen Aufmachung der hellenistisch-orientalischen Könige, die an die Stelle der Seleukidenherrscher getreten waren, vor seinem Volk erschien (s. *Hellenismus im Nahen Osten). Während die hellenistische Bewegung im Lande an politischem Einfluß verloren hatte, waren die Hasmonäer selbst zu einer halbhellenisierten, weltlichen Militärdynastie geworden.

Obwohl Hyrkan einer Versammlung, die aus Laien und Priestern bestand, für seine Amtsführung verantwortlich war, wurde er doch zusehends zum autokratischen Herrscher – ein Trend, den viele Juden nicht hinzunehmen bereit waren. Starke Widerstände kamen aus den Reihen der *Pharisäer, die bisher treue Gefolgsleute der Regierungspartei waren. Sie nahmen Anstoß am hellenistischen Lebenswandel ihres Herrschers, aber auch an seinem Anspruch, das hohepriesterliche Amt, das in ihren Augen nur einem Mitglied der zadokidischen Hierarchie zustand, auf lebenszeit auszuüben. Lediglich in zivilen Angelegenheiten wollten sie ihm eine gewisse Autorität einräumen, und selbst hier nur vorübergehend, bis ein Priester aus der Nachkommenschaft Zadoks und ein Herrscher aus dem Hause Davids (s. *David und Salomo) erstehen würde.

Die Haltung der Pharisäer entfremdete Hyrkan immer mehr dieser Richtung, bis er sich ganz den *Sadduzäern zuwandte, der Partei der einflußreichen, vornehmen Klassen und des Priesteradels, die das Rückgrat der Staatsverwaltung bildete. Bald kam es zum offenen Bruch zwischen dem Hasmonäer und den Pharisäern. Mit seinem Umschwenken auf die Linie der Sadduzäer beschwor Hyrkan wieder eine ähnliche Situation herauf wie seinerzeit, als die hellenisierten Führer des Volkes die *Chasidäer gehindert hatten, das Gesetz in verbindlicher Weise auszulegen. Die Aufgabe, sowohl das geschriebene (mosaische) als das mündliche Gesetz auf den Alltag des jüdischen Volkes im bürgerlichen, rechtlichen und religiösen Bereich anzuwenden, war inzwischen den Pharisäern zugefallen. Ihr Ausschluß untergrub diese althergebrachte Grundlage des jüdischen Gemeinwesens. Hyrkan schaffte verschiedene, von den Pharisäern aufgestellte gesetzliche Vorschriften ab und schlug den Widerstand, der sich daraufhin regte, mit brutaler Gewalt nieder.

b) Aristobul: Noch vor seinem Tod im Jahre 104 v. Chr. scheint sich Hyrkan um ein Einverständnis mit den Pharisäern bemüht zu haben, indem er das hohepriesterliche Amt von der Zivilgewalt trennen wollte. Seine Frau sollte für alle weltlichen Angelegenheiten zuständig sein und sein Sohn Judas Aristobul das hohepriesterliche Amt ausüben. Aristobul setzte jedoch seine Mutter und mehrere seiner Brüder gefangen und riß die gesamte Macht an sich. Er regierte nur ein Jahr – Josephus sagt, er habe sich selbst König genannt, aber Strabo stellt dies in Frage –, konnte in der kurzen Zeit aber für Judäa neue Gebiete im Norden hinzugewinnen. Als Bewunderer der griechischen Kultur legte er sich den Namen »Philhellene« zu.

c) Alexander Jannäus: Aristobul starb im Jahre 103 v. Chr. Nachfolger wurde sein Bruder Jonathan, gräzisiert *Alexandros Jannaios*. Dem Brauch der Leviratsehe folgend, nahm er die Witwe seines Bruders, Alexandra Salome (*Schelom-zion*), zur Frau. Sehr zum Mißfallen der Pharisäer wurde er zum König und zugleich auch Hohenpriester ernannt. Unmittelbar nach seiner Amtsübernahme begann er verschiedene Kriege gegen die unabhängigen griechischen Städte, die noch immer an der Südküste sowie in Nord- und Osttransjordanien fortbestanden und bisher die Hasmonäer als Herrscher abgelehnt hatten. Nach einem Scharmützel mit Ptolemäus Lathyros, dem ägyptischen Fürsten, unterwarf er die Städte und erwarb somit die gesamte Küstenregion sowie Idumäa seinem Königreich hinzu. In diesem Feldzug zerstörte er alles, was sich seinem Judaisierungseifer entgegenstellte. Eine der Küstenstädte, die damals emporwuchs, war Dor, deren spätere römische Hafenanlagen und Baudenkmäler **Abb. 303** zeigt.

Obgleich die Judaisierung mehr eine politische als proselytische Bewegung war, sahen die Pharisäer in ihr eine Befleckung der religiösen Reinheit ihres Volkes. Die politischen Ziele, aber auch der Mangel an Einfachheit und Würde am Hofe des kriegslüsternen Hasmonäers entfremdeten ihm die traditionsgebundenen Kreise immer mehr. Zum offenen Bruch kam es im Jahre 93 v. Chr., als die Pharisäer einen

Bürgerkrieg heraufbeschworen, der sechs Jahre währte und nach Josephus (Altertümer XIII) 50 000 Opfer forderte.
Jannäus hätte sich gern mit seinen Widersachern geeinigt und Frieden geschlossen, aber die Pharisäer wünschten seinen Tod und hofften, dieses Ziel durch eine Intervention des syrischen Königs Demetrius III. Eukairos zu erreichen, den sie aufforderten, in Judäa einzudringen. Jannäus wurde in Transjordanien von den *Nabatäern und bei Sichem von Demetrius geschlagen. Als die Juden einsahen, daß sie damit die Gefahr einer erneuten Seleukidenherrschaft auf sich herabgerufen hatten, liefen 6000 Soldaten ins Lager des Jannäus über. Es ist nicht klar, ob diese Tatsache oder interne Schwierigkeiten Demetrius III. zwangen, seinen Sieg nicht weiter auszuwerten und sich aus Judäa zurückzuziehen. Jannäus hatte das Land wieder fest in der Hand und nahm an seinen Gegnern grausame Rache. Er schuf sich ein stehendes Söldnerheer und nahm mit seiner Armee zwischen 83 und 76 v. Chr. die Eroberungskriege in Galiläa und Transjordanien wieder auf. Am Ende seiner Regierungszeit herrschte er über ein Gebiet, das fast die Grenzen des davidischen Reiches umfaßte (s. **Karte 13**); auch Handel, Industrie und die Künste standen in Judäa in höchster Blüte.
Bevor Jannäus im Jahre 76 v. Chr. starb, bestimmte er seine Witwe Alexandra Salome als Nachfolgerin auf dem Thron und erteilte ihr den Rat, mit den Pharisäern Frieden zu schließen. Alexandra Salome befolgte diesen Ratschlag, was jedoch nicht zum Segen des Landes gereichte; denn die Pharisäer verdrängten bald die Sadduzäer aus ihren führenden Stellungen, verschärften die Parteienkämpfe und brachten das Land an den Rand eines Bürgerkrieges.
4. Ende der Dynastie und Zerfall des Hasmonäerstaates: *a) Bruderkrieg zwischen Hyrkan II. und Aristobul II.:* Alexandra Salome ernannte vor ihrem Tod im Jahre 67 v. Chr. ihren ältesten Sohn Hyrkan II. zum Hohenpriester und Thronerben. Sein Bruder Aristobul II., der die Pharisäer auf seiner Seite hatte, focht diese Entscheidung an und kämpfte um den Thron. Auf Anraten Antipaters, eines judaisierten Idumäers, und mit Rückendeckung der Sadduzäer ging Hyrkan mit dem Nabatäerkönig Aretas III. ein Bündnis ein und zog gegen Aristobul zu Felde.
Während in Judäa der Bürgerkrieg wütete, eroberten die römischen Legionen nach und nach das ganze Gebiet nördlich von Palästina, und bald erhielten die kämpfenden Juden die bestürzende Nachricht, daß Pompejus' Armee an ihren Grenzen stehe. Die hasmonäischen Brüder begingen den fatalen Irrtum, den römischen Feldherrn in Damaskus als Schiedsrichter zwischen sich anzurufen. Dieser entschied zu Hyrkans Gunsten, weil er ihn für den Rom genehmeren hielt. Aristobul wurde aufgefordert, alle judäischen Festungen einschließlich Jerusalem zu übergeben. Seinen Widerstandsversuch (63 v. Chr.) schlugen die römischen Legionen rasch nieder, nahmen Aristobul gefangen und sandten ihn nach Rom. Es war kein Geheimnis, daß das Ende der Hasmonäerherrschaft unmittelbar bevorstand. Hyrkan wurde als Hoherpriester anerkannt, doch hatte er wenig politische Autorität. Selbst den Titel *Ethnarch* enthielt man ihm vor. Die griechischen Städte erlangten wieder ihre Unabhängigkeit. Von Judäa blieb nur ein kleines, ländliches Gebiet übrig, und Jerusalem war nicht mehr als eine Provinzhauptstadt. Zwar gab es verschiedene Revolten, doch wurden sie alle rasch von den unbesiegbaren Römern niedergeschlagen.
b) Ende des Hasmonäerstaates: Im Jahre 56 v. Chr. entkam Aristobul II. zusammen mit seinem Sohn Antigonus Mattathias aus Rom, wurde aber in Machaerus jenseits des Jordan erneut gefangen. Beide wurden 59 v. Chr. von Julius Caesar freigelassen und mit einer Armee gegen Syrien ausgesandt, um die Anhänger des Pompejus anzugreifen. Aristobul wurde jedoch, noch bevor er dieses Abenteuer beginnen konnte, vergiftet. Daraufhin suchte Antigonus am Königshof von Chalkis im Libanon Zuflucht. Nach Pompejus' Tod wechselte Hyrkan II. zu Julius Caesar über, der ihn als Ethnarch einsetzte und sein Herrschaftsgebiet vergrößerte. Faktisch lag die Gewalt jedoch in den Händen Antipaters und seiner beiden Söhne Herodes und Phasael (s. *Herodes). Unterstützt von den Parthern, eroberte Antigonus 40 v. Chr. Jerusalem, tötete Phasael und machte Hyrkan II. für das hohepriesterliche Amt unfähig, indem er ihm einen Finger abschnitt. Antigonus Mattathias, der letzte Hasmonäerkönig, regierte nur ein Jahr, dann wurde er von Herodes mit Hilfe der Römer im Jahre 39 v. Chr. besiegt und hingerichtet. Hyrkan II. überlebte ihn, wurde jedoch von den Parthern gefangengenommen. Später wieder freigelassen, starb er als heimatloser Flüchtling. Geringes staatsmännisches Geschick und die Unfähigkeit, angesichts einer schweren äußeren Bedrohung die internen Differen-

zen zurückzustecken, brachten die Hasmonäer dahin, daß sie ihr Königtum regelrecht verschleuderten. Hätten sie nicht den Widerstand gegen Rom gewagt, dann hätte Judäa vielleicht den Fall des mächtigen Weltreiches überleben und so wieder seine Unabhängigkeit retten können (s. *Deuterokanonische Bücher und Apokryphen, *Makkabäer).

Hazor

Gliederung: 1. Schriftliche Erwähnung. 2. Biblische Überlieferung. a) Oberhaupt der kanaanäischen Reiche? b) Von Josua bis zur Hasmonäerzeit. 3. Archäologisches Zeugnis. a) Rothschild-Expedition; b) Frühe Bronzezeit III – Mittlere Bronzezeit I; c) Gründung der Unterstadt; d) Israelitische Besiedlung.

Hazor war eine der größten und bedeutendsten befestigten Städte Kanaans. Es liegt im oberen Jordantal zwischen dem Hule-See und dem See Genezareth. Sein Name stammt vom Worte *ḥaṣōr,* das ein umschlossenes Gebiet bedeutet, welches durch natürliche oder künstliche Befestigungen geschützt ist.

1. Schriftliche Erwähnung: Hazor wird in einigen der ältesten Berichte erwähnt. Sein Name begegnet in den ägyptischen Ächtungstexten (19. Jhdt. v. Chr.; s. *Ägypten und seine Beziehung zu Israel) und in mesopotamischen Inschriften unter den Urkunden von Mari aus dem 18. Jhdt. v. Chr. In einer davon ist ein König von Hazor namens Ibni Addu genannt. Die Archive von Mari zeigen, daß zu ihrer Zeit Hazor ein bedeutendes Zentrum war, das an den politischen und wirtschaftlichen Verflechtungen der amoritischen Staaten in Mesopotamien teilnahm und umfangreiche Handelsbeziehungen zu Mari unterhielt.

Hazor erscheint in den Siegeslisten Thutmosis' III. und Amenophis' II. (15. Jhdt. v. Chr.), Sethos' I. (Ende des 14. Jahrhunderts v. Chr.) und Ramses' III. (12. Jhdt. v. Chr.). Es wird außerdem in den Amarnabriefen (14. Jhdt. v. Chr.) und im Papyrus Anastasi I. (Zeit Ramses' II.; 13. Jhdt. v. Chr.) erwähnt.

2. Biblische Überlieferung: *a) Oberhaupt der kanaanäischen Reiche?* Das AT schreibt Hazor eine leitende Stellung zu: »Hazor war nämlich früher das Oberhaupt aller dieser Königreiche« (Jos 11, 10). Es hatte die Führung des nordkanaanäischen Bundes, der sich den eindringenden Israeliten entgegensetzte. Sein König Jabin kommandierte die Schlacht gegen Josua am Wasser von Merom. Nach der kanaanäischen Niederlage wurde Hazor als einzige der Städte dieses Gebietes durch Brand zerstört (Einzelheiten s. *Landnahme 2f; *Richter [Zeit und Buch]).

Ob der König von Hazor zur Zeit der Landnahme ein so mächtiges Reich regierte, wie es das des 18. Jahrhunderts v. Chr. war, ist zweifelhaft. Man hat vermutet, daß die Aussage, Hazor sei vorher das Haupt all dieser Reiche gewesen, sich nicht auf die tatsächliche Lage zur Zeit Josuas, sondern auf die Vergangenheit in der mittleren Bronzezeit bezieht. Die Stellung von Hazor beim Widerstand gegen die Israeliten ist wahrscheinlich nur der letzte Akt des Niedergangs eines ehemals mächtigen Reiches, dessen König wirklich der Herrscher von Kanaan gewesen war.

b) Von Josua bis zur Hasmonäerzeit: Nachdem Hazor die israelitische Herrschaft anerkannt hatte, wurde es dem Gebiet des Stammes Naphtali einverleibt (Jos 19, 36). Später hat Salomo es wieder aufgebaut und befestigt (1 Kg 9, 15). Einige Forscher meinen, daß die Aramäer beim Feldzug Ben-Hadads Hazor eingenommen haben (s. *Israel und Juda; vgl. 1 Kg 15, 20; 2 Chr 16, 4). Schließlich zerstörte Tiglatpilesar 723 v. Chr. beim assyrischen Einfall in Palästina die Stadt (2 Kg 15, 29). Damit endete Hazors städtisches Dasein, aber die Burg blieb bis in die hellenistische Zeit bestehen.

Eine spätere Quelle (1 Makk 11, 67) berichtet von einer Schlacht am Tal von Hazor zwischen Jonathan dem *Hasmonäer und Demetrius II. von Syrien, aber eine Stadt wird dabei nicht erwähnt. *Josephus beschreibt die Lage oberhalb des Sees Semachonitis (Altertümer V, 5, 1).

3. Archäologisches Zeugnis: J. Garstang erkannte 1926 im *tell waqqāṣ* südwestlich des Hule-Sees das alte Hazor.

a) Rothschild-Expedition: Die große Bedeutung der Stadt, die aus den schriftlichen Nachrichten zu ersehen war, wurde durch die ausgedehnten methodischen Ausgrabungen von *tell waqqāṣ,* die die James A. de Rothschild-Expedition in Hazor durchführte, in vollem Umfang bestätigt. Der *tell* bildet ein Rechteck von 700 × 1000 m (ca. 75 ha). Damit ist er weitaus der umfangreichste *tell,* der in Palästina ausgegraben wurde. Um dieses große Gebiet zu bewältigen, grenzte man an der Ruinenstätte 9 Ausgrabungsflächen ab, die mit den Buchstaben A bis K bezeichnet wurden, mit je ein oder zwei Unterabschnitten. Die Ruinen bestehen aus zwei Hauptabschnitten, dem eigentlichen *tell,* d.h. der Oberstadt

Abb. 306. Befestigungsanlagen von Hazor

Abb. 307. Stadttor des Salomonischen Hazor

Abb. 308. Hazor: Heiligtum im Grabungsabschnitt H

Abb. 309. Ein aus einem Basaltblock gemeißelter Löwe fand sich in der Nähe des Heiligtums von Hazor (Abb. 308)

Abb. 310. Hazor: Pfeiler eines großen Gebäudes aus der Zeit König Ahabs

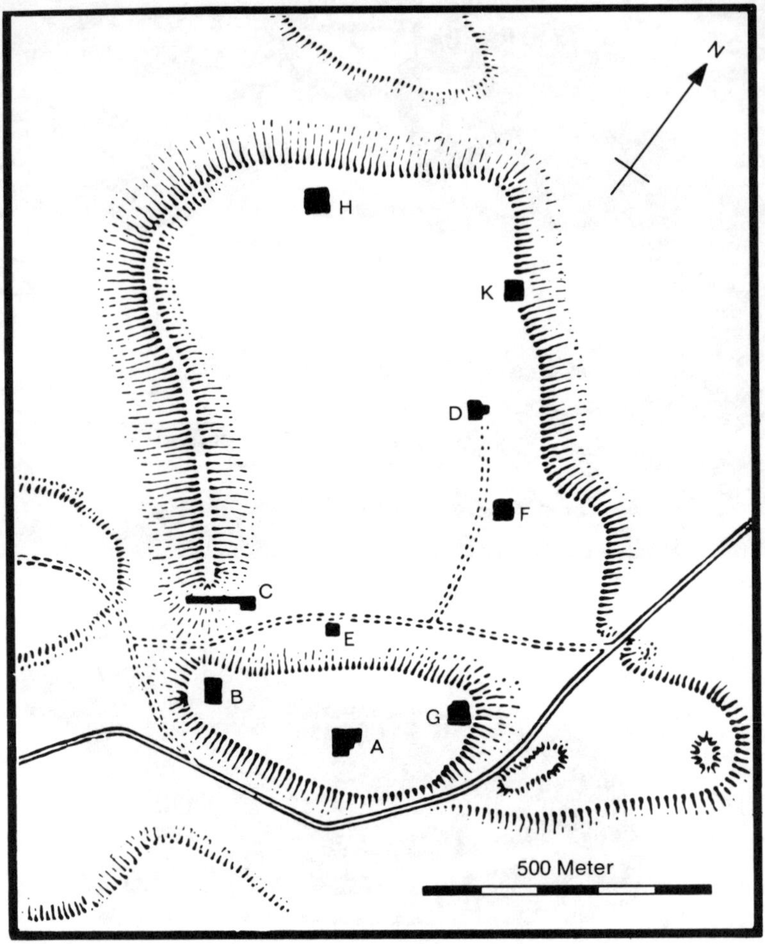

Karte 14. Lageplan von Hazor

im Südwesteck (A, B, G auf **Karte 14,** und einem breiten, befestigten Plateau nördlich davon (C bis F, H, K).
Im ganzen wurden 21 Siedlungsschichten aus 25 Jahrhunderten der Besiedlung ausgegraben.
b) Frühe Bronzezeit III – Mittlere Bronzezeit I: Die untersten Schichten XXI bis XIX enthielten *ḫirbet kerak*-Keramik der Frühbronzezeit III (2700–2400 v. Chr.), aber keine Gebäudereste. Schicht XVIII erbrachte Tonscherben aus der mittleren Bronzezeit I (2300–1900 v. Chr.); das entspricht der Zeit, als Hazor in den ägyptischen Ächtungstexten genannt ist (s. *Ägypten und seine Beziehung zu Israel; *Inschriften). In dieser ganzen Zeit war nur das Gebiet des eigentlichen *tell* bewohnt, und blieb es bis in die hellenistische Zeit.
c) Gründung der Unterstadt: Die Schichten XVII und XVI aus der mittleren Bronzezeit II (18.–16. Jhdt. v. Chr.) gehören der Zeit an, in welcher die Stadt den Höhepunkt ihres Wohlstandes und ihrer Bedeutung erlangte. Zu dieser Zeit wurde die Unterstadt erbaut und durch mächtige Befestigungen geschützt. Diese bestanden aus einem tiefen Graben und einem hohen Steinwall **(Abb. 306),** der die Zufahrtswege von Westen her beherrschte. Diese Anordnung ist charakteristisch für die Hyksosbefestigung, so daß sie für die Be-

deutung Hazors in deren Reich ein Zeugnis gibt.
An der Nordseite (Areal K) wurde eine Reihe von Stadttoren ausgegraben, die von der ältesten Schicht der Unterstadt (Lokalschicht 3/XVII) bis zur Zerstörung (Lokalschicht 1/XIII) reichten. Außer der Toranlage von Schicht 4 der Unterstadt folgten die Torbauten der anderen Schichten dem Plan der »klassischen« Mittelbronze II B-C Tore (Megiddo, Sichem usw.). In Schicht 3 (Mittelbronze II C) fand sich das älteste Beispiel einer Kasemattenmauer, die bisher in Palästina entdeckt wurde (Y. Yadin). Die Verteidigungsanlagen der Unterstadt blieben mit geringen Veränderungen durch die ganze Bronzezeit in Stand und bestanden wahrscheinlich bis Anfang des 13. Jahrhunderts v. Chr.
In Schicht XIV (14. Jhdt. v. Chr., Lokalschicht 1 b) kam in Areal H ein großes Heiligtum zum Vorschein. Es war nach dem Plan gebaut, der in der Bronzezeit immer wiederkehrt: drei hintereinanderliegende, durch Eingänge verbundene Räume **(Abb. 308).** Der Basaltorthostat eines Löwen **(Abb. 309)** fand sich nahe dem Eingang ins Heiligtum.
Die Schichten XIV und XIII gehörten der kanaanäischen Zeit an (1400–1200 v. Chr.). Die ältere Schicht stammt von einer reichen, blühenden Stadt. Der Schutt dieser Stadt bildet die Grundlage, auf der die viel bescheidenere Stadt der Schicht XIII errichtet wurde. Im Abschnitt C, wo die Reste der spätkanaanäischen Stadt des 13. Jahrhunderts zum Vorschein kamen, fand man ein Heiligtum aus dieser Zeit in den Erdwall der Befestigung hineingebaut. Eine Beschreibung der beiden Tempel und des dort gefundenen Kultinventars s. *Kanaanäische Religion. Im Abschnitt F stieß man auf ein verzweigtes System von Steintunneln und auf einen großen, steinernen Altar mit den Ausmaßen 2,40 × 0,85 × 1,20 m. In der 2. Hälfte des 13. Jahrhunderts hört die Besiedlung der Unterstadt auf, vielleicht nach der Einnahme von Hazor durch die Israeliten. Seitdem war das bewohnte Gebiet auf die Oberstadt beschränkt.
d) Israelitische Besiedlung: Die Schichten XII und XI (12. und 11. Jhdt. v. Chr.) enthalten die Reste einer unbedeutenden israelitischen Ortschaft, die anderen frühisraelitischen Siedlungen gleicht. Unter der Regierung Salomos (Schicht X; 963–930 v. Chr.) kehrte in Hazor neuer Wohlstand ein, und die Stadt wurde von neuem befestigt. Die Oberstadt wurde mit einem festen Wall umgeben und auf der Akropolis (im Westteil des *tell)* eine Festung errichtet. Das Stadttor Salomos **(Abb. 307)** enthielt sechs Räume auf beiden Seiten eines inneren Durchgangs. Es entspricht, wie Yadin feststellte, den Stadttoren aus den gleichzeitigen Schichten in *Megiddo und *Gezer. Im Hintergrund der **Abb. 307** sieht man die doppelte Mauer (mit Zwischenmauern, die Kasematten bilden), die an das Stadttor anschließt.
Diese Stadt (Schicht IX) bestand fast unverändert das 10. nnd die erste Hälfte des 9. Jahrhunderts hindurch. Schicht VIII wird der Zeit Ahabs zugeschrieben (9. Jhdt. v. Chr.). Der von Garstang der Zeit Salomos zugeschriebene Pfeilerbau **(Abb. 310)** ist nach Yadin erst in die Zeit Ahabs zu datieren und dürfte ein Lagerhaus dargestellt haben, das auch in Schicht VII noch in Gebrauch war. Die Ausmaße des Gebäudes betragen 13,50 × 20,75 m, die Höhe der erhalten gebliebenen Pfeiler etwa 2 m.
Die Stadt dehnte sich nach Osten aus und erhielt dort eine neue Mauer in bester, zeitüblicher Arbeit. Noch hat man kein Tor in dieser Mauer gefunden. Auf Areal B, dem westlichen, erhöhten Teil des *tell,* grub man die Festung dieser Stadt aus. Mit kleinen Abänderungen blieb die Befestigung in Schicht VII (2. Hälfte des 9. Jahrhunderts v. Chr.), Schicht VI (Ende des 9. und Anfang des 8. Jahrhunderts) und Schicht V (8. Jhdt. bis 732 v. Chr.) bestehen. Während der Regierung des Pekah ben Remalja zerstörte der assyrische Eroberer Tiglatpilesar III. im Jahre 732 die Oberstadt von Hazor (s. *Israel und Juda).
Die israelitische Siedlung von Schicht IV war unbefestigt und auf den Ruinen der alten Befestigungsanlagen errichtet. Doch bezeichnet auch sie nur einen Übergang. Dies war hier die letzte israelitische Siedlung. Jedoch existierten kleine Befestigungen auf dem höheren Westteil des *tell* (Areal B) noch während der Assyrerzeit (Schicht III), der Perserzeit (Schicht II) und bis in die hellenistische Zeit hinein (Schicht I). Endgültig verlassen wurde der Ort um 150 v. Chr.

Hebron

Gliederung: 1. Gründung zur Zeit der Hyksos. 2. Kanaanäerzeit. 3. Zeit der Monarchie. 4. Vom Exil bis zur Römerzeit. 5. Archäologie. 6. Die Höhle Machpela. 7. Mamre und Abrahams Zelt.

1. Gründung zur Zeit der Hyksos: Die Gründung dieser wichtigen alten Stadt Palästinas verzeichnet das AT in ungewöhnlicher Weise: »Und Hebron war sieben Jahre vor Zoan in Ägypten erbaut worden« (Num 13, 22). Das Datum der Gründung von Zoan (Tanis-Avaris), der Hauptstadt der Hyksos, wird von manchen Forschern nach außerbiblischen Quellen auf ca. 1720 v. Chr. berechnet (s. *Auszug aus Ägypten 1 b). Nach neueren Ergebnissen haben die Hyksos die sehr viel ältere Stadt um 1665 als Hauptstadt ausgebaut. Man darf daher annehmen, daß Hebron zu Beginn der mittleren Bronzezeit II erbaut worden ist, was der Hyksoszeit entspricht. Mit dieser Annahme stimmt die häufige Erwähnung von Hebron in den Erzählungen über die Patriarchen (Gen 13, 18; 35, 27 u. ö) überein, weil die Zeit der Patriarchen ebenfalls mit der Hyksoszeit zusammenfällt.

2. Kanaanäerzeit: Daß die Kanaanäer im Besitz von Hebron waren, wird im AT mehrfach erwähnt, so in der Erzählung darüber, wie Abraham in Hebron das Feld von Machpela von Ephron dem Hethiter kauft (Gen 23, 5–20). Die Höhle von Machpela auf diesem Feld wurde später die Grabstätte für Abraham und Sara, Isaak und Rebekka, Jakob und Lea.

Jos 11, 21f berichtet auch, daß Arba, der Stammvater der Enakiter, in Hebron lebte, aber *Josua die ganze Familie ausrottete, als er das Gebirgsland von Judäa eroberte. Kirjath-Arba, den anderen Namen von Hebron, hat man vom Namen dieses Riesen abgeleitet. Die Überlieferung des Talmud aber leitet den Namen von den vier in Hebron begrabenen Ehepaaren der Patriarchenzeit ab. Die moderee Forschung hingegen neigt dazu, *'arba'* auf die vier getrennten Stadtteile zu beziehen, aus denen Hebron bestand. Das eine dieser Viertel hieß Mamre und wird in Gen 13, 18; 35,27 erwähnt. Zur Zeit der *Landnahme schloß sich König Hoham von Hebron dem südkanaanäischen Bund an, den Adoni-Zedek, der König von Jerusalem, führte. Josua brachte dem Bund eine Niederlage bei Gibeon bei, und Hebron wurde später Kaleb ben-Jephunne zugeteilt (Jos 10, 3; 15, 3; Ri 1, 20). 1 Chr 2, 43 zählt vier Familien auf, die ihre Herkunft von Kaleb, dem Vater von Hebron, ableiteten. B. Mazar neigt zu der Ansicht, daß jede dieser Familien eines der Viertel von Kirjath-Arba bewohnte.

3. Zeit der Monarchie: Hebron erreichte seinen Höhepunkt zu Beginn der Regierungszeit Davids (s. *David und Salomo), der während der ersten siebeneinhalb Jahre seiner Regierung über Judäa hier seine Residenz aufschlug (2 Sam 2, 1–4). Später, als Jerusalem die Hauptstadt des Vereinigten Königreichs wurde, behielt doch Hebron seinen Rang als der Ort, wo David zum König gesalbt worden war (2 Sam 5, 1–3). Wegen der Patriarchengräber, die in seinem Gebiet lagen, betrachtete man Hebron auch weiterhin als einen politischen und religiösen Mittelpunkt. Es wurde zur Levitenstadt (s. *Priester und Leviten) und zugleich zur Asylstadt.

In Hebron war es, wo Joab Abner ben-Ner tötete und wo Absalom die Fahne des Aufruhrs gegen seinen Vater erhob (2 Sam 15, 7–10). Rehabeam befestigte Hebron und viele andere Orte im Gebirge von Judäa (2 Chr 11, 10), Hebron war in der späteren Periode der Königszeit auch ein Verwaltungsmittelpunkt. Das zeigen die *Siegel mit der Inschrift *lmk hbrn* ([Siegel] des Königs von Hebron), die man auf Krügen in vielen Orten von Juda abgedrückt fand.

4. Vom Exil bis zur Römerzeit: Nach der Rückkehr aus dem babylonischen *Exil ließen sich Judäer in Hebron nieder (Neh 11, 25). Bald darauf besetzten die Edomiter den südlichen Teil von Judäa einschließlich Hebron. Später entrissen ihnen die *Hasmonäer die Stadt, zerstörten sie und brannten ihre Mauern nieder (Josephus, Altertümer XII, 8, 6). Herodes errichtete viele Bauten in Hebron, darunter ein gewaltiges Gebäude über der Höhle von Machpela, das nach dem Vorbild des Tempelberges **(Abb. 389)** ummauert war. Es bestand aus großen Steinblöcken, wie sie für die Architektur des Herodes charakteristisch sind. Auch andere Bauten im Viertel von Mamre stammen von Herodes. Im großen Krieg gegen Rom war Hebrons Lage zwar militärisch bedeutungslos, aber wegen der Patriarchengräber hielt man es doch in Ehren (Josephus, Jüdischer Krieg IV, 9, 7). Simon bar-Giora, der Führer der Zeloten, besetzte es 68 n. Chr.; später zerstörten die Römer die alte Stadt (Jüdischer Krieg IV, 9, 9).

5. Archäologie: Die archäologischen Zeugnisse sind spärlich. Gegenwärtig liegt Hebron auf vier Hügeln: *el muḥawēr, nimrā, ǧebel el-ǧa'bara* und *ǧebel er-rumēde*. Da noch keine systematischen Ausgrabungen der Stadt durchgeführt wurden, herrscht keine Einmütigkeit über den Ansatz von Hebron und seiner vier Teile in der Zeit des Alten Testaments. Doch auf Grund einer Anzahl von eisenzeitlichen Tonscherben, hat die Annahme viel für sich, daß die Stadt zuerst auf dem *ǧebel er-rumēde* stand. Auf diesem Hügel hat man ein Grab aufgedeckt, das Keramik aus der mittleren Bronzezeit (ungefähr 1700 v. Chr.) enthielt. Das stimmt mit der literarischen Überlieferung über das Alter von Hebron überein.

6. Die Höhle Machpela: Nach der Überlieferung lag die Höhle bei *ḥarām el-ḫalīl* im Ostteil des heutigen Hebron. Die Höhle ist den Moslems heilig. Sie ist von einer Einschließungsmauer *(ḥaram)* umgeben, die 60×33 m mißt. Die Fundamente eines Gebäudes gehen auf die Zeit des Herodes zurück. Nach der arabischen Eroberung lag über der Höhle Machpela eine Synagoge. Infolge der Kreuzzüge verboten die Araber Nichtmoslems den Eintritt. Die wenigen, die doch hineingekommen sind, berichten von einer verschlossenen Höhle unter der Umfriedung.

7. Mamre und Abrahams Zelt: Abraham schlug sein Zelt nahe Hebron auf (Gen 13, 18; 18, 1). Offenbar hat man den Ort wegen seiner Verbindung mit einer alten Eiche mehrmals an verschiedenen Stellen angesetzt. Zur Zeit des Herodes und noch lange Zeit danach wuchs solch ein Baum nördlich von Hebron in *rāmet el-ḫalīl*. Zu dieser Zeit wurde der Platz des Zeltes in Mamre wahrscheinlich festgelegt, denn Herodes erbaute zur selben Zeit wie den *ḥaram* eine rechteckige Einfassungsmauer in großartiger Arbeit. Die Baulichkeiten wurden als heidnischer Treffpunkt mit einem großen Marktplatz in der Zeit Hadrians erneuert. In der Erinnerung der Juden blieb der Ort vor allem als derjenige, wo nach dem Krieg *Bar-Kochbas Tausende ihrer Glaubensgenossen für einen geringeren Preis als Vieh in die Sklaverei verkauft wurden.

Später wurden in Hebron eine hochragende Kirche und ein Kloster erbaut, und der Ort wurde das Ziel von christlichen Pilgerfahrten. Der arabische Name von Hebron, *el-ḫalīl,* bedeutet »der Freund Gottes«. Er zeugt von der Verehrung, die Moslems dem Namen Abrahams erweisen. Abraham wird als der ursprüngliche Begründer der drei großen Religionen betrachtet und verehrt – des Judentums, des Christentums und des Islams.

Heiligtümer

Nach der Landnahme Israels in Kanaan fand außer Bethel keiner der Kultorte, die von den Patriarchen gegründet worden waren, weiterhin in der Bibel Erwähnung. Statt dessen erlangten – ganz unabhängig vom nationalen Hauptheiligtum in Silo, das Zelt, *Stiftshütte und Bundeslade enthielt – neue Heiligtümer Bedeutung: Gilgal (Jos 4, 19f; 1 Sam 7, 16; Hos 4, 15ff); Mizpa in Benjamin (Ri 6, 11–24) und Dan (Ri 17–18; s. *Richterzeit). Dan und *Bethel wurden die bedeutendsten Kultzentren des Nordreiches Israel (s. *Israel und Juda 1). Einige dieser Heiligtümer gehen in die Richterzeit zurück, Bethel sogar in die frühe *Patriarchenzeit, einige führen die Heiligkeit eines früheren Kultortes weiter, andere verdrängten die alten Kultstätten. Zunächst wurden diese am Ende der Königszeit errichteten Heiligtümer vom Jahwismus nicht verurteilt, und sie waren tatsächlich beliebte Stätten der Wallfahrt und des Gebetes. Ein israelitisches Heiligtum dieser Epoche wurde 1963 in *Arad ausgegraben.

Möglicherweise hielten diese »Höhenheiligtümer« die kanaanäischen Überlieferungen neben der Religion des Jahwismus am Leben (s. *Höhenheiligtümer; *Kanaanäische Religion 2) und die späteren Propheten verdammten sie als unvereinbar mit der wahren Religion (Hos 10, 8; Am 7, 9; Jer 17, 3 u. ö.). Zur Zeit der Reform Josias wurden sie alle unterschiedslos beseitigt (2 Kg 23, 5. 8 f), obwohl dieselbe Stelle verdeutlicht, daß an ihnen Propheten und Priester Jahwes (keine Heiden) ihren Dienst taten. Wie immer – im Interesse einer Kultzentralisation mußten sie verschwinden (s. *Israel und Juda 5). Dasselbe Wort *bamôt* (Höhenheiligtümer) wird für beide verwendet: für die alten israelitischen Heiligtümer und für die nicht dem Gesetz entsprechenden kanaanäischen Kultstätten. Der deuteronomistische Redaktor der Königsbücher setzte sicher alle Heiligtümer außerhalb Jerusalems mit ungesetzlicher Praktik gleich und verdammte aus diesem Grund nahezu alle Könige Israels und Judas mit der bemerkenswerten Ausnahme der Reformer Hiskia und Josia (s. auch *Stiftshütte und Bundeslade).

Hellenismus im Nahen Osten

Gliederung: 1. Der Begriff Hellenismus. 2. Wechselwirkungen zwischen Ost und West. 3. Hellenistische Lebensweise. 4. Hellenistische und klassische Städte. 5. Blütezeit des Hellenismus und sittliche Verfallserscheinungen. 6. Religiöser Synkretismus. 7. Koine 8. Das Schicksal der hellenistischen Reiche. a) Zerfall des Seleukidenreiches; b) Zurückdrängung des Hellenismus durch die Parther; c) Ende des Ptolemäerreiches; d) Vormachtstellung Roms.

1. Der Begriff »Hellenismus«: Den Begriff »Hellenismus« oder »hellenistische Welt«

verwendet man für die Völkergemeinschaft, die aus dem Zusammenprall und der wechselseitigen Durchdringung griechischer und nahöstlicher Kulturen während der drei letzten vorchristlichen Jahrhunderte hervorging. Dieser Prozeß begann mit der Eroberung des Ostens durch Alexander den Großen (334 v. Chr. s. die Schlacht am Issos gegen die Perser auf dem Mosaik von Pompeji, **Abb. 862**), er endete mit der Eroberung dieser Gebiete durch die Römer im 1. Jhdt. v. Chr. Aus der Fusion orientalischer und griechischer Lebensauffassung entstand der Hellenismus. Er muß klar von der rein hellenistischen Kultur Griechenlands unterschieden werden. Das Einwirken des Hellenismus auf die Völker und Königreiche des Vorderen Orients stellt eines der wichtigsten historischen und sozialen Phänomene in der Geschichte dieses Gebietes dar.

Der Ausdruck »hellenistische Königreiche« meint jene Reiche, die während der Griechen- und dann der Römerherrschaft bestanden, das heißt also zunächst die Diadochenstaaten, die auf Alexander den Großen folgten: das Seleukidenreich in Westasien und das Königreich der Ptolemäer in Ägypten (und zeitweise in Palästina), ferner nach dem Untergang dieser Reiche eine Reihe kleinerer, meist halbunabhängiger Staaten. Die hellenistische Kultur wirkte hier noch lange fort, als diese Staaten längst ihre Unabhängigkeit verloren hatten, ja sie dehnte ihren Einfluß weiter in die westlichen Gebiete des römischen Weltreichs aus und behauptete sich bis zum Verfall Westroms (im 4. Jhdt. n. Chr.) und dem Untergang des in sich längst brüchig gewordenen byzantinischen Reiches im Osten (15. Jhdt. n. Chr.).

2. Wechselwirkungen zwischen Ost und West: Die frühesten Kontakte zwischen der griechischen und den östlichen Kulturen waren zunächst denkbar einseitig. Die Kulturen Westasiens, vor allem Phönikiens, Persiens und Kleinasiens, trugen mehr zur geistigen Befruchtung der relativ jungen griechischen Staatsgebilde bei als sie von dort empfingen. Doch schon bevor Griechenland zu einer starken, reichen und vitalen Macht heranwuchs, bekam der Osten seinen Einfluß zu verspüren. Die ersten Anzeichen hierfür werden in Kleinasien und Phönikien während der Perserzeit (6.–4. Jhdt. v. Chr.) deutlich. Städte nach Art der griechischen Polis entstanden überall an der Küste, und auch das Binnenland geriet allmählich in ihren Ausstrahlungsbereich. Diese Städte waren keine neuen Kolonien, sie entstanden jedoch durch einen Umbau des alten Stadtplans und durch Änderungen der sozialen Strukturen, die noch die althergebrachten Gewohnheiten und Bräuche der Einwohner berücksichtigt hatten. Damit begann aber bereits der Hellenismus im Nahen Osten. Ein hervorragendes Beispiel für den griechischen Einfluß sind die *Münzen, die in Judäa während dieser Periode geschlagen wurden. Einige von ihnen tragen das Emblem der Athenischen Eule als eine offensichtliche Imitation griechischer Münzen (s. *Restauration; andere kulturelle Aspekte s. *Inschriften).

3. Hellenistische Lebensweise: Gegen Ende des 4. Jhdt. v. Chr., als die Eroberungen Alexanders des Großen Griechenland und den Vorderen Orient in viel engeren Kontakt miteinander gebracht hatten, schritt auch die Hellenisierung viel rascher voran (s. *Hasmonäer). Bald nachdem die Makedonier (und Griechen) zur Herrschaft im Osten gelangt waren, errichteten sie mächtige Reiche und öffneten Zehntausenden griechischer Auswanderer die Tore. Diese Siedler bauten sich ihre Gemeinwesen ganz nach Art der griechischen Polis auf. Im Gegensatz zu den oben erwähnten Städten handelte es sich hier aber um völlige Neugründungen. Ein hervorragendes Beispiel ist Alexandrien in Ägypten. Im eigentlichen Palästina gab es vor dem 1. Jhdt. v. Chr. keine griechische Neugründung (s. *Hellenistische Städte). Die Errichtung solcher Städte, aber auch der Wiederaufbau bereits vorhandener wurde von den Herrschern gefördert. Sie erhielten die gleichen Privilegien zuerkannt wie eine griechische Polis, waren in ihrem Status halbautonom, durften ihre eigenen Münzen prägen und wurden von einer Volksversammlung regiert, die wiederum die »gerousia« (den Rat) und eine Exekutive wählte. Dieses Organ hatte die Entscheidungen und die Politik der Volksversammlung auszuführen. Jede Polis hatte ihr eigenes Gesetz und Stadtrecht. Doch waren nicht alle Bewohner zugleich Bürger der jeweiligen Stadt. Das Bürgerrecht war eine Ehre, die den oberen Klassen reserviert blieb. Jede Stadt hatte auch ihre offizielle Gottheit, und man erwartete, daß die Bürger an den kultischen Feiern teilnahmen. In vielen Städten wurden neben den griechischen Göttern die alten östlichen Gottheiten wie Dagon, Reschef, Aschtoreth (Astarte) verehrt (s. *Kanaanäische Religion).

Abb. 311. Ein Ephebe, der sich zum Wettkampf rüstet; rechts sein Trainer

Abb. 312. Relief eines griechischen Korybantentanzes

Abb. 313. Diskuswerfer

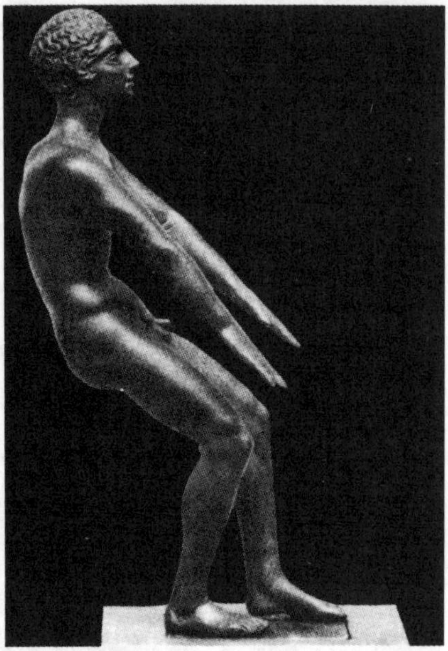

Abb. 314. Weitspringer

Abb. 315. Toilettenartikel eines Athleten

Abb. 316. Ringer

Abb. 317. Baal, dargestellt als Jupiter Heliopolitanus (Baalbek)

Jede Polis besaß die öffentlichen Institutionen einer griechischen Stadt: die Erziehungs- und Ausbildungszentren wie das Gymnasium, das Ephebeion, das Theater und ähnliche Stätten, deren Aufgabe es war, die Jugend an Körper und Geist zu ertüchtigen und zugleich den Hellenismus unter der Gesamtbevölkerung auszubreiten. Viele Malereien und Skulpturen haben im Bild festgehalten, wie es an diesen Stätten zuging, so z. B. ein griechischer *ephebe* **(Abb. 311)** aus dem Jahre 460 v. Chr., der sich zum Wettkampf rüstet, während sein Trainer dabeisteht; Ringer **(Abb. 316)**; ein Diskuswerfer **(Abb. 313,** datiert 480 v. Chr.); die Toilettenartikel eines Athleten **(Abb. 315)** und einen Athleten (5. Jhdt. v. Chr.), der gerade einen Sprung beendet **(Abb. 314)**. In den Städten wurden Spiele und Wettkämpfe aller Art veranstaltet wie Diskus- und Speerwerfen, Wettläufe, Ringen und ähnliches. Siehe den rhythmischen Tanz der Korybanten **(Abb. 312)**.

4. Hellenistische und klassische Städte: In den hellenistischen Städten im Osten sprach man Griechisch, griechisch war auch das öffentliche Leben; bis zu einem gewissen Grad auch die Religion und die Kultur. Daneben blieben in diesen wie in den Nachbarstädten alte orientalische Traditionen lebendig, oft vermischt mit neueren kulturellen Werten. Trotz ihrer Selbstverwaltung waren die hellenistischen Städte nicht wie die klassische Polis unabhängig in der Außenpolitik und in militärischen Fragen. Der *strategos* (Verwalter) einer solchen Stadt wurde zudem vom König selbst ernannt (s. *Hasmonäer).

Die Bewohner der hellenistischen Städte setzten sich meist aus der einheimischen Bevölkerung verschiedenster Herkunft zusammen, der man lediglich besondere Privilegien zuerkannt hatte. In vielen Fällen waren die Städte ehemalige befestigte Stellungen, die die makedonischen Truppen aus strategischen Gründen errichtet hatten. Später bildeten sich um diese militärischen Anlagen neue Siedlungen, die sich zu städtischen Zentren ausweiteten. Die Träger hellenistischer Kultur waren größtenteils hellenisierte Asiaten.

5. Blütezeit des Hellenismus und sittliche Verfallserscheinungen: Hellenistische Lebensart verbreitete sich über den ganzen Osten, vom Indus bis zum Hochland von Afghanistan, über Persien, Mesopotamien, Syrien, Palästina und bis zu den Ufern des Nils. Für die östlichen Kulturen bedeutete der Hellenismus nicht nur eine ernste Bedrohung, sondern auch eine große Bereicherung. Zugleich empfing er selbst manches aus dem Schatz östlicher Überlieferungen. In der Tat fühlten sich die griechischen und makedonischen Auswanderer bald von den orientalischen Kulturen angezogen. Die Beibehaltung der Muttersprache, der Glaubensüberlieferungen sowie der geographischen Bezeichnungen vor allem in den nichthellenisierten Landesteilen ist ein Beweis für die Beständigkeit und Dauer der einheimischen Kulturen.

In der fortwährenden Auseinandersetzung zwischen hellenistischem und orientalischem Lebensstil machte der Hellenismus in Inhalt und Form zahlreiche Wandlungen durch. Dies galt vor allem für die politische, soziale und religiöse Sphäre. Trotz ihrer nüchternen und verstandesmäßigen Einstellung zu allen Lebensfragen standen die Griechen voller Ehrfurcht und Bewunderung vor der Vielfalt der orientalischen Kulturen, zu denen sie als Eroberer gekommen waren, eine Haltung, die es ermöglichte, den Hellenismus weiterzuverbreiten, ohne diese Kulturen zu zerstören. Im Gegensatz zur Exklusivität altgriechischen Lebensgefühls wurde das kosmopolitische Weltbürgertum zum hervorstechendsten Zug des Hellenismus. Diese Entwicklung erreichte mit dem Aufstieg Roms zur Weltmacht ihren Höhepunkt.

Während der Hellenismus als Lebensweise mit seiner Weiterentfaltung neue Werte schuf, führten die hellenistischen Königreiche selbst zu keinen kulturellen oder sozialen Fortschritten. Sie beschränkten sich fast ausschließlich auf politische, militärische und administrative Aufgaben.

Parallel zur Entwicklung des Kosmopolitentums machten sich erschreckende Verfallserscheinungen unter den führenden Schichten bemerkbar. Die Nachfolger Alexanders des Großen waren weniger nationale Führerpersönlichkeiten oder Pioniere auf sozialem und politischem Gebiet, als vielmehr machtgierige, auf ihren eigenen Vorteil bedachte Herrscher. Unter dieser neuen Herrscherschicht ragten im griechischen Raum die makedonischen Generale, die unmittelbar auf Alexander folgten, Demetrius Poliorketes, der Sohn des Antigonus, und Eumenes hervor, ferner die Begründer der Seleukiden- und Ptolemäerdynastie. Andere, wenn auch auf bescheidenerem Posten, waren Joseph ben Tobia und sein Sohn Hyrkan in Judäa, die ohne jedes Gefühl für Anständigkeit und ohne Gewissensskrupel zu ungeheuren Reichtümern gelangten. Diese Mentalität

braucht nicht notwendig als Produkt des Hellenismus bezeichnet zu werden, doch förderte das veränderte geistige Klima das Aufkommen solcher Auswüchse. Ein anderes Beispiel ist Menelaos, der Vorkämpfer des Hellenismus unter den Juden. Nur darauf bedacht, die Hellenisten nachzuäffen, setzten er und seine Nachfolger zur Zeit des Antiochus Epiphanes sich über alle religiösen Gefühle ihrer Volksgenossen hinweg (s. *Hasmonäer).
Machtgier, Eigennutz und hemmungsloses Sich-Ausleben waren die Devise vieler Herrscher und sonstiger führender Persönlichkeiten während der hellenistischen Epoche. Ihr Kosmopolitentum »befreite« sie vor jeder Rücksichtnahme auf nationale Bande und persönliche Treue. Andererseits leistete das kosmopolitische Bewußtsein einen positiven Beitrag zur toleranten und humaneren Einstellung gegenüber anderen Völkern und Kulturen und erleichterte damit das Zusammenleben und gegenseitige Verständnis.

6. Religiöser Synkretismus: Es gehörte zur hellenistischen Ideologie, die Hilfe der Götter für fast jegliches Unternehmen anzurufen: beim Kampf, beim Trinken, Jagen, der Liebe, im künstlerischen Streben, bei der Heilung von Krankheiten usw. Venus oder Aphrodite verhalfen zu den Freuden der menschlichen Liebe. Die Eroberer zwangen den unterworfenen Staaten nicht ihre religiösen Vorstellungen auf. Es kam sogar dazu, daß die Götter Griechenlands, Ägyptens, Syriens, Babyloniens und Persiens sich immer mehr zu ähneln begannen. Die nationalen Götter wurden allmählich ihrer spezifischen Charakterzüge entkleidet, statt dessen legte man mehr Nachdruck auf ihre universalen Eigenschaften. In einzelnen Fällen identifizierte man bestimmte Gottheiten, indem man einer Gottheit mehrere Namen beilegte. So war zum Beispiel der tyrische Gott Melkart zugleich Herakles oder Baal = Zeus. Dieser wurde in Baalbek in Syrien als Jupiter Heliopolitanus dargestellt (s. **Abb. 317**). Sogar Jahwe konnte in den Augen eines Antiochus Epiphanes durch Zeus repräsentiert werden (s. *Hasmonäer). Die ägyptische Göttin Isis besaß viele Attribute und Charakterzüge, und oft konnten die Namen der Göttinnen mit der einen oder anderen ihrer Eigenschaften vertauscht werden.

7. Koine: Im Verlaufe der hellenistischen Periode überflügelte die griechische Sprache die aramäische Sprache sowohl im literarischen Gebrauch als auch im täglichen Umgang. Die Übersetzung des AT ins Griechische (Septuaginta) zeigt, wie populär diese Sprache geworden war, zugleich aber auch, daß Hebräisch aufgehört hatte, die Sprache der Juden in der Diaspora zu sein. Zudem enthalten *Mischna, Talmud und Midrasch Hunderte von griechischen Wörtern, die ins Hebräische und Aramäische übernommen wurden. Im 1. und 2. Jhdt. n. Chr. war die Zivilisation Palästinas vorwiegend hellenistisch geprägt, obwohl die Hellenisierung längst aufgehört hatte, ein politisches Programm für irgendeine jüdische Partei zu sein (s. *Herodes; *Rom und die Juden).
Viele Inschriften, die man in palästinensischen *Synagogen und Gräbern fand, sind griechisch. Sogar nach der Eroberung durch die Römer blieb Griechisch in Gebrauch und wurde für die (selbst hellenisierten) Römer zur Verwaltungssprache im mittleren Osten. Das Griechisch, das in diesem Gebiet gesprochen wurde, war eine uniforme Sprache, die fast keine örtlichen Dialekte kannte. Es hieß die *Koine*, die »Universalsprache«. In ihr sind die Septuaginta und die Bücher des NT geschrieben (s. *Hellenismus und jüdische Diaspora).

8. Das Schicksal der hellenistischen Reiche: Obwohl sich griechische und orientalische Kulturen gegenseitig durchdrangen, ergänzten und eine vergleichsweise homogene Atmosphäre schufen, hörte die erbitterte Feindschaft der einheimischen Bevölkerung gegen die fremden Eroberer nie auf. Der Gewinn, den die Hellenisierung des Orients immerhin brachte, bot weiten Bevölkerungskreisen wenig Anreiz; sie blieben weiterhin ihren nationalen Traditionen und Glaubensüberzeugungen treu. Gegen Ende des 4 und zu Beginn des 3. Jhdts. v. Chr. waren die Völker des Ostens durch ihre unter den Makedoniern und Griechen erlittene völlige Niederlage noch so schockiert, daß es ihnen schien, als habe eine dämonische Macht ihre Welt in Trümmer gelegt und sei nun gekommen, sie völlig zu vernichten. Diese Einstellung spiegeln auch persische Berichte wider, in denen Alexander und seine Leute als Dämonen beschrieben werden, und das Buch Daniel (8, 5–25) sieht ihn als »Ziegenbock« und schildert Griechenland in einer Weise, aus der man erkennen kann, welchen Terror man den Eroberern zutraute. Nach und nach steigerte sich dann die feindselige Haltung der Völker zu offenen Revolten, und nicht selten waren einheimische Könige in ihrem

Streben nach Unabhängigkeit die Rädelsführer dieser Aufstände.

a) Zerfall des Seleukidenreiches: Die revolutionäre Bewegung nahm ihren Ausgang bei den persischen Stämmen in den östlichen Regionen des Seleukidenreiches. Ende des 3. Jahrhunderts v. Chr. führte Antiochus III. (der Große) einen Feldzug gegen diese Stämme, um die Seleukidenherrschaft hier wieder zu festigen und zu behaupten. Er hatte zunächst Erfolg, doch zeigte sich später, daß seine Siege lediglich eine Episode auf dem Weg zur völligen Emanzipation des östlichen Teiles des Seleukidenreiches waren. Die Niederlage, die Antiochus III. in der Schlacht von Magnesia (189 v. Chr.) von den Römern hinnehmen mußte, beendete auch die Herrschaft der Seleukiden über Persien und die benachbarten Gebiete. Zwar gingen die Angriffe gegen die Zentralregierung im allgemeinen von den unterworfenen Völkern aus, sie ermunterten aber zugleich seleukidische Kommandeure auf untergeordneten Posten, sich gegen die Regierung zu wenden. Auf Antiochus III. folgte Antiochus IV. Epiphanes, der zahlreiche Feldzüge unternahm, um die Herrschaft und das Ansehen der Seleukiden wiederherzustellen. Er verfolgte jedoch zugleich das Ziel, die verschiedenen lokalen Kulte in seinem Reich durch eine allgemeine Verehrung seiner selbst in der Form des Zeus Olympius zu ersetzen – eine Politik, die schließlich zum Hauptmotiv für den Makkabäeraufstand wurde (s. *Hasmonäer). Die Nachfolger des Antiochus waren meist unfähig zum Herrschen. Unter ihnen verlor die Seleukidendynastie, die für Generationen den gesamten Orient regiert hatte, Schritt für Schritt an Macht, Ansehen und Würde. Das ganze Jahrhundert nach Epiphanes bietet uns ein wirres Bild von Aufständen der einheimischen Bevölkerung, innerer Uneinigkeit, Machtkämpfen innerhalb der Dynastie und allmählichen Gebietsverlusten (s. *Hasmonäer). Zuletzt blieb vom Seleukidenreich, das sich einst vom östlichen Mittelmeerraum und der Ägäis bis Turkestan und Indien erstreckte, nicht mehr als ein kleiner Staat in Nordsyrien übrig.

b) Zurückdrängung des Hellenismus durch die Parther: Die Parther, die aus dem nördlichen Iran stammten, waren die Hauptverantwortlichen für die Zurückdrängung des Hellenismus nach dem Westen, obwohl in ihrem Reich hellenistische Städte in hoher Blüte standen. Sie errichteten ein mächtiges Reich, indem sie den Seleukiden Kleinasien entwanden (129 v. Chr.) und die Kontrolle über das ganze Gebiet vom Euphrat bis zum Indus und vom Oxus bis zum Indischen Ozean übernahmen. Bald wurden sie zum gefährlichsten Gegner Roms im Osten. Eine hellenistische Kultur, die Indiens Kulturgeschichte entscheidend beeinflussen sollte, entstand damals auch in Nordwest-Indien.

c) Ende des Ptolemäerreiches: Die Ptolemäerdynastie herrschte über Ägypten unangefochten bis zur Schlacht von Raphia (gegen die Seleukiden im Jahre 217 v. Chr.). Damals waren viele einheimische Ägypter zum Kriegsdienst einberufen worden. Die heimkehrenden Söldner entfachten Revolten, die während des ganzen 2. Jahrhunderts v. Chr. immer wieder von neuem aufflackerten und die Position der Ptolemäer erheblich schwächten.

In Kleinasien, vor allem in Bithynien und Pontus, wurden hellenistische Dynastien gegründet, die – anders als in Persien und Ägypten – ein Gemisch östlicher Kulturen (aus der Zeit der Achämeniden in Persien, 6–4. Jhdt. v. Chr.) mit griechischen Elementen darstellten.

d) Vormachtstellung Roms: Während des 1. Jahrhunderts v. Chr. griffen die Parther, Armenier und andere Völker wiederholt die hellenistischen Reiche an und drohten ganz Kleinasien und Syrien zu verschlingen. Das Auftreten Roms änderte jedoch bald die Situation, und im Jahre 66 v. Chr. verkündete Pompejus die »neue Ordnung«. Seine und seiner Nachfolger Politik war die Aufrechterhaltung der hellenistischen Kultur. Unter Roms Herrschaft erhielt der Hellenismus ein neues Gesicht. Sein Einfluß wurde westlich des Euphrat verstärkt und auf alle anderen Teile des römischen Reiches ausgedehnt. Ägypten wurde zum Zentrum des Hellenismus und blieb bis zur Eroberung durch die Araber (636–640 n. Chr.) der Angelpunkt des Reiches im Osten (s. auch *Rom und die Juden).

Hellenismus und Christentum

Gliederung: 1. Stoizismus. 2. Platonismus. 3. Mysterienkulte.

Die Wurzeln des Christentums und die Ursprünge des christlichen Glaubens liegen unzweideutig im Judentum. Jesus und seine ersten Jünger waren Juden. Bald jedoch sollte sich auch der Einfluß des Hellenismus bemerkbar machen. Je weiter sich die christlichen Missionare vom palästinensischen Mutterboden entfernten, um so drängender wurde die Frage der Anpassung an hellenistische Kultur und Lebensart. Als Vorkämpfer einer Hellenisierung des Christentums ist oft Paulus betrachtet und – je nach dem Standpunkt des Forschers – dafür gelobt oder getadelt worden. Gewiß gebührt dem Apostel das Verdienst, der hellenistischen Welt einen Zugang zum Evangelium verschafft zu haben. Wer aber seine Briefe vorurteilslos und aufmerksam liest, wird immer wieder erstaunt sein, wie stark sich das alttestamentlich-jüdische Erbe gegenüber allen anderen geistigen Einflüssen stets behauptet hat.

1. Stoizismus: Überall in der hellenistischen Welt stießen die christlichen Missionare auf Prediger einer philosophischen Lebenslehre. In lebendiger, oft witzig-derber Form *(Diatribe)* brachten diese Vertreter einer popularisierten Philosophie stoisches und kynisches Gedankengut unter das Volk, sie geißelten die Laster und mahnten zur Tugend. Manche Abschnitte der paulinischen Briefe (z. B. Röm 2) verraten, daß dem Apostel die Form der Diatribe nicht unbekannt war. Stoischen Ursprungs ist vermutlich auch die in Röm 2 angedeutete »natürliche Theologie« vom Naturgesetz und dem Zeugnis des Gewissens (Röm 2, 14–15). Oft wird auch die Areopagrede (Apg 17) herangezogen, um die Bekanntschaft des Apostels mit stoischer Theologie und hellenistischer Literatur zu beweisen. Tatsächlich ist diese Rede aber nur ein Beleg, daß der etwa eine Generation später schreibende Verfasser der Apostelgeschichte ein gebildeter Hellenist war, der den christlichen Predigern seiner Zeit die in der stoischen Theologie und Ethik liegenden Ansatzpunkte für die Verkündigung des Evangeliums aufzeigen wollte. Unvergleichlich stärker als der Verfasser der Apostelgeschichte hat Clemens von Rom in seinem Schreiben an die korinthische Gemeinde (um 96) sich stoischer Gedanken und Begriffe bedient (vgl. besonders 1 Clem 19–20). Hier beginnt jene Tradition hellenistisch-christlicher Philosophie, die allmählich alttestamentlich-jüdische Vorstellungen ablösen und damit die geistigen Grundlagen des Christentums mannigfältig und entscheidend verändern sollte.

2. Platonismus: In neutestamentlicher Zeit waren platonisierende Anschauungen durch die alexandrinische Religionsphilosophie (Philo von Alexandrien) auch im hellenistischen Judentum verbreitet. Während bei Paulus ein platonisierendes Daseinsverständnis nur gelegentlich anklingt (2 Kor 5, 1; Phil 3, 20), hat der Verfasser des Hebräerbriefes (s. *Briefliteratur 3 e) die traditionellen Erwartungen der jüdisch-christlichen Eschatologie in das alexandrinische Schema einer urbildlichen, unsichtbaren Schöpfung übertragen. Die Gottesstadt, das himmlische Vaterland, die zukünftige Welt und das »wahre« Zelt gehören zu den wirklichen, bleibenden Gütern, nach denen die Gläubigen unterwegs sind. Mit seinen alexandrinischen Unterscheidungen hat der Brief eine Bewegung eingeleitet, die dem christlich interpretierten Platonismus Heimatrecht in der Kirche verschaffte, zugleich aber auch das bis heute unausrottbare Mißverständnis förderte, als sei der vom Evangelium geforderte Glaube mit einer idealistischen Weltanschauung identisch.

3. Mysterienkulte: Über den Einfluß der hellenistischen Mysterienreligionen auf das früheste Christentum gehen die Meinungen weit auseinander. In der Blütezeit der religionsgeschichtlichen Erklärung des NT war man geneigt, überall Mysterienbegriffe und -entlehnungen wiederzufinden. Inzwischen ist die Forschung nüchterner geworden, vor allem weil man zugeben mußte, wie wenig Sicheres wir eigentlich von den Mysterienkulten wissen. Die meisten Zeugnisse stammen erst aus dem 2.–4. Jhdt. n. Chr. und werden von den Gelehrten oft sehr verschieden gedeutet.

Seit dem Ende des 1. Jahrhunderts war der aus Persien stammende Mithraskult im ganzen römischen Reich, vor allem unter den Soldaten, verbreitet. Mithras galt als Schirmherr der Waffen, als der »unbesiegbare« Gott. (Die **Abb. 319** zeigt ihn mit den Attributen des Sonnengottes.) Die Anhänger des Mithras mußten sich zu einem Leben strenger Sittlichkeit verpflichten, um im Gericht himmlischen Lohn zu empfangen. Es gab auch bestimmte Aufnahmezeremonien, kultische Waschungen und ein heiliges Mahl, bei dem Brot, Wasser und Wein genossen wurden.

Über die Einweihung in die Isismysterien sind wir durch das letzte Kapitel der ›Metamorphosen‹ des Apoleius von Madaura (2. Jhdt. n. Chr.) unterrichtet. Der phantastisch-satirische Sittenroman erzählt die Geschichte eines gewissen Lucius, der durch Zauberkunst in einen Esel verwandelt wurde und erst nach vielen Abenteuern durch die Hilfe der Isis seine menschliche Gestalt wiedergewinnt. Apoleius schildert zunächst das zu Beginn der Schiffahrt im Frühjahr gefeierte Isisfest. (Ein aus Karthago stammendes Fresko – s. **Abb. 318** – zeigt einige Einzelheiten der

Abb. 318. Das aus Karthago stammende Fresko zeigt Einzelheiten der Vorbereitung für das Isis-Fest

Abb. 319. Mithras mit den Attributen des Sonnengottes

Vorbereitung für dieses Fest.) Im Mittelpunkt seiner Darstellung stehen dann die Einweihungszeremonien, die nach religiöser Belehrung durch einen Priester und kultischen Reinigungen den Mysten auf geheimnisvolle Weise durch alle Bereiche des Kosmos bis ins Totenreich führen und dann als Sonnengottheit wiederauferstehen lassen. Der festliche »Mysteriengeburtstag« wird mit fröhlichem Mahl beschlossen, bei dem man für das »aus Gnaden gewährte Heil« dankt.

Es läßt sich nicht leugnen, daß Christentum und Mysterienkulte zahlreiche verwandte Elemente aufweisen. Ähnlichkeit der religiösen Vorstellungen und äußere Übereinstimmung in den Riten brauchen aber noch keine unmittelbare Entlehnung oder Beeinflussung anzuzeigen. Man muß deshalb mit der Behauptung, das Christentum sei auf hellenistischem Boden zu einer Mysterienreligion geworden, äußerst vorsichtig sein. Das gilt zumindest für die neutestamentliche Zeit; in den folgenden Jahrhunderten hat es dagegen stärkere Berührungspunkte gegeben, so daß man mit einigem Recht von einer christlichen »Mysterientheologie« sprechen kann.

Hellenismus und Judentum

Gliederung: 1. Überblick über die geschichtliche Entwicklung. a) Vorkämpfer des Hellenismus: Tobiaden, Jason, Menelaos; b) Opposition der Chasidäer und Schriftgelehrten; c) Makkabäeraufstand und Hasmonäerstaat. 2. Religiöse und kulturelle Auswirkungen. a) Positive Auswirkungen der griechischen Kultur; b) Berührungspunkte zwischen beiden Kulturen.

1. Überblick über die geschichtliche Entwicklung: *a) Vorkämpfer des Hellenismus: Tobiaden, Jason, Menelaos.* Der Hellenismus als Philosophie und Lebensart (s. *Hellenismus im Nahen Osten) hat auf die Juden, das Judentum und die jüdische Kultur einen ungeheuren Einfluß ausgeübt. Im 4. Jhdt. v. Chr. entstanden im Land zahlreiche hellenistische Städte, deren Glaubensanschauungen und Bräuche dem Judentum fremd waren. Zwischen den jüdischen und hellenistischen Städten und Kulturzentren kam es zu wirtschaftlichen und sozialen Beziehungen aller Art, die wiederum den Hellenisierungsprozeß des Landes beschleunigten. Dies galt vor allem für die höheren Schichten der jüdischen Gesellschaft, die mehr und mehr jüdische Traditionen und Bräuche als überholt, sich selbst dagegen als »Weltbürger« ansahen. Diese dem Hellenismus zuneigenden Juden waren nicht wie einst ihre Väter während der persischen Epoche (6.–4. Jhdt. v. Chr.) stolz darauf, Angehörige des »heiligen Samens« zu sein. Wie wir heute wissen, gehörten während des 3. Jahrhunderts v. Chr. vor allem die Tobiaden zu den entschiedensten Vorkämpfern des Hellenismus im Judentum, eine Familie der jüdischen Aristokratie, die nicht in einem bis dahin unbekannten Ausmaß zu Reichtum und Macht gelangt war (s. *Hasmonäer; *Hellenismus im Nahen Osten).

Im 2. Jhdt. v. Chr. stellten die dem Hellenismus ergebenen Juden bereits einen beachtlichen und einflußreichen Teil der Bevölkerung dar, eine Tatsache, deren zersetzende Wirkung auf die jüdische Gemeinde sich bald zeigen sollte. Diese Juden scheuten sogar nicht vor Bestechung und Meuchelmord zurück, um das Amt des Hohenpriesters für einen ihrer Anhänger zu sichern. Als dann Jason Hoherpriester geworden war, trat die hellenistische Reform mit seiner tatkräftigen Hilfe in ihr entscheidendes Stadium. Ihr Ziel war es, die bestehende politische und religiöse Ordnung in Jerusalem grundlegend zu ändern und sie nach der Verfassung und den Bräuchen anderer hellenistischer Provinzen auszurichten. Jason machte eine förmliche Eingabe an Antiochus, er möge den Juden Jerusalems das Bürgerrecht von Antiochien in Syrien verleihen (2 Makk 4, 9), d. h. sie zu Bürgern der Hauptstadt machen. Ein solches Privileg war bereits den Einwohnern von Ptolemais (Akko) eingeräumt worden. Ferner »fing er sofort an, bei seinen Landsleuten griechische Sitten einzuführen ... Weiter hob er die gesetzmäßigen Staatseinrichtungen auf und ließ neue ungesetzliche Bräuche an ihre Stelle treten« (2 Makk 4,10–11). Der König gestattete ihm, nach den Gesetzen der Heiden zu handeln.

Die Proklamation, die den hellenistisch eingestellten Juden Jerusalems fortan gestattete, sich Antiochener zu nennen, übertrug zugleich alle Angelegenheiten, auch die religiösen, in den Zuständigkeitsbereich der Polis. Dies verstärkte die Gefahr, daß die althergebrachten Bräuche der Juden abgeschafft und die Gebote Gottes, die »altehrwürdigen Gesetze«, mißachtet wurden und der Billigung einer Bürgerversammlung von »Antiochien-in-Jerusalem« unterworfen waren. Dieser Versammlung, deren Führer in der Hauptsache hellenistenfreundliche Juden waren, gehörten neben zugezogenen Ausländern vor allem die adligen Kreise sowie die wohlhabenden

Bürger der Stadt an. Ihr Hauptaugenmerk richtete die Versammlung darauf, die Abgeschlossenheit der Juden (die die Griechen als »Barbarismus« betrachteten) zu überwinden. Der neue Lebensstil faßte bald überall Fuß. Viele Priester vernachlässigten ihren heiligen Dienst, um sich dem Sport im Gymnasium und anderen Zerstreuungen der Hellenisten widmen zu können (2 Makk 4, 12–16).

b) Opposition der Chasidäer und Schriftgelehrten: Für Juden, die nach wie vor treu an der Thora festhielten, wurde die Situation unannehmbar. Über die starke Opposition der *Chasidäer und Schriftgelehrten (s. *Verfassung, Verwaltung und Staatsformen 3) vgl. die entsprechenden Artikel. Einem Gläubigen war schon allein der Gedanke unerträglich, daß der Tempel und der heilige Dienst Priestern anvertraut war, die sich selber durch ihre Lebensweise und durch Übung fremder Sitten befleckt hatten. Viele der Traditionalisten waren auch mit der sozialen Ordnung unzufrieden, da die politische Macht nun ganz in der Hand einer dünnen, hellenistisch gesinnten Oberschicht lag. Die nach griechischem Vorbild ausgerichtete Städteorganisation zwang den in traditionell orientalischer Weise strukturierten Gemeinwesen nun eine neue, anders orientierte Führungsschicht auf. Solange dabei das Recht des Volkes, nach dem Gesetz des Moses leben zu dürfen, unangetastet blieb, herrschte in Jerusalem relative Ruhe. Die Lage änderte sich, als man nahe dem Tempel die Festung »Akra« errichtete, deren Aufgabe es sein sollte, die Ausländer unter den Bürgern von »Antiochien-in-Jerusalem« zu beschützen. Am unerträglichsten aber wurde es, als man begann, sogar auf dem Tempelberg heidnische Opfer zu verrichten (s. *Hasmonäer; *Jerusalem).

c) Makkabäeraufstand und Hasmonäerstaat: Die allgemeine Unzufriedenheit über die Hellenisierungspolitik führte schließlich zu offener Rebellion, der Antiochus IV. Epiphanes, der Seleukidenkönig, mit harten Vergeltungsmaßnahmen und religiöser Verfolgung zu begegnen suchte (167–164 v. Chr.). Das Ergebnis war jedoch nur ein neuer Aufstand unter Führung der Makkabäer (*Hasmonäer) und der mit ihnen verbündeten *Chasidäer, in dem die Makkabäer Sieger über den Seleukidenkönig und dessen Nachfolger blieben. Es folgte eine Periode nationaler Unabhängigkeit unter der Hasmonäerdynastie, die Judäa und später ganz Palästina von der Seleukidenherrschaft befreite. Anfänglich waren die Hasmonäer erbitterte Gegner des Hellenismus, obwohl sie manches vom höfischen Pomp der Seleukiden übernahmen. Als die Römer im Jahre 64 v. Chr. nach Palästina vordrangen, verloren die Juden wie andere Völker des Vorderen Orients ihre von den Seleukiden erkämpfte Unabhängigkeit. Während der ganzen Zeit hatte jedoch das Judentum als Religion dem Ansturm des Hellenismus standgehalten und war in seinem Wesenskern von allen hellenistischen Einflüssen unberührt geblieben. Wie uns die zeitgenössische Literatur zeigt, ließ es sich freilich nicht vermeiden, daß die Hellenisierung während der späteren Hasmonäerzeit und unter der Herrschaft Roms stärkere Fortschritte machte. Unter den Hasmonäern konnten die Juden ihre Herrschaft auf Idumäa, den Negeb, das Küstengebiet, Transjordanien, die Ebene von Jesreel und Galiläa ausdehnen. Diese Expansion brachte auch einen engeren Kontakt zwischen den bisher isolierten jüdischen Gemeinden und den hellenistischen Siedlungen mit sich. Die Begegnung dieser beiden Kulturkreise war keineswegs friedvoll. Unter den ersten Hasmonäerfürsten begannen vor allem Johannes Hyrkan und Alexander Jannäus, die neueroberten nichtjüdischen Gebiete und die griechischen Städte zu judaisieren, was sie für eine politische Notwendigkeit hielten. Die Bewohner hatten zwischen der Konversion oder dem Tod zu wählen, eine Politik, die wenig geeignet war, freundliche Beziehungen zwischen den beiden Bevölkerungsgruppen aufkommen zu lassen.

Im Gegensatz zu den griechischen, philistäischen, syrischen oder zu anderen polytheistischen, Religionen konnte sich das Judentum mit seinem streng monotheistischen Glauben nicht zu einem Synkretismus bekennen oder mit dem Heidentum Kompromisse schließen. So war es z. B. unmöglich, den Gott Israels einfach einem örtlichen Pantheon hinzuzufügen oder religiöse Lehren nach Belieben zu verschmelzen.

Während der späteren römischen Periode wurden gemischte Bevölkerungsgruppen im Lande zur Norm, und selbst in ausgesprochen hellenistischen Zentren wie *Caesarea, Jabne und Skytopolis (Beth-Sean) gab es starke jüdische Minderheiten. Griechischer Einfluß, der durch die Römerherrschaft noch gefördert wurde, machte sich im allgemeinen Gebrauch der griechischen Sprache und in der Zulegung griechischer Namen geltend (viele Hasmo-

Abb. 320. In Israel gefundene Vase, die den Einfluß des Hellenismus zeigt

näer hatten neben ihren hebräischen noch gräzisierte Namen). Die Griechen waren in vielen Dingen der *Kriegführung und der Verwaltung (s. *Verfassung, Verwaltung und Staatsformen) Lehrmeister der *Hasmonäer. Dagegen übte der Hellenismus in kulturellen Belangen keinen entscheidenden Einfluß auf das Judentum aus und noch weniger im religiösen Bereich.

2. Religiöse und kulturelle Auswirkungen: Dennoch gab es kulturelle Auswirkungen des Hellenismus auf mancherlei Gebieten (s. *Hellenismus im Nahen Osten, vor allem Abschnitt 7, über das Griechische als Weltsprache). In der jüdischen Gesetzesauslegung und der Haggada spürt man den Einfluß hellenistischer Rhetorik. Viele hundert griechische Wörter fanden Eingang in die hebräische Sprache. Es handelte sich überwiegend um Begriffe, die im Rechtsleben und im religiösen Bereich verwendet wurden. Zudem gibt es vielerlei Parallelen zwischen jüdischen Gelehrten und hellenistischen Weisheitslehrern beziehungsweise Philosophen.

In den meisten Mittelmeerländern führte die Übernahme griechischer Lebensgewohnheiten zu einem Niedergang der Moral. Zeugnis hierfür ist das lateinische Verb *pergraecari* (hellenisiert werden), das »ein ausschweifendes Leben führen« bedeutete. Die Geschichte der hellenistenfreundlichen Hohenpriester Jason und Menelaos (s. *Hasmonäer) bietet ein sprechendes Beispiel, wie Hellenisierung und moralischer Verfall Hand in Hand gingen.

a) Positive Auswirkungen der griechischen Kultur: Während in der frühen hellenistischen Epoche (4.–3. Jhdt. v. Chr.) das wirtschaftliche und politische Leben der Juden von hellenistischen Einflüssen kaum berührt wurde, zeigt die wachsende Zahl von Bankiers und Kaufleuten in den folgenden Dekaden, wie allmählich griechischer Kaufmannsgeist das wirtschaftliche Gefüge umgestaltete. Wir haben andernorts darauf hingewiesen, daß in nachexilischer Zeit große Fortschritte auf dem Gebiet des *Ackerbaus, aber auch einer besseren Wohnkultur und -planung zumal in den *hellenistischen Städten erzielt wurden. Wichtiger ist, daß sich unter den *Hasmonäerfürsten aus den oberen Schichten des Landadels eine wohlhabende »Bourgeoisie« (wie z. B. die Tobiaden) entwickelte, die wachsenden Einfluß auf das Wirtschaftsleben gewann. Dies galt sowohl für die Zeit, als die Juden in friedlichem Wettbewerb und in Zusammenarbeit mit den griechischen und syrischen Einwohnern der griechischen Städte (später unter dem Namen Dekapolis bekannt; s. *Hellenistische Städte) standen, als auch für später, da sie aus deren Vertreibung durch die Hasmonäer Nutzen zogen. Nach griechischem Vorbild wurden Werkzeuge und handwerkliche Techniken (s. *Geräte und Werkzeuge) verbessert, ein vollkommeneres System der Nachrichtenübermittlung eingeführt und der Bau von *Straßen gefördert. Griechische Vorbilder verraten auch die literarischen Werke dieser Zeit, und zwar nicht nur was das Schreibmaterial (s. *Alphabet und Schrift 4), sondern auch den Stil und die Gedankenführung betrifft. **Abb. 320** zeigt eine von den zahlreichen gemalten Vasen, die man in Israel fand. Auf Grund dieses hohen technischen und handwerklichen Könnens war es *Herodes möglich, seine großen Bauvorhaben auszuführen und neue Städte nach hellenistischem Muster zu errichten.

Es dauerte eine längere Zeit, bis jüdische Gelehrte und Weise erkannten, daß die griechische Kultur auch viele positive Aspekte barg. Diese machten sie sich zu eigen, deuteten sie um und paßten sie jüdischer Kultur an. Im intellektuellen Bereich war die hellenistische Kultur universal und übernational, d. h., sie war in den großen Kulturzentren des Altertums wie Athen, Alexandrien, Antiochien und anderen Städten die gleiche.

Jeder einzelne konnte sich rasch hellenistische Bildung aneignen, indem er eine griechische Schule besuchte, brauchte dabei aber keineswegs seine Religion, seine Sitten und Bräuche aufzugeben. Unter allen Orientalen brachten es aber die Juden allein zuwege, sich tiefer mit dem Problem des Hellenismus zu befassen und viele Züge, die ihre Kultur bereichern konnten, aufzunehmen, ohne ihre völkische Eigenart und Integrität preiszugeben. Zwar gab es vor allem in der Periode nach dem Hasmonäerreich Juden, die die äußeren Formen griechischer Lebensgewohnheiten übernahmen, die Masse des Volkes hat sich aber nie zur Idee der *paideía*, d. h. einer allumfassenden körperlichen, geistigen und künstlerischen Erziehung, die zur Vollendung der Persönlichkeit führen sollte, bekannt. Für das jüdische Verständnis bedeutete ein griechisches Gymnasium lediglich eine Stätte zu körperlicher Ertüchtigung (s. **Abb. 311–317**; *Hellenismus im Nahen Osten). Auch die *Pharisäer betrachteten eine gründliche, möglichst umfassende Ausbildung für das Judentum als wesentliche Aufgabe. In ihren Schulen, die sie in jedem Ort errichteten, wurden jedoch nur die Schriften und das mündliche (ungeschriebene) Gesetz gelehrt.

b) Berührungspunkte zwischen beiden Kulturen: Die allmähliche Umgestaltung des biblischen Judentums in eine Gemeinschaft mit einem viel umfassenderen Weltverständnis vollzog sich während der Ära des Hellenismus. Sie wurde durch die Notwendigkeit ausgelöst, die kulturellen und sozialen Institutionen des Griechentums samt der ihnen eigenen Methoden an jüdische Verhältnisse anzupassen. Trotz mannigfacher grundsätzlicher Unterschiede hatten die jüdische und griechische Kultur doch wieder viele gemeinsame Züge, vor allem ihre Bewunderung der Weisheit, die sich in großer Wertschätzung und gewissenhafter Beobachtung der schon von den Vätern grundgelegten moralischen Prinzipien, besonders soweit sie die Religion betrafen, äußerte (s. *Hellenismus und jüdische Diaspora).

Philosophische Spekulationen im griechischen und westlichen Sinn waren nie ein wesentlicher Bestandteil jüdischen Denkens, aber die vom Hellenismus beeinflußten jüdischen Gelehrten verwendeten die Kategorien ihrer griechischen Kollegen, um zu einem philosophischen Verständnis des Judentums selbst zu gelangen. Tatsächlich schuf erst der Hellenismus die Voraussetzungen dafür, daß sich die eigentliche jüdische Philosophie herausbilden konnte (s. *Hellenismus und jüdische Diaspora; *Rabbinen; *Pharisäer).

Aber wie sehr sich die Juden auch ihrer hellenistischen Umgebung angepaßt haben mögen, sie blieben doch immer ihrer eigenen Nationalität und ihrer hergebrachten Lebensweise treu. Die um die *Synagogen organisierten jüdischen Gemeinden bestanden jahrhundertelang fort, und die überwältigende Mehrheit sperrte sich gegen eine regelrechte Angleichung.

Zusammenfassend ist zu sagen: Die palästinensischen und in noch weit größerem Maße die Diasporajuden bekamen den Einfluß des Hellenismus zu verspüren und setzten sich mit ihm auseinander. Bei aller Anpassung auf verschiedenen Gebieten blieben doch jüdische Tradition, Religion und jüdisches Gesetz von den Einflüssen griechischer Kultur unberührt. Die dem jüdischen Glauben innewohnende Kraft war stark genug, sich selbst vor Überfremdung zu schützen.

Hellenismus und jüdische Diaspora

Gliederung: 1. Politische und soziale Situation der Diasporajuden. 2. Alexandrinisches Judentum. 3. Missionarischer Eifer und Proselytentum. 4. Griechisch-jüdische Literatur. 5. Philo. 6. Das Ende des harmonischen Nebeneinander.

1. Politische und soziale Situation der Diasporajuden: Das friedliche Zusammenleben der Diasporajuden mit ihrer heidnischen Umwelt beruhte auf drei Faktoren: 1. auf gleichen wirtschaftlichen und bürgerlichen Interessen, wofür der erstaunliche Wohlstand, den die beiden Bevölkerungsgruppen in der griechisch-römischen Welt schufen, Zeugnis gibt; 2. auf der Toleranz, mit der die Heiden jüdischen Rechtsgepflogenheiten gegenüberstanden, was ihnen um so leichter fiel, als sie selbst weder ethnisch noch kulturell eine Einheit bildeten; und schließlich 3. auf der großen Zahl von Juden, die in den bedeutenderen Städten der Alten Welt lebten (s. *Rom und die Juden).

Das Organ der religiösen und juridischen Autonomie der Juden, das *politeuma,* war seiner Form nach griechisch und wurde von den hellenistischen Königen Ägyptens und Kleinasiens anerkannt. Das gute Einvernehmen mit ihrer heidnischen Nachbarschaft ermutigte die Juden, die eine oder andere Organisationsform der Griechen in ihren kommunalen Institutionen einzuführen, obwohl sie weiterhin getrennt von der übrigen Bevölkerung in ihren eigenen Wohnvierteln lebten. Ein frommer Jude hätte zudem nie mit einem Heiden zusammen gespeist, noch hätte er ihn an seine Tafel zu Gast geladen. Aber selbst da, wo nicht die Frömmigkeit eine Schranke bildete, wurde sie doch auf sozialer Ebene gezogen. Den Juden war der Besuch des Theaters, des Zirkus und der Gymnasien verboten, wenn auch diese Vorschriften nicht überall und von allen befolgt wurden.

2. Alexandrinisches Judentum: Im Gegensatz zur erbitterten Feindschaft, die zwischen der jüdischen und der hellenistischen Bevölkerung in Palästina herrschte, waren die Beziehungen dieser beiden Gruppen in Ägypten während der Ptolemäerzeit (4.–1. Jhdt. v. Chr.) relativ freundlich. Viele Juden übernahmen manche Formen hellenistischer Kultur. Sie legten sich zum Beispiel griechische Namen bei und nahmen zu griechischen Gerichten ihre Zuflucht. Dabei beachteten sie weiter ihre religiösen Bräuche, doch ohne in Konflikt mit ihrer Umgebung zu geraten.

Schon im 3. Jhdt. v. Chr. war Griechisch die Hauptsprache der Juden, sogar in ihren Gottesdiensten. Aus diesem Grund wurden die Thora und später die anderen Bücher des AT in die griechische Sprache übersetzt (Septuaginta). Der Chester Beatty Papyrus VI, der Teile von Num und Dt enthält **(Abb. 322),** und der J. Rylands Papyrus 458 **(Abb. 321)** gehören zu den ältesten erhaltenen Septuaginta-Handschriften aus dem 2. Jhdt. v. Chr. Andere Bücher wurden ebenfalls für die ägyptischen Juden ins Griechische übersetzt, so z. B. Jesus Sirach und das erste Makkabäerbuch, ferner apokryphe und apokalyptische Schriften. Das zweite Makkabäerbuch, ein nationales Heldenepos, wurde in der Kyrenaika, einer ägyptischen Provinz, in hellenistischem Stil geschrieben.

Um eine geistige Auseinandersetzung mit dem Hellenismus hat sich besonders das alexandrinische Judentum bemüht. Seine umfangreiche und vielseitige Literatur läßt den starken Einfluß griechischen Denkens erkennen. Es handelt sich hauptsächlich um Schriften propagandistischen, apologetischen, literarischen und ethischen Inhalts (s. unten 4.) Einige alexandrinische Schriftsteller waren sogar der Ansicht, daß die griechische Philosophie ihren Ursprung dem Pentateuch verdanke. Unter den frühesten, in hellenistischem Stil verfaßten jüdischen Literaturzeugnissen ragt der ›Aristeasbrief‹ hervor, ein Schriftstück, in dem neben uneingeschränktem Lobpreis auf das Judentum und die Thora der Versuch unternommen wird, Judentum und Hellenismus miteinander zu harmonisieren und die bestehenden Differenzen zu verringern.

3. Missionarischer Eifer und Proselytentum: Die Juden in Ägypten, Syrien und Kleinasien waren von dem Eifer beseelt, möglichst viele Heiden für ihren monotheistischen Glauben zu gewinnen. In der griechisch-römischen Welt war eine beachtliche Zahl von Missionaren am Werk, die sich um eine zeitnahe und für Heiden annehmbare Verkündigung ihrer Botschaft bemühten. Die Masse der griechischen Bevölkerung erfuhr zwar wenig vom Judenglauben, ja sie betrachtete sogar den jüdischen Monotheismus und das Frühchristentum als eine Beleidigung ihrer Götter, aber noch vor Anbruch der neutestamentlichen Zeit schlossen sich Tausende von »Gottesfürchtigen« der *Synagoge an (s. *Christentum, Frühgeschichte). Der Erfolg des jüdischen Proselytentums wird deutlich, wenn man die wütende Opposition heidnischer Schriftsteller, etwa eines Apollonius Mellon von Rhodes (90 v. Chr.), eines Poseidonios von Apameia in Syrien (70 v. Chr.), eines Charemon von Alexandrien (50 v. Chr.), eines Lipimachus (30 v. Chr.) und des alexandrinischen Sophisten Apion (37 v. Chr.), betrachtet. Der Letztere war ein Zeitgenosse des Flavius *Josephus, dessen Streitschrift *Contra Apionem* das jüdische Volk gegen Apions Anklagen verteidigt. Apion vertrat die Meinung, der Gott Israels und Zeus seien ein und dieselbe Gottheit, die lediglich unter verschiedenen Namen angerufen würde.

4. Griechisch-jüdische Literatur: Unter den Juden Alexandriens schlug die hellenistische Bewegung viel tiefere Wurzeln als bei den palästinensischen Juden. In Alexandrien – oder etwa in Pergamon in Kleinasien – waren die Institutionen, in denen sich das äußere Leben eines Juden abspielte, die Synagoge, das Gesetz, das kulturelle Leben, stark vom Hellenismus beeinflußt (s. *Apostelgeschichte; **Abb. 81–87**).

Es erhebt sich darum die Frage, ob diese intensivere Anpassung an griechische Elemente das alexandrinische Judentum in seinem Wesenskern tiefer berührte und umgestaltete oder ob die Juden Alexandriens – wie die Juden Palästinas – genügend innere Abwehrkräfte hatten, um auch in heidnischer Umgebung ihre eigene Existenzweise weiterzuführen und alles Fremde fernzuhalten.

Die Diasporajuden standen vor der Wahl, sich an die Gegebenheit des Landes, in dem sie lebten, anzupassen – griechische Namen anzunehmen, die griechische Sprache zu sprechen und auf griechische Weise zu leben – oder sich an ihre Traditionen zu klammern und somit eine getrennte, abgeschlossene Gemeinschaft zu bilden. Tatsächlich vereinigten sie beides miteinander. Das Gemeinschaftsleben der Juden in Alexandrien und ähnlichen Zentren war nach der Art der griechischen Polis organisiert. Griechisch war die Sprache, in der man sich im öffentlichen Leben und in der Synagoge verständigte – die meisten in Synagogen entdeckten Inschriften waren griechisch –, doch ebenso auch im täglichen Leben und in der Literatur. Die Erziehung der Juden war griechisch (s. *Hellenismus im Nahen Osten), und die jüdisch-hellenistische Literatur stand in hoher Blüte. Nach bescheidenen Anfängen wurde diese Literatur zu einem wertvollen Instrument sowohl für den öffentlichen Gebrauch innerhalb der jüdischen Gemeinde als auch später in der Verteidigung gegen den Anti-

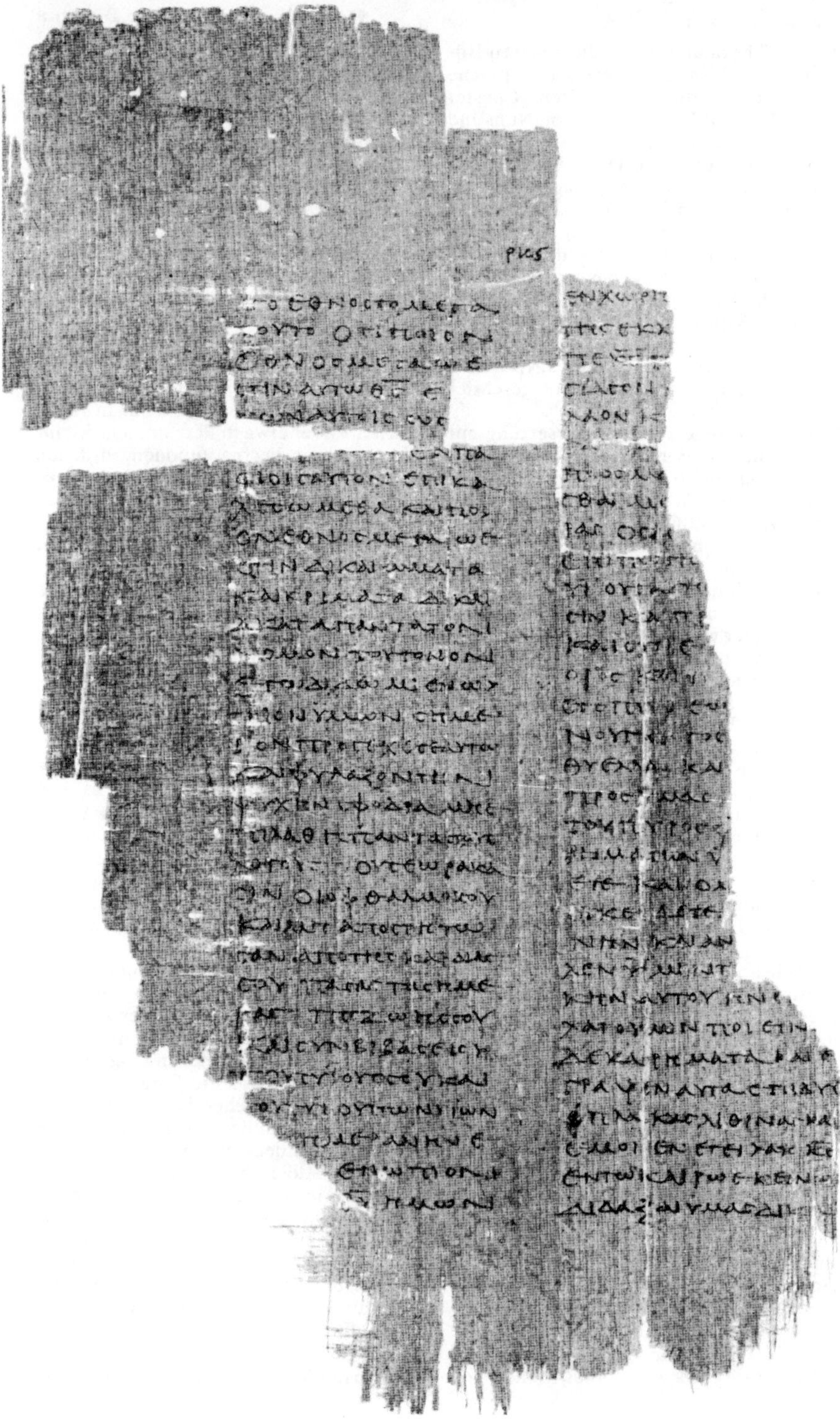

ρκς

]ΤΟ ΕΘΝΟΣ ΤΟ ΜΕΓΑ
]ΟΥΤΟ ΟΤΙ ΠΟΙΟΝ
ΕΘΝΟΣ ΜΕΓΑ Ω Ε
ΣΤΙΝ ΑΥΤΩ ΘΣ Ε
]ΩΝ ΑΥΤΟΙΣ ΩΣ
]ΕΝ ΤΩ
]ΟΙΣ ΑΝ ΑΥΤΟΝ ΕΠΙΚΑ
ΛΕΣΩΜΕΘΑ ΚΑΙ ΠΟΙ
ΟΝ ΕΘΝΟΣ ΜΕΓΑ Ω Ε
ΣΤΙΝ ΔΙΚΑΙΩΜΑΤΑ
ΚΑΙ ΚΡΙΜΑΤΑ ΔΙΚΑΙ
Α ΚΑΤΑ ΠΑΝΤΑ ΤΟΝ Ν
]ΟΜΟΝ ΤΟΥΤΟΝ ΟΝ
]ΓΩ ΔΙΔΩΜΙ ΕΝΩΠ
]ΙΟΝ ΥΜΩΝ ΣΗΜΕ
ΡΟΝ ΠΡΟΣΕΧΕ ΣΕΑΥΤΩ
]ΦΥΛΑΞΟΝ ΤΗΝ Ψ
ΥΧΗΝ ΣΦΟΔΡΑ ΜΗ Ε
ΠΙΛΑΘΗ ΠΑΝΤΑΣ ΤΟΥΣ
ΛΟΓΟΥ[ ] ΟΥΣ ΕΩΡΑΚΑ
ΣΙΝ ΟΙ ΟΦΘΑΛΜΟΙ ΣΟΥ
ΚΑΙ ΜΗ ΑΠΟΣΤΗΤΩ
ΣΑΝ ΑΠΟ ΤΗΣ ΚΑΡΔΙΑΣ
ΣΟΥ ΠΑΣΑΣ ΤΑΣ ΗΜΕ
ΡΑΣ ΤΗΣ ΖΩΗΣ ΣΟΥ
ΚΑΙ ΣΥΜΒΙΒΑΣΕΙΣ Τ
]ΟΥΣ ΥΙΟΥΣ ΣΟΥ ΚΑΙ
ΤΟΥΣ ΥΙΟΥΣ ΤΩΝ ΥΙΩΝ
]ΗΜΕΡΑΝ ΗΝ Ε
]ΣΤΗΤΕ ΕΝΑΝΤΙΟΝ
]ΥΜΩΝ

ΞΕΝ ΧΩΡΗ[
]ΔΕ ΚΑΙ ΡΗΜΑΤΑ[
]ΕΝΤΟΛΑΣ[

Abb. 321 (linke Seite), 322. Diese Fragmente sind die ältesten erhaltenen Septuaginta-Manuskripte (2. Jhdt. n. Chr.)

semitismus. Mit Epen, Dramen, historischen Werken und Romanen, Erzählungen zu biblischen Geschichten und philosophischen Lehrbüchern umfaßte das Schrifttum alle Bereiche der Literatur. Hinzu kamen apologetische Werke wie z.B. Philos ›Apologia‹ (s. unten) oder Josephus' ›Contra Apionem‹, aber im ganzen spiegelt die jüdische Literatur das Bestreben wider, zu einer Synthese zwischen Judentum und Hellenismus zu gelangen. Man sah die Verbreitung der jüdischen »Philosophie« als eine wesentliche Aufgabe der Juden an, die ihre Anwesenheit in der Diaspora überhaupt erst rechtfertige.

5. Philo: Während Josephus das Anliegen einer jüdisch-hellenistischen Annäherung in Palästina vertrat, wurde Philo von Alexandrien (20 v. Chr.–45 n. Chr.) zum Anwalt einer solchen Verständigung für das ganze Judentum. Als Sproß einer der wohlhabendsten jüdischen Familien Ägyptens wurde er in der griechischen Literatur und Philosophie, vor allem in den Werken Platos, unterwiesen. Seine Bibelkenntnis bezog er aus der Septuaginta und zeitgenössischen griechischen Kommentaren, die damals überwiegend allegorischer Art waren. Diese seine Ausbildung spiegelt sich im Geist und in der Methode seiner eigenen Werke wider. Die meisten der 38 Schriften Philos sind Kommentare zum Pentateuch oder Essays zu ausgewählten Themen. Zu seinen Hauptwerken zählen eine Mosesbiographie, Bücher über Metaphysik und Ethik, ein Band über das kontemplative Leben der Therapeuten, einer jüdischen Sekte, ein historisches Werk über die Verfolgung unter Flaccus, dem Gouverneur von Ägypten, und Bücher über Einzelpersonen aus der Zeit des Imperators Caligula, in denen er mit Nachdruck auf die Rolle der göttlichen Gerechtigkeit hinweist, wie sie sich nach dem Tode Caligulas im Gang der Ereignisse manifestierte.

Im großen und ganzen war Philo ein Eklektiker, der fremde Elemente übernahm und griechisches sowie jüdisches Denken in seinem System miteinander verwob. Nach seinem allegorischen Bibelverständnis schuf Gott die Welt aus der ewigen Materie, doch wirkte er nicht direkt in sie hinein. Das Gotteswort, das er *logos* nennt, sei der Mittler zwischen Gott und der Welt gewesen. Die Seele stamme von Gott und könne nicht durch geistige Erkenntnis, aber durch Sich-in-Gott-Versenken Göttliches in sich aufnehmen. Zu diesem Sich-in-Gott-Versenken gelangte man entweder durch mystische Meditation oder durch den Geist der Prophetie. Des Menschen letztes Ziel sei die Erhöhung seines Selbst zu Gott. Die Thora befähige den Menschen zu moralischer und philosophischer Vollendung, und diese wiederum eröffne den Weg zu einer Vereinigung mit dem Göttlichen. Manche Erzählungen des Pentateuch berichten von menschlichen Schwächen und Leidenschaften, die man meiden sollte; andere wiederum stellen (allegorisch) das Ziel vor Augen, für das der Gerechte kämpfen sollte. Philo glaubte, daß sich im heiligen Gesetz die Gottheit am reinsten zu erkennen gegeben habe.

6. Das Ende des harmonischen Nebeneinander: Ungefähr zur Zeit Philos endeten die harmonischen Beziehungen zwischen Juden und Heiden. Anfangs gelang es den Juden, mit dem Antisemitismus fertig zu werden, bald wurde jedoch die politische und soziale Lage immer angespannter. Der Einfluß, den die palästinensischen Juden ausübten, und die Haltung der römischen Beamten führte zu offenen Zusammenstößen. Dies und die Forderung der Juden nach griechischer Gymnasialerziehung und griechischen Bürgerrechten führten zu einem Bürgerkrieg in Ägypten, der schließlich in einem Aufstand der Juden gegen Rom und einem Krieg gegen ihre hellenistischen Nachbarn zur Zeit des Kaisers Trajan (114–117 n. Chr.; s. *Bar-Kochba) gipfelte. Mit der Niederschlagung der Revolte endete auch das halbautonome Gemeindeleben der ägyptischen Juden.

Hellenistische Städte

Gliederung: 1. Küstenstädte. 2. Transjordanien und die Dekapolis. 3. Sonstige Städte. 4. Anlage der Städte. 5. Das hellenistische Samaria. 6. Maresa und Adora. 7. Städte der neutestamentlichen Zeit.

Eine Dauerwirkung der hellenistischen Bewegung hatte die Gründung von annähernd 350 hellenistischen Städten, darunter von über 30 in Palästina. Sie wurden nicht notwendig neu erbaut, und es wanderten auch nicht sehr viele Griechen oder Makedonier im Orient ein. Vielmehr wurden bestehende Städte, von denen die meisten seit Generationen unabhängig gewesen waren, gemäß dem Stadtplanungs- und Organisationssystem der *pólis* umgestaltet. Ihre bisherige Organisation und Lebensform wurde auf diese Weise von Grund auf umgeformt. Die neuen Städte übernahmen in wirtschaftlicher und sozialer Hinsicht die Führung.

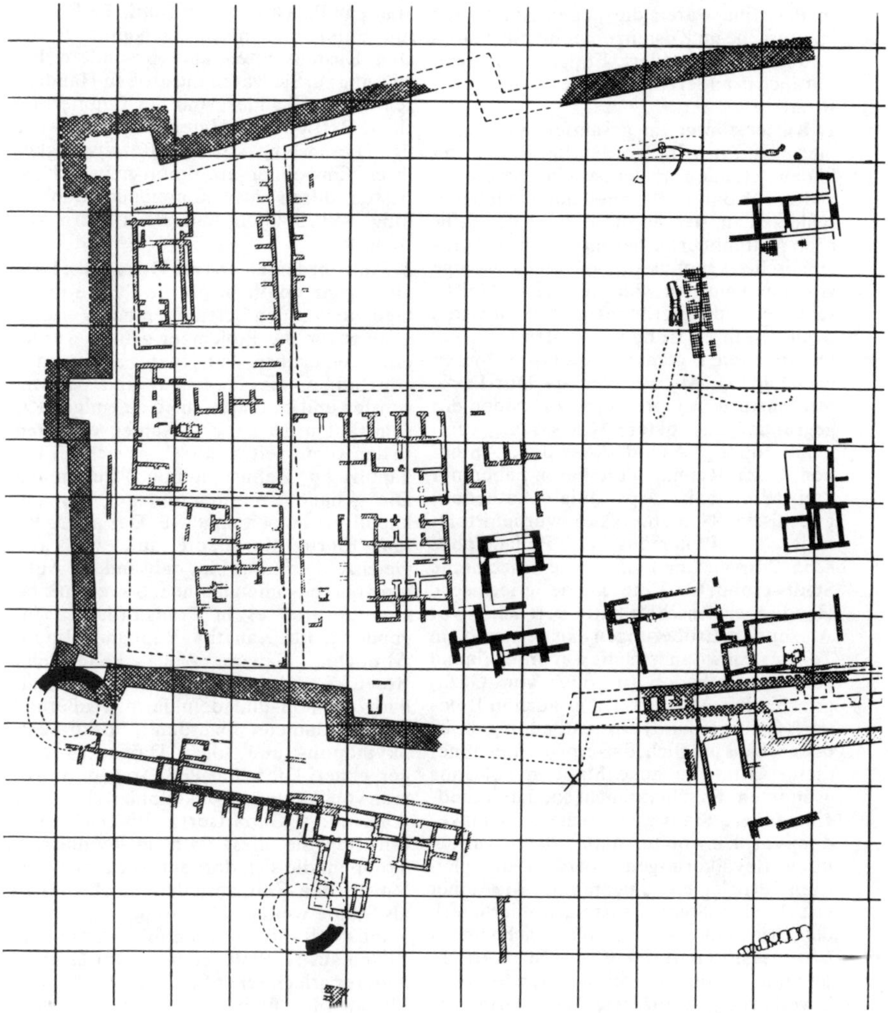

Karte 15. Plan eines Teils der Oberstadt Samarias

Hellenistische Städte

In Palästina waren die neuen Städte zur Hauptsache im Küstengebiet und in Transjordanien konzentriert. Einige wenige waren auch in anderen Teilen des Landes verstreut.

1. Küstenstädte: Im gesamten Küstengebiet, von Tyrus im Norden bis Raphia im Süden, standen hellenistische Städte in Blüte. Vom Überseehandel lebend, schlossen sie sich an die Länder des östlichen Mittelmeeres, besonders an das ptolemäische Ägypten an. Nur einige wenige von ihnen wurden während der hellenistischen Periode gegründet und die meisten behielten ihren früheren Namen bei.

Unter ihnen ragten hervor (von Norden nach Süden): Akko-Ptolemais, Dor-Dora, Stratonsturm (ursprünglich von Sidoniern gegründet; das spätere *Caesarea), Apollonia, Joppe, *Asdod, *Askalon, Anthedon, Gaza, Raphia. Von diesen haben nur drei (Ptolemais, Apollonia, Anthedon) griechische Namen. Akko wurde Ptolemais, als Ptolemäus II. Philadelphos (285–246 v. Chr.) hier eine griechische Stadt gründete. Eine kleine griechische Händlergemeinschaft hatte dort schon vor Alexanders Eroberungen existiert, und ein Teil der Einwohnerschaft war anscheinend auch in Anthedon (nördlich von Gaza) griechischer Abkunft. Da es auch in Boiotien (Griechenland) ein Anthedon gab, ist es durchaus möglich, daß einige Einwohner dieses Ortes die neue Stadt in Palästina gründeten. Es scheint nicht so, daß irgendeine andere Stadt griechische oder makedonische Einwohner hatte, doch wurden ihren Bevölkerungen trotzdem die gleichen Privilegien eingeräumt wie einer griechischen Stadt. Es ist auch überliefert, daß Alexander der Große, nachdem er Gaza zerstört hatte, eine neue Stadt errichtete und die im Umkreis wohnende Landbevölkerung aufforderte, sich darin niederzulassen. Apollonia wurde nach dem griechischen Gott Apollon benannt, offiziell verehrt wurde in der Stadt aber der kanaanäische Gott Rescheph. Vermutlich betrachtete man beide als identisch, wie es im Vorderen Orient so oft geschah (s. *Kanaanäische Religion).

Die ägyptischen Ptolemäer und die syrischen Seleukiden waren der Ansicht, die hellenistischen Städte würden sich ihren Regimes gegenüber treuer verhalten als die Städte der ansässigen Bevölkerung. Sie förderten die Hellenisierung orientalischer Städte dadurch, daß sie einer neuen *pólis* besondere Vorrechte einräumten. Die gleiche Regel galt für die griechischen Städte in Palästina (s. ausführliche Erörterung unter *Hellenismus im Nahen Osten). Den Küstenstädten kam besondere Bedeutung zu. Sie waren die großen Handelszentren des Landes, und der ununterbrochene Betrieb ihrer Häfen war lebenswichtig. Dieser hing von der Bereitwilligkeit ihrer Einwohner ab, deren man sich am besten durch zuvorkommende Behandlung von Städten und Bewohnern versicherte.

2. Transjordanien und die Dekapolis: Es ist nicht ganz deutlich, ob die Städte dieser Gebiete von den Seleukiden zur Verteidigung gegen die Ptolemäer gebaut wurden oder umgekehrt. Auf jeden Fall waren es alte Städte, die umgebaut und befestigt wurden und im Unterschied zu einigen Küstenstädten griechische Namen erhielten. In der Römerzeit schlossen sie sich zur Dekapolis (= Zehnstädtebund) zusammen. Die genaue Zusammensetzung der Dekapolis ist jedoch ungewiß. Der ältere Plinius führte die Städte auf, wies aber gleichzeitig darauf hin, daß andere Autoren andere Namen nennen. Soweit uns bekannt, waren es in Transjordanien folgende Städte: Kanatha, Raphana, Hippos, Antiochia, Gadara, Abila, Pahel-Pella-Berenike, Dion, *Gerasa *(ǧeraš),* Rabbath-Ammon-Philadelphia. Außerhalb Transjordaniens wurden *Beth-Sean-Skythopolis und sogar Damaskus dazu gerechnet. Dion und Pella tragen die Namen von Städten in Makedonien (Pella war Alexanders Geburtsort). Wahrscheinlich erhielten sie diese von makedonischen Truppen, die sich dort am Beginn der hellenistischen Zeit ansiedelten, obwohl sie als Städte weitaus älter sind.

Rabba (Rabbath-Ammon) wurde von Ptolemäus II. Philadelphos, dem Gründer anderer griechischer Städte in Palästina, in Philadelphia umbenannt. Möglicherweise gab er auch Pella den Namen Berenike.

3. Sonstige Städte: Außer an der Küste und in Transjordanien wurden einige wenige hellenistische Städte in anderen Teilen des Landes gegründet. Im Norden wurde Paneion (= Caesarea Philippi) unter dem Tetrarchen Philipp, dem Sohn *Herodes I., des Großen, wiederaufgebaut und umbenannt. Sein alter Name hat sich bis heute als *bāniās* erhalten. In den meisten Fällen gerieten die griechischen Namen der Städte in Vergessenheit, und sie erhielten wieder ihre älteren orientalischen Namen. So kann man auf einer modernen Karte noch immer Acre (Akko) und Amman finden, nicht dagegen Ptolemais oder Phil-

Abb. 323. Ruinen des römischen Theaters in Amman

Abb. 324. Bei den Ausgrabungen in Maresa entdeckte man dieses Fresko mit einer Jagdszene (3. Jhdt. v. Chr.)

adelphia. **Abb. 323** zeigt die Überreste des römischen Theaters in Amman.

Unweit vom See Genezareth wurde die vorgeschichtliche Stadt Beth-Jerach nach der Schwester Ptolemäus' III. Philoteria umbenannt. Eine andere Stadt am Roten Meer wurde ebenfalls nach ihr benannt.

4. Anlage der Städte: Die größten hellenistischen Städte wurden nach einem geometrischen Schema von regelmäßigen Blöcken (73 × 91 m) errichtet. Den Mittelpunkt des Blocks bildeten Häuser mit großen Innenhöfen, die durch einen Gang mit den Straßen verbunden waren (s. *Samaria). Ein ähnliches geometrisches Schema kann man noch heute in Damaskus sehen; die vorhandenen Unregelmäßigkeiten im Straßenplan spiegeln dort den allmählichen Zerfall der ursprünglichen antiken Anlage. Der geometrische Plan wird durch den Stadtplan von *Gerasa illustriert **(Abb. 250).** Es wurde später von den Römern wieder aufgebaut.

5. Das hellenistische Samaria: Im Zentrum des Landes wurde *Samaria, wahrscheinlich von makedonischen Truppen Alexanders des Großen, zu einer griechischen Stadt umgestaltet. Um die Mitte des 2. Jahrhunderts v. Chr. wurde die Stadt befestigt und ein Wohnviertel wiederhergestellt (s. *Samaria; *Samaritaner).

Die einfache, systematische griechische Anlage ist auf dem abgebildeten Plan eines Teils der Oberstadt von Samaria (s. Karte 15) noch sichtbar. Die 7–9 m dicke Stadtmauer war von vorspringenden Türmen flankiert. Innerhalb der Mauer war die Stadt in rechteckige Blöcke (ca. 25 × 47 m) aufgeteilt; Läden säumten die Hauptstraße. Ein ärmlicheres Viertel war auf dem städtischen Gemeindeland errichtet. Die kleineren hellenistischen Häuser hatten einen gemeinsamen, zentralen Innenhof, die größeren einen besonderen Innenhof für die Familie und einen äußeren zur öffentlichen Benutzung. Samaria erlangte in der hellenistischen Zeit keine besondere Bedeutung, doch als *Herodes I., der Große, die Stadt wiederaufbaute und ihr den Namen Sebaste (griechische Form des Namens seines Gönners Augustus) gab, gelangte sie zu einer beträchtlichen Berühmtheit.

6. Maresa und Adora: Maresa und Adora waren zwei hellenistische Städte im Süden des Landes. Maresa war von einer großen Gruppe hellenistischer Phöniker besiedelt worden und behielt folglich seine orientalische Struktur. Die Straßen folgten keinem besonderen Plan. Die Häuser baute man um einen Hof herum, die Mauern errichtete man parallel zueinander, so daß die Ecken zueinander im rechten Winkel standen. Keine dieser beiden Städte spielte im Leben des Landes eine bedeutsame Rolle, doch sind die Überreste von Maresa charakteristisch für die Periode als Ganzes, wie das Fresko einer Jagdszene (3. Jhdt. v. Chr.; **Abb. 324**) zeigt.

Bezeichnend ist, daß die Hellenisierung nicht auf überwiegend jüdische Städte übergriff. In ganz Judäa gab es keine einzige *pólis,* wenn auch auf dem Höhepunkt der Hellenisierungsbewegung (s. *Hasmonäer) ein erfolgloser Versuch unternommen wurde, *Jerusalem in eine solche zu verwandeln. (Für den Einfluß der hellenistischen Städte auf das jüdische Leben und für die jüdische Stellung zu ihnen s. *Hellenismus im Nahen Osten.)

7. Städte der neutestamentlichen Zeit: Am Beginn der Römerzeit hatten viele Städte ihren unabhängigen Status wiedererlangt. Wie die Seleukiden wußten die Römer sehr wohl, daß es ihnen zustatten kam, wenn sie sich der Loyalität der Städte mittels besonderer Privilegien versicherten. Unter Herodes wurden die vorwiegend heidnischen hellenistischen Städte, die durch eine im allgemeinen ähnliche kulturelle und religiöse Lebensweise charakterisiert waren, besonders begünstigt. Dies führte zu Spannungen zwischen Herodes und den Juden. Herodes ließ viele Städte, vornehmlich Jerusalem, verschönern. Außer Sebaste-Samaria wurden Caesarea (Stratonsturm), der Palastbezirk in Jericho und andere Städte von ihm erbaut oder wiedererrichtet.

In der Römerzeit wurden von der Küste bis Jerusalem, von Galiläa und der Dekapolis im Norden bis Petra (s. *Nabatäer) im südlichen Negeb befestigte Städte und Handelszentren zu Brennpunkten des kulturellen Lebens. Gleichwohl übten sie trotz ihrer kommerziellen und kulturellen Bedeutung für das Gebiet keinen merklichen Einfluß auf das jüdische Leben aus. Es war dies eine Folge der alten Feindschaft zwischen den jüdischen und den heidnischen Gemeinden und der tief eingewurzelten Gegnerschaft der Juden gegen alles Hellenistische und Römische.

Herodes I., der Große

Gliederung: 1. Antipater. 2. Aufstieg des Herodes: Vom Militärgouverneur zum König von Judäa. 3. Herodes und der Hellenismus. 4. Festigung der Macht im Schutze Roms. 5. Verwaltung des Staates. 6. Hero-

des' Bautätigkeit. 7. Religiöse Einstellung des Herodes. 8. Herodes und die Diaspora. 9. Tod und Urteil der Nachwelt.

Herodes I., der Große: Ein judaisierter Idumäer, der Judäa unter römischem Patronat von 37 v.–4. n. Chr. regierte.

1. Antipater: Nach der Herrschaft des Pompejus (65–48 v. Chr.) wurde das römische Weltreich von Bürgerkriegen erschüttert, in die Palästina – wie man dieses Gebiet jetzt nannte – unvermeidlich hineingezogen wurde. Caesar bestätigte Hyrkan II. nach seinem Sieg über Pompejus im Jahre 49 v. Chr. als Hohenpriester und Ethnarchen (Herrscher über die Nation), schloß ihn aber von der Politik aus und überließ dieses Feld Antipater, genannt der »Idumäer«, den er zum Verwalter der finanziellen Belange des Landes ernannte. Dieser unterstützte Hyrkan II. im Kampf gegen dessen Bruder Aristobul II. und gewann damit selbst immer mehr an Einfluß, bis er faktisch allein das Land regierte. Seine Söhne Herodes und Phasael berief er in wichtige Schlüsselstellungen der Verwaltung. Später wurde Antipater bei einem Fest auf Anstiften von Malichos, einem ehrgeizigen Mitglied des Herrscherhauses, vergiftet.

2. Aufstieg des Herodes: Vom Militärgouverneur zum König von Judäa: Bald nach seiner Ernennung zum Gouverneur von Galiläa im Jahre 47 v. Chr. entfaltete der junge Herodes alle ihm zu Gebote stehende List und Tücke, um zur Macht zu gelangen. Damit war die Todesstunde für die *Hasmonäerdynastie gekommen. Einer seiner ersten Amtshandlungen war die brutale Unterdrückung eines Aufruhrs in seinem Distrikt, wozu er gesetzlich aber gar nicht befugt war. Als er vom Sanhedrin, der höchsten Rechts- und Zivilbehörde Judäas, zur Rechenschaft gezogen wurde, rettete nur die Intervention Hyrkans II. und Sextus Caesars, des Gouverneurs von Syrien, ihn vor dem sicheren Todesurteil. Gestützt von solch einflußreichen Persönlichkeiten konnte er es sich leisten, selbst das mächtige Tribunal zu terrorisieren.

Herodes war für Rom einer der erfolgreichsten Steuereintreiber, ein Erfolg der dadurch zustande kam, daß er zahlungsunwillige Städte zerstörte und ihre Einwohner in Sklaverei verkaufte. Als Gegenleistung ernannte Cassius, damals einer der Herrscher im römischen Reich, Herodes zum *strategós* (Distriktgouverneur) von Coelesyrien (nördlich von Palästina), und es ging das Gerücht, daß er Herodes zum König von Judäa krönen wollte, sobald er die letzten Anhänger des ermordeten Julius Caesar vernichtet hätte.

Es kam jedoch dahin, daß Cassius bei Philippi von Marc Anton und Octavian geschlagen wurde, und obwohl Herodes mit dem Verlierer verbündet war, gelang es ihm mit Schmeichelei und Bestechung, die Gunst der Sieger zu erringen. Sie ernannten ihn zum »Tetrarchen« (Zivilgouverneur des Distrikts) von Galiäa und seinen Bruder Phasael zum Tetrarchen von Jerusalem. Der hasmonäische Hohepriester Hyrkan II. blieb »Ethnarch«, aber die tatsächliche Herrschaftsgewalt über Judäa lag nun in den Händen der beiden Brüder.

Im Jahre 40 v. Chr. verbündete sich Antigonus Mattathias, ein Neffe und Rivale Hyrkans II., mit den Parthern, die allmählich große Gebiete erobert hatten. Mit ihrer Hilfe schürte er einen Bürgerkrieg in Judäa, der drei Jahre währte.

Während dieser Zeit war Antonius sosehr in die Romanze mit der schönen Königin von Ägypten, Kleopatra VII. Thea, verstrickt, daß er die kritische Situation völlig ignorierte. Bald gewann Antigonus, den die Parther zum König krönten, die Oberhand. Herodes begriff, daß weiterer Widerstand von seiner Feste in Galiläa, in die er sich verschanzt hatte, fruchtlos war, und entfloh nach Rom.

In ihrem Kampf gegen die Parther sahen Antonius und Octavian Herodes als ein nützliches Pfand an, und auf ihre Empfehlung hin krönte ihn der römische Senat zum König von Judäa und zum Freund Roms, während Antigonus zum Feind Roms erklärt wurde.

Herodes war zwar dem Titel nach nun Herrscher über Judäa, doch mußte er zunächst Antigonus, der inzwischen Hyrkan II. alle Macht entrissen hatte, aus seiner Stellung entfernen. Mit Hilfe Roms nahm er im Frühjahr 37 v. Chr. Jerusalem ein. Antigonus Mattathias, der letzte Hasmonäerfürst, wurde hingerichtet.

Im gleichen Jahr heiratete Herodes die schöne Hasmonäerprinzessin Mariamne, eine Enkelin Hyrkans II. Obwohl er ihr sehr zugetan war, bezichtigte er sie etwa sieben Jahre später nach einer Palastintrige der Treulosigkeit und ließ sie und ihre Mutter in einem Anfall von Raserei hinrichten. Solche Morde waren typisch für Herodes' pathologische Natur.

3. Herodes und der Hellenismus: Herodes war überzeugter Hellenist, der sowohl die *Pharisäer als auch die *Sadduzäer verachtete. Sein Bestreben war, Judäa zu einem hellenistischen Staat innerhalb des rö-

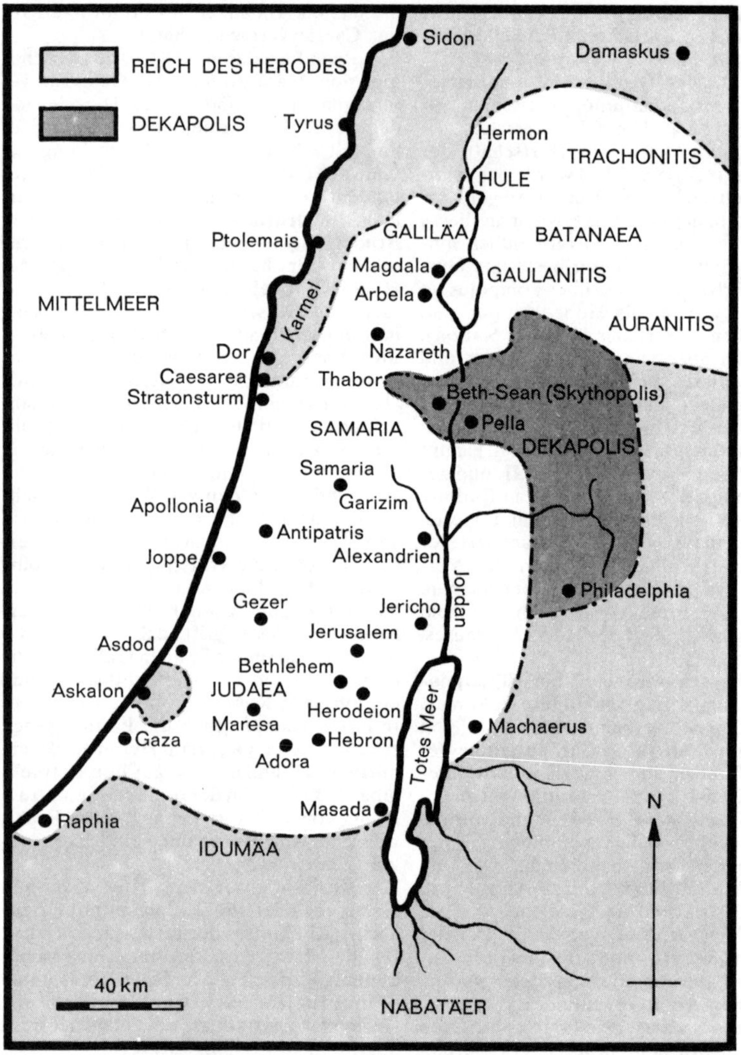

Karte 16. Palästina unter Herodes dem Großen

mischen Weltreichs umzugestalten. Mehr König der Juden als jüdischer König, betrachtete er die theokratischen Überlieferungen, auf denen die Nation beruhte, nur mit Widerwillen.
Es gelang ihm, seinen Schwager Aristobul III., den rechtmäßigen letzten Hohenpriester aus der Hasmonäerdynastie, aus seinem Amt zu entfernen und den Posten mit einem Mann seiner Wahl zu besetzen. Außerdem ermordete er alle möglichen Rivalen für dieses Amt und bestimmte die Nachfolger nach seinem Belieben. Wir kennen acht Hohepriester während seiner Herrscherzeit.

4. Festigung der Macht im Schutze Roms: Unter Ausnutzung ihres großen Einflusses auf Antonius zwang Kleopatra Herodes, ihr einige der fruchtbareren Landstriche Palästinas einschließlich *Jericho abzutreten. Sie war es auch wohl, die im Verborgenen den Krieg mit den Nabatäern anzettelte und ihnen heimlich zu Hilfe kam. Der anfänglich nicht sehr günstig verlaufende Krieg erwies sich letztlich für Herodes als Segen; denn während Herodes noch mit den Nabatäern beschäftigt war, wurde Antonius von Octavian bei Actium besiegt. So brauchte er Antonius nicht im Kampf zu unterstützen.
Nach ihrer Niederlage verübten Antonius und Kleopatra Selbstmord. Herodes aber beeilte sich, vor dem siegreichen Octavian, der im Jahre 30 v. Chr. zum Kaiser Augustus erhoben wurde, zu erscheinen. Unter Aufwendung aller ihm zu Gebote stehenden diplomatischen Fähigkeiten gab Herodes seine Loyalität gegenüber Antonius zu, wies jedoch darauf hin, daß er Kleopatra gegenüber immer eine feindselige Haltung eingenommen habe. Beeindruckt von dieser Aufrichtigkeit, bestätigte Octavian Herodes als König und erstattete ihm als Zeichen seiner Gunst die an Kleopatra abgetretenen Landstriche zurück sowie zusätzlich einige Küstenstädte.
Herodes wandte nun seine ganze Aufmerksamkeit der Beherrschung Judäas zu. Als absoluter Monarch beraubte er sämtliche öffentlichen und sozialen Institutionen jeglicher politischen Macht. Der Sanhedrin wurde ausschließlich zum Tribunal in religiösen Angelegenheiten, dem Hohenpriester waren nur noch seine geistlichen Funktionen gestattet, und alle Zeichen der Unabhängigkeit einschließlich der öffentlichen Volksversammlung waren verboten. Bis zum Jahre 23 v. Chr. hatte Herodes ein Gebiet von annähernd dem Umfang des alten davidschen Reiches einschließlich des ehemaligen Edom unter seiner Kontrolle (s. **Karte 16**). Die Bevölkerung des Landes zählte zwischen 1, 5 und 2 Millionen Einwohner, meist Juden, während eine ähnliche, wenn nicht gar größere Anzahl von Juden in der Diaspora lebte.

5. Verwaltung des Staates: Das Land war in neunzehn Distrikte eingeteilt, die jeweils von einem Herodes persönlich verantwortlichen *strategós* regiert wurden. Auch die Gouverneure der unabhängigen hellenistischen Städte und der sie umgebenden Gebiete unterstanden ihm persönlich. Zwar gab es über Herodes keinen römischen Gouverneur, und er hatte in allen inneren Angelegenheiten seines Herrschaftsbereiches freie Hand, doch war ihm nicht gestattet, eine eigene Außenpolitik zu betreiben.
So in seine Schranken gewiesen, organisierte er die innere Verwaltung seines Landes auf vorbildliche Weise. Finanziert wurde sie durch eine Reihe von Steuern wie Kopf-, Land-, Haus-, Kronsteuern und Tribute. Er legte auf alle eingeführten Güter Abgaben und erhob Straßen-, Brükken-, Kai-, Dockzölle und ähnliches mehr. Ihm entging keine mögliche Einnahmequelle, und mit seiner klugen Handelspolitik gelang es ihm, die Staatseinkünfte und damit den Reichtum des Landes kräftig zu erhöhen.
Mit Einwilligung Roms verstärkte Herodes seine Armee, die überwiegend aus fremden Söldnern meist hellenistischer Abstammung bestand. Um sich ihrer Treue zu versichern, beschäftigte er sie nach Ableistung ihres Heeresdienstes in der inneren Verwaltung der hellenistischen Städte, die wieder an Judäa zurückgegeben worden waren.
Herodes schuf sich eine starke Polizeitruppe, und mit Hilfe ihres ausgeklügelten Bespitzelungsapparates gelang es ihm, jede Opposition unbarmherzig niederzuhalten. Da das Volk noch immer treu der Hasmonäerdynastie anhing, war der innere Widerstand gegen das Regime des Herodes beachtlich. Für den größten Teil der Bevölkerung schien Judäa wenig besser als ein riesiges Gefängnis.

6. Herodes' Bautätigkeit: Eine der hervorragendsten Leistungen seiner Regierungszeit war das außerordentlich große Bauprogramm. Herodes errichtete eine enge Kette von Festungen und Burgen mit dazugehörigen Verließen, großen Zisternen und Aquädukten. Er erbaute neue Städte, zu deren Vollständigkeit jeweils ein Gymnasium, Theater, ein Palast und ähnliche

Abb. 325. Raum des Palastes, den Herodes I. südöstlich von Jerusalem errichtete

Abb. 326. Inschriftfragment von der Balustrade des Tempels von Jerusalem

öffentliche Gebäude zählten. Eine der wichtigsten dieser Städte war *Caesarea, das er aus einem kleinen Ankerplatz zu einem großen Hafen umschuf, und Sebaste (*Samaria) mit seiner prächtigen Akropolis, den Tempeln und Theatern (s. Abbildungen bei den entsprechenden Artikeln). Diese Städte wurden zu Bollwerken römisch-hellenistischer Kultur, und da Herodes nicht verfehlte, den griechischen und römischen Göttern seinen Tribut zu zollen, trugen ihm die Bauten den abgrundtiefen Haß der Juden ein.

Einige Kilometer südöstlich von Jerusalem baute sich Herodes selbst einen prächtigen Palast innerhalb einer kreisförmig angelegten Festung (vgl. Josephus, Altertümer XV, 9; Krieg I, 21). Ausgrabungen aus den Jahren 1962/63 lassen erkennen, daß sowohl in der Architektur als auch in der Dekoration der Bäder und der königlichen Gemächer der klassisch griechisch-römische Stil vorherrschte. **Abb. 325** zeigt (zur Linken) den Teil des Raumes, wo man griechische pornographische Wandkritzeleien fand. In der Mitte sind die Überreste einer Säulenhalle zu sehen. Das Tor im Hintergrund führte zu einem kreisförmigen Gang, der diese Palastfestung, das Herodeion, umgab.

Obwohl sein Bauprogramm vielen Arbeit und Brot gab und die wirtschaftlichen Möglichkeiten des Landes ausschöpfte, gelang es Herodes nicht, sich das Volk geneigter zu stimmen. Auch seine rasche und großzügige Hilfe während der Dürre im Jahre 27 v. Chr. und der Wiederaufbau des *Tempels in einen prächtigen Bau mit einer hohen Esplanade und großräumigen Höfen, mit einer weiten Arkade und gewaltigen Mauern steigerte nicht seine Popularität. **Abb. 326** zeigt das Fragment einer Inschrift von der Balustrade des Herodianischen Tempels. Den gesamten Text s. unter *Tempel.

7. Religiöse Einstellung des Herodes: Herodes betrachtete sich gern als Erlöserkönig der Juden und behauptete nach A. Schalit sogar, er sei mit der davidischen Dynastie verwandt. Das Volk sah in ihm dagegen nur einen Usurpator, der nicht einmal einem der jüdischen Fürstengeschlechter angehörte. Sein Anspruch, eine irgendwie geartete Sendung zu erfüllen, stieß auf heftige Ablehnung. Die Juden wollten nichts von seiner Version einer römisch-herodianischen Erlösung wissen.

Als Antwort auf Herodes' Versuche, westlichen Einflüssen die Wege zu ebnen, besannen sich die Juden auf ihre Traditionen und die inneren Werte des jüdischen Glaubens. Ihre Religion wurde zum Bollwerk, hinter das sie sich verschanzten, und die großen Lehrer der pharisäischen Schulen machten sich zum Anwalt des religiösen Widerstandes. Herodes begriff nie, daß Hellenismus und Judentum unvereinbare Gegensätze seien, und baute weiter sein autokratisches Regime nach römischem Vorbild aus; das Volk aber gab nie die Überzeugung preis, von Gott auserwählt zu sein.

8. Herodes und die Diaspora: In seinem Anspruch, der Verteidiger und Beschützer aller Juden zu sein, und sicher auch aus dem Interesse, den reichlichen Spendenfluß für den Jerusalemer Tempel aus dem Ausland nicht versiegen zu lassen, machte sich Herodes auch zum Sprecher der Juden in der Diaspora.

Er zeigte ein lebhaftes Interesse für ihre Nöte und Sorgen, und oft scheute er vor Bestechung nicht zurück, wenn es galt, für sie bei den Behörden ihres heidnischen Gastlandes einzutreten.

9. Tod und Urteil der Nachwelt: In einem Netz von Intrigen, das um so verworrener wurde, je mehr sein Charakter pathologische Züge annahm, ließ sich der bereits todkranke König dazu hinreißen, Alexander und Aristobul, seine beiden Söhne aus der Ehe mit Mariamne, sowie seinen erstgeborenen Sohn Antipater hinzurichten (7 v. Chr.). Ihnen allen wurde eine Verschwörung gegen Herodes zur Last gelegt. Nach jahrelangem Siechtum teilte er vor seinem Tod im Jahre 4 n. Chr. das Königreich unter seine noch übriggebliebenen Söhne Archelaus, Herodes Antipas und Philippus auf. Archelaus war sein eigentlicher Nachfolger. Herodes bedachte in seinem Testament auch den römischen Imperator und die Kaiserin sowie seine Schwester Salome mit reichen Zuwendungen.

Herodes gelang es, Rom mehrere Jahrzehnte hindurch auf Distanz zu halten. Den Juden Palästinas und in der Diaspora versuchte er ihr Eigenleben in einer heidnischen Umwelt zu sichern. Seine Erfolge wurden jedoch nicht gewürdigt, und die jüdische Tradition hat jede Erinnerung an seine guten großen Taten getilgt. Das NT verbindet mit ihm den Kindermord von Bethlehem (Mt 2), ein Ereignis, das Josephus nicht erwähnt. So erscheint sein Bild sowohl in jüdischen als auch in christlichen Quellen mit den Zügen eines grausamen, hinterhältigen und despotischen Tyrannen ausgestattet.

Hohes Lied

Gliederung: 1. Deutungsversuche. 2. Datierungsversuche

Das Hohelied (Lied der Lieder) ist das erste der fünf in die hebräische Bibel als »Hagiographen« (Schriften) aufgenommenen Bücher. Es handelt sich um eine Sammlung erotischer Gedichte und volkstümlicher Liebeslieder, von denen die meisten unvollständig sind. Einige sind bloße Fragmente. Die ganze Sammlung ist willkürlich in 8 Kapitel oder Gesänge eingeteilt. Ihr weltlicher Charakter ließ die jüdischen Gelehrten zögern, sie in den Kanon aufzunehmen, was auf der Synode zu Jamnia geschah, aber die Überlieferung schrieb sie Salomo zu.

1. Deutungsversuche: Ihre große Schönheit veranlaßte augenscheinlich die frühen talmudischen und die mittelalterlichen Interpreten, sie als Allegorie der Liebe Gottes zu seiner Braut Israel zu deuten. Die Kirchenväter hatten ebenfalls Schwierigkeiten mit dem Hohenlied, doch interpretierten sie es als Allegorie von Christus und der Kirche bzw. der Einzelseele, hier als seine Braut dargestellt.

Diese allegorische Interpretation hat immer noch Anhänger, doch offenbaren die Verse ein derart unverhülltes Entzücken über menschliche Freuden und menschliche Liebe, daß die Lektüre des Buches als Allegorie der göttlichen Liebe eine beträchtliche Voreingenommenheit erfordert.

Während des 19. Jahrhunderts kam eine neue Deutung auf, nach der das Buch eine Reihe von Gedichten über das dramatische Thema der Liebe König Salomos zu einem Landmädchen, Sulamith, war, die selbst einen Hirten liebte. Diese »ästhetisch-dramatische Theorie« zog mehrere Akteure in Betracht: Mädchen, König und Hirtenbursche mit einem Chor der »Töchter Jerusalems« und den Gefährten des Königs. Als Hintergrund des Hohenliedes sieht diese Theorie eine romantische Fabel an, wonach das Mädchen die Annäherungsversuche des Königs zurückwies und schließlich aus seinem Harem entlassen wurde, um sich mit ihrem geliebten Hirten zu vereinigen.

Wie auch im Falle der allegorischen Kommentatoren lautet der einzige und hinreichende Einwand gegen diese Theorie, daß sie sich in keiner Weise auf den tatsächlichen Inhalt des Buches stützen kann, das keine dramatische Entwicklung und keine auch nur entfernt passende Abfolge aufweist.

Neuerdings (beginnend mit den seit 1910 gemachten archäologischen Entdeckungen) haben andere Forscher versucht, in sakralen Götterhochzeiten alter Fruchtbarkeitsreligionen (s. z. B. *Kanaanäische Religion) eine Parallele zum Hohenlied zu finden. T. J. Meek erkannte im Hohenlied eine Reihe liturgischer Texte, die er mit der Verehrung des Tammuz-Adonis (Baal; s. *Babylon und Israel) in Verbindung brachte. Dies ist jedoch eine zum größten Teil hypothetische Rekonstruktion. Der Kult des Tammuz hat sich für Israel und auch für Kanaan bisher noch nicht nachweisen lassen. Das »Beweinen des Tammuz« durch trauernde Frauen, das Ezechiel (8, 14) erörtert, ist mit mesopotamischen Kulten und Liturgien verknüpft und hat weder mit Kanaan noch mit dem vorexilischen Leben in Israel etwas zu tun. Die neueren Übersetzungen der Ugarit-Texte (s. *Kanaanäische Kultur 2) haben weitere Diskrepanzen zwischen den religiösen Praktiken der Kanaanäer und dem Material im Hohenlied enthüllt. Viele Forscher betrachten die Gedichte von Ugarit nicht als Stütze für eine verbreitete Theorie über die sakrale Ehe zwischen dem Gott und seiner Gemahlin.

Eine vierte, von J. R. Budde (im Jahre 1898) aufgestellte Theorie betrachtete das Hohelied als Sammlung von Hochzeitsliedern, ähnlich den bei palästinischen und syrischen Bauernhochzeiten gesungenen. Tatsächlich war es in der Zeit der *Mischna und des Talmud üblich, daß die Hochzeitsgäste der Braut etwas vortanzten (Ketubbot 16b; 17a) und Verse aus dem Hohenlied sangen. Rabbi Akiba wandte sich scharf gegen diesen Brauch (Tosefta Sanhedrin 12, 1), obwohl das Buch im 1. und 2. Jhdt. n. Chr. in erster Linie auf Grund seiner allegorischen Interpretation im Kanon verblieb. Es ist nicht wahrscheinlich, daß das Hohelied ursprünglich zum Gebrauch bei Hochzeiten verfaßt wurde. Einige der Gedichte (wie die Suche nach dem Geliebten oder die Beschreibung von Salomos Tragsessel, 3, 9–11) haben nichts mit Volkshochzeiten zu tun, während allen syrisch-palästinischen Hochzeitsliedern gemeinsame Elemente in dieser Sammlung fehlen.

Viele Forscher sehen das Hohelied jedoch als eine Brautlieder einbeziehende Sammlung hebräischer Liebesgedichte an, die viel Ähnlichkeit mit den Liebesliedern aller anderen Völker aufweist. (Die frühen Ägypter nannten Liebende, denen sie Ständchen brachten, »Bruder und Schwester« und benutzten Hirsch- und Pferdegleichnisse in ganz ähnlicher Weise wie das Hohelied.)

2. Datierungsversuche: Jedenfalls ist deutlich, daß die Gedichte zu verschiedenen Zeiten verfaßt wurden. Ein Kern des Materials im Hohenlied stammt aus der Zeit Salomos, und es ist durchaus möglich, daß ein Zyklus von Liebesgedichten um eine romantische Episode in Salomos Leben die Grundlage für die Anthologie bildete. Viele Gedichte sind möglicherweise während Salomos Regierungszeit entstanden oder zum wenigsten zu Beginn der Königszeit. In einem Gedicht heißt es von der Geliebten, sie sei »schön wie Thirza, lieblich wie Jerusalem« (6, 4). Man hat gemeint, der ursprüngliche Gebrauch dieser Wörter lasse sich in die Zeit kurz nach Salomo datieren, als Thirza Hauptstadt des Nordreiches war. (Sie könnten sich in diesem Sinn kaum auf die Stadt beziehen, die später zerstört wurde und an deren Stelle im Jahre 876 v. Chr. *Samaria trat.) Die übrigen Ortsnamen im Hohenlied – Gilead, Libanon, Senir, Hermon, die Teiche zu Hesbon am Tor Beth-Rabbim in Moab – würden nur zu einer der Perioden passen, in denen das Reich seine größte Ausdehnung und Blüte erreichte.

R. Gordis hat die linguistische Analyse weitergeführt und vermutet, daß die Lieder zum großen Teil, wenn nicht sämtlich, nördlichen Ursprungs sind und vor dem Exil der zehn Nordstämme verfaßt wurden. Andere Forscher haben die Komposition des Buches mit andersartiger linguistischer Begründung in die nachexilische Zeit datiert. Beispiele späteren Sprachgebrauchs lassen sich jedoch sämtlich durch die Tatsache erklären, daß es sich um Volkslieder handelte, die vom Volk weitergegeben wurden und zeitgenössische Wendungen aufsaugten, die aus sehr viel späterer Zeit als der ihrer ursprünglichen Komposition stammten. Alle Gedichte datieren möglicherweise aus sehr früher Zeit und lassen sich in ihrer jetzigen Gestalt nur schwer einer späteren Periode zuschreiben.

Sie sind dem Wesen nach dichterischer Ausdruck einer überwältigenden, leidenschaftlichen Liebe zwischen Mann und Frau, die zur Hauptsache vor einem ländlichen Hintergrund geschildert wird, wenn auch Jerusalem eine große Rolle spielt. Das Hohelied stellt die Verfeinerung einer literarischen Kunst dar, deren Ursprünge in der Frühzeit der jüdischen Geschichte lagen. Es bleibt ein unvergänglicher Lobgesang auf Jugend, Liebe und Leben.

Höhenheiligtümer

Gliederung: 1. Opferstätten unter freiem Himmel. a) Name und Eigenart; b) Räucheraltar, Massebe und Aschera; c) Beerdigungsstätten; d) Heilige Stätte (māqôm); e) Höhenheiligtümer in israelitischer Zeit. 2. Archäologischer Befund. a) Funde aus präisraelitischer Zeit; b) Sit-šamsi; c) Israelitische Höhenheiligtümer; d) Das Heiligtum von Gibeon; e) Ausstattung der Höhenheiligtümer; f) Höhenheiligtümer in heutiger Zeit.

1. Opferstätten unter freiem Himmel: *a) Name und Eigenart:* Die Bibel erwähnt wiederholt kanaanäische Höhenheiligtümer unter freiem Himmel *bāmā,* die auch noch in israelitischer Zeit (zur Eisenzeit) als halbheidnische Opferstätten fortbestanden. Der Schauer des Geheimnisvollen umgibt sie noch immer, und die Erinnerung an sie als alte Opferstätten aus längst vergangenen Zeiten ist bis heute erhalten. Diese »Höhenheiligtümer«, meist auf einem Berg oder einem Hügel errichtet, spielten im Fruchtbarkeitskult der Kanaanäer (s. *Kanaanäische Religion) und später auch in manchen Schichten des israelitischen Volkes eine wichtige Rolle.

Seit der Landnahme waren die Hebräer zu Ackerbauern geworden und wurden mit kanaanäischen Bräuchen vertraut. Das enge Zusammenleben mit den Kanaanäern bedeutete für die Israeliten eine ständige Versuchung, die noch bestehenden Heiligtümer beizubehalten. Trotz der wiederholten Vorwürfe seitens der Propheten, die an den alten Glaubensüberlieferungen festhielten, fühlte sich das einfache Volk zu den Kultpraktiken und dem Aberglauben der Kanaanäer hingezogen. Im Lauf der Zeit fanden manche kanaanäischen Bräuche Eingang in den israelitischen Volksglauben. Man errichtete einen Altar für Jahwe neben einem heiligen Mal (einer *maṣṣēbā*), einem heiligen Baum oder einer hölzernen Säule (einer *'ašērā*). Bald schrieben auch die Israeliten den heiligen Stätten magische Kräfte zu und übernahmen verschiedene der dort geübten heidnischen Praktiken einschließlich der den Kanaanäern eigentümlichen Begräbnisriten.

Ein »Höhenheiligtum« war offenbar kein Tempel, sondern nur ein geweihter Bezirk. Man fand kaum eines aus der nachkanaanäischen Zeit. Es handelte sich auch im allgemeinen nicht um ausgesprochene Kultzentren wie etwa das israelitische Heiligtum zu Silo oder den Tempel zu Jerusalem. Unter einem Baum oder einer Gruppe von Bäumen errichtet, waren sie mehr Opfer-

Abb. 328. Der große monolithische Altar in Zora

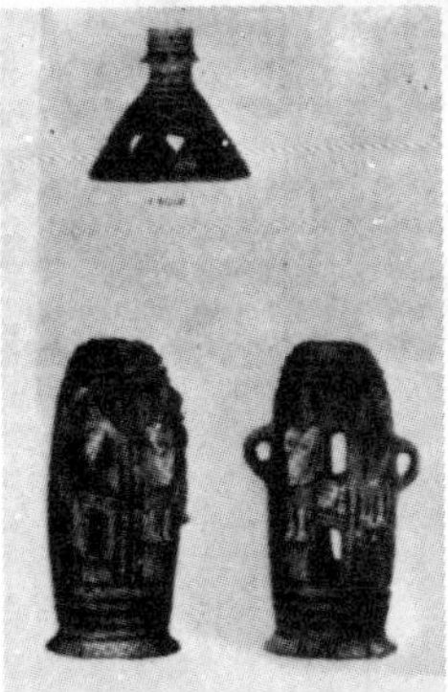

Abb. 327 (links). Räucheraltäre

Abb. 329. Steinmal von Megiddo

Abb. 330. Das Höhenheiligtum von *naḫḫarijja*

Abb. 331. Modell aus Vounos (2200 v. Chr.)

Abb. 332. Tonmodell (12. Jhdt. v. Chr.) aus Susa

Abb. 333. Israelitisches Höhenheiligtum nahe der Stadtmauer von Samaria

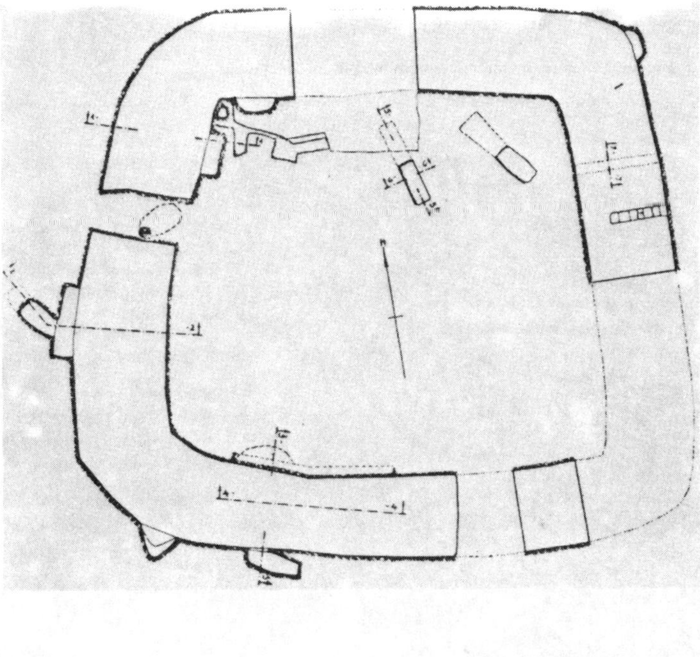

Abb. 334. Kultstätte von Ajia Irini (7. Jhdt. v. Chr.). Vgl. Abb. 39

Abb. 335. *maqām*, Höhenheiligtum im heutigen Wêli-Kult der Araber

stätten, an denen die ländliche Bevölkerung je nach der Jahreszeit ihre Gaben darbrachte, oder Orte, an denen ein Stamm oder eine Sippe ihre Zusammenkünfte hielten und das Gedächtnis ihrer Ahnen begingen. Die meisten dieser Stätten waren auf Höhen errichtet (Salomo errichtete eine heidnische Kultstätte auf einem Berg), sie lagen aber auch oft in der Nähe von Städten, in Tälern oder Schluchten: »Er brachte auch ... Opfer dar auf den Höhen und auf den Hügeln und unter jedem dichtbelaubten Baum« (2 Kg 16, 4). Ganz gleich, ob sie tatsächlich auf einer Höhe standen oder nicht, hatten sie stets die Form einer kleinen Erhebung, sei es eines Felsblockes oder eines aufgeschütteten Steinhaufens. Als Kultstätte gehörte zum »Höhenheiligtum« ein Altar (s. *Opfer). Manchmal diente nur der Felsblock oder Steinhaufen als Altar.

b) Räucheraltar, Massebe und Aschera: Manche der heiligen Höhen schlossen *ḥammānîm* oder Räucheraltäre mit ein **(Abb. 327),** aber diese hatten nur zweitrangige Bedeutung. Die Räucheraltäre, die man bei Ausgrabungen in Palästina fand, gehörten alle zu heidnischen, nicht aber israelitischen Kultstätten. Die Propheten lehnten diese Räucheraltäre ab und untersagten sie ihres heidnischen Ursprungs wegen dem israelitischen Volk. Weihrauch kannte man im israelitischen Gottesdienst erst seit der Zeit des Exils.

Die wesentlichen Merkmale einer typischen *bāmā* (in 1 und 2 Kg, 2 Chr, bei den Propheten und an zahlreichen anderen Stellen des AT beschrieben) sind in 1 Kg 14, 23 aufgezählt: »denn auch sie errichteten sich Höhentempel, Steinsäulen *(maṣṣēbā)* und Ascheren *('ašērā)* auf jedem hohen Hügel und unter jedem dichtbelaubten Baum« (s. *Kanaanäische Religion und *Götzendienst in Israel).

c) Beerdigungsstätten: Man hat dieser Verwendungsart von heiligen Stätten in neuerer Zeit mehr Aufmerksamkeit zugewandt. Wenn man bedenkt, wie oft die Bibel Heiligtümer, die im Zusammenhang mit bedeutenden Gestalten stehen (wie z. B. Rahel oder Debora) oder an denen man das Gedächtnis der Verstorbenen feierte, erwähnt, dann verstärkt sich der Eindruck, daß im israelitischen Volk der Glaube an ein Leben nach dem Tod und auch der Totenkult viel verbreiteter und eingewurzelter waren, als man bisher annahm. Wenn die Propheten solche Glaubensüberzeugungen verwarfen, so kann man dies heute damit erklären, daß sie überhaupt fremde Begräbnissitten und Totenkulte für Israel ablehnten.

W. F. Albright und andere Gelehrte haben gewichtige Argumente für die enge Beziehung der *maṣṣēbôt* und heiligen Höhen zum Ahnenkult beigebracht. Diese Stätten waren das Bindeglied zwischen dem Volk und der Geschichte ihres Stammes.

d) Heilige Stätte (māqôm): Manche Stätten galten für die Israeliten als heilig (d. h. *māqôm*, »Ort«), weil sich dort Gott auf irgendeine Weise geoffenbart hatte. So verband man zum Beispiel mit Bethel die Erinnerung daran, daß dort Gott dem Abraham und Jakob erschienen war (s. *Patriarchen). Jerobeam errichtete dort ein *bēt-bāmôt,* das heißt wörtlich einen »Tempel des Höhenheiligtums«, mit Altären und anderen Kultgegenständen.

e) Höhenheiligtümer in israelitischer Zeit: Anfangs wurden Höhenheiligtümer in der israelitischen Religion offensichtlich geduldet. Samuel (1 Sam 9, 12 ff) und Salomo (1 Kg 3, 3–4) opferten auf der Höhe *(bēt-bāmôt),* und die bestehenden Heiligtümer wurden bis zur Reform des Josia, das heißt bis fast zum Ende der Monarchie aufgesucht (2 Kg 23). Aber je mehr man für eine Zentralisierung des israelitischen Kults eintrat, um so härter fiel das Urteil über die Höhenheiligtümer aus, und *bāmôt* wurde schließlich zum Synonym für heidnische Kultstätten und Praktiken. In seinem Eifer für eine religiöse Erneuerung wiederholt der Chronist der Königsbücher bei der Lebensbeschreibung verschiedener Könige von *Israel und Juda refrainartig den Satz: »Er tat, was dem Herrn mißfiel ... und er opferte und brannte Weihrauch auf den Höhen« (vgl. 2 Chr 28, 1–4).

Die kanaanäischen und phönikischen Kulte, die nach Israel eingeführt wurden, werden vom AT niemals genauer beschrieben. Sie werden in Bausch und Bogen verdammt, aber aus den Angaben geht hervor, daß sie den Propheten gut bekannt waren. Details der Kulte und ihrer Zeremonien können aus archäologischen Funden in Phönikien und in phönikischen Siedlungen wie Karthago, Zypern, Sardinien, Spanien und Südfrankreich rekonstruiert werden (s. *Kanaanäische Religion).

2. Archäologischer Befund: Noch vor etwa dreißig bis vierzig Jahren waren die Archäologen gern geneigt, in fast jedem Fund, der nicht einwandfrei zu identifizieren war, einen Kultgegenstand oder Überreste heiliger Stätten (*bāmôt,* Altäre Stelen, Tempel usw.) zu sehen. Neuere Untersuchungen haben bewiesen, daß das vielbesprochene »Heiligtum von *Gezer« nichts anderes als eine Reihe von Gedächtnisstelen war; die »Altäre« von Thaanach entpuppten sich als Überreste von Stallungen ähnlich denen von *Megiddo. Solche Irrtümer haben die Forscher vorsichtiger gemacht.

Wie kommt es, daß man bei Ausgrabungen israelitischer Städte nur wenig »Höhenheiligtümer« israelitischen Ursprungs fand, obwohl doch das AT wiederholt über die zahlreichen Höhenheiligtümer und »götzendienerischen« Kultstätten klagt? Die Antwort geben uns die jüngsten Ergebnisse der Archäologie. *bēt-bāmôt,* Steinmäler und *maṣṣebôt* reichen bis etwa ein Jahrtausend vor der Landnahme zurück. Aus dem 3. und 2. Jahrtausend v. Chr. kennen wir folgende typischen Beispiele für Höhenheiligtümer:

a) Funde aus präisraelitischer Zeit: Eines der ältesten kanaanäischen Höhenheiligtümer, das schon vor der Patriarchenzeit bekannt war, ist das Steinmal von *Megiddo. Es wurde offensichtlich in Schicht XVII (ca. 2700 v. Chr.) errichtet und blieb bis ins 19. Jhdt. v. Chr. (die erste Stufe der mittleren Bronzezeit) in Gebrauch. Später wurde es eine Art »Fossil«, denn man errichtete einen anderen Tempel unmittelbar daneben. Mit der völlig andersartigen Architektur des Tempels scheint sich auch die Religion, der er diente, gewandelt zu haben. Die Erbauer des neuen Tempels schichteten Mauern um die ältere *bāmā* **(Abb. 329).** Möglicherweise wollten sie damit ihre Ehrfurcht vor der damals schon altehrwürdigen Kultstätte Ausdruck geben. Wahrscheinlicher ist es aber, daß sie dort bestimmte Zeremonien ausübten, vielleicht solche, die mit dem Ahnenkult in Verbindung standen.

Das Heiligtum von *Hazor (Unterschicht 1b/a) aus dem 13. Jhdt. v. Chr. (späte Bronzezeit) wurde am Fuße einer Befestigungsanlage der Hyksos erbaut und vermutlich bei der Eroberung der Stadt durch die Israeliten wieder zerstört. Sie umfaßt eine Anzahl von *maṣṣēbôt,* die meisten von ihnen waren glatt und ungemustert. Eine zeigt im Relief Hände, die wie in Anbetung erhoben sind, und über ihnen das Symbol des Mondes. Nicht weit von der Stelenreihe entdeckte man die Statue einer sitzenden Gestalt, die eine Schale in der Hand hält. Außerdem fand man noch eine Anzahl von Kultgegenständen: einen kleinen Löwenorthostaten, eine Kultmaske und andere Objekte (s. *Hazor und *Meggido).

Die *bāmā* von *naḥḥarijja* **(Abb. 330),** die neben einer kleinen Kultstätte aus dem 18. Jhdt. v. Chr. steht, beträgt etwa sechs Meter im Durchmesser. Der große monolithische Altar **(Abb. 328)** in *ṣar'a* (Zora), Simsons Heimatstadt, gehörte anscheinend auch zu einem Höhenheiligtum.

b) Sit-šamsi: Manche Gelehrte betrachten das kleine Modell des *sit-šamsi* aus dem 12. Jhdt. v. Chr. (s. **Abb. 332**), das man in Susa (Medien) fand, als eine typische, vollständig ausgestattete *bāmā*: mit zwei Altären an der Seite des Modells, den Figuren eines Priesters und eines Anbeters der Gottheit, beide in einem Reinigungsakt begriffen, zwei Stelen zu ihrer Rechten, verschiedenen Kultgegenständen, Gefäßen für Speise- und Trankopfer und mit Baumstümpfen, möglicherweise »Ascheren«. Andere Gelehrte sehen in ihm ein Modell der Akropolis von Susa und halten den Gegenstand in der Mitte für eine Zikkurrat (s. *Babylon und Israel) und den kleinen Gegenstand zur Linken für das Modell einer *bāmā* oder eines Altars.

In Zypern gefundene Tonmodelle von heiligen Bezirken stellen vielleicht auch Höhenheiligtümer dar. **Abb. 331** zeigt ein Modell aus *Vounos* (2200 v. Chr.), bei **Abb. 334** handelt es sich um die Kultstätte von *Ajia Irini.* Wir sehen einen Altar mit zahlreichen ihn umgebenden Skulpturen (7. Jhdt. v. Chr.).

c) Israelitische Höhenheiligtümer: Ein typisch israelitisches Höhenheiligtum entdeckte man nahe dem Stadtwall von *Samaria (s. **Abb. 333**). Es bestand aus einem im Grundriß trapezförmigen Grabeneinschnitt, dreißig Meter lang, sechsundzwanzig Meter breit und 3,30–3,75 Meter tief. Von einem Bauwerk konnten keine Spuren gefunden werden mit Ausnahme eines Steinwalls (4–4) auf der inneren südwestlichen Seite und zwei parallel verlaufenden Quermauern nahe der Nordwestecke (7–7). Im nordwestlichen Abschnitt fand man verschiedene Schächte und leere Tröge, doch scheinen sie in früheren Zeiten nicht als reguläre Begräbnisplätze gedient zu haben. Auf dem Boden lagen massenhaft Scherben.

d) Das Heiligtum von Gibeon: Sowohl 1 Kg 3, 3–5 als auch 2 Chr 1, 3 ff berichten vom Opfer, das Salomo auf der »großen Höhe von Gibeon« dargebracht hat. Die Geschichte wird allgemein für glaubwürdig gehalten. Man identifiziert die Kultstätte mit dem Dorf *nebi samwil,* der höchsten Erhebung westlich der Straße, die von der Ebene nach Jerusalem führt. Es gibt eine alte Überlieferung, derzufolge Samuel dort begraben wurde, und dies mag den Namen des Ortes erklären.

e) Ausstattung der Höhenheiligtümer: Die Funde von diesen Heiligtümern, die ja alle »große Höhenheiligtümer« waren, können uns vielleicht erklären, warum man in israelitischen Städten verhältnismäßig wenig Überreste fand. Die Höhenheiligtümer waren einfach ausgestattete Kultorte und lagen zudem meist in einiger Entfernung von den Städten. Sie wurden, wie die Propheten klagten, »auf jedem Hügel und unter jedem grünbelaubten Baum« errichtet. Es gab bei ihnen wenig, was die Jahrhunderte hätte überdauern können, nachdem sie endgültig aufgehoben und abgeschafft worden waren.

Die geringe Ausbeute an archäologischen Zeugnissen macht es den Gelehrten schwer, zu einigermaßen zuverlässigen Schlußfolgerungen über die Art des Gottesdienstes, der an diesen Stätten gehalten wurde, zu gelangen. Solch einfache Vorrichtungen konnten verschiedenen religiösen Riten dienen. Was an Beweismaterial vorhanden ist – Scherben und Asche –, läßt uns vermuten, daß es sich um Begräbnisstätten gehandelt habe. Man fand bisher weder ein Bild noch irgendwelche Figuren in einem Höhenheiligtum.

Bessere Auskünfte über die Zeremonien, die an einem Höhenheiligtum geübt wurden, mag uns die Passahfeier der *Samaritaner von *nablus* geben. Das dortige Höhenheiligtum ist ein rechteckiger Bezirk mit rohen Steinen, Gräben und Feuerstätten, die einfach und schmucklos am Boden errichtet sind, ähnlich wie bei den anderen Heiligtümern, die man in Israel fand. Diese schlichte Form der Kultstätte ist nicht heidnisch, sondern altisraelitisch.

f) Höhenheiligtümer in heutiger Zeit: Es ist bekannt, daß noch heute im *wêli*-Kult der Araber an den Heldengräbern, die überall in Palästina und Syrien auf geweihtem Boden zu finden sind, der Brauch, Höhenheiligtümer zu errichten, fortbesteht. Diese bei den Arabern *maqām* genannten Stätten liegen oft auf einem Berg oder einem Hügel unter dem Schatten eines alten Baumes oder in einem Hain. Die Araber bringen dort Brandopfer dar und versammeln sich zu bestimmten Zeiten, um sich von den *wêli* Hilfe und Gunsterweise zu erbitten.

Hosea (Buch)

Gliederung: 1. Inhalt. a) Die Ehegeschichte Hos 1–3; b) Spruchsammlungen Hos 4–14; 2. Die Botschaft des Propheten. 3. Hoseas Stil. 4. Die historische Situation.

Das erste Buch der »kleinen Propheten« im hebräischen Bibelkanon, das Buch Hosea, enthält die Prophetien Hoseas, des Sohnes Beeris, der während und wahrscheinlich auch nach der Regierungszeit Jerobeams (s. unten) im Nordreich Israel lebte.

1. Inhalt: Bei Hosea ist im Unterschied zu den anderen Propheten die persönliche Tragödie seiner unglücklichen Ehe sowohl der Weg, auf dem Gott sich ihm mitteilt, als auch das Mittel, mit dem der Prophet die Offenbarung Gottes weitergibt. Das Buch besteht aus zwei in sich verschiedenen, aber doch aufeinander bezogenen Teilen von unterschiedlichem Umfang.

1. Die ersten drei Kapitel handeln von Hoseas Ehe, wobei das zweite, in Versen abgefaßte Kapitel eine Rede enthält, in der die in Kapitel 1 und 3 berichteten Begebenheiten als ein Symbol für die Beziehung zwischen Jahwe und Israel dargestellt werden. Das zweite Kapitel bietet im ganzen ein Summarium der Botschaft Hoseas.

2. Die restlichen Kapitel (4–13) enthalten eine Reihe von Orakelsprüchen, in denen der Prophet das israelitische Volk sowie seine Priester und Könige für den Verfall des religiösen, sozialen und politischen Lebens verantwortlich macht und wiederholt von Treulosigkeit und Bestrafung spricht. Kapitel 14 verheißt dem Volk Gottes Gnade, wenn es seine Sünden bekennt und reumütig Buße tut.

Man versteht das Buch wohl am besten, wenn man Inhalt, Form und die Botschaft beider Teile als ein Ganzes betrachtet.

a) Die Ehegeschichte Hos 1–3: Im 1. Kap. schildert Hosea in der dritten Person, wie er auf Gottes geheiß eine Dirne heiratet, um »Dirnenkinder« zu erzeugen als ein Symbol der Abtrünnigkeit Israels (1, 2). Hosea heiratet Gomer, die Tochter Diblaims (1, 3), und der Sohn, der ihnen geboren wurde, erhielt den Namen »Jesreel«, denn »in kurzem suche ich die Bluttat von Jesreel heim am Hause Jehus und mache dem Königreich Israel ein Ende. An jenem Tage zerbreche ich Israels Bogen in der Ebene Jesreel« (1, 4–5). Dann wurde eine Tochter geboren, die nach Gottes Weisung »Unbegnadet« genannt wurde, denn »ich will dem Hause Israel forthin nicht mehr gnädig sein ...« (1, 6). Ein zweiter Sohn hieß »Nicht-mein-Volk«, denn »ihr seid nicht mein Volk, und ich bin nicht euer Gott« (1, 9).

Kap. 3, in der ersten Person geschrieben, berichtet eine gleiche Geschichte. Gott befahl Hosea, »liebe ein Weib, das einen anderen liebt und eine Ehebrecherin ist« (3, 1), und er kaufte sie für »fünfzehn Lot Silber und eineinhalb Homer Gerste« (3, 2; s. *Gewichte und Maße). Dann hieß er sie »eine lange Zeit« enthaltsam zu leben, um damit die Israel bevorstehende Strafe darzustellen.

Die Wiederholung der im wesentlichen gleichen Geschichte hat zu einer Vielzahl sich widersprechender Erklärungsversuche geführt. Manche Gelehrte meinen, der zweite Bericht betreffe nicht dieselbe Frau, während andere der Ansicht sind, er sei lediglich eine abweichende Überlieferung, was dann zur weiteren Vermutung führt, daß Kap. 1 und 3 von verschiedenen Autoren geschrieben seien.

Die beiden Berichte – so meinen manche Gelehrte – können auch zu einer einzigen, zusammenhängenden Erzählung verschmolzen werden. Hosea habe von Gott den Befehl erhalten, Gomer zu heiraten und ihren Kindern Namen zu geben, die Israels Verhalten Gott gegenüber symbolisieren sollten. Gomer sei Hosea untreu geworden, und in ihrer Treulosigkeit habe er eine auffallende Parallele zu Israels Verhalten gegenüber Gott entdeckt. Seine Erfahrung sei ihm so zum Spiegelbild der Situation des ganzen Volkes geworden. Hosea habe sein ungetreues Weib verstoßen, es aber später, da er es noch immer liebte, wieder zu sich genommen in der Hoffnung, es sei durch die Verstoßung genug gestraft worden und sie könnten wieder wie einst glücklich zusammenleben.

Eine andere Richtung vertritt die Ansicht, Gomer sei in Wirklichkeit eine treue Ehefrau gewesen und werde nur eine Dirne genannt, weil sie einem Gott treulos gewordenen Volk angehörte. Wieder andere meinen, Hosea habe in der Tat aus freiem Willensentschluß eine Dirne geheiratet – so seltsam uns ein solcher Schritt scheinen mag –, wie auch andere Propheten gelegentlich durch irgendwelche auffallenden Handlungen die Aufmerksamkeit auf Gottes Botschaft gelenkt hätten. Andere Gelehrte bringen die Geschichte mit den Fruchtbarkeitsriten in Verbindung, wie sie in der synkretistischen Volksreligion geübt wurden. An kanaanäischen Heiligtümern symbolisierte die *a·dēšā* oder Tempelprostituierte die heilige Hochzeit des Baal (s. *Kanaanäische Religion). Hosea verurteilte voller Erbitterung alle jene götzendienerischen Israeliten, die an solchen Riten teilnahmen. Seine Heirat habe darum das Verhalten des israelitischen Volkes und (da er Gomer verstoßen hatte) seine Verwerfung durch Gott darstellen wollen, womit er zugleich symbolisch Jahwes Abscheu vor den Fruchtbarkeitsriten und vor all jenen, die ihnen frönten Ausdruck gegeben habe. Eine Variante dieser Theorie ist, Hosea habe Gomer auf Gottes Befehl geheiratet, um so durch das Vor-Bild seines eigenen Lebens Gottes Wort zu verkünden. Da in der biblischen Prophetie Symbole und symbolische Handlungen ein immer wiederkehrendes Ausdrucksmittel sind, ist eine solche Erklärung nicht weit hergeholt. Jes 5, Jer 3, 20 und Ez 16 nennen Israel ein ehebrecherisches Volk, das Strafe verdient habe.

Wahrscheinlicher ist es jedoch, daß Gomers Treulosigkeit den Anstoß für Hoseas Prophetie gegeben hat und daß er durch die Erfahrungen mit seinem treulosen Weib zu einem ganz neuen Verständnis der Liebe Gottes gelangte, zugleich aber auch das Unrecht erkannte, dessen sich Israel durch seinen Abfall schuldig gemacht hatte. So muß man also annehmen, daß Hosea seine Geschichte bereits im Lichte des göttlichen Heilshandelns gedeutet und niedergeschrieben hat.

Kap. 2 ist der Schlüssel zur gesamten Botschaft des Propheten. In diesem Gedicht vergleicht er das götzendienerische Volk, das heidnische Baale verehrt, mit einem treulosen Weib, das Liebhabern nachläuft, und den sein Volk züchtigenden Gott schildert er in der Metapher eines Ehemannes, dem Unrecht geschieht und der dennoch sein Weib in Gnaden aufnimmt. Das Volk Israel müsse wieder in die Wüste geführt werden wie zu der Zeit des *Auszuges (Exodus), als es noch nichts von Baal gehört habe. Dann, wenn der Baalskult bis auf die Wurzeln ausgerottet sein und das Volk mit geläutertem Herzen vor seinem Gott stehen werde, werde sich Gott in einem neuen Bund seinem Volk anverloben und ihm ein Leben im Überfluß sichern. Die Namen der Kinder Hoseas würden dann umgewandelt und einen positiven Sinn erhalten: »Ich will ... der ›Unbegnadeten‹ Gnade erweisen und will zum ›Nicht-mein-Volk‹ sagen: ›Mein Volk bist du!‹ und dieses wird rufen: ›Mein Gott bist du!‹« (2, 25).

Der zweite Teil von Kap. 2 (14–23) wird am Ende von Kap. 3 (5–6) kurz wiederholt und beschließt somit den ersten Abschnitt mit einer nochmaligen kurzen Zusammenfassung der wesentlichen Botschaft des Buches: der Verwerfung des Volkes und späteren Wiederherstellung seines ursprünglichen Verhältnisses zu Gott.

b) Spruchsammlungen Hos 4–14: Die Kap. 4–14 enthalten eine Anzahl kurzer, selbständiger Orakel oder Anreden (s. unten: Die Botschaft des Propheten). Manche Gelehrte sehen das Ende von Kap. 14 (V. 9) als ein Stück aus der Weisheitsliteratur an, ähnlich wie die Ergänzungen am Ende einer Reihe von Psalmen. Die Anordnung der Anreden ist nicht leicht zu durchschauen. U. Cassuto ist der Meinung, daß sie in bestimmter assoziativer Ordnung stehen, aber die Verbindung zwischen den einzelnen Abschnitten liegt nicht immer klar auf der Hand. Unter Unglücksverheißungen sind Trostworte verstreut (11, 9–11; 14, 3–8). Verschiedene Gelehrte betrachten Hosea als einen Propheten von unübertroffener Düsterkeit und halten die optimistischeren Passagen für Einfügungen eines anderen Autors; aber eine solche Theorie läßt sich nicht länger verfechten. Für Prophetien, die einmal Wohl und dann Wehe verkünden, finden sich im ganzen AT zahlreiche Beispiele. Zudem erscheint eine Segensverheißung in Kap. 3, das nie einem anderen Autor zugeschrieben wurde. Hoseas Sehergabe war nicht auf das Grau düsterer Unheilsgesichte beschränkt. Kap. 4 warnt in beschwörender Weise vor den Folgen der Sünde, denn Hosea sieht keine Anzeichen echter Bußfertigkeit (5, 15–6, 6; 7, 14–16). Darum kündet er wie Amos Israels Zerstörung und Untergang an (7, 13; 9, 11–17). Am Ende jedoch werde Gott in seiner grenzenlosen Liebe *(ḥæsæd)* Israel vergeben und den Bund mit ihm erneuern, wie auch er, Hosea (in der Tat oder zumindest in seinem Herzen), seinem treulosen Weib vergeben habe (2, 14–23; 11, 8–11; 14, 1–8). So weissagte der Prophet das Unheil, das erst eine Generation später hereinbrechen sollte, und Gottes Gnadenerweis, der einen »Rest von Israel« wiedererstehen ließ.

2. Die Botschaft des Propheten: Die Hauptaussage der Prophetien Hoseas ist die Botschaft vom liebenden, gütigen und verstehenden Gott. Das hebräische Wort *ḥæsæd* beinhaltet die Qualitäten Treue, Liebe und Gnade. Der göttlichen Gnade aber werde nur teilhaftig, wer Gottes Liebe und seine Wege zu begreifen suche. Darum fordert der Prophet die Menschen auf, von Gottes Menschenfreundlichkeit zu lernen und sich ihren Untergebenen gegenüber in allem von der gleichen Güte leiten zu lassen. Die Metapher vom Ehemann und seinem treulosen Weib, durch die Hosea die Beziehung zwischen Gott und Israel darstellt, bringt das Mißverhältnis von Liebe, Güte und mitleidigem Erbarmen auf der einen und ihrer Zurückweisung auf der anderen Seite deutlich zum Ausdruck.

Dieser Symbolismus ist für Hoseas Botschaft typisch, doch gehört er einer schon älteren Tradition an, die auch bei anderen Propheten anklingt. Die Zeit des Bundesschlusses und der Wüstenwanderung wird in idealisiertem Licht als eine Periode gesehen, in der Israel seinem Gott rein und treu gedient habe (2, 15). Hosea vergleicht den Bund zwischen Israel und Gott mit dem Ehebund. Gott als Israels Ehemann (im Hebräischen *ba'al* oder Herr) ist großmütig und gütig, doch erwartet und fordert er von seinem Weib absolute Treue. Indem Israel andere Götter verehrt (und somit ihre Oberherrschaft angenommen) habe, sei es des Ehebruchs schuldig geworden und verdiene die Strafe der Verstoßung und den Untergang der Nation (12, 2–13). Immer wieder verflucht Hosea den heidnischen Götzendienst, und zwar nicht nur sofern er in Konflikt mit dem Jahwekult gerät (8, 5–14), sondern auch weil er den Verfall von Sitte und Moral herbeigeführt hat (4, 1–14; 6, 8–10). Er kämpft gegen die Ungerechtigkeit und die Ungleichheit innerhalb der Gesellschaft an, gegen die Korruption der Priester und Propheten, gegen die Entartung des Kultes, gegen die Entfremdung von Gott und gegen den Verrat am *Bund. Diese Anliegen tauchen bei allen hebräischen Propheten auf. Ohne Jahwes Forderung nach persönlicher Integrität und sozialer Gerechtigkeit gegenüber dem Nächsten, wie sie im Bundesbuch niedergelegt waren, mußte das Zusammenleben des Volkes in Selbstsucht und Gesetzlosigkeit entarten. Zudem konnte Israel nur solange Gottes auserwähltes Volk bleiben, als es des liebenden Erbarmens Gottes gedachte (11, 1–4; 13, 4–8). In allen Anreden hadert Hosea mit Israel wegen seiner Abtrünnigkeit und nennt es ein götzendienerisches und ehebrecherisches Volk, und in seinem ganzen Werk klingt immer wieder der Grundgedanke an, daß Jahwe über Israel wegen seines Abfalls schweres Unheil und Strafen senden werde. Wenn Israel jedoch reumütig umkehre, werde Gott am Ende in einem Akt der Gnade sein Volk wiederherstellen und es zu einem rechtschaffenen Wandel führen.

3. Hoseas Stil: ist knapp und bündig. In bilderreicher Sprache geht der Prophet hart und schroff gegen die Laster des Volkes an, die er zutiefst verabscheut. Dennoch von vornehmer Natur, leuchtet aus allen Se-

gensverheißungen eine tiefe Liebe für sein Volk hervor. Hosea ist durch das Unheil, das er kommen sieht, erschreckt, und man meint bei der Lektüre seiner Anklagen und Prophetien zu spüren, wie sie ihm förmlich gegen seinen Willen entlockt wurden – ein Charakteristikum, das auch dem Buch Jeremia eigen ist.
Der Text des Buches Hosea ist oft sehr verderbt, so daß viele Passagen kaum verständlich sind. Die geheimnisvolle Bildersprache, die oft rätselhaften Andeutungen sowie seine heftigen Gefühlsausbrüche machen es nur noch schwerer, seine prophetische Botschaft zu begreifen. Die Übersetzung der Septuaginta, die sich um eine möglichst genaue Wiedergabe des hebräischen Stils bemüht, bietet bei der Klärung mancher obskurer Stellen eine gewisse Hilfe.
4. Die historische Situation: Die Überschrift des Buches besagt, daß Hosea »in den Tagen der jüdäischen Könige Usia, Jotham, Ahas und Hiskia und in den Tagen des israelitischen Königs Jerobeam, des Sohnes des Joas« (1, 1) sein Buch schrieb. Diese Angabe ist aber wohl nicht ganz zuverlässig, denn wenn er während der Zeit aller erwähnten Könige Judas gelebt hätte, dann müßte die Liste der Könige Israels auch die Nachfolger Jerobeams II. einschließen, die zur gleichen Zeit wie Jotham, Ahas und Hiskia regierten. Man hat darum angenommen, daß eigentlich nur Usia und Jerobeam in Frage kommen und daß Hosea kurz nach Amos als Prophet gewirkt hat.
Es war eine Epoche, in der das Chaos herrschte. Assyriens Könige machten sich zunächst zum Herrn über das Nordreich, wo Hosea lebte, dann zerstörten sie es. Die Reihe von Königsmördern, die auf Israels Thron saßen, machte die Situation des Königreiches noch verzweifelter. Der Prophet verkündete, daß nur ein erneuerter Bund mit Jahwe dem Volk Rettung bringen könne. Es verwundert nicht, daß die meisten seiner Orakel das Königreich Israel betreffen. Die Stellen, an denen er sich ausdrücklich mit dem Königreich Juda befaßt, gaben Anlaß zu mancherlei Erörterungen, da viele Gelehrte zweifeln, ob sie überhaupt von Hosea geschrieben wurden. Im allgemeinen wird angenommen, ein judäischer Redaktor, der nicht verstehen konnte, wie ein solch angesehener Prophet Juda völlig übergehen konnte, habe sie in den Text interpoliert. Doch kann man mit Recht bestreiten, daß er Juda übergangen hat. Da er ausdrücklich vom Königreich Israel spricht, wird er wohl auch vom Südreich gesprochen haben. Es handelt sich mehr um ein scheinbares als um ein tatsächliches Übergehen. Andere Autoren führen das Argument noch weiter aus und behaupten, die Stellen, die von einem zukünftigen vereinigten Haus David handeln (z. B. 3, 5), oder die Anspielung auf Judas Errettung aus assyrischer Hand im Jahre 722 oder 701 v. Chr. (1, 7) seien sicher auf einen judäischen Redaktor zurückzuführen; diese These findet jedoch auch Widerspruch. Auch die überschwenglichen Worte am Anfang des Buches werden von manchen Gelehrten einem judäischen Herausgeber zugeschrieben, sie können aber ebensogut eine spätere redaktionelle Einfügung eines Prophetenschülers sein.

I

Inschriften

Gliederung: 1. Texte, die sich auf die Geschichte Palästinas vor der Niederlassung der Hebräer beziehen. 2. Alphabetische Inschriften aus der Zeit vor der Landnahme. a) Protosinaitische Inschriften; b) Inschriften im Keilschrift-Alphabet; c) Zehn alphabetische Inschriften aus dem 2. Jahrtausend v. Chr. 3. Ägyptische und akkadische Inschriften zur israelitischen Königszeit. 4. Hebräische Inschriften. a) el-ḫaḍr; *b) Bauernkalender von Gezer; c) Mesa-Inschrift; d) Ostraka von Samaria; e) Ostraka von* tell qasīle; *f) Siloah-Inschrift; g) Grabinschrift des Schebnajahu; h) Grab-Graffiti; i) Früher Papyrus aus* murabbaʿat; *k) Ostraka aus* m·ṣad ḥašavjāhū; *l) Ostrakon vom Ophel; m) Lachis-Ostraka; n) Verschiedene kurze Inschriften. 5. Hebräische und aramäische Inschrift aus der Zeit des zweiten Tempels. 6. Griechische Inschriften.*

Bis vor 100 Jahren waren diejenigen, die das biblische Zeitalter studieren wollten, allein auf die Bibel und eine kleine Reihe von anderen Büchern, die in christlichen Klöstern aufbewahrt wurden, angewiesen; zum Beispiel auf die Schriften des Flavius *Josephus und das Onomastikon (Ortsnamenliste) des Eusebius. Inzwischen haben die Entdeckungen der Archäologie eine größere Reihe von Inschriften aus den Ländern des fruchtbaren Halbmondes zugänglich gemacht, besonders öffentliche oder private von Handwerkern gearbeitete Texte. Bei den Texten öffentlicher Natur handelt es sich um Gesetze, Verträge, Erlasse und so weiter, während die privaten Inschriften hauptsächlich Grab- oder Weihinschriften sind. Diese Texte haben unsere Kenntnisse der Geschichte des alten Orients und des antiken Israels sehr erweitert. Von diesem Standpunkt aus sind Inschriften wertvoller als Manuskripte. Urkunden wurden durch Abschriften überliefert. Oft machte der Schreiber, der sie kopierte, eine »Neuausgabe« mit verändertem Wortlaut. Hingegen ist eine Inschrift, die bei einer archäologischen Ausgrabung ans Licht kommt, eine Quelle aus erster Hand. Sie ist unberührt von den Händen und darum auch von den Gedanken einer späteren Zeit – vorausgesetzt, daß sie nicht allzu sehr verwittert ist. Auch Inschriften können freilich Kopien mit Irrtümern oder abweichenden Lesungen sein. Trotzdem sind sie gewöhnlich für die Bibelgelehrten geschichtliche Urkunden ersten Ranges. Dies gilt für den Forscher besonders von den wenigen kurzen hebräischen Inschriften, die zutage gekommen sind, von denen viele nicht, wie sonst im alten Orient, von Fachleuten ausgeführt sind.

1. Texte, die sich auf die Geschichte Palästinas vor der Niederlassung der Hebräer beziehen: Die ältesten Texte stammen vom Ende des 4. Jahrtausends v. Chr., aber über Palästina gibt es geschriebene Nachrichten erst seit Anfang des 2. Jahrtausends v. Chr. Zuerst sind Orte aus Palästina in zwei Sammlungen von Inschriften aus Ägypten erwähnt, die man die Ächtungstexte nennt. Sie stammen aus dem 20. und 19. Jhdt. v. Chr. Die Ägypter pflegten die Namen von feindlichen Stämmen, Städten und Herrschern auf Tonfiguren oder Gefäße zu schreiben und dann den Ton zu zerbrechen, als symbolische Handlung, die dem Pharao den Sieg über die bezeichneten Feinde sichern sollte. In diesen Texten sind die Städte Askalon, Jerusalem, Aphek, Akko, Masal, Achsaph, Tyrus und andere genannt **(Abb. 43).**

Auch eine Stelle aus der Geschichte des Joseph wird durch ägyptische Texte aus dem 19. Jhdt. v. Chr. beleuchtet. Gen 37, 25 berichtet: »Josephs Brüder sahen eine Karawane von Ismaeliten, die aus Gilead kam und deren Kamele Gummi, Balsam und Myrrhen trugen, um es nach Ägypten zu bringen.« Eine Grabmalerei aus *beni ḥasan* zeigt genau solch eine Szene (s. *Exodus [Buch]). Die Hieroglypheninschrift neben dem Bild zählt 37 Leute des Ammustammes auf, geführt von Abscha (Abischai?), dem Herrscher eines fremden Landes; sie bringen Antimon nach Ägypten, das als Augenschminke diente (**Abb. 481**; s. *Patriarchen, Geschichte).

Es gibt ganz wenige Inschriften, die eine Beziehung zur Patriarchenzeit enthalten. Doch steht auf Skarabäen der Hyksoskönige der Name Jakub-Har oder Jakub-El (s. *Siegel). Man hat darin eine Stütze für die Theorie finden wollen, daß die Patriarchen mit der ersten Welle der Hyksoswanderungen nach Palästina gekommen seien, also Ende des 18. oder Anfang des 17. Jhdts. v. Chr.

Kein Wort der Bibel deutet auf den Aufstieg des Neuen Reiches in Ägypten (s. *Ägypten und seine Beziehung zu Israel) nach Ende der Hyksoszeit. Wir haben dafür nur archäologische Zeugnisse. Aus Inschriften der ägyptischen Könige dieser Zeit wissen wir, daß sie von Zeit zu Zeit in Kanaan zu Felde zogen, um die Stadtstaaten dieses Landes unter ihrer Herrschaft zu halten. Thutmosis III. zählt 119 Städte und Orte aus Kanaan und Syrien auf, die er eingenommen hat. Das gibt uns die Namen der wichtigsten Städte Palästinas aus dem 15. Jhdt. v. Chr. Derselbe Pharao gab einen ziemlich eingehenden Bericht über seinen Siegeszug (s. *Megiddo). Der *via maris* (der Straße am Meer entlang) folgend, nahm sein Heer Megiddo, das an der Spitze eines Bundes aufständischer kanaanäischer Städte stand. Nach diesem Sieg waren die anderen Städte im Norden des Landes, besonders wenn sie in Tälern lagen, seinem Zugriff offen. Auch andere Pharaonen unternahmen Feldzüge, um ihre Oberhoheit über Kanaan aufrechtzuerhalten, denn dies bildete den Zugang zu ihren großen Gegnern im Norden, den Hethitern und Mitanni. Über die Feldzüge des Amenophis II., Sethos I. und Ramses II. haben wir Nachrichten durch die Inschriften, die sie auf Denkmäler, Paläste und Gräber setzten. Die in *tell el-'amarna* entdeckten Archive des Amenophis III. und Amenophis IV. (Echnaton) geben uns viele Einzelheiten über die politischen Zustände in Kanaan während der Zeit kurz vor der Landnahme der Stämme von Israel (s. *Amarnabriefe, *Siegel).

Es wird jetzt zugegeben, daß die * *Chabiru,* die in den altorientalischen Berichten erwähnt sind, den Hebräern der frühen biblischen Zeit gleichgesetzt werden dürfen. Die Amarnabriefe können den Beweis liefern, wie früh hebräische Stämme nach Kanaan gelangt sind (14. Jhdt. v. Chr.), als erste in einer Reihe von eindringenden Stämmen, denen bis zum Ende des 13. Jhdts. v. Chr. weitere folgten.

Die Stele des Mernephtah von ungefähr 1230 v. Chr. bezeugt das Auftreten der Israeliten als einer organisierten Stammeseinheit zu dieser Zeit. Auf dieser Stele stehen folgende Zeilen: »Kanaan wurde geplündert, Askalon genommen, Gezer wurde gepackt, Jenoam ist, als ob es nie gewesen wäre, Israel entvölkert, hat keine Nachkommen mehr« (s. *Exodus). Im Vergleich zu den Entdeckungen in Ägypten und Mesopotamien hat man in Palästina nur wenige Inschriften aus der Zeit vor der israelitischen Landnahme gefunden, aber diese wenigen sind von großer historischer Bedeutung. Die Tontafeln, die bei der Ausgrabung von Thaanach gefunden wurden, ergänzen die Kenntnis aus den Amarnabriefen. Die Tafeln spielen auf die sozialen Verhältnisse in den kanaanäischen Städten des 15. Jhdts. v. Chr. an. Der kanaanäische König Ischtar-Jaschur von Thaanach, ein Vasall des ägyptischen Gouverneurs in Gaza, stützte sich auf eine große Schar von Dienern und Beamten. Die Tafeln erwähnen *ḫanaku* (ausgebildete Leute), von denen auch Gen 14, 14 spricht: »Er (Abraham) bewaffnete seine ausgebildeten Leute *(ḫanīkîm),* die in seinem eigenen Hause geboren waren...« Diese *ḫanīkîm* waren die junge Garde des Königs, eine Art auserlesene Partisanentruppe. Die Personennamen aus den Thaanach-Tafeln geben uns Kenntnis von der Zusammensetzung der damaligen Bevölkerung des Landes. Unter anderem sind die Hurriter genannt; wir wissen, daß damals solche in Kanaan lebten (Gen 36, 20; s. *Patriarchen, Geschichte).

Außer dem Dutzend Tafeln aus Thaanach hat man ähnliche Tafeln mit Keilschrift beschrieben bei den Ausgrabungen von *Sichem, *Gezer, Eglon *(tell el-ḥesī),* *Jericho und *Megiddo gefunden. Die Tafeln von Gezer und *tell el-ḥesī* gleichen in ihrem Inhalt den Amarnabriefen. Ganz zufällig hat man in Megiddo ein Bruchstück einer Tafel gefunden, das ein Stück des Gilgamesch-Epos enthält (s. *Sintflut).

Auch die Pharaonen des Neuen Reiches in Ägypten errichteten ihre Stelen und Denkmäler in den Städten von Kanaan. In *Beth-Sean haben sich zwei Stelen Sethos' I. erhalten; die eine beschreibt die Ereignisse, die zur Einnahme von Beth-Sean und den benachbarten Städten durch Sethos I. führten. Sie gehören dem König von Pahel (Pella) und seinen Verbündeten, die sich gegen die ägyptische Herrschaft empört hatten. In *tell el-'orēme* am Ufer des Sees Genezareth ist ein Fragment einer Stele aus der Zeit des Thutmosis III. oder Amenhotep II. zutage gekommen (s. **Karte 7**).

Man hat in Tells von Palästina auch Dutzende kurzer Hieroglypheninschriften auf den Skarabäen verschiedener ägyptischer Könige entdeckt. Eine Tonschüssel, deren Bruchstücke man in den Aschenschichten der Ruinen des kanaanäischen *Lachis gefunden und zusammengesetzt hat, ist von großer Bedeutung, weil sie hilft, den Zeitpunkt zu bestimmen, zu dem die israelitischen Eroberer die Stadt eingenommen haben. Auf der Schüssel steht so etwas wie eine Quittung oder Anweisung über eine bestimmte Menge Weizen, die im 4. Regierungsjahr eines ungenannten Königs abgeschickt wurde. Sie ist in ägyptischer hieratischer (kursiver) Schrift abgefaßt. Man darf annehmen, daß der fragliche König der Pharao Mernephtah war und das Datum also um 1220 v. Chr. anzusetzen ist. Dies ist demnach das frühestmögliche Datum für die Zerstörung des kanaanäischen Lachis (s. *Landnahme).

2. Alphabetische Inschriften aus der Zeit vor der Landnahme: *a) Protosinaitische Inschriften:* In *serābīt el-ḫādim* in der Sinaiwüste hat man eine Bergarbeitersiedlung ausgegraben, die die Pharaonen des 2. Jahrtausends v. Chr. angelegt haben. Stelen und Denkmäler kamen zutage, auf denen Inschriften standen, zum Beispiel lautete eine: *lb'lt,* das heißt, wenn man die Vokale einsetzt: »für Ba'alat« (s. *Alphabet und Schrift). Man hat darauf hingewiesen, daß die Zahl der Schriftzeichen in dieser Sinai-Schrift 40 nicht übersteigt. Das heißt, es handelt sich um Zeichen für einzelne Laute, also alphabetische Zeichen für einzelne Konsonanten im Gegensatz zur piktographischen, ideographischen und syllabischen Schreibweise. Die Gelehrten gaben dieser Schrift die Bezeichnung protosinaitische Schrift.

Es ist gut möglich, daß das Volk von *serābīt el-ḫādim,* das das älteste Alphabet erfand, beeinflußt durch hieratische Zeichen aus Ägypten, im 16. und 15. Jhdt. v. Chr. von den Ägyptern versklavt wurde. Die Sprache dieser Sklaven war aller Wahrscheinlichkeit nach eine Abart des Westsemitischen, das heißt, eine kanaanäische Mundart mit Verwandtschaftsbeziehungen zum Südarabischen (s. *Sprachen der Bibel). Wie es scheint, verehrten sie eine Göttin namens Ba'alat, deren Namen sie auf behauene Standbilder schrieben.

b) Inschriften und Keilschrift-Alphabet: Andere alphabetische Texte brachten die Ausgrabungen von Ugarit zutage. Man nimmt an, daß die Priester des Tempels von Ugarit im 15. und 14. Jhdt. v. Chr. die Formen der protosinaitischen Buchstaben kannten, aber sie paßten die alphabetische Schreibweise ihrer Gewohnheit an, die verschiedenen Zeichen mit einem Griffel in weichen Ton einzudrücken (s. *Alphabet). Die Keilschrift von Ugarit hat keine Beziehung zu den Keilschriften von Mesopotamien, außer, daß sie eben mit einem Griffel in nassen Ton eingeschrieben wurden. Außer der großen Bibliothek, die in Ugarit (s. *Kanaanäische Kultur und Ugarit) ausgegraben wurde, hat man zwei Stücke mit einer Abart des ugaritischen Keilschriftalphabets in Palästina selbst gefunden: 1. ein Messer aus dem *wādi el-bīre* in Niedergaliläa, auf dem der Name seines Eigentümers stand (die Inschrift besteht nur aus Konsonanten; Vokale waren damals noch nicht gebräuchlich: *lṣ(l)b'l bn plzb'l* (»gehörend« oder »für Zalba'al, Sohn des Plzba'al«); 2. in Beth-Semes kam die Tonform für eine Beilklinge zum Vorschein, aber die Inschrift auf ihr ist nicht zu entziffern.

c) In Palästina hat man etwa zehn *alphabetische Inschriften aus dem 2. Jahrtausend v. Chr.* gefunden, die nur einzelne Worte trugen. Wenngleich die Buchstabenformen dieser Inschriften große Abweichungen zeigen und die lange Zeitperiode vom 18. bis zum 13. Jhdt. v. Chr. ausfüllen, sind sie doch alle in protokanaanäischer Schrift geschrieben.

Wir verzeichnen die bedeutendsten dieser Inschriften in chronologischer Folge: 1. eine Inschrift auf einer Steinplatte aus Sichem, die vermutungsweise lautet: *rḥmmjrḥ,* das heißt: Bitte um Gnade an den Gott *Jrḥ* (18.–17. Jhdt. v. Chr.); 2. eine Scherbe aus Gezer. Man hat sich auf die Lesung *klb* geeinigt, aber die Bedeutung ist unbekannt (17.–16. Jhdt. v. Chr.); 3. ein Bronzeschwert aus Lachis trägt die Buchstaben: *prls,* unübersetzbar (16.–15. Jhdt. v. Chr.); 4. ein Ostrakon aus *tell el-ḥesi: bl'* (14.–13. Jhdt. v. Chr.); 5. ein Ostrakon aus Beth-Semes, dessen Inschrift sich nicht ganz entziffern läßt; doch lautet das letzte Wort *ḥnn* (14.–13. Jhdt. v. Chr.); 6. ein Ostrakon aus *tell-ṣārem* im Tal von Beth-Sean, nur wenige Zeichen darauf sind lesbar (13. Jhdt. v. Chr.); 7. eine Inschrift auf einem Krug aus Lachis, von der zwei Worte lesbar sind: *mtn 'lt* (13. Jhdt. v. Chr.), wahrscheinlich handelt es sich um eine Votivschrift; 8. eine Inschrift auf einer Schale aus Lachis. Sie lautet: *bšlšt* (13. Jhdt. v. Chr.).

Soweit diese Inschriften zu entziffern sind, ist die Sprache semitisch-kanaanäisch. Auch die Eigennamen *klb* und *ḥnn* sind kanaanäisch. *prls* scheint der Name einer Person von nichtsemitischer Herkunft zu sein.

3. Ägyptische und akkadische Inschriften zur israelitischen Königszeit: Diese Inschriften bringen manche wichtigen Einzelheiten, die die Nachrichten der Bibel für die Zeit des ersten Tempels ergänzen.

Eine sehr aufschlußreiche Entdeckung war die Inschrift des ägyptischen Königs Sisak am Tempel von Karnak (s. *Ägypten und seine Beziehungen zu Israel).

Sisak oder Schoschenk zog gegen Israel im 5. Regierungsjahr des Rehabeam von Juda zu Felde (1 Kg 14, 25 f; 2 Chr 12, 2–9). Durch seine Liste der eroberten Städte wird der Bericht in 2 Chr (bes. Kap. 12, 4–7) bestätigt, daß Jerusalem selbst nicht eingenommen wurde, sondern die Ägypter sich mit einem schweren Tribut aus dem Tempelschatz einschließlich der goldenen Schilde Salomos begnügten. Sisak eroberte zuerst Gaza, zog von da nach Gezer, dann nach Ajalon, Beth-Horon und Gibeon nördlich von Jerusalem, dann ins Jordantal zu den dortigen Städten.

In einer Inschrift Salmanassars III. von Assyrien tritt König Ahab von Israel als einer der Führer eines Bundes gegen Assyrien auf; um die Mitte des 9. Jhdts. v. Chr. zwang die wachsende Bedrohung durch die assyrische Eroberungssucht die Könige von Syrien und Palästina dazu, ihre Kräfte zu vereinigen, um die Flut einzudämmen. An der Spitze des Bundes, der Salmanassar in der Schlacht von Karkar 853 v. Chr. entgegentrat, nennt er den König von Aram-Damaskus und Ahab, den König von Israel, die bis dahin Feinde gewesen waren. Ahab stellte 2000 Kriegswagen und 10 000 Fußsoldaten. Das ist das stärkste Aufgebot unter den zwölf Verbündeten. Zwölf Jahre nach der Schlacht von Karkar verzeichnet eine andere Inschrift Jehu unter den Königen des Nahen Ostens, die Tribut an Salmanassar zahlten.

Beide Ereignisse sind in der Bibel nicht einmal andeutungsweise erwähnt. Dagegen bringt die Bibel einen Bericht (2 Kg 15, 29) über den Feldzug des Tiglatpilesar III. im Jahre 732 v. Chr., welcher wiederum durch assyrische Inschriften ergänzt wird, in denen dieser König über Palästina und die in der Bibel erwähnten Ereignisse ausführlich berichtet.

Später schreibt sich Sargon II. die Einnahme von Samaria 722 v. Chr. zu, während die Bibel dieses Ereignis einem ungenannten König zuschreibt (s. *Assyrien und Israel). Das gleiche trifft auf den Verwüstungszug des Sanherib gegen Juda zu. Nachdem er die Küstenstädte von Sidon (Phönikien) zur Unterwerfung gezwungen und Joppe eingenommen hatte, hielt Sanherib einen Siegeszug durch das Land Juda und eroberte Hazor, *b·nē b·raq,* Beth-Dagon; Eltheke, Thimna und Ekron nebst 40 befestigten Orten von Juda (701 v. Chr.). Die assyrische Inschrift fährt fort mit einer Beschreibung, wie Sanherib den Hiskia in Jerusalem »wie einen Vogel in einem Käfig« einsperrte, aber sie schweigt über das Schicksal Jerusalems. Dieses hat nämlich (2 Kg 18, 17–35) dem assyrischen Angriff und den Überredungskünsten des Rabsake standgehalten. Sanherib hatte sein Hauptquartier in Lachis. Dies bestätigen die Bibel wie auch die Reliefs, die bei der Ausgrabung von Ninive, der Hauptstadt Sanheribs, zutage kamen und die Einnahme von *Lachis darstellen (s. **Abb. 500–503**, *Israel und Juda).

4. Hebräische Inschriften: Etliche Inschriften in hebräischer Sprache, hauptsächlich von Israeliten abgefaßt, hat man in Palästina gefunden:

a) Bei *el-ḥadr* bei Bethlehem fand man drei bronzene Speerspitzen. Auf jeder stand: *ḥṣ 'bdlb't* (s. *Alphabet). Durch paläographischen Vergleich lassen sich diese Speerspitzen ins 12. Jhdt. v. Chr. datieren, also in eine Zeit, wo die Israeliten schon im Lande waren. Jedoch läßt sich nicht sicher feststellen, ob diese Speerspitzen (*ḥṣ* auf kanaanäisch oder hebräisch) einem Israeliten gehörten, da sich alle die Völker, die im Westteil des fruchtbaren Halbmondes lebten, in Sprache und Schrift sehr ähnlich waren. Der Eigentümer des Speers hat den Titel *'bd* (das heißt Knecht, Beamter) des Labat, offenbar eines lokalen Fürsten. Daraus darf man vielleicht auf die Existenz einer Söldnertruppe von Schützen in Kanaan und Israel schließen. Den Namen des Eigentümers auf Geschosse zu schreiben, war wahrscheinlich ein allgemeiner Brauch in Kanaan und Syrien. So hat man in Byblos Metallklingen mit unleserlichen Inschriften gefunden und jüngst im Tal des Libanon eine Pfeilspitze zutage gebracht, deren Inschrift mit den Worten beginnt: *ḥṣ zkrb'l.* Sie stammt wohl aus dem 11. Jhdt. v. Chr.

b) Bauernkalender von Gezer: Bei der Ausgrabung von Gezer fand sich ein Verzeichnis der Monate mit ihren verschiedenen landwirtschaftlichen Tätigkeiten. Es war auf weichen Kalkstein in sieben Zeilen mit frühisraelitischen Schriftzeichen geschrieben. Die Tafel hatte die Größe von 7 × 10 cm (10. Jhdt. v. Chr., abgebildet und erklärt unter *Ackerbau und Viehzucht).

c) Mesa-Inschrift: Der Mesa-Stein stammt von einem gleichnamigen König von Moab (über diese Inschrift näheres s. unter *Moab, dazu **Abb. 548**).

d) Ostraka von Samaria: Bei der Ausgrabung von Samaria 1908–1910 entdeckte man in den Lagerräumen des Königspalastes Ostraka, auf denen mit Tinte hebräische Schriftzeichen standen. Der Text dieser Aufzeichnung ist sehr kurz und ent-

hält das Datum (Jahr der Königsherrschaft), einen Ortsnamen, einen Personennamen und eine Mengenangabe von Wein oder Öl. Eine lautet zum Beispiel: *bšt htš't mjṣt l'ḥnw'm (n)bl j'(n) jšn,* das heißt: »Im 9. Jahr eines (ungenannten) Königs von Israel wurde ein Krug alten Weines des Ahinoam gebracht.« Ein anderer Text gibt an: *bšt h'šrt mḥṣrt lgdjw nbl šmn rḥṣ.* Das bedeutet: »Im 10. Jahr brachte Gadjaû von Hazeroth als Steuerzahlung einen Krug Salböl.«
Man sieht, diese Ostraka **(Abb. 336, 337)** waren Quittungen oder Quittungsabschriften für Naturalsteuern, die man dem König aus verschiedenen Dörfern des nördlichen Reiches lieferte. Man kann aus ihnen das System der Besteuerung im Reich Israel erschließen und erfährt etwas über die Mundart der Israeliten im Gebirge Ephraim zu jener Zeit. Das Wort *st* (Jahr) lautet in der Mundart von *Moab ebenso. Der Ausdruck *šmn rḥṣ* steht nicht in der Bibel; er bezeichnet wahrscheinlich ein besonders feines Öl. Die Personennamen mit Gottesbezeichnung: Gadjaû, Jedajaû, Obadajû, Schmarjaû enthalten den Bestandteil *jw (jaû, jahu* und *jahwe* sind gleichbedeutend). Da sich die gleiche Form auf den Siegeln von Jerusalem findet, zum Beispiel *l'bjw 'bd'zjw,* handelt es sich nicht um eine weiche Mundart (s. *Samaritaner). Früher schrieben die Gelehrten die Ostraka von Samaria der Zeit Ahabs oder Jerobeams II. zu, jetzt wird allgemein angenommen, daß sie aus der Zeit des Menahem ben Gadi stammen (s. *Israel und Juda 2).
e) Ostraka von tell qasîle: Ungefähr in dieselbe Zeit gehören die beiden Ostraka **Abb. 338, 339** aus *tell qasîle;* die Stadt an dieser Stelle war ein Hafen des nördlichen Reiches an der Mündung des Jarkon und wurde 732 v. Chr. beim Feldzug Tiglatpilesars III. zerstört. Die Ostraka müssen also älter sein. Auch sie sind Aufzeichnungen über die Verschiffung bestimmter Mengen Öl und Gold, die über diesen Hafen nach Phönikien oder Ägypten gingen. Im Gegensatz zu den Ostraka von Samaria, die mit Tinte geschrieben waren, sind die von *tell qasîle* eingeritzt. Eine von ihnen lautet: *lmlk 'lf šmn wm'h (')ḥjhw,* das heißt: 1100 Maß Öl gesendet entweder aus dem königlichen Schatz, oder bestätigt von einem königlichen Hafenbeamten namens Ahijahu. Die zweite Inschrift lautet: »30 Schekel Ophirgold (von feiner Qualität) aus Beth-Horon«, oder vielleicht vom Haus des Gottes Horon **(Abb. 339).**

f) Siloah-Inschrift: Im Jahre 1880 entdeckte man eine Inschrift auf der Wand des Tunnels, der die Siloah-Quelle östlich von *Jerusalem mit der befestigten Stadt verbindet. Man schreibt die Inschrift und den Tunnel selbst dem König Hiskia von Juda zu. Dieser machte nach 2 Kg 20, 20 »den Teich und die Wasserleitung und brachte Wasser in die Stadt«. 2 Chr 32, 30 gibt genauere Einzelheiten: »Hiskia war es auch, der den oberen Ausfluß des Gihon-Wassers zuschütten und dieses nach der Westseite der Davidsstadt hinunterleiten ließ.« Diese Anlage gehörte zu den Befestigungsarbeiten von Jerusalem, die vor der Belagerung der Stadt durch Sanherib durchgeführt worden waren. Wie ernst die assyrische Gefahr war, beweist sowohl die Bibel als auch die Inschrift des Sanherib. Die Siloah-Inschrift **(Abb. 342)** berichtet über die durchgeführte Minierarbeit. Sie lautet in Übersetzung: »(Dies war?) der Durchbruch. Und zwar hatte es mit dem Durchbruch folgende Bewandtnis: Während (die Mineure schwangen) die Pike, jeder auf seinen Genossen zu, und während (noch) drei Ellen zu durchschlagen (waren, wurde gehö)rt die Stimme eines jeden, (der) seinen Genossen rief. Und es war ein Spalt (?) im Felsen, von rechts nach (link)s. Und am Tage des Durchbruchs schlugen die Mineure, jeder um sich seinem Genossen zu nähern, Pike gegen (Pi)ke. Und es floß das Wasser vom Ausgangsort zu dem Teiche 1200 Ellen weit. Und einhundert Ellen betrug die Höhe des Felsens über den Köpfen der Mineure.«
Anders als der Mesastein beabsichtigt die Siloah-Inschrift nicht, den König für sein Unternehmen zu rühmen. Eher drückt sie die Freude der Arbeiter und ihre Begeisterung beim glücklichen Abschluß der Arbeit aus: »Ein Mann hörte die Stimme des anderen rufen.« Der Tag, an dem der Durchbruch endlich stattgefunden hatte, wurde der »Tunneltag« genannt. Mit erhobenem Gefühl sagt uns die Inschrift, daß der Tunnel 1200 Ellen lang war und 100 Ellen unter der Felsoberfläche. Es war für diese frühe Zeit wahrhaftig ein großartiger Erfolg von Ingenieurarbeit, die mit anerkennenswerter Genauigkeit von entgegengesetzten Enden die gleiche Stelle erreichte, was die stolzen Worte der Inschrift durchaus rechtfertigt (s. *Wasserversorgung).
g) Grabinschrift des Schebnajahu: Im Dorf Siloam östlich von Jerusalem fand man drei Grabinschriften aus der Zeit des Ersten Tempels. Die Gestalt der Schriftzeichen zeigt, daß sie in zeitliche Nähe zu König

Abb. 336, 337. Ostraka von den Ausgrabungen in Samaria

Abb. 338, 339. Ostraka aus *tell qasīle*

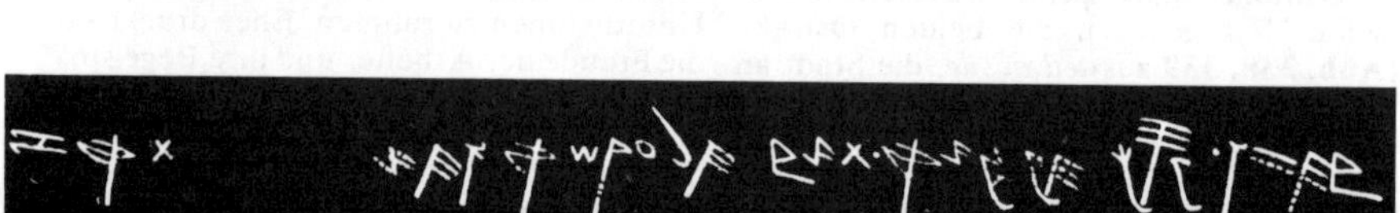

Abb. 340. Grabinschrift des Schebnajahu

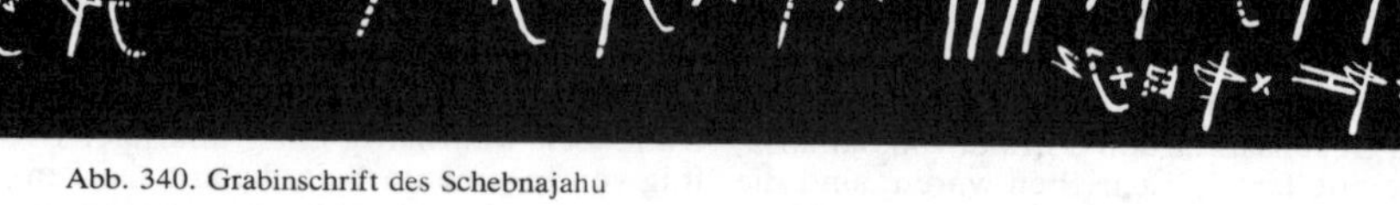

Abb. 341. Im *wādi murabbaʿat* fand sich der älteste hebräisch beschriftete Papyrus

Abb. 342. Die Siloah-Inschrift

Abb. 343. Ostrakon aus *m·ṣad ḥašavjāhū,* das die »Mantelgeschichte« enthält

Hiskia gehören (s. *Israel und Juda). Eine von ihnen – man nennt sie die Schebnajahu-Inschrift **(Abb. 340)** – lautet:

1) – *zwt (kbwrt...) jhw 'šr 'l hbjt. 'n pw ksf wzhb*

2) – *kj 'm ('ṣmtw) w'ṣmt 'mth 'th. 'rwr h'dm 'šr*

3) – *jftḥ 't zwt*

Nach der Übersetzung von Professor H. Avigad: »Dies ist das Grab von ... Jahu, dem Hausaufseher. Es liegt hier kein Silber oder Gold, sondern nur (seine Gebeine) und die Gebeine seiner Sklavin mit ihm. Verflucht sei der Mensch, der dies (Grab) öffent.«

Der Inhaber des Grabes war ein Mann von hohem Rang, offenbar der Regierungsbeamte, der dem königlichen Haus vorstand. Der Satz erinnert an Jes 22, 15 f: »Gehe hinein zum Schatzmeister Sebna, dem Hausvorsteher, und sprich zu ihm: Was hast du hier, wem gehörst du an, daß du dir ein Grab hier hauen läßt, als der sein Grab in der Höhe hauen läßt und als der seine Wohnung in den Felsen machen läßt.« So ist es sehr naheliegend, den fehlenden, unleserlichen Namen der Inschrift zu Schebnajahu zu ergänzen, der ein Zeitgenosse des Hiskia war. Aber vollständige Gewißheit läßt sich darüber nicht erreichen. Der Fluch gegen den »Menschen, der das Grab öffnen würde« bezieht sich auf Räuber, die beim Suchen nach Schätzen, die mit dem Toten begraben waren, die Gräber zu plündern pflegten.

Von den anderen beiden Inschriften bei Siloam enthält die eine ein Stück, das der angeführten Inschrift ähnlich ist. Die dritte Inschrift lautet: *hdr bktf hṣr...*, das heißt: »Grabkammer in einer Höhle im schrägen Fels.« Das Wort *ktf* ist in der Bibel geläufig für einen Bergabhang oder Hügel, zum Beispiel Num 34, 11; Jos 15, 8; Jes 11, 14.

h) Grab-Graffiti: Die bisher genannten Inschriften aus der Zeit des ersten Tempels und auch einige, die unten folgen, haben weltlichen Inhalt. 1961 jedoch hat man Graffiti (Felsinschriften) in althebräischer Schrift mit ausgesprochen religiösem Inhalt gefunden, und zwar in einer Grabhöhle 8 km von Lachis entfernt. Diese Inschriften sind typisch für die Zeit des ersten Tempels. Hier steht der Ausdruck Jahwe, Herr der Welt. Auch der Name *jršlm* (Jerusalem) begegnet uns hier zum erstenmal in einer hebräischen Inschrift aus der Zeit des ersten Tempels. Eine Wand der Höhle trug zwei Verse in dichterischem Rhythmus, der an die Psalmen erinnert. Die Inschriften scheinen von mindestens drei verschiedenen Personen zu stammen, die sich zufällig in der Höhle trafen. Sie wurden noch nicht vollständig entziffert und auch noch nicht wissenschaftlich veröffentlicht, aber man kann sie offenbar in die Zeit des Hiskia datieren.

i) Früher Papyrus aus murabba'at: Da im größten Teil des Landes feuchtes Klima herrscht, sind organische Schreibmaterialien wie Pergament und Papyrus im Lauf der Jahrhunderte verfault, und die einzigen Inschriften, die bei den Ausgrabungen zutage kamen, waren entweder in Stein gemeißelt oder auf Scherben (Ostraka) geschrieben. In allerjüngster Zeit jedoch fand man neben der Fülle von Material aus der Zeit des *Bar-Kochba in einer Höhle des *wadi-murabba'at* nahe dem Toten Meer einen hebräisch beschriebenen Papyrus, der offenbar aus dem 8. Jhdt. v. Chr. stammt. Er ist ein sogenanntes Palimpsest, das heißt, über einen alten Text ist später etwas anderes geschrieben worden. Weil Papyrus teuer war, pflegte man ihn oft zweimal oder noch öfter auf diese Weise zu benützen. Im angeführten Fall lassen sich nur zwei Zeilen des ursprünglichen Textes entziffern. Sie lassen vermuten, daß sie ein Teil eines langen Briefes waren. Darüber geschrieben ist eine Liste von vier Personennamen nebst Symbolen und Zahlen, vermutlich Mengenbezeichnungen **(Abb. 341).**

k) Ostraka aus m·sad ḥašavjāhū *(Jabne-Jam):* Klage wegen eines Mantels. Bei der Ausgrabung im Jahre 1960 kamen in einer alten Festung namens *m·ṣad ḥašavjāhū* an der Meeresküste südlich von Jabne-Jam sechs Ostraka und eine Inschrift auf einem zerbrochenen Krug ans Tageslicht. Die Art der Keramik bezeugt, daß die Festung im letzten Drittel des 7. Jhdts. v. Chr. erbaut und bewohnt war. Ihr Hebräisch hat biblischen Stil, und auf den Ostraka stehen Namen mit dem theophoren Bestandteil *jahu.* Der Inhalt der Inschriften macht es sehr wahrscheinlich, daß König Josia von Juda (ca. 628–607 v. Chr.) dies Gebiet erobert hat, was man bisher nicht wußte.

Das wichtigste Ostrakon von *m·ṣad ḥašavjāhū* ist ein Brief auf hebräisch von 14 Zeilen **(Abb. 343).** Es stammt aus dem Wachraum im Tor der Festung. Der Brief lautet: »Mein Herr, der Statthalter, möge hören das Wort seines Dieners. Dein Diener war beim Ernten, dein Diener, in der Hitze (des T)ages. Und es erntete dein Diener und er maß und häufte auf wie tagtäglich, bevor er aufhörte, nachdem dein

(Di)ener die Ernte been(det) hatte und aufgehäuft hatte wie tagtäglich. Und es kam Hoschijahu, der Sohn des Schobai, und nahm das Gewand deines Dieners weg, nachdem ich beendet hatte diese meine Erntearbeit (wie) tagtäglich; er nahm das Gewand deines Dieners weg. Und alle meine Genossen werden für mich zeugen, die mit mir ernteten in der Hitze (des Tages ...); meine Genossen werden für mich zeugen. Wenn ich frei bin von (Schuld, dann gib) mein Gewand (zurück). Und wenn nicht, (so ist es) dem Statthalter (doch möglich), zurückzugeben (das Gewand deines Dieners und zu erweis)en ihm Gna(de[?] ...) deinem Diener und verstoße ihn nicht (...).«

Der Brief ist zur Erntezeit geschrieben; ein armer Bauer beklagt sich beim Offizier vom Dienst über den Verlust seines Mantels und bittet um dessen Rückgabe. Aus dem Brief läßt sich folgendes Bild hinreichend genau gewinnen:

Der Bauer war bei der Erntearbeit auf königlichem Feld in der Nähe einer unbefestigten dörflichen Siedlung namens *ḥaṣar asam*. Er wollte zum Offizier, der zugleich Kommandant der Festung und Leiter der Verwaltung des neu eroberten Gebietes war, um sich zu beklagen, daß ihm sein Mantel rechtswidrig konfisziert worden sei. Der Beamte, der die Feldarbeit zu beaufsichtigen hatte (das Feld war wie üblich Krondomäne geworden), hatte ihn im Verdacht, er habe die Arbeit verlassen, ehe er sein Soll erfüllt hatte, und hatte deswegen seinen Mantel beschlagnahmt. Ein Kleidungsstück anstelle einer unbezahlten Schuld wegzunehmen, war allgemeiner Brauch (s. Ex 22, 26.27; Dt 24, 10–14; Spr 20, 16; 27, 13; Am 2, 8). Aber für den Bauern war es »seine einzige Kleidung, die einzige Decke seiner Haut, darin er schläft, worin sonst soll er schlafen« (Ex 22, 27), deswegen sollte man es ihm wiedergeben, »ehe die Sonne untergeht«. Der Bauer empfand das ihm Angetane als Unrecht. Er behauptete, sein Soll erfüllt zu haben, und forderte den Schutz, den das Gesetz ihm zusprach. Offenbar erschien er am Tor der Festung beim Eintritt der Nacht und verlangte den Offizier zu sehen. Da diese Forderung abgelehnt wurde, diktierte er seine Klage einem Torschreiber; dieser formulierte vermutlich den ersten Satz in der dritten Person (*'bdh* – sein Diener) und schrieb dann die Worte des Bauern selbst: *'bdk* – dein Diener, in der zweiten Person Singular, was sich im Laufe des Briefes siebenmal wiederholt **(Abb. 343).**

l) Ostrakon vom Ophel: Bei den Ausgrabungen am Ophel im vorexilischen Jerusalem entdeckte man 1924 ein mit Tinte beschriebenes Ostrakon. Die Schrift ist sehr verwischt, doch beim Versuch, sie zu entziffern, erkannte man eine Liste von Personen und deren Vorfahren: *hzkjhw bn krh bn šrš(?) b(n) bkjhw,* usw. Wozu die Liste dienen sollte, ist nicht deutlich. Nach paläographischen Gesichtspunkten sind die Buchstaben denen der Ostraka von Lachis ähnlich, die aus der allerletzten Zeit des Ersten Tempels stammen.

m) Lachis-Ostraka: Bei der Ausgrabung von *tell ed-duwēr,* in dem man das biblische Lachis sieht, fanden sich in einem Raum neben dem Stadttor etwa 20 Ostraka. Abgesehen von einer Namensliste ähnlich wie auf dem Ostrakon vom Ophel, waren die meisten dieser Ostraka Briefe an Jaosch, den Kommandanten der Garnison von Lachis, der über den südwestlichen Teil der Küstenebene Sephela gesetzt war. Der Absender der Briefe **(Abb. 344)** war Hoschijahu, ein Untergebener des Jaosch, der die Garnison einer der Provinzstädte an der Straße von Lachis nach Jerusalem befehligte. Hoschijahu schreibt an seinen Vorgesetzten höchst demütig. Am Anfang des Briefes steht eine Grußformel: »Möge Jahwe meinen Herrn Friedensbotschaften hören lassen.« Mehrfach heißt es: »Was ist dein Diener anderes als ein Hund?« Durch Selbsterniedrigung will der Schreiber den Empfänger ehren, im Grunde das gleiche Prinzip wie in der Floskel: »Ihr ergebener Diener.« Man erinnert sich dabei an die Worte des Mephiboseth an David, 2 Sam 9, 8: »Wer bin ich, dein Knecht, daß du dich wendest zu einem toten Hunde, wie ich einer bin?« Fünf Briefe lassen sich hinreichend entziffern. Daraus geht hervor, daß sich der Briefwechsel hauptsächlich um zwei Dinge dreht: Jaosch klagt Hoschijahu an, daß er in geheime Briefe, die aus Jerusalem an den Kommandanten von Lachis geschickt worden waren, Einblick genommen und ihren Inhalt sogar anderen mitgeteilt habe. Hoschijahu leugnet das.

Der zweite Gegenstand dieses Briefes ist das Auftreten eines ungenannten Propheten, der offenbar zum Frieden mit Babylon riet. Der ganze Brief lautete: »Dein Knecht Hoschijahu sandte (einen Brief), um zu berichten meinem Herrn Jaosch. Möge hören lassen Jahwe meinen Herrn Nachrichten des Heils! Und (jetzt hast du ein Sch)rei(ben gesch)ickt, aber (ni)cht hat geöffnet (mein H)err (die Augen) deines Knechtes hinsichtlich des Schreibens, das

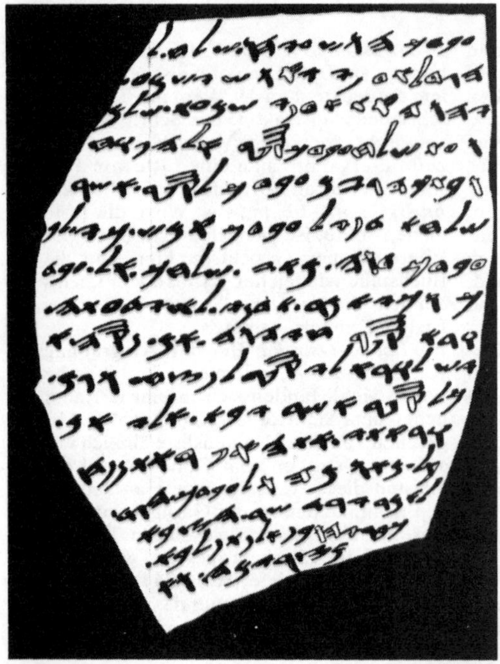

Abb. 344. Ostrakon aus Lachis: Brief an den Kommandanten

Abb. 345. Krugscherbe aus Hazor

Abb. 346. Krug mit der Aufschrift *gb'n* (Gibeon)

Abb. 347. Hebräische Siegel der Perserzeit. Viele enthalten das Wort *jhd,* die aramäische Bezeichnung für Juda. Gegen Ende der Perserzeit finden sich Krughenkel mit dem Wort *jršlm,* das um einen fünfzackigen Stern läuft (unten links)

Abb. 348. Fragment einer Steinstele aus Samaria mit der Inschrift *ašr*

Abb. 349. Grabinschrift: »Hierher brachte man die Gebeine des Usia, König von Juda. Nicht öffnen!« Die Steintafel wurde leider nicht an ihrem ursprünglichen Platz gefunden

Abb. 350. Griechische Inschriften aus den Familiengräbern von Maresa (189–119 v. Chr.)

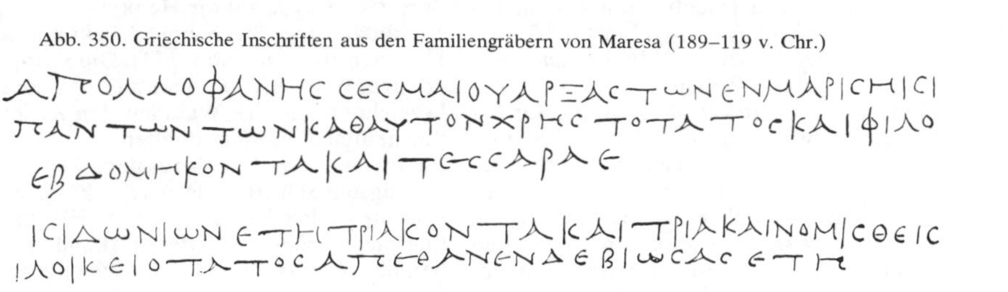

(mein) He(rr) gestern Abend deinem Knechte geschickt hat, denn das Herz deines Knechtes (war krank,) seit du (das Schreiben) geschickt hast zu deinem Knecht. Und wenn mein Herr spricht: ›Wußtest du es nicht? Lies ein Schreiben!‹ So (wahr) Jahwe lebt, keiner hat jemals versucht, mir ein Schreiben vorzulesen! Und auch jedes Schreiben, das zu mir kam, habe ich nicht gelesen ... Und dein Knecht wurde benachrichtigt folgendermaßen: Es kam herab der General Konijahu, Sohn des Elnatan, um zu gehen nach Ägypten, und den HWDWJHW, Sohn des Achijahu und seine Männer schickte er zu nehmen ... Und ein Schreiben des Tobijahu, des Knechtes des Königs, das zu Sallum kam, dem Sohn des Jaddua, durch den Propheten folgendermaßen: ›Hüte dich!‹, das hat dein Knecht zu meinem Herrn geschickt« (3. Ostrakon).

Vielleicht bezieht sich der Vorfall mit dem Auftreten des Propheten auf die gleiche Begebenheit, die auch der Prophet Jeremia in der Erzählung von Jojakim und dem Propheten Urijahu von Kirjath-Jearim erwähnt (Jer 26, 20–24).

Auch das 4. Ostrakon ist für das AT von Bedeutung, es lautet: »Möge Jahwe meinen Herrn eben jetzt hören lassen Nachrichten des Guten! Und jetzt, gemäß allem, was mein Herr schrieb, hat dein Knecht also getan: Ich habe auf die Tafel geschrieben gemäß allem, was (mein Herr) mir schrieb. Und wenn mein Herr schrieb betreffs Beth-Harapid, dort ist kein Mensch (mehr). Und (was anlangt) Semachjahu, so hat Schemajahu ihn genommen und ihn zur Stadt herausgebracht. Und ich, dein Knecht, kann nicht (heute)... dorthin schicken, aber gewiß (werde ich ... ihn?), wenn es wieder Morgen wird, (schicken). Und mein Herr möge wissen, daß wir auf die Signale von Lachis warten, indem wir alle Anweisungen befolgen, die mein Herr gab. Denn wir können die Zeichen von Azeka nicht sehen.«

Hoschijahu benachrichtigt den Jaosch, daß seine Anordnungen ausgeführt sind, und berichtet, was in seinem Abschnitt vor sich geht. Die letzten Zeilen des Briefes beziehen sich offenbar auf die Zeit, die Jer 34, 7 beschreibt: »... als das Heer des Königs von Babylon gegen Jerusalem kämpfte und gegen alle die Städte von Juda, die noch übrig waren, nämlich Lachis und Azeka, denn dies waren die einzigen befestigten Städte von Juda, die noch vorhanden waren.« Hoschijahus Worte, daß er Azeka nicht sehen könne (das heißt, daß die Stadt gefallen ist), zeigen, daß sein Brief später als der biblische Vers geschrieben wurde. Da diese Briefe geschrieben wurden, als Juda seinen letzten Kampf gegen den einbrechenden Nebukadnezar focht, sind sie die spätesten hebräischen Inschriften aus der Zeit des Ersten Tempels.

n) Verschiedene kurze Inschriften: Abgesehen von den angeführten Inschriften gibt es noch eine Reihe kurzer hebräischer Inschriften. In Hazor hat man Krugscherben gefunden **(Abb. 345)** mit Einritzungen – einmal auch mit Tintenaufschrift – der Namen ihrer Besitzer: *lmkbrm ldljw* oder *lpkh smdr.* Diese letzte Inschrift enthält auch eine Angabe über den Inhalt des Kruges, denn *smdr* war offenbar eine Weinsorte. Bei der Ausgrabung von Gibeon fand man Krüge mit dem Stadtnamen *gb'n* **(Abb. 346)**, der auf dem Henkel eingeritzt ist. In Samaria fand man ein Stück einer steinernen Stele mit dem eingemeißelten Wort *ašr* **(Abb. 348)**. Unter den sonstigen Funden von Lachis befand sich auch ein Krug mit der Inschrift *bt lmlk.* Bat war ein Hohlmaß, und das beigefügte Wort *lmlk* (dem König) läßt vermuten, daß dieser Krug geeichtes Maß war oder daß sein Inhalt von Amts wegen bestätigt war. Die Inschrift bedeutete also dasselbe, wie wenn auf die Henkel von Krügen das königliche Siegel gedrückt war (s. **Abb. 740–743**). Gewichte mit der Aufschrift *nsf bq'* oder *pjm* für den Handelsgebrauch sind häufig (s. *Gewichte und Maße, *Siegel).

5. Hebräische und aramäische Inschriften aus der Zeit des zweiten Tempels: Die hebräischen *Siegel der Perserzeit unterscheiden sich nicht in bedeutender Weise von denen aus der Zeit des Ersten Tempels. Meistens unterscheiden sie sich von den frühen Siegeln nur durch die Aufschrift. Die königlichen Siegelabdrücke dieser Zeit enthalten das Wort *jhd* (Jehud) **(Abb. 347)**, manchmal auch abgekürzt zu *jh.* Das ist die aramäische Bezeichnung der persischen Satrapie Juda. Gegen Ende der Perserzeit wurde auf die Henkel der Krüge ein fünfzackiger Stern eingedrückt mit der Unterschrift *jršlm* **(Abb. 347).** Die Stempel mit dem Wort *m(w)ṣh* sagen aus, daß die so bezeichneten Krüge Wein aus den Kellern des heutigen *mōṣā* enthielten, das an der Landstraße westlich Jerusalem lag. Die wichtigsten Schriftfunde aus der Perserzeit sind die vielen Papyri aus Jeb (Elephantine) in Oberägypten. Diese Urkunden geben uns Kenntnis von der Geschichte und Lebensweise einer jüdischen Militärkolonie »Hila Jehudia« im 5. Jhdt. v. Chr. Sie

enthalten auch allerlei über die Geschichte der Israeliten in Palästina unter der Perserherrschaft (s. *Persien und Israel 5 c).
Abgesehen von Siegeln und Münzen hat man nur wenige Inschriften aus der Perserzeit gefunden: 1. In *tell abū zeitun* nördlich von Tel Aviv fand man ein Ostrakon mit dem Namen *hšwb* in aramäischen Zeichen, wie sie für das 5. Jhdt. v. Chr. typisch sind. Dieser Name steht auch in der Bibel zur Zeit des babylonischen Exils und der Restauration (Neh 11, 15) (s. *Restauration und Perserzeit, Esra und Nehemia). 2. Aus *tell el-fāre'* im Süden stammt ein Ostrakon mit der aramäischen Inschrift *lzr' bhkl zf bt 'srjn.* Das ist offenbar eine Rechnung über die Ausgaben bei der Feldbestellung, 20 *bātôt* (pl. von *bāt;* s. *Gewichte und Maße). 3. Als Inschrift auf einem steinernen Altar in einem Grab der Perserzeit aus Lachis liest man: *lbwnt j(hw...)š bn mh(jr). lJH mr šmj,* das heißt: »Weihrauch von Balsam des Jehoasch, Sohn des Mahir, an Jahwe, den Gott des Himmels *(š·māja).*«
Abgesehen von den Rollen vom Toten Meer und den Papyri der Bar-Kochba-Zeit, die keine Inschriften nach der obigen Definition sind und gesondert behandelt werden (s. *Bar-Kochba; *Qumran), sind die Inschriften der hellenistischen und Römerzeit aus Israel kurze Texte, meist Grabinschriften. Der Hauptteil davon wurde in Jerusalem gefunden, einige an verschiedenen anderen Stellen. Die meisten sind hebräisch oder aramäisch abgefaßt, einige wenige griechisch.
Die bedeutendste davon ist eine Steintafel **(Abb. 349)** mit der Inschrift: *ekh htjt şm 'zjh mlk jhwd wlw lmfth,* zu übersetzen mit: »Hierher brachte man die Gebeine des Usia, König von Juda. Nicht öffnen!« Die Inschrift wurde nicht an ihrem ursprünglichen Platz gefunden. Aus irgendeiner unbekannten Ursache war sie in die Sammlung der russischen Kirche auf dem Ölberg gekommen. Usias Gebeine scheinen aus ihrem ursprünglichen Grab entfernt worden zu sein, doch ist es schwierig, den Grund zu erraten. Vielleicht geschah es wegen seines Aussatzes (2 Chr 26, 23).
Man findet aramäische Inschriften auf den Steintafeln, mit denen man die Grabkammern zu verschließen pflegte. Sie enthalten die Namen der Bestatteten und eine Warnung, das Grab zu öffnen.
Am Eingang einer Grabkammer im Kidrontal von Jerusalem stand folgende Inschrift auf hebräisch: »Dies ist das Grab und Denkmal des Eleazar Hania Jo'ezer Jehuda Schimeon Johanan, des Sohnes des Joseph ben Obed und des Eleazar benē Hanijeh, Priester von den Söhnen des Hazir.« Man hat viele Namen auf Steinsarkophagen gefunden, die wir aus biblischen und talmudischen Namenslisten kennen (s. *Begräbnis). Einzelne Namen sind griechischen Ursprungs.
Eine Reihe von Inschriften fanden sich auf den Felsen in der Flur um *tell ğezer* eingemeißelt. Diese Inschriften bezeichnen die Grenzen des Stadtgebietes in der Hasmonäerzeit: »Grenze von Gezer«. Manchmal ist das griechische Wort ΑΛΚΙΟΣ (Eigentum des Alkios) beigefügt. Offenbar war dieser damals der Stadtfürst (Abb. s. unter *Gezer).
6. Griechische Inschriften (Griechisch-römische Zeit): Die griechischen Inschriften setzen in Israel in der hellenistischen Zeit ein (s. *Hasmonäer). Die ältesten in Israel gefundenen griechischen Inschriften stammen aus der Ptolemäerzeit, aber die meisten gehören erst in die Zeit nach dem Krieg mit *Bar-Kochba. Da wir über die Geschichte von Palästina in dieser Periode nur sehr dürftige Quellen haben, sind sogar die wenigen griechischen Inschriften wichtig für die Kunde über das jüdische Leben und auch über die heidnischen Völker im Land.
Einige Inschriften, die man in Ägypten entdeckt hat, unterrichten uns über das jüdische Leben zu Beginn der Ptolemäerzeit. In Schedia bei Alexandria berichtet eine Inschrift mit griechischen Worten, daß dort eine jüdische Gemeinde zur Zeit des Ptolemäus III. Euergetes (246–221 v. Chr.) eine Synagoge (προσευχή) erbaut und sie nach dem Namen des Königs und der Königin Berenike genannt habe. Ähnliche Inschriften jüdischer Synagogen aus Unterägypten zeigen, daß es in der Diaspora ein jüdischer Brauch war, den heidnischen König und seine Familie als Namenspatrone der Synagogen zu ehren (s. *Hellenismus und jüdische Diaspora).
Eine andere Inschrift, die bei der Ausgrabung auf dem Ophel in Jerusalem aufgedeckt wurde, ist auf eine Marmortafel gemeißelt und erzählt von der Erbauung einer Synagoge (συναγωγή) nebst einem Gasthaus mit Wasserversorgung für arme Pilger. Der Erbauer der Synagoge war Theodotos (Matthanja), Sohn des Vettenos, ein Archisynagogos (ein Leiter der Synagoge), Sohn und Enkel eines Archisynagogos **(Abb. 207)**.
Eine weitere Inschrift aus Jerusalem stammt aus der Nähe der Ummauerung des Tempelhügels. Die eingemeißelte griechi-

Abb. 351. Siegel auf Henkeln der Krüge, in denen Wein aus Rhodos importiert wurde

Abb. 352, 353. Lateinische Inschriften auf Meilensteinen, die Stadtgrenzen markierten

sche Tempelinschrift besteht aus sieben Zeilen und lautet: »Kein Fremder soll das Gitter und die Mauer um den Tempel überschreiten. Wer dabei ertappt wird, wird seine Strafe erhalten, und sein Blut wird auf seinen eigenen Händen lasten.« Diese Inschrift stand offensichtlich an der Mauer des Tempels, den Herodes erbaut hat. Josephus zitiert die Inschrift an der Trennungsmauer des Tempels: »...da standen Pfeiler in gleichen Abständen voneinander, teils mit griechischen, teils mit römischen Buchstaben, die das Gesetz der Reinheit aussprachen, daß kein Fremder das Heiligtum betreten dürfe« (Josephus, Jüdischer Krieg V 5, 2).
Nur eine Inschrift aus der Hasmonäerzeit ist bekannt, die diese mit Namen nennt. Diese Inschrift, gefunden bei der Ausgrabung von *Gezer, stand auf einem behauenen Stein **(Abb. 299)**, der zum Palast Simons des Hasmonäers gehört zu haben scheint. Sie lautet: »Feuer soll den Palast des Simeon zerstören, sagt Pampras.« Dieser Pampras, der seinen Fluch auf einen Stein des Gebäudes schrieb, wird ein Kriegsgefangener gewesen sein, der beim Bau des Palastes Zwangsarbeit leisten mußte.
Unter den griechischen Inschriften, die sich auf die Fremdherrscher beziehen, soll die folgende erwähnt werden. In Gaza fand man ein Denkmal des Charemides, eines kretischen Söldners im Heer der Ptolemäer. Die Inschrift auf dem Stein umfaßt 16 Zeilen. Seine Siege auf dem Schlachtfeld brachten dem Charemides die Aufmerksamkeit der Ptolemäerkönige ein. Aber in seinem Familienleben war er wenig glücklich; zuerst starb sein Sohn mit 20 Jahren, dann seine siebenjährige Tochter Kalodexa.
Kürzlich hat man zwei griechische Inschriften gefunden, die sich auf die Seleukidenherrschaft in Palästina beziehen. Die eine, nahe bei *ḥefṣi bā* gefunden, besteht aus 38 auf Stein geschriebenen Zeilen und ist eine Abschrift von 8 offiziellen Urkunden aus der Zeit Antiochus' III. (223–187 v. Chr.). Die Urkunden handeln vom Schaden, den etliche Dörfer im Nordteil des Landes durch die erzwungene Stationierung von Soldaten dort erlitten hatten. Aller Wahrscheinlichkeit nach geschah dies während des Krieges zwischen den Seleukiden und den Ptolemäern um 200 v. Chr. Eine Urkunde ist eine Denkschrift an Antiochus III., geschrieben von Ptolemäus, Sohn des Thraseas. Dieser Ptolemäus war ein Befehlshaber in der ägyptischen Armee, der überlief und sich den feindlichen Streitkräften anschloß. Dafür machte Antiochus ihn zum militärischen Befehlshaber und Hohenpriester von Südsyrien und Phönikien (s. *Hasmonäer; *Hellenismus im Nahen Osten).
Die andere Inschrift umfaßt 8 Zeilen auf Marmor und kam bei der Ausgrabung in Akko 1959 ans Licht. Diese Inschrift ist eine Weihung an Zeus Soter und erwähnt den Antiochus VII. (Sidetes). Der Name des Weihenden ist abgeschabt, aber sein griechischer Titel war αρχιγραμματευσ των δυναμεων, das heißt: Oberschreiber des Heeres, und er war zum Gouverneur von Akko bestimmt worden, offenbar in Abwesenheit des Antiochus, der zu dieser Zeit in einem Krieg gegen die Parther verwikkelt war (130 v. Chr.).
Etliche griechische Inschriften fand man in den großen Familiengräbern von Maresa (189–119 v. Chr.). Die bedeutendste dieser Inschriften **(Abb. 350)** spricht von Apollophanes, dem Sohn des Sesmaios, der nach dieser Inschrift 33 Jahre lang das geliebte Oberhaupt der Sidonier in Maresa gewesen war und in seinem 74. Jahr starb. Es gibt weitere Inschriften, deren Inhalt gar nicht verständlich ist, die aber wahrscheinlich in die Zeit der Gräber von Maresa gehören (s. *Begräbnis).
Eine besondere Gruppe bilden die griechischen Inschriften, die sich auf den heidnischen Kult in Palästina zu Beginn der hellenistischen Zeit beziehen. In Samaria (Sebastea) fand man eine Reihe von Inschriften aus der Ptolemäerzeit. Am interessantesten ist darunter eine vierzeilige Weiheinschrift, gefunden an einer Stelle, an der offenbar ein Tempel des Ptolemäus stand. Nach der Inschrift haben Hegesandros, Xenarchis und ihre Kinder den Tempel dem Serapis und der Isis geweiht.
In *kafr jāsīf*, 9 km nordöstlich von Akko, hat man eine Kalksteintafel mit einer eingemeißelten Inschrift von 7 Zeilen gefunden. Der Text stammt aus der Mitte des 2. Jhdts. v. Chr. und weiht den orientalischen Göttern Hadad und Atargatis einen Altar. Der Stifter Ditos, Sohn des Neoptolemos, scheint ein griechischer Ansiedler gewesen zu sein, obwohl er orientalische Götter verehrte. Warum die griechischen Siedler den orientalischen Göttern anhingen, sagt die zweite Zeile: »... weil diese Götter auf unsere Gebete achten.«
Zur Zeit des Zweiten Tempels war die Einfuhr von Wein aus Rhodos in großen Krügen sehr beliebt. Auf die Henkel dieser Krüge waren Siegel eingedrückt, die ge-

wöhnlich zwei oder drei Zeilen umfaßten, nämlich den Namen des Kaufmannes und die Zeit der Verfrachtung des Weins in dem Krug (bezeichnet durch die Namen der Konsuln, die in diesem Jahr amtierten). Manchmal war noch eine symbolische Zeichnung hinzugefügt. Auf den Henkeln **(Abb. 351)** ist es die Rose von Rhodos. Diese Siegelabdrücke sind für die Datierung der hellenistischen Schichten in Palästina bedeutsam.
Die meisten lateinischen Inschriften, die in Israel ans Licht kamen, beziehen sich auf die römische Herrschaft über Palästina. Vielfach sind es Meilensteine **(Abb. 352, 353)**, die die Grenzen einer Stadt bezeichnen. Einzigartig ist die Inschrift, die jüngst bei der Ausgrabung des Theaters von Caesarea zutage kam. Es ist eine Weihe des Gebäudes zu Ehren des Kaisers Tiberius und vom Prokurator Pontius Pilatus (26–36 n. Chr.) hier angebracht (s. *Caesarea am Meer, **Abb. 200**, *Rom und die Juden).

Israel und Juda
Gliederung: 1. Der Aufstand Jerobeams und die Reichsteilung. 2. Das Königreich Israel von Jerobeam I. bis zum Tod Jerobeams II. a) Jerobeam I.; (1) Chronologische Probleme von Jerobeams Regierungszeit; (2) Jerobeams Innenpolitik und Religionspolitik; (3) Jerobeams Bautätigkeit; (4) Ende Jerobeams; b) Baësa, Ela und Simri; c) Das Haus Omri; (1) Omri; (a) Die neue Hauptstadt Samaria; (b) Nachwirkungen der Politik Omris; (c) Freundschaftliche Beziehungen zu Phönikien und ihre Folgen in Kultur und Kult; (2) Ahab; (a) Politische Lage; (b) Militärmacht; (c) Kontakte zwischen Israel und Juda; (d) Die Aramäer; (e) Aufstieg Assyriens; (f) Bruch der syrisch-israelitischen Koalition; (3) Ahasja; (4) Joram; (a) Moabiterfeldzug; (b) Politischer Niedergang in Israel und Juda; (c) Wirtschaftlicher Niedergang in Israel; d) Die Dynastie Jehus; (1) Jehu; (a) Jehus Aufstand; (b) Nachwirkungen des Blutbads; (c) Aufstieg von Damaskus: Hasael und Jehu; (2) Joahas; (3) Aufstieg Israels unter Joas; (4) Jerobeam II. (a) Blütezeit Israels; (b) Wachsender Einfluß des Landadels. 3. Das Königreich Juda von Rehabeam bis zum Tod Usias; a) Rehabeam; (1) Bruderkrieg und Gebietsverluste; (2) Feldzug Schoschenks I.; (3) Befestigung Judas; b) Abia; c) Asa; (1) Sicherung des Landes; (2) Asas Reformen; (3) Baësas Krieg mit Juda und seine Folgen; d) Josaphat; (1) Politische Lage; (2) Reformen; (3) Wirtschaftliche Expansion; (4) Bündnis gegen Aram; e) Joram; (1) Regierungsantritt; (2) Der Verlust Edoms und des Negeb; (3) Phönikischer Einfluß; f) Ahasja; g) Athalja; h) Joas; (1) Jojada und Joas; (2) Tempeladministration; (3) Invasion der Aramäer; i) Judas Aufstieg und Amazja; k) Usia. 4. Die Zeit der assyrischen Eroberungen. Untergang Israels und Fortbestehen Judas. a) Israel; (1) Thronwirren; (2) Menahem; (3) Unter assyrischem Joch; (4) Pekah; (5) Verfall und Auflösung in Israel; (6) Israels Ende; b) Juda unter Ahas. 5. Judas Kampf um Unabhängigkeit. Von Hiskia bis zur Zerstörung Jerusalems. a) Hiskia; (1) Hiskia im Gefolge Sargons; (2) Hiskias Reformen; (3) Sanheribs Feldzug; b) Manasse; (1) Vasall Assyriens; (2) Ende der assyrischen Herrschaft; c) Amon; d) Josia; (1) Juda erlangt die Unabhängigkeit; (2) Josias Reformen; (3) Das Buch Deuteronomium; (4) Priesterschaft und erwachender Nationalismus; (5) Das neubabylonische Reich; e) Joahas; f) Jojakim; (1) Theophorische Namen; (2) Nebukadnezar in Juda; g) Jojachin; (1) Erste Deportation Judas; (2) Jojachin in Babylon; h) Zedekia; (1) Zedekia und Jeremia; (2) Revolte Zedekias und Untergang Judas; i) Der Rest in Juda. 6. Zeittafel. Könige von Juda und Israel.

1. Der Aufstand Jerobeams und die Reichsteilung: Rehabeam (928–911 v. Chr.), der Sohn Salomos und Naamas, einer ammonitischen Prinzessin, trat nach seines Vaters Tod im Jahre 928 v. Chr. die Thronfolge an. Einem bereits seit David (s. *David und Salomo) geübten Brauch entsprechend mußte er von Israel und Juda als König anerkannt werden. Nachdem er in Juda gekrönt worden war, zog er nach Sichem in Israel. Dort sollte er sich nach alter Sitte an einem *Höhenheiligtum krönen lassen. So waren schon vor ihm Saul in Gilgal, David in Hebron und Salomo auf der »großen Bamah« (Höhenheiligtum) zu Gibeon gekrönt worden.
Israels Volksversammlung, wohl ein »Rat der Alten« (s. *Verfassung), der wohl bereits zur Zeit des Stämmebundes existiert und seit jeher die Monarchie abgelehnt hatte, war nur unter bestimmten Bedingungen bereit, Rehabeam als König anzuerkennen. So forderte sie eine Verminderung der Steuerlasten und sonstiger Abgaben sowie Einschränkung der öffentlichen Zwangsarbeit. Rehabeam ließ sich jedoch nur von seinen jüngeren Ratgebern, die mit ihm in der absoluten Monarchie als Höflinge aufgewachsen waren, beeinflussen und wies die Forderungen zurück.

Im Gegensatz zu Juda fühlte sich Israel nicht an die davidische Dynastie gebunden. Das vereinigte Königreich, von David geschmiedet und von Salomo (s. *David und Salomo) auf die Höhe seiner Macht geführt, fand bei den Stämmen im Norden, die lieber einen Herrscher aus ihren eigenen Reihen gesehen hätten, wenig Anklang. Während der zweiten Hälfte seiner Regierungszeit (ca. 945–928 v. Chr.) hatte Salomo in zunehmendem Maße Zwangsarbeiterkolonnen aufgeboten, um den Ausbau seiner Streitwagenstädte und anderer Festungsanlagen voranzutreiben (1 Kg 9, 15–19; 11, 26–29). Das Volk im Norden sah diese immer weiter umsichgreifenden Zwangsaushebungen mit wachsendem Unmut. Es überrascht deshalb nicht, wenn das Regime in Jerusalem mehr und mehr auf Ablehnung stieß und es schließlich zur Loslösung Israels von Juda kam.

Die Revolte wurde von Jerobeam, dem Sohne Nebats, aus dem traditionell antidavidischen Stamme Ephraim angeführt. Salomo hatte ihn zum Aufseher über die Fronarbeiten in Ephraim und Manasse ernannt, doch war Jerobeam von Anfang an ein Gegner des vereinigten Königreiches gewesen. In seinem Widerstand gegen die davidische Dynastie fand er Unterstützung beim Propheten Ahia (1 Kg 11, 29–39), einem Nachkommen Elis, der als Hoherpriester beim Zentralheiligtum aller zwölf Stämme Israels in Silo den Dienst versehen hatte. Dieses Heiligtum war von Salomo aufgehoben worden, als er den Jerusalemer Tempel zum Mittelpunkt der Jahweverehrung gemacht hatte (1 Kg 2, 27). Die symbolische Geste (1 Kg 11, 30), mit der Ahia seinen neuen Mantel in zwölf Stücke zerriß und zehn davon Jerobeam gab, sollte wohl den aufkommenden Widerstand gegen das Haus Davids andeuten. Als Salomo von der wachsenden Feindseligkeit unter den Zwangsarbeitern erfahren hatte, war Jerobeam nach Ägypten (s. *Ägypten und seine Beziehung zu Israel) geflohen, wo er am Hofe Schoschenks (Sisaks) Zuflucht suchte. Schoschenk, der Ägyptens Einfluß in Westasien wiederherstellen wollte, war Salomo feindlich gesonnen. Jerobeam blieb bis zum Tode Salomos im Jahre 928 v. Chr. in Ägypten. Dann kehrte er zurück und forderte mit seinem Volk Rehabeam, Salomos Erben, auf, die Steuerlasten zu erleichtern. Rehabeam wies das Verlangen zurück und sandte seinen obersten Steuerbeamten und Aufseher, um diese – wie er meinte – kleine Revolte niederzuschlagen. Der königliche Gesandte wurde jedoch gesteinigt (1 Kg 12, 18), und damit war Israels Loslösung vom vereinigten Königreich vollzogen. Das Land zerfiel in die beiden unabhängigen Königreiche Juda und Israel (s. **Karte 10**). Als Folge dieser Trennung kam es zu erbitterten Bruderkämpfen, die zwei Generationen hindurch andauerten und ein geschwächtes Israel zurückließen (Näheres über diese Kriege und den Feldzug Schoschenks s. unten 3 a).

2. Das Königreich Israel von Jerobeam I. bis zum Tod Jerobeams II.: *a) Jerobeam I. (928–907 v. Chr.) (1) Chronologische Probleme um Jerobeams Regierungszeit:* Die Ereignisse, die auf die Trennung des vereinigten Königreiches und Jerobeams Krönung folgten, werden im masoretischen Text von 1 Kg 12 nur verstümmelt und ungenau wiedergegeben (s. *Bibelkanon, *Bibeltext). Die Septuaginta enthält dagegen alte Traditionen und bietet eine mehr zusammenhängende Darstellung (obwohl Interpretationen und haggadische Elemente eingeschoben sind; s. *Bibelkritik), die sich vom masoretischen Text in einigen wesentlichen Punkten unterscheidet. So entstammte Jerobeams Mutter nicht einer angesehenen Familie, sondern war eine Konkubine; vor seiner Rebellion verschanzte sich Jerobeam mit dreihundert Streitwagen in seiner Geburtsstadt Sereda; er kehrte später nach Sichem zurück und scharte die nördlichen Stämme Israels um sich; in seinem Exil in Ägypten heiratete er Schoschenks Schwägerin, bevor er nach Israel zurückkehrte (wie Hadad von Edom); sein Sohn Abia war das Kind seiner ägyptischen Frau; und schließlich war es der Prophet Semaja, der Jerobeam die Königsherrschaft verhieß, und nicht Ahia von Silo (1 Kg 12, 22; 2 Chr 12, 5–8).

(2) Jerobeams Innenpolitik und Religionspolitik: In der Innenpolitik wandte Jerobeam sein Interesse vor allem der Religion und der alten Stämmetradition zu. Er fürchtete, das Volk werde sich wieder Rehabeam zuwenden, ihn dagegen töten (1 Kg 12, 27), wenn es nach Jerusalem zum Opfern ziehen müsse. Darum legte er Wert auf ein Ritual, das von dem in Jerusalem völlig verschieden war (s. *Götzendienst in Israel). Zudem war er bemüht, das Gleichgewicht zwischen einer stabilen Monarchie und der alten Stämmetradition herzustellen, einer Tradition, die allenfalls ein charismatisches Königtum nach dem Vorbild *Sauls zulassen wollte, das noch in vielem an die charismatischen Führerpersönlichkeiten der *Richterzeit erinnerte.

Abb. 354. Abdruck eines Zylindersiegels aus Sichem. Dargestellt ist ein geflügeltes Tier, das über einen stilisierten Baum schaut, über dem eine geflügelte Sonnenscheibe schwebt

Abb. 357, 358. Der schwarze Obelisk des Assyrerkönigs Salmanassar III.

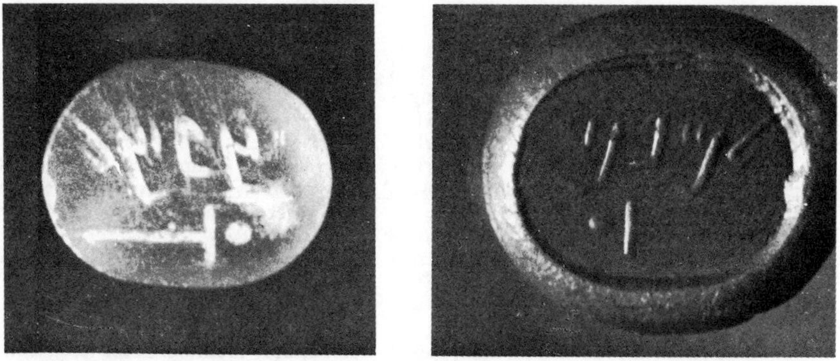

Abb. 355, 356. Amethystsiegel und Abdruck aus Sichem

Abb. 359. Bericht an der Südseite des Amontempels zu Karnak über einen Feldzug des Pharao Sisak I. gegen Juda

Abb. 360. Detail des schwarzen Obelisken Salmanassars III. Unterwürfig kniet Jehu zu Füßen des Assyrers

In seinem Bestreben, das Volk dem Jerusalemer Tempelkult zu entfremden, ließ Jerobeam einige alte Riten aus vergangener Zeit wieder aufleben. Er erbaute Heiligtümer an alten Kultstätten wie Bethel (s. *Bethel und Ai), das schon zur Patriarchenzeit (s. *Patriarchen, Geschichte) ein heiliger Ort gewesen war, und Dan, wo Priester, die ihre Abstammung auf Moses zurückführten, den heiligen Dienst versahen (Ri 18, 30). Er berief auch neue Priester, die nicht – wie es sonst Tradition war – dem Stamme Levi angehörten (1 Kg 12, 31). Es ist zudem sicher kein Zufall, daß er seine Söhne Nadab und Abia nach Aarons Söhnen Nadab und Abihu benannte.
In den Heiligtümern zu Bethel und Dan stellte Jerobeam »Goldene Kälber« auf, Idole, die wieder an die Jahweverehrung zur Zeit des Exodus erinnern sollten. Darum appellierte er an das Volk: »Siehe, das sind deine Götter, Israel, die dich aus dem Lande Ägypten heraufgeführt haben« (1 Kg 12, 28). Tatsächlich wollte die Verehrung der Goldenen Kälber kein reiner Götzendienst sein. Es handelte sich hierbei um einen im alten Orient weitverbreiteten Brauch, der auch in Israel in der Zeit zwischen 1300 und 700 v. Chr. heimisch war. Die Bundeslade erinnerte an den Sinaibund, sie war ein Symbol dieses Bundes und der sichtbare Thron Jahwes. Die unsichtbare Herrlichkeit Jahwes dachte man sich thronend auf einem jungen Stier (s. *Götzendienst in Israel 3). Auch Salomo hatte diese Tradition gekannt und sie beim Tempelbau wieder aufgegriffen, indem er die Lade auf goldenen Cheruben thronen ließ (s. *Stiftshütte und Bundeslade). Im AT spricht man wiederholt von Jahwe als dem, »der auf Cheruben thront«. 1 Kg 14 berichtet, daß die Goldenen Kälber den Zorn des Propheten Ahia von Silo erregt hätten und daß dieser Jerobeam den Untergang seiner Dynastie vorausgesagt habe. Jedenfalls beschwor Jerobeams Vorgehen einen Schatten herauf, der vom Nordreich, solange es existierte, nie mehr weichen sollte.
Um das Volk dem Jerusalemer Tempelkult vollends zu entfremden, änderte Jerobeam auch den Festkalender. So setzte er zum Beispiel das Laubhüttenfest einen Monat später fest (1 Kg 12, 33). Vermutlich zur gleichen Zeit wurde auch das Datum des Passah-Festes geändert. 2 Chr 30 berichtet, daß sich zweihundert Jahre später König Hiskia ernsthaft bemühte, die nördlichen Stämme wieder zurückzugewinnen, indem er ihnen – vermutlich im Einklang mit dem Festkalender (s. *Kalender) des Nordreiches – das Passah im sechsten Monat zu feiern gestattete (s. unten 5 a/2).
(3) Jerobeams Bautätigkeit: Jerobeam wählte Sichem, eine alte kanaanäische Königsstadt, als Hauptstadt. In dieser Stadt hatte ehemals Abimelech den ersten Versuch unternommen, Israel zur Monarchie zu machen (Ri 9; s. *Richter). Auf einem hebräischen Amethystsiegel **(Abb. 355)**, das man mit seinem Abdruck in Sichem fand, lesen wir die Buchstaben *lmbn,* was wahrscheinlich heißt, »gehörend (dem Herrn, der) mein Schöpfer ist«. Der Abdruck eines Zylindersiegels **(Abb. 354)**, das in einem israelitischen Haus der gleichen Zeit entdeckt wurde, zeigt ein geflügeltes Tier, das über einen stilisierten Baum schaut, über dem wiederum eine geflügelte Sonnenscheibe schwebt. Pnuel am Jabbok in Transjordanien und Thirza (1 Kg 14, 17) dienten als weitere Metropolen oder königliche Residenzstädte. *Josephus berichtet (Altertümer 8, 225), daß sowohl Sichem als auch Pnuel Verwaltungszentren des Landes waren. Sehr wahrscheinlich folgte Jerobeam auch einem alten Brauch aus der Zeit des Stämmebundes, wenn er wie Samuel (1 Sam 7, 16 f) an verschiedenen größeren Orten seines Reiches Gerichtstage abhielt. In 1 Kg 12, 25 heißt es, Jerobeam habe Sichem und Pnuel »errichtet«. Gemeint ist damit wohl, daß er dort öffentliche Gebäude erbaute und die Städte befestigte.
(4) Ende Jerobeams: All diese Vorhaben belasteten den Staatshaushalt und erforderten Aushebungen von Arbeitskräften, ein Zustand, den das Volk aus der Zeit des vereinigten Königreiches in böser Erinnerung hatte. Der Grund, der zur Loslösung aus dem Gesamtverband geführt hatte, war damit entfallen, auch geriet Jerobeam durch seine Maßnahmen mit den Stammestraditionen, die zu wahren er sich als Ziel gesetzt hatte, in Konflikt. Zudem erschöpfte der Krieg mit Rehabeam und später mit dessen Sohn Abia (s. unten) Israels Mittel bis zum Letzten und Jerobeam war darum gezwungen, neue Steuern aufzuerlegen. Es überrascht daher kaum, daß Jerobeams Dynastie gestürzt wurde, als Baësa, Sohn des Ahia aus dem Stamme Isachar, Jerobeams Sohn Nadab (907–906 v. Chr.) tötete. Baësa gründete eine neue Dynastie (1 Kg 15). Unter seiner Herrschaft, aber auch schon während Nadabs Regierungszeit, sah sich das Königreich erneutem Druck auf seine Grenze im Südwesten seitens der Philister ausgesetzt (1 Kg

15, 27), was seine ohnehin schwache Position weiter belastete (s. **Karte 10**).

b) Baësa, Ela und Simri: Nachdem Baësa (906–883 v. Chr.) seine Stellung in Israel gefestigt hatte, begann er als erste größere Amtshandlung einen erfolglosen Krieg gegen Asa von Juda, den Sohn Abias. Als dieser Feldzug dann beendet war, stand Israel geschwächter da denn je zuvor.

Baësa regierte das Land 24 Jahre, sein Sohn Ela nur zwei (883–882 v. Chr.). Ähnlich wie bei Jerobeam endete auch Baësas Dynastie durch einen Staasstreich, den Simri, ein Armeegeneral, vollführte. Der Prophet Jehu, Sohn Hananis, hatte dem König dieses Schicksal auf fast die gleiche Weise vorher verkündigt wie einst Ahia von Silo der Frau Jerobeams.

Möglicherweise trugen Israels militärische Niederlagen dazu bei, die Opposition im Lande herauszufordern und Simri zu seinem Staatsstreich im Jahr 882 v. Chr., als die königlichen Truppen die Philisterstadt Gibbethon belagerten, zu ermutigen. Simri regierte jedoch nur sieben Tage. Als die Soldaten vor Gibbethon hörten, was geschehen war, krönten sie Omri zum König und erstürmten dann Thirza, die Stadt, in der Simri sein Hauptquartier aufgeschlagen hatte. Simri kam in den Flammen des Palastes, den er besetzt hielt, um (1 Kg 16, 15–20).

c) Das Haus Omri: (1) Omri (882–871 v. Chr.): Die Krönung Omris war der erste Schritt zur inneren Konsolidierung des Nordreiches, zugleich begann mit ihr Israels Aufstieg zu einer der bedeutenden Mächte der damaligen Welt. Kurz nach der Thronbesteigung gelang es Thibni ben Ginath, einem weiteren Thronbewerber, einen beachtlichen Teil der Bevölkerung für sich zu gewinnen. Wie Josephus berichtet, dauerte der Machtkampf zwischen Omri und Thibni vier Jahre, bis Thibni schließlich unterlag und getötet wurde. Danach konnte Omri in Frieden regieren (1 Kg 16, 21 f).

(a) Die neue Hauptstadt Samaria: Als Omri seine Stellung gefestigt hatte, gründete er auf manassitischem Territorium, nahe seinem angestammten Besitz, eine neue Hauptstadt. Im arabischen Ort *bēt īmrin,* etwa 4 Kilometer von Samaria (s. *Samaritaner) entfernt, lebt die Erinnerung an diese Hauptstadt noch fort. Man fand dort Gegenstände aus der frühen und mittleren Eisenzeit. Die Errichtung der neuen Hauptstadt (ca. 876 v. Chr.) diente der inneren Festigung des Königreiches Israel. Omri schloß auch mit Asa von Juda ein Bündnis und beendigte damit die jahrzehntelangen Streitigkeiten zwischen den beiden Brudernationen (s. unten 3c).

Die Funde in der Gegend von Samaria aus der Zeit Omris und weitere in jüngster Vergangenheit gemachte archäologische Entdeckungen bestätigten die Angaben der Bibel (1 Kg 16, 24), daß es Omri war, der das bisher unbesiedelte Samaria erbaut und seine Umgebung erschlossen hat. Die Stadt lag gegenüber anderen Metropolen wie etwa Thirza strategisch günstiger. Doch war dies sicher nicht der entscheidende Beweggrund für die Wahl dieser Hauptstadt. Omri ließ sich dabei wohl von ähnlichen Erwägungen leiten wie seinerzeit David, als dieser Jerusalem zu seiner Hauptstadt machte. Als vordem unbewohnte Stätte brauchte Samaria keine Stammeseifersüchteleien zu fürchten und erlaubte es in dieser unabhängigen Stellung zudem seinem König, einen Verwaltungsapparat nach eigenem Gutdünken aufzubauen (s. das Nordreich auf **Karte 18**).

(b) Nachwirkungen der Politik Omris: Omri gründete eine Dynastie, die 40 Jahre regierte und ein solides Fundament für die staatliche Ordnung in Israel legte. Seine und seines Sohnes Ahab Erfolge waren so anerkannt, daß assyrische Inschriften selbst nach dem Untergang der Dynastie vom Königreich Israel als von *Bit Humri,* d. h. vom »Haus Omris« sprechen. Aber auch in Israel und Juda wurden die Namen Omri und Beth Omri zu Synonymen für das Nordreich. Der Prophet Micha brandmarkt den schlechten Wandel Samarias als ein Leben »nach den Lehren Omris«; Lehren, die nach seiner Überzeugung Israel den Untergang bringen mußten.

Trotz Omris großer Erfolge und aller Nachwirkungen auf die folgenden Generationen berichtet das AT sehr wenig über ihn. Das Buch der Könige erzählt nur kurz, daß Omri ärger als seine Vorgänger gesündigt habe (1 Kg 16, 25-27), und außer diesem Verdammungsurteil erwähnt es ganz nebenbei, daß er Samaria gründete. Von Anfang an bekam Omri den Druck der Nachbarländer zu verspüren. Die Invasionen Ben-Hadads I. von Aram-Damaskus aus den Tagen Baësas zwangen ihn, den *Aramäern in Samaria besondere Privilegien auf wirtschaftlichem Gebiet einzuräumen. Vermutlich mußte er auch noch die Oberhoheit Ben-Hadads über Israel anerkennen (1 Kg 20, 34).

(c) Freundschaftliche Beziehungen zu Phönikien und ihre Folgen in Kultur und Kult: Omri schloß mit Phönikien, damals die

wichtigste Handelsmacht zu Lande und zur See, einen Vertrag. Da durch Israel und Juda die Haupthandelsstraßen von Phönikien nach Transjordanien und zur arabischen Halbinsel führten, sollte der Vertrag die gegenseitigen politischen Interessen, aber auch die Handelsbeziehungen sichern und festigen. Diese Allianz, die sich vor allem zur Zeit Ahabs auswirkte, diente hauptsächlich wirtschaftlichen Zwecken; sie schloß keine militärischen Verpflichtungen ein. Israel erkannte bald, welche Vorteile sich durch seine wirtschaftlich günstige Lage für das Land ergaben, und monopolisierte den gesamten Handel zwischen Palästina und Südsyrien, vor allem nach dem Sieg Ahabs über Aram bei Aphek.

Das AT berichtet ausführlich über die engen Beziehungen zu Tyrus und Sidon unter David und Salomo, erwähnt aber nach der Teilung des vereinigten Königreichs nichts mehr davon. Man darf darum annehmen, daß die durch die Trennung verursachten neuen Bedingungen und die in ihrer Folge auftretende allgemeine wirtschaftliche Depression in Palästina auch den Handel mit Tyrus und Sidon fast vollständig zum Erliegen gebracht haben.

Etwa zur Zeit, als die vereinigte Monarchie auseinanderfiel, begannen die Phöniker, ihren Einfluß überall im Mittelmeerraum geltend zu machen. Sie setzten ein Kolonisationsprogramm in Aktion, das sich auf Zypern, Kilikien, Sardinien, Nordafrika und Südspanien erstreckte und seinen Höhepunkt im 9. und 8. Jhdt. v. Chr. erreichte (s. *Phönikien und seine Städte). Damals begann der Aufstieg der zweiten phönikischen Dynastie unter ihrem Begründer Ethbaal, dem Vater Isebels, die später Omris Sohn Ahab heiratete (1 Kg 16, 31). Ethbaal herrschte bereits etliche Jahre, als Omri den Thron in Israel bestieg. Die Heirat zwischen ihren Kindern knüpfte ein enges Band zwischen den beiden Herrscherhäusern. Nach Meinung einiger Gelehrter besingt Ps 45 (aus der Liedersammlung der Korahiten; s. *Psalmen) mit seinem Päan auf die »Tochter von Tyrus« diese Verbindung. Vermutlich ist der Psalm von einem der Hofpoeten von Samaria geschrieben, der nach seinen eigenen Worten »ein gewandter Schreiber« war. Eine kurze Referenz in den Königsbüchern über Salomos Heiraten mit sidonischen Frauen führte dazu, daß man später diesen Psalm irrtümlich mit Salomo in Beziehung brachte.

Die Allianz zwischen den beiden Ländern verschaffte Phönikien einen ungeheuren wirtschaftlichen, kulturellen, sozialen, aber auch religiösen Einfluß auf Israel. Während dieser Periode erfuhr Israel einen wirtschaftlichen Aufschwung, der vor allem für die oberen Gesellschaftsschichten ein Leben in Reichtum und Luxus brachte. 1 Kg 22, 39 erwähnt ein Elfenbeinhaus, das Ahab erbauen ließ. Vermutlich handelt es sich dabei um ein Haus, das mit Elfenbeinverzierungen und -platten geschmückt war **(Abb. 698–701).** Ausgrabungen in Samaria, die auch Ruinen der Stadtwälle aus der Zeit Omris und Ahabs zutage förderten (s. *Samaritaner), geben Zeugnis für den außerordentlich guten Baustil jener Epoche, der deutlich phönikischen Einfluß verrät. Beachtenswert sind vor allem Keramikfunde mit sehr geschmackvollen Verzierungen, wie sie in Samaria des 9. Jahrhunderts v. Chr. in Mode waren. Phönikischen Einfluß kann man auch leicht bei den protojonischen Kapitellen aus dieser Zeit wahrnehmen. Ähnliche Funde, die aus der Ära Salomos datieren, machte man in *Megiddo.

Tiefgreifender als auf anderen Gebieten war Phönikiens Einfluß auf das religiöse Leben in Israel. Noch Ezechiel sieht im Niedergang Phönikiens ein göttliches Strafgericht für die an Israels Glauben begangenen Frevel (Ez 26–28). Isebel war eine fanatische Verehrerin des Baal-Melkart, des Hauptgottes von Tyrus, und brachte Missionare mit, die den Baalskult in Israel einführen und verbreiten sollten (1 Kg 16, 32; s. *Kanaanäische Religion). Wie intensiv sie ihren Glaubensfeldzug führte, kann man aus 1 Kg 18, 19 ersehen, wo von 450 Priestern des Baal und 400 Priestern der Aschera die Rede ist, die von Isebels Tischen aßen. Ihr verderblicher Einfluß auf den Glauben der Massen, der von Ahab toleriert, vielleicht gar gefördert wurde, rief die Propheten jener Tage, ihnen allen voran *Elia, zu heftigstem Widerstand auf. Der Baalskult (s. *Kanaanäische Religion), war damals weit verbreitet. Schon Ben-Hadad I. von Aram-Damaskus hatte diesem Gott zu Ehren eine Stele errichten lassen. Auch in Palästina war der Baalskult seit längerer Zeit heimisch, so daß Isebel in ihrem missionarischen Eifer einen bereits vorbereiteten Boden antraf.

(2) Ahab (874–852 v. Chr.): (a) Politische Lage: Ahabs Regierung fiel in eine sehr günstige Zeit. Das Königreich Israel war politisch und wirtschaftlich gefestigt, seine Grenzen hatten sich weiter vorgeschoben, die allgemeinen Lebensverhältnisse hatten sich vorteilhaft entwickelt. Israel befand

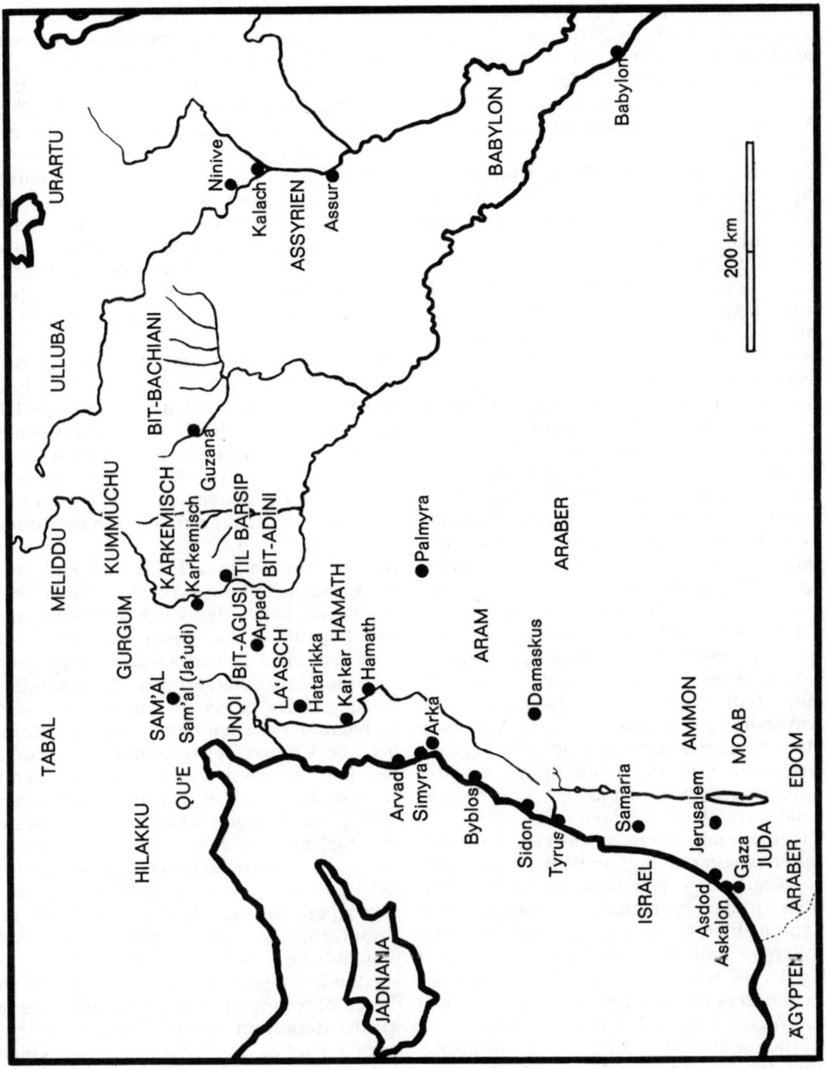

Karte 17. Der Vordere Orient (850–750 v. Chr.)

sich zudem in einer Epoche friedlichen sozialen und religiösen Zusammenwachsens mit Phönikien. Ahab setzte diesen Kurs fort und förderte noch den Integrationsprozeß. Damit rief er aber den erbitterten Widerstand der Propheten, vor allem Elias, auf den Plan.

(b) Militärmacht: Die Bündnispolitik mit Phönikien und Juda förderte aber nicht nur den Wohlstand im Lande, sondern auch das außenpolitische Ansehen Ahabs unter den Königen Syriens. Salmanassar III. erwähnt in seinem Bericht über die Schlacht von Karkar (s. unten sowie *Assyrien und Israel) Israels große Militärmacht. Mit seinen 2000 Streitwagen und 10 000 Infanteristen stellte Israel anscheinend das größte Aufgebot und hatte auch eine führende Stellung unter den Alliierten inne – seit der Belagerung Sichems und der Schlacht von Aphek wahrlich ein erstaunlicher Fortschritt. Ein ungefähres Bild von der Streitwagenmacht Ahabs vermitteln uns die weiträumigen Stallanlagen, die bei *Megiddo ausgegraben wurden **(Abb. 537–539)**. Nach Ansicht Y. Yadins stammen sie eher aus der Zeit Ahabs als Salomos. Das AT nimmt Ahab gegenüber eine ausgesprochen feindselige Haltung ein, erwähnt jedoch seinen Palastbau und sein Städtebauprogramm (1 Kg 22, 39). Ausgrabungen bestätigen, daß Ahab die Stadt *Samaria stark ausbaute und erweiterte, daß er auf der Höhe des Hügels die Befestigungsanlagen um den königlichen Palast errichtete und das ganze Gebiet (ca. 8 Hektar) mit einem mächtigen Wall umgab, der von einem Turm überragt wurde (s. *Stadtanlage, israelitische). Im Stil, aber auch in der Konstruktion zeigen diese Bauten einen für israelitische Verhältnisse außergewöhnlich hohen Standard. Nach 1 Kg 16, 34 wurde Jericho, das zu Josuas Zeiten zerstört worden war, unter Ahab durch Hiel von Bethel wiedererbaut. Vermutlich sollte die Stadt den freien Zugang über den Jordan nach Moab und Ammon sichern.

(c) Kontakte zwischen Israel und Juda: Bereits während der Regierungszeit Omris hatten Israel und Juda unter dem Zwang eines verstärkten Druckes von seiten der Nachbarstaaten erkannt, daß sie ein gleiches Schicksal verband. Die Heirat zwischen Joram, dem Sohn Josaphats von Juda, und Athalja, der Tochter Ahabs und Isebels (über die Elternschaft bestehen allerdings Unklarheiten; Athalja war möglicherweise eine Tochter Omris und Halbschwester Ahabs), knüpfte wieder ein engeres Band zwischen beiden Staaten. Es ist aufschlußreich, daß bei dieser Verbindung der stärkere Teil seinen Sohn der Tochter der schwächeren Partei zur Ehe gab. Anders als beim Abkommen mit Phönikien waren militärische Interessen das Hauptmotiv für den Ehekontrakt, doch fehlten auch nicht wirtschaftliche Belange. Die beiden Königreiche übten die Kontrolle über ganz Transjordanien bis zum Golf von Akaba (Eilat) im Süden aus und konnten auf Grund ihrer Position wieder die gleiche Wirtschaftspolitik betreiben wie schon zur Zeit Davids und Salomos (s. **Karte 10**).

(d) Die Aramäer: Während Ahab eine Anzahl von Städten befestigte, suchte Ben-Hadad II. (in Inschriften Salmanassars III. auch Adad-Idri oder Hadadeser genannt), der Herrscher von Aram-Damaskus, sich gegen die Assyrer (s. *Assyrien und Israel), die den Euphrat überschritten hatten und eine Bedrohung für den Westen geworden waren, zu rüsten.

Ben-Hadad wollte sich für den Fall, daß der gefährliche Feind vom Norden her gegen ihn anrückte, den Rücken frei machen und begann darum einen Präventivkrieg gegen Israel. Dieser entwickelte sich jedoch zu einer langandauernden Auseinandersetzung. 1 Kg berichtet von wiederholten Gefechten zwischen den beiden Ländern, in deren Verlauf Ben-Hadad II. und die 32 mit ihm verbündeten Fürsten kleinerer aramäischer Staaten tief in israelitisches Gebiet vordrangen und Ahab zwangen, sich nach Samaria zurückzuziehen und dort die Übergabebedingungen entgegenzunehmen. Die Verhandlungen wurden abgebrochen, als Ben-Hadad zusätzlich zu Tributzahlungen noch andere für Israel schmähliche Forderungen stellte. Mit Einverständnis seines Staatsrates wies Ahab diese Forderungen zurück. Die Belagerung wurde daraufhin wieder aufgenommen, doch gelang es den Israeliten durch kluge Taktik, die Aramäer zu eiliger Flucht zu zwingen. Seine Niederlage und die neuerliche Bedrohung durch Assyrien veranlaßte Ben-Hadad, außergewöhnliche Maßnahmen zu ergreifen, wollte er seine Führerrolle unter den kleinen Königreichen beibehalten, die seine Autorität bislang anerkannt hatten. Er setzte die kleinen Könige ab und ernannte statt ihrer Militärkommandeure (1 Kg 20, 24; s. *Aramäer). Der von A. Alt geäußerte Zweifel, ob Aram tatsächlich eine führende Position innehatte, ist nicht gerechtfertigt, denn im Jahre 853 v. Chr. erscheint Aram-Damaskus als Hauptmacht der syrischen Konföderation. Salmanassar III. spricht nur von einem einzigen geeinten Land und erwähnt nichts von aramäischen Satellitenstaaten. Zur Zeit des Assyrers Tiglatpilesar waren die nördlichen Gebiete Transjordaniens keine selbständigen Königreiche mehr, sondern Provinzen von Aram-Damaskus, offensichtlich das Resultat des von Ben-Hadad II. durchgeführten Reorganisationsprogramms.

Ein Jahr später rückten die aramäischen Streitkräfte wieder gegen Israel vor. Die beiden Armeen stießen bei Aphek am Saum des Golan-Gebirges, wo seit Generationen die Grenze zwischen Israel und Aram verlief, aufeinander (zwei Generationen später focht hier Joas, König von Israel, erneut gegen die Aramäer). Ahab siegte und im Friedensvertrag einigten sich die Könige, ihre Städte dem gegenseitigen Handel zu öffnen (1 Kg 20,34). Obwohl dieses Entgegenkommen Ahabs von den Propheten heftig angegriffen wurde, zeugt sein Vorgehen von einem denkbar nüchternen Sinn für die politische Wirklichkeit.

(e) Aufstieg Assyriens: Als Salmanassar III. im Jahre 859 v. Chr. auf seinen Vater Assurnasirpal folgte, erbte er ein mächtiges Reich, das sich auf der Höhe seiner Expansion befand. Unter Assurnasirpal waren Assyriens Expeditionen kaum mehr als Raub- und Beutezüge; Salmanassar verfolgte bei seinen Kriegszügen die Absicht, möglichst viel Land zu erobern, es seinem Reich einzugliedern und jährliche Tribute von den unterworfenen Völkern einzutreiben. Fortan standen Feldzüge des Königs oder seines Feldmarschalls gegen Assyriens westliche Nachbarn fast alljährlich auf dem Plan. Im Jahre 855 v. Chr. stellten sich die vereinten Streitkräfte der nordsyrischen Konföderation Salmanassars Zug entgegen. Trotzdem gelang es ihm, 855 v. Chr. das aramäische Königreich Bit-Adini zu erobern und damit die Kontrolle über den östlichen Euphratübergang in seine Hand zu bekommen. Diese Wende der Ereignisse veranlaßte die Königreiche Syriens und Palästinas, ihre gegenseitigen Fehden zu begraben und eine Allianz gegen ihren gemeinsamen Feind zu bilden.

Im Jahre 853 v. Chr. stieß Salmanassar III. bei seinem Versuch, die Gebiete westlich des Euphrat zu erobern, in der Schlacht von Karkar am Orontes gegen die alliierten Truppen der Königreiche von Karkar, Hamath, Aram-Damaskus, Israel, Que, Ägypten und anderer (vgl. dazu *Assyrien und Israel). Die Schlacht wird in einem Dokument, das als ›Annalen Salmanassars III.‹ bekannt ist, ausführlich beschrieben. Obwohl Salmanassar den Sieg für sich in Anspruch nimmt, besteht über den Ausgang keine volle Klarheit; wahrscheinlich endete das Treffen unentschieden, und Syrien und Palästina blieben frei von Assyriens Herrschaft (**Karte 17** von Westasien, 850–750 v. Chr.).

(f) Bruch der syrisch-israelitischen Koalition: Kurz nach der Schlacht von Karkar fiel die syrisch-israelitische Koalition auseinander, und die alte Fehde zwischen Aram und Hamath auf der einen und Israel auf der anderen Seite lebte wieder auf. Das AT erwähnt nichts von diesem Kampf, sondern stellt lediglich fest (1 Kg 22,1), daß der Frieden zwischen Aram und Israel nach der Schlacht von Aphek nur drei Jahre währte. Der Krieg brach von neuem aus, als Ahab den Versuch unternahm, die Feste Ramoth-Gilead in Transjordanien, die die königliche Handelsstraße von Damaskus südwärts über das östliche Hochland von Palästina nach Moab und Edom kontrollierte, zurückzuerobern. Möglicherweise wurde der Feldzug um die Rückgewinnung Ramoth-Gileads, über den Ahab seinen Verbündeten Josaphat von Juda informierte, woraufhin dieser zu seiner Hilfe herbeieilte (1 Kg 22,2–4), mit dem Krieg gegen Moab in Verbindung gebracht, von dem die Mesa-Stele berichtet. Es heißt darauf, daß Omri und seine Nachkommen vierzig Jahre lang Moab bedrückten. Es besteht kein Zweifel, daß die Moabiter bei ihrem Aufstand gegen Israel in Aram einen willigen Verbündeten fanden. In der Schlacht bei Ramoth-Gilead im Jahre 852 v. Chr., die mit einer schweren Niederlage Israels endete, wurde Ahab getötet (1 Kg 22, 35 f).

Wie bei ähnlichen Anlässen zuvor hatte Ahab vor seinem Feldzug gegen Ramoth-Gilead den Rat der Propheten eingeholt (1 Kg 22,6–28). Alle außer Micha ben Jimla verhießen ihm den Sieg. Trotz des erbarmungslosen Gemetzels, das Isebel unter den Propheten Israels angerichtet hatte, kam es anscheinend nicht zum offenen Bruch zwischen ihnen und dem Königshaus. In seiner offiziellen Politik hielt der König treu am Jahweglauben fest und hörte auf dessen Wortführer. Ahab war ein fähiger Herrscher, ein großer Städtebauer und ein kluger Verwalter, der seinem Land Wohlstand brachte. Seine Zeitgenossen und mitunter sogar die Propheten beurteilten seine politischen Maßnahmen positiv, während das AT überwiegend von seinem unheilvollen Einfluß auf die Religion Israels zu erzählen weiß, wobei ihm allerdings mehr seine zu weit gehende Toleranz gegenüber den Praktiken seiner Frau übelgenommen wird als eigene Verstöße und Sünden. Im Falle der gewaltsamen Inbesitznahme des Weingartens Naboths – ein schwerer Verstoß gegen Israels Sozialordnung (s. *Gesetz Israels) – wird Ahab der Mittäterschaft mit Isebel angeklagt. Die spätere Geschichtsschreibung der Königsbücher, die einen didaktischen Zweck verfolgt, schildert Ahab als Inbegriff der Bosheit und der Abkehr von Gott, obwohl er seinen Söhnen jahwistische (d. h. mit den Elementen *jāh* oder *jāhu* zusammengesetzte) Namen gegeben hatte und den Rat der Propheten Jahwes einzuholen pflegte, wann immer wichtige Entscheidungen bevorstanden, ein klarer Beweis für seine treue Anhänglichkeit an den Gott Israels. In der talmudischen Literatur verteidigen manche *Rabbiner das Gedächtnis Ahabs und preisen seine weise Politik, ja sie gehen sogar so weit zu behaupten, er habe seine Sünden bereut. Eine vornehme Familie des alten Jerusalem rühmte sich der direkten Abstammung von Ahab (Taanit 4, 2).

(3) Ahasja (Joahas), Ahabs Nachfolger, regierte nur zwei Jahre, 852–851 v. Chr. (1 Kg 22, 51–53). Als er sich bei einem Sturz aus dem Fenster eines oberen Geschosses seines Palastes schwer verletzte (2 Kg 1) sandte er Boten nach *Ekron, um die Hilfe Baal-Zebubs (Zebuls), des Gottes von Ekron, einzuholen, ein Vorgang, der für die weite Verbreitung heidnischer Praktiken und für das Ausmaß synkretistischer Tendenzen in Israels Religion zur Zeit der Omriden bezeichnend ist. Man schrieb dem Gott von Ekron heilende Kraft zu, ein Attribut, das man auch verschiedenen anderen Gottheiten in den Pantheons der Völker des Ostens zuerkannte: Esmun-Melkart in Phönikien, Äskulap in der klassischen Welt und Nergal in Babylon.

(4) Joram (Jehoram), 851–842 v. Chr.: Nach Ahasjas Tod bestieg dessen Bruder Joram den israelitischen Thron, eine kraftvolle Herrscherpersönlichkeit, deren Unternehmungen durch die Gunst der Stunde gefördert wurden. Joram unternahm den Versuch, Moab, das mit dem Tode Ahabs für Israel verlorengegangen war, zurückzugewinnen (2 Kg 1, 1; 3, 5). Zudem waren die Aramäer unaufhörlich damit beschäftigt, von Phönikien her gegen israelitisches Gebiet einen Druck auszuüben. Einzelheiten über den Moabiteraufstand sind auf der Mesa-Stele (s. *Moab; *Inschriften 4 c), einem Gedächtnismal des Moabiterkönigs Mesa, überliefert.

(a) Moabiterfeldzug: Joram begann seinen Feldzug zur Rückeroberung Moabs mit Hilfe Josaphats von Juda. Der biblische Bericht ist Teil der Erzählungen über den Propheten *Elia (2 Kg 3). Dem Bericht zufolge drangen Joram und Josaphat mit Unterstützung des Königs von Edom, Jorams Vasallen, über Juda und Edom von Süden her in Moab ein, begleitet von den ausdrücklichen Segensverheißungen des Propheten Elisa. Der Angriff von Süden her beruhte auf zwei strategischen Erwägungen, dem Überraschungsmoment und der Sorge, ein Angriff von Norden her könne das Eingreifen der Aramäer herausfordern. Andererseits war diese Marschroute sehr gefahrvoll. Die Truppen mußten sieben Tage durch wasserloses Gebiet ziehen. Der Feldzug war erfolgreich und Moab wurde besiegt. Die Judäer und Israeliten nahmen grausame Rache und verwüsteten weite Landstriche Moabs (2 Kg 3, 25).

Als die moabitische Hauptstadt Kir (Kir Moab) belagert wurde, nahm Mesa in den Festungsanlagen des Stadtwalles Zuflucht. Er mußte jedoch erkennen, daß er von Menschen keine Hilfe zu erhoffen hatte. Darum rief er den Gott Kamos an: »Da nahm er seinen erstgeborenen Sohn, der ihm dereinst in der Regierung nachfolgen sollte, und brachte ihn auf der Mauer als Brandopfer dar. Da kam ein gewaltiger Zorn über Israel, so daß sie die Belagerung aufhoben und in ihr Land zurückkehrten« (2 Kg 3, 27).

(b) Politischer Niedergang in Israel und Juda: Der Rückzug von Kir führte zum Verlust der Kontrolle über Moab und dann über Ammon. Die israelitischen Siedlungen in Transjordanien, die erst seit kurzer Zeit zu Wohlstand und Sicherheit gelangt waren, bekamen nun den Druck der Aramäer von Norden und der Moabiter von Süden her zu spüren.

Das AT informiert uns nur sehr mangelhaft über die Beziehungen zwischen Israel und Aram zur Zeit Jorams. Anscheinend schleppte sich jedoch der Krieg mit Aram wegen Ramoth-Gilead fort. Wenn 2 Kg 7–8 in diesen Zusammenhang gehört, dann errang Aram den Sieg. Doch scheint sich dieser Bericht auf die Zeit Ben-Hadads III. von Damaskus, des Sohnes Hasaels, und nicht auf Ben-Hadad II., der ein Zeitgenosse Jorams von Israel war, zu beziehen. Der Name des israelitischen Königs, gegen den dieser Krieg geführt wurde, ist nicht genannt.

Nach dem Krieg um Ramoth-Gilead war nicht nur Israels Stellung in Transjordanien schwächer denn je zuvor, es hatte auch sein Ansehen unter den Nachbarvölkern eingebüßt. Ahab hatte im Jahre 853 v. Chr. noch zu den Führern der antiassyrischen Koalition gezählt, Joram dagegen wurde vom Verteidigungsbündnis gegen Salmanassar III., in dem sich zwölf Staaten in den Jahren 848–845 v. Chr. zusammenfanden, ausgeschlossen. Diese Allianz, an deren Spitze nur die Könige von Damaskus und Hamath standen, scheint sich tatsächlich in den Jahren 849–841 v. Chr. Salmanassar gegenüber behauptet zu haben. Nach 845 v. Chr. versuchte Joram, Ramoth-Gilead von Aram, das von den Assyrern hart bedrängt wurde, zurückzuerobern. Ben-Hadads II. Thron riß sein General Hasael an sich. Dieser besiegte und verwundete Joram.

(c) Wirtschaftlicher Niedergang in Israel: Als Israels Herrschaft über Transjordanien zusammengebrochen war und das Land wirtschaftlich daniederlag, weil es auch nicht mehr die Haupthandelsstraße nach Arabien kontrollierte, gewann die Opposition gegen Joram unter den Militärs an Boden. Sie wurde noch von den Propheten unter Führung Elias und Elisas, die dem Hause Ahabs seine Nachgiebigkeit gegenüber den Verehrern des tyrischen Baal nicht verziehen, angefacht (2 Kg 9, 1–10). Joram versuchte, die Propheten zu beschwichtigen, indem er die von seinem Vater aufgestellte Baalstele entfernte (2 Kg 3, 2), doch war es längst zu spät.

Die Herrschaft der Omriden hatte die reicheren Klassen in einer Weise bevorzugt, daß diese immer mehr Macht über die arme Bevölkerung gewannen und das kleine Volk zunehmend verelendete. Die Elisa vorgetragene Klage der Witwe eines »Prophetenjüngers«, wonach ihre Söhne für die Schulden des Vaters als Sklaven verkauft werden sollten (2 Kg 4, 1–7), erwähnt zum erstenmal dieses unbarmherzige Gesetz und beleuchtet zugleich die Situation des Landes zur damaligen Zeit. Aber auch in der auswärtigen Politik mußte die Dynastie der Omriden manche Rückschläge hinnehmen, und die Opposition im Volke, die durch die feindselige Haltung der Propheten gegenüber den Omriden noch genährt wurde, wuchs. Daß Israel zudem unter einer allgemeinen wirtschaftlichen Depression litt, kann man aus den Erzählungen über die Hungersnot in Samaria am Vorabend der Revolte Jehus erschließen (2 Kg 4, 38–44). Die immer weiter um sich greifende Unzufriedenheit wurde durch den Haß der Propheten gegen das Haus Omri geschürt. Elias Fluch über Ahab und seine Nachkommen wegen des Vorfalls mit Naboths Weingarten rüttelte das Volk auf, denn die Israeliten hatten sich nie widerstandslos despotischen Herrschern gebeugt. Das Volk war zum Aufruhr bereit, und Extremisten nutzten die Lage aus, um die Unruhe weiter anzufachen Rebellierende Truppenkommandeure wie Jehu hatten schließlich ein leichtes Spiel, handelten sie doch im Einklang mit der Bevölkerung.

d) Die Dynastie Jehus: (1) Jehu (841–814 v. Chr.): (a) Jehus Aufstand: Die Geschichte des Aufstandes, in 2 Kg 9 ausführlich geschildert, berichtet, wie sich die prophetische Gerichtsankündigung des Elia über das Haus Omri erfüllte. Die Revolte wurde durch einen der Propheten aus dem Kreis um Elisa ausgelöst. Er salbte Jehu, einen Armeegeneral, der zum Kampf gegen die Aramäer bei Ramoth-Gilead ausgezogen war, woraufhin ihn die Offiziere zum König von Israel ausriefen.

Jehu marschierte an der Spitze seiner Armee zur Stadt Jesreel, wo sich Joram von seiner Verwundung erholte, und tötete ihn und Isebel. Dann eilte er nach Samaria und schlug unterwegs alle Nachkommen Ahabs nieder. Als er Ahasja, dem König von Juda, begegnete, tötete er ihn ebenfalls, zumal dieser durch seine Mutter Athalja (s. unten 3 g) ein Mitglied des Hauses Omri war. Wie grausam und heftig sich eine solche Szene abgespielt haben mag, kann man sich – lediglich mit anderer Tracht und an anderem Ort – vorstellen, wenn man das Sockelrelief **Abb. 362** aus dem 7. Jhdt. v. Chr. betrachtet, das Assurbanipal in seinem Streitwagen im Krieg gegen die Syrer zeigt. Hundert Jahre später rief der Prophet Hosea dieses feige Vorgehen wieder im Gedächtnis des Volkes wach (Hos 1, 4) und verurteilte es auf das entschiedenste. Im Bund mit Jonadab, dem Sohne Rechabs, Anführer des Stammes der Rechabiter (dessen Treue zu Gott Jeremia preist: Jer 35), zog Jehu in Samaria ein und metzelte erbarmungslos alle Überlebenden des Hauses Ahab und alle Baalsanhänger nieder (2 Kg 10, 17–28).

(b) Nachwirkungen des Blutbads: Die so erfolgreiche Revolte brachte für Israel sowohl im Inneren als auch nach außen hin tiefgreifende Umwälzungen. Seit der Vernichtung der Baalstele fand das Volk wieder zum alten Jahweglauben zurück. Nach verschiedenen aufgefundenen Namensli-

sten aus dieser Periode zu urteilen, kamen theophorische Namen, die mit »Baal« zusammengesetzt waren, im Vergleich zu vorher seltener vor. Die drastische Ausrottung des Baalkults blieb jedoch ohne Wirkung auf die Verehrung der »Kälber«, wie sie in Bethel und Dan gepflegt wurde, denn das Volk betrachtete sie als legitime Objekte der Anbetung. Mit Ausnahme von Hosea verdammte kein Prophet diesen Kult, bis Josias Reformen sich auch in Samaria auswirkten (s. unten 5 d). Das AT erkennt Jehus Verdienst um die Abschaffung des Baalkultes an (2 Kg 10, 28), spricht ihn aber nicht von Schuld frei, sondern stellt fest, daß er in weltlichen Dingen in den Fußstapfen Jerobeams wandelte (2 Kg 10, 29).

(c) Aufstieg von Damaskus; Hasael und Jehu: Die Ausrottung des Hauses Omri, der Mord an Ahasja und der Verlust der Handelsstraßen in Transjordanien führten das Ende der Dreierallianz zwischen Israel, Juda und Tyrus herbei. Nach seiner Niederlage durch Hasael, den König von Aram (841 v. Chr.), zahlte Jehu angesichts der Bedrohung von seiten Assyriens bereitwillig Tribut an Salmanassar III. und schloß Frieden mit ihm. Der schwarze Obelisk des Assyrerkönigs **(Abb. 357, 358)** berichtet von seinen Kriegstaten und zeigt, wie ihm aus fünf verschiedenen Regionen Tribute gebracht werden. Wir sehen **(Abb. 360)** Jehu, wie er unterwürfig vor Salmanassar auf den Knien liegt, begleitet von Israeliten, die reichen Tribut in ihren Händen herbeitragen. Die Inschrift dazu lautet: »Tribut des *Ja'u* (Jehu) von *Mar Humri* (vom Hause Omris)« und zählt die Gaben auf (s. *Assyrien und Israel).

Als der Druck von seiten Assyriens nachließ und die Aramäer freie Hand hatten, ihre Aggressionspolitik fortzusetzen, war Israel zu schwach, um sich dem Ansturm ihrer Eroberungen in Transjordanien entgegenzustemmen (2 Kg 10, 32). Die Folge war, daß selbst Westpalästina dem Zugriff Hasaels weithin offen lag. Jehus Feldzug gegen Juda im 23. Regierungsjahr des Königs Joas (2 Kg 12,7.18) trug sicher weiter zur Schwächung Israels bei. Als Jehu schließlich im 28. Regierungsjahr starb, war das Land am Ende seiner Kraft.

(2) Joahas (814–800 v. Chr.): Jehus Sohn Joahas war bald dem wachsenden Druck Hasaels und dessen Sohnes Ben-Hadad III. ausgesetzt und stand vor der Aufgabe, den Widerstand nach bestem Vermögen zu organisieren. Der nicht namentlich genannte König von 2 Kg 5–7 kann nur Joahas gewesen sein. Unter seiner Herrschaft wurde Samaria belagert. Ihre Rettung verdankt die Stadt lediglich einer Nachricht, daß die Hethiter in Aram eingefallen seien. Daraufhin zogen sich die Aramäer aus Israel zurück. Wie schwach Israel damals war, kann man aus der Notiz 2 Kg 13, 7 ersehen, wonach dem König nur noch eine Streitkraft von 50 Reitern, 10 Streitwagen und 10 000 Infanteristen verblieb. Die Eroberer quälten die Israeliten mit Grausamkeiten aller Art und fanden bereitwillige Unterstützung bei ihren ammonitischen Verbündeten.

Die Aussage von 2 Kg 13, 5, daß Jahwe Israel wegen seiner Reue einen Retter gesandt habe, meint ohne Zweifel die Assyrer, die von neuem ihre Eroberungszüge gegen den Westen aufnahmen, dieses Mal vor allem gegen Israels Feind Ben-Hadad. Adadnirari III. drang in Aram ein, belagerte Damaskus (802 v. Chr.) und zwang Ben-Hadad zu Tributleistungen. Auch Tyrus, Sidon, Philistäa und Israel zahlten dem Assyrerkönig Tribute.

(3) Aufstieg Israels unter Joas (800–784 v. Chr.): In den ersten Jahren der Herrschaft Joas', des Sohnes von Joahas, verbesserte sich Israels Lage. Da der Druck von seiten der Aramäer nachließ, konnte Israel einen Teil seiner ehemaligen Besitzungen in Transjordanien zurückerobern. 2 Kg 13, 14–19.25 berichtet, daß Joas dreimal Ben-Hadad besiegte. Im Jahre 796 v. Chr. zog Adadnirari zu seinem zweiten Feldzug gegen Aram-Damaskus aus. Der vom Schicksal verfolgte Ben-Hadad wurde zudem noch von seinem nördlichen Nachbarn Hamath angegriffen und vernichtend geschlagen, wie eine Inschrift auf der Stele Zakirs, des Königs von Hamath und Lu'asch in Nordsyrien, besagt.

Unter Joas verbesserte sich nicht nur Israels militärische Position, es trat auch wieder zu Juda in freundschaftlichere Beziehungen. Als Amazja, der Sohn Joas' und König von Juda (798–769 v. Chr.), einen Angriff gegen Edom plante, heuerte er auch Söldner aus Israel an (2 Chr 25, 6). Am Ende seiner Regierungszeit provozierte jedoch Amazja einen Krieg mit Israel, aus dem Joas in der Schlacht bei Beth-Semes als überlegener Sieger hervorging und Juda belehrte, welche der beiden Brudernationen die stärkere sei.

(4) Jerobeam II.: (a) Blütezeit Israels: Nach manchen Chronologien (s. dazu die Zeittafel unten 6.) scheint König Jerobeam II. von den 41 Jahren seiner Regierungszeit zunächst vier Jahre Mitregent seines Va-

ters gewesen zu sein (789–784 v. Chr.). Das AT berichtet nur sehr kurz über Jerobeams II. lange und segensreiche Herrscherzeit. Unter ihm erstreckt sich Israel von der Grenze nach Hamath bis zum Graben der Araba am Südzipfel des Toten Meeres (2 Kg 14, 25). Ob er das Reich in seiner alten Ausdehnung wie zur Zeit Davids wiederherstellte (s. *David und Salomo) und auch Damaskus hinzueroberte, ist ungewiß. Man darf jedoch mit einiger Wahrscheinlichkeit annehmen, daß er nicht nur gegen die Aramäer gekämpft und ihre Angriffe abgewehrt, sondern Aram besiegt und aramäisches Gebiet in Transjordanien nördlich des Jarmuk annektiert hat.
Der Text von 2 Kg 14, 28 läßt den aktuellen Anlaß, der zu diesen Feldzügen führte, im Dunklen. Das Buch Amos, das die Zeit Jerobeams II. widerspiegelt, spielt auf zwei Schlachten zwischen Israel und Aram an, eine bei Karnaim in Basan und die zweite bei Lo-Dabar in Gilead. Leider weiß man nicht genau, wann die Kämpfe stattfanden.
Die internationale Lage war für Jerobeams Expansionspolitik sehr günstig. Nachdem Adadnirari (809–782 v. Chr.) Aram unterworfen hatte, war er durch starken Druck gegen den Norden seines Landes gezwungen, den Brückenkopf, den er sich westlich des Euphrat erobert hatte, wieder aufzugeben. Ohne Unterstützung durch die Aramäer standen die transjordanischen Königreiche dem Ansturm der Israeliten wehrlos gegenüber. Wahrscheinlich konnte Jerobeam mit der treuen Hilfe Usias, des Königs von Juda (s. unten 3 k), der Elath zurückerobert hatte, die Kontrolle über die Handelsstraße zum Roten Meer und zu den arabischen Häfen wiedererlangen (s. *Schiffahrt; *Handel). Um seine Herrschaft in Transjordanien zu konsolidieren, siedelte Jerobeam hier Israeliten an, wie man aus den genealogischen Listen der *Stämme Israels Ruben, Gad und Manasse, die wohl aus der Zeit Jerobeams II. von Israel und Jothams von Juda stammen, erschließen kann (1 Chr 5, 3–36; **Karte 18**).
Über die politische Lage am Ende der Regierungszeit Jerobeams herrscht keine Klarheit, doch mag der rasche Wiederaufstieg und der erstaunliche Gebietszuwachs Israels die Annahme H. Tadmors rechtfertigen, daß unter diesem König Israel die Oberherrschaft über Juda und darüber hinaus die Kontrolle über die Königreiche Syriens und Palästinas ausübte.

(b) Wachsender Einfluß des Landadels: Manche Gelehrte sind der Ansicht, daß der Gebietszuwachs vor allem den hohen Beamten und der Aristokratie zugute gekommen sei. Möglicherweise hat der Prophet *Amos deshalb die Habgier der Frauen hoher Beamter in Gilead so scharf angeprangert (4, 1). Doch nicht allein die neueroberten Gebiete Transjordaniens und die wiedererschlossenen internationalen Handelsstraßen brachten einigen wenigen Begünstigten so großen Reichtum. Es waren die sozialen Mißstände, die skrupellose Geschäftemacher zu reichen Leuten machten. Sie bauten sich Paläste und elfenbeingeschmückte Häuser wie zum Beispiel in Samaria (s. *Samaritaner), während arme Schuldner ihrer Güter enteignet und als Sklaven verkauft wurden (Am 8, 6). Dieser neue Landadel gewann mehr und mehr an politischem Einfluß, und es kann kaum ein Zweifel bestehen, daß er bei dem häufigen Wechsel der Dynastien nach Jerobeams Tod (748 v. Chr.) seine Hand im Spiel hatte. So blieb es bis zum Untergang des Nordreiches im Jahre 722 v. Chr., als Israel dem assyrischen Weltreich einverleibt wurde (s. unten 4 a/6). Ein prominentes Mitglied dieser neuen Aristokratie war Ben-Tabeel (Jes 7, 6), dem weite Ländereien in Süd-Transjordanien gehörten. Einer der letzten israelitischen Usurpatoren, Pekah, Sohn des Remalja (s. unten 4 a/4), bestimmte ihn zum Kandidaten für den Königsthron von Juda. Nach einer Theorie von B. Mazar war Ben-Tabeel ein entfernter Vorfahr der Tobiaden, die zu den führenden Familien in Transjordanien gehörten und noch viele Generationen fortbestanden. Im 2. Jhdt. v. Chr. spielten sie in der jüdischen Politik eine wichtige Rolle (s. *Hasmonäer).

3. Das Königreich Juda von Rehabeam bis zum Tode Usias: *a) Rehabeam: (1) Bruderkrieg und Gebietsverluste:* Auf die Teilung der vereinigten Monarchie folgte ein zwei Generationen hindurch währender Bruderkrieg zwischen den beiden Königreichen (s. oben 1), der Judas Kräfte bis zum äußersten erschöpfte. Es verlor die Kontrolle über Ammon und Moab, zum großen Teil auch über Edom. Die ziemlich verkürzte Darstellung von 1 Kg 11, 14–22 deutet an, daß Edom schon vordem gegen Salomo revoltiert hatte. Die Erben und Nachkommen des großen Königs David herrschten nun über ein sehr zusammengeschrumpftes Reich, das aus dem Territorium der *Stämme Juda, Simeon und Benjamin sowie wahrscheinlich noch Ruben in

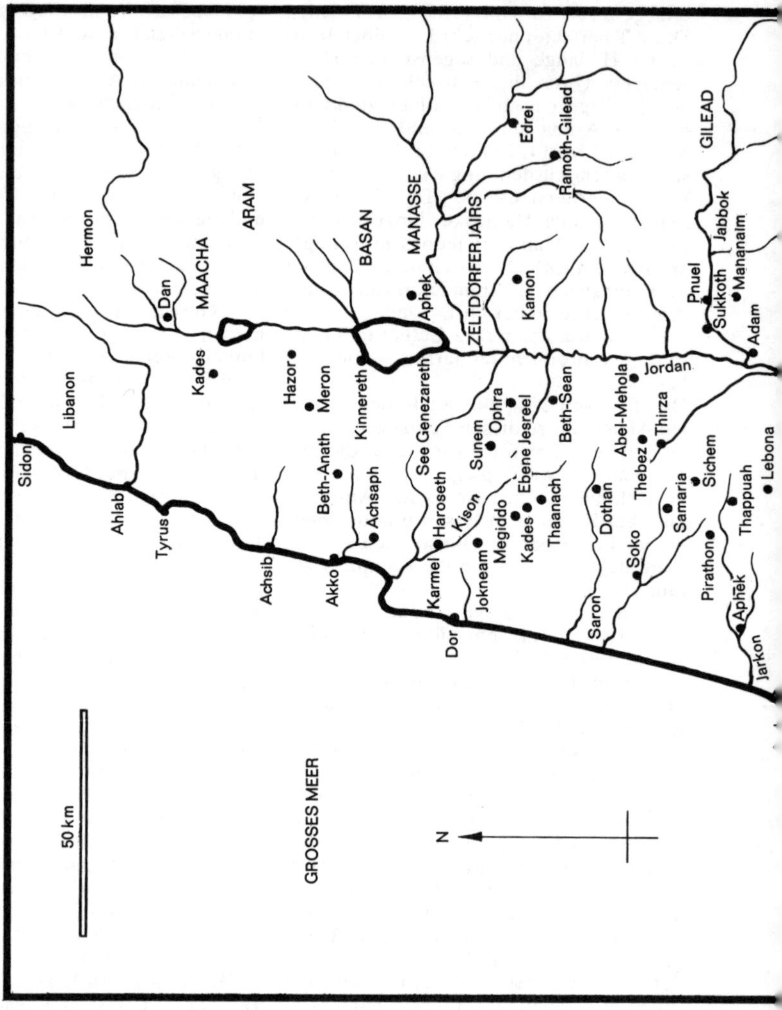

Karte 18. Israel und Juda (Nord- und Südreich)

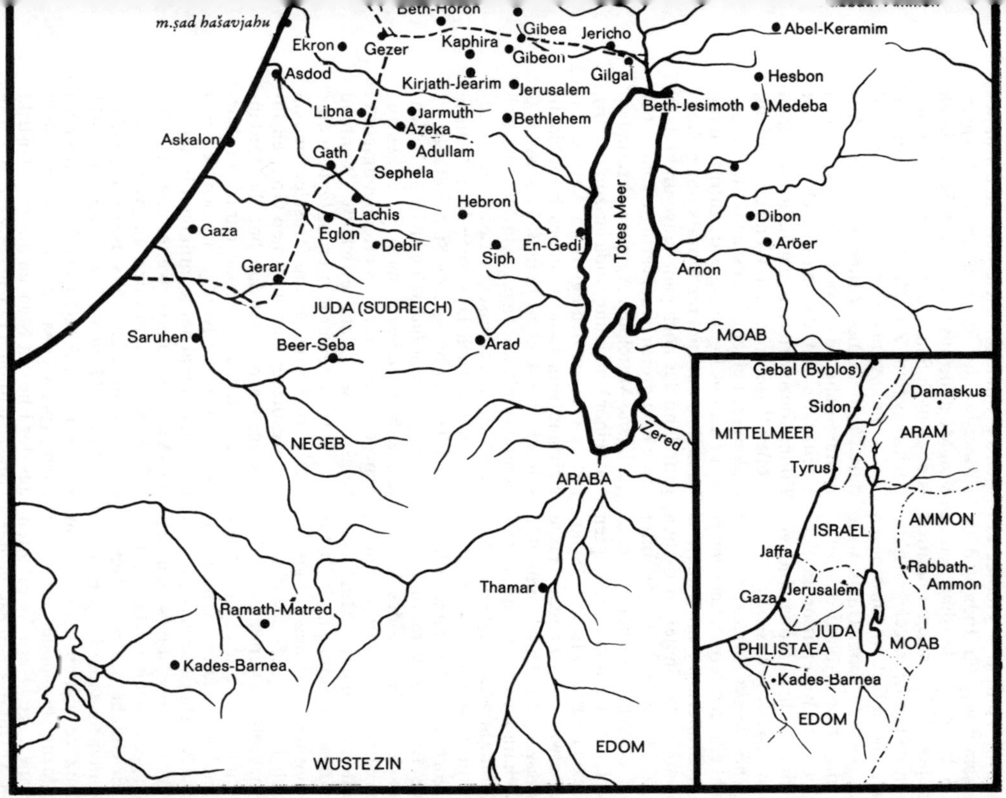

m.ṣad hašavjahu
Beth-Horon
Ekron
Gezer
Kaphira
Gibea
Gibeon
Jericho
Gilgal
Abel-Keramim
Asdod
Kirjath-Jearim
Jerusalem
Hesbon
Libna
Jarmuth
Azeka
Bethlehem
Beth-Jesimoth
Medeba
Askalon
Adullam
Gath
Sephela
Hebron
Lachis
Totes Meer
Dibon
Gaza
Eglon
Debir
Siph
En-Gedi
Aröer
Gerar
Arnon
JUDA (SÜDREICH)
MOAB
Saruhen
Beer-Seba
Arad
NEGEB
Zered
ARABA
Thamar
Ramath-Matred
Kades-Barnea
WÜSTE ZIN
EDOM
Gebal (Byblos)
Damaskus
Sidon
MITTELMEER
ARAM
Tyrus
AMMON
ISRAEL
Jaffa
Rabbath-Ammon
Gaza
Jerusalem
JUDA
MOAB
PHILISTAEA
Kades-Barnea
EDOM

Transjordanien bestand. Das Gebiet des Stammes Benjamin war für Juda von lebenswichtigem Interesse, da ohne seinen Besitz die Hauptstadt Jerusalem unmittelbar an der Grenze nach Israel gelegen hätte und so einer ständigen Gefahr von Norden her ausgesetzt gewesen wäre. Damit wäre zugleich der ungestörte Ablauf des Tempelkultes, der zu den wesentlichsten Eckpfeilern der davidischen Monarchie gehörte, in Frage gestellt gewesen.

(2) Feldzug Schoschenks (Sisaks) I.: Juda krankte nicht allein an internen Schwierigkeiten und am Bruderkrieg mit Israel, es bekam auch noch die imperialistischen Gelüste der 22. Dynastie Ägyptens unter Führung ihres libyschen Generals Schoschenk (Sisak) I. zu verspüren (s. *Ägypten und seine Beziehung zu Israel). Schoschenk bestieg etwa in der zweiten Hälfte der Regierungszeit Salomos (um 945 v. Chr.) den Pharaonenthron und unterstützte von Anfang an alle Feinde der davidischen Dynastie (1 Kg 11). Vermutlich hatte er von vornherein bestimmte Pläne mit Juda. Die Bibel berichtet uns, daß Schoschenk nach der Teilung des Königreiches durch Israel ermuntert wurde, judäische Städte zu plündern. Möglicherweise faßte er diese Einladung als Alibi für seinen Kriegszug auf. Er schlug mit großer Macht zu. Nach 1 Kg 14,25–28 drang er 923 in Juda ein, eroberte verschiedene befestigte Städte und belagerte dann mit seiner starken multinationalen Armee mit Streitwagen und Kavallerie Jerusalem. Um den Pharao zum Rückzug zu bewegen, sah sich Rehabeam gezwungen, reiche Tribute, dazu aber noch Gefäße aus dem Tempel und Kostbarkeiten aus seinem eigenen königlichen Schatz zu zahlen. Ein Bericht über diesen Feldzug, der auf der Südmauer des Amontempels zu Karnak erhalten blieb, gibt den Ablauf des Krieges wieder. Er zählt 150 Ortschaften auf **(Abb. 359),** die Schoschenk eingenommen haben will. Unter den erstürmten oder zerstörten Städten ist Jerusalem nicht erwähnt. Angesichts der fehlenden logischen Ordnung in der Liste bereitet es den Gelehrten große Schwierigkeiten, die Marschroute Schoschenks zu rekonstruieren. B. Mazar hält es für das Wahrscheinlichste, daß der Pharao durch West- und Nordjuda zog, sich dann ostwärts über das südliche Gebirge Ephraim wandte und danach den Jordan überquerte. Dann suchte er die reichen Städte des Tales von Sukkoth in Transjordanien heim und überschritt nördlich davon wieder den Jordan. Fragmente einer in *Megiddo gefundenen Stele berichten von der Eroberung der Stadt durch die Ägypter. Von Megiddo aus wandte sich Schoschenk südlich nach Samaria und von dort zurück nach Ägypten. Zur gleichen Zeit zog ein Teil seiner Armee durch den Negeb und durch Edom. Dieses Itinerar legt die Annahme nahe, daß sich die ägyptischen Streitkräfte auf das Nordreich und auf Edom konzentrierten, um Juda aber einen großen Bogen machten. Wenn die Ansicht, daß dieser Feldzug Schoschenks nichts anderes als ein Beutezug war, zutrifft, dann kann dies das Itinerar Mazars nur bestätigen; denn das noch ganz junge und relativ arme Königreich Israel verfügte kaum über genügend Mittel, um Ägypten abzufinden. Mit seiner Einladung, Juda auszuplündern, rief es aber die beutegierigen Ägypter zugleich in sein Land und beschwor damit sein eigenes Unheil herauf. Das wohlhabendere Juda war dagegen in der Lage, sich durch ein angemessenes Lösegeld freizukaufen, was auch das Fehlen Jerusalems in der Liste der belagerten Städte erklärt.

(3) Befestigung Judas: 2 Chr 12, 13 berichtet, daß Rehabeam nach dem Feldzug Schoschenks einen Verteidigungsgürtel rings um sein Land errichtete. Während der 17 Jahre seiner Regierung legte er eine Kette von Festungen um Jerusalem und an den westlichen und südlichen Grenzen Judas an. Nach Osten hin bot die Jordansenke eine ausreichende natürliche Barriere. Auch die Nordgrenze wurde nicht befestigt, zumal der Konflikt mit Israel wie im Anfangsstadium weiterschwelte und Rehabeam nach Norden hin weitere Gebietsansprüche stellte (s. **Karte 18**, Juda).

b) Abia (911–908 v. Chr.): Im Jahre 911 v. Chr. bestieg Abia (in den Königsbüchern auch Abiam genannt), Rehabeams Sohn aus der Ehe mit Maacha aus dem Distrikt Gibea-Benjamin (2 Chr 13,2), den Thron Judas. Rehabeams Heirat mit Maacha, die Ernennung Abias zum Thronfolger und dessen Berufung auf verantwortungsvolle militärische und administrative Posten bereits zu Lebzeiten des Königs (2 Chr 11, 2 f) zeigen, wieviel dem Herrscher an guten Beziehungen zum Stamme Benjamin gelegen war.

2 Chr 14 beschreibt ausführlich Abias Großoffensive gegen Jerobeam und rühmt seine Erfolge in der Schlacht nahe dem Berge Zemaraim (vermutlich *ras ez-zemara* zwischen Rimmon und Ophra) in Ephraim. Der Sieg gab Abia nicht nur das Gebiet des Stammes Benjamin fest in die Hand, sondern noch dazu Teile von Eph-

raim. Die wichtigen Städte *Bethel (2 Chr 12,14), Jesana und Ophra unterwarfen sich ihm. Für Jerobeam bedeutete diese Niederlage einen schweren Schlag, von dem er sich bis zu seinem bald darauf folgenden Tode nicht mehr erholte (s. dazu **Karte 18**).

c) Asa (908–867 v. Chr.): (1) Sicherung des Landes: Abia regierte nur drei Jahre. Auf ihn folgte im Jahre 908 v. Chr. sein Sohn Asa, der 41 Jahre lang die Herrschaft über Juda innehatte. In den Büchern 1 Kg und 2 Chr ergeben sich im Bericht über die Regierungszeit Diskrepanzen, die schlecht miteinander in Einklang zu bringen sind. So war nach 1 Kg Maacha, die Tochter Abisaloms, Asas Mutter, während sie nach 2 Chr 15 seine Großmutter war. Die Version des Königsbuches, der die Gelehrten größere Wahrscheinlichkeit zuerkennen, berichtet, daß Maacha während der ersten 15 Jahre der Regierungszeit ihres Sohnes in der Politik, aber auch im religiösen Bereich einen großen Einfluß ausübte. Vermutlich fungierte sie sogar bis zu Asas Großjährigkeit als Regentin, ähnlich wie später Athalja bei Joas.

In den ersten zehn Regierungsjahren Asas lebte Juda in Frieden (2 Chr 14,1). Es widmete sich dem Ausbau seiner Festungen und einer guten Ausbildung seiner Streitmacht (2 Chr 14,6–8). Als später der Kuschite Serah mit starken militärischen Einheiten bis Maresa in judäisches Gebiet vordrang, wurde er vom gutausgebildeten Heer geschlagen und bis Gerar zwischen Gaza und Beerseba zurückgeworfen. Manche Gelehrte sind der Meinung, dieser Serah sei in Wirklichkeit Osorkon I. (ca. 924–895 v. Chr.), der Sohn Schoschenks, gewesen. Diese Hypothese findet jedoch wenig Anklang, zumal die Namen völlig verschieden sind und Osorkon in der hebräischen Sprache nie mit Serah übersetzt worden wäre.

(2) Asas Reformen: Da alle Gefahr von Süden her gebannt war, wandte Asa seine Aufmerksamkeit der inneren Reform seines Landes zu. Während der Regentschaft seiner Mutter waren wieder götzendienerische Gebräuche in Jerusalem eingeführt worden. Solche Praktiken waren schon seit den Tagen Salomos (s. *David und Salomo), der sich den heidnischen Kulten seiner ausländischen Frauen gegenüber allzu tolerant gezeigt hatte, weit verbreitet. Asa entzog seiner Mutter jeden Einfluß in politischen und religiösen Fragen und vernichtete das Abbild der Aschera, das Maacha hatte aufstellen lassen. Mit Unterstützung des Propheten Asarja ben-Oded schaffte er alle fremden religiösen Riten und Heiligtümer in Juda und in den von seinem Vater und ihm selbst dazueroberten Gebieten ab (2 Chr 15,8; 1 Kg 15,12f). Asas Reform kann zwar nicht mit den späteren Reformen des Hiskia und Josia verglichen werden, auch wurden während seiner Regierung keine Schritte unternommen, die Gottesverehrung auf den *Höhenheiligtümern zu verbieten, doch trug sein Vorgehen wesentlich zur Stärkung und Erhaltung des Monotheismus in der sich immer weiter entfaltenden jüdischen Religion bei und schuf zugleich zwischen Juda und Israel eine klare Abgrenzung in allen kultischen Belangen. Im Nordreich waren synkretistische Praktiken erlaubt und konnten sich ungehindert ausbreiten (s. *Götzendienst in Israel).

(3) Baësas Krieg mit Juda und seine Folgen: Während in Juda die Reform weitere Fortschritte machte, setzte in Israel Baësa der Dynastie Jerobeam gewaltsam ein Ende (s. oben 2 a/4). Als er seine Position gefestigt sah, schloß er mit Ben-Hadad I., dem König von Aram-Damaskus (s. *Aramäer) an der Nordgrenze Israels, ein Abkommen und begann dann im 26. Regierungsjahr Asas einen Feldzug gegen Juda. Er eroberte die südliche Zone Ephraims zurück, befestigte sie und zog gegen Rama (das heutige *nebi samwīl*), »daß niemand bei Asa, dem König von Juda, sollte aus- und eingehen können« (2 Chr 16,1). Da Rama nur etwa 11 Kilometer nördlich von Jerusalem auf dem Höhenweg nach Ephraim lag, befand sich Juda in einer prekären Lage. Asa wandte sich in seiner Not unter Berufung auf den zwischen ihren Vätern geschlossenen Vertrag an Ben-Hadad und sandte ihm, um ihn zu rascherem Eingreifen zu bewegen, wertvolle Geschenke aus dem Tempelschatz (2 Chr 16,2–6). Ben-Hadad willfahrte ihm, besetzte mit einem großen Heer israelitisches Gebiet in Transjordanien und Ostgaliläa, plünderte israelitische Städte und schnitt Golan und Basan ab (1 Kg 15,17–20). Er nutzte seinen Sieg jedoch nicht weiter aus, vermutlich weil ihn Schwierigkeiten im Norden seines Landes zum Rückzug zwangen. Trotzdem ergab sich Baësa und ließ von weiteren Eroberungsversuchen gegen judäisches Gebiet ab. Asa gewann Rama zurück, ferner das Stammesgebiet Benjamin, das er befestigte (1 Kg 15,21). Das AT erwähnt jedoch nichts von einer Rückeroberung Ephraims.

Asa sah ein, daß die Grenzkämpfe zwischen Israel und Juda sinnlos waren. Man einigte sich darum auf eine endgültige Grenze zwischen den beiden Königreichen. Benjamin gehörte nun zu Juda, dafür gab Asa anscheinend alle Ansprüche auf ephraimitisches Gebiet auf. Als Vorsichtsmaßnahme befestigte er die Grenze bei Gibea und Mizpa (*tell en-naṣbe*). W.F. Albright förderte bei Ausgrabungen in *tell el-fūl*, dem ehemaligen Geba, starke Befestigungsanlagen zutage, die aus dem 9. Jhdt. v. Chr. datieren. Nach Ansicht Albrights handelt es sich dabei um die von Asa angelegten Festungen.

Ungefähr zehn Jahre später bestieg Omri den Königsthron Israels (s. oben 2 c), und ein Vertrag mit Juda beendete den Kriegszustand zwischen den beiden Königreichen. Beide Staaten waren offensichtlich auf militärischem und politischem Gebiet so ausgeglichen, daß es fruchtlos schien, mit Waffengewalt eine Änderung der bestehenden Situation erzwingen zu wollen. Darüber hinaus legte Omri auf gute Beziehungen zu Juda und auf Frieden im ganzen Land großen Wert. Aus dem Buch der Könige geht nicht hervor, wann diese Wende eintrat, es scheint jedoch, daß die Wiederbelebung des Handels mit Israel und durch Israel mit den Ländern des Südens den Vertragsschluß begünstigte, zumal es dabei um vitale Interessen beider Länder ging. Damit war ein wichtiger Schritt auf dem Wege zum Bündnis getan, das später zwischen Omris Sohn Ahab und Josaphat von Juda geschlossen wurde (s. unten d).

Der gegen das Nordreich gerichtete Vertrag Asas mit Ben-Hadad und die schweren Verluste, die Israel von den Aramäern hinnehmen mußte, riefen im judäischen Volk wieder wie einst zur Zeit der vereinigten Monarchie ein Gefühl der Solidarität wach, das sich sogar bis zu einer feindseligen Haltung gegenüber Asa steigerte. Aus 2 Chr 16, 7–10 hören wir, daß Asa durch den Seher Hanani ernsthaft ermahnt wurde, doch habe der König nicht auf dessen Rat gehört, sondern ihn mit anderen Gleichgesinnten ins Gefängnis geworfen. Anscheinend blieb eine solche Kritik auf prophetische Kreise beschränkt, so daß keine Gefahr einer offenen Rebellion bestand.

Im 39. Jahr seiner Regierung erkrankte Asa an einem Fußleiden und starb zwei Jahre darauf (2 Chr 16, 12f). Er hatte sein Land 41 Jahre lang regiert. Wahrscheinlich stand ihm in den letzten Jahren seiner Herrschaft sein Sohn Josaphat als Regent zur Seite (870–867 v. Chr.).

d) Josaphat (867–846 v. Chr.): (1) Politische Lage: Josaphat bestieg den Thron im vierten Regierungsjahr des Königs Ahab von Israel. Zu Juda gehörten damals Elath und Ezeon-Geber. So stand das Tor zum einträglichen Land- und Seehandel mit Arabien, über das Rote Meer und mit Ostafrika offen.

Das Nordreich war zur gleichen Zeit ein sehr angesehenes, mächtiges Land, und Josaphat erkannte bald, welche politischen und wirtschaftlichen Vorteile er aus einem Beitritt zur tyrisch-israelitischen Allianz ziehen konnte. Er schloß darum mit dem König von Israel einen Vertrag (1 Kg 22, 44; 2 Chr 18, 1). Die spätere Heirat des Kronprinzen Joram von Juda, des Sohnes Josaphats, mit Athalja, der Tochter Ahabs und Isebels, knüpfte das Band zwischen den beiden Reichen noch enger (s. oben 2 c/2 c).

(2) Reformen: Asas religiöse Reformen hatten sich in Jerusalem durchgesetzt. Unter Josaphat folgten weitere Maßnahmen. In seinem dritten Regierungsjahr führte Josaphat eine neue Rechtsordnung ein (2 Chr 19, 4–11). Verschiedene Gelehrte sind der Ansicht, daß dieses System der Ausgangspunkt für die spätere Reform des Deuteronomiums gewesen sei. W.F. Albright entdeckte in Josaphats Rechtsordnung verschiedene Ähnlichkeiten mit ägyptischen Gepflogenheiten während des Neuen Reiches (s. *Ägypten und seine Beziehung zu Israel). Die Berührung kann allerdings nur indirekt durch Vermittlung von Nachbarvölkern erfolgt sein, da Ägypten zu dieser Zeit praktisch keinen Einfluß auf Palästina ausübte.

Josaphats Leistungen auf administrativem Gebiet standen den Rechtsreformen in nichts nach. Er teilte Juda in Verwaltungsdistrikte auf und schuf Vorratsstädte (2 Chr 17, 12; s. *Verfassung, Verwaltung und Staatsformen 2). Unter Asa und Josaphat konnte Juda sein Gebiet nach Süden und Südwesten hin vergrößern. Asa hatte neues Territorium in der Küstenprovinz Gerar hinzugewonnen (2 Chr 14, 13 f), und unter Josaphat zahlten die Philister und Araber Tribute an Juda (2 Chr 17, 11). Einige Gelehrte haben behauptet, die im Buche Josua aufgezählten Stammesgebiete seien in Wirklichkeit die von Josaphat eingerichteten Verwaltungsbezirke gewesen.

Mit den inneren Reformen gingen Maßnahmen zur Stärkung der Landesverteidigung einher. Josaphat befestigte die Städte und errichtete in ihnen Vorratshäuser, in denen die königlichen Schätze und die Kriegsausrüstung untergebracht wurden (2

Abb. 361. Das Relief illustriert, wie assyrische Könige ihre Gefangenen behandelten: Sie zogen ihnen einen Ring durch die Nase und führten sie an daran befestigten Stricken hinweg

Abb. 362. Sockelrelief, das Assurbanipal in einem Streitwagen zeigt (7. Jhdt. v. Chr.)

Abb. 363. Festungsruine im Negeb

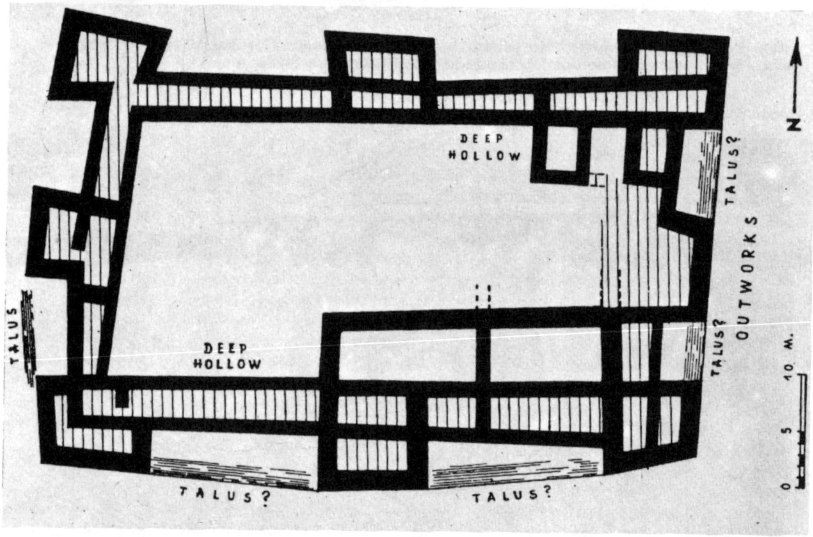

Abb. 364 a, b. Festungsanlagen von Kades-Barnea

Chr 17, 12f). Er stationierte in den Städten Truppen und reorganisierte das ganze Verteidigungssystem. Reste seiner Festungen, die man in Juda und im Negeb fand (s. **Abb. 363**), gleichen sehr den von Omri und Ahab um dieselbe Zeit erbauten Anlagen (s. oben 2c).

(3) Wirtschaftliche Expansion: Zu Josaphats Zeit erfuhr der Außenhandel einen erstaunlichen Aufschwung und brachte dem Land einen Wohlstand, wie er nur noch aus den Tagen Salomos erinnerlich war. Judas Oberhoheit über Edom (1 Kg 22) ermöglichte den Handel mit Arabien und den Ländern am Roten Meer, auch wurden wieder die Kupferminen der Araba ausgebeutet. Die Ausgrabungen Nelson Gluecks haben nachgewiesen, daß sich Ezeon-Geber damals beträchtlich ausdehnte; die Schiffe, die Josaphat baute, um seinen Überseehandel zu beleben, gingen freilich schon bei Ezeon-Geber zugrunde (1 Kg 22, 48; s. *Schiffahrt). Ahasja, der König von Israel, versuchte Josaphat nach diesem Rückschlag zu einem Neuanfang zu bewegen. Dieser weigerte sich jedoch, wahrscheinlich weil seine Herrschaft über Edom und das übrige Transjordanien damals ins Wanken geraten war.

(4) Bündnis gegen Aram: Das Bündnis mit Israel verpflichtete Juda, gegen Aram-Damaskus, seinen ehemaligen Verbündeten aus den Tagen Asas, zu kämpfen, sofern er Israel angriff. Solange die Assyrer unter Salmanassar III. nicht direkt die Länder westlich des Euphrat bedrohten, waren Arams Expansionsbestrebungen gegen Israel gerichtet. Juda hatte am Sieg Ahabs über Aram ein starkes Interesse, da damit die Gefahr für israelitisches Gebiet in Transjordanien und für Judas Herrschaft über Edom beseitigt war. Damit konnte sich der Handel auf dem Landwege, der Judas, aber auch Israels und Tyrus' Wohlstand garantierte, ungehindert entfalten. Als sich darum Ahab beim Kampf um Ramoth-Gilead an Josaphat mit der Bitte um militärischen Beistand wandte, antwortete dieser: »Ich will sein wie du: Mein Volk wie dein Volk, meine Rosse wie deine Rosse« (1 Kg 22,4). Ähnlich rief später nach Ahabs Tod dessen zweiter Sohn Joram Josaphat zu Hilfe, als Moab gegen Israel revoltierte (2 Kg 1, 1), und wieder eilte der König von Juda herbei und führte selbst die judäischen und edomitischen Truppen ins Feld (2 Kg 3, 8f).

Ergebnisloser Krieg mit Moab (s. oben 2c/4a) und Sieg der Aramäer bei Ramoth-Gilead stellten nicht nur Israels Herrschaft in Transjordanien in Frage, sie bedrohten auch Judas Besitz in Edom. 2 Chr 20 bewahrt eine midraschartige Tradition (s. *Bibelkritik) über ein Ereignis aus den letzten Jahren Josaphats. Danach hätten die Ammoniter, Moabiter und Edomiter En-Gedi besetzt und sich zum Sturm auf Jerusalem gerüstet. Es sei Josaphat jedoch gelungen, anscheinend indem er sich Unstimmigkeiten unter den Verbündeten zunutze gemacht habe, den Angriff in der Thekoa-Wüste nahe Bethlehem abzuwehren. Auf jeden Fall war Juda gerettet und konnte seine Herrschaft in Transjordanien wieder für eine Zeitlang behaupten. Kurz nach diesem Zwischenfall starb Josaphat. Bald danach, unter der Herrschaft seines Sohnes und Nachfolgers Joram, begann auch der überaus rasche Verfall Israels, mit dem sich bereits der endgültige Untergang des Nordreiches vorbereitete.

e) Joram (846–843 v. Chr.): (1) Regierungsantritt: Aus 2 Chr 21,5 können wir schließen, daß Joram schon zu Lebzeiten seines Vaters (851 v. Chr.) zur Herrschaft gelangte, vermutlich weil es unter seinen Brüdern Streit gab und die Gefahr eines Umsturzes bestand. Abgesehen von seinen Thronrechten als ältester Sohn fiel die Wahl auch aus politischen Rücksichten auf ihn, da er mit Athalja, der Tochter Isebels, der tyrischen Prinzessin, verheiratet war. Dies trug ihm jedoch in Hofkreisen eine starke Opposition ein. Aber Joram erstickte jeden Widerstand, indem er alle seine Brüder und einige Hofbeamte tötete (2 Chr 21, 4). Nach B. Thiele und H. Tadmor muß Joram von den acht Jahren, die er insgesamt regierte, vier Jahre Mitregent seines Vaters gewesen sein (851–846 v. Chr). Eine solche Annahme würde einen Synchronismus zwischen 2 Kg 8, 16 und 2 Kg 3, 1 herstellen. Die erste dieser Stellen behauptet, Joram sei im fünften Regierungsjahr Jorams von Israel, des Sohnes Ahabs (s. oben 2c/4), auf den Thron von Juda gelangt; die zweite: der Sohn Ahabs habe den Thron Israels im 18. Jahr Josaphats, der einschließlich seiner Herrschaft als Mitregent 25 Jahre regierte (1 Kg 22,42), bestiegen.

(2) Der Verlust Edoms und des Negeb: Israels Verluste in Transjordanien wirkten sich auch auf Juda aus. Josaphat war es noch gelungen, den Angriff der transjord. Königreiche zurückzuschlagen; während Jorams Regierung brach jedoch Judas Herrschaft über Edom, die Araba und den nördl. Negeb zusammen (2 Kg 8, 20–22).

Die Loslösung Edoms bedeutete einen schweren Schlag für das von Josaphat sanierte wirtschaftliche Gefüge und führte zum völligen Zusammenbruch des Verwaltungs- und Militärwesens. Kurz darauf drangen die Philister und die Araber in Juda ein. Wie hilflos ihnen Juda ausgeliefert war, kann man ermessen, wenn man in 2 Chr 21, 16f liest, daß die Räuber sogar die königliche Familie gefangennahmen und beraubten. Trotz dieser schweren Rückschläge blieb die Freundschaft zwischen den beiden Königreichen Israel und Juda bestehen. Israel kämpfte einen verzweifelten Kampf gegen Aram, das mit den Feinden der beiden verschwisterten Nationen verbündet war.

(3) Phönikischer Einfluß: Joram hielt an den von seinem Vater geschlossenen Verträgen fest, und dies nicht allein aus politischen Erwägungen, sondern auch seiner Frau Athalja wegen, die aus dem Hause Omri stammte. Athalja, eine energische Persönlichkeit, gewann nach dem Tode Josaphats immer größeren Einfluß am Hof. Mit ihrer Unterstützung konnten phönikische Kultur und religiöser Synkretismus in Juda immer mehr an Boden gewinnen. Es ist eine Ironie der Geschichte, daß Josaphats Verwaltungsreformen diese Entwicklung noch förderten, schufen sie doch eine Aristokratie von hohen Beamten, Großkaufleuten und Militärs, die auf eine Ausweitung des Außenhandels bedacht waren, der aber wiederum phönikischer Kultur und heidnischen Bräuchen Tür und Tor öffnete.

Josaphats Tod räumte das letzte Hindernis gegen das Aufkommen dieser Elemente aus dem Weg.

f) Ahasja (843–842 v. Chr.): Joram starb an einer »unheilbaren Krankheit«, und die Bürger Jerusalems (vor allem die Würdenträger am Hofe) krönten seinen einzigen überlebenden Sohn Ahasja zum König (2 Chr 22, 1). Ahasja führte keinen Wechsel in der Innen- und Außenpolitik herbei. Er eilte Joram, dem König von Israel, der im Kampf gegen die Aramäer bei Ramoth-Gilead schwer verwundet worden war, zu Hilfe. Auf dem Weg nach Jesreel, wo Joram sich von seiner Verwundung erholte, wurde Ahasja jedoch von Jehus Staatsstreich, der zur Ausrottung des Hauses Omri führte, überrascht und getötet (s. oben 2 d/1 a).

g) Athalja (842–836 v. Chr.): Nach der Liquidierung der gesamten Dynastie Omris und der Religion des Tyrischen Baal in Israel verbreiteten sich phönikische Kulte in Juda. Ahasjas Tod machte Athalja, dessen Mutter, zur Alleinherrscherin des Königreichs Juda (ihr Mann Joram hatte nach Josaphats Tod alle seine Brüder und deren Anhänger getötet, um mögliche Rivalen von vornherein auszuschalten). Athalja war eine ehrgeizige Frau, und es wird berichtet (2 Kg 11, 1–3), daß sie als erste Amtshandlung alle Mitglieder des Hauses David getötet habe, die ihrer Herrschaft hätten gefährlich werden können. Sicher ist diese Tradition gegen die Königin voreingenommen, und es fällt heute aus der Distanz noch schwerer, alle Faktoren der reichlich verworrenen Situation recht zu beurteilen. Die Königin konnte ihre Ansprüche einzig und allein auf ihren Enkel Joas stützen. Sie hatte in Juda keine Gefolgschaft und gehörte selbst nicht dem davidischen Geschlecht an. Als Vorbeugungsmaßnahme gegen eventuelle Revolten mag sie wohl Mitglieder der königlichen Familie, die ihr Mann verschont hatte, aus dem Weg geräumt haben, doch kann sie kaum alle beseitigt haben. Nichtsdestoweniger war ihr Vorgehen ohne Vorbild in der Geschichte Judas, und in den Augen des Volkes fehlte ihrer tyrannischen Herrschaft jede Legitimation.

Wie 2 Kg 11, 4–21 berichtet, entkam Joas allein dem Massaker. Ahasjas Schwester rettete ihn und hielt ihn sechs Jahre im Tempel verborgen. Damit war der Fortbestand der davidischen Dynastie gesichert. Für das Volk, das dem Hause Davids hohe Verehrung zollte, war Athalja nichts als eine blutrünstige Usurpatorin. Von keiner Gesellschaftsschicht oder politischen Gruppe unterstützt, konnte sie ihre Position sechs Jahre lang nur mit Gewalt behaupten. Als sich eine Gelegenheit bot, erhob sich das Volk unter Führung des Hohenpriesters Jojada gegen sie. Aus 2 Kg 11 geht hervor, daß Jojada den Sturz Athaljas überraschend durchführte, wobei er vom Militär und vom Volk unterstützt wurde – oder, wie die Bibel sagt, vom *'am hā'aræṣ* (der Landbevölkerung; s. *Verfassung, Verwaltung und Staatsformen 1 b/8). Damit hatte sich eine nationale Revolution vollzogen.

h) Joas (836–798 v. Chr.): (1) Jojada und Joas: Die Salbung des Königskindes Joas war ein Beweis für die Anhänglichkeit und Liebe des Volkes zum Hause Davids, das als einzig rechtmäßiges und von Gott eingesetzes Herrschergeschlecht Judas angesehen wurde. Es schien fast wie eine notwendige Folge, daß man hernach Athalja und die Baalpriester ermordete.

Bis zur Volljährigkeit des Joas führte Jojada (der durch seine Heirat dem Königshaus angehörte) die Regierungsgeschäfte als Regent, wodurch die Priesterschaft erheblich an politischem Einfluß gewann.
(2) Tempeladministration: Als jedoch Joas volljährig wurde, zog er die Administration des Tempels an sich. Er ordnete umfangreiche Ausbesserungsarbeiten an (2 Kg 12, 5), und als ihm die Priester in der Beschaffung der notwendigen Geldmittel nicht rührig genug schienen, wurden die Gelder durch Ausschreibungen neuer Steuern vom Volk erhoben, wobei ein Beauftragter des Königs und der Hohepriester für die Durchführung der Maßnahmen sorgten (2 Kg 12, 10f). In gleicher Weise verfuhr viel später Josia, der die Verwaltung der Gelder dem Staatsschreiber Saphan und dem Hohenpriester Hilkia übertrug (2 Kg 22, 3–7).
(3) Invasion der Aramäer: Im 23. Regierungsjahr des Joas drang Hasael, der König von Aram, in Juda ein, eroberte Gath und rüstete sich zum Sturm auf Jerusalem. Wie einst Rehabeam wandte Joas das Unheil von der Stadt ab, indem er dem Aramäerkönig die heiligen Gefäße und alles Gold aus dem Tempelschatz auslieferte (2 Kg 12, 18). Die Folge war, daß Juda verarmte, an politischem Gewicht unter den Nachbarvölkern verlor und diese zu Raubzügen über die Grenzen ermutigte. Nach Jojadas Tod wuchs die Opposition gegen Joas. Die Bibel klagt den König an, unter dem Einfluß einiger hoher Staatsbeamter Götzenbilder verehrt zu haben. Der Konflikt zwischen dem König und der Priesterschaft nahm immer ernstere Formen an, und als der König die Hinrichtung Sacharjas, des Sohnes Jojadas, verfügte (2 Chr 24, 17–22), wurde er selbst ermordet (2 Chr 24, 24 f).
i) Judas Aufstieg unter Amazja (798–767 v. Chr.): Nach Joas' Ermordung wurde dessen fünfundzwanzigjähriger Sohn Amazja von der Gruppe, die damals in Juda die Macht in der Hand hatte, zum König erwählt. Der biblische Bericht erwähnt rühmend, daß Amazja wohl den Mord an seinem Vater rächte, aber, dem mosaischen Gesetz gehorchend, nicht die Söhne der Mörder tötete (2 Chr 25, 1–4). Damit hoffte er, dem Konflikt unter den einzelnen politischen Parteien ein Ende zu setzen, doch war eine solche Milde zu seiner Zeit unerhört und schuf einen wichtigen Präzedenzfall (s. *Gesetz Israels).
Amazjas Interesse galt zunächst vor allem dem Militär. Ben-Hadads III. Macht war unter Adadniraris Angriffen zerbrochen, und die Niederlage der Aramäer eröffnete sowohl für Israel als auch für Juda neue Möglichkeiten. Schon bald zu Beginn seiner Regierung ordnete Amazja Ausschreibungen an, um das Heer zahlenmäßig zu stärken. Sein erstes militärisches Unternehmen führte er gegen Edom aus, das in den Tagen Jorams das Joch der judäischen Herrschaft abgeschüttelt hatte. Er schlug die Edomiter im »Salztal«, das von den meisten Gelehrten mit der Araba identifiziert wird (2 Kg 14, 7; 2 Chr 25, 11 f). Da er sein Ziel, Elath zu erobern, nicht erreichen konnte, konsolidierte er seine Stellung im nordöstlichen Edom und nahm Sela *umm el-bijjāra* ein. Er machte Sela zu einer jüdischen Stadt und gab ihr den Namen Joktheel.
Sein Sieg über Edom ließ Amazja hoffen, daß die alte Union zwischen Israel und Juda unter seiner Führung wiederaufleben könnte. Aber er hatte seine und Israels Stärke falsch eingeschätzt. Joas, der König von Israel, war offensichtlich der Stärkere von beiden. Er wies Amazjas Anträge mit Spott zurück und verglich das Angebot einer Wechselheirat mit dem Bild von der Distel, die um die Zeder wirbt (2 Kg 14, 9). Als Amazja entgegen dem Rat seiner Umgebung weiter Israel herausforderte, kam es im 15. Jahr seiner Regierung bei Beth-Semes zum Kampf. Seine Armee wurde vernichtet und er selbst von Joas gefangengenommen. Die gegnerischen Truppen drangen in Jerusalem ein, zerstörten Teile des Stadtwalles, plünderten den Tempelschatz und nahmen viele Geiseln nach Samaria mit (2 Kg 14, 11–14). Amazja wurde später freigelassen, mußte jedoch Israels Hegemonie anerkennen.
Der biblische Bericht über die letzten 15 Regierungsjahre Amazjas ist recht kurz. Der König fiel zuletzt einer Verschwörung in *Lachis zum Opfer.
k) Usia (769–733 v. Chr.): Trotz der Verschwörung hielt das Volk treu zum davidischen Königshaus und erhob Usia (Asarja), den 16 Jahre alten Sohn Amazjas, auf den Thron. Am Ende seiner Regierung stand ihm sein Sohn Jotham als Regent zur Seite, als er selbst vom Aussatz befallen war (2 Kg 15, 5). Die Epoche unter Usia-Jotham war für Juda die bedeutendste seit der Reichstrennung. Wehrfähige, kräftige Männer wurden gemustert und gut bewaffnet (2 Chr 26, 11–14), und schließlich erstreckte sich Juda über ein Gebiet, das weit über seine bisherigen Grenzen reichte, das *Asdod und Philistäa einschloß und dem

Land somit die Kontrolle über die Hauptthandelsstraße nach Ägypten sicherte (2 Chr 26,6–8). Usia dehnte seinen Herrschaftsbereich nach Süden hin bis zum Roten Meer aus, eroberte Elat und baute die Stadt von neuem wieder auf (2 Chr 26,2). Die Ausgrabungen Nelson Gluecks bei Ezeon-Geber (*tell el-ḫlēfi* nahe dem heutigen *Elat*) geben ein klares Zeugnis für die Entwicklung der Stadt unter Usia-Jotham. Man entdeckte dort ein königliches *Siegel, das den Namen Jothams trägt. Nach dem Beispiel seiner Vorgänger errichtete Usia zahlreiche Festungen, vor allem in und um Jerusalem (2 Chr 26,9), und befestigte Paläste wie zum Beispiel den bei Ramath-Rahel **(Abb. 366)** ausgegrabenen. Usia sorgte auch für eine dichtere Besiedlung des südlichen Negeb. Wie 2 Chr 26,10 sagt, tat er dies wegen seiner Vorliebe für die Landwirtschaft, doch ebenso wahrscheinlich ist, daß er hier eine größere Bevölkerungsdichte zum Schutz gegen Überfälle durch Wüstenstämme wünschte. Einige Gelehrte datieren die Festungsanlagen von Kades-Barnea (*sen qdērāt,* **Abb. 364**) in die Zeit Usias. Ramath-Matred **(Karte 7)** ist auch eine befestigte Stadt im westlichen Negeb, deren Verteidigungsbauten vermutlich Usia errichten ließ. **Abb. 363** zeigt ein israelitisches Fort an der Straße nach Edom, das vor Usias Zeit erbaut wurde.

Die Stellen 2 Chr 26,8; 27,5, wonach Usia und Jotham die Ammoniter unterworfen haben sollen, ist von besonderem Interesse, deutet sie doch einen Übergang der Macht von Israel auf Juda an. Bisher hatten jedenfalls die Gebiete nördlich des Arnon im Einflußbereich Israels und nicht Judas gelegen. Diese Referenz der Bibel findet eine Stütze in einer assyrischen Inschrift Tiglatpilesars III., in der es heißt, er habe im Jahre 738 v. Chr. in Nordsyrien gegen eine syrische Koalition unter Führung eines *Azrija'u von Ja'udi* gekämpft. Sehr wahrscheinlich ist damit Usia (Asarja) gemeint. Zu dieser Koalition zählten die nord- und zentralsyrischen Städte Arpad, Hadrach, Simirra und Kalne (s. *Aramäer).

Nach dem Tode Jerobeams II. von Israel im Jahre 748 v. Chr. scheint Usia nicht nur die Kontrolle über das Reich, das Jerobeam erobert hatte, sondern bis zu einem gewissen Grad auch über Israel erlangt zu haben. Aber sogar der mächtige Usia konnte dem Ansturm Assyriens nicht standhalten und wurde von Tiglatpilesar III. entscheidend geschlagen. H. Tadmor meint einen Hinweis auf die Anwesenheit judäischer Truppen in Nordsyrien in dem Orakel eines unbekannten Propheten zu finden, dessen Visionen Sach 9,1 Aufnahme gefunden haben: »Die Macht des Herrn ist gegen das Land Hadrach gerichtet und läßt sich auf Damaskus nieder.« H. Tadmor und Ch. Rabin entscheiden sich für die Wiedergabe des hebräischen *dabar* mit »Macht« anstelle der üblichen Übersetzung »Wort«.

Als Folge der durch das Eingreifen Assyriens völlig veränderten Kräfteverhältnisse zog sich Juda vollständig aus Syrien und Israel während des letzten Teils der Regierung Menahems, des Sohnes Gadis, zurück. Juda blieb jedoch die brutale Behandlung, die Tiglatpilesar den anderen Mitgliedern der Koalition von 738 v. Chr. zuteil werden ließ, erspart. **Abb. 361** illustriert, wie assyrische Könige ihre Gefangenen behandelten: Sie zogen ihnen einen Ring durch die Nase und führten sie an daran befestigten Stricken hinweg (2 Kg 19,28; Ez 38,4; Jes 37,29). H. Tadmor nimmt an, Assyrien sei mit Juda so nachsichtig umgegangen, weil es sich feierlich verpflichtet habe, nie wieder einer antiassyrischen Allianz beizutreten.

Als Usia stab, begrub man ihn in der Davidstadt bei seinen Vätern, jedoch »auf dem freien Feld bei der Begräbnisstätte der Könige, denn man sagte: ›Er ist aussätzig!‹« (2 Chr 26,23). Josephus berichtet (Altertümer 9,10,4), er sei im Garten des Königs nahe dem Siloahteich bestattet worden. Talmudischen Quellen zufolge wurden die Gebeine Usias zu einem unbekannten Zeitpunkt ausgegraben. Diese Angabe würde die Inschrift auf einem Stein **(Abb. 349)**, die Usias Namen trägt, bestätigen. Man fand diesen Stein unter dem russischen Kloster am Abhang des Ölberges, also vermutlich an der Stelle, wo seine Gebeine endgültig beigesetzt wurden.

4. Die Zeit der assyrischen Eroberungen – Untergang Israels und Fortbestehen Judas: *a) Israel: (1) Thronwirren:* Nach der Mitte des 8. Jahrhunderts v. Chr. sahen sich Israel und Juda politischen Gegebenheiten gegenüber, die entscheidend auf ihr weiteres Schicksal einwirkten. Fünf Jahrhunderte lang waren sie nicht ernsthaft oder zumindest nicht für längere Zeit von irgendeinem Großreich bedroht worden. Als jedoch Assyrien zur Weltmacht aufstieg, war das Urteil über die kleinen Nationen gesprochen. Das Nordreich zerbarst unter dem ersten Ansturm, Juda gelang es, noch eineinhalb Jahrhunderte zu überleben.

Gerade zu dem Zeitpunkt, als Israel aufgerufen war, dem gefährlichsten Feind seit seinem Bestehen zu begegnen, hatten interne politische und soziale Mißstände das Reich in ungezügelte Anarchie gestürzt. Hätte Israel damals eine starke Führerpersönlichkeit an der Spitze gehabt, es hätte vielleicht wie Juda noch eine Zeitlang fortexistieren können; aber es scheint, daß es im entscheidenden Moment kaum noch als Staatsgebilde funktionierte. Der innere Verfall hatte offensichtlich schon während der letzten Regierungsjahre Jerobeams II. begonnen. Abgesehen von der Uneinigkeit im Inneren war Israel nicht mehr stark genug, das große Reich, das Jerobeam erobert hatte, zu verwalten und zu halten. Sein Sohn Sacharja regierte nur sechs Monate (748–747 v. Chr.) und wurde dann von Sallum, dem Sohn des Jabes, ermordet. Dessen Thronbesteigung setzte der Jehu-Dynastie ein Ende (2 Kg 15, 10–12).

Von da an herrschte in Israel das Chaos. Sallum regierte nur einen Monat, dann wurde auch er meuchlings von Menahem, dem Sohne Gadis, ermordet. Diese sich in rascher Folge wiederholenden Umstürze waren zweifellos das Ergebnis persönlichen Ehrgeizes und erbitterter Rivalitäten unter den führenden Familien oder Sippen.

(2) Menahem (747–737 v. Chr.): Die biblische Geschichte von Menahems Revolte und Regierungszeit (2 Kg 15, 14–22) ist kurz und ziemlich verworren dargestellt. Der Aufstand begann in Thirza, wo Menahem vermutlich den Gouverneursposten innehatte. Von dort begab sich Menahem nach Samaria. Er regierte zehn Jahre, doch war nicht er die beherrschende Figur im Lande, sondern Tiglatpilesar III. Als dieser westwärts vorrückte, entrichtete ihm Menahem hohe Tribute, die er als Kopfsteuer (s. *Steuern) von etwa 60 000 Landbesitzern erhob (2 Kg 15, 19 f). Es scheint, als habe Menahem vorsätzlich die Unabhängigkeit seines Landes geopfert (Hos 5, 13), weil er hoffte, damit seinen wankenden Thron retten zu können, doch hatte er wohl kaum eine andere Wahl. H. Tadmor vermutet, er habe die assyrische Vorherrschaft der seines Nachbarn Usia von Juda vorgezogen. Welcherart seine Beweggründe auch gewesen sein mögen, patriotische Israeliten setzten seiner Politik heftigen Widerstand entgegen. Man nimmt an, daß Hos 4–14 über diese Zeit handelt und auch vom wachsenden Unwillen gegen Juda redet, das seine schwächere Brudernation im Norden allzu deutlich seine Vorherrschaft fühlen ließ. Israel war nun auf ein kleines Gebiet, das Ephraim, Manasse, die Ebene von Jesreel und Galiläa umfaßte, zurückgedrängt. Deshalb nennt Hosea es »Ephraim« und spricht das Verdammungsurteil über Juda (Hos 5, 10): »Judas Fürsten sind wie Leute geworden, welche die Grenzsteine verrücken; über sie lasse ich meinen Zorn sich ergießen wie Wasser.«

(3) Unter assyrischem Joch: Im Jahre 745 v. Chr. führte Tiglatpilesar III. tiefgreifende Verwaltungsreformen ein und legte damit den Grundstein zum mächtigen Bau des assyrischen Weltreichs. Schon bald zu Beginn seiner Regierung war es ihm gelungen, die südwärts gerichtete Expansion von Urartu zum Stehen zu bringen und Babylon zu unterwerfen (s. *Assyrien und Israel). Die Bibel nennt ihn *Phul* (2 Kg 15, 19), das ist der Name, den er sich als König von Babylon zugelegt hatte. Sein Ziel war es, Assyriens Herrschaftsbereich bis zum Mittelmeer und bis ins Innere Anatoliens auszudehnen. Um dies zu erreichen, deportierte er einen Teil der Bevölkerung aus eroberten Gebieten und siedelte statt dessen Deportierte aus anderen eroberten Ländern an, eine Politik, wie sie schon von assyrischen Königen im 13. Jhdt. v. Chr. geübt wurde. Darüber hinaus merzte Tiglatpilesar die herrschenden Dynastien aus und ersetzte sie durch seine eigenen Gouverneure.

Als er im Jahre 738 v. Chr. die syrische Koalition unter Führung Asarjas von Juda besiegte, befreite er Samaria von der Vorherrschaft Judas, doch nur um seine eigene Herrschaft über das Land aufzurichten. In seinen Annalen zählt er Menahem von Samaria unter den 16 Königen auf, die ihm Tribut zahlten. Y. Yadin nimmt an, daß die Ostraka von Samaria, in denen von Steuereintreibungen im 9. und 10. Jahr die Rede ist (s. *Inschriften, *Siegel), in die letzten zwei Regierungsjahre Menahems zu datieren sind und daß er den Assyrern so bereitwillig Tribut zahlte, weil er sein wankendes Königreich retten wollte. Diese Vorbeugungsmaßnahme führte allerdings nicht zum gewünschten Erfolg. Sein Sohn Pekahja (737–735 v. Chr.) folgte ihm auf dem Thron, regierte aber nur zwei Jahre. Dann wurde er von Pekah, dem Sohne Remaljas, einem seiner Offiziere, ermordet.

(4) Pekah (735–733 v. Chr.): Mit Unterstützung der reichen Landbesitzer von Gilead bemühte sich Pekah um ein Bündnis mit Aram gegen die Assyrer. In den Jahren 736 und 735 v. Chr. war Tiglatpilesar III. in Kriege mit den Medern und Urartäern verwickelt. Daher glaubte Rezin von Aram

Abb. 365. Leibgarde Sanheribs von Assyrien

Abb. 367. Relief von Malatya

Abb. 366. Reste des befestigten Palastes von *rāmat rāḥēl*

(der wiederholt in assyrischen Berichten erwähnt wird) den Zeitpunkt für gekommen, einen Aufstand gegen Assyrien anzuzetteln. Israel, Philistäa und Phönikien kamen seinem Aufruf zur Revolte nach, Juda hielt sich fern. Die Könige der 23. Dynastie Ägyptens sicherten ihre volle Unterstützung zu, obwohl Ägypten damals selbst an innerer Schwäche krankte, »ein gebrochenes Rohr«, wie Jesaja sagt. Tiglatpilesar entsandte eine Armee gegen Philistäa, um Ägypten von Israel und Aram abzuschneiden.

(5) Verfall und Auflösung in Israel: Nach der Rekonstruktion A. Alts besetzte Tiglatpilesar III. das Küstengebiet vom Golf von Akko bis zur philistäischen Ebene. Dann richtete er seinen nächsten Angriff gegen die beiden Königreiche Aram und Israel (733–732 v. Chr.). Er vernichtete Aram-Damaskus und unterstellte es einem assyrischen Gouverneur. Danach gliederte er die reichen Distrikte Gilead, Naphtali (Galiläa) und die Ebene von Jesreel seinem Weltreich ein und setzte über jeden dieser Bezirke ebenfalls einen Gouverneur. Israel fristete zwar noch das Schattendasein eines kleinen Staates, war aber auf die ehemaligen Stammesgebiete Ephraim und West-Manasse beschränkt. Die reichsten Landstriche waren ihm entrissen, es hatte auch den Zugang zu den Handelsstraßen, die ehedem durch israelitisches Gebiet führten, verloren und konnte praktisch nicht mehr existieren. Die außenpolitische Krise wurde noch durch Israels schnell fortschreitenden inneren Zerfall erschwert. Pekah wurde von Hosea, dem Sohne Elas, gestürzt (733–723 v. Chr.), der als assyrischer Vasall regierte (2 Kg 15, 30). Diese Angabe der Bibel wird durch die Annalen Tiglatpilesars III. bestätigt.

Hosea führte neun Jahre die Regierung Israels (2 Kg 17, 1). Zunächst betrieb er Assyrien gegenüber eine Politik unterwürfiger Treue, aber als Tiglatpilesar III. im Jahre 727 v. Chr. starb, folgte er dem Rat extremistischer Kreise und hielt als Zeichen seiner Unabhängigkeit die jährliche Tributzahlung an Assyrien zurück. Als Vergeltungsaktion warf Salmanassar V., der auf Tiglatpilesar III. folgte, Hosea ins Gefängnis (2 Kg 17, 4). Der Hilferuf Israels an den Pharao verhallte ungehört. Wieder einmal erwies sich Ägypten als »geknicktes Rohr«. Salmanassar V. marschierte gegen Tyrus und belagerte es fünf Jahre lang (erst sein Nachfolger Sargon II. nahm endlich die Stadt ein). Hosea ergab sich, doch der Assyrerkönig traute ihm nicht mehr und deportierte ihn im Jahre 724 oder 723 v. Chr. nach Assyrien. Samaria wollte sein böses Schicksal meiden: drei Jahre trotzte es der Übermacht.

(6) Israels Ende: Während noch die Belagerung Samarias im Gange war, starb Salmanassar V. Sein Nachfolger war Sargon II. (721–705 v. Chr.). Nach Meinung H. Tadmors kann Sargon nur im Jahre 720 v. Chr. freie Hand für eine militärische Aktion in Samaria gehabt haben. In diesem Jahr fiel die Stadt. Die Annalen Sargons berichten, daß die Assyrer 27 290 Bewohner Samarias und dazu noch einen Teil der Bevölkerung Ephraims und West-Manasses nach dem oberen Mesopotamien, nach Medien und anderen Gebieten des assyrischen Weltreiches deportierten. An ihrer Statt kamen Deportierte aus Babylonien, Hamath und von anderswo nach Samaria, wodurch das Land einen spürbaren Bevölkerungszuwachs an Heiden bekam (2 Kg 17, 6). Deportationsszenen, wie sie **Abb. 371** zeigt, begegnen oft auf assyrischen Reliefs. Der vom ehemaligen Nordreich verbliebene Rest wurde zur assyrischen Provinz Samaria. Die neu hinzugekommene Bevölkerung vermischte sich mit den übriggebliebenen Israeliten, und ihre Nachkommen waren die *Samaritaner. Israel, das erst seit 200 Jahren bestand (926–720 v. Chr.), hatte aufgehört zu existieren.

b) Juda unter Ahas (737–727 v. Chr.): Auf Usia folgte sein Enkel Ahas (Ahasja), da Jotham noch vor seinem Vater starb. Ahas behielt die außenpolitische Linie, die sein Großvater seit 738 v. Chr. verfolgt hatte, bei und hielt sich von der neuen antiassyrischen Koalition unter Führung Rezins von Aram und Pekahs von Israel fern. Dieser Koalition gehörten noch Asdod und Gaza (vermutlich auch Tyrus) an, zudem hatte sie die feste Unterstützung Ägyptens. Juda war das mächtigste Königreich in Süd-Palästina. Es bildete eine ernstzunehmende Barriere zwischen Israel und Aram auf der einen und Ägypten und Philistäa auf der anderen Seite **(Karte 17).** Die Mitglieder der Koalition lebten in beständiger Furcht, Juda könnte ihnen im entscheidenden Moment in den Rücken fallen. Das wäre nicht ausgeschlossen gewesen, hätte es nicht in Jerusalem eine starke Partei Adeliger gegeben, die nicht nur Pekah und Rezin unterstützten, sondern – wie manche Gelehrte glauben – sogar bereit waren, die davidische Dynastie zu vertreiben und an ihrer Statt Ben-Tabeel als König einzusetzen (Jes 7, 6).

Die antiassyrische Koalition unternahm darum Schritte, Judas Situation zu schwächen. Zunächst ermutigte sie Edom zur Revolte. Mit aramäischer Unterstützung gelang es, Elath zurückzuerobern (2 Kg 16, 6). Zugleich fielen die Philister von Westen her in Juda ein und drangen tief bis in die Sephela und den Negeb vor (2 Chr 28, 17 f). Als nur noch das Hügelland im Inneren frei war, marschierten israelitische und aramäische Truppen auf Jerusalem.

Auf Drängen Jesajas (7, 1–9) hielt Ahas der Belagerung stand. Um diese Zeit (734–732 v. Chr.) entsandte Tiglatpilesar III. drei Expeditionen, um die Revolten niederzuschlagen. Und wieder folgte Ahas der Politik Usias und zahlte dem assyrischen Imperator Tribute. Er wollte damit bekunden, daß er weiter zu dem von Juda gegebenen Versprechen loyalen Verhaltens gegenüber Assyrien stehe (2 Kg 16, 7 f). In einer Inschrift Tiglatpilesars taucht der Name Jauhazi (Ahas), König von Juda, unter den Vasallenkönigen auf, die ihm Tribute leisteten. Alle Königreiche jenseits des Euphrat hatten sich ihm bereits unterworfen. Seine Armeen standen nun an den Grenzen Judas. Als im Jahre 732 v. Chr. Aram-Damaskus fiel, eilte Ahas geflissentlich dorthin, um dem Assyrerkönig persönlich seine Treue zu bezeigen.

Assyrische Vorherrschaft bedeutete für Jesusalem vor allem die Einführung heidnischer Praktiken im Tempel, ein Brauch, wie er auch anderen syrischen Staaten gegenüber geübt wurde (2 Kg 16, 10–18). Die Ablehnung assyrischer Götter wäre schon in sich ein Akt der Rebellion gewesen, gleichbedeutend mit der Verweigerung der fälligen Tribute. Auf der anderen Seite gab es in Juda eine starke Strömung, die religiösen Reformabsichten zugänglich war und dem Aufruf der Propheten nach innerer Wandlung, sofern Juda nicht das gleiche Schicksal wie Israel ereilen wollte, Gehör schenkte. Reformeifer und Patriotismus gingen Hand in Hand und schufen eine Stimmung allgemeiner Unzufriedenheit.

Nach sechsjähriger Regierungszeit starb Ahas im Jahre 727 v. Chr., im gleichen Jahr also wie Tiglatpilesar III. Er hinterließ ein zusammengeschrumpftes Königreich, das sich politisch und kulturell bedingungslos dem mächtigen Assyrien unterworfen hatte. Der Prophet Jesaja hoffte noch immer, Juda werde auf den rechten Weg zurückkehren. Er knüpfte alle seine Erwartungen an Ahas' Nachfolger Hiskia, der, so glaubte er, sein Volk von der Fremdherrschaft befreien und die Götzen aus seiner Mitte vertreiben würde, damit Jahwe wieder allein angebetet werde (Jes 9, 1–6).

5. Judas Kampf um Unabhängigkeit. Von Hiskia bis zur Zerstörung Jesusalems: *a) Hiskia (727–698 v. Chr.): (1) Hiskia im Gefolge Sargons:* Zu Beginn seiner Regierung folgte Hiskia ganz der Politik seines Vaters, das heißt er weigerte sich, Juda in die Aufstandsbewegung gegen Assyrien hineinzuziehen. So blieb Juda verschont, als Israel im Jahre 720 v. Chr. vernichtet, das Land zur assyrischen Provinz gemacht und seine Einwohner ins Exil hinweggeführt wurden. Im Jahre 720 v. Chr. stand das ganze Gebiet von Hamath im Norden bis Gaza im Süden in Aufruhr gegen Assyrien, nur Hiskia hielt treu zu Sargon II., dem König von Assyrien, wie man in einer Inschrift Sargons, die vom »Fernbleiben Ja'udu's« spricht, lesen kann.

Es gab jedoch in Juda einflußreiche Kreise, die eifrig für einen Aufstand gegen die assyrische Herrschaft warben. Als in Ägypten die 25. (nubische) Dynastie den Thron Oberägyptens bestieg, begann von hier aus der Widerstand gegen Assyrien. Im Jahre 712 v. Chr. schürte Ägypten in den philistäischen Städten den Aufruhr. Einen Widerhall der Stimmung liest man in Jes 14, 29–31. Die Bibel sagt nichts über Hiskias Haltung während jener Jahre, aber das Fragment einer assyrischen Inschrift berichtet von der Einnahme Asekas in Verbindung mit der Unterwerfung Asdods. Dieser Feldzug der assyrischen Armee mag auch ein strategischer Schachzug gegen Hiskia gewesen sein mit dem Ziel, ihn von den rebellierenden philistäischen Städten fernzuhalten. Jesajas Gerichtsankündigungen über Ägypten und Äthiopien (Jes 18–20) zur Zeit dieses Aufstandes wollten offensichtlich den jungen Hiskia vor jeder Teilnahme an einer antiassyrischen Revolte warnen.

Mit dem Fall *Asdods unter Sargon II. (712 v. Chr.) endete die Unabhängigkeit dieses Stadtstaates. Wie eine erst 1963 ausgegrabene assyrische Stele bestätigt, wurde Asdod eine assyrische Provinz. Da Hiskia sich nicht an der Rebellion beteiligte, gelang es ihm, sein Gebiet auf Kosten philistäischen Territoriums zu vergrößern (2 Kg 18, 8). Zur gleichen Zeit siedelten sich Familien aus den Stämmen Juda und Simeon im Negeb und in Gerar an (1 Chr 4, 39–41). Als Juda so seine Grenzen weiter hinausschob, bekam es das Joch der argwöhnischen assyrischen Herrschaft härter zu verspüren, und Hiskia unternahm die ersten Schritte in Richtung auf eine Revolte. Er besserte die Stadtwälle von Jerusalem aus (Jes 22, 9) und berief weitere Offiziere in das Berufsheer (2 Chr 32, 5 f). Seine größte Leistung war jedoch der berühmte Siloah-Tunnel, der die Wasser der Gihonquelle in die Hauptstadt leitete. Das dramatische Zusammentreffen der Tunnelarbeiter in der Tiefe des Berges wird in der berühmten Inschrift von Siloah festgehalten (s. *Wasserversorgung; *Inschriften).

(2) Hiskias Reformen: Hiskia bemühte sich, seinen Einfluß auf die im Lande zurückgebliebenen Bewohner des untergegangenen Königreiches Israel, als deren Sachwalter er sich fühlte, geltend zu machen. Er erhöhte das Ansehen des Jerusalemer Tempels, indem er den Jahwekult sowohl im Tempel selbst als auch im ganzen Lande Juda reformierte. Auch versuchte er, die Gunst der nichtexilierten Bevölkerung Samarias und Galiläas zu gewinnen, indem er das Passahfest auf den zweiten Monat (*ijjar*), das heißt den Monat, in dem es vordem im Königreich Israel gefeiert wurde, verlegte (2 Chr 29–31; s. *Kalender; *Feste und Feiertage). Mit dieser Maßnahme hoffte er die Samaritaner in das religiöse Zentrum Judas einzubeziehen. Im Buch der Chronik wird ein anderer Grund für die Verlegung des Festes auf einen späteren Zeitpunkt genannt: »weil die Priester sich noch nicht in hinreichender Anzahl dazu geheiligt hatten und das Volk noch nicht in Jerusalem versammelt war«, d. h. vor allem die Gläubigen des ehemaligen Königreiches Israel, die erst eine weite Reise nach Jerusalem zurücklegen mußten. Derselbe Gedanke taucht in Num 9, 1–14 auf, wo die beiden Entschuldigungsgründe für eine Verlegung des Festes angeführt werden. Verschiedene Gelehrte bezweifeln jedoch die historische Zuverlässigkeit des fraglichen Berichts im Buch der Chronik.

(3) Sanheribs Feldzug: Nach dem Tode Sargons II. im Jahre 705 v. Chr. war Juda bereit, sich der antiassyrischen Bewegung anzuschließen. Das Haupt der Rebellion war Merodach-Baladan, der Chaldäer (s. *Babylon 2 c), der sich bereits zum dritten Mal gegen Assyrien erhob. Er ist der König, der in 2 Kg 20, 12 und Jes 39, 1 erwähnt wird. Die Städte Sidoniens, ihnen voran Tyrus, Askalon und Ekron in Philistäa, waren die Rädelsführer der Rebellion im Westen. Sie hatten die Unterstützung Ägyptens, dessen nubische Könige den Rebellen Hilfe durch ihre Streitwagentruppe zusagten. Sanherib, dem Sohn Sargons II., gelang es, die Rebellion in Mesopotamien niederzuschlagen. Im Jahre 701 v. Chr. wandte er sich gegen die aufständischen Königreiche westlich des Euphrat. Dieser Feldzug war von entscheidender Bedeutung. Er taucht darum in assyrischen Inschriften und Skulpturen wiederholt auf. Auch die Bibel berichtet ausführlich in 2 Kg 18, 14–19, 36; Jes 36–37 über ihn. Sanherib unterwarf sich zuerst die sidonischen Städte, dann zog er entlang der Küste und nahm Joppe, Beth-Dagon, *b·nē b·raq* und Azor ein, die Städte also, die dem König Zedekia von Askalon, Hiskias Verbündetem im Süden Palästinas, gehörten. Nach diesen Erfolgen wandte sich Sanherib ostwärts und vernichtete bei Eltheke die ägyptische Armee, die den palästinensischen Königtümern zu Hilfe geeilt war. Ekron fiel ebenfalls den Assyrern in die Hände. Juda stand nun allein dem mächtigen Eroberer gegenüber. Sanherib nahm eine Stadt nach der anderen ein. Am Palast Sanheribs in Ninive fand man eine Anzahl Reliefs, auf denen in lebendiger Darstellung assyrische Feldlager und Soldaten in ihrer Ausrüstung bei der Belagerung und Eroberung von Lachis zu sehen sind (**Abb. 501, 502;** s. auch *Lachis). Die Abbildungen zeigen auch Gefangene von Lachis, die die gleiche eigenartige Kopfbedeckung und Tunika tragen wie die Soldaten der Leibgarde Sanheribs **(Abb. 365).**

Hiskias ganzes Königreich war erobert, während er selbst nach Sanheribs Worten »im belagerten Jerusalem wie ein Vogel im Käfig« saß und ihm keine andere Wahl blieb, als sich zu unterwerfen. Er sandte Boten mit Geschenken nach Lachis, wo Sanherib sein Hauptquartier aufgeschlagen hatte. Die assyrische Inschrift auf dem Prismenstein **(Abb. 368),** die den gesamten Feldzug Sanheribs gegen Juda im Jahre 701 v. Chr. berichtet, erwähnt auch, daß Sanherib und seine Armee die eroberten Städte Judas plünderten und »groß und klein, zahllose Männer und Frauen, Pferde, Maulesel und Esel, Kamele, Rinder und Schafe« mit sich ins Exil führten. Um Juda zu warnen, jemals wieder antiassyrischen Koalitionen beizutreten, wurden Teile judäischen Territoriums an benachbarte philistäische Königreiche verteilt, die am Aufstand nicht teilgenommen hatten. Jerusalem und Juda waren jedoch noch nicht vollständig vernichtet.

Der biblische Bericht über die Belagerung Jerusalems (2 Kg 18, 17–19, 37; Jes 36–37) weicht sowohl von Sanheribs In-

schrift als auch vom biblischen Bericht des Tempelchronisten (2 Kg 18, 14–16) ab. Nach der ersten biblischen Quelle gab sich Sanherib mit Hiskias Unterwerfung nicht zufrieden und forderte, daß er ihm die Tore Jerusalems öffne. In den Verhandlungen mit den Gesandten des assyrischen Königs, bei denen der Prophet Jesaja eine Schlüsselrolle spielte, ermutigte dieser seinen König, sich nicht zu unterwerfen. Sanherib verließ dann plötzlich das Land, und Jerusalem war vor dem Ruin gerettet. Über diese Tradition findet sich im assyrischen Dokument kein Wort, aber spätere Berichte des griechischen Geschichtsschreibers Herodot nehmen eine ägyptische Überlieferung auf, wonach Sanherib eine beabsichtigte Invasion Ägyptens aufgegeben habe, weil im assyrischen Lager eine Mäuseplage aufgetreten sei. Aber dieser Vorfall wird nirgendwo in zeitgenössischen Dokumenten erwähnt, noch kennen wir eine politische Situation, die als Folge eines überstürzten Rückzuges der Assyrer eingetreten sein müßte.
Der Verlust an Land und politischer Macht zwang Hiskia, die traditionelle Einteilung seines Königreiches in zwölf Verwaltungsbezirke aufzugeben. J. Aharoni vertrat erst kürzlich die Meinung, daß die zwei – und vier – geflügelten Aufschriften »dem König (*lmlk*)« auf Henkelkrügen, die man in großer Zahl in Juda fand, diese Neuorganisation in vier Präfekturen widerspiegeln. Die Vorratsstädte dieser neuen Distrikte waren Siph, Hebron, Sichem und Mamschit (s. *Inschriften; *Verfassung, Verwaltung und Staatsformen 2a/3b). Als Hiskia starb, hinterließ er seinem Sohn Manasse ein kleines Königreich, das ganz auf Assyriens Gnade angewiesen war. Obwohl Hiskia kein kraftvoller Herrscher gewesen war, so duldete er doch im Gegensatz zu seinem Vater Ahas nicht die fremden Kulte, und die zu Beginn seiner Regierungszeit eingeführten religiösen Reformen blieben in Kraft. Für diese Leistung rühmt ihn das Buch der Könige und vergleicht ihn sogar mit König David (2 Kg 18, 7; vgl. 1 Sam 18, 30).
b) Manasse (698–642 v. Chr.): (1) Vasall Assyriens: Die Regierungszeit Manasses brachte einen entscheidenden Wandel im religiösen und geistlichen Leben Judas. Die Bibel weiß nur wenig über diesen König zu berichten, der 66 Jahre (einschließlich der zehn Jahre, die er vermutlich der Mitregent seines Vaters war) regierte; aber assyrische Dokumente aus der Zeit Asarhaddons und Assurbanipals erwähnen ihn, zusammen mit anderen Königen, als treuen Vasallen Assyriens. Es war die Zeit der größten assyrischen Machtentfaltung. Asarhaddon (680–669 v. Chr.), der Sohn Sanheribs, unterwarf die reichen Städte Sidoniens (Phönikiens, 677 v. Chr.), die in der Vergangenheit die Hauptopponenten Assyriens im Südwesten waren. Er war auch der erste König, der Ägypten, Assyriens bedeutendsten Rivalen im Süden (672 v. Chr.), bezwang. Palästina war für die in Ägypten kämpfende assyrische Armee ein wichtiger Stützpunkt. Die vollständige politische Unterwerfung ganz Palästinas und die dauernde Anwesenheit der Assyrer im Land brachte im religiösen und kulturellen Bereich einschneidende Änderungen mit sich. Assyrischem Einfluß konnten sich am wenigsten der Adel und die hohe Beamtenschaft Judas entziehen (Seph 1, 8), ihnen allen voran Manasse selbst. Er machte Hiskias religiöse Reformen rückgängig und räumte alle Hindernisse aus dem Weg, die dem Einzug assyrischer Kulte, vor allem dem Kult der Astralgötter (s. *Babylon und Israel 3), entgegenstanden. Wegen seiner Beschwichtigungspolitik stellt Manasse für den Autor des zweiten Königsbuches das Symbol des Bösen dar. Seine Sünden seien es gewesen, die das Gericht über Juda und den endgültigen Fall Jerusalems herbeigeführt hätten (2 Kg 21, 10–16).
(2) Ende der assyrischen Herrschaft: Schon während der letzten Regierungsjahre Manasses bereitete sich Assyriens Untergang vor. Im Jahre 632 v. Chr. entfesselte Schamasch-schumukin in Babylon einen Aufstand, dem sich auch aramäische und chaldäische Stämme anschlossen. Die Elamiter erhoben sich gegen die assyrische Herrschaft, die Völkerschaften in den iranischen Bergen rebellierten, das gleiche taten die unterjochten Völker Kleinasiens, die von Gyges, dem König von Lydien, unterstützt wurden. Auch Psammetich I., der neue ägyptische König, der die assyrische Herrschaft abgeschüttelt und im Jahre 655 v. Chr. die 26. Dynastie gegründet hatte, sicherte seine Hilfe zu. Einige Gelehrte sind der Ansicht, daß die Stelle 2 Chr 33, 11, in der von einer erfolglosen Rebellion Manasses die Rede ist, auch aus dieser Periode allgemeinen Aufruhrs berichtet. Als die assyrische Herrschaft westlich des Euphrat allmählich zusammenbrach, drangen arabische Stämme aus der syrisch-arabischen Wüste in das besiedelte Land, das ihren Angriffen wehrlos offen stand. Vor allem die an die Wüste grenzenden Königreiche Transjordaniens, Edom,

Abb. 368. Prismenstein mit Bericht über den Feldzug Sanheribs gegen Juda im Jahre 701

Abb. 369. Das Fragment einer babylonischen Chronik berichtet, daß Jojachin die Tore des von Nebukadnezar belagerten Jerusalem am 2. Adar 597 öffnete (später als bisher angenommen)

Abb. 370. Einem Gefangenen werden die Augen ausgestochen (assyrisches Relief)

Abb. 371. Die Bevölkerung der von den Assyrern eroberten Städte wurde deportiert

*Moab und Ammon, hatten unter ihren Überfällen zu leiden.
Assurbanipal gelang es nur mit größter Kraftanstrengung und durch eine Anzahl von Belagerungen (über deren Brutalität er in seinen Inschriften berichtet), seiner Feinde Herr zu werden. Das Königreich Elam wurde nach Erstürmung seiner Hauptstadt Susa (Susan) im Jahre 646 v. Chr. vernichtet. Die arabischen Stämme wurden unterworfen, und die Städte Nordpalästinas und Syriens, einschließlich Akko, mußten sich dem Regiment harter Verwalter beugen. Esr 4, 2 lesen wir, daß Asarhaddon und später sein Nachfolger Osnappar (offensichtlich Assurbanipal; Esr 4, 9 f) Babylonier und Elamiter in Samaria ansiedelten. Diese Notiz macht deutlich, mit welchen Unterdrückungsmaßnahmen sich Assurbanipal in seinem Reich durchsetzte. Dennoch geriet das assyrische Weltreich unter dem Druck der Perser und Meder, die vom Norden her aus den Gebirgen ins Land vordrängten, ins Wanken. Es gelang auch nicht, Ägypten erneut zu unterwerfen. Auf welche Weise sich Ägypten seine Unabhängigkeit zurückerkämpfte und was in den letzten Regierungsjahren Assurbanipals geschah, können wir nicht berichten, da keine Quellen vorhanden sind. Nachdem Psammetich II. Ägypten geeinigt hatte, marschierte er in Philistäa ein und belagerte Asdod (im Jahre 640 v. Chr.; Herodot weiß zu erzählen, daß die Belagerung der Stadt 29 Jahre dauerte). Einige Gelehrte sind der Ansicht, daß seine Eroberungspläne durch die Invasion der Skythen, die von Norden her einfielen und bis zur ägyptischen Grenze vorrückten, zunichte wurden. Nach Herodot stand Philistäa 29 Jahre unter skythischer Herrschaft, und Ägypten konnte diese Völkerschaften nur durch Bestechung und Geschenke seinem Lande fernhalten.
c) Amon (641–640 v. Chr.): Der plötzliche und rasch fortschreitende Verfall des assyrischen Weltreiches wurde auch in Juda spürbar. Trotzdem verfolgte Amon, Manasses Sohn, die gleiche Politik der Unterwerfung wie sein Vater. Vermutlich war dies der Grund, weshalb er schon nach kurzer Regierungszeit von Adeligen ermordet wurde. An seiner Statt krönte man seinen damals erst acht Jahre alten Sohn Josia zum König von Juda.
d) Josia (639–609 v. Chr.): (1) Juda erlangt die Unabhängigkeit: Unter Josia konnte Juda wieder einmal seine Unabhängigkeit erlangen. Wann dies geschah, können wir nicht sagen, da das vorhandene Quellenmaterial keine genaue Auskunft gibt. Doch ist sicher, daß Josia schon bald zu Beginn seiner Regierung die Kontrolle über weite Gebiete Südpalästinas erringen konnte. Daß er über das Gebiet von Jabne in Philistäa herrschte, kann man aus neueren archäologischen Funden bei *m·ṣad ḥašavjāhū* schließen (s. *Inschriften 4 k) und auch die Worte des Propheten Sephanja (2, 7), wonach der Landstrich am Meer Juda zufallen werde, mögen sich auf dieses Gebiet beziehen. Ferner geht aus der Bibel hervor, daß Josia auch Teile des ehemaligen Königreiches Samaria beherrschte, wobei die Ebene von Jesreel die nördliche Grenze seines Reiches bildete (2 Kg 23, 19; 2 Chr 34, 33; s. auch **Karte 18**). Mit der wiedererlangten Unabhängigkeit wurden auch alle fremden Elemente aus Judas Kult verbannt. Doch blieb der Ruf nach Rückkehr zu altehrwürdigen Formen und Denkweisen nicht allein auf Juda beschränkt. Der ganze Alte Orient, Ägypten, Babylon, ja sogar Assyrien selbst waren von einer Strömung erfaßt worden, die das Heil in der Wiederentdeckung der reinen, unverfälschten Gestalt des nationalen Kultes suchte. In seinem 12. Regierungsjahr (627 v. Chr.), als das assyrische Weltreich zusammenbrach, begann Josia mit seinen großen religiösen Reformen (2 Chr 34, 3). Sie bestanden in der Abschaffung der »Höhenheiligtümer« in Juda und Samaria »von Geba bis Beer-Seba« (2 Kg 23, 8) und, was noch wichtiger ist, in der Ausmerzung aller fremden Kulte, vor allem der assyrischen, die Josias Großvater Manasse so bereitwillig gefördert hatte (2 Kg 23, 4; 2 Chr 34, 4). Zu den heidnischen Kultgegenständen, die aus dem Tempel entfernt wurden, gehörten auch die »Rosse ..., welche die Könige zu Ehren des Sonnengottes ... aufgestellt hatten« (2 Kg 23, 11). Eine Vorstellung, wie solche Götzenbilder ausgesehen haben mögen, gibt uns **Abb. 367,** die uns den Gott Kamos auf einem Pferde zeigt. Man fand das in Fels gehauene Relief bei Malatya ganz in der Nähe von Mossul.
(2) Josias Reformen: Über Josias Reformen finden sich in der Bibel zwei Traditionen: Nach 2 Kg 22–23 geschah die Reformierung in einem einzigen Akt, veranlaßt durch das Wiederauffinden des Gesetzbuches bei Ausbesserungsarbeiten im Tempel. Nach 2 Chr 34 fand sie in verschiedenen Schritten statt und war der Ausdruck einer nationalen Renaissance, die Hand in Hand mit der Befreiung von der Fremdherrschaft ging.

Josia ordnete zunächst eine Liturgiereform an. In seinem 18. Regierungsjahr (622 v. Chr.) verfügte er dann, daß der Tempel von Grund auf zu restaurieren sei (2 Chr 34, 8). Dabei fand der Hohepriester Hilkia das Gesetzbuch (s. *Deuteronomium) wieder auf. Er sandte es unverzüglich dem König zu. Das Buch enthielt ernste Vorwürfe wegen der Sünde des Götzendienstes und verhieß den Untergang des Volkes, des ganzen Landes und des Tempels, falls die Menschen nicht von dieser Sünde abließen. Diese Prophetie verfehlte nicht ihren Eindruck auf den König. Er rief die Ältesten von Juda und Jerusalem zu sich, las ihnen das Buch vor und »schloß den Bund vor dem Herrn, daß sie dem Herrn nachwandeln und seine Gebote, seine Verordnungen und seine Satzungen mit ganzem Herzen und mit ganzer Seele beobachten wollten, um so den Bestimmungen dieses Bundes, die in diesem Buche geschrieben standen, Geltung zu verschaffen. Und das gesamte Volk trat dem Bunde bei« (2 Kg 23, 3; vgl. 2 Chr 34, 29–32).

*(3) Das Buch *Deuteronomium:* Die Einberufung der Volksversammlung erfolgte einzig zu dem Zweck, das ganze Volk auf die Thora als das konstituierende Gesetz der Nation zu verpflichten und sie als einzige religiöse Autorität für alle Zukunft zu bestimmen. Der Exeget de Wette wies bereits zu Beginn des 19. Jahrhunderts nach, daß es sich bei der fraglichen Gesetzesrolle um das Buch Deuteronomium gehandelt haben müsse, weil es das einzige der fünf Bücher Moses' sei, das für die absolute Konzentration der Jahweverehrung an einem Ort eintrete.Diese These de Wettes wird im allgemeinen auch heute noch vertreten, doch nimmt man gewöhnlich an, daß der Verfasser älteres Material mit verwendet hat (s. *Bibelkritik). Nach 2 Chr 35, 1. 19 wurde die Zeremonie, bei der das ganze versammelte Volk die Thora als das den Staat konstituierende Gesetz anerkannte, mit einem Passahfest verknüpft, weil an diesem Tag Pilger aus dem ganzen Land in Scharen nach Jerusalem geströmt waren. Man nahm diese Zeremonie zum Anlaß,wieder einen Zustand herzustellen, wie er zu Beginn existiert hatte, und sowohl das Buch der Könige als auch die Chronik sind der Ansicht, daß ein solches Passafest seit der Errichtung des Königreiches nicht mehr gefeiert worden war. Bei diesem neuen Bundesschluß bestimmte Josia Jerusalem (und das Haus Davids) zum einzigen und ausschließlichen Mittelpunkt aller Jahwegläubigen aus Juda und Samaria, die seit mehreren Jahrhunderten wieder einmal vereinigt waren.

(4) Priesterschaft und erwachender Nationalismus: Aber auch bei der Reorganisation der Priesterschaft verfolgte man die gleiche Politik einer Rückkehr zur Tradition und zu ursprünglichen Gepflogenheiten. B. Mazar lenkte die Aufmerksamkeit auf die Genealogie des Hauses Zadok im Buche der Chronik, wo Sallum, der Vater Hilkias, unmittelbar auf Zadok folgte, der die priesterliche Dynastie zur Zeit Salomos begründete (1 Chr 5, 38 f). Diese Reihenfolge »Zadok-Sallum-Hilkia« ist nach Mazars Meinung nicht zufällig, sie soll vielmehr besagen, daß am Ende der Herrscherzeit Salomos beziehungsweise zu Beginn der Regierung Rehabeams auch die Herrschaft des Hauses Zadok endete, weil fremde Kulte Einzug in den Tempel gehalten hatten (1 Kg 11, 7f; 14, 23f). Drei Jahrhunderte später unter König Josia wurde die hohepriesterliche Krone wieder dem Hause Zadok zurückgegeben, ein Symbol der Rückkehr zum alten Jahweglauben in seiner ursprünglichen, reinen Form.

(5) Das neubabylonische Reich: Die Änderung der politischen Situation Palästinas – und Judas geographische Lage – hinderten Josia, seine Reformen zu beendigen und seinen Einflußbereich weiter auszudehnen. Assyriens Untergang und das Wiedererstehen Ägyptens setzten seinen Erfolgen eine Grenze. Schon vor 616 v. Chr. verlor Josia die Kontrolle über das Gebiet von Jabne an Philistäa. Eine babylonische Chronik (veröffentlicht von C. J. Gadd) beschreibt die Vernichtung Assyriens (s. *Assyrien und Israel) durch die vereinigte Streitmacht Babylons und Mediens. Ägypten eilte Assyrien, dessen Hauptstadt Ninive bereits im Jahre 612 v. Chr. vom Heer der Babylonier und Meder erobert worden war, zu Hilfe. Nach dem Fall Ninives machte Assur-uballit, der letzte assyrische König, Haran zu seiner Hauptstadt, aber 610 v. Chr. wurde auch diese Stadt eingenommen. Ein Jahr später versuchte Assur-uballit mit Rückendeckung Nechos, des Königs von Ägypten, Haran den Babyloniern wieder zu entreißen, doch schlug das Unternehmen fehl (der Text 2 Kg 23, 29 sollte nicht »Necho zog gegen den König von Assyrien zu Felde« gelesen werden, sondern »mit ihm«; im übrigen stimmt die Geschichte mit den historischen Fakten überein). Josia befürchtete, von den Ägyptern unterworfen zu werden, falls sie den Krieg gegen Babylon gewännen. Darum

stellte er sich dem Durchmarsch Nechos durch palästinensisches Gebiet entgegen.

Dieses historische Ereignis ist im Buch der Chronik ausführlich beschrieben. Necho eilte nach Karkemis am Euphrat, um seinem assyrischen Verbündeten zu helfen (609 v. Chr.). Josia versperrte ihm den Weg und reagierte nicht auf Nechos mehrfache Aufforderung, die Straße freizugeben: »Was haben wir miteinander zu schaffen, König von Juda? Nicht gegen dich ziehe ich diesmal ... Laß also ab von Gott, der mit mir ist, damit er dich nicht verderbe!« (2 Chr 35, 21). In der darauffolgenden Schlacht wurde Josia gleich zu Beginn tödlich verwundet und starb kurz danach (2 Chr 35, 22.24: vgl. 2 Kg 23, 29 f). Das ganze Volk beweinte seinen Tod. Die Bibel berichtet, daß auch Jeremia in den Chor der klagenden Männer und Frauen einstimmte und Josia als das Vorbild eines Königs pries, der »Recht und Gerechtigkeit« geübt hatte (Jer 22, 15). Zusammenfassend stellt das Buch der Könige fest: »Seinesgleichen ist vor ihm kein König gewesen« (2 Kg 23, 25).

e) Joahas (609 v. Chr.): Der größte Teil des Volkes von Juda identifizierte sich mit der Politik Josias und hoffte auf eine völlige und endgültige Niederlage Nechos und seiner Truppen. Wegen seiner antiägyptischen Einstellung wurde auch Joahas, der nicht Josias erstgeborner Sohn war, auf Judas Thron erhoben. Doch wurden die Erwartungen auf einen schnellen Rückzug Ägyptens nicht erfüllt. Der Pharao konnte zwar Haran nicht zurückerobern, aber alle Länder westlich des Euphrat fielen ihm zu. Einen ihm feindlich gesonnenen Herrscher so dicht an seiner eigenen Landesgrenze wollte Necho nicht dulden, darum legte er Juda harte Tribute auf, führte Joahas nach einer Regierung von nur drei Monaten nach Ägypten ins Exil und setzte dessen Bruder Eljakim, der offensichtlich ägyptenfreundlich war, auf den Thron.

f) Jojakim (608–597 v. Chr.): (1) Theophorische Namen: Der Pharao änderte Eljakims Namen in Jojakim (2 Kg 23, 24). H. Tur-Sinai lenkte unsere Aufmerksamkeit auf die Tatsache, daß alle Könige Judas nach Josia theophorische Namen mit den Elementen Jahwe oder Jahu hatten. Im Gegensatz zu den Samaria-Ostraka (s. *Samaria) weisen die Eigennamen in den Ostraka von *Lachis auch das gleiche Namenselement auf. Der Autor schließt daraus, daß es sich hierbei um eine Wirkung der Reformen Josias handle, die wieder den reinen Jahweglauben zu einem echten nationalen Wert erhoben hatten.

(2) Nebukadnezar in Juda: In Jojakims ersten Regierungsjahren war Juda Ägypten unterworfen. Das Volk wurde hart besteuert, da der vom Pharao auferlegte Tribut eingebracht werden mußte (2 Kg 23, 25). Im Jahre 605 v. Chr., Jojakims viertem Regierungsjahr, änderte sich jedoch das politische Gesicht der gesamten Region zwischen dem Euphrat und der ägyptischen Grenze von Grund auf. Der babylonische Thronfolger Nebukadnezar vernichtete die ägyptische Armee bei Karkemisch am Ufer des Euphrat (Jer 46,2). (Diese in der babylonischen Chronik beschrieben.) Im Jahr, das auf den Tod seines Vaters folgte, bestieg Nebukadnezar den Thron Babylons. Seine Politik war es, sich die Herrschaft über Syrien und Palästina zu sichern, um dann den Endkampf gegen Ägypten wagen zu können. Ein in Sakkara (Memphis) gefundener Papyrus enthält einen in panischem Schrecken verfaßten Hilferuf des Königs von *Askalon an den Pharao, weil die beutegierige babylonische Armee bereits bis Aphek (*ras el-'ēn*) in der Saron-Ebene vorgedrungen sei. Der babylonische Chronist weiß zu berichten, daß Askalon nicht seine Tore öffnete. Nebukadnezar belagerte daraufhin in seinem ersten Regierungsjahr (604 v. Chr.) im Monat Kislew die Stadt, nahm sie ein und verwüstete sie. Im gleichen (neunten) Monat seines fünften Regierungsjahres ließ Jojakim ein großes Fasten in Jerusalem ausrufen (Jer 36, 9), offensichtlich eine Reaktion auf die schrecklichen Ereignisse im benachbarten Askalon.

Als der Pharao besiegt war und die Babylonier immer weiter südwärts zur ägyptischen Grenze vordrangen, wurde auch Juda ein Vasallenstaat Babylons. Jojakim focht in seinem 6. Regierungsjahr an einem uns nicht bekannten Ort eine Schlacht gegen die ägyptische Armee, wurde aber besiegt. Im gleichen Jahr rebellierte er gegen Babylon und konnte sich sogar halten, solange Nebukadnezar keinen neuen Feldzug unternahm. Er bereitete jedoch ein Treffen mit Juda vor, indem er chaldäische, syrische und andere Söldner auf Raubzüge gegen Juda aussandte (2 Kg 24, 2), um es militärisch zu schwächen. Judas politische und militärische Kraft war erschüttert. Hinzu kamen innere Streitigkeiten zwischen einer ägyptenfreundlichen Partei, die Jojakims Rebellion gegen Babylon unterstützte, und der Gegenpartei (zu der auch Jeremia gehörte), die zur Unterwerfung riet. Jojakim kannte seinen innenpolitischen Gegnern gegenüber keine Gnade und tötete sie (2 Kg 24, 4). Die politische Krise lähmte das wirtschaftliche Leben und verschärfte die Spannungen zwischen den Bevölkerungsschichten, ein weiterer Anlaß für Jeremias Anklagen gegen Jojakim, er unterdrücke die Armen und verkehre Recht in Unrecht.

g) Jojachin (597 v. Chr.) – (1) Erste Deportation Judas: Bald zeigten sich die Folgen der kurzsichtigen Politik Jojakims. Nebukadnezar begann im Monat Kislew, in seinem 7. Regierungsjahr, die Belagerung Jerusalems (Jer 52, 28). Während sie noch andauerte, starb Jojakim nach elfjähriger Regierungszeit (2 Kg 24, 6), und sein achtzehnjähriger Sohn Jojachin wurde zum König gekrönt. Jojachin hatte die Konsequenzen der politischen Mißgriffe seines Vaters zu tragen. Nach einer Regierung von drei Monaten und zehn Tagen im belagerten Jerusalem sah er keine Hoffnung für die Stadt und das Land. Er öffnete die Tore Jerusalems und unterwarf sich persönlich den Babyloniern, wohl wissend, daß das Exil noch das mildeste Schicksal war, das er zu erwarten hatte. (Neuentdeckte Fragmente der babylonischen Chronik, von D. J. Wiseman publiziert, berichten, daß er die Tore Jerusalems am zweiten Adar 597 öffnete; **Abb. 369**.) Nebukadnezar hatte sich zum Ziel gesetzt, das Land ein für allemal zu befrieden. Deshalb führte er nicht allein den König, dessen Familie und den Adel des Landes ins Exil, sondern »dazu alle kriegstüchtigen Männer, siebentausend an Zahl, ferner die Schmiede und Schlosser, tausend an Zahl, lauter kriegstüchtige streitbare Männer« (2 Kg 24, 16).

(2) Jojachin in Babylon: Über Jojachins weiteres Schicksal in Babylon berichten die Bibel und babylonische Inschriften, die man im Palast Nebukadnezars entdeckte (1939 veröffentlicht). In einem der Vorratsräume fand man Listen, in denen die Nahrungsmittel aufgezählt werden, die den aus verschiedenen Ländern Exilierten zugeteilt wurden **(Abb. 226).** Es werden hier Personen hohen Ranges genannt, wie zum Beispiel der König von Juda und seine Söhne, die Söhne des Königs von Askalon und andere. Diese Dokumente erwähnen Jojachin wiederholt als »König von Juda«. Schon etliche Jahre vor Entdeckung der Liste vertrat W. F. Albright die Ansicht, daß man Jojachin auch noch nach seiner Deportation als König betrachtete. Diese These beruhte auf Funden von Krughenkeln mit der Aufschrift »Eljakim, Verwalter Jojachins«, die man in Beth-Sean und *tell bēt-mirsim* fand. Der Name auf den Gefäßen beweist, daß man auch in Juda den Gefangenen noch als den rechtmäßigen König betrachtete. Seine Gefangenschaft war im Grunde eine Art Hausarrest. Später, im 37. Jahr seiner Wegführung aus Jerusalem, entließ ihn Nebukadnezars Nachfolger Ewil-Merodach ganz aus der Gefangenschaft (2 Kg 25, 27; s. *Restauration und Perserzeit, Esra und Nehemia).

h) Zedekia (596–586 v. Chr.): (1) Zedekia und Jeremia: An Stelle des deportierten Jojachin krönte der babylonische König Zedekia, einen Sohn des Josia und einen Onkel Jojachins, zum König von Juda. Das Volk von Juda betrachtete jedoch Jojachin weiter als seinen König und Zedekia nur als eine Art Verwalter des Königs von Babylon, zumal der neue König von einem fremden Herrscher eingesetzt worden war. Der Prophet Hananja von Gibeon drückte nur die Hoffnung des Volkes und des Adels von Juda aus, als er das Ende der babylonischen Herrschaft, die Heimkehr Jojachins und der anderen Exulanten und die Rückgabe der Tempelschätze und heiligen Gefäße verhieß (Jer 28, 1–4). Ezechiel, der zusammen mit Jojachin deportiert worden war, datiert alle Ereignisse von der »Wegführung des Königs Jojachin« an (Ez 1, 2). Die Treue zu Jojachin als ihrem König war das geheime Band all jener, die zu einem erneuten Unabhängigkeitskampf aufforderten. Diesem Ruf stellte sich jedoch Jeremia entgegen, und er fand bei einer Gruppe hoher Staatsbeamter, die Judas Lage realistisch genug beurteilten, Unterstützung. Als Jojachin ins Exil geführt wurde, prophezeite Jeremia, er werde nicht zurückkehren (Jer 22, 10–12), obwohl er offen seine Sympathie für den König bekundete und sein Schicksal aufrichtig bedauerte.

Zedekia war zwar von Nebukadnezar zum König erhoben worden, sah sich jedoch nicht imstande, der nationalistischen Strömung, die den Aufruhr gegen Babylon forderte, zu widerstehen. Er schloß sich also den Rebellen an. Die öffentliche Meinung betrachtete Jeremia, der zur Unterwerfung unter das babylonische Joch riet, als Verräter (Jer 37, 11–16); trotzdem suchte Zedekia wiederholt seinen Rat, war jedoch nicht charakterfest genug, die Warnungen des Propheten zu befolgen. Er wandte sich vielmehr an Ägypten um militärische Unterstützung und fand bei Psammetich, dem Sohne Nechos II., einem stark antibabylon. eingestellten Pharao, ein offenes Ohr.

Im Jahre 594 oder 593 v. Chr. kamen schließlich Delegationen aus Edom, Moab, Ammon, Tyrus und Sidon nach Jerusalem, um über den geplanten Aufstand zu beraten (Jer 27, 3). Während andere Propheten zur Rebellion anfeuerten, beschwor Jeremia das Volk, nicht auf solches Geschwätz zu hören, und bat sogar die Exulanten in Babylon in einem Brief (Jer 29), ihre Hoffnung auf Rückkehr zu vergessen und sich vielmehr auf eine längere Bleibe einzurichten. Beeinflußt von Judas proägyptischer Politik, breitete sich die Aufstandsbewegung auch in anderen Staaten westlich des Euphrat aus, und im Jahr 591 v. Chr., dem sechsten Regierungsjahr Zedekias, erhob sich Tyrus gegen Babylon. Die Stadt wurde belagert, trotzte jedoch dreizehn Jahre dem Feind, bis sie sich nach Jerusalems Fall ergab. Bei Ezechiel finden sich Andeutungen über Nebukadnezars vergebliche Bemühungen, Tyrus zu erobern.

(2) Revolte Zedekias und Untergang Judas: Im neunten Regierungsjahr Zedekias zog Nebukadnezars Armee gegen Juda, um den Aufstand niederzuschlagen. Alle Mitglieder der Koalition, ausgenommen Tyrus und Juda, kündigten ihre Teilnahme an der Rebellion auf, ja sie schlossen sich sogar den Babyloniern an. Zedekia schloß mit dem ganzen Volk einen Bund, wonach jeder seinen hebräischen Sklaven freiließ (Jer 34, 9), um den Forderungen des Buches Exodus (21) und des Deuteronomiums (15) Genüge zu tun. Um diese Zeit war der größte Teil Judas bereits in den Händen der Chaldäer, und abgesehen von Jerusalem, hielten nur noch Lachis und Aseka dem Feind stand (Jer 34, 7; s. **Karte 18**).

In welch verzweifelter Situation sich Juda damals befand und wie heroisch es Widerstand leistete, spürt man noch heute aus Briefen des Kommandanten einer Beobachtungsstation an den Kommandanten der Festung Lachis, die man bei Ausgrabungen in Lachis fand (Genaueres s. unter *Inschriften; *Lachis; *Jeremia). Die Chaldäer vernichteten die ägyptische Armee und gingen dann zum Angriff gegen Jerusalem über. Zuerst wurde *Lachis erobert (Ausgrabungen zeigen, wie schwer die Stadt damals verwüstet wurde), dann blieb nur noch Jerusalem übrig. Die Belagerung wurde am zehnten Tebet im neunten Regierungsjahr Zedekias (587 v. Chr.) wieder aufgenommen. Nach eineinhalbjähriger Belagerung erstürmten die Babylonier am neunten Ab im Jahre 586 v. Chr. Jerusalems Mauern. Die hungernde Bevölkerung war den Eroberern, die die Stadt plünderten, sie niederbrannten und ihre Wälle schleiften, wehrlos ausgeliefert. Vor allem am königlichen Palast und am Tempel ließen die Feinde ihre Wut aus.

Zedekia und seiner Umgebung gelang im Schutze der Nacht die Flucht. Sie erreichten die Ebene von Jericho, wurden dort aber gefangen. Nebukadnezar nahm grausame Rache an Zedekias Familie und am König, den er blendete, ein damals üblicher Brauch, den uns ein assyrisches Relief **(Abb. 370)** wiedergibt.

Im Gegensatz zur ersten Einnahme Jerusalems in den Tagen Jojachins entschied sich Nebukadnezar nun, das Königreich Juda endgültig zu vernichten und der davidischen Dynastie ein Ende zu setzen. Auf Befehl des Königs wurde eine Anzahl Adeliger aus Jerusalem, unter ihnen der Hohepriester Seraja, hingerichtet und der verbliebene Rest der jüdischen Führungsschicht in Gefangenschaft geführt (Jer 52, 28–30). Das Land wurde verwüstet, was archäologische Ausgrabungen bestätigen, und zurück blieb nur »von der niederen Bevölkerung des Landes ... ein Teil der Weingärtner und Ackerleute« (Jer 52, 16).

i) Der Rest in Juda: Die Babylonier siedelten nicht wie vordem die Assyrer andere Völker in Juda an, auch ernannten sie keinen Gouverneur für das Land. Nach der Eroberung des Landes bestimmte Nebukadnezar Gedalja, den Sohn Ahikams, zum Verwalter über den in Juda verbliebenen Bevölkerungsrest (2 Kg 25, 22). Gedalja war eine Art »Hausverwalter« Zedekias, wie ein bei Lachis gefundenes Siegel besagt. Er entstammte einer angesehenen Familie von Schriftgelehrten, die seit Josia führende Stellungen im Land innehatten. Die schriftlichen Quellen sagen uns nicht klar, welche Position er im Gesamtrahmen des babylonischen Reiches einnahm. Zu seinem Verwaltungszentrum machte Gedalja die Stadt Mizpa (vermutlich *tell en-naṣbe,* 12 Kilometer nördlich von Jerusalem in Benjamin gelegen), wo er unter der Aufsicht einer babylonischen Garnison residierte. Dorthin gesellten sich auch verschiedene Juden, die während des Krieges nach Edom, Moab und Ammon geflohen waren.

Benjamin wurde deshalb zum Mittelpunkt des ehemaligen Königreiches Juda, weil es sich eher dem Feind ergeben hatte und darum weithin vom Krieg und seinen Verheerungen verschont geblieben war (dies ist zumindest die Ansicht B. Mazars und A. Malamats). Auch die Flüchtlinge aus Jeru-

salem hatten sich überwiegend nach Benjamin gewandt.
Ein Vergleich ausgegrabener Städte in Benjamin und Juda zeigt, daß Judas Städte im Krieg mit Nebukadnezar völlig zerstört wurden, während Benjamins Städte in den Wirren kaum Schaden litten. Darum erwarb Jeremia während des Krieges Land in Anathoth im Stamme Benjamin (Jer 32, 9). Das Buch Jeremia gibt allerdings einen anderen Grund für diesen Landkauf: »Denn so hat der Herr der Heerscharen, der Gott Israels, gesprochen: ›Man wird künftig wieder Häuser, Äcker und Weinberge in diesem Land kaufen!‹« (32, 15.) Auch die Juden, die nach dem Exil aus Babylon zurückkehrten, siedelten sich hauptsächlich in benjaminitischen Städten an (Esr 2). In den Negeb und ins südliche Juda strömten Idumäer ein. Dieses Gebiet hieß hinfort auch Idumäa.
Innerhalb seiner Möglichkeiten bemühte sich Gedalja um den Wiederaufbau seines Landes. Er ermunterte die Zurückgebliebenen, die Felder, die während des Krieges und der Belagerungszeit brach gelegen hatten, wieder zu bebauen. Weiterhin verteilte er das Land der Exulanten und Flüchtlinge, die meist dem Landadel angehörten, »an die geringen Leute, die keinen Besitz hatten« (Jer 39, 10), so daß diese es bebauen konnten. Dies war ein wichtiger Akt, durch den die niederen Klassen zu Landbesitzern wurden. Später, als die Exulanten nach Zion zurückkehrten, half diese Tatsache die neue jüdische Gemeinde zu bilden (s. *Restauration und Perserzeit, Esra und Nehemia).
Gedaljas Verwaltung und seine Wiederaufbauversuche währten jedoch nicht lange. Ismael, der Sohn Nethanjas, ein Mitglied der königlichen Familie, schmiedete mit Hilfe Baalis', des Königs von Ammon, ein Komplott gegen Gedalja. Dieser wurde zwar gewarnt, schlug aber die Warnungen in den Wind. Als er dann von Ismael ermordet wurde (Jer 40, 14; 41, 3) hörten alle Versuche, das Land aus den Ruinen wiedererstehen zu lassen, auf. Gedaljas Freunde fürchteten Nebukadnezars Vergeltungsmaßnahmen und zogen es trotz Jeremias Protesten vor, nach Ägypten zu fliehen. Dorthin nahmen sie den widerstrebenden Jeremia mit. Die Strafe für dieses Attentat war ein drittes Exil im Jahre 582 v. Chr. Vermutlich steht der Bericht des Josephus (Altertümer 10, 9. 4) über die Unterwerfung Ammons und Moabs im Feldzug der Babylonier gegen Cœlesyrien in Zusammenhang mit diesen Ereignissen.

6. Zeittafel. Könige von Juda und Israel:

Das Vereinigte Königreich	
David	1004–965
Salomo (als Mitregent)	967–965
(als König)	965–928
Juda	
Rehabeam	928–911
Abia	911–908
Asa	908–867
Josaphat (als Mitregent)	870–867
(als König)	867–846
Joram (als Mitregent)	851–846
(als König)	846–843
Ahasja	843–842
Athalja	842–836
Joas	836–798
Amazja	798–769
Usia (als Mitregent)	785–769
(als König)	769–733
Jotham (als Mitregent)	758–743
(als König)	743–733
Ahas (als Mitregent)	743–733
(als König)	733–727
Hiskia	727–698
Manasse	698–642
Amon	641–640
Josia	639–609
Joahas	609
Jojakim	608–597
Jojachin	597
Zedekia	596–586
Zerstörung Jerusalems	586
Israel	
Jerobeam	928–907
Nadab	907–906
Baësa	906–883
Ela	883–882
Simri	882
Thibni	882–878
Das Haus Omri	
Omri	882–871
Ahab (als Mitregent)	874 871
(als König)	871–852
Ahasja	852–851
Joram	851–841
Dynastie Jehu	
Jehu	841–814
Joahas (als Mitregent)	817–814
(als König)	814–800
Joas	800–784
Jerobeam II. (als Mitregent)	789–784
(als König)	784–748
Sacharja	748
Sallum	747
Dynastie Menahem	
Menahem	747–737
Pekahja	737–735
Pekah	735–733
Hosea	733–723
Zerstörung Samarias	720

J

Jeremia (Buch)

Gliederung: 1. Leben und zeitgeschichtlicher Hintergrund. a) Frühe Phase; b) Jeremia und die deuteronomische Reform; c) Am Vorabend der Vernichtung Judas; d) Von 597–586 v. Chr.; e) Jeremia und Zedekia; f) Jeremia und seine Zeitgenossen; g) Nach 586 v. Chr. 2. Jeremias Mission. a) Person; b) Jeremias Hoffnung und Glaube; c) Der neue Bund; d) Gemeinschaftsbezogene und individuelle Religion. 3. Aufbau und Inhalt des Buches a) Sammlung und Gestaltung; b) Inhalt. 4. Hebräischer Text und Septuaginta.

Jeremia (hebräisch *jirme-jāhū*) war der bedeutendste Prophet während der letzten Tage des Königreiches Juda. Das Buch steht im hebräischen Kanon, in der Vulgata und den meisten modernen Übersetzungen der Bibel an zweiter Stelle unter den »großen Propheten«.

1. Leben und zeitgeschichtlicher Hintergrund: Jeremia entstammte einer priesterlichen Familie aus Anathoth, einem kleinen Ort in Benjamin nahe Jerusalem. Der erste Anruf, Prophet seines Gottes zu werden, erging an ihn im Jahr 626 v. Chr., fünf Jahre bevor das deuteronomische »Gesetzbuch« im Tempel aufgefunden wurde, als er noch ein Jüngling (*na'ar,* 1,6) war. Aber schon seine allerersten Visionen vom Zweig des Mandelbaumes (1,11–12) und vom siedenden Kessel (1,13–19) legen Zeugnis ab von seinem Mut und seiner Kühnheit, Eigenschaften, die ihm sein ganzes Leben treu bleiben sollten.

Jeremias Tätigkeit erstreckte sich über einen Zeitraum von vierzig Jahren (etwa gleichzeitig mit dem Aufstieg des neubabylonischen Reiches). Sie begann im Jahre 626 v. Chr., dem dreizehnten Jahr des Königs Josia, und dauerte bis nach dem Fall Jerusalems und dem Exil von 586 v. Chr. Während er seine düsteren, aber oft in erlesener Sprache vorgetragenen Orakel verkündete, kamen und gingen die letzten fünf Könige Judas: Josia, Joahas, Jojakim, Jojachin und Zedekia. Auf den Thronen anderer Länder saßen Könige, die die Geschichte des Vorderen Orients viel tiefgreifender umgestalteten. Es war eine der schicksalhaftesten Epochen für diese Region, eine Zeit, da neue Weltreiche erstanden und der Nationalismus wieder auflebte (s. dazu: *Israel und Juda 5; *Babylon und Israel; *Exil).

Das Leben des Propheten kann wie folgt eingeteilt werden: a) von seiner Berufung bis zu Josias Reform (621 v. Chr.); b) von Josias Reform bis zum Tod des Königs (608 v. Chr.); c) von Josias Tod bis zum Aufstieg Nebukadnezars und der Niederlage Nechos bei Karkemisch (605 v. Chr.); d) von Nechos Niederlage bei Karkemisch bis zur ersten Deportation Judas im Jahre 597 v. Chr.; e) von 597 bis zur Zerstörung des Königreichs 586 v. Chr.; f) das Ende der Laufbahn Jeremias und seine Auswanderung mit einer Anzahl von Juden nach Ägypten. Jeremias Leben ist eng mit den genannten geschichtlichen Ereignissen verknüpft. Deshalb sind Einzelheiten über ihn besser überliefert als die der kleinen Propheten oder auch bedeutenderer Gestalten wie *Jesaja und *Ezechiel.

a) Frühe Phase: Die erste Botschaft des Propheten war eine Zurechtweisung des Volkes wegen seines Götzendienstes und nach der Reform des Josia (621 v. Chr.; s. unten 1 b) eine Warnung an Juda, den neuen Bund mit Gott, der in die Herzen der Menschen eingeschrieben werden müsse, einzuhalten. Obwohl sich Jeremia – wie es scheint – nicht aktiv am Reformwerk beteiligte, hat er sicher die Abschaffung heidnischer Praktiken und das Wiederaufleben der Theologie des alten mosaischen Bundes begrüßt. Zunächst hegte er die Hoffnung, ein wiedererstandenes Israel werde sich mit Juda auf Sion vereinigen, und so werde das ganze Volk wieder zusammengeführt (3,12; 31,2–6). Doch nach der Reform sah er wohl eine verstärkte religiöse Aktivität, aber keine wirkliche Rückkehr zu einem rechtschaffenen Wandel. Es schien ihm, daß die fundamentalen Forderungen des Bundes hinter einem rein äußerlichen Ritual zu kurz kamen (7,21–23) und daß die Reform nur eine oberflächliche Besserung des äußeren Verhaltens, aber keine wahre Buße bewirkt hatte (4,3ff; 8,4–7).

b) Jeremia und die deuteronomische Reform: Was immer auch das Motiv für die große religiöse Reform Josias mit seinem auf Jerusalem zentralisierten Kult sowie der Rückkehr zum mosaischen Gesetz und dem Sinaibund gewesen sein mag, sie hatte die negative Wirkung, das Volk in eine falsche Sicherheit zu wiegen. Die »Reinigung« des Kultes, die im ganzen Land durchgeführt wurde, schien ein ewiges

Abb. 372. Elfenbeinschnitzerei aus Nimrud

Weiterbestehen des Tempels, der Dynastie und überhaupt der gesamten Nation zu garantieren. Das deuteronomische ›Buch des Gesetzes‹ (s. *Deuteronomium), in dem eine ferne Vergangenheit wieder lebendig wurde, war erfüllt von einem Heimweh nach den Vätertagen, und es verkündete, daß die Existenz der Nation von der Rückkehr zu den Bedingungen, wie sie ursprünglich beim Bundesschluß geherrscht hätten, abhinge (s. unten 2c: Der neue Bund). Jeremia beklagte, daß es sich nur um eine scheinbare, aber keine wirkliche Reform gehandelt habe. Wohl sei eine gesteigerte Kultpflege zu beobachten, aber von einer eigentlichen Rückkehr zu den Pfaden der Vorzeit sei nichts zu spüren (6,16–21); das Volk sündige wie eh und je weiter, ohne daß die Priester Protest erhöben. Obwohl die Nation stolz verkünde, als einziges Volk unter allen anderen Völkern Jahwes wahres Gesetz zu besitzen, hörten die Menschen nicht auf dieses Gesetz und zeigten sich nicht bereit, seinen Geboten zu gehorchen (8,8). Ja, noch schlimmer, das einfache Volk sehe, daß der Ritus von heidnischen Praktiken gereinigt worden sei, und nehme an, damit werde allein schon Gottes Forderungen Genüge getan. In der Reform erblicke es eine absolute Garantie für die Sicherheit der Nation und fühle in einer Zeit höchster politischer Gefahren ein unbegrenztes Vertrauen, daß Gott Juda vor Nebukadnezar beschützen werde, wie er es einst aus der Hand Sanheribs errettet habe (5,12; 14,13; 26,9–11).

Jeremia bestritt nicht, daß Gott mit dem Haus David einen Bund geschlossen und ihm seine Verheißungen gegeben habe (23,5ff); nur klagte er das Volk und den König an, daß sie ihre Bundesverpflichtungen nicht eingehalten hätten (21,12–22,30). Auf Jahwes Gesalbten zu bauen, nur weil er auf Sions Thron sitze, sei nutzlos; Jahwe werde ihn zu Boden schmettern, sein Volk im Stich lassen und den Tempel zerstören, wie er einst das Heiligtum zu Silo vom Erdboden vertilgt habe, weil er das Volk für seine Sünden habe strafen wollen (7,8–15; 26,1–6).

c) Am Vorabend der Vernichtung Judas: Im Jahre 605 v. Chr. bestieg Nebukadnezar *Babylons Thron. Jeremia sagte Juda seine Zerstörung durch die Babylonier voraus und empfahl den Herrschenden Mäßigung in ihrer Politik. Sein Rat wurde jedoch zurückgewiesen, und da König Jojakim fürchtete, Jeremias Prophetien könnten das Volk entmutigen, nahm er ihn in Arrest und hielt ihn eine Zeitlang verborgen. Jojakim war Babylons Vasall, aber viele seiner Untertanen wollten dies nicht wahrhaben. Als sich die politische Lage Judas verschlechterte, entstand ein Streit zwischen der proägyptischen Partei, die einen Aufstand gegen Babylon befürwortete, und der Gegenpartei, zu der Jeremia gehörte, die zur Unterwerfung unter Babylon riet.

Jojakim unterdrückte erbarmungslos jede Opposition, aber die schwelende Krise unterhöhlte das Wirtschaftsleben und führte zu schweren Spannungen innerhalb der verschiedenen Bevölkerungsschichten. Dies war der Anlaß für Jeremias Anklage, der König unterdrücke die Armen und verkehre Recht in Unrecht. Seine an die herrschende Klasse gerichteten Orakel spiegeln die Antipathie gegen ihre protzigen Häuser und »Obergemächer . . ., von Fenstern durchbrochen und mit Zedernholz getäfelt« (22,12ff) wider. Die Ornamente an der Fensterbalustrade, die die Fassade der königlichen Zitadelle zu *rāmat rāḥēl* nahe Jerusalem zieren – Archäologen schreiben sie der Regierungszeit König Jojakims zu –, lassen ahnen, wie prächtig das Gebäude ausgesehen haben mag. Sie ähnelten den Elfenbeinschnitzereien von Nimrud (s. **Abb. 372**) aus der gleichen Periode.

d) Von 597–586: Jeremias Gerichtsandrohungen stießen auf heftigen Widerstand, aber je mehr seine Ernüchterung wuchs, um so ausschließlicher fühlte er sich gezwungen, nur noch das kommende Unheil zu künden, eine schwere Bürde des Propheten. Er empfand es schmerzlich, daß Jojakim und Zedekia die Reform so völlig vernachlässigten. Als das Land am Ende des ersten babylonischen Feldzugs gezwungen war, sich zu ergeben (597 v. Chr.) und der junge König Jojachin in Jerusalem belagert und später nach Babylon ins Exil geführt wurde, predigten seine Mitpropheten, daß diese Geschehnisse nur eine vorübergehende Prüfung seien, von Jahwe geschickt, um das Volk zu züchtigen – aber nur für eine kurze Zeit. Die Exulanten würden bald aus Babylon zurückkehren dürfen. Jeremia aber mahnte weiter zur Vorsicht und drohte an, daß Jahwe »von Norden her« das Unheil senden werde (4, 5–8; 5,15–17; 6,22–26), um sein ungetreues Volk zu vernichten (4,23–26; 8,13–17). Jeremia betrauerte aufrichtig seinen verbannten König Jojachin und befaßte sich in mehreren Orakeln seines Buches mit dessen Schicksal (13,18–19; 22,2ff). Während der Herrschaft Jojachins und Zedekias, der beiden letzten Könige Judas, fand der Prophet unter der Führungsschicht des Volkes immer mehr Zuspruch und Unterstützung. Es fiel ihm nicht leicht, allein gegen den herrschenden Optimismus anzukämpfen. Er wurde verhöhnt, gequält, einmal sogar beinahe getötet (11, 18–12, 6; 15, 10; 26, 10–24). Jeremia war von Natur aus kein Misanthrop, er liebte das Leben (31, 12–14; 33, 11 u. ö.), aber seine Botschaft wurde mißverstanden. Das Volk fürchtete seine Predigt und die Kraft seines Wortes und sah den Propheten als seinen Feind an. Nach 597 v. Chr. schien es, als hätten sich alle seine Unheilsankündigungen erfüllt, aber der blinde Glaube, daß Gott seinem Volk zu Hilfe eilen und sein Geschick wenden werde, war zu fest in den Herzen des Volkes verwurzelt, als daß Jeremia Gehör gefunden hätte. Er erkannte, daß Juda nichts aus der Katastrophe gelernt hatte und von wahrer Buße weiter entfernt war denn je (6, 27–30). Das Volk, das nach der ersten Wegführung ins Exil übriggeblieben war, sei wie ein Korb schlechter Feigen, wie Früchte, die man am Baum habe hängen lassen, nachdem das Beste abgepflückt worden sei (Kap. 24).

e) Jeremia und Zedekia: Nach 597 v. Chr. machten die Babylonier Zedekia, Jojachins Onkel, den sie sich willfährig wähnten, zum König von Juda. Zedekia schätzte Jeremia sehr, doch mißachtete er seinen Rat, mit Babylon gute Beziehungen zu pflegen. Er wandte sich jedoch verschiedene Male an den Propheten, wenn er politische Entscheidungen zu treffen hatte (37, 17–21; 38, 14–27), obwohl die Patrioten Jeremia für einen Verräter hielten (37, 11–15). Schließlich schlug der König die Warnung des Propheten in den Wind und schloß sich einer von Ägypten und Tyrus angezettelten Verschwörung gegen Babylon an (Kap. 27; s. *Israel und Juda 5). Während die Priester und die anderen Propheten zur Rebellion aufriefen, wandte sich Jeremia leidenschaftlich gegen solche Reden. Er erschien mit Riemen und einer Jochstange am Nacken vor den Führern des Volkes, als sie gerade den Rat verließen, und verkündete, daß Jahwe Herr über die ganze Erde sei und er allein das Geschick der Nation in seiner Hand habe. Nebukadnezar sei nur Jahwes Gehilfe, und die Nation habe sich seinem Willen zu beugen. Die Propheten, Wahrsager und Zauberer seien Lügner, wenn sie anders redeten.

Bei einer anderen Gelegenheit verhieß Hananja, ein Prophet aus Gibeon, vor Priestern, Propheten und einer großen Volksmenge, die sich vor dem Tempel versammelt hatte, die unmittelbar bevorstehende Rückkehr Jojachins aus dem Exil. Obwohl Jeremia auch diesen Wunsch hegte, erinnerte er die anderen Propheten daran, daß die »Propheten . . ., die seit den ältesten Zeiten aufgetreten« seien, nur Unheil geweissagt hätten. Der Prophet also, der eine »Glücksverheißung« ausspreche, werde erst dann, wenn seine Prophezeiung eingetroffen sei, als ein Prophet anerkannt werden. Hananja nahm daraufhin die Jochstange von Jeremias Nacken, zerbrach sie und verkündete, daß Jahwe so das Joch Nebukadnezars vom Nacken der Nation wegnehmen und zerbrechen werde. Jeremia kehrte jedoch mit Jochstangen aus Eisen wieder und sagte Hananja, daß ihn Jahwe so zu ihm gesandt habe. Weiter weissagte er ihm, daß er noch im selben Jahr sterben werde (Kap. 28). Jeremia schrieb ferner einen Brief an die im Exil lebenden Judäer, worin er sie bat, ihre Träume zu vergessen und sich auf einen langen Aufenthalt in Babylon einzustellen. Er prophezeite, daß Jojachin nicht zurückkehren werde (22, 10–12).

f) Jeremia und seine Zeitgenossen: Trotz des Widerstandes, den seine Worte hervorriefen, hatte Jeremia auch unter der führenden Schicht des Volkes Anhänger (26, 16 ff). Nicht jedermann sprach: »Friede, Friede, wo doch kein Friede vorhanden ist« (6, 14; 8, 11; vgl. 14, 7–9). Aber es handelte sich nur um eine kleine Minderheit. Jeremia selbst fühlte für den rebellischen Hochmut eines Jojakim und seiner kriegslüsternen Partei, die dem Lande in den Jahren 598–597 v. Chr. nur Unglück brachten, nichts als Verachtung, und auch vor Zedekia und seinen Ratgebern hatte er wenig Respekt (24; 34, 8–22). Er blieb bei seinem politischen Konzept und bei seiner Opposition gegen die Politik des Königshauses.

Es sollte keine wunderbare Errettung geben, im Gegenteil, Jahwe kehrte die Waffen des Volkes gegen Juda selbst (21, 1–7). Zuletzt kam Nebukadnezar mit seiner Armee und belagerte eineinhalb Jahre lang Jerusalem. Jeremia drängte weiter zur Kapitulation und wandte sich sogar an einzelne Bürger, denn diese hatten nur noch die Wahl zwischen Leben und Tod. Seine Worte scheinen nicht ohne Wirkung geblieben zu sein, denn er wurde der Wehrkraftzersetzung angeklagt. Die Armeegenerale erhoben sich gegen ihn und ließen ihn für seine Friedensbemühungen in eine

Zisterne werfen (38,4–6). Nur Zedekias persönliche Fürsprache rettete ihn vor dem Tod (38, 10.16), doch konnte auch der König Jeremias Sinn nicht ändern.

g) Nach 586 v. Chr.: Als Jerusalem im Jahre 586 v. Chr. fiel, kam Jeremia sein unentwegtes Eintreten für eine Friedenspolitik gegenüber Babylon zustatten. Babylonische Beamte traten während der chaotischen Jahre, die auf die Zerstörung Judas folgten, für ihn ein, doch ist ihm anzurechnen, daß er nicht zu denen gehörte, die ihr Volk verrieten und zu den Babyloniern übergingen. Er zog es vor, in Jerusalem zu bleiben, aber nach dem Mord an Gedalja, dem von den Babyloniern ernannten Gouverneur des Landes, zwangen einige Judäer den Propheten, mit ihnen nach Ägypten zu fliehen (43, 5–7; s. *Israel und Juda 5), wo er seine letzten Tage verbrachte. Baruch zog mit ihm und zeichnete die letzte Botschaft des Propheten auf: den Fluch über die in Ägypten lebenden Juden, weil sie fremde Götter verehrten, und das Gericht über das Volk wegen seiner Sünde (Kap. 44). Er fluchte auch den Königen der sechsundzwanzigsten Dynastie. Einer von ihnen wird namentlich erwähnt: Hophra (Apries), der Sohn Psammetichs II. Unter diesem Pharao wurden die Juden anscheinend ermutigt, Militärkolonien zu gründen wie z. B. Elephantine im südlichen Ägypten (s. *Persien und Israel 5 c).

2. Jeremias Mission: *a) Person:* Vor den Menschen verließ Jeremia nie sein Mut, doch vor seinem Gott überkam ihn die Verzweiflung. Sein Amt war ihm oft eine schier unerträgliche Bürde, und manchmal versuchte er, sich vom göttlichen Impuls, der ihn zum Reden drängte, zu befreien. In der völligen Unfähigkeit, den Offenbarungen, die ihn verfolgten, zu entrinnen, liegt seine geschichtliche Größe, aber auch seine ganze Tragik. Aus seinen Schriften wird deutlich, wie der göttliche Anruf ihn überwältigte und ihm Zwang antat. Als letzter unter allen Menschen hätte er sich gewünscht, ein Prophet zu sein. Gott hatte ihn zum Sprechen getrieben und ihn dann verlassen. Als er fühlte, daß Gott ihn enttäuschte, nachdem er ihn mit seiner göttlichen Allmacht überwältigt hatte, glaubte er, nie wieder prophezeien zu können, aber ein innerer Drang trieb ihn weiter an.

Am Anfang seiner Tätigkeit hatte Jeremia eine Katastrophe angekündigt, die nicht eintrat. Zunächst dachte er, das Strafgericht werde durch einen Feind aus dem Norden über sein Volk hereinbrechen, aber die tatsächlichen Ereignisse entsprachen kaum seinen unheilschwangeren Ahnungen. Zwanzig Jahre später wiederholte er seine Prophetien, nun den Zeitumständen angepaßt. Damals flohen gerade die Ägypter, von den Babyloniern verfolgt, in ihr eigenes Land zurück (605 v. Chr.). Doch nichts, was mit seinen düsteren Geschichten hätte verglichen werden können, geschah, und Jeremia war verwirrt. Keineswegs hatte er irgendwelche Wunschträume vorhergesagt, im Gegenteil, sein Herz war schwer bei seinen Worten, und gar zu gerne hätte er gewünscht, von seiner ihn quälenden Aufgabe befreit zu werden. Doch die folgende Zeit sollte zeigen, daß seine Weissagungen letztlich doch in Erfüllung gingen. Zwanzig weitere Jahre vergingen, und das Unheil brach mit unvorstellbarer Heftigkeit über sein Volk herein. Es erwies sich, wie richtig doch Jeremias Orakel gewesen waren. Zwar stimmten Zeit und nähere Umstände nicht mit seinen Vorhersagen überein, aber die Art und Schwere des Unglücks, das er hatte kommen sehen, traf seine Generation mit ganzer Härte. Jeremia teilte Gottes tiefen Schmerz über alles Unheil, das seinem Volke widerfahren sollte, doch fehlte ihm die Geduld Gottes. Auch glaubte er nicht, daß Israel noch von seinem sündhaften Wandel auf den Weg Gottes wieder zurückkehren würde.

Seine wechselnden Stimmungen und die Eigenart seines Gottesbildes lassen uns ahnen, welch schwere innere Kämpfe der Prophet zu bestehen hatte. Manchmal sah er Gott als rachsüchtigen Herrn (4,4; 5,22; 23,19), dann wieder als gnädigen Richter (3,14; 31,20.31; 32,17) oder voll Traurigkeit über das Unglück, das er selbst über »seinen Liebling« hatte kommen lassen (12,7).

b) Jeremias Hoffnung und Glaube: Jeremia lehnte jede leichtfertige Zuversicht ab und ging systematisch daran, übertriebene Hoffnungen auf eine baldige bessere Zukunft zu zerstören. Das Königreich Juda war von Jahwe, dem höchsten Herrn und Richter, wegen seines Ungehorsams zum Untergang verurteilt. Hoffnung – und Jeremia lebte nicht ohne Hoffnung – sah er weit außerhalb der Grenzen eines kleinen Königreiches. Sie lag dort, wo auch die Erklärung für die Tragödie, die dem Volk bevorstand, beschlossen war. Mit seinem Verständnis des nationalen Unglücks als notwendiger Strafe für die Sünden des Volkes half er Israel, seinen Glauben vor dem völligen Verlöschen zu bewahren.

Indem er falsche Hoffnungen vernichtete,

bahnte Jeremia (wie Ezechiel) zugleich den Weg zu einem erneuerten Glauben. Das Exil konnte als ein Zwischenspiel betrachtet werden (29, 11–14), auf das Gottes eigene Zukunft folgen sollte. Als Beweis seines Glaubens an dieses endgültige Ziel kaufte Jeremia sogar Land in Benjamin, als gerade Jerusalem den Belagerern in die Hände fiel (32, 6–15); über den historischen Hintergrund s. *Israel und Juda 5).

c) Der neue Bund: Jeremias tiefer Glaube war nicht auf ein Wiedererstehen der Nation gerichtet, er erhoffte vielmehr einen neuen Erlösungsakt von seiten Jahwes (31, 31–37), der, wie er einst sein Volk aus Ägypten geführt habe, ihm nun alle seine Sünden vergeben und einen »neuen Bund« mit ihm schließen werde. Dieser neue Bund werde in die Herzen der Menschen geschrieben sein, und die Menschen würden kraft der Gnade Gottes seine Satzungen erfüllen.

Jeremias Religion war stark persönlich geprägt. Der Kult als Gemeinschaftsfeier, wie er bisher in Israel vorgeherrscht hatte, war ihm ein Greuel, an dem er nicht teilhaben konnte. Seine Predigt, daß ein rechtschaffener Wandel vor Jahwe mehr Geltung habe als ein feierliches Opferritual (6, 16–21; 7, 21–23) und daß Gott von jedem einzelnen Buße fordere (4, 4), zeigte für Israels Glaubensleben einen neuen Weg auf. In der Einsamkeit, die das Prophetenamt ihm auferlegte, fand er zu einem ganz neuen Gottesbild und wurde zum Verkünder einer Religion, die wesentlich auf inneren Qualitäten beruhte. Dies war für Israels Zukunft von größter Bedeutung. Jeremia erkannte, daß eine Religion auch den Verlust ihres Kultes und ihres Opferrituals überdauern konnte, obwohl er keine von jedem Kult losgelöste Religion wünschte und überzeugt war, daß Gott den Opferdienst nicht ganz verschmähte. Nur betonte er mit Nachdruck, daß Gott an Opfern von Menschen, die nicht auf seine Weisungen hörten, kein Wohlgefallen habe. Jeremia behielt recht, denn die jüdische Religion lebte auch ohne Tempel und ohne die davidische Dynastie in Babylon fort. Vielleicht erfaßte der Prophet selbst nicht die Botschaft, die er verkündete, in ihrer ganzen Bedeutung, und auch seine Hörer begriffen kaum, wie ihre Religion ohne Tempel Bestand haben und nur von der Hoffnung auf einen neuen Bund existieren könnte. Es ist deshalb nicht ausgeschlossen, daß erst seine Nachfolger und Schüler den vollen Sinn seiner Botschaft verstanden haben.

d) Gemeinschaftsbezogene und individuelle Religion: Jeremia war Teil der politischen Geschichte seines Landes. Sein Schicksal war untrennbar mit dem seiner Nation verknüpft. In einer Zeit, da die Menschen die Verantwortlichkeit für den Untergang ihres Staates bei anderen suchten, wies sie Jeremia (und später *Ezechiel) an, in ihr eigenes Herz zu schauen, und sagte ihnen, daß ihr Elend die Frucht ihrer Sünde sei. Es ist jedoch übertrieben zu behaupten, erst mit Jeremia habe der religiöse Individualismus begonnen, und vor ihm habe sich der einzelne Israelit nur als Glied einer Gemeinschaft gesehen, ohne individuelle Verantwortlichkeit und ohne individuelle religiöse Erfahrung. Die Hebräer hatten unveräußerliche individuelle Rechte, die ihnen selbst ein König nicht streitig machen konnte. Auch Jeremia betrachtete sie nicht als isoliert dastehende Individuen ohne die Bande, die sie zum Teil des großen Ganzen, nämlich der Bundesgemeinschaft, machten. Die biblische Religion war von Anfang an sowohl auf die Gemeinschaft als auf die Einzelpersönlichkeit bezogen. Der Dekalog war offenbar ein mit der Gemeinschaft geschlossener Kontrakt, richtete sich aber auch an jeden einzelnen. Die Gemeinschaft hatte individuelle und soziale Aspekte, die zu beachten waren.

In der Beurteilung seines Lebenswerkes haben viele Gelehrte zu starken Nachdruck auf den Kontrast zwischen gemeinschaftsbezogener und individueller Religion gelegt. Richtiger ist zu sagen, daß bei Jeremia der persönliche Charakter der Religion stärker betont wird, nicht aber, daß Jeremia (und später Ezechiel) das Individuum entdeckt hätten. Vor diesen Propheten war zwar die Religionsausübung mehr eine Angelegenheit der Gemeinschaft als des einzelnen. Jahwe war der Gott des ganzen Volkes Israel, und dieses war sein Kind. Der Sinaibund war zwischen Jahwe und allen Israeliten geschlossen worden. Aber Jeremia sprach vom neuen Bund, einem Bund, den Jahwe mit jedem einzelnen schließen werde, einem in die Herzen der Menschen eingeschriebenen Bund, und an sie werde Gott seine ethischen Forderungen richten. Aus ethischen Beweggründen würden dann auch die Menschen ihrem Gott die Treue halten. So war es also in hohem Maße Jeremia zuzuschreiben, daß der israelitische Kult als Gemeinschaftsreligion weiterbestand trotz der einschneidenden Änderungen, die die Zerstörung des Tempels und der Untergang der Monarchie mit sich brachten.

3. Aufbau und Inhalt des Buches: *a) Sammlung und Gestaltung:* Das Buch Jeremia ist – wie man heute allgemein annimmt – aus einer größeren Sammlung verschiedener Einzelschriften entstanden, von denen jede eine Anzahl Orakel und Erzählungen enthielt. Diese Schriften wurden ohne Rücksicht auf eine chronologische Ordnung zusammengestellt. Die Originale waren teils schriftliche, teils mündliche Traditionsstücke, die – allerdings nicht in logischer Reihenfolge – verschiedene Aussprüche und Handlungen des Propheten berichteten. Vielleicht hatte Jeremia selbst noch zu Lebzeiten eine Sammlung seiner Orakel vorbereitet und sie später ergänzt. Diese Sammlung ist sicher eine der Quellen des heute vorliegenden Buches Jeremia, aber nicht die einzige. Die Zusammenstellung des Materials aus den verschiedenen Quellen wird man wohl einem Sammler des Buches zu einer späteren Zeit zuschreiben müssen. Aus der Art der Gruppierung wird deutlich, daß eine gewisse Ordnung beabsichtigt ist. Trotzdem finden sich zahlreiche Wiederholungen in dem Werk, manche Sätze kehren immer wieder, und sogar ganze Abschnitte erscheinen an mehreren Stellen, z. B. 6, 22–24 und 50, 41–43 oder 10, 12–16 und 51, 15–19. Jeremias Schreiber und Freund war Baruch, Sproß einer angesehenen judäischen Familie, und ihm verdanken wir es wohl vor anderen, daß die Schriften Jeremias überliefert wurden. Die vernünftigste Erklärung für die zahlreichen Wiederholungen ist die, daß neben Baruch noch andere Herausgeber beteiligt und für die Sammlung des Materials verantwortlich waren.

Tatsächlich enthält das Buch verschiedene Sammlungen, jede mit ihrem eigenen Schwerpunkt und Auswahlprinzip.

In der endgültigen Kompilation wurde offensichtlich nicht einmal der Versuch unternommen, das Ganze inhaltlich zu ordnen, vielmehr haben die Herausgeber das ihnen vorliegende Material einfach nebeneinander gestellt.

b) Inhalt: Wenn man diesen Mangel in der Anlage des Buches berücksichtigt, kann man es etwa wie folgt gliedern:

(a) Kap. 1–6: Einleitung: Orakel und Gedichte aus der frühesten Wirksamkeit vor der josianischen Reform;
 7–10: Scheltreden gegen den vorherrschenden Synkretismus und die Übung fremder Kulte. Der historische Hintergrund ist die Regierungszeit des Josia und Jojakim;
 11–17 beziehen sich vor allem auf die Unterstützung, die Josia und Jeremia der Reform des Bundes widmeten, enthalten aber daneben auch Parabeln, Klagelieder, Mahnungen und Warnreden;
 18–20: Bekenntnisse und Gerichtsankündigungen, wahrscheinlich in den Tagen Jojakims geschrieben; ähnlich auch 24–30,35; (s. *Restauration und Perserzeit, Esra und Nehemia);
 21–24: Jeremias Wirken unter Zedekia sowie Orakel über Könige und Propheten.

(b) Kap. 26–45 enthalten überwiegend biographische Erzählungen: die Memoiren Baruchs.
 26–29: Warnungen und Zusammenstöße mit Priestern und Propheten;
 30–33: Verheißung des kommenden Heils (und des »Neuen Bundes«: 31, 31–34);
 31, 34–35.37–39: »Das Buch der Belagerung« (Jerusalems) und Jeremias Wirken während der dunkelsten Epoche des Königreiches Juda;
 40–45: Jeremias Schicksal nach dem Fall Jerusalems.

(c) Kap. 25 sowie die letzten Kapitel 45–51 enthalten Orakel gegen fremde Nationen.

(d) Kap. 52 ist ein historischer Anhang, der im wesentlichen eine Rekapitulation der letzten Kapitel des zweiten Königsbuches bietet.

Die Kapitel sind nicht chronologisch, sondern vermutlich nach ihrem Hauptthema angeordnet. Kap. 36 scheint diese Annahme zu bestätigen. Jeremias Orakel wurden erstmals im Jahre 604 v. Chr., dem vierten Regierungsjahr Jojakims, niedergeschrieben, umschlossen also seit dem dreizehnten Jahr Josias (627 v. Chr.) bereits eine Zeitspanne von 23 Jahren. Dieses Manuskript wurde von Jojakim vernichtet (36, 20 ff), aber nach Jeremias Diktat von seinem Schreiber Baruch erneut schriftlich niedergelegt, wobei »noch viele andere gleichartige Worte hinzugefügt« wurden (36, 32). Freilich läßt sich nicht mehr feststellen, was zum ursprünglichen, von Jojakim zerstörten Buch gehörte und welches die »hinzugefügten Worte« waren. Doch bilden die ursprünglichen Orakel sowie die Zusätze sicher den Kern des uns vorliegenden Buches Jeremia. Es kamen noch weitere »Bekenntnisse« und Aussprüche Jeremias hinzu. Die Sammlung des ganzen Werkes vollzog sich offensichtlich in einer sehr turbulenten und von Gefahren umlauerten Zeit.

4. Der hebräische Text und die Septuaginta: In keinem Buch des AT tritt der Unterschied zwischen dem masoretischen Text (s. *Bibelkanon und *Bibeltext) und der Septuaginta deutlicher zutage. Die griechische Version enthält etwa 2500 Wörter weniger. Im allgemeinen kann man sagen, daß die »Auslassungen« Nebensächlichkeiten betreffen; die poetischen Abschnitte verraten im Griechischen sogar mehr Sinn für Metrik als im Hebräischen. Die Orakel gegen fremde Völker, die im hebräischen Text am Schluß des Buches stehen, kommen im griechischen Text unmittelbar nach Jer 25, 13, erscheinen also in anderer Ordnung. Diese Unterschiede legen die Annahme nahe, daß in Palästina und Ägypten bis zur endgültigen Festlegung der abweichenden Texte verschiedene Ausgaben existierten und unabhängig voneinander weiterbestanden. Die abschließende Edition des Textes erfolgte wahrscheinlich im 2. Jhdt. v. Chr. Vgl. auch *Deuterokanonische Bücher und Apokryphen 2 a/7.

Jericho

Gliederung: 1. Jericho in vorbiblischer Zeit. a) Befund der Ausgrabungen unter J. Garstang; b) Die älteste Stadt der Welt; c) Tonfiguren von Jericho und die Schöpfungsmythen; d) Handel Jerichos in vorgeschichtlicher Zeit; e) Die Mauern von Jericho; f) Das Rätsel der Einnahme Jerichos; g) Zeugnisse über Jerichos Einwohner. 2. Das biblische Jericho. a) Jericho vor dem Exil; b) Jericho nach dem Exil; c) Zeit des Herodes und der Römer; d) Zeit des Neuen Testaments; e) Nachbarschaft zu Qumran.

Im Süden des Jordantales, etwa 10 km nordwestlich des Toten Meeres, befindet sich eine Oase, die von einer Anzahl Süßwasserquellen gespeist wird. Dies ist die Stelle von Jericho, der ältesten bisher bekannten Stadt der Welt. Sie reicht bis ungefähr 9000 v. Chr. zurück, war also 1000 oder 2000 Jahre älter als die ersten Bauerndörfer in Ägypten, Mesopotamien und Syrien, im oberen Jordantal und anderswo in Palästina, die aus dem 7. und 6. Jahrtausend v. Chr. stammen. Als älteste befestigte Stadt, die bisher in Palästina bekannt ist, mit einer Geschichte von ungefähr acht Jahrtausenden vor der Eroberung durch Josua, ist die lange Geschichte Jerichos in vorbiblischer Zeit von besonderem Interesse.

1. Jericho in vorbiblischer Zeit: *a) Befund der Ausgrabungen unter J. Garstang:* Eine Reihe von Ausgrabungen zeigte, daß die Lage von Jericho sich im Lauf der Zeit verändert hat. Die Stadt der Kanaanäer und der alttestamentlichen Zeit lag nahe der ergiebigen Quelle von *tell es-sulṭān* (*Elias Quelle*), das ist ungefähr 8 km westlich des Jordan. Die Stadt der hellenistisch-römischen Zeit hatte sich weiter westlich verlagert nach *tulūl abū el-ʿalāʾiq,* an die Stelle, wo die Schlucht des *wādi el-qelt* sich zur Ebene von Jericho hin öffnet. Das spätere Jericho der byzantinischen und arabischen Zeit hatte wieder einen anderen Platz (*erīḥā,* heutiges Jericho), etwa 2 km südöstlich von *tell es-sulṭān.* Eine Reihe von Expeditionen hat in *tell es-sulṭān* ausgegraben. Sie suchten unter anderem wissenschaftliche Auskunft über die Erzählung, wie die Israeliten Jericho erobert haben. Schon 1873 hat der Palestine Exploration Fund zum erstenmal gegraben. Aber erst die Expedition von John Garstang 1930/31 ließ die Umrisse einer zusammenhängenden Chronologie erkennen. Garstang fand vier ummauerte Städte, die erste (Stadt A) stammt aus der Frühbronzezeit I (erste Jahrhunderte des 3. Jahrtausends v. Chr.), die Stadt B aus der Frühbronzezeit II und III (2. Hälfte des 3. Jahrtausends), die Stadt C aus der späten Mittelbronzezeit (1750–1550 v. Chr.), und Stadt D gehört in die Spätbronzezeit, hauptsächlich in das 15. und in die erste Hälfte des 14. Jahrhunderts v. Chr. Garstang fand noch Spuren einer fünften, späteren, mauerlosen Stadt, die er in die Königszeit datierte. Im Nordostteil des Tells grub Garstang einen tiefen Graben, der 17 Siedlungsschichten anschnitt, von der vorkeramischen Jungsteinzeit (7. Jahrtausend v. Chr.) bis zur Frühbronzezeit. Die unterste Schicht lag auf gewachsenem Boden.

b) Die älteste Stadt der Welt: Kathleen Kenyon vom archäologischen Institut der Universität London erweiterte in den Jahren 1952–57 die Grabung von Garstang und korrigierte stellenweise die Ergebnisse. Indem sie den Graben von Garstang vertiefte und einen zweiten an der Westseite des *tell* aushob, konnte sie an zwei verschiedenen Stellen den Felsboden des Untergrundes erreichen. Dabei zeigte sich, daß Garstang ein Bachbett für den gewachsenen Boden gehalten hatte. Die Datierungsmethode mittels Carbon 14 ließ sich auf die untersten Schichten nicht anwenden, aber für das Material, das damit datiert werden konnte, ergab sich eine Zeit zwischen 6250–5850 v. Chr. Daraus zog K. Kenyon den Schluß, daß die tiefste Schicht

Abb. 373. Jericho: Reste eines Hauses aus dem präkeramischen Neolithikum B

Abb. 374. Jericho: Überreste eines Turmes der Stadtbefestigung

Abb. 375. Jericho: Westteil; mit Steinumkleidung am Fuß der Lehmziegelmauern

Abb. 376. Im ältesten Jericho gefundener Tonkopf, der über einen Schädel modelliert worden ist

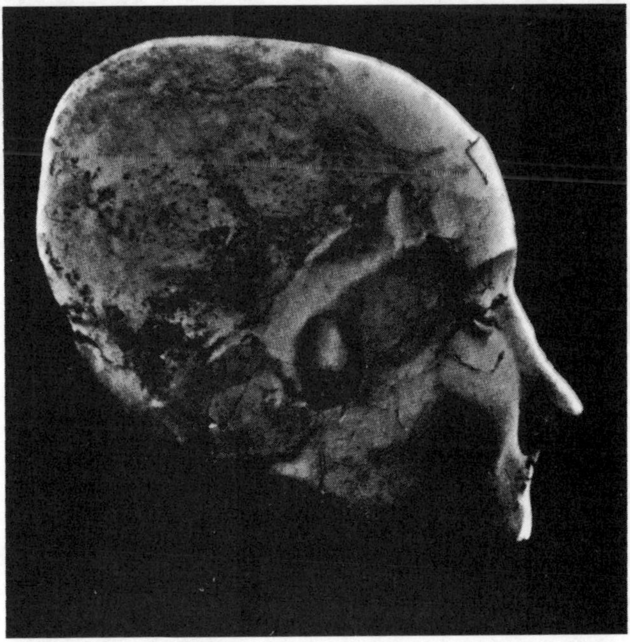

Abb. 377. Häuserreste aus der späten Bronzezeit in Jericho

Abb. 378. Palmen

ins 9. bis 8. Jahrtausend v. Chr. datiert werden dürfte (mittlere Steinzeit), d. h.: die Siedlung hat um 8000 v. Chr. oder früher begonnen. Zu dieser Zeit war die Töpferei noch unbekannt, aber die ersten Bewohner waren hinreichend gut organisiert, um eine ummauerte Stadt mit einem wirksamen Verteidigungssystem zu planen und zu errichten. Da sonst nirgends ein Zeugnis für eine befestigte Stadt vor Ende des 4. Jahrtausends v. Chr. existiert, war Jericho damit als die älteste Festung der Welt erwiesen, wie der große steinerne Turm aus der Befestigung der vorkeramischen Jungsteinzeit **Abb. 374** zeigt.
Kontinuierlich von verschiedenen Volksgruppen bewohnt, entwickelte sich die erste Stadt als eine Stadt der vorkeramischen Jungsteinzeit (um 7000 v. Chr.). Nicht weniger als elf Bauschichten ließen sich aus dieser Periode unterscheiden. An einer Stelle lagen 22 gepflasterte Fußböden von Bauten übereinander. Die Reste von Jericho bezeugen so, wie K. Kenyon sagt (Archäologie im Heiligen Land, 47): ». . . einen Vorgang, um dessen Erhellung sich die Archäologen seit langem bemühen: die Entwicklung des Menschen vom Jäger zum Mitglied einer seßhaften Gemeinschaft.« **Abb. 373** zeigt ein Haus aus der vorkeramischen Jungsteinzeit (B).
Noch ist offen, ob die Besiedlung vor der Ankunft des neolithischen Volkes, das die Töpferei kannte, oder danach bis zur Entstehung der ersten Stadtkultur eine Lücke aufwies.
c) Die Tonfiguren von Jericho und die Schöpfungsmythen: Obwohl die frühesten Einwohner von Jericho noch keine Tongefäße herstellten, schufen sie aus Ton modellierte, lebensgroße menschliche Figuren und Porträtköpfe. K. Kenyon entdeckte etwa zehn solcher Köpfe, die auf einen Schädel modelliert sind **(Abb. 376)** Auch Teile von Gliedern kamen zum Vorschein. Sie waren über ein Gerüst von Schilf oder Rohr als einer Art von Skelett in Ton modelliert. Nach Ansicht von Ruth Amiran liegt die Bedeutung dieser Entdeckung in ihrer nahen Ideenverwandtschaft zu den viel späteren Schöpfungsmythen von Babylonien und Israel. In beiden Mythen wird der Mensch aus Ton gebildet, in der Erzählung der Genesis Eva aus einer Rippe des Adam. Im Gilgamesch-Epos aus Babylonien heißt es, daß der Held Enkidu aus Ton »gebaut wurde«, und die hebräische Erzählung über Eva benutzt dasselbe Wort für »bauen«. Die vorkeramischen neolithischen Tonfiguren aus Jericho scheinen denselben Gedanken der späteren Mythologie plastisch darzustellen (s. *Genesis). »Es scheint eine innere Verwandtschaft zwischen den orientalischen Mythen, nach denen der Mensch aus Ton geschaffen wurde, und den Tonfiguren und mit Ton umkleideten Schädeln von Jericho zu bestehen« (R. Amiran).
d) Handel Jerichos in vorgeschichtlicher Zeit: Das vorkeramische Volk, das etwa im 8. Jahrtausend v. Chr. die ungeheuren Steinmauern von Jericho erbaut hat, hatte sonst kaum handwerkliches Können aufzuweisen. Es lebte in vergänglichen Bauten und hinterließ keine Zeugnisse großen landwirtschaftlichen Fortschritts oder sonstiger Erwerbstätigkeit, die das Wachstum der Stadt erklären würden. Nach Ansicht von E. Anati kann nur der Handel Existenz und Expansion der Stadt erklären, nämlich der Handel mit Salz, Asphalt und vielleicht Schwefel, Gütern, an denen das Tote Meer reich war und die alle zu den Lebensbedürfnissen des alten Orients gehörten. Salz war lebensnotwendig und, wie die Zeugnisse lehren, schon in der frühen Bronzezeit bei religiösen Riten und Opfern wichtig (vgl. Job 6, 6; Num 18, 19; Mk 9, 49). Der Salzhandel bahnte einige der ältesten Handelswege des Nahen Ostens. Das Volk von Jericho wird diesen Handel am Toten Meer zuerst entwickelt haben. Asphalt war nötig, um die Sicheln und anderen Feuersteingeräte an ihren Griffen zu befestigen, und als notwendiges Rohmaterial beim Schiffbau (s. *Sintflut). Schwefel wurde benötigt als Heilmittel und zum Feueranzünden. Alle drei Chemikalien sind vergänglich. So hat man in der Stadt kaum Spuren von ihnen gefunden, wohl aber Anzeichen von Handel. Dies ist die beste Erklärung für die frühe Entwicklung von Jericho.
e) Die Mauern von Jericho: Nach einer Besiedlungslücke am Ende der neolithischen Zeit war Jericho die ganze Bronzezeit hindurch ununterbrochen bewohnt. Die Stadt war in dieser Zeit (3100–2100 v. Chr.) stets ummauert, jedoch wurde die Mauer im Lauf dieser tausend Jahre immer wieder zerstört und siebzehnmal erneuert. Die Verteidigungswerke waren für die Bewohner von Jericho besonders wichtig, denn die Stadt ist Angriffen von Osten her sehr ausgesetzt. Die Mauern bestanden aus ungebrannten Lehmziegeln, lagen 13,20 m höher als der Fuß der Wehranlagen – waren so ein wesentliches Hindernis für Angreifer, aber sie machten unaufhörliche Sorgfalt notwendig, um die Wassererosion

zu verhindern und Erdbebenschäden auszubessern, die durchschnittlich viermal im Jahrhundert eingetreten zu sein scheinen (s. **Abb. 375** den Westteil des *tell* mit der Steinumkleidung am Fuße der Mauer).
Während der Mittelbronzezeit A (ca. 2100-1900 v. Chr.), als im übrigen Palästina halbnomadische Gruppen lebten und sich eine lebhafte Bautätigkeit entfaltete, war Jericho eine offene Stadt. Während der mittleren Bronzezeit B erhielt die Stadt als Befestigung eine Böschung aus Stampfmasse, die mit einer dicken Lehmschicht abgedeckt war, und später statt dessen glatte Steinmauern. Diese Mauern und die ganze Stadt wurden offenbar zerstört, als die Ägypter um 1580 v. Chr. die Stadt eroberten. Etwa anderthalb Jahrhunderte lag der Platz dann verlassen, aber um 1400 v. Chr. entstand eine neue Stadt, und diese Schicht der Spätbronzezeit stellt wahrscheinlich die Stadt dar, die Josua eroberte. Wie die letzte Expedition von K. Kenyon zeigte, sind leider fast alle Spuren davon verschwunden. Die Anlagen jener Zeit hatten für spätere Bauten als Steinbruch und Lehmgrube gedient. Die Expedition konnte sogar zeigen, daß die eine Linie der Stadtmauern, die man bisher dieser Periode zugewiesen hatte, tatsächlich schon in die Frühbronzezeit gehörte. Es sind tatsächlich nur einige Tonscherben der mykenischen Zeit und etliche Skarabäen mit den Namen verschiedener Pharaonen die einzigen Spuren der spätbronzezeitlichen Stadt, neben ganz wenigen Häuserresten **(Abb. 377)**, die man im 14. Jhdt. v. Chr. ansetzt. Diese Stadt wurde um 1325 v. Chr. verlassen und blieb etwa 400 Jahre unbesiedelt, währenddessen die Erosion so ziemlich jede Spur dieser Stadt verwischen konnte.
f) Das Rätsel der Einnahme Jerichos: Infolge dieser Situation ist die Frage nach dem Datum der Eroberung durch Josua unbeantwortet geblieben, ein Problem, das schon hervorragende Archäologen wie W. F. Albright, J. Garstang, B. Mazar und viele andere bewegt hat. Die 400 Jahre, die Jericho unbesiedelt war, passen gut zur biblischen Erzählung, nach der Josua die Stadt verfluchte und sie ungefähr über einen solchen Zeitraum ohne Bevölkerung blieb. Aber Josuas Eroberung muß mindestens ein Jahrhundert nach 1325 liegen (s. *Auszug aus Ägypten). K. Kenyon nimmt an, daß die Erzählung der Bibel Ereignisse zusammenfaßt, die sich über eine verhältnismäßig lange Periode verteilen, und sie in eine dramatische Folge verkürzt. Das ist bei den begrenzten archäologischen Zeugnissen heute kaum mehr nachzuweisen (s. *Landnahme). Die dramatische Einnahme von Jericho, wie sie das Buch Josua berichtet, ist wohl viele Jahre später aufgrund der Volksüberlieferung über das denkwürdige Ereignis dargestellt worden. So bleibt das genaue Verhältnis zwischen der Aufgabe von Jericho im 14. Jhdt. und der israelitischen Eroberung des Gelobten Landes ungewiß.
g) Zeugnisse über Jerichos Einwohner: Außerhalb der Mauern der frühbronzezeitlichen Stadt hat man zahlreiche Massengräber aufgedeckt, die über die Gefäße und Geräte, die man zu jener Zeit benutzte, wichtige Aufschlüsse gegeben haben. In der mittleren Bronzezeit A treten zum erstenmal Einzelgräber mit wenigen Beigaben wie Gefäßen und Geräten (s. *Begräbnis) auf. Die nächstfolgende Stadt (mittlere Bronzezeit B) enthielt ein großes Gebäude im östlichen Teil des *tell,* dem die Ausgräber den Namen »Palast« gaben. Neben ihm lagen Vorratshäuser mit zahlreichen Flaschen und Krügen, die verkohltes Getreide enthielten. Außerhalb dieser Stadt entdeckte man viele Gräber, in denen man nicht nur zahlreiche verschiedenartige Gefäße und Werkzeuge fand, sondern sogar hölzerne Gegenstände: Tische, Stühle, Schalen usw., die sich dank des trockenen Klimas außerordentlich gut erhalten hatten.
2. Das biblische Jericho: *a) Jericho vor dem Exil:* In der Spätbronzezeit (14. Jhdt. v. Chr.) lag Jericho an der Westseite einer Furt, die alle benutzen mußten, die den Jordan in dieser Gegend überschritten. In der biblischen Erzählung vom Einfall der Israeliten von Osten her nimmt sie eine wichtige Stelle ein. Jos 2–6 erzählt, wie die Israeliten vor der Stadt, die mit einer hohen Mauer umgeben war, an die die Häuser angebaut waren, lagerten. Wohlbekannt ist die Geschichte, wie sich Josuas Spione in einem solchen Haus verbargen (Jos 2), ebenso wie der Bericht, daß die Mauern der Stadt am siebten Tag beim israelitischen Angriff beim Schall der Trompeten zusammenstürzten. Nach der Einnahme wurde die Stadt zerstört und ihre Einwohner niedergemetzelt mit der einzigen Ausnahme der Dirne Rahab und ihrer Familie, die die Spione aufgenommen hatte. Schließlich sprach Josua einen Fluch über jeden, der versuchen sollte, Jericho wieder aufzubauen. Die archäolog. Zeugnisse haben es nicht ermöglicht, das Rätsel zu lösen, welches die biblische Erzählung birgt.

Bei der Verteilung des Landes unter die Stämme Israels wurde Jericho dem Stamm Benjamin zugewiesen (Jos 18, 21); aber es ging verloren, als der König von Moab es mit Hilfe der Ammoniter und Amalekiter überwältigte (Ri 3, 13). Die Gegend war zur Zeit Davids offenbar bewohnt (2 Sam 10, 5), aber erst unter der Regierung von Ahab zog Hiel von Bethel Josuas Fluch auf sich, indem er Jericho »wieder errichtete«, d. h. wohl, die Stadt wieder befestigte (1 Kg 16, 34).
Aus der Richterzeit haben die deutschen Ausgräber einen umfangreichen Bau aus dem 10. Jhdt. v. Chr. aufgedeckt und als »griechisches Haus« bezeichnet. In Wirklichkeit ist es ein typisch israelitisches Gebäude dieser Zeit, das in vier Abteilungen gebaut ist.
Auf seinen Ruinen sind andere Gebäude in der späten Königszeit errichtet worden. Das mögen Reste der Stadt sein, die Hiel von Bethel erbaut hat.
Jericho war ein Treffpunkt der Propheten. Elia und Elisa hatten hier ihren Aufenthalt. Elias Himmelfahrt fand in der Nähe statt (2 Kg 2, 4–11), und Elisa entgiftete das Wasser der Stadt (2 Kg 2, 19–22). Als die Israeliten den König Ahas geschlagen hatten, kehrten die Gefangenen aus Juda nach ihrer Freilassung nach Jericho zurück (2 Chr 10, 15). In der Ebene von Jericho wurde Zedekia, der letzte König von Juda, auf der Flucht vor den Babyloniern gefangen (Jer 39, 5). Die Babylonier zerstörten Jericho 587 v. Chr. und verschleppten seine Einwohner zugleich mit den Juden aus dem übrigen Land.
In der Liste der Verbannten, die von Babylon zurückkehrten, verzeichnet Neh 7,36 »345 Söhne Jerichos«. Diese siedelten wieder in ihrer Heimatstadt. Einige davon nahmen teil am Wiederaufbau von Jerusalem (Neh 3, 2).
b) Jericho nach dem Exil: Zur Perserzeit wurde Jericho von den Satrapen regiert. Dafür zeugen ausgegrabene *Siegel aus dieser Zeit mit der Inschrift *jehūd,* so hieß die persische Provinz Judäa. Artaxerxes III. Ochos von Persien zerstörte 352/51 v. Chr. die Stadt zur Strafe für einen Aufstand der Juden von Jericho. Später nahmen die *Nabatäer Stadt und Umgebung in Besitz.
Der *tell es-sulṭan* wurde um diese Zeit – des Hellenismus – verlassen, und die Bevölkerung siedelte sich weiter westlich auf dem *tulūl abū el-ʿalāʾiq* an. Diese Stätte wurde von J. L. Kelso und J. B. Pritchard 1950/51 ausgegraben. Sie fanden die Ruinen einer hellenistischen Festung, die entweder Bakchides oder dem Hasmonäer Simon zugeschrieben wird. Bekannt ist, daß der Seleukidengeneral Bakchides während des Makkabäeraufstandes Jericho befestigte (1 Makk 9, 50; vgl. *Hasmonäer), und Simon, der letzte der fünf Hasmonäerbrüder, wurde dicht bei der Stadt getötet (1 Makk 16, 14f). Johannes Hyrkan bemächtigte sich der Stadt, und er und seine Nachfolger erbauten hier Paläste und zwei kleine Festungen, Taurus und Thrax genannt. Später zerstörte der römische Feldherr Pompejus diese Festungen (um 63 v. Chr., s. *Rom und die Juden).
c) Zeit des Herodes und der Römer: Während der Römerzeit stand Jericho in hohem Ansehen als Mittelpunkt des Anbaus von Balsam und anderen Spezereien (s. *En-Gedi). Als Kleopatra sich durch ihre Intrigen die Herrschaft über Judäa und Arabien zu verschaffen suchte, wies Marc Anton ihr die Palmen- und Balsamhaine von Jericho zu. Herodes gab der Gewalt nach, aber er pachtete die Pflanzungen von Kleopatra und erwarb das Recht, die Steuern für die Königin einzutreiben, wovon er einen Teil für sich einstrich.
Nach dem Tod Marc Antons und Kleopatras gab Augustus Jericho an Herodes zurück. Wie Josephus berichtet, verschönerte Herodes die Stadt mit einer Reihe öffentlicher Gebäude, einer Pferderennbahn, einem Amphitheater, einem Winterpalast für sich selbst und Villen der jüdischen Oberschicht in der neuen Stadt westlich des alten Jericho. Er erbaute auch eine neue Mauer um die Stadt mit zwei Türmen, die er nach seiner Mutter Kypros und nach seinem Bruder Phasael benannte. Beim Tod des Herodes brannte der Palast ab, aber sein Sohn Archelaus baute ihn wieder auf und vergrößerte die Palmpflanzungen.
d) Zeit des Neuen Testaments: Jesus kannte die Gegend wohl. Man darf die Szene der Versuchung in die Berge oberhalb der Stadt verlegen, und der Ort seiner Taufe (s. *Johannes der Täufer) lag nicht weit davon. Der Weg nach Jericho bildet den Hintergrund in seinem Gleichnis vom barmherzigen Samariter (Lk 10, 30). Auf seiner letzten Fahrt nach Jerusalem nahm Jesus den Weg über Jericho, wo er im Hause des Zachäus, eines reichen Zöllners, d. h. Steuereinnehmers, übernachtete (Lk 19, 1–9) und einen blinden Bettler heilte (Lk 18, 35–43 par.). Jericho war zur Zeit Jesu eine wohlhabende, blühende Stadt, der Mittelpunkt des romanisierten Jerichotales, das sich schnell entwickelte. Seine

Bewohner waren eine kleine, wohlhabende Schicht des Mittelstandes und eine große Zahl armer Leute, die in der Hoffnung auf bessere Zeiten lebten.
Vespasian zerstörte die Stadt während des ersten jüdisch-römischen Krieges, doch wurde später eine Garnison hier stationiert. Hadrian baute Jericho wieder auf, und es bestand die byzantinische Zeit hindurch fort.
e) Nachbarschaft zu Qumran: Jericho war die nächste Stadt in der Nachbarschaft zu *Qumran, und wer von oder nach Jerusalem ging, mußte durch das Jericho der Römerzeit hindurch. Etwa 12 km lang wand sich der Pfad den jüdischen Hügeln entlang zum Wohnplatz der Sekte. Wahrscheinlich kam das Leder, auf das die Rollen von Qumran geschrieben sind, von Jericho, doch waren die Sektierer wachsam, daß es rituell reines Leder war. Auch die Versorgung der Essener-Gemeinde wurde wahrscheinlich über diese Stadt herbeigebracht. Man hat an mehreren Orten in der Umgebung von Jericho Bibelhandschriften gefunden, die von der Römerzeit bis zum 8. Jhdt. n. Chr. angefertigt sind. Bei weiterer Nachforschung werden sich wohl noch weitere Funde einstellen, die zwischen dem Jericho der neutestamentlichen Zeit und Qumran Beziehungen aufzeigen.

Jerusalem

Gliederung: 1. Lage Jerusalems und kurzer Überblick über die Ausgrabungskampagnen. a) Lage; b) Ausgrabungsexpeditionen. 2. Jerusalem von der protourbanen Periode bis zur Einnahme durch David. 3. Jerusalem unter David und Salomo. 4. Jerusalem von der Reichsteilung bis zum Exil. 5. Jerusalem zur Zeit der Restauration und der Makkabäer. 6. Jerusalem von der Zeit Herodes' des Großen bis 70 n. Chr. a) Glanz unter Herodes dem Großen; b) Das Problem der drei Nordmauern Jerusalems; c) Jerusalem unter Herodes Agrippa und die Zerstörung der Stadt durch die Römer. 7. Das römische, byzantinische und islamische Jerusalem.

1. Lage Jerusalems und kurzer Überblick über die Ausgrabungskampagne: *a) Lage:* Jerusalem liegt auf dem zentralen Gebirgskamm der die einzige günstige Nordsüdroute über das judäische Bergland bietet. Zwar lag es nicht direkt auf der Nord-Süd-Verbindung, konnte diese aber gut kontrollieren.
Das heutige Jerusalem besteht aus der Altstadt und zwei Neustädten. Der Nordabschnitt der ältesten Stadt liegt unter der heutigen befestigten Altstadt, die etwa 260 ha groß ist und von Nordwesten nach Südosten ein Gefälle von 760 m auf 720 m aufweist. Diese Altstadt wird von einer von Suleiman dem Prächtigen 1535 errichteten Mauer umgeben (s. **Karte 19** die dicke gezackte Linie); man zieht diese oft heran, um Vergleiche mit den Mauern der biblischen Zeit zu ziehen. Die Altstadt wird im Westen vom Hinnomtal (**Abb. 380,** 1 A), der Gehenna der Bibel, im Osten aber vom Kidrontal (**Abb. 380,** 4 B) begrenzt, im Norden hingegen geht das Gelände ziemlich unmittelbar in die judäische Bergkette über. Aus diesem Grund hat sich auch die Nordgrenze von Zeit zu Zeit verschoben.
Das Gebiet der Altstadt liegt auf zwei Höhenzügen, dem westlichen Rücken, der höher und breiter ist, und der östlichen Höhe (**Abb. 380,** 4 A. 6), dessen südlicher Teil von Josephus Ophel (hebr. *'ōfel,* Anschwellung, Buckel) genannt wird. Auf ihm befand sich die alte Davidsstadt. Zwischen beiden Höhenzügen, heute kaum mehr erkennbar, liegt das Tyropoiontal. Ob dieser Name – von Josephus »das sogenannte Käsemachertal« genannt – tatsächlich auf Leute, die dort Käse herstellten, zurückgeht, ist sehr unwahrscheinlich. Aber auch die Lösungsversuche, nach denen einmal das Tal nach dem Misttor (*ša'ar ha ašpōt*) »Misttal« genannt worden sei, oder *tyro(s),* von aram. *ṭūr* (»Berg-« oder »Felsental«), wie nach Dalman von *tōref* (»Schande« oder »Schwäche«) kommen soll, befriedigen nicht völlig. Dieses Tyropoiontal war im frühen Altertum viel tiefer, füllte sich aber im Laufe der Zeit durch ungeheure Schuttmengen 18 m hoch auf. 900 m südlich der Altstadt münden Tyropoion- und Kidrontal ineinander. Dort läuft der Osthügel der Stadt schiffsbugförmig in einen spitzen Winkel aus; sein Kamm ist an den meisten Stellen nicht mehr als 100–150 m breit. Gleich 200 m südlich von diesem Schnittpunkt treffen Hinnom- und Kidrontal aufeinander.
Westlich der heutigen Altstadt erstreckt sich der israelische Teil der Neustadt, die arabische Neustadt hingegen liegt nördlich der Altstadt.
b) Ausgrabungsexpeditionen: Im vergangenen Jahrhundert haben zahlreiche Expeditionen versucht, die Probleme der Archäologie von Jerusalem zu entwirren. Die Jerusalemforschung begann im eigentlichen Sinn kurz nach der Gründung des »Palestine Exploration Fund« 1865 mit der Expedition durch Ch. Warren 1867–1868 (Ophelmauer – größter Schaft

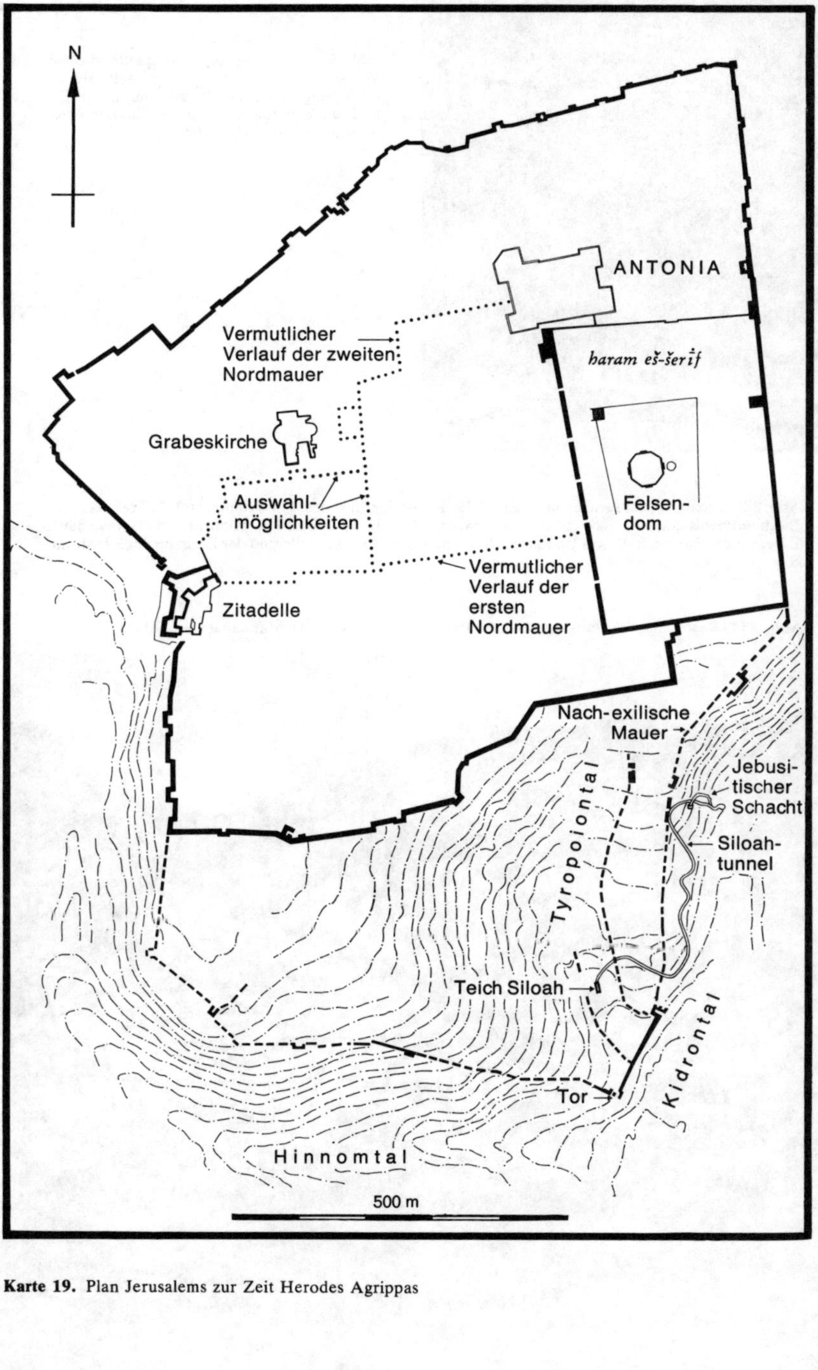

Karte 19. Plan Jerusalems zur Zeit Herodes Agrippas

Abb. 379. Eingang zur Gihonquelle, die die Wasserversorgung Jerusalems seit seiner Gründung sichergestellt hat. Durch den Siloahtunnel leitete man von hier aus das Wasser zum Siloahteich

Abb. 380 (rechte Seite). Jerusalem. 1. Zitadelle, Palast des Herodes. 1 A. Hinnomstal. 2. Grabeskirche. 3. Abendmahlsaal. 3 A. Südliche Altstadtmauern. 4 A. Berg Ophel. 4 B. Kidrontal. 5. Gethsemane. 6. Bezirk des *ḥaram*. 6 A. Am Boden des Kidrontales die Gihonquelle und der Eingang des Siloahtunnels

Abb. 381. Reste eines Turmes, der zu den Befestigungswerken der Makkabäerzeit gehört

1
1A
2
3
3A
4A
4B
5
6
6A

Abb. 382, 383. Ausgrabungen am Berg Ophel, die von 1961–67 unter Leitung von K. Kenyon durchgeführt wurden. Die Steinhaufen rechts und links der Grabung sind ausgehobenes Material

Abb. 384. Terrassen aus dem 14.–13. Jhdt. v. Chr. am Osthang des Berges Ophel, die Platz für Wohnbauten schufen

Abb. 385. Einer der Amarnabriefe, in dem der ägyptische Statthalter in Jerusalem, Abdi-Chepa, den Pharao Amenophis IV. (Echnaton) um Hilfe gegen die Chabiru bittet

Abb. 386 (unten). Der Turm Phasael, von Herodes erbaut (im linken Teil des Bildes, hinter der in späterer Zeit gebauten Außenmauer). Vgl. Abb. 388

an der Südostecke der Tempelplattform). Das Verdienst der Ausgrabungen 1894–97 von F. J. Bliss und E. C. Dickie war die Aufdeckung der von Herodes Agrippa errichteten Südmauer (die von ihnen allerdings in die Königszeit datiert wurde), welche von der Südwestecke der heutigen Altstadt entlang dem Hinnomtal bis zu dessen Vereinigung mit dem Kidrontal führte, in nordöstlicher Richtung die Mündung des Tyropoiontals kreuzte und schließlich an der Südspitze des Osthügels auf das ursprüngliche Stadtgebiet stieß.
In der Folgezeit sind folgende größere Ausgrabungsexpeditionen zu nennen: Parker 1909–11 (Erforschung der Wasseranlage oberhalb der Gihonquelle); R. Weill 1913–14, 1923–24 (Grabungsgebiete nahe der großen südlichen Kurve des Siloahtunnels Hiskias und an der extrem südlichen Spitze des Hügels); R. A. S. Macalister und J. G. Duncan 1923–25 (»Jebusiterrampe« und »Davidsturm«, nach K. Kenyon allerdings erst in der Makkabäerzeit anzusetzen); J. W. Growfoot 1927–30 (Westhang der Osthöhe: massive Mauer und Toreingang, die allerdings nach K. Kenyon nicht in die Bronzezeit, sondern in die Makkabäerzeit zu datieren sind); E. L. Sukenik und L. A. Mayer 1925–27, 1940 (Aufdeckung der sog. dritten Nordmauer; vgl. 6 c).
Äußerst bedeutsam war die Ausgrabungsexpedition von K. Kenyon und R. de Vaux 1961–67. In einer Stadt, in der das Leben fünftausend Jahre lang nicht aussetzte und die auch heute noch bewohnt ist, sind Ausgrabungen jedoch äußerst schwierig und infolge des Mangels an zureichenden Datierungskriterien und Hilfsmitteln haben etliche bisher veröffentlichte Ergebnisse kaum Beweiskraft. In den Gegenden südlich und nördlich der gegenwärtigen Mauern der Altstadt haben spätere Besiedlungen nur spärliche Reste früherer Bauten übriggelassen. Die jüngste Ausgrabung von 1961–67 konnte viele neue Tatsachen feststellen und eine Reihe von Thesen berichtigen, die bei früheren Ausgrabungen aufgestellt wurden, ehe die Methoden für exakte Datierung und Auslegung ausgebildet waren.
2. Jerusalem von der protourbanen Periode bis zur Einnahme durch David: Die früheste Besiedlung Jerusalems geht wohl in die protourbane Periode (rund 4000–3000 v. Chr.), aus der man in einem Grab auf dem Ophel eine Anzahl sehr schöner Keramiken gefunden hat, zurück. Um diese Zeit legten neu angekommene Siedler den Grund für die Entstehung der frühbronzezeitlichen Städte von Palästina. Im Laufe des 3. und 2. Jahrtausends vergrößerte sich diese Siedlung wahrscheinlich zu einer Stadt. Jedenfalls scheint der Name Jerusalem zum erstenmal in den ägyptischen Ächtungstexten um 1900 v. Chr. (s. *Ägypten und seine Beziehung zu Israel) im Terminus *'wš'mm,* das als *aušamem* (Wilson) oder *rušalimum* (Mazar) wiedergegeben wird, auf. Die Amarnabriefe, die im Palast des Pharaos Echnaton in *tell el'amarna* gefunden wurden und den Zeitraum zwischen etwa 1390–1365 v. Chr. umfassen, enthalten einen Brief Abdi-Chepas, des Herrschers der Stadt *uru-salim,* an Echnaton mit der Bitte um Unterstützung gegen die Chabiru **(Abb. 385).** Man deutet diesen Namen aus akk. und sum. *uru* – »Stadt« und aus *salim,* das entweder als »Friede« oder als Name der Gottheit *salimum, salman* zu erklären ist. Jerusalem war in der Mittel- und Frühbronzezeit ein mächtiger kanaanäischer Stützpunkt. Nach der Überlieferung der Bibel hießen die Bewohner Jerusalems zur Zeit der Landnahme Jebusiter (Jos 15, 63; Ri 1, 21). Melchisedek wird König von *šālēm* (Gen 14, 18; Hebr 7, 1 f) genannt. Die Annahme, er sei König des kanaanäischen Stadtstaates Jerusalem gewesen, wird noch durch die parallele Erwähnung des Sion in Ps 76, 3 sowie durch das Genesis-Apokryphon aus Höhle 1 von Qumran bestärkt.
Eine Ummauerung der Stadt ist nach den letzten Ausgrabungen K. Kenyons seit dem 18. Jhdt. v. Chr. nachweisbar. Kenyon fand Spuren dieser Mauer an der Ostseite des Ophel etwa im untersten Drittel des Abhanges **(Abb. 383, 382).** Obwohl die Gihonquelle (oder Jungfrauenquelle, deren heutigen Eingang **Abb. 379** zeigt) für die Stadt lebensnotwendig war, konnte man die Mauer doch nicht auf der Talsohle bauen und so die Quelle umfassen, weil damit der Angriff von der gegenüberliegenden Seite des Tales sehr leicht gewesen wäre. Für Kriegszeiten errichtete man daher ein Tunnelsystem (s. *Wasserversorgung). Um aber in Friedenszeiten einen bequemen Zugang zur Quelle zu haben, baute man an der Ostseite des Ophel einen Festungsturm, in dem sich offensichtlich das Stadttor befand (s. **Karte 20**; Grabung A I–III). Die Mauer bestand aus rohen Rollsteinen von sehr großem Umfang, die aus dem Wadi stammten. Ihre Datierung war möglich durch Keramikfunde zwischen dem Mauerwerk und der Felswand. Das

von R. A. S. Macalister – J. G. Duncan in den Ausgrabungen 1923–25 fälschlicherweise »Jebusiterrampe« genannte Mauerwerk konnte von K. Kenyon der Makkabäerzeit zugewiesen werden. Auf der Suche nach der Ummauerung im Norden und Westen der Jebusiterstadt waren viele Grabungen K. Kenyons erforderlich (s. **Karte 20**). Grabungsabschnitt H zeigte, daß es hier bis zum 10. Jhdt. keine Besiedlung gab, und lieferte zudem Anhaltspunkte, nach denen an jener Stelle eine wichtige Mauer in Ostwestrichtung quer über die Anhöhe verlief. Den näheren Nachweis tritt dann noch Grabungsabschnitt P an, der H gegenüberliegt. Hier fand Kenyon ausschließlich spätbronzezeitliche Töpferware aus dem 14.–13. Jhdt. v. Chr. Die Grabungen Kenyons an der Westseite der Stadt vermochten nur negative Beweise zu liefern. Die Grabungsschichten B, D, D 2, E und F wiesen nach, daß der Südosthang des Westhügels bis in das 1. Jhdt. v. Chr. unbesiedelt war. Sehr schwierig sind alle Grabungen an der Westflanke des Osthügels, da dieses Gelände in der Römerzeit als Steinbruch verwendet wurde. Die Grabungen K und M an dieser Westflanke gestatteten immerhin die Annahme Kenyons, daß die ursprüngliche Westmauer bis in die Makkabäerzeit oben auf der Gipfelböschung verlaufen sein muß.

Die ursprüngliche Stadt war also relativ klein und umfaßte den südlichen Teil der Höhe des Osthügels und zwei Drittel von dessen südlicher Ostflanke. Nun mag die Bebauung des Ostabhangs, die aus Gründen der Wasserversorgung und des Raummangels – der Höhenzug nördlich der Nordmauer verbreiterte sich erst allmählich und bildete ursprünglich eine schmale Bergrippe – geschah, den Erbauern der Stadt doch sehr große Schwierigkeiten bereitet haben. Der Fels hat hier ein Gefälle von 25 Grad.

Die Bewohner des 14.–13. Jahrhunderts v. Chr. fanden für dieses Problem eine großartige architektonische Lösung. Man baute den Abhang zu einer Folge von Terrassen, fächerartigen Kammern mit Steinfüllung, aus, auf denen man dann die Häuser errichtete **(Abb. 384).** Doch von den Gebäuden vor dem 7. Jhdt. blieb nichts erhalten. Und auch jene erhaltengebliebenen aus dem 7. Jhdt. befinden sich nur am oberen Rand der Gefällzone. Diese Lücke ist wohl am besten durch die Terrassenbauweise zu erklären. Ein Bruch einer Stützmauer infolge Kriegseinwirkung oder Naturkatastrophen konnte fatale Folgen haben.

3. Jerusalem unter David und Salomo: Die Stadt, die David einnahm, umfaßte nur das kleine Gebiet des Ophel, aber er befestigte sie und machte aus ihr nach kanaanäischer Weise seine »Königsstadt«. Sie war sein durch das Recht der Eroberung. Sie war neutrales Gebiet zwischen den nördlichen und den südlichen Stämmen, auf dem diese sich als gleichberechtigt verbinden konnten. So wurde sie die Hauptstadt des neuen Staates, den David zu errichten begann. Er gab ihr eine eigene religiöse Bedeutung, indem er sie zum ständigen Aufenthalt der Bundeslade bestimmte (2 Sam 6).

Über den Millo (hebr. *millō'*), der im Zusammenhang mit den Königen David, Salomo und Hiskia 2 Sam 5, 9; 1 Kg 9, 15. 24; 11, 27; 2 Chr 23, 5 erwähnt wird, gibt es die verschiedensten Theorien. So sah man etwa darin ein Teilstück (Turm, Bastion usw.) der Befestigungswerke der Davidsstadt (Dalman, Sanda, Macalister, Duncan, Simons) oder eine teilweise Auffüllung des Tyropoiontales in der Höhe der heutigen Südwestecke der Tempelterrasse (Vincent) oder auch den nordwestlich der Jebusiterstadt anzusetzenden Palastbezirk Davids, wie den Tempel- und Palastbezirk Salomos (Galling). Kenyon bietet dazu eine neue, sehr plausible Erklärung an. Sie bringt diesen Millo (vom hebr. Verb *mala'* = »auffüllen« kommend) mit den Terrassen an der Ostseite des Ophel in Zusammenhang, die man mit bedeutend massiveren, unbehauenen, jedoch in Mauersteinlagen gefügten Steinen in der Eisenzeit ausbesserte bzw. festigte **(Abb. 396).** Diese Ausbesserungsarbeiten, die ja wahrscheinlich besonders nach der Eroberung der Jebusiterstadt durch David vonnöten waren (auf die Dringlichkeit der Instandhaltung der Terrassen wurde bereits hingewiesen) bezeichnet Kenyon mit »Millo«. Die Stadt Davids und die noch ältere Jebusiterfestung sind beinahe verschwunden. Es soll auch darauf hingewiesen werden, daß diese Davidsstadt – David stammte ja eigentlich aus kleinen Verhältnissen, die Israeliten waren als Nomaden aufgetaucht – kaum stattlich war, zumal David zu sehr mit Eroberungen beschäftigt war, als daß er seine Hauptstadt hätte ausbauen können. Dies war vielmehr das Werk Salomos. Die größten Bauunternehmungen Salomos waren sein Palast und der Tempel (1 Kg 6–7; s. *David und Salomo). Beide wurden als Prachtbauten mit stilvoller Architektur und ausgefeilter Dekoration von den besten phönikischen Handwerkern jener Zeit errichtet. Deren hochentwickelte Technik

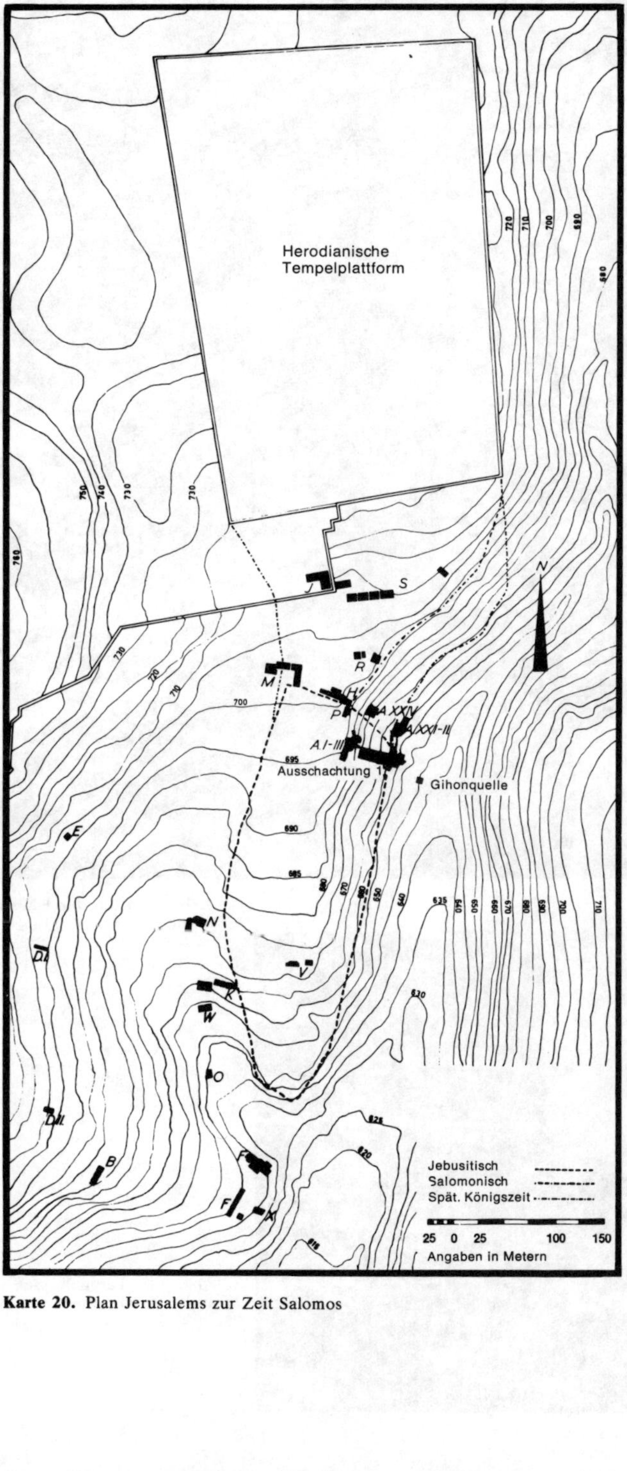

Karte 20. Plan Jerusalems zur Zeit Salomos

Abb. 387. Reste von Häusern aus dem 6. Jhdt. v. Chr.

Abb. 388. Turm Phasael, den der Volksmund auch »Davidsturm« nennt. Vgl. Abb. 386

Abb. 389. Die »Klagemauer«, Teil der Stützmauer der Herodianischen Tempelplattform

Abb. 390. Die von Herodes erbaute Burg Antonia

Abb. 391. Vermutlich Rest einer der Nordmauern Jerusalems

Abb. 392. Der Felsendom (*ḥaram-eš-šerīf*), ein islamisches Heiligtum, das an der Stelle des zerstörten Tempels auf der Herodianischen Tempelplattform erbaut wurde

lassen besonders die Ausgrabungen in Samaria, Hazor sowie *rās šamra* und Byblos erkennen.
Parallelen in der Kultausstattung zeigen auch die spätbronzezeitlichen Tempel aus Lachis, ähnliche Becken und Gestelle scheinen in Zypern, ähnliche Elfenbeinskulpturen in *nimrūd* und Samaria gefunden worden zu sein.
Die Folge der drei Räume findet sich im Heiligtum von Ai, Hazor, Atchana und *tell ta'jīnāt*.
Von der ganzen Pracht des Salomonischen Tempels blieb nach der Katastrophe von 586 v. Chr. und nach dem Herodianischen Tempelbau nichts mehr bestehen. Einzig die Ausgrabungen von Kenyon – de Vaux konnten am Fuß des Gipfelhanges an einer Stelle der Hügelostseite (rechts von Grabungsabschnitt P) noch einige Bruchquader mit der gleichen feinbehauenen Oberfläche und ein Pfeilerkapitell protoionischen Typs, wie sie vom Omris Palast in Samaria zum Vorschein kamen, finden. Man nimmt an, daß Salomos Tempel außerhalb der engen Mauern der Stadt Davids, offensichtlich einige hundert Meter weiter nördlich, lag. Wenn er in der Stadtmauer eingeschlossen war, so mußte diese zuerst in einem Halbkreis um den Gipfel der Anhöhe gezogen worden sein. Ebenso vermuten die Wissenschaftler, daß zwischen Salomos Tempel und den nachexilischen Tempeln des Serubabel und Herodes ein Überlieferungszusammenhang bestand.
Heute beträgt die Entfernung der Südmauer des Tempelplateaus zur Nordmauer der Davidsstadt etwa 200 m. Salomo dürfte damals die Stadt (wie Ausgrabungsabschnitt H von Kenyon – de Vaux ergab; s. **Karte 20**) bis zur Tempelplattform und durch Erdaufschüttung zum Tyropoiontal hin (Grabungsabschnitt M; s. **Karte 20**) ausgedehnt haben. Den von Kenyon vermuteten Verlauf der Salomonischen Mauer zeigt die **Karte 20**. Ob die Erweiterung auch die Ostflanke des neuen Gebietes umfaßte, ist nicht sicher. Auf dem Höhenrücken (Grabungsabschnitt H) konnte K. Kenyon allerdings eine Mauer in Kasemattenbauweise feststellen.
4. Jerusalem von der Reichsteilung bis zum Exil: 926 v. Chr. fielen die Nordstämme ab und bildeten das Teilreich Israel, Jerusalem aber blieb Haupt des südlichen Teilstaates Juda. Obgleich der Aufstand der Nordstämme gegen das luxuriöse Leben und die religiösen Mißstände in Jerusalem gerichtet war, so wurde doch eigentlich das Nordreich Israel Erbe der von Salomo eingeführten Kultur. Juda hingegen gewann in seiner Reaktion gegen den salomonischen Luxus viel von der einfachen und bäuerlichen Lebensart der früheren Zeit zurück. Die Bibel berichtet verschiedentlich von Zerstörung und Wiederaufbau der Stadtmauern bzw. von der Vergrößerung und Wasserversorgung Jerusalems. Nach 2 Kg 14, 13 = 2 Chr 25, 23 soll der israelitische König Joas um 800 v. Chr. die Mauer Jerusalems zwischen Ephraimstor und Ecktor haben niederreißen lassen. Asarja von Juda soll diesen Schaden ausgebessert haben (2 Chr 26, 9. 15), Jotham (27, 8) setzte dieses Werk fort. Hiskia rüstete sich mit besonderer Sorgfalt gegen den drohenden Ansturm der Assyrer. 2 Chr 32, 1–3. 30; 2 Kg 20, 20 wird davon gesprochen, daß er den oberen Ausfluß des Gihonwassers zuschütten und dieses nach der Westseite der Davidstadt habe hinunterleiten lassen, ferner soll er nicht nur die Mauer der Stadt (22, 9f) ausgebaut, sondern auch eine zweite Mauer (32, 5) aufgeführt haben, um das Wasserbecken einzuschließen. Manasse brachte in der Ostmauer bedeutende Verbesserungen an. Unter Manasse soll nach 2 Kg 22, 14 = 2 Chr 34, 22; Zeph 1, 10 ein neuer Bezirk *mišnē*, der das Quartier der Händler und Handwerker war und wo auch die Prophetin Hulda wohnte, entstanden sein.
Man hat in der Archäologie verschiedentlich versucht, diese Gebietserweiterungen und Mauerbauten genau mit der Bibel in Zusammenhang zu bringen und gefundene Steinmauern bestimmten Königen zuzuordnen. Nicht mehr zu halten sein dürfte wohl die von Josephus Flavius (Jüd. Krieg V, 4, 2) vertretene Ansicht, die zweite Mauer, jene Mauer, die auf der anderen Seite der Stadt von der Zitadelle am oberen Ende des Hinnomtals, dicht südlich der heutigen Davidstraße, verlief und auf die Einfassungsmauer des Tempels an einem Punkt stieß, der deren vermutliche Erstreckung ungefähr wie 2 : 3 teilte (s. **Karte 19**), sei in dieser Zeit anzusetzen. Josephus ging bei seiner Ansicht von der heute als unrichtig erkannten Voraussetzung aus, daß die Festung der Jebusiter auf dem Südwesthügel lag, und dieser Meinung folgten bis in die jüngste Zeit Dalman und Simons. Aber auch die Ansicht L. H. Vincents, der die *mišnē* 2 Kg 22, 14 als eine Erweiterung der Stadt auf den Südwesthügel ansieht, die vom König Hiskia ummauert worden sein soll, welche er nun mit der 2. Mauer des Josephus gleichsetzt, ist nach den letzten

Ausgrabungen von K. Kenyon kaum mehr haltbar.
Es war keine friedliche Zeit für Juda. Wenn es sich nicht mit Israel im Norden stritt, lag es mit anderen Nachbarn, besonders jenen im Osten, im Krieg. Immer wieder war eine Wiederinstandsetzung der Befestigungswerke, zumal im Osten, geboten. Nach etwa tausendjähriger Lebensdauer mußten die ursprünglichen Festungsanlagen durch eine neue Mauer ersetzt werden, was wohl erst zu Beginn des 7. Jahrhunderts v. Chr. geschah. Im Verlauf des folgenden Jahrhunderts lassen sich dann gleich sechs Erneuerungen der Stadtmauer aufzeigen. Eine ganz genaue Datierung in die einzelnen Regierungszeiten der Könige ist allerdings trotz scharfsinniger Keramikklassifikation archäologisch bisher noch nicht möglich.
Die Ausgrabungskampagne K. Kenyon – R. de Vaux machte am nördlichen Teil des Hügelosthangs (s. **Karte 20**; A XXI–II) einen bedeutsamen Fund aus dem 9.–8. Jhdt. v. Chr. außerhalb der damaligen Stadtmauer. Man stieß auf eine ummauerte Höhle mit intakten Tongefäßen, nördlich davon auf einen kleinen Raum mit zwei monolithischen Pfeilern, die als Masseben gedeutet werden **(Abb. 398),** sowie oberhalb der Steilwand, in der sich die Höhle befand, auf ein freistehendes Gebilde aus Mauerwerk, das eine Altarbasis sein könnte. Der ganze gefundene Komplex ist nach K. Kenyon ein Kultzentrum, die Höhle fügt sich in diesen Rahmen als *favissa,* als Ablage für Gefäße, die man einer Gottheit geopfert hatte und danach nicht wieder zu profanen Zwecken verwenden konnte. In der späteren Königszeit umschloß die Stadtmauer den nördlichen Teil des Osthanges und umgab damit auch das Kultzentrum.
Im Fall einer der Maßnahmen Hiskias ergänzen die Angaben der Bibel und die Ergebnisse archäologischer Forschung einander, nämlich beim Bau des Siloahtunnels (s. *Wasserversorgung).
Aus dem 7. Jhdt. v. Chr. lassen sich noch Bauwerke am Osthang des Ophel nachweisen. Diese waren wenig eindrucksvoll, hatten kleine Räume und aus rohen Steinen trocken zusammengefügte Wände, und ihr Gesamtplan entsprach den eisenzeitlichen Häusern der Ausgrabungsstätten im jüdischen Bergland. Diese Bauwerke entstanden auf den Terrassen, die seit der Spätbronzezeit am Osthang errichtet und im Laufe der Zeit immer neu instandgesetzt wurden. Wirkliche Reste dieser Bauten blieben nur noch am oberen Rand des Osthanges erhalten. In den Ruinen dieser Häuser fanden sich zahlreiche Zeugnisse für die typische Haushaltseinrichtung des 7. Jahrhunderts v. Chr., so vor allem Keramikscherben von Schalen, Schüsseln, Krügen und Kannen. Diese Keramik trug einen feinen, dunkelroten oder lederbraun bis gelblichen, bisweilen auch einen schwarzen Überzug (Engobe). Außerdem fand man noch Scherben von schweren Lampen, Kochtöpfen und Vorratskrügen. Neben den Gefäßfragmenten sind Bruchstücke von kleinen Menschenplastiken wie Figürchen vom Typ der Muttergottheit, die wahrscheinlich zum Fruchtbarkeitskult dienten, und Tierfiguren von Hunden und Pferden sehr bedeutsam. Als interessantesten Fund aus diesen Häuserresten wertet K. Kenyon allerdings eine Reihe von steinernen Gewichten, auf denen in Sekel oder seltener in *neṣef* oder *pajīm* angegeben ist, wie schwer sie sind.
Im größten Teil des 7. Jahrhunderts v. Chr. waren die Könige von Juda Vasallen der Assyrer, bis 612 die Babylonier das assyrische Reich zerstörten. Juda hoffte, mit ägyptischer Hilfe dem babylonischen Joch zu entkommen, doch es verkannte seine Lage. 597 v. Chr. nahm Nebukadnezar Jerusalem ein, führte den König Jojachin und mit ihm die einflußreichsten Bewohner der Stadt in die Verbannung und setzte einen Vasallenkönig, Zedekia, ein. Doch auch dieser ließ sich zum Aufstand verleiten. Nebukadnezar belagerte Jerusalem 18 Monate, nahm es schließlich im Jahr 586 v. Chr. ein und zerstörte es völlig. Diese Verwüstung läßt sich nach den Ausgrabungen von Kenyon – de Vaux archäologisch besonders am Osthang des Ophel sehr deutlich erkennen **(Abb. 396).**
5. Jerusalem zur Zeit der Restauration und der Makkabäer: 50 Jahre nach der Eroberung Jerusalems durch Nebukadnezar (538 v. Chr.) erlaubte Kyros einem Teil der Verbannten die Rückkehr, um den Tempel wieder aufzubauen. Sie errichteten ein bescheidenes Gebäude, in dem der Kult wieder stattfinden konnte. Jerusalem wurde die Hauptstadt der persischen Provinz *jehud* und besaß ein beträchtliches Maß innerer Unabhängigkeit (s. *Restauration und Perserzeit, Esra und Nehemia; *Siegel; *Inschriften). Die Mauern wurden jedoch erst unter der Verwaltung Nehemias (ca. 445–433 v. Chr.) wieder erbaut. Neh 2,13 beschreibt die Bestandsaufnahme der Reste Jerusalems durch Nehemia. Auf

Grund der völligen Zerstörung der Terrassen am Osthang beschloß Nehemia wahrscheinlich – wie die neuesten archäologischen Funde ergaben –, diesen Stadtteil aufzugeben und die Mauer auf der Oberkante des Osthanges zu errichten. Die Grabungen R. A. S. Macalisters – J. G. Duncans 1923–26 legten einen Mauerkomplex frei (s. **Karte 20**; oberhalb von A I), von dem allerdings die meisten Mauern erst dem 2. Jhdt. v. Chr. zugewiesen werden konnten. Erst die Ausgrabung 1961 bis 1967 konnte als frühestes dieser Bauwerke eine feste Mauer ermitteln, die dem Kamm der die Gipfelzone begrenzenden Felsböschung entlangläuft und sich der Zeit Nehemias zuweisen läßt. Sie war etwa 2,75 m dick und zeugte in ihrer rohen Ausführung von ziemlicher Eile beim Bau. Diese Linie der Mauer blieb die Ostgrenze der Stadt bis ans Ende der Römerzeit und wiederum in der Epoche Ostroms. Die Westmauer wurde wieder an derselben Stelle wie vorher, am westlichen Hügelrand, errichtet, die Nordmauer umschloß wohl noch das frühere Tempelgebiet. So ist auch die Schnelligkeit des Mauerbaus von Nehemia (die Bibel spricht von 52 Tagen) verständlich. Man hatte ja auch an der Ostseite noch genug Mauerreste zum Neubau.

Das Volk wurde also dazu ermuntert, sich wieder hier niederzulassen, und unter der Herrschaft ihrer Priester gedieh die Stadt wirtschaftlich bis zur hellenistischen Zeit. Zu diesem Aufblühen half mit, daß eine jüdische Diaspora erwuchs, die Jerusalem als geistigen Mittelpunkt betrachtete und große Geldsummen sandte (s. *Hellenismus und jüdische Diaspora). Das Jahr 333 v. Chr. brachte für ganz Westasien eine gewaltige Umwälzung – Alexanders Sieg über das Perserheer bei Issos. Im Jahre 302 wurde Palästina für ein Jahrhundert lang dem Reich der Ptolemäer einverleibt. Der Hohepriester Simon II. befestigte nach Sir 50, 1; 51, 4 Tempel und Tempelgebiet neu und ließ dort eine große Zisterne bauen. Nach dem Sieg Antiochus' III. über die Ägypter (198 v. Chr.) fiel das Land samt Jerusalem an die Seleukiden. Antiochus folgte dem Beispiel der Perser und Lagiden, anerkannte die jüdische Theokratie und sanktionierte ihre Privilegien. Doch auf kulturellem Gebiet kam es zum ersten wirklichen Zusammenstoß Judas mit der Welt des Hellenismus. Die Ausbreitung der hellenistischen Bewegung und die Reaktion darauf hatte weitgehende Wirkungen auf Jerusalem. Zu Beginn der Regierung Antiochus' IV. versuchte die Gruppe der Philhellenen mit Hilfe des neuen Fürsten, der die radikale Vereinheitlichung seines Reiches als Lebensideal ansah, die Stadt zu hellenisieren. Antiochus griff schließlich mit Waffengewalt in Jerusalem ein und zerstörte 168 v. Chr. die Stadt, plünderte den Tempel und entweihte ihn. Einen großen Teil der Bewohner ließ er niedermetzeln. Daraufhin errichtete er wahrscheinlich auf dem Nordteil des Westhügels, wie L. H. Vincent, Abel und neuerdings auch Kenyon vermuten (nach Josephus Flavius soll sie auf *ed-dahūrā* gestanden haben), die Akra der Syrer. Von diesem höheren Westhügel aus also vermochte man in den nächsten 30 Jahren Stadt und Tempel gut zu beherrschen.

Das brutale Eingreifen der Seleukiden führte zum Entstehen einer starken jüdischen Nationalpartei, der Makkabäer, die unter Judas Makkabäus die Stadt wieder zurückgewinnen und auch den Tempel reinigen konnten (164 v. Chr., Hanukkahfest, s. *Feste und Feiertage). 141 v. Chr. ergab sich schließlich auch die Besatzung der Akra. Juda entwickelte sich in der Folge zu unabhängiger Eigenstaatlichkeit mit monarchischer Staatsform. So trat Johannes Hyrkan 135–104 v. Chr. wie ein König auf. Nun tritt seit der Zeit Nehemias endlich wieder archäologische Evidenz an die Seite der schriftlichen Zeugnisse. An der Ostmauer Nehemias konnte die Grabungskampagne Kenyon – de Vaux bis zur Zerstörung 70 n. Chr. eine zweimalige Erneuerung anhand von Zusätzen erkennen. Hierhin gehören ein Turm unmittelbar südlich von Grabungsabschnitt P **(Abb. 400),** der sich allerdings zeitlich nicht mehr genau fixieren läßt, ferner ein von Macalister fälschlich der Zeit Davids und Salomos zugeschriebener Turm **(Abb. 401, 402;** s. **Karte 20),** der sich jedoch über Häuserresten aus dem 7. Jhdt. erhebt und auf Grund der Bodenschichten am Fuß des Bauwerks der 2. Hälfte des 2. Jahrhunderts v. Chr. (Simon Makkabäus oder Hyrkan) zugeschrieben wird. Außerdem ist das von Macalister – Duncan »Jebusiterrampe« oder »Jebusiterbastion« genannte Bauwerk unmittelbar im Norden des zweiten Turmes **(Abb. 402)** eine Substruktur bzw. unterirdische Abstützung der Mauer, um eine Erosion an der Festungsmauer zu verhindern, noch jünger als der Turm selbst und also auch in diese Zeit zu verlegen.

Da das Problem der Wasserversorung durch den neuen Siloahtunnel, der das Quellwasser zum Westhang der Osthöhe leitete, nicht mehr gegeben war und zudem

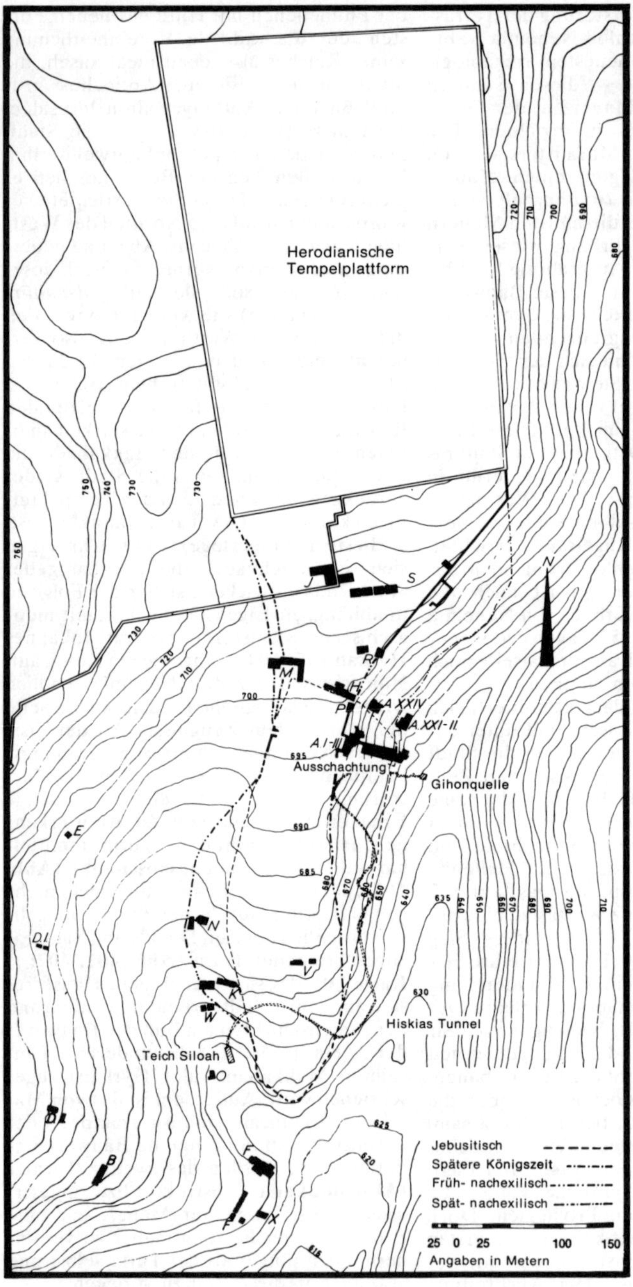

Karte 21. Plan der von Nehemia restaurierten Stadtmauern mit Zusätzen aus der Makkabäerzeit

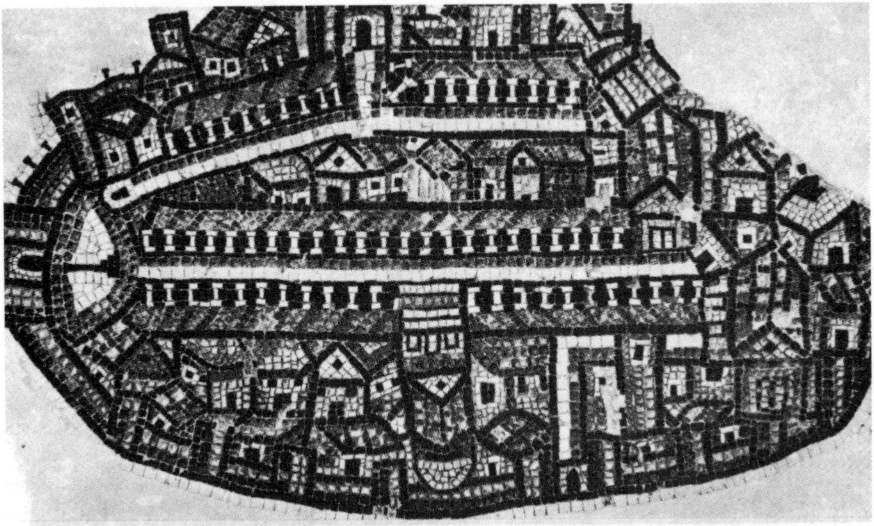

Abb. 393. Mosaikgrundriß von Aelia Capitolina, der von den Römern nach der Zerstörung Jerusalems errichteten neuen Stadt

Abb. 394, 395. Die Kreuzigung und Grablegung Christi auf dem Hügel Golgatha soll nach Gordons Hypothese an dem auf diesen Bildern gezeigten Ort stattgefunden haben. Er liegt außerhalb der damaligen Stadtmauern Jerusalems

Abb. 396. Häuserreste der Terrassenbebauung am Berg Ophel

Abb. 397. Dieser Bogen könnte ein Teil des Jerusalemer Genneth-Tores sein

Abb. 398. Ein von K. Kenyon in Jerusalem am Hügelosthang ausgegrabener kleiner Raum mit zwei Masseben (vorn)

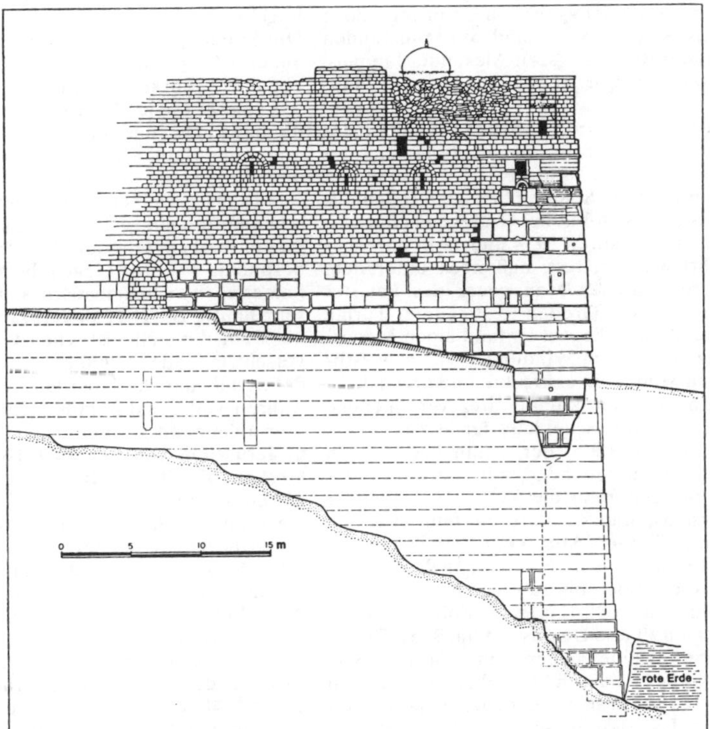

Abb. 399. Die Südostecke der Tempelplattform (nach Warren)

die Terrassen des Osthanges zerstört waren, ging man nun dazu über, die Stadt gegen Westen hin auszubauen. Die Grabungen von Kenyon – de Vaux am Westhang des Ophel (s. **Karte 21**; Grabungsabschnitt K) erbrachten den Nachweis, daß der westliche Stadtrand an der Westseite des Osthügels lag. Die Grabungen waren äußerst schwierig durchzuführen, da erst 2 m Schwemmaterial zu durchdringen waren und man dann auf ein Gewirr von Mauern stieß – ein Hinweis darauf, daß der gesamte Baugrund künstlich geschaffen wurde. Reste von sehr massiven Bauwerken innerhalb dieses erweiterten Gebietes lassen vermuten, daß dieser neue Baugrund auch für öffentliche Bauten bestimmt war.

J. H. Crowfoots und G. M. Fitzgeralds Grabungen im Jahr 1927 (südl. von Grabungsabschnitt M; s. **Karte 21**) brachten unter den Trümmern des Tyropoiontales eine massive Mauer und ein Tor, beide aus unregelmäßigem Mauerwerk, zutage. Crowfoot meinte allerdings, diese Bauwerke seien jebusitischen Ursprungs, doch weist K. Kenyon anhand von Münzfunden aus der Regierungszeit Alexander Jannäus' (103–76 v. Chr.) diese Bauten dem 2. Jhdt. v. Chr. zu.

Vermutlich wurde nach der Einnahme der »Akra der Syrer«, die wahrscheinlich im Norden des Westhügels lag, dieses Gebiet damals in die Stadt einbezogen. Jedenfalls stellte C. N. Johns bei Grabungen, die zwischen den Jahren 1934 und 1948 durchgeführt wurden, fest, daß noch unter dem Herodianischen Mauerwerk des Palastes Herodes' des Großen Reste älterer Türme und Mauern liegen. Er fand einen Mauerzug, der sich in Windungen zur ostwestlichen Mauer hin erstreckte und drei Türme enthielt. Man konnte drei verschiedene Baustile unterscheiden: der älteste davon kann frühestens der frühhellenistischen oder hasmonäischen Stadt angehören, der zweite gehört in die Zeit von Alexander Jannäus, und den dritten fand man im Turm Phasael (**Abb. 386** links), den Herodes erbaute. Das Fundament dieses Turmes, der noch bis zu einer beträchtlichen Höhe erhalten ist, trägt im Volksmund den Namen »Turm Davids« **(Abb. 388)**. Einige seiner Steine haben ein Ausmaß von 9 × 4 × 2 m. Nach *Josephus gehörte er zu den drei Türmen des neuen Palastes von Herodes, den dieser im nordwestlichen Teil Jerusalems errichtete. Mit der Annahme, dieser eigentliche Palast der Hasmonäer sei auf der Nordostecke des Südwesthügels gelegen, stimmen alle Topographen überein, auch jene, die wie Simons die syrische Akra auf dem Südosthügel vermuten und somit der Erwähnung von Josephus, die Burg der Syrer sei zerstört und die Anhöhe, auf der sie stand, abgetragen worden, Vertrauen schenken.

Bevor die Hasmonäer wahrscheinlich ihre Burg an der Stelle der alten Akra der Syrer errichteten, residierten sie seit Simon im Hananelturm, in Neh 2, 8; 7, 2 *Bira,* von Josephus auch *Baris* (griech. Terminus für Burg) genannt, an der Nordwestecke des jetzigen Tempelplatzes, wo auch Johannes Hyrkan zeitweise in seiner Eigenschaft als Hoherpriester wohnte (Josephus, Altertümer XV, 11, 4). Hier erbaute Herodes später seine Burg Antonia **(Karte 19)**.

Wahrscheinlich stammt die erste Nordmauer Jerusalems, von der Josephus berichtet (Genaueres dazu s. unten 6 b) aus der Zeit, da der nördliche Westhügel in das Stadtgebiet einbezogen wurde, also nach 141 v. Chr. Ob dieser Zeit auch die sog. zweite Nordmauer zuzuschreiben ist, bleibt ungelöst.

Die Funde an Gefäßscherben und Resten anderer Gegenstände – offensichtlich zum täglichen Gebrauch bestimmt – ermöglichten eine zeitliche Einordnung der Verteidigungswerke und eine nähere Bestimmung der Bauten am westlichen Abhang des Osthügels. Wie unbedeutend die Funde im einzelnen genommen auch erscheinen mögen, geben sie doch in ihrer Gesamtheit ein sehr aufschlußreiches Bild, besonders in ihrer Gegenüberstellung zu Samaria, wo hellenistisches Formengut sehr häufig ist. Hier in Jerusalem bildete die Zahl der hellenistischen Gefäße eine verschwindende Minderheit, ein Beweis dafür, daß man das Überlieferte streng bewahren wollte und fremdem Kultureinfluß sehr ablehnend gegenüberstand.

6. Jerusalem von der Zeit Herodes des Großen bis 70 n. Chr.: *a) Glanz unter Herodes dem Großen:* Ein Jahrhundert etwa dauerte das Ringen der Makkabäer gegen die Seleukidenherrschaft Syriens. Im Jahre 63 v. Chr. führte der Kampf um die Macht zwischen den Hasmonäerprinzen Aristobul II. und Hyrkan II. zum Eingreifen der Römer. Pompejus belagerte und eroberte Jerusalem und setzte Hyrkan wieder in dessen hohenpriesterliche Ämter ein (63–40 v. Chr.). Pompejus zerstörte zwar die Stadtmauer, schonte jedoch den Tempel, der unversehrt blieb. Julius Caesar erlaubte den Wiederaufbau der Stadtmauern 47 v. Chr. und bewilligte dem Hasmonäerhaus beträchtliche Machtbefugnisse. Doch deren fortgesetzte Händel bereiteten dem Idumäer *Herodes den Weg zur Macht. Dieser nahm 40. v. Chr. Jerusalem ein und beherrschte von da an 36 Jahre lang Judäa als römischer Vasall (bis 4 v. Chr.).

Die Zeit des Herodes wetteiferte im äußeren Glanz, der sich über Jerusalem verbreitete, mit jener Salomos. Diesmal war die Architektur in griechisch-römischem Stil; Bauten wie Arkaden, ein Theater, ein Amphitheater und andere Gebäude trugen dazu bei, der Stadt ein westliches, d. h. griechisches Aussehen zu geben. Leider ist die Lage dieser neuen Gebäude unbekannt. Die Regierung des Herodes war eine Zeit großer wirtschaftlicher Entwicklung in den Städten Palästinas, und Jerusalem hatte seinen Anteil daran. Die ansässige Bevölkerung hatte beträchtlich zugenommen und schwoll zeitweise enorm an, wenn die drei großen Feste der Juden (s. *Feste und Feiertage) die Pilger aus allen Gegenden der Diaspora hier zusammenführten. Josephus berichtet, daß Herodes für seine Bauvorhaben so viele Maurer und andere Handwerker einsetzte, daß bei seinem Tode 18 000 oder noch mehr arbeitslos wurden (Altertümer XX, 1, 7). In dieser dringlichen Situation verpflichtete sie Agrippa II. vorübergehend, um die Straßen mit mehr als 2 m langen Steinplatten zu pflastern (s. unten 6 c). Ob Herodes der Große den Umfang der Stadtmauern verändert hat, kann man nicht mehr mit Bestimmtheit sagen (s. unten 6 b), jedenfalls verstärkte er die Verteidigungsanlagen der Stadt durch die große Festung Antonia **(Abb. 390)**, die er dort, wo die Makkabäerfeste Baris gestanden hatte, erbaute, sowie durch seinen Palast, den er vermutlich anstelle der »syrischen Akra« bzw. des Hasmonäerpalastes errichtete. Drei große Türme, Phasael (auch »Davidsturm« genannt), Hippikos und Mariamne, schützten die Nordflanke des Palastes. Der Turm Phasael war der stärkste, und er ist auch noch zum Teil erhalten (**Abb. 388**; bis zum oberen Rand der Kletterpflanzen).

Dann ging Herodes an sein großes Projekt, den Neubau des Tempels. Für diesen wurden 10 000 Handwerker eingesetzt und außerdem noch speziell ausgebildete Priester, die das Heiligtum fertigstellten (genauere Beschreibung s. *Tempel; *Herodes I., der Große). Die hohe Terrasse für den Tempel verlangte massive Aufschüttungen und Mauern an der Ost- und Südseite. Betrachtet man diesen Tempelunterbau vom Osthang des Kidrontals aus, so gewinnt man erst einen vollen Eindruck seiner Großartigkeit. Hier sieht man die Südostecke 21 m – bis 6 m unter der Mauerkrone stammt das Mauerwerk aus der Zeit des Herodes – über das heutige Bodenniveau ragen. C. Warrens Ausgrabungen haben ergeben, daß sich dieses Mauerwerk außerdem noch 24 m unter dem heutigen Erdboden fortsetzt. Bewunderung verdient auch die Mauerung der Südostecke **(Abb. 399)**. Nicht nur sind hier die Steine von enormer Größe – der Eckstein dürfte wohl 100 Tonnen wiegen –, sie sind auch sorgsam gearbeitet, und ihr flachgehauenes Mittelfeld besitzt leicht zurücktretende Ränder. Einen Teil dieses prachtvollen Mauerwerks sieht man auch noch an jenem Teil der Westmauer, der als »Klagemauer« bekannt ist **(Abb. 389)**, wo nach alter Sitte sich die frommen Juden versammeln und über die Zerstörung des Tempels klagen. Weitere Stücke dieser Grundmauern sind unterhalb des *ḥaram eš-šerīf,* des Heiligtums der Mohammedaner, sichtbar (auf **Abb. 392** links). Der untere Teil Jerusalems in der Mitte dieser Abbildung liegt über dem Tyropoiontal; der Hügel rechts ist der Westteil der Stadt, »die Oberstadt«.

Zur Zeit Herodes' des Großen gehörte also der Nordteil des Westhügels fest zur Stadt. Zwei Viadukte, deren Reste man in den nach den Entdeckern genannten Robinson- und Wilsonbogen sieht, verbanden die Altstadt mit dem Westhügel. Diese Viadukte dürften nach Kenyon der Epoche Herodes' des Großen und nicht, wie Kosmala meint, bereits der Hasmonäerzeit zuzuschreiben sein. Unklar ist bis jetzt, wo vor der heutigen Altstadt-Südmauer, die erst im 2. Jhdt. n. Chr. errichtet wurde, die südliche Grenze der Neustadt verlief. K. Kenyon vermutet, daß der Verlauf der ursprünglichen Südmauer, welche die Altstadt mit dem Westhügel verband, ungefähr jenem der heutigen Altstadt-Südmauer entspricht (s. **Karte 22**). Jedenfalls muß nach ihr die alte Südmauer nördlich der Grabung M (s. **Karte 22**) von der Mauer der früheren Altstadt abgezweigt sein.

b) Das Problem der drei Nordmauern Jerusalems: Josephus Flavius berichtet von 3 Nordmauern, die Titus bei der Eroberung Jerusalems im Jahre 70 n. Chr. zu überwinden hatte (Jüdischer Krieg V b. 5, 4). Die innerste dieser Mauern bezeichnet Josephus als alte Mauer. Diese dürfte, wie K. Kenyon vermutet, nicht aus der Königszeit

(s. oben), sondern erst aus der Makkabäerzeit stammen; sie verband den Zitadellenhügel mit der Tempelplattform, deren eine Längsseite sie damit wahrscheinlich im Verhältnis 2 : 3 teilte, und verlief etwa entlang der heutigen Davidsstraße (s. **Karte 19**). Sehr umstritten ist der Verlauf der zweiten, mittleren Mauer. Zu welcher Zeit diese Mauer gebaut wurde, ist nicht genau festzulegen. Jedenfalls muß die Hypothese L. H. Vincents, der sie in die Zeit von Hiskia bzw. Manasse weist, aufgrund der neuesten Grabungen von Kenyon–de Vaux zurückgewiesen werden. Es kann sich nach Kenyon nur um ein Bauwerk Herodes' des Großen oder aber um eine Anlage der späten Makkabäerzeit handeln. Der Verlauf der zweiten Mauer ist topographisch für die Festlegung des Ortes der Kreuzigung Jesu von größter Bedeutung. Aus Joh 19, 20 und Hebr 13, 12 geht eindeutig hervor, daß der Ort der Kreuzigung außerhalb der Stadt lag. Deshalb entfällt auch die dritte äußerste Nordmauer, die Herodes Agrippa zuzuweisen ist und erst aus den Jahren 40–44 n. Chr. stammt.

Die Lösungsversuche zum Verlauf der zweiten Nordmauer gehen von der Notiz Josephus' aus, die fragliche Mauer habe an der Burg Antonia begonnen (s. **Karte 19**) und sei auf das »Gennath«-Tor in der alten (ersten) Nordmauer gestoßen. Doch die Lage dieses Tores ist unbekannt.

Nach einer Ansicht bildet der Bogen **Abb. 397** die Überwölbung des Gennath-Tores und deutet auf ältere Schichten, die darunter liegen. Aber das ist reine Hypothese. L. H. Vincent setzt das Tor gleich östlich der Zitadelle an, während J. Simons es etwa im ersten Drittel des Abstandes der Zitadelle von der Mauer des Tempelbezirkes an der alten Mauer (der ersten) vermutet. Aufgrund dieser beiden Ansätze sind drei verschiedene Theorien über den zweiten Mauerzug aufgestellt worden (s. **Karte 19**).

Zwei Theorien gehen von der Annahme aus, das Gennath-Tor habe unmittelbar im Norden der heutigen Zitadelle gelegen. Sie Unterscheiden sich jedoch in der Bezeichnung des weiteren Verlaufs der Mauer.

Vincents Theorie, die viele andere Forscher teilen, schließt aus einer Anzahl unzusammenhängender Funde alter Mauerreste, daß die Stadtmauer eine Reihe zurückweichender Winkel bildete, so daß der Ort der heutigen Kirche außerhalb des ummauerten Bezirks blieb.

Die zweite Theorie (Clark und Norris) läßt die Mauer am selben Punkt beginnen, meint jedoch, sie sei von hier in einer eini-

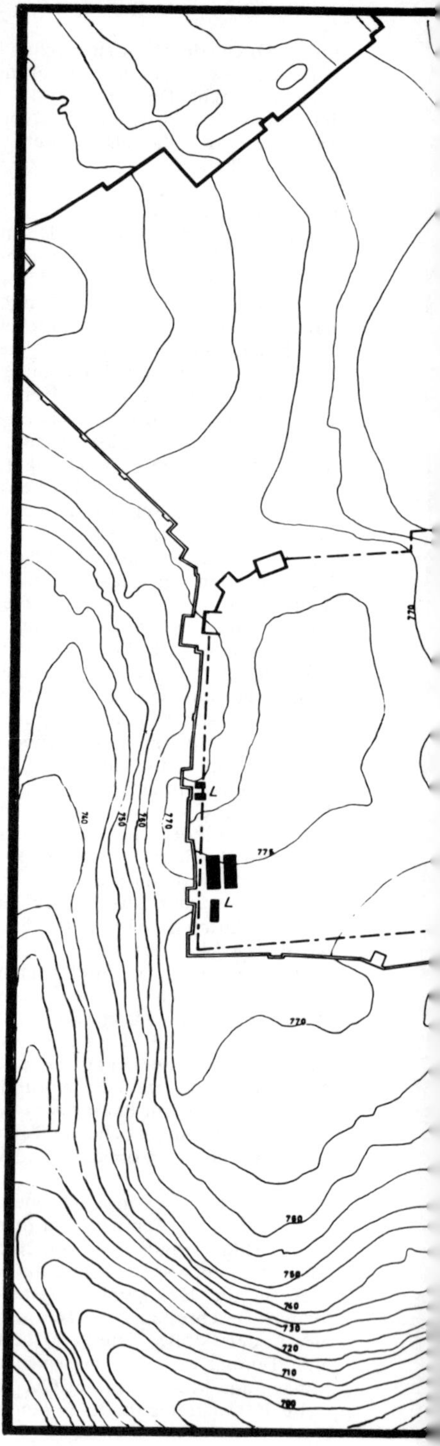

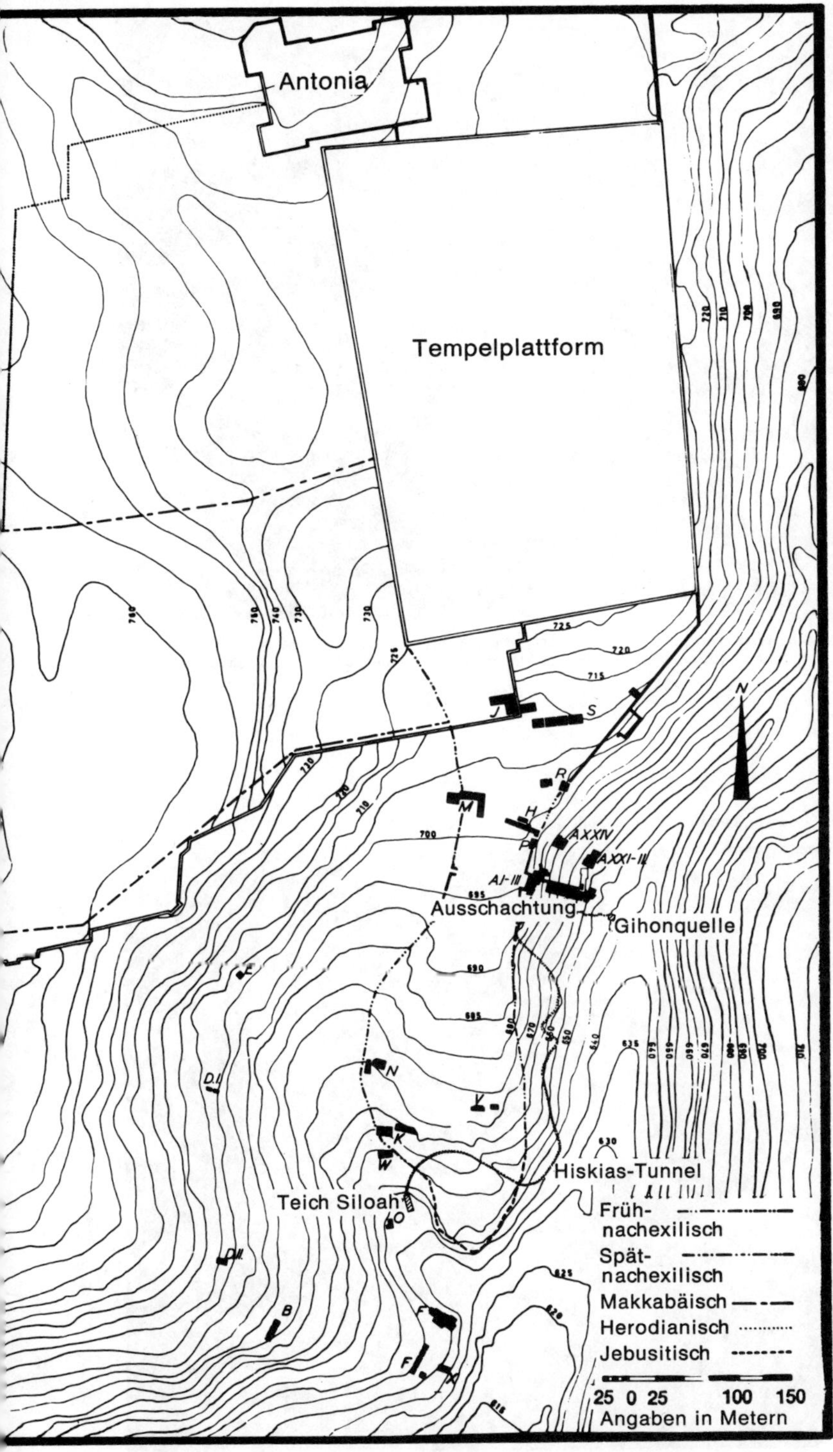

Karte 22. Plan Jerusalems zur Zeit Herodes' des Großen

Abb. 400. Mauerreste (vorn) der dem Kamm des Osthügels folgenden Mauer Nehemias mit verschiedenen Mauerfronten. Aus der Zeit der zweiten Mauererneuerung stammt der Turm (hinten)

Abb. 401. Größerer Turm aus dem 2. Jhdt. (südlich von Abb. 400)

Abb. 402. Die sog. Jebusiterrampe (rechts), bei der es sich in Wirklichkeit um das Steinpolster für eine ausgebesserte Mauerstelle handelt, aus einer noch späteren Zeit als der Turm (links und Abb. 401)

Abb. 403. Mauern eines Bauwerkes aus byzantinischer Zeit

Abb. 404. Wahrscheinlich gehört dieser Raum zu einem der beiden Hospize, die Kaiser Justinian (527–565) in Aelia Capitolina errichten ließ

Abb. 405. Das Haupttor im Norden der Altstadt Jerusalems ist das Damaskustor. Der von Herodes Agrippa Mitte des 1. Jhdts. n. Chr. errichtete Torturm (links) und der östliche Fußgängerdurchgang (rechts). Zwei Halbsäulen flankierten den Torbogen. Sie wurden zerstört, als man zur Omaijadenzeit dort eine Zisterne aushob

germaßen geraden Linie im Norden der Grabeskirche zur Burg Antonia verlaufen. Diese Theorie leugnet hiermit die Überlieferung, nach der die Kaiserin Helena die Grabeskirche habe erbauen lassen. Diese Überlieferung sei vielmehr erst 3 Jahrhunderte nach der Kreuzigung aufgekommen, zudem soll Helena, die fromme Mutter des Kaisers, behauptet haben, daß ihr die Lage in einer Vision offenbart worden sei. Nach Gordons anatomischem Argument (das Wort Golgatha deutet er nicht von seiner Form als Schädel her, sondern von einem auf die Topographie Jerusalems übertragenen Skelett, dessen Füße danach südlich bei der Siloahquelle zu stehen kommen, dessen Becken in der Lage des Felsendoms und dessen Schädel außerhalb der heutigen Mauer der Altstadt unweit nördlich des Damaskustores liegt) wären der Ort der Kreuzigung und das Grab Christi auf einem Hügel außerhalb der heutigen Mauer anzusetzen **(Abb. 394, 395)**.

Viel weiter geht eine dritte Theorie. Nach dieser Theorie, die Simons aufgestellt hat, lag das Gennath-Tor nicht an der Nordwestecke der früheren Stadt, sondern beinahe auf halbem Wege an der alten Mauer zwischen Tempelplattform und Zitadelle. Von diesem Punkt aus verläuft sie östlich der Grabeskirche nach Norden. Neuestens wird diese Theorie, die auch die Grabeskirche außerhalb der Mauern sein läßt, durch die Ausgrabungsergebnisse von Kenyon–de Vaux noch erhärtet. So hatte Grabungsabschnitt C (s. **Karte 22**), der unmittelbar bei der Grabeskirche liegt, ergeben, daß dieses Gebiet sich sicher außerhalb der Stadt des 7. Jahrhunderts v. Chr. befand und wüst und leer blieb, bis die Römer Aelia Capitolina nach dem jüdischen Aufruhr im Jahr 135 n. Chr. errichteten. Aufschüttungsmaterial, d. h. Gefäßscherben aus dem 7. Jhdt. v. und dem 1. Jhdt. n. Chr., sowie ein Abzugskanal, der die Füllung mitten durchzieht, deuten an, daß man vor der Erbauung von Aelia Capitolina den Baugrund ebnete und Abzugskanäle anbrachte. Unter diesen Schichten befindet sich der natürliche Felsboden. Simse und Stufen weisen darauf hin, daß es sich hier um einen Steinbruch gehandelt hat. Wer aber Steine brechen will, tut dies nicht in bewohntem Gebiet. Da aber Grabungsabschnitt C südlich der Grabeskirche und südlich der von Vincent und Clark angenommenen Nordmauer liegt, wurde damit bewiesen, daß jenes Gebiet zur Zeit Christi noch außerhalb der Stadt lag. Damit bleibt wohl als einzige Möglichkeit, das Gennath-Tor in der Mitte der ersten Nordmauer anzusetzen.

Die dritte Nordmauer wurde nach Josephus von Herodes Agrippa errichtet. Zwei Hypothesen über deren Verlauf boten sich bis vor kurzem an:

1. Der Verlauf der heutigen Altstadt-Nordmauer s. **Karte 19.**

2. Eine Mauer 425 m nördlich der Altstadt-Mauer, die aus kolossalen Steinen besteht und von der Ausgrabungskampagne E. L. Sukenik und L. A. Mayer 1925–1927 als dritte Nordmauer bezeichnet wurde. Der weitere Zug dieser gefundenen Mauer läßt sich aus den Bodenformen und einem ausgegrabenen Fundament **(Abb. 391)** vermuten.

Doch die Ausgrabungen von Kenyon – de Vaux haben etliche Zweifel an der Richtigkeit dieser letztgenannten Hypothese aufkommen lassen.

Zwar ist die Größe der verwendeten Steine sehr eindrucksvoll, und ihre Bearbeitung scheint aus herodianischer Zeit zu stammen, doch die Steine weisen Beschädigungen auf und wurden offensichtlich zum zweitenmal verwendet. Ein Münzfund, den man 1965 an der Nordseite eines Fundamentes (s. **Karte 23**) machte, ließ Münzen zutage treten, deren jüngste aus den Jahren 54 und 59 n. Chr. Stammen. Die Mauer gehört demnach nicht in die Zeit Herodes Agrippas.

Grabungen an der heutigen Altstadt-Nordmauer, genauer, beim heutigen Damaskustor, brachten eine äußerst interessante Schichtenfolge zum Vorschein. Unter dem heutigen Damaskustor, das seine gegenwärtige Gestalt im 16. Jhdt. n. Chr. durch Suleiman den Prächtigen erhielt, fand sich ein Torbau aus der Kreuzfahrerzeit, unter diesem sowie unter nachfolgenden byzantinischen Schichten eine Anhäufung von Bauresten aus einer Toranlage Aelia Capitolinas und darunter noch der Torbau aus der Zeit Herodes Agrippas. Am unteren Teil des Ostturms blieb das herodianische Mauerwerk bis zu einer beträchtlichen Höhe erhalten. Es erwies sich als ganz vorzügliche Steinmetz- und Maurerarbeit. Turmbasis und Basis der Mauer **(Abb. 405)** weisen einen vorspringenden Sockel, darüber eine Art Sims mit hervorragend gearbeiteten Profilleisten auf. Den mittleren Torweg aufzudecken war nicht mehr möglich, erhalten aber ist noch der östliche Fußgängerdurchgang mit einem dreiteiligen Torbogen, dessen Oberteil eine Inschrift über den Schlußstein der Bogenwölbung zeigt, die aus der römischen

Stadt Aelia Capitolina stammt. Entweder hatte also Titus das Tor nach der Eroberung Jerusalems wieder instandsetzen lassen, oder aber Herodes Agrippa hatte das Bauwerk unvollendet hinterlassen.

c) Jerusalem unter Herodes Agrippa und die Zerstörung der Stadt durch die Römer: Nach dem Tod Herodes' des Großen und der Absetzung seines Nachfolgers Archelaus wurde Jerusalem wie das übrige Palästina von römischen Prokuratoren verwaltet (s. *Rom und die Juden). Zwischen 40 und 44 n. Chr. erfreute sich Jerusalem einer kurzen Zeit erneuten wirtschaftlichen Gedeihens und verhältnismäßigen Friedens unter der Regierung von Herodes' Enkel Agrippa II. Es war eine Zeit äußerst reicher Bautätigkeit. Die Stadt wurde nach Norden und Süden hin erweitert. War sie ursprünglich etwa 4,40 ha groß, unter Herodes dem Großen aber bereits 57 ha, so war sie nun auf ein Ausmaß von etwa 1,25 qkm angewachsen. Im Norden errichtete Herodes Agrippa eine Mauer, um den nördlichen Stadtteil Bezetha einzuschließen, deren Verlauf etwa jenem der heutigen Altstadt-Nordmauer entsprach (s. oben 6 b). Doch auch im Süden bezog er – was erst seit den neuesten Grabungen von Kenyon – de Vaux bekannt ist – den Westhügel-Südteil in das Stadtgebiet Jerusalems ein und erbaute eine Mauer, die von der Südwestecke der heutigen Altstadt am oberen Rand des Hinnomtals entlanglief, der Krümmung dieses Tals nach Osten bis zu seiner Vereinigung mit dem Kidrontal folgte, in nordöstlicher Richtung die Mündung des Tyropoiontals kreuzte und schließlich an der Spitze des Osthügels auf das ursprüngliche Stadtgebiet stieß. F. G. Bliss und A. D. Dickie hatten in den Jahren 1894–1897 schon diese Mauerführung verfolgt und ausgezeichnete Skizzen darüber geliefert. Bis zur letzten Ausgrabungskampagne Kenyon–de Vaux war die Meinung, diese Mauer stamme aus der Zeit der judäischen Könige, allgemein anerkannt. Doch diese Grabungskampagne lieferte ein völlig anderes Bild: Keines der Gebäude, welche die Mauer umschloß, stammte aus der Zeit vor dem 1. Jhdt. n. Chr., dann war ein Bruch (Zerstörung Jerusalems 70 n. Chr.) und hierauf wieder ein Aufschwung in byzantinischer Zeit festzustellen. Die Mauer selbst kann nach Kenyon nicht vor Mitte des 1. Jahrhunderts n. Chr. entstanden sein.

Im Inneren der Stadt Herodes Agrippas gab es eine Anzahl von Bauten am Osthang des Westhügel-Südteils sowie am Südende

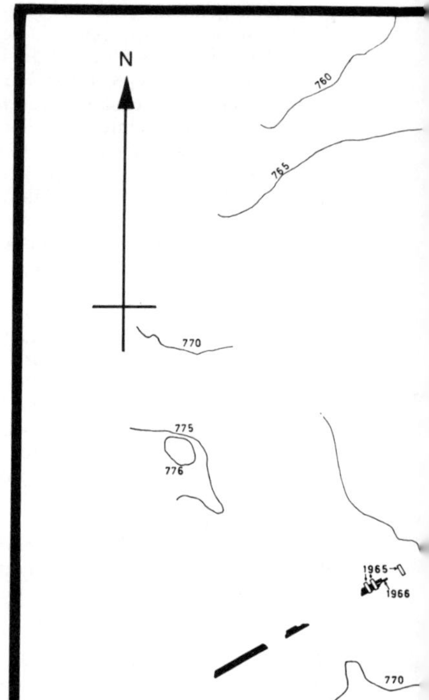

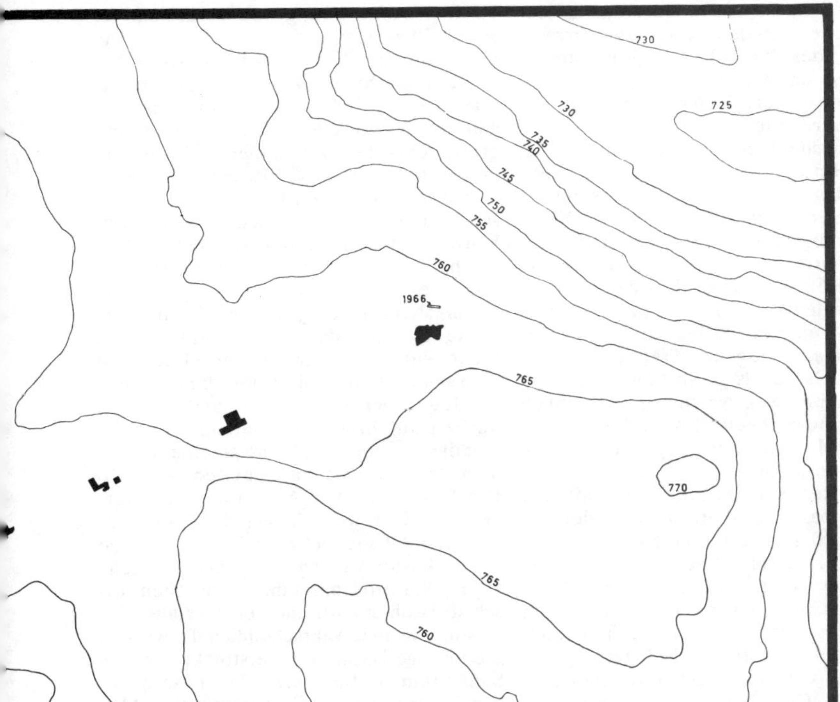

Karte 23. Plan der vermutlich von Titus 70 n. Chr. bei der Belagerung Jerusalems errichteten, aus massiven Blöcken bestehenden Mauern im Norden der heutigen Altstadt-Nordmauer

des Westhügels, die wiederum in der Hauptsache mit dem Ende des großen Dammes, der das Tal sperrt, zusammenhängen, so daß sich unterhalb des Siloah-Teiches ein weiterer Teich, der heutige *birket el-ḥamrā,* bildete.

Der wahrscheinlich eindrucksvollste Bau, der von Herodes Agrippas Stadtanlage übriggeblieben ist, ist eine an der Ostseite des Mitteltals entlanglaufende Straße (s. **Karte 22**; Grabungsabschnitt N), deren Pflasterung gewaltige Bruchquader in der Größe von 2 × 1,50 m aufweist. Reste eines alten Torweges deuten darauf hin, daß einst von der Straße eine vermutlich von einem Bogengewölbe getragene Treppe auf die Höhe des Osthügels geführt hat, über eine Stützmauer hinweg, welche wahrscheinlich die Linie bezeichnete, bis zu der sich die Stadt zur Makkabäerzeit gegen das Mitteltal hin ausdehnte.

Die Zeit der Prokuratorenherrschaft, die auf Agrippas Tod folgte, ist eine der düstersten in der ganzen Geschichte von Judäa. Sie führte zuletzt zum Ausbruch des Aufstandes und Krieges gegen Rom (67–73 n. Chr.), der mit der Verwüstung beinahe des ganzen Landes sein Ende fand. Den letzten Angriff, die Belagerung und Eroberung von Jerusalem durch Titus im Jahre 70 n. Chr., hat *Josephus beschrieben (s. auch *Rom und die Juden).

In diesem Zusammenhang ist die kolossale Quadermauer zu erwähnen, die im Norden der heutigen Altstadt verläuft. Es hat sich gezeigt (s. oben 6 b), daß sie aus dem 1. Jhdt. n. Chr. stammen muß. Man könnte vermuten, daß es sich hier um eine Umwallung des römischen Lagers der Legion Fretensis gehandelt habe, doch spricht die Krümmung des Osttals und mit ihr jene der Mauer (die Lager der römischen Legionen waren stereotyp rechteckig angelegt) sowie ein Fehlen von Resten aus dem späten 1. oder frühen 2. Jhdt. n. Chr. dagegen. Somit ist diese Umwallung nach K. Kenyon also als jene circumvallatio zu deuten, mit der nach Josephus' Zeugnis Titus Jerusalem umgab (Jüdischer Krieg Vb 5, 12, 1–2).

Jerusalem wurde von Titus völlig zerstört, der Tempel in einen Schutthaufen verwandelt. Auf dem gesamten Osthügel blieb keine Spur irgendwelcher Bauwerke aus der Zeit zwischen dem 1. Jhdt. n. Chr. und der byzantinischen Periode erhalten. Die Grabungsabschnitte K und N von K. Kenyon (s. **Karte 22**) zeugen von dieser gewaltigen Zerstörung.

7. Das römische, byzantinische und islamische Jerusalem:

Nach der Zerstörung von Jerusalem im Jahre 70 n. Chr. legten die Römer eine Garnison ihrer X. Legion Fretensis in den Westteil der Stadt. Wahrscheinlich errichtete diese ihr befestigtes Lager nahe den Türmen des Herodespalastes, worauf eine große Anzahl dort gefundener Ziegel, die den Stempel LEG. X. FR. oder Varianten davon tragen, weisen könnte.

Auch einige Juden blieben in Jerusalem. Kurze Zeit befreite der Aufstand *Bar-Kochbas (132–135 n. Chr.) die Stadt, aber als dieser letzte Versuch, sich unabhängig zu machen, niedergeschlagen war, zerstörte Hadrian das alte Jerusalem. Die Stadt wurde vollständig eingeebnet und eine neue Stadt Aelia Capitolina, welche die Juden bei Todesstrafe nicht betreten durften, auf ihren Ruinen erbaut. Das Gebiet dieser neuen Stadt entsprach ungefähr dem der heutigen ummauerten Altstadt. Die Nordmauer von Aelia Capitolina verlief etwa dort, wo sich auch die Mauer der heutigen Altstadt befindet. Wo das heutige Damaskustor ist, lag auch das nördliche Haupt-Stadttor mit einer römischen Inschrift (s.oben 6 b), und von hier aus südwestlich verlief, wahrscheinlich da, wo sich die heutige Basarstraße erstreckt, die von Säulenreihen flankierte Hauptnordsüdverbindung, welche die byzantinische Mosaikkarte aus Madeba (1884 wiederentdeckt, 1897 erste Bekanntgabe und Sicherung der Fragmente durch den Bibliothekar des Griechisch-Orthodoxen Patriarchates zu Jerusalem, P. K. Koikylides, neuerdings Restauration 1965 unter Leitung von Professor H. Donner und Durchführung von Dr. H. Cüppers und H. Brandt) zeigt.

Der Verlauf der Südmauer Aelia Capitolinas war bis 1966 unsicher. Grabungsgebiet J (s. **Karte 22**) der Grabungskampagne K. Kenyon hat den Nachweis erbracht, daß diese Südmauer Aelia Capitolinas an derselben Stelle wie die heutige Altstadt-Südmauer südwärts verlief. Innerhalb des Mauerwinkels der heutigen Altstadtmauer fand man Schichten aus der byzantinischen Zeit um 565 n. Chr. – somit der Terminus ante quem –; ein an der anderen Seite der Mauer angelegter Graben zeigte, daß die nach Süden vorspringende Mauer fast unmittelbar auf Felsgrund liegt, vor der dieser allerdings bis zu einer senkrechten Steilwand direkt in der Fallinie der Mauerfront abgetragen war. Das Gebiet war als Steinbruch verwendet worden; die Steine davon gebrauchte man wahrscheinlich zum Mauerbau. Daß die Höhe des Osthügels in rö-

mischer Zeit als Steinbruch verwendet wurde, beweist auch Grabungsabschnitt V (s. **Karte 22**). Die ersten Besiedlungsschichten, die diesen Steinbruch im Grabungsgebiet J bedeckten, stammen aus der byzantinischen Zeit. So ist diese Mauer also in die Zeit zwischen Herodes Agrippa und der Byzantinerherrschaft einzuordnen, was gerade für Aelia Capitolina zutrifft.
Die neue Römerstadt begrub nicht nur jenen Teil Jerusalems, über dessen Trümmern sie sich selbst erhob, sondern entzog darüber hinaus noch den meisten außerhalb des neuen Stadtgebietes liegenden übrigen Vierteln der Stadt den Boden.
Vom Inneren der römischen Stadt Aelia Capitolina ist außer isolierten Bauelementen, wie Entwässerungsgräben, Zisternen u. a., vereinzelten Teilen römischer Mauern und einem Stück eines von Kaiser Hadrian erbauten Triumphbogens – (der »Ecce-homo-Bogen«) – wenig zutage gekommen. Grabungsabschnitt L von K. Kenyon (s. **Karte 22**) vermochte wegen seiner Lage nahe der Stadtmauer, die von Zerstörungen und Erosion gezeichnet war, wenig an positivem Material beizusteuern.
Jerusalem hatte seit Vespasian seine politische Bedeutung an Caesarea, die neue Hauptstadt der Provinz, abgegeben. Neuen Wohlstand und weltweite Bedeutung erlangte Jerusalem mit dem Beginn der byzantinischen Epoche. Es erstand als christliche Stadt und Stadt der Mutterkirche. Kaiserin Helena ließ aus dem Anlaß ihres Jerusalembesuches die alte Grabeskirche erbauen (s. oben 6 b), weitere Kirchen entstanden unter Kaiserin Eudoxia. So groß war der Wohlstand Jerusalems, daß die Stadt sich wieder nach Süden auszudehnen begann, dorthin, wo einst ihr Zentrum gelegen hatte. Eudoxia wird die Errichtung einer neuen Südmauer zugeschrieben, die wahrscheinlich dem Lauf der Südmauer Herodes Agrippas folgte. Grabungsabschnitt M von K. Kenyon (s. **Karte 22; Abb. 403**) zeugt vom Wohlstand der Stadt. Die neuen Bauten wurden hier direkt über dem Steingeröll der früheren Zeit errichtet. Die zwei Pilgerhospize Justinians in Jerusalem glaubt K. Kenyon nach ihren Grabungen im Abschnitt J innerhalb der Südostecke der Stadtmauer von Aelia Capitolina vermuten zu können **(Abb. 404).**
Am Ende der byzantinischen Periode ließ der Wohlstand der Stadt beträchtlich nach. Im Grabungsabschnitt S (s. **Karte 22**) von K. Kenyon fanden sich nur noch Reste erbärmlicher Behausungen.
Im Jahre 614 n. Chr. wurde Jerusalem von den Persern mit Hilfe der Juden erobert und geplündert. Heraklius eroberte 628 die Stadt zurück und im Jahre 638 schließlich mußte sich der Patriarch Sophronius nach zweijähriger Belagerung dem Kalifen Omar ergeben.
Der Felsendom, das große mohammedanische Heiligtum, das der Kalif Abdel-Malek 661 n. Chr. auf dem Tempelplateau errichtete, ist eines der großartigsten Beispiele früharabischer Kunst und Architektur **(Abb. 392).**

Jesaja (Buch)

Gliederung: I. Protojesaja (Kap. 1–39). 1. Leben, Wirksamkeit und Botschaft. a) Zeit des Auftretens; b) Berufung (Kap. 6); c) Jesaja und Ahas; d) Jesaja und Hiskia; e) Gott als Lenker der Geschichee; f) Die messianische Zeit. 2. Inhalt, Aufbau und Datierung des Protojesaja. a) Weissagungen über Gericht und Heil für Juda; b) Aufbau und Datierung; c) Stil. II. Deuterojesaja. 1. Der anonyme Verfasser und seine Botschaft. a) Der geschichtliche Hintergrund der Kap. 40 ff; b) Verschiedenheit in Sprache und Stil; c) Die neue Situation; d) Botschaft des Deuterojesaja; e) Universalismus; f) Der leidende Gottesknecht. 2. Inhalt des Deuterojesaja (Kap. 40, 1–55, 13). a) Eschatologische Prophezeiungen; das Ende des babylonischen Exils; b) Gegensatz zu den Götzen; c) Lieder vom Gottesknecht; d) Wiederaufrichtung von Sion; e) Der letzte Abschnitt (Kap. 56, 1–66, 24); f) Das Problem des Kapitels 55–66; g) Die Überlieferung und die Qumranrollen. 3. Vor- und nachexilische Prophetie.
Das Buch Jesaja ist eines der längsten und wichtigsten der Bibel. Im hebräischen Kanon steht es an der Spitze der »späteren Propheten«, unmittelbar gefolgt von Jeremia. Die Septuaginta, die christlichen Übersetzungen und die modernen hebräischen Ausgaben befolgen die gleiche Anordnung.
Das Buch umfaßt 66 Kapitel, deren verwickelter und kunstvoller Aufbau lange ein Gegenstand der Diskussion gewesen ist. Die heutige Forschung betrachtet das Buch als eine Zusammenfassung mehrerer Sammlungen, die in zwei große und einige kleine Teile zerfallen. Kapitel 1–33 und 36–39 pflegt man in der Hauptsache dem historischen Propheten Jesaja ben Amos zuzuschreiben, doch bestreiten manche Forscher die Einheit. Kapitel 34–35, 40–55 und 56–66 sind nach der Ansicht der meisten Gelehrten das Werk eines an-

Abb. 406. Dämon von *tell ḥalāf* in Mesopotamien mit sechs Flügeln und einer gewaltigen Krone. Derartige Gestalten spielen auch in der Vision Jesajas eine Rolle, die ihn zum Propheten beruft

Abb. 407. In Qumran gefundenes Fragment des Jesajatextes aus dem 1. Jhdt. v. Chr.

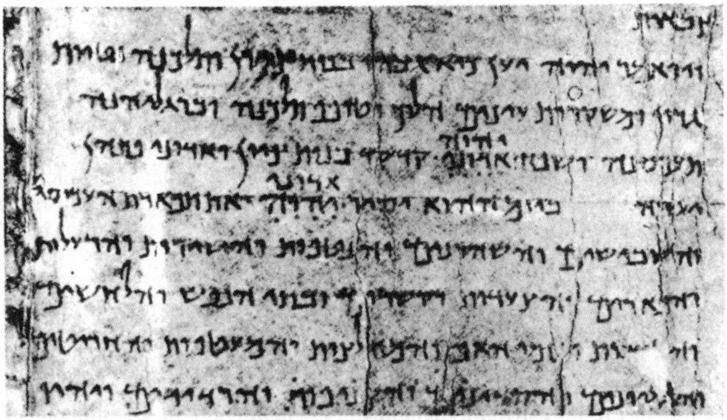

Abb. 408, 409. Einen vollständigen Jesajatext (2. oder 1. Jhdt. v. Chr.) entdeckte man in Höhle I in Qumran

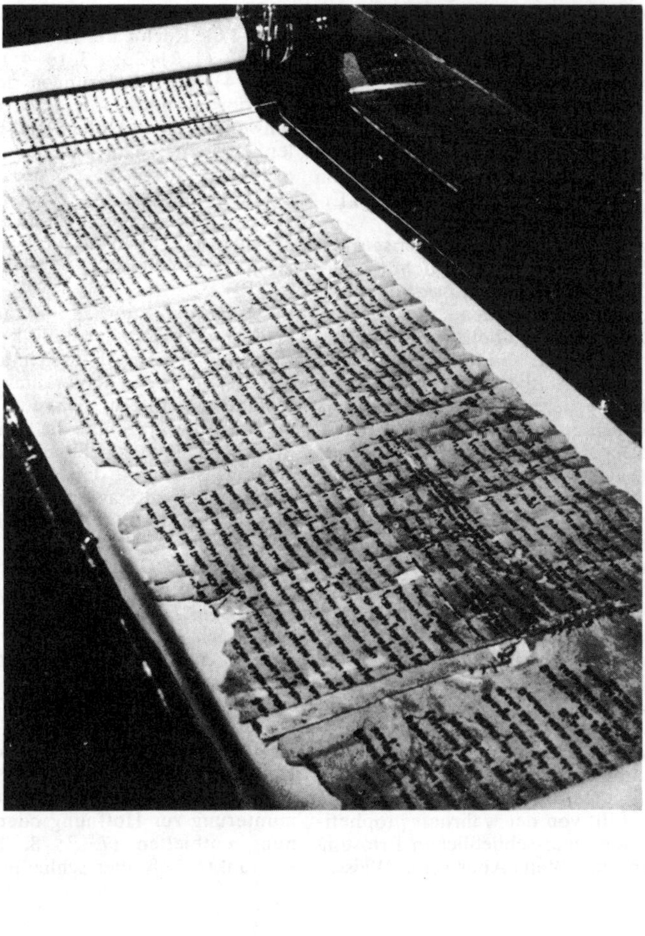

onymen Propheten, der als zweiter oder Deuterojesaja bezeichnet wird. Eine andere Theorie schreibt Kapitel 56-66 einem anderen anonymen Propheten, dem Trito-Jesaja, zu. Außerdem werden kleinere Abschnitte von Kapitel 13–23 sowie die sogen. große Jesaja-Apokalypse 24–27, wie schon angedeutet, ebenfalls späteren, anonymen Verfassern zugeschrieben.

I. Protojesaja (Kap. 1–39): Der erste Teil des Buches enthält die dichterischen Weissagungen des Jesaja ben Amos, in die vier historische Kapitel (36–39) eingeschaltet sind. Diese Weissagungen aus der vorexilischen Zeit unterscheiden sich sowohl im historischen Hintergrund als auch im Inhalt von denen der zweiten Hälfte des Buches, die aus der Exilzeit stammen.

1. Leben, Wirksamkeit und Botschaft: *a) Zeit des Auftretens:* Jesaja (*j·šaʿjāhū*), Sohn des Amos (nicht des Propheten *Amos), lebte und prophezeite in Jerusalem. Seine Berufung zum Propheten erhielt er im Jahre 733 v. Chr., dem Todesjahr König Usias. Er prophezeite während der Regierung des Jotham, des Ahas und in der ersten Hälfte der Regierung des Hiskia. Sein letztes Auftreten fällt in die Zeit von Sanheribs Feldzug gegen Jerusalem um 701 v. Chr. (bezüglich der historischen Ereignisse s.*Israel und Juda 3 –5).

Aus der Jugend des Jesaja wissen wir nichts. Er stand in enger Beziehung zum königlichen Hof, seine Frau war ebenfalls Prophetin, und es werden auch zwei Söhne erwähnt, die beide symbolische Namen erhielten. Jesaja war ein Zeitgenosse des *Micha und ist zeitlich später als *Amos und *Hosea, deren Weissagungen sich hauptsächlich auf das Nordreich bezogen, während Jesaja und Micha mehr von Juda und Jerusalem handelten.

Jesaja ist eine der Hauptgestalten der israelitischen Geschichte. Er war nicht nur ein religiöser Führer, der seinen Ruf zu geistiger Erneuerung in großartige Dichtungen faßte. Er war in den dreißig Jahren seiner Tätigkeit eine der beherrschenden Gestalten des politischen Lebens und gab Israel Weisungen und Anleitung für seine Politik in einer Folge von Krisen. Der Prophet behandelte eine große Reihe verschiedener Themen. Viele davon gehören zur reinsten, mosaischen Überlieferung, und in diesen Anschauungen scheinen sich die wesentlichen Ansichten des Jesaja zu offenbaren. Er war erfüllt von der wahrhaft prophetischen Vision einer schließlichen Erlösung Israels und der Welt. Aber seine Weissagungen waren zugleich eng verknüpft mit den Ereignissen seiner Zeit und seiner eigenen Auffassung derselben. Man muß daher sein Leben und seine Botschaft gemeinsam betrachten.

b) Berufung (Kap. 6): Über seine prophetische Berufung berichtet Kap. 6. Jesaja hatte die Vision, wie Gott auf seinem Thron im Tempel saß. Solches Erlebnis ließ sich, wenn überhaupt, so nur in den Symbolen seiner eigenen Zeit beschreiben. Bei der Schilderung der »geflügelten Seraphim« – auf die Ezechiel bei seiner Vision der Cherubim zurückgreift (Ez 1, 5–14) – mögen dem Jesaja Gestalten vorgeschwebt sein, wie die Dämonen von *tell ḥalāf* in Mesopotamien **(Abb. 406)** mit ihren sechs Flügeln (Jes 6, 2) und ihrer gewaltigen Krone (*Stiftshütte und Bundeslade). Bei diesem Erlebnis wurde Jesaja durch das Gefühl seiner eigenen Unwürdigkeit und der Sünden des Volkes überwältigt. Er griff die mächtigen, dekadenten Oberklassen an, die die Rechte der Hilflosen mit Füßen traten (1, 21–23; 3, 13–4, 1; 5, 8–23; 10, 1–4), die Forderungen des Gesetzes ignorierten und Gottes Zorn mit verschwenderischen Opfern und Riten abzulenken suchten. Gott will nichts von diesen, rief Jesaja (1, 10–20), der Tag des Gerichts werde kommen (2, 6–21; s. *Amos), die Assyrer seien Sein Strafwerkzeug (5, 26–29; 10, 5 f) und das Volk würde in den Abgrund stürzen (3, 1–12; 6, 11; 10, 17–19).

c) Jesaja und Ahas: Jesaja kam zuerst in Widerspruch mit der Politik der Regierung, als König Ahas sich an Assyrien wandte, um gegen den aramäisch-israelitischen Bund Hilfe zu suchen (s. *Israel und Juda 4 b). Jesaja lehnte die Politik des Königs ab. Er glaubte nicht an die Kraft dieses Bundes. Er mahnte den König, auf Jahwes Versprechen an David zu vertrauen, denn ihm schien Ahas' Versuch, sich mit Assyrien zu verbünden, einen Mangel an Vertrauen zu dem Gottesglauben zu beweisen, zu dem sich der König offiziell bekannte (7, 9). Sein ganzes Leben hindurch widersetzte sich Jesaja allen Militärbündnissen und rief zum Vertrauen in Gott auf. Materialismus und Militarismus, die er wachsen sah, stießen den Propheten nur ab. Um seinen Mahnungen an den König Nachdruck zu verleihen, nahm Jesaja symbolische Handlungen zu Hilfe, indem er seinen Söhnen Namen gab, die eine göttliche Ermunterung zur Hoffnung oder eine Warnung enthielten (7, 3; 8, 1–4). Ahas schwankte, ließ aber schließlich die War-

nungen des Propheten unbeachtet und gab seine Unabhängigkeit auf zugunsten Tiglatpilesars, des Königs von Assyrien (s. *Assyrien und Israel).
Jesajas Glaube an die Allmächtigkeit Gottes ließ sich durch diese Abweisung nicht erschüttern. Er empfand auch den Abfall des Königs und des Volkes als einen Teil von Gottes Plänen. Der Zusammenbruch, der daraus folgen müsse, würde eine Reinigung des Volkes hervorrufen, so daß der Rest entsühnt und gereinigt emporsteigen würde (1,24–26; 10,20–23).
d) Jesaja und Hiskia: Solange Ahas lebte, machte Jesaja keinen weiteren Versuch, die Politik zu beeinflussen, aber als ihm Hiskia auf den Thron folgte, versuchte der Prophet von neuem, den König zu beeinflussen. Man hatte Hiskia aufgefordert, sich einem neuen westasiatischen Bund gegen Assyrien anzuschließen. Jesaja hatte sich dem Bund mit Assyrien widersetzt, aber er verurteilte auch aktiven Widerstand gegen dieses Land. Jahwe hatte Sion gegründet, so rief er, und würde es verteidigen (14, 32). Zu der von Ihm gewählten rechten Zeit würde Er das Zeichen für die Überwältigung Assyriens geben. Um den jungen Hiskia vom Anschluß an jenen Bund abzuhalten, weissagte Jesaja das Gericht über Ägypten und Äthiopien (Kap. 18–20). Offenbar hatten seine Worte Erfolg, denn Juda entging der Vergeltung und Vernichtung, die Assyrien über die Mitglieder jenes Bundes verhängte.
Jesajas Einfluß endete jedoch, als in der Gegend ein allgemeiner, von Ägypten unterstützter Aufstand losbrach. Er sah Unglück vorher, denn er wußte, daß sich die ägyptische Hilfe, besiegelt durch den Namen der ägyptischen Götter, notwendigerweise als ein »zerbrochenes Rohr« erweisen werde (36,6; 30,1–5). Daß sich Juda auf sie verließ, war ihm nur ein weiteres Zeichen für die Sünde fehlenden Vertrauens auf Jahwe. Weil die Führer des Volkes Jahwe und seine Versprechungen an David vergessen hatten, würde Jahwe gegen Jerusalem kämpfen, wie es David einst getan hatte (29, 1–4). Jesaja betrachtete schließlich Assyrien nicht mehr als ein Werkzeug göttlicher Gerechtigkeit, aber er kündete weiterhin das Gericht über Jerusalem an. Rettung könne nur eine Reue von Grund auf und eine Rückkehr zu Gott bringen (30,15; 31,6). Damit nimmt er das grundlegende »Entweder-Oder« von 1,19ff wieder auf: entweder dem göttlichen Willen gehorchen und leben oder sich ihm widersetzen, im Ungehorsam verharren und zu Grunde gehen.
Für das Bild, das Jesaja gebraucht, um dem König sein Schicksal bei der Niederlage zu weissagen: »Ich werde meinen Haken in deine Nase und meine Trense in dein Maul legen« (37,29), gibt eine assyrische Darstellung aus dem 10. Jahrhundert v. Chr. **(Abb. 361)** eine gute Illustration; man sieht auf ihr den siegreichen König, wie er seine besiegten Feinde an Seilen hält, die an Ringen in ihren Nasen befestigt sind.
Die Herrscher von Juda versuchten, Jesaja zum Schweigen zu bringen (30,9–11), aber der Prophet ließ sich niemals in seinem Widerstand gegen eine Politik irre machen, die er für unmoralisch und gefährlich hielt. Nachdem der Aufstand das Volk nahezu ruiniert hatte, schien ihm das Betragen der Überlebenden nach Sanheribs Feldzug gegen Juda wiederum zu beweisen, daß das Volk unverbesserlich war (22,1–14).
e) Gott als Lenker der Geschichte: Jahwes Geduld wurde weiterhin arg auf die Probe gestellt. Hiskia machte einen neuen Aufstand gegen Assyrien, und Sanherib griff zum zweitenmal an. Diese Herausforderung des göttlichen Willens führte Jesaja zu einer neuen Deutung der Weltgeschichte. Jahwes Wille war das oberste Gesetz der Geschichte. Jetzt bewies er seine Überlegenheit. Zuerst mußte Assyrien die Rolle der Zuchtrute spielen, aber dann würde seine Macht auf dem Boden Palästinas gebrochen werden (14,24–27; 17,12–14) und Gott würde sein Volk erlösen, so wie er es einstmals aus der Knechtschaft in Ägypten befreit hatte (10,24–27). Das Volk bedurfte der Niederlage als einer göttlichen Züchtigung, aber Jahwe würde nicht zur Strafe sein Versprechen widerrufen. Die nationale Hoffnung, durch Gottes Hilfe erlöst zu werden, hielt Jesaja fest, verschob die Erfüllung jedoch auf die Zukunft. Jahwe hatte sein Versprechen nicht ohne Bedingungen gegeben; es galt einem gehorsamen Israel, und das mußte erst Wirklichkeit werden.
Es war noch immer Jahwes Vorhaben, das feierliche Versprechen zu erfüllen, das er David gegeben hatte, aber erst, wenn Israel gereinigt und geläutert war, würde die Erfüllung eintreten. Um Jahwes eigenes Ziel zu erreichen, mußte wenigstens ein Bruchteil seiner Kinder am Leben bleiben. Was immer über Israel als Ganzes hereinbreche, ein »Rest« des Volkes würde übrigbleiben. Das Volk konnte nicht ganz untergehen. Seine Sünden mußten unvermeidlich eine Strafe von tiefster Not und Leiden nach

sich ziehen, aber zuletzt würde sich immer noch ein geistiger Kern finden. Das Volk Israel würde für seine Sünden bestraft werden, aber nicht gänzlich ausgelöscht werden. Ein Rest würde zurückkehren, um das Band zwischen Gott und dem Land Israel zu erneuern.

Trotz seiner anfänglichen Gegnerschaft gegen den Aufstand unterstützte Jesaja später den König und ermutigte zum Widerstand. Auch Assyrien hatte sich übernommen und Jahwe gelästert; niemals würde ihm gestattet sein, Sion zu vernichten (37, 21–35). Jesaja tritt hier als Verfechter des alten Gedankens einer heiligen *Kriegführung unter Leitung eines Königs aus dem Hause Davids auf. Die Ereignisse haben Jesaja hoffnungsvollere Weissagungen bestätigt, denn die Stadt wurde nicht eingenommen, und Sanherib zog sich zurück (s. *Israel und Juda 5 a). Jesaja betonte, daß es nicht seine Worte, sondern Gottes Worte waren, die Schutz und Befreiung für die Stadt versprachen. An dieser Stelle der Geschichte Judas verschwindet der Prophet aus unserer Sicht.

f) Die messianische Zeit: Jesajas Lehre enthält neben der Kunde über den »Rest« auch das Kommen eines idealen messianischen Königs (9, 1–7; 11, 1–9; 32, 1–8). Dieser Idealkönig wird in vollständigem Einklang mit dem Willen Jahwes sein Volk regieren; sein Königtum vereint weltliche und eschatologische Züge (s. *Eschatologie). Seine gerechte Regierung wird Glück und Wohlstand seines Volkes wiederherstellen. Jesaja kündet das Kommen dieses idealen Herrschers als sicher an – aber für die Zukunft, denn noch entsprach keine geschichtliche Persönlichkeit dem Ideal. Jesajas Botschaft vom Kommen des Messias legte den Grund zu einer Lehre, die sich im Lauf der Jahrhunderte zu einem der kennzeichnendsten Glaubenssätze des jüdischen Volkes entwickelte (s. *Deuterokanonische Bücher und Apokryphen; *Apokalyptik; *Johannes der Täufer; *Jesus von Nazareth).

2. Inhalt, Aufbau und Datierung des Protojesaja: Die Teile des ersten Buches Jesaja können ungefähr folgendermaßen umrissen werden:

a) Weissagungen über Gericht und Heil für Juda (Kap. 1–6): Das erste Kapitel handelt von Aufruhr, Gericht und Beruhigung. Die verschiedenen Weissagungen stammen aus verschiedenen Zeiten seiner Prophetenlaufbahn, die erste (Vers 2–9) wendet sich an das sündige Volk, mahnt es zu Gehorsam an Stelle von Opfern und äußeren Kultformen (10–17). Die einzige Alternative zum Gehorsam ist Aufruhr und Verderben (18–20). Dann folgt das Gericht über die treulose Stadt (21–23), deren Zerstörung vorhergesagt wird (24–31).

Die nächsten fünf Kapitel enthalten die Weissagungen vom »Tag Jahwes«. 2, 2–5 prophezeit das messianische Zeitalter des allgemeinen Friedens (vgl. dazu auch Mich 4, 1 ff). 2, 6–22 ist ein Gedicht auf den »Tag Jahwes«, da die Stolzen und Hochstehenden erniedrigt werden und Jahwe über die ganze Erde triumphieren wird. 3, 16–4, 1 handelt von den vornehmen Frauen von Jerusalem, beschreibt ihre Entwürdigung und ihren weiblichen Luxus. 4, 2–6 ist ein spätes Orakel über die schließliche Verherrlichung Zions, die Stadt des Bundes. Darauf folgt 5, 1–7 das Lied vom Weinberg. 5, 8–24 a ist eine Reihe von Prophezeiungen über das Gericht an den Sündern.

Kap. 6, 1–9, 7 enthalten eine Reihe von biographischen Notizen und Visionen über die jetzige Welt und das kommende Gottesreich. Die Reihe beginnt mit Jesajas Vision im Tempel und seiner Berufung zum Propheten (6, 1–13). Dann (7, 1–8, 21) wird über seinen Zusammenstoß mit König Ahas berichtet und die *mahēr šālāl ḥaš baz*-Weissagung der Vernichtung des Volkes durch die Assyrer, dazu die Mahnung Gottes an Jesaja, daß der »Herr der Heerscharen eure Furcht und euer Schrecken« sein soll. Jesaja und seine Kinder sind »Zeichen und Wunder« für Israel, aber der Prophet weiß, daß man seine Botschaft nicht beachten wird. Der Abschnitt leitet über zum großen Gedicht über die Geburt und Herrschaft des kommenden Messias-Königs (9, 2–7).

9, 8–12, 6 nehmen das Thema der Bestrafung und des Gerichtes über Juda und Israel wieder auf. 9, 8–10, 4 ist ein Gedicht (wahrscheinlich aus der Frühzeit des Propheten) über die Hand, die gegen Ephraim erhoben ist; das bedeutet die Zerstörung des nördlichen Reiches durch die Assyrer, die dann 10, 5–11 anschaulich beschrieben ist. Trotzdem wird Assyrien, wenn es seine Aufgabe als Jahwes »Rute meines Zorns« erfüllt hat, ebenfalls bestraft werden (10, 12–34), und Israel wird wieder aufgerichtet. 11, 1–16 ist nochmals eine Beschreibung des Friedensreiches, das ein König aus dem Hause David herbeiführen wird (»Ein Sproß wird ausgehen aus der Wurzel Jesse . . .«), dessen ruhige Herrschaft in schärfstem Gegensatz zur Gewalttätigkeit der gegenwärtigen Weltreiche steht. Der

Abschnitt schließt mit einer Lobeshymne und Danksagung (12, 1–6).

Kap. 13–23 enthalten Weissagungen über die »Völker«. Sie sind weder zeitlich angeordnet, noch haben sie im Inhalt Beziehungen zueinander.

13,1–14,23 handelt von Babylon, sagt seine Überwältigung voraus (13, 19–22) und spottet über den König von Babylon (14,4–21). 14, 24–27 kündet die Zerstörung von Assyrien an und 14, 28–32 ist eine Warnung an die Philister. 15, 1–16,14 bejammern das Schicksal von Moab. 17, 1 bis 11 prophezeit den Fall von Damaskus, von Syrien und Ephraim (vgl. 7, 1–8, 12). Kap. 18 handelt von dem Rächer, der aus dem »Land jenseits der Flüsse von Äthiopien« über Ägypten kommen wird (die 25. Dynastie von Ägypten war nubischen Ursprungs, s. *Ägypten und seine Beziehung zu Israel); Kap. 19 verkündet Jahwes Gericht über Ägypten. Kap. 20 erzählt, wie die Assyrer Ägypten und Nubien erobert haben; darauf folgen drei Weissagungen über den Fall Babylons (21,1–10), über Edom (11–12) und Arabien (13–17). 22, 1–14, »die Weissagungen über das Tal der Gesichte«, ist ein Scheltgedicht gegen Jerusalem.

Darauf folgt ganz unerwartet die Weissagung an Sebna, den Hofminister (»der über dem Palast ist«), die durch eine Inschrift auf einem alten Grab bei Jerusalem erhellt wird (s. *Inschriften). Der Abschnitt schließt mit einer Weissagung über Tyrus (Kap. 23; *Phönikien und seine Städte).

Viele Weissagungen und Gedichte dieses Abschnitts (Kap. 13–23) beziehen sich auf Ereignisse, die über Jesajas Zeit hinausreichen, und werden als das Werk anonymer Propheten und Dichter betrachtet.

Kap. 24–27 sind eine Sammlung apokalyptischer Weissagungen (s. *Apokalyptik 5 a), Lieder, Hymnen, die Gottes Gericht über die Welt und ihre schließliche Rettung mit beredten Worten schildern, gekrönt durch die Auferstehung der Gerechten. Der ganze Abschnitt datiert später als Jesaja und ist wieder das Werk anonymer Propheten.

Kap. 28–33, die »Wehesprüche«: Hier sind Weissagungen von einem späteren Kompilator gesammelt, die alle mit den Worten »Wehe über...« anheben. Sie wechseln auffallend zwischen Drohungen und Anschuldigungen gegen die Missetäter von Juda und Verheißungen von Heil und Trost für den »Rest«.

Im einzelnen enthalten die Weissagungen: Kap. 28, 1–22 Drohungen und Urteil über Samaria; 29, 1–8 das Gericht über Ariel (d.h. Jerusalem); 29,9–15 drei Scheltreden, auf die die Verheißung der Erlösung folgt, 29, 17–24; 30, 1–7 Verurteilung Ägyptens, die unnütze Hilfe; 30, 8–17 weitere Scheltreden; 30, 18–26 meldet künftiges Wohlergehen und Heil für Jerusalem; 30, 27–33 das Gericht über Assyrien; 31, 1–9 wiederholt die Drohungen gegen Ägypten und Assyrien; 32, 1–8 beschreibt das Reich des Königs, der »in Gerechtigkeit regieren wird«; 32, 9–14 ist eine Weissagung an die »selbstgefälligen Töchter«, die den Abschnitt 3, 16–4, 1 wieder aufgreift, aber nun die Versicherung künftigen Trostes anschließt (32, 15–20). Die prophetische Liturgie von Kap. 33 sprechen viele Gelehrte dem Jesaja ab.

Kap. 34–35 sind eschatologische Weissagungen: 34, 1–17 das Gericht über Edom, 35, 1–10 die Rettung von Sion. Viele Gelehrte glauben, daß dieser Abschnitt die Einleitung zum Literaturwerk des Deuterojesaja bildet (Kap. 40–66).

Kap. 36,1–39,8: Diese vier Kapitel enthalten eine geschichtliche Erzählung über Jesajas Wirksamkeit unter der Regierung des Hiskia, besonders über den Einfall des Sanherib (36, 1–37, 38), Hiskias Krankheit, Gesundung und sein Danklied (38, 1–22; s. *Israel und Juda 5 a) und die Sendung des Merodach-Baladan (39, 1–8; s. *Babylon und Israel).

b) Aufbau und Datierung: Nach Meinung der skandinavischen Schule sind die Weissagungen des Jesaja (wie die der anderen Schriftpropheten) lange Zeit nur mündlich überliefert und erst in der Zeit nach dem babylonischen Exil schriftlich zusammengestellt worden, gleichzeitig mit den anderen biblischen Büchern. Die heutige Kritik verwirft diese Theorie, und der Text selbst widerlegt sie. Jesajas Wirkung auf die israelitische Literatur und das religiöse Denken in der früheren israelitischen Geschichte tritt zu deutlich hervor, um die Ansicht, daß das Buch Jesaja erst in der Zeit nach dem Exil geschrieben wäre, zuzulassen. Doch ist es wahrscheinlich, daß die Weissagungen, die Jesaja gab, von anderen niedergeschrieben wurden und erst in der späteren Zeit als vollständige Sammlung veröffentlicht wurden. Unmittelbar nach seinem Tode liefen sie als Einzelaussprüche oder kleine Sammlungen um. Diese Auffassung läßt sich vielleicht durch den Vergleich des Jesaja mit dem bruchstückhaften Inhalt der Sammlung der zwölf kleinen Propheten stützen, die im Bibelkanon auf die großen Propheten fol-

gen. Eine ziemlich weitverbreitete Meinung unterstellt, daß die Jesaja-Rollen im Besitz von Leuten waren, die am Inhalt interessiert waren und nicht an ihrer zeitlichen Reihenfolge. Dies sei die Ursache für die heterogenen Motive im Buch Jesaja und ihre Wiederholung an verschiedenen Stellen. Die Besitzer der Fragmente achteten darauf, einer jeden Unheilsweissagung eine Botschaft der Hoffnung zuzufügen, und daraus erklärt sich, daß jeder Abschnitt eine solche Botschaft am Schluß hat; das sei ein alter, literarischer Brauch, der Jesaja, Hosea und Amos gemeinsam sei. Nach Meinung anderer Forscher ist diese Theorie unzulässig spekulativ und reine Hypothese, denn für die angenommenen Zwischenstufen gibt es bislang noch kein Zeugnis.
Viele Forscher datieren die endgültige Fassung des Buches Jesaja (Kap. 1–39 und 40–66 zusammen) in die Perserzeit um 500 v. Chr.
c) Stil: Jesaja war in höchstem Maße literarisch begabt. Er ist der überragende Dichter, Denker und Prophet Israels, und er hatte größte Wirkung auf die nachfolgende jüdische Literatur und das jüdische Denken. Sein Buch enthält alle Elemente großer Dichtung: einen ausgewogenen und prächtigen Stil, Leidenschaft, Offenheit, Phantasie und großen Wortschatz. Wenige andere Stellen in Prosa lassen sich mit seinem Bericht über seine Berufung zum Propheten vergleichen (Kap. 6), und seine kurzen, lyrischen Stücke zeigen eine ungewöhnliche Kraft (z. B. das Vordringen des Feindes Kap. 28–32) und Pathos (Kap. 4–9). Sein leidenschaftliches Eintreten gegen Unterdrückung und Ungerechtigkeit, sein Zorn gegen die Hartherzigen (z. B. 3, 16–26) sind um so wirksamer, als sie mit dem sanften Trost der Hoffnungsprophezeiungen Hand in Hand gehen (z. B. 9, 2–7; 11, 6–9).
II. Deuterojesaja: 1. Der anonyme Verfasser und seine Botschaft: *a) Der geschichtliche Hintergrund der Kap. 40 ff:* Die Kap. 40–55, die in den letzten Jahren der babylonischen Verbannung spielen (von 550 v. Chr. an), sind nicht das Werk des Jesaja ben Amos. Sie nennen den Perserkönig Kyros, der um 550 v. Chr. auf die politische Szene tritt, mit Namen. An einigen Stellen (43, 14; 48, 14) wird die Eroberung Babylons vorhergesagt, an anderen (41, 1–17. 25 ff) ist deutlich, daß Kyros seine ersten Erfolge schon erfochten hat (*Restauration und Perserzeit, Esra und Nehemia). Jahwe hat die Babylonier als Werkzeug gebraucht, um die Sünden von Juda zu strafen, Kyros aber ist »mein Hirte und soll all meine Pläne vollenden« (44, 28).
b) Verschiedenheit in Sprache und Stil: Der Stil unterscheidet sich in den drei Partien Kap. 1–39; 40–55 und 56–66 beträchtlich. Die Sprache des ersten Abschnittes (Kap. 1–39) ist voll von Bildern und Metaphern, dagegen Kap. 40–55 rhapsodischer, voll Pathos und Zartheit. Das gilt zwar fast von der ganzen Bibel, aber ganz besonders für Jesaja. Die nachfolgende Analyse des Inhalts des Buches kann nur die Hauptthemen des Dichters aufzeigen. Die Unterschiede zwischen dem ersten und dem zweiten Jesaja sind nicht nur eine Frage der Sprache und der Theologie.
c) Die neue Situation: Der zweite Jesaja richtet sich an ein Volk, das in der Verbannung in Babylonien lebt. Das ist eine ganz neue Lage und forderte eine ganz andere Botschaft als die an die Zuhörerschaft des ersten Jesaja.
Gleich am Anfang dieser zweiten Sammlung von Prophezeiungen steht, daß Israel von Gottes Hand für alle seine Sünden doppelte Vergeltung erhalten habe (40, 2). In diesem zweiten Abschnitt ist der Bedrücker Babylonien, nicht Assyrien, wie zur Zeit des ersten Jesaja. Die Tragödien, die über Juda hingegangen sind, werden als vergangene Tatsachen erwähnt. Der Prophet gründet seine Weissagungen nicht auf diese vergangenen Ereignisse, sondern spricht von der kommenden Befreiung.
Dem weltumfassenden Königtum Gottes ist im zweiten Jesaja ein weiterer Raum gegeben als in Kapitel 1–39. Während der erste Jesaja vom Messiaskönig spricht, ist diese Gestalt in Kap. 40–55 durch den Knecht Jahwes ersetzt.
Diese Überlegungen haben die Mehrzahl der Forscher zu dem Schluß geführt, daß der Autor von Jesaja 40–66 in seinen Hauptteilen ein Prophet der Exilzeit war, der ungefähr anderthalb Jahrhunderte später lebte als Jesaja ben Amos von Jerusalem.
J. T. Milik hat auf eine Besonderheit in der vollständigen Jesajarolle aus Qumran aufmerksam gemacht (s. unten 2g): »Kap. 33 schließt am unteren Ende der 27. Kolumne (der Rolle), und die drei liniierten Zeilen, die darauf folgen, sind leer gelassen. Ferner hat die Seite, auf der es geschrieben ist, nur zwei Kolumnen, während sonst in dieser Rolle vier üblich sind. Kap. 34 (Deuterojesaja) beginnt auf einem neuen Bogen aus Leder, und von da an läuft der Text ohne weitere Unterbrechung fort bis zum Ende

des Buches. Dies läßt schließen, daß die Erinnerung an zwei verschiedene Sammlungen von Prophezeiungen bestand (die ungefähr der modernen Unterscheidung zwischen Proto- und Deuterojesaja entsprechen), wenngleich die beiden Sammlungen zur Zeit der Abschrift schon zu einem Buch zusammengefügt waren... außerdem bestehen Unterschiede in Grammatik und Orthographie zwischen beiden Teilen, und die Art, wie der Text auf der Rolle angeordnet ist, ist nicht gleichartig.«

d) Botschaft des Deuterojesaja: Die Hauptbotschaft dieses Propheten ist seine Gottesauffassung, die die erhabenste Lehre im ganzen Alten Testament darstellt. Sein ethischer Monotheismus ist deutlicher ausgeprochen als bei allen vorherigen Propheten, auch überragen seine Vorstellungen von der Größe und Allgewalt Jahwes gleichermaßen diejenigen seiner Vorgänger. Wenn auch Deuterojesajas Vision der Wiedergeburt seines Volkes mit Eingebungen früherer Propheten verwandt ist, so hat sie dabei doch einen Ton jubelnden Triumphs, wie er sonst nirgendwo in der Bibel anklingt. Deuterojesaja nennt die Wiederherstellung des Bundes Gottes mit Israel nicht einen neuen Bund (s. *Jeremia; *Bund), denn für ihn hat der ursprüngliche Bundesvertrag nie seine Geltung verloren (50, 1). Das Exil war nur eine zeitweise Entfremdung, aus der Gott in seiner ewigen Güte sein irrendes Volk zurückholt (54, 1–10). Das war etwas grundsätzlich Neues gegenüber der einfachen Wiederholung der alten volkstümlichen Hoffnungen auf einen Befreier aus Davids Haus, die in der Sicht des zweiten Jesaja kaum eine Rolle spielen.

e) Universalismus: Jesajas Botschaft beruht auf einer neuen, einzigartigen Vorstellung von Weltweite und Geistigkeit (Kap. 40–56). Er sieht eine Zeit kommen, wo alle Völker Jahwe als Gott anerkennen werden (49, 6), und nimmt den ersten Beweis seiner Macht voraus, den die Umwälzung durch seinen Beauftragten Kyros bringen wird. Jahwe war Herrscher der ganzen Erde, und alle Völker müssen kommen, um sich seiner Herrschaft zu beugen.

Vor dem Exil herrschte in Palästina die Stimmung eines nationalen Monotheismus vor. Man sah in Jahwe den einen, nationalen Gott Israels, der in Palästina wohnte und nirgends sonst verehrt werden konnte. Man kann den Schock, den die babylonische Eroberung den jüdischen Massen versetzte, kaum ermessen. Ihr Glaubenssatz, den die Propheten bis zum ersten Jesaja immer wiederholten, sagte, daß Jahwes Tempel unverletzlich sei und daß Israel in Palästina voll Vertrauen weilen könne. Wenn Jahwes Tempel – seine Wohnstatt – zerstört werden konnte, wie konnte er dann noch sein Volk in der Verbannung beschützen? Und weiter, wie sollten die Juden den Versuchungen der mesopotamischen Kultur widerstehen, die sie umgab (s. *Restauration)? In dieser Not des Augenblicks trat ein Mann auf, um die Furcht wegen der Verbannung niederzuschlagen und das Volk herzhaft zu ermuntern. So wie Deuterojesaja ihn formulierte, enthält der ethische Monotheismus die Zusicherung, daß die Juden überall in der Welt auf Gott vertrauen dürften, ob in Palästina oder fern jenseits des Euphrat. Dazu erweckte er neue Hoffnung auf den Wiederaufbau von Jerusalem und die Gründung eines neuen Tempels (44, 28). Das Exil sollte ein Wendepunkt der jüdischen Geschichte und Religion werden – nicht ihr Abschluß (s. *Restauration).

f) Der leidende Gottesknecht: Die eindringlichste und eigenartigste Botschaft Deuterojesajas, die keinerlei Parallelen in der alten Welt hat, ist in den vier Gedichten vom »Gottesknecht« enthalten (42, 1–7; 49, 1–6; 50, 4–11; 52, 13–53, 12). Der Knecht, den Jahwe erwählen wird, wird die Botschaft der Wahrheit und Gerechtigkeit aller Welt mit Hilfe des göttlichen Geistes verkünden, den er empfangen wird. Während scheinbar seine Mühen um sein eigenes Volk fehlschlugen, wird der Knecht mit Gottes Hilfe der Heiland nicht nur für die Juden, sondern für die ganze Erde werden. Das letzte Gedicht zeichnet ihn als Aussätzigen und Martyrer, der sein Leben für andere hingibt. Gott wird ihn vom Tod retten, damit er den Tod durch die Hand seiner Mitmenschen erleide. Diese Gestalt schwankt zwischen der Verkörperung eines einzelnen oder einer Gruppe, zwischen gegenwärtiger Berufung und künftigem Ideal. Wie sie zu deuten ist, ob als ein einzelner oder als Personifikation des Volkes Israel, bleibt ein Streitpunkt der Gelehrten und Theologen. Klar ist nur, daß Deuterojesaja mit seinen Weissagungen nicht nur einen Trost, sondern auch eine Warnung an die Juden seiner Zeit richtete. Seine Weissagung sollte ein Motor des gesetzlichen Judentums für alle Zukunft werden.

2. Inhalt des Deuterojesaja (Kap. 40, 1–55, 13): *a) Eschatologische Prophezeiungen; das Ende des babylonischen Exils:*

Deuterojesaja verkündet Israels Befreiung aus der Verbannung und die Wiederherstellung von Sion als Zeugnis für die Majestät Gottes. Die Einleitung (40, 1–11) führt in eine Versammlung des himmlischen Rates, wo Jahwe eine Botschaft der Hoffnung und Erlösung für die verzweifelten Verbannten verkündet. Diese frohe Neuigkeit vermittelt sogleich eine ganz andere Stimmung als die Prophetenberufung des Jesaja von Jerusalem (6, 9–13), denn diesem geschah der Auftrag, Gottes Gericht über ein unbotmäßiges Volk zu verkünden.

Diese hoffnungsvolle, messianische Botschaft beruht auf der Natur Jahwes (40, 12–31). Er will die Völker zittern machen, aber Sion soll Grund haben, sich zu freuen. Israel wird aufgerichtet werden als Jahwes Vorkämpfer gegen den Götzendienst (41, 1–29). Mehrfach singt der Prophet Preislieder auf seinen Gott (42, 10–13; 44, 23; 45, 8; 49, 13).

Die Befreiung Israels führt der Beauftragte Gottes durch, den er erweckt hat, Kyros. Zweimal ist er mit Namen genannt (44, 28; 45, 1) und ist ebenso deutlich an anderen Stellen gemeint.

Der Tröster jedoch ist der Gottesknecht. Die erste Jesaja-Stelle über den Knecht steht 42, 1–25 und leitet eine Vision der Wiederherstellung des Volkes ein (43, 1–15), der der Wiederaufbau von Sion folgen wird (44, 24–45, 13). Der Fall der babylonischen Götzen (46, 1–12) und der Stadt selbst (47, 1–15) wird geweissagt.

b) Gegensatz zu den Götzen: Mehrfach ist der Gegensatz zwischen Jahwe und den Göttern der Babylonier betont. Die babylonischen Götzen sind nur Menschenwerk (44, 9–20; 46, 1 u. ö.), aber Gott ist der Herr, neben dem es keinen anderen gibt (42, 8–17; 54, 9–25 u. ö.).

c) Lieder vom Gottesknecht begegnen auch in 49, 1–53, 12. Diese Kapitel enthalten weitere Weissagungen über den Gottesknecht, seine Sendung an Israel und die Völker, seinen Gehorsam, seine Leiden, seinen Tod und seine Rechtfertigung. Zum Schluß die Mahnung, diese Verheißungen gläubig aufzunehmen (55, 1–13).

d) Wiederaufrichtung von Sion: 49, 1–54, 17 enthalten eine Trostbotschaft an die Verbannten, nämlich die Hoffnung auf den erlösenden Messias. Hier ist keine Rede mehr von den Eroberungen des Kyros und vom Untergang Babylons, und der Gegensatz zwischen Jahwe und den Götzen ist weniger herausgestellt. Der Abschnitt beschreibt die Berufung des Messias, in Israel und unter den Völkern zu wirken (49, 1–26); seinen Gehorsam (dritte Stelle vom Knecht, 50, 1–11), seine Erlösung, seinen Triumph, Rückkehr und Aufrichtung des Gottesreiches (51, 1–52, 15). 53, 1–12 ist die Stelle, die von der Buße des Knechts und seiner Erhöhung handelt, und 54, 1 bis 17 spricht die Gewißheit von Israels Wiederherstellung und dem neuen Glanz Jerusalems aus. Der Abschnitt endet mit der Verkündigung weltweiter Erlösung für jeden, der wahrhaft bereut (55, 1–13).

e) Der letzte Abschnitt (Kap. 56, 1–66, 24) enthält Ermahnungen und Weissagungen in einem anderen Stil als dem der Kapitel 40–55.

Der Inhalt ist wieder eine Botschaft des Trostes im Glauben an Israels künftige Herrlichkeit. Zuerst (56, 1–57, 21) stehen Warnungen gegen Missetäter und Lohnverheißungen an die Gerechten. Kap. 58 und 59 beschreiben die Hindernisse der Restauration und ihre Beseitigung; 60, 1–22 preist Jerusalems Erhöhung im messianischen Zeitalter: »mache dich auf, leuchte; denn dein Licht kommt und die Herrlichkeit des Herrn geht auf über dir.« Kap. 61, 1–11 legt die Sendung des Messias an Israel und die Welt dar. 62, 1–12 beschreibt Gottes Anteilnahme an Jerusalem, und 63, 1–14 sagt, wie der Messias die Feinde Israels besiegt. 63, 15–64, 12 ist das Gebet des »Restes«, und 65, 1–25 gibt Jahwes Antwort. Die letzten beiden Kapitel einschließlich Kap. 66 handeln von den Abtrünnigen und den Gläubigen, wobei Kap. 66 den Segen der wahren Religion und die Wiederaufrichtung der Völker, die den Tag des Gerichts überleben, darlegt. Viele Gelehrte, darunter Martin Buber, haben dargelegt, daß der anonyme Autor oder die Autoren von Kap. 40–66 einem Kreise angehörten, der von den *limmudîm,* den Jüngern des Jesaja ben Amos, abstammte. Ihnen war das Geheimnis der Erlösung anvertraut (Jes 8,16), und diese Beziehung hat es ermöglicht, die Schriften beider Jesaja in ein Buch zusammenzufassen. Die Sammlung der Aussprüche des ersten Jesaja wurde während des Exils aufbewahrt, seine Weissagungen der Erlösung vermehrt und bereichert, so daß schließlich die großartigen Sprüche des zweiten Jesaja daraus hervorgingen, der tatsächlich anderthalb Jahrhunderte nach Jesaja ben Amos lebte.

f) Das Problem der Kapitel 56–66: Die Frage nach der Komposition und dem Verfasser Deuterojesajas verwirrt sich durch einige Unterschiede, die zwischen Kapitel

40–55 und Kapitel 56–66 auftreten. Kap. 56–66 scheinen zu einem späteren Zeitpunkt abgefaßt, denn sie setzen voraus, daß die Juden schon nach Israel zurückgekehrt sind und der Tempel wiederaufgebaut ist. Noch ist das ganze Versprechen der Wiederherstellung nicht erfüllt, denn auch Jerusalem sollte wiedererbaut werden. Viele Gelehrte vermuten, daß der letzte Abschnitt wieder einem anderen, anonymen Propheten angehört, den man als Tritojesaja bezeichnet. Aber die Meinungsverschiedenheiten unter diesen Gelehrten verringern das Gewicht ihrer Gründe. Andererseits ist die Verwandtschaft der beiden Abschnitte nicht zu leugnen. Die 27 Kapitel (44–66) muß nicht notwendig ein Prophet in einem Zug und unter dem Einfluß einer Offenbarung geschrieben haben. Er kann einige Jahre vor dem Auftreten des Kyros geweissagt haben und auch wieder zu späterer Zeit. Inhalt und Geist seiner Weissagung konnten sich ändern, wie sich das Volk selbst in den Tagen der *Restauration änderte, zwischen der Zeit des Kyros und der Zeit Serubabels. Andererseits ist es auch möglich, daß ein anderer Prophet seine eigenen Prophezeiungen eingestreut hat, ohne daß sie mit den vorhergehenden und nachfolgenden Teilen des Hauptwerkes der Gedanken Deuterojesajas zusammenhängen (solche Einschübe sind vielleicht 48, 22; 56, 1–8; 57, 1. 2 u. 19–21; 59, 20 f; 66, 5–6. 24).

g) Die Überlieferung und die Qumranrollen: Das Buch Jesaja ist im masoretischen Text im ganzen weit besser überliefert als die übrigen Propheten, namentlich sein zweiter Teil (*Bibeltext). Wahrscheinlich weil er häufiger in den Synagogen verlesen wurde. Für seine Textform unmittelbar vor Beginn der christlichen Zeitrechnung haben wir ein bedeutsames Zeugnis in den beiden Rollen, die nahe dem Toten Meer gefunden wurden (*Qumran). Von den Büchern der drei großen Propheten Jesaja, Jeremia und Ezechiel hat man das Buch Jesaja am häufigsten gefunden. Die zweite, unvollständige Rolle (1 QJs^{b}), die offenbar aus dem 1. Jhdt. v. Chr. stammt **(Abb. 407),** gibt getreulich die Überlieferung wieder, an die sich die Masoreten hielten, und das gleiche gilt von einem Dutzend unvollständiger Handschriften des Jesaja aus der Höhle IV. Aber die vollständige Jesajarolle aus der ersten Höhle (1 QJs^{a}, **Abb. 408 und 409**), die man im 2. und 1. Jhdt. v. Chr. ansetzt, unterscheidet sich in mancher Hinsicht vom masoretischen Text in Wortlaut, Grammatik und Rechtschreibung. Sie trägt die Züge eines Vulgärtextes einer volkstümlichen Ausgabe. Sie schreibt den Konsonantentext mit zahlreichen Hilfsvokalen (matres lectionis), ist daher leichter zu lesen. Die Manuskripte aus Qumran stammen wahrscheinlich aus einer Zeit 300 oder auch nur 200 Jahre nach der ursprünglichen Abfassung (nicht der endgültigen Ausgabe). Das ist für das Bibelstudium ein außerordentlicher Fund.

3. Vor- und nachexilische Prophetie: Die beiden Hauptteile des Jesajabuches geben uns ein schlagendes Beispiel für zwei verschiedene Typen der klassischen Propheten, die unterschiedlichen Zeitabschnitten angehören. Ihre Gegensätze erschließen uns in wertvoller Weise den Geist des Prophetentums und die Stellung der Propheten in der israelitischen Religionsgeschichte. Beide waren Reformatoren, die im Hauptstrom der israelitischen Überlieferung standen und diese Überlieferung einer neuen Lage anpaßten. Sie betrachteten sich selbst als in einer charismatischen Tradition stehend, und ihr Anliegen war, das Wort Gottes weiterzugeben, das ihnen offenbart worden war. Die Vergangenheit war ihnen lebenswichtig, und sie betonten die Überlieferung der Patriarchen und des mosaischen Bundes, aber in der Hauptsache galt ihr Augenmerk der Gegenwart, die sie im Licht der Überlieferung zu verstehen trachteten. Sie fanden den Sinn ihrer Botschaft nicht etwa fertig vor. Vielmehr schufen sie diesen, indem sie die wesentliche Botschaft ihrer Religion seit der mosaischen Zeit in sich aufnahmen und erweiterten (s. *Moses). An der Zukunft interessierte hauptsächlich deren Beziehung zur Gegenwart.

Ob sie den Lauf der Geschichte wirklich hellsichtig vorhersahen oder nicht, ist eine offene Frage. Sicher haben sie die größeren Ereignisse richtig vorhergeahnt. Ihre Drohworte waren eine Mahnung in letzter Stunde, eine Warnung angesichts des Verderbens, das sie als unvermeidlich herannahen sahen. Die geläufige Auffassung der nationalen Theologie war, daß Israel durch Kult, Abstammung und Boden Jahwes erwähltes Volk (s. *Erwählung und auserwähltes Volk) sei, daß Jahwe sich bedingungslos für alle Zeit durch den Bund gebunden habe und daß die religiösen und moralischen Verpflichtungen schon durch die Beobachtung des Kultes erfüllt werden könnten. Viele Propheten (*Amos, *Jesaja, *Jeremia und *Micha) hatten diese Haltung verworfen. Wie J. Kaufmann festgestellt hat, erreichte die israelitische Religion neue Höhepunkte durch das prophetische Verständnis, daß die sittliche Haltung den Vorrang habe und daß Gottes Forderung an den Menschen im wesentlichen nicht den Kult, sondern die Moral betrifft. Die neuen Gesichtspunkte entstammten einem religiös-sittlichen Idealismus, der sich mit einem tief empfundenen Abscheu vor der sittlichen Kluft verband, die offensichtlich das Ideal von der Wirklichkeit trennte.

Die vorexilischen Propheten von Amos bis Jeremia verkündeten im wesentlichen, daß das Unheil der Gegenwart und der nahen Zukunft von jetzigen und früheren Sünden herrühre. Die Propheten lebten und weissagten in dem Augenblick, wo die Zeit des Verderbens über sie hereinbrach. Dagegen schauten die späteren Propheten im Kreise des zweiten Jesaja, *Ezechiel und *Sacharja auf eine Zukunft voraus, die jenseits der Unglückszeit lag. Man kann an ihren Prophezeiungen deutlich den Wandel ihrer Zeitauffassungen erkennen. Sie kündeten das Heil in einer Zukunft, wie sie nach der Katastrophe eintreten würde. So ist ihre Botschaft im wesentlichen eschatologisch. Sie handelt von einer Zeit, wo die künftigen, abschließenden Taten Gottes nicht mehr als Fortsetzung seiner früheren Heilstaten anzusehen waren, sondern etwas nie Dagewesenes, Endgültiges darstellten.

Jesus von Nazareth

Gliederung: 1. Historisches Zeugnis. a) Die Evangelien als Zeugnis; b) Datierung der Evangelien; c) Geographischer Rahmen. 2. Das Leben Jesu. a) Geburt; b) Kindheit; c) Taufe; d) Beginn seiner Lehrtätigkeit; e) Jesus und Johannes; f) Beziehungen zur Qumransekte; g) Verwerfung in Nazareth; h) Lehrtätigkeit in Galiläa; i) Jesus und die Pharisäer; k) Enttäuschung; l) Jesus und Herodes Antipas; m) Jesus und die Sadduzäer; n) Das Letzte Abendmahl; o) Jesus und die römischen Behörden. 3. Die Gerichtsverhandlung. a) Archäologische Zeugnisse zur Gerichtsverhandlung; b) Kreuzigung und Grablegung. 4. Lehre Jesu. a) Die Person Jesu; b) Die Lehre vom Gottesreich; c) Der Menschensohn; d) Der leidende Gottesknecht; e) Auferstehung; f) Das eschatologische »Ereignis«; g) Jesus in der zeitgenössischen jüdischen Literatur.

1. Historisches Zeugnis: Es gibt wohl kein historisches Thema, das schwieriger zu behandeln wäre als eine objektive und gerechte Würdigung der Gestalt und Person Jesu Christi. Im 19. Jhdt. belebte sich die wissenschaftliche und theologische Diskussion um die Anfänge des Christentums und führte zu einem genaueren Studium der vorhandenen Zeugnisse. Seitdem werden das NT sowie alle einschlägigen zeitgenössischen Schriften mit Hilfe der einer modernen Wissenschaft zur Verfügung stehenden Mittel kritisch untersucht. So ist es möglich geworden, die Gestalt des historischen Jesus (hebr. *J·hōšūā‘*, aram. *Jēšūā‘* oder *Jēšū‘*), der einst in dem von den Römern beherrschten Palästina lebte und wirkte und in Jerusalem starb, deutlicher zu erfassen. Trotzdem kann der folgende Versuch, das Leben und die Lehre Jesu kurz darzustellen, nur Anspruch auf Wahrscheinlichkeit, nicht aber auf Sicherheit erheben.

a) Die Evangelien als historische Zeugnisse: Die Hauptquelle für das Leben Jesu sind die Berichte der Evangelien, doch muß man sich vor Augen halten, daß wir es hier mit Schriften zu tun haben, die in erster Linie den christlichen Glauben verkündigen und Weisungen für das Leben der Gemeinden geben wollen. Eine »Biographie« Jesu zu schreiben, lag den Evangelisten fern. Das Material, auf das sie sich stützten, war von Anfang an in Predigt, Liturgie und Katechese geprägt worden, hatte also immer den auferstandenen, zum Vater erhöhten und in seiner Kirche lebendigen Christus zum Gegenstand. Trotzdem wäre es übertrieben, den in den Evangelien aufgenommenen Traditionen jeden historischen Wert abzusprechen. Nur bedarf es einer sehr aufmerksamen und verantwortungsbewußten Kritik, um aus der theologischen Deutung, die den Ereignissen nach Ostern gegeben wurde, wenn möglich den nüchternen historischen Sachverhalt zu finden und herauszuschälen.

Als Hilfsmittel zur wissenschaftlichen Erforschung der Evangelien stehen dem Gelehrten die Methoden der Literar- oder Quellenkritik, der Form- und Redaktionsgeschichte zur Verfügung (s. *Bibelkritik). Durch die Unterscheidung dessen, was als alte Überlieferung, als redaktioneller Rahmen, als gläubige Interpretation der Gemeinde oder des Evangelisten zu gelten hat, gewinnen wir in den wichtigsten Punkten des Lebens und der Lehre Jesu größere Sicherheit, als wenn wir wahllos jedes Wort als historisches Zeugnis verstehen würden.

b) Datierung der Evangelien: Die drei ersten Evangelien, Markus, Matthäus und Lukas, werden wegen ihrer durchgängigen Ähnlichkeit die Synoptiker genannt. Das älteste von ihnen, das Markusevangelium,

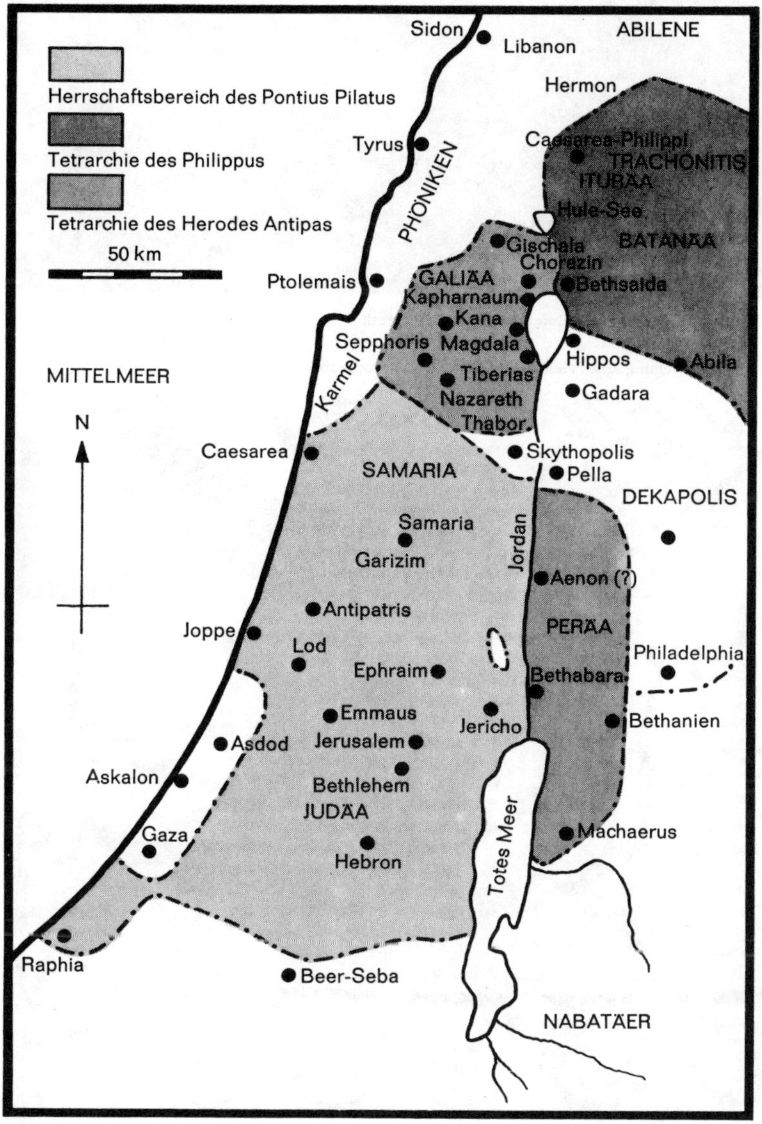

Karte 24. Palästina zur Zeit Jesu

Abb. 410. Landschaft am Nordufer des Sees Genezareth

Abb. 411. Darstellung eines Geldwechslers auf einem römischen Sarkophag (1. Jhdt. n. Chr.)

Abb. 412. Nach seiner Taufe ging Jesus für vierzig Tage in die »Wüste«. Zur Erinnerung daran wurde in Dok im 4. oder 8. Jhdt. n. Chr. ein Kloster errichtet

Abb. 413. Die Grabeskirche soll am Ort der Kreuzigung Jesu stehen

wurde vermutlich von einem Christen der römischen Gemeinde abgefaßt. Die meisten Gelehrten datieren es zwischen 60 und 70 n. Chr., obwohl auch ein späteres Datum möglich ist. Das Matthäusevangelium, von dem man lange Zeit annahm, es sei ursprünglich hebräisch geschrieben worden, und das Lukasevangelium, das Werk eines gebildeten hellenistischen Christen, den man auch für den Autor der Apostelgeschichte hält, sind etwa zwanzig bis dreißig Jahre später entstanden. Wann das Johannesevangelium geschrieben wurde, ist ungewiß. Während man es allgemein für das späteste Evangelium hält, wurde jüngst die absonderliche Meinung vertreten, es gehöre zu den frühesten neutestamentlichen Schriften und enthalte älteste judenchristliche Traditionen (s. *Johannesevangelium; *Lukasevangelium; *Markusevangelium; *Matthäusevangelium; *Synoptische Evangelien).
Die Christen predigten Jesus als den Messias. Zur Abfassungszeit der Evangelien war dies die allgemein anerkannte theologische Lehre der Kirche. Man muß darum die Traditionen über das Leben Jesu im Lichte der prophetischen Messiaserwartungen verstehen.
c) Geographischer Rahmen: Die Stätten, an denen Jesus gewirkt hat, und die Routen seiner häufigen Wanderungen können nur ungefähr bestimmt werden. In den Evangelien sind nur wenige Städte oder Ortschaften namentlich genannt, und bei einigen von ihnen ist eine genaue Lokalisierung nicht mehr möglich (s. **Karte 24**). Mittelpunkt des Wirkens Jesu war die Fischerstadt Kapharnaum am Nordwestufer des Sees Genezareth. Von der Stadt, die Jesus kannte, sind keine Spuren mehr vorhanden. Es stehen noch Ruinen einer Synagoge, die jedoch aus dem Ende des 2. Jhdts. stammt. Wahrscheinlich hat aber an derselben Stelle bereits vorher eine Synagoge gestanden (s. *Synagoge). Keiner der von den Evangelien erwähnten Berge in Galiläa kann identifiziert werden; es gab damals nicht weniger Berge als heute.
2. Das Leben Jesu: *a) Geburt:* Jesus wurde »zu Bethlehem in Judäa in den Tagen des Königs Herodes geboren« (Mt 2, 1). Das Lukasevangelium weiß zu erzählen, daß Joseph und Maria aus ihrer Heimatstadt Nazareth nach Bethlehem gehen mußten, um sich für die Steuererhebung in Listen eintragen zu lassen. Diese Angabe bereitet jedoch Auslegungsschwierigkeiten. Jesus wurde vor dem Tode des Königs Herodes (4 v. Chr.) geboren, während die einzige Volkszählung um diese Zeit, von der wir wissen, zehn bis dreizehn Jahre später stattfand, als Quirinius römischer Statthalter von Syrien war. Dies gab den Anstoß zu einer anderen Theorie, daß Jesus, der ein Galiläer war, in Nazareth geboren wurde. Die Geschichte von der Geburt in der »Stadt Davids« sei später entstanden, um den Messiasanspruch Jesu zu rechtfertigen. Der Messias sollte aber nach einer Prophetie Michas (Mich 5, 2–15) ein Sproß aus dem in Bethlehem beheimateten Hause Davids sein.
b) Kindheit: Über die Kindheit und Jugendjahre Jesu ist kaum etwas bekannt. Auch von dem Nazareth, in dem Jesus aufgewachsen ist, hat sich kaum etwas erhalten, bis auf die Jungfrauenquelle und in den felsigen Boden hineingehauene Höhlen, die dem armen Volk als Wohnung dienten. In späteren Zeiten wurden auf dem Boden des früheren Nazareth überall Kirchen und Erinnerungsstätten für die frommen Pilger erbaut.
Die Kindheitsgeschichten der Evangelien gehören zu den zeitlich spätesten Bildungen der Tradition. Inwieweit sie noch zuverlässige historische Erinnerungen enthalten, ist umstritten. Mit Sicherheit erkennbar sind nur die alttestamentlichen Vorbilder, nach denen die meisten dieser Geschichten gestaltet wurden, und die theologischen Motive, die in ihnen erzählerische Form gewinnen.
c) Taufe: Die Evangelien nennen als Ausgangspunkt für Jesu öffentliches Wirken die Taufe durch *Johannes den Täufer. Hier haben wir eine der sichersten Angaben des NT, mag auch die Taufgeschichte mit der Theophanie, der Herabkunft des Geistes und der Himmelsstimme, deutlich die theologischen Anschauungen der nachösterlichen Gemeinde widerspiegeln. Die Theophanie wird in der visionären Sprache jüdischer Apokalyptik geschildert: »Und als er aus dem Wasser emporstieg, sah er im selben Augenblick den Himmel sich auftun und den Geist wie eine Taube auf ihn herabschweben, und eine Stimme aus dem Himmel erscholl: Du bist mein geliebter Sohn, an dir habe ich mein Wohlgefallen gefunden« (Mk 1, 10–11 parr). Wieweit aus dieser Schilderung auf eine innere Erfahrung Jesu geschlossen werden kann, ist umstritten.
Nach Lukas ließ Jesus sich taufen, als er etwa dreißig Jahre alt war, obwohl diese chronologische Angabe umstritten ist (Quirinius wird z. B. nur bei Lukas erwähnt). Eine Zeitlang blieb Jesus in der

Nähe des Täufers in Juda, um sich dann für vierzig Tage in die »Wüste« zurückzuziehen. Im 4. oder 8. Jhdt. n. Chr. wurde in Dok, nordwestlich von Jericho, ein Kloster, *ǧebel qarantal* genannt (s. **Abb. 412**), zur Erinnerung an Jesu vierzigtägiges Fasten in der Wüste errichtet. Im Johannesevangelium heißt es, Jesus sei zur Zeit seiner Lehrtätigkeit noch nicht fünfzig Jahre alt gewesen, und diese Altersangabe erscheint manchen Gelehrten zuverlässiger.

d) Beginn der Lehrtätigkeit: Jesus wandte sich zuerst an das Volk in Galiläa, wobei er wie so manche andere Wanderprediger von Ort zu Ort zog. Es wird berichtet, daß er aus der Schrift vorlas und dann zum Volke sprach. Ob er dabei aber in den Synagogen das alte Hebräisch der Bibel in die aramäische Sprache der damaligen Zeit übersetzte und dann die einzelnen Abschnitte der Schrift interpretierte oder nur einfach über irgendwelche biblischen Passagen predigte, ist nicht bekannt.

Jesus verkündigte, daß die große Hoffnung der jüdischen Religion vor ihrer Erfüllung stehe. Die Zeit des Wartens sei vorbei, das Gottesreich sei nahe. Zur Vorbereitung auf die kommende Gottesherrschaft müßten die Menschen Buße tun, ihren Lebenswandel ändern und glauben, daß Gott die ursprüngliche Schöpfungsordnung wiederherstellen werde.

Jesu Ruf verbreitete sich bald im ganzen Land. Er lehrte mit ungeheurer Eindringlichkeit und Autorität und heilte viele Kranke, vor allem Aussätzige, Gelähmte und Blinde. Diese Heilandstätigkeit war ein wesentlicher Bestandteil seiner Sendung. Im Königreich Gottes, dessen Kommen er verkündete, gab es keinen Platz für Krankheit und Leid. Darum war das Heilen aller Übel eine notwendige Ergänzung seiner Predigt und zugleich ein sichtbares Zeichen dafür, daß der neue Äon tatsächlich schon begonnen hatte.

Markus betont mit besonderem Nachdruck diesen Aspekt des Wirkens Jesu. Von Anfang an stellt er Jesus als Herrn (oder Meister) der, zunächst als Herrn über Satan (in der Versuchungsgeschichte), dann als Herrn über die Menschen, die er als seine Apostel beruft, weiter als Herrn über die Schrift, die er mit Vollmacht auslegt, oder als Herrn über die »bösen Geister«, denen man die Schuld an den Krankheiten gab (vor allem an der Epilepsie und den Geisteskrankheiten). Jesus – so stellt es Markus dar – brauchte nur zu den Dämonen zu sprechen, um sogleich von ihnen als Erzfeind Satans erkannt zu werden.

b) Jesus und Johannes: Ungefähr um diese Zeit erreicht die schon lange andauernde Feindschaft zwischen Herodes Antipas und Johannes mit der Gefangennahme und Hinrichtung des Täufers ihren Höhepunkt. Sein Tod – ein Vorspiel des späteren Schicksals Jesu – muß Jesus tief berührt haben. Wie immer die persönlichen Beziehungen zwischen den beiden großen Männern gewesen sein mögen, ihre religiösen Anliegen und Vorstellungen stimmten weithin überein. Mit seinem Aufruf zur Buße und Umkehr vor dem letzten Gericht Gottes setzte Jesus die Predigt des Täufers fort. So stellt sich die Frage nach den Beziehungen zwischen Johannes und Jesus auf der einen und zwischen den Vorläufern des Christentums und der Qumransekte auf der anderen Seite (s. *Qumran).

f) Beziehungen zur Qumransekte: Weder Johannes noch Jesus kamen aus den Reihen der Essener oder der Qumransekte, doch herrscht heute Übereinstimmung darüber, daß die Sektenbewegung im Judentum auf beide nicht ohne Einfluß geblieben ist. Wie bei anderen jüdischen nonkonformistischen Gruppen haben die von Johannes und Jesus ausgelösten Bewegungen in den früheren *Chasidäern ihren gemeinsamen Ahnen. Es handelte sich durchweg um messianische Strömungen, denen ein starkes eschatologisches Interesse gemeinsam war und die sich alle in ihren Glaubensüberzeugungen stark von der zeitgenössischen Theologie der Pharisäer und der späteren Rabbiner unterschieden. Wie die Qumransektierer verkündete auch Jesus das bevorstehende Ende der Welt. Gemessen an dem absoluten Wert der Gottesherrschaft hatten für ihn die irdischen Güter der Familie und der menschlichen Gemeinschaften nur einen zweitrangigen Wert. Seine Lehre des Gewaltverzichts gegenüber dem Bösen stand im direkten Gegensatz zu den Forderungen der Qumransekte.

g) Verwerfung in Nazareth: Für die Bewohner seiner Heimatstadt Nazareth war Jesus niemand anders als der Sohn des Zimmermanns Joseph, ein Wanderprediger mit recht unorthodoxen Ansichten. Eines Sabbats, so berichtet uns Lukas (Lk 4, 16–19), verlas Jesus in der Synagoge die Jesajastelle, die am besten seine Sendung umschreibt: »Der Geist des Herrn ist über mir, weil er mich gesalbt hat, damit ich den Armen die frohe Botschaft bringe. Er hat mich gesandt, um den Gefangenen die Freilassung und den Blinden die Verleihung des Augenlichts zu verkünden, die

Unterdrückten in Freiheit zu entlassen, ein Gnadenjahr des Herrn auszurufen« (vgl. Jes 61, 1).
»Gesalbt« bedeutete der »Messias«, und die Prophetie wurde in diesem messianischen Sinn verstanden. Die Zeloten sahen in der messianischen Erwartung einen Appell zum gewaltsamen Aufstand, während die *Pharisäer den Begriff mehr vergeistigt hatten. Wie auch immer die Auffassungen darüber in Nazareth gewesen sein mögen, das Volk wandte sich gegen Jesus und machte das Sprichwort wahr, daß kein Prophet etwas in seinem Vaterland gelte.
h) Lehrtätigkeit in Galiläa: Danach kehrte Jesus nach Kapharnaum zurück und scharte für die Verkündigung des Evangeliums in Galiläa eine Gruppe von Männern um sich. Aus seinem Jüngerkreis – so berichten die Evangelien – suchte er sich zwölf als seine engeren Begleiter aus. Die fünf zuerst Erwählten hatten unter den Zwölf eine hervorragende Rolle. Es waren Simon von Bethsaida, ihr Anführer (Kephas oder Petrus, d. h. der »Fels« genannt), Jakobus und Johannes (die »Donnersöhne« = Boanerges), Andreas, der Bruder des Simon, und Matthäus, der nicht wie die vier anderen ein Fischer, sondern ein Steuereinnehmer (oder Zöllner) gewesen sein soll. Charakteristisch für Jesus war, daß er sich an das einfache Volk wandte und auch »Zöllner und Sünder« nicht verachtete. Im Gegensatz zu den jüdischen Sekten bedurfte es keiner formalen Aufnahme in seinen Jüngerkreis. Jesus forderte von seinem Gefolge nur Umkehr und Buße sowie unbedingten Glauben an ihn. Die **Abb. 410** zeigt die Landschaft am Nordufer des Sees Genezareth zwischen Kapharnaum und Bethsaida.
Im Winter des Jahres 28 oder 29 n. Chr. begann die Aussendung seiner Jünger: »Darauf rief er die Zwölf zu sich und begann sie paarweise auszusenden; dabei gab er ihnen Macht über die unreinen Geister und gebot ihnen, nichts auf den Weg mitzunehmen als nur einen Stock, kein Brot, keinen Ranzen und kein Geld im Gürtel; jedoch Sandalen sollten sie sich unterbinden, aber nicht zwei Röcke anziehen ... So machten sie sich denn auf den Weg und predigten, man solle Buße tun. Sie trieben auch viele böse Geister aus, salbten viele Kranke mit Öl und heilten sie« (Mk 6, 7–13).
Jesu Verkündigung war an die Juden gerichtet: »Den Weg zu den Heidenvölkern schlagt nicht ein und tretet auch in keine Samariterstadt ein, geht vielmehr zu den verlorenen Schafen des Hauses Israel« (Mt 10, 5–6). Die Jünger breiteten Jesu Lehre überall im Lande aus, erzählten von seinen Wundertaten und trieben sogar in seinem Namen böse Geister aus.
i) Jesus und die Pharisäer: Jesus tastete nie die Fundamente des jüdischen Glaubens an: »Denkt nicht, daß ich gekommen sei, das Gesetz und die Propheten aufzulösen, sondern sie zu erfüllen. Denn wahrlich, ich sage euch: Bis Himmel und Erde vergehen, wird vom Gesetz nicht ein einziges Jota und kein Strichlein vergehen, bis alles in Erfüllung gegangen ist« (Mt 5, 17–18). Dies war die bekannte Formel aus der Mischna *»qoṣô šel jôd«*, die besagt, daß nicht einmal ein »Jota«, ja sogar kein Strichlein von einem Jota vergehen solle (s. *Alphabet). Jesus forderte seine Zuhörer auf, die Weisungen der religiösen Autoritäten (s. *Pharisäer) zu befolgen. Dennoch lehrte er eine Moral, die, soweit sie sich auf Vergebung, Reinheit und Liebe bezog, die Forderungen der Pharisäer bei weitem übertraf und die auch kein Gesetz erzwingen konnte. Die synoptischen Evangelien (Matthäus, Markus, Lukas) legen die Vermutung nahe, daß Jesu Art zu predigen in Form und Inhalt der Predigt der Pharisäer ähnelte. Zwischen seinen Aussprüchen und denen der Rabbiner gibt es viele ins Auge springende Parallelen. Wie die jüdischen Lehrer erzählte er gern Gleichnisse und verteidigte ähnliche moralische Prinzipien. So gibt es zwischen Jesus und den Rabbinern Berührungspunkte genug, um manche Neutestamentler zu der Schlußfolgerung zu veranlassen, Jesus sei in Wirklichkeit ein Pharisäer, allerdings mit etlichen abweichenden Ansichten, gewesen; denn oft befehden sich gerade die am erbittertsten, deren Lehre und Praktiken einander verwandt sind. Andere Gelehrte wiederum sind der Meinung, daß trotz aller vorhandenen Ähnlichkeiten Jesus kein Pharisäer gewesen sei. Das wichtigste Argument für diese Richtung ist Jesu Zurückweisung der mündlichen Überlieferungen (s. *Gesetz; *Mischna), die von den Pharisäern sowie deren Anhängern unter den Rabbinern als dem geschriebenen mosaischen Gesetz gleichwertig betrachtet wurden. Was auch später an Streitpunkten hinzugekommen sein mag, dieser fundamentale Unterschied zwischen Jesus und seinen Gegenspielern unter den Pharisäern war für das gegenseitige Verhältnis ausschlaggebend.
Jesus übte am Verhalten mancher Pharisäer Kritik, verwarf aber nicht die Partei als ganze (s. *Pharisäer). Doch mußte seine

autoritative Art zu lehren (»Wahrlich, ich sage euch ...«) den Widerspruch der offiziellen Gesetzesinterpreten hervorrufen. Die Evangelien betonen immer wieder den unversöhnlichen Gegensatz, der zwischen Jesus und den Pharisäern herrschte, wissen aber auch von freundlichen Kontakten zwischen beiden zu berichten.
Nur bei zwei Gelegenheiten griff Jesus die Pharisäer direkt wegen ihrer Schriftauslegung an: bei der Frage nach der Erlaubtheit der Ehescheidung und beim Streit, ob ein Mensch das Recht habe, Sünden zu vergeben. Von der Befolgung des *Sabbatgebotes gestattete Jesus manche Ausnahmen, aber daß »der Sabbat für die Menschen gemacht ist und nicht die Menschen für den Sabbat«, war herkömmliche Lehre der Pharisäer. Dagegen wird man in pharisäischen Quellen vergeblich nach einer Parallele für Jesu Lehre des Gewaltverzichts gegenüber dem Bösen suchen, und auch die Verteidiger von Moral und Sitte zeigten wenig Sympathie für Jesu Liebe zu »Dirnen« und Ehebrechern.
Jesus geriet auch über Fragen wie zum Beispiel die Notwendigkeit einer rituellen Händewaschung vor dem Mahl (was etwas mehr bedeutet als eine bloße Waschung; s. *Reinheitsgesetze) mit den offiziellen Gesetzeslehrern und Rechtsgelehrten in Konflikt (s. unten: Lehre Jesu). Er lehrte, daß Reinheit vor Gott bedeute, ein reines Leben zu führen, unrein sei dagegen ein unaufrichtiger, hochmütiger oder sinnlicher Charakter. Die Vorstellung, daß unreine Dinge den Menschen auch rituell unrein machen könnten, wies er zurück: »Was dagegen aus dem Munde herauskommt, geht aus dem Herzen hervor, und das ist es, was den Menschen verunreinigt. Denn aus dem Herzen kommen die bösen Gedanken hervor ... Das sind die Dinge, die den Menschen verunreinigen; dagegen das Essen mit ungewaschenen Händen macht den Menschen nicht unrein« (Mt 15, 18–20). Vor Gott sind die Gesinnung, der Charakter und die Motive des Menschen allein ausschlaggebend, und diese Betonung einer inneren Verantwortlichkeit des Menschen gehört zu den hervorstechendsten Merkmalen der Botschaft Jesu.
Sowohl Jesus als auch die Pharisäer standen auf dem gemeinsamen Grund des jüdischen Glaubens, beide waren von einer aufrichtigen Sorge um das geistliche Wohl ihres Volkes erfüllt. Bei den Fragen, an denen sich der Streit entzündete, handelte es sich um interne Auseinandersetzungen innerhalb des Judentums. Ein Vergleich der frühchristlichen Lehre mit den Qumranschriften läßt uns heute die Differenzen, aber auch die Ähnlichkeiten zwischen Jesus und den Juden besser verstehen (s. *Qumran).
Erst als später in neutestamentlicher Zeit die gleichen Streitfragen von Juden- und Heidenchristen wieder aufgenommen wurden, trat der verhängnisvolle Bruch zwischen den beiden Religionen offen zutage. Die Evangelisten, die um diese Zeit ihre Werke verfaßten, rücken bewußt die trennenden Züge zwischen Jesus und den Pharisäern in den Vordergrund. Als sich Juden und Christen weiter auseinanderlebten, wuchsen auch die antipharisäischen Vorurteile. Die Evangelien lassen den Eindruck entstehen, daß die Gegnerschaft zwischen der jungen Kirche und dem offiziellen Judentum bereits zur Zeit Jesu begonnen habe – ein Punkt, auf den wir in unserem Bericht über den Prozeß Jesu noch näher eingehen werden (s. unten).
k) Enttäuschung: Nach dem ermutigenden Anfang in Galiläa fiel das Volk wieder in Massen von Jeus ab. Jesus sah sich nicht nur der Opposition von seiten der religiösen Führer gegenüber, auch die Bevölkerung, die ihm doch in hellen Scharen zugeströmt war, schien das Vertrauen in ihn verloren zu haben. Die ganze Generation stellte sich taub gegen seine Lehre (Mt 11, 16–19). Sogar in Chorazin, Bethsaida und Kapharnaum wandte sich das Volk gegen ihn (Mt 11, 20–24; Lk 10, 13–15). Nicht nur bei seiner religiösen Mission blieb der Erfolg, den er erhofft hatte, aus, auch die weltlichen Autoritäten störten seine Tätigkeit.
b) Jesus und Herodes Antipas: Bis zu diesem Zeitpunkt hatte die oberste zivile Behörde in Galiläa – Herodes Antipas – ihm keine Aufmerksamkeit geschenkt. Johannes der Täufer war von Herodes enthauptet worden, weil seine Bewegung so angewachsen war, daß sie zu einer Gefahr für die staatliche Autorität hätte werden können. Nun schien es so, als würde die von Johannes begonnene Bewegung von Jesus weitergeführt: »Herodes aber sagte: ›Den Johannes habe ich enthaupten lassen; wer mag nun dieser sein, über den ich solche Dinge höre?‹ So hegte er den Wunsch, Jesus persönlich zu sehen« (Lk 9, 9). Nachdem er sich die Täuferbewegung vom Hals geschafft hatte, war kaum anzunehmen, daß er ruhig beobachten würde, wie sich unter Johannes' Nachfolger eine ähnliche Bewegung ausbreitete. So beschloß er, Jesus als potentiellen Führer einer Revolte

gegen Rom ins Gefängnis zu werfen: »In eben dieser Stunde traten einige Pharisäer herzu und sagten zu ihm: ›Entferne dich von hier und ziehe weiter, denn Herodes will dich töten!‹ Doch er antwortete ihnen: ›Geht hin und meldet diesem Fuchs: Wisse wohl, ich treibe böse Geister aus und vollführe Heilungen heute noch und morgen, und übermorgen komme ich damit zum Abschluß. Jedoch heute und morgen und übermorgen muß ich weiterziehen; denn es geht nicht an, daß ein Prophet anderswo als in Jerusalem ums Leben kommt« (Lk 13, 31–33).

Jesus wollte seine Sendung in Jerusalem, dem Mittelpunkt des Judentums, vollenden. Zunächst wanderte er nach Norden in das Gebiet von Tyrus und Sidon, wo er unbehindert von den Spitzeln des Herodes und dem ständigen Andrang der Massen wirken konnte.

Um diese Zeit begann Jesus, direkt über seine Person zu predigen und zu verkündigen, daß er erst leiden müsse, ehe er in die Herrlichkeit eingehe. Markus und Matthäus berichten, daß er sein Leiden und Sterben vorausgesagt habe: »Will jemand mir nachfolgen, so verleugne er sich selbst und nehme sein Kreuz auf sich, und so werde er mein Nachfolger. Denn wer sein Leben retten will, der wird es verlieren; wer aber sein Leben um meinetwillen und um der Heilsbotschaft willen verliert, der wird es retten« (Mk 8, 34 f).

Nach Ansicht der Kommentatoren gehören Worte wie diese zu der Sprache, die Jesus als Ausdruck seines eigenen Selbstverständnisses oder als anschauliche Metapher, die seine Hörer sicher leicht verstanden, gesprochen haben könnte. Viele Gelehrte sind jedoch der Auffassung, daß die Worte kaum so, wie sie dastehen, von Jesus stammen, da sie allzu genau seinen eigenen Tod beschreiben. (Das Kreuz hatte ein verurteilter Verbrecher selbst zum Hinrichtungsplatz zu tragen.)

Doch Jesus sah sich selbst als den Gottesknecht an, gesalbt nicht zur Glorie, sondern zum Leiden, kein zweiter und größerer David, sondern »ein Mann der Schmerzen und mit Leiden vertraut« nach den Worten von Jes 53.

Dann wandte sich Jesus seinem letzten Reiseziel, Jerusalem, zu. Er mied auf dem Weg dorthin soweit als möglich alle Städte, die im Machtbereich des Herodes lagen. Markus (10, 32) berichtet, daß er nicht mehr mit seinen Jüngern wanderte, sondern ihnen allein voranzog, so als wollte er den Abstand, der zwischen ihm und seinen naivdenkenden Jüngern klaffte, symbolisieren. Wenn er zu ihnen sprach, war es, um sie auf das Schicksal, das ihn erwartete, vorzubereiten; aber sie waren so weit entfernt, ihn zu verstehen, daß sogar Jakobus und Johannes ihn um Ehrenplätze zu seiner Seite auf dem messianischen Thron, wie sie ihn sich dachten, angingen. In seiner Antwort wies Jesus wieder auf das zentrale Anliegen seiner Verkündigung hin: »... wer unter euch groß werden möchte, muß euer Diener sein, und wer unter euch der Erste sein möchte, muß der Knecht aller sein; denn auch der Menschensohn ist nicht gekommen, um sich bedienen zu lassen, sondern um selbst zu dienen und sein Leben als Lösegeld für viele hinzugeben« (Mk 10, 43–45).

m) Jesus und die Sadduzäer: Schließlich zog Jesus mit einem kleinen Gefolge, das ihm messianische Huldigungen erwies, in Jerusalem ein. Als er die Tempelhöfe von den Händlern, die sich dort niedergelassen hatten, reinigte, zog er sofort die Aufmerksamkeit auf sich. Geldwechsler etwa ähnlich der Gestalt **Abb. 411** auf einem römischen Sarkophag aus dem 1. Jhdt. n. Chr. gehörten wohl damals zum üblichen Bild in den Tempelhöfen. Jesu Angriff gegen die Tempelorganisation rief unvermeidlich die Feindschaft der Sadduzäer, der offiziellen Tempelverwalter, auf den Plan. Die Sadduzäer interessierten sich damals nicht für seine Lehre, sie griffen ihn wegen seines Anspruchs, der Messias zu sein, an, und mit dieser politischen Anklage lieferten sie ihn auch den römischen Behörden aus.

n) Das Letzte Abendmahl: In der Nacht des 13. Nisan wurde Jesus nach dem Bericht der synoptischen Evangelien von der Tempelgarde festgenommen, nachdem er mit seinen Jüngern das »Letzte Abendmahl«, wahrscheinlich das Passahmahl, gefeiert hatte. Im allgemeinen ist man der Ansicht, das Letzte Abendmahl sei am Donnerstag, der Nacht vor der Kreuzigung, gefeiert worden. Doch wird auch, gestützt auf die *Qumran-Schriften, eine andere Theorie vorgetragen, wonach das Letzte Abendmahl Dienstagnacht gehalten worden sei. Diese Theorie wird allerdings von vielen führenden Neutestamentlern bestritten, obwohl sie den Vorzug hat, zahlreiche Probleme zu klären. A. Jaubert, unterstützt von J. T. Milik, behauptet, die Sektierer von Qumran hätten den *Kalender aus dem Buch der Jubiläen (s. *Deuterokanonische Bücher) übernommen, was die Handschriftenfunde bestätigen. Das Passahmahl der Essener fiel im Jahr der Kreuzigung auf den Dienstag, stimmte also nicht mit dem von der Tempelbehörde festgelegten Datum überein. Die französische Autorin nimmt an, daß auch Jesus – wie die Essener – das Passahmahl am Dienstagabend in der heiligen Woche gefeiert habe. Auf diese Weise behebt sie den Widerspruch zwischen den synoptischen Evangelien (Mk 14, 12 parr), wonach das Letzte Abendmahl ein Passahmahl war, und dem Johannesevangelium, in dem es heißt, das Passah sei erst am Freitagabend gefeiert worden und Jesus habe als neues Passahlamm den Tod am Kreuz gefunden. Nach dieser Hypothese lassen sich die Ereignisse der Passionsgeschichte besser erklären und zeitlich unterbringen, und nebenbei wird die Chronologie der Karwoche in Einklang mit der zeitgenössischen jüdischen Rechtspraxis gebracht. Noch einmal aber sei bemerkt, daß diese Annahme in den Evangelien selber keinerlei Stütze hat.

o) Jesus und die römischen Behörden: Obwohl Jesus mit seiner Lehre keine politischen Ziele verfolgte und die Begriffe »Messias« und »König der Juden« rein geistlich interpretierte, waren sie im Palästina der damaligen Zeit politischer und militärischer Zündstoff. Jesus hatte keineswegs im Sinn, einen Aufruhr zu entfachen, aber seine Einstellung den staatlichen Autoritäten gegenüber und die Verkündigung der kommenden Gottesherrschaft konnten als Unterstützung des militanten Nationalismus der Zeloten, die »Gottesherrschaft« nicht als bloße Metapher verstanden, gedeutet werden. Sowohl Johannes als auch Jesus predigten den Untergang der Herrscher dieser Welt, und es verwundert kaum, daß Herodes Antipas und die römischen Behörden solche Reden als landesverräterisch ansahen und alles in ihrer Macht Stehende taten, um sie zu verhindern.

3. Die Gerichtsverhandlung: Die mit dem Prozeß Jesu zusammenhängenden Fragen sind mit zahlreichen Unklarheiten und Vorurteilen belastet. Schon die Berichte der Evangelien stimmen nicht ganz überein und enthalten viele Lücken und Unwahrscheinlichkeiten. Sie schreiben die Schuld hauptsächlich dem Hohenpriester und seiner engsten Umgebung zu – schließen dann aber in einer verallgemeinernden Weise andere mit ein, obwohl sie die Hauptverantwortung eindeutig bei den Hohenpriestern belassen. Die Römer spielen nur eine zweitrangige Rolle. In der Apostelgeschichte wird sogar dem ganzen Jüdischen Volk die Verantwortung für Jesu Tod gegeben, und die Evangelien berichten, wie die Juden Pilatus' Vorschlag, Jesus freizulassen, zurückweisen und freiwillig sein Blut auf sich und ihre Kinder herabrufen. Ein Grund für die Abweichungen innerhalb der Evangelien – ein schwieriges Problem für den Forscher – ist die Tatsache, daß die Berichte erst längere Zeit nach den Ereignissen und keineswegs aus rein historischem Interesse niedergeschrieben wurden.

Ein Teil der Schwierigkeiten ergibt sich aus den Evangelienberichten selbst, zumal viele Angaben nicht mit der damals herrschenden (jüdischen und römischen) Rechtspraxis in Einklang stehen. Die Evangelien sprechen von einer nächtlichen Gerichtssitzung des großen Synedriums. Die Anklage lautete, Jesus habe den Versuch unternommen, sich selbst zum König zu machen; ferner erhebe er den Anspruch, der Messias zu sein. Das Synedrium (s. *Verfassung, Verwaltung und Staatsformen 3 m) war der oberste religiöse Gerichtshof in Jerusalem. Es war an durch mündliches Gesetz geregelte Verfahrensvorschriften gebunden. Diese sind uns durch ihre spätere Kompilation in der *Mischna (um 200 n. Chr. niedergeschrieben) bekannt. Sicher hat man bis zur Zeit der schriftlichen Fixierung manche Änderungen eingeführt, doch handelte es sich dann kaum um einen einschneidenden Wechsel. Die Mischna bestimmt (und so galt es wahrscheinlich auch schon zu Jesu Zeiten), daß sich das Synedrium am Tage zu versammeln habe – und nicht bei Nacht nach dem Passahmahl. Eine solche Gerichtsverhandlung wäre völlig illegal gewesen. Darüber hinaus hätte das vorgebrachte Beweismaterial niemals das Todesurteil nach sich gezogen. Aus den Evangelien geht hervor, daß das Todesurteil von den Römern ausgesprochen und vollstreckt wurde. Es heißt, daß die Juden nicht die Blutgerichtsbarkeit besaßen, also kann es auf keinen Fall ein von dem jüdischen Gericht verhängtes Todesurteil gegeben haben.

Die Geschichte von der nächtlichen Gerichtsverhandlung gäbe einen besseren Sinn, wenn man (mit S. Zeitlin) annehmen dürfte, Jesus sei vor dem an keine Form gebundenen Gerichtshof des Hohenpriesters, der eine politische Körperschaft war und für den nicht die bekannten Verfahrensvorschriften galten, angeklagt worden.

Nach einer anderen Theorie wollten jüdische Beamte, die von den Römern in ihr

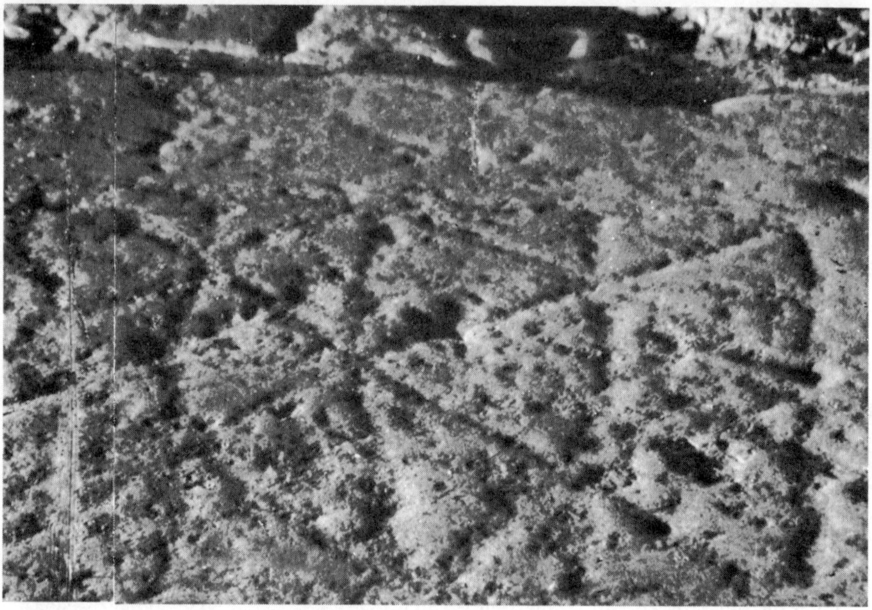

Abb. 414. Stein mit dem eingravierten »Königsspiel«. Mit diesem Spiel vertrieben sich die römischen Soldaten ihre Zeit. Der Stein wurde bei den Ausgrabungen der Festung Antonia als Teil des Pflasters gefunden

Abb. 415. Die Gewölbe der Grabeskirche aus der Zeit Kaiser Konstantins

Amt eingesetzt worden waren und sich nun bei ihren Herren einzuschmeicheln suchten, die Aufmerksamkeit der römischen Behörden auf die beginnende messianische Bewegung lenken.
In seiner Analyse des Prozesses Jesu gibt Paul Winter zu bedenken, daß viele widersprüchlichen Elemente in den Berichten auch spätere Einfügungen sein könnten, die alle von zweitrangiger Bedeutung sind. Es handelt sich um folgende Probleme: die Untersuchung vor Annas; die Nachtsitzung des Synedriums; die Verspottung im Haus des Hohenpriesters; die Morgensitzung ohne Urteilsspruch (Lukas); die Szene mit Herodes Antipas; die Episode mit Barabbas in ihrer vorliegenden Form; die wohlwollende Haltung des Pilatus und die Geißelung vor dem Tod (Johannes).
Viele Gelehrte sind der Ansicht, daß aus diesen Szenen die antijüdische Einstellung der frühchristlichen Kirche, vor allem ihres hellenistischen Flügels, und das Bemühen sprechen, die Römer von der Schuld am Tode Jesu reinzuwaschen.
Ein Abschnitt in der Passionsgeschichte der Evangelien, der sicher historisch bedeutsam ist, handelt vom Verfahren vor Pilatus. Im Gegensatz zur christlichen Tradition neigen manche Wissenschaftler heutzutage immer mehr zu der Meinung, daß Herodes Antipas und Pontius Pilatus an Jesu Gefangennahme, Verurteilung und Hinrichtung viel stärker interessiert gewesen seien als die Juden.
Die herrschende Lehre besagt, daß Pilatus allein die Befugnis hatte, ein Todesurteil zu fällen, doch wird diese Behauptung auch bestritten. Auf jeden Fall sah sich Pilatus einem populären Führer des Volkes gegenüber, der eine mögliche Gefahr für die öffentliche Ruhe darstellte, noch dazu zur Zeit eines der jüdischen Hochfeste, da viele Pilger in die Hauptstadt geströmt waren und der Funke des Aufruhrs sich gar zu leicht hätte entzünden können. Nach traditioneller Ansicht hat eine Gruppe von Juden, die Jesus aus dem Weg räumen wollte – vor allem der Hohepriester und seine Umgebung –, Pilatus zum Vorgehen gegen Jesus angestiftet. Um Aufruhr und Tumult zu vermeiden, verurteilte Pilatus Jesus zum Kreuzestod, der bei den Römern üblichen Hinrichtungsart von Rebellen, die sich gegen ihre Herrschaft aufgelehnt hatten.
a) Archäologische Zeugnisse zum Prozeß Jesu: Das Johannesevangelium enthält eine Referenz über die Stätte, an der sich die Gerichtsverhandlung abspielte, die von den Archäologen bestätigt wurde: »Als Pilatus diese Worte hörte, ließ er Jesus hinausführen und setzte sich auf den Richterstuhl an dem Platze, welcher ›Steinpflaster‹, auf hebräisch Gabbatha, heißt« (Joh 19, 13). Das Steinpflaster, *gabb·tā* genannt, was »erhöhter Ort« bedeutet, ist vielleicht auf einer felsigen Anhöhe am Fuß der Burg Antonia zu suchen. Als es ausgegraben wurde, konnte man im Felssims die Eingravierung für das »Königsspiel«, mit dem sich die hier stationierten römischen Soldaten die Zeit vertrieben, noch erkennen (s. **Abb. 414**). Die Tatsache, daß die Archäologie die in den Evangelien erhalten gebliebenen griechischen und hebräischen Bezeichnungen bestätigt hat, kann nicht als Zufall erklärt werden. Das Johannesevangelium enthält viele wertvolle topographische und historische Daten. – Anderseits sei nicht verschwiegen, daß viele namhafte Gelehrte mit guten Gründen das »Steinpflaster«, von dem Johannes spricht, auf dem Platz vor dem königlichen Palast des Herodes in der Jerusalemer Oberstadt suchen.
b) Kreuzigung und Grablegung: Die Kreuzigung auf Golgatha fand nur vierundzwanzig Stunden nach dem Beginn des Letzten Abendmahles statt. Die Passionsberichte, von Männern geschrieben, die an Jesu Auferstehung glaubten, enden mit der Begräbnisszene im Garten Josephs von Arimathäa, im Norden von *Jerusalem außerhalb der Stadtmauern gelegen, und mit Jesu Auferstehung (s. unten). Weder den Archäologen noch den Exegeten ist es bisher gelungen, die tatsächliche Lage von Kalvaria und vom Grabe Christi eindeutig festzustellen. Der Ort, an dem heute die Grabeskirche steht (s. **Abb. 413**), wurde seit einer Vision der heiligen Helena, der Mutter Kaiser Konstantins des Großen, im frühen 4. Jhdt. n. Chr. als Begräbnisstätte Christi betrachtet. Die unterirdischen Gewölbe und Fundamente der Kirche **(Abb. 415)** datieren aus der Zeit Konstantins. Jüngere Untersuchungen haben einen anderen Ort weiter nördlich, unter dem Namen »Gordon's Kalvaria« bekannt, vorgeschlagen, aber da die Jerusalemer Stadtmauern häufig zerstört und wieder aufgebaut wurden und die Stadt sich auch im Lauf der Jahrhunderte immer weiter ausgedehnt hat, sind genaue Angaben unmöglich (s. *Jerusalem; *Begräbnis).
4. Lehre Jesu: Unter den großen Propheten und Lehrern des Judentums, denen es auf den geistlichen Gehalt und die sittlichen Forderungen ihrer Religion ankam, nimmt Jesus einen überragenden Platz ein.

Jesu Lehre enthält neue eschatologische und moralische Elemente. Das fundamentale Anliegen seiner Lehre lautet, daß die Verwirklichung der Gottesherrschaft unbedingten Gehorsam gegenüber dem Willen Gottes erfordere – jedoch so wie Jesus ihn verstand und deutete, nicht aber wie ihn die Pharisäer und andere Lehrer seiner Zeit auslegten. Jesus und seine Jünger feierten die vom orthodoxen Kalender vorgeschriebenen Feste mit, sie pilgerten zu den vom Gesetz festgelegten Zeiten nach Jerusalem und mischten sich unter die Volksmenge, die wie sie die Forderungen des Gesetzes erfüllte. Die Evangelisten weisen mit Nachdruck auf Jesu Ehrfurcht vor dem Tempel und seiner religiösen Funktion hin und lassen klar erkennen, daß er auch die Priesterschaft als gültig eingesetzt ansah (Mt 8, 4; 23, 2–3).

Was Jesus jedoch eindeutig ablehnte, war das mündliche Gesetz der *Pharisäer. Er anerkannte das geschriebene Gesetz als Wort Gottes und legte es im Licht der beiden großen Hauptgebote der Gottes- und Nächstenliebe aus – wie es auch schon die Propheten getan hatten. Das mündliche Gesetz der Pharisäer verwarf er jedoch, da es von Menschen, nicht von Gott herrührte. Das Gesetz werde nicht vergehen, so lehrte er, es werde vielmehr durch die Kraft des Heiligen Geistes, nicht aber aus Furcht vor seinen Sanktionen erfüllt werden. Immer wieder wies er darauf hin, daß es auf die innere geistige Bedeutung des Gesetzes ankomme, nicht aber auf die Vielzahl der rituellen Vorschriften.

Jesus lehrte, daß die Gottesherrschaft nahe sei und »allen Juden« offenstehe, die sie aufrichtig herbeisehnten und bereit seien, die Eintrittsbedingungen auf sich zu nehmen. Ein Kernpunkt seiner Lehre lautete, der Mensch sei nur rein, wenn auch sein Inneres lauter sei.

a) Die Person Jesu: Was außer Frage steht, ist die Wirkung der Persönlichkeit Jesu auf seine Mitmenschen. Er besaß wie J. Klausner sagt, »einen Glauben an seine Mission, der an Selbstverherrlichung grenzt ... So stark war der Glaube Jesu an sich selbst, daß er sich allmählich für autoritativer hielt als die Größten in Israel«. Vor allem forderte er absoluten Glauben an sich selbst, und diese Forderung wurde erfüllt. Der Sendungsanspruch Jesu als Heilsbringer, als stellvertretend sühnender Gottesknecht und als »der Sohn« prägten von Anfang an den Glauben der Christen.

Nach Jesu Tod verkündeten seine Jünger, daß in Jesus und in seiner Sendung Gott selbst in die Geschichte der Menschheit eingegriffen und das Kommen der eschatologischen Heilszeit herbeigeführt habe. Jesus – so lehrten sie – sei aus Gottes freiem Entschluß auf die Erde gesandt worden, um als Gottes Werkzeug die Menschen zu erlösen und ihnen die Segensgaben des Gottesreiches zu bringen. Die Bergpredigt zeigt an markanten Beispielen, wie der Mensch im Gottesreich leben soll, ein Leben freilich, das nur durch Gott erlangt werden kann. Sie enthält enge Parallelen zu jüdischen und pharisäischen Vorstellungen von göttlicher Gnade und menschlicher Buße sowie von Gottes Herrschaft über die Welt. Darüber hinaus sagt sie uns, welcherart die Gerechtigkeit der Menschen ist, die sich für das Gottesreich entschieden haben, und wie sie sich als leuchtende Vorbilder der Rechtschaffenheit in einer bösen Welt zu verhalten haben (s. *Christentum, Frühgeschichte).

b) Die Lehre vom Gottesreich: Das Gottesreich war für Jesus ein Ort, an dem irdische, menschliche Leiden und Freuden, Not und soziale Ungerechtigkeit keinen Platz mehr hatten. Die Menschen durften sicher sein, daß dieses Reich nahe bevorstehe; dafür bürgten die »Zeichen«: Kranke wurden gesund, Blinde sehend, Tote wurden wiedererweckt.

Für das Volk und die Rabbiner war das Gottesreich eine eschatologische Wirklichkeit in dem Sinn, daß es durch Gottes auserwählte Diener in einem Gnadenakt Gottes angekündigt werden sollte. Dann werde die Herrschaft Gottes über sein Volk kommen. Der Messias, ein Sproß vom Stamme Davids, werde als Herold und übernatürliche Erlösergestalt ihr Kommen vorbereiten. Die jüdische Lehre vom Königtum Gottes als Gottesherrschaft ist eine historisch faßbare Größe. In der Umgebung, in der Jesus aufwuchs und wirkte, war sie ein wichtiges religiöses Element. Soweit die Rabbiner und das Volk messianisch dachten (und das taten sie alle), dachten sie auch eschatologisch. Damit ist jedoch die Frage, was Jesus mit seiner Gottesherrschaft meinte, noch nicht endgültig beantwortet.

c) Der Menschensohn: Eine der Hauptdifferenzen zwischen jüdischen Glaubensüberzeugungen und der späteren christlichen Lehre liegt in der unterschiedlichen Interpretation des Messias- und des Menschensohnbegriffs. Nach der alten jüdischen Tradition sollte der Messias in Herrlichkeit kommen, seinen Sitz auf königlichem Thron haben und eine neue Ära ankündigen. Jesus folgte der gleichen Konzeption (Mt 19, 28; 25, 31; Mk 13, 26; Lk 21, 27), doch drücken die Evangelien rückschauend seine Ansicht über sich selbst in einer Weise aus, die von der traditionellen Messiasvorstellung völlig verschieden ist. Zur Zeit Jesu waren die verschiedensten Ansichten über die Frage, welcherart der erwartete Messias sein werde, in Umlauf (s. *Qumran 6f). Neben den traditionellen Vorstellungen vom Messias aus dem Geschlecht Davids und vom leidenden Gottesknecht erscheint die Gestalt vom »Menschensohn«, eine Form des Messianismus, die wohl von mythischen Spekulationen über den »Himmelsmenschen« beeinflußt ist. Die Vorstellung vom Menschensohn findet sich nicht in der Qumranliteratur, aber sie erscheint in jenem Teil des Henochbuches (Bilderreden Kap. 37–71), in dem auch auf den Messias angespielt wird. Da man annimmt, daß dieser Abschnitt nicht vor 100 n. Chr. datiert, schließen verschiedene Gelehrte, daß die Menschensohnvorstellung in der vorliegenden Form nachessenisch und erstchristlichen Ursprungs ist. Keine der alten jüdischen Quellen spricht von einem Messias, der in Armut und Niedrigkeit auf der Erde erscheinen werde, um von seinem eigenen Volk verworfen zu werden, zu leiden und zu sterben und sein Leben als Lösegeld für die Menschheit dahinzugeben. Diese neue Konzeption taucht erst in den Evangelien auf, die in Jesus Herrlichkeit und Erniedrigung, den himmlischen Menschensohn und den leidenden Gottesknecht miteinander verbinden.

d) Der leidende Gottesknecht: Vom leidenden Gottesknecht spricht die poetische Vision Jes 53. Vor die Aufgabe gestellt, mit dem schmachvollen Kreuzestod ihres Herrn und Meisters fertig zu werden, griff die frühe Kirche auf die Prophetie vom leidenden Gottesknecht zurück, nahm auch noch ältere Vorstellungen von einem endzeitlichen Erlöser hinzu und schuf eine neue Gestalt, auf die die Geschehnisse aus Jesu Leben und Sterben paßten. Viele Gelehrte sind der Ansicht, daß Jesus selbst sich die im AT übliche kollektive Interpretation des »Knechtes« zu eigen gemacht und diese Gestalt nicht nur auf sich selbst, sondern auch auf seine Anhänger bezogen habe. Andere weisen wieder darauf hin, daß den Evangelien zufolge Jesus selbst für diese Verbindung des leidenden Gottesknechts mit dem Menschensohn verantwortlich war. Es sei zumindest möglich, daß Jesus sein Leben und seine Botschaft nach dem alttestamentlichen Vorbild vom leidenden Gottesknecht ausgerichtet habe – so hätte die Kirche einfach nur ein bereits vorhandenes Thema weiter entfaltet. Nach dieser Ansicht haben die Evangelien Jesu Worten einen etwas anderen Sinn verliehen, um sie ihrem Glauben, daß mit der Auferstehung das neue Zeitalter bereits angebrochen sei, anzupassen. Der Messias, der der Menschensohn ist, war gekommen, war auferstanden und erhöht worden.

Die Szene bei Caesarea Philippi kann uns hierbei einigen Aufschluß geben: »Jesus zog dann mit seinen Jüngern weiter in die Ortschaften bei Caesarea Philippi. Unterwegs richtete er an seine Jünger die Frage: ›Für wen halten mich die Leute?‹ Sie antworteten ihm: ›Für Johannes den Täufer, andere für Elia, noch andere für sonst einen von den Propheten.‹ Nun fragte er sie weiter: ›Ihr aber – für wen haltet ihr mich?‹ Petrus gab ihm zur Antwort: ›Du bist der Messias!‹ Da gab er ihnen die strenge Weisung, sie sollten das zu niemand von ihm sagen« (Mk 8, 27–30). Diese Weisung entspringt offensichtlich der markinischen Theologie vom »Messiasgeheimnis«; sie will erklären, warum sich Jesus während seines irdischen Lebens noch nicht klar als Messias geoffenbart hat. Der ganze Bericht über diese Szene legt nahe, daß die Jünger keineswegs Jesu Leiden und Tod erwarteten. Als ihr Meister festgenommen wurde, flohen sie, und sogar Petrus verleugnete ihn. Die Jünger waren Juden, und was sie wirklich erwarteten, war die Wiederkehr Jesu als König und Messias, wobei sie an seiner Seite als seine Throngenossen an der Herrlichkeit teilhaben würden (Mk 10, 35–37). Erst nach Ostern kam ihnen die Einsicht, daß »der Messias leiden und so in seine Herrlichkeit eingehen müsse« (Lk 24, 26).

e) Auferstehung: Die Jünger Jesu glaubten zwar an eine Auferstehung der Toten, vor allem der Martyrer, im »neuen Äon«, die Botschaft, daß der gekreuzigte Jesus aus dem Grabe auferstanden sei, wirkte auf sie aber offensichtlich wie ein Schock; denn noch immer hielten sie Ausschau nach einem Messias, der als König in Herrlichkeit daherkommen sollte, nicht aber nach einem leidenden Messias, zu dem Tod und Auferstehung wesentlich dazugehörten.

Für ein modernes, naturalistisches Geschichtsverständnis bleiben Tod und Auferstehung Jesu ein Mysterium, das sich nur in den Begriffen eines philosophischen oder religiösen Glaubensbekenntnisses deuten läßt. Wenn es Jesus durch die Wirkung seiner Persönlichkeit gelang, die Überzeugung zu wecken, daß sein Sterben und seine Auferstehung eine Notwendigkeit waren, so ist schon allein dies ein Wunder, das nur demütig von einem gläubigen Herzen hingenommen werden kann – und das ist auch schon das Äußerste, was der Historiker dazu zu sagen weiß. Die mystischen Aspekte des christlichen Glaubens an Tod und Auferstehung Jesu bedeuten jedoch für das geistliche und philosophische Leben der Menschheit eine unermeßliche Bereicherung; doch vgl. *Auferstehung 5: Auferstehung Jesu.

f) Das eschatologische »Ereignis«: Die Basis des christlichen Bekenntnisses ist jedoch nicht die Tatsache der Auferstehung allein, sondern der Glaube, daß Jesu Auferstehung das eschatologische Ereignis sei. Jesus war, wie die christlichen Prediger verkündigten, nicht in sein bisheriges Leben zurückgekehrt, sondern hatte diese Welt verlassen und war zu seinem himmlischen Vater gegangen, um von dort den heiligen Geist, die Gabe der Endzeit, auf seine Jünger herabzusenden. Was andere jüdische Gruppen erst für die Zukunft erwarteten, daß der Messias kommen und Gott über sein Volk den Heiligen Geist ausgießen werde, das hatte sich nach Überzeugung der Anhänger Jesu bereits »ereignet«. Weil aber Tod, Auferstehung und Erhöhung Jesu eschatologische Ereignisse waren, kam ihnen eine überzeitliche, Vergangenheit, Gegenwart und Zukunft in gleicher Weise normierende Bedeutung zu. Auf diesem jüdische Erwartungen weit überbietenden Glauben beruht das Christentum. Vgl. *Auferstehung der Toten 4.

g) Jesus in der zeitgenössischen jüdischen Literatur: In der jüdischen Literatur des 1. Jhdts. n. Chr. wird Jesus nur ganz selten und beiläufig erwähnt. *Josephus berichtet von der Hinrichtung des Herrenbruders Jakobus im Jahre 62 n. Chr. und nennt ihn »den Bruder Jesu, des sogenannten Christus« (Altertümer XX, 9, 1). Während diese Josephusstelle als echt anerkannt wird, enthält die ausführliche »Jesusstelle« im achtzehnten Buch der jüdischen Altertümer (XVIII 3, 3 § 63–64) höchstens einen ursprünglichen Kern. So wie der Text jetzt lautet, handelt es sich deutlich um eine spätere Interpolation von christlicher Hand. Aus der tannaitischen Periode (bis 200 n. Chr.) gibt es einige rabbinische Überlieferungen (erhalten im *Talmud), die auf Jesu angeblich uneheliche Geburt, seinen Aufenthalt in Ägypten, wo er die »Zauberei« gelernt haben soll, und seinen Tod als »Verführer« Israels anspielen. Neben antichristlicher Polemik ist in diesen zum Teil recht verworrenen Texten das apologetische Bemühen spürbar, den Prozeß Jesu als juristisch einwandfrei hinzustellen. Der Talmud spricht merkwürdigerweise von »fünf« Jüngern, die Jesus gehabt habe, und nennt Matthäus und Thaddäus (aram *tōda'/taddai*). Unter den *mînîm,* gegen die der Talmud öfters polemisiert, sind wohl nicht nur die Christen zu verstehen, sondern auch verschiedene jüdische Sektierer, die in den Augen der Rabbiner als Häretiker galten. Aus der nachtalmudischen Zeit sind noch die *toledot Jēšū'* (Geschichte Jesu) zu nennen, eine antichristliche Schmähschrift, die ein völlig verzerrtes Bild von Jesus entwirft. Alle diese talmudischen und nachtalmudischen Texte tragen zur wirklichen Kenntnis des historischen Jesus nichts bei, sie sind nur bedauerliche Zeugnisse der wachsenden Entfremdung zwischen Juden und Christen, einer Entfremdung, die auch heute noch lange nicht überwunden ist.

Job

Gliederung: 1. Struktur und Inhalt. a) Prosaerzählung; b) Epilog; c) Hauptteil oder Dialog; d) Literarischer Charakter. 2. Analyse der Dialoge. a) Erster Redegang; b) Zweiter Redegang; c) Der Mittler am himmlischen Hof; d) Dritter Redegang; e) Elihureden; f) Gottesrede aus dem Sturmwind; g) Epilog. 3. Verhältnis zur Weisheitsliteratur. a) Job und die Weisheitsliteratur; b) Das theologische Problem des Buches Job; c) Komposition und Entstehungszeit; d) Sprache und textkritische Fragen; e) Zusammenfassung.

Als drittes Buch der Gattung der »Schriften« (Hagiographa) im AT nimmt das Buch Job innerhalb der biblischen Literatur, ja innerhalb der Weltliteratur, eine einmalige Stellung ein als poetisches Drama, das sich mit der grundlegenden Frage nach der Gottesherrschaft über das All befaßt. Es fragt, warum in einer von Gott regierten Welt der Unschuldige zu leiden habe. Historischer Hintergrund, Grundstimmung und Denkungsart gehören wesentlich dem Nahen Osten an, wenn darin auch eine spezifisch hebräische Religiosität zum Ausdruck kommt.

1. Struktur und Inhalt: Das Buch hat drei Hauptabschnitte: a) einen Prosa-Prolog (Kap. 1–2), b) einen Prosa-Epilog (42, 7–17), c) dazwischen einen Dialog oder eine Reihe von Redegängen in Versform (Kap. 3–42, 6).

Der letztgenannte Abschnitt kann folgendermaßen gegliedert werden:

1. Redegang: Kap. 3–14: Jobs Klage und seine erste Auseinandersetzung mit seinen »Freunden«.
2. Redegang: Kap. 15–21: Die zweite Runde der Auseinandersetzung.
3. Redegang: Kap. 22–31: Die dritte und letzte Auseinandersetzung mit seinen drei Freunden.
4. Die Elihureden: Kap. 32–37.
5. Gottes Antwort an Job: Kap. 38–41.
6. Die Antwort Jobs: Kap. 42, 1–6.

Wir wissen nichts über den Verfasser des Buches Job. Man ist jedoch allgemein der Ansicht, daß die Prosastellen in ihrer jetzigen Form überarbeitet wurden und daß ihnen eine alte Legende zugrunde liegt. Der Dichter des Hauptteils nahm die alte Legende – die damals entweder mündlich oder schriftlich in Umlauf war – und verwendete sie als Rahmen für sein Werk. Über die Quelle der Legende ist man sich noch immer nicht einig. Ihr literarischer Charakter wird im Folgenden behandelt werden.

a) Prosaerzählung: Im Prolog wird Job als bedeutendes halbnomadisches Sippenoberhaupt aus dem Lande Us und als untadelige Persönlichkeit vorgestellt. Dieser archaische Hintergrund scheint auf die Patriarchenerzählungen oder die semitischen Volkserzählungen aus dem 2. Jahrtausend v. Chr. hinzudeuten (s. unten 3c).

Job ist ein Gerechter, dessen Glaube und Frömmigkeit nicht von äußeren Umständen oder der Hoffnung auf Belohnung abhängig sind. Doch der Widersacher (des Menschen), der Satan, trat im himmlischen Hof vor Gott hin und klagte Job an, daß seine scheinbare Treue zu Gott (El) nicht selbstlos sei, sondern sich darauf richte, die Gaben der Gesundheit, des langen Lebens, der Familie, des Reichtums und seiner Habe zu behalten. Würde er dies alles verlieren, so würde er seinem Glauben abschwören. So erhält nun Satan die Vollmacht, Job zu prüfen. Er soll ins Leid gestürzt werden, nicht weil er irgendein Übel getan hätte, sondern um Gottes Vertrauen in Job zu rechtfertigen. All seine Habe, seine Herden, seine Söhne und seine Töchter werden vernichtet; sein Glaube aber bleibt unerschüttert. Sodann wird er vom »bösen Geschwür« befallen, das seinen ganzen Körper bedeckt. Aber er bleibt dennoch standhaft in seinem Gottvertrauen. Er weigert sich, »mit den Lippen« zu sündigen und Gott zu fluchen und sich den Tod zu wünschen. »Während er mitten in der Asche saß«, kamen drei Freunde, um ihn zu trösten; es waren dies: Eliphas von Theman, Bildad von Suah und Zophar von Naama. Aufgrund des Epilogs wird klar, daß die Prosaerzählung diese drei Freunde und Jobs Frau lediglich als Stilmittel zur Motivierung der Gedanken Jobs eingeführt hat. Schließlich wird seine standhafte Treue zu Gott belohnt. Gott spricht zu Job und heilt ihn.

b) Epilog (42, 7–17): Der Epilog deutet die Wiederherstellung seines Wohlstandes und die glückliche Wende seines Lebensschicksals an. Job erhielt »doppelt soviel, als er gehabt hatte«.

c) Hauptteil oder Dialog: Der dichterische Teil zwischen Prolog und Epilog enthält die Auseinandersetzung zwischen Job und seinen Freunden über die Gerechtigkeit des göttlichen Handelns. Hier tritt uns Job nicht als der passive Dulder der Prosateile entgegen; von seinem Dunghaufen schmäht er, indem er den Tag verflucht, da er geboren ward, und fordert Gott auf, sich für die Strafe, die ihm zuteil wurde, zu rechtfertigen. Seine drei »Tröster« machen Job Vorhaltungen und versuchen ihn davon zu überzeugen, daß er auf irgendeine Weise sein Geschick selbst verdient habe. Das ist natürlich keine Antwort, denn es ist ja gerade der Hauptpunkt der Geschichte Jobs, daß er wirklich ein Gerechter war, der eigentlich keine Strafe »verdient« hätte. Erst am Schluß spricht Gott zu ihm »aus dem Wetter« und tut ihm seine Transzendenz kund. Er verkündet, es sei die Pflicht des Menschen zu dulden, ob er einen Grund einsehe oder nicht. Job bekennt sich nur zu der Schwäche der Unwissenheit und der Anmaßung, nicht aber zu den Vergehen, deren seine Freunde ihn beschuldigt hatten, und beugt sich in Demut vor seinem Herrn (42, 6).

Daher muß das Handeln Gottes als gerecht angenommen werden, auch wenn den Menschen die Gründe dafür verborgen bleiben. Wie untadelig der Leidende auch immer vor sich selbst und den Mitmenschen erscheinen mag, so gibt es dennoch einen Grund für sein Leid, der in den geheimen Ratschlüssen Gottes enthalten ist.

d) Literarischer Charakter: Das Hauptproblem liegt wohl im Verhältnis zwischen dem poetischen Abschnitt und den Prosa-Teilen. Die Geschichte Jobs ist in Form eines »Weisheits«-Problems dargestellt, wie ihre Dreiteilung zeigt. Der dichterische Dialog, der den Hauptteil der Botschaft enthält, erfordert einen Rahmen, der von Prolog und Epilog gebildet wird, aufgrund deren das im Hauptteil enthaltene Grundthema zu entwickeln ist. Der heterodoxe und spekulative Inhalt des dichterischen Dialogs wird innerhalb eines formalen, vereinheitlichenden Rahmens dargeboten. Diese Tatsache ist für die Frage nach der ursprünglichen Einheit des Buches von erheblicher Bedeutung. Aufgrund der literarischen Form des Buches möchten einige Wissenschaftler auf eine gewisse Einheitlichkeit im Aufbau schließen. Nach ihrer Meinung gehören alle drei Teile trotz scheinbarer Widersprüchlichkeiten zusammen.

In der alten Literatur Indiens, Ägyptens, Babyloniens, Persiens und Arabiens war diese literarische Form, wonach die dichterische Entfaltung eines bestimmten Themas in eine Prosaerzählung eingebettet war, wohlbekannt. Im Buch Job macht demnach der Prolog mit der Szenerie bekannt und stellt die handelnden Personen vor. Diese haben dann im Folgenden die Aufgabe, bestimmte Phasen der tatsächlichen Auseinandersetzung abwechselnd zu bestreiten. Bei den Griechen machte die Entfaltung einer Handlung das Wesen des Dramas aus. Im Buch Job jedoch – das als solches einmalig in der hebräischen Literatur dasteht – kann der dramatische Dialog so aufgefaßt werden, daß er sich in der Entfaltung von Gedanken vollzieht, die sich allein aus der Auseinandersetzung zwischen den »beteiligten« Personen ergeben. Das ganze Gedicht folgt streng der Form des Dialogs, die nun einmal notwendig ist, um das Weisheitsproblem selbst hervortreten zu lassen. Der Verfasser des Buches Job benutzt jede einzelne Phase des Dialogs dazu, sich über den wahren Sinn der Geschichte auszulassen, der ja ausdrücklich im Prolog dargelegt ist, nämlich, daß Gott auf Job und seine grundsätzliche Rechtschaffenheit vertraute und daß Job dieses Vertrauen in seinem Dulden gerechtfertigt hat. Natürlich merkten weder Job selbst noch seine Freunde etwas davon. Der Leser jedoch muß das wissen, damit er besser erkennen möge, wie sich der verborgene Plan Gottes erfüllt.

Die Menschen, an die der biblische Dialog ursprünglich gerichtet war, erkannten natürlich den Inhalt des »Weisheits«-Problems und die klaren Schlußfolgerungen, die aus der Rechtfertigung Jobs am Ende seiner Versuchungen zu ziehen waren. Trotz der grundsätzlichen literarischen Einheit enthalten die einzelnen Teile viele Widersprüche. Der Prolog mit der Szene im Himmel und der Epilog sind in einfacher Prosa geschrieben, während der Dialog in dichterischer Form von hohem poetischem Rang abgefaßt ist. Von noch größerer Bedeutung ist die Tatsache, daß die Bezeichnung für Gott wechselt. In den Prosatexten ist von Jahwe die Rede. Anderswo steht jedoch überall eine nichtjüdische Bezeichnung für Gott wie etwa: El, Eloah, Schaddai oder Eljon. In den Elihureden ist fast ausschließlich von El die Rede. Derartige Merkmale sind denn auch die verläßlichsten Anzeichen für eine Trennung zwischen den einzelnen Kapiteln und den einzelnen Aufbauelementen.

2. Analyse der Dialoge: Jede der aufeinanderfolgenden Reden beginnt mit der Zurückweisung der in der vorhergehenden Rede vorgebrachten Argumente. Daraufhin werden neue Gründe genannt, unter Berufung auf die Erfahrung bekannter Persönlichkeiten, alter »Weiser« (s. *Weisheitsliteratur), oder des Redners selbst. Daraufhin werden die Schlußfolgerungen gezogen. In einigen Reden werden sogar Passagen aus vorhergehenden Reden zitiert. Diese literarische Form ermöglicht dem Verfasser einen stufenweisen Aufbau seines Anliegens, bis schließlich der Höhepunkt am Ende erreicht wird.

a) Erster Redegang: Die Auseinandersetzung beginnt mit der tief erschütternden Dichtung, in der Job den Tag seiner Geburt verflucht:

> »Warum starb ich nicht bei meiner Geburt,
> verschied nicht, als ich aus dem Mutterschoß kam?...
> So läge ich nun und wäre stille,
> ich schliefe, da hätte ich Ruhe...«
> (3, 11.13)

Eliphas von Theman antwortet darauf (4, 1–5, 27), und sein »Trost« wird bald zu einem Vorwurf für nicht bekannte Vergehen. Er rät Job, sich an Gott zu wenden und seine »Sache vor Gott« zu bringen. Ein solches Bekenntnis werde gewiß die Hoffnung auf Vergebung und schließlich Errettung bringen. Man glaubt nach konservativer religiöser Überzeugung, Gott habe eine absolute Gerechtigkeit geübt: auf Sünde folge die Strafe, während Rechtschaffenheit irdisches Wohlergehen nach sich ziehen werde. In biblischer Zeit herrschte in gewissen Kreisen – wahrscheinlich bei den Wohlhabenden – die Ansicht, daß jedem schon in dieser Welt zuteil werde, was er verdiene; irdische Güter galten ihnen als echter Maßstab für den inneren Wert einer

Persönlichkeit. Eliphas vertritt jedoch eine extreme Richtung. Das Judentum als Ganzes hat sich nie zu solchen Anschauungen bekannt. Es ist im Gegenteil gerade der Hauptzweck des Buches Job, diesen Ansichten entgegenzutreten. Ohne Zweifel hatte die Regel von konsequenter Wiedervergeltung auch ihre Ausnahmen; selbst die strenggläubigen Juden sahen ein, daß etwa ein Gerechter von einem Sünder getötet werden könnte. Sie bestanden jedoch auf dem Grundprinzip der vergeltenden Gerechtigkeit (s. unten 3b).
Job weist die Argumente des Eliphas zurück. Die beiden anderen Freunde jedoch, Bildad (8, 1–22) und Zophar (11, 1–20), wiederholen den Rat des Eliphas und weisen mit Nachdruck auf die Gerechtigkeit Gottes hin; der Grundtenor ihrer Reden ist bei beiden der gleiche, nur im Ton unterscheiden sie sich voneinander. Bildad spricht einfach und gütig, Zophar pflegt einen gebildeten Stil und spricht eindringlich. Beide geben der herkömmlichen Anschauung Ausdruck, daß Gott den Frommen nicht verwirft (8, 8–20). Job bekennt sich zwar zu dieser Anschauung, fühlt sich jedoch nichtsdestoweniger als Gerechter zu hart gestraft.
Und genau darin liegt das Problem. Das Buch befaßt sich durchweg mit der Frage nach dem Verhältnis zwischen Gottes Herrschaft über die Welt und Leid und Übel. Es scheint so, als sei die ganze moralische Struktur von Jobs Weltbild zerbrochen. Nicht nur von physischem Schmerz, sondern auch durch das Bewußtsein der Ungerechtigkeit all dessen wird er gepeinigt. Dies scheint seinen ganzen Glauben an Gottes Gerechtigkeit zu vernichten. Er beruft sich auf die allgemeine Erfahrung, um die Ansicht zu widerlegen, daß nur der Böse zu leiden habe. Er ruft zu Gott, ihm den Tod zu gewähren, in dem er die einzige Hoffnung auf Befreiung von allem Leid sieht.
b) Zweiter Redegang: Der zweite und dritte Redegang dieser Auseinandersetzung bringen von seiten der Freunde Jobs nichts wirklich Neues. Eliphas (Kap. 15), Bildad (Kap. 18), Zophar (Kap. 20) wiederholen lediglich ihre vorherigen Argumente und beschimpfen Job, weil er auf seiner eigenen Unschuld besteht. Ihre Reden dienen dazu, Job immer tieferen Überlegungen und zu einer immer intensiveren Suche nach einer Lösung zu veranlassen. Die Reden und Gedanken Jobs bilden das Kernstück der Dichtung. Er durchdenkt verschiedene Möglichkeiten, kehrt jedoch immer wieder zur Auflehnung gegen das willkürliche Verhalten Gottes gegenüber dem Menschen zurück. Demgegenüber wiederholen seine Freunde stets von neuem die bekannten Argumente der herkömmlichen Anschauungen. Der Verfasser weist ihre Argumente nicht einfach kurzerhand zurück, sondern bemängelt die Tatsache, daß sie keine echte Antwort auf Jobs Fragen bieten.
Anfangs teilt Job eindeutig ihre Ansichten. Aber sein eigenes hoffnungsloses und unverdientes Elend zwingt ihn zu tieferem Nachdenken, das seine Freunde nicht mitzuvollziehen bereit sind (13, 12). In seiner Antwort an Eliphas gibt Job seinem schmerzlichen Erstaunen darüber Ausdruck, daß seine Freunde durchaus kein Verständnis für ihn aufbringen und ihm keine Hilfe zu bieten haben. Er lehnt es ab, sich zu Sünden zu bekennen, von denen er weiß, daß er sie nie begangen hat. Er verflucht nicht sein ganzes Leben, sondern läßt sich zu leidenschaftlichen Klagen gegen die Ungerechtigkeit Gottes hinreißen. Dies leitet nun zum innersten Anliegen der ganzen Auseinandersetzung, die in der Frage gipfelt, warum der Mensch Leid ertragen muß.
c) Der Mittler am himmlischen Hof: Seine Freunde haben versagt. Sie haben nicht vermocht, ihm Hilfe oder Trost zu bringen (19, 1–22). Aber, so spricht er: »schon jetzt ... lebt mir im Himmel ein Zeuge, ist mir ein Mitwisser in der Höhe« (16, 19); »und dieser mein Anwalt«, ruft Job aus, »lebt, und ein Vertreter ersteht mir über den Staube« (19, 25). Dieser »Zeuge« oder Anwalt ist der Mittler, der »Engel des Herrn«, der auf der Seite der Menschen gegen den Boten der Peinigung, gegen Satan, den Widersacher, hilft. Hier spiegeln sich die auch anderswo in der Bibel (s. *Engel) sichtbaren Grundzüge der Vorstellung vom »himmlischen Hof« wieder. Im Verlauf des Dialogs wird das Wesen des »himmlischen Zeugen« nicht näher erklärt. Innerhalb des Buches hat dieser Engel seine Bedeutung, aber er ist nicht das eigentliche Ziel der Auseinandersetzung Jobs. Als er nämlich schließlich zu seiner letzten Herausforderung Gottes gelangt, hat er den Zeugen längst hinter sich gelassen.
d) Dritter Redegang: Die dritte Runde der Auseinandersetzung scheint keinen Abschluß zu haben, denn lediglich Eliphas (Kap. 22) und Bildad (Kap. 25) setzen ihre Argumentation von sich aus fort. Die Antworten Jobs erstrecken sich jedoch vom 23.

bis zum 27. Kapitel. Das 28. Kapitel ist ein Zwischenspiel, das dem Lobpreis der Weisheit gewidmet ist. In den Kapiteln 29 bis 31 faßt Job den Gang der Auseinandersetzung zusammen und besteht nun noch einmal abschließend auf seiner unerschütterlichen Rechtschaffenheit:

»Hätt' ich die Klageschrift, die mein Widersacher schrieb!
Wahrlich, auf meine Schulter wollt' ich sie heben,
als Kranz sie um das Haupt mir winden.
Die Zahl meiner Schritte wollte ich ihm kundtun,
wie ein Fürst wollte ich ihm nahen!«
(31, 35–37)

Dies ist ein Muster jenes »Offenbarungseides«, mit dem Job schließlich seine Unschuld beteuert.

e) Elihureden (Kap. 32–37): Da Job seine drei Freunde offensichtlich zum Schweigen gebracht hat, tritt eine neue Gestalt als Gesprächspartner auf. (Die Tatsache, daß dieser nicht früher eingegriffen hat, wird damit erklärt, daß die drei Freunde älter waren als er.) Er behauptet, sowohl die Unschuldsbeteuerungen Jobs als auch die Unfähigkeit der Freunde, eine wirkliche Antwort zu finden, hätten ihn in Zorn versetzt. In vier aufeinanderfolgenden Reden bringt er ein einziges Argument vor. (Das 33. Kapitel gibt eine Zusammenfassung des in den vorherigen Kapiteln aufgezeichneten Inhalts der bisherigen Auseinandersetzung.) Tatsächlich bringt Elihu jedoch trotz seiner gegenteiligen Ankündigungen keinen neuen Gedanken in die Auseinandersetzung hinein. Er wiederholt lediglich – und dies äußerst langatmig – immer wieder eine andere Version derselben herkömmlichen strenggläubigen Anschauung, die auch die drei Freunde dargelegt hatten. Allerdings nimmt er darüber hinaus einige Gedanken der darrauffolgenden göttlichen Rede vorweg. Job wendet sich offenbar von ihm ab.

f) Gottesrede aus dem Sturmwind: Endlich antwortet Gott Job »aus dem Sturmwind«. Diese Kapitel (38–41), die den bombastischen Ausführungen Elihus folgen, offenbaren den Typus hebräischer Dichtung und Geistigkeit in einer Hochform. Der Herr zählt die Wunder der Natur und der Tiere der Wildnis auf; er nennt z. B. den »Wildesel« im Lauf (s. **Abb. 416,** eine Alabastergravur aus Ninive, 7. Jhdt. v. Chr.). Eigentlich ist auch die Rede Gottes keine direkte Antwort an Job. Statt dessen werden darin eine Menge rhetorischer Fragen gestellt, die alle vorherigen Behauptungen Jobs gegenstandslos erscheinen lassen. In Gottes Augen ist der Mensch ein Geschöpf, dessen Wissen und Begriffsvermögen gänzlich unzureichend sind, um über den Schöpfer urteilen zu können. Der Mensch hat allein die Pflicht, Gott anzuerkennen und ihn zu preisen – und dies gegebenenfalls auch ohne daß er ihn begreift. Dem Menschen kann auf die Frage nach dem Sinn des Leides keine Antwort zuteil werden, da sein beschränkter Verstand durchaus nicht damit rechnen kann, die unendlich höheren Gedanken Gottes zu begreifen. Gott führt Job seine Allmacht vor Augen, indem er in einmaliger Weise die wunderbare Schönheit der Natur beschreibt. Dies wird gelegentlich als eine Art Antiklimax betrachtet, die auf den hohen Gedankenflug der vorhergehenden Abschnitte folgt. Weil einige dieser Passagen sehr an ägyptische Denk- und Ausdrucksweise erinnern, hat man vermutet, daß sie ihren Ursprung irgendwo innerhalb der ägyptischen Weisheitsliteratur haben.

»Vom Hörensagen hatte ich von dir gehört;
nun aber hat dich mein Auge gesehen.
Darum widerrufe ich und bereue
in Staub und in Asche« (42, 5.6).

Job ging aus dieser Prüfung seines Gottvertrauens völlig gerechtfertigt hervor. Er war ohne Schuld. Und alles Leid, das ihm aufgebürdet worden war, hatte nicht vermocht, ihn vom Pfad der Treue und der Frömmigkeit abzubringen. Zum Lohn wurde er wieder des Wohlgefallens Gottes und des Besitzes all seiner früheren Güter teilhaftig.

g) Epilog: Diese Wiederherstellung der Lebensumstände Jobs ist in dem in Prosa gefaßten Epilog enthalten (Kap. 42, 7–17). Manche empfinden Jobs Rückkehr in seine frühere Wohlhabenheit als einen Widerspruch zu der ganzen Argumentation, die im dichterischen Teil der Geschichte wiedergegeben ist. Wenn nämlich irdischer Wohlstand der Lohn der Rechtschaffenheit sein soll (hier also für Jobs erfolgreiches Bestehen seiner Prüfungen, denen er unterzogen worden war), dann wären ja die drei Freunde im Recht gewesen; die philosophischen und theologischen Spekulationen Jobs hingegen wären völlig irrelevant und nichts weiter als widersinnige Zwischenstücke gewesen. Eine solche Betrachtungsweise läßt jedoch den literarischen Charakter dieses Werkes (wie er oben dargestellt wurde) völlig außer acht. Ebenfalls wird so die Tatsache übersehen, daß der Epilog ein Stück des älteren Teils

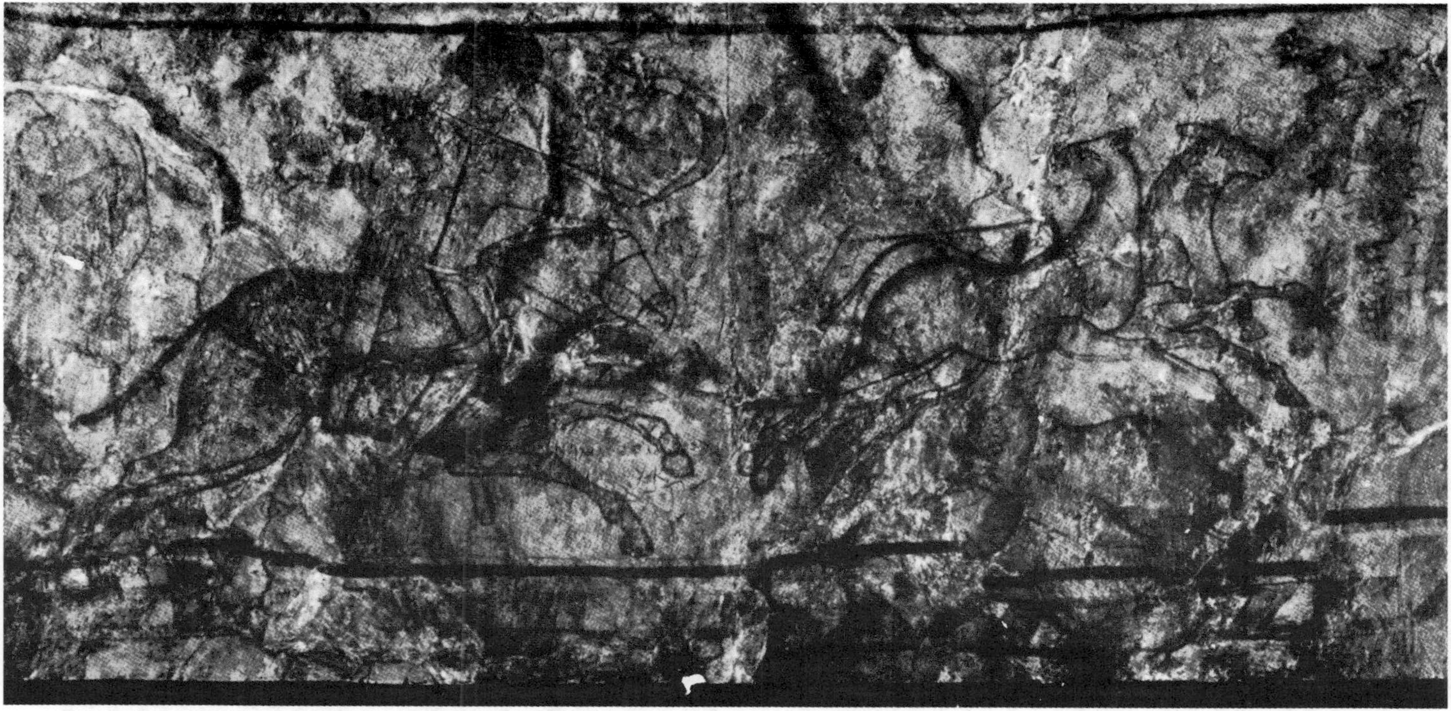

Abb. 416. Flüchtende Wildesel. Alabastergravur aus Ninive (7. Jhdt. v. Chr.)

der Dichtung ist, die sich an ein Publikum wendet, das diese ohne weiteres akzeptiert hatte. Im Prolog hat Satan die Erlaubnis erhalten, Job einer Prüfung zu unterziehen. Nachdem die Haltlosigkeit der Anschuldigungen Satans erwiesen war, konnte Job wohl kaum zugemutet werden, weiterhin ohne Grund zu leiden. Der glückliche Ausgang des Ganzen ist daher nicht Lohn der Rechtschaffenheit. Es ist vielmehr lediglich der Abschluß der himmlischen Prüfungszeit. Job – und Gott – hatte die Prüfung bestanden.

3. Verhältnis zur Weisheitsliteratur: *a) Job und die Weisheitsliteratur:* Die Frage nach den literarischen Vorgängern des Buches Job war sehr umstritten. Ein babylonisches Werk, das in einer Niederschrift aus dem 7. Jhdt. v. Chr. erhalten geblieben (das Werk selbst ist viel älter) und als »Babylonischer Job« bekannt ist, hat ebenfalls einen Helden (einen König), der über sein tiefes Leid klagt, das ihn trotz seiner Frömmigkeit heimgesucht hat. Sein Leid ist dem Jobs ganz ähnlich, und es wird gegen Ende der Dichtung (die erheblich gekürzt wurde) anscheinend durch die Barmherzigkeit der Götter von ihm genommen. Weiter geht allerdings die Ähnlichkeit zwischen beiden Duldergestalten nicht. Es gibt hier keinen philosophischen Dialog, und die Dichtung unterscheidet sich vom biblischen Buch sowohl in ihrem Anliegen als auch in ihrer Philosophie und in den Einzelheiten. So erfährt der babylonische Held zum Beispiel als Folge seines Unglücks keinen Prestigeverlust und keine Entfremdung von seinen Freunden. Die engste literarische Verwandtschaft besteht jedenfalls zur *Weisheitsliteratur. Neuere Erklärer betrachten Job als »dramatisierende Klage« (Bentzen, Westermann) oder als »Klageerhörungsparadigma« (Gese). Diese Formen waren in der altorientalischen Weisheit gängig. Von diesen weisheitlichen Formen aus ist das Buch Job aber selbständig gestaltet und »steht als Ganzes im alten Orient einzigartig da« (Sellin-Fohrer, S. 362).

b) Das theologische Problem des Buches Job: Die Leiden Jobs scheinen sowohl in den ihm von Gott auferlegten Schmerzen und Verlusten zu liegen als auch in seiner Qual ob der Behandlung, die er von seiten seiner Verwandtschaft, der Mitbürger und Freunde zu ertragen hatte, als er seines früheren Wohlstandes beraubt war. Ein allgemein anerkanntes Grundprinzip hebräischer Weisheit, das in allen Argumenten der drei Freunde deutlich erkennbar ist, lautet: Gott belohnt den Gerechten und straft den Bösen schon hier auf Erden. So liegt der Anlaß für all das quälende Fragen Jobs darin, daß er dieses Prinzip zwar theoretisch akzeptiert, zugleich aber seine Gültigkeit für seinen eigenen Fall keineswegs anzuerkennen bereit ist.

Das Buch stellt daher die grundsätzliche theologische Frage, warum Gott, der anerkanntermaßen gerecht und rechtschaffen handelt, nun anscheinend eine solch willkürliche Grausamkeit an den Tag legen sollte.

Die drei Freunde wie auch Elihu präsentieren die Standardlösung dieses Problems. Diese Lösung wird schließlich jedoch von Gott selbst (42, 7) als unzulänglich zurückgewiesen. Sie erreichten ihr »Idealbild« vom Geschick des Bösewichts allein, indem sie sorgfältig die äußeren Umstände prüften. Job betrachtete hingegen die Welt gerade dann sehr realistisch, als ihm das größte Leid widerfuhr, und konnte dennoch zum Glauben an Gott finden. Dies kann vielleicht die Tatsache des anscheinend wenig befriedigenden Höhepunktes erklären. Gott antwortet niemals unmittelbar auf die Vorwürfe Jobs. Er verkündet seine Allmacht, aber er macht keinerlei Versuch, sein Handeln zu rechtfertigen. Job beugt sich dem Leid, weil er weiß, daß der Mensch und sein Leid ein Nichts sind im Vergleich zur Majestät Gottes. Er weiß, daß dem Menschen die Gründe für das Leid, selbst wenn er sie erfahren könnte, unbegreiflich bleiben würden.

c) Komposition und Entstehungszeit: Der Verfasser des Buches Job ist unbekannt. Eine Reihe sehr großer Probleme erschweren die Feststellung und Zeitbestimmung des Autors auf Grund innerer Kriterien. Der historische Hintergrund der Legende erinnert sehr an die Patriarchenzeit. Tatsächlich werden auch drei Namen im Buch Job erwähnt, nämlich Us, Bus und Chesed, die in dem Stammbaum von Gen 22, 20–24 als Sippenangehörige des Nomadenstammes der Bene-Nahor aufgeführt werden, der das Gebiet zwischen dem westlichen Euphrat zur syrischen Wüste hin durchwanderte. Die Geschichte Jobs könnte demnach, wie B. Mazar meint, parallel zu den Genesisberichten verlaufen. W. F. Albright ist ebenfalls der Ansicht, der Held selbst sei in die Zeit der ersten Hälfte des zweiten Jahrtausends v. Chr., also die Patriarchenzeit, zu datieren. (Der Name selbst entstammt damaligen Quellen.) Den Dichter des Hauptteils des Buches Job vermuten verschiedene Meinungen jeweils irgendwo zwischen der mosai-

schen und der frühen nachexilischen Zeit. Für eine Herkunft aus dem Norden Israels tritt W. F. Albright ein, der als Entstehungszeit das 7. Jhdt. v. Chr. annimmt. In diesem Zusammenhang dürfte es von Interesse sein, darauf hinzuweisen, daß bei Qumran aufgefundene Fragmente des Buches Job ebenso wie das Buch Leviticus in althebräischer Schrift abgefaßt waren (s. *Alphabet und Schrift). Dies läßt auf einen Verfasser der mosaischen Zeit oder auf eine ähnlich alte Überlieferung schließen.
d) Sprache und textkritische Fragen: Die Dichtung des Buches Job gehört zu den schwierigsten im AT. Ihr Wortschatz enthält 110 Vokabeln, die nirgendwo anders vorkommen. Diese Tatsache bereitete den Schreibern, die das Buch zu kopieren hatten, große Schwierigkeiten. Daher sind auch die Übersetzungen (sei es die syrische, die aramäische oder die Septuaginta) unvollständig und oftmals fehlerhaft. So fehlt in der Septuaginta vom 5. Kapitel an mehr als die Hälfte der Verse. Zudem waren Textvarianten schon deshalb häufig, weil man die Sprache Jobs als unklar empfand. In *Qumran fand man einige Bruchstücke des Buches und ebenfalls einen verlorengegangenen Targum (Übersetzung) ins Aramäische (der aramäische Targum ist noch nicht veröffentlicht). Diese Funde bieten jedoch sehr wenig Anhaltspunkte zur Lösung der textlichen Probleme. Wegen seiner schwierigen Sprache sowie seines eigenartigen Stils und des Fehlens jeglichen jüdischen Kolorits wurde schon von einigen Bibelwissenschaftlern der Versuch unternommen, eine edomitische Herkunft dieses Buches nachzuweisen, wobei man sich auf die geographischen Anhaltspunkte des Buches berief. Doch ist dies eine strittige Frage.
Die schwierigsten textkritischen Probleme tauchen im Zusammenhang mit dem 26. und 27. Kapitel auf, wo Job auf die dritte Rede Bildads antwortet. Es scheint, daß Job in diesen Kapiteln auch die Argumente seiner Freunde überzeugend widerlegt. Vielleicht erklärt sich auch daraus die Tatsache, daß Zophar nicht noch eine dritte Rede hält. Andererseits ist zwar im Text 27, 2–6 Job selbst der Sprecher, doch kann dies unmöglich auch für die Verse 7–23 zutreffen; dies geht klar aus dem Zusammenhang hervor. Man glaubt daher, diesen Abschnitt als die fehlende dritte Rede Zophars oder womöglich als eine weitere Rede Bildads betrachten zu müssen.
Demzufolge und auf Grund anderer Textstellen (z. B. 22, 2–21 und 34, 9) hält man die Reihenfolge der einzelnen Reden und Aussprüche für das Werk eines Redaktors, der versuchen wollte, das ihm vorliegende Material etwas zu ordnen. Offensichtlich hielt er den Stoff für recht schwierig, da dessen ursprünglicher Aufbau nicht mehr erkennbar war. Wahrscheinlich war es gänzlich dem Redaktor überlassen, die Reden gemäß ihrem Inhalt einzuteilen und voneinander abzuheben; ebenso konnte er demnach mit einer Reihe von unzusammenhängenden Textpassagen verfahren.
Eine vollauf befriedigende Rekonstruktion des Urtextes ist niemals gelungen. Teile der ursprünglichen Schriftrolle gingen verloren. Zweifellos sind einige Unklarheiten im Text des Buches Job auf diesen Umstand zurückzuführen. Sicher würde der Grundgedanke des Buches viel klarer hervortreten, als dies jetzt der Fall ist, wenn der Dialog vollständig und in seinem ursprünglichen Aufbau erhalten geblieben wäre.
e) Zusammenfassung: Gemeinhin hält man die Antwort auf die Frage nach dem Sinn unverdienten Menschenleids für den Grundgedanken des Buches Job. Tatsächlich wird eine eigentliche Lösung des metaphysischen Problems nicht geboten. Wahrscheinlicher dürfte das Buch in seiner Urfassung ein Thema von größerem geistlichen Tiefgang behandelt haben. Es befaßt sich durchweg mit dem Verhältnis zwischen der göttlichen Weltordnung und dem Übel und Menschenleid innerhalb dieser Welt. Das ganze Buch geht von der Voraussetzung aus, daß Job schuldlos und seine Qualen unverdient waren. Anliegen des Buches ist es, darzutun, daß das Geheimnis menschlichen Leids durchaus keine Frage der Strafe für begangene Sünden, sondern in weit größeren Tiefen zu suchen ist. Gott ist nicht ungerecht, noch muß der leidende Mensch notwendigerweise ein Sünder sein. Das Geheimnis bleibt unauflösbar, weil der menschliche Geist nicht in der Lage ist, Gottes Absichten zu durchschauen.

Joel (Buch)
Gliederung: 1. Inhalt und Bedeutung des Buches. 2. Der Tag Jahwes. 3. Entstehungszeit.
Das kurze Buch Joel steht zwar in der Septuaginta an vierter Stelle unter den zwölf Kleinen Propheten, doch im hebräischen Kanon und auch in den englischen Bibeln steht es an zweiter Stelle. Weder der Prophet Joel selbst, der Sohn Pethuels, noch die Zeit, in der er gelebt hat, werden irgendwo sonst in der Bibel erwähnt. Des-

halb ist es sehr schwierig, den geschichtlichen Hintergrund seiner Weissagungen auszumachen.

1. Inhalt und Bedeutung des Buches: Im hebräischen Text hat das Buch Joel vier Kapitel, die wiederum in zwei sich deutlich voneinander unterscheidende Abschnitte unterteilt werden können: a) der erzählende und b) der apokalyptische Teil (s. *Apokalyptik). Im ersten Abschnitt werden zwei Naturkatastrophen, nämlich eine Heuschreckenplage und eine Dürre, geschildert. Offenbar ereignete sich dies zu Lebzeiten des Propheten. Jede dieser beiden Katastrophen war Anlaß zu Buß- und Bekehrungsrufen, zu Fasten und Gebet (1, 13–20; 2, 12–17). Dieser Abschnitt schließt (2, 18–27) mit der Verheißung, daß Gott das Flehen seines Volkes erhören und ihm seinen Segen wiederschenken werde.

Der zweite Teil enthält eine Beschreibung des Gerichts am »Tag Jahwes« (2, 30; 3, 8; s. unten). Die Beschreibung hat wiederum zwei Abschnitte: zunächst die Schilderung der Zeichen und Wunder, die den »Tag Jahwes« ankündigen werden (2, 28–31; im hebräischen Text: 3, 1–5), sodann die Verheißungen der Segnungen und der Rettung Judas, dessen Feinde im Tal Josaphat zum Gericht und zur Aburteilung zusammengerufen werden (3, 2–15; hebr. Text: 4, 1–17). Das Buch endet mit der Versicherung der Fürsorge Gottes für sein Volk und seiner Rache, die er über dessen Feinde bringen will (3, 18–21; hebr. Text: 4, 9–21).

Die Unterschiedlichkeit der zwei Hauptteile des Buches Joel – zuerst die Beschreibung von Naturereignissen und dann die visionäre Voraussagung des künftigen »Tages Jahwes« – hat den Bibelwissenschaftlern sehr komplizierte Probleme gestellt. Von verschiedenen wissenschaftlichen Standpunkten aus wurden drei Lösungsmöglichkeiten genannt:

a) der Inhalt des ganzen Buches ist überhaupt visionärer Art, und die Beschreibungen der Heuschreckenplage und der Dürre sind eschatologische Visionen.

b) Nach einer gängigeren Theorie sollen die beiden Hauptteile von zwei verschiedenen Verfassern stammen, die zu verschiedenen Zeiten geschrieben haben. Gemäß dieser Ansicht haben sich die beschriebenen Naturkatastrophen tatsächlich vor der Zeit des Propheten Joel ereignet, der um 500 v. Chr. (nach anderen um 400 v. Chr.) gelebt hat. Der zweite Hauptteil soll von einem apokryphen Schreiber verfaßt worden sein, der vor der hellenistischen Periode gelebt haben soll (apokryphe Schreiber pflegten sich die Namen großer Persönlichkeiten oder Propheten aus vergangenen Zeiten zuzulegen; s. *Deuterokanonische Bücher und Apokryphen.) Anhänger dieser Hypothese berufen sich dabei auf den in 3, 6 gegebenen Hinweis auf die Phöniker (s. *Phönikien und seine Städte) und die *Philister, die das Volk Juda »den Söhnen Griechenlands« verkauft haben. Das bedeutet, daß die Hauptfeinde der Juden noch immer ihre Gegner von ehedem, und nicht die Griechen, waren. Die Griechen wurden von ihnen eher als Sklavenhändler, nicht aber als ihre Todfeinde betrachtet. Andererseits wollen andere aus diesem Hinweis auf die Griechen schließen, daß das Buch während der Seleukidenherrschaft, also in der hellenistischen Epoche (s. *Hasmonäer), verfaßt worden sei. Die Tatsache, daß der »Tag Jahwes« auch im ersten Hauptteil des Buches (2, 1–11) erwähnt wird, stiftet noch mehr Verwirrung. Um diese Schwierigkeit zu umgehen, nehmen einige Bibelwissenschaftler an, der besagte Hinweis sei von einem späteren apokryphen Schreiber eingeschoben worden; andere schreiben die Referenz dem Verfasser des gesamten ersten Hauptteils zu. Wieder andere sehen im ersten Hauptteil eine Zusammenstellung von vielen Einzeltexten verschiedener Autoren. (Einige Bibelwissenschaftler nehmen das gleiche auch für den zweiten Hauptteil an.)

c) Nach der dritten Hypothese wird das Buch Joel als einheitliches und zusammenhängendes Werk eines Autors betrachtet, der eine Beziehung zwischen der Heuschreckenplage und dem »Tag Jahwes« gesehen habe. Diese Meinung hat J. Wellhausen vertreten. M. Cassuto vertrat die Ansicht, die Textstelle 2, 11 weise auf einen Tag der Heimsuchung und des Gerichts ohne eschatologischen Hintergrund hin, während der »Tag Jahwes« im zweiten Hauptteil eschatologisch zu verstehen sei. Wenn man das Buch unter diesem Gesichtspunkt betrachtet, so erscheint es als ein zusammenhängendes Werk des Propheten Joel, der die Heuschreckenplage und die Dürre als Vorboten des Tages Jahwes gesehen hatte und der die Not und Verzweiflung des Volkes zum Anlaß nahm, um es zur Reue über seine Sünden und zur Rückkehr zu Gott aufzurufen. Als nun das Volk tatsächlich zu Gott zurückkehrte, brachte der Prophet den der Heuschreckenplage und der Dürre folgenden

Wohlstand mit der Erlösung der überlebenden Juden (2, 32) und der Bestrafung ihrer Feinde (Kap. 3) in einen ursächlichen Zusammenhang. Der Prophet *Haggai sah eine ähnliche Beziehung zwischen der Segnung des Ackers und der wunderbaren Errettung Judas und der Rache an den Heiden.

2. Der Tag Jahwes: Schon frühere Propheten (*Amos und danach *Zephanja) haben vom Tag der nationalen Rechtfertigung Judas gesprochen. In der nachexilischen Periode wurde diese Rechtfertigung von den Propheten jener Zeit auf den Tag übertragen, da (im Raum der geschichtlichen Ereignisse) der Herr seine Macht durch einen entscheidenden Sieg über die Tyrannenvölker offenbaren werde, die sein Volk bedrängt hatten; dabei werde Juda sein Land zurückgegeben werden. Diese schließliche Errettung wurde zum Leitmotiv der Glaubenserwartungen während der nachexilischen Zeit.

Dies nimmt im Buch des Propheten *Maleachi (3–4) die Form eines Reinigungsgerichtes an, das Gott an seinem Volk vollzieht.

Im Buch *Obadja wird es als nationale Wiedereinsetzung in seine alten Rechte verstanden. Joel betrachtet es als die Ausgießung charismatischer Gaben über das Volk Gottes (2, 28–29), die von furchtbaren Wunderzeichen begleitet wird und dann im 3. und letzten Kapitel zum eschatologischen Kampf zwischen Gott und seinen Widersachern führt. (Diese Vision ist denen bei Ez 38–39 und Sach 14 sowie der der sogenannten Jesaja-Apokalypse 24–27 vergleichbar.)

3. Entstehungszeit: Die Mehrzahl der Bibelwissenschaftler stimmt darin überein, daß das Buch Joel in nachexilischer Zeit anzusetzen ist und sein geographischer, historischer und ideologischer Hintergrund die Vermutung nahelegt, es sei zur gleichen Zeit entstanden wie die Bücher *Haggai, *Maleachi und *Obadja. Das Buch kann nicht nach den Eroberungen Alexanders des Großen entstanden sein, da die Griechen nur ganz beiläufig erwähnt werden; sie erscheinen weniger bedeutend als Tyrus (Phönikien) oder die Philister. Daher dürfte die Entstehungszeit wohl am ehesten während der persischen Epoche liegen.

Allerdings ist es zur Zeit unmöglich, genauere Angaben über die Entstehungszeit zu machen.

(S. auch *Obadja, *Maleachi, *Haggai, *Sacharja.)

Johannesapokalypse

Gliederung: 1. Inhalt. a) Prolog im Himmel; b) Die sieben Siegel; c) Die sieben Posaunen; d) Das himmlische Weib und sein Kind; e) Die apokalyptischen Tiere; f) Das Tausendjährige Reich und das Weltgericht; g) Das Neue Jerusalem; h) Abschluß. 2. Verfasserfrage. 3. Abfassungszeit.

Das letzte Buch des Neuen Testamentes ist meist unter dem Namen ›Geheime Offenbarung‹ bekannt, obwohl seine Offenbarungen durchaus nicht geheimgehalten, sondern aufgeschrieben und den Gemeinden bekannt gemacht werden sollten. Anderseits handelt es sich um ein typisch apokalyptisches Werk, das dem heutigen Leser in einer allegorischen Geheimsprache abgefaßt zu sein scheint. Zu seiner Zeit allerdings gehörte das Buch zu einem sehr verbreiteten literarischen Typ, schuf doch das sektiererische Judentum eine Fülle von apokalyptischen Schriften (s. *Apokalyptik; *Deuterokanonische Bücher; *Qumran). Die meisten apokalyptischen Bücher wurden vom »orthodoxen« Judentum verworfen, mit Ausnahme des kanonischen Buches *Daniel. Dagegen hat das früheste Christentum der apokalyptischen Literatur große Beachtung geschenkt; viele Apokalypsen wurden christlich überarbeitet, mit Interpolationen versehen und für die gottesdienstliche oder private Lesung empfohlen. Apokalyptisches Material findet sich auch in den synoptischen Evangelien und in der *Briefliteratur, die Johannesapokalypse ist also nicht das einzige Zeugnis für diese Literaturgattung innerhalb des NT.

Wie andere judenchristliche Apokalypsen ist die ›Offenbarung‹ des Johannes in ihrem Grundton optimistisch. Trotz der furchtbaren Vorhersagen von Pest, Hunger und Krieg bezeugt das Buch den baldigen und endgültigen Triumph Gottes und seiner Gläubigen. Seine Botschaft wendet sich an die von der Verfolgung bedrohten Christen: Haltet fest am Glauben! Das Ende ist nahe! Gott wird seine treuen Diener belohnen und ihr Blut rächen! Eure Peiniger aber werden den Becher seines Zornes bis zur Neige trinken! Von den jüdischen Apokalypsen unterscheidet sich das christliche Buch jedoch darin, daß es nicht nach dem ersten Kommen des Messias, sondern nach dessen Wiederkunft vom Himmel Ausschau hält.

1. Inhalt: Nach einer Einleitung (Apk 1, 1–3) entbietet der Seher Johannes in den sieben Gemeinden Kleinasiens seinen Gruß (1, 4–8). In V. 6 werden die Christen

Abb. 417. Marktplatz von Smyrna

Abb. 418. Theater von Smyrna

als »Priester für Gott« bezeichnet, die Kirche gilt also dem Apokalyptiker als eine priesterliche, kultische Gemeinde. Es wäre verfehlt, den Ausdruck nur bildlich, im uneigentlichen Sinn verstehen zu wollen. Die Vorstellung vom priesterlichen Charakter der Heilsgemeinde hat ihre Parallele in *Qumran, wo alle Angehörigen der Sekte als Leviten, als unmittelbare Erben der alten priesterlichen Traditionen Israels, betrachtet wurden. Gerade weil die Kirche im 1. Jhdt. noch kein besonderes Amtspriestertum kannte, achtete sie die wahrhaft priesterliche Würde aller ihrer Glieder, des ganzen heiligen Gottesvolkes (s. *Christentum, Frühgeschichte).

Der Prolog legt dar, wie Johannes durch eine Vision des himmlischen Menschensohns den Befehl erhielt, das Buch zu schreiben (1, 9–20). Er wendet sich dann in besonderen Botschaften an die sieben Gemeinden (Kap. 2–3). Diese Gemeindeschreiben machen das Grundproblem des Buches deutlich: das scheinbare Unterliegen der Sache Gottes auf Erden. Wir hören – wenn auch in stilisierter Form und apokalyptisch verschlüsselter Sprache – von den Zuständen in Ephesus (2, 1–7), Smyrna (2, 8–11), Pergamon (2, 12–17), Thyatira (2, 18–29), Sardes (3, 1–6), Philadelphia (3, 7–15) und Laodicea (3, 14–22). Smyrna, mit seinem großartigen Marktplatz **(Abb. 417)** wetteiferte mit Ephesos (s. *Apostelgeschichte) um die Ehre, zur Hauptstadt der Provinz Asia erkoren zu werden. In beiden Städten überbot man sich auch, was die Treue gegenüber Rom und die Förderung des Kaiserkults betraf. Die Würdenträger des offiziellen Kults führten den Titel eines »Tempelaufsehers« oder »-vorstehers«. Das Zentrum des Kaiserkults aber lag in Pergamon, wo »der Thron des Satans« (2, 13) stand, der berühmte Zeusaltar über dem weiträumigen Theater der Stadt **(Abb. 418).** Die christlichen Gemeinden dieser Städte werden vom himmlischen Menschensohn gelobt und noch mehr getadelt, weil sie »die erste Liebe« (2, 4) im Stich gelassen haben und im Glauben lau geworden sind.

a) Der Prolog im Himmel: Mit Kap. 4 beginnen die eigentlichen Visionen, die in gewaltigen, meist allegorischen Bildern den dramatischen Ablauf der endzeitlichen Ereignisse bis zur Wiederkunft Christi schildern. Zunächst sieht Johannes den Himmel geöffnet und Gott auf seinem Thron sitzend, umgeben von den »vier lebenden Wesen« und den vierundzwanzig Ältesten. Literarische Beziehungen zur Berufungsvision des Jesaja (Jes 6) und zur Thronwagenvision des Ezechiel (Ez 1.10) sind offenkundig. Das 5. Kap. enthält eine Art himmlischer Liturgie: Niemand vermag das »Buch mit den sieben Siegeln«, das Schicksalsbuch der Welt- und Menschheitsgeschichte, zu öffnen, da kommt das »geschlachtete Lamm«, der »Löwe aus dem Stamme Juda« und öffnet die sieben Siegel. Daraufhin nimmt das Lamm die Huldigung und den Lobpreis aller himmlischen Wesen entgegen (5, 1–14).

b) Die sieben Siegel: Was die himmlische Liturgie symbolisch vorwegnahm, vollzieht sich jetzt in einzelnen Akten. Das Lamm öffnet ein Siegel nach dem anderen, und zunächst erscheinen die vier »apokalyptischen Reiter«, auf einem weißen, roten, schwarzen und fahlen Pferd. Sie symbolisieren Eroberungskriege, Bürgerkrieg, Hunger und Pest. Nach Öffnung des fünften Siegels werden die Seelen der christlichen Martyrer unter dem Altare Gottes sichtbar; sie rufen um Rache: »Wie lange, heiliger und wahrhaftiger Herr, richtest du nicht und rächst unser Blut nicht an denen, die auf Erden wohnen?« (6, 10.) Das sechste Siegel löst gewaltige kosmische Katastrophen aus, wie sie schon bei den Propheten und in der jüdischen Apokalyptik das Kommen Gottes zum Gericht vorbereiten und ankündigen.

Ein Zwischenstück (Kap. 7) unterbricht die Reihe der Siegelvisionen mit der »Versiegelung« des auserwählten Gottes aus den zwölf Stämmen Israels (7, 1–8) und den Martyrern aus allen Völkern der Erde (7, 9–12). Alle, die das Siegel Gottes auf der Stirn tragen, brauchen die endzeitlichen Strafgerichte nicht zu fürchten. Sie stehen »vor dem Throne Gottes und dienen ihm Tag und Nacht in seinem Tempel« (7, 15).

c) Die sieben Posaunen: Als das Lamm das siebte Siegel öffnete, »entstand eine Stille im Himmel, etwa eine halbe Stunde lang« (8, 1). Es schließt sich die Vision von den sieben Posaunen an (8, 2–11, 19), eine oft bizarr anmutende Bilderfolge kosmischer Katastrophen und dämonischer Schrekken: Hagel und Feuer, Blut, Finsternis und Bitterkeit, Heuschrecken und Skorpionen »gleich Pferden, die zum Krieg gerüstet sind« (9, 7), ein unheimliches Reiterheer mit Pferden, »aus deren Mäulern Feuer und Rauch und Schwefel« hervorkommt (9, 18). Vor dem Erschallen der siebten Posaune ist wiederum ein Zwischenstück eingeschoben (10–11). Der Seher muß, wie einst Ezechiel (Ez 3, 1–3), ein Büchlein verschlingen, hier wahrscheinlich ein symbolischer Hinweis, daß der Autor eine schriftliche Quelle in sein Werk aufgenommen hat. Gewöhnlich glaubt man, den Inhalt dieses Schriftstücks in Kap. 11 wiedererkennen zu können. Es hat sich wahrscheinlich um ein apokalyptisches Flugblatt gehandelt, das während der Belagerung Jerusalems durch die Römer von jüdischen Zeloten verbreitet wurde. Die Zeloten hatten sich im innersten Bezirk des Tempels verschanzt und hofften, wie das Flugblatt zeigt (vgl. 11, 1–2), Gott werde sein Heiligtum den Heiden nicht preisgeben.

Der christliche Verfasser gibt dieser kleinen jüdischen Apokalypse einen neuen geistlichen Sinn: Alle, die sich treu um den »Altar«, um Christus, scharen, stehen unter Gottes Schutz; ihnen können die Mächte der Hölle nichts anhaben. Nur der äußere Vorhof des Tempels, die Ungläubigen und Gottlosen, wird dem Gericht überantwortet.

Im einzelnen bietet das 11. Kap. die größten Auslegungsschwierigkeiten. So läßt sich nicht mehr mit Sicherheit sagen, wer sich hinter der rätselhaften Gestalt der »beiden Zeugen« (11, 3) verbirgt.

Mit dem Erschallen der siebten Posaune wird der große Gerichtstag Gottes angekündigt. Die Zeit ist gekommen, da Gott seine Herrschaft antreten will, seinen »Knechten, den Propheten und den Heiligen und denen, die seinen Namen fürchten« ihren Lohn geben und »die ins Verderben bringen« wird, »die die Erde verderben« (11, 15–19).

d) Das himmlische Weib und sein Kind: Im 12. Kap. erzählt der Seher die mythisch anmutende »Geschichte« eines himmlischen Weibes, das unter Schmerzen ein männliches Kind gebiert und von einem großen Drachen bedroht wird. Der Drache versucht das Kind zu verschlingen, aber Gott rettet das Kind zu sich an seinen Thron, während das Weib in die Wüste flieht. Daraufhin wird der Drache vom Himmel auf die Erde gestürzt, wo er nun das Weib und seine »übrige Nachkommenschaft« (12, 17) verfolgt. Uralte apokalyptische Bilder vermischen sich hier mit Motiven aus der griechischen Sagenwelt.

Wir sind gewohnt, das Kapitel allzurasch als christliche Allegorie zu verstehen, und deuten das Weib auf die Kirche (oder Maria), das Kind auf Christus und den Drachen auf Satan. Nach heutiger Auffassung hat der Autor nicht unmittelbar an die Geburt Christi gedacht, sondern an die Entstehung der gesamten messianischen Heilsgemeinde. Unter dem alttestamentlichen Bild des »Weibes« sollen die Geburtswehen der messianischen Zeit dargestellt werden. Das erlöste, neue Israel, die Nachkommenschaft des Weibes, muß erst noch den Kampf mit dem höllischen Drachen bestehen.

Eine sehr enge Parallele zu Apk 12,1–6 bietet ein Text aus den in Qumran gefundenen ›Lobliedern‹ (1 QH 3,1–18). Da vergleicht sich der Beter mit einem »Weib, das seinen Erstgeborenen gebiert; denn schnell kommen ihre Wehen, und schlimmer Schmerz kommt über ihren Muttermund«. Der Messias, das Heil der Welt, wird nur unter größten Drangsalen und Ängsten geboren.

e) Die apokalyptischen Tiere: In der folgenden Vision (Kap. 13) überträgt der Drache seine satanische Macht auf das »Tier« mit »zehn Hörnern und sieben Köpfen«, so daß es nun »Krieg führen kann mit den Heiligen, sie zu besiegen«. Dieses Tier, das Gewalt hat »über alle Geschlechter und Völker und Sprachen und Nationen«, wird von einem anderen Tier, das zwei Hörner hat und »die Bewohner der Erde verführt«, unterstützt. Man deutet die beiden Tiere gewöhnlich auf die (römische) Staatsmacht und den sie vergötzenden Kaiserkult. Den Schrecken der Verfolgung steht die tröstliche Vision vom Lamme und seinen 144000 Nachfolgern auf dem Berge Sion gegenüber (14,1–5). Es sind »die aus der Erde Erkauften«, die »Erstlingsfrüchte« der Erlösung. Nur sie können das »neue Lied« vor dem Throne Gottes singen, denn »sie sind jungfräulich rein«. Es ist nicht ganz klar, ob diese Aussage bildlich oder wörtlich zu verstehen ist. Im zweiten Fall würde sich die Apokalypse zu einem asketischen Vollkommenheitsideal bekennen, das wieder an qumran-essenische Vorbilder erinnert. Die anschließenden Visionen und Auditionen kündigen durch Engelsbotschaften und symbolische Handlungen das Kommen des Menschensohnes und Gottes furchtbares Gericht über das Tier und dessen Anbeter an. Schon ist »die Stunde des Erntens gekommen« und »die Sichel an die Erde gelegt« (14, 6–20).

Der Ausgießung der sieben Zornschalen (Kap. 15–16) geht eine Art himmlischer Liturgie voraus. Die Gerechten preisen Gott und jubeln bereits über seinen Sieg. Das Bildmaterial zur Schalenvision ist zum großen Teil den ägyptischen Plagen (Ex

7–10) entnommen, nur daß die Katastrophen hier noch mehr ins Kosmische und Dämonische gesteigert sind. Beim Ausgießen der sechsten Schale »versammeln sich die Könige des ganzen Erdkreises zum Krieg am großen Tag des allmächtigen Gottes« am Ort, der auf hebräisch Harmagedon heißt (16,14.16), womit *Meggido als bekannter Ort von Schlachten (Ri 5,19; 2 Kg 9,27; 23,29; 2 Chr 35,22) gemeint sein wird.

Der Seher schaut dann die »große Hure«, das ist Rom (17, 18), und ein Engel erklärt ihm, »das Geheimnis des Weibes und des Tieres mit den sieben Köpfen und den zehn Hörnern« (17,1–18). Das 18. Kap. beschreibt in dramatischer Anschaulichkeit den Fall »Babylons« (Roms). Während alle, die durch den Untergang der großen Stadt getroffen werden, weinen und wehklagen, frohlocken die Himmelsbewohner über Gottes gerechte Gerichte (19,1–10). Christus, der »König der Könige und Herr der Herren«, erscheint auf dem weißen Roß des Siegers, um die beiden Tiere und deren Gefolge zu vernichten (19,11–21).

f) Das Tausendjährige Reich und das Weltgericht: Nach dem Sieg Christi über die beiden Tiere wird der Drache in Fesseln gelegt, und es beginnt ein tausendjähriges Friedensreich auf Erden (20,1–3). Während dieser Zeit sollen alle, die für den Glauben gelitten haben, vom Tode auferstehen und mit Christus herrschen (20,2–6). Ein solches messianisches »Zwischenreich« auf Erden, das der endgültigen Heilszeit voraufgeht, kennen auch manche jüdischen Apokalypsen. Wie der christliche Autor unseres Buches diese Weissagung verstanden hat, können wir nicht mehr mit Bestimmtheit sagen. In den ersten Jahrhunderten der Kirche war eine allzu wörtliche, grob-realistische Deutung des »tausendjährigen Reiches« vorherrschend (Chiliasmus), bis sich durch Augustinus eine vergeistigte Interpretation durchgesetzt hat.

Nach den tausend Jahren soll »Saten wieder aus seinem Gefängnis losgelassen werden«. Er rüstet sich mit allen Völkern der Erde, mit »Gog und Magog« zum letzten, verzweifelten Ansturm gegen die Kräfte des Himmels und »die geliebte Stadt«. Aber Feuer fällt vom Himmel herab und verzehrt alle Feinde Gottes (20,7–10). Danach kommt die allgemeine Auferstehung der Toten zum Jüngsten Gericht (20,11–15).

g) Das Neue Jerusalem: Die Strafgerichte Gottes sind vorüber, der Seher schaut »einen neuen Himmel und eine neue Erde; denn der erste Himmel und die erste Erde sind verschwunden, und das Meer ist nicht mehr« (21,1). Vom Himmel herab steigt das »neue Jerusalem, gerüstet wie eine Braut, die für ihren Mann geschmückt ist«; und schließlich nimmt Gott selber Wohnung bei den Menschen: »er wird bei ihnen wohnen, und sie werden sein Volk sein, und Gott selbst wird bei ihnen sein. Und er wird abwischen alle Tränen von ihren Augen, und der Tod wird nicht mehr sein, und kein Leid noch Geschrei noch Schmerz wird mehr sein; denn das Erste ist vergangen« (21,2–4). Der Seher beschreibt dann das neue Jerusalem, die wunderbare Braut Christi (21,10–22,5).

h) Abschluß: Die Apokalypse schließt mit verschiedenen Mahnungen und der wiederholten Verheißung, Jesus werde bald wiederkommen: »Siehe, ich komme bald und mein Lohn mit mir, um jedem zu vergelten, wie sein Werk ist. Ich bin das Alpha und das Omega, der Erste und der Letzte, der Anfang und das Ende« (22,12–13).

2. Verfasserfrage: Ohne jeden Zweifel war der Verfasser des Buches ein Judenchrist. Das geben Stil und Inhalt mit jedem Wort zu erkennen. Auch das Griechische der Apokalypse verrät stark semitischen Einfluß, was sogar zu der Vermutung geführt hat, der uns vorliegende Text sei die Übersetzung eines hebräischen oder aramäischen Originals. Wahrscheinlicher aber beruht das semitisierende Griechisch auf der Tatsache, daß der judenchristliche Verfasser bewußt in einer archaischen, sakralen Sprache schreiben wollte.

Die Meinungen sind geteilt, ob die Apokalypse aus verschiedenen Schriften kompiliert wurde oder ob sie das einheitliche Werk *eines* Autors ist. Auf jeden Fall darf man in einem apokalyptischen Buch keinen logischen, klar durchdachten Traktat suchen, zumal der Autor – wie alle anderen apokalyptischen Schriftsteller – älteres, traditionelles Material aus dem AT und sonstiger jüdischer Literatur verarbeitet und für seine Zwecke neu interpretiert hat. Es wäre aber durchaus möglich, daß der Verfasser sein Buch nicht auf einmal, sondern in mehreren, durch längere Zeiträume voneinander getrennten Ansätzen geschrieben hat. Dies würde manche Unebenheiten der Darstellung und die offensichtlichen Wiederholungen oder Dubletten erklären.

Wir können auch nicht mit Sicherheit sagen, wer der Autor des Buches war. Der Verfasser nennt sich selber »Johannes« (1,

Abb. 419. Der neue Hafen Scala auf der Insel Patmos, die zum Dodekanes gehört

Abb. 420. Der Überlieferung nach soll Johannes seine Visionen in einer Grotte dieses Berges niedergeschrieben haben. Damals erhoben sich die großen Heiligtümer von Patmos auf dem Kamm des Berges, heute findet man dort mehrere Klöster

1. 4. 9; 22, 8), und es besteht kein Grund, diese Namensangabe für ein Pseudonym zu halten. Ferner erfahren wir, daß der Autor auf der Insel Patmos, einer römischen Strafkolonie, lebte, wahrscheinlich weil er wegen seines Glaubens verbannt war (1,9). Patmos war eine der kleinsten Inseln des Dodekanes. Die **Abb. 419** zeigt den neuen Hafen Scala, und auf der **Abb. 420** sehen wir den Berg, auf dem früher die großen Heiligtümer von Patmos standen. Jetzt haben sich mehrere Klöster dort niedergelassen. Nach christlicher Überlieferung soll Johannes seine Apokalypse in der Grotte unterhalb der aus dem 11. Jhdt. stammenden St. Anna-Kirche geschrieben haben (auf dem Bild ganz unten links). Wer war aber dieser Johannes? Schon die altkirchliche Tradition war sich hierüber nicht ganz einig. Die Schwierigkeit lag damals wie heute weniger darin, sich den Apostel Johannes, den »Donnersohn« (Mk 3,17), als Verfasser einer Apokalypse vorzustellen, als ihm zugleich auch die Autorschaft am vierten Evangelium zuzuerkennen. In der Tat sind beide Werke nach Stil, Inhalt und theologischer Mentalität zu verschiedenartig, als daß sie von demselben Verfasser stammen könnten. So gibt es im Grunde nur zwei Möglichkeiten: Entweder man läßt das Evangelium vom Apostel Johannes geschrieben sein, dann muß der Presbyter Johannes (oder ein anderer Träger dieses verbreiteten Namens) die Apokalypse verfaßt haben. So hat schon Eusebius (gest. um 349 n. Chr.) das Problem zu lösen gesucht. Oder – und dafür sprechen zahlreiche innere Gründe – das Evangelium stammt vom Presbyter Johannes (bzw. einem uns unbekannten syrischen oder kleinasiatischen Heidenchristen), dann besteht an sich kein zwingender Grund, die Apokalypse dem Apostel Johannes abzusprechen. Da der Apostel nach dem Zeugnis des Irenäus sehr alt geworden und bis in die Zeit Trajans hinein (98–117) gelebt haben soll, käme er auch zeitlich gesehen als Autor in Betracht. Hinzu kommt, daß bereits Justin (um 150 n. Chr.) den Apostel als Verfasser der Apokalypse nennt. So neigen immer noch viele Gelehrte zu der Ansicht, daß die Apokalypse das Werk des Apostels Johannes ist. Andere dagegen machen geltend, daß der Verfasser weder den (zu seiner Zeit sicher schon geläufigen) Aposteltitel in Anspruch nimmt noch sich auf seine Bekanntschaft mit dem historischen Jesus beruft. So bleiben ungelöste und wohl auch nie zu lösende Fragen.

3. Abfassungszeit: Da die Apokalypse ganz deutlich während einer Verfolgung geschrieben wurde, kommen nur zwei Daten in Betracht, die Neronische oder die Domitianische Verfolgung. Die Befürworter einer Frühdatierung (um 68 n. Chr.) weisen darauf hin, daß in Kap. 11 die Hoffnung ausgesprochen werde, Gott werde das Innere des Jerusalemer Tempels nicht den Heiden preisgeben. Außerdem sei die in Apk 13,18 genannte Zahl 666 das numerische Äquivalent für den in hebräischen Buchstaben geschriebenen Namen »Nero Caesar«. Weit mehr Wahrscheinlichkeit hat aber die schon von Irenäus vertretene Meinung, die Apokalypse sei unter Domitian, um 95 n. Chr., verfaßt worden. Während sich die Neronische Verfolgung im wesentlichen auf Rom beschränkt hat, lag der Schwerpunkt der Domitianischen Kampfmaßnahmen gegen die Christen in Kleinasien. Domitian war auch – soweit wir wissen – der erste römische Herrscher, der sich schon zu Lebzeiten »Dominus ac Deus noster« (Unser Herr und Gott) anreden ließ. Man wird deshalb zumindest die Endredaktion der Apokalypse und ihre Verbreitung in den christlichen Gemeinden erst unter Domitian ansetzen. Teile des Werkes mögen aber schon früher entstanden sein.

Johannes der Täufer

Gliederung: 1. Leben und Wirken. a) Nasiräische Elemente bei Johannes; b) Die Predigt des Täufers; c) Stätten seines Wirkens; d) Archäologische Bestätigung; e) Johannes und Herodes Antipas; f) Einkerkerung und Tod. 2. Der zeitgenössische Hintergrund. a) Sein Verhältnis zu Qumran; b) Taufe und Buße. 3. Johannes ein Prophet? a) Messianische Aufgabe; b) Taufe Jesu; c) Der heilige Geist; d) Bedeutung der Täuferbewegung.

1. Leben und Wirken: Johannes (Jochanan), mit dem Beinamen der Täufer (*ha-maṭbîl* im Hebräischen), war der Vorläufer *Jesu.

Geboren wurde er im Bergland von Judäa (der genaue Ort ist unbekannt; erst eine spätere christliche Tradition lokalisierte seine Geburt in *'ēn kerem* nahe bei Jerusalem). Sein Vater, der betagte Priester Zacharias, vermittelte ihm vermutlich eine gute Kenntnis der Heiligen Schriften und lehrte ihn, sie nach Art des ländlichen Priestertums weniger formalistisch zu deuten.

a) Nasiräische Elemente bei Johannes: Als Johannes zum Mann herangereift war, folgte er seinem Vater nicht in der beruflichen Ausübung des Priestertums. Statt dessen zog er sich in die »Wüste« zurück, widmete sich in Abgeschiedenheit der Meditation, lebte von Heuschrecken und wildem Honig, bis die Zeit seines öffentlichen Wirkens an Israel gekommen war. Epiphanius, ein Kirchenschriftsteller und Historiker des 2. Jhdts., kennzeichnet Johannes in seinem ›Panarion‹ als »Nasiräer«. Dieser Titel kann nur ein Anachronismus sein, doch befürworten manche heutigen Gelehrten die Ansicht, daß der Täufer zu einer Gruppe von Sektierern gehört habe, in der man die altisraelitische Institution des lebenslangen Nasiräats, die schon lange untergegangen war, wiederaufleben ließ. Die damaligen Nachfahren der Nasiräer waren Wüstenbewohner, die auf Wein- und Fleischgenuß verzichteten und sich den Bart nicht scheren ließen. Offensichtlich waren bei ihnen auch rituelle Reinigungsbäder in Übung. Möglicherweise standen diese Gruppen von »Nasiräern« oder »heiligen Männern« – sie ähnelten den alten Prophetenscharen im Jordantal – in Beziehung zu den späteren Essenern (s. *Qumran).

b) Die Predigt des Täufers: Gekleidet in ein rauhes Gewand aus Kamelhaaren – auch hierin ein Nachahmer der alten Propheten –, durchzog Johannes das Land im Umkreis des Jordantals und rief die Menschen zur Buße: »Tut Buße, das Königreich Gottes ist nahe!« Johannes verkündigte also die Botschaft, daß sich die große Hoffnung der israelitischen Religion in nächster Zukunft erfüllen sollte. Das Gottesreich, die Heilszeit, nach der man so sehnlich verlangte, stehe vor der Tür. Dies war das Herzstück des Glaubens der altisraelitischen Propheten; Johannes gab der Heilshoffnung eine ganz neue Dringlichkeit. Er taufte alle, die aufrichtig Buße taten, zum Zeichen ihrer Reinigung und zur Vorbereitung auf ein neues Leben in der Gemeinschaft mit Gott.

c) Stätten seines Wirkens: Das vierte Evangelium gibt an, Johannes habe an verschiedenen Plätzen im Gebiet um das Jordantal und östlich des Jordans in Peraea getauft. Gegen Ende seines Wirkens soll er auf samaritischem Gebiet bei »Aenon, nahe Salim« getauft haben, »weil dort viel Wasser war« (Joh 3,22). Die genaue Lage dieses Ortes ist unbekannt; W. F. Albright vermutet, Aenon habe südöstlich von *Sichem, nahe den Quellen des *wādi fāra,* gelegen. In den Evangelien werden auch noch andere Orte erwähnt, aber sie können nicht mit Sicherheit identifiziert werden. Die Stätte, an der Jesus von Johannes getauft wurde, wird auf der in Mosaik ausgeführten Landkarte von Madeba aus dem 6. Jhdt. (s. **Abb. 421**) durch ein Kreuz markiert, das in den Jordan bei *bet-habara* oder richtiger *bet-araba* (»Haus der Furt«) eingezeichnet ist. Der Ort liegt genau nördlich der *Hajla*-Furt nahe am Westufer des Flusses. Am Rande des Wassers wurde eine Kirche auf Pfählen erbaut, und etwas weiter landeinwärts stand ein Johannes dem Täufer geweihtes Kloster.

d) Archäologische Bestätigung: Das Lukasevangelium berichtet: »Im fünfzehnten Jahr der Regierung des Kaisers Tiberius (27 n. Chr.) ... als Lysanias Fürst von Abilene ... war, da erging das Wort Gottes an Johannes, den Sohn des Zacharias, in der Wüste« (Lk 3,1–2). Auf einer steilen Felswand nahe dem »Tell«, der einst die Stadt Abilene gewesen war, wurde eine Inschrift entdeckt, die Lysanias als Herrscher des Gebietes nennt und zwar zu der von Lukas bezeichneten Zeit. Die Angaben der Evangelien über die Wirksamkeit des Täufers werden durch einen Text des Josephus in seinen ›Altertümern‹ glänzend bestätigt: »Manche Juden waren übrigens der Ansicht, der Untergang der Streitmacht des Herodes (Antipas) sei nur dem Zorne Gottes zuzuschreiben, der für die Tötung des Johannes, des sogenannten Täufers, diese gerechte Strafe verhängt habe. Diesen nämlich hatte Herodes hinrichten lassen, obwohl er ein edler Mann war, der die Juden anhielt, nach Vollkommenheit zu streben, und sie ermahnte, Gerechtigkeit gegeneinander und Frömmigkeit gegen Gott zu üben und sich zur Taufe zusammenzutun. Die Taufe werde Gott nur dann genehm sein, wenn sie zur Heiligung des Leibes, nicht aber zur Sühne der Sünden geschehe, denn die Seele müsse sich schon vorher durch ein gerechtes Leben entsündigt haben. Da nun infolge der wunderbaren Anziehungskraft solcher Reden eine gewaltige Menschenmenge zu Johannes hinströmte, fürchtete Herodes, das Ansehen dieses Mannes, dessen Rat allgemein befolgt zu werden schien, möchte das Volk zum Aufruhr treiben, und hielt es daher für besser, ihn rechtzeitig, ehe er noch Neuerungen eingeführt habe, aus dem Wege zu räumen, als bei einer Wendung der Dinge in Gefahr zu geraten und dann, wenn es zu spät war, Reue empfinden zu müssen. Auf diesen Verdacht hin ließ also Herodes den Johannes in Ketten legen, nach der oben erwähnten Festung Machaerus bringen und dort hinrichten« (Altertümer XVIII,5,2).

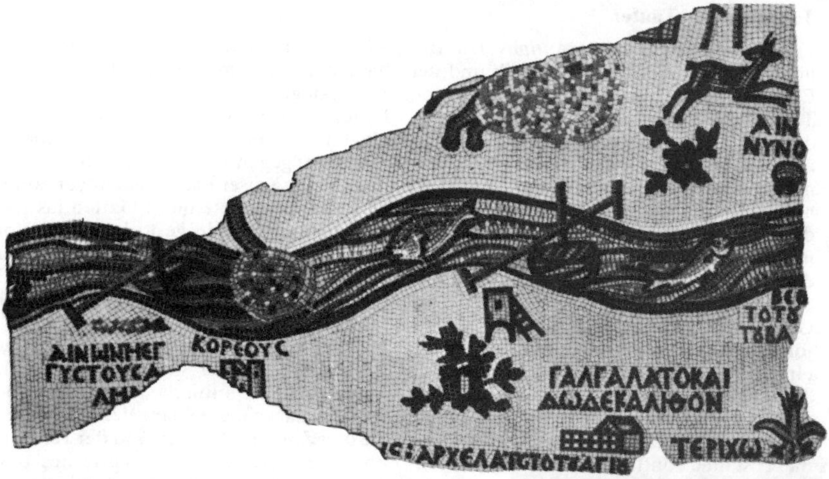

Abb. 421. Die Stelle, wo Jesus von Johannes getauft wurde, bezeichnet die in Mosaikarbeit ausgeführte Landkarte von Madeba (6. Jhdt. n. Chr.) mit einem Kreuz, das in den Jordan eingezeichnet ist (ganz rechts)

Abb. 422. Der Jordan nördlich der Taufstätte Jesu

Abb. 423. Die Festung Machaerus am Toten Meer

e) Johannes und Herodes Antipas: Die Beliebtheit des Johannes beim Volk und der Enthusiasmus, den seine Predigt- und Tauftätigkeit weckten, waren den Behörden verständlicherweise sehr unwillkommen. Während der ganzen Zeit, da die Dynastie der Herodianer in Palästina herrschte, gab es unzählige Aufstände, die durch messianische Parolen, verbunden mit politischer Wühlarbeit, ausgelöst wurden. Der »Tetrach« Herodes Antipas (ein Sohn *Herodes' des Großen), der über Galilaea und Peraea (das jüdische Transjordanien) herrschte, konnte gegenüber einer Bewegung, die so viele Hörer und Anhänger aus ganz Palästina in ihren Bann schlug, nicht gleichgültig sein. Er beschloß, Johannes zum Schweigen zu bringen, bevor dieser seinen Einfluß beim »Volk des Landes«, dem *'am hā-'ārœṣ*, das sich später Jesus anschließen sollte, noch verstärken konnte. Hinzu kam, daß sich Johannes bei Hof unbeliebt gemacht hatte wegen seiner öffentlichen Kritik an der zweiten Ehe des Tetrarchen. Herodes hatte nämlich seine erste Frau, die Tochter des Nabatäerkönigs, verstoßen, um die Prinzessin Herodias, die Frau seines Halbbruders Herodes »ohne Land«, heiraten zu können.

Dieser nach dem mossaischen Gesetz unerlaubte Eheschluß fiel vermutlich zeitlich mit dem ersten Auftreten des Täufers zusammen.

f) Einkerkerung und Tod: Aus den eben genannten Gründen politischer und privater Natur wurde Johannes in die Festung Machaerus **(Abb. 423),** die unmittelbar am Ostufer des Toten Meers gelegen war, gebracht. Dort wurde er auch, wie Josephus berichtet, später enthauptet. Die Evangelien freilich (Mk 6) lassen Johannes im neuen Palast von Tiberias hingerichtet werden. (Herodes hatte sich diese eine Hauptstadt am Südufer des Sees Genezareth erbaut und sie nach seinem Gönner, dem Kaiser Tiberius, benannt.) Der markinische Bericht macht den Eindruck einer dramatisch ausgeschmückten volkstümlichen Erzählung und will sich deshalb sicher nicht für alle Einzelheiten verbürgen. Die Prinzessin Salome habe am Geburtstag des Herodes vor den Gästen getanzt, und der Tetrarch habe ihr jeden Wunsch zu erfüllen versprochen. Daraufhin habe Salome, von ihrer Mutter Herodias angestiftet, das Haupt Johannes' des Täufers verlangt, und es sei ihr sogleich auf einer Schüssel gebracht worden. Das blutige Martyrium trug also, wie diese Geschichte beweist, nur dazu bei, die Verehrung des Täufers im Volke zu steigern. Herodes Antipas wurde bald danach vom Nabatäerkönig Aretas IV. besiegt.

Unter der Regierung des Kaisers Caligula klagten ihn seine Gegner an, er habe ein Komplott gegen Rom angezettelt, woraufhin ihn der Kaiser nach Gallien verbannte. Herodias begleitete ihren Gatten ins Exil, und dort sind beide gestorben. Das Volk betrachtete, wie wir von Josephus hören, die Niederlage Herodes als Strafgericht Gottes wegen der ungerechten Hinrichtung Johannes' des Täufers.

Der wirkliche Grund, warum Johannes sterben mußte, war sicher die Furcht des Tetrarchen vor politischen Unruhen. Doch läßt sich damit die Angabe der Evangelien, die den Zorn des Fürsten und der Herodias über die moralischen Vorwürfe des Bußpredigers stärker betonen, durchaus vereinbaren.

2. Der zeitgenössische Hintergrund: *a) Sein Verhältnis zu Qumran:* Wir wissen so wenig Sicheres über Johannes, daß seine Bedeutung innerhalb des zeitgenössischen Judentums und für das spätere Christentum nur schwer abzuschätzen ist. Unsere einzigen Quellen sind bislang die Evangelien und Josephus. Die Qumranschriften erwähnen weder den Namen des Täufers noch sprechen sie von der durch ihn ausgelösten Bewegung. Trotzdem vermögen sie den Hintergrund seines Auftretens und die Hauptgedanken seiner Botschaft in beträchtlichem Maße zu erhellen. Wir sind jetzt besser in der Lage, das Wirken des Täufers zu verstehen und zu würdigen.

Wegen der vielen Parallelen, die zwischen Johannes und Qumran bestehen, neigen zahlreiche Gelehrte zu der Ansicht, der Täufer müsse wenigstens eine Zeitlang der priesterlichen Gemeinschaft am Toten Meer angehört haben. Das wenige, was wir über ihn wissen, würde gut zu einer solchen Theorie passen. Die Qumranschriften haben deutlich gemacht, daß rituelle Waschungen, »Taufen« zum Zeichen der Bußgesinnung, im damaligen Judentum durchaus nichts Ungewöhnliches waren. Außerdem stimmte Johannes mit den Essenern offensichtlich darin überein, daß Gottes großer Gerichtstag unmittelbar bevorstehe. Es wäre jedoch eine allzu vereinfachende Lösung der uns bekannten historischen Tatsachen, wollten wir eine direkte Beziehung zwischen Johannes und Qumran annehmen. Den Ähnlichkeiten und Übereinstimmungen stehen auch sehr wesentliche Unterschiede entgegen.

b) Taufe und Buße: Während die Qumran-Essener nur wenige ausgewählte und erprobte Kandidaten in ihre Heilsgemeinschaft aufnahmen, wandte sich Johannes mit seiner Predigt an das ganze Volk. Als Vorbedingung für seine Taufe forderte er echte innere Umkehr, aber keine Weltentsagung oder eine bestimmte Lebensweise. Auch war ihm anscheinend der Haß gegen Andersdenkende fremd, und von einer übertriebenen Beobachtung der levitischen Reinheitsvorschriften hören wir nichts.

Der blutsmäßigen Zugehörigkeit zum auserwählten Volk schrieb Johannes keine entscheidende Heilsbedeutung zu. Es genüge nicht zu sagen: »Wir haben Abraham zum Vater« (Mt 3,8). Auch Nachkommen Abrahams wie die *Pharisäer und *Sadduzäer, die sich von Johannes taufen lassen wollten, verdienten die Bezeichnung »Natterngezücht«, sofern sie sich nicht ehrlich von ihren Sünden abkehrten und ein neues Leben in der Gemeinschaft mit Gott begannen.

3. Johannes – ein Prophet? Die Stellung des Täufers in der Heils- bzw. Religionsgeschichte läßt sich am besten bestimmen, wenn man die großen Propheten des AT zum Vergleich heranzieht. In diese Richtung weist auch die Beurteilung, die Johannes – wenn wir den Evangelien glauben dürfen – von seiten Jesu erfahren hat. Im Streitgespräch um die sogenannte »Vollmachtsfrage« nach der Tempelreinigung heißt es: »Und sie sagten zu ihm: In was für einer Macht tust du dies oder wer hat dir diese Macht gegeben, daß du dies tust? Jesus aber sprach zu ihnen: Fragen will ich euch eine Sache, und antwortet ihr mir, will ich euch auch sagen, in was für einer Macht ich dies tue. Die Taufe des Johannes, war sie vom Himmel oder von Menschen? Antwortet mir! Und sie überlegten bei sich selbst, sagten: Wenn wir sagen: Vom Himmel, wird er sagen: Weshalb hat ihr also ihm nicht geglaubt? Aber sollen wir sagen: Von Menschen? – Sie fürchteten sich vor dem Volk; denn alle hielten dafür, daß Johannes wirklich ein Prophet gewesen sei« (Mk 11,28–32).

a) Messianische Aufgabe: Johannes war ein großer unabhängiger Prediger und Lehrer, eine bedeutende Gestalt in der apokalyptischen und messianischen Bewegung seiner Tage. Es ist kaum möglich, mit Bestimmtheit anzugeben, welchen Platz Johannes innerhalb der jüdischen Messiaserwartungen eingenommen hat, aber seine Predigt hat zweifellos ganz wesentlich dazu beigetragen, nationalpolitische Wunschträume zurückzudrängen und den Sinn des Volkes auf die sittlichen Werte der Gottesherrschaft zu lenken.

Das vierte Evangelium berichtet von einer Begegnung des Täufers mit Abgesandten der Leviten und Pharisäer. Offensichtlich ging es darum, mögliche Ansprüche des Täufers auf die Messiaswürde zu erkunden: »Und sie fragten ihn: Was nun? Bist du Elias? Und er sagte: Ich bin es nicht. Bist du der Prophet? Und er antwortete: Nein... Er sagte: Ich bin die Stimme eines Rufenden in der Wüste: Bereitet den Weg des Herrn, wie gesprochen hat Jesaja, der Prophet (Jes 40,3) . . . Und sie fragten ihn und sprachen zu ihm: Warum nun taufst du, wenn du weder der Messias bist noch Elias, noch der Prophet?« (Joh 1,21. 23.25).

Das gleiche Jesajazitat diente den Qumran-Essenern zur Rechtfertigung ihrer sektiererischen Lebensweise. Im vierten Evangelium wird nachdrücklich betont, daß der Täufer selber den Anspruch, Elias, der »Prophet« oder der Messias zu sein, entschieden zurückgewiesen habe – ein Zeichen, daß ihn seine Anhänger später mit diesen Titeln bedacht haben. Nach christlicher Anschauung war er nicht der Messias, sondern dessen Vorläufer. Er war die »Stimme eines Rufenden in der Wüste«. Eine ähnliche Aufgabe wurde dem »Lehrer der Gerechtigkeit« in Qumran zugeschrieben, auch er war keine messianische Gestalt, sondern verfügte über prophetische Kräfte und charismatische Gaben (s. *Qumran).

Auf Grund des deutlicheren Bildes, das uns die Qumranschriften ermöglicht haben, dürfen wir sagen, daß Johannes in den Evangelien zu Gunsten Jesu in den Schatten gestellt wird.

b) Die Taufe Jesu: Welch eine bedeutende Rolle Johannes gespielt haben muß, geht aus der Tatsache hervor, daß die christliche Überlieferung von Anfang an die Taufe Jesu am Jordan zum Ausgangspunkt ihrer Heilspredigt gemacht hat. In der frühen synoptischen Tradition, die noch keine Kindheitsgeschichte kennt, ersetzt die Taufe durch Johannes gewissermaßen eine Geburtsgeschichte. Hier wird zum ersten Mal feierlich proklamiert, daß Jesus der »geliebte Sohn« Gottes ist.

c) Der heilige Geist: Vielleicht hat Johannes die in Qumran bezeugte Anschauung geteilt, daß die Taufe den heiligen Geist verleihe. Nach der Sektenregel war die Taufe der Ritus, durch den man in die Gemeinschaft aufgenommen wurde und zugleich Anteil am »Geist der Wahrheit« oder dem heiligen Geist empfing. Das Herabkommen des Geistes auf Jesus bei seiner Taufe läßt sich aber nicht allein aus der qumranischen (und prophetischen) Vorstellung erklären, daß die Taufe den heiligen Geist zur Reinigung und Entsühnung von Sünden mitteile. Näher liegt der Gedanke, daß sich an Jesus die Verheißung einer messianischen Geistausgießung erfüllt habe: »Und gleich, als er aufstieg aus dem Wasser, sah er gespalten die Himmel und den Geist wie eine Taube herabsteigen in ihn. Und eine Stimme geschah aus den Himmeln: Du bist mein Sohn, der Geliebte, an dir habe ich mein Wohlgefallen« (Mk 1,10–12).

Gott hatte, so glaubten die Christen, seinen heiligen Geist auf den Gesalbten, den Messias, herabgesandt. Wie konnte es anders sein, da sich die Kirche selber im Besitz des heiligen Geistes und seiner vielfältigen Gaben wußte? Von der Wasser- und Bußtaufe des Johannes unterschied man jetzt die durch den erhöhten Herrn vollzogene Geisttaufe, die Begabung mit den himmlischen »Kräften des zukünftigen Äons« (Hebr 6, 4–5).

d) Bedeutung der Täuferbewegung: Man hat verschiedentlich behauptet, weder Johannes der Täufer noch Jesus hätten eine Schule oder Sekte innerhalb des Judentums gegründet. Sie seien keine approbierten Schriftgelehrten oder Gesetzeslehrer gewesen und hätten sich nicht wie die Pharisäer um die Halacha, die Auslegung des Gesetzes für das tägliche Leben, gekümmert. Nichtsdestoweniger haben sowohl Johannes als auch Jesus ihren Jüngern Weisungen gegeben, die im Gedächtnis eingeprägt und wiederholt werden sollten. Das Auftreten des Täufers und die von ihm ausgelöste Bewegung wären vielleicht nur eine vorübergehende, unbedeutende Episode in der Geschichte des sektiererischen Judentums – eine unter vielen anderen – geblieben, wenn nicht Jesus von Nazareth gleichsam das Erbe des Johannes angetreten hätte. In welcher Beziehung Jesus zur Täuferbewegung gestanden hat, entzieht sich freilich unserer genauen Kenntnis. Ebensowenig wissen wir, ob und wie lange die Anhänger des Johannes eine geschlossene und aktive religiöse Gemeinschaft gebildet haben. Doch gibt es deutliche Anzeichen, daß die Täufersekte zumindest noch gegen Ende des 1. Jhdts. n. Chr. eine rege Tätigkeit entfaltete, die von den christlichen Gemeinden als Konkurrenz empfunden wurde. Einflüsse der Täuferbewegung sind wohl auch spürbar in manchen Strömungen jüdischer und christlicher Gnosis, bis hin zu der im Iran beheimateten Taufsekte der Mandäer. – Was sich hinter den von Lukas in Apg 19,2–7 erwähnten »Johannesjüngern« in Ephesus verbirgt, läßt sich historisch nicht mehr aufhellen.

Auf jeden Fall steht außer Zweifel, daß die prophetische Gestalt des Johannes aus der Entstehungsgeschichte des Christentums nicht wegzudenken ist (s. *Jesus 2).

Großer Beliebtheit erfreut sich heute die Ansicht, der Verfasser des vierten Evangeliums sei ursprünglich ein Täuferjünger gewesen oder habe zumindest später in Ephesus die Bekanntschaft mit den Anschauungen und Begriffen der Täuferbewegung gemacht. Diese Hypothese beruht auf zwei anfechtbaren Voraussetzungen: Zum ersten nimmt man an, daß die Theologie des vierten Evangeliums sowie die typisch »johanneische« Begrifflichkeit ihre Hauptwurzeln in der Theologie der Qumransekte haben; dies aber ist eine Fehleinschätzung des Johannesevangeliums. Seine typischen Begriffe und Denkmuster lassen sich nur zum geringsten Teil von Qumran herleiten. Gerade für die entscheidenden christologischen Vorstellungen und Offenbarungsreden gibt es keine eindeutigen Parallelen. Die zweite Voraussetzung haben wir bereits als unbegründet zurückgewiesen: Johannes der Täufer hat aller Wahrscheinlichkeit nach nie zur Qumrangemeinschaft gehört und kann deshalb auch nicht als »Bindeglied« zwischen Qumran und der Theologie des vierten Evangelisten aufgefaßt werden.

Johannesevangelium

Gliederung: 1. Gliederung und Inhalt. a) Kap. 1,19–51 und 2,1–12,50. Das Buch der sieben Zeichen; b) Kap. 13,1–20,29. 2. Eigentümlichkeiten des Evangeliums. 3. Verfasserschaft und Abfassungszeit. 4. Qumran und das Johannesevangelium. 5. Das Problem der Gnosis. 6. Entstehungsgeschichte des Evangeliums. 7. Theologie und Zielsetzung. a) Theologie; b) Ein Evangelium für die Heiden.

1. Gliederung und Inhalt: Das vierte Evangelium beginnt mit dem berühmten Logos-Prolog (1,1–18), der in hymnischer Sprache die Fleischwerdung des göttlichen Wortes feiert. Damit ist der Grundton des ganzen Werkes angeschlagen, die Erscheinung des himmlischen Gesandten und transzendenten Heilsbringers auf Erden. *a) Kap. 1,19–51 und 2,1–12,50. Das Buch* *der sieben Zeichen:* Der erste Teil des Evangeliums schildert das Werk des himmlischen Gesandten in der Welt. Erwähnt wird auch *Johannes der Täufer, der Vorläufer; aber seine einzige Aufgabe besteht darin, für Jesus, den Sohn Gottes, Zeugnis abzulegen. Die Berufung der Jünger (1,35–51) erscheint in einem etwas anderen Licht als bei den Synoptikern. Jesus offenbart sich von Anfang an deutlich als Messias und wird von seinen Jüngern sogleich in seiner göttlichen Würde erkannt. Das sogenannte Buch der sieben Zeichen umfaßt die Kapitel 2–12. Der Evangelist hat – vielleicht aus einer schriftlichen »Zeichenquelle« – sieben Wundergeschichten ausgewählt und einige von ihnen zum Ausgangspunkt seiner großen Offenbarungsreden gemacht. So weist sich Jesus durch seine Taten und Worte als Gottes Sohn und endzeitlicher Heilsbringer aus. Sein erstes Wunder vollbringt der johanneische Christus auf der Hochzeit von Kana (2,1–11), er wandelt das für jüdische Reinigungsriten bestimmte Wasser in Wein und deutet damit im voraus den Sinn seines Leidens.

Im Unterschied zu den Synoptikern stellt Johannes die Tempelreinigung an den Beginn der öffentlichen Tätigkeit Jesu (2,12–22). Auch hieraus spricht eine theologische Absicht. Der Leser soll von Anfang an wissen, daß Jesus den jüdischen Kult überwunden und seinen eigenen gekreuzigten und auferstandenen Leib zum »Ort« eines neuen Gottesdienstes gemacht hat.

Das Gespräch zwischen Jesus und Nikodemus (3,1–15) veranschaulicht die eigentliche Bedeutung der christlichen Taufe und leitet eine Reflexion über das Wesen des christlichen Glaubens ein.

Wieder wird Johannes der Täufer erwähnt (3,22–36), und wieder legt er Zeugnis ab für den göttlichen Ursprung Jesu.

Das Gespräch mit den Samaritern am Jakobsbrunnen offenbart Jesus als Spender »lebendigen Wassers« (4,1–42), und das zweite »Zeichen«, die Heilung des Sohnes eines königlichen Beamten (4,46–54), bezeugt die Leben spendende Kraft seines Wortes.

Dem dritten Wunderzeichen, der Heilung des Kranken am Teich Bethesda (5,1–9), folgt eine lange christologische Rede (5,17–47).

Das 6. Kap. ist dem Thema des »Lebensbrotes« gewidmet. Jesus speist die Fünftausend in der Wüste, wandelt auf den Wassern des Sees – zwei Traditionsstücke, die schon bei den Synoptikern verbunden werden – und gibt sich am folgenden Tag in der Synagoge von Kapharnaum als das »vom Himmel herabgestiegene Brot des Lebens« zu erkennen (6,22–65).

Die Kap. 7–8 enthalten weitere Reden, in denen Jesus (am Laubhüttenfest) seine göttliche Sendung erläutert und verteidigt. In den Text eingeschaltet ist die Geschichte von der Ehebrecherin (7,53–8,11), eine Überlieferung synoptischen Typs, die aber weder in den drei ersten Evangelien noch in den ältesten Handschriften des vierten zu finden ist. Obwohl die Erzählung also sicher nicht zum ursprünglichen Bestand des Johannesevangeliums gehört, wird sie kirchlicherseits als »kanonisch« und insofern als echter Ausdruck christlichen Glaubens betrachtet.

Das sechste Zeichen, die Heilung des Blindgeborenen (Kap. 9), offenbart Jesus als »das Licht der Welt« und die sich sehend Dünkenden, die Pharisäer, als die eigentlich Blinden.

Im 10. Kap. gibt sich Jesus als die »Tür« zu den Schafen und als »guter Hirt« zu erkennen (10,1–18). Aber die Gegnerschaft der Juden wächst und erreicht am Fest der Tempelweihe ihren Höhepunkt mit dem Versuch, Jesus zu steinigen (10,22–42).

Mit der Auferweckung des Lazarus (11,1–46), dem siebten und größten Zeichen, tritt die Geschichte Jesu – nach Darstellung des vierten Evangelisten – in ihr entscheidendes Stadium ein. Während »viele Juden« auf das Wunder hin glauben, beschließt das Synedrium, Jesus zu töten. Doch muß der Hohepriester Kaiphas selber, vom Geist getrieben, die Heilsbedeutung des Todes Jesu verkündigen (11,47–57).

Der Vor-Verkündigung des Leidens und Sterbens Jesu dient auch die aus synoptischer Tradition stammende Geschichte von der Salbung Jesu in Bethanien (12,1–8).

Dem triumphalen Einzug in Jerusalem (12,12–19) folgt eine Rede Jesu über den Sinn seines Todes am Kreuz (12,20–36). Es schließt sich eine Reflexion des Evangelisten an, die den Unglauben der Juden beklagt (12,37–43), ein Stück, das vielleicht ursprünglich den Schluß der Zeichenquelle gebildet hat. Die letzten Verse des Kapitels (12,44–50) stammen offensichtlich aus früheren Offenbarungsreden und sind hier, einfach aneinandergereiht, nachgetragen.

b) Kap. 13,1–20,29: Der zweite Teil des Evangeliums umfaßt – chronologisch gesehen – nur den kurzen Zeitraum von wenigen Stunden; die Osterereignisse eingerechnet, von höchstens vier Tagen. Trotzdem muß der Leser des Evangeliums den Eindruck gewinnen, daß in diese Spanne ganze Ewigkeiten eingefangen sind, die alle Zeiten und Räume mit Leben erfüllende »Herrlichkeit« des Todes Christi. Die Ereignisse der Passionsgeschichte, Gefangennahme, Verhör, Prozeß und Kreuzigung können Gottes Offenbarung in seinem Sohn nicht nur nicht verdunkeln, sondern rücken sie gerade in ihr hellstes Licht.

Die »Abschiedsreden« der Kap. 13–16 behandeln folgende Themen: das »neue« Gebot der Bruderliebe, über den »Weg« zum Vater, vom Kommen und den Aufgaben des Parakleten, des heiligen Geistes, über künftige Verfolgungen und die Wirksamkeit des Gebets.

Im sogenannten »hohepriesterlichen« Gebet (Kap. 17) spricht Jesus über den Sinn seiner Sendung, er bittet den Vater für seine in der Welt zurückbleibenden Jünger, damit sie eins seien und in der Liebe vollendet werden.

Die Kap. 18 und 19 berichten von der Gefangennahme, dem Prozeß, der Kreuzigung und dem Begräbnis Jesu. Neben der dem Evangelisten eigenen theologischen Deutung finden sich auch manche Sonderüberlieferungen, die den historischen Ablauf des Geschehens vielleicht genauer darstellen als die Synoptiker.

Das Schlußkapitel (20) erzählt zunächst von der Auffindung des leeren Grabes durch Petrus und den »Lieblingsjünger« und bringt dann Erscheinungsberichte: vor Maria Magdalena (20,11–18), vor den versammelten Jüngern ohne Thomas (20,19–23), vor Thomas und den übrigen Jüngern (20,24–29). In den beiden letzten Versen (30–31) legt der Evangelist noch einmal den Zweck seines Buches dar, den Glauben an Jesus, den Christus und Sohn Gottes, zu wecken und dadurch zum »Leben« zu führen.

Erst später hinzugefügt ist wahrscheinlich das sogenannte Nachtragskapitel (Joh 21). Es berichtet von einer Erscheinung am See Tiberias (21,1–14) und von der Einsetzung des Petrus zum »Hirten« der christlichen Gemeinde. Während der Auferstandene dem Petrus seinen Martermord deutlich vorhersagt, bleibt sein Wort über das Schicksal des »Lieblingsjüngers« rätselhaft (21,15–23).

Ein nochmaliger Buchschluß (21,24–25) verrät, daß an der letzten Redaktion des Evangeliums verschiedene Hände beteiligt waren.

2. Eigentümlichkeiten des Evangeliums: Das vierte Evangelium hat nie aufgehört, der Wissenschaft vom NT schwere Rätsel aufzugeben. Nach Inhalt, Stil und theologischer Ausrichtung unterscheidet es sich ganz wesentlich von den drei Synoptikern. Während die Synoptiker dem galiläischen Wirken Jesu größte Aufmerksamkeit widmen, läßt der vierte Evangelist Jesus hauptsächlich in Judäa (und hier vor allem in Jerusalem) auftreten. Nach der synoptischen Chronologie scheint Jesus nur etwa ein Jahr in der Öffentlichkeit gewirkt zu haben, denn wir hören nur von einem Passahfest, dem der Passionswoche. Dagegen erwähnt Johannes mehrere Passahfeste, so daß man eine mehr als dreijährige Dauer des öffentlichen Lebens Jesu annehmen muß. Die Tempelreinigung steht am Beginn der Auseinandersetzung mit den Juden, bei den Synoptikern bildet sie den unmittelbaren Anlaß für die Verurteilung Jesu. Wichtige Ereignisse – oder sagen wir lieber: Überlieferungen – hat das vierte Evangelium ganz weggelassen. Von der Taufe, der Versuchung und Verklärung Jesu wird nur andeutungsweise gesprochen. Sogar die Einsetzung der *Eucharistie beim letzten Abendmahl sucht man vergebens. Schließlich fehlen auch die einfachen, anschaulichen Gleichnisse der synoptischen Evangelien; dafür finden sich theologisch schwer befrachtete, symbolträchtige Bildreden.

Der synoptische Jesus spricht zum Volk (aber auch zu den Schriftgelehrten) in einer direkten, zupackenden Sprache, die zu unmittelbarer, konkreter Entscheidung drängt. Aus dem Munde des johanneischen Christus hören wir lange, sublim klingende Reden, die meist um das metaphysische Geheimnis seiner Person kreisen.

Die wenigen Wunder, die er wirkt, sind zu Demonstrationen göttlicher Macht geworden. Gegenüber der synoptischen Wundertradition steigert das vierte Evangelium die »Zeichen« bis fast ans Mirakelhafte. Bei der Hochzeit von Kana wird eine ungeheure Menge Wasser in Wein verwandelt, etwa sechshundert bis siebenhundert Liter (Joh 2,6). Der Gelähmte am Teich Bethesda leidet schon achtunddreißig Jahre an seiner Krankheit (Joh 5,5), und Lazarus liegt bereits den vierten Tag im Grabe (Joh 11, 39). In diesen und den anderen Wundergeschichten soll deutlich werden, daß der Sohn wahrhaft die Werke Gottes, seines Vaters, tut (Joh 5,19–20).

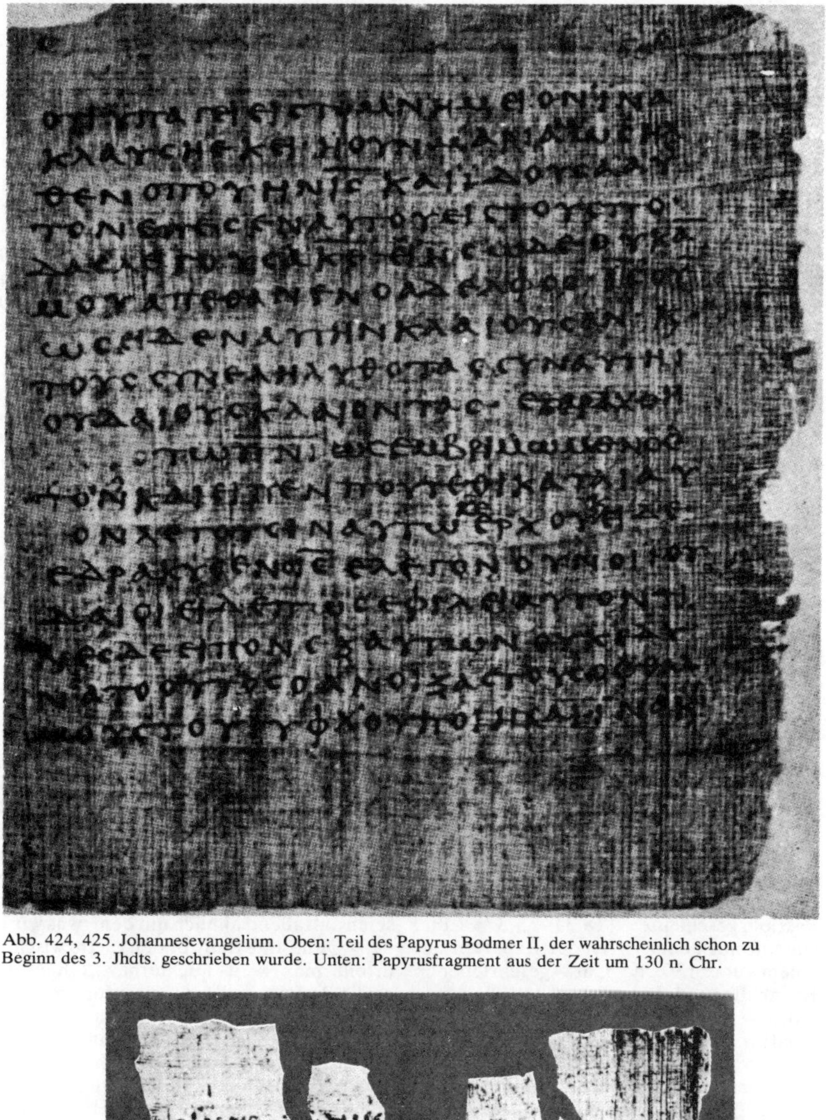

Abb. 424, 425. Johannesevangelium. Oben: Teil des Papyrus Bodmer II, der wahrscheinlich schon zu Beginn des 3. Jhdts. geschrieben wurde. Unten: Papyrusfragment aus der Zeit um 130 n. Chr.

3. Verfasserschaft und Abfassungszeit: Die altkirchliche Überlieferung hat fast ausnahmslos den Apostel Johannes, den Bruder des Jakobus und Sohn des Zebedäus, als Verfasser des Evangeliums bezeichnet. Trotz dieser einhelligen und frühen Bezeugung sträubt sich die moderne Bibelwissenschaft, im vierten Evangelium das Werk eines Zwölferapostels und Augenzeugen des historischen Jesus zu sehen. Man verweist nicht nur auf die frappanten Unterschiede zu den synoptischen Evangelien, sondern vor allem auch auf die fortgeschrittene Christologie, die das Wirken und die Person Jesu auf dem Hintergrund des gnostischen Mythos vom himmlischen Gesandten zu deuten scheint.

Lange Zeit war es üblich, die Gedankenwelt des vierten Evangeliums aus der griechischen Philosophie und hellenistischen Mystik herzuleiten. Der Logos des Prologs (1,1–18) wurde unmittelbar mit der oder besser den Logosspekulationen des jüdischen Religionsphilosophen Philo von Alexandrien (gest. um 50 n. Chr.) in Verbindung gebracht. Da man einen gewissen Zeitraum für die Verbreitung der philonischen Ideen in Rechnung stellen mußte, schien eine Abfassungszeit zwischen 90–100 n. Chr. für das Evangelium durchaus möglich. Manche Gelehrte versuchten sogar, die Abfassungszeit bis in die Mitte des 2. Jhdts. und darüber hinaus hinaufzusetzen. Dieser extreme Standpunkt wurde im Jahre 1935 durch die Entdeckung eines kleinen Papyrusfetzens **(Abb. 425)** überzeugend widerlegt. Das Fragment zeigt Spuren eines Textes aus der johanneischen Passionsgeschichte (18,31–33.37) und stammt nach dem Urteil der Experten aus einem um 130 n. Chr. geschriebenen Evangelienkodex.

Doch kehren wir zur Frage der Verfasserschaft zurück. Erscheint es annehmbar, daß ein galiläischer Fischer, der Apostel Johannes, ein Buch im Stil unseres Evangeliums geschrieben hat?

Angesichts der unleugbaren Schwierigkeiten, die der traditionellen Auffassung entgegenstehen, haben viele Gelehrte nach einer anderen Lösung gesucht. Sie glaubten, den Verfasser in dem von Papias erwähnten Presbyter Johannes (vgl. Eusebius, Kirchengeschichte 3,39) gefunden zu haben. Der Apostel Johannes sei schon viel früher als Märtyrer gestorben – wie sein Bruder Jakobus (Apg 12,1–2; vgl. Mk 10,39) –, und die spätere Tradition habe aus dem Presbyter Johannes den Apostel gemacht. (Eine ähnliche Verwechslung hat zwischen dem Apostel Philippus und dem »Diakon« Philippus stattgefunden.) Hinzu kommt noch, daß sich der Verfasser des zweiten und dritten Johannesbriefes ausdrücklich als »Presbyter« vorstellt. Da wir aber über die Existenz und das Wirken des Presbyter Johannes sonst überhaupt nichts wissen, kann auch diese Lösung der Verfasserfrage nicht befriedigen (s. *Briefliteratur des NT 4 b, c; *Johannesapokalypse).

4. Qumran und das Johannesevangelium: Mit den Handschriftenfunden vom Toten Meer (1947) ist das Studium der »johanneischen Frage« in ein neues Stadium getreten. Schon vor der sensationellen Entdeckung auf palästinensischem Boden hatten sich Stimmen erhoben, die vor einer einseitigen Herleitung des johanneischen Gedankenguts aus der hellenistischen Philosophie und Mystik warnten. Nun wurde es offenbar, daß auch schon im palästinensischen Judentum zur Zeit Jesu Spekulationen bekannt waren, die man bis dahin nur im Bereich der hellenistischen Gnosis beheimatet glaubte. Man braucht also jetzt nicht mehr nach entfernten Parallelen zu suchen, um den »Dualismus« des vierten Evangeliums zwischen »Licht« und »Finsternis«, zwischen »Wahrheit« und »Lüge« religionsgeschichtlich zu erklären.

Im ersten Entdeckungseifer sind freilich die Übereinstimmungen zwischen Qumran und dem Johannesevangelium maßlos übertrieben worden. So behauptete z. B. der amerikanische Gelehrte Millar Burrows, einer der Herausgeber der Schriftrollen, »die ganze Art des Denkens und der literarische Stil (des Johannesevangeliums) seien auffallend ähnlich mit dem, was wir in den Qumrantexten finden«. Inzwischen urteilt man weit nüchterner. Ohne die große Bedeutung der Qumranfunde für die Exegese des vierten Evangeliums leugnen zu wollen, stellt z. B. W. G. Kümmels NT-Einleitung fest, »daß das Joh.(-Evangelium) und die Gemeinde von Qumran zwar einen beiden gemeinsamen Hintergrund voraussetzen, daß die Gedankenwelt von Qumran aber nicht der Mutterboden der joh. Gedankenformen sein kann« (S. 153). Die lange Zeit als absurd abgetane Annahme, der Verfasser des Evangeliums sei ein palästinensischer Judenchrist gewesen, rückt durch Qumran aber wieder in den Bereich der Möglichkeit. Wir wissen nun, daß es neben dem »orthodoxen« Judentum mancherlei Strömungen gegeben hat, in denen Vorstellungen verbreitet wurden, die man als »gnostisch« oder »frühgnostisch« bezeichnen muß.

5. Das Problem der Gnosis: Nach Irenäus (adv. Haer. 3,2,7) hat Johannes sein Evangelium gegen den Gnostiker Kerinth geschrieben. Wie weit diese Angabe im einzelnen zutrifft, sei dahingestellt. Tatsache ist, daß sich Johannes entschieden gegen den gnostischen Doketismus wendet, der die wirkliche Menschwerdung des göttlichen Logos leugnete. Auf diesem Hintergrund erhalten die so realistischen Aussagen von 1,14; 4,7; 6,53–55; 19,34 erst ihre wahre Bedeutung.

Aber Johannes polemisiert nicht nur gegen gnostische Anschauungen, er bedient sich ihrer auch, um das Wesen der christlichen Offenbarung zu verdeutlichen. Die Gnosis gab vor, dem Menschen den Weg zum Leben weisen zu können, indem sie ihn über seinen himmlischen Ursprung, seine Gefangenschaft im Leib und die Befreiung durch einen von Gott gesandten Erlöser aufklärte. Das Evangelium hat dieses vorgegebene mythische Schema übernommen, es aber mit der historischen Gestalt Jesu von Nazareth verknüpft. Deshalb geht es Johannes nicht um die Befreiung des göttlichen Pneuma aus der bösen Materie, sondern um die Rettung des ganzen Menschen aus der Gewalt Satans, der Sünde und der »Welt«. Deshalb ist der von Gott gesandte Sohn nicht als doketisches Geistwesen erschienen, sondern hat wahrhaft Fleisch angenommen. So ist christlicher Glaube und die durch ihn vermittelte Erkenntnis (*gnôsis*) etwas wesentlich anderes als die spekulative Gnosis jüdischer oder heidnischer Provenienz.

Die Gnosis versprach dem Menschen Aufschlüsse über die Geheimnisse der himmlischen Welt, ihre metaphysisch klingenden Offenbarungen schienen die religiösen Bedürfnisse zumal der gebildeten Kreise besser zu befriedigen. Das vierte Evangelium hat sich offensichtlich aus seelsorglichen und missionarischen Gründen weithin der gnostischen Diktion angepaßt.

Auch seine Offenbarungsreden wollen von »himmlischen Dingen« handeln (3,12), aber statt phantastischer Spekulationen um jenseitige Äonen und Geistwesen verkündigen sie den Glauben an Jesus von Nazareth, einen Menschen aus Fleisch und Blut. Die Nähe des vierten Evangeliums zu gnostischer Denk- und Redeweise ist in jüngster Zeit durch die aufsehenerregenden Handschriftenfunde von Nag Hamadi (Ägypten) bestätigt worden. Besonders eine aus der Mitte des 2. Jhdts. stammende Predigt, die zu Unrecht den Titel »Evangelium der Wahrheit« erhalten hat, weist starke Berührungen mit dem Johannesevangelium auf. Obschon der Verfasser dieser original gnostischen Schrift sehr wahrscheinlich das vierte Evangelium gekannt hat, lassen sich seine Spekulationen doch nicht allein von daher ableiten. Vielmehr muß man annehmen, daß schon Johannes die Sprache und Vorstellungswelt der Gnosis aufgenommen hat, um der tödlichen Bedrohung des christlichen Glaubens wirksam entgegentreten zu können.

6. Entstehungsgeschichte des Evangeliums: In seiner vorliegenden Form weist das Evangelium mancherlei Spuren einer langen Entstehungs- und Redaktionsgeschichte auf. Das letzte Kapitel (Joh 21) ist ohne jeden Zweifel ein späterer Nachtrag. Zahlreiche andere Stellen lassen sich auch nur als spätere Glossen zum ursprünglichen Text erklären (z. B. 4,2; 6,23; 7,53 bis 8,11; 11,2). Außerdem gibt es eine Reihe von unmotivierten Sprüngen in der Gedankenfolge, die zu der Vermutung geführt haben, der Text sei nachträglich in Unordnung geraten. Einzelne Gelehrte denken an eine Blattvertauschung, die aber schon der Originalhandschrift widerfahren sein müßte (z. B. Kap. 6 vor Kap. 5). Andere nehmen – vielleicht mit mehr Recht – an, der Verfasser habe sein Werk nicht mehr selber vollenden können, und seine Schüler, von denen auch das Nachtragskapitel stamme, hätten das ihnen hinterlassene Material oft mehr schlecht als recht zusammengefügt. Den kühnsten Versuch, die ursprüngliche Ordnung des Evangeliums, zumal in dessen Reden, wiederherzustellen, hat R. Bultmann in seinem großen Johanneskommentar unternommen, aber nicht viel Beifall geerntet. So verzichten die neuesten Kommentare (Barrett, Schnackenburg, Brown) auf alle hypothetischen Umstellungen und bemühen sich, den Text so zu verstehen, wie er uns überliefert ist. Trotzdem bedürfen die zahlreichen Unebenheiten und Anstöße formaler und sachlicher Art einer Erklärung. Man wird mit der Möglichkeit rechnen müssen, daß der Evangelist sein Werk nicht in einem Zug geschrieben, sondern viele Jahre mit der Sammlung des Materials, mit Vorarbeiten und Entwürfen zugebracht hat. Ob und inwieweit er die synoptischen Evangelien gekannt hat, ist umstritten. Doch läßt sich eine Kenntnis des Markus- und Lukasevangeliums kaum ausschließen. Weit unsicherer ist die Rekonstruktion anderer Quellen, so einer »Zeichenquelle« für die Wundergeschichten und einer »Offenbarungsquelle« für die Reden des

Evangeliums. Besaß der Verfasser, wenn er nicht der Apostel Johannes war, noch einen von der synoptischen Tradition unabhängigen Zugang zu den historischen Ereignissen des Lebens Jesu? Manche topographischen und chronologischen Sonderangaben scheinen dafür zu sprechen. Es steht also nichts im Wege, sich am Ausgangspunkt der historischen Traditionen des Evangeliums einen Gewährsmann, einen »Zeugen« zu denken, mag dieser der Apostel Johannes oder – wofür sich viele Gelehrte entscheiden – ein aus Jerusalem stammender Anhänger Jesu gewesen sein.

7. Theologie und Zielsetzung: *a) Theologie:* Nicht ohne Grund hat eine spätere kirchliche Tradition Johannes als »den Theologen« schlechthin bezeichnet. Noch über Paulus hinaus stellt sein Werk den absoluten Höhepunkt in der Entwicklung des christlichen Gedankens dar. Dieser Vorzug beruht aber nicht etwa darauf, daß Jesus im vierten Evangelium als göttliches Wesen, als der eingeborene Sohn des Vaters dargestellt wird, während die Synoptiker noch die schlichte Menschlichkeit des Propheten aus Nazareth durchblicken ließen: Auch die Synoptiker – von Paulus gar nicht zu reden – kennen Jesus nicht anders als im Glauben an den ewigen Gottessohn.

Was vielmehr die johanneische Theologie von der synoptischen (richtiger: von den theologischen Anschauungen der einzelnen Synoptiker) unterscheidet, ist die konsequente Übertragung des gnostischen Erlösungsschemas auf die Gestalt und Geschichte Jesu. Der vom Himmel herabgestiegene Menschensohn vollbringt auf Erden das Werk des Vaters und steigt dann wieder zum Himmel auf, um den Kindern Gottes eine Stätte zu bereiten. Im Gegensatz zur häretischen Gnosis ist bei Johannes die Erlösung aber kein naturhafter, physischer Vorgang, sondern eine Frucht des Glaubens, wiewohl das Evangelium vom Glauben und Christsein auch in gnostischer Begrifflichkeit redet (»aus Gott gezeugt sein«, »von oben sein«, »vom Vater gezogen werden« u. ä.). Nur der Glaube erkennt, wer Jesus »wirklich«, »eigentlich« (ein Lieblingswort des Evangelisten) ist; die anderen, die »von unten«, die »aus der Welt« sind, sehen nur die täuschende Oberfläche der Dinge, sie können den Offenbarer überhaupt nicht verstehen. Daher rührt die typisch johanneische Dialogtechnik des »Mißverständnisses«.

Fülle und Reichtum des johanneischen Gedankenguts offenbaren sich vor allem in den Zentralbegriffen oder »Verkündigungswörtern« (Schnackenburg) des Evangeliums: »Leben«, »Licht«, »Wahrheit«, »Herrlichkeit«, »Freude«, »Gotteskindschaft«, »Weg«, »Erhöhen«, »Bleiben«, »Erkennen«, »Lieben«.

b) Ein Evangelium für die Heiden: Das vierte Evangelium ist ohne Zweifel für Heidenchristen geschrieben. Der Verfasser spricht etwa fünfundsechzigmal von »den Juden«, in einer fast abwertenden Weise. Schon im Prolog hören wir, daß Jesus von »den Seinen«, d. h. von seinem eigenen Volk, verworfen wurde (1,11), und die Universalität des durch Jesus gekommenen Heils wird wiederholt betont (1,29; 4,21; 8,12; 11,52 u. ö.). Jesus hat nicht nur die Erwartungen des jüdischen Volkes erfüllt, er ist nicht nur der vom Gesetz des Moses und den Propheten verheißene Messias (1,45), noch mehr stellt das Evangelium Jesus als die Erfüllung aller menschlichen Sehnsucht und jeglichen Heilsverlangens dar.

Der universalen Zielsetzung dienen vor allem die Bildreden des Evangeliums, in denen sich Jesus als Heilsbringer vorstellt und seinen Ausschließlichkeitsanspruch anmeldet. Er ist das »Brot«, das allen Hunger stillt und für immer Leben schenkt, er ist das »Wasser«, das jeden Durst löscht, er ist das »Licht«, das alle Finsternis bannt, er ist der »Hirt«, der dem bedrohten und führungslosen Menschen Schutz gewährt, er ist kurz: »*der* Weg, *die* Wahrheit und *das* Leben« (14,6). In dieser leichtverständlichen Bildsprache konnten auch heidnische Hörer begreifen, was ihnen durch den Glauben an Jesus geschenkt werden sollte.

Eine alte Tradition verlegt die Abfassung des Evangeliums nach Ephesus. Ob die Angabe auf wirklicher Kenntnis der Entstehungsverhältnisse beruht, ist aber fraglich. So neigt man in neuerer Zeit immer mehr dazu, die Heimat des Evangeliums in Syrien zu suchen.

Dank glücklicher Funde besitzen wir vom Johannesevangelium sehr alte Handschriften in Kodexform wie den Papyrus Bodmer II, der wahrscheinlich schon zu Beginn des 3. Jhdts. geschrieben wurde **(Abb. 424).**

Jona

Gliederung: 1. Inhalt und Aufbau des Buches. a) Jonas prophetische Sendung; b) In Ninive; c) Kap. 4; d) Das Grundthema. 2. Das literarische Problem. 3. Anliegen des Buches. 4. Verfasser und Entstehungszeit. 5. Das Buch Jonas im Neuen Testament.

Das Buch Jona wird zwar zu den Schriften der sogenannten Kleinen Propheten gezählt (es ist das fünfte im hebräischen Kanon), doch es enthält nicht die Aussprüche des Propheten, sondern berichtet über ihn selbst. Es ist ein anonymes Werk und paßt wohl am ehesten in die Kategorie der Gleichnisse und Parabeln. Die Atmosphäre und das Mirakulöse der Erzählung zeigen eine gewisse Ähnlichkeit mit den Begebenheiten um die Propheten Elia und Elisa, die im 1. und 2. Buch der Könige geschildert sind.

1. Inhalt und Aufbau des Buches: Man kann die Erzählung in drei Abschnitte unterteilen:

a) Jonas prophetische Sendung (Kap. 1–2): Jona erhält vom Herrn den Auftrag, nach Ninive zu gehen und dort den Einwohnern die baldige Zerstörung ihrer Stadt anzukündigen. Jona aber weigert sich, eine Verheißung zu verkünden, von der er glaubt, daß Gott sie nicht erfüllen werde. So versucht er, in die entgegengesetzte Richtung zu entfliehen, und nimmt ein Schiff, das ihn von Joppe nach Tharsis bringen soll (s. *Schiffahrt). Das Schiff gerät in einen Sturm. Als die Rufe der Seeleute nach ihren Göttern keine Rettung bringen, werfen sie das Los, um herauszufinden, wem die Schuld an diesem Unglück zuzuschreiben sei. Das Los fällt auf Jona (1, 4–7). Er bekennt, daß er vor Gott schuldig sei, und gibt ihnen den Rat, ihn ins Meer zu werfen. Als es den Seeleuten nicht gelingt, trockenes Land zu erreichen, geben sie zögernd nach. Sofort legt sich der Sturm, und »es kam ... große Furcht des Herrn über die Männer« (1,14–16). Jona ertrinkt jedoch nicht. Vielmehr schickt der Herr einen großen Fisch, Jona zu verschlingen, und Jona ist »drei Tage und drei Nächte im Bauche des Fisches«. Dort betet er zu Gott. Sein Gebet hat keinen Bezug zu seiner derzeitigen Lage, sondern ist eine Lobeshymne (2,1–9). Daraufhin spie der Fisch Jona ans Ufer eines nicht näher angegebenen Ortes, und nochmals befiehlt der Herr ihm, nach Ninive zu gehen – diesmal gehorcht Jona (3,1).

b) In Ninive (3,2 ff) verkündet Jona die bevorstehende Zerstörung der Stadt. König und Volk glauben Gott, tun Buße in Sack und Asche, rufen ein Fasten aus und flehen um Erbarmen. Als Gott dies sieht, reut ihn seine Strafandrohung, und er verschont Ninive. Das ist Jona gar nicht recht.

c) Kap. 4: Der Prophet beklagt sich bei Gott, er habe genau diese Sinnesänderung Gottes zum Erbarmen hin von Anfang an befürchtet. In einer Hütte außerhalb der Stadt lebt Jona seinem Verdruß und betet um seinen Tod (wie Elia in 1 Kg 19,4); dies wahrscheinlich deshalb, weil er glaubt, Gott habe ihn bloßgestellt. Um ihn aber von seinem Irrtum abzubringen, läßt Gott eine Reihe symbolischer Zeichen vor Jona geschehen. Zuerst wächst ein Rizinus über Jona empor, um ihm willkommenen Schatten zu spenden (an der Küste Palästinas wachsen sie wild). Dann wird der Rizinus von einem Wurm gestochen und verdorrt. Nun kommt ein schwüler Wind auf und plagt ihn, so daß er wiederum den Tod herbeiwünscht. Daraufhin hält Gott ihm vor, daß es dem Propheten ja schon leid tut, wenn eine Pflanze verdorrt, die über Nacht gewachsen sei, ohne je irgendwelche Pflege nötig gehabt zu haben – um wieviel mehr sollte es Gott um die Stadt Ninive leid tun, »in der über 120 000 Menschen sind, die zwischen rechts und links noch nicht unterscheiden können, dazu die Menge Vieh«?

d) Das Grundthema: Jonas Weigerung und sein Murren zeugen davon, wie weit der Prophet davon entfernt ist, Gottes Wege und seine Barmherzigkeit zu begreifen. Im ersten Teil der Erzählung bringt Gott Jona wegen seines Ungehorsams gegenüber einem göttlichen Befehl fast an den Rand des Todes. Aber Gott hat Erbarmen und gibt Jona noch einmal eine Chance. Im zweiten Teil wird Jona in größte innere Not versetzt, damit Gott ihm die innere Gerechtigkeit seines barmherzigen göttlichen Wollens zeigen kann.

2. Das literarische Problem: Eines historischen Kommentars zum Buch Jona, in dem die Frage erörtert wird, ob es einem Wal oder sonst einem großen Fisch physisch überhaupt möglich gewesen sei, Jona zu verschlingen, bedarf es nicht mehr. Unglaubliche und wundersame Züge eines biblischen Berichts bilden keine hinreichende Grundlage, um die Erzählungen selbst in das Reich der reinen Fabel zu verbannen. Die Wunderzeichen im Buch Jona sind nicht außergewöhnlicher als die in den Erzählungen seiner frühen Glaubensgenossen Elia und Elisa.

Ein viel bedeutenderes Problem haben jene Wissenschaftler angesprochen, denen es unmöglich war, das Buch als ein zusammenhängendes Ganzes anzusehen, und es nicht als das Werk eines einzigen Verfassers anerkennen. Man hat Theorien über eine kollektive Verfasserschaft, über Transposition und Interpolation aufgestellt. Der lange Psalm (2,2–9) bildet dabei die Hauptschwierigkeit, da er in keinerlei Beziehung zur Erzählung selbst steht und kaum etwas mit dem übrigen Inhalt des

Buches zu tun hat. Aufgrund der Formulierung dieser Lobeshymne darf man annehmen, daß ihr Verfasser viele von den biblischen *Psalmen gekannt haben muß, denn er zitiert recht ausgiebig daraus. Die am wahrscheinlichsten klingende Theorie ist wohl die, wonach dieser Psalm durch einen Rezensenten in die Erzählung eingefügt wurde, der es angemessen fand, Jona, von dem es hieß, daß er betete, auch ein formuliertes Gebet in den Mund zu legen. Eine solche literarische Praxis war in biblischer Überlieferung üblich. Viele ursprünglich selbständige Dichtungen wurden in Volkserzählungen eingebaut (nach einer anderen Erklärung soll der Verfasser des Buches Jona dieses Gedicht zur alten Volkserzählung hinzugedichtet haben).

Jedenfalls erzählt das Buch eine Geschichte, in der Jona die Hauptfigur darstellt und die nach einem bekannten Klischee für Prophetenerzählungen gestaltet wurde. Zuerst kommt ein Prolog, in dem vom Sendungsauftrag berichtet wird. Dann folgt die Ausführung des Auftrages und endlich der Sinn des Auftrages und Beispiele für Gottes wohlwollende Absichten, die durch ein Wunder bekräftigt werden. Die Fisch-Episode mag der Autor wohl dem mythischen Volksgut entnommen haben, das das Volk Israel mit vielen seiner Nachbarn gemeinsam hat. Welche mythologische Bedeutung der Fisch ursprünglich auch immer gehabt haben mag, er steht im biblischen Bericht lediglich als literarisches Bild, als bequemes Hilfsmittel, um die Rettung des Propheten und sein Wieder-an-Land-Kommen darzustellen.

Wenn auch der Autor immerhin bei Mythen und Folklore literarische Anleihen gemacht hat, so ist die Erzählung im Wesentlichen didaktisch; sie handelt von der historischen Gestalt des Propheten Jona, der als Sohn Amitthais in Galiläa geboren ist. In 2 Kg 14,25–27 heißt es, er habe zur Zeit der Herrschaft Jerobeams gelebt. In den Büchern der Könige findet sich kein Hinweis auf eine etwaige Verbindung dieses Jona mit Assyrien. Ebenso deuten auch keinerlei Anzeichen auf seinen Besuch Ninives in dieser Zeit. Viele Wissenschaftler haben jeglichen historischen Hintergrund der Jonasgeschichte in Abrede gestellt, weil Jona im Buch der Könige nur ganz kurz, bei den anderen Propheten wie Jesaja, Jeremia, Nahum oder Sephanja überhaupt nicht erwähnt wird. Wenn man auch annehmen darf, daß der Prophet des Buches Jona mit jenem Jona identisch ist, der im 8. Jhdt. v. Chr. die Rückgewinnung des Gebietes von Israel prophezeit hat, das sich »von Hamath bis zum Meer der Araba (das ist das Tote Meer)« erstreckt (2 Kg 14,25), so bedeutet dies keinesfalls, daß das Buch selbst auch zu jener Zeit als Aufzeichnung persönlicher Erfahrungen niedergeschrieben wurde. Eher scheint es eine spätere Legende zu sein, die ein anonymer Prophet verfaßt hat, um ein bestimmtes moralisches Andenken darzulegen. Er könnte Jona zum Helden dieser Legende gemacht haben, weil er als Gegner von Assur bekannt war. Dieses Arrangement ist aus der historischen Situation im 8. Jhdt. v. Chr. verständlich.

3. Anliegen des Buches: Der anonyme Verfasser erzählt in diesem Buch das Geheimnis einer Reue. Das Schicksal Ninives oder Jonas weiteres Geschick wird nicht mehr beschrieben. Das Buch schließt mit der Frage Gottes an Jona. Es bleibt dem Leser überlassen, eine Antwort darauf zu finden und selbst die Lehre aus der Geschichte zu ziehen. Die im Buch erwähnten Orte sind wohl lediglich symbolisch zu verstehen: Ninive steht für irgendeine große Stadt, in der die Bosheit regiert; Tharsis stellt einen völlig abseits, jenseits des Meeres gelegenen Ort dar.

Das Buch selbst schneidet mehrere moralische Fragen an. Der Gott Israels wird darin als Herrscher über die Natur und über die Völker der Welt dargestellt. Er nimmt Anteil am Menschheitsgeschick, sowohl an dem der Juden als an dem der Heiden; er will, daß sie sich vom Weg des Bösen abwenden und in Gerechtigkeit wandeln. Aus diesem Grund drängt er den Propheten, seine Sendung zu erfüllen. Die Erzählung hat zwei Hauptthemen. Das eine ist das gütige Erbarmen Gottes, das sich auf rührende Weise in der Frage äußert, mit der das Buch endet. Das zweite Hauptthema ist in der anfänglichen Weigerung des Propheten enthalten, die ihm anvertraute Sendung auszuführen; damit beginnt die Erzählung. Dies ist ein bekanntes Thema. So war Bileam gesandt, um zu verfluchen, und segnete statt dessen (s. *Numeri). Moses und Jeremia beteuerten beide zu Beginn ihres Prophetenamtes, sie seien der Sendung Gottes nicht würdig. Selbst Jesaja wehklagte, er sei »ein Mensch mit unreinen Lippen« (6,5). Jona hingegen weigerte sich deshalb, die Botschaft zu überbringen, weil er glaubte, Gott werde, wie es bei Jeremia (18,7 f) steht, sein Strafgericht zurücknehmen; dadurch würde er, der Prophet Jona, in die peinliche Lage geraten, anscheinend eine falsche Weissagung verkündet zu haben. Daher hat der Verfasser auch die Reue Ninives in der Mitte des Buches geschehen lassen (3. Kap.) und läßt das Erbarmen Gottes den Höhepunkt und Abschluß der Erzählung bilden. Es geht hier darum, daß Gottes Güte sich nicht vom Wortlaut der Botschaft festlegen läßt, die er seinen Propheten in den Mund legt. Das Anliegen des Buches Jona kann wohl darin gesehen werden, jenen zu widersprechen, die für den Sünder keine Rettungsmöglichkeit gelten lassen möchten. Die Haltung Jonas ist typisch für den streng formalistischen Standpunkt, wonach auf jegliche Sünde eine Strafe zu folgen hat. Doch die Barmherzigkeit Gottes ist nicht an die rein mechanische Anwendung dieser Regel gebunden. Gottes Erbarmen ist, wie das Buch Jona aussagt, unendlich.

Manche Gelehrte wollten schon das persönliche Verhältnis zwischen Gott und seinem Diener Jona als zentrales Thema dieses Buches betrachtet wissen. Andere glauben den Tenor des Buches darin zu erkennen, daß es Aufgabe Israels sei, Gott auch den Heiden zu verkünden.

Es scheint jedoch die Grundlehre des Buches zu sein, daß Jahwe, der ein langmütiger und barmherziger Gott ist, nicht nur Herr über das Volk Israel, sondern auch über die Heidenvölker ist. Seine Liebe erstreckt sich weit über die Grenzen Palästinas bis zu dem fernen Ninive und schließt selbst die heidnischen Seeleute ein. Jonas engherzige Besorgnis um sein Ansehen als Prophet – und zwar als Prophet des Volkes Israel – steht zur universalen Fürsorge Gottes in krassem Gegensatz. Nach Ansicht einiger Bibelwissenschaftler soll das Hauptziel dieses Buches darin liegen, jenen Standpunkt Jonas zu widerlegen, der die Engherzigkeit und den Heilsegoismus der Juden der damaligen Zeit widerspiegelt. Diese Ansicht wurde damit begründet, daß der jüdische Monotheismus einem engen Nationalismus als Grundlage diente, der, besonders zur Zeit der Restauration, zu immer härteren Maßnahmen gegenüber den unmittelbaren Nachbarvölkern der Juden geführt hat. Unter diesem Gesichtspunkt wird das Buch Jona als ein Protest gegen die Politik Esras und Nehemias betrachtet, die versucht hatten, die Juden in ihrer Heilsexklusivität zu bestärken (s. *Restauration und Perserzeit, Esra und Nehemia). Diese Ansicht wird jedoch den historischen Tatsachen nicht gerecht und scheint auch nicht frei von Vorurteilen zu sein; sie wird auch durch die übrigen Texte des AT und die spätere Literatur nicht gestützt. Es dürfte wohl angemessener sein, im Buch Jona eine Parabel zweier sich widersprechender Standpunkte zu sehen, von denen einer sehr wohl von den Israeliten der Zeit Jonas vertreten worden sein könnte, während der andere einen viel weiterentwickelten Begriff eines universalen und erhabenen Gottes beinhaltet. Jesus sah im Zusammenhang mit seinen eigenen Lehren das Grundthema des Buches Jona hierin und nicht in der zweifelhaften Lehre von der Unterwerfung und Vernichtung der Heiden.

4. Verfasser und Entstehungszeit: Im Buch selbst deutet nichts darauf hin, daß Jona der Verfasser gewesen sei. Niemand behauptet, es sei vom Propheten selbst abgefaßt worden; die Gelehrten sind sich nicht einmal in der Frage der Entstehungszeit des Buches einig. Da es wohl nach dem Untergang Ninives geschrieben sein muß, kommt frühestens die Zeit um 600 v. Chr. in Frage. Vom Inhalt her läßt sich deutlich eine Beeinflussung des Autors durch Jeremia erkennen. Einige Bibelwissenschaftler glauben aus Sprache und Geist des Buches dieses in nachexilische Zeit – also zwischen 400 und 200 v. Chr. – datieren zu können. Ihre Beweise sind jedoch nicht schlüssig. Irgendein definitives Entstehungsdatum läßt sich nicht zuverlässig genug belegen. Mit ziemlicher Sicherheit kann jedoch angenommen werden, daß es lange nach dem Fall Ninives abgefaßt worden sein muß, als die einst stolze Stadt nur mehr eine Erinnerung und ein Symbol war.

5. Das Buch Jona im Neuen Testament: Jona ist der einzige Prophet, mit dem sich Jesus selbst unmittelbar verglichen hat. Er bediente sich der Jonageschichte als eines Gleichnisses, in dem das reuige Ninive für alle Heiden stand, die den Gott Israels anerkannten. Die Bewohner von Ninive bereuten aufgrund der Botschaft Jonas. Jesus wies gerade darauf hin, um den Juden seiner Zeit ihre Verschlossenheit gegenüber seiner eigenen Botschaft vorzuwerfen. Auf ihre Forderung eines Beglaubigungswunders antwortete Jesus mit dem Hinweis auf das Zeichen des Jona (Lk 11,29–32; Mt 12,39–41): Die Errettung aus der Unterwelt (Totenwelt) nach drei Tagen und Nächten ist das am Menschensohn sich wiederholende Jonazeichen, das Gott zur Beglaubigung des Menschensohnes wirken wird. Doch dieses Zeichen fordert selbst wieder Glauben, so daß darin die Ablehnung des von den Gegnern geforderten Beglaubigungswunders ausgesprochen ist. Auch in der Apostelgeschichte (10.–11.

Kap.) wird das Jona-Thema angesprochen; es ist auch an vielen Stellen des Evangeliums erwähnt, um die missionarische Sendung der Kirche zu unterstreichen. Man hat eine Beziehung zwischen dem Buch Jona und den Bestrebungen christlicher Auslandsmission entdeckt. Der Hinweis Jesu auf das Buch Jona hat die frühen Christen angeregt und ihr großes Interesse an Jona gefördert. Der heilige Paulus hat die Frohbotschaft des Buches Jona seiner Darlegung über die Barmherzigkeit Gottes zugrunde gelegt (Röm 9,15–16). In der frühen christlichen Kunst, auf Sarkophagen und in der Katakombenmalerei, gibt es viele bildliche Darstellungen zu den Begebenheiten des Buches Jona.

Joseph

Gliederung: 1. Joseph in Ägypten. 2. Die Josephserzählungen und die ägyptische Überlieferung. 3. Die Hungerjahre. 4. Der Einzug der Kinder Israel in Ägypten. 5. Wann weilte Joseph in Ägypten? 6. Josephsgeschichte und ältere Weisheit.

Joseph war Jakobs elfter Sohn und das erste Kind seiner Frau Rahel. Die Josephserzählung (Gen 37, 20), die einen vorherrschend ägyptischen Hintergrund hat, dient als Abschluß der Patriarchenepoche (s. *Patriarchen, Geschichte; *Patriarchen, Religion) und als Vorspiel zur Ansiedlung der Kinder Israel in Ägypten (s. *Ägypten und seine Beziehung zu Israel) und zum *Exodus. Joseph war der Lieblingssohn seines Vater und somit naturgemäß Gegenstand des Neides und Hasses seiner Brüder. Seine naive Arroganz, die in den selbstverherrlichenden Träumen offenbar wurde, die er seinen Brüdern berichtete und deutete, versetzte sie derart in Wut, daß sie beschlossen, ihn zu beseitigen. Der biblische Bericht über ihr Vorgehen verknüpft zwei Traditionen miteinander. Nach der einen verkauften die Brüder Joseph an eine ismaelitische Karawane, nach der anderen warfen sie ihn in eine Grube, aus der ihn midianitische Händler retteten, um ihn an Potiphar, den Vorsteher der Hofhaltung des Pharao, zu verkaufen.

1. Joseph in Ägypten: Die Erzählung von Josephs Aufenthalt in Ägypten enthält viele zutreffende Hinweise auf die damalige ägyptische Lebensweise, die durch den archäologischen Befund vollauf bestätigt werden. Sie deuten auf die Bewahrung authentischer Traditionen in der Josephserzählung, wenn auch im Lauf der Überlieferung eine beträchtliche editorische und literarische Aktivität entfaltet wurde.

Joseph machte Karriere im Dienst des Potiphar, der ihm die gesamte Verwaltung seines Hauses übertrug. Der Wendepunkt in Josephs Leben kam, als er die Frau seines Dienstherrn abwies und, unter der falschen Beschuldigung, einen Vergewaltigungsversuch gemacht zu haben, ins Gefängnis geworfen wurde. Manche Gelehrte glauben, daß die Verführungsgeschichte der in einem Papyrus aus dem 13. Jhdt. v. Chr. entdeckten ägyptischen Volkssage ›Die beiden Brüder‹ ähnelt. Kurz darauf wurde Joseph zum Pharao gerufen, der von dem berühmten Traumdeuter gehört hatte und ihn aufforderte, seinen Traum von den sieben fetten und den sieben mageren Kühen zu erklären. Joseph deutete den Traum auf je sieben bevorstehende fruchtbare und unfruchtbare Jahre. Diesem Motiv eines 7-Jahre-Zyklus begegnet man im Sagen- und Märchengut des alten Orients häufig; nach J.A. Wilson gründete es auf tatsächlichen Dürre- und Überflußperioden, die durch den Rhythmus der Regenzeit in Zentral- und Ostafrike und das nachfolgende Anschwellen oder Absinken des Nils bestimmt wurden, der die Felder entweder überschwemmte oder austrocknen ließ. **Abb. 426** zeigt, wie der Nil zur Zeit der Flut die südägyptische Insel Philae und ihre Tempelanlagen überschwemmt.

Die Stabilität der ägyptischen Wirtschaft hing zum großen Teil von der Getreideernte ab. Schreiber (auf einem im Grabmal des Menna gefundenen Wandgemälde, **Abb. 427,** dargestellt) führten detaillierte Verzeichnisse der Kornvorräte. Das Amt des Kornspeicherverwalters war in allen Perioden der ägyptischen Geschichte von besonderer Bedeutung. Das in feierlicher Audienz dargebrachte »Ernteverzeichnis« repräsentierte die königliche Steuer von einem Fünftel des eingebrachten Getreides. In der Zeit des »Neuen Reiches«, während (oder kurz vor) der Joseph möglicherweise gelebt hat, gehörte alles Land dem Pharao. Das Volk wurde kaum besser behandelt als Leibeigene, die die königlichen Güter bebauten.

Joseph riet dem Pharao, einen sachkundigen, »umsichtigen und weisen« Führer zu ernennen und ihn zur Vorbereitung auf die mageren Jahre mit einem das ganze Land umfassenden Projekt zu betrauen, das die Einziehung und Einlagerung von 20% der Ernteerträge in Kornspeichern **(Abb. 429)** vorsah.

Der Monarch ging auf den Vorschlag ein, ernannte Joseph zum Wesir oder Haupt-

Abb. 426. Tempelanlagen der südägyptischen Insel Philae

Abb. 427. Die ägyptischen Getreidevorräte wurden von Schreibern genau aufgenommen (Wandmalerei aus dem Grabmal des Menna)

Abb. 428. Das Wandbild zeigt Leute aus Palästina, die dem Pharao ihren Tribut bringen (18. Dynastie)

Abb. 429. Ägyptisches Modell eines Kornsilos

administrator von Ägypten und machte ihn so zum zweitmächtigsten Mann im Staate. Möglicherweise übte Joseph auch die Oberaufsicht über die Kornspeicher aus. Daß Ausländer am ägyptischen Hof zu höchsten Würden aufstiegen, war nichts Ungewöhnliches; amtliche ägyptische Urkunden erwähnen diese Tatsache.

2. Die Josephserzählung und die ägyptische Überlieferung: Die ursprüngliche Überlieferung, auf die die Josephserzählung zurückgeht, enthält echte ägyptische Amtsbezeichnungen und Eigennamen, wenn auch die Namen (Potiphar, Potiphera, Asnath) hauptsächlich im 11. und 10. Jhdt. v. Chr. in Ägypten in Gebrauch waren, während der Name Ramses (Gen 47, 11) vor der Heraufkunft der 19. Dynastie (13. Jhdt. v. Chr.; s. *Ägypten und seine Beziehung zu Israel), deren Könige als erste diesen Namen trugen, ganz gewiß unbekannt war. Dies deutet auf eine spätere Abänderung der in der Josephserzählung benutzten Namen hin und legt die Vermutung nahe, daß die Erzählung erst einige Jahrhunderte (vielleicht im 11. Jhdt. v. Chr.), nachdem die Ereignisse vermutlich stattgefunden hatten, dauerhafte Form erhielt. Der biblische Bericht stimmt genau mit ägyptischen Texten und dokumentarischen Bildern überein. Gen 50, 26 lesen wir, daß Joseph 110 Jahre alt wurde, was in Ägypten die traditionelle Dauer eines glücklichen und erfolgreichen Lebens war. Die Josephserzählung weist zahlreiche auffallende Beispiele eines authentischen Lokalkolorits auf; man versteht sie am besten, wenn man sie vor ihren ägyptischen Hintergrund stellt. Dies ist um so leichter, als uns ausgegrabene Grabgemälde, Inschriften, Stelen usw. reiches Anschauungsmaterial über das Leben im alten Ägypten liefern. **Abb. 428** zeigt Palästiner, die Abgaben zum Hofe bringen (18. Dynastie).

Einen Hinweis auf den möglichen Schauplatz von Josephs Leben und Amtstätigkeit liefert die Erwähnung seiner Ehe mit Asnath, der Tochter Potiphars, des Priesters von On. Sie gebar ihm zwei Söhne, Manasse und Ephraim. Zu Josephs hoher Stellung würde es passen, daß der Pharao ihm eine Ägypterin zur Frau und den ägyptischen Namen Zaphnat-Panea gab, auf ägyptisch *Djepa-nṯr-fnḫ* (Gott will, daß er lebe). Auch sonst ist die Josephserzählung durch ein starkes ägyptisches Kolorit geprägt: Die Verleumdung Josephs durch Potiphars Frau wird als Verzweiflungsakt verständlich, wenn man an die ägyptische Todesstrafe für ertappte Ehebrecherinnen denkt.

Der Titel Potiphars, *sar haṭṭabaḥīm,* meist »Oberster der Leibwache« übersetzt, heißt ursprünglich »Oberster der Köche« und entspricht ägyptischem *wdpw,* »officier de bouche« (vgl. Mundschenk), der seit der 19. Dynastie in der ägyptischen Verwaltung und Politik eine Rolle spielt. Der Traumdeuter entspricht dem ägyptischen »Obersten Leser« *(hrj-tp),* der zum niederen Klerus gehörte. Auch die Bestallung mit linnenen Gewändern und der goldenen Halskette entspricht dem ägyptischen Zeremoniell.

3. Die Hungerjahre: Die Hungersnot kam wie vorhergesagt und suchte nicht allein Ägypten, sondern ganz Westasien heim. Eine von J. B. Pritchard in den »Ancient Near Eastern Texts« (Princeton 1955^2) abgedruckte Inschrift berichtet in der Tat von einer siebenjährigen Hungersnot, die angeblich während der Regierungszeit des Pharaos Djoser (ca. 2700 v. Chr.) geherrscht hat. Dieser soll den Gott Chnum angerufen haben, der ihm versprach, der Nil werde anschwellen und die Felder mit ausreichenden Wassermengen überfluten. Eine ägyptische Inschrift aus dem 14. Jhdt. v. Chr. besagt, daß die Grenzbeamten in Dürrezeiten Einwohner aus Palästina und der Sinai-Halbinsel nach Ägypten hereinzulassen pflegten. Der Papyrus Anastasi VI enthält eine in das Jahr 1220 datierte Mitteilung eines Grenzbeamten des Merneph-tah an seinen Vorgesetzten, bestimmten edomitischen Nomadenstämmen sei wie üblich der Grenzübertritt im Bezirk *ṯeku* (das hebräische Sukkoth) gestattet worden, damit sie bei Pithom ihr Vieh weideten. Interessant ist, daß die ägyptischen Papyri Sukkoth und Pithom, Städte im Land Gosen, anführen, die auch im Buch Exodus als hebräische Siedlungsstätten erwähnt werden (s. *Exodus).

4. Der Einzug der Kinder Israel in Ägypten: Die Bibel berichtet, Jakob habe in Kenntnis dieses Brauchs seine Söhne in das Land der Pharaonen gesandt, damit sie dort um die Erlaubnis zur Niederlassung nachsuchen sollten. Von hier an ist die Erzählung von den Brüdern mit der von Joseph verknüpft; diese schreitet mit wachsender Spannung von dem kritischen Augenblick, da er seine Familie erkennt, zu einem glücklichen Abschluß fort. Nachdem Joseph für ihr Wohlergehen gesorgt, siedelten Jakob, jetzt Israel genannt, und sein siebzigköpfiger Clan mit dem gesamten Viehbestand und Besitz nach Ägypten über, wo man sie als Verwandte des berühmten Joseph willkommen hieß.

Im Gefüge der Bibel dient diese Erzählung dazu, das Patriarchenzeitalter zum Abschluß zu bringen (Gen 47, 27–50, 26) und es mit dem Gipfelpunkt des Nationalepos, der Befreiung Israels von den Ägyptern und der Geburt der Nation nach dem Exodus, zu verknüpfen. Während in die Erzählung von Josephs Erfolgen möglicherweise ein altes ägyptisches Volksmärchen eingebettet ist, vermittelt der Bericht des biblischen Verfassers in erster Linie eine religiöse und moralische Lehre, deutet er doch an, daß das Abraham gegebene Versprechen, die Nachkommen der in Ägypten Weilenden würden Kanaan erben, sich seiner Erfüllung näherte.

5. Wann weilte Joseph in Ägypten? Das Datum des Einzugs in Ägypten ist ebenso wie die Zeit von Josephs Karriere eine strittige Sache. Die Bibel sagt nicht, welchem Pharao er diente, und gibt auch keinerlei beweiskräftige Hinweise, wie z. B. auf die königliche Residenz. Ein wichtiger Anhaltspunkt ist jedoch in der Beschreibung des Einzugs der Israeliten in das Land Gosen enthalten. Es heißt dort, daß Jakob seinen Sohn Juda voraussandte, damit er ihn vor dem königlichen Hof vertrete, und daß Joseph, als die Hebräer später ins Land Gosen einzogen, seinen Wagen anspannen ließ, seinem Vater entgegeneilte und dann zurückkehrte, um dem Pharao Bericht zu erstatten (Gen 46, 28–29; 47, 1). Der große Ägyptologe Maspéro hat darauf aufmerksam gemacht, daß Wagen nicht für sehr weite Reisen benutzt wurden. Bedenkt man dies und setzt man voraus, daß Joseph in oder nahe bei der königlichen Hauptstadt gewohnt haben muß, so impliziert die eintägige Rundfahrt im Wagen, daß die Residenz des Pharaos in der Nähe von Gosen oder in Avaris lag (von den Königen der 19. Dynastie nach 1305 v. Chr. Ramses genannt; s. *Exodus; *Ägypten und seine Beziehung zu Israel).

Flavius *Josephus zitiert Manetho, einen ägyptisch-hellenistischen Historiker, der beschrieb, wie die Ägypter die Hyksos aus ihrem Lande jagten: »Mit ihren Familien und ihrer gesamten Habe zogen sie von dannen, nicht weniger als 240 000 an der Zahl, und wandten sich von Ägypten durch die Wüste nach Syrien ... Sie bauten eine Stadt in dem Land, das heute Judäa heißt, groß genug, diese große Anzahl Menschen zu beherbergen, und nannten sie Jerusalem.« Josephus setzt seinen tendenziösen Bericht fort, indem er die Hyksos mit den Kindern Israel gleichzusetzen versucht, die Manetho auch »Schäfer« nennt. »Auch wurden sie von den Ägyptern nicht ohne Grund Gefangene genannt, da einer unserer Ahnen, Joseph, dem Ägypterkönig sagte, er sei ein Gefangener, und später seine Brüder nach Ägypten kommen ließ.« Der Ausdruck »Gefangener« läßt sich nicht verifizieren. Auch wenn man einigen Angaben des Josephus mißtraut, existiert jedoch, wie J. A. Wilson meint, »eine zuverlässige Überlieferung, daß östliche Eroberer von unbekannter Rasse ummauerte Lager errichteten, von denen aus sie über Ägypten zu herrschen trachteten, sich in Gegensatz zur ägyptischen Religion setzten und schließlich zum Rückzug nach Asien gezwungen wurden«. Josephus verknüpft den Einzug der Hebräer mit der Hyksoszeit. Überdies erscheinen hebräische Namen wie Jakub-Her in Adelsregistern der Hyksos. Die Bibel behauptet, der Aufenthalt der Israeliten in Ägypten habe 400 bis 430 Jahre gewährt (Gen 15, 13, Ex 12, 40–41). Danach wären sie während des Mittleren Reiches der Hyksos (ca. 1720–1570 v. Chr.) nach Ägypten gekommen und hätten es im 13. Jhdt. v. Chr. verlassen (s. *Exodus). Gleichwohl setzen einige Forscher die Ereignisse der Josepherzählung in die Mitte des 14. Jahrhunderts v. Chr., in das Neue Reich des berühmten Pharaos Echnaton (Amenophis IV; s. *Ägypten und seine Beziehung zu Israel; *Exodus). Diese Theorie gründet auch auf dem Bericht von Gen 47, 19–20, wonach Joseph das Wirtschaftssystem errichtete, das den Pharao zum absoluten Diktator machte und ihm den größten Teil des ägyptischen Bodens übereignete. Er beseitigte damit das Feudalsystem, das unter den Hyksos in Geltung war. Aus ägyptischen Quellen erfahren wir, daß die Könige in der Zeit der Diktatur für die Verwaltung des Landes tüchtige und einfallsreiche Beamte brauchten. Begabten Nichtadligen wurde Gelegenheit gegeben, zu hohen Ämtern aufzusteigen. Mag sein, daß hier ein Begründungspunkt mit der Josephserzählung vorliegt, was den Einzug der Israeliten in die Zeit nach der Feudalepoche der Hyksos datieren würde. Der Berührungspunkt gründet auch auf der erwiesenen Tatsache, daß die zwanzigprozentige Steuer in der Zeit des Neuen Reiches die Regel war und in Form von Getreide entrichtet wurde, das in jeder Provinzhauptstadt bei den königlichen Kornspeichern abzuliefern war. Nach Ausweis einer großen Schriftrolle, die Steuerveranlagungen behandelt (des Pa-

pyrus Wilbour), waren die unter dem Regime des Neuen Reiches der Priesterschaft und den Tempeln gewährten Steuerprivilegien für den Rest des Landes anscheinend eine schwere Last.
Anderseits glaubt H. Cazelles, daß von den Nomadenstämmen, die nach Ägypten kamen, mehrere – und insbesondere der »Clan Josephs« – nach Stammeskämpfen mit ihren »Bruder«-Stämmen Gad, Asser, Dan und Naphthali als Gefangene dorthin gebracht wurden (Gen 37, 2). Dies mag zur Erklärung der zweiten Überlieferung beitragen (Ex 6, 16–20), nach der der Aufenthalt in Ägypten vier Generationen und nicht 400 Jahre währte.
Es wird behauptet, daß Abkömmlinge von Josephs Clan auf verstreut lebende Leviten trafen, darunter die Familie des Moses. Im frühen Stamm Levi verbreitete ägyptische Namen (Moses, Hophni, Pinehas, Merari) sprechen für eine Verbindung mit Ägypten. Zudem sind die Namen der Hebammen (in Ex 1, 15) sehr alten Typs. Siphra wird in einem der Brooklyner Papyri aus dem 18. Jhdt. v. Chr. aus einem Verzeichnis von Sklaven, von denen viele Asiaten sind und einige hebräische Namen tragen, als Beispiel angeführt.
Angesichts dieses offensichtlich verwickelten Bildes ist es nicht verwunderlich, daß die Historiker bei der Bewertung der in dem biblischen Bericht enthaltenen Zeugnisse und beim Vergleich dieser Belege mit verschiedenen ägyptischen Urkunden aus Zeiten, in denen ähnliche Bräuche herrschten, zu unterschiedlichen Ergebnissen gelangen.
Die Josephserzählung schließt mit Josephs Bitte, man möge ihn, wie zuvor seinen Vater, in Kanaan begraben. Die Überlieferung berichtet, er sei in Ägypten einbalsamiert und bestattet worden, woraus erhellt, daß das politische Klima bei seinem Tode weniger günstig war als vorher, denn sonst hätte man seine Bitte erfüllt. Statt dessen findet sich in Ex ein Bericht über die Rückführung seiner irdischen Überreste nach Kanaan durch die abziehenden Hebräer.
6. Josephsgeschichte und ältere Weisheit: Neben der individuell-historischen Deutung suchen manche Gelehrte (von Rad, de Vaux u. a.) in der Josephserzählung den Niederschlag der älteren Weisheit. Das Bildungsideal der älteren israelitischen Weisheit berührte sich eng mit der Josephsgeschichte: »man könnte Zug um Zug das Verhalten Josephs mit schlagenden Sentenzen der Weisheit belegen« (G. von Rad).

Josephus, Flavius

Gliederung: 1. Jugend. 2. Politische Tätigkeit. 3. Persönlichkeit. 4. Werke. 5. Würdigung. 6. Christliche Fassungen. 7. Jüdische Fassungen des Mittelalters.

Flavius Josephus, der berühmteste jüdische Historiker des Altertums, kam im Jahre 37 oder 38 n. Chr. als Joseph ben Mattathijahu zur Welt. Seine Familie entstammte dem mit den hasmonäischen Fürsten verwandten priesterlichen Geschlecht Jojarib.
1. Jugend: In seinen autobiographischen Aufzeichnungen erwähnt Josephus, er habe frühzeitig Anlagen zu außergewöhnlicher Gelehrsamkeit erkennen lassen. Er gibt an, sich als Sechzehnjähriger einer Reihe verschiedener Sekten angeschlossen zu haben, um ihre Lehren aus erster Quelle kennenzulernen, und er wurde sogar Schüler eines Einsiedlers namens Banus, mit dem er in der Wüste zusammenlebte. Im Alter von neunzehn Jahren schloß er sich den Pharisäern an und begann, sich ernsthaft für die öffentlichen Angelegenheiten zu interessieren. 64 n. Chr. ging er in halböffentlicher Mission nach Rom. Er galt als Fachmann für politische Fragen und erhielt im Frühstadium des großen Krieges gegen Rom (64–73 n. Chr.; s. *Rom und die Juden) von der Revolutionsregierung in Jerusalem ein Kommando in Galiläa. In römische Gefangenschaft geraten, wurde er Pazifist und ging zur Gegenseite über. Mit Unterstützung der (69 n. Chr. von Vespasian gegründeten) flavischen Dynastie widmete er sich ganz der literarischen Tätigkeit und erwarb sich mit seinen Schriften eine führende Stellung in der jüdischen Geschichtsschreibung.
2. Politische Tätigkeit: Die Angaben über Josephus' politische Tätigkeit beziehen sich zumeist auf die Zeit des jüdischen Aufstandes (66–73 n. Chr.). Josephus gehörte der gemäßigten Partei an und besaß das Vertrauen vieler Jerusalemer Notabeln, die gegen die Erhebung waren. Gleichwohl wurde er mit Unterstützung der Gemäßigten zum Befehlshaber der Schlüsselprovinz Galiläa ernannt. Die kriegerischeren Zeloten mißtrauten ihm. Während seiner ganzen Amtszeit stritt er sich mit ihnen und ihrem Anführer, Johannes von Gischala *(guš ḥālāv)*. In seiner Geschichte des Krieges behauptet Josephus, seine ganze Energie auf die Organisation der Verteidigung gegen den erwarteten römischen Angriff konzentriert zu haben. Tatsächlich ist es zweifelhaft, ob er wirklich mit seinem Herzen bei dem Aufstand war.

Als Vespasian in Galiläa eindrang, schloß sich Josephus in der Festung Jotbatha ein, die einer langen Belagerung trotzte und erst nach erbittertem Kampf schließlich unterlag. Bei der Erstürmung der Stadt verbarg er sich in einer Höhle und entging auf diese Weise dem Schicksal der Mehrzahl seiner Soldaten, die sich den Römern nicht ergeben wollten und zu Tausenden niedergemetzelt wurden. Josephus, ihr Befehlshaber, ergab sich jedoch und weissagte, so berichtet er, Vespasian die Kaiserkrone. Durch diese Prophezeiung – und vielleicht durch seine gewinnende Persönlichkeit – erwarb er sich die Wertschätzung des künftigen Kaisers und seiner Söhne. Josephus blieb beim römischen Befehlshaber und versuchte, während der Belagerung von Jerusalem die Juden zur Aufgabe ihres Widerstandes zu bewegen. Nach Kriegsende gab ihm Vespasian seine volle Freiheit zurück und verlieh ihm das römische Bürgerrecht, worauf Josephus zu Ehren seines Wohltäters den Namen Flavius annahm. Er erhielt einige konfiszierte Güter in Judäa, lebte aber fortan in Rom als erklärter Apologet des flavischen Kaiserhauses. Nach dem Krieg waren ihm noch 30 Lebensjahre beschieden (gest. 100 n. Chr.), die er seiner Schriftstellerei widmete (s. unten 5).

3. Persönlichkeit: Josephus hat die entgegengesetztesten Beurteilungen erfahren. Man hat ihn als Verräter verdammt und als Realisten gepriesen. Dem heutigen Betrachter scheint eine Differenzierung zwischen seinen politischen Anschauungen, die durch gesunden Menschenverstand und Voraussicht charakterisiert sind, und seinem persönlichen Verhalten notwendig. Letzteres ist vielen als höchst verwerflich erschienen, besonders im Vergleich mit dem Heroismus und der Selbstaufopferung seiner Zeitgenossen, der Zeloten. Weiter ist zwischen dem Mann Josephus und dem Geschichtsschreiber Josephus zu scheiden. Seine historischen Werke lassen zweifellos hier und dort vollständige Genauigkeit vermissen, sehr viel wichtiger ist aber, daß Josephus einen ausführlichen Bericht geben wollte und viele Tatsachen, bisweilen durch seine eigenen sehr sorgfältigen Nachforschungen, dem Vergessen entriß.

4. Werke: Sein erstes Werk, die sieben Bücher des ›Krieges der Juden gegen die Römer‹, wurde mehrere Jahre nach Kriegsende veröffentlicht. Es erschien zuerst auf aramäisch und später auf griechisch, in welcher Sprache es auf uns gekommen ist. Das Werk ist die Hauptquelle für die Geschichte des Krieges und – trotz seiner stilistischen Mängel und vieler falscher Angaben – von unermeßlichem Wert.

Auf den ›Jüdischen Krieg‹ folgten die großartigen, 93 n. Chr. in 20 Büchern veröffentlichten ›Jüdischen Altertümer‹, welche die Geschichte der Israeliten von der Schöpfung bis zum Großen Krieg (66 n. Chr.) enthalten und Israel und seine Kultur preisen. Die erste Hälfte des Werkes, welche die Geschichte Israels und seiner Lenker bis zu Alexander dem Großen schildert (I-XI), gründet sich zur Hauptsache auf das AT. Die zweite Hälfte (XII bis XX) behandelt die ptolemäische und seleukidische Periode, die Hasmonäerherrschaft, die römische Hegemonie und die Regierungszeiten des Herodes und seiner Söhne. In diesem Abschnitt schöpfte Josephus aus seither verschollenen Quellen, z. B. den Schriften des Nikolaus von Damaskus und so bekannten Materialien wie dem ersten Makkabäerbuch und dem Aristeasbrief (s. *Hellenismus und jüdische Diaspora).

Ein kleineres Werk ist ›Das Leben des Josephus‹, seine Selbstbiographie, die er in erster Linie zu seiner Verteidigung gegen die Anschuldigungen verfaßte, die ein Konkurrent, Justus von Tiberias (dessen Geschichte des Krieges uns verloren ist), im Zusammenhang mit seinem Verhalten während des Krieges gegen ihn erhob. Der in der Autobiographie gegebene Bericht über seinen Anteil an den Ereignissen der Jahre 66–70 n. Chr. weicht in vielfacher Hinsicht von dem im ›Jüdischen Krieg‹ ab. Obwohl er sich dort als Römerfreund hinstellt, werden viele Behauptungen durch sein früheres Werk, den ›Krieg‹, widerlegt. Sein anderes kurzes Opus, eine apologetische Schrift, die antisemitische Anklagen von Leuten wie Apion von Alexandria zurückweist, trägt den Titel ›Gegen Apion‹.

5. Würdigung: Wie die alexandrinischen Juden (s. *Hellenismus und jüdische Diaspora), schrieb Josephus für die Heiden. Seine Werke veranschaulichen, auf welche Weise die historischen Tatsachen zur Unterrichtung der Griechen und Römer umgeschrieben werden konnten. So tragen die ersten Bücher seiner ›Altertümer‹ eindeutig apologetischen Charakter und sind, ebenso wie sein Kommentar zum AT, für den heutigen Historiker von geringem Wert. Seine Glaubwürdigkeit ist oftmals angezweifelt worden, doch konnte er sehr scharfsinnig sein, z. B. in seiner Beurteilung der Hellenisierungsperiode in Palästina (›Jüdischer Krieg‹).

Er neigte jedoch dazu, seinen Quellen

(z. B. 1 Makk) nur das zu entnehmen, was er für besonders wichtig ansah, und eine eingehendere Prüfung hat häufig gezeigt, daß seine Quellen als Ganzes verläßlicher waren als seine revidierte Auswahl daraus. Die heutige Geschichtsschreibung neigt folglich dazu, nur diejenigen Angaben als verläßlich anzusehen, die mit des Flavius Josephus' ursprünglicher Quelle übereinstimmen.

Überdies hatte Josephus starke Vorurteile gegen die *Hasmonäer. Nach V. Tcherikower ist sein Bericht über den Makkabäeraufstand höchst verworren. Anderseits macht er in seiner Betonung der inneren Verbindung zwischen Hellenismus und den Tobiaden (s. *Hasmonäer) auf eine Tatsache aufmerksam, die keine der übrigen zeitgenössischen Quellen gewürdigt zu haben scheint.

Josephus ist für seine Übertreibungen bei Zahlenangaben bekannt. So stellt er beispielsweise fest, drei Millionen Wallfahrer seien zum Passahfest in Jerusalem zusammengeströmt (Jüdischer Krieg II, 280) und bei der Belagerung von Jerusalem sei über eine Million Menschen umgekommen (VI, 420). In ähnlicher Weise gemahnen die Einwohnerzahlen, die er für die galiläischen Städte und Dörfer angibt, an die Erfindungen Herodots, daß das persische Heer Millionen von Soldaten zählte.

Gleichwohl bleiben die ›Altertümer‹ all diesen Begrenztheiten zum Trotz eine der wertvollsten historischen Quellen für die Römerzeit in Palästina und die Lebensverhältnisse des Landes unmittelbar vor Beginn der christlichen Ära.

6. Christliche Fassungen: Josephus' Schriften wurden zunächst in stärkerem Maße von frühchristlichen Gelehrten als von Juden bewahrt. Männer wie Clemens von Alexandria und Origenes, Eusebius und Hegesipp machten von ihnen intensiven Gebrauch. Spätere überlieferte Fassungen sind jedoch eindeutig christlich interpoliert. Ernste Probleme warf besonders der »Slavische Josephus« auf, hauptsächlich wegen seiner Erwähnung Jesu. Einige Forscher behaupten, der griechische Urtext habe Jesus erwähnt, doch wird dies von anderen bestritten. In der späteren slavischen Fassung wurde der Hinweis mit an Sicherheit grenzender Wahrscheinlichkeit von christlichen Schreibern eingefügt. Im allgemeinen herrscht Einigkeit darüber, daß der Absatz zumindest eine partielle Interpolation darstellt. Derartige Interpolationen waren möglicherweise die Kommentare eines christlichen Schreibers, die zuerst auf dem Rand erschienen und in der Folge dann in den Text späterer Abschriften gerieten. Das gleiche passierte mit vielen antiken Urkunden und mag auch in Hinsicht einer anderen Stelle der ›Altertümer‹ (XX, 9, 1) passiert sein.

7. Jüdische Fassungen des Mittelalters: Zu den mittelalterlichen hebräischen Fassungen des Josephus, die zusätzliches Material enthalten und seit langem Gegenstand vieler gelehrter Erörterungen sind, zählt der Josippon (Josephon), der dem Joseph ben Gorion zugeschrieben wird und im 8. Jhdt. n. Chr. in Süditalien verfaßt worden sein soll. Neuerdings neigt man dazu, ihn früher anzusetzen. Sein Hebräisch ist gut, und er behandelt in lebendigem Stil die gesamte nachexilische Zeit bis zur Belagerung von Jerusalem. Seine Quelle ist Josephus, wahrscheinlich die lateinische Übersetzung des Hegesipp. Die Juden des Mittelalters sahen ihn für autoritativer an als seine Vorlage.

Josua und Richter (Bücher)

Gliederung: 1. Stellung im Kanon und historischer Hintergrund. 2. Inhalt des Buches Josua. 3. Inhalt und Überlieferung des Buches Richter. 4. Die Überlieferungen Josuas und der Richter. a) Das Thema des Abfalls, der Vergeltung und der Rettung; b) Widersprüche zwischen den Büchern Josua und Richter; c) Die Landnahme in biblischer Sicht; d) Die Berichte über die Schlacht bei Merom; e) Überschätzung Josuas. 5. Zeugnisse der Ansiedlung. 6. Zusammenfassung.

1. Stellung im Kanon und historischer Hintergrund: Das Buch Josua steht an sechster Stelle unter den Büchern des Alten Testamentes. Geschichtlich ist es integrierender Bestandteil des Pentateuch, dies besonders im Hinblick auf den Bericht der *Landnahme, der im Buch *Numeri beginnt. Eine Gruppe von Bibelkritikern betrachtet das Buch Josua deshalb auch als das sechste Buch eines hypothetischen Hexateuch. Im hebräischen Kanon wurde es an die erste Stelle der Gruppe »Früherer Propheten« gestellt (als solche gelten: Josua, Richter, das 1. und 2. Buch Samuel sowie das 1. und 2. Buch der Könige). Darauf folgt das Buch der Richter. Aufbau und Inhalt, der geschichtliche Hintergrund und die literarischen Probleme dieser beiden Bücher sind so eng miteinander verknüpft, daß man sie am besten zusammen betrachtet.

Den geschichtlichen Hintergrund beider Bücher bildet die Zeit der Landnahme und der Ansiedlung des Volkes Israel im Lande Kanaan. Dies sind die ersten Schritte zu einer Konstituierung Israels als eigenes Volk auf eigenem Grund und Boden. Wenn die Israeliten auch schon durch ihre gemeinsame Sprache, ihren Glauben und ihre Herkunft innerhalb der *Stämme Israels eine gewisse Einheit darstellen, so konnten sie doch erst nach der Besiedlung Palästinas als ein Volk im hergebrachten Sinne gelten.

2. Inhalt des Buches Josua: Das Buch läßt sich in zwei Abschnitte gliedern: Der erste Teil berichtet nach einer Einleitung (Kap. 1) von der Überschreitung des Jordan und der Eroberung Jerichos (Kap. 2–6). Kap. 7–8 überliefert die Einnahme von Ai und die Errichtung des Opferaltars auf dem Berg Ebal. In Kap. 9–10 wird die Eroberung des Südens und im Kap. 11 die Eroberung des Nordens beschrieben. 12. Kap.: Zusammenfassung.

Im 2. Teil haben die Kap. 13–24 einen weit komplizierteren Aufbau als die vorherigen Kapitel: Sie berichten über die Aufteilung des Landes unter die einzelnen Stämme und beschreiben die Grenzen zwischen den Herrschaftsgebieten jedes einzelnen Stammes. Viele Bibelwissenschaftler halten diese Listen für späteres Material aus der Priesterschrift (*Bibelkritik).

Noth u. a. nehmen für Kap. 15 eine Ortsliste aus der Zeit Josias an, für Kap. 19 ein System der Stammesgrenzen aus der Richterzeit und für Kap. 21 eine Levitenliste, die die Kultzentralisation voraussagt.

Es scheint, daß die ursprünglichen Listen aus dem 11. oder 10. Jhdt. v. Chr. stammen. In ihnen spiegelt sich nämlich jene Lage, die kurz vor der Errichtung des Königtums bestand. Zudem umfassen die hier beschriebenen Grenzen nicht nur das bei der *Landnahme von den Stämmen erworbene Land, sondern auch solche Gebiete, auf die sie erst später Anspruch erhoben (s. *Verfassung, Verwaltung und Staatsformen 2a).

Das 22. Kapitel schildert die Ansiedlung der zweieinhalb transjordanischen Stämme in dem ihnen zugeteilten Land, sowie die Errichtung des Altars und der Opferstätte östlich des Jordan (s. *Stämme Israels). Im 23. und 24. Kap. wird die feierliche Bundesverpflichtung Israels auf dem Landtag zu Sichem beschrieben. Sie berichten auch über Josuas Abschiedsreden und seinen Tod.

Das Buch Josua schildert die Landnahme als ein ununterbrochenes zügiges Unternehmen, das unter der Führung Josuas geplant und auch ausgeführt wurde. Die Stämme erkennen einträchtig die Autorität des einen Führers, Josua, an. Dieser hat das Volk in einzigartiger Weise über den Jordan geführt, Jericho und Ai erobert, die Gibeoniten samt den miteinander verbündeten Königen im Norden und im Süden besiegt; er hat das Land durch das Los unter die einzelnen Stämme aufgeteilt und zu Sichem den Bund mit Gott erneuert.

Nach Ansicht der meisten Bibelwissenschaftler ist dies eine unhistorische spätere Idealisierung einer Reihe von Geschehnissen, die in Wirklichkeit nicht so glatt verlaufen sein können. Dies läßt sich am besten erkennen, wenn man das Buch der Richter zum Vergleich hinzuzieht.

3. Inhalt und Überlieferung des Buches der Richter: Auch dieses Buch läßt sich in zwei Abschnitte gliedern: Im 1. Teil (Kap. 1–2, 5) sind die Gebiete aufgezählt, die nach dem Tod Josuas erobert wurden, und jene, die von den nördlichen Stämmen nicht in ihren Besitz gebracht werden konnten (1, 27–36). Das Kap. 2, 6–23 gibt einen einleitenden Überblick über die Zeit der Richter, die im weiteren Verlauf des Buches behandelt wird.

Der 2. Teil (3. Kap.) behandelt die Richter: Othniel, Samgar ben Anath, Ehud ben Gera und sein Kampf gegen die Moabiter. Kap. 4–5: Barak und Debora, ihr Sieg über Jabin, den König von *Hazor,* und Sisera, den Feldherrn der Kanaanäer. Kap. 6–8: Gideon und sein Kampf gegen die Midianiter. 9. Kap.: Abimelech und seine kurzlebige Herrschaft in Sichem. 10. Kap.: Thola ben Pua und Jair, der Gileadit, zwei »kleine Richter«. Kap. 11–12, 7: Jephtha, der Gileadit, sein Befreiungskampf gegen die Ammoniter und die Opferung seiner Tochter. Kap. 12, 8–12: Ibsan aus Bethlehem, Elon aus Sebulon und Abdon, der Sohn Hillels, aus Pirathon, noch drei »kleine Richter«. Kap. 13–16: Der Simson-Zyklus.

Viele Bibelwissenschaftler finden, daß diese Heldenlegende, die an homerische Legenden erinnert, ursprünglich mit den kriegerischen Berichten des Buches der Richter nichts zu tun hatte. Simson wird nie als »Richter« bezeichnet. Seine persönlichen Begegnungen mit den Philistern scheinen auf eine viel spätere Zeit hinzuweisen, nämlich die aus 1 Sam 4, 18–7, 15 (Eli und Samuel) bekannte. Kap. 17–18: Das Standbild Michas sowie die Danitenepisode. Kap. 19–21: Das Verbrechen an der Nebenfrau zu Gibea.

Nachdem der literarische Versuch, das Richterbuch auf die bekannten Pentateuchquellen aufzuteilen, keine befriedigende Lösung gebracht hat, sucht man überlieferungsgeschichtlich ein vordeuteronomisches Richterbuch mit einem deuteronomischen Rahmenwerk oder neuestens für Kap. 3–9 ein Retterbuch herauszuarbeiten und den Unterschied von »Retter« und »Richter« deutlicher hervorzuheben (W. Richter).

Alle Unternehmungen der Richter und die verschiedenen oben angeführten Begebenheiten sind im Artikel über die *Richter (Zeit und Buch) ausführlich behandelt. Das Buch der Richter beschreibt die Taten der Führer, der Richter, die die Stämme während der eineinhalb Jahrhunderte nach der Landnahme und dem Tod Josuas (etwa 1200–1050 v. Chr.) anführten.

Der hebräische Text des Buches ist im allgemeinen erhalten geblieben. Wenn auch Teile des hebräischen Textes beschädigt sind, so ist dieser doch in besserem Zustand als der der anderen christlichen Bücher. Er ist deshalb die beste verfügbare Informationsquelle über die Lebensweise der Israeliten zur Zeit des Übergangs vom Halbnomadentum vor der Landnahme zur Seßhaftwerdung.

4. Die Überlieferungen Josuas und der Richter: *a) Das Thema des Abfalls, der Vergeltung und der Rettung:* Die Erzählungen, wie sie hier wiedergegeben sind, sollen das Thema des göttlichen Strafgerichts illustrieren, das die Stämme wegen ihrer religiösen Lauheit traf, als sie sich an die kanaanäische Lebensweise gewöhnten. Es war eine Zeit, da »ein jeder tat, was ihm recht dünkte« (Ri 17, 6). Die Vergeltung folgte jeweils in Gestalt der Bedrohung durch benachbarte Völker; diese hielt so lange an, bis das Volk sich seinem Gott wieder zuwandte, der einen Richter berief, um das Volk zu retten. Dieses Motiv zieht sich von Anfang an (2, 11–19) durch das Buch hindurch, bis zum Ende des Berichts über die allmähliche Landnahme und die Ansiedlung im Lande Kanaan.

Die meisten Experten sehen im Buch der Richter eine gültige (wenn auch nicht in allem verläßliche) Informationsquelle über diesen Zeitraum. Denn die Berichte von einzelnen Unternehmungen von seiten der verschiedenen Stämme (z. B. 15, 11 ff, die Ergreifung Simsons des Daniten, durch die Männer aus dem Stamme Juda) scheinen wohl am treffendsten die tatsächlichen Zustände vor der Zeit der Errichtung des Königtums (etwa um 1020 v. Chr.) widerzuspiegeln.

b) Widersprüche zwischen den Büchern Josua und Richter: Diese Ansicht wirft jedoch im Hinblick auf das Buch Josua eine Reihe von Fragen auf. Die beiden Bücher stehen sowohl dem Geist nach als auch hinsichtlich der Überlieferungen einzelner Details oft im Widerspruch zueinander. So waren, nach Jos 15, 63, die Männer aus dem Stamme Juda nicht fähig, die Jebusiter aus Jerusalem zu vertreiben, während im Buch der Richter (1, 21) dieser Mangel dem Stamme Benjamin zugeschrieben wird. Natürlich kommt es vor allem darauf an, ob die beiden Bücher sich tatsächlich auf ein- und dieselbe Zeit beziehen. Trifft dies zu, so kann man aufgrund der größeren historischen Zuverlässigkeit des Buches der Richter die historische Genauigkeit des Buches Josua mit Recht anzweifeln. Es könnte aber auch sein, daß das Buch der Richter sich auf eine spätere Zeit als die Josuas bezieht, als nämlich die ins Land eindringenden Israeliten nicht mehr ganz Herr der Lage waren und ihren Besitz erst wieder festigen mußten. Nimmt man die letztere der beiden Möglichkeiten an, so folgt daraus, daß das Buch der Richter demnach überhaupt jene Zeiträume nach dem Tod Josuas beschreibt; möglicherweise bezieht es sich auf mißliche Umstände nach der Landnahme. Jedenfalls ist man sich darin einig, daß zumindest einige der Richter (und die mit diesen zusammenhängenden Begebenheiten) zur selben Zeit in verschiedenen Teilen des Landes zu fixieren sind.

Demnach wäre es völlig falsch, sich nach dem Eindruck des Buches, das die Ereignisse in einer zeitlich aufeinanderfolgenden Reihe darstellt, zu richten.

*c) Die *Landnahme in biblischer Sicht:* Man hat die biblische Darstellung einer einheitlichen und kontinuierlichen Landnahme unter Führung Josuas mit dem um viele Jahrhunderte späteren Siegeszug des Islams verglichen. Der Islam war jedoch in vieler Hinsicht eine völlig andere Erscheinung; der Vergleich vermittelt lediglich die Vorstellung, wie Wüstenstämme lang besiedelte Gebiete zu bezwingen vermögen, deren Bevölkerung nicht nur zahlenmäßig in der Mehrheit ist, sondern auch auf einem höheren Kultur- und Zivilisationsniveau steht. Die Eroberer müssen tatsächlich von der Überzeugung durchdrungen gewesen sein, Träger des Wortes Gottes zu sein und einen »Heiligen Krieg« (arab.: *jehad*) zu führen. Abgesehen jedoch von dieser unwesentlichen Parallele haben wir selbst das Zeugnis der Bibel. Moderne Militärexperten finden den Vormarsch und die einzelnen Phasen der Landnahme völlig normal.

Zudem verraten die biblischen Schilderungen vieler Schlachten eine große Vertrautheit mit den betreffenden Gebieten und mit der den Umständen gemäßen Taktik (z.B. die Eroberung von Ai; Jos 8). Die Ausgrabungen einer Reihe wichtiger kanaanäischer Städte (z.B. Debir und *Lachis) haben gezeigt, daß diese tatsächlich während des 13. Jhdts. v. Chr., also zur Zeit Josuas, zerstört worden sind. Freilich beweist dies noch nicht, daß die Söhne Israels diese Städte zerstört haben (s. *Asdod). Einige Gelehrte haben darauf hingewiesen, daß die Zerstörungen ebensogut auch das Werk von Küstenvölkern gewesen sein können (s. *Philister). Auch die Archäologen können keinerlei genaue Chronologie aufstellen, die nachweisen würde, daß diese Zerstörungen im Laufe einer einzigen Generation stattgefunden haben (eine weitere Erörterung dieser Fragen findet sich im Artikel über die *Landnahme).

d) Berichte über die Schlacht bei Merom: Das gleiche Problem stellt sich verstärkt, wenn es um Josuas Schlacht »am Wasser von Merom« geht (Jos 11), an die sich die Zerstörung von Hazor schließt, und wenn man die in Ri 4 und 5 beschriebene Schlacht, die Barak, der Feldherr Deboras gegen Jabin, den König von Hazor, schlug, betrachtet.

Man hat einmal vermutet, die Schlacht »am Wasser von Merom« habe erst nach dem Sieg Deboras über die Kanaanäer stattgefunden, die damals Galiläa beherrschten, und Josua habe demnach Hazor niemals eingenommen. Einer der Gründe für diese Annahme war, daß die Bibelwissenschaftler daran zweifelten, daß den Stämmen eine Einnahme Hazors überhaupt hätte gelingen können. »Hazor war nämlich vor Zeiten die Hauptstadt aller dieser Königreiche« (Jos 11, 10). Waren doch die Stämme erst kürzlich aus der Wüste gekommen. Zudem glaubte man, Hazor sei erst gegen Ende des 12. Jhdts., also zur Zeit Deboras, zerstört worden, und die Schlacht am Wasser von Merom habe keinesfalls während des Eroberungsfeldzuges Josuas stattgefunden.

Als aber zwischen 1955 und 1958 ausgedehnte Ausgrabungen Hazors gelangen, wurde in auffallender Weise die historische Zuverlässigkeit der diesbezüglichen biblischen Aussagen bestätigt. Die kanaanäische Stadt Hazor war tatsächlich im 13. Jhdt. v. Chr. (also zur Zeit Josuas) zerstört worden und hatte seit dem 12. Jhdt. v. Chr. ihre einstige Bedeutung als wichtiger kanaanäischer Stützpunkt gänzlich verloren.

e) Überschätzung Josuas: Bibelwissenschaftler, welche dem Buch Josua jegliche historische Verläßlichkeit abzusprechen geneigt sind, glauben hingegen, es habe gewiß im 13. Jhdt. v. Chr. eine solche Gestalt (Josua) existiert; Josua sei aber wohl lediglich ein Stammesführer (oder höchstens das Oberhaupt mehrerer Stämme) von nur lokaler Bedeutung gewesen, ähnlich den Führern anderer Stämme. Erst später habe Josua seine Kollegen in den Hintergrund gedrängt. Viele ihrer Unternehmungen seien dann Josua zugeschrieben worden. Diese Theorie kann durch die eine Tatsache gestützt werden, daß nämlich das Buch Josua eine Reihe von Erzählungen enthalten mag, die nichts weiter als volkstümliche Legenden sind, mit denen man das Vorhandensein verschiedener Trümmer und Ruinen von einstigen Städten erklärt, wie das Volk sie kurz nach der Zeit der Landnahme vorfand. Als treffendstes Beispiel hierfür kann wohl die im 8. Kap. des Buches Josua erzählte Geschichte von der Einnahme und Zerstörung der Stadt Ai gelten; denn dieser Bericht ist noch immer durch keinerlei archäologische Funde zu bestätigen (s. *Bethel und Ai).

Nach einer anderen Theorie (die z.B. von M. Noth vertreten wird) sollen die Berichterstatter, die den Bericht über die Eroberung von Zentralkanaan schrieben, diesen aus einer Reihe lokaler Überlieferungen verschiedenen Ursprungs nach eigenem Gutdünken zu einem zusammenhängenden Ganzen geformt haben. Demnach wurden die mit Gilgal, Jericho, Ai, Achan und Gibeon zusammenhängenden Überlieferungen sämtlich bei der Kultstätte von Gilgal (s. *Heiligtümer), in der Nähe des Jordan, aufbewahrt. Sie wurden von den Verfassern lediglich durch die Makkeda-Episode (10, 15 ff), den Feldzug nach Hazor (11, 1–9) und die Schlacht »am Wasser von Merom« ergänzt; gleichzeitig hat man all diese Einzelberichte mit dem Namen Josuas in Zusammenhang gebracht. Demnach muß eine Niederschrift der sich auf die Landnahme im südlichen Kanaan beziehenden Überlieferungen als das Werk eines (oder mehrerer) früherer Erzähler bereits vorgelegen haben. Dieser hatte sich auf die verschiedenen Stammesüberlieferungen gestützt und eine Erzählung über die Einnahme von Bethel (Ri 1, 22–26; s. *Landnahme) hinzugefügt.

Die meisten der verschiedenen bibelkritischen Schulen (s. *Bibelkritik) vertreten die Ansicht, daß etliche Teile des Buches Josua Bestandteil der deuteronomischen

Geschichtsschreibung (s. oben 1) sind und daß das Buch Josua darüber hinaus der Priesterschrift verwandte Vorlagen enthält. Die Endredaktion des Buches Josua kommt also aus der Zeit des Exils und enthält viel frühere Überlieferungen (s. oben 2).

5. Zeugnisse der Ansiedlung: Eine andere Ansicht, die ebenfalls von der Annahme der historischen Unzuverlässigkeit des Buches Josua ausgeht, befaßt sich mit den tatsächlichen Zeugnissen der Ansiedlung der Israeliten, die manche Wissenschaftler mit der Landnahme selbst in Zusammenhang bringen. Allem Anschein nach lagen die ersten Siedlungsorte der Israeliten tatsächlich nicht in kanaanäischen Städten. Vielmehr scheinen die Eindringlinge eher die Gebirgsgegenden als Ansiedlungsgebiete vorgezogen zu haben; dort gab es zuvor überhaupt keine kanaanäischen Ansiedlungen. J. Aharoni behauptet, in diesen Ansiedlungen sei ein ganz bestimmter Typus von Töpferwaren in Gebrauch gewesen (s. *Töpferei), der anscheinend aus der Zeit vor Josua stammte. Daher scheint die Möglichkeit zu bestehen, daß diese Stämme sich unter den Kanaanäern angesiedelt haben können, ohne diese zu verdrängen. Allerdings halten manche Bibelwissenschaftler diese Zeugnisse nicht für beweiskräftig genug. Eine weitere Stütze dieser Ansicht ist in der Überlieferung zu sehen – worauf sogar in der rabbinischen Literatur angespielt wird –, derzufolge die Israeliten in aufeinanderfolgenden Wellen das Land Ägypten verließen. Einige waren schon vor der Zeit Moses' ausgezogen (s. *Landnahme). In diesem Falle könnte es leicht möglich sein, daß diese Stämme nach Kanaan gelangten und sich dort niederließen, ehe die Schlachten Josuas geschlagen wurden. Wenn man annimmt (wie es tatsächlich der Fall zu sein scheint), daß das kanaanäische *Jericho vor dem 13. Jhdt. v. Chr. zerstört wurde, so kann diese Tatsache für jene Theorie sprechen, derzufolge es eine ganze Reihe von israelitischen Eroberungszügen gegeben hat. Demnach wäre also Jericho während einer israelitischen Expedition zerstört worden, die dem allgemeinen Exodus vorausgegangen sein muß. Es ist zu beachten, daß es hinsichtlich des Jericho aus dem späteren Bronzezeitalter (2. Phase, also 14. und frühes 13. Jhdt. v. Chr.) kaum irgendwelche Zeugnisse gibt.

Mit den oben gestellten Fragen sind nur einige der vielen Probleme genannt, die sich aus der Tatsache der israelitischen Landnahme und der Besiedlung Kanaans ergeben (s. *Landnahme, *Stämme Israels und *Richter). Immerhin können sie einen Überblick über jene Gesichtspunkte vermitteln, die man hinsichtlich der Bücher Josua und Richter zu beachten hat.

6. Zusammenfassung: Es ist eine unbestreitbare Tatsache, daß die Geschichte der Landnahme ausschließlich innerhalb des größeren historischen Raumes gesehen werden muß, in dem alle benachbarten Gebiete miteinbegriffen waren. Kurz, die allmähliche Lockerung der ägyptischen Herrschaft während der Amarna-Epoche (14. Jhdt. v. Chr.) hat Kanaan in den Strudel der politischen und militärischen Katastrophen hineingezogen (s. *Amarnabriefe). Dadurch verloren auch die unabhängigen Stadtstaaten ihre Verbindungen untereinander. So fielen diese als leichte Beute den eindringenden Israeliten zu. Ebenso wurde dadurch die Bildung nationaler Königreiche in Transjordanien (Moab, Edom und Aram) und schließlich auch in Palästina gefördert. Gleichzeitig trug das Vordringen der *Chabiru (unter denen sich anscheinend auch hebräische Sippen befanden) noch zur allgemeinen Verwirrung bei.

Bevor nicht noch viele weitere Ausgrabungen in Palästina abgeschlossen und weitere zeitgeschichtliche Zeugnisse verfügbar sind, die den allgemeinen Hintergrund der damaligen politischen Lage und der Kräfteverhältnisse im Lande Kanaan in der Zeit nach dem Eindringen der Israeliten zu klären vermögen, wird man wohl kaum irgendwelche endgültigen Schlüsse über die genaue Reihenfolge der historischen Ereignisse ziehen können.

Judith

Die Geschichte erzählt, wie die gottesfürchtige Witwe Judith die Menschen ihrer Stadt Bethulia in Nordsamaria vor der drohenden Vernichtung der Stadt durch die Belagerung der Assyrer rettet, indem sie sich nach einem Gebet schön geschmückt in das Lager des Feldherrn Holophernes begibt, durch ihre Schönheit dessen Leidenschaft erregt und dann schließlich, als er vom Weine trunken sich ihrer erfreuen will, ihm das Haupt abschlägt. Durch diese Tat völlig verwirrt, können die Feinde vernichtend geschlagen werden.

Eine geschichtliche Interpretation dieses Buches ist durch die widersprüchlichen historischen und geographischen Angaben kaum möglich. So etwa ist hier Nebukadnezar (604–562 v. Chr.) König der Assyrer mit der Residenz in dem 612 zerstörten Ninive und scheint auch noch nach der Wiederherstellung der jüdischen Kultgemeinde (520–516) zu regieren. Doch dürfte das Buch Judith einen historischen Kern aufweisen. Man kann die verschiedensten Thesen, die über die Geschichtsangaben des Judithbuches aufgestellt wurden, in zwei große Richtungen teilen. Die eine geht von der Behistun-Inschrift aus und will in dem Nebukadnezar des Buches Judith den in der Inschrift im Zusammenhang mit dem »Magieraufstand« 532 v. Chr. erwähnten, sich als Nebukadnezar ausgebenden babylonischen Usurpator sehen (G. Brunner, W. Hinz und neuerdings C. Schedl). Schedl sieht zudem im Namen Arphaxad, dem in Judith erwähnten König der Meder in Ekbatana, keinen Eigennamen, sondern einen Herrschertitel, den »Herrn der Ritter«, versucht, ihn mit dem Bardija der Inschrift gleichzusetzen, und meint, in Darius den eigentlichen Usurpator erblicken zu können.

Wahrscheinlicher dürfte die Ansicht der zweiten Richtung sein, die von dem Namen der beiden Generäle Orophernes und Bagoas ausgeht, welche die Geschehnisse des Buches Judith mit den Feldzügen Artaxerxes' III. Ochus (359–338) verbindet. Sie wird hauptsächlich von den Gelehrten A. Alt und O. Eißfeldt vertreten.

Doch die literarische Art des Buches läßt den geschichtlichen Hintergrund nicht so bedeutend erscheinen. »Das Buch hat dann nicht die Wiedergabe eines historischen Ereignisses zum Gegenstand, sondern die Darstellung eines metahistorischen Sachverhalts: nämlich das Wesen und Wirken gottfeindlicher Weltmächte im Lauf der Geschichte und die sich jeweils in der Bedrängnis des Gottesvolkes ereignende Rettung durch den Bundesgott« (E. Haag).

Im Gegensatz zur Apokalyptik beschreibt das Buch Judith nicht die letzte Auseinandersetzung zwischen Gottesreich und Weltreich; das Auftreten der heidnischen Weltmacht ist kein Endgeschehen, sondern ständige Gegenwart. Die heidnische Macht verfehlt durch ihre imposanten Erfolge, die sie zur Verblendung verführen, ihren eigentlichen, ihr von Jahwe verliehenen Auftrag: Friede und Ordnung in ihrem Herrschaftsbereich aufrechtzuerhalten, und muß daher zugrunde gehen.

Die Assyrer erscheinen im Buch Judith nicht wie etwa bei den Propheten als Strafwerkzeug Gottes – das in Treue zu Jahwe stehende Bundesvolk bietet dazu keinen Anlaß –, das Gottesvolk soll nur in seinem Glauben erprobt werden. Jahwe ist dann auch der eigentliche Retter seines Volkes, das kultisch und sittlich rein sein muß, um eine solche Großtat Jahwes überhaupt erwarten zu können. Doch auch für die gottesfürchtige Heidenwelt ist das Eingreifen Jahwes von Bedeutung: Achior sucht im Glauben Anschluß an das Gottesvolk. Auf die Rettungstat Jahwes folgt als Heilsgut die Ruhe des Landes (E. Haag).

National-religiöse Leidenschaft und peinliche Gesetzeserfüllung läßt die Ansetzung des Buches in der Zeit der makkabäischen Erhebung als wahrscheinlich annehmen. Als untere Grenze dürfte die Regierung Alexander Jannäus' (102–76) gelten (O. Eißfeldt). Eine Ansetzung des Buches kurz nach dem Exil wird von A. Jansen, C. Schedl bzw. G. M. Grinter vertreten.

Der Text ist in 4 Rezensionen (Vulgärtext, Cod. 19 und 108, Cod. 58, Cod. 106 und 107) griechisch erhalten, seine älteste Bezeugung (Teile von 15, 1–7) reicht bis auf ein 1946 in Kairo gefundenes und von Schwartz veröffentlichtes Ostrakon aus der 2. Hälfte des 3. Jahrhunderts v. Chr. zurück (O. Eißfeldt). Der griechische Text stellt entweder die direkte Übersetzung eines hebräischen Originals (O. Eißfeldt) oder eine selbständige Bearbeitung eines hebräisch abgefaßten Überlieferungsstoffes (E. Haag) dar. C. Schedl dagegen plädiert für einen aramäischen Urtext, von dem die einzelnen hebräischen wie die griechischen und lateinischen eine »Übersetzung und teilweise freie Bearbeitung (Aktualisierung)« darstellen.

K

Kalender

Gliederung: 1. Altorientalische Kalender. 2. Israelitische Kalender. 3. Frühjahrs- und Herbstkalender. 4. Monat und Monatsnamen. 5. Wocheneinteilung. 6. Der Kalender des Jubiläenbuches und der von Qumran. 7. Tage.

1. Altorientalische Kalender: Eine zivilisierte Gesellschaft, in der Steuern einzutreiben und regelmäßig religiöse Festzeiten einzuhalten sind, kann einen allgemein verbindlichen Kalender nicht entbehren.

Der Tag galt als Grundeinheit aller Kalender des Altertums. Erst die Monats- und Jahreseinteilung war problematisch. Die Umlaufzeit der Erde um die Sonne ($365^1/_4$ Tage) bildet das natürliche Jahr. Aber alle alten Völker des Nahen Ostens teilten ihre Kalender nach dem Mondzyklus ein, der stets 29 Tage und 12 Stunden dauert. Die alten Ägypter hatten als einzige einen Sonnenkalender; ihr Jahr umfaßte 365 Tage. Aber selbst sie kannten das Mondjahr, das jeweils in drei Jahreszeiten von je vier Dreißig-Tage-Monaten gegliedert war. Die in der Reihe der Monate nicht eingerechneten fünf »Zusatztage« wurden am Ende jeden Jahres angehängt.

Anfangs wurden Monats- und Jahresverlauf einfach empirisch fixiert, indem man sich nach dem Erscheinen des Neumondes richtete. Um aber Mißverständnisse zu vermeiden, wurde später die Länge der Monate auf abwechselnd 29 und 30 Tage festgelegt. Da aber das Mondjahr um 11 Tage kürzer als das Sonnenjahr war, verschob sich die offizielle Zeitrechnung im Vergleich zu den natürlichen Jahreszeiten immer mehr, so daß sowohl das Wirtschaftsleben als auch die religiöse Festtags- und Brauchtumsordnung durcheinander geriet.

Nach biblischer Überlieferung, wie sie etwa in der Schöpfungsgeschichte Gen 1, 14 zum Ausdruck kommt, wurde die Zeit nach dem Lauf der Sonne und des Mondes gemessen. So entsprach ein Tag dem einmaligen (scheinbaren) Umlauf der Sonne um die Erde und ein Monat einer Umkreisung der Erde durch den Mond. Ein Jahr war vergangen, wenn die Erde einmal um die Sonne gewandert war. Noch weiß man nicht sicher, wie diese Zeitrechnung in früheren biblischen Zeiten in Syrien und Palästina praktiziert wurde.

Die Babylonier hatten schon im 6. Jhdt. v. Chr. eine Lösung zur Beseitigung des Mißverhältnisses zwischen dem Sonnen- und Mondjahr gefunden. Jedem dritten Jahr fügte man einen Monat hinzu. Dieses wurde dann zum Schaltjahr erklärt, und der Monat Adar oder Elul wurde wiederholt (innerhalb eines Achtjahreszyklus gab es drei Schaltjahre). Diese Zeitrechnung wurde von den Persern übernommen, und von da gelangte sie auch zu den Juden (vgl. die biblischen Bücher Esra, Nehemia und Esther).

2. Israelitische Kalender: Die israelitischen Festzeiten (s. *Feste und Feiertage) waren innerhalb der Mondmonate genau festgelegt. Offensichtlich machte man gelegentliche Kalenderkorrekturen, damit diese an ihrem jeweiligen, der Jahreszeit entsprechenden Platz blieben. Man weiß jedoch nicht, wie diese Angleichungen vorgenommen wurden. Lediglich eine Textstelle, Num 9, 10, die sich auf das zweite oder nachgeholte Passah-Fest bezieht, enthält einen Hinweis, daß zusätzliche Tage in das Mondjahr von zwölf Monaten eingeschoben wurden. Die Babylonier fügten den Monat Adar oder Elul nach genau festgelegten Zeiträumen in das Jahr ein. Wenn das Mißverhältnis zwischen dem Sonnen- und dem Mondjahr allzu offensichtlich wurde, hat man nach Bedarf solche Korrekturen vorgenommen; dies wurde bei den Babyloniern wahrscheinlich, bei den Juden mit ziemlicher Gewißheit während der Zeit der Könige und der Restauration praktiziert.

Adar, der letzte Monat im Jahr, wurde verdoppelt. Die Priester waren für die Festlegung der Monate verantwortlich. Es scheint, daß gemäß jüdischem Brauch selbst noch nach der Zerstörung des Zweiten Tempels die Schaltjahre von den Rabbinern nach Bedarf bestimmt wurden. Wahrscheinlich richteten sie sich dabei nach der allgemein üblichen Praxis, wonach der Monatsanfang mit dem Erscheinen des Neumondes zusammenfallen mußte. Das damals angewandte Zeitrechnungssystem war auch nach der Zerstörung des Tempels noch in Übung, und die Oberhäupter gewisser Familien, wie etwa die des Rabbi Gamaliel, wachten besonders über dessen Beibehaltung, obwohl die eigentlichen diesbezüglichen Entscheidungen auch weiterhin dem Sanhedrin vorbehalten blieben (Rosch Haschana 25 a).

Abb. 430. Sonnenuhr der hellenistischen Epoche

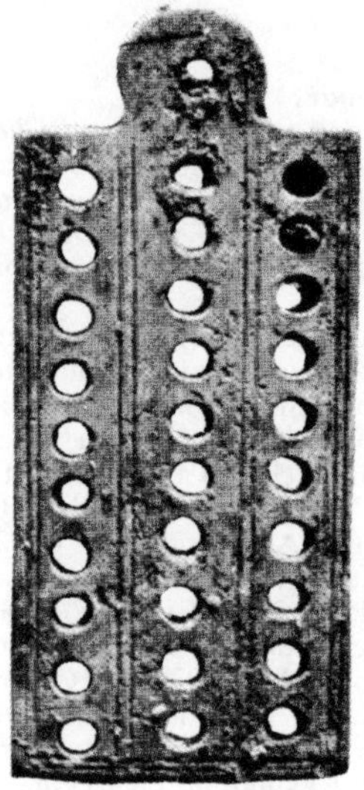

Abb. 431. Tablett aus der Zeit des ersten Tempels, das vermutlich zur Markierung der Monatstage diente

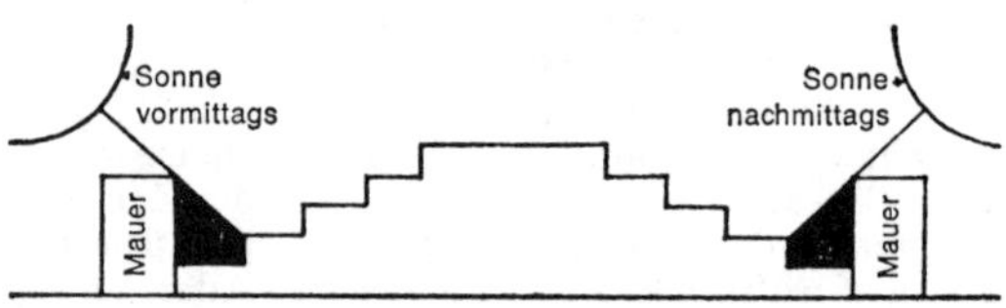

Abb. 432 a, b. Ägyptischer Obelisk (links); Sonnenuhr des Ahas (oben)

Mitte des 2. Jhdts. v. Chr. begann man, einen auf exakten mathematischen Berechnungen fußenden Kalender vorzubereiten (Sanhedrin 12 a). Aber erst im 4. Jhdt. n. Chr., zur Zeit des Patriarchen Hillel II., wurde ein solcher Kalender gebilligt, der die Festlegung von Daten ermöglichte, ohne daß man zuvor die Mondphasen durch Beobachtung bestimmte. Denn bis dahin mußte der Monatsanfang jeweils aufgrund des Zeugnisses zweier Augenzeugen, die das Erscheinen des Neumondes beobachtet hatten, durch den Sanhedrin proklamiert werden. Eine Kette von Leuchtfeuern, die der Reihe nach angezündet wurden, brachte die Kunde vom Neubeginn eines Monats durch das Land; später wurden Boten umhergeschickt. Der Sanhedrin entschied auch jedes Jahr darüber, ob Zeiträume zwischenzuschalten seien oder nicht.

3. Frühjahrs- und Herbstkalender: Das jüdische Jahr begann, dem israelitischen bürgerlichen Kalender (zumindest dem der Königszeit) nach zu schließen, im Herbstmonat Tischri. Aufgrund des Hinweises in 1 Kg 12, 33 war dies in Juda um einen Monat früher als in Israel. Die Inschrift von Gezer (vgl. *Ackerbau und Viehzucht), die anscheinend ein landwirtschaftlicher Kalender gewesen ist, führt die Reihe der Monate mit dem »Erntemonat« oder Herbstmonat an. Ein solches Jahr, das im Herbst anfing, entsprach offenbar den landwirtschaftlichen und ökonomischen Umständen. Es hat allerdings den Anschein, daß in der vorexilischen Zeit neben diesem bürgerlichen auch ein religiös-kultischer Kalender in Gebrauch war, demzufolge das Jahr im Frühling begann. Ältere Quellen (Ex 13, 4; 34, 18) scheinen eindeutig darauf hinzuweisen, daß dieser Frühlingskalender (von Nisan zu Nisan) wohl der ursprünglichere gewesen sein muß. Tatsächlich weisen auch die ältesten uns erreichbaren Zeugnisse auf einen Frühjahrskalender hin; aber es gab, zumindest zur Zeit der Könige, auch einen Herbstkalender. Die frühere Zeitrechnung wurde jedoch auch nach Einführung des Herbstkalenders nicht verdrängt, so daß die Monate immer nach dem Frühjahrskalender gezählt und oft auch ihre Stellung im Herbstkalender angegeben wurde. Beide waren während der Königszeit und auch später gleichzeitig in Gebrauch. Textstellen wie »im folgenden Jahre« (2 Sam 11, 1; 1 Chr 20, 1) und »als das Jahr um war« (1 Kg 20, 22.26) scheinen diese doppelte Zeitrechnung anzudeuten. In allen religiösen Vorschriften wird anscheinend der Frühling als Jahresbeginn angenommen. Der erste Feiertag des israelitischen Kultkalenders war das Passah-Fest, das Frühlingsfest, während das Fest der Lese (Ernte), die am 17. Tage des zweiten Monats begann, nach Ex 34, 22 »an der Wende des Jahres« zu feiern war. Das Sabbatjahr begann im Herbst »am zehnten Tage des siebten Monats« (Lev 25, 9). Das Neujahrsfest wurde im Herbst begangen. Nur einmal wird in der Bibel das Rosch Haschanah (Neujahr) erwähnt (Ez 40, 1). Anscheinend ist hier babylonischer Einfluß erkennbar. Wahrscheinlich hatte man auch jene Zählweise, wonach die Monate vom Frühling an gerechnet wurden, von den Babyloniern übernommen; vermutlich geschah dies mit der Übernahme der assyrisch-babylonischen Monatsnamen. Jedenfalls kam es niemals zu einem vollständigen Wechsel von einem zum anderen Kalender, sondern es wurden lediglich beide gleichzeitig nebeneinander geführt. Der erste Monat des Jahres blieb der Nisan (Frühling), obwohl das Jahr tatsächlich im Monat Tischri (Herbst) neu begann. Demnach folgte man zur Zeit der endgültigen Formung von Ex 12 (worin der Monat des Passah-Festes als erster Monat des Jahres festgelegt wird) dem Frühlingsjahr. Dies trifft ebenfalls auf die religiösen Festkalender zu, die in Lev 23; Num 28–29 und Ez 45, 18–25 erwähnt werden. Auch in Jer 36, 22 wird auf den neunten Monat als einen Wintermonat hingewiesen.

Eine Theorie lautet dahingehend, daß die Einführung des Frühjahr-Sonne-Mondkalenders nach 722 v. Chr. unter assyrischem Einfluß stattgefunden habe, als das Nordreich Israel assyrische Provinz wurde. Im Geschäfts- und Wirtschaftsleben wurde nach dem neuen Kalender gerechnet. Er beeinflußte jedoch auch merklich das religiöse Leben; und dies nicht nur in der nördlichen assyrischen Provinz Samaria, sondern auch – nach der von Josia durchgeführten Reform – in dem südlichen babylonischen Vasallenstaat Juda. Als man die babylonischen Monatsnamen übernahm, wurde dann natürlich auch das Frühlingsjahr beibehalten.

So war dann auch das Frühlingsjahr während der ganzen hellenistischen Epoche (vom 4. Jhdt. v. Chr. an) bei den Seleukiden in Gebrauch. Das Makkabäerbuch (1 Makk 9, 3.54; u. ä.) hält sich bei allen Hinweisen auf die jüdische Gemeinde an diese Zeitrechnung. Manchmal wird der Monat in der jüdischen Form nur mit einer Ordnungszahl angegeben, und manchmal wird daneben der babylonische Monatsname hinzugefügt (1 Makk 4, 52). Wurde aber die griechische Form des babylonischen Monatsnamens geschrieben, so ließ man für gewöhnlich die Ordnungszahl weg. Im allgemeinen findet man in der späteren Literatur Monatsnamen, während in den früheren Schriften die Ordnungszahlen überwiegen. Möglicherweise waren jahrhundertelang hebräische und babylonische Namen gleichzeitig in Gebrauch. Wenn das orthodoxe Judentum auch die babylonischen Monatsnamen anerkannte, so wissen wir aber doch aus den apokryphen Schriften (s. *Deuterokanonische Bücher), wie etwa aus dem Jubiläenbuch oder den Qumranschriften, daß gewisse religiöse Kreise sich energisch gegen die Einführung dieser Bezeichnungen gewehrt haben. Für die Rabbiner war die durch Kalenderkorrekturen im AT hervorgerufene Verwirrung stets ein Problem.

Bei den Ausgrabungen von Lachis und *tell el-fār'a* (Thirza) im südlichen Palästina fand man kleine Tafeln, die mit dreißig Löchern in drei Zehnerreihen versehen waren **(Abb. 431)**. Die Archäologen datieren die Täfelchen in die Zeit des Ersten Tempels. Man vermutet, daß sie gebraucht wurden, um die Tage des Monats zu verfolgen. Der berühmteste Kalenderfund bildet jedoch die aus dem 10. Jhdt. v. Chr. stammende Gezer-Tafel (s. *Ackerbau und Viehzucht). Sie enthält die Monatsnamen und gibt zugleich die für jeden Monat auszuführenden bäuerlichen Tätigkeiten an.

4. Monat und Monatsnamen: In den alten Reichen des Ostens gab es kein allgemeines System der Monatsbezeichnung, bis die babylonischen Namen unter Hammurabi in ganz Mesopotamien eingeführt wurden. Zuvor gebrauchte jeder sumerische Stadtstaat seine eigenen Monatsnamen. Heute heißt das hebräische Wort für Monat *ḥodeš*. Dieses Wort wurde im Altertum nur für den ersten Tag eines neuen Monats gebraucht; die ältere kanaanäische Bezeichnung *jeraḥ* (= Mond; zwölfter Teil des Jahres), galt dann für den Rest des Monats. Man neigte jedoch allgemein dazu, den Monat mit *ḥodeš* zu bezeichnen (zum Beispiel Ex 23, 15; 34, 18; Sam 6, 1; u. ä.). Im Text 1 Kg 6, 38 und 8, 2 ist dem Ausdruck *jeraḥ*, der zusammen mit den kanaanäischen Monatsnamen gebraucht wird, auch noch das Wort *ḥodeš* sowie die Ordnungszahl des Monats beigegeben; man wollte damit den kanaanäischen Ausdruck erklären. Mit der Zeit ließ man *jeraḥ* weg und setzte dafür *ḥodeš*. Beide Wörter bestätigen die Tatsache, daß der kanaanäische und biblische Monat eben mit dem Mondzyklus von 29 oder 30 Tagen identisch war. Die Bibel bezeichnet die Monate a) mit ihren alten kanaanäischen Namen, b) mit Ordnungszahlen (der erste, zweite und so weiter Monat des Jahres), c) später, in nachexilischer Zeit, mit den babylonischen Namen. Die alten Namen waren bis zum Exil sowohl in Juda als auch in Israel in Gebrauch: Die Bibel erwähnt allerdings nur vier davon, nämlich: *jeraḥ Ethanim* (1 Kg 8, 2), den siebten Monat, *jeraḥ Ziw* (1 Kg 6, 37), den zweiten Monat, *jeraḥ Bul* (1 Kg 6, 38), den achten Monat, und *ḥodeš Abib* (Ex 13, 4), den ersten Monat. Die Namen *Ethanim, Bul* und *Ziw* kommen auch in einer kanaanäischen Inschrift vor, welche die Namen von sieben der Monate aufzählt; *Abib* ist nicht darunter. Vielleicht hat die Bibel bewußt die kanaanäischen Namen wegen ihres heidnischen Anklangs vermieden und deshalb die Monate nur mit Ordnungszahlen bezeichnet. Das Wort *Abib* als Name des ersten Monats (Ex 13, 4; 23, 15; 34, 18; Dt 16, 1) bedeutet im Hebräischen »Ähre« von Korn oder Gerste, woraus das Speiseopfer der Erstlingsfrüchte des Jahres bestand, das Gott dargebracht wurde.

Man hat vermutet, daß *Ziw* »Monat der Blumen« (1 Kg 6, 1.37), *Ethanim* »Monat, in dem allein die Flüsse noch fließendes Wasser haben« (1 Kg 8, 2) und *Bul* »Monat der großen Regenfälle« (1 Kg 6, 38) bedeutet hat. Dies ist jedoch durchaus nicht sicher. Y. Aharoni glaubt einen weiteren Namen, *jeraḥ Zah*, für einen der Sommermonate gefunden zu haben. Bei *Arad wurde nämlich im Jahre 1962 eine Tafel ausgegraben, welche die Inschrift trägt *bšlš jr' z'h* (= im dritten Monat *Zah*). Das Wort *Zah* kommt auch in einem schwer verständlichen Jesajavers (18, 4) vor, wo es gewöhnlich mit »flimmernde Sonnenglut« übersetzt ist.

Während des Babylonischen Exils und nach der Restauration wurden die babylonischen Monatsnamen endgültig übernommen. Der Kalender sah wie in Tab. S. 823 dargestellt aus.

Die Bibel erwähnt nur sieben dieser Monatsnamen (s. oben); und selbst dann ist oft noch die Ordnungszahl der Monate beigefügt (zum Beispiel Est 3, 7). Die übrigen Monatsnamen sind lediglich aus nachbiblischer Literatur bekannt.

Die einzigen Monatsnamen, deren Bedeutung mit Gewißheit feststehen, sind *Tam-*

		entspricht ungefähr
1 Nisan	(Neh 2, 1; Est 3, 7)	März–April
2 Ijjar		April–Mai
3 Siwan	(Est 8, 9)	Mai–Juni
4 Tammuz		Juni–Juli
5 Ab		Juli–August
6 Elul	(Neh 6, 15)	August–September
7 Tischri		September–Oktober
8 Marheschwan		Oktober–November
9 Kislew	(Sach 7, 1; Neh 1, 1)	November–Dezember
10 Tebeth	(Est 2, 16)	Dezember–Januar
11 Schebeth	(Sach 1, 7)	Januar–Februar
12 Adar	(Est 3, 7; 13; 8, 12ff)	Februar–März

muz (nach dem gleichnamigen Gott), *Elul* (Reinigung und Versöhnung), *Tischri* (Hingabe) und *Marheschwan* (achter Monat).

5. Wocheneinteilung: Eine Siebentagewoche ist im Mondmonat nicht gut unterzubringen (da dieser nicht genau in Wocheneinheiten aufzuteilen ist). Vielleicht kam man bei der Beobachtung der Mondphasen auf die Monatseinteilung in Wochen. Bei den Israeliten wurde die Woche jedoch zur Zeiteinheit, die sich unabhängig von Monaten und Jahren zyklisch wiederholt. Bei den Assyrern und Babyloniern begann die Woche, die ebenfalls aus sieben Tagen bestand, am ersten Tag des Monats. Es gibt jedoch keinen Hinweis darauf, daß dies auch bei den Juden der Fall war. Damals störte man sich ebensowenig wie heute an der Tatsache, daß die Wochen nicht mit dem Monatsablauf übereinstimmten. Mit der wachsenden Bedeutung des Sabbat, der das Neumondfest als Ruhetag verdrängte, wurde auch die Woche immer mehr zur Grundeinheit jüdischer Zeiteinteilung. Der Sabbat ist eine den Juden eigentümliche religiöse Institution. Besonders in liturgischen Texten (s. *Feste und Feiertage) wird die Zeit häufiger nach Wochen als nach Tagen angegeben.

6. Der Kalender des Jubiläenbuches und der Kalender von Qumran: Die Sektenbewegungen innerhalb des Judentums richteten sich nach einem Sonnenkalender, der auf der Wochenzählung basierte. Nach dem Jubiläenbuch (s. *Deuterokanonische Bücher und Apokryphen) ergaben 52 Wochen ein Jahr von 364 Tagen, sieben Jahre bildeten eine Jahrwoche (gemäß dem Buch Daniel), und nach sieben Jahrwochen wurde ein »Jobeljahr« proklamiert. Die gleiche Zeiteinteilung findet sich im Henochbuch und in den Schriftrollen von *Qumran. Der Sonnenkalender von Qumran stand in Beziehung zur offiziellen soli–lunaren Zeiteinteilung. Trotzdem ergaben sich in der Praxis eine Reihe von Abweichungen. So fielen nach dem Sonnenkalender die Feste jedes Jahr auf den gleichen Wochentag: Pfingsten (das Wochenfest) fiel auf einen Sonntag, das Passah-Fest, der 15. Nisan und das Neujahrsfest auf einen Mittwoch. Andere Qumranhandschriften geben die Daten nach dem Sonnenkalender an, von dem man festgestellt hat, daß er den Mondphasen entspricht.

Die »Gemeinderegel« ermahnt die Mitglieder der Qumrangemeinde, »nicht ein einziges von allen Worten Gottes zu übertreten«. Damit ist gemeint, daß sie ihre Festzeiten nicht verschieben sollen. Diese Interpretation der Textstelle wird durch Hinweise von Pharisäern nahegelegt, die sich auf Neuerungen hinsichtlich älterer Priestervorschriften über die Festlegung kultischer Feiertage beziehen (s. *Qumran).

Die Ansicht einiger Wissenschaftler, wonach das System der Zeiteinteilung von Qumran mit dem alten Priesterkalender zusammenhängt, scheint durch einige Hinweise bestätigt zu sein. So vermutet A. Jaubert, daß die letzten Redaktoren des Pentateuch (s. *Bibelkritik) sowie Ezechiel und auch der Chronist denselben Kalender benutzt haben. Zum Beispiel führen sie die erstaunliche Tatsache an, daß die Sintflut genau ein Sonnenjahr (365 Tage) lang dauerte und Henoch 365 Jahre alt wurde.

7. Tage: Ägyptische Obelisken **(Abb. 432 a)** dienten als Sonnenuhren. Sie zeigten die Tageszeiten an, bestimmten den Mittag, und man konnte an ihnen auch den Lauf der Sonne durch die Jahreszeiten verfolgen. Die Babylonier teilten ihren Tag mit Hilfe der Sonnenuhr in gleiche Zeiteinheiten ein. Die Syrer haben diese Zeitenteilung übernommen. Aber es findet sich im AT kein Hinweis, daß man Tag und Nacht in Stunden geteilt hätte. Statt dessen gibt die Bibel Phasen des natürlichen Tagesablaufes als Tageszeiten an: die Morgenröte, den Morgen, den Mittag, den Sonnenuntergang oder den Abend. So heißt es zum Beispiel Gen 24, 11: »abends um die Zeit, da die Frauen herauskommen, um zu schöpfen ...«, oder (29, 7) »... es ist ja noch hoch am Tage ...«, also früher Nachmittag, und so weiter. Die Mitte der Nacht wurde jedoch ausdrücklich als »Mitternacht« bezeichnet (Ex 12, 29; Ri 16, 3; Ruth 3, 8; Ps 119, 62).

Nur einmal wird in der Bibel eine Vorrichtung zur Zeitmessung erwähnt. Es ist die »Sonnenuhr des Ahas« (oder die »Stufen des Ahas«; 2 Kg 20, 9; Jes 38, 8), die nach Y. Yadin aus einer doppelten Stufenreihe bestand **(Abb. 432 b)**, die zum Dach des Hauses von König Ahas führte. Eine Stufenreihe führte ost-, die andere westwärts. Am Fuß jeder Stufenreihe befand sich eine niedrige Mauer. Stieg nun die Sonne über den Rand der östlichen Mauer, so warf sie deren Schatten auf die oberste Stufe. Dieser wanderte treppab, bis zum Mittag, wenn die Sonne direkt darüber stand und kein Schatten mehr geworfen wurde. Dann wanderte die Sonne westwärts und warf einen Schatten auf die gegenüberliegende Stufenreihe. Der Schatten wanderte nun während des Nachmittags bis zum Sonnenuntergang langsam treppauf. Ganz anders waren die späteren Sonnenuhren aus hellenistischer Zeit **(Abb. 430)**.

Das Hauptmerkmal israelitischer Zeiteinteilung bestand darin, daß der Tag vom Abend zum Abend gezählt wurde – zumindest läßt der im Schöpfungsbericht immer wiederkehrende Satz: »Und es ward Abend und ward Morgen» darauf schließen –, während bei den Ägyptern der Tag von einem Morgen zum nächsten Morgen gedauert hat. Von alters her begannen die kultischen Feste am Abend (Ex 12, 18; Lev 23, 32; Jes 30, 29). Da der israelitische Kalender den Mondphasen folgte, begann auch der Monat abends. Die Zählweise der Tage änderte sich jedoch wahrscheinlich allmählich, so daß man den Tag von einem Morgen zum folgenden zählte. Für die vollen 24 Stunden gebrauchte man dann den Ausdruck »Tag und Nacht« oder ähnlich (Dt 28, 66 f; 1 Sam 30, 12; Jer 33, 20 u. ä.). Nach dem Wortlaut der Vorschriften für die Feier der Feste folgte eindeutig die Nacht auf den Tag und nicht umgekehrt. Einige Bibelwissenschaftler halten einen gleichzeitigen Gebrauch beider Zählweisen für möglich. Sie glauben, im religiösen Brauchtum habe sich die archaische Sitte, den Tag mit dem Abend zu beginnen, noch weiter erhalten, nachdem sie sonst längst abgeschafft war. Der Sabbat und die religiösen Festtage wurden nach dieser Zählweise festgelegt. Dieee Methode hielt sich in einigen nichtkultischen Angaben sogar bis in die neutestamentliche Zeit und bis ins spätere Judentum. R. de Vaux ist der Ansicht, man habe zwischen der Königszeit und dem Zeitalter des Nehemia (s. *Restauration und Perserzeit, Esra und Nehemia) damit angefangen, den Tag vom Morgen an zu zählen.

In alten Zeiten wiederum bezeichnete man als Tag den Zeitraum, in dem es hell genug war, um arbeiten zu können. Von daher war es dann richtig, Tage, an denen nicht gearbeitet wurde – wie Sabbat, Feiertage und das Versöhnungsfest –, am Abend zuvor zu beginnen, sobald mit der Arbeit aufgehört wurde.

Die Nächte waren in »Wachen« unterteilt. Die Israeliten kannten ebenso wie die Babylonier drei Wachen: die erste (Kl 2, 19), die zweite und die mittlere (Ex 14, 24; 1 Sam 11, 11). In neutestamentlicher Zeit hatte man inzwischen den römischen und ägyptischen Brauch von vier Nachtwachen (Mt 14, 25; Mk 13, 35) übernommen (s. *Ackerbau und Viehzucht 6; *Gesetz Israels 5 b).

Abb. 432c. Jerusalem, Blick auf den Ölberg. Die Kirche aller Nationen am Fuß des Berges erhebt sich an der Stelle einer frühchristlichen Basilika aus dem 4. Jhdt.

Abb. 432 d. Die Klagemauer in Jerusalem an einem Freitag, um 1895

Abb. 432 e. Das Damaskustor, ehemals das nördliche Haupttor Jerusalems

Kanaan
Gliederung: 1. Geschichte. 2. Auswirkung der Geschichte auf die Kultur Kanaans. a) Vorisraelitische Zeit; b) Zeit des Niederganges.

1. Geschichte: Lange vor der israelitischen *Landnahme war Palästina einer viel größeren geographischen und kulturellen Einheit eingegliedert, dem Gebiet von Kanaan. Von westasiatisch-semitischen Völkern besiedelt, umfaßte Kanaan das ganze Gebiet von Syrien und Palästina, von der ägyptischen Grenze bis nach Ugarit in Nordsyrien.

Die Ausgrabungen in Byblos, Ugarit, Hamath, *Beth Sean, *Megiddo, *Gezer, Ai (s. *Bethel und Ai) und anderen Orten haben gezeigt, daß die kanaanäische Besiedlung dieses weiten Gebietes mindestens bis 3000 v. Chr. zurückreicht. Um 2000 v. Chr. nahmen die Volkszahl und die Zahl der Städte beträchtlich zu, im Zusammenhang mit der Ausbreitung der Amoriter, die sich zu dieser Zeit als Herrenschicht in einem großen Territorium von Mesopotamien (Babylon) bis Kanaan festsetzten. Sie waren in Kleinstaaten organisiert und waren in Kanaan, abgesehen vom nördlichen Landstrich, Satelliten der Ägypter. Ausnahmen: Aleppo, Qatna und Karkemisch lagen im mesopotamischen Einflußgebiet. Die nördliche Küstenzone – Byblos und Ugarit – kam in der Zeit des Mittleren Reiches (2050–1800 v. Chr.) unter ägyptische Oberhoheit. Die Ägypter bezeichneten Kanaan um diese Zeit als *Retenu.* Sie mischten sich wenig in die nnerpolitischen Angelegenheiten. Das Land war in eine Anzahl von Stadtstaaten aufgeteilt, und jeder hatte seinen eigenen Fürsten und sein eigenes Gebiet.

Zwischen 1720 und 1550 v. Chr. überwältigten die Hyksos (s. *Ägypten und seine Beziehung zu Israel) das ganze westliche Randgebiet von Asien. Danach nahmen die Pharaonen der XVIII. und XIX. Dynastie (1550–1200 v. Chr.) die Leitung der Küstengebiete von Syrien und Palästina in ihre Hand. Sie bezeichneten sie als Kanaan. Nur im Norden gewannen das Reich von Mitanni und die Hethiter im Wettstreit mit Ägypten die Obergewalt.

Aus der Zeit direkt vor dem Eindringen der Israeliten (14./13. Jhdt. v. Chr.) haben uns die Archive von Ugarit (s. *Kanaanäische Kultur und Ugarit) und die *Amarnabriefe reichhaltige Urkunden hinterlassen. Sie geben ausgiebig Zeugnis von den inneren Unruhen im ganzen Gebiet und dem Erlahmen der ägyptischen Herrschaft. Im 13. und 12. Jhdt. v. Chr. drangen von zwei Seiten neue Völker ein, einerseits die Israeliten (s. *Landnahme), andererseits die »Seevölker« (*Philister). Zugleich mit den Israeliten erschienen in den angrenzenden Gebieten die Moabiter, Edomiter, Ammoniter, Midianiter und Aramäer und setzten sich dort fest. Unter dem Druck dieser Invasionen zogen sich die Kanaanäer in den Libanon und den von ihm geschützten Küstenstreifen zurück. Diesem nördlichen Strich von Kanaan gaben die Griechen den Namen Phönikien, und man bezeichnet seine Einwohner heute als Phöniker. Die Bibel kennt den Ausdruck nicht. Sie spricht von den Phönikern als dem Volk von Sidon, Tyros oder Gebal (Byblos). Kanaanäer und Phöniker waren tatsächlich dasselbe Volk, und der Teil von Kanaan, den die Israeliten eroberten, war nur ein Stück Hinterland des eigentlichen größeren Kanaan.

Aus dem Blickwinkel der biblischen Geschichte lassen sich zwei wesentliche Abschnitte in der Geschichte der Kanaanäer unterscheiden:

2. Auswirkung der Geschichte auf die Kultur Kanaans:

a) Vorisraelitische Zeit: Der erste Abschnitt, vom 19.–14. Jhdt. v. Chr. (Mittlere Bronzezeit), war die Zeit der größten Ausdehnung Kanaans. Eine in den Grundzügen einheitliche Kultur erblühte in dem weiten Gebiet von Nordsyrien (einschließlich Ugarit) bis zum südlichen Wüstenrand von Palästina. Das Volk war in kleinen Stadtstaaten organisiert. Es hatte feste Wohnstätten, trieb Ackerbau, Handel und ein wenig Handwerk, übte den Kult in einem gemeinsamen Tempel aus und unterstützte die Tempelhierarchie. Diese städtische Lebensweise, die in scharfem Gegensatz zu den Gewohnheiten der Nomaden steht, herrschte in der ganzen Periode vor, die der Patriarchenzeit der Bibel entspricht. Die frühesten literarischen Urkunden aus dieser Zeit sind die archaischen kanaanäischen Götter-Mythen (s. *Kanaanäische Religion). Ihnen verdankt die spätere hebräische *Dichtung viele Anregungen (s. auch *Kanaanäische Städte).

b) Zeit des Niederganges: Der zweite Abschnitt der kanaanäischen Geschichte wurde durch die Kette der Invasionen eingeleitet, die im 13. und 12. Jhdt. v. Chr. das Gebiet des südlichen Kanaan, das heißt Palästina, verwüsteten. Diese Invasionen kennzeichnen einen politischen und kulturellen Zusammenbruch in Kanaan. Nach ihrem Abschluß waren die Kanaaäer größtenteils auf den engen Streifen von Phönikien zusammengedrängt und besaßen kaum viel mehr als ein Zehntel des Gebietes, das vorher unter ihrem kulturellen Einfluß gestanden hatte. Diejenigen Kanaanäer, die bei der Besetzung durch die Israeliten im Lande blieben, verschmolzen mit diesen, bewahrten aber ihre angestammte Kultur und Religion. Nachdem die Eindringlinge seßhaft geworden waren, gewann die alte Kultur des Landes allmählich Einfluß auf Leben und Lebensformen der Eroberer – der Israeliten wie auch der Philister. Wie groß ihr Einfluß auf die israelitische Kultur war, hat sich gezeigt, seitdem die einheimischen kanaanäischen Quellen entdeckt sind. Die spätere Entwicklung der israelitischen Religion, Gedankenwelt und Dichtungsformen geht oft auf Ideen zurück, die aus der verdrängten höher entwickelten Kultur entlehnt waren. Wieviel die Israeliten von der kanaanäischen Kultur lernten, ist den Artikeln *Kanaanäische Städte, *Geräte und Werkzeuge, *Töpferei, *Götzendienst in Israel sowie *Alphabet und Schrift zu entnehmen.

Kanaanäische Kultur und Ugarit

Gliederung: 1. Geschichte. a) Ausgrabungen; b) Westsemitische und ägyptische Einflüsse; c) Ugarits klassische Zeit; d) Internationale Beziehungen im 14. und 13. Jhdt. v. Chr. 2. Literatur von Ugarit. a) Bedeutung; b) Baal-Mythen; c) Legende von Danel und Aqhat (Danel-Aqhat-Epos); d) Keret-Epos. 3. Ugarit und die Bibel. a) Datierung; b) Vergleichspunkte; c) Gemeinsame literarische Traditionen; d) Gegensätzliche Vorstellungen; e) Nachhall der Mythen in der Bibel; f) Analogien zur Bibel; g) Zeugnisse über die soziale und wirtschaftliche Struktur Mesopotamiens. 4. Alphabetische Schrift von Ugarit.

Im 3. und 2. Jahrtausend v. Chr. lagen die Mittelpunkte der kanaanäischen Kultur in den Küstenstädten Byblos, Tyrus und in der alten Stadt Ugarit im nördlichen Phönikien. Die reich bezeugte Entwicklung von Ugarit und seine kulturelle Lebendigkeit können als Musterbeispiel für die Kultur des ganzen Gebietes dienen.

Der Name Ugarit war aus den akkadischen und ägyptischen Urkunden lange bekannt. W. F. Albright identifizierte es als erster mit *rās eš-šamra* und dem nahe dabei gelegenen Hafen *minet el-bēḏa.* Seinen Ansatz hat später die Entdeckung von Urkunden bestätigt, die den Namen der Stadt an Ort und Stelle verzeichnen.

In der Bibel wird Ugarit nicht ein einziges Mal erwähnt. Aber die Stadt und die in ihren Trümmern gefundenen Dokumente waren von ausschlaggebender Bedeutung für das heutige Verständnis der Bibel.

1. Geschichte: *a) Ausgrabungen:* Französische Archäologen unter der Leitung von C. F. Schaeffer begannen 1928 die Ausgrabung von Ugarit. Nach einer langen Unterbrechung durch den Krieg wurde die Arbeit wieder aufgenommen und sie wird wahrscheinlich noch viele Jahre in Anspruch nehmen.

Die untersten Schichten zeigen, daß die Stelle seit dem Ende der Jungsteinzeit (5. Jahrtausend v. Chr.) bewohnt war. Wer damals die Bewohner waren, läßt sich nicht feststellen, doch zeigen die Reste der Keramik aus dem Ende jener Epoche, daß sie zu der Bevölkerung des inneren Syriens und der oberen Euphrat-Gegend enge Beziehungen unterhielten. Während der chalkolithischen Zeit (4. Jahrtausend v. Chr.) entwickelte Ugarit unter starkem Einfluß aus Mesopotamien eine hohe Kultur. Die Stadt war ein Zentrum für die Verbindung zwischen Mesopotamien und der sonstigen Welt, besonders zu Kreta.

b) Westsemitische und ägyptische Einflüsse: Im folgenden Jahrtausend erlebte die Stadt zunächst eine Periode des Niederganges. Dann, mit der Ankunft einer neuen, westsemitischen Bevölkerung, gewann sie ihre Bedeutung zurück und wurde Anfang des 2. Jahrtausends v. Chr. Mittelpunkt des internationalen Handels und kulturellen Austauschs der umgebenden Länder. Wie das kanaanäische Reich von Byblos weiter südlich an der Küste unterhielt Ugarit die engsten politischen und wirtschaftlichen Beziehungen zu Ägypten. Mit ihm wirkte es bei der Abwehr der Hethiter zusammen (s. *Patriarchen, Geschichte). Bei der Hyksos-Invasion im 18./17. Jhdt. v. Chr. kamen neue, hurritische Elemente aus Ostsyrien in das Land, wurden aber von der Bevölkerung von Ugarit absorbiert. Die ursprüngliche westsemitische Bevölkerung behielt die Oberhand. Zur gleichen Zeit gab der Niedergang Ägyptens den Kanaanäern die Gelegenheit, eine eigene Kultur auszubilden, wobei sie die Einflüsse, die in den vorhergehenden Jahrhunderten aus Mesopotamien und Ägypten eingeströmt waren, verschmolzen und umformten.

Nach der Vertreibung der Hyksos aus Ägypten ein Jahrhundert später (um 1560 v. Chr.) verlegten die Ägypter eine Garnison nach Ugarit. Die Stadt wurde zur militärischen Basis der Ägypter für deren

Abb. 433. Die Buchstaben des Keilschriftalphabets (von einer Tontafel aus Ugarit)

Abb. 434. Metallplatte mit Jagdszene (Ugarit, 15.–14. Jhdt. v. Chr.)

Abb. 435. Relief mit zwei Köpfen (Ugarit, 15.–14. Jhdt. v. Chr.)

Abb. 436. Deckel einer Elfenbeinbüchse (Ugarit, 15.–14. Jhdt. v. Chr.). Die Tracht der dargestellten Göttin ist mykenisch

Abb. 437. Tontafel aus Ugarit: Fragment der Baal-Mythen

Operationen zu Wasser und zu Lande im Norden. Diese Epoche sah das Reich auf dem Höhepunkt seiner Entwicklung.

c) Ugarits klassische Zeit: Die am gründlichsten durchforschte Schicht des alten Ugarit ist jene, die der Spätbronzezeit, dem 15. und 14. Jhdt. v. Chr., angehört. Es ist dies die klassische Zeit der Geschichte von Ugarit. Sein Handel dehnte sich damals über ein weites Gebiet aus, und seine Einwohnerzahl nahm beträchtlich zu. Große Vermögen sammelten sich an, die Kaufleute und Künstler strömten aus Syrien, Zypern, den griechischen Inseln und dem griechischen Festland in der Stadt zusammen. Eine Fülle von Fundmaterial stammt aus dieser Zeit: Paläste und großartige Privathäuser, Warenlager und zwei Tempel, die Baal und Dagon geweiht waren. Plastik, Keramik, Gold- und Silberarbeiten (eine Auswahl davon **Abb. 434, 435**), und vor allem eine Menge beschriebener Tontafeln: auf diesen beruht die besondere Bedeutung, die Ugarit heute zukommt (s. unten 2).

Seiner Lage nach war Ugarit den Einflüssen verschiedenster Länder ausgesetzt. Es war Durchgangspunkt für den Handel zwischen Mesopotamien und der phönikischen Küste, und – was noch bedeutender war – von Ägypten und den ägäischen Inseln. Viele Fundgegenstände sind entweder aus dem ägäischen Bereich importiert, oder dieser hatte die Handwerker der Stadt so stark beeinflußt, daß ihre eigenen Erzeugnisse von den importierten Waren nicht zu unterscheiden sind. Ein hervorragender Beweis dafür ist der Deckel einer kleinen Elfenbeinbüchse **(Abb. 436)** Man sieht darauf eine thronende Göttin, die zwei Ziegen füttert. Die Tiere stehen auf ihren Hinterfüßen und halten sich dadurch hochaufgerichtet, daß sie einen Vorderfuß auf den Thron stellen. Die Technik des Stücks ist mykenisch, ebenso die Tracht der Göttin: ein reich verzierter Rock, der den Leib oberhalb der Hüften nackt läßt, sonst nur Armbänder, Ohrringe, ein Halsband und eine Krone. Wahrscheinlich stellt die Figur die große Muttergöttin dar, die Beherrscherin des Tierreichs, die in der Kunst und Religion von Kanaan eine bedeutende Stelle einnahm (s. *Kanaanäische Religion). In viel späterer, hellenistischer Zeit kehrt das Motiv wieder, nur tritt dann an die Stelle der Göttin eine Dattelpalme. Eine solche Verwandlung einer Göttin in einen Baum treffen wir auch bei den Darstellungen der Aschera.

d) Internationale Beziehungen im 14. und 13. Jhdt. v. Chr.: In diesen Jahrhunderten entwickelte sich in Ugarit die Industrie der Purpurfärberei (ebenso in Tyrus und anderen phönikischen Städten). Viele der in Ugarit gefundenen Tafeln, die Handel oder Diplomatie betreffen, beziehen sich auf den ausgedehnten Purpurhandel. Von den anderen Naturprodukten waren nur die Fichten und Zedern des Libanon und Kasios von einigem Wert. Kanaan exportierte sie nach Ägypten, später zu König Salomo (s. *David und Salomo) und nach Mesopotamien.

Die große Fülle von Tontafeln und literarischen Texten gibt uns einen lebendigen Begriff vom täglichen Leben, dem Handel und der Politik von Ugarit (s. 3 g: Zeugnisse über soziale und wirtschaftliche Struktur). Sie stammen aus der gleichen Zeit wie die *Amarnabriefe, die ebenfalls die internationalen Beziehungen von Syrien und Palästina in helles Licht setzen. Aus den Amarnabriefen erfahren wir vieles über die Beziehungen von Ugarit zu seinen Nachbarländern.

Unter dem starken Druck der Hethiter war der König von Ugarit gezwungen, sich dem Hethiterkönig Suppiluliuma I. anzuschließen. Seine Hilferufe nach Ägypten waren unbeantwortet geblieben (s. Amarnabriefe). Schließlich gehörte Ugarit dem Bunde an, der unter hethitischer Führung gegen Ägypten (s. *Ägypten und seine Beziehung zu Israel) die Schlacht bei Kades schlug (Anfang 13. Jhdt. v. Chr.). Dann folgte eine lange Periode des Friedens zwischen Hethitern und Ägyptern, die Ugarit die willkommene Gelegenheit zu innerem Fortschritt bot. Jedoch der Einfall der Seevölker Anfang des 12. Jhdts. v. Chr. (s. *Philister) schnitt die ergiebigen Handelslinien von der phönikischen Küste nach dem ägäischen Meer und nach Ägypten ab. Das hatte einen Niedergang der Küstenstädte zur Folge, und das Reich von Ugarit wurde ein dünnbesiedeltes bedeutungsloses Randgebiet.

2. Literatur von Ugarit: *a) Bedeutung:* Die übersetzten Tafeln von Ugarit bieten uns die vollständigsten bisher bekannten Texte kanaanäischer Mythen. Vorher konnte man diese nur aus den späten Nachrichten des Philo von Byblos rekonstruieren, der in der zweiten Hälfte des 1. Jhdts. n. Chr. schrieb, aber nur aus zweiter Hand berichtete; außerdem hatte man Anspielungen in einigen schwer verständlichen Versen der Bibel. Jetzt, wo die Originaltexte zugänglich sind, können die Gelehrten die Mythen direkt studieren und die Beziehungen der

Bibel zu dieser älteren Literatur wissenschaftlich feststellen.
Diese Arbeit steht noch in den Anfängen. Manche Bibelforscher glauben, daß die ersten Übersetzer und Bearbeiter der unbekannten Sprache allzu zuversichtlich bei der Veröffentlichung ihrer Ergebnisse gewesen sind und daß eine Überprüfung allerlei Korrekturen bringen wird. Sicher wird bei fortschreitender Vervollkommnung der sprachlichen und sachlichen Auslegung der Tafeln genaueres Verständnis erzielt werden, so daß irrige erste Eindrücke und übereilte Auswertungen berichtigt werden können. Die ugaritische Literatur war das Ergebnis einer hoch entwickelten städtischen Kultur. Man kann sie nicht direkt mit der fast ebenso alten hebräischen Literatur vergleichen, die in einer halb nomadischen Lebensweise wurzelte und sich langsam mit der fortgeschritteneren städtischen und bäuerlichen Lebensart von Kanaan auseinandersetzte.
Quantitativ haben die literarischen Texte auf den Tafeln von Ugarit etwa den halben Umfang des Buches der Psalmen in der Bibel. Die bedeutendsten Texte sind die epischen Erzählungen von Göttern und legendären Helden; sie sind in gehobener Sprache abgefaßt (s. *Dichtung). Die wichtigsten von ihnen sind die Baal-Mythen, die Legende von Danel und Aqhat und die Erzählung von Keret.
b) Baal-Mythen: Die Tafel auf **Abb. 437** erzählt von einer Episode im Leben des Baal, der auch Hadad und Alijan Baal heißt. Sie berichtet: Nachdem Baal die Mauern seines Palastes errichtet hat, zündet er darin ein Freudenfeuer an, um große Mengen von Silber und Gold zu schmelzen. Wie so viele ähnliche Ereignisse in den Epen, dauert diese Tätigkeit eine Woche lang. Sechs Tage lang flammt das Feuer; am siebten verwandelt sich das Metall in Schalen und Blöcke, die von selbst die Wände des Palastes bekleiden und schmücken. In der Freude über die Vollendung seines Gold- und Silber-Palastes lädt Baal all seine göttlichen Brüder und Schwestern zu einem üppigen Gastmahl ein.
Andere Teile der Baal-Mythen berichten von dem Krieg zwischen ihm und seinem Todfeind Mot, wobei Baal von seiner Schwester Anat geholfen wird. El, der Göttervater und oberste Gott der Kanaanäer, schreitet schließlich ein und erlaubt Baal, sich einen Palast weit im Norden zu bauen. Der Kampf zwischen Baal und seinem Todfeind Mot geht weiter. Baal wird getötet. Anat kommt zu seiner Rettung, bestraft Mot und seine Helfer und bringt Baal ins Leben zurück. Er gewinnt die Herrscherstellung unter den Göttern. Diese Mythe ist natürlich ein Sinnbild des großen Kampfes zwischen Leben und Vernichtung und zeugt vom Sieg des Lebens. Näher behandelt sind diese und andere Themen der kanaanäischen Religion und Mythologie im Artikel *Kanaanäische Religion, *Dichtung.
c) Legende von Danel und Aqhat (Danel-Aqhat-Epos): In diesem Gedicht ist die eine Hauptfigur Danel, »ein rechtschaffener Mann«, der vor dem Tor sitzt (s. *Gesetz Israels) und »den Prozeß der Witwe schlichtet, sich der Sache der Waise annimmt« (eine Redensart, die mit dem Ideal der israelitischen Überlieferung in Ez 14, 14–17. 20, mit Noah und dem gerechten Mann, wie er in Job und viel später im Buch Daniel beschrieben wird, verglichen werden kann).
Danel, der sich einen Sohn wünscht, bringt den Göttern die entsprechenden Opfer dar und hat den Erfolg, daß Baal die Bitte dem Göttervater El vorträgt. El gewährt sie. Dieser Sohn Aqhat erhält von den Göttern Bogen und Pfeile, und sie sagen ihm das Schicksal eines Helden voraus. Aber er zieht sich den Zorn der Anat zu, und diese läßt ihn durch einen Minister Jatpun in Adlergestalt töten. Danel betrauert den Sohn sieben Jahre, dann gewährt ihm Baal die Tötung der Adler, bis er in einem die Überreste von Aqhat findet. (Es scheint, daß Aqhats Bruder den Mord gerächt und den Mörder Jatpun getötet hat.)
d) Keret-Epos: Es berichtet, wie König Keret mit seinem Heer gegen einen anderen König zieht und beim Friedensschluß dessen Tochter (oder Nichte), die schöne Hurrija, zur Frau erhält. Wie sie ihre Familie aufziehen, wird quasi als Vorbild eines guten Familienlebens geschildert, obwohl schließlich der älteste Sohn Keret entthronen will.
Unter den übrigen literarischen Werken seien drei kürzere Gedichte hervorgehoben: eines schildert die Hochzeit der Sonne und des Mondgottes und war offenbar zum Vortrag bei Hochzeitsfeiern bestimmt; ein anderes ist eine Festliturgie, die der Gottheit angestimmt wird; ein drittes ein Trauerlied für die Toten.
3. Ugarit und die Bibel: *a) Datierung:* Die ugaritischen Erzählungen erbringen einen sehr wichtigen Berührungspunkt zwischen kanaanäischer Kultur und der späteren Patriarchenzeit. Die Erzählungen sind, wie D.

N. Freedman sagt, »selbst das Endergebnis einer langen mündlichen, vielleicht auch schriftlichen Abfassung und Weitergabe durch mehrere Jahrhunderte. Sie sind jedenfalls keine Schöpfungen der ugaritischen Kultur des 14. Jhdts. v. Chr. Die Überlieferungen, aus denen das Keret- und das Danel-Epos entstanden sind, sind mehrere Jahrhunderte älter als die uns vorliegende Niederschrift, während das Quellenmaterial über Baal noch älter sein kann. Wenn also Entsprechungen in mehreren Motiven zwischen den Dichtungen aus Ugarit und den Erzählungen über die Patriarchen auf eine gemeinsame Zeit der Begebenheiten und Abfassung hinweisen, so ist das nicht das 14. Jhdt. v. Chr., sondern die erste Hälfte des 2. Jahrtausends. Aus dem vergleichenden Studium der Bibel und des ugaritischen Materials ergibt sich als Schlüssel das Verhältnis zwischen El und Baal ... Im kanaanäischen Epos hat Baal den El schon aus seiner Stellung als bedeutendste Gottheit des Pantheons verdrängt ... In der biblischen Überlieferung dagegen wird der Gott der Väter regelmäßig mit El gleichgesetzt ... niemals mit Baal; dieser wird nicht einmal erwähnt« (s. *Kanaanäische Religion).

b) Vergleichspunkte: Die große Verwandtschaft in Sprache und Stil zwischen der Literatur von Ugarit und der Bibel hat dazu geführt, eine Reihe von Annahmen über das Alter des Materials bestimmter biblischer Bücher zu berichtigen. Man kann zum Beispiel viele Parallelen zu einem so späten Buch wie Job aufweisen, und wenn Ez 14, 14; 28, 3 Danel erwähnt, so haben die Entdeckungen in Ugarit gezeigt, daß nicht der Daniel der Bibel, sondern der kanaanäische Held gemeint ist, der hier direkt aus Ugarit übertragen ist.

Um die Sprache und Kultur der Kanaanäer zu erläutern, haben die Gelehrten sich vor allem auf die Sprache und die literarischen Formen der Bibel gestützt. Umgekehrt haben die Erzählungen von Ugarit nicht nur den Inhalt der biblischen Texte, sondern auch ihre Formen erhellt.

Die ugaritischen Tafeln geben uns ein gutes Bild der Entwicklung der kanaanäischen Literatur jener Epoche, der die ältesten Phasen des AT verwandt sind. In ihren Formen haben beide viel gemeinsam. Sie teilen nicht nur beide die Hauptmerkmale der ganzen alten vorderasiatischen Literatur: die Art der Silbenmessung, des Rhythmus und des Versbaus, sondern sie haben überdies untereinander noch nähere Verwandtschaft in Ausdrucksformen, Syntax und literarischem Stil. Das geht soweit, daß man vermutet hat, der kanaanäische Dialekt von Ugarit und das Hebräische hätten sich parallel aus einer gemeinsamen Form des Altkanaanäischen entwickelt.

c) Gemeinsame literarische Traditionen: Außerdem setzen beide Literaturen eine literarische Überlieferung fort, die schon vor den ältesten Phasen des AT feste Form gewonnen hatte (s. oben 3 a: das Alter der ugaritischen Erzählungen). Es scheint, daß sich die Bibel an eine literarische Form halten konnte, die sich im Lauf von Jahrhunderten herausgebildet hatte. In Wortschatz und Stil haben die Epen von Ugarit auffallende Ähnlichkeiten mit den ältesten hebräischen Dichtungen: dem Lied der Mirjam (Ex 15), dem Debora-Lied (Ri 5), dem Segen des Moses (Dt 33) und den zu liturgischen Zwecken verfaßten Psalmen 29 und 68. Was die hebräische Dichtung den kanaanäischen Dichtern der Bronzezeit verdankt, ist kaum zu ermessen: sie entwickelten den Stil, der der hebräischen Poesie so viel von ihrer Anziehungskraft verleiht (s. *Dichtung, hebräische). Es gibt auch auffallende Ähnlichkeiten zwischen dem Prosastil der Kanaanäer und der akkadischen Dichtung, besonders in den Hymnen und Epen, die in älteste Zeiten zurückreichen.

Diese Ähnlichkeiten lassen ein gemeinsames kanaanäisch-literarisches Erbe erschließen, das die Israeliten stark beeinflußte und noch in viel späteren Werken, zum Beispiel bei Philo von Byblos im 1. Jhdt. n. Chr., Spuren hinterlassen hat.

Aufgrund der Entdeckungen des neuen Zweiges semitischer Forschung, der sich nach Ugarit nennt, mußte die Bibelkunde manche alte Meinung berichtigen, besonders was die hebräische Lexikographie und die Dichtung betraf. Wenn die Bibelkritik sich auf die Annahme stützte, es habe zur Zeit der ältesten biblischen Geschichte keine geschriebene Dichtung gegeben, so zwang das Auftauchen einer umfangreichen Bibliothek aus Kanaan aus der Zeit zwischen den Patriarchen und Moses dazu, diese Theorie aufzugeben oder zu berichtigen.

d) Gegensätzliche Vorstellungen: Die Tafeln aus Ugarit beschreiben Baal als den Wolkenreiter (hebr. *rokēb bāʿarābōt*), Herrn des Regens (s. *Kanaanäische Religion). Ähnliche Ausdrücke verwendet die Bibel für Gott, doch mit einem Unterschied. Während alle anderen Religionen des Altertums in den verschiedenen Naturkräften die Machtbereiche verschiedener Gottheiten fanden, hatte in der monotheistischen Religion Israels Gott allein die Macht über die gesamte Natur. Die israelitischen Dichter verwendeten die kanaanäische Bildersprache und entliehen die Bezeichnungen für die Naturkräfte, aber sie wollten sie als verschiedene Aspekte eines einzigen Gottes verstanden wissen. Wenn der Psalmist schreibt: »Rühme den, der in den Wolken reitet« (Ps 68, 5) oder »Preise ihn, der hoch auf dem alten Himmel reitet« (Ps 68, 34), so wollte er in keiner Weise die Vorstellung des Reitens im buchstäblichen Sinn erwecken, wie es die kanaanäische Mythologie verstand. Die Israeliten hatten religiöse Vorstellungen, die anderer Art waren und einer anderen Theologie angehörten. Über die unterschiedliche Gottesauffassung in der Bibel und in der ugaritischen Literatur s. *Kanaanäische Religion.

e) Nachhall der Mythen in der Bibel: In der Dichtung und in den verwendeten Gleichnissen schließt sich die Bibel an eine alte Überlieferung an. Der Kampf zwischen dem Gott des Himmels und seinen Feinden und sein schließlicher Sieg kehren im Baal-Epos von Ugarit oft wieder und lassen sich ebenso aus zahlreichen Aussprüchen der biblischen und nachbiblischen hebräischen Literatur heraushören; nur ist im hebräischen und jüdischen Schrifttum der Gegenstand nicht der Streit zwischen den Göttern, sondern der Aufruhr der Geschöpfe gegen ihren Schöpfer und das Gericht über sie.

f) Analogien zur Bibel: Manche Wörter und Ausdrücke in der Bibel und Fälle, in denen offenbar die Grammatik nicht beachtet ist, haben der Forschung lange Zeit Rätsel aufgegeben. Jetzt zeigt die Entsprechung zu ähnlichen Ausdrücken in Ugarit, daß sie sich im Gefüge der kanaanäischen Sprache vollständig erklären lassen.

Die offensichtlichsten Beispiele sind Eigennamen der Bibel, so Leviathan (ugar. *Lotan;* Jes 27, 1), Rahab als Fürst des Meeres (Job 9, 13; 26, 12), Mot (hebr. »Tod«), El, Baal, Anat, Astoreth und Aschera. Diese waren uns längst vertraut durch die kanaanäischen Orts- und Volksnamen, aber erst die Tafeln aus Ugarit haben sie in den mythologischen Zusammenhang gerückt, der in der Bibel fehlt (s. *Kanaanäische Religion).

Nicht nur schwierige Stellen der Bibel hat die kanaanäische Mythologie klargestellt, sondern auch viele wohlbekannte Szenen mit neuem Sinn erfüllt. Das beste Beispiel sind wohl die berühmten Spottworte Elias gegen die Baal-Priester beim Streit auf dem Karmel: »Schreit laut, er ist ja ein Gott. Entweder ist er in Grübeln versunken, oder er ist fortgegangen, ist auf einer Reise, oder vielleicht schläft er und muß aufgeweckt werden!« (1 Kg 18, 27). Warum Elia diese Sätze wählt, wird viel klarer, wenn man die Tafel aus Ugarit (IV AB) daneben hält: da heißt es, daß 'Anat kommt, um Baal in dessen Tempel zu besuchen und durch einen Diener erfährt, Baal sei mit Bogen und Pfeilen fortgegangen, um in einem fernen Lande wilde Rinder zu jagen. Und auf einer anderen Tafel lesen wir, daß der Göttervater El seinen Söhnen ein Fest geben will, aber den Baal erst durch lautes Rufen wecken muß. Als Elia die Baal-Priester verspottete, benützte er Ausdrücke und Gleichnisse, die seinen Hörern geläufig und eben darum um so verletzender waren.

Oder ein anderes Beispiel: die wiederholte Mahnung der Bibel, »den Weg der Amoriter zu meiden«, wird durch einen Brauch der Amoriter aufgehellt: auf einer Tafel wird beschrieben, wie die Götter der Kanaanäer bei einer Mahlzeit das Fleisch eines Zickleins in Butter gebraten genießen – also genau das tun, was ein eigentümlicher biblischer Rechtssatz verbietet: »das Böcklein in der Milch seiner Mutter zu kochen«.

g) Zeugnisse über die soziale und wirtschaftliche Struktur Mesopotamiens: Außer den literarischen Texten haben die Schichten des 15. und 14. Jhdts. v. Chr. in Ugarit auch mehrere hundert akkadische Tafeln erbracht, deren Texte wirtschaftliche Verträge, diplomatische Briefe, rechtliche und wirtschaftliche Urkunden enthielten. Sie sind erst im letzten Jahrzehnt veröffentlicht worden und erhellen manche bisher unbekannten Aspekte der gesellschaftlichen Organisation von Ugarit. Sie beleuchten nicht nur die Geschichte des 14. und 13. Jhdts. v. Chr., sondern liefern auch wertvolle Aufschlüsse über die Atmosphäre der städtischen Kultur in den *kanaanäischen Städten, in der Zeit von der Landnahme bis zur Entstehung des israelitischen Königtums.

I. Mendelsohn hat gezeigt, daß Samuels abschätzige Darstellung der »Weisen eines Königs« (1 Sam 8; s. *Samuel, Bücher) in den akkadischen Texten aus Ugarit ihr Abbild hat. Da hören wir, wie der König seinen treuen Helfern Land schenkt, wie Fronarbeit »im Dienst des Königs« und Zehntzahlung geordnet wird. Der König von Ugarit konnte, wenn er wollte, jedem diese Steuerzahlung erlassen.

Die »alphabetischen« Texte aus Ugarit beziehen sich auf eine weitere sozialpolitische Gefahr, die *Chabiru, geschrieben *'prw*. Das neue Material bedarf noch vielfach der Entzifferung und Übersetzung. Es wird den Ugarit-Forschern gewiß neue Überraschungen bringen.

4. Alphabetische Schrift von Ugarit: Die Tempel, Paläste und Häuser aus der Zeit der höchsten Blüte von Ugarit (s. oben 1 a) geben ein in jeder Weise deutliches Zeugnis sowohl von seiner Wohlfahrt als auch von seiner materiellen und geistigen Entwicklung. Tatsächlich war die wirtschaftliche Lage so günstig, daß die Stadt eine große Zahl Schreiber ernähren konnte, aus deren Händen die erstaunliche Menge der dort gefundenen Urkunden hervorging. Neben Abschriften in den damals geläufigen Schriftsystemen schufen sie auch eine neue Schrift.

Unter den Hunderten von Tafeln aus Ugarit sind viele in akkadischer Sprache, einige in hurritischer; aber die größte Bedeutung für das Studium der Bibel hat eine besondere Gruppe von Tafeln, die in einer damals unbekannten Art Keilschrift beschrieben waren, und zwar offensichtlich in keiner dieser beiden Sprachen. Die auffallendsten Merkmale dieser neuen Schrift waren die Kürze der Wörter, der Gebrauch eines besonderen Zeichens als Worttrennung und vor allem die Tatsache, daß es, im Gegensatz zu der Unzahl verschiedener Keilschriftzeichen in der akkadischen Schrift, nur 30 Zeichen gab.

Ein französischer Gelehrter, C. Virolleaud, und der deutsche Forscher H. Bauer bemühten sich um die Erforschung der Schrifttafeln. Unabhängig voneinander entdeckten sie, daß die Tafeln verhältnismäßig leicht zu lesen waren, wenn man annahm, daß die Schrift alphabetisch sei. 25 Jahre nach ihrer ersten Entzifferung kam eine kleine Tafel zum Vorschein **(Abb. 433),** die offenbar aus der Schreiberschule stammte und die 30 Buchstaben des Alphabets verzeichnete. Im Artikel *Alphabet **(Abb. 68)** ist dieses Alphabet in moderne hebräische Buchstaben umgeschrieben, wobei allerdings die Reihenfolge etwas anders ist, als wir gewohnt sind.

Außerdem fand man in Ugarit dreisprachige Wörterverzeichnisse, auf denen in drei Kolumnen Akkadisch, Ugaritisch und Hurritisch nebeneinanderstehen. Auch sie dienten vermutlich den Schreibern, denn Ugarit war an einem Knotenpunkt des altorientalischen Verkehrs gelegen und darum eine vielsprachige Stadt.

Die Sprache der alphabetischen Tafeln war, wie man im voraus vermutete und dann bestätigt fand, dem Hebräisch der Bibel nahe verwandt. Die Sprache erwies sich als eine frühe Entwicklungsstufe des Kanaanäischen in nördlicher Mundart. Später jedoch vergaß man diese Art alphabetischer Keilschrift. Keilschrift ist nur für Schreiben auf Tontafeln geeignet. Als Papyrus und Ostraka (Scherben) an die Stelle der Tontafeln traten, mußte sich eine andere Schriftform entwickeln, die den neuen Schreibmaterialien besser angepaßt war. Man nennt sie die »phönikische Schrift«. Sowohl die Kanaanäer als auch die frühen Israeliten nahmen sie auf (s. *Kanaanäische Religion, *Kanaanäische Städte, *Phönikien und seine Städte, *Alphabet und Schrift).

Kanaanäische Religion

Gliederung: 1. Kanaanäische Mythologie. a) Eine Primitiv-Religion; b) Die Göttin Aschera; c) Ischtar (Aschtoreth-Astarte); d) El, der höchste Vater-Gott; e) Baal; (1) Der Baal-Anath-Zyklus; (2) Naturerklärung durch Mythen; (3) Baal als Vegetationsgott; (4) Baal-Zaphon; (5) Baal und Hadad. 2. Götterbilder und Plastiken. a) Ausgrabungen; b) Weibliche Tonplaketten (Statuetten); c) Statuen und Reliefs von männlichen Gottheiten; d) Figuren auf Säulenbasen und Teraphim. 3. Kultobjekte. a) Hölzerne Ascheren; b) Altäre und Masseben; c) Kanaanäische Tempel; d) Kult-Ausstattung in Hazoer; e) Kanaanäis che Höhenheiligtümer; f) Schalen aus sieben Bechern. 4. Religion. a) Opferritual; b) Fruchtbarkeitsriten in Kanaan und ihr Vergleich mit dem babylonischen Kult; c) Kultische Prostitution und Eunuchen; d) Entartete Religion; e) Moloch und der Tophet; f) Zusammenfassung.

Im Gegensatz zum Reichtum der Quellen der ägyptischen und babylonischen Religion geben die Bibel und andere schriftliche Überlieferungen uns nur ein sehr skizzenhaftes Bild von der kanaanäischen Religion. Der Verfasser der biblischen Bücher waren zwar mit den Hauptgottheiten der Kanaanäer vertraut, aber ihre Schilderungen sind nicht objektiv (s. *Götzendienst in Israel).

Vor 1930 vermittelte zwar die klassische Literatur einige Auskunft, aber man wußte sehr wenig Konkretes über die Theologie Kanaans und seine einzelnen Göttergestalten. Seit diesem Zeitpunkt und hauptsächlich durch die Ergebnisse der französischen Ausgrabungen in Ugarit (s. *Kanaanäische Kultur und Ugarit) hat sich die Lage geändert, so daß das Bild heute deutlicher geworden ist.

1. Kanaanäische Mythologie: *a) Eine Primitiv-Religion:* Die Kanaanäer verehrten eine Vielzahl von Göttern. Diese waren einerseits die Schutzherren bestimmter Orte, andererseits besaßen sie zugleich eine bestimmte Funktion und Autorität. Die bisherigen Entdeckungen haben über die Beziehungen der Götter untereinander noch keine Klarheit erbracht. Man muß sie aus der Mythologie erschließen, die aber voll sinnbildlicher Anspielungen und für die heutigen Forscher noch keineswegs klar zu durchschauen ist. Wie W. F. Albright sich ausdrückt, enthalten die kanaanäischen Mythen »eine außerordentliche Veränderlichkeit von Persönlichkeit und Funktion, eine Veränderlichkeit, die es ungemein erschwert, den Bereich der verschiedenen Götter abzugrenzen und ihre Beziehungen zueinander zu bestimmen. Die Verwandtschaftsverhältnisse, ja das Geschlecht der Gottheiten wechseln verwirrend leicht«. Daraus schließt Albright, daß die Mythen der Kanaanäer »primitiver« und den ersten Ursprüngen näher seien als die Mythologien anderer semitischer Völker. Die beiden Hauptabschnitte der kanaanäischen Geschichte (s. *Kanaanäische Kultur und Ugarit 1), die vorisraelitische Zeit und die Verfallzeit, spiegeln sich auch in der entsprechenden Entwicklung ihrer Mythologie.

Die Hauptquelle für die alte Mythologie der vorisraelitischen Zeit vermittelt Ugarit. Unter den dort gemachten Entdeckungen seien die Epen von Baal und Anath, von Danel und Aqhat und die Erzählung von Keret hervorgehoben. Sie alle stammen aus dem 15. u. 14. Jhdt. v. Chr. (s. *Kanaanäische Kultur und Ugarit). Von dieser Tradition sind bei Philo von Byblos noch Reste zu finden. Dieser war ein phönikischer Gelehrter um 100 n. Chr., der versuchte, das Erbe seiner entfernten Vorfahren in seiner griechisch-römischen Umwelt zur Geltung zu bringen.

Er nennt als seine Quelle einen Priester aus Beirut namens Sanchunjaton, der, wie es scheint, im 7. Jhdt. v. Chr. gelebt hat und damit ein beträchtlich älterer und zuverlässigerer Zeuge ist als die klassischen Autoren. Philos Ausführungen lassen viele Einzelheiten im Dunkeln, aber die Funde von Ugarit haben sie jetzt weithin bestätigt und aufgehellt.

Während der nachfolgenden Verfallzeit haben sich die Kanaanäer weitgehend den Israeliten und Philistern politisch angeglichen. Die kanaanäische Religion hatte zwar an Ansehen viel eingebüßt, hielt sich aber noch durch Jahrhunderte in Palästina und Phönikien. Die alten Mythen und die Dichtungen, in denen sie ihren Niederschlag gefunden hat, können sich allerdings im Lauf der Zeit gewandelt haben.

Wenn man die alten kanaanäischen Epen, die späteren phönikischen Inschriften und die sonstigen archäologischen Funde vergleicht, so ergibt sich, daß die in der Bibel erwähnten kanaanäischen Gottheiten zur gleichen Götterfamilie gehören wie jene, die aus Alalach und aus den Phönikerstädten Tyrus, Sidon, Byblos und Ugarit bekannt sind. Die wichtigsten Göttinnen und Götter sind folgende:

b) Die Göttin Aschera: Sie ist die Gattin von El-Dagon und die Mutter vieler Götter. Die Urform der Mythe über sie war in der mittleren Bronzezeit (18.–15. Jhdt. v. Chr.) in Phönikien, Kanaan und Ägypten bekannt, also noch bevor die Legenden in Ugarit aufgeschrieben wurden (15. Jhdt.). Sie wurde als die oberste Muttergöttin angesehen. Zugleich war sie *Aṯirat-Jam,* die Aschera der See, die Göttin des Meeres und seiner Fischer. Man verehrte sie in Sidon und Tyrus als oberste Göttin. Nach M. Dothan war das Heiligtum aus der Patriarchenzeit (18.–16. Jhdt. v. Chr.), das man an der Küste bei *naḥharījjah* entdeckt hat (s. *Höhenheiligtümer), ihr zu Ehren errichtet. Es enthielt einige grob ausgeführte Figuren, die viel weniger durchgeistigt waren als die aus anderen heiligen Stätten. Auch bei anderen Ausgrabungen in kanaanäischen Städten kamen zahlreiche Aschera-Plaketten und -Amulette zutage. Die Plaketten unterscheiden sich in ihrem Stil. Oft trägt die Göttin die langen s-förmigen Locken, die das Abzeichen der großen ägyptischen Göttin Hathor sind, manchmal die zylinderförmige Krone, die man von den syrischen Göttinnen und Königinnen der Spätbronzezeit kennt (s. **Abb. 440, 443**), oder die gewöhnliche weibliche Haartracht.

Ebenso verschieden ist ihre Körperhaltung. Manchmal läßt sie die Arme seitwärts herunterhängen (s. **Abb. 448**), oder sie legt die Hände an die Brüste (s. **Abb. 442, 443**), auch trägt sie verschiedene Embleme mit angewinkelten Armen (s. **Abb. 446, 447**). Bisweilen sind auch beide Hände in verschiedener Haltung. Oft ist die Plakette mit Blumen verziert, dann wieder mit Schlangen (s. **Abb. 444, 445**). Die Haartrachten scheinen ohne Beziehung zu den wech-

Abb. 438. Aschera auf einem Löwen stehend (ägyptisches Relief, um 1100 v. Chr.)

Abb. 439. Dienerin des Ischtar-Kultes

Abb. 440

Abb. 441

Abb. 442

Abb. 443

Abb. 444

Abb. 440–448. Amulette und Plaketten der Göttin Aschera, die bei Ausgrabungen im kanaanäischen Raum gefunden wurden

Abb. 445

Abb. 446

Abb. 447

Abb. 448

Abb. 449. Relief aus Ugarit. Man neigt dazu, es als Darstellung des kanaanäischen El, des »obersten Vaters«, anzusehen

Abb. 450. Anath, Gemahlin oder Schwester Baals (ägyptische Stele)

Abb. 451. Mit Keule und Flammenspeer (Blitz) bewaffneter Gott, wahrscheinlich eine Darstellung des Sturmgottes Baal (Stele aus Ugarit)

Abb. 452. Der mesopotamische Sturmgott Hadad (Basaltkopf aus Karkemisch)

Abb. 453. Rescheph, der kanaanäische Gott der Unterwelt und der Pest

selnden Stellungen zu sein, aber viele Forscher behaupten, daß alle Bilder derselben Gruppe von Götterbildern angehören, die nur zeitlich und örtlich verschieden ausgestaltet seien. Sie stützen diese Ansicht durch die Parallele in Ägypten, wo die Verbindung zwischen der Natur eines Gottes und seiner Haartracht sowie seinen Emblemen viel durchsichtiger ist. Im Laufe der Spätbronzezeit übernahmen die Ägypter des Deltas etliche kanaanäische Gottheiten. Ein ägyptisches Relief aus dem Neuen Reich (1150–1090 v. Chr.) zeigt Aschera in besserer künstlerischer Ausführung **(Abb. 438).** Sie steht hier auf einem Löwen und hält in ihren Händen Blumen und eine Schlange. Die Blumen reicht sie mit ihrer rechten Hand dem ägyptischen Fruchtbarkeitsgott Min. Mit ihrer linken, der Unglückshand, bietet sie Rescheph, der den Todesgedanken verkörpert, eine Schlange. Die Inschrift lautet: »Qadesch, die Himmelsfrau, die Herrin aller Götter.« Das hat einen Nachklang in der Bibel. Jeremia (44, 17) schilt die israelitischen Frauen, weil sie Aschera als »Himmelskönigin« verehren.

Als Muttergöttin, so sagt die Mythe, hat Aschera alles Lebendige hervorgebracht, das Gute wie das Schlechte. Als Mutter der Götter wies sie jedem Gott seine Aufgabe zu, je nach seinem Charakter.

Im Laufe der israelitischen Eisenzeit werden die mythologischen Embleme, wie Hörnerkrone, ägyptische Locken und zylindrische Krone, weniger häufig. Diese auffallende Tatsache erklärt die moderne Forschung durch die Ankunft der Israeliten, denen die kanaanäischen Mythen fremd waren. Gleichzeitig verlor auch die kanaanäische Bevölkerung, soweit sie noch vorhanden war, weitgehend die Ehrfurcht vor ihren alten Überlieferungen. Die Aschera-Mythe geriet mit der von Ischtar (Astarte) und Anath durcheinander und sank auf die Stufe eines Aberglaubens herab, der sich mit den Symbolen der Fruchtbarkeit verknüpfte. Die phönikische Prinzessin Isebel führte den Kult der Aschera sogar am Hof von Samaria ein und brachte ein Gefolge von Priestern mit, um den Kult zu verbreiten. Aber dieses Aufleben war nur von kurzer Dauer (s. *Götzendienst in Israel).

c) Ischtar (Astoreth, griech. Astarte) war im mesopotamischen Glauben die Göttin der Fruchtbarkeit und der Liebe, aber zugleich auch Kriegsgöttin. Als sich durch die babylonischen und assyrischen Eroberungen der Einfluß Mesopotamiens in Syrien verstärkte, wurde sie überall in Syrien und danach auch in Israel bekannt. Sie wird auf einer Löwin reitend dargestellt, bewaffnet mit einem Schwert, dazu trägt sie eine geriffelte Krone, über der eine sternförmige Scheibe angebracht ist. Daraus kann man schließen, daß man sie dem Planeten Venus gleichsetzte (so verknüpften auch die Griechen Astarte mit Venus). Um diese Zeit hatte sich der Kult der Ischtar die phönikische Küste entlang bis nach Kanaan verbreitet und den alten Aschera-Kult in den Hintergrund gedrängt. Wohl fertigte man weiterhin Figuren der Muttergöttin an, teils in den herkömmlichen Formen, teils im phönikischen oder griechischen Stil. Der Name der Ischtar ist dagegen mehr als vierzigmal in den phönikischen und spätpunischen Inschriften enthalten, häufig auf Grabsteinen; die kultische Prostitution als ein magisches Mittel, die Fruchtbarkeit der Menschen, ihrer Herden und Ernten zu fördern, gehörte vornehmlich dem Astarte-Dienst an **(Abb. 439).**

Die Archäologen pflegen alle geheiligten Figuren als Astarte-Bilder zu beschreiben. Aber in vielen Fällen ist dies nach der heutigen Meinung falsch. Die archaischen Figuren der älteren Zeit stellen Aschera dar und nicht ihr späteres Gegenstück. In den Mythen von Ugarit ist Astarte (Ischtar) lediglich eine Begleiterin oder Dienerin des Baal.

d) El, der höchste Vater-Gott: Der »Schöpfer der Geschöpfe« und höchste Vater heißt »gütiger, gnädiger El«, »König«, manchmal auch »Stier El, mein Vater«, ein weit verbreitetes Bild männlicher Stärke. »El« ist das semitische Wort für »Gott«. Auch die Bibel verwendet dafür El und den Plural Elohim (s. *Patriarchen, Religion). In den Epen heißt es von El, er lebe an einem weit entlegenen Ort, »tausend Täler, zehntausend Felder« entfernt von Kanaan, am »Ursprung der flutenden Ströme«, inmitten der »Quellen der beiden Abgründe«. Wenn die Götter ihn um Rat fragen wollten, so mußten sie zu diesem abgelegenen Paradies reisen. In gleicher Weise wurde der babylonische Held Utnapischtim zur Unsterblichkeit an die »Quelle der beiden Ströme« versetzt, und im Buch Genesis liegt das Paradies an der Quelle von vier großen Strömen.

Eine andere Bezeichnung für El ist »Vater der Jahre«. Das macht ihn zum Gott der Zeit. In der griechischen Mythologie gibt es den Gott Kronos, dessen Name an Zeit (Chronos) anklingt und dessen Mythos vielleicht aus dem Osten stammt.

Ein gesprenkelter Stein aus Ugarit **(Abb. 449)** zeigt einen Gott mit wehendem Bart auf löwenfüßigem Thron. Seine Füße ruhen auf einem Schemel. Er trägt eine Tiara, Tunika und Mantel. Ein König oder Priester bringt ihm ein Opfer dar und der Gott nimmt, wie El in den Epen, die Gaben gnädig entgegen. Man hält das Bild für eine Darstellung des »obersten Vaters«.
Für das gewöhnliche Volk war El, so wie er beschrieben wurde, zu fern, obwohl er bisweilen wie andere Götter seine himmlische Hoheit ablegte und herabstieg, um die Rolle eines Helden in sehr irdischen Mythen zu übernehmen. Trotzdem begann das Interesse für ihn zu schwinden, und der volkstümliche Kult wandte sich seinen Kindern zu, die populär waren. Man nannte sie *ēlīm* oder *b·nē ēlīm,* die Göttersöhne.
Trotz einiger äußerer Ähnlichkeiten ist der »El« der israelitischen Patriarchen vom kanaanäischen El grundsätzlich verschieden (s. *Patriarchen, Geschichte).
e) Baal: (1) Der Baal-Anath-Zyklus: in den Epen scheinen die Namen und Rollen der Götter ständig zu wechseln, während das Hauptmotiv ziemlich dasselbe bleibt. Baal hatte an den verschiedenen Kultorten verschiedene Namen. Er heißt Baal-Hazor, Baal-Peor und Baal-Hermon. Er hat auch verschiedene Attribute, wie Baal-Berith von Sichem oder Baal-Zebub und Baal-Zebul.
Manche Forscher geben jetzt zu, daß sich alle diese Namen auf denselben hohen Gott beziehen, der alle lebensspendenden Kräfte der Natur in hohem Maße in sich vereinigt.
In Nordsyrien galt Anath als seine Gemahlin, während später in Palästina die Göttin Astoreth (Ischtar) seine Gattin wurde.
Sogar in den Epen ist Anath bisweilen gleichzeitig seine Schwester und seine Frau. An anderer Stelle ist sie eine liebende Schwester und eine tapfer kämpfende Jungfrau. In einem der Baal-Epen von Ugarit wird geschildert, wie Baal von Aschera (der alten Muttergöttin) und einer Anzahl von Ungeheuern, die sie geboren hat, getötet wird. Seine Freunde betrauern ihn, seine Schwester hingegen ist nicht nur von Trauer überwältigt, sondern auch zur Rache entschlossen. Sie hängt mit inniger Liebe an ihrem Bruder: »Wie das Herz der Kuh für ihr Kalb, wie das Herz der Schafmutter für ihr Lamm, so schlägt der Anath Herz für Baal.«
Noch typischer für Anath als ihre Darstellung in den Mythen ist die ägyptische Stele **(Abb. 450),** die ihre grausame, rachsüchtige Natur betont. Sie liebte den Kampf. Eine andere Dichtung im Baal-Zyklus erzählt, wie sie in ihrem Blutdurst »niederschlug und mordete, von der Seeküste (im Westen, also von Sonnenuntergang) bis Sonnenaufgang« und in einer Nacht alles niedermetzelte. Sie füllte ihren Tempel mit Menschen und verrammelte die Tore. Dann warf sie schwere Tische und Hausrat auf sie. Sie watete in Blut bis zu den Knien, ja bis zum Hals: »Ihre Leber schwoll von Lachen, ihr Herz war voll Freude.« Zuletzt wusch sie ihre Hände im Blut – und schritt mutig zu neuen Taten (s. *Kanaanäische Kultur und Ugarit).
Trotz ihres blutdürstigen Wesens war gerade Anath noch mehr als irgendeine andere Göttin die Verkörperung von Fruchtbarkeit und Vitalität. So führt sie geradezu den Beinamen »Lebenskraft«. Wie volkstümlich sie in der Patriarchenzeit war (Mittlere Bronzezeit), verraten Ortsnamen wie Anathot, Beth-Anath u. a.
In der Bibel erscheint ihr Name nur gelegentlich in Tempel- und Ortslisten. Die Göttin selbst wird nicht erwähnt. Als die Bücher der Bibel ihre abschließende Gestalt erhielten, war sie vergessen. Manche Forscher meinen, daß Ischtar, die kriegerische Göttin, sie verdrängt habe.
(2) Naturerklärung durch Mythen: Die Mythen und Legenden über die Götter dienten dazu, die Wirkung der Naturkräfte zu erklären. Neben dem großen Epos, das den Lauf der Jahreszeiten behandelt, gab es Erzählungen über Rescheph, den Gott der Pest und der Unterwelt. Er wird als wilder Krieger in schwerer Rüstung und der asiatischen Kleidung der Zeit **(Abb. 453)** dargestellt. Andere Mythen handeln von Schulman oder Schalim, dem Gott der Gesundheit, und von Kothar, dem Gott des Kunsthandwerks.
Die weit überragende Gestalt unter den kanaanäischen Göttern war der große Sturmgott Baal. Sein Name bedeutet »Herr«, konnte also für viele verschiedene Götter und mannigfaltige Personen angewendet werden. In den altertümlichen Mythen von Ugarit ist Baal der Sohn des El, des obersten kanaanäischen Gottes. Später geriet der Vater über dem Sohn in Vergessenheit und Baal wurde der Name für den Hauptgott des Himmels, der Erde und der Fruchtbarkeit, parallel zum babylonischen Bel. Die Epen von Ugarit bezeichnen Baal als *Alijan* (»der Herrschende« oder »ich herrsche«) und als den »Erhabenen, den Herrn der Erde«. Sein

Reich währt »ewig, für alle Generationen«. Andere für jeden Gott verwendbare Bezeichnungen waren Melek (hebr. *mælæk* »König, Herrscher«), Adon (hebr. *'adōn* »Herr«). Diese Titel konnten ohne Zusatz stehen oder man verband sie mit einem Namen, der die Gottheit nach ihrer Eigenart kennzeichnete. So war zum Beispiel Melkart (*Melk* der *krt*, der »Stadt«) der Hauptgott von Tyrus und später von Karthago.

Nach den Epen hatte Baals Bruder Mot (»Tod«) die Herrschaft über die Scheol, die Unterwelt, während Baal in einer anderen Reihe von Mythen als der Schöpfergott erscheint; zum Beispiel wenn er Jam, den Meeresdrachen, erlegt (Jam heißt hebr. »das Meer«; s. *Genesis).

Höchstwahrscheinlich stellt eine Stele aus Ugarit **(Abb. 451)** den Regengott Baal dar. Der Gott schreitet über die Berge und trägt in der einen Hand eine Keule, in der anderen einen flammenden Speer, das Blitzgeschoß. In den Epen ist Baal der Sturmgott, der im Donner redet und dessen Stimme durch Himmel und Erde hallt. Das paßt sehr gut zu diesem »Baal des Blitzes«.

(3) Baal als Vegetationsgott: Das eindrucksvollste Epos aus Ugarit ist jenes von Baals Tod und Wiederbelebung. Man deutet dieses Epos gewöhnlich als eine mythische Erklärung für den Lauf der Jahreszeiten mit dem jährlichen Tod und dem Wiederaufleben der Vegetation. Es wurde vermutet, daß diese Mythe in einem Schauspiel aufgeführt wurde, um die Kräfte der Natur anzuregen und die Fruchtbarkeit von Boden, Vieh und Menschen zu gewährleisten. Baals Beiname »Sohn des Dagon« scheint ihn mit Dagon (»Getreide«) und Mot in den Fruchtbarkeitsmythen zu verbinden; doch haben andere Gelehrte die Richtigkeit solcher Auslegung der Mythe ernstlich bezweifelt, weil Mot »Tod« bedeutet.

In Kanaan und dem östlichen Mittelmeergebiet sind die Sommer heiß und trocken, aller Regen fällt im Winter, meistens während und nach heftigen Gewittern und Wolkenbrüchen. Baal war die Lebenskraft der ganzen Pflanzenwelt. Verschiedene Epen erzählen, wie Baal nach einem langen Kampf gegen seinen Bruder Mot, im ugaritischen Glauben der Gott der regenlosen Zeit und der Unterwelt, getötet wurde. Mit seinem Tod hörte alles Wachstum auf, und das Leben ermattete. Baals Schwester, die Jungfrau Anath, kam ihm zu Hilfe und tötete Mot. Sie spaltete ihn mit ihrem Schwert, worfelte ihn mit dem Sieb und verbrannte ihn im Feuer. Anschließend zerrieb sie in der Handmühle seine Asche und streute, was übrig blieb, auf das Feld. Danach brachte Anath Baals Leichnam auf den Gipfel eines heiligen Berges. Dort vollzog sie ein sympathetisches Ritual und brachte Baal als Getreidegott wieder ins Leben zurück. So konnte der Kreislauf des Lebens und des Wachstums von neuem beginnen: »Die Himmel regneten Öl, die Trockentäler schwammen von Honig.«

(4) Baal-Zaphon: Viele Berge, wie der Hermon, der Karmel und der Thabor waren Baal geweiht. In den ugaritischen Schriften heißt er Baal-Zaphon und man nennt den Zaphon, den Berg Kasios nördlich der Stadt, als Baals Wohnsitz. Die Phöniker brachten diesen Namen auf ihren Handelsfahrten in andere Gegenden. So gab es einen Ort Baal-Zaphon auf der schmalen Landzunge zwischen dem nördlichen Sinai und Palästina (Ex 14, 2. 9). Der Gott selbst trägt diesen Namen auf der berühmten phönikischen Opfertafel von Marseille (s. unten 4 a). Eine Inschrift aus der Zeit Ramses' II. aus dem nördlichen Transjordanien, die im Volksmund der Job-Stein heißt, nennt den Gott »El, der den Zaphon errichtet hat« (nach R. Giveon).

(5) Baal und Hadad: Zur Zeit der Niederschrift der ugaritischen Epen (15. Jhdt. v. Chr.) kam der Name Baal ausschließlich Hadad, dem regierenden Götterkönig, zu. Ihm unterstanden Gewitter und Regen, und folglich die Fruchtbarkeit der Erde und der auf ihr lebenden Wesen. Trotz gewisser Unterschiede zwischen beiden scheinen Baal und Hadad zwei verschiedene Ausprägungen derselben Gottheit zu sein **(Abb. 452** zeigt einen Basaltkopf Hadads aus Karkemisch).

Während Baal die Hauptgottheit der Kanaanäer wurde, war Hadad, akkadisch Adad, nicht oberster Herrscher über die mesopotamischen Götter. Gedanken an Tod und Auferstehung knüpfen sich nicht an ihn. Nach 1500 v. Chr. jedoch wurde Baal »der Herrscher« tatsächlich auch als der König über alle Götter anerkannt, der fern am Nordhimmel thronte. In hellenistischer Zeit hieß er Herr des Himmels *(Baal-šamem,* hebr. *Baal-šamajim).*

Reitende Götter: Ein weiterer Unterschied zwischen beiden bestand in der Art, wie ihre Verehrer sie darstellten. Die Götter Syriens stehen auf den ältesten Abbildungen auf Tieren: Hadad auf dem Himmelsstier, Ischtar auf einem Löwen. Das Wesen der Gottheit war ebensosehr durch das Tier ausgedrückt wie durch die Menschengestalt. Später, in einer vergeistigteren Zeit, erhielten auch die Bilder ein höheres Niveau, und dem Tier wurde eine geringere Rolle zugewiesen. Auf diesen Abbildungen hält der Gott es an einer Art Halfter (s. *Götzendienst in Israel).

2. Götterbilder und Plastiken: *a) Ausgrabungen:* Wie die Kanaanäer sich ihre Götter wirklich vorstellten, zeigen die Statuetten und Götterbilder, die in den unteren Schichten der kanaanäischen Städte Palästinas und der phönikischen (im nördlichen Kanaan gelegenen) Städte Syriens gefunden wurden. Doch diese Zeugnisse sind verwirrend, denn keine Abbildung oder Plastik einer kanaanäischen Gottheit trägt einen Namen oder eine Aufschrift. Offenbar waren die dargestellten Gottheiten so bekannt, daß es nicht nötig war, sie eigens zu bezeichnen. Doch sind die heutigen Forscher nicht mehr lediglich auf Vermutungen angewiesen. Wir können nach den archäologischen Gegebenheiten viele Tatsachen mit höchster Wahrscheinlichkeit feststellen.

Im Gegensatz zum alten Griechenland, Ägypten und Mesopotamien haben sich in Palästina und Syrien verhältnismäßig selten Darstellungen gefunden, die unbestreitbar religiöse oder mythologische Szenen darstellen. Noch seltener sind Steinskulpturen. Erst vom 12. Jhdt. v. Chr. an begegnen uns große steinerne Bilder, zu einer Zeit, wo die kanaanäische Religion und Kultur zu zerfallen begann. Die archäologischen Funde in den Tempeln bestehen in der Hauptsache aus anderen Gegenständen, nicht aus Götterbildern. Die Figuren und Statuetten stammen meist aus Privathäusern, wo sie als Schutz- und Hausgötter dienten.

b) Weibliche Tonplaketten: Von allen »Gleichnissen dessen, was oben im Himmel oder unten auf der Erde ist« findet man am häufigsten grobgefertigte Tonplaketten, meist von ovaler Form, mit einer nackten Frauenfigur mit betonten, ja übertriebenen weiblichen Geschlechtsmerkmalen. Sie sind zu Hunderten fast in allen ausgegrabenen Schichten vom 18. bis zum 5. Jhdt. v. Chr. zutage gekommen. Um der weitverbreiteten Nachfrage zu genügen, hatte sich ein System der Massenproduktion dieser Bilder entwickelt. Dabei wurden zwei Methoden der Herstellung angewandt. Entweder wurde der Rumpf auf der Töpferscheibe gedreht, die Brüste als Lehmklumpen zugefügt und der Kopf in einer Hohlform gebildet oder Kopf und Körper wurden in einer einzigen Hohlform gepreßt **(Abb. 456),** so daß am Rücken ein flacher Hintergrund als Unterlage blieb. Deswegen nennt man diese Bilder Plaketten, gewöhnlich »Astarte-Plaketten«. Manche sind aus Bronze gegossen, und bei diesen sind die Formen oft in die Länge gezogen.

Obwohl sie alle ziemlich ähnlich aussehen, scheint es möglich, daß ein Teil von ihnen als Votivgaben religiösen Zwecken diente, während dies bei anderen nicht der Fall war (s. unten 3).

Aber nicht alle Plaketten scheinen Göttinnen darzustellen und unterscheiden sich von den Aschera-Plaketten. Auf einigen sind die Hände seitlich angelegt, bei anderen bieten sie die vollen Brüste dar, mit der Geste der *dea nutrix* (der säugenden Muttergöttin). Dies ist auch die Stellung bei den stehenden Figuren **(Abb. 454),** die als Rundplastiken modelliert sind und in der Eisenzeit volkstümlich waren. Votivplaketten, die eine Frau in Wehen darstellen, die Hände über dem Unterleib gefaltet, mögen als magische Förderung der Fruchtbarkeit oder als Zauberhilfe bei der Geburt gemeint sein.

Es fällt den Gelehrten noch schwerer, die verschiedenen Plaketten zu unterscheiden. Es gibt solche, die als Götterbilder verehrt wurden, andere, die als Zaubermittel dienten, und einige, die die *q · dēšōt,* die heiligen Dirnen der kanaanäischen Tempel, abbilden. Nur eins ist sicher, daß sie zu einem wichtigen – religiösen oder magischen – Zweck benutzt wurden, sei es in den Tempeln oder zu Hause.

Bei allen bisherigen Ausgrabungen hat man keine Statue einer kanaanäischen Göttin in annähernder Lebensgröße gefunden. Auch scheinen die Frauenbilder keinen bestimmten Platz in den Tempeln innegehabt zu haben. Ganz wenige Figurinen sind aus Metall, entweder aus Bronze oder aus Blei. Die wichtigsten von ihnen stammen aus Gezer und *tell el-ʻağğul.* Bei der Figur aus Gezer **(Abb. 455)** sind die Ohren doppelt durchbohrt; andere Figuren tragen Hörner, so daß sie an die Kuhgöttin erinnern. Im übrigen besteht (anders als bei den männlichen Statuen) kein Unterschied zwischen diesen Statuen und anderen weiblichen Götterbildern. Trotz der realistischen Betonung der Sexualorgane beabsichtigten sie keine Erotisierung, sie waren Amulette für die Frauen.

c) Statuen und Reliefs von männlichen Gottheiten: Männliche Götterbilder sind seltener und einförmiger als die weibli-

Abb. 454a

Abb. 454b

Abb. 455

Abb. 454–456. »Astarte-Plaketten«

Abb. 456

Abb. 457. Männliche Götterbilder aus Bronze. Abb. 458 (rechts). Metallfigur mit Befestigungsnägeln an den Füßen

Abb. 459. Weihrauchaltar aus den Gräbern von Maresa (Perserzeit)

Abb. 460. Stelen im Allerheiligsten eines Tempels in Hazor (13. Jhdt. v. Chr.)

Abb. 461. Ritualgeräte im Ausgrabungsbereich H von Hazor: Räucheraltar mit vierzackigem Stern, dahinter zwei irdene Gefäße, daneben zwei Opfertische mit eingelassener Vertiefung und ein Basaltbecken (umgekippt)

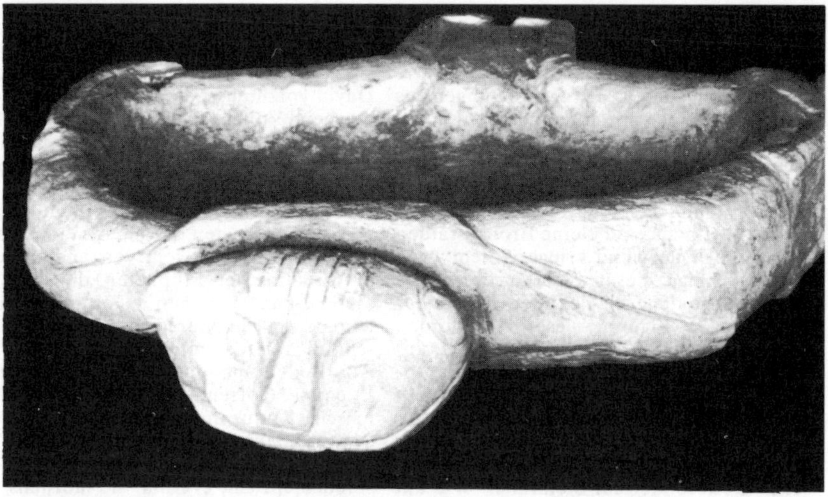

Abb. 462. Trankopferschale mit Löwenrelief (aus Kirjath-Sepher)

Abb. 463. Rundaltar (Mitte) des 6. Tempels von Paphos auf Zypern

chen. Im Gegensatz zu den weiblichen Idolen aus Kanaan und anderen Orten, wie auch zu den ägyptischen Darstellungen des Gottes Min, der mit aufgerichtetem Glied dargestellt wird, sind bei ihnen die Geschlechtsorgane nicht betont. Eine Ausnahme machen die Stierbilder. Der einzige Typus männlicher Figurinen, den man in Palästina findet, sind kleine Bronzestatuen von königlichem und kriegerischem Aussehen. Einige dieser Figuren tragen als Schmuck goldene Kleider oder Halsbänder **(Abb. 457).** Figuren dieser Art wurden auch manchmal in großen Krügen gefunden, in denen sie als Votivgaben oder Opfer dargebracht wurden. Bei anderen läßt die Fundlage vermuten, daß sie Hausgötter waren. Künstlerisch stehen sie in keiner Beziehung zu den Darstellungen männlicher Götterbilder auf Steinrelief. Wie auf den Reliefs können diese Götterbilder El, Baal oder Rescheph darstellen. Im Gegensatz zu den weiblichen Idolen ist es aber nicht möglich, die männlichen Statuen zu identifizieren. Man ist oft im Zweifel, ob sie überhaupt einen Gott darstellen oder nur irgendeinen Menschen. Aus vorgeschichtlicher Zeit hat man in Kanaan auch phallische Gebilde gefunden.

Die männlichen Idole sind gewöhnlich nicht aus Ton, sondern aus Metall hergestellt. Sie sind immer bekleidet und oft in sitzender Stellung dargestellt. Eines der besten Beispiele eines solchen »gegossenen Bildes« ist eine kleine Bronzefigur (25 cm hoch; s. **Abb. 457**) aus dem Megiddo der *Richterzeit (12.–10. Jhdt. v. Chr.). Sie ist mit Blattgold überzogen. Die Figur sitzt auf einem Thron, trägt kanaanäische Kleidung, eine hohe kegelförmige Mütze und Ohrringe. Wahrscheinlich stellt sie einen Gott dar. Viele andere Figuren zeigen ähnliche, auf Thronen sitzende gekrönte Götter und Göttinnen. Manchmal haben sie einen Becher oder eine Schale in der Hand. Die Metallfiguren waren massiv gegossen. Um sie zu befestigen, ragen aus ihren Füßen oder aus der Rückseite Nägel hervor **(Abb. 458).**

d) Figuren auf Säulenbasen und Teraphim: Der Körper von vielen handgeformten oder auf der Scheibe gedrehten Figuren besitzt als Basis einen schwach gehöhlten, sonst unten glatten säulenartigen Sockel.

Es ist möglich, aber durchaus nicht sicher, daß diese grobgeformten Pfeilerfiguren die Hausgötter darstellen, die man Teraphim nannte. Von ihnen erzählt Gen 31, 34, daß Rahel sie ihrem Vater stahl und in ihrem Kamelsattel versteckte. In einem anderen Bericht von weiblicher List (Sam 19, 13) sind sie groß genug, um den schlafenden David vorzutäuschen. Die Teraphim standen beim Volk hoch in Ehren, wurden aber trotzdem bei der Reform des Josia im 7. Jhdt. v. Chr. zugleich mit Götzenbildern und anderen Greueln verdammt.

Da sich solche Götterbilder in den kanaanäischen Schichten der alten Städte Palästinas finden, ist es sehr verständlich, daß die israelitischen Propheten, die inmitten dieser kanaanäischen Götterverehrung lebten, das heidnische Unwesen leidenschaftlich verdammten.

Zur Bedeutung und Verbreitung dieser Bilder s. *Götzendienst in Israel; *Kanaanäische Kultur und Ugarit.

3. Kultobjekte: *a) Hölzerne Ascheren:* Wo die Bibel von kanaanäischen Kultgegenständen spricht, erwähnt sie meistens die Aschera. Der Name bedeutet in der Sprache der Bibel teils eine Göttin, teils einen hölzernen Pfeiler, der in einem *Höhenheiligtum oder Tempel aufgerichtet war. Es ist nicht genau bekannt, um welchen Gegenstand es sich handelt. Wahrscheinlich war es irgendein hölzernes Sinnbild, ähnlich anderen westsemitischen Kultobjekten jener Zeit. Wie aus der Bibel hervorgeht, konnte man es niederhauen und verbrennen. Im Modell des *ṣīt šamši* aus Susa (s. *Höhenheiligtümer) scheinen drei von den vier sichtbaren Pfosten Ascheren zu sein.

Hölzerne Ascheren waren bisweilen durch Handarbeiten geschmückt. Offenbar weist der Satz 2 Kg 23, 7 darauf hin: »Die Häuser der Kultdirnen ... wo die Frauen Umhänge für die Ascheren woben.«

Zur Zeit der Reform Josias hatte Ischtar (hebr. *'Aštorœt*) die Muttergöttin verdrängt. Aus diesem Grund besaß das Wort Aschera nur noch die Bedeutung: »Baum, heiliges Holz.« Erst durch die Entdeckung der Gedichte aus Ugarit hat Aschera ihre ursprüngliche Bedeutung zurückerhalten.

b) Altäre und Masseben (Pfeiler): Neben den Ascheren standen in den Höhenheiligtümern *maṣṣēbôt,* das sind Steinpfeiler oder Stelen, Becken aus Stein oder Ton, um darin Weihrauch zu verbrennen, auch Altäre für Weihrauch, die man *ḥammanîm* nannte (s. *Höhenheiligtümer). Letztere darf man nicht mit dem Opferaltar oder Brandopferaltar verwechseln (s. *Opfer). Es scheint, daß zu Beginn der Eisenzeit allmählich die Ständer aus Lehm durch die Weihrauchaltäre aus Kalkstein ersetzt wurden. Beispiele dafür sind die hörnergeschmückten Altäre aus *Megiddo und

*Lachis, bei denen an allen vier Ecken Vorsprünge aufragen. Andere Kalksteinaltäre besitzen jedoch keine Hörner. Im Heiligtum von *Beth-Sean aus der Eisenzeit befand sich eine große Zahl von Weihrauchständern, an denen oft in Relief eine oder mehrere Schlangen modelliert sind. Hier kamen auch in verschiedenen Schichten die Trümmer von Hausaltären zutage, einer davon mit der Figur einer nackten Göttin mit Tauben und zwei männlichen Gestalten verziert, die einen Löwen und eine Schlange bekämpften. Sie waren die Helden irgendeiner sinnlichen und blutrünstigen kanaanäischen Mythe in der Art der mythologischen Dichtungen aus Ugarit. Andere spätere Weihrauchaltäre aus der Perserzeit hat man in den Gräbern von Maresa im südlichen Judäa gefunden **(Abb. 459)**, wo sich im 4. Jhdt. v. Chr. Phöniker ansiedelten. Dieselben Gräber enthielten hohe dünne Metallständer, die man zuerst für Kandelaber hielt. Nach der Ansicht von W.F. Albright dienten sie jedoch auch zum Verbrennen von Weihrauch und waren zugleich Gegenstand kultischer Verehrung. Er bringt sie in Zusammenhang mit den Säulen Jachin und Boas zu beiden Seiten des Eingangs zum Salomonischen *Tempel, dessen Bauplan ja auch phönikischer Herkunft war.

Dinge wie die Weihrauchaltäre und Ständer lassen sich durch den Vergleich mit ähnlichen Funden von anderen Orten deuten. Unter den zahlreichen Kultgegenständen aus Megiddo (Ende des 11. Jhdts. v. Chr.) befinden sich Weihrauchständer, Altäre mit Hörnern, Becken und Kelche (s. *Opfer).

Andere von den Ausgräbern häufig gefundene Kultgegenstände sind Opferständer, Libationsschalen und Räuchergefäße. Sie können in demselben Kult gleichzeitig als Weihgaben und zu rituellen Zwecken gedient haben. Einige standen vielleicht rund um Gräber, in Tempeln oder dicht außerhalb von heiligen Stätten. Die rohbehauene flache Schale für Trankopfer mit dem Löwen-Relief **(Abb. 462)** stammt aus Kirjath-Sepher (*tell bēt mirsim;* auch Debir genannt).

c) Kanaanäische Tempel: Heiligtümer im Freien und *Höhenheiligtümer waren in Kanaan zur Bronzezeit sehr verbreitet. Aber es gab in der Spätbronzezeit auch überdachte Tempel. Man hat sie in *Ugarit, Tainat, Qatna und Byblos in Syrien festgestellt. In Palästina hat man zwei Tempel aus der Spätbronzezeit und drei aus der Eisenzeit ausgegraben, nämlich in *Beth-Sean, *Hazor, *Megiddo, *Lachis, *Sichem und Ai. Auch der Tempel von Nahariah datiert aus der gleichen Zeit. In Ugarit (s. *Kanaanäische Kultur und Ugarit) und *Megiddo lassen die verwandten Grundrisse und die Dicke der Mauern den Schluß auf die Existenz mehrstöckiger kanaanäischer Tempel zu. In Beth-Sean gefundene Hausaltäre aus Ton aus einer späteren Periode hatten ebenfalls mehrere Stockwerke. Einige Tempel aus Megiddo sind unter dem Stichwort *Megiddo beschrieben, ein anderer ausführlich im Artikel *Lachis.

Der Tempel von *Hazor (Schicht H) aus der Spätbronzezeit gehörte der letzten kanaanäischen Siedlungsperiode an. Er ist nach seinem architektonischen Plan und Aufriß einzigartig in Palästina und von besonderem Interesse als Vorbild für Salomos Tempel, selbst darin, daß in seiner Halle zwei Säulen standen, die an Jachin und Boas erinnern.

d) Kult-Ausstattungen in Hazor: Die Ritual-Geräte und Gegenstände aus dem Tempel in Hazor sind die vollständigste derartige Ausstattung, die bisher in Palästina gefunden wurde (s. *Hazor; Schicht H). Die charakteristischsten Gegenstände zeigt die Nahaufnahme von oben **(Abb. 461)**. Im Vordergrund ist ein Räucheraltar aus Basalt. Auf seiner Oberfläche auf der einen Seite befindet sich das Relief eines vierzackigen Sterns, des Symbols der Sonnengottheit, im Zentrum einer Scheibe quadratisch eingerahmt. Ein großes Basaltbecken mit ca. 80 cm Durchmesser lag nahe dem Altar. Zwei große Töpfe (im Hintergrund) standen in der Mitte des Allerheiligsten. Sie dienten als Behälter für Öl, Wein oder andere Flüssigkeiten, die für das Ritual nötig waren. Zwischen dem Altar und den Töpfen und links des Altars sind zwei Basalt-Tafeln, die eine Vertiefung an der einen Seite aufweisen. Sie dienten als Opfertische für die dargebrachte Flüssigkeit. Dazu kommen eine kleine Statue aus Basalt, ähnlich denen, die in anderen Tempeln in den verschiedenen Schichten von *Hazor gefunden wurden, Bronze-Figuren von Göttern und Göttinnen, Rollsiegel, *Siegel in Skarabäusform und einige eingravierte Siegel. Eine große Menge Keramik, auch Ritualgefäße, lag zerschlagen auf dem Boden und auf der steinernen Bank, die an der Mauer des Allerheiligsten entlang verlief.

Im Ausgrabungsbereich C von Hazor, der die kanaanäische Stadt des 13. Jhdts. v. Chr. repräsentiert, war ein kleines Heiligtum in einen Erdwall hineingebaut. Darin entdeckte man eine Reihe von Basaltstelen, darunter eine glatte aufrechtstehende Stele mit dem Sockelrelief eines Löwen und einer Gottheit. In einer anderen Gruppe von Stelen, die man im Allerheiligsten fand, trägt eine die Gravierung von zwei flehend zur Sonnenscheibe erhobenen Händen. Die Scheibe, von einem Halbmond umrahmt **(Abb. 460)**, ist das Symbol des Sonnengottes, dem der Tempel offenbar geweiht war. Links zeigt ein Basaltblock den Gott des Tempels. Er sitzt auf einem Stuhl, hält eine Schale in der rechten Hand, während dicht neben ihm ein Opferkessel steht.

e) Kanaanäische Höhenheiligtümer: In Gezer hat man Reihen aufrechtstehender Pfeiler oder Masseben gefunden, die im Freien standen; ebenso in *ḫirbet el-ʿader, bāb ed-drāʿ* und in *el-leǧǧun* in Moab, östlich des Toten Meeres. Diese Art Kult-Ausstattung war im 3. Jahrtausend v. Chr. geläufig. Das *Höhenheiligtum von Gezer wurde noch in der Spätbronzezeit benutzt, allerdings nicht mehr als Heiligtum im engeren Sinne, sondern als Grabkammer. Die Ausrichtung der Menhire läßt sich mit den gleichzeitigen Masseben in Ugarit oder der Stelenreihe in Assur vergleichen.

Höhenheiligtümer mit runden Altären (griech. *baítylos,* was aus dem kanaan.-hebr. *bēt-ēl* entstanden ist) sind in den phönikischen Siedlungen weit verbreitet, und zwar sowohl im Mutterland als auch jenseits des Meeres. Man sieht einen Bethyl in der Mitte der Darstellung des sechsten Tempels von Paphos auf Zypern **(Abb. 463)**, der aus der Römerzeit stammt. Tacitus berichtet: als Vespasian auf den Karmel ging, um das phönikische Orakel zu befragen, fand er einen Altar im Freien. Ein anderes Beispiel ist das Heiligtum des Baal-Hammon (des Baals von Karthago), das im Freien jenseits der Bucht von Karthago lag. Doch haben diese Höhenheiligtümer im Freien wenig erkennbare Spuren hinterlassen, denn wie in Israel vermochten sie den Unbilden der Zeit und den Zerstörungen durch Menschen nicht standzuhalten.

f) Schalen aus sieben Bechern: Ein in den heiligen Bezirken von *naḫharījjah,* *Megiddo und *Byblos sehr häufig gefundener Gegenstand ist ein Tongefäß, das aus sieben kleinen Bechern besteht **(Abb. 464)**. Es diente als Opfergefäß, um eine Flüssigkeit auf die *bāmā* (Höhenheiligtum) zu gießen. Bei den meisten Semiten war die Sieben eine heilige Zahl. Sie begegnet uns in der kanaanäischen Literatur, in der Heiligen Schrift und häufig bei Ausgrabungsfunden.

4. Religion: *a) Opferritual:* Unter den Ähnlichkeiten zwischen kanaanäischem und israelitischem Kult steht das Opferritual an erster Stelle. Es ist fast identisch. Zum Beispiel werden im dramatischen Streit zwischen Elia und den Priestern des Baal (1 Kg 18, 18 ff) die Opfer für die beiden rivalisierenden Götter in gleicher Weise zubereitet. Wenn die Propheten gegen heidnische Bräuche eiferten, so hatten sie keine Einwände gegen die Art, wie die Opfer dargebracht wurden, sondern dagegen, daß sie den falschen Göttern geopfert und an den falschen Orten vollzogen wurden. Die hebräischen Ausdrücke *šælæm* (Opfer) und *ʾāšām* (Schuldopfer) sind identisch mit den im Kanaanäischen vorkommenden Worten (s. *Opfer).

Bei der Ausgrabung der Kanaanäerstadt *Lachis, die die Israeliten Ende des 13. Jhdts. v. Chr. zerstörten, fand man in großer Zahl die Knochen von jungen Tieren und Vögeln. Die Knochen, es handelte sich um Schulterknochen und solche des rechten Vorderbeins, waren gekocht worden. Diese Stücke mußten beim »Friedopfer« neben dem Altar für die Priester beiseite gelegt werden. Das entspricht dem jüdischen Gesetz (Lev 7,32 f), nach dem dieser Teil des Opfertieres den Priestern gehört. In Marseille hat man eine phönikische Inschrift für Baal-Zaphon aus dem 3. Jhdt. v. Chr. gefunden, in der niedergeschrieben ist, was der Verehrer des Gottes bei den verschiedenen Opferarten dem Priester zu leisten hat. Der Teil des Opfertieres, den der Priester behalten soll, ist genau bezeichnet: »Wenn als Gesamtopfer ein Rind oder ein Ersatzopfer für ein Gesamtopfer dargebracht wird, so soll jeder Priester zehn Silberstücke erhalten. Bei dem Gesamtopfer sollen sie darüber hinaus außer dieser Zahlung 300 ... Fleisch zu erhalten haben. Beim Ersatzopfer erhalten sie Hals und Schulterstücke, während der, der das Opfer darbringt, Fell, Rippen, Füße und den Rest des Fleisches haben soll.« Das ist eine genaue Parallele zur Ritualvorschrift im Liviticus. In beiden Fällen waren arme Leute, die den Priestern nichts darbringen konnten, befreit.

Sowohl im kanaanäischen als auch im israelitischen Kult wurde das ganze Opfer oder ein Teil davon auf dem Altar verbrannt. Die Kanaanäer hatten aber viel größere Abwechslung im Opfer-Ritual als die Israeliten, auch mehr Abwechslung bei

Abb. 464. Siebenbecherige Opferschüssel

Abb. 465. Alabasterstatuette der wunderwirkenden Astarte aus Tutugi bei Granada, aus deren Brüsten Milch floß

Abb. 466. Statue eines »Tempelknaben« aus Lefkoniko auf Zypern

den dargebrachten Tieren: Ochsen, Widder, Mutterschafe, Lämmer, Zicklein, kleine Vögel, Tauben und sogar junge Hirsche wurden als Opfer dargebracht.
Die Alabaster-Statuette aus Tutugi bei Granada (7. Jhdt. v. Chr.) bringt uns eine besondere Seite des phönikischen Rituals vor Augen **(Abb. 465)**. Offenbar war dies eine wundertätige Statue. Sie stellt Astarte (Ischtar) dar: Diese sitzt auf einem Thron mit Sphinxen auf beiden Seiten (s. *Stiftshütte und Bundeslade). Unter ihre Brüste hält sie eine große Schale. Die Brüste sind hohl und haben ein Loch. Man konnte durch den Kopf Flüssigkeit eingießen. Die Löcher in den Brüsten waren mit Wachs verstopft, das bei geringer Erwärmung schmolz. So konnte zu einem geeigneten Zeitpunkt des Rituals Milch auf wunderbare Weise in die Schale fließen.
b) Fruchtbarkeitsriten in Kanaan und ihr Vergleich mit dem babylonischen Kult: Wie schon gesagt, basierte die kanaanäische Religion vielfach auf der Fruchtbarkeit. In den Epen benehmen sich die Götter wie Menschen: sie opfern, essen und vor allem: sie zeugen. Durch eine Art sympathetischer Magie konnte diese wichtigste Tätigkeit der Götter angeregt oder gar verursacht werden, wenn Menschen in den Tempeln ihnen ein Beispiel gaben.
Unter den Theorien, die den Sinn der kanaanäischen Mythen und deren Bedeutung für den Kult erklären sollen, stehen diejenigen der skandinavischen Schule im Vordergrund, wenn sie auch nicht allgemein Anerkennung finden. I. Engnell hat ausgeführt, daß die Mythen von Ugarit kultisch und rituell ausgerichtet seien. Die rituellen Akte an den Höhenheiligtümern wurden von der Rezitation der Texte begleitet, die deren Bedeutung auslegten. So war die Mythe zugleich ein Teil der Riten und deren Erklärung. Sie war nicht nur ein Märchen der Vergangenheit, sondern der Ausdruck für das, was das gegenwärtige Ritual bewirken sollte.
Im babylonischen Fruchtbarkeitskult gab es ein jährliches Fest, bei welchem ein Mann und ein Weib ausgewählt wurden, um den Gott und seine Gattin darzustellen. Ihre Heirat und Vereinigung, meinte man, bringe eine entsprechende Liebesvereinigung des Götterpaares zustande und fördere damit die Fruchtbarkeit im ganzen Gemeinwesen. Auch Tod und Auferstehung des Gottes hat man bei diesem Fest angeblich dargestellt (doch das hat sich jetzt als Übersetzungsfehler herausgestellt). Das war nicht nur eine dramatische Darstellung vom Tod der Natur und ihrer Neubelebung im Frühling, sondern zugleich ein Ritual, das die Ereignisse bewirken sollte, die es darstellte. Doch abgesehen von diesen Theorien ist bekannt, daß dieses Fest ausgiebiges Trinken und allgemeine Ausschweifung begleiteten. Trotzdem blieb es für ein Agrarvolk, dessen Leben hauptsächlich von einer guten Ernte abhing, ein wichtiges religiöses Ereignis. Wir haben aber kein direktes Zeugnis dafür, daß es diesen Kult auch in Kanaan gab.
c) Kultische Prostitution und Eunuchen: Trotzdem sind manche Gelehrte der Ansicht, daß dieser Glaube und sogenannte Fruchtbarkeitsriten in Kanaan eingedrungen sind und sich zum Brauch der Prostitution an den heiligen Stätten entwickelt haben, wobei Menschen die lebensspendende Wirksamkeit der Götter verkörperten. Das israelitische Gesetz (Dt 23,17 f) verbot streng solche Bräuche, aber sie waren in der Welt des Altertums weit verbreitet. Es gibt ein assyrisches Sprichwort: »Heirate keine Dirne, die sechstausend Gatten hat, keine Ischtar oder einem Gott geweihte Frau, deren Gunst keine Schranken kennt.« Gegen die allgemein herrschende kultische Prostitution wandten sich die Propheten mit immer neuer Entrüstung (zum Beispiel Hos 4,13 f). Es dauerte lange, bis das Verbot des Brauches praktisch wirksam wurde. Noch bei der Reform Josias im 7. Jhdt. v. Chr. heißt es: »Er riß die Häuser der Kultdirnen nieder, die sich im Haus des Herrn befanden« (2 Kg 23, 7).
Die Kult-Prostituierten, ob männlich oder weiblich, trugen im Hebräischen und im Kanaanäischen die gleichen Namen, und entsprechende Ausdrücke stehen in den babylonischen und hethitischen Urkunden. Die hebräische Urschrift macht dabei einen Unterschied in der Bezeichnung einer zum Tempel gehörigen Person und einer gewöhnlichen Dirne; aber dieser Unterschied geht bei der Übersetzung verloren. Die kultische Prostitution beider Geschlechter war anscheinend in Ägypten unbekannt, man fand sie dagegen überall in Mesopotamien und Kleinasien. Der kanaanäische Kult ließ es zu, daß die Priester häufig Eunuchen waren *(kumru, kômær)*. Ein Zeugnis dafür ist der »Tempelknabe« aus Lefkoniko auf Zypern aus dem 4. Jhdt. v. Chr. **(Abb. 466)**. Viel seltener waren die Eunuchen in Mesopotamien und ganz unbekannt wiederum in Ägypten.
d) Entartete Religion: Die Kanaanäer schrieben ihren Göttern keinerlei Moral

zu. Soweit man aus den Gesetzbüchern jener Zeit schließen darf, hielt man das Benehmen der Götter im allgemeinen für weit schlechter als das der Bevölkerung. Die kanaanäische Mythologie ist roher als jedwelche andere im alten Vorderen Orient. Außerdem zeigen die Zeugnisse der Bibel, daß der übliche Kult die entwürdigendsten Bräuche enthielt, die man damals kannte. Nicht nur die kultische Prostitution war üblich, sondern auch das Menschen- und Kindesopfer, welches die Ägypter und Babylonier längst abgelegt hatten. Auch der Schlangenverehrung huldigten die Kanaanäer in einem bei anderen Völkern unbekannten Ausmaße.

e) Moloch und der Tophet: Eine besondere Art von Heiligtum war der heilige Bezirk, den die Bibel »Tophet« nennt. Er gehörte zu einem kanaanäischen Brauch, der ins Tal Hinnom unterhalb der Südmauer von Jerusalem verpflanzt worden war, bis Josia ihn bei seiner Reform ausrottete: »Er verunreinigte das Tophet im Tal der Kinder Hinnoms, damit niemand mehr seinen Sohn oder seine Tochter als Opfer für Moloch verbrennen lasse« (2 Kg 23,10).

Das wichtigste Zeugnis für diesen Brauch hat das Heiligtum der Tanit in Salambo bei Karthago erbracht. Es beweist, was an vielen anderen phönikischen Siedlungsplätzen rund um das Mittelmeer ersichtlich war, daß die alten biblischen und römischen Nachrichten über kanaanäische (phönikische) Kinderopfer nur allzu wahr sind. Die Ausgräber fanden in Salambo tausend Urnen, die die verbrannten Überreste von Kleinkindern enthielten, meist von solchen, die noch nicht zwei Jahre alt waren. Andere enthielten die Asche von Vögeln und Kleintieren, die man später anstelle der Kinder zum Ersatz opferte. Es war ein sehr großes Heiligtum. Die untersten Schichten (8. Jhdt. v. Chr.) bestanden überhaupt nur aus diesen Urnen mit den Gebeinen verbrannter Kinder. Die Urnen lagen unter kleinen Steinkegeln. In späterer Zeit lagen mehrere Urnen unter einer Stele. Ähnliche Urnen kennt man auch aus einer noch ferneren Vergangenheit aus *Gezer. Eine Reihe von Gelehrten (O. Eißfeldt, R. Dussaud, C. Picard) sind der Ansicht, daß das Wort »Moloch« in früheren Zeiten das »Opfer« und nicht die Gottheit, der geopfert wurde, bezeichnete.

Es ist schwierig, die entarteten Kultbräuche der Kanaanäer mit ihrer lebensvollen Kultur in Einklang zu bringen. Vermutlich sind ihre religiösen Bräuche das Anzeichen einer inneren Dekadenz, die zugleich erklären würde, weshalb die Kanaanäer den eindringenden Israeliten nicht widerstehen konnten. Einige der entwürdigendsten Bräuche haben die späteren Kanaanäer, die Phöniker, unter dem Einfluß der iranischen und der griechischen Kultur vom 6. bis 4. Jhdt. v. Chr. anscheinend aufgegeben. Aber das Menschenopfer bestand fort. Die kultische Prostitution ging in späterer Zeit in Phönikien zurück. Die nackten Figuren auf den Plaketten werden allmählich dezenter ausgeführt. Wachsende Selbstbeherrschung läßt sich auch aus dem Vergleich der ugaritischen Schöpfungsmythe und der bronzezeitlichen Figuren mit den Schöpfungen der Eisenzeit erkennen.

f) Zusammenfassung: Der kanaanäische Kult hatte ein hochentwickeltes Opfersystem und eine Priesterschaft, die sich aus männlichen und weiblichen Tempeldienern zusammensetzte. Ihn begleitete gleichzeitig eine umfangreiche religiöse Literatur, die in Wortschatz und Stil viel auffallende Ähnlichkeit mit der hebräischen Dichtung aufweist. Nur daß in letzterer als Gleichnis verwendet wird, was dort Teil der Mythologie war.

Das Bild der kanaanäischen Religion bleibt, wie allgemein zugegeben wird, skizzenhaft. Viele Forscher nehmen an, daß die Kanaanäer bei ihrer Gottesverehrung im allgemeinen nur an die Fruchtbarkeit und die Gaben der Natur dachten. Neue Funde können unsere Perspektive berichtigen; was einstweilen bekannt ist, scheint das parteiische Bild der kanaanäischen Religion zu bestätigen, das die alttestamentarischen Schriften enthalten (s. *Höhenheiligtümer; *Kanaanäische Kultur und Ugarit).

Kanaanäische Städte

Gliederung: 1. Anlage und Gründung einer Stadt. 2. Befestigungsanlagen und tulūl. *3. Kanaanäische Städtenamen. 4. Verwaltung und soziale Struktur.*

1. Anlage und Gründung einer Stadt: Die »Städte« der Kanaanäer hatten mit mittelalterlichen oder neuzeitlichen Städten wenig gemein. Sie bestanden aus unscheinbaren Häusergruppierungen, aus denen sich vielleicht allein ein Tempel oder Palast heraushob. Ihre Bewohner waren zur Hauptsache Bauern, und der Ackerbau bildete die Hauptquelle ihres Lebensunterhalts. Gleichwohl dienten diese Städte einer Anzahl von Menschen als fester Wohnsitz und wiesen eine entwickelte Sozialstruktur auf – waren in der Tat Städte.

Abb. 467. Rekonstruktionsmodell von Megiddo. Rechts unten die Schichten der vorangegangenen kanaanäischen Stadt

Abb. 468. Belagerungsszene vor Kadesch am Orontes (Relief von der Außenseite der Säulenhalle in Karnak)

Solche relativ großen Gruppierungen konnten nur entstehen, wenn bestimmte Voraussetzungen gegeben waren. Am wichtigsten war in einem orientalischen Land wie Palästina eine Frischwasserquelle. Alle dort entdeckten alten Städte besaßen eine Quelle, wenn auch in der spätkanaanäischen Periode, d. h. in der späteren Bronzezeit (s. *Wasserversorgung), Zisternen und Auffangbehälter für Regenwasser aufkamen. An zweiter Stelle kamen Verbindungswege und Verteidigungsanlagen. Die kanaanäischen Städte waren durch Straßen miteinander verbunden, die Handel in gewissem Umfang ermöglichten, aber anderseits die Gefahr feindlicher Angriffe entschieden vergrößerten.

2. Befestigungsanlagen und *tulūl:* Daher wurden viele Städte auf leicht zu verteidigenden Bergkuppen erbaut, sofern dort die Wasserversorgung keine Schwierigkeiten bereitete und die Fläche groß genug war, um eine Entwicklung zu ermöglichen. Die Städte waren meistens befestigt. Beispielsweise stammen die Verteidigungsanlagen von *Jericho, der ältesten Stadt Palästinas und einer der ältesten der Welt, aus dem Neolithikum. Die Städte der frühen Bronzezeit hatten riesige Befestigungen mit 8 m dicken Mauern (so in *bēt jeraḥ* und *tell sēẖ aḥmedel-ʿarēnī).* Später, in der Hyksoszeit, wurden als weiterer Schutz künstliche, durch Steinmauern verstärkte Abhänge aus Erde und Schutt gebaut (so in *Lachis und *tell el-ǧerīše).* Die Unsicherheit der unruhigen Spätbronzezeit, die sich in den *el-ʿamarna*-Tafeln (s. *Amarnabriefe) widerspiegelt, führte zum Bau noch stärkerer Befestigungen.

Die Tatsache, daß riesige Bauvorhaben durchgeführt werden konnten, zeugt von einer straffen Sozialstruktur schon in den allerfrühesten Städten.

Ummauerte, von einer langen Kette von Einwohnergenerationen bewohnte Städte bilden *tulūl.* Werden sie zerstört oder verlassen, so sammelt sich überall innerhalb der Mauern und um ihre Fundamente herum Schutt an. Wird eine neue Stadt gebaut, so werden diese Schuttmengen aufgefüllt und planiert und die neuen Bauten auf einer höheren Schicht darüber errichtet. Hat sich dieser Vorgang mehrmals wiederholt, so nimmt der *tell* das bekannte Aussehen eines Hügels mit flacher Kuppe an; wenn der Archäologe dort gräbt, kann er zumindest die Fundamente – bisweilen sogar noch substantiellere Überreste – einer jeden Schicht der Stadt (s. *Kriegführung) finden. Ein rekonstruiertes Modell der Stadt Megiddo veranschaulicht dies **(Abb. 467)**. Die tieferen Schichten, unten rechts, sind kanaanäisch. Ausgrabungen von Städten wie *Megiddo, *Jericho usw. haben ein ziemlich klares Bild von der Anordnung der Befestigungen, Straßen und Gebäude der Kanaanäerstädte ergeben; die Einzelheiten hat man mit Hilfe ägyptischer und assyrischer Wandreliefs ergänzt. Derartige Reliefs, wie jenes, das die Belagerung der befestigten, in bergigem und waldreichem Gelände gelegenen Stadt Kadesch am Orontes **(Abb. 468)** in Syrien (von der Außenseite der Säulenhalle in Karnak) darstellt, zeigen typische Städte der späten Bronze- und der frühen Eisenzeit, zur Zeit der israelitischen Landnahme. Die Außenmauer – die eigentliche Stadtmauer – und ihre mit Zinnen versehenen Befestigungen sind ausführlich dargestellt. Die bärtigen Figuren weisen auf Kanaanäer. Unten ist ein Hirt mit seinen Stieren zu sehen.

3. Kanaanäische Städtenamen: Die kanaanäischen Städte machten im Laufe der Jahrhunderte viele Wandlungen durch. Dies wird klar aus einigen der Namen, unter denen sie uns bekannt sind. Einige Namen begegnen uns in der Bibel, einige in Keilschrifttexten und viele in ägyptischen geographischen Materialien und anderen Texten, die auch Namensverzeichnisse enthalten (so die »Ächtungstexte«, s. *Ägypten und seine Beziehung zu Israel). Einige Städte behielten nach der Landnahme ihre alten Namen, während andere neue Namen bekamen.

Die kanaanäischen Namen deuten auf einen unterschiedlichen Ursprung der Kanaanäer selbst. Neben semitischen Namen wie Jericho finden sich hurritische wie Ziklag oder Lachis und andere, die anscheinend eine semitische Form haben, aber möglicherweise aus dem Hurritischen übernommen wurden. »Fremdländische« Namen wurden von Kanaanäern durch Eindeutung umgeformt.

Viele Namen legen von den religiösen Bräuchen der Kanaanäer (s. *Kanaanäische Religion) Zeugnis ab. Es kommen vor: Baal, Astarte, Gad, Rescheph und Anat. Einige Ortschaften wurden nach der Hauptbeschäftigung ihrer Einwohner benannt: Kirjath-Gath (Weinkelter), Beth-Hakkerem (Haus oder Stadt des Weinbergs), En-Gannim (Brunnen der Gärten). Andere Namen halten ein Detail der Geographie, des Pflanzen- oder Tierlebens der Stadt fest.

Zuweilen erscheint derselbe Name in Palästina zweimal, woraus hervorgeht, daß eine Bevölkerung für die Dauer fortgezogen war: so, als die Daniten nordwärts zogen (s. *Richter) und ihrer neuen Niederlassung denselben Namen gegeben hatten.

4. Verwaltung und soziale Struktur: Zeugnisse für die Art und Weise, wie die Kanaanäerstädte verwaltet wurden, finden sich in biblischen Überlieferungen und in den Keilschrifttexten von *el-'amarna* und Ugarit. In der Spätbronzezeit wuchsen Stadtstaaten empor, in denen jede Stadt einen König hatte, der über sie und das umliegende Gebiet, einschließlich der Dörfer, Flecken und bisweilen der kleineren Städte, welche die Bibel »Töchter« der Hauptstadt nennt, herrschte. Städte wurden von Ältesten oder von einem König regiert, denen eine Aristokratie von »Streitwagenkriegern« (*marjannu*) von großenteils nichtsemitischer Abkunft zur Seite stand. Die untere Schicht bestand zum Teil aus halbfreien Leibeigenen (*ḫupšu*) und zum Teil aus Sklaven (s. *Sklaverei). Ein wirklicher Mittelstand fehlte anscheinend, und die kanaanäische Sozialstruktur schloß die Entwicklung unabhängiger Handwerke und Gewerbegilden aus. Es gab keine Bevölkerungsschicht, die in der Lage war, aus eigener Initiative Unternehmungen zu gründen, oder von der zu erwarten war, daß sie den Ehrgeiz aufbrächte, ihre Daseinsweise zu ändern und sich nach neuen Prinzipien zu entfalten. Die Wirtschaft eines jeden Kleinstaats unterstand der unmittelbaren Kontrolle von Königen oder Vornehmen, die den Handwerkern und Händlern und ihren Organisationen nur wenig Macht beließen. Ungeachtet umfänglichùr Verzeichnisse von Bevölkerungsklassen und Berufen in ugaritischen und mykenischen Inschriften (Linear B) blieben die Mitglieder der verschiedenen Gruppen somit unorganisiert (s. *Stadtanlage, israelitische; *Ausgrabungen; *Hellenistische Städte).

Keniter

Gliederung: 1. Herkunft. 2. Sozialer Stand. 3. Israel und die Keniter. 4. Die Keniterhypothese. 5. Die Rechabiter.

1. Herkunft: Die Keniter waren ein Stamm nichtisraelitischer Abkunft, der an den Grenzen Israels oder in seiner Mitte ein halbnomadisches Leben führte. Der Bibel nach hielten die Israeliten die Keniter anscheinend für einen sehr alten, von Kain – Adams Sohn – abstammenden Volksstamm. Die Genesis berichtet, Kain und seine direkten Nachkommen, die Ahnherren der Keniter (Num 24,21 f; Ri 4,11), hätten die Musik und die Metallbearbeitung ins Leben gerufen. Andere Hinweise auf Kain als den »Bruder« von Seth deuten ebenfalls auf die biblische Einschätzung des Alters der Keniter. Seth war Adams dritter Sohn und ein in ägyptischen und mesopotamischen Quellen des 19. und 18. Jhdts. v. Chr. erwähnter Stamm.

Die Keniter erscheinen in der Bibel zuerst als einer der vielen im Palästina der Erzväter ansässigen Stämme (Gen 15,18 f), wo sie sich wahrscheinlich im Gebiet östlich des Jordans konzentrierten, aber südwärts bis nach Midian (Nordwestarabien) zogen. Teile des Kenitischen Stammes einigten sich offenbar auf der Suche nach neuem Siedlungsraum innerhalb Palästinas mit den israelitischen Stämmen. Sie scheinen sich zur Hauptsache im Negeb niedergelassen zu haben und später im geeinten Juda aufgegangen zu sein (1 Sam 30,29). Die kenitische Sippe Heber ließ sich anscheinend während der Richterzeit in Nordpalästina nieder (Ri 4,11). Doch geben frühe ägyptische Quellen Ortsnamen in jenem Gebiet an, die die Vermutung nahelegen, daß sich die Keniter dort bereits im 15. Jhdt. v. Chr. angesiedelt hatten. In seinem Bericht über die Schlacht bei Megiddo (1479 v. Chr.) erwähnt Thutmosis III. einen in der Nähe gelegenen »Kinabach«, und es ist möglich, daß »Kina« das Wort »Keniter« widerspiegelt. Sollte dies zutreffen, so deutet ss wahrscheinlich darauf hin, daß die Keniter vor dem Eintreffen der Israeliten in Kanaan umherzogen (s. unten: Israel und die Keniter; vgl. den Hinweis auf Jaels Familie in Ri 4,17–22). Eine andere Möglichkeit wäre, daß sie ein Teil eines kenitischen Stammes waren, der früher als seine Stammesgenossen nordwärts wanderte und später in den Stämmen Benjamin und Asser aufging.

2. Sozialer Stand: Der Name »Keniter« kommt von *qajin* »Metallbearbeiter, Schmied, Handwerker«, wie auch »Speer, Lanze«. Man hat daher angenommen, daß Metellbearbeitung die berufliche Spezialität des Stammes war. Diese Vermutung findet eine Stütze in dem Vorkommen von Kupfer in vielen den Kenitern bekannten Gegenden – zum Beispiel auf der Sinai-Halbinsel (im alten Midian) und im südlichen Negeb. Nach W. F. Albright dürfte es kaum ein Zufall sein, daß in einer der ältesten Legenden der Proto-Hebräer Kain von Lamech abstammt und ihm die Einführung von Kupfer- und Eisenbearbeitung zugeschrieben wird. Dies bestätigen auch die genealogischen Tafeln, die die Abkunft der Hebräer bis zu ihren fernen Ahnen zurückverfolgen (Gen 4,19–22). Die Keniter waren offenbar nomadische Sippen von Schmieden, die in Zelten lebten und ihre Herden weideten. Untersuchungen über den sozialen und sakralen Status des Schmiedes in ähnlichen antiken und primitiven Gesellschaften haben uns Aufschlüsse über viele die Keniter betreffende biblische Traditionen gegeben. Obwohl die Handarbeit des Schmiedes unerläßlich zur Waffenherstellung ist, wird er von den Viehnomaden und Hirten wie ein Ausgestoßener behandelt und verachtet. Sehr viel größeres Ansehen genießt der Schmied unter den Bauern, die ebenfalls Handarbeiter sind. Er schmiedet nicht nur ihre Geräte, sondern ist ihr Freund, Berater und häufig ihr Priester. Da seine Arbeit von überlieferten Riten und Zeremonien begleitet wird, sieht man laut R. L. Forbes im Schmied häufig einen Magier. Seine Fähigkeit, Erze in Metalle zu verwandeln, scheint aus der Geisterwelt zu stammen, und selbst der Nomade, der ihn verachtet, fürchtet und respektiert seine magischen Kräfte. Auch in Phönikien nannte man einen »Eisenschmied« Magier, und im alten Java trug der Schmied denselben Titel wie der Priester.

In bestimmten primitiven Gesellschaften galt es als äußerst gefährlich, das Blut eines Schmiedes zu vergießen, da ihn die Geister, mit denen er arbeitete, beschützten. In gleicher Weise trugen die Keniter »Jahwes Zeichen« als Schutz gegen ihre Feinde (Gen 4,15,24). Möglicherweise wurden die Keniter wegen ihrer Sonderstellung als Schmiede nicht in die Kriege verwickelt, die überall um sie herum stattfanden (Ri 4,11 ff; 1 Sam 15,6).

3. Israel und die Keniter: Biblischen Traditionen zufolge unterhielten die Keniter zu den Israeliten stets außerordentlich freundliche Beziehungen. Moses, der Gesetzgeber Israels, heiratete eine kenitische Frau. Nach Num 10,29–32 bat Moses die Keniter, sich den Israeliten als Führer durch die Wüste zur Verfügung zu stellen, und anscheinend willigten diese ein und betraten Palästina zusammen mit den israelitischen Stämmen (Ri 1,16; 1 Sam 15,6). Die Anwesenheit von Kenitern und anderen mit den Hebräern verbündeten und im Besitz eines Gebietes im südlichen Kanaan befindlichen Stämmen spiegelt das Eindringen verschiedener Gruppen unmittelbar aus der Wüste um Kades (s. *Exodus, Buch) wider. Solche Gruppen, die möglicherweise schon Jahwe-Verehrer waren, wurden schließlich vom judäischen Staatswesen absorbiert. Der kanaanäische General Sisera, der Unterdrücker der nordisraelitischen Stämme, wurde von Jael, einer Keniterin, getötet (Ri 4,17–22; 5, 24–27). David war ebenfalls bemüht, sich das Wohlwollen der Keniter zu erhalten (1 Sam 27,10; 30,29), und in der ersten Zeit seiner Herrschaft über Südjuda unterstand ihm auch dieser Stamm.

4. Die Keniterhypothese: Wie groß der Einfluß der Keniter auf das Leben der Israeliten war, ist eine Frage, die schon seit langem ohne entscheidenden Erfolg diskutiert wird. Nach Ex 18,13 ff war das israelitische Gerichtswesen kenitischen Ursprungs. Höchstwahrscheinlich waren die Keniter diejenigen, die die Israeliten in die Hüttenkunde einführten, besonders in den Gebrauch des Kupfers des Negeb (s. oben 2).

Vor einigen Jahren wurde eine »Keniterhypothese« aufgestellt, nach der Israel die Verehrung Jahwes von den Kenitern übernommen haben soll. Nach dieser Theorie war Jahwe ursprünglich der kenitisch-midianitische Gott Jethros; der Hauptpriester seines Kultes führte seinen Schwiegersohn Moses in diese Religion ein. Moses gab sie in der Folge an ganz Israel weiter. Religiöse Faktoren müssen in dem Verhältnis zwischen Israel und den Kenitern zwar eine Rolle gespielt haben, doch vermögen die Hauptpunkte dieser Hypothese kaum zu überzeugen.

5. Die Rechabiter: Einige Forscher bringen die Rechabiter, die in der israelitischen Gesellschaft als religiöse Extremisten in Erscheinung traten, mit den Kenitern in Beziehung. Nach 1 Chr 2,55 scheinen die Rechabiter eine kenitische Sippe gewesen zu sein. Sie beteiligen sich an Jehus Auflehnung gegen die Dynastie Omris (s. *Israel und Juda 2c) sowie an der Ausrottung des Baalkultes in Samaria. Das chronistische Geschichtswerk verknüpft die beiden Gemeinschaften, deren Lebensweisen einander offenbar sehr ähnelten (s. *Landnahme), miteinander.

Klagelieder

Gliederung: 1. Verfasser. 2. Form und Inhalt. 3. Bedeutung und Entstehung.

Das Buch der Klagelieder (hebr. *'ēkā*, nach dem Anfangswort des ersten, zweiten und vierten Kapitels) ist die dritte der fünf Schriften der Hagiographa.

1. Verfasser: Der Talmud (Baba batra 16

a) und die aramäische Übersetzung (Jonathan ben Usiel) schrieben das Buch dem Propheten Jeremia zu. Die Version der Septuaginta enthält noch eine aus dem Hebräischen übersetzte Einleitung, aus der ebenfalls die Annahme herauszulesen ist, Jeremia habe nach der Zerstörung des Tempels Klagelieder geschrieben. Sowohl in der Septuaginta als auch in der syrischen und lateinischen Bibelübersetzung stehen die Klagelieder unmittelbar nach dem Buch Jeremia. Die jüdische Überlieferung hält ebenso wie die christliche den Propheten für den Verfasser. Die Überlieferung stützt sich dabei auf die Aussage im Text von 2 Chr 35,25, wonach Jeremia ein Klagelied auf Josia dichtete, das »in den Klageliedern« aufgezeichnet ist. Daraus kann man schließen, daß diese Literaturgattung von sehr früher Zeit an mit Jeremia in Verbindung gebracht wurde. Das Buch der »Klagelieder« enthält aber tatsächlich keinen Hinweis, der die Theorie unterstützen könnte, die ihn als Verfasser angibt. Heute nehmen die meisten Bibelwissenschaftler für das Buch eine Mehrzahl von Verfassern an.

2. Form und Inhalt: Das Buch ist eine Sammlung von fünf Klageliedern, die die Zerstörung des Tempels, den Verlust der Unabhängigkeit Judas, die Verwüstung des Landes und die Gefangenschaft seines Volkes beklagen. Die Lieder sind akrostichisch angeordnet. Demnach beginnt jeweils der erste Vers mit dem ersten Buchstaben des Alphabets, während die Anfangsbuchstaben der folgenden Verse das Alphabet fortsetzen und vervollständigen. Obwohl das fünfte Lied kein Akrostichon ist, hat es die gleiche Anzahl von Versen (nämlich 22) wie das 1., 2. und 4. Lied.

Der Form nach sind die ersten beiden Lieder im »Qina-Metrum« geschrieben, in dem eine lange Halbzeile von drei betonten Silben mit einer zweifach betonten kurzen Halbzeile abwechselt. Das Versmaß der übrigen Lieder ist so undeutlich, daß es fraglich ist, ob das Qina-Metrum durchweg in den Klageliedern verwendet wurde. Das fünfte Lied besteht aus gleichlangen Parallelzeilen. Die metrische Form und die alphabetische (akrostichische) Anordnung der Verse zeigen, daß die Klagelieder bewußt als kunstvolle Klagelitanei gedichtet wurden (s. *Dichtung, Hebräische).

Alle diese Lieder beklagen die Sünden, die Gottes Zorn hervorgerufen haben, die die Ursache des Unheils gewesen sind, das dieses Land befallen hat. Gottes Urteil wird angenommen, wenn auch die Lieder erkennen lassen, daß man die gnadenlose Durchführung des Strafgerichts für überstreng hält. Sie versprechen Reue und Umkehr und flehen um Vergebung und um die Wiederaufnahme des Gottesvolkes in die Huld des Herrn: »Erneuere unsere Tage wie vor alters!« (5,21.) Das dritte Lied ist im Gegensatz zu den anderen eher ein persönlicher Verzweiflungsschrei, der sich nur nebenbei auf das nationale Unglück bezieht. Das fünfte Lied ist wohl von allen der eindringlichste Bittruf um Hilfe und Erbarmen.

3. Bedeutung und Entstehung: Die Klagelieder sind von so großer Bedeutung, weil sie – abgesehen von ihrem rein literarischen Wert – ein Bild der Gedanken und Empfindungen vermitteln, die den Untergang Jerusalems begleiteten.

Soweit ersichtlich, wurden die fünf Klagelieder getrennt verfaßt, und zwar entweder von unmittelbaren Zeugen der Zerstörung Jerusalems, oder etwas später von solchen, bei denen diese Erinnerungen einen tiefen Eindruck hinterlassen haben. Die Bibelwissenschaft hält es für äußerst schwierig, eine verbindliche Antwort auf die Frage nach der Urheberschaft zu finden. Die einzelnen Lieder wurden sicher während des Exils in Babylon gesammelt und niedergeschrieben; sie wurden damals vielleicht als liturgische Gesänge für die Tage der Klage und des Fastens verwendet. Noch heute werden die Klagelieder in den jüdischen Synagogen am Vorabend des neunten Ab (des Tages der Zerstörung der beiden Tempel) gelesen. Die akrostichische Anordnung der Verse, die ein Memorieren erleichtert, deutet ebenfalls darauf hin, daß sie von Anfang an für den Gebrauch in öffentlichen Trauergottesdiensten bestimmt waren.

Kleidung

Gliederung: 1. Material und Herstellung. a) Material; b)Spinnen; c) Weben. 2. Die wichtigsten Kleidungsstücke. a) Schurz, Hemdkleid (Tunika) und Oberkleid (m·'īl); b) Mantel (Überwurf-śimlā); c) Kopfbedeckung; d) Fußbekleidung und Leder; e) Quasten und Gebetsschals. 3. Die Kleidermode im Wandel der Zeit: a) Frühzeit, Mittel- und Spätbronzezeit; b) Früheisenzeit; c) Späteisenzeit; d) Perserzeit und hellenistische Zeit; e) Römische und neutestamentliche Zeit; f) Kleiderfunde in Höhlen am Toten Meer.

Schon seit ältester Zeit (Gen 3,7) haben sich die Menschen Kleider gemacht. Kleider dienen verschiedenen Zwecken. Sie schützen vor den Unbilden der Witterung (1 Kg 1,1), weisen ihren Träger aus (Gen 27,15; 37,33) und zeigen seine Stellung an (Est 6,8) oder können als magischer Zauber oder aufgrund religiöser Überzeugung getragen werden (Num 15,38). Überdies ist natürlich jede Art von Kleidung auch eine Form von Schmuck.

In der Bibel werden verschiedene Arten von Kleidungsstücken erwähnt, doch läßt sich allein mit Hilfe zeitgenössischer Denkmäler aus orientalischen Nachbarländern kein klares Bild von dem Aussehen der Gewänder gewinnen. Die Israeliten lebten in Ägypten und Babylonien in der Verbannung, wurden von den Griechen und Römern regiert und, was noch bedeutsamer war, lebten in einem Land, das eine natürliche Verbindung zwischen den Hauptkulturen der Alten Welt darstellte. Wenn auch Darstellungen der damaligen Kleidung in ausländischen Denkmälern selten sind, so ist doch gewiß, daß die Juden und nach ihnen die frühen Christen im großen und ganzen dieselbe Kleidung trugen wie die ihnen benachbarten Völker. Sie wußten, wie die Syrer, die Kanaanäer und Phöniker, die Assyrer und Babylonier, die Griechen und die Römer sich kleideten, und müssen durch die Kleidung dieser Völker beeinflußt worden sein.

1. Material und Herstellung: *a) Material:* Zur Herstellung von Kleidung dienten zuallererst Tierhäute (Gen 3,21; Hebr 11,37). Um aus den großen unförmigen Bälgen passende Gewänder zu verfertigen, schnitt man sie auf und nähte sie zusammen.

In biblischer Zeit waren die Grundtextilien Wolle (Spr 27,26) und Linnen (Spr 31,13; Lev 13,59). Das in den meisten deutschen Bibelübersetzungen mit »Seide« wiedergegebene Wort (Ez 16,13) muß eine andere Bedeutung haben, da die Seidenraupe damals in Palästina und den umliegenden Ländern unbekannt war. Es meint entweder feines Linnen oder irgendein ausländisches Kleidungsstück, vielleicht ein Umhängetuch.

b) Spinnen: Die Herstellung von Leinen aus Flachs (Lev 13,47) ist ein recht komplizierter Vorgang. Zuerst muß man den ganzen äußeren verholzten Teil der Stengel (nachdem er mürbe geworden ist) entfernen und die Fasern voneinander trennen. Ägyptische Tafeln zeigen, wie der Flachs in Wasserbottiche gepreßt wird, und Jos 2,6 erwähnt die zum Trocknen in die Sonne gelegten Flachsstengel. Die Fasern wurden dann zu Fäden gesponnen (Ex 35,25 f) und auf eine in der Hand gehaltene Spindel gewickelt, wie auf der griechischen Vase **(Abb. 469,** 6. Jhdt. v. Chr.) und auf der ägyptischen Malerei (**Abb. 470,** ca. 19. Jhdt. v. Chr.) zu sehen ist. Die Spindel bestand aus dem Wocken und der eigentlichen Spindel. Der Wocken ist ein Rohrstab, um den die zu spinnende Wolle oder der gekämmte Flachs gewickelt wird. Die Spindel setzt sich zusammen aus einer Stange, an der oben zum Festhalten des Fadens ein Haken angebracht ist, und dem Wirtel oder Ring **(Abb. 471)**, der unten die Stange beschwert und das Drehen der Spindel erleichtert. Beim Spinnen wird der Wocken in der linken Hand gehalten, mit der rechten der Faden ausgezogen, an dem Haken der Spindel befestigt und um diese gewunden, während die Spindel in eine drehende Bewegung versetzt wird, wodurch auch zugleich der Faden seine Drehung erhält und aufgewickelt wird. Die Wirteln waren aus Ton oder Stein gefertigt, und ihre große Anzahl, die bei fast allen Ausgrabungen gefunden wurde, bezeugt die allgemeine Verbreitung der Handspinnerei. Sie wurde eher von Hausfrauen (wie in Spr 31,19 beschrieben) denn gewerbsmäßig ausgeübt, während das Weben ein Gewerbe war (Ex 28,32; 2 Kg 23,7); **Abb. 472** zeigt griechische Frauen nicht nur beim Spinnen, sondern auch beim Weben.

c) Weben: Die Fäden wurden auf einem Webstuhl zu Tuch gewebt, der aus einem langen, von Pfosten oder auf irgendeine andere Weise gestützten Balken (1 Sam 17,7: Weberbaum) gefertigt war. Die »Ketten«-Fäden wurden an diesem Balken befestigt und durch Steine oder andere »Webstuhlgewichte« **(Abb. 473)** straffgehalten. Zur Herstellung des Tuches zog der Weber sein Weberschiffchen mit dem langen Einschlagfaden (»Schuß«) zwischen den gespannten Längsfäden hin und her (Job 7,6; Ri 16,14). Der biblische Webstuhl war vertikal, nicht horizontal, und gewebt wurde von oben nach unten. Anscheinend war dieser Webstuhltyp, den auch ein ägyptisches Modell **(Abb. 474)** illustriert, aus dem Mittelmeergebiet entlehnt. Das Wort für Kette (hebr. *š·tî*) kommt angeblich aus dem Mykenischen (s. *Geräte und Werkzeuge). Nach der Fertigstellung des Stückes wurden die Fadenenden zu Fransen verknotet, um ein Ausfasern zu verhindern. Nach all dieser mühseligen Arbeit sah es der Weber natürlich nicht gerne, wenn man den Stoff zerschnitt. Anstatt angepaßte Kleidungsstücke zu fertigen, schlug man die rechtek-

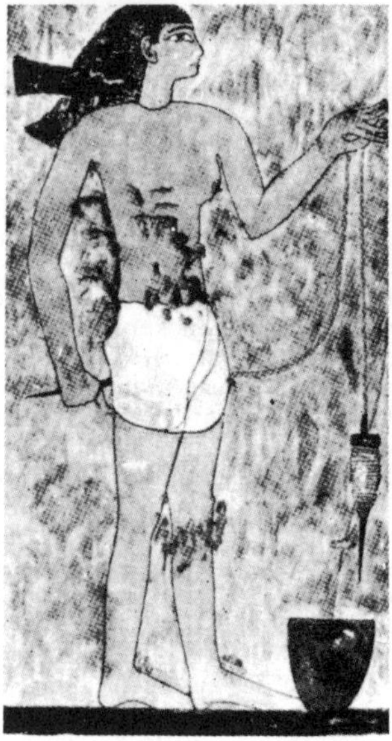

Abb. 469, 470. Frauen beim Spinnen. Griechische Vasenmalerei (6. Jhdt. v. Chr.) und ägyptisches Wandbild (ca. 19. Jhdt. v. Chr.)

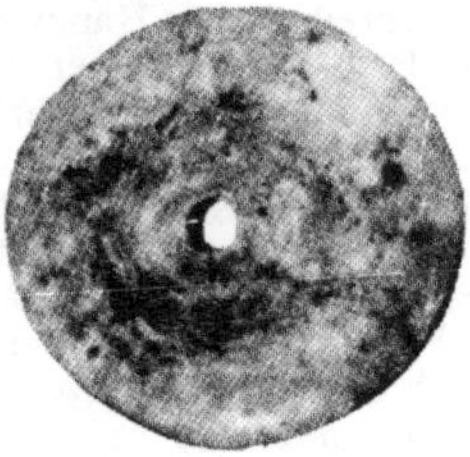

Abb. 471. Spinnwirtel

Abb. 472. Vase mit griechischen Frauen beim Spinnen und Weben

Abb. 473. Webstuhlgewichte zum Straffhalten der »Ketten«-Fäden

Abb. 474. Modelle ägyptischer Webstühle, die das horizontale und das vertikale Weben zeigen

Abb. 475. Färbereitröge aus Debir (8.–6. Jhdt. v. Chr.)

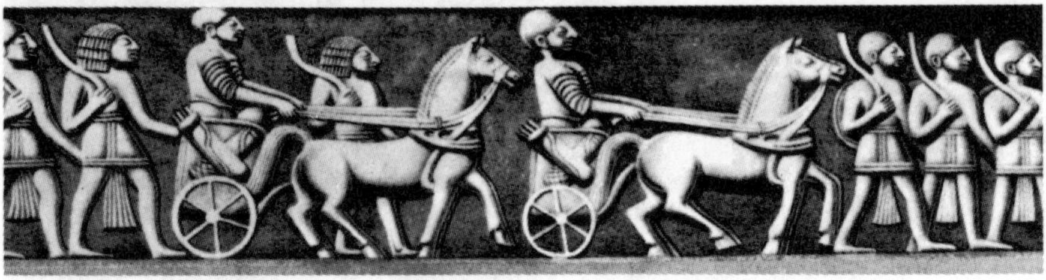

Abb. 476. Streitwagenkämpfer (babylonischer Grenzstein, ca. 1100 v. Chr.)

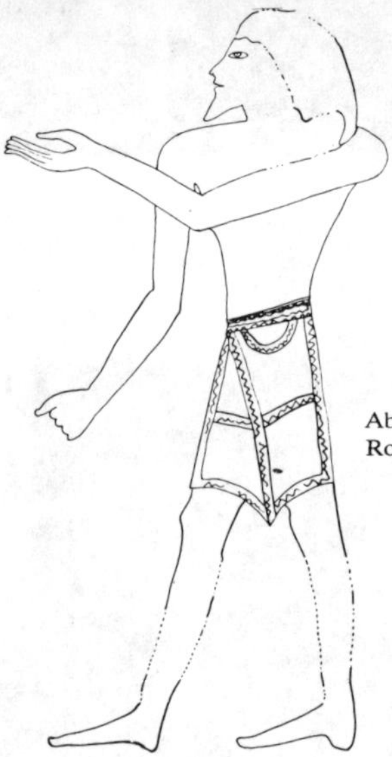

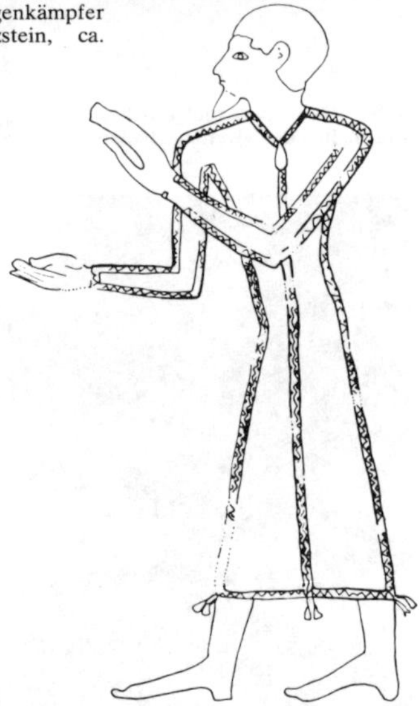

Abb. 477 (links). Rockartiges Lendentuch

Abb. 478–480. Gewänder, die auch mit dem hebräischen Wort für »Tunika« bezeichnet wurden

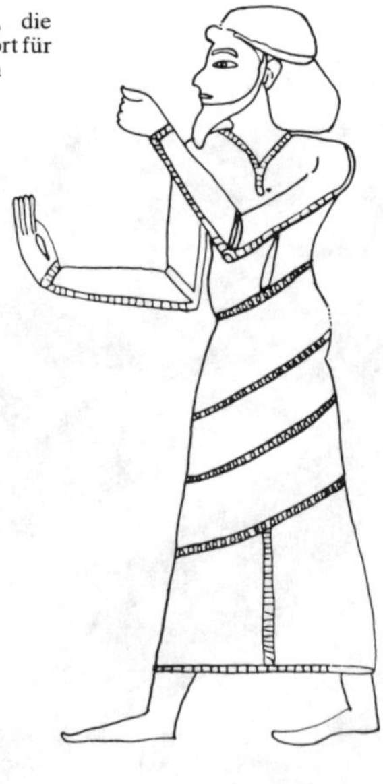

Abb. 481. Auf dieser ägyptischen Wandmalerei in *benī-ḥasan* tragen Frauen niedrige Stiefel, Männer Sandalen

Abb. 482. Reste einer Kindersandale aus den Höhlen von *naḥal ḥever* (2. Jhdt. v. Chr.)

Abb. 483. Juden mit Gebetsschal, der mit Quasten verziert ist

Abb. 484. Statue eines Amoriters aus Mari

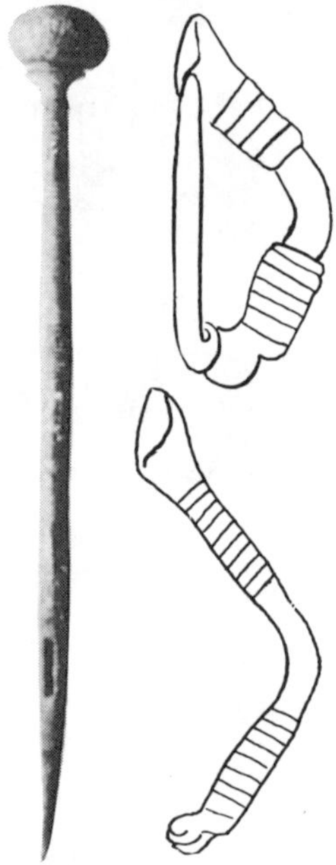

Abb. 486. Nadel (links) und Spangen (Fibeln) zum Festhalten der Kleidung (Megiddo)

Abb. 485. Kanaanäische Elfenbeinschnitzerei aus Megiddo

Abb. 487. Ägyptische Darstellung von Kanaanäern des 12. Jhdts. v. Chr. in Tunika und Oberkleid

Abb. 488. Phönikische Grabstele

Abb. 489. Assyrerkönig Schamschi-Adad V. (823–809 v. Chr.)

Abb. 490. Der König von Byblos bei der Anbetung der Hauptgöttin seiner Stadt

Abb. 491. Adlige Römer; über der Toga trägt man hier noch einen Umhang, die Stola (Relief der Ara Pacis Augustae, 13–9 v. Chr.)

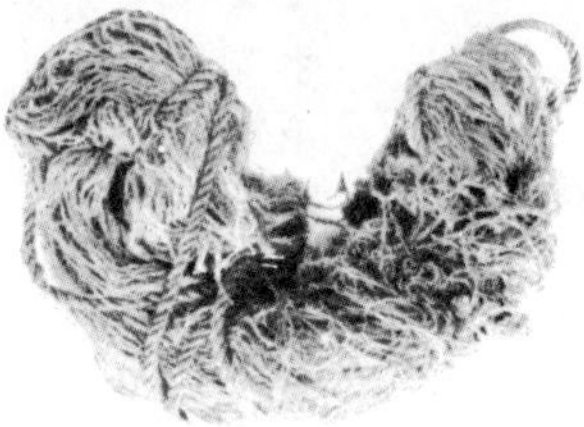

Abb. 492. Um einen Stein gewickeltes Knäuel, gefunden in *naḥal ḥever*

Abb. 493. Kleidungsreste aus den Höhlen von *naḥal ḥever*

kige Tuchbahn gewöhnlich um den Körper, samt den Fransen usw., wie unten erläutert (Tunika).

Berühmt wurde das feine Leinen, das die Ägypter herstellten; oft färbten sie die Fäden, um farbige oder gemusterte Stoffe zu weben, oder sie verzierten die fertigen Stoffe mit Stickerei. Die Israeliten müssen während ihres Aufenthaltes in Ägypten einige dieser Fertigkeiten erlernt haben, so daß sie später das heilige Zelt mit »blauem und rotem Purpur und Karmesin, mit Cheruben, wie sie der Kunstweber wirkt« errichten konnten (Ex 26,1). In der frühen Zeit wurde das Garn vor dem Weben in kalten Küpen, wie in denen der Anlage in Debir (8./6. Jhdt. v. Chr.; **Abb. 475**), gefärbt. In der nachexilischen Zeit benutzte man zum Färben von Geweben heiße Küpen, wie es außerhalb Palästinas allgemein üblich war.

2. Die wichtigsten Kleidungsstücke: Kleidungsstücke werden in der Bibel oft erwähnt, doch bezeichneten die dafür benutzten, in allen Büchern verstreuten Ausdrücke häufig verschiedene Gewänder. Zudem läßt ihre Übersetzung Einheitlichkeit vermissen.

a) Schurz, Hemdkleid (Tunika) und Oberkleid (m·'īl): Das früheste Untergewand war vermutlich das dicht am Körper anliegende, *'ezōr* genannte, rockartige Lendentuch (2 Kg 1,8; Jes 20,2; Jer, 13, 1 ff; Mt 3,4). Viele ägyptische Bilder **(Abb. 477)** zeigen ein solches um die Taille geschlungenes und mit einem Gürtel oder Riemen (*ḥagōrā*) befestigtes Kleidungsstück.

Für religiöse Funktionen wurde ein Hemdkleid oder ein Schurz, der um den Körper gewickelt war, getragen (1 Sam 2,18; 2 Sam 6,14). Man übersetzt diesen Terminus mit »Ephod«, doch meint dieses Wort eigentlich ein kunstvoll gearbeitetes Priestergewand (Ex 28,6–12; s. *Priester und Leviten).

Die gebräuchlichste Oberbekleidung war im allgemeinen die Tunika (*k·tōnæt*, griech. *chitón*; Joh 19,23). Diese Tunika (Hemdkleid) wurde hergestellt, indem man einfach ein rechteckiges Tuch in zwei Hälften zusammenlegte, die Seiten zunähte und Öffnungen für Kopf und Arme freiließ. Je nach Volk und Ort wurde sie offen oder geschlossen, mit oder ohne Ärmel getragen. Das hebräische Wort *k·tōnæt* und das griechische Wort *chitón* meinen auch Gewänder wie die auf den Tafeln wiedergegebenen **(Abb. 478–480)**. Der gebräuchlichste hebräische Ausdruck für ein Obergewand, das möglicherweise über der Tunika getragen wurde, ist *m·'īl* (1 Sam 2,19; 28,14; 1 Chr 15,27); in Übersetzungen steht dafür oft fälschlich »Rock«. Offensichtlich wurde es auch von hochstehenden Personen getragen. Ein solches Gewand ist auf einem Grenzstein eines babylonischen Königs (ca. 1100 v. Chr.) dargestellt; allerdings war dieses kragenlos und hatte kurze Ärmel, die über den Ellbogen endeten **(Abb. 476)**. Später trug man, wie aus dem NT hervorgeht (Mk 6,9; Lk 3,11), offenbar gelegentlich zwei Röcke, wie unten erläutert.

b) Mantel (Überwurf-śimlā): In alttestamentlicher Zeit trugen die meisten Völker der biblischen Länder ein wollenes oder leinenes Umhängetuch oder einen Umhang, der über der Tunika ziemlich fest um den Körper drapiert wurde. Biblische Ausdrücke für dieses Gewand, das ganz verschieden übersetzt wird, sind: *śimlā* (Dt 10,18; 21,13; Ruth 3,3) und *śalmā* (Mich 2,8; 1 Kg 1,1). Die *ṣā'īf* (langer Schleier, Gen 24,65; 38,14), das weibliche Obergewand, wird offenbar durch ein phönikisches Relief, aus dem 4. Jhdt. v. Chr., das eine Frau und einen Priester darstellt, illustriert **(Abb. 488)**. Sie trägt das für gewöhnlich *himátion* oder *pallium* genannte Gewand. Das jüdische Gesetz (Dt 22, 5) macht deutlich, daß sich die weibliche Kleidung von der männlichen unterschied. Der *sādīn* (Ri 14,12) wurde nach S. Yeivin auch von Männern getragen und war entgegen früherer Vermutung kein ausschließlich weibliches Kleidungsstück. Möglicherweise ähnelte er dem Übermantel (*śimlā*), den z. B. König Jehu und sein Gefolge trugen, als sie König Salmanassar Geschenke darbrachten, wie auf dem schwarzen Obelisken des Salmanassar zu sehen ist **(Abb. 357, 358, 360)**.

Soldaten trugen dem Stil der verschiedenen Perioden entsprechende Rüstungen und Leder- oder Messinghelme (z. B. 1 Sam 17,5).

c) Kopfbedeckung; Die Bibel berichtet, daß der Hohepriester einen Kopfbund aus feinem Linnen in Form eines Turbans oder einer Mitra trug – die *ṣānīf* oder *kidaris* (Ex 28,39). Dieser Ausdruck wird verschieden übersetzt, doch erscheint er an verschiedenen Stellen und bezeichnet offensichtlich jedesmal denselben Kopfputz (Jes 3,23; 62,3; Sach 3,5; Job 29,14). Gewöhnliche Leute trugen ein durch eine dicke Schnur festgehaltenes Tuch auf dem Kopf, das an die arabische Kopfbedeckung, den *aǧǧāl*, gemahnt. Barhäuptig gehende Männer hielten ihr langes Haar mit einem Kopfband in Ordnung. Käppchen oder Turbane waren ebenfalls typisch. Soldaten und Bauern banden sich anscheinend einen einfachen Leinenstreifen um den Kopf und ließen ein fransiges Ende über dem rechten Ohr herabhängen.

d) Fußbekleidung und Leder: Im Altertum ging man im Hause im allgemeinen barfuß, doch draußen schützte man die Füße mit einer für gewöhnlich aus einer einfachen ungegerbten Ledersohle bestehenden Sandale, die mit Bändern oder Schuhriemen festgemacht wurde (Gen 14,23; Mk 1,7). Eine Sandale war das Billigste, was es gab (Am 2,6) – nur der Schuhriemen war noch weniger wert (Gen 14,23). Das ägyptische Grabbild in *benī-ḥasan* **(Abb. 481)** zeigt Männer mit Riemensandalen, während die Frauen weiche, niedrige Stiefel tragen, wie sie vor einigen Jahrzehnten noch in Westasien üblich waren. Auf dem schwarzen Obelisk des Salmanassar **(Abb. 357, 358, 360)** trägt Jehus Gefolge jedoch im Gegensatz zu den Assyrern Schuhe, die ihre Füße vollständig bedecken (vgl. Ez 16,10). In bestimmten Situationen mußten die Schuhe ausgezogen werden (Ez 3,5; Jos 5,15; 2 Sam 15,30). In späterer Zeit wurde die Fußbekleidung eleganter.

Ein gutes Beispiel für das Schuhwerk des 2. Jhdts. n. Chr. ist die in einer Höhle von *naḥal ḥever,* im letzten Schlupfwinkel der Partisanen *Bar-Kochbas, mit intakten Bändern gefundene Kindersandale **(Abb. 482).** In derselben Höhle wurden auch Lederstücke gefunden, die einstmals zu einem Kleidungsstück oder zu einer Tasche gehört hatten, und in der Nähe davon zwei von einem Übermantel stammende genähte Lederstücke.

e) Quasten und Gebetsschals: Die Juden mußten sich nach ihrem Gesetz (Num 15, 37–41; Dt 22,12) an den Zipfeln ihrer Kleider Quasten (*ṣīṣit* oder Fransen) machen und an der Zipfelquaste eine Schnur von blauem Purpur anbringen. Diese Tradition wird in Gestalt der *ṣīṣit,* die an den Zipfeln des *ṭallīt,* des großen, mit Fransen besetzten, vierzipfligen Gebetsschals **(Abb. 483),** angebracht werden, von frommen Juden noch heutigen Tages bei Gottesdiensten beachtet.

Der große *ṭallīt,* der für gewöhnlich aus Wolle gefertigt war, wurde nur beim Morgengebet, am Nachmittag und bei allen Bußtaggottesdiensten getragen. Ein besonderes Untergewand, das *'arba' kanfōt* (4 Zipfel) oder *ṭallīt qāṭān* (kleiner *ṭallīt*), wurde jedoch während des Tages ständig unter dem Obergewand getragen.

Den blauen Farbstoff für die Quasten lieferte die mediterrane Purpurschnecke *(murex),* die die Alten (zur Hauptsache die Phöniker) mit blauen und purpurnen Farbstoffen versah. Da sich aus der Verwendung von Schalentieren gewisse Schwierigkeiten ergaben, lehrte Talmud (Menahot 38a) später, alle Fransen dürften weiß sein. Ursprünglich hatte jedes männliche Kleidungsstück solche *ṣīṣit,* und ein eifriger Jude unterschied sich von den anderen dadurch, daß er sie trug. Später wurden sie jedoch nur als Untergewänder und in der Synagoge getragen.

3. Die Kleidermode im Wandel der Zeit: *a) Frühzeit, Mittel- und Spätbronzezeit:* Über die Art der Kleidung in Kanaan während der Patriarchenzeit und bis zur israelitischen Landnahme geben zeitgenössische mesopotamische Skulpturen und ägyptische Malereien Aufschluß. Nach S. Yeivin kleideten sich die Erzväter und ihre Familien wahrscheinlich ganz ähnlich wie die Amoriter von Mari und Mesopotamien. Eine Statue eines Mannes mit Namen Abi-Il (oder Abi-Hil) aus Mari **(Abb. 484)** zeigt ihn von der Taille abwärts in Pelz gehüllt. Die Göttin Ningal aus Ur wurde mit einem Kleid dargestellt, das aus einer Reihe von Wollbändern bestand, die übereinander um den Körper gewickelt waren. Das Grabbild von *benī-ḥasan* (19. Jhdt. v. Chr.), das die Karawane des Ibscha und seines Beni-Ammu zeigt, illustriert westasiatische Kleidung der früheren Mittelbronzezeit bis zur Hyksoszeit. Außer dem von einigen Männern getragenen rockartigen Gewand tragen andere ein gewebtes Kleidungsstück, das über die linke Schulter drapiert ist und den rechten Arm freiläßt, wie oben beschrieben (Tunika). Die Frauen tragen ein ähnliches Gewand, bei dem ebenfalls die linke Schulter bedeckt ist. Alle sind barhäuptig **(Abb. 481).**

Die Ägypter stellten an den Wänden der Grabmäler in Theben, auf dem Relief Sethos' I. in Karnak, den Reliefs Ramses' II. und den glasierten Ziegeln Ramses' III. von *medīnet hābu* **(Abb. 487)** »Syrer« – Völker der nordöstlich von Ägypten gelegenen Länder – dar; die Ziegel zeigen gutgekleidete Kanaanäer des 12. Jhdts. v. Chr. Die Figuren erscheinen auch auf den Amarna-Illustrationen. Alle tragen sie ein langes Untergewand (Tunika), das fast bis zu den Knöcheln reicht, und darüber einen lose über die Schultern gelegten Umhang *(m·'īl).* Die Asiaten erscheinen hauptsächlich auf Darstellungen, welche die Ablieferung von Produkten oder Tributen

durch Vasallenstaaten der Ägypter zum Inhalt haben. Ausländische Kriegsgefangene sind ebenfalls dargestellt.
Eine Abwechslung in der Kleidung schuf man dadurch, daß man ein sariartiges Band (die *simlā* oder *śalmā*) um den unteren Teil der langärmeligen Tunika (oder des *k·tōnæt)* schlang. Das knöchellange *k·tōnæt* wies um die Ränder herum und auf einem vorn herablaufenden breiten Band häufig eine auffällige blaurote Verzierung auf. Darunter trug man ein Hemd. Hochstehende Männer trugen über dem *k·tōnæt* einen über der linken Schulter befestigten Mantel, Frauen dagegen eine zweite Tunika, die weiter und kürzer als die erste war, wie eine kanaanäische Elfenbeinschnitzerei aus Megiddo zeigt **(Abb. 485).** Leider existiert kein zeitgenössisches Bild des »bunten Rocks«, wie ältere Bibelübersetzungen ihn nennen, der Josephs Brüder erzürnte (Gen 37, 23) und den Thamar trug (2 Sam 13, 18), wenn auch auf viele mögliche Modelle hingewiesen wurde. Die Zürcher Bibel bezeichnet das Kleidungsstück als »Ärmelrock«. Viele Gelehrte glauben, es sei eine Tunika oder ein langes, wallendes Gewand gewesen, dessen Stoff aus verschieden gefärbten Fäden gewebt war und das den auf dem oben abgebildeten ägyptischen Grabbild von *benī-ḥasan* dargestellten Gewändern ähnelte; einige der Tuniken sind dort aus vertikalen Streifen aus gewebtem oder gesticktem Stoff in hellen, vorherrschend blauen und roten Farben gefertigt. Nach anderer Vermutung war es vielleicht eine langärmelige Tunika, die bis zu den Knöcheln reichte.
b) Früheisenzeit (israelitische Zeit 1300 bis 930 v. Chr.): Die kanaanäischen Elfenbeinschnitzereien von Megiddo (12. Jhdt. v. Chr.) zeigen, daß sich die meisten Kleidungsstücke seit der vorangegangenen Periode wenig gewandelt hatten. Auf Hof- und andere Szenen darstellenden Elfenbeinschnitzereien tragen die Männer über einer bunten, mit geometrischen Mustern bestickten Tunika *(k·tōnæt)* langärmelige wallende Gewänder. Über den Gewändern ist die *simlā* fest um den Körper gewickelt, wobei rechte Schulter und Arm freibleiben. Auf dem Kopf tragen sie dicht anliegende Kappen **(Abb. 485).** Die Frauen tragen ebenfalls lange, am Hals besetzte Gewänder *(śimlā)*. Einige sind ärmellos, einige haben lose Ärmel und lassen die langen Ärmel der Untertunika *(k·tōnæt)* sehen. Einige werden vorne offen getragen; sie sind um die Säume herum mit Stikkerei verziert und mit langen, vorn herunterhängenden Quasten versehen. Eine Frau trägt über einem Kopftuch einen breiten, oben flachen Kopfputz wie eine Krone. Im Gegensatz hierzu ist die Sängerin barhäuptig; ihr Haar fällt ihr bis auf die Schultern. Möglicherweise stellt sie eine *q·dēšā* (Tempelpriesterin) dar. Nach einem assyrischen Gesetz mußte eine ehrbare Ehefrau ihren Kopf bedecken, ein unverheiratetes Mädchen dagegen mußte barhaupt gehen.
Die Elfenbeinschnitzerei stellt eine Hofszene dar; möglicherweise sagt sie daher für die gewöhnliche israelitische Kleidung der Zeit nicht sehr viel aus. Sie zeigt jedoch, daß die Gewänder der Eisenzeit nicht mehr mit Nadeln (**Abb. 486** mit Löchern) festgesteckt, sondern daß Fibeln (Spangen; **Abb. 486**) verwandt wurden.
Ägyptische Bilder aus dieser Zeit zeigen »syrische« Gefangene, die in Lendenschurzen arbeiten, welche an den Enden Quasten aufweisen **(Abb. 477).** Eine andere Elfenbeinschnitzerei aus Megiddo **(Abb. 476)** zeigt Soldaten, die lediglich mit einer kurzen Tunika bekleidet sind (s. Kleidung auf **Abb. 500–503, 534**).
c) Späteisenzeit (930–600 v. Chr.): Der schwarze Obelisk Salmanassars III. von Assyrien (9. Jhdt. v. Chr.) zeigt Salmanassar, wie er von Jehu, dem König von Israel (s. *Israel und Juda), Tribut entgegennimmt. Einige der Assyrer tragen Stirnbänder, flache Sandalen und lange, kurzärmelige Gewänder, die unten mit Fransen versehen und mit einer mit Quasten geschmückten Schärpe gegürtet sind. Andere tragen einen langen Rock und haben sich um Schultern und Taille mit Fransen versehene Umschlagetücher geschlungen; ihre Kleidung ähnelt der von Schamschi-Adad V. **(Abb. 489)** aus dem 9. Jhdt. v. Chr. Der Assyrerkönig trägt eine fezartige Kappe auf dem Kopf.
Die Israeliten tragen einen langen Rock oder eine Tunika – nahezu die gleiche Kleidung wie zu Beginn des israelitischen Zeitalters. Darüber tragen sie einen offenen, kurzärmeligen Umhang, der an den Schultern befestigt ist und längs den Rändern Fransen und Quasten aufweist. Einige von ihnen tragen Stirnbänder und andere, wie König Jehu, einen weichen, spitzzulaufenden Hut ähnlich der phrygischen Mütze. Alle tragen Schuhe, die den Fuß bedecken und an den Zehen nach oben gebogen sind. Auf der assyrischen Skulptur, die die Einnahme von *Lachis darstellt, tragen die gefangengenommenen jüdischen Männer entweder ein mäßig dicht anliegendes Ge-

wand, das den Hals eng umschließt (Job 30, 18) und fast bis zu den Knöcheln reicht, oder eine kurzärmelige Tunika und ein rockartiges Kleidungsstück des in früheren Epochen gängigen Typs. Sie tragen ein Kopfband, dessen Enden um die – häufig rasierten – Wangen hängen. Die Frauen haben sich einen Umhang um den Körper geschlungen, der einem langen Schleier ähnelt und die Stirn bedeckt. In *Zincirli* fand man ein Relief, das zwei Aramäer zeigt, die mit Quasten geschmückte Mützen tragen und sich über eine Untertunika ein langes, gefranstes Umschlagtuch um den Körper geschlungen haben; ein mit Quasten geschmückter Zipfel hängt über die rechte Schulter. An den Füßen haben sie Schuhe mit gebogenen Sohlen.

d) Perserzeit und hellenistische Zeit: Tuniken, Schärpen und lange, wallende Gewänder wurden, mit modischen Änderungen, nach wie vor getragen. Lockere, gegürtete Tuniken wurden mit langen, losen Ärmeln getragen. Eine Anzahl Perser wird mit Jacken und Hosen abgebildet, was vielleicht den Hinweis in Dan 3, 21 erklärt. Eine phönikische Grabstelle **(Abb. 488)** zeigt die Kleidung wohlhabender Leute jener Zeit. Anders als die Juden pflegten sich die Phöniker die Barthaare abzuschneiden. Sie trugen eine kleine Mütze mit flacher Unterlage und, wie ihre Nachbarn, die »nahtlose« Tunika. Letztere wurde aus zwei rechteckigen Tuchbahnen gefertigt, die nicht zugeschnitten, sondern über den Schultern und an den Seiten zusammengenäht wurden. Für Kopf und Arme ließ man eine Öffnung, und das Gewand war weit genug, so daß sich von selbst eine Art halber Ärmel bilden konnte. Ein Gürtel hielt die Falten in Ordnung und ermöglichte verschiedene Drapierungen. Bei dem hier wiedergegebenen Beispiel war es vorne, wo die besetzten Stoffränder zu sehen sind, sehr weit **(Abb. 488).** Nach Beschreibungen im rabbinischen Schrifttum (s. *Priester und Leviten) trug der jüdische Hohepriester offenbar ein ganz ähnliches Gewand. Ein derartiges Kleidungsstück war noch in neutestamentlicher Zeit allgemein gebräuchlich (Joh 19, 23). Eine lange weiße Linnentunika wurde das Hauptgewand des gewöhnlichen jüdischen Priesters der späteren Zeit. Sie hatte Ärmel, die für besondere Gelegenheiten an den Armen festgebunden wurden.

Ein König von Byblos wurde in Anbetung vor der großen Göttin seiner Stadt dargestellt **(Abb. 490)**; er trägt Barett mit flacher Unterlage, von dem zwei Bänder herabhängen, und ein dreieckig gefaltetes Umhängetuch, bei dem es sich vielleicht um das in Dt 22, 12 erwähnte Gewand handelt. Diese Vorschrift (Dt 22) wurde noch in neutestamentlicher Zeit beachtet (Mt 9, 20; 23,5).

Der Hellenismus hatte die griechische Art, sich zu kleiden, in das Land gebracht, und sie fand hauptsächlich in den oberen Schichten und städen lockeren Falten der klassischen Zeit um den Körper drapiert waren.

Antiochus Epiphanes zwang die jungen jüdischen Adligen, ebenso wie die *ephēboi* (Athleten) den *pétasos,* den mit Hermes in Verbindung gebrachten niedrigen, breitrandigen Hut zu tragen (2 Makk 4,12).

Die Frauen trugen in dieser Zeit im allgemeinen ein plissiertes, langes, wallendes Gewand mit oder ohne Ärmel, wie auf der attischen Vase aus dem 5. Jhdt. v. Chr. **(Abb. 472)** zu sehen ist, und darüber ein großes Umhängetuch, das *himátion,* das den Kopf bedeckte und elegant um den Körper drapiert war. Es ist nicht anzunehmen, daß sich die jüdische Frau anders kleidete. Kleine Mädchen trugen die gleiche Kleidung wie erwachsene Frauen, und die Schuljungen trugen ebenfalls ein über die rechte Schulter drapiertes *himátion.*

Bei der Feldarbeit trugen die Männer eine gegürtete Tunika mit kurzen, dicht anliegenden Ärmeln **(Abb. 478),** während für schwere Arbeiten oder auf dem Wasser das kiltartige Kleidungsstück ausreichte.

e) Römische und neutestamentliche Zeit: Die Kleidertrachten wandelten sich nach der hellenistischen Zeit nur wenig, doch bekamen sie einen römischen Einschlag. Der interessanteste Zug der griechisch-römischen Kleidung des 1. Jhdts. n. Chr. war die Art, wie eine lange Tuchbahn, die *chlamys,* wie die Griechen sie nannten, oder das *pallium* im Lateinischen, auf verschiedene Weise über die Tunika drapiert wurde. Eine besondere Abart des *pallium* war die *toga.* Ein römisches Relief aus dem Jahre 13 v. Chr., das eine religiöse Prozession darstellt (Ara Pacis Augustae), zeigt die typischen fließenden Gewänder römischer Bürger **(Abb. 491)**: lose Togen und auf verschiedene Weise als eine Art Mantel darüber getragene Stolen.

Die wohlhabenden und herrschenden Schichten in Palästina trugen zweifellos die gleichen Gewänder wie die römischen Patrizier, doch die Kleidung einfacher Leute – wie Jesu und seiner Jünger – war sehr viel schlichter. Offenbar gab es sechs Gewänder: ein unter der Tunika getragenes Leinenhemd, *ḥālūq;* die »ohne Naht gewobene« (Joh 19, 23) Tunika selbst; einen um die Taille geschlungenen Leinengürtel (Mt 3, 4); Ledersandalen für die Füße und ein vermutlich aus weißer Wolle gefertigtes Obergewand (Mk 9, 3) mit Quasten an den Zipfeln. Die jüdischen Lehrer gingen in jener Zeit nicht barhäuptig; Jesus trug daher vielleicht ein weißes leinenes, turbanähnliches *sudarium* (Schweißtuch). Das *sudarium* war eine Art Kopftuch und wird als Kopfbedeckung für die Verstorbenen erwähnt (Joh 11, 44; 20, 7).

f) Kleiderfunde in Höhlen am Toten Meer: Tuch- und Kleiderreste aus dieser Zeit wurden mit den übrigen Relikten der *Bar-Kochba-Partisanen in den Höhlen gefunden: verschiedene Stücke aus Leinen und gefärbter Wolle **(Abb. 493),** darunter sehr fein gewebte, sowie Netze **(Abb. 492)** und eine um einen Stein gewickelte Rolle feinen Zwirns.

Die in Syrien und Palästina während der neutestamentlichen Zeit getragenen Gewänder waren der Kleidung der Araber des 19. und 20 Jhdts. n. Chr. ganz unähnlich. Weit bessere Modelle bieten die Darstellungen von Orientalen in der Bildhauerei und Malerei der Griechen und Römer des klassischen Altertums.

Könige (Bücher)

Gliederung: 1. Aufbau und Inhalt. a) Einordnung im Kanon und Aufbau; b) 1 Kg 1–2 (Tod Davids und Thronbesteigung Salomos); c) 1 Kg 3, 1–11, 43 (Salomos Regierung); d) 1 Kg 12, 1–2, 17 (Die Zeit der getrennten Reiche Israel und Juda); e) 2 Kg 18–25 (Das Reich Juda). 2. Quellen. a) Chroniken, Annalen und Aufzeichnungen in Tempelarchiven; b) Prophetenerzählungen; c) Verwendung der Quellen aus dem Nordreich; d) Das Buch der Könige und die Schriftpropheten. 3. Die literarische Form. 4. Die Chronologie. 5. Entstehungszeit und Text. a) Datierungsversuche; b) Text. 6. Die deuteronomistische Geschichtsschau. a) Heilsgeschichte und Weltgeschichte; b) Der Fall von Samaria; c) Der Untergang Judas. 7. Das Buch der Könige und die zeitgenössischen außerbiblischen Quellen.

1. Aufbau und Inhalt: *a) Einordnung im Kanon und Aufbau:* Die Erzählungen des Buches der Könige nehmen im hebräischen Kanon den vierten und letzten Platz unter den Büchern der frühen Propheten ein. Ursprünglich waren die beiden Bücher, so wie die Bücher *Samuel, ein einziges. Sie schließen sich chronologisch an den Samueltext an und haben zusammen etwa die gleiche Länge; das erste Buch der Könige hat 22, das zweite 25 Kapitel.

Die historischen Berichte der beiden Bücher erstrecken sich über einen Zeitraum von etwa vier Jahrhunderten. Es lassen sich drei große Epochen unterscheiden:

(1) 1 Kg, Kap. 1–11: Die ersten beiden Kapitel führen den Bericht über die Herrschaft Davids, das Hauptthema des 2. Samuelbuches, zu Ende. Die Kap. 3–11 malen das Bild der Herrschaft Salomos über das vereinigte Königreich in strahlenden Farben. Hier erreicht das erste Buch der Könige seinen Höhepunkt. Mit einer chronologischen Aufzählung der Regierungszeiten der Könige des geteilten Reiches schließt das Buch.

(2) Die Kap. 1 Kg 12–2 Kg 17 befassen sich mit der Spaltung des Reiches und bringen getrennte Berichte über *Israel und Juda.

(3) In den Kapiteln 2 Kg 18–25 wird die Geschichte des Königreiches Juda allein fortgesetzt, nachdem das Nordreich von Samaria zerfallen war. Der Bericht endet mit der Beschreibung der Zerstörung Jerusalems und dem Exil der Judäer (s. *Exil, babylonisches).

b) 1 Kg 1–2 (Tod Davids und Thronbesteigung Salomos): Kap. 1 und 2, die eine Beschreibung der letzten Tage Davids und der Thronbesteigung Salomos geben, stammen möglicherweise nicht von dem Autor der übrigen Teile der Bücher der Könige. Ihr Ursprung ist auch nicht in den Kreisen zu suchen, denen die beiden Samuelbücher entstammen, da vom Ende des Samuelbuches kein kontinuierlicher Übergang zu den ersten Kapiteln von 1 Kg besteht (2 Sam 21–24 bilden einen Anhang zum zweiten Samuelbuch). Vielmehr schließen sich diese Kapitel an den Text von 2 Sam 20 an und vervollständigen den Bericht über die Herrschaft Davids. Demnach bilden 2 Sam 9–20 und 1 Kg 1–2 ein einheitliches Ganzes.

c) 1 Kg 3, 1–11, 43 (Salomos Regierung):

1 Kg	3	Beschreibung der Anfänge der Regierungszeit Salomos.
	4	Auszüge aus der Chronik der Könige.
	5–7	Bericht über Salomos Bautätigkeit.
	8, 1–9, 9	Bericht der Tempelweihe.
	9, 10–10, 29	Verschiedene Regierungsmaßnahmen und Begeben-

		heiten, besonders jene, die mit den ökonomischen Bestrebungen Salomos im Zusammenhang stehen.
	11	Niedergang des Reiches Salomos.

d) 1 Kg 12, 1–2, 17 (Die Zeit der getrennten Reiche Israel und Juda):

1 Kg	12, 1–24	Die Reichsspaltung.
	12, 25–14, 20	Jerobeam, König von Israel.
	14, 21–15, 24	Rehabeam, Abia und Asa (Juda).
	15, 25–16, 28	Nadab bis Omri (Israel).
	16, 29–22, 40	Ahab von Israel – einschließlich des Zyklus der Elia-Erzählungen.
	22, 41–50	Josaphat von Juda.
	22, 51–2 Kg 1, 18	Ahasja von Israel.
2 Kg	2, 1–25	Abschluß der Elia-Geschichten; die Nachfolge von Elisa.
	3, 1–8, 29	Der Elisa-Zyklus und die Regierung des Joram von Israel und des Joram und Ahasja von Juda.
	9, 1–10, 36	Jehu von Israel.
	11–12	Athalja und Joas in Juda.
	13, 1–25	Joahas und Joas von Israel.
	14, 1–29	Amazja von Juda und Jerobeam II. von Israel.
	15, 1–31	Asarja (Usia) von Juda; Chaos in Israel.
	15, 32–16, 20	Jotham und Ahas in Juda.
	17	Untergang des Nordreiches.

e) 2 Kg 18–25 (Das Reich Juda):

2 Kg	18–20	Die Regierungszeit Hiskias in Juda; die Belagerung Jerusalems durch Sanherib; Hiskia und Jesaja.
	21	Manasse und Amon.
	22, 1–23, 30a	Josia und die religiöse Reform (darin findet auch die deuteronomistische Reform ihren Abschluß).
	23, 30b–25, 7	Die letzten Könige von Juda und die letzten Tage von Jerusalem.
	25, 8–30	Der Zerfall des Staates Juda und das Exil. Die letzten Verse (25, 22–30), die über die Ermordung Gedaljas und das Schicksal Jojachins nach dem Tod Nebukadnezars berichten, können als spätere Anfügungen gelten.

Die Ereignisse in den Regierungszeiten der oben angeführten Könige – im Zusammenhang mit der israelitischen und der allgemeinen Geschichte – werden in den Artikeln *Israel und Juda, *David und Salomo, *Elia, *Elisa, *Amos, *Jesaja und *Jeremia behandelt, die den biblischen Bericht vor dem Hintergrund der damaligen Zeitsituation erörtern.

2. Quellen: *a) Chroniken, Annalen und Aufzeichnungen in Tempelarchiven:* Das Buch der Könige macht jene Entwicklung in der hebräischen Geschichtsschreibung erkennbar, die sich vom einfachen, sachlichen Bericht von Ereignissen zur Darstellung und gleichzeitigen Deutung der Geschichte gewandelt hat. Die Verfasser hatten Zugang zu den amtlichen Dokumenten, die in den königlichen Archiven (Chroniken) aufbewahrt wurden und *sefær dibrê ha-jāmîm* genannt werden. Diese werden für fast jede Regierungsperiode zitiert, von der Zeit Salomos (1 Kg 11, 41) bis zum Untergang Israels (2 Kg 15, 31) und Judas (2 Kg 23, 28). Es finden sich sowohl zur Zeit Davids als auch zur Zeit Salomos (2 Sam 8, 16; 20, 24; 1 Kg 4,3) sowie der späteren Könige von Juda (2 Kg 18, 18.37; 2 Chr. 34, 8) Hinweise auf die *mazkirîm* (= Archivare, Herolde; s. *Verfassung, Verwaltung und Staatsformen). Das war damals so Brauch. Die assyrischen und babylonischen Annalen und Chroniken sind heute bekannt, ebenso die der Hethiter und jene, die in Mari und Ugarit aufbewahrt wurden. Ähnliche Dokumente wurden anscheinend im Nord- und Südreich aufbewahrt. Wenn auch das Nordreich von den Assyrern zerstört wurde, so dürften doch wohl Abschriften angefertigt und erhalten geblieben sein, die dann dem judäischen Redaktor der Königsbücher zugänglich waren.

Die erste im Buch erwähnte Quelle ist die ›Chronik Salomos‹ (1 Kg 11, 41). Dann kommt die ›Chronik der Könige von Israel‹ (14, 19 u. ö.) und die ›Chronik der Könige von Juda‹ (14, 29 u. ö.; diese Chroniken sind nicht mit den biblischen Büchern der *Chronik zu verwechseln). Man weiß nicht, was es mit diesen Chroniken auf sich hatte. Einige Gelehrte sind der Meinung, daß die »Chroniken der Könige« keine Hofberichte, sondern bekannte Werke waren, die man bei den Lesern der biblischen Schriften als bekannt voraussetzen durfte. Andere Exegeten stellen diese Ansicht in Frage und halten entgegen, daß selbst weithin bekannte Werke denen der königlichen Archive ähnlich gewesen sein mußten. Möglicherweise kamen sie in einem langsamen Entstehungsprozeß zustande und enthielten dann bis zu ihrer Vollendung offensichtlich genauere Einzelschilderungen als die kanonischen Bücher der Könige.

Neben diesen rein profanen Quellen scheinen die Verfasser der Bücher der Könige die in den Tempelarchiven lagernden Aufzeichnungen darin verarbeitet zu haben. So verrät der Stil des Textes 1 Kg 6–8, 13 (der Bau und die Einweihung des Tempels) einen deutlichen priesterlichen Einschlag. Die folgenden Abschnitte (8, 14–61; Salomos Rede an das Volk) lesen sich hingegen wie das Werk des Deuteronomisten (s. *Bibelkritik).

b) Prophetenerzählungen: Eine weitere sehr wichtige Quelle scheinen die im Nordreich entstandenen Berichte über die Taten und Sprüche der dort lebenden Propheten darzustellen. Es sind dies vor allem die ›Elia-Akten‹ (s. *Elisa) und die ›Elisa-Akten‹ (s. *Elisa). Die Erzählungen um diese Prophetengestalten wurden aus der Sicht des Nordreichs geschrieben, die nicht notwendigerweise mit der des judäischen Redaktors der Bücher der Könige übereinstimmte. Immerhin hat er einen beträchtlichen Teil ihrer Vorlagen in die Berichte über die Regierungszeit Ahabs und dessen unmittelbare Nachfolger hineinverarbeitet (1 Kg 17–2 Kg 9, mit einem Nachtrag in 2 Kg 13, 14–21). In diesen Prophetenlegenden ist auch die Geschichte von der Flucht Ben-Hadads enthalten (1 Kg 20) sowie der einzige Hinweis auf das Wirken des Propheten Micha (1 Kg 22). Vielleicht stellt der ganze Text 1 Kg 17 bis 2 Kg 10 einen zusammenhängenden Prophetenbericht dar, in den Aufzeichnungen bestimmter wichtiger Ereignisse eingestreut sind. Freilich ist es sehr schwierig, die Prophetenerzählungen von den historischen Zeitberichten zu unterscheiden. Man nimmt an, die Prophetenerzählungen seien etwa um die Zeit geschrieben worden, in der die Propheten gelebt haben. Diese Kapitel enthalten allerdings auch eine oder zwei Prophetenerzählungen, die Erzählung und homiletische Deutung verbinden (weitere Erläuterungen s. *Bibelkritik). Solche Passagen finden sich vor allem in 1 Kg 11, 29–39; 1 Kg 16, 1–4; 2 Kg 23, 15–20.

c) Verwendung der Quellen aus dem Nordreich: Die Spuren dieser älteren Quellen aus dem Norden, die vor allem in den Büchern der Könige erhalten geblieben sind, weisen in Richtung einer damals existenten einheimischen Literatur, die größtenteils beim Untergang Israels verlorengegangen ist. Der judäische Redaktor des Buches der Könige hat von diesen Vorlagen Gebrauch gemacht, insoweit es ihm die Frage beantworten half, wieso es zur Reichsspaltung kam und wie Gottes Wille und der dem auserwählten Volk verheißene Schutz im Einklang mit der leidvollen Geschichte des Nordreiches standen. Alles historische Material, das sich nicht auf die Lösung dieses Problems zu beziehen schien, wurde daher ausgeschlossen und geriet dann in Vergessenheit.

Trotz einiger gegensätzlicher Ansichten scheint zwischen den oben angeführten Quellen der Bücher der Könige und den hypothetischen J- und E-Quellen des Pentateuch keinerlei Verbindung zu bestehen (s. *Bibelkritik).

d) Das Buch der Könige und die Schriftpropheten: Prophetenerzählungen, die sich auf das Land Juda beziehen, sind besonders selten. Das bekannteste Beispiel einer solchen Erzählung ist die Geschichte von der Begegnung zwischen Jesaja und König Hiskia (2 Kg 18–20). Diese geschah zunächst während der Belagerung Jerusalems durch Sanherib (s. *Assyrien und Israel) und später während der Krankheit Hiskias. Als ein weiteres Beispiel kann auch die Ankündigung der Reform Josias durch einen unbekannten Propheten gelten (1 Kg 13, 2–10; 2 Kg 23, 15–20). In beiden Fällen geht es in erster Linie um das Heiligtum in Jerusalem.

3. Die literarische Form: Die Aufzählung und Behandlung aller Könige des gespaltenen Reiches richtet sich in diesem Buch nach einem ganz bestimmten Schema, das sich auf den Anfang und das Ende jeder einzelnen Herrschaftsperiode bezieht. Jeder König von Juda wird mit einer Formel vorgestellt, die seine Herrschaft in Übereinstimmung bringt mit der Königsfolge in Israel, sein Alter zur Zeit seines Regierungsantritts angibt, die Dauer und Bedeutung seiner Regierung festhält, den Namen seiner Mutter nennt und seine Regierung danach einschätzt, ob er Übles

beging oder »tat, was dem Herrn gefiel«. Das Kriterium für seine Regentschaft bildet der Grad seines reinen Jahwismus, d. h. ob unter seiner Herrschaft der Kult an den *Höhenheiligtümern gefördert oder unterdrückt worden ist.
Der Bericht über die Regierungszeit schließt ebenfalls mit einer feststehenden Formel, die sich auf die Quelle (»die Chronik der Könige« von Israel oder Juda) beruft, das Begräbnis des Königs festhält und den Namen seines Nachfolgers nennt. Die Könige des Nordreichs werden innerhalb eines ähnlichen Erzählungsrahmens behandelt, wenn auch die Einführungsformel weniger Einzelheiten enthält und gelegentlich auch Angaben über zeitgenössische fremde Herrscher und Ereignisse des Auslandes macht.

4. Die Chronologie: Die Länge der Regierungszeiten wurde auf zwei Arten berechnet. Die eine richtete sich nach dem ägyptischen Brauch, das Jahr des Herrschaftsantritts doppelt zu zählen – es war das letzte Regierungsjahr des verstorbenen Königs und das erste seines Nachfolgers. Die andere Methode war assyrisch-babylonischem Brauchtum entnommen und zählte das Antrittsjahr nur einmal, und zwar als das letzte Regierungsjahr des verstorbenen Herrschers. Das erste Regierungsjahr des neuen Königs begann formell erst am folgenden Neujahrstag (s. auch *Israel und Juda 6).
Durch den damals gebräuchlichen zweifachen *Kalender wird die genaue Datierung noch weiter erschwert. Im allgemeinen konnte man jedoch in neuerer Zeit die Abfolge der Ereignisse in einigermaßen befriedigender Weise rekonstruieren, und man ist sich innerhalb enger Toleranzgrenzen ziemlich einig. So hat man sich auf einige wichtigere Daten schon geeinigt, wie z. B. den Tod Salomos zwischen 931 und 922 v. Chr. (jedenfalls nicht früher und nicht später), Jehus Aufstieg um 842/1, den Untergang von Samaria zwischen 723 und 721, den Untergang Judas und Jerusalems um 597 und 587/6 (Abweichungen sind verhältnismäßig gering).

5. Entstehungszeit und Text: *a) Datierungsversuche:* Das 2. Buch der Könige schließt mit der Freilassung König Jojachins aus seiner Gefangenschaft; dies geschah um das Jahr 561 v. Chr. In der Annahme, das Buch sei nach dem Tod Jojachins verfaßt worden, sehen viele Wissenschaftler den Schlußbericht als einen Beweis dafür an, daß das Buch um die Mitte des 6. Jhdts. v. Chr. entstanden sei. Eine Reihe von Anzeichen deuten jedoch darauf hin, daß der größere Teil des Buches schon früher zusammengestellt worden sein muß. Demnach seien auch die letzten Verse (2 Kg 25, 22–30), die sich mit Ereignissen nach dem Tod Nebukadnezars befassen, als spätere Einfügungen zu betrachten, die nach dem Hauptteil des Buches entstanden sind. Diese Theorie wird noch durch die Tatsache bekräftigt, daß das letzte der vorausgehenden Ereignisse, das im Buch der Könige verzeichnet ist, um mindestens zwanzig Jahre vor der Freilassung Jojachins liegt. Dies deutet darauf hin, daß das Buch früher geschrieben, der Hinweis auf die Freilassung aber später hinzugefügt worden sein muß. Die wichtigsten Andeutungen über die Entstehung des Buches während der Königszeit sind jedoch in der offen dargelegten Absicht des Verfassers zu erkennen, das Volk vor den Fehlern der Vergangenheit zu bewahren – und schließlich auch in dem Publikum, das er anzusprechen scheint. So weisen z. B. hie und da vorkommende Formulierungen (1 Kg 8, 8; 9, 21; 2 Kg 2, 22 u. ö.) wie »bis auf diesen Tag« deutlich darauf hin, daß das Buch für Menschen geschrieben war, die vor dem Untergang Judas dort gelebt haben. Andererseits ist es natürlich richtig, daß der ursprüngliche Inhalt des Buches schon lange vor der letzten Redaktion oder Zusammenstellung vorhanden gewesen ist. Diese Formulierung könnte daher auch von der Vorlage und nicht vom Redaktor stammen.
Es gibt noch andere Beweise. Eine Theorie besagt z. B., der Text von 1 Kg 1–2 habe einen Zeitgenossen Davids zum Verfasser; zumindest handle es sich aber um einen objektiven historischen Bericht in klassischem Stil. Ähnlich verhalte es sich mit den Berichten über die Reichsspaltung (1 Kg 11, 26 bis 12, 24), den Aufruhr gegen Athalja (2 Kg 11) und Josias Reform (2 Kg 22–23), die alle den Charakter historischer Zeitberichte tragen. Außerdem ist die Erzählung im Text 2 Kg 18–20 auch bei Jes 36–39 wiederholt. Einige sehen in dieser Tatsache einen deutlichen Hinweis auf ihre Herkunft aus zeitgenössischen Niederschriften oder Chroniken. Hingegen vertreten andere die Ansicht, der gesamte Abschnitt sei – so wie er ist – in den Jesajatext eingefügt worden, wohin er jedoch nicht gehöre.
Diese Meinungsunterschiede erstrecken sich jedoch nicht über die Datierung des Vorgangs der endgültigen Zusammenfassung der verschiedenen Elemente zu einem

zusammenhängenden Buch. Die erste Fassung scheint aus den letzten Jahrzehnten des 7. Jahrhunderts v. Chr. zu stammen, da sich der Autor besonders mit Josia als einem zweiten David befaßt. Die Berichte nach dem Tod Josias sind verhältnismäßig kurz und lassen auf eine zweite Fassung um 585/580 v. Chr. und eine letzte um 560/550 schließen.

Da jedoch die letzte Fassung offensichtlich deuteronomistischen Charakters ist, läßt sich nach Meinung einiger Bibelwissenschaftler auch eine so späte Zeit wie die des Exils als Entstehungsdatum des Buches rechtfertigen (s. *Exil, babylonisches). Vertreter dieser Ansicht betrachten die Formulierungen »bis auf diesen Tag« als bewußte Zusätze, um die Berichte älter erscheinen zu lassen. Oder aber die Redaktoren könnten solche Formulierungen aus den früheren Vorlagen unverändert übernommen haben. Das ist bei vielen biblischen Vorlagen geschehen, und zwar aus Ehrfurcht vor den alten Überlieferungen. Im vorliegenden Falle könnte ebenso verfahren worden sein, obgleich die Endredaktoren der Bücher diesem ihre spätere Deutung mitgaben. Wenn sie nach dem Untergang des Reiches daran gearbeitet hätten, so hätten sie doch gewiß danach verlangt, dem Leser darzutun, daß ihr Volk deshalb vom Unheil betroffen wurde, weil es den Willen Gottes nicht so verstanden hatte wie die Kompilatoren.

b) Text: In einer Reihe von Fällen stimmt der Wortlaut der Bücher der Könige in der Septuaginta mit den Masoretentexten nicht überein (s. *Bibelkanon; *Bibeltext). Dies ist das Ergebnis verschiedener Faktoren. Einer dieser Faktoren ist darin zu sehen, daß die Übersetzer der Septuaginta sich einer noch gebräuchlichen vormasoretischen Textvorlage bedienten. Wie die Bücher Samuel stützt sich der Septuagintatext der Bücher der Könige auf eine andere vormasoretische Vorlage.

Keiner dieser Unterschiede wirkt sich jedoch besonders auf die Übersetzung aus. Der Sinn des Buches wurde im wesentlichen nicht verändert (s. auch *Chronik [Bücher] 3).

6. Die deuteronomistische Geschichtsschau: *a) Heilsgeschichte und Weltgeschichte:* Das Buch der Könige war nicht als bloße Aufzählung geschichtlicher Ereignisse gedacht, wie dies bei einer Chronik der Fall ist. Vielmehr führt es die historischen Tatsachen an, die aus der Sicht des religiösen Anliegens des Kompilators gedeutet werden. Der Deuteronomist wollte im Buch der Könige zeigen, wie Gott das Weltgeschehen leitet und wie der göttliche Wille durch die Menschheitsgeschichte erfüllt werden sollte. Dieser Standpunkt betont denn auch die unmittelbare Wechselbeziehung zwischen Sünde und Strafe, zwischen reuiger Umkehr und göttlichem Erbarmen. Dasselbe Geschichtsbild findet sich auch im Buch der *Richter und bei *Samuel. Dies führt zu einer Geschichtsschreibung, die nach heutigem Maßstab durchaus nicht objektiv ist. Die Ereignisse werden fast ausschließlich nach ihrer Bedeutung für den Kult und für das Gesetz sowie nach der Relevanz zum Grundanliegen des Deuteronomisten beurteilt. Demzufolge wird das Verhältnis zwischen moralischem Prinzip und der tatsächlichen Erfahrung überbetont, obwohl die Berichte sich im wesentlichen auf empirische Daten stützen. Es wird sogar ehrliche Selbstkritik nach den oben erwähnten Maßstäben geübt. So wird z. B. dargelegt, daß die Abspaltung der nördlichen Stämme von dem gottgewollten Vereinigten Königreich, das David zuwege brachte, schon grundgelegt wurde, als Salomo von Gott abfiel und »anderen Göttern diente« (1 Kg 11, 4–13, 32).

b) Der Fall von Samaria: Ebenso wird auch der Untergang des Nordreiches (2 Kg 17) als Gottesgericht gedeutet, weil Israel sich immer wieder an dem versündigt hatte, was der Deuteronomist als den wahren Glauben bezeichnete. Der Abschnitt 2 Kg 17, 9–23 stellt einen Kommentar des Redaktors zu der Katastrophe dar, der eine direkte Verbindung zwischen dem Untergang des Königreiches und der fortwährenden Sünde (d. i. Abfall von Gott) des Volkes, das auf den *Höhenheiligtümern in Bethel und Dan seinen Kult feierte und sogar die Goldenen Kälber anbetete, die Jerobeam aufgerichtet hatte (vgl. V. 16 ff), herstellt. Während der Erzähler den Königen von Juda nicht sehr häufig vorwirft, auf den *Höhenheiligtümern zu opfern oder den Kult dort zu fördern, richtet er diesen Vorwurf ständig gegen die Könige von Samaria. Der Lebenslauf fast jeden Königs wird im Satz zusammengefaßt: »er tat, was dem Herrn mißfiel« (s. auch *Götzendienst in Israel). Die nahezu ausnahmslose Verurteilung der Könige von Israel wird jeweils begründet mit dem Hinweis auf den »Weg Jerobeams ... und (die) Sünde, zu der er Israel verführt hatte« (1 Kg 15, 26.34; 2 Kg 3, 3 u. ö.). Die Anbetung der Goldenen Kälber Jerobeams war in den Augen des Verfassers der Bücher der Kö-

Abb. 494. Skulptur eines zyprischen Königs aus dem 6. Jhdt. v. Chr.

nige die große Sünde, die durch keine äußeren Leistungen abgeschwächt werden konnte.
c) Der Untergang Judas: Auch der Untergang des Reiches Juda wird auf den Abfall Salomos zurückgeführt; besonders die Greueltaten Manasses und seine Entweihung des Tempels haben dazu beigetragen. Ebenso wurden andere Könige von Juda verurteilt, weil sie die Höhenheiligtümer und die heidnischen Kulte geduldet hatten (1 Kg 15, 3; 2 Kg 8, 18.27 u. ö.). Selbst Könige, die sich verdient gemacht hatten (wie etwa Josaphat, Amazja, Asarja [Usia] und Jotham), konnten nicht mit vollem Lob bedacht werden, weil die Höhenheiligtümer noch weiterbestanden. Von diesem Standpunkt aus konnte Hiskia als der ideale Herrscher gelten, denn »er tat, was dem Herrn wohlgefiel«, und »er ist es, der die Höhenheiligtümer abgeschafft... hat« (2 Kg 18, 3–7). Der einzige König, der ihm gleichkam, war Josia (2 Kg 22, 2). Allen anderen Königen wurde Nachlässigkeit in ihrem Eifer für den Tempel, den Bau selbst, die Priesterschaft und den Kult vorgeworfen.
Die Haltung verrät eindeutig deuteronomistischen Charakter (s. *Deuteronomium; *Israel und Juda 5). Das Buch Deuteronomium weist ganz deutlich darauf hin, daß der Gehorsam gegenüber dem Gesetz mit irdischem Wohlergehen belohnt wird, während jene unausweichlich Unglück erfahren, die sich ungehorsam zeigen. Es lag in der Absicht des deuteronomistischen Kompilators des Buches der Könige, die Wahrheit dieses Grundsatzes durch die Erfahrung aus der Vergangenheit zu demonstrieren und zu zeigen, daß dies auch in Zukunft so sein werde. Dieser Standpunkt beherrschte das ganze Werk, und dies sowohl in bezug auf dessen literarische Form als auch auf dessen Gegenstand.
7. Das Buch der Könige und die zeitgenössischen außerbiblischen Quellen: Man hat die historische Bedeutung des Buches der Könige in vollem Ausmaß anerkannt. Jedoch muß man das Geschichtsbild des Deuteronomisten in Betracht ziehen. Außerdem empfiehlt es sich, seinen Bericht durch das Studium außerbiblischer Quellen zu ergänzen und zu modifizieren. Der Bericht über die Regierungszeit Omris macht dies besonders deutlich (s. *Israel und Juda 2). So wissen wir aus zeitgenössischen Dokumenten aus Assyrien (s. *Assyrien und Israel) und aus anderen Quellen (z.B. dem Mesa-Stein; s. *Moab), daß Omri einer der glorreichsten Könige Israels war. Der Deuteronomist hat jedoch aufgrund seiner religiösen Einseitigkeit die Regierungszeit nur ganz beiläufig und kurz erwähnt (1 Kg 16, 21–28). Er bemerkt lediglich, Omri »wandelte ganz auf dem Wege Jerobeams, des Sohnes Nebats« und habe die Unterdrückung der Höhenheiligtümer vernachlässigt. Dieselbe Haltung hat aus Ahab fast den Inbegriff eines üblen Despoten werden lassen. Im Lichte neuerer Forschung erscheint seine Herrschaft trotz politischer Korruption und Glaubensabfall als eine Zeit wirtschaftlichen Wohlstandes und politischer Bedeutung (s. auch *Inschriften; *Siegel). Wir haben außer dem assyrischen Relief **(Abb. 360)** kein Bild eines israelitischen Königs. Die Königsdarstellung aus Zypern (6. Jhdt. v. Chr.) könnte jedoch ein Anhaltspunkt sein **(Abb. 494).**

Kosmologien

Gliederung: 1. Ägyptische Kosmogonie. 2. Sumerisch-babylonische Kosmogonie. 3. Ugaritisch-kanaanäische Kosmogonie. 4. Phönikisch-sidonische Kosmogonie. 5. Alttestamentliche Kosmologie. a) Schöpfungsbericht und Schöpfungsglaube; (1) Der priesterschriftliche Schöpfungsbericht; (2) Der Schöpfungsglaube des Jahwisten; (3) Der Schöpfungsglaube bei Deuterojesaja; (4) Schöpfung in der Weisheitsliteratur; b) Das Weltbild des Alten Testamentes.

1. Ägyptische Kosmogonie: Die ältesten ägyptischen Vorstellungen, wie sie den Kosmogonien in der Zeit bis zum frühen Alten Reich in Hermopolis, On und Memphis zugrunde liegen, lassen die Erde in der Tiefe eines trägen Urwassers ruhen. Dies chaotische Urwasser entstand in der Urzeit und bestand vor der Weltschöpfung. Wie sich aus dem Anklang des Namens Nun für das Urwasser mit dem Verbum *nnj* »müde sein« ablesen läßt, ließ man sich dabei wohl vornehmlich von dem Überschwemmungswasser des Nil, das die Erde überflutete, leiten. Aus diesem Urwasser taucht dann als Anfang der Dinge das Land als »hoher Hügel« oder »Urhügel« inselartig auf und eröffnet damit den Beginn der Welt; das Motiv vom Urhügel ist dem jährlich wiederholten Sinken der Nilschwelle abgelesen. Auf diesem Urhügel betreibt der Schöpfergott sein Schöpfungswerk. Die Erde ruht wie eine schwimmende Scheibe auf diesem Urmeer, das sich »zwischen Himmel und Gegenhimmel« erstreckt.
Dieser Wasser-Urstoff Nun ist zunächst

nur ein kosmisches Element; es wurde aber schon früh, vermutlich zuerst in der Theologie von Hermopolis, als Gott deifiziert und bildete in der Götter-Achtheit von Hermopolis zusammen mit Naunet das erste Götterpaar. Die männlichen Götter werden froschköpfig, die weiblichen dagegen schlangenköpfig dargestellt. Nun als »Vater der Götter« vor allen Göttern bringt dann mit Naunet den Weltenschöpfer Atum hervor, der nach älteren Vorstellungen aus dem kosmischen Urwasser aufgestiegen war.

Die Lehre von Hermopolis überliefert, daß aus einem Ei auf dem Urhügel der erste vogelgestaltige Gott entstand oder – vielleicht unter dem Einfluß von Heliopolis – der Sonnengott Re hervorgegangen sei, womit dann das Leben überhaupt auf der Erde begann. Nach einer anderen Überlieferung taucht der Sonnengott als Sonnenkind in einer Lotosblüte aus dem Urmeer auf, womit die Welt dann ins Dasein tritt. »Das meiste, was von Nun gesagt, und fast alles, was von Ur-Ei und Ur-Lotos erzählt wird, erklärt oder beschreibt nur den Umstand, daß vor der eigentlich relevanten Schöpfung etwas da war; darüber hinaus bilden Ei und Lotos bisweilen das Medium zwischen der Ursubstanz und der ersten Zeugung oder Schöpfung. Insofern darf man die Werdelehren als eine Art Hilfsmittel der Schöpfungstheologie betrachten, die die Wendungen von Gott, ›der von selbst entstand‹ oder ›der sich selbst erzeugte‹, aus bereitstehenden Naturmythen ergänzte« (Morenz).

Die Kosmologie von On-Heliopolis am Eingang des Deltas stellt Atum an den Anfang. »Sein Name bedeutet etwa der ›Nichtseiende‹, also eine Personifikation der Mächte des Chaos, zugleich kann er aber als der ›Vollendete‹ gedeutet werden« (Otto). Atum zeugt durch Selbstbegattung das erste Götterpaar und damit zugleich die Zweiheit der Geschlechter, indem er selbst den Samen – im Samen des Mannes war nach damaliger Auffassung das Kind geborgen – hervorlockt und ihn verschluckt, um später das Götterpaar Schu und Tefnut auszuhusten *(išš)* bzw. auszuspeien *(tf)*.

Die Trennung von Himmel und Erde geschah durch Schu, den Luftgott: Während ursprünglich die Himmelsgöttin Nut mit dem Erdgott Geb in ehelicher Gemeinschaft lebte, hat der Luftgott Schu die beiden getrennt, die Himmelsgöttin über den Erdgott Geb gehoben und sich als Träger unter Nut gestellt. So spannt sich Nut über die Erde, berührt mit Händen und Füßen die Erde und bildet mit ihrem Leib das Himmelsgewölbe, über das Sonne und Mond ihre Bahn ziehen. Die Sterne am Leib der Himmelsgöttin »gehen ein in den Mund und kommen wieder hervor aus ihrer Scheide«. Andere Vorstellungen fassen den Himmel als Kuh oder als Falke.

Eine wesentlich sublimiertere Vorstellung zeigt das sog. Denkmal memphitischer Theologie, das von König Schabaka um 700 v. Chr. nach alten Quellen auf einem Denkstein aufgezeichnet wurde: Während nach Vorstellungen von Heliopolis die Götter-Neunheit des Atum »entstanden sein soll durch seinen Samen und seine Finger«, entstand sie nach der Theologie des Schabakatextes »in Wirklichkeit durch die Zähne und Lippen in diesem Munde, der den Namen aller Dinge nannte ... Es entstand ja jedes Gotteswort aus dem, was das Herz erdachte und die Zunge befahl ... In Path, dem Stadtgott von Memphis, haben alle Gottheiten, die bei der Schöpfung mitgewirkt haben, ihre Gestalt, d.h. sie sind Erscheinungsformen des Ptah. So ist er als Gestalt des Urmeers Nun und der Naunet zugleich auch Vater und Mutter des Schöpfergottes Atum von On-Heliopolis. Ptah zeugt aber nicht wie Atum, sondern er denkt im ›Herzen‹, dem Organ des Verstandes, die Namen der Welt aus und ruft sie durch das Wort seiner ›Zunge‹ ins Dasein. Der höchste Herr, der ausschließlich den Namen Gott verdiente, ist Urheber des Universums, der alleinige Schöpfer, auch der anderen Götter. Die Schöpfung erfolgte durch seine Weisheit und auf seinen machtvollen Befehl. Er ist es, der die Welt erhält, und sein Wort bildet die Grundlage der Ethik« (Junker).

Die Frage nach der Erschaffung der Menschen hat die Theologen offensichtlich nicht sonderlich interessiert. Als Urheber der Lebewesen, insbesondere der Menschen, wird der widderköpfige Gott Chnum oder Chnubis verehrt: Er formt auf einer Töpferscheibe den Leib, bildet den Samen und legt ihn in den Schoß der Mutter.

2. Sumerisch-babylonische Kosmogonie: Nach dem babylonischen Weltschöpfungsepos *enuma eliš* (»als droben«), das am vierten Tag der Neujahrsfeier verlesen wurde, war im Anfang vor Himmel und Erde das Meer noch ungeschieden; Apsu, der Gott des Süßwassers und der Ströme, und Tiamat, die Göttin des Salzwassers und des Meeres, »mischten ihre Wasser noch miteinander«. Über der Erde wölbte sich der Himmel, Himmel und Erde sind aus dem Wasser hervorgegangen; Apsu ist der Vater der Götter. Wie es dazu kam, daß »Himmel und Erde, die beide fest zusammengeschlossen waren, aus dem Abgrund des Wassers sich hälfteten«, wird nicht gesagt. Apsu und Tiamat bringen ein neues Götterpaar hervor, Lachmu und Lachamu als Gottheiten der Tiefe, später als Seeungeheuer dargestellt. Schließlich erfolgt die Scheidung in »oberes« und »unteres« All; Anu, der Erstgeborene Ansarrs, wird Herr des oberen Alls, während Enki, der Sohn Anus, Herr des Ozeans wird, nachdem er Apsu getötet hat. Während im sumerischen Pantheon die drei Hauptgötter An als Herrscher des Himmels, Enlil als Herr des Luftraumes und der Erde und Enki als Herr des Meeres einander respektieren, berichtet *enuma eliš* von blutigen Götterkämpfen.

Der Süßwassergott Apsu fühlt sich durch die jüngeren Götter belästigt und beschließt auf den Rat seines bösen Veziers Mummu hin, die jungen Götter zu vernichten; diese aber werden durch Ea gerettet, der Apsu einschläfert und erschlägt. Als daraufhin Tiamat zum Rachekampf rüstet und elf Riesenschlangen und Meerungeheuer ins Leben ruft und Kingu die Leitung des Kampfes überträgt, da berufen die jüngeren Götter auf einer Götterversammlung Marduk, den Sohn des Ea, zum Rächer und tragen ihm für den Fall des Sieges das Königtum der Götter an. Marduk gewinnt den Kampf: »Da breitet Marduk sein Netz aus und umschließt Tiamat ... Als Tiamat den Rachen aufsperrte, ließ er hinein den bösen Sturm, so daß sie die Lippen nicht wieder zu schließen vermochte. Die grimmigen Winde füllten den Bauch, ihr Herz wurde gelähmt, weit auf sperrte sie den Rachen. Da schoß er ab seinen Pfeil, riß auf ihren Leib, zerriß ihr Inneres, zerschnitt ihr Herz.«

Nach dem Kampf teilt Marduk den Rumpf der besiegten Tiamat: »Er spaltet sie wie eine Muschel (?) in zwei Teile, die eine Hälfte von ihr stellte er auf und machte sie zur Decke des Himmels. Er zog einen Riegel vor, ließ eine Wache Platz nehmen und gab ihr die Weisung, ihre Wasser nicht durchzulassen.«

Über die Einrichtung und Ordnung der Welt sind wir leider wenig unterrichtet, da von der fünften Tafel von *enuma eliš* nur der Anfang vollständig erhalten ist. Am siebten Tag des Monats soll der Mond die Krone zur Hälfte bringen, am *šabattu*-Tag aber der Sonne entgegentreten.

Die Erschaffung des Menschen ist nach Schmidtke mit einer gewissen Feierlichkeit umgeben, wird vorher geplant und mit den kleineren Göttern, den Anunna, besprochen. Doch der Mensch wird nicht als Einzelwesen, sondern als Kollektiv geschaffen; der sumerische Dichter denkt an das »Menschengewimmel« *(á-dam)* in den Städten oder bei den Festen. Nach einer sumerischen Version wollen die Götter in Uzuma, wohl einem Heiligtum in Nippur, dem »Band Himmels und der Erde«, die beiden »Lamga-Götter schlachten und aus ihrem Blut die Menschheit schaffen«. *enuma eliš* berichtet ausführlicher von Marduks Entschluß: »Blut will ich binden, und Bein will ich entstehen lassen; aufstellen will ich Lulla, Mensch sei sein Name ... Es soll ihm auferlegt werden die Bedienung der Götter; diese sollen ihre Versorgung finden.« Nach dem Willen der Götter soll »einer hingegeben werden, ihr Brüder! Er soll vernichtet werden, und es sollen gebildet werden die Menschen!« Weil Kingu die Tiamat zur Empörung und zum Kampf reizte, darum »überwältigten sie ihn, schnitten ihm auf das Blut. Mit seinem Blut schufen sie die Menschheit«. Nach Berossus, einem Priester des Gottes Bel-Marduk 300 v. Chr., wurde das Blut Bels mit Erde vermischt. Durch das Blut der Gottheit nahmen die Menschen teil am göttlichen Wesen, da im alten Orient das Blut als Sitz der Seele und des Lebens galt.

Der Dienst der Menschen für die Götter wird auch noch spezifiziert: »Für ewige Zeiten den Grenzgraben festzusetzen; Hacke und Tragbrett in ihre Hand zu legen; in die Tempel der großen Götter, ins erhabene Heiligtum es zu bringen.« Erwähnenswert ist noch, daß nach Abschluß der Schöpfung die Götter sich einen Tempel bauen; so errichtet sich z. B. Enki, der Herr des Apsu, einen Tempel aus Silber und Lapislazuli mit reichen Goldverzierungen.

3. Ugaritisch-kanaanäische Kosmogonie: In *rās šamra,* der aus ägyptischen und hethitischen Quellen bekannten Stadt Ugarit, 10 km nördlich von Laodizea-*Ladaqije,* wurden Tontafeln mit konsonantischer Keilschrift in einem nordwestsemitischen Dialekt aus dem 14.–13. Jhdt. v. Chr. gefunden, die bedeutsame mythologische Texte enthielten.

Während der babylonische Tiamat-Mythos mit dem Kampf zwischen Marduk und Tiamat vor der Schöpfung der Welt einsetzt, setzt der ugaritische Baal-Mythos mit dem Kampf zwischen Baal und dem Meeresgott

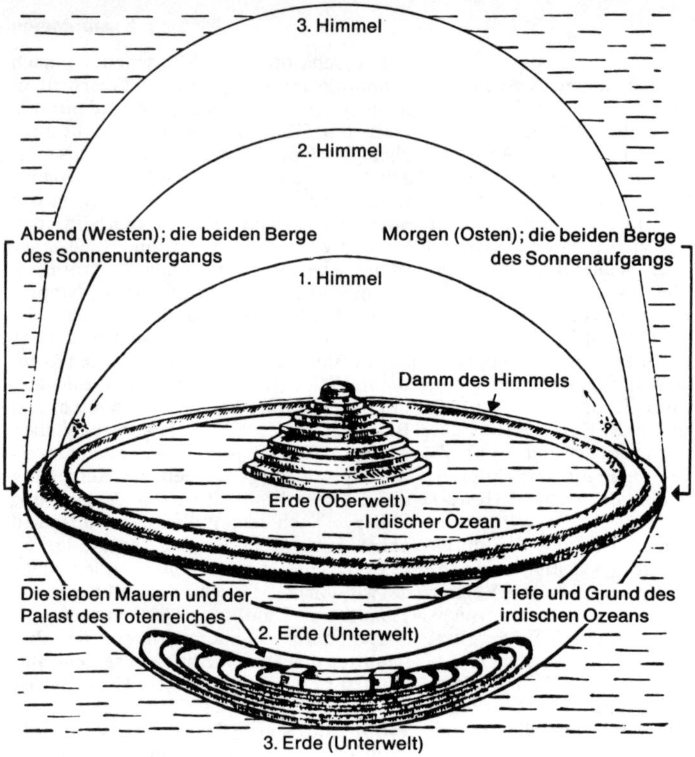

Abb. 495. Weltbild der Babylonier

Jam bzw. dem Todesgott Mot offensichtlich die Schöpfung und Existenz der Welt voraus. Baals Sieg scheint seine Herrschaft über die Erde zu begründen.
Im ugaritischen Pantheon ist der Gott El »Schöpfer der Geschöpfe« und »Vater der Menschheit«; die Götter sind »Söhne Els«, was ausdrücklich für Baal und Jam bezeugt ist. Ebenso ist Aschera, Els Gemahlin, »Schöpferin der Götter«, die Götter sind »Söhne Ascheras«, deren sie »siebzig« hat. Aus der kanaanäisch-ugaritischen Literatur ist aber kein ausführlicher Mythos von der Schöpfung der Welt durch El bekannt; der Gott El wird nur in Titeln oder hymnischen Prädikationen als Schöpfer geschildert, während Baals Kämpfe und Siege breit geschildert werden. So erscheint zwar El als Schöpfer, Baal – der Spender der Fruchtbarkeit für die Felder – als Erhalter der Welt; ohne Baal verfällt die Welt dem Tode. Man wird jedoch auch für Ugarit mit noch unbekannten theogonischen und kosmogonischen Mythen rechnen dürfen.
In einem Götterkampf um das Königtum erhebt sich der Meeresfürst Jam gegen die übrigen Götter und wird anscheinend vom Gott El mit der Formel »Richter Fluß, du sollst König sein!« inthronisiert. Als Baal sich dem Königtum Jams widersetzt, fordert dieser von El seine Auslieferung. Während El der Forderung Jams nachkommt (»Dein Sklave ist Baal ... der Sohn Dagans ist dein Höriger!«), tritt der Handwerksgott Koscher wa Chassis auf die Seite Baals und überreicht ihm für den Kampf gegen den Meeresfürsten Jam zwei Keulen, »Treiber« und »Vertreiber«. Baal obsiegt: »Jam ist wahrlich tot, Baal ist König!« In diesem mythischen Kampf suchten die Küstenbewohner die Veränderungen in der Natur zu erklären: »Wenn der Gott Baal See und Flüssen Widerstand entgegensetzt, wird es bedeuten, daß in einer Jahreszeit, die das Meer in besonderer Weise gegen die Küste anstürmen und die Flüsse über die Ufer treten läßt, reichliche Regen fallen« (Kaiser).
Schließlich kann Baal sich einen Tempelpalast bauen: »Ich allein (bin es), der König sein soll über die Götter, wahrlich herrschen soll über Götter und Menschen, der beherrschen soll die Menge der Erde!« Doch Mot, der Gott der sterbenden Vegetation und des Totenreichs, verlangt, daß Baal zu ihm herabsteige. Da klagen die Boten Baals: »Tot ist Alijan Baal (der ›übermächtige‹ oder ›siegreiche‹ Baal), gestorben ist der Fürst der Erde!« Doch Anath, Baals Gemahlin, nimmt Rache an Mot: »Sie schlachtete ihn mit dem Schwert, worfelte ihn mit dem Sieb, verbrannte ihn in Feuer, zerrieb seine Asche in der Handmühle und streute, was übrig blieb, auf das Feld, damit die Vögel ihren Teil fressen und die Keime endgültig vernichtet werden sollen.« Durch dieses »sympathetische Ritual« (Albright), wodurch der Korngott ins Leben gerufen wird, soll Baal wieder zum Leben zurückkehren. Als dann »die Himmel Öl regneten und die Bäche an Honig überlaufen«, da »weiß« man, »der übermächtige Baal lebt, der Fürst, der Herr der Erde, existiert«. Nach der Wiederbelebung und Befreiung Baals aus der Unterwelt beginnt »im siebten Jahr« ein Kampf zwischen Mot und Baal, in dem Mot dem Baal alles androht, was Anat dem Todesgott angetan. Als aber die Sonnengöttin Schapasch für Baal Partei ergreift, fürchtet Mot sich. – Da der restliche Text verloren ist, bleibt zu vermuten, daß Baal in diesem Kampf Sieger bleibt.
4. Phönikisch-sidonische Kosmogonie. Die alte phönikische Kosmogonie ist uns durch den phönikischen Gelehrten Philo aus Byblos (etwa 64–141 n. Chr.) überliefert, der angibt, das phönikische Original eines vor dem Trojanischen Krieg, also im 13. und 14. Jhdt., lebenden Phönikers Sanchunjaton übersetzt zu haben. Die in Ugarit gefundenen altphönikischen Tontafeltexte aus dem 14. Jhdt. v. Chr. mit den Gottheiten der Phöniker unterstreichen die Möglichkeit eines phönikischen Originals eines Sanchunjaton aus dieser Zeit, das Philo nach Eißfeldts Untersuchungen nicht übersetzt, wohl aber bearbeitet hat, wobei jenes Werk ihm vielleicht nicht mehr im Original, sondern in einer griechisch erweiterten und veränderten Form vorgelegen hat. Die verschollenen Schriften Philos sind uns zum Teil durch Eusebius in seiner ›Praeparatio Evangelica‹ erhalten.
Nach Philo von Byblos ist in der phönikischen Kosmogonie der Ursprung aller Dinge dunkle windige Luft und schlammiges düsteres Chaos, aus dem sich durch seine Liebe zu den eigenen Ursprüngen Mot, der Ursprung der Welt, bildet. Zunächst entstehen Lebewesen ohne Empfindung, dann aus ihnen vernunftbegabte. Mot aber formte sich in die Gestalt eines Eies und leuchtete auf mitsamt den Gestirnen. Da die Luft durchleuchtet ist und Meer und Erde erhitzt werden, entsteht das Wehen, die Wolke und der Erguß der himmlischen Gewässer, Donner und Blitze. Über dem Getöse erwachen die himmlischen Wesen, und schließlich bewe-

gen sich auf der Erde und im Meer männliche und weibliche Wesen.
Weiter heißt es, aus dem Wind Kolpias und dem Weib Bau, was Nacht bedeute, stammen Aion und Protogonos ab, und von diesen wieder Genos und Genea, die Einwohner Phönikiens. Bei einer Trockenheit hätten sie den Herrn des Himmels, Beelsamen, angerufen, der mit der Sonne verglichen werde. Weiter stammen von Aion und Protogonos ab Phos, Pyr und Phlox, deren Kinder wiederum seien die Berge gewesen. Diese phönikische Kosmogonie bei Philo von Byblos wird durch Nachrichten bei dem Neuplatoniker Damaskios bestätigt, der sich auf die sidonische Kosmogonie eines Aristotelesschülers Eudemos und auf die Kosmogonie des Sidoniers Mochos stützt.

5. Alttestamentliche Kosmologie: *a) Schöpfungsbericht und Schöpfungsglaube:* Der Schöpfungsglaube Israels hat in verschiedenen Entwürfen seinen je verschiedenen Niederschlag gefunden. Allen gemeinsam ist das präzise Kerygma vom Schöpfer Himmels und der Erde. Israels Geschichte ist mit dem Heilshandeln Gottes aufs engste verbunden und bedarf daher des urgeschichtlichen Proömiums zu seiner eigenen Rechtfertigung.
(1) Der priesterschriftliche Schöpfungsbericht (Gen 1, 1–2, 4 a; s. *Genesis) enthält die theologische reflexe Antwort auf das überkommene mythologische und enzyklopädische Wissen vom Kosmos. Das eigentliche Werk der Schöpfung ist kunstvoll pyramidenhaft auf die Erschaffung des Menschen hin gegliedert, im Ablauf eines Sechstagewerkes durch wiederkehrenden Refrain, »So ward Abend, und so ward Morgen: Tag x« rhythmisiert. An den ersten drei Tagen werden durch »Scheidung« die kosmischen Räume benannt bzw. gemacht: der Lichtraum durch die Scheidung des neugeschaffenen Lichtes von der Finsternis mit der Benennung von Tag und Nacht; der Himmels(Luft-)raum durch Scheidung der Wasser oberhalb und unterhalb des neugeschaffenen Himmelsgewölbes oder Firmamentes; der Erdraum durch Sammlung der Wasser unterhalb des Firmamentes mit der Benennung von Erde und Meer; als weiteres überhängendes Schöpfungsgeschehen erscheint am dritten Tage die Pflanzenwelt, die aus der Erde aufgrünt. An den nächsten drei Tagen werden die kosmischen Räume ausgestattet bzw. bevölkert, mit Sonne und Mond, Fischen und Vögeln, Landtieren und Menschen.
Offensichtlich war dem Verfasser oder der Tradition an dem Sechs-Tage-Schema bzw. dem Wochenschema mehr gelegen als an einer glatten Harmonie von Schöpfungstag und Schöpfungswerk. Auffallend ist eine angestrebte Entsprechung und Zuordnung der ersten drei Tage und der folgenden drei Tage:

Tag	Werk	Scheidung	Bevölkerung	Werk	Tag
I	1	Licht – Finsternis	Sonne, Mond, Sterne	5	IV
II	2	Wasser oben – Wasser unten	Fische, Vögel	6	V
III	3	Land – Meer	Tiere	7	VI
	4	Pflanzen	Mensch	8	

Die Spannungen und Ungereimtheiten zwischen den beiden Drei-Tage-Reihen sind kaum interpretierbar; sie lassen vermuten – so besonders die Aufteilung der beiden Scheidungen des Wassers –, daß das Tagesschema von außen an die Liste der Schöpfungswerke herangetragen worden ist und diese nach dem Kompositionsschema 1+ 1 + 2 gegliedert hat, wobei sich eine gewisse Entsprechung zwischen den kosmischen Räumen und der Ausstattung ergab.
Diese auf die Erschaffung des Menschen ausgerichtete Analyse und Konstruktion des Kosmos beginnt – gang analog dem Stilprinzip anderer biblischer und außerbiblischer Schöpfungsberichte – einleitend mit der chaotischen Urzeit und strebt der vollkommenen Endzeit zu, um im göttlichen *Sabbat die endgültige Heiligung zu erfahren. Stilkritisch ist bemerkenswert, daß die Erschaffung der kosmischen Räume breit und mythologisch formuliert ist; die Ausgestaltung und Bevölkerung dieser Welt wird mehr listenmäßig enzyklopädisch aufgezählt. Bei der Erschaffung des Menschen liegen beide Stilarten vor.
Das mythologische Kolorit wird deutlich aus den Kosmogonien Ägyptens und Mesopotamiens in ihren verschiedenen Ausgestaltungen, von denen das Weltschöpfungsepos *enuma eliš* sowie die Kosmologien von Heliopolis, Hermopolis, Memphis genannt seien. – Der listenmäßige Stil hat

seine ausführlichen Analogien in den Enzyklopädien, Tafelwerken und Listenwissenschaften Mesopotamiens und Ägyptens, von denen vor allem das Onomastikon des Amenophis genannt sei mit seiner aufschlußreichen Überschrift: »Anfang der Lehre . . . über alles, was da ist, was Ptah geschaffen und Thot aufgezeichnet hat, über den Himmel mit seinem Zubehör, über die Erde und was in ihr ist, was die Berge ausspeien und was die Flut bewässert, an allen Dingen, die Re bescheint, und an allem, was auf der Erde grünt.«
So stellt sich nach Hermann die Gesamtkomposition von Gen 1 als ein recht komplexes Gebilde dar. Aus der Fülle der Anregungen und verschiedenartigen Tendenzen, unter denen Schöpfungsvorstellungen und -berichte stehen konnten, hat der priesterliche Verfasser eine Darstellung von einmaliger Folgerichtigkeit in streng gegliedertem Aufbau geschaffen. Gen 1 entfaltet das Schöpfungswerk mit einer solchen Selbstverständlichkeit, in klassischer Kürze, daß bis auf den heutigen Tag dieser Bericht zu ernsthaftem Nachdenken auffordert. Aber diese scheinbare Selbstverständlichkeit und Knappheit steht in Wirklichkeit am Ende eines Weges, sie ist Zusammenfassung einer Summe von Erkenntnissen und deren Reduktion auf ihre Zentralgehalte. Die Anteile der Mythologie, der Listenwissenschaft, der lehrhaften Naturweisheit nach Art des Sargtextes und der Hymnik ergänzen sich dabei gegenseitig. Denn der Hymnus vermag den Mythus in sich aufzunehmen, aber ebenso die Naturweisheit und die ihr nahestehende Enzyklopädie der Listen zu verarbeiten. In Gen 1 erscheint der Mythus durch das Wissen überwunden; das Wissen aber, das auf der Analyse der Erscheinungswelt beruht, ist der Schöpfermacht Gottes untergeordnet und dient bei der Beschreibung seines Schöpfungswerkes dem höheren Ruhm des Schöpfers selbst. Darin kommt auch Gen 1 dem Wesen des Hymnus sehr nahe. So vereint sich auf dem ersten Blatt der Heiligen Schrift profanes Wissen und Erkennen, gewonnen aus Listenwissenschaft und lehrhafter Naturweisheit, mit dem Wissen um Gott zu vollkommener Einheit.
Nach von Rad (ATD I,50) ist »das Pathos von 1 Mos 1 . . . nicht in erster Linie das der Anbetung, Bewunderung oder des Dankes, sondern das der theologischen Reflexion. Die nüchterne Monotonie des Berichtes kommt eben von dieser radikalen Entäußerung zugunsten dessen, was der Glaube objektiv auszusagen imstande ist; aber gerade diese Entäußerung vermittelt auch in ästhetischer Hinsicht den Eindruck von verhaltener Kraft und lapidarer Größe«.
Kennzeichnend für den priesterschriftlichen Schöpfungsbericht ist die entdivinisierende und depotenzierende Betrachtung aller mythischen Kosmosgrößen.
Die priesterliche Lehre von der Schöpfung steht in schroffem theologischen Gegensatz zu allen theogonischen und kosmogonischen Mythologemen des Orients. Die mythologischen Revivals beziehen sich lediglich auf das Vokabular. Vorgefundene kosmische Mächte werden entdivinisiert und depotenziert.
Von einem urweltlichen Chaosdrachen Tiamat und einer nächtlichen Muttergöttin Bau der Phöniker oder einer chthonischen Gottheit Bau der Babylonier ist lediglich das fremdländische Wortidiom als »unveräußerliches Requisit priesterlicher Gelehrsamkeit« (von Rad ATD I,38) erhalten geblieben.
Selbst die Ausgangsschilderung am Anfang der Schöpfung, da die Erde wüst und leer war, selbst diese *rudis indigestaque moles* hat nichts mehr an sich von einer autonomen, gottfeindlichen Chaoswirklichkeit; es ist auch keine polemisierende »Karikatur des tellurischen Weltalls« (K. Barth III/1, 114). Sie ist auch nicht eine ungeschaffene Ur- oder Rohzuständlichkeit einer *materia prima,* noch eine geschaffene Chaosmacht, noch die Urerfahrung und Anfechtung des Glaubens ob des Gestaltlosen und Abgründigen, »aus dem Gottes Wille die Schöpfung herausgehoben hat und über dem er sie unablässig hält« (von Rad 38 f). Die entdivinisierten Namen sind zu Bezeichnungen für kraftlose Leere geworden (Zimmerli 35 f), oder »images successives du néant« (de Vaux 39); die spätere Erde war vorher in der Existenzweise des Amorphen, d. h. der Nichtigkeit und Nichtexistenz (Galling).
Besonders auffallend ist die Entgottung von Sonne, Mond und Sternen. Das Licht ist Kreatur! »Zwischen Gott und ihm steht das als Machtwort gesprochene Fiat!, dem es Dasein und Wesen verdankt« (Barth III/1,132 f). Es ist ein offenkundiger Protest gegen alle Sonnen- und Gestirnverehrung, wie wir sie in mythischen und hymnischen Aussagen des alten Orients, insbesondere Mesopotamiens und Ägyptens, mit ihren Prädikationen von der Würde und Hoheit und Göttlichkeit des Sonnengottes, Mondgottes, der numinosen und personifizierten Gestirne kennen (s.

*Astrologie und Astronomie). Dieses »Licht« ist vor der Sonne! Weder an die Erde noch an den Himmel oder das Firmament gebunden. Bei der Erschaffung der großen und kleinen Leuchte am Firmament des Himmels am 4. Tag werden Sonne und Mond nicht einmal mit Namen genannt. Völlig entdivinisiert und depotenziert sind sie Funktionäre Gottes zum Dienst für die Erde und ihre Bewohner. Nicht weniger als 11mal wird bei den Gestirnen – und nur bei ihnen – die Funktion des Dienstes angegeben. Sie sind degradiert zu Lampen und Zeitmessern! [Von den babylonischen Astrologen heißt es Jes 47,13: »Es mögen dir helfen, die den Himmel einteilen, nach den Sternen schauen, die Neumond um Neumond kundtun, was über dich kommen wird. Siehe, sie sind wie Stoppeln, das Feuer verbrennt sie, sie retten ihr Leben nicht aus der Gewalt der Flamme.«] Vgl. Job 31,26–28: »Wenn ich das Licht sah, wie es leuchtet, und den Mond, wie er herrlich einhergeht, und dann mein Herz sich heimlich betören ließ, daß ich ihnen Kußhände zuwarf ...«

Ebenso sind die Tiere Kreaturen. Auch der Tierkult war im alten Orient weit verbreitet Die Schlange galt als göttliches Tier nicht nur in Ägypten und Babylonien, sondern auch in Kanaan (s. *Kanaanäische Religion; *Ägypten und seine Beziehung zu Israel; *Babylon und Israel). Vermutlich ist es eine Reaktion auf diese Vorstellung, wenn die Paradieseserzählung gerade die Schlange zum Widersacher Gottes stempelt.

Manche Gelehrte meinen, daß die Erschaffung des Menschen als Mann und Frau und der Auftrag und Segen zur Fortpflanzung betonten, daß die Geschlechtskraft zwar etwas Gottgewolltes, aber doch Geschöpfliches sei. Im alten Orient wurde die Geschlechtskraft bis zur Vergöttlichung sublimiert. Die Institution der Hierodulen war in Ägypten und Babylonien, vor allem an den kanaanäischen Tempeln allgemein verbreitet. Sakrale Prostitution ist Gemeinschaft mit »Geweihten« als Art sakramentaler Gemeinschaft mit der Gottheit.

Die Entgöttlichung und Entmachtung von Sonne, Mond, Sternen, Tieren, Sexus u.a. zeigt deutlich das entmythologisierende Zeugnis: Gott allein hat in freier Souveränität Himmel und Erde, d.h. die ganze Welt erschaffen, auf ihm eigene, wunderbare Weise. Israels Weltverständnis ist von der Allkausalität Jahwes entscheidend geprägt (vgl. von Rad, Weltverständnis 63). Die Welt ist also Schöpfung, Kreatur; kraft eines gebieterischen Aktes wurde sie ins Dasein gerufen, nicht als präkosmische oder kosmische Emanation. Stereotyp wird die besondere Gutheit betont: Gott sah, *wie* gut sie war! »Weil also die Welt für Israel als Schöpfung von Gott umgriffen und durchwaltet war, konnte die Welt nie als etwas für sich selbst Existentes, das auch einen Augenblick abgesehen von Gott verstanden war, angeschaut werden« (von Rad, Weltverständnis 63).

In fester Stereotypik wird das gebietende Wort des Schöpfungsaktes betont: Gott sprach, es werde, und es ward! Durch dieses Reden werden die Dinge ins Dasein gerufen; Sonne, Mond und Sterne zum Leuchten bestellt. Klassisch formuliert Ps 33,8f: »Durch Gottes Wort wurden die Himmel gemacht und durch den Hauch seines Mundes all ihr Heer, er sprach, und es ward, er gebot, und es stand da.« Die sublimierte Vorstellung von der Schöpfung durch das Wort ist schon in der altägyptischen memphitischen Theologie belegt: Der Stadtgott von Memphis schafft nicht durch Zeugung mit Selbstbegattung, Same und Finger, sondern durch »Herz und Zunge«, die Kräfte des Verstandes und des Wortes. Er denkt die Schöpfung aus, ersinnt die Namen der Dinge und setzt sie ins Wesen, indem er ihre Namen ausspricht. Israel konnte die Wortschöpfung so hervorheben, weil es die Wirkung des sich stets verwirklichenden und durchsetzenden Wortes in seiner Geschichte seit den Tagen der Väter immer wieder neu erfahren hat. Indem Gott die Welt durch sein gebietendes Wort schafft, setzt er in souveräner Selbstmacht den Anfang der Kreaturen. Indem keine Materie genannt und verwendet wird, schafft er aus nichts, d.h. – nach einer Formulierung Bonhoeffers – es wird eine Gott vorgegebene negative Urmöglichkeit (»nichts«) als Unmöglichkeit ausgeschlossen.

Die *creatio in tempore* erreicht der priesterliche Schöpfungsbericht, indem er die Schöpfung in das große genealogische Gerüst seines Geschichtsaufrisses einordnet: »Dies sind die Entstehungsgeschichten von Himmel und Erde, als sie erschaffen wurden« (Gen 2,4a). Diese Zeitlichkeit der Schöpfung kommt auch durch das altorientalische Kompositionsschema der Siebentagewoche zum Ausdruck. Das Schöpfungswerk mündet schließlich ein in den Segen des heiligen Sabbats, wodurch die letzte Ausrichtung der Schöpfung auf Gott hin dokumentiert ist.

Der Mensch wird von Gott erschaffen nach Gottes Bild und Ähnlichkeit. Worin die Gottebenbildlichkeit besteht, wird eigentlich im AT nicht klar; betont wird die Tatsache und der gnadenhafte Geschenkcharakter aufgrund seines freien Entschlusses. Doch die Funktion des gottebenbildlichen Menschen wird deutlich hervorgehoben: Sie sollen herrschen über die Fische des Meeres und über die Vögel des Himmels und über das Vieh und über die ganze Erde und über alle Kriechtiere, die auf Erden kriechen. Treffend bemerkt von Rad: »So, wie auch irdische Großkönige in Provinzen ihres Reiches, in denen sie nicht persönlich aus- und eingehen, ein Bildnis ihrer selbst als Wahrzeichen ihres Herrschaftsanspruches aufstellen, – so ist der Mensch in seiner Gottesebenbildlichkeit auf die Erde gestellt, als das Hoheitszeichen Gottes. Er ist recht eigentlich der Mandator Gottes, dazu aufgerufen, Gottes Herrschaftsanspruch auf Erden zu wahren und durchzusetzen« (S. 46).

Beachtenswert ist aber, daß die Zeugungsfähigkeit von der Gottebenbildlichkeit sorgfältig abgehoben und in ein besonderes Segenswort verlegt ist.

Schließlich ist die Stellung des Schöpfungsberichtes im priesterlichen Geschichtswerk aufzuzeigen: In P führt die Geschichte von der Weltschöpfung bis zur Errichtung der Stiftshütte. Von der Weltschöpfung über die Sintflutgeschichte zur Völkertafel wird eine universalistische Geschichte entfaltet, die dann über eine Genealogie zur spezifisch israelitischen Geschichte führt, zur Heilssetzung Gottes für Israel, zur Errichtung der Stiftshütte (s. *Stiftshütte und Bundeslade) und des legitimen Kultus. Der Verfasser hat seinen Standpunkt und Glauben am Ort der Stiftshütte im Kreis der Heilssetzungen und -ordnungen. Im Interesse einer theologischen Selbsterkenntnis Israels enthält die Urgeschichte ein Stück Ätiologie Israels; Israels Gott und Befreier ist der Schöpfer Himmels und der Erde, der Gott der Welt und der Menschheit. Wer Israel und seinen Gott verstehen will, der muß mit seinem Geschichtsdenken schon bei der Weltschöpfung einsetzen, denn dieses Israel hat in diesem Weltplan Gottes seinen Platz.

(2) Der Schöpfungsglaube des Jahwisten: Das jahwistische Erzählungswerk (s. *Bibelkritik) zeichnet die Geschichte Gottes mit der Menschheit als ein schrittweises Zerbrechen des Gottesverhältnisses: Die von Gott erschaffene Menschheit wird ungehorsam, sündig, entzweit sich und verfällt der Hybris. In dieses Tun bricht der göttliche Fluch: Mühsal der Arbeit, Tod über den Gott ungehorsamen Menschen, unstetes Irren über den Brudermörder u. a. Der Mensch mehrt in seinem Hochmut gegenüber Gott und in dem Haß gegen den Bruder über sich selbst den Fluch. Dann aber wird der Menschheit in der Berufung des Ahnen eine neue Verheißung zuteil: »Ich will dich segnen und deinen Namen groß machen, und du sollst ein Segen sein ..., in dir sollen sich segnen alle Geschlechter der Erde.« Im Zeitalter des groß-davidischen Reiches (s. *David und Salomo) will der Jahwist wieder an den Anfang Jahwes mit Israel zurückführen, um so die Hybris der Zeit zu bannen.

In naiv-bildhafter Art wird die Erschaffung des Menschen aus dem Staub der Ackererde geschildert, so wie wir die Darstellung des ägyptischen Schöpfergottes Chnum an der Töpferscheibe kennen. Hinfällige, vorhandene Materie wird durch den Lebensodem Gottes zum Menschen. Diese Menschwerdung ist aber Schöpfung, Akt des eingreifenden Gottes. Für die Frage der Evolution läßt sich der Text weder positiv noch negativ in Anspruch nehmen.

Bei der Erschaffung der Frau aus einer Rippe des Mannes wird symbolisch gezeigt, daß sie wesensgleiche Helferin des Mannes ist: »Bein von meinem Bein und Fleisch von meinem Fleisch.«

Das Leben im Wonnegarten veranschaulicht das ursprüngliche Leben des Menschen in der Nähe und Freundschaft Gottes; die Ausweisung aus dem Paradies bedeutet Verlust dieser Nähe Gottes.

Der Urzustand wird hyperbolisch idealisiert: es herrscht voller Friede zwischen Mensch und Tier, die Erde ist von außergewöhnlicher Fruchtbarkeit; negative Erscheinungen (Kriechen der Schlange auf dem Bauch, Beschwerden der Mutterschaft, Mühsal der Arbeit, Tod u. a.) werden ätiologisch als Strafe für die Sünde aufgefaßt. Offensichtlich handelt es sich dabei um Bilder für die geistige Zerstörung, die die erste Sünde im Menschen bewirkte. Das theologisch-kirchliche Verständnis der besonderen Gaben der Paradieseszeit wird dem symbolhaften Charakter und der ätiologischen Darstellung mehr Rechnung tragen müssen.

(3) Der Schöpfungsglaube bei Deuterojesaja: Bei Deuterojesaja (s. *Jesaja), dem unbekannten Propheten des babylonischen *Exils, erfährt der Glaube an den Schöpfergott eine wesentliche Aktualisierung und Soteriologisierung. So läuft im Dispu-

tationswort die Beweisführung von den betont vorangestellten Schöpfungsaussagen zu solchen über Jahwes Handeln in der Geschichte bis in die Zukunft (Jes 44,24–28).

Hier werden die Gegenwart und die Zusage künftigen Heils durch die Berufung auf Gottes Schöpfungshandeln unterbaut; der Schöpfungsglaube steht in der hymnischen Tradition von den Heilstaten Jahwes: Schöpfung, *Auszug aus Ägypten, Errettung am Meer, *Landnahme. Der Schöpfungsglaube wird aktualisiert und Bestandteil des jetzt oder künftig geschehenden Heilshandelns Gottes.

In den Heilsorakeln wird mit dem Hinweis auf Gottes Schöpfungstat die Zusage der Hilfe und des Heils glaubhafter gemacht. Befreiung aus dem Exil, Heimführung, Wiederaufbau erscheinen angesichts der Schöpfungstat greifbarer und glaubhafter (Jes 43,1–7; 44,1–5).

Schließlich fallen Schöpfung und Erlösung aus Ägypten ganz zusammen als eine große Heilstat Gottes (Jes 51,9f).

Deuterojesaja holt den Schöpfungsglauben aus der Vergangenheit in die Glaubensaktualität hinein, zur Festigung und Stärkung des Glaubens und Hoffens in der Gegenwart und für die Zukunft (41,4). Die Schöpfung ist also integrierender Bestandteil der Heilsgeschichte und der Erlösungstat Gottes. Die Schöpfungstat ist Glied der Gnadenerweise und Heilstaten Gottes.

Dieser soteriologische Aspekt ist aber nicht eine prophetische Variante, sondern die ursprüngliche Konzeption aller hymnischen Prädikationen.

*(4) Schöpfung in der *Weisheitsliteratur:* Eine völlig andere und neue Perspektive bringen einige weisheitliche Texte. Während in der priesterlichen Theologie die Schöpfung zur Ätiologie Israels gehört, so daß man zum rechten Verständnis Israels und seiner Heilsgeschichte bei der Schöpfung einsetzen muß, geht es der Weisheit um das rechte intellektuelle Verständnis der Welt; der Weg von der Welt als Schöpfung zu Gott dem Schöpfer bleibt Geheimnis und gelingt nur über Israel.

Im Buche *Job wird die Schöpfung herangezogen, um das unvergleichliche Vermögen und Geheimnis Gottes anzuzeigen, vor dem sich der Mensch in Demut und Unwissenheit beugen muß (Job 38–41 u. ö.). Gottes Schöpfungstat ist von der Weisheit begleitet (Spr 8,22f); daher die Mahnung (8,32–36).

Nach Sir 24,3 geht die Weisheit aus dem Munde des Höchsten hervor und bedeckt die Erde wie ein Nebel. Nach dem Befehl des Schöpfers hat sie in Jakob ihr Zelt aufgeschlagen und in Israel Erbbesitz gewonnen (24,8).

Während also in der Weisheit das Interesse an der Heilsgeschichte erlahmte, war das Interesse den Schöpfungswundern zugekehrt. Da aber das Schöpfungs- und Weltgeheimnis sich dem erkennenden Menschen entzog, identifizierte man die kosmische Weisheit mit der an den Menschen ergangenen göttlichen Offenbarungskundgabe.

Paulus erinnert 1 Kor 1,21 auf einer höheren Ebene an dieses Paradox: »Weil die Welt – inmitten der Weisheit Gottes – Gott auf dem Weg der Weisheit nicht erkannt hat, so beschloß Gott durch die Torheit des Kerygmas die Glaubenden zu erretten.«

b) Das Weltbild des Alten Testamentes: In Anknüpfung an die kosmologischen und geographischen Vorstellungen des alten Orients hat das biblische Weltbild verschiedene Ausprägungen erfahren. In der Formel »Himmel und Erde« (Jes 1,1; 2,1.4a; Dt 3,24) ist wohl nur die Ganzheit des Kosmos in seinen beiden sinnenhaft wahrnehmbaren Hälften verstanden. Daneben begegnet eine triadische Vorstellung »der Himmel droben, die Erde drunten und das Meer unter der Erde« (Ex 20,4; vgl. Ps 115,15–17).

Die *Erde* dachte man als runde Scheibe (Jes 40,22; vgl. Job 26,10; Spr 8,27), die auf dem Urmeer (*t·hōm* Gen 49,25; Ex 20,4; Ps 24,2 u. ö.) ruhte und vom bitteren Strom des Meeres umspült war; die Quellen als »Augen« des Urmeeres (Gen 7,11; 8,2; Spr 8,28) fließen in Flüssen wieder ins Meer zurück. Die Erdscheibe stützt sich auf Fundamente (2 Sam 22,16; Jes 24,18; Ps 18,16 u. ö.) oder Säulen (1 Sam 2,8; Job 9,6) mit Sockeln (Job 38,6). Nach babylonischen Vorbildern wurde sie wohl von den Bergen oder einer Gebirgskette umgeben gedacht; jedenfalls werden die Berge auch Säulen (Job 26,1) oder Fundamente (2 Sam 22,8) des Himmels genannt, so daß man sich den Himmel oder das Firmament auf diesen Bergen ruhend vorstellen muß. – Das AT kennt aber auch eine viereckige Erde: man spricht von den vier Säumen der Erde (Jes 11,12; Ez 7,2; vgl. Mt 24,31; Apg 7,1), mit denen wohl die vier Winde irgendwie in Verbindung stehen (Jer 49,36; Ez 37,9). Nach Job 38,12f ergreift die Morgenröte die vier Enden der Erde und schüttelt von ihr wie von einem Teppich die Gottlosen ab.

Der *Himmel* (*šāmajim*) meint sowohl das

Firmament als auch den ganzen Kosmos oberhalb der Erde: Die Feste des Himmels gleicht einer dünngeschlagenen harten Glocke (*rāqia'* Gen 1,6) aus Erz (Dt 8,23) oder Eisen (Lev 26,19). An der Vorderseite des Himmelsgewölbes ziehen Sonne und Mond ihre Bahnen und leuchten die Sterne (vgl. *Astrologie und Astronomie); sie dienen zur Zeiteinteilung in Tag und Nacht. Zwischen Himmel und Erde fliegen die Vögel (Gen 1,26 u. ö.). Oberhalb des Firmamentes ist der Himmelsozean, von dem Regen, Schnee, Tau u. a. herabfallen. Der Himmel selbst ruht auf Säulen oder Fundamenten (s. o.). Nach Am 9,6 hat Jahwe im Himmel seinen Söller gebaut und sein Gewölbe auf der Erde gegründet. Hier thront er (Ps 103,19), erhört das Gebet der Menschen (1 Kg 8,30) und spendet Segen (Gen 9,25). – Daneben kennt das AT eine Vorstellung vom Himmel als Zelt. Vgl. Ps 104,2: »Du bist es, der den Himmel ausspannt wie ein Zelt, die Balken seiner Söller aufschlägt im Wasser, der die Wolken nimmt als Wagen und daherfährt auf den Flügeln des Windes.« Manche Gelehrte erklären die unterschiedliche Vorstellung so, daß nomadische Beduinen den Himmel als Zelt, Städter dagegen den Himmel als Haus oder Obergemach denken.

Das *Wasser unter der Erde* ist der Urozean oder die Chaoswasser der Urflut (Gen 7,11; 8,2; 49,25; Ps 69,35; 96,11 u. ö.); dieses Urmeer manifestiert sich in den unheimlichen Wassermassen des Meeres. Nach dem biblischen Schöpfungsbericht hat Gott die Urwasser in obere und untere Wasser geschieden (Gen 1,6 f). – Auch die Unterwelt oder das Totenreich wird unterhalb der Erde angesetzt (Ex 15,5; Ez 26,19; 31,15; Sir 51,5) und oft mit den Wassern unterhalb der Erde und dem Urmeer (*t·hōm*) zusammengesehen (Ps 71,20; Ez 31,15; Jon 2,6). So kann dann auch die Unterwelt als Stadt mit Toren erscheinen (Jes 38, 10; Ps 9, 14; 107, 16, 18; Job 38,10).

Kriegführung

Gliederung: 1. Der Heilige Krieg. a) Israels Kriege – Jahwes Kriege; b) Rechtfertigung des Heiligen Krieges; c) Vorschriften zur Führung eines Heiligen Krieges. 2. Kriegstaktik. a) Verbesserung der Kriegstechnik; b) Befestigung von Städten und Lagern; c) Belagerungstechnik; (1) Belagerung durch ein reguläres Heer; (2) Überraschungsangriffe der Chabiru; (3) Angriff mit Sturmleitern; (4) Verwendung von Sturmböcken; (5) Tunnelbau; d) Der Angriff auf die Stadt; e) Kriegslist und Strategie; f) Gefechtstaktik; g) Überraschungsangriffe; h) Signale. 3. Organisation und Führung eines Krieges. a) Mobilisierung und Organisierung eines Heeres; b) Feldzüge; c) Das Lager. 4. Israels Kriege. a) Von der Landnahme bis zur Reichstrennung; b) Kriege der Reiche Israel und Juda; c) Die Makkabäerkriege und die Heeresorganisation der hellenistischen Zeit; d) Die jüdisch-römischen Kriege.

1. Der Heilige Krieg: *a) Israels Kriege – Jahwes Kriege:* Kriege waren in der Geschichte Israels von jeher häufig. Auch nach der Seßhaftwerdung der Israeliten in Palästina erfreute sich das Land nur kurzer Friedensperioden. Historisch kann man die zahlreichen Kriege hauptsächlich als Folge politischer Umstände betrachten, doch spiegelt die Bibel deutlich eine Auffassung von altisraelitischer Kriegführung als von etwas wesenhaft Religiösem wider. Der Gedanke eines Heiligen Krieges beherrscht viele Partien der biblischen Bücher und der in der Zeit zwischen der Abfassung der letzten kanonischen Bücher des AT und der der Bücher des NT entstandenen Schriften.

Für die Israeliten war der Krieg stets etwas von Gott Befohlenes, und denen, die auf ihn bauten, fiel der Sieg zu. In der Frühzeit und zu Beginn der Königszeit pflegte die Bundeslade die Truppen in der Schlacht als sichtbare Bürgschaft für Gottes Gegenwart zu begleiten (2 Sam 11,11; s. *Stiftshütte und Bundeslade), denn Israels Kriege waren die »Kriege des Herrn« (Num 21,14). Diese Haltung, die alle biblischen Kriegsberichte implizieren, wird in den Büchern *Deuteronomium und *Numeri ausdrücklich dargelegt. Der Herr der Heerscharen war der »Gott der Schlachtreihen Israels« (1 Sam 17,45), und Israels Feinde waren Gottes Feinde. Sie und ihre verderblichen Einflüsse galt es erbarmungslos zu vernichten, um das Überleben des »Bundesvolkes« zu sichern, das als Gottes besonderes Werkzeug zur Errettung der Welt auserwählt war. Überdies waren Bevölkerungen und Habe eroberter Städte sein rechtmäßiges Eigentum. In einer eroberten Stadt war alles unantastbar (auf hebr. *ḥēræm* = verboten) und mußte entweder Gottes unmittelbaren Beauftragten überantwortet oder als Opfer dargebracht werden (s. *Opfer). Alles, was Israel und seinem Gott feindlich war, sollte »dem Bann des Herrn verfallen sein« (Jos 6, 17.24), und nichts durfte übrigbleiben, was zu Götzendiensten führen und derart Gottes Plan vereiteln konnte (Dt 7,1–6).

Der religiöse Charakter des Krieges wird auch in dem Brauch sichtbar, durch sakrales Losorakel (Ri 1,1; 1 Sam 23,2) oder durch Prophetenspruch (z. B. 1 Kg 22,25) »den Herrn zu befragen«. Natürlich pflegten alle Heere des alten Orients ihren Gott um Rat zu fragen (s. *Magie, Wahrsagerei und Aberglauben), aber in dem theokratischen System Israels hatte dies eine besondere Bedeutung.

b) Rechtfertigung des Heiligen Krieges: Fast alle Völker der Alten Welt verbanden Krieg mit Religion. Ein Krieg wurde entweder auf Befehl der Götter oder mit ihrer Billigung begonnen und war von besonderen religiösen Riten begleitet. Die Griechen führten die Kriege der Amphiktyonie von Delphi in der Form von Heiligen Kriegen gegen alle Mitglieder, die die geheiligten Rechte des Apollon verletzten. Der moslemische Heilige Krieg oder *ǧihad* erfüllte die jedem Gläubigen auferlegte Verpflichtung, seinen Glauben durchs Schwert zu verbreiten. Der Begriff *ǧihad* ist dem Geist des Jahwismus jedoch völlig fremd. Bei den Israeliten bekam der Krieg zusammen mit allen übrigen Einrichtungen Israels seinen heiligen Charakter als Ergebnis des engen Verhältnisses zwischen Gott und seinem auserwählten Volk (s. *Erwählung und auserwähltes Volk). Überdies kämpfte Israel eher um die Bewahrung seiner nationalen Existenz als um die seines Glaubens. Seine Kriege waren folglich an sich keine »Religionskriege«. Von den meisten Kriegen der Alten Welt unterschieden sie sich dadurch, daß der Krieg eine heilige Handlung war, die ihre eigene Ideologie und ihre besonderen Riten besaß, nicht lediglich etwas, bei dem die Religion Nebensache war. Der religiöse Aspekt des Krieges dauerte in Israel bis zur Königszeit fort, und obwohl zuweilen modifiziert, wirkte er doch nach wie vor auf viele drängende ethische und moralische Probleme ein. Obwohl er unter bestimmten Umständen und zu bestimmten Zeiten einen weltlicheren Charakter annahm, wurde der Gedanke des Heiligen Krieges zur Zeit des Makkabäeraufstandes (s. *Hasmonäer) und in den beiden großen Kriegen gegen Rom (s. *Rom und die Juden) mit seiner ganzen ursprünglichen Kraft erneuert.

c) Vorschriften zur Führung eines Heiligen Krieges: Die Heiligkeit des Krieges und der Gottesstreiter brachte es mit sich, daß besondere Vorschriften zur Sicherung der unbefleckten Reinheit des »Lagers Jahwes« erlassen wurden (Dt 23,10–15). Diese gingen in dem Qumran-Text von dem »Krieg der Söhne des Lichts gegen die Söhne der Finsternis« (s. *Qumran) ein. Da der Krieg etwas Heiliges war (*qiddēš milḥāmā* = zum Kampf weihen; Jer 6,4; Jo 3,9), schlossen die Kriegsvorbereitungen zudem ein Opfer, für gewöhnlich ein Brandopfer (Ri 6,20.26), ein und hatten Schlachtrufe zumeist eine religiöse Bedeutung, z. B. »Schwert für den Herrn und Gideon« (Ri 7,18.20; s. auch *Numeri).

Kriegserklärungen waren nicht üblich. Ein Heerführer pflegte sein Lager im Feindesland aufzuschlagen, die Stärke seines Heeres zu demonstrieren und sodann Bedingungen zu stellen, bei deren Erfüllung er von Feindseligkeiten Abstand nahm (1 Sam 11,1 ff). Bisweilen kämpften nur ausgewählte Streiter (z. B. Goliath und David), oder ein Herrscher forderte einen anderen zum Kampf heraus (z. B. König Amazja von Juda den König Joas von Israel, 2 Kg 14,8–10); doch war dies ungewöhnlich.

Das Deuteronomium (20,10–20) legt Vorschriften für eine Belagerung fest; sie folgen vermutlich den damaligen Gepflogenheiten, vorwiegend jenen der Königszeit. Ehe die Israeliten mit der Belagerung einer Stadt in Feindesland beginnen, müssen sie ihre Friedensbedingungen anbieten. Werden diese angenommen und die Tore geöffnet, so darf die Bevölkerung zur Zwangsarbeit angehalten (nicht versklavt oder getötet) und die Stadt eingenommen werden. Weist sie die Bedingungen zurück, leistet Widerstand und wird besiegt, so können die Männer getötet und alle Frauen und Kinder sowie die gesamte Habe als Beute betrachtet und unter den Siegern aufgeteilt werden. Für die Städte von Fremden innerhalb des israelitischen Territoriums werden jedoch sehr viel härtere Maßnahmen angeordnet: »Du sollst nichts am Leben lassen, was Atem hat« (Dt 20,16).

Tatsächlich verhielten sich die Israeliten gegen die von ihnen Besiegten nicht grausamer als ihre Zeitgenossen, und die Behandlung, die sie nach dem Bericht von 2 Kg 15,16 einer eroberten Stadt angedeihen ließen, war immer noch weitaus weniger unbarmherzig als die berechnende Brutalität der Assyrer. Die Siegesbeute wurde unter den Soldaten aufgeteilt, wobei Offiziere Sonderzuteilungen erhielten (Ri 8,24 ff; 1 Sam 30,26 ff). Zur Bewachung des Lagers zurückgelassene Soldaten erhielten den gleichen Anteil wie die Kampftruppen – eine von David eingeführte, aber bezeichnenderweise Moses (Num 31,27) zugeschriebene Vorschrift (und vielleicht treffen beide Traditionen zu). Selbst wenn die Bevölkerung das Ende einer Belagerung überlebte, konnte einem besiegten Volk die Zahlung einer hohen Entschädigungssumme oder eines jährlich zu zahlenden Tributs auferlegt werden (z. B. 2 Kg 3, 4).

2. Kriegstaktik: *a) Verbesserung der Kriegstechnik:* Die Ursprünge der in der frühbiblischen Zeit angewandten Kriegstaktik, der Kriegsbräuche wie auch der Waffen (s. *Waffen und militärische Rüstung) sind im Vorderen Orient des 2. Jahrtausends v. Chr. zu suchen. In der alttestamentlichen Periode (genauer: in der mittleren Bronze- und frühen Eisenzeit) wurden zweirädrige Streitwagen eingeführt, die den Heeren eine unvergleichlich größere Beweglichkeit verliehen und viele Änderungen in der Taktik zur Folge hatten. Gleichzeitige Verbesserungen der Bogen und Pfeile bewirkten eine erhebliche Steigerung der Streitkraft. Diese beiden Entwicklungen führten dazu, daß sich kleine Länder und Völker auf die Verteidigung innerhalb befestigter Städte konzentrierten. Belagerungsmaschinen (s. *Waffen und militärische Ausrüstung) wurden infolgedessen verbessert, was wiederum die Einführung verschiedener Gegenmaßnahmen anregte.

Die biblischen Befehlshaber wandten alle üblichen Kriegsmethoden an: sie belagerten feindliche Städte: (1 Kg 20,1) und verteidigten sich gegen Belagerungen, führten Überfälle durch (1 Sam 14) und kämpften in offener Feldschlacht.

b) Befestigung von Städten und Lagern: Eines der typischsten Merkmale der Befestigungen von Städten und Lagern der mittleren Bronzezeit ist der vor den Befestigungen angelegte, zum Feind hin abfallende verputzte Böschungswall. In späterer Zeit betrug seine Ausdehnung zuweilen bis zu 30 m. Man nimmt an, daß diese Art militärischer Architektur von den Hyksos eingeführt wurde, die sich im 18. Jhdt. v. Chr. in Unterägypten (im Deltagebiet; s. *Ägypten und seine Beziehung zu Israel) festgesetzt hatten, die auch in Kanaan eingedrungen waren und sich nach ihrer endgültigen Vertreibung durch die Ägypter (1570 n. Chr.) an vielen wichtigen Plätzen an den Ostküsten des Mittelmeeres festsetzten.

Auf die Hyksos geht auch die Einführung von Streitwagen in die Kriegführung des alten Orients zurück, und man nimmt an, daß die befestigten Lager, die sie errichteten, dem Schutz ihrer Streitwagen dienten. Auch nach ihrer Festsetzung in Palästina waren die meisten kanaanäischen Städte zu klein, um eine größere Anzahl von Streitwagen samt Pferden unterzubringen; die Lager wurden auf diese Weise zu bedeutsamen, dauerhaften Bestandteilen der Landschaft. In Avaris (Nordägypten) hat man die Überreste eines ihrer wichtigsten Plätze entdeckt, eines Lagers, das Raum für 40 000 Mann und Hunderte von Streitwagen bot; die Beschreibung des *Josephus, der Manetho, einen älteren ägyptischen Historiker, zitiert: »Sie umgaben diesen ganzen Platz mit einem Wall, der groß und stark war«, bestätigt dies.

Tatsächlich waren die Lager zuerst von einer starken Mauer umgeben und außerhalb dieser von einem massiven Damm aus Sand (in Avaris), Erde oder mehrflächigen Blöcken (in Palästina). Jenseits des Dammes fiel das Vorfeld schräg ab (180 m in Avaris), häufig zu einem am Fuß befindlichen Graben. Derartige Glacis sind in *Askalon, *Lachis und *Hazor **(Abb. 306)**, *tell el-ǧerīše* **(Abb. 498)** bei Tel Aviv und an vielen anderen Orten Palästinas entdeckt worden. Vermutlich sollten sie u. a. Angriffe feindlicher Streitwagen gegen die Mauern (sei es eines Lagers oder einer befestigten Stadt) verhindern. Ein solches Glacis wurde auch außerhalb der israelitischen Stadt Gath (*tell šēḫ aḥmēd el-ʿarēnī*) entdeckt. Y. Yadin hat nachgewiesen, daß der Hauptzweck der Glacis darin bestand, die Mauern vor feindlichen Angriffen durch Sturmböcke und die anderen neu entwickelten Belagerungsmaschinen zu schützen (s. *Waffen und militärische Rüstung). Zur Überwindung des neuen Hindernisses pflegten mit Sturmböcken ausgerüstete Angreifer den Graben zuzuschütten und einen neuen Damm zu bauen, um den Bock an das obere Ende des Glacis zu führen, wo er auf die sehr viel dünneren Brustwehren und Innenmauern stieß. Diese unvermeidlich langsame und umständliche Operation erklärt die Notwendigkeit, gleichzeitig mit den Sturmböcken »Feuertürme« einzusetzen, um die angreifenden Soldaten durch einen unablässigen Pfeilhagel zu decken.

Anscheinend wurden die Glacis und andere verbesserte Verteidigungsmittel jedoch schließlich für alle Angreifer zu einem derart gewaltigen Hindernis, daß eine Stadt allmählich nur noch durch Einschließung und List zu bezwingen war. **Abb. 496** zeigt das Fundament des Turmes und der Wachtstube von *m · ṣad ḥašavjāhū,* das Kö-

Abb. 496. Grundmauern eines zerstörten Turmes von *m·ṣad ḥašavjāhū*. Das Kreuz bezeichnet die Wachstube

Abb. 497. Griechischer Bogenschütze mit Langbogen

Abb. 498. Reste des bei *tell elǧeriše* (in der Nähe von Tel Aviv) entdeckten Glacis

nig Josia zu Anfang des 7. Jahrhunderts v. Chr. eroberte. Das unter *Inschriften 4 k beschriebene Ostrakon **(Abb. 343)** wurde dort entdeckt.

c) Belagerungstechnik (hebr. *māṣōr*): Im allgemeinen konnten befestigte Städte auf folgende Arten angegriffen werden:

(1) Belagerung durch ein reguläres Heer: Die Blockade oder Belagerung durch ein reguläres Heer (diese schloß häufig auch sämtliche anderen Varianten ein) sollte die Verteidiger in ihren Mauern einschließen, verhindern, daß sie Nachschub oder Hilfe von außen erhielten, und ihre Gegenangriffe und Ausfälle abwehren. Die Angreifer exponierten sich dabei am meisten, und ihr Erfolg war der Lohn für ihre größere Tapferkeit und Ausdauer.

(2) Überraschungsangriffe der Chabiru: Die *Amarnabriefe (14. Jhdt. v. Chr.) berichten von einer Abwandlung, welche die für wirksamere Methoden nicht ausgerüsteten *Charibu gegen kanaanäische Städte anwandten: sie blockierten alle nach einer Stadt führenden Straßen und hinderten die Einwohner sogar daran, ihr Land zu bestellen. Die Charibu bewegten sich in kleinen Gruppen und waren den Opfern ihres Terrors häufig zahlenmäßig unterlegen. Eben diese Tatsache machte sie beweglicher als ein großes Heer, und ihre Überraschungsangriffe konnten in einer belagerten Stadt leicht chaotische Verhältnisse schaffen.

(3) Angriff mit Sturmleitern: Während einer anhaltenden Belagerung, aber auch unabhängig davon, pflegten Gruppen von Angreifern die Mauern mit Sturmleitern zu erklimmen und die Verteidiger direkt anzugreifen. Viele ägyptische und assyrische Reliefs veranschaulichen derartige Einsätze **(Abb. 500, 501)**, die erheblichen Mut und Beweglichkeit forderten.

(4) Verwendung von Sturmböcken: Zur Erzielung von Mauerdurchbrüchen verwendete man Sturmböcke und Miniergeräte **(Abb. 860)**.

(5) Tunnelbau: Untertunnelung der Mauern oder überraschendes Eindringen durch vorhandene Wasserleitungskanäle und Schächte, z. B. Joabs Angriff gegen Jebus (Jerusalem; 2 Sam 5,8).

(Für weitere Einzelheiten über die Befestigungen von Stadtmauern und -toren s. *Kanaanäische Städte; *Stadtanlage, israelitische; *Jericho usw. Der Artikel *Wasserversorgung behandelt auch die Wasserversorgung belagerter Städte.)

d) Der Angriff auf die Stadt: Biblische Berichte über Belagerungen erwähnen bei der Schilderung einer Bestürmung der belagerten Stadt häufig sämtliche aufgeführten Methoden. Vor der Mauer errichtete man einen Erdwall oder Damm als Rampe, von dem aus die Angreifer über die Wälle und in die Stadt gelangen konnten. Gleichzeitig gingen Pioniere daran, die Mauer zu unterminieren (z. B. Davids Belagerung von Abel-Beth-Maacha 2 Sam 20,15). Auch versuchte man, die Tore in Brand zu stekken (Ri 9,52).

Die Verteidiger pflegten ihrerseits durch Nahkampf, mit Pfeilen und groben Wurfgeschossen Widerstand zu leisten (Ri 9,53). Die Angreifer und ihre Stellungen wurden mit Steinen, Häckselballen und Brandkugeln beworfen (z. B. 1 Makk 6,13) oder mit feurigen Pfeilen beschossen (Eph 6,16). Soldaten, welche die Sturmleitern zu erklimmen oder die von den Angriffstürmen auf die Mauer führende Brücke zu passieren versuchten, wurden mit kochendem Öl übergossen. Im ›Jüdischen Krieg‹ gibt Josephus bei der Beschreibung der Belagerung von Jerusalem durch Nebukadnezar eine lebensvolle Schilderung aller dieser Maßnahmen, während 2 Kg 24 auf die furchtbare Not deutet, in die eine belagerte Stadt geraten konnte.

In der Königszeit ließen die Verteidiger israelitischer Städte vielleicht wie Usia »kunstvoll ausgedachte Maschinen anfertigen, die auf den Türmen und Zinnen aufgestellt wurden, um mit Pfeilen und großen Steinen zu schießen« (2 Chr 26,15). Die Forschung ist sich immer noch nicht einig, ob diese »Maschinen« Wurfmaschinen oder Katapulte wie die der Assyrer waren oder einfach Gestelle, die als Vorkragungen unmittelbar längs der Mauerränder angebracht waren wie die in der militärischen Technik des europäischen Mittelalters benutzten hölzernen Schutzwehren und es Bogenschützen und Soldaten ermöglichten, auf die Angreifer am Fuß der Mauer zu schießen, ohne sich ihren Geschossen auszusetzen. Auf den assyrischen Reliefs, welche die Belagerung der Stadt darstellen, weisen die Mauern von *Lachis solche Vorrichtungen auf. Das Zeugnis dieser Reliefs wird durch andere Inschriften Sanheribs erweitert, in denen er erklärt, wie er die judäischen Städte »durch die Aufführung von Erdrampen, das Heranbringen von Sturmböcken an die Mauern, durch Infanterieangriffe, Unterminierung, Breschen und Tunnels« (s. *Lachis) einnahm.

Angreifer, die sich einer belagerten Stadt über den die Mauern umgebenden Damm oder Graben (den *dājeq*) näherten, wurden durch die Schutzwehr oder den großen Belagerungsschild (die *ṣinnā*) geschützt. Ez 4,1–3 führt die Methoden des Belagerungskrieges auf, die er möglicherweise alle Nebukadnezar anwenden sah. Verschiedene ballistische Maschinen wurden während der Makkabäer- und Hasmonäerkämpfe ausgiebig benutzt (s. *Hasmonäer; *Waffen; 1 Makk 6,20.51–52; 11,20; 13,43 ff).

e) Kriegslist und Strategie: Wenn eine befestigte Stadt imstande schien, einer Belagerung Widerstand zu leisten, oder wenn ihre Feinde noch keine besonders wirksamen Angriffsmittel entwickelt hatten (wie es der Fall war, als die Israeliten die kanaanäischen Städte angriffen), war es wichtig, andere Möglichkeiten als einen Direktangriff ausfindig zu machen.

Für diese Art von Kampf brauchte man zuallererst Nachrichten über die feindliche Kräfteverteilung, die Gegebenheiten des Geländes sowie über mögliche Verstecke und geheime Zugänge. Spionage war für diesen Zweck schon vor dem 15. Jhdt. v. Chr. allgemein üblich. Ein Beispiel ist die Erzählung, wie Moses Kundschafter nach Kanaan entsandte (Num 13), ein weiteres die Entsendung von Kundschaftern nach Jericho (Jos 2) und Ai (Jos 7,2) durch Josua. Die Erzählung in Ri 1,22–26 ist ebenfalls ein instruktives Beispiel für die Beschaffung benötigter Nachrichten und ihre Nutzung durch Kundschafter.

Über die von den israelitischen Kommandeuren angewandte Strategie äußert sich die Bibel kaum. Aus außerbiblischen Quellen über die von Thutmosis III. bei Megiddo und von Ramses II. bei Kadesch (in Syrien; s. *Ägypten und seine Beziehung zu Israel) geschlagenen Schlachten ist ersichtlich, daß die Hethiter und Kanaanäer zumeist versuchten, den Feind aus seinen vorbereiteten Stellungen zu locken, und dann einen Überraschungsangriff mit Streitwagen machten, wobei die Hauptmasse des Heeres in Reserve blieb, um entweder bei einem Anfangserfolg nachzustoßen oder aber einen geregelten Rückzug zu ermöglichen.

Im 9. Jhdt. v. Chr. begann der Krieg Judas und Israels gegen Moab anscheinend mit einem Vormarsch durch das Land von Süden her (2 Kg 3,8–25), wobei man unterwegs keinen Stein auf dem anderen ließ. Eine ähnliche Strategie wandte David gegen die Philister (2 Sam 5,23) an.

f) Gefechtstaktik: Die Gefechtstaktik war je nach Zeit, Zahl der Streitkräfte und Art der Waffen verschieden. Die früheren Bewohner Kanaans setzten sich gegen Invasoren eher mit Bogenschützen als im Nahkampf zur Wehr. Die Israeliten bedienten sich während und nach der Landnahme sämtlicher üblicher Methoden der Kriegführung, wobei die Taktik im Einzelfall im wesentlichen davon abhing, ob Streitwagen eingesetzt wurden. In der Kriegszeit standen in einer größeren Schlacht, an der sowohl das Berufsheer wie Ausgehobene teilnahmen, die Berufssoldaten in den vordersten Linien, während die Ausgehobenen die Bereitschaftstruppen waren, die im Hintergrund blieben und als Reserve fungierten. Nach dieser Methode kämpfte David gegen die Ammoniter (2 Sam 11) und Ahab gegen die Aramäer (1 Kg 20, 15–20). Eine kompliziertere Taktik wird in 2 Sam 10,8–14 (Joabs Schlacht gegen die Ammoniter) und 1 Kg 22,31 (Ben-Hadads Anweisungen an die Obersten der Streitwagen vor der Schlacht bei Ramoth-Gilead) beschrieben.

g) Überraschungsangriffe: Ein Heer, das seinen Gegnern – an Zahl, Waffen oder Können – unterlegen ist, wird stets versuchen, sich durch einen unerwarteten Angriff einen Vorteil zu verschaffen. Zur Zeit der *Landnahme war Josuas Israelitenschar kein richtig organisiertes Heer und vermied nach Möglichkeit direkte Angriffe auf die befestigten kanaanäischen Städte. Statt dessen brachten die Israeliten die Verteidiger bisweilen dazu, ihre Mauern zu verlassen und in offener Feldschlacht zu kämpfen (vgl. 2 Kg 7,12). Meistens führten sie aber Überraschungsangriffe durch. So unternahm etwa Josua, als sich die verbündeten kanaanäischen Stadtkönige zum Angriff auf Gibeon zusammenschlossen, das mit den Israeliten einen Vertrag geschlossen hatte, mit seinem Heer vom Hauptlager Gilgal bei Jericho aus einen 30 km langen Nachtmarsch und überrumpelte die Kanaanäer. Der gleichen Taktik bediente er sich, um eine andere kanaanäische Allianz unter dem König von Hazor am »Wasser von Merom« (Jos 11,7) zu überrumpeln. Später waren Nachtangriffe eine Lieblingstaktik Gideons (Ri 7,17 ff). Eine solche Taktik war besonders wirksam in hügeligem Gelände, wo die Kanaanäer ihre Streitwagen nicht einsetzen konnten. Ein solches Gelände eignete sich auch sehr gut für erfolgreiche Angriffe aus dem Hinterhalt. Eine Gruppe Israeliten erweckte den Anschein, als fliehe sie vor ihren Feinden, und lockte diese so dorthin, wo das Hauptheer wartete, um sich von allen Seiten auf den Gegner zu stürzen (Jos 8,15–19; Ri 20,32–36). Dies war auch ein beliebtes Ablenkungsmanöver bei Angriffen auf Städte. Da die Angreifer zu fliehen schienen, setzten die Verteidiger ihnen in der Regel nach, und eine wartende Gruppe konnte sich dann auf das Stadttor stürzen. In einigen Fällen, wenn Überrumpelung ein Element der Schlacht bilden sollte, wurde die israelitische Streitmacht in drei Angriffsgruppen geteilt (Ri 7,16; 9,43; 1 Sam 11,11; 2 Sam 18,2), die den Feind einkreisen sollten. Oder ein Heer wurde in zwei Hälften geteilt, um Front und Rücken des Feindes gleichzeitig anzugreifen (2 Chr 13,13–15). Angesichts einer solchen Lage hielten fähige Generäle ihr Heer eng beisammen und kämpften an beiden Fronten, die sich wechselseitig unterstützten (2 Sam 10, 8–11). Melder zu Pferde oder zu Fuß hielten die Verbindung zwischen den beiden Truppenkörpern aufrecht.

h) Signale: Die Verbindung zwischen Städten und Heeren wurde auch durch Signale, beispielsweise durch auf Hügelkuppen entzündete Leuchtfeuer, aufrechterhalten, deren Rauch oder gleichmäßiges Licht weithin sichtbar war. Sie gaben mittels vorher verabredeter Zeichen Nachrichten weiter (Ri 20,38) oder dienten als Warnzeichen (Jer 6,1). In *Lachis gefundene Ostraka veranschaulichen, wie dieser Feuersignalcode von den Verteidigern der Stadt in den letzten Tagen des Reiches Juda benutzt und entschlüsselt wurde.

3. Organisierung und Führung eines Krieges: *a) Mobilisierung und Organisation eines Heeres:* Das frühisraelitische Heer bestand aus Einheiten, die die Stämme für einen bestimmten Feldzug zur Verfügung stellten. Nach der Schlacht kehrten die Soldaten ins Alltagsleben zurück. G. E. Mendenhall hat gezeigt, daß die Heereseinheiten oder *'ălāfîm* ursprünglich nicht wörtlich »Tausende« waren, sondern daß *'ælæf* = »tausend« eine Stammeseinheit meinte, die eine bestimmte Anzahl Krieger bereitstellen konnte. Dieser Nachweis hat die korrekte Interpretation der offensichtlich übertriebenen Zahlenangaben im Buch Numeri ermöglicht (s. *Volkszählung). Das Heer des Stämmebundes zählte demgemäß wahrscheinlich an die 6000 Mann (nicht 600-»tausend«, wie die Angabe in Num 26,51 zu besagen scheint). In der Praxis war die Anzahl der zu irgendeiner Zeit tatsächlich verfügbaren Truppen möglicherweise kleiner.

Zu jener Zeit wurde das Volk durch Boten, die man durch das Land sandte, zu den Waffen gerufen (Ri 6,35; 7,24) oder durch den Ruf des *šôfār* (Widderhorn, s. *Musik; Ri 3,27; 1 Sam 13,3). Später, in der Königszeit, scheint es, wurde die Trompete geblasen, und auf einem Hügel ein Panier (Banner, Mast oder Stange) aufgerichtet als Ruf an das Volk, zu den Waffen zu greifen oder sich zu versammeln (Jes 5,26; Jer 51,12.27). Wenn die Propheten vom Klang der Posaune oder von den Schlachtsignalen sprechen, so meinen sie die Ankündigung eines feindlichen Einfalls und die Aufforderung, das Land zu verteidigen (Jer 4,5 f; Hos 5,8; Am 3,6). Zudem begleitete oft Kriegsmusik die Soldaten auf ihrem Marsch (2 Chr 20,22).

Der Kern eines stehenden Berufsheeres wurde erstmals von David geschaffen, der seine früheren Gefährten als ständige Leibwache von 600 »gewaltigen Männern« (1 Sam 23,13; 30,9; 2 Sam 10,7) organisierte. Diese wurde zu einer regulären Armee erweitert, die auf der Schätzung des gesamten Volkes basierte (2 Sam 24) und von Söldnern, Krethern, Plethern und Gathitern (2 Sam 15,18) unterstützt wurde.

Über die genaue Grundlage, auf welcher der König sein Heer organisierte und zusammenrief, sind keine Angaben überliefert. Es ist lediglich davon die Rede, daß ein König z. B. »seine ganze Streitmacht versammelte« (1 Kg 20,1.27; 2 Kg 3,6; 6,24). Für ein Berufsheer wäre dies eine Routineangelegenheit gewesen (s. *Verfassung, Verwaltung und Staatsformen); wie es sich mit den Wehrpflichtigen im einzelnen verhielt, bleibt dabei recht ungewiß (1 Sam 11,1–11; 17,2. 11–13; 28,4).

Die militärische Organisation des Heeres folgte einer Tradition, die bis zur Makkabäerzeit mehr oder weniger unverändert fortdauerte (s. *Verfassung, Verwaltung und Staatsformen).

Zur Erörterung der Signale und Schlachtrufe s. *Numeri und *Qumran.

b) Feldzüge: Weil man die Winterregen vermeiden wollte, war der Frühling, die »Jahreswende« (2 Sam 11,1; 1 Chr 20,1), die geeignetste Jahreszeit für Feldzüge. Die Bewegung von Heeren und Nachschubgütern war zu dieser Zeit einfacher, doch muß es gleichzeitig zu vielen Komplikationen geführt haben, wenn die Bauern gerade zur Zeit der schwersten Feldarbeit einberufen wurden. Die Assyrer begannen ihre Feldzüge zwischen April und Juni, und die Heere trafen in Palästina gewöhnlich gleich nach der Getreideernte ein. In der neubabylonischen Zeit begannen Feldzüge auch im Herbst oder noch später.

c) Das Lager: Die Errichtung des Lagers war eine bedeutsame Angelegenheit. Die israelitischen Lager werden meist als viereckig geschildert (Num 2), doch lesen einige Forscher aus 1 Sam 17,20; 26,5.7 heraus, daß sie rund waren. Die bronzenen Torbeschläge des Königspalastes in *balāwāt* zeigen assyrische Lager, von denen die meisten viereckig, einige allerdings rund sind **(Abb. 861).**

Das Lager war von einem *ma'gāl* (1 Sam 17,20; 26,5), einer steinernen Einfriedung, umgeben und wurde durch eine breite Straße mit je einem Tor an beiden Enden geteilt. Zudem wurde es ständig bewacht (Ri 7,8). Während einer Schlacht blieb eine Abteilung Soldaten zur Bewachung des Lagers (1 Sam 26,5.7) und »der Wagenburg« (1 Sam 25,13) zurück. Im Lager schliefen die Soldaten in Zelten oder Laubhütten (2 Sam 11,11; 1 Kg 20,12).

Im Hellenismus und in der Römerzeit folgten die jüdischen Militärlager dem zeitgenössischen Brauch und ähnelten wahrscheinlich sehr dem römischen Lager. Überreste eines solchen, einschließlich der steinernen Umgrenzung, sind noch heute am Fuß der Festung Masada zu sehen **(Abb. 692).**

4. Israels Kriege: *a) Von der Landnahme bis zur Reichstrennung:* Israels erste Kriege waren die der *Landnahme. Dem oberflächlichen Eindruck zufolge handelte es sich hierbei um einen konzentrierten Angriff auf das Ostjordanland, an den sich ein Siegeszug westlich vom Jordan anschloß, dessen Ergebnis sehr bald die unbestrittene Herrschaft über das Land war. Es scheint jedoch eher so gewesen zu sein, daß der größte Teil des Landes rasch erobert wurde, die Konsolidierung der Anfangserfolge aber nur in der zentralen Hochlandregion gelang und daß ihnen eine Zeit langwieriger, wechselvoller Kämpfe entlang der Grenzen folgte (s. *Landnahme; *Stämme Israels).

Die Kriege der Richterzeit gehörten einer späteren (vielleicht aber sogar der gleichen) Phase wie die Landnahme an. Die dabei geschlagenen Schlachten waren Verteidigungsaktionen und Grenzkämpfe gegen die Kanaanäer und andere Völker, von deren Territorien die Stämme Land zu gewinnen suchten. Die Kanaanäer behielten die Herrschaft über die fruchtbarsten Teile des Jesreel-Tals und Galiläas und griffen wiederholt, bis zur frühen Königszeit, die dort gelegenen israelitischen Siedlungen an (s. *Richter [Zeit und Buch]).

Die Regierungszeit Davids begann mit der Rückeroberung der an die Philister verlorenen Gebiete und brachte dann die Ausdehnung seines Reiches bis zu den idealen Grenzen des Gelobten Landes: im Norden gegen Aram, im Osten gegen Moab und Ammon und im Süden gegen Edom (s. *David und Salomo). Salomo vermochte das ererbte Reich zu einem blühenden, gut verwalteten Staat zusammenzuschmieden. Er führte keinen einzigen Krieg, doch gab es in seiner Regierungszeit offenbar die allgemeine Wehrpflicht; er rüstete das stehende Heer mit Streitwagen aus. Mag sein, daß seine Macht für die Abschreckung von Angreifern ausreichte, doch war er außerstande, seine Besitzungen zu schützen, als Aram und Edom von seinem Reich abfielen.

b) Kriege der Reiche Israel und Juda: Die Kriege, welche die Könige der beiden Reiche zum Schutz ihrer eigenen Position und der Sicherheit ihrer Grenzen führten, sind im Artikel *Israel und Juda beschrieben.

Zusammenfassend kann man sagen, daß die Militärgeschichte Israels und seiner Könige zur Zeit Davids mit einer kurzen Eroberungsperiode einsetzte; es folgte eine Reihe von bisweilen erfolgreichen, häufig unglücklichen Feldzügen und Schlachten, die zur Sicherung des Landes, seiner Grenzen, Handelswege und Besitzungen geschlagen wurden (s. *Israel und Juda; *Ausgrabungen). Die dabei angewandte Technik ist häufig durch Funde aufgehellt worden, die beim Freilegen der Schlachtfelder gemacht wurden – beispielshalber lieferten die Ostraka von *Lachis bis dahin unbekannte Tatsachen nicht allein über die Methoden der Verbindung und Nachrichtenübermittlung in der Zeit vor dem Fall von Jerusalem, sondern auch über die nach Ägypten beorderten Gesandtschaften sowie andere Einzelheiten (s. *Lachis; *Inschriften).

c) Die Makkabäerkriege und die Heeresorganisation der hellenistischen Zeit: Lange nach dem Ende der alttestamentlichen Zeit (von Daniel und möglicherweise einigen anderen Abschnitten des Alten Testaments abgesehen) führten die Juden eine neue Reihe von Kriegen, bei denen es um die Verteidigung ihrer nationalen Substanz ging. Die Makkabäerkämpfe (s. *Hasmonäer) begannen als Guerillaangriffe von Freischärlern unter der Führung des Judas. In dem Maße, wie sie Erfolg hatten, entwickelten sie sich zu einem nationalen Unabhängigkeitskrieg mit einem nach herkömmlichen Grundsätzen organisierten regulären Heer (1 Makk 3, 55–56). Die Fronten blieben bei diesem Feldzug in ständiger Bewegung; Überraschungstaktik stand im Vordergrund. Die Operationen umfaßten ganz Palästina, und sie fanden gleichzeitig von der Gegend südlich von Hebron bis Galiläa, von der Mittelmeerküste bis Transjordanien statt. In Organisation und Taktik übernahmen die jüdischen Führer manches von ihren hellenistischen Feinden (vgl. etwa den griechischen Langbogenschützen **Abb. 497**), doch behielten sie viele der typischsten Züge früherer jüdischer Feldzüge bei. (So hatten sie beispielsweise weder Streitwagen noch Kavallerie und griffen den Feind nach Möglichkeit in den Bergen an, wo die örtlichen Streitkräfte aufgrund ihrer Vertrautheit mit der Landschaft im Vorteil waren.) Nachdem Judas' Siege dem Volke Religionsfreiheit gesichert hatten, führten seine Brüder Jonathan und Simon es zu politischer Unabhängigkeit und errichteten schließlich das *Hasmonäer-Reich. Die regulären Truppen bezogen anscheinend seit der Zeit des Hasmonäers Simon einen regelmäßigen Sold (1 Makk 14,32). Die späteren Hasmonäer und besonders Herodes bedienten sich in beträchtlichem Ausmaß ausländischer Söldner; Veteranen wurden von den Erstgenannten offenbar mit Landzuweisungen in den eroberten Gebieten bedacht (s. *Landsitz).

Das beste Zeugnis für die militärische Praxis und Organisation in der Zeit des zweiten jüdischen Staatswesens ist die »Kriegsrolle« vom Toten Meer (s. *Qumran). Obwohl es sich um einen apokalyptischen Entwurf für die Führung des Endkrieges der Menschheit handelt, müssen die praktischen Details doch den zeitgenössischen Verhältnissen entnommen sein. In der Kriegsrolle besteht das Heer aus 24 000 Infanteristen und 6000 Kavalleristen; beide Waffengattungen sind in schwere (Haupt-)Einheiten, die aus erfahreneren (40 bis 50 Jahre alten) Soldaten bestanden, und in aus jüngeren Männern (im Alter von 30–40 Jahren) bestehende leichte oder Hilfseinheiten gegliedert. Anfänger (im Alter von 25 Jahren und darüber) dienten in Versorgungseinheiten (s. *Waffen und militärische Rüstung). Die Hauptgefechtsformation dieses Krieges der Endzeit wird als aus schwerer Infanterie bestehender »Turm« oder sich selbst schützendes Rechteck beschrieben (weitere Einzelheiten: s. *Qumran).

d) Die jüdisch-römischen Kriege: Für diese Zeit steht uns eine Fülle zeitgenössischer Quellen und Schilderungen zur Verfügung, in erster Linie Josephus' ›Jüdischer Krieg‹ und seine ›Jüdischen Altertümer‹, aber auch eine Anzahl römischer Historiker und Kommentatoren (s. *Rom und die Juden; *Waffen und militärische Rüstung 4 e).

Zur Zeit der jüdischen Feste wurde die römische Garnison in Jerusalem durch zusätzliche Abteilungen verstärkt (s. *Jesus von Nazareth). Der große jüdische Aufstand, der mit der Vernichtung des jüdischen Staatswesens enden sollte, begann im Jahre 66 n. Chr. mit Zusammenstößen zwischen den Juden und den Soldaten der römischen Garnison. Die Erinnerung an die verhaßten römischen Truppen fand ihren Niederschlag in der jüdischen Literatur (s. *Deuterokanonische Bücher und Apokryphen; *Apokalyptik), wobei der Respekt vor der sprichwörtlichen Macht der Römer niemals die Überzeugung verdrängte, daß dieses brutale heidnische Heer aus der Welt verschwinden würde, sobald es Gott gefalle und der Messias komme. Zu ihrem Unglück erwies sich dieser Glaube der Juden als weitaus stärker als Mahnungen zur Vernunft und Mäßigung, und die Emotionen, die er erregte, ließen sie eine Trotzpolitik verfolgen, die mit einer Katastrophe enden mußte.

L

Lachis

Gliederung: 1. Ausgrabungen. 2. Lachis in vorgeschichtlicher Zeit. 3. Zeit der Patriarchen und der Kanaanäer. a) Lachis unter den Hyksos und den Ägyptern; b) Der kanaanäische Tempel. 4. Eroberung von Lachis durch Mernephtah oder Josua? 5. Lachis im Reich von Juda. 6. Sanherib vor Lachis. 7. Lachis unter Nebukadnezar. 8. Die Lachisbriefe. 9. Perserzeit.

Lachis, heute *tell ed-duwēr,* war während der ganzen Geschichte Israels eine der bestbefestigten Städte von Palästina. Von der *Landnahme bis zur Restauration (s. *Restauration und Perserzeit, Esra und Nehemia) nimmt Lachis einen hervorragenden Platz in der biblischen Geschichte ein, und seine Bedeutung geht auch aus den anderen Quellen, besonders assyrischer Herkunft, hervor. Es lag in der Sephela in den Vorbergen des jüdischen Gebirgszugs, strategisch günstig, und war die größte in der Reihe der Festungen, die den Zugang zum Gebirge bewachten. Seine Akropolis bedeckte 70 ha.

1. Ausgrabungen: Die Wellcome-Marston-Expedition unter Leitung von J. Starkey begann die Ausgrabung 1932. Sie wurde in sechs Arbeitsperioden bis 1938 fortgeführt. Dann erzwang die Ermordung Starkeys deren Abbruch. Bis dahin waren nur Schichten aus israelitischer Zeit aufgedeckt worden, und der Befund für frühere Zeiten blieb spärlich.

2. Lachis in vorgeschichtlicher Zeit: Die erste Besiedlung der Gegend begann in Höhlen nordwestlich vom *tell* in der chalkolithischen Zeit um 3500 v. Chr. In der Zeit der Städtebildung in Palästina übersiedelten die Bewohner etwa 1500 Jahre später nach dem Gipfel des Hügels, und die früheren Höhlenwohnungen wurden in Grabstätten verwandelt.

3. Zeit der Patriarchen und der Kanaanäer: *a) Lachis unter den Hyksos und den Ägyptern:* Lachis wurde in der Patriarchenzeit zum erstenmal befestigt. Der Zugang zu seiner mit einer Mauer umgebenen Höhe wurde durch ein steiles, weiß gepflastertes Glacis geschützt, das einen breiten Graben am unteren Ende aufwies. Dieses Verteidigungssystem deutet auf die Anwesenheit der Hyksos, die in Ägypten und Palästina vom 18. bis zur Mitte des 16. Jahrhunderts v. Chr. herrschten. Dann wurden sie vertrieben, und die Ägypter traten an ihre Stelle. Die Ägypter schleiften die alten Befestigungsanlagen, der Graben wurde aufgefüllt und an seiner Stelle ein kleiner Tempel erbaut. Zwischen 1480 und 1260 v. Chr. wurde der Tempelbau zweimal erneuert und vergrößert. Die reichen Funde in seinem Bereich und seine Lage außerhalb der Stadtmauer zeugten vom gediegenen Wohlstand und der Sicherheit jener Zeit.

b) Der kanaanäische Tempel: K. Kenyon (Archäologie im Heiligen Land 197 f) beschreibt den kanaanäischen Tempel von Lachis aus dem 15. Jhdt. v. Chr. **(Abb. 499)** und den Opferaltar folgendermaßen: »Der Grundriß des Tempels war einfach. Er bestand aus einem länglich rechteckigen Kultraum mit zwei angefügten Nebenräumen, von denen nur einer vom Kultraum aus zugänglich war. Bemerkenswerterweise war kein Innenraum oder Allerheiligstes vorhanden, wie es die israelitische Religion verlangte und wie es sich auch in weit älteren semitischen Heiligtümern fand. Das Dach wurde von Säulen, vermutlich aus Holz, getragen, die durch Basen in der Mittelachse bezeugt sind. Der Eingang war durch eine Wand abgeschirmt, die die Einsicht in den Kultraum verwehrte. Der Schrein bestand aus einer nur 30 cm hohen Bank mit drei an der Vorderseite vorspringenden rechteckigen Blöcken. Man vermutet, daß die Kultobjekte auf der Bank gestanden haben, während die Vorsprünge als Altäre dienten. Daß es drei sind, läßt auf die Verehrung einer Trias von Göttern schließen. Vor dem Schrein waren in der Mittelachse zwei Krüge in den Fußboden eingelassen; wahrscheinlich sind es Libationsgefäße, in die Trankopfer gegossen wurden. An dem einen Ende der Bank lag ein großer Haufen von Gefäßen, die offenbar dort zurückgelassen worden sind, als der Neubau entstand. Auch sie dürften als Behälter für Speise- und Trankopfer benutzt worden sein. Außerhalb des Tempels waren Gruben zur Aufnahme von Gefäßen, die einem ähnlichen Zweck gedient haben. An einer Wand des Kultraums befand sich eine niedrige Bank, die nach Analogie der in größerer Anzahl in den späteren Tempelbauten gefundenen Bänke der Ablage von Opfergaben gedient haben könnte.« Aus den Resten läßt sich schließen, daß in diesem Tempel und den Neubauten darüber

Rescheph, der kanaanäisch-syrische Kriegs- und Sturmgott, und vielleicht die Göttin Elath verehrt worden sind.
Aus dieser Spätbronzezeit stammt die erste urkundliche Erwähnung von Lachis. In einem der *Amarnabriefe aus dem 14. Jhdt. v. Chr. berichtet der König von Jerusalem, daß das Volk von Lachis mit den *Chabiru gemeinsame Sache gemacht und seinen König getötet habe. Eine Tafel aus dem benachbarten *tell el-ḥesi* hat dies bestätigt.
4. Eroberung von Lachis durch Mernephtah oder Josua? Der dritte, letzte Tempel ist offenbar gewaltsam zerstört worden. Da man eine ägyptische hieratische (kursive) Inschrift auf einem Gefäß gefunden hat, die von den Ausgräbern auf rund 1200 v. Chr. datiert wird und die das 4. Jahr der Regierung des Pharao nennt, glauben manche Forscher, daß der Tempel bei einem Feldzug des ägyptischen Pharaos Mernephtah zerstört worden sei, dessen 4. Regierungsjahr 1220 v. Chr. war. Mernephtahs große Siegesstele, die seinen Sieg über Israel erwähnt (s. *Landnahme), datiert aus dem 5. Jahr seiner Regierung, also ein Jahr nach der Einnahme von Lachis.
Andere Forscher schreiben die Zerstörung von Lachis Josua zu und halten die genaue Beschreibung seiner Eroberung in Jos 10,1–5.31–33 für zuverlässig. Nachdem Josua die vereinigte kanaanäische Armee besiegt hatte, ließ er deren Anführer hängen und wies die Stadt dem Stamm Juda zu.
5. Lachis im Reich von Juda: Nachdem Lachis eine Zeitlang unbewohnt geblieben war, wurde es dann eine der bestbefestigten Städte Judas. Schicht IV enthielt einen Palast auf einer Plattform von 32 m im Quadrat, die aus einer Mischung von Erde und Steinen bestand. Das wird ein Beispiel für ein *millo'* (Aufschüttung) sein, wie es auch David in Jerusalem errichtete. Auf der westlichen Seite des *tell* fand man eine Mauer, die wahrscheinlich ursprünglich den Palastbezirk umgeben hatte, später allerdings von Palast B überbaut wurde.
Wahrscheinlich war es Rehabeam, der erste König von Juda (2 Chr 11,9), der Lachis und andere judäische Städte befestigte, und zwar zur Zeit, als der Pharao Sisak gegen Palästina zu Felde zog (925 v. Chr.). Vermutete Miß O. Tufnell ursprünglich, Palast A sei in die erste Zeit Rehabeams (Schicht V) vor der Zerstörungswelle durch den Pharao Sisak zu datieren und dieser dann zum Opfer gefallen, so scheint sie neuerdings eher für eine Ansetzung des Palastes A erst nach der Zerstörungswelle Sisaks zu plädieren. Schicht IV–III (900–700) sind auch noch die hintereinander auf der Stelle von Palast A errichteten Paläste B und C zuzuschreiben, ebenso der Bau einer 6 m breiten und auf einem Steinfundament errichteten Ziegelmauer von 2,5 m Höhe. Diese Mauer war in derselben Bauweise wie andere Mauern dieser Epoche aus Megiddo, Mizpa, Hazor u. ö. mit Vorsprüngen und Einbuchtungen als sog. Fleschenmauer (s. Ausgrabungen in Palästina 7c/3) erbaut. Etwa 16,5 m unterhalb dieser Mauer befand sich eine zweite, etwa 4 m breite Stützmauer, die den *tell* umgab. Die Datierung dieser Funde ist sehr schwierig. Gehören Palast A und die 1. Mauer der Zeit Rehabeams an, so dürfte Palast B zum Bauprogramm der Könige Asa (907–867 v. Chr.) und Josaphat (868–847 v. Chr.; 2 Chr 14,6 f) gehört haben. Die Stadt mit ihren zwei Mauern bestand bis zu Sanheribs Palästinafeldzug, also beinahe zwei Jahrhunderte.
6. Sanherib vor Lachis: Die assyrische Belagerung und Einnahme der Stadt und ihre Folgen sind Geschehnisse der alten Geschichte, die ungewöhnlich lebendig bezeugt sind. Die ganze Folge der Ereignisse ist auf einem großen Wandrelief in Sanheribs Palast zu Ninive **(Abb. 500, 501)** mit allen Einzelheiten abgebildet. Dieses gibt ein gutes Bild von der Bedeutung der Stadt zu jener Zeit als judäische Festung. Sanherib war ausgezogen (701 v. Chr.), um eine antiassyrische Koalition niederzuwerfen, die sich zwischen Syrien, Palästina und Ägypten unter Leitung des Königs Hiskia von Juda gebildet hatte.
Die Ägypter wurden bei Eltheke geschlagen, dann nahm Sanherib Askalon und Joppe und begann die Belagerung von Lachis (2 Kg 18,4).
Das Relief zeigt assyrische Soldaten in ihrer Kampfstellung: Lanzenträger mit runden Schilden und Helmen mit einem Kamm aus Bronze (ein solcher wurde in Lachis gefunden), Paare von Bogenschützen und Schleuderern, die Steine in ihren Händen tragen. Lachis war geschützt durch eine doppelte Mauer, die nach dem Prinzip von Vorsprüngen und Vertiefungen (Fleschenmauern) gebaut war – wie sie das Relief abbildet und die Ausgrabung bestätigt hat. Nach einer Beschießung mit Schleudersteinen und Pfeilen griffen assyrische Pioniere die Mauern durch unterirdische Gänge an, gedeckt von Belagerungsmaschinen **(Abb. 501),** die auf hölzernen Schienen das Glacis hinaufgeschoben wurden. Hinter den Türmen und ihren

Abb. 499. Reste eines in Lachis entdeckten kanaanäischen Tempels (15. Jhdt. v. Chr.)

Abb. 500–503. Die Belagerung und Erstürmung von Lachis durch die Assyrer (Wandrelief aus dem Palast des Sanherib zu Ninive)

Abb. 500. Assyrische Bogenschützen und Lanzenträger

Abb. 501. Im Schutz von Mauerbrechern, die das Glacis hinaufgeschoben werden, greifen die Assyrer an

Abb. 502. Die Stadt ist erobert, Teile der Bevölkerung verlassen sie

Abb. 503. Fern dem Schlachtfeld, vor seinem Zelt und seinem Streitwagen, erwartet Sanherib seine siegreich heimkehrenden Krieger, während sich die gefangenen Juden vor seinem Thron niederwerfen

Schilden warfen die Verteidiger Steine und Feuerbrände gegen die Belagerungsmaschinen, die zur Abwehr mit Wasser durchtränkt wurden. Nach dem Kampf ist die Übergabe der Stadt abgebildet **(Abb. 502)**: Die Bewohner verlassen in langen Gewändern die Stadt, beladen mit ihren Habseligkeiten, in der Nähe hängen drei gepfählte Leichen.

Abseits vom Kampf ist Sanherib abgebildet. Er sitzt auf seinem Thron vor seinem Zelt und Kriegswagen **(Abb. 503).** Er begrüßt seine siegreichen Soldaten, während sich die gefangenen Judäer vor ihm niederwerfen. Über seinem Kopf steht eine Inschrift, die lautet: »Sanherib, König der Welt, König von Assyrien, saß auf seinem Thron und musterte die Beute aus Lachis.« Die hügelige Gegend ist durch das Schuppenmuster angedeutet; auch Obstbäume und Weinstöcke sieht man. Während Sanherib vor Lachis lagerte, empfing er den Tribut von Hiskia (2 Kg 18,14–16), der Jerusalem und ganz Juda vor vollständiger Vernichtung rettete. Abgesehen von den Brandresten in der entsprechenden Schicht III gab eine große Grube, die mehr als 1500 Skelette, unordentlich aufeinandergeworfen, enthielt, Zeugnis von der Eroberung von Lachis. Starkey deutete sie als Abladestätte bei der Säuberung der Stadt nach dem Krieg. Es waren drei Schädel mit Trepanation darunter, ein interessantes Zeugnis für alte Heilverfahren. Eine Zisterne von 43 m Tiefe, die wahrscheinlich der belagerten Stadt Wasser bringen sollte, aber unvollendet gelassen wurde, ist ebenfalls aufgedeckt worden.

7. Lachis unter Nebukadnezar: Im Lauf des folgenden 7. Jahrhunderts wurde eine 3,70 m breite neue Steinmauer mit Tor errichtet. Im Torraum zwischen den Mauern befanden sich Wachträume. In einem dieser Räume wurden die Lachisbriefe gefunden. Zweimal zu Anfang des 6. Jahrhunderts, in Judas dunkelster Zeit, wurde Lachis angegriffen, zuerst 598–597 v. Chr. durch Nebukadnezar, der in Juda einfiel, um Jojakims Aufstandsversuch gegen die babylonische Herrschaft zu begegnen und als Gegenmaßnahme die Oberschicht der jüdischen Bürgerschicht nach Babylon ins Exil führte. Den zweiten Angriff reiht man in die endgültige babylonische Eroberung ein, 586 v. Chr., als Lachis offenbar die letzte Stadt war, die vor Jerusalem fiel. So berichtet die Bibel, und die Lachisbriefe bestätigen es (s. *Israel und Juda 5; *Inschriften; *Jeremia [Buch]).

8. Die Lachisbriefe (Ostraka): Die Ostraka aus Lachis, die wichtigste Entdeckung aus der letzten israelitischen Schicht (II), sind 21 beschriebene Ostraka, hauptsächlich Briefe, aber auch etliche Listen und Geschäftsaufzeichnungen. Sie befinden sich jetzt im Britischen Museum. Nur ungefähr ein Drittel konnte entziffert werden. H. Torczyner (Tur-Sinai) hat sie veröffentlicht. W. F. Albright schreibt über ihre Bedeutung: »Da sie die einzige Gruppe von Urkunden in klassisch-hebräischer Prosa sind, die wir kennen, sind sie ungewöhnlich wichtig für die Philologie, ganz abgesehen von dem Licht, das sie auf die Zeit Jeremias werfen.« Sie scheinen alle an Joasch, den Befehlshaber der Festung Lachis, gerichtet zu sein. Absender war Hoschajahu, der Befehlshaber eines Außenpostens nicht fern von der Stadt, dessen Lage nicht feststeht. Er ist nur ein einziges Mal namentlich genannt, aber die Beziehung der Briefe untereinander läßt den Schluß zu, daß er alle Briefe abgeschickt hat. Die Briefe lassen sich in die letzten Tage der Herrschaft Zedekias datieren, direkt vor der schließlichen Eroberung: Im Brief IV (s. *Inschriften) schreibt nämlich Hoschajahu: »Und laß meinen Herrn wissen, daß wir die Signale von Lachis beobachten nach der Anweisung, die mein Herr gegeben hat, denn Azeka ist nicht zu sehen.« Offenbar war Azeka schon gefallen, so daß Lachis und Jerusalem allein dem Feind noch widerstanden. Das ist die Lage, die Jer 34,7 beschreibt: »... als das Heer des Königs von Babel wider Jerusalem stritt und wider alle Städte Judas, die noch übrig waren, nämlich Lachis und Azeka.« Mit der Zerstörung von Lachis durch die Babylonier endete die Hauptperiode seiner Besiedlung.

Andere Stücke der Briefe lassen sich ebenfalls im Hinblick auf das Buch Jeremia auslegen und scheinen die dort gegebenen Nachrichten zu ergänzen. Die Briefe sprechen von einem Streit zwischen dem König und einem ungenannten Propheten. Dieser wird angeklagt, »die Hände des Volkes zu schwächen«, vermutlich, weil er gegen das Bündnis mit Ägypten gegen Babylonien predigte, also gegen die damalige Staatspolitik in Jerusalem. Das Buch Jeremia berichtet, daß er und der Prophet Uria wegen dieser Haltung offiziell vor Gericht gezogen wurden. Ein Brief aus Lachis berichtet eine gleiche Lage in bezug auf einen ungenannten Propheten. Man vermutet, daß dies der genannte Uria sein wird. Andernfalls würden drei Parallelfälle (Jeremia, Uria und der Prophet der Lachisbriefe) eine ganze Partei erkennen lassen, die sich gemeinsam gegen die offizielle Politik richtete und dafür bestraft wurde.

9. Perserzeit: Die letzte Schicht von Lachis gehört in die Zeit der Wiederbesiedlung von Juda nach der persischen Eroberung. Es ist die Zeit des Nehemia (11,30) um die Mitte des 5. Jahrhunderts v. Chr. Auf der Burg wurde ein Verwaltungssitz errichtet, ein großes Gebäude diente dort offenbar als Amtssitz des Statthalters. Ein kleiner Tempel, nach Osten gerichtet und der Sonne geweiht, hat sich ebenfalls gefunden. Dieser blieb besucht, bis der Ort endgültig im 2. Jhdt. v. Chr. aufgelassen wurde. Die Einwohner der Gegend während der Römerzeit erbauten ihre Hütten bei *duwēr* südlich des *tell.*

Landbesitz und seine Übertragung

Gliederung: 1. Land. a) Feudalismus; b) »Verteilung« des Gelobten Landes; c) Familienbesitz; d) Rückkaufgesetz; e) »Erbe der Väter«. 2. Wandel der Besitzverhältnisse. a) Königszeit; b) Nachexilische Zeit. 3. Kauf und Verkauf, Neukaufsurkunden.

1. Land: Die Wirtschaft des Volkes des Alten Testaments beruhte auf der Landwirtschaft. Nur wenige Israeliten waren in Handwerk und Industrie tätig, und noch geringer war in alttestamentlicher Zeit die Anzahl der Händler (s. *Handel). Die Landwirtschaft war der wichtigste Wirtschaftszweig und daraus folgt, daß sämtliche ökonomischen Anschauungen von Verfahren und Begriffen, die mit Land und Ackerbau in Verbindung standen, geprägt waren; viele von ihnen waren dem gesamten Alten Orient gemeinsam, manche mehr den Israeliten eigentümlich (s. *Ackerbau und Viehzucht).

a) Feudalismus: Der Feudalismus der Nachbarvölker war in Israel unbekannt. In Ägypten gehörte das gesamte Land dem Pharao und den Tempeln (Gen 47,20–24) und wurde auf der Grundlage direkter Pachtzahlungen bewirtschaftet. In Mesopotamien war Lehensbesitz weit verbreitet. Der Kodex Hammurabi und die Gesetze der Hethiter nehmen Bezug auf die Schaffung von Lehensgütern und auf die dem König als Entgelt für Landzuweisungen zu leistenden Dienste. Zur Zeit der Hyksosherrschaft stellte in Palästina (18.–16. Jhdt. v. Chr.) die Aristokratie der Großgrundbesitzer die Wagenkämpfer (*marjannu* oder Ritter), welche die Streitwagen bemannten. Um sich ihrer fortdauernden Loyalität zu versichern, pflegten ihnen die kleinen »Könige«, welche die verschiedenen Städte des Landes regierten, ausgedehnte Güter zu übertragen, die sie ihren direkten Nachkommen vererben konnten. Man weiß nicht genau, ob dieses System nach der Vertreibung der Hyksos aus Kanaan und den angrenzenden Gebieten im 16. Jhdt. v. Chr. beibehalten wurde.

In Nuzi und in Assyrien wurden im 2. Jahrtausend v. Chr. Zuweisungen von Lehensgütern und Land durchs Los vorgenommen. Als die Israeliten in Kanaan eindrangen, wurde das Gelobte Land ebenfalls durchs Los unter den Stämmen aufgeteilt, obwohl ihnen ihr Land eigentlich auf Grund des Rechts – oder des Zufalls – der Landnahme gehörte.

b) »Verteilung« des Gelobten Landes: Die Aufteilung des gemeinsamen Besitzes in einzelne Grundstücke oder Bezirke – in denen sich die Clans tatsächlich bereits niedergelassen hatten (s. *Stämme) oder die sie erst noch erobern mußten (s. *Landnahme) – wird schematisch in Jos 6–12 berichtet. Jedoch läßt der wirklichkeitsnähere Bericht in Ri 1 erkennen, daß der Landnahme- und Verteilungsprozeß bei weitem noch nicht abgeschlossen war, befanden sich doch weite Strecken Kanaans nach wie vor in der Hand der eingesessenen Bevölkerung.

Israels Stellung zu Fragen des Landbesitzes gründete auf Theologie, und die schematische Darstellung in Josua drückte möglicherweise die israelitische Überzeugung aus, das Land Kanaan gehöre Jahwe, und zwar nicht nur ganz allgemein als seinem Schöpfer, sondern ausdrücklich als seinem Eroberer. Es wurde nach dieser Auffassung sodann Israel auf genau dieselbe Weise übertragen, wie andere Könige ihren Soldaten nach der Teilnahme an einem siegreichen Feldzug Land zuwiesen, auf dem sie wohnen und bauen konnten.

Diese Theorie scheint eine plausible Deutung der formalen Darstellung im Josuabuch zu liefern. Andere moderne Forscher glaubten jedoch, daß es sich bei dem im Josuabuch beschriebenen Ziehen von Losen für das Gelobte Land durch die zwölf *Stämme (13,6; 15,1; 16,1; 17,1; 18,6–9 u. ö. und Ri 1,3) um eine ideale Ausweitung eines Vorgangs auf das ganze Volk handelt, der in Wirklichkeit etappenweise auf der Ebene einzelner Sippen und der Familien, aus denen sie sich zusammensetzten, erfolgte (ausführlich beschrieben unter *Landnahme; *Josua und Richter [Bücher]). Beim gegenwärtigen Stand der Forschung bleibt ein endgültiges Urteil noch offen. Möglicherweise werden sich

beide Theorien im Lichte weiterer Entdekkungen als revisionsbedürftig erweisen.
c) Familienbesitz: Die Grundeinheit der Gesellschaft war in alttestamentlicher Zeit der Clan oder die Familie. Das Land, auf dem die gesamte Wirtschaftsstruktur fundiert war, galt nicht als das Eigentum von Einzelnen, sondern stets als Familien- (oder Clan-) Besitz. Ein Wandel trat in der Königszeit ein (s. unten 2 a).
Die Übertragung des Landes auf Fremde, die nicht zur Familie gehörten, war verboten. Um dieses zu vermeiden, galt die Vorschrift, daß Töchter den Besitz ihres Vaters erben konnten, wenn sie mit einem Angehörigen der väterlichen Familie verheiratet waren (Num 36,5–12). Die gleiche Absicht lag zwei anderen Gesetzen zugrunde: dem *Gesetz über das Jobeljahr* und dem *Rückkaufgesetz.* Nach ersterem durfte Land nicht auf immer verkauft werden, sondern nur bis zum Jobeljahr, in dem es an seine ursprüngliche Besitzer zurückfallen mußte (Lev 25,13–16). Die praktischen Auswirkungen dieses Gesetzes werden in der Bibel niemals erwähnt, und man kann mit einiger Gewißheit annehmen, daß es ein selten verwirklichtes utopisches Ideal darstellte (s. *Gesetz; *Ackerbau und Viehzucht; *Leviticus [Buch]). Im Gegensatz hierzu wird das Rückkaufgesetz nicht nur als Gesetz aufgeführt (Lev 25,25–34), sondern es werden auch seine Auswirkungen in einer Anzahl von Erzählungen sichtbar. Beispielsweise sollte *Ruths Ehe mit Boas »den Namen des Verstorbenen auf seinem Erbbesitz wieder aufleben lassen«, wobei Boas als der »Löser« Ruths und des Besitzes ihres ersten Mannes fungierte (Ruth 4,5). Dem Leviratsehegesetz, wonach ein Mann die Witwe seines Bruders heiraten mußte, lag offensichtlich die gleiche Absicht zugrunde (Dt 25,5), bezog es sich doch ausdrücklich auf »Brüder, die beieinander wohnen«, womit die auf einem einzelnen Familiengrundstück Wohnenden gemeint waren.
d) Das Rückkaufgesetz: Das in Lev 25 erläuterte Gesetz betrifft sowohl das Verbot des Verkaufs von Familienbesitz (25,23–24) wie die Verpflichtung der nächsten Verwandten, Besitz zurückzukaufen, den ein ärmerer Familienangehöriger zu verkaufen genötigt war (25,25–34). Überdies kann nach Lev (25,47–52) ein wegen Schulden in die Sklaverei Verkaufter in ähnlicher Weise von seinem Verwandten losgekauft werden. Diese Vorschriften gehören zu dem alten Stämmesystem und besonders zum dörflichen Leben und seinen Gebräuchen, die auch dann fortdauerten, als sich die ökonomische Grundlage des Lebens der Einwohner wandelte.
In der Reihenfolge der Verwandten kommt zuerst der Bruder, dann der Onkel und schließlich der Vetter väterlicherseits. Während bewegliche Habe innerhalb eines Jahres nach ihrer Veräußerung zurückgekauft werden muß, können Immobilien (Land) jederzeit zurückgekauft werden. Die Bibel enthält eine Anzahl Beispiele für Rückkäufe. Jeremia (32, 6–15 beschreibt, wie er das Feld seines Vetters Hanameel zurückkaufte, das außerhalb einer großen Stadt lag und daher zweifellos zum Erbgut der Familie gehörte. Man schließt hieraus, daß die Sitte des Rückkaufs bis zur Zerstörung des Tempels galt.
Während ein Verwandter ein Stück Land sofort zurückerwerben konnte – selbst bevor irgendein Verkauf tatsächlich stattfand –, konnte der Verkäufer persönlich sein eigenes Land erst zurückkaufen, nachdem es der Käufer einige Zeit in Benutzung gehabt hatte. Die Berechnung des Rückkaufpreises gründete sich auf das Gesetz über das Jobeljahr; dieses setzte voraus, daß Land nur für die Jahre bis zum nächsten Jobeljahr veräußert wurde. Um den Kauf wieder rückgängig zu machen, mußte der ursprüngliche Eigentümer daher lediglich den Wert des Landes während der restlichen Jahre bezahlen, d. h. den Kaufpreis abzüglich des entsprechenden Betrages für die Zeit, in der es der Käufer besessen hatte 25,26–27).
e) »Erbe der Väter«: Eine gute Illustration der Stärke der durch eingewurzelte Sitte und Tradition untermauerten Bindung des Bauern an seine Scholle ist die Erzählung von Naboth (s. *Elia). Naboth weigerte sich, sein Patrimonium (den Weinberg) an seinen König zu veräußern, war es doch »das Erbe meiner Väter« (1 Kg 21,1–4.6). Diese Bindung wurde durch die Sitte verstärkt, Familienmitglieder innerhalb des Familienbesitzes zu bestatten, der auf diese Weise zur Stätte der »Gräber meiner Vorfahren« wurde, in deren Mitte damals jeder begraben sein wollte (Jos 24,30.32; 1. Sam 25,1; 1 Kg 2, 34). Die Besitzrechte wurden weiter durch das Gesetz geschützt, das die Entfernung von Mark- und Grenzsteinen verbot (Dt 19,14; 27,17).
2. Wandel der Besitzverhältnisse: *a) Königszeit:* Die Errichtung der Monarchie und die sich anschließende Entwicklung sozialer Spannungen brachte die alten Vorschriften mit den wirtschaftlichen Rea-

litäten in Konflikt. Das Stadtleben, der Binnen- und zwischenstaatliche Handel und die Anziehungskraft des Hofes und die zahlreiche Beamtenschaft erzeugten eine sich verbreiternde Kluft zwischen den Bauern, die das Land bestellten und davon lebten, und den reichen Aristokraten, die lediglich aus den Erträgnissen des Landes ihr Einkommen bezogen. Kleinbauern sahen sich gezwungen, ihren Besitz an ihre reichen Nachbarn – und Gläubiger – zu veräußern, und große, von Sklaven und gedungenen Knechten bestellte Güter traten allmählich an die Stelle einzelner Kleinbauernanwesen (vgl. Mich 2,2; Jes 5,8; s. auch *Ackerbau).

Pachthöfe – das System, bei dem der Bauer einen Teil (für gewöhnlich die Hälfte) seiner Bodenerträge als Pacht an den Besitzer abführt – waren in alttestamentlicher Zeit in Israel unbekannt. Der erste Hinweis auf die Pachtung von Grundbesitz findet sich in Jesu Gleichnis vom Weinbergbesitzer und seinen Pächtern (Mt 21,33–41) und in Urkunden aus dem Jahre 133 n. Chr., die in den Höhlen von *murabba'at* entdeckt wurden (s. unten 3; *Bar-Kochba), hat man Belege für dieses System gefunden.

b) Nachexilische Zeit: Nach Nehemia erfolgte eine Umkehr der vorangegangenen Entwicklungstendenz, das judäische Land wurde zur Hauptsache von Kleinbauern bewirtschaftet. Um dies herbeizuführen, hatte Nehemia die Annullierung sämtlicher Schulden und die Rückerstattung verkauften Ackerlandes an seine früheren Eigentümer verfügt (Neh 5). Der von Diodor (ca. 25 v. Chr.) zitierte Ägypter Hekataios von Abdera (ca. 290 v. Chr.) berichtete, in Judäa existiere ein Gesetz, das durch das Verbot des Verkaufs von Einzelgütern durch Private die Zusammenballung von Land in den Händen großer Gutsbesitzer auf Kosten der Kleinbauern zu verhindern trachte. Von der Makkabäerzeit an begegnen große Güter häufiger, doch schützten die Gesetze Judäas den jüdischen Bauern auch weiterhin. Ihm blieb das Schicksal erspart, das die italischen Kleinbauern in der zweiten Hälfte des 2. Jhdts. v. Chr. ereilte, als dem römischen Senat endlich die Annullierung der Gracchischen Gesetze gelang, die vorher den Verkauf von Kleinbauernstellen verhindert hatten; diese wurden daraufhin dem Großgrundbesitz der Senatoren einverleibt.

Durch die Eroberungen der *Hasmonäer wurden dem jüdischen Staat neue Landstriche hinzugefügt. Entgegen hellenistischem Brauch blieben diese nicht ausschließlicher Besitz der Krone (den Ptolemäern gehörte formell nach wie vor der gesamte Boden Ägyptens), sondern wurden nach A. Schalit als private Pachtgüter verteilt, wobei nur ein kleiner Teil Krongut blieb. Dieses Kronland wurde von Pächtern bewirtschaftet, die dem König die Pacht in Form von Naturalien entrichteten. Somit hielten die Hasmonäer es mit der alten jüdischen Tradition, wonach ein Jude allein Jahwe und keinem Mitmenschen, auch nicht seinem König untertan sein konnte. Da die hasmonäischen Herrscher wertvollen Besitz dennoch kaum verschenkt haben dürften, nimmt Schalit an, daß Landzuweisungen gegen die Verpflichtung, Wehrdienst zu leisten, vorgenommen wurden. Ein solches System böte eine Erklärung für die ständigen Kriege, die beispielsweise Alexander Jannäus und seine Nachfolger zur Hauptsache mit jüdischen Rekruten und nur wenigen ausländischen Söldnern führten. Es ist anzunehmen, daß die Soldaten für eine Belohnung in Form einer Landzuweisung nach Kriegsende kämpften. (Eine ähnliche Situation spiegeln möglicherweise die Verhältnisse zur Zeit Sauls und seiner Nachfolger wieder.)

3. Kauf und Verkauf, Neukaufsurkunden: In frühalttestamentlicher Zeit war das Kernstück eines Verkaufs ein vor Zeugen abgeschlossener mündlicher Vertrag. So kaufte Abraham die Höhle Machpela von dem Hethiter Ephron »in Gegenwart der Hethiter, aller, die im Tore seiner Stadt erschienen waren« (Gen 23,17–18), und Boas kaufte Elimelechs Grundstück (Ruth 4,4) in Gegenwart der im Tor Sitzenden »und der Ältesten meines Volkes«.

Außer der mündlichen Vereinbarung konnten noch andere Versicherungen abgegeben werden, doch war diese der grundlegende Vertrag. Das Buch Ruth weist darauf hin, daß der Verkäufer seinen Schuh auszog und ihn dem Käufer übergab (4,8). Tatsächlich wurde so nicht nur ein Verkauf besiegelt; es war dies auch ein uralter Brauch, durch den der nächste Verwandte von Ruths Mann von der levitischen Verpflichtung befreit wurde, Ruth zu ehelichen und sie so zusammen mit ihrem Besitz zu lösen. Boas war kein »nächster Verwandter« im Sinne dieser Gesetze (s. *Ruth; *Familie: Leviratsehe). Als das Buch verfaßt wurde, war diese Sitte außer Gebrauch und ihre Bedeutung in Vergessenheit geraten. In Nuzi (s. *Assyrien) pflegte der Verkäufer eines Stückes Land seinen Fuß von dem Land hochzuheben,

Abb. 504. Tonkassetten aus Mesopotamien, die Kaufurkunden enthielten; der Inhalt der Urkunde wurde außen wiederholt

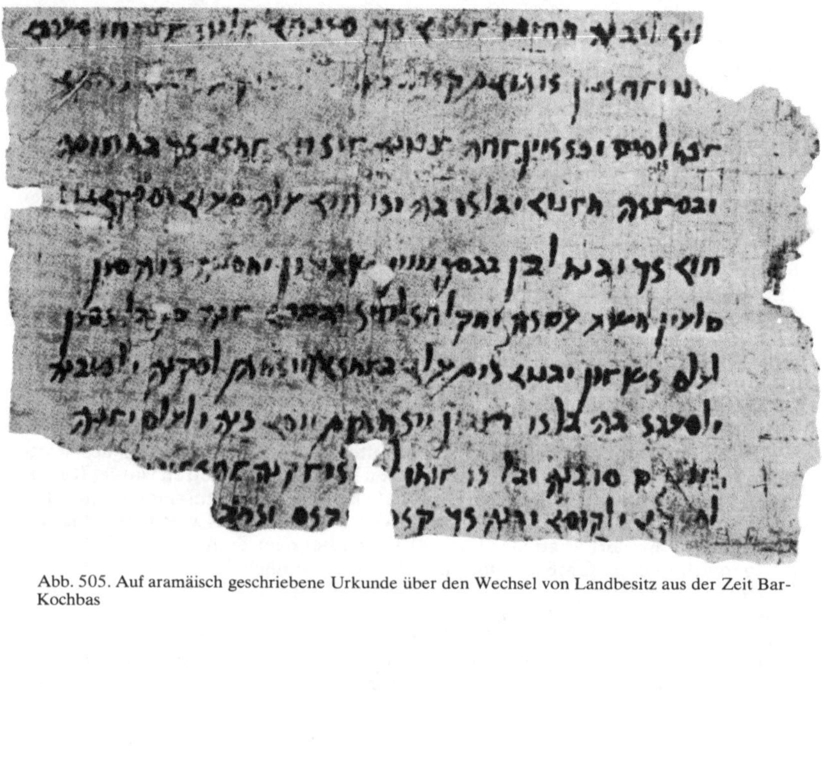

Abb. 505. Auf aramäisch geschriebene Urkunde über den Wechsel von Landbesitz aus der Zeit Bar-Kochbas

das er veräußerte, und ihn auf den Fuß des Käufers zu setzen. Wurden (um das Gesetz zu umgehen) fiktive Verkäufe getätigt, so übergab man anstelle von Geld häufig einen Mantel und ein Paar Schuhe als symbolische Bezahlung.
Die Schilderung, wie Jeremia den Acker seines Vetters kauft (Jer 32,6–15), ist eine ausführliche Illustration der Formalitäten solcher Transaktionen, so wie sie kurz vor der Zerstörung des Tempels üblich waren. Zu jener Zeit wurde zwar die Vereinbarung in Gegenwart der »im Wachthof« Sitzenden getroffen, doch auch eine Kaufurkunde (in zwei Exemplaren, einem versiegelten und einem offenen) aufgesetzt und von Jeremia als dem Käufer und von den Zeugen unterzeichnet. Beide Urkunden wurden sodann in einen irdenen Topf gelegt. Die Urkunden bestätigten jedoch nur die mündliche Abmachung und wurden für gewöhnlich in Form eines »Dialogs« abgefaßt: der Verkäufer machte dem Käufer einen Vorschlag, dem dieser beistimmte, worauf die förmlichen Folgen objektiv festgestellt wurden. In ähnlicher Weise stellen in Nuzi gefundene Kaufverträge ausdrücklich fest, daß sie nach der öffentlichen Bekanntgabe des Kaufs im Tor aufgezeichnet wurden. Für die Ausfertigung von zwei Urkunden läßt sich auch im Lichte der an anderen Orten gemachten archäologischen Funde eine Erklärung finden. In Mesopotamien wurden Verkaufsurkunden in eine Tonhülle (s. **Abb. 504**) gelegt, auf der Einzelheiten der Transaktionen eingezeichnet wurden. Erhoben sich später Fragen über den Verkauf, so konnte man auf die Hülle oder auf ein Exemplar der Urkunde zurückgreifen. Wurde ihre Richtigkeit in Zweifel gezogen, so konnte man die Hülle erbrechen und den ursprünglichen Vertrag einsehen. Im hellenistischen Ägypten verfuhr man ähnlich, und auch in Papyri aus dem Palästina des 2. Jhdts. n. Chr. hat man Belege für diesen Brauch gefunden. Die Gepflogenheit wird durch das Talmudschrifttum bestätigt. Offenbar wurde der Vertrag auf einen Papyrusbogen geschrieben, wobei man Platz frei ließ, damit auf demselben Bogen eine Kopie ausgefertigt werden konnte. Der Originaltext wurde sodann unterschrieben und der Papyrus aufgerollt, wobei die Kopie zur sofortigen Einsicht offen blieb (s. *Inschriften). Unter den Urkunden vom *wādi murabba'at* fand sich eine aramäisch geschriebene Landübertragungsurkunde aus der *Bar-Kochba-Zeit (s. **Abb. 505**). Die Rückseite trägt die Unterschriften der beiden vertragschließenden Parteien in griechischen und aramäischen Buchstaben (s. *Handel). Andere Urkunden erwiesen sich ebenfalls als zweifache Ausfertigungen von Kontrakten.
Aus alten babylonischen und assyrischen Urkunden geht hervor, daß es bei Käufen und Verkäufen lediglich darum ging, daß man sich über den Preis einig wurde. Jedoch hat man in den Archiven der Brüder Muraschu aus der 2. Häfte des 5. Jhdts. v. Chr. befristete Landverpachtungen in »Dialog«-Form gefunden. Einige Forscher vermuten, daß diese den früheren Gepflogenheiten in Judäa entsprachen und von den jüdischen Exilierten übernommen worden waren. Der ausländische Ursprung dieser Urkunden wird durch die Tatsache bezeugt, daß in der langen Tradition babylonischer Urkunden, von den frühesten Dokumenten bis zur Zeit der Seleukiden, nicht ein Beispiel eines in Dialogform ausgefertigten Landverkaufs gefunden wurde, während die »dialogische« Abfassung einer Verkaufsurkunde, besonders wenn es sich um Land handelte, bei den Juden von der alttestamentlichen bis zur talmudischen Zeit gang und gäbe war. Höchstwahrscheinlich führten die Juden diese Form der Urkundenabfassung in Babylonien ein, wo sie danach für alle Dokumente galt, außer wenn es sich um einen Verkauf von Land handelte. Landverkaufsurkunden wurden in einer umständlichen juristischen Terminologie abgefaßt, und die Schreiber hielten sich an den älteren Stil. Man darf allerdings auch nicht vergessen, daß Erzvätererzählungen wie der Bericht über den Verkauf der Höhle Machpela Spuren mesopotamischen Ursprungs aufweisen. Tatsächlich kehrte möglicherweise eine sehr alte Form der Abfassung von Rechtsurkunden mit den Exulanten zu ihrer ursprünglichen Quelle zurück. Es liegen Zeugnisse dafür vor, daß in Sumer in den frühesten Zeiten Landverkäufe in zwei durch eine Zwischenzeit voneinander getrennten Phasen abgeschlossen wurden: zuerst wurde der Preis bezahlt und dann das Land in Besitz genommen (s. auch *Darlehen und Schulden).

Landnahme

Gliederung: 1. Der geschichtliche Hintergrund und die Hauptprobleme der Landnahme. a) Grundzüge des biblischen Berichts; b) Gegensätzliche Darstellung in den Büchern Josua und Richter; c) Einwanderung von Hebräern in Kanaan vor der Landnahme; d) Chabiru, Hebräer und ka-

naanäische Stadtstaaten. 2. Die Etappen der Landnahme. a) Im Ostjordanland; b) In Südkanaan; c) Im Westjordanland; d) Im mittleren Kanaan; e) Ägypten und die Landnahme; f) Eroberung und Besiedlung des Nordens. 3. Der Vorgang der Besiedlung. 4. Hypothesen und Zusammenfassung.

Die israelitische Eroberung und Besiedlung von Palästina gehört noch immer zu den am heftigsten umstrittenen Problemen der biblischen Geschichte und ihrer Auslegung.

Die moderne Forschung nimmt an, daß die Darstellung des Exodus (s. *Auszug aus Ägypten) in der biblischen Überlieferung im großen und ganzen den Tatsachen entspricht. Diese Meinung wird erstens aus den außerbiblischen Geschichtsquellen des alten Orients gewonnen und sodann aus der Tatsache, daß die Bibel entgegen der allgemeinen Regel, nach der die nationalen Überlieferungen die Heldentaten und vornehme Abkunft hervorzuheben pflegen, von Knechtschaft, Unterdrückung und Flucht mit so handgreiflichen Einzelheiten berichtet, daß die ganze Erzählung den Anschein von Vertrauenswürdigkeit erweckt. Wenn man die biblische Erzählung in dieser Weise annimmt, so erheben sich Fragen z. B. über den Zeitpunkt der Knechtschaft, über die Zahl der Leute und Sippen, die tatsächlich am Auszug teilgenommen haben – Fragen, die weder durch die Literarkritik allein noch durch die spärlichen und vieldeutigen archäologischen Entdeckungen beantwortet werden können. Jedoch läßt sich auf beiden Wegen dem vermutlichen Ablauf der Dinge näherkommen.

1. Der geschichtliche Hintergrund und die Hauptprobleme der Landnahme: *a) Grundzüge des biblischen Berichts:* Die biblische Überlieferung unterstellt, daß der zusammengewürfelte Haufen von Menschen, der aus Ägypten entrann (Num 11, 4) den *Bund am Sinai als religiöse Verpflichtung auf sich nahm und von Anfang an unter dem Namen Israel in Sippen geordnet und sauber in zwölf Stämme aufgeteilt war. Diese zwölf halbnomadischen Stämme überdauern durch eine Reihe von Wundern die Wüstenwanderung – woraus hervorgeht, daß sie keine richtigen Nomaden, sondern dem Wüstenleben schlecht angepaßt waren. Sie waren offenbar ebensowenig ein starker Truppenkörper, um sich gegen andere Stämme der Gegend verteidigen zu können. Diese Überlegungen sprechen für die frühe biblische Überlieferung Gen 46,26, die von 70 Einzelpersonen, nicht Sippen, redet (s. *Auszug aus Ägypten; *Volkszählung; vgl. die dort gegebene Erörterung dieser Zahlen). Wie immer es sich damit verhält, an den frühen Stadien der Landnahme scheinen höchstens ein paar tausend Mann beteiligt gewesen zu sein; wenn auch eine hinreichende Anzahl, um noch zu Lebzeiten Moses' die beiden bedeutenden Reiche des Sihon und Og nördlich von Moab vernichten zu können.

Nach Moses' Tod geht die Erzählung im Buch *Josua weiter mit dem Überschreiten des Jordan (3,14 ff) und der Einnahme von Jericho (Kap. 6). Danach entwirft das Buch ein Bild von der systematischen, raschen Invasion der Israeliten, die das westliche Palästina überwältigten, mit der Einnahme von Bethel (8,1–29) festen Fuß in den zentralen Gebirgen des Landes faßten und Feldzüge durch Juda (9,1–10,42) und Galiläa unternahmen. Schließlich fand die Invasion (11, 1–15, 23) in der Festsetzung der Israeliten im ganzen Lande, von Beer-Seba bis Nordgaliläa, noch im Lauf der ersten Generation nach Moses ihren Abschluß. Niemand bezweifelt, daß die Erzählung, so wie sie vorliegt, die Dinge gewaltig vereinfacht. Trotzdem glauben viele Gelehrte, daß das Bild in seinen Grundzügen richtig ist. Um die Glaubwürdigkeit der Erzählung im Buch *Josua zu bestätigen, verweisen sie auf die Ergebnisse der Ausgrabungen, die in manchen Städten eine Zerstörung zum passenden Zeitpunkt beweist, die vielleicht den Israeliten zuzuschreiben ist.

Zwei Grundprobleme treten dabei auf: 1) War die Landnahme wirklich das Ergebnis eines einzigen, systematisch durchgeführten Feldzugs, wie das Buch Josua sie hinstellt, oder war sie ein langsamer schrittweiser Infiltrationsprozeß der einzelnen Stämme? 2) Folgte das Seßhaftwerden der Israeliten im Land der Eroberung, oder waren israelitische Elemente schon ins Land gekommen und hatten sich dort niedergelassen, bevor die staatliche Organisation der Kanaanäer auseinanderbrach?

Ein seltsamer Zug in der biblischen Erzählung ist, daß sie über die Eroberung des mittleren Palästina, des Gebiets zwischen Juda und Galiläa, abgesehen von der flüchtigen Erwähnung der Niederlagen etlicher Könige Jos 12,17 f. 24, kein Wort verliert. Die wichtigste Stadt dieses Gebietes war *Sichem, und obwohl diese den Kanaanäern offenbar nie entrissen wurde, findet dort die Zusammenkunft aller

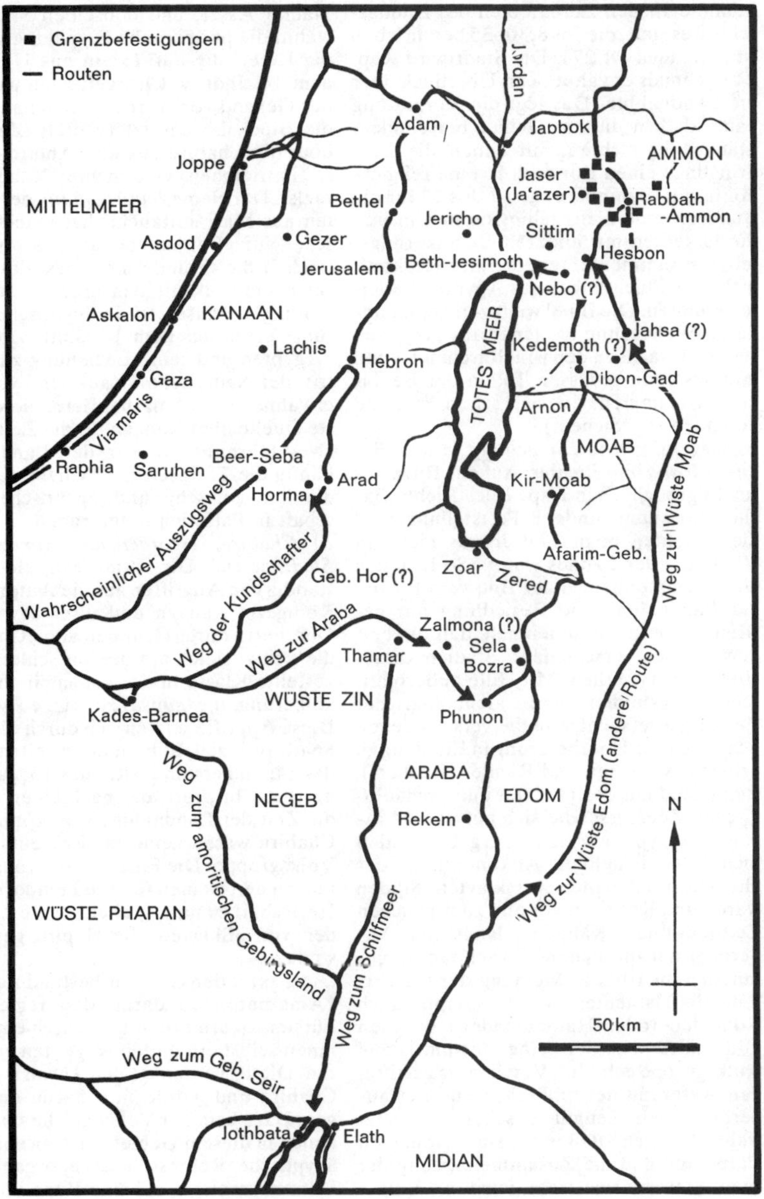

Karte 25. Der Zug nach Kanaan

Stämme zu den Zeremonien des Bundesschlusses statt, die Jos 8,30–35 beschrieben ist (vgl. auch Dt 27). Die Stadt wird Kap. 24 nochmals erwähnt beim Überblick über die Landnahme. Das legt die Vermutung nahe, daß in diesem Gebiet befreundete Stämme herrschten, mit denen die Eindringlinge einen Bund (d. h. eine religiös-politische Vereinbarung; vgl. Jos 24 für die Bundeszeremonien) schlossen und in ihm die Israeliten mit anderen Bevölkerungsteilen zusammenfaßten, die ihre Herkunft nicht von Flüchtlingen aus Ägypten herleiten konnten. Die Bibel weiß von keiner anderen Wanderung als jener aus Ägypten. Jeder Zuwachs zu den israelitischen Sippen muß also von gewissen Teilen der Bevölkerung stammen, die sich schon im Land befanden (s. *Sichem).

b) Gegensätzliche Darstellung in den Büchern Josua und Richter: Auf das Buch Josua folgt sogleich in Kap. 1 des Richterbuches die unumwundene Feststellung, daß die Israeliten beim Tod Josuas nicht im Vollbesitz des Landes waren. So läßt sich ein zusammenhängendes Bild vom Prozeß der Landnahme und Besiedlung nur gewinnen, wenn wir annehmen, daß die beiden Bücher verschiedene Stadien dieses Vorgangs darstellen. Mit Hilfe außerbiblischer Urkunden und archäologischer Zeugnisse versucht man die verschiedenen Schichten der Überlieferung in Einklang zu bringen (s. *Josua und Richter [Bücher]). Beim Studium der Quellen und archäologischen Zeugnisse, die sich auf den *Auszug aus Ägypten beziehen, ergab sich, daß nicht alle Israeliten Abkömmlinge der ehemals in Ägypten versklavten Sippen waren und daß sie nicht alle zum gleichen Zeitpunkt nach Kanaan gelangt sind. Außerdem hat die neuere Forschung dargetan, daß die frühere Meinung der Gelehrten, die Israeliten wären ursprünglich Nomaden (oder Halbnomaden) gewesen und hätten immer eine festumrissene Volksgruppe gebildet, Verwirrung gestiftet hat. Aufgrund der biblischen und der außerbiblischen Zeugnisse scheint es jetzt wahrscheinlich, daß sie keine Nomaden waren und daß die Zusammenfassung der zwölf Stämme sich nicht genau an Volksgrenzen hielt. Überdies waren die Stämme, die an der Eroberung und Landnahme unter Josua teilnahmen, nicht die ersten und einzigen Hebräer in Palästina.

c) Einwanderung von Hebräern in Kanaan vor der Landnahme: Ein Schriftstück aus Ägypten aus dem 13. Jhdt. (der Papyrus Anastasi A) nennt, wie es scheint, den Stamm Asser, und denselben Stamm erwähnt die phönikische Erzählung von König Keret, die auf Tafeln aus Ugarit aus dem 14. Jhdt. v. Chr. gefunden wurde, in der Gegend von Tyrus, also genau da, wo die Bibel ihn ansetzt (weitere Zeugnisse über die Chabiru aus den Amarnabriefen s. *Patriarchen, Geschichte; *Stämme Israels). Der Name *banū-jaminu,* der in Texten aus Mari auftaucht, hat manche Forscher auf »Benjamin« raten lassen; doch reichen die Gründe nicht aus, das so bezeichnete Volk mit dem israelitischen Benjamin gleichzusetzen. In ägyptischen Ächtungstexten aus dem 18. Jhdt. v. Chr. (s. *Ägypten und seine Beziehung zu Israel) tritt der Name *sebulun* auf. Und vor allem erwähnen die *Amarnabriefe, die wichtigste Quelle über Kanaan für die Zeit ein bis zwei Jahrhunderte vor der Landnahme, häufig die Tätigkeit der *Chabiru, welche die kanaanäische und ägyptische Herrschaft in Palästina untergraben.

d) Chabiru, Hebräer und kanaanäische Stadtstaaten: Die Amarnabriefe reden ständig von Angriffen auf die Autorität der Könige in Kanaan und ihrer ägyptischen Oberherrn durch Gruppen von »Chabiru«, die sich zugleich auf die am schlechtesten gestellte Klasse in der kanaanäischen Bevölkerung, die *ḫupšu,* zu stützen suchten. Diese Angriffe setzten sich durch die ganze Spätbronzezeit, d. h. in der zweiten Hälfte des 14. und ersten Hälfte des 13. Jahrhunderts v. Chr., fort, das nach einer Ansicht die Zeit der Landnahme sein könnte. Die Chabiru waren keine rassisch einheitliche Volksgruppe. Die Fürsten von Kanaan benutzen den Namen für alle Feinde, die ihre Herrschaft zu untergraben suchten. Sie reden von »Sklaven, die Hapiru geworden sind«.

Die Taktik der Chabiru bestand nach den *Amarnabriefen darin, den regierenden Fürsten zu ermorden und durch einen von ihnen selbst ernannten Regenten zu ersetzen. Dieser verdankte den Thron dann den Chabiru und würde ihre Sache begünstigen. Dazu kam der Versuch, alle Unzufriedenen in diesem Gebiet zur Abwehr gegen ägyptische Repressalien zu organisieren. Seltsamerweise war keine Rede von einer solchen Gegenwirkung. Die Ägypter sahen die Lage viel harmloser an, und auf jeden Fall konnte keine Geste, die sie machten, die allmähliche Ausschaltung der ägyptischen Hoheit über Kanaan, die unter Echnaton stattfand, stoppen (s. *Ägypten und seine Beziehung zu Israel).

Die Hauptschwierigkeit bei der Annahme,

die Chabiru des 14. Jahrhunderts v. Chr. seien mit den Leuten, die unter Josua in Kanaan eindrangen, identisch, ist in der Chronologie begründet: Die Amarnazeit liegt ein Jahrhundert zu früh. Immerhin haben wir in den Briefen eine wertvolle Erläuterung zu den Ereignissen des 13. Jahrhunderts v. Chr., und sie erlauben es, das Bild eines kurzen, grausamen Feldzugs durch das einer viel langsameren schrittweisen Infiltration im Ostjordanland und im westlichen Palästina zu ersetzen. Der Streit zwischen Israeliten und Kanaanäern hat das Vorbild der Chabiru und ihres Vorgehens gegen die Stadtherrscher in der Amarnazeit nachgeahmt. Im späteren Falle (13. Jhdt.) schuf eine religiöse Bewegung einen Zusammenhalt unter den verschiedenen sozialen Gruppen, der es ihnen ermöglichte, die politische Autorität der kanaanäischen Stadtstaaten der Spätbronzezeit von Palästina und Syrien niederzuringen.
Ungewiß ist noch, ob die »Chabiru« tatsächlich Hebräer aus einer früheren Periode waren oder Zusammenschlüsse besitzloser Einheimischer, die um Landbesitz und niedrige Steuern kämpften. Ihr Auftreten trägt alle Merkmale einer ethnischen Einheit, aber daraus geht nicht notwendig hervor, daß sie auch einen gemeinsamen Ursprung hatten. Einen Zusammenhang zwischen ihnen und den späteren Einheiten unter Josua scheint die Tatsache nahezulegen, daß die Chabiru sich offenbar zu einem viel früheren Zeitpunkt der Stadt Sichem bemächtigen konnten. So könnte die Erzählung, wie Simeon und Levi, Jakobs ältere Söhne, Sichem hinterlistig angriffen (Gen 39), ein Nachhall der Eroberung der Gegend durch die Chabiru sein und verstandlich machen, wie sich die Israeliten dort, offenbar ohne die Stadt erst erobern zu müssen, festsetzen konnten.
Nach Ansicht von G. E. Mendenhall war die Lage in Kanaan zur Zeit der Landnahme dieselbe, wie sie öfter in der Geschichte begegnet, daß eine breite Bevölkerungsschicht die vorhandene politische Ordnung ablehnt und zugleich auf jeden Anspruch verzichtet, ihren Schutz in Anspruch zu nehmen. »Das Auftreten der kleinen Religionsgemeinde von Israel schied die Bevölkerung im ganzen Land in polare Gegensätze: die einen verbündeten sich mit den Eindringlingen, die anderen, vor allem die Könige und ihre Helfer, kämpften. Da die Könige besiegt und vertrieben wurden, entstand daraus die Überlieferung, daß alle Kanaanäer und Amoriter vertrieben oder niedergemetzelt worden seien; denn das einzige, was übrigblieb, war die überwiegende Majorität in jedem Gebiet – jetzt Israeliten genannt« (s. *Stämme Israels). Damit steht die Meinung von M. Noth in Einklang, daß zu Beginn des 12-Stämme-Systems kein statistisch ins Gewicht fallender Zuzug von auswärts und keine radikale Verdrängung der kanaanäischen Bevölkerung, abgesehen von den leitenden Schichten, stattgefunden habe. Kurz, die »Landnahme« war ein Aufstand der Bauern ohne Land gegen das Netz von eng ineinander greifenden kanaanäischen Stadtstaaten.
Daß die Israeliten nach ihrer Wüstenwanderung in kein fremdes Land kamen, wird allgemein anerkannt. Manche Gelehrte haben die Landnahme sogar als Rückkehr, als Wiedervereinigung mit verwandten Sippen dargestellt. Man kann sie auch als Entwicklung der sozialen Beziehungen auffassen, die schon zwischen Hebräern und Chabiru bestanden und die Besiedlung von Transjordanien, die Überquerung des Flusses und das Eindringen in Westpalästina wesentlich erleichterten. Oder die eindringenden Israeliten wurden entweder von verwandten Sippen, die niemals den Wohnsitz in Kanaan mit dem in Ägypten vertauscht hatten, oder von unzufriedenen Schichten der kanaanäischen Bevölkerung, wie den Bewohnern von Gibeon und Sichem, willkommen geheißen. Vielleicht trifft aber auch beides zu. In all diesen Fällen würde die Lage schnell ein beträchtliches Potential erzeugt haben, das dann seinerseits weitgespannte Bündnisse mit verwandten Gruppen herbeiführte und Zusammenstöße mit kanaanäischen Städten, zuerst südlich von Sichem, dann in Juda hervorrief.

2. Die Etappen der Landnahme: *a) Im Ostjordanland:* Die Bibel bringt zwei Versionen über das Betreten von Palästina durch die Israeliten. Num 13 f berichtet von einem Versuch, von Süden her in das Land einzudringen. Er wurde durch einen gemeinsamen Gegenangriff der Städte des Negeb unter der Führung des Königs von Arad zurückgewiesen. Die Israeliten wurden geschlagen und bis Horma, das nicht weit von *Arad liegt, verfolgt. An einer anderen Stelle, Num 21,1–3, wird eine zweite Schlacht bei Horma als großer Sieg der Israeliten dargestellt (s. **Karte 25**).
Der Zug der Stämme ostwärts, den Grenzen von Edom entlang, scheint die Lage vor dem 13. Jhdt. v. Chr., als Edom und Moab noch keine dauernde Besiedlung hatten,

Karte 26. Etappen der Landnahme

widerzuspiegeln. Die Grenzstädte dieser Länder wurden erst im 13. Jhdt., als deren Bevölkerung seßhaft wurde, befestigt.
Die andere Version, Num 20,14 ff, berichtet vom Vorrücken der Israeliten auf der »Königsstraße« (20,17; s. *Straßen, Beförderungsmittel, Handelswege), die Moab und Edom wahrscheinlich erst zu einer Zeit, als beide Völker ihre Länder fest in Händen hatten, säumte. Wie schon erwähnt, taten sich die Kanaanäer zu einem Bund unter dem König von Arad zusammen, um die Israeliten zu bekämpfen.
Die nachfolgenden Siege über Sihon, den König der Amoriter (Num 21,21–26), und Og, den König von Basan (21,33–35), waren dadurch bedeutsam, daß sie den Israeliten eine Basis schufen, von der aus sie den Angriff auf die Westseite des Jordan vortragen konnten. An diese Berichte schließt die Erzählung über Bileam an (s. *Numeri [Buch]).
Der Widerspruch zwischen den biblischen Überlieferungen legt die Auffassung nahe, daß die Israeliten östlich des Jordan ihre Sitze nicht einer raschen Folge von Einwanderungswellen verdankten, sondern einer langsamen Besiedlung, die nach manchen Forschern mit dem Auftreten der Chabiru gleichzusetzen ist, wobei die einheimische Bevölkerung mit den eindringenden Israeliten verschmolz. Obwohl dies nirgends berichtet ist, mögen viele vorhandene Sippen die israelitische Religion angenommen und infolgedessen die Reihen der zwölf Stämme aufgefüllt haben. Dieser Vorgang wird außerdem bezeugt durch die zahlreichen vormosaischen Geschichtsüberlieferungen und Bräuche, die die Bibel aus dieser Zeit bewahrt hat; z. B. Num 21, 14 f, das aus dem ›Buch der Kriege des Herrn‹ zitiert, und das Triumphlied über Moab 21,27–30. Eine gleiche Art von Überlieferungen spricht aus der geschichtlichen Erzählung in den ersten Kapiteln des Deuteronomiums (1–4).
b) In Südkanaan: Der Infiltrationsprozeß in dieser Gegend ist ein weiteres gutes Beispiel, wie verschiedene Volksgruppen das Land unabhängig vom eigentlichen Feldzug, den das Buch Josua beschreibt, betreten haben. Nach Ri 1,16 ff (s. *Richter [Zeit und Buch]), sind die Keniter im Besitz der Gegend um Arad und Horma. Der Stamm Juda eroberte sein Gebiet mit Hilfe von Simeon, den Kenitern und den Kalebitern. Die beiden letzten Gruppen gingen allmählich in Juda auf.
c) Im Westjordanland: Das Buch Josua erzählt von einem großen Angriff auf die Städte westlich des Jordan in einem Heiligen Krieg Jahwes, nach biblischem Zeugnis ein sehr brutales Vorgehen. Teils war es offensiv, teils defensiv, doch brach es dem Widerstand der Kanaanäer das Rückgrat. Das bedeutet allerdings nicht, daß die kanaanäische Bevölkerung gänzlich ausgerottet worden wäre. Viele machten mit Israel gemeinsame Sache.
Der Bericht der Bibel wird durch die Ergebnisse der Archäologen bestätigt. In vielen Orten des Gebietes bezeugt eine dicke Aschenschicht eine Zerstörung durch Feuer im 13. Jhdt. v. Chr. Auffallenderweise fehlt diese gerade in den beiden Städten, die das Buch Josua am meisten hervorhebt, in *Jericho und Ai (s. *Bethel und Ai). Das Jericho der Spätbronzezeit, das die Israeliten vermutlich zerstört haben, ist durch die Erosion fast vollständig abgetragen. Weder von den berühmten Mauern noch sonst von Gebäuden oder Befestigungen aus der entsprechenden Zeit hat man etwas entdecken können. Die Ausgrabung von Ai (vermutlich *et-tell*) hat gezeigt, daß der Ort schon lange vor der israelitischen Invasion nicht mehr besiedelt war. Wahrscheinlich steht die Überlieferung über die Eroberung von Ai in Zusammenhang mit einem Sieg bei Bethel, das nur 2 km davon entfernt liegt. In Bethel wurde eine reiche spätbronzezeitliche Stadt im Lauf des 13. Jahrhunderts zerstört und kurz darauf in bescheidenerer Form und geringerem Umfang wieder aufgebaut. Trotzdem scheint die Überlieferung nicht etwa die beiden Orte verwechselt zu haben. Die israelitischen Bewohner von Bethel bemerkten die Existenz einer großen Ruinenstätte in ihrer Nachbarschaft und nannten sie hebräisch *hā'aj,* »Ruine«. Kanaanäisch hieß der Ort wahrscheinlich Beth-Awen. Die Israeliten erklärten die Ruine mit einer typisch volkstümlichen Schauergeschichte: mit der Steinigung des Achan (Jos 7,1.18 ff). In gleicher Weise knüpften die Israeliten an den Steinkreis von Gilgal, ohne Zweifel ein megalithisches Denkmal (Stonehenge), die Erinnerung an den Übergang über den Jordan, nach welchem zwölf Steine als Symbol für die zwölf Stämme Israels hier aufgerichtet worden seien.
d) Im mittleren Kanaan: Im Buch Josua folgt auf die Einnahme von Ai die Bitte der Gibeoniten um ein Bündnis, das, wenn es bewilligt wurde, die Städte Kephira, Beeroth und Kirjath-Jearim umfaßte. Eine Zeitlang haben die Bibelwissenschaftler diese Erzählung für eine reine Erfindung

gehalten, die erklären sollte, wieso sich im Gebiet von Benjamin Kanaanäerstädte befanden, deren Bewohner sozial schlechter gestellt waren als die der israelitischen Städte. Vielleicht stimmt das, doch sicher bleibt wahr, daß es Bündnisse zwischen den Israeliten und gewissen Gruppen der Kanaanäer gab. Zum Beispiel blieben die Bewohner von Thirza, Kephira und Sichem unbehelligt. Später wurden sie als Sippen von Manasse eingereiht (s. **Karte 26**). Viele Gelehrte glauben, daß dieser Abschnitt der Eroberung das Eindringen der »Rahel-Stämme« schildere, deren Führer Josua der Nachwelt in Erinnerung blieb, während andere Führergestalten vergessen wurden. Wie nun immer die Israeliten die Besitznahme von Gibeon und den umliegenden, davon abhängigen Orten erreichten, sie stellte eine Bedrohung für das kanaanäische Jerusalem dar. Folglich schloß dessen König ein Bündnis mit den Nachbarkönigen von Hebron, Jarmuth, Lachis und Eglon und fing Krieg gegen Gibeon an. Sein Ziel war vermutlich, das strategisch wichtige Gebiet zurückzuerobern, die Städte des Gibeon-Bundes in seine Gewalt zu bringen und das Fundament der israelitischen Macht zwischen Jericho und Bethel zu zerstören (s. **Karte 26**). In der darauffolgenden Schlacht siegten die Israeliten, und die eroberten Städte wurden daraufhin nach den Regeln des Heiligen Krieges (s. *Kriegführung) zerstört. Gerade die unerbittliche Gründlichkeit der Zerstörungen im 13. Jhdt. v. Chr. gestattet es, sie mit dem religiösen Fanatismus der Israeliten zu erklären. Eine der Städte, die auf diese Weise behandelt wurden, war *Lachis, wo die Ausgrabungen die zerstörten kanaanäischen Wohnungen und Tempel ans Licht gebracht haben. Dabei kam auch noch eine der wichtigsten Urkunden für die Datierung der Landnahme zum Vorschein, nämlich ein Ostrakon (beschriebene Tonscherbe) mit ägyptischer hieratischer Schrift, auf dem verschiedene Posten von Getreide verzeichnet waren, die die Bewohner im vierten Jahr eines ägyptischen Königs nach Ägypten als Tribut abgeliefert haben. Der König war höchstwahrscheinlich Mernephtah, der Pharao der Israel-Stele (1219 v. Chr.; s. *Auszug aus Ägypten), und das Jahr wäre dann 1220 v. Chr. Da das Ostrakon in den Ruinen von Lachis lag, mußte dies das Jahr sein, in dem die Stadt zerstört wurde. Eine Reihe von Tells im Gebiet der südlichen antiisraelitischen Allianz deuten offensichtlich auf Zerstörung um ungefähr die gleiche Zeit. *tell bēt mirsim* wurde bei der Ausgrabung mit Debir (Kirjath-Sepher) identifiziert, während man in *tell el-ḥesī* Eglon gefunden zu haben glaubt. Der Sieg brachte das ganze Gebiet der südlichen Niederung von Jerusalem bis zur Küstenebene in israelitischen Besitz und war entscheidend für die Besiedlung von Juda und Benjamin. Es scheint jedoch, daß man zwei Feldzüge unterscheiden muß, einen früheren gegen den Bund, an dessen Spitze der König von Jerusalem stand, und einen zweiten, bei dem die Städte der an der Küste gelegenen Sephela-Niederung, die nach dem Bericht der Bibel an jenem Bund nicht beteiligt waren, zerstört wurden. Die Bibel behauptet, daß auch *Jerusalem zerstört worden sei; aber es scheint nicht von den Israeliten, sondern von den Jebusitern eingenommen worden zu sein, von denen es David (s. *David und Salomo) später erobern mußte. Möglicherweise haben die Israeliten es erobert und danach wieder verloren; vielleicht haben sie es einfach zerstört und wieder verlassen, so daß die Jebusiter es später wieder aufbauen konnten. Archäologisch läßt sich eine derartige Zerstörung hingegen nicht nachweisen (s. *Jerusalem).

e) Ägypten und die Landnahme: Ein schwacher Punkt für die Israeliten in ihren neuen Gebieten war es, daß die Städte *Askalon, *Gezer, *Ekron und andere entweder stark genug waren, ihnen standzuhalten, so daß sie nicht erobert wurden oder zwar zeitweise besetzt wurden, aber dann wieder verlorengingen. Diese Ansicht hat jüngst D. N. Freedman ausgesprochen. Er weist darauf hin, daß z. B. Gezer unter den Eroberungen Josuas aufgezählt wird, während wir wissen, daß der Pharao Mernephtah es 1219 v. Chr. eingenommen hat. Dasselbe gilt wahrscheinlich von Askalon. Mit Asdod verhält es sich nach diesem Gelehrten folgendermaßen: Das Buch Josua (15,47) weist Asdod dem Stamm Juda zu, sagt aber nichts von einer Eroberung der Stadt; und es gibt tatsächlich andere Anzeichen dafür, daß das Philisterland im Gebiet der Landnahme nicht inbegriffen war. Aber bei den jüngsten Ausgrabungen an diesem Orte (1963) zeigte es sich, daß die letzte kanaanäische Stadt daselbst gegen Ende des 13. Jahrhunderts v. Chr. gewaltsam zerstört wurde. Es ist die radikalste Zerstörung, die der Ort in seiner ganzen Geschichte erlitten hat, und sie entspricht den Zerstörungen anderer Städte Palästinas durch die Israeliten. Danach war die Stätte offenbar verlassen, bis die Philister kamen und sie in der ersten

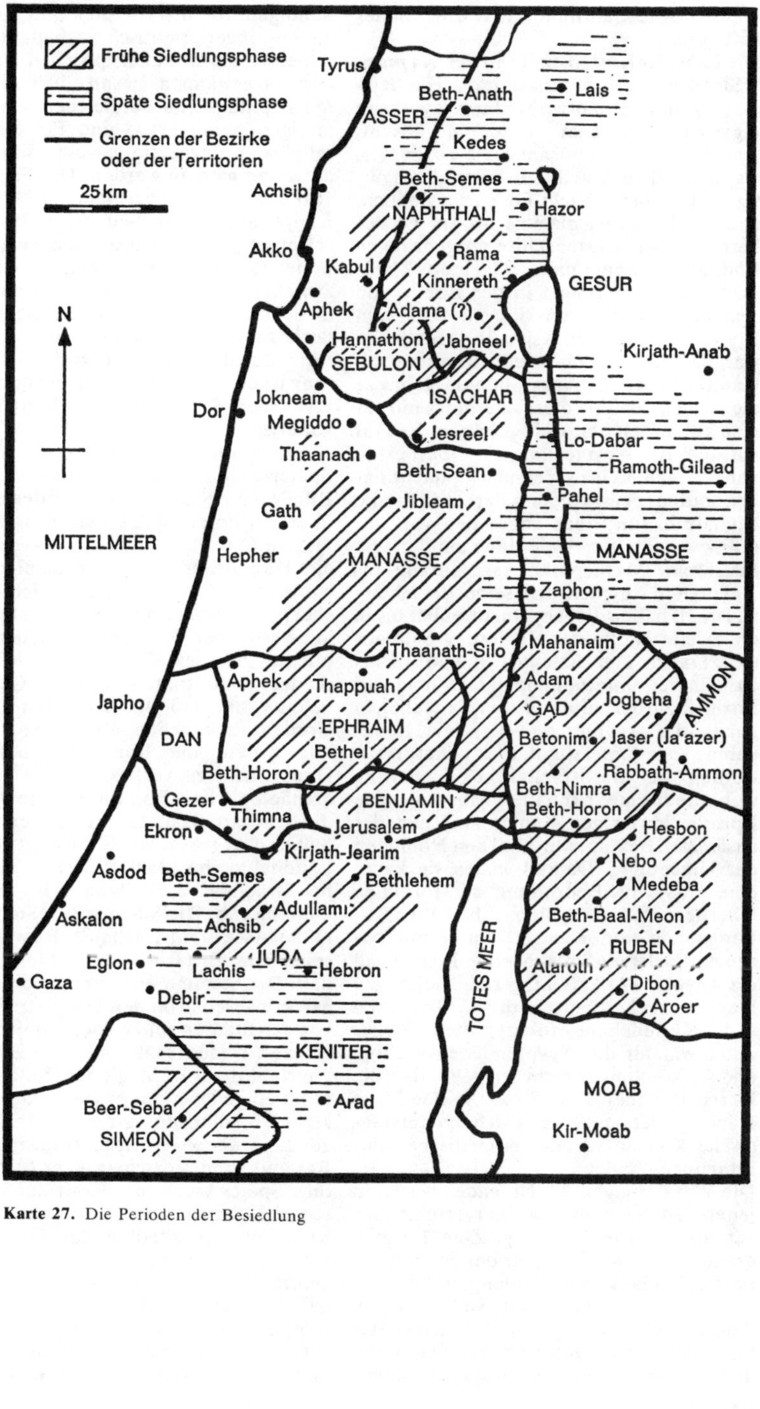

Karte 27. Die Perioden der Besiedlung

Hälfte des 12. Jahrhunderts v. Chr. wieder aufbauten.
Die Lage der Küstenstädte an der *via maris* (*Straßen, Beförderungsmittel, Handelswege), der Hauptverbindung zwischen Ägypten und dem Vorderen Orient, machte sie zu bedeutsam für die Ägypter, als daß ihr Schicksal diesen hätte gleichgültig sein können. Viele Gelehrte glauben, daß die Israeliten niemals bis an die beherrschenden Küstenstädte vorgedrungen sind, ebensowenig nach *Megiddo, Thaanach oder *Beth-Sean in der Ebene von Jesreel, den Zentren dessen, was vom ägyptischen Reich in Asien übriggeblieben war. D. N. Freedman jedoch vertritt an Hand der jüngsten Ausgrabungsergebnisse die Ansicht, daß sie diese allerdings nur für eine kurze Zeit überwältigt hätten. Es fällt auf, daß die Ägypter, als die Oberherren von Kanaan, keinen Versuch gemacht haben sollten, dem Vorgang der Landnahme Einhalt zu tun; doch abgesehen von der sehr zweifelhaften Andeutung auf der »Israel-Stele« Mernephtahs (s. *Auszug aus Ägypten; *Ägypten und seine Beziehung zu Israel) haben die Ägypter offenbar bis in die zweite Hälfte der Regierung Salomos (s. *David und Salomo) hinein nichts Ernsthaftes unternommen. Das mag auf Intrigen zurückzuführen sein, ja vielleicht haben die Ägypter zuweilen die Landnahme sogar unterstützt; aber andererseits werden sie die israelitische Eroberung wohl nie für mehr gehalten haben als eine Episode im ewigen Kampf zwischen der ansässigen Bevölkerung und den Nomaden der Umgebung. Damals schien sie kaum eine ernstliche Bedrohung der formalen Oberherrschaft Ägyptens über die Küstengebiete von Kanaan. Immerhin bezeugt die Israel-Stele Mernephtahs, daß die Ägypter 1219 v. Chr. gerade diejenigen Städte zurückeroberten, die die Israeliten in der Küstenebene erobert hatten. Die *via maris* war für die Ägypter lebenswichtig, und sie konnten es nicht zulassen, daß die Herrschaft über diese Straße in feindliche Hände geriet – mochte es sich um aufständische Kanaanäer oder nomadische Eindringlinge handeln.
Die Wanderungen der Nomaden waren in jener Zeit der großen Völkerverschiebungen an der Tagesordnung. Zum Beispiel drangen die *Keniter und der Stamm Jerahmeel ohne Zusammenhang mit den israelitschen Stämmen von Süden her in Palästina ein und verbündeten sich später mit ihnen. Viele Gelehrte argumentieren, daß Militärstreifen oder indirekte Einmischungen, die die Ägypter unternommen haben mögen, politisch zu bedeutungslos schienen, um sie auf ägyptischen Denkmälern zu erwähnen (wenn auch die Stele Mernephtahs von dergleichen Unternehmungen berichtet) – und für die Bibel religiös zu unwichtig gewesen wären, um aufgenommen zu werden. Die Frage muß also unbeantwortet bleiben.
Einige Städte des Südens, z. B. Bethel (*Bethel und Ai), wurden sogleich wieder besiedelt. Bei anderen verstrich eine Zeit zwischen der letzten kanaanäischen Schicht und der ersten israelitischen Niederlassung. Dies ist der Fall bei Ai, Mizpa, Beth-Zur und Silo. Von größerer Bedeutung ist es, daß neue Städte entstanden, so z. B. Geba, Rama und Gibea Benjamins (s. *Saul).
f) Eroberung und Besiedlung des Nordens: Später sahen sich die Israeliten einem Bunde von Königen des Nordens gegenüber, an deren Spitze der Herrscher von *Hazor (Jos 11) stand. Hazor, »vor Zeiten die Hauptstadt all dieser Königreiche«, wurde zerstört (*Josua und Richter [Bücher]), während andere befestigte Städte im Besitz der Kanaanäer blieben. Man pflegte die Geschichtlichkeit dieses Berichtes zu bestreiten, und die Gelehrten nahmen an, daß sich Israeliten zwar im Norden niederließen, aber nicht stark genug waren, die Kanaanäer aus ihren Hauptsitzen zu vertreiben. Die jüngsten archäologischen Forschungen in Galiläa, die Y. Aharoni durchführte, haben gezeigt, daß es dort schon vor der Hauptwelle der Landnahme im 13. Jhdt. v. Chr. oder früher israelitische Siedlungen in gewissem Umfang gab. Die Stämme (s. *Stämme Israels) Asser und Isachar z. B. waren beträchtliche Zeit früher im Norden angesiedelt. Die Stämme bevorzugten die Hügelgebiete abseits von den Hauptstraßen und von den Städten der Ebene, vermieden also *Hazor, Kades (später mit dem Beinamen »in Naphthali«), *Megiddo, *Beth-Sean u. a. Im Hügelland gibt es viele Plätze, meist kleine Siedlungen mit geringer Befestigung, in denen typische frühisraelitische Keramik zum Vorschein kam (s. *Töpferei). Später wuchs die Kraft der israelitischen Stämme, und sie begannen den kanaanäischen Städten der Gegend gefährlich zu scheinen. Diese werden auch gefürchtet haben, daß sich diese nördlichen Israeliten mit ihren Verwandten im Gebirgsland um Sichem oder sogar mit denen des Südens zusammentun könnten. Nach dieser Theorie erfolgte der Zusammenstoß

mit den Kanaanäern des Nordens erst, als Debora und Barak die Stämme Israels gegen Sisera und seine Truppen heranführten, wie Ri Kap. 4 f berichtet wird. Dieser Kampf fand weiter südlich bei Megiddo statt. Man nimmt an, daß der Bericht über diese Schlacht, besonders das Debora-Lied Ri 5, eine viel ältere Überlieferung bewahrt als die Quelle von Jos 11 über Hazor und darum das richtige Bild von den Ereignissen in dieser Gegend wiedergibt.
Diese Richtung der Gelehrten meint ferner, daß dieser Sieg den Israeliten nicht nur die Herrschaft über den Nordteil des Landes verlieh, sondern zugleich wichtig war, weil er die Einmütigkeit der Stämme unterstrich. Die Folge davon war, daß der Stämmebund nicht mehr durch das von den Kanaanäern verteidigte Tal von Jesreel zerrissen war, sondern sich auf dem Weg zur nationalen Einheit befand.
Y. Yadin hat diese Theorie scharf bekämpft. Seine Ausgrabungen in *Hazor haben bewiesen, daß die Stadt tatsächlich im 13. Jhdt. v. Chr. durch die Israeliten zerstört worden ist. Wenn man diese Erkenntnis als Beweis dafür nimmt, daß die Erzählung Jos 11 geschichtlich zuverlässig ist, so fällt der Sieg von Debora und Barak auf einen späteren Zeitpunkt, und die biblischen Erzählungen halten die richtige zeitliche Folge ein. Die beiden Ansichten schließen einander nicht notwendig aus. D. N. Freedman z. B. meint, daß es trotz der Widersprüche in den biblischen Erzählungen keine tatsächlichen Schwierigkeiten macht, eine Eroberung von Hazor durch Josua im 13. Jhdt. v. Chr. anzunehmen, der im 12. oder 11. Jhdt. die Schlacht bei Megiddo nebst einem weiteren Treffen bei Hazor gefolgt sei. Letzteres könnte allerdings eine Rückerinnerung an die früheren Ereignisse sein, namentlich da in Ri 5 weder Jabin noch Hazor erwähnt sind und dies Lied eine zuverlässigere Quelle für den Feldzug von Debora und Barak ist als Ri 4 (s. *Josua und Richter [Bücher] 4 d).
3. Der Vorgang der Besiedlung: Zusammenfassend ist zu sagen, daß man zwei Prozesse unterscheiden muß, die sich abspielten: sowohl Feldzüge als auch, nach Ansicht vieler Gelehrter, eine langsame Infiltration. Selbst als die kriegerischen Erfolge der eigentlichen Eroberung vorüber waren, setzte sich der Vorgang der Besiedelung fort. Bei vielen Stämmen verschlechterten sich sogar die Lebensbedingungen. Der Stamm Dan zum Beispiel wurde aus seinem »Erbanteil« verdrängt und suchte sich ein neues Gebiet im Norden. Die Stämme Levi, Ruben und Simeon waren zu schwach, um ihr Gebiet so zu behaupten und zu erweitern, wie es manche andere Stämme taten.
Die Geschichte der Landnahme offenbart sich als ein langwieriger Vorgang, und viele Widersprüche in der biblischen Erzählung sind daraus hervorgegangen, daß man Josua als nationalen Führer und Nachfolger des Moses darzustellen wünschte.
Nach den jüngsten Forschungen scheint es, daß die Landnahme schon in der Amarnazeit (s. *Amarnabriefe) im 14. Jhdt. v. Chr. begann und bis in das 12. Jhdt. andauerte, wobei Zeiten der militärischen Invasion und Zeiten der Vermischung mit dem ansässigen Bauerntum abwechselten. So fand keine plötzliche Verdrängung der Bevölkerung und kein Bruch in der Kontinuität der kanaanäischen Kultur statt, soweit deren Züge nicht den religiösen Pflichten gegen Jahwe zuwiderliefen. Gleichzeitig gab es Wanderungen von einzelnen Sippen oder Stämmen von einer Gegend in eine andere. Während der ganzen Periode läßt sich eine schrittweise Ausbreitung erkennen. Y. Aharoni z. B., von dem die **Karte 26** stammt, unterscheidet vier Siedlungsgebiete: die südlichen Stämme, Juda und seine Verbündeten Simeon, Kaleb und die Keniter; dann die Stämme der Mitte: Machir, Manasse, Ephraim und Benjamin nebst Dan an der Westgrenze; die Stämme von Galiläa, das sind Asser, Naphthali, Sebulon und Isachar; schließlich die Stämme östlich des Jordan: Manasse, Gad und Ruben. Die Gebiete der Stämme in der frühen Epoche und die Grenzen ihrer Ausbreitung sind auf der Karte schräg schraffiert, während die Randgebiete, bis zu denen sie sich später ausdehnten, und die Gebiete verbündeter Stämme, die nicht zum Zwölfstämmebund gehörten, lockerer gestrichelt sind. Zwischen diesen Stammesgebieten liegen die kanaanäischen Enklaven: im Süden Jerusalem und Gezer; nördlich vom Gebiet von Manasse die Stadtgebiete von Beth-Sean, Thaanach, Megiddo und Jokneam. Das westliche Küstengebiet ist noch in den Händen der Kanaanäer unter ägyptischer Oberhoheit. Den Ergebnissen der jüngsten Forschungen folgend, versucht diese Karte ein genaueres Bild des geschichtlichen Vorgangs zu vermitteln als die Überlieferung. Allerdings ist zur Zeit noch nicht Hinreichendes über die Landnahme und Besiedlung bekannt, um eine endgültige graphische Darstellung ihrer zeitlichen Folge zu ermöglichen.

4. Hypothesen und Zusammenfassung: Zwei Haupttheorien sind aufgestellt worden, um die Probleme zu lösen, die die verworrene Überlieferung in ihrer Beziehung zur bekannten geschichtlichen Umwelt aufgibt (s. oben). Die eine Denkrichtung sieht in der Landnahme einen Vorgang der allmählichen Niederlassung, wobei die vorhandene Bevölkerung sich in Parteien für und wider die Israeliten spaltete und so zu lokalen Kämpfen, Eroberung und weiterer Ausbreitung Raum gab; die endgültige Festlegung sei erst in der Frühzeit des Königtums erreicht worden, und damals erst sei die Abgrenzung der Stammesgebiete, wie sie im Buch Josua verzeichnet ist, tatsächlich durchgeführt worden.

Andere Gelehrte verwerfen diese Ansicht großenteils und halten sich genauer an den Bericht der Bibel. D. N. Freedman glaubt, daß die Eroberung ein viel größeres Gebiet betraf, als gewöhnlich angenommen wird, und daß die Israeliten später aus einer Reihe von Außenstellungen wieder verdrängt wurden, sich ins Hügelland von Juda zurückzogen und dort ihre Stellung festigten.

G. E. Mendenhall lehnt die These von Alt u. a. ab. Nach ihm waren die Israeliten Teile der autochthonen Bevölkerung Palästinas: Die Gruppe der aus der ägyptischen Knechtschaft geflohenen Leute hatte sich mit anderen zu einem »Bund« mit Jahwe zusammengeschlossen. Sie bildeten eine Aktionsgemeinschaft zu ihrem Schutz gegen die Unterdrückung durch die Stadtstaaten. Diese »Revolte« der Landbevölkerung gegen die Feudalschicht der Könige und Stadtstaaten im flachen Land war primär religiös-sozial bestimmt. Sie nahm mit der Beseitigung der Könige von Hesbon und Basan in Transjordanien ihren Anfang; im mittelpalästinischen Raum nimmt Mendenhall einen schnellen Umsturz ohne größere militärische Ereignisse an.

Darin jedoch besteht eine bemerkenswerte Einmütigkeit, daß keine dieser Theorien die andere notwendig ausschließt und daß die Feldzüge des Josua ein wichtiger Abschnitt in einem Streit waren, der sich viel länger hinzog und in dem jeder Stamm oder jede Stammesgruppe in ihrem Gebiet ihre Rolle spielte. Die archäologische Forschung hat die Zeit und die geographischen Verhältnisse der Landnahme und Besiedlung festlegen helfen, aber es können noch weitere Zeugnisse ans Licht kommen. Ausgrabungen in Ägypten, Mesopotamien sowie im Gebiet von Palästina selbst könnten z. B. vermuten lassen, daß noch mehr hebräische Sippen als bisher angenommen schon vor der Landnahme fest in Kanaan verwurzelt waren. Das eine ist schon deutlich, daß die Auswanderer aus Ägypten zur Zeit des biblischen Exodus nur eine Minorität von dem darstellten, was künftig Israel sein sollte. Sie mögen den Mittelpunkt abgegeben haben, um den sich die andern hebräischen Stämme, die schon in Kanaan waren, kristallisierten; aber diese Zusammenfassung hing offenbar in mancher Beziehung von den politischen und wirtschaftlichen Verhältnissen in Kanaan ab, die den Prozeß begünstigten. Den schöpferischen Antrieb zu der ganzen Bewegung gab die Persönlichkeit des Moses, der in der ersten Hälfte des 13. Jahrhunderts lebte, dessen Entschlußkraft und Genius aber seine Antriebskraft noch über seinen Tod hinaus ausübte.

Nach dem ursprünglichen Emporkommen der Israeliten unter seiner Führung folgte der langandauernde Vorgang des Eindringens in Palästina und der Ansiedlung, dessen Beginn im Ostjordanland nach der Ansicht von D. N. Freedman sich in den Siegen über Og und Sihon erkennen läßt. Im Lauf ihrer Wanderungen füllten die Israeliten ihre Reihen mit Zuzüglern und entfachten eine Bewegung, die sich wie ein Feuer über Kanaan verbreitete und im ganzen Land die Städte zerstörte. Binnen weniger Jahre, von etwa 1250–1225 v. Chr., verwüsteten sie den größten Teil des Landes. Doch gab es Ausnahmen, z. B. Sichem, wo der »Bund« von den Israeliten, die aus der Wüste kamen, in Gemeinschaft mit denen, die schon im Lande waren, erneuert wurde.

Viele Städte wurden nach der Zerstörung nicht sogleich wieder besiedelt – so *Asdod; andere wurden von nichtisraelitischen Bewohnern wieder aufgebaut. Die Israeliten selbst waren nicht imstande, das ganze Gebiet, das sie erobert hatten, zu halten, und wurden z. B. aus der Küstenebene durch die Ägypter wieder vertrieben. In anderen Gegenden zogen sie sich auf festere Stellungen zurück.

Dann folgten 200 Jahre Krieg und Streit, in denen die Philister große Gebiete des Landes in Besitz nahmen, bis endlich *Saul und David (s. *David und Salomo) in der Lage waren, die Herrschaft über das ganze Gebiet anzutreten und das Königtum von Israel aufzurichten.

Leviticus (Buch)

Gliederung: 1. Name, Aufbau und Verfasser. 2. Inhalt. a) Überblick; b) Weihe zum

Priesteramt; c) Unreinheit und Bewahrung der rituellen Reinheit; d) Der Doppelcharakter des religiösen Tabus; e) Der große Versöhnungstag; f) Das Heiligkeitsgesetz; g) Mahnrede, Abschluß des Heiligkeitsgesetzes. 3. Der allgemeine Charakter des Buches Leviticus. a) Frage nach dem historischen Hintergrund; b) Die Priesterschrift im Buch Leviticus; c) Der Gottesbegriff; d) Der »Sündenbock« (Azazel). 4. Entstehungszeit des Buches Leviticus und seine Überlieferungen.

Das dritte Buch des Pentateuch enthält Gesetze, die gemäß der biblischen Überlieferung von Moses seit dem Zug des Volkes Israel durch die Wüste auf die nachfolgenden Generationen übergegangen sind. Einige dieser Vorschriften richten sich an die Priester, andere jedoch gehen das ganze Volk Israel an.

1. Name, Aufbau und Verfasser: Der hebräische Name dieses Buches ist *wajjiqrā'*. Hieraus ist die literarische Tradition erkennbar, nach der ein Buch nach seinem Anfangswort oder dem wichtigsten Wort seines Einleitungssatzes benannt wurde. Zuvor war es als der Priesterkodex bekannt. Der Name *Leviticus* ist eine latinisierte Form der griechischen Bezeichnung, die die Septuaginta gebraucht und die soviel heißt wie: »das, was die Leviten betrifft«. Alle Priester waren Leviten (s. *Priester und Leviten); Leviticus ist daher eine sachgerechte Bezeichnung.

Wie es in alter Literatur oft üblich ist, findet sich im Buch selbst keinerlei Hinweis auf den Verfasser. Das Buch als Ganzes und jeder neue Gesetzesabschnitt (einige umfassen weniger als ein Kapitel) beginnen mit der Weisung Gottes an Moses, entweder zum Volk Israel oder zu Aaron und dessen Söhnen, also zu den Priestern, zu sprechen. Die alten überlieferten Bräuche, welche Opfer und »Heiligkeit« regelten, waren von eminenter religiöser Bedeutung. Wenn sie also als eine Moses unmittelbar von Gott geoffenbarte Vorschrift niedergeschrieben wurden, so war dies die machtvollste Bekräftigung ihrer unwandelbaren Gültigkeit und ihrer Heiligkeit. Das Buch beginnt: »Danach berief der Herr den Moses und redete mit ihm« – und schließt: »Das sind die Gebote, die der Herr dem Moses auf dem Berge Sinai für die Israeliten gab.« Die tannaitischen *Rabbiner verwendeten eine ähnliche Formel bei der Verkündung des sog. Mündlichen Gesetzes und in der Zusammenstellung der Gesetzesvorschriften *(halākôt)* in der *Mischna und ihren Anhängern (s. *Gesetz Israels). Außer den Gesetzesvorschriften, die besonders die Priester betreffen, befassen sich auch jene Gesetze, die an das Volk im allgemeinen gerichtet sind, mit religiösen Kulthandlungen. Im Buch sind die Vorschriften dargelegt, wie der Gläubige – etwa der Sünder, der rituell Unreine oder einer, der sein ganzes Besitztum Gott geweiht hat – sein Opfer darbringen soll. Darüber hinaus gibt es noch Gesetzesvorschriften allgemeineren Charakters, wie etwa: »Du sollst einem Tauben nicht fluchen« (Lev 19, 14); aber auch diese sind in dem der Priesterliteratur eigenen Stil gehalten.

Heute sind die Bibelkritiker allgemein der Auffassung, daß fast das ganze Buch Leviticus nach der Dokumententheorie zur Vorlage der sogenannten P-Schriften (Priesterkodex) gehört (s. *Bibelkritik). Diese Art von Priesterschriften findet sich auch verstreut in den anderen erzählenden Büchern des Pentateuch sowie im Buch Josua; es macht jedoch den größten Teil des Buches Leviticus aus.

Die P-Quelle tritt besonders wegen der schematischen Form der Priesterschriften hervor. Die Vorlage besteht allerdings nicht aus einer einheitlichen Komposition, wie man gemäß der kritischen Theorie angenommen hatte (s. *Bibelkritik); vielmehr stellt sie eine Sammlung verschiedenartigen Materials dar, das wohl aus Priesterkreisen stammte. Es ist jedoch unwahrscheinlich, daß das Buch Leviticus ausschließlich die Schöpfung dieser Priesterschule ist. Man hält das Buch Leviticus allgemein für das Werk von Priesterredaktoren, die dem Buch viele alte Gesetzes- und Ritualvorschriften beigefügt haben.

2. Inhalt: *a) Überblick:* Die Anordnung der verschiedenen Gruppen von Gesetzen läßt keinerlei klares Schema erkennen. Im allgemeinen können die Vorschriften folgendermaßen gruppiert werden:

1.– 7. Kap.:	Opfergesetze
8.–10. Kap.:	Weihe der Priester
11.–15. Kap.:	Unreinheit und die Bewahrung der rituellen Reinheit
16. Kap.:	Der große Versöhnungstag
17.–25. Kap.:	Heiligkeitsgesetz (verschiedene Gesetze)
26. Kap.:	Zusammenfassung: Segen und Fluch
27. Kap.:	Die Ablösung von Gelübden und Zehnten

Es ist zweifelhaft, ob damit ein zusammenhängender Gesetzeskodex gemeint war. Einige Bibelwissenschaftler sind der Auffassung, das Werk sei aus Einzelvorschriften zusammengestellt worden, die ursprünglich getrennt aufgeschrieben worden waren. Andererseits deuten Wiederholungen und Widersprüchlichkeiten nach Ansicht der kritischen Schule darauf hin, daß die P-Vorlage im Buch Leviticus wiederum unterteilt werden kann in P^1 und P^2 usw. In diesem Zusammenhang ist es nicht Pedanterie, wenn der Text sich auch mit dem kleinsten Detail der religiösen Ritualvorschriften usw. befaßt, sondern geradezu eine wesentliche Voraussetzung für dessen Verständnis. Man hat auch schon darauf hingewiesen, daß inhaltliche Wiederholungen ein bekannter, charakteristischer Zug biblischer Textkomposition sind. So bringen die Kap. 1–5 Vorschriften zur Unterscheidung verschiedener Arten von *Opfern (Brandopfer, Speiseopfer, Heilsopfer, Sündopfer und Schuldopfer), während in den Kapiteln 6–7 damit übereinstimmende Anweisungen wiederholt und zusätzliche Anordnungen für den Priester – mit nur geringfügiger Abwandlung der Reihenfolge – gegeben werden. Nach orientalischer Art wird bei den Wiederholungen neben dem Opfer selbst besonders viel Wert gelegt auf die Beschreibung des Opfervorgangs, wie etwa Fragen um den Verbleib des Opferfleisches usw.

b) Weihe zum Priesteramt (Kap. 8–10): Der Abschnitt wiederholt die im Buch Exodus (Kap. 29) gegebenen rituellen Vorschriften. Der einzige Unterschied liegt darin, daß im Buch Exodus Moses beauftragt wird, den Ritus an Aaron und seinen Söhnen zu vollziehen, während das Buch Leviticus beschreibt, wie diese Anweisungen ausgeführt wurden und wie die Amtsübernahme der Priester vor sich ging. Die erstaunliche Ähnlichkeit der beschriebenen Riten untereinander und des beiden Texten gemeinsamen literarischen Stils deuten darauf hin, daß beide Berichte derselben Priesterschrift entstammen. Der Beschreibung der Weihe zum Priesteramt folgt im Buch Leviticus der Bericht vom Tod durch »Feuer ... von dem Herrn« von zwei der vier Söhne Aarons, Nadab und Abihu, die sich versündigt hatten, indem sie ein ungehöriges Opfer dargebracht und so das Gesetz verletzt hatten. Danach kommt ein Anhang, der betont, daß der Priesterdienst peinlich genau den kultischen Erfordernissen zu entsprechen hat.

c) Unreinheit und Bewahrung der rituellen Reinheit (Kap. 11–15): Der Begriff der Reinheit und Unreinheit im AT kann nur im Hinblick auf die Forschungsergebnisse auf dem Gebiet der vergleichenden Religionswissenschaft verstanden werden. Die diesen Begriffen zugrunde liegende Geisteshaltung geht auf die semitischen Ursprünge Israels zurück, die lange vor der mosaischen Gesetzgebung und deren Gottesbegriff liegen. Der primitive Mensch begriff Heiligkeit als etwas Physisches, ehe sie zur moralischen Haltung oder Gegebenheit wurde.

d) Der Doppelcharakter der religiösen Tabus: Heilige ebenso wie unreine Dinge hatten von sich aus und in sich selbst eine erschreckende übernatürliche Macht. Diese Kraft wirkte auf alles und jeden, der damit in Berührung kam. Eine solche Berührung konnte nur durch gewisse Riten wieder getilgt werden. Unreines und »Heiliges« waren gleicherweise tabu, »unberührbar«, und zwar in dem Sinn, daß beide von gewöhnlichem Gebrauch ausgeschlossen waren. So war »Unreinheit« in diesem Sinne nicht eine Angelegenheit physischer oder moralischer Befleckung, noch wurde durch die Weihe irgendeine moralische Kraft auf »heilige« Dinge übertragen. Beides waren ansteckende Zustände oder Stadien, die auf angemessene Art beseitigt werden mußten, bevor ein Mensch oder eine Sache wieder ins normale Leben zurückkehren durfte.

Demnach kamen sowohl Heiligkeit als auch Unreinheit durch Berührung zustande, und zwar Heiligkeit durch die Berührung mit einem Attribut Gottes, dem »Allerheiligsten«. Unreinheit konnte ebenfalls eine innere Anlage, etwas Irrationales oder Dämonisches sein.

So hatte auch die Unterscheidung zwischen reinen und unreinen Tieren religiösen und nicht hygienischen Charakter; letzteres trifft nämlich auf die Unreinheit der Mutter nach der Geburt eines Kindes zu. Der Gedanke an den Aussatz ging weit über die Krankheit als solche hinaus. Dies trifft ebenso für eine ganze Anzahl von unreinen Krankheiten, sichtbaren Infektionskrankheiten und Verunreinigungen zu, für die eine Reihe von verschiedenartigen Reinigungsriten an Körper und Behausung notwendig waren.

Die rituellen Reinheitsgesetze für das ganze Volk Israel schreiben im einzelnen vor, was man essen darf und was »tabu« ist, welche Gegenstände gegen Unreinheit anfällig sind und was dagegen zu tun ist; sie beschreiben andere Situationen, die zur Unreinheit führen, und wie der Priester die notwendigen Reinigungsriten zu vollziehen hat. Dies alles ist in Kap. 11–15 aufgeführt. Diese Gesetzesvorschriften scheinen an dieser Stelle eingefügt worden zu sein, um die unmittelbar davor geschilderten Umstände der Rache Gottes an den zwei Söhnen Aarons als Warnung zu gebrauchen, was wohl jene zu erwarten haben, die das Gesetz mißachten.

e) Der große Versöhnungstag: Kap. 16 nimmt den Faden der Erzählung »nach dem Tode der beiden Söhne Aarons« wieder auf mit der Darlegung der Versöhnungsvorschriften. In diesem Teilstück scheinen zwei Vorlagen zusammengefaßt worden zu sein, von denen sich eine mit der eigentlichen Versöhnung befaßt, während die andere die Gelegenheiten aufzählt, bei denen Aaron (oder der Hohepriester) das Allerheiligste betreten darf. Der komplizierte Versöhnungsvorgang soll einmal jährlich stattfinden, und zwar an einem Tag, an dem alle zu fasten haben und jegliche Arbeit ruhen muß. Später wurde dieser Tag zum *jôm hakkippurîm,* zum »großen Versöhnungstag« (s. *Feste und Feiertage).

f) Das Heiligkeitsgesetz (Kap. 17–25): Das Heiligkeitsgesetz ist ein Beispiel für das Fortbestehen einer der ältesten Gesetzessammlungen Israels, die in Übereinstimmung mit einer Interpretation des inneren Zeugnisses mindestens teilweise bis in die sinaitische Zeit zurückgehen könnte. Vom Ritual und anderen Anweisungen der Zeit vor der Landnahme her war die Entwicklung der Priesterschrift (P) ein langer und langsamer Prozeß. Obwohl diese Gesetzessammlung viele Berührungspunkte mit Ez 40–48 aufweist, kann dies nicht als Beweis dafür gelten, daß sie auch während des Exils in Babylon entstanden ist, sondern eher indizieren, daß Priester späterer Zeit archaische Quellen heranzogen. Dieses Stück, das eine andere Grundhaltung als das übrige Buch Leviticus widerspiegelt, könnte beinahe einen unabhängigen Kodex von Moral- und Ritualgesetzen darstellen. Es macht Gebrauch von einer Reihe wiederkehrender Phrasen, die das Wort »heilig« enthalten, die Heiligkeit Gottes betonen und Israel auffordern, ebenso heilig zu sein: »Ihr sollt heilig sein, denn ich bin heilig, der Herr, euer Gott.« Wie immer ist diese Betonung der Heiligkeit zwar als ein Aspekt des kultischen und ethischen Lebens nicht typisch für die priesterlichen Redaktoren in ihrer Gesamtheit, doch ist es eine Konzeption mit besonderem Appell an priesterliche Kreise.

Diese Gesetze selbst haben sehr wenig mit Priestern zu tun, sie befassen sich mehr mit dem Leben des gewöhnlichen Mannes; sie schreiben die verbotenen Heiratsgrade vor und verbieten den Inzest (einmal Kap. 18 und nochmals mit Strafbestimmungen Kap. 20); geben Anordnungen für das Verhalten seinen Nachbarn und einem Fremdling *(gēr)* gegenüber; gebieten, das Land jedes siebte Jahr (Sabbatjahr) brachliegen zu lassen, und geben Bestimmungen über die Behandlung der Sklaven. Dieser Abschnitt endet mit einem »Refrain«, der die Gesetze vom Beginn des Kap. 19 wiederholt; aber in umgekehrter Reihenfolge. Dies läßt vermuten, daß Kap. 17 und 18 entweder am falschen Platz stehen oder sonst nicht wirklich der Gruppe angehören, die mit Kap. 19 beginnen soll.

g) Mahnrede, Abschluß des Heiligkeitsgesetzes (Kap. 26): Das Gesetz kommt mit Segensverheißungen für alle, die die Vorschriften befolgen, und dem Fluch für alle, die sich widersetzen, zu einem beredten Schluß. Dies entspricht altem Brauch. Kap. 28 des Buches *Deuteronomium ist ebenso abgefaßt. Ein ganz ähnlicher Prolog ist der zum babylonischen Gesetzeskodex des Hammurabi, der aus dem 18. Jhdt. v. Chr. stammt (s. *Gesetz Israels).

Die Schlußworte des Heiligkeitsgesetzes (26, 46) lassen vermuten, daß es als Einzeltext bereits vorhanden war, bevor es dem Buch Leviticus einverleibt wurde. Nichtsdestoweniger haben die Verfasser des gesamten Buches noch ein weiteres Kapitel mit Gesetzesnovellen angefügt, das mit einer eigenen Schlußformel endet. Dies scheint ein Nachtrag zur ursprünglichen Gesetzessammlung zu sein, der viel später hinzukam. Hinweise auf eine derartige Praxis finden sich auch anderswo im AT, z.B. 2 Sam 21–24 (s. *Bibelkritik).

3. Der allgemeine Charakter des Buches Leviticus: *a) Frage nach dem historischen Hintergrund:* Wenn sich auch das Buch nicht mit der Geschichte, sondern mit Gesetzen befaßt, so hat es dennoch einen historischen Hintergrund. Es erhebt sich natürlich die Frage nach der Art dieses Hintergrundes. Es wurde gesagt, man habe hier das Israel aus den Tagen der Wanderungen am Sinai und auf dem Weg zum Gelobten Land vor sich. Diese Theorie findet im Buch selbst ihre Bestätigung. Die einleitenden Kapitel fahren mit dem Schluß des Buches *Exodus fort, während das nächste Buch, *Numeri, wiederum das Buch Leviticus fortzusetzen scheint. Dieser ganze Teil gehört zur Priesterüberlieferung. Die Schilderung der Weihe zum Priesteramt gehört aber auch zum historischen Rahmen. Der im Kap. 24 gegebene Hinweis auf die Steinigung des Sohnes »einer Israelitin, der einen Ägypter zum Vater hatte« wegen Gotteslästerung ist ebenfalls altes Überlieferungsgut. Aber selbst in diesen Erzählungen tritt der Gesetzescharakter deutlich hervor. Den Erzählungen folgen entsprechende Gesetzesvorschriften, die mit den Geschehnissen in Verbindung standen. Die Begebenheiten selbst wurden wahrscheinlich als Präzedenzfall für das entsprechende Gesetz angeführt. Dies spricht jedoch keinesfalls gegen deren historische Zuverlässigkeit.

Im Gegensatz zum oben Gesagten sind andere Bibelgelehrte der Ansicht, der Rahmen des Buches Leviticus sei künstlich arrangiert und die Geschehnisse selbst gäben kein historisch exaktes Bild von der Situation des Volkes in der Wüste. Immerhin verbreitet sich die Ansicht immer mehr (s. *Bibelkritik), daß gewisse Elemente aus den Priesterquellen viel älter sind, als die bibelkritische Schule annimmt. Es scheint lediglich festzustehen, daß die im Buch Leviticus aufgezeichneten Begebenheiten Teil eines Überlieferungsgutes sind, das treu bewahrt wurde. Wenn diese Berichte auch die Form historischer Aufzeichnungen haben, kann man heute nicht nachweisen, ob sich alles tatsächlich auch zugetragen hat.

b) Die Priesterschrift im Buch Leviticus: Die »Fünf Bücher Moses« (der Pentateuch) enthalten drei verschiedene Vorlagen: Leviticus, das Buch vom Bundesschluß im Exodus und den deuteronomischen Kodex. Das Buch Leviticus, das den Großteil des Priesterkodex enthält, unterscheidet sich in bestimmten Fällen von den beiden anderen. So scheint z. B. die Vorschrift über die Behandlung jüdischer Sklaven im Leviticustext (25, 46) mit der entsprechenden Anweisung des Buches Exodus (21, 6) nicht übereinzustimmen. Dann wird dem Leviticustext (17, 1 ff) über das nichtrituelle Schlachten von Tieren im Buch Deuteronomium (12, 20 ff) direkt widersprochen. Diese Tatsache läßt auf verschiedene Gesetzesauffassungen schließen, die zu verschiedenen Zeiten vertreten wurden. Da es sich jedoch bei allen drei um israelitische Gesetzessammlungen handelt, sind gewisse bei allen erkennbare gemeinsame Grundelemente vorhanden. Diese Tatsache läßt sich an Hand etwa der *lex talionis,* des »Auge um Auge«, nachweisen (Lev 24, 18 ff; Ex 21, 23 ff; Dt 19, 21; s. *Gesetz Israels).

c) Der Gottesbegriff: Das Buch Leviticus stellt einen Gott vor, der in seiner Heiligkeit weit weg vom Menschen ist und dennoch Vorschriften für den Gottesdienst und für den Weg zur Heiligkeit durch Überwindung der Sünde erläßt. Dieses erhabene Gottesbild ist nicht frei von einer überkommenen archaischen Sprache, die schon längst keine anthropomorphen Bezüge mehr hat. So muß das Opfer z. B. »zum lieblichen Geruch für den Herrn« (Lev 6,15) werden, und die Kulthandlung selbst wird lediglich von den Einzelheiten des Rituals her beschrieben. Hinweise auf die mit dem Opfer verbundenen religiösen Empfindungen fehlen gänzlich. Man braucht z. B. nur einmal die Anweisungen über das Opfer von Erstlingsfrüchten (Lev 2,14; 23,17 ff) mit der sehr schönen Schilderung der Opferfeier im Buch Deuteronomium (26,1 ff) zu vergleichen! Wenn sich der Leviticustext hauptsächlich mit äußerlichen Einzelheiten befaßt, so ist damit die religiöse und symbolische Bedeutung der Opferhandlung keinesfalls ausgeschlossen; dies wird deutlich in dem Hinweis auf die Ehre Gottes (9,23–24). Der knappe und förmliche Ton des Buches, der die Menschen der hellenistischen Epoche befremden mußte, inspirierte *Josephus, Philo und andere zu allegorischen Deutungen und ähnlichen Ausführungen über den Symbolgehalt jüdischer Kulthandlungen.

d) Der »Sündenbock« (Azazel): Im Textabschnitt über die Versöhnung tritt im Sündopferbock, der, mit den Sünden und der Schuld des ganzen Volkes beladen, in die Wüste getrieben, aber nicht getötet wird, der Gedanke der Stellvertretung, also ein Gemeinplatz anderer primitiver Religionen, zutage (vgl. auch Gen 22). Es bestehen auch Berührungspunkte mit uralten, religiösen Praktiken, die mit dämonischen Geistern zu tun haben, vor denen auch das Buch Leviticus (»Feldteufel«; 17,7) warnt. Auf diese Unklarheit über den Gegenstand eines uralten Brauches wurde erstmals von einem berühmten mittelalterlichen Bibelgelehrten, Ibn Esra, hingewiesen. Doch dieser Punkt bleibt auch heute noch dunkel. Man kann nicht wissen, ob die Priesterschulen im kultischen Ritual mehr als eine Symbolhandlung sahen. Zweifellos lebten die alten Vorstellungen unter dem einfachen Volk weiter. W. F. Albright hat den Gedanken geäußert, in der Frühzeit sei möglicherweise der Sündenbock mit heidnischen Feldgötzen (ursprünglich Dämonen) identisch gewesen, die auf dem Land, fern vom militanten Jahwismus (s. *Göt-

zendienst in Israel), noch immer verehrt wurden. Im späteren Ritus des Versöhnungsopfers wurden solche Gedanken ausgeschaltet, indem man den Bock tötete (s. *Feste und Feiertage).
Das Buch Leviticus scheint auch die dämonischen Aspekte Gott zuzuschreiben. Dies ist im Begriff des Heiligen enthalten, ein numinoser Aspekt Gottes, der echte Furcht im Menschen hervorruft. Gott ist ein Wesen, dem man sich nicht ohne größte Vorsicht nähern sollte, wie aus dem Fall der zwei Söhne Aarons zu ersehen ist. Die Einzelheiten der Darbringung von *Opfern deuten möglicherweise auf einen langen Entwicklungsprozeß hin von einem früheren, archaischen zu einem fortgeschritteneren Stadium.

4. Entstehungszeit des Buches Leviticus und seine Überlieferungen: Das Buch Leviticus schildert ein im allgemeinen späteres Entwicklungsstadium der Opferpraxis. Viele Bräuche und Vorschriften aus mosaischer und vormosaischer Zeit haben sich, eingefügt in den Gesetzessammlungen, auch in den neueren Fassungen erhalten. Daher ist es nicht leicht, diese alten Vorlagen aus dem Gesamttext herauszulösen; im Folgenden werden jedoch die auffallendsten Beispiele genannt werden.
Die Frage nach der Entstehungszeit des Buches Leviticus ist mit der nach dem Ursprung des gesamten Pentateuch verknüpft. Nach einer etwas extremen Ansicht einiger Kritiker soll das gesamte Buch erst nach dem babylonischen *Exil entstanden sein. Andere haben die verhältnismäßig späte Entstehungszeit, die man für die Priesterüberlieferungen anzugeben pflegte, in Abrede gestellt (s. *Bibelkritik) und haben aufgrund innerer Kriterien nachgewiesen, daß einige dieser Überlieferungen ein ehrwürdiges Alter aufweisen und bis in das Israel vor dem Königtum, also um etliches vor das 10. Jhdt. v. Chr., zurückreichen. Das Buch nimmt einen solchen Hintergrund für sich selbst in Anspruch. Das Vorhandensein archaischer Riten und uralter kultischer Traditionen (die nicht mehr verstanden werden) bringt dies zum Ausdruck. Demgegenüber weisen die Fluchsprüche am Ende des Buches auf die Exilszeit hin, da dieses Phänomen vor der assyrischen Periode (9.–7. Jhdt. v. Chr.) in der Geschichte des alten Orients unbekannt war.
Kap. 18 warnt im Zusammenhang mit den Tabus der Blutschande davor, daß das Land seine Bewohner »ausspeien« werde, wenn sie den Gesetzen nicht gehorchten. In den Fluchsprüchen Kap. 26 wird ein ähnliches Schicksal angedroht, wenn die Empfehlung, das Land alle sieben Jahre brachliegen zu lassen, nicht beachtet wird. Die verwüsteten Äcker werden sich ihres Sabbats zu erfreuen wissen. Ein solches Geschick kann wohl kaum vor der assyrischen Epoche angedroht worden sein; dadurch scheint das späteste sichere Entstehungsdatum für andere Abschnitte des Buches Leviticus festzustehen.
Andererseits beziehen sich dieselben Fluchsprüche in unkritischer Weise auf einen dezentralisierten Kult in Israel, und dies lange vor der Königszeit. Dadurch wird die Datierung des Buches noch mehr erschwert, denn während der assyrischen Epoche waren Gottesdienstfeiern außerhalb des Tempels von Jerusalem verboten. Offensichtlich handelt es sich bei den Fluchsprüchen um eine Mischung aus frühen und späteren Elementen.
Wie bereits erwähnt, stand *Ezechiel, Prophet und Priester aus der Zeit, da der erste Tempel zerstört wurde, merklich unter dem Einfluß des Buches Leviticus oder der Priesterschriften, die diesem als Vorlage dienten. Seine Sprache ähnelt nicht nur der des Buches der Heiligkeit (Heiligkeitsgesetz), sondern auch anderer Teile des Leviticustextes, einschließlich jener der Fluchsprüche. Dadurch scheint die Bedeutung der Überlieferungsströme innerhalb der Entwicklung religiöser Literatur im alten Israel dargetan zu sein. Ein Prophet, der das Wort Gottes direkt von oben zu empfangen glaubte, kann trotzdem gewisse Berührungspunkte mit einer bestimmten literarischen Schule aufweisen, wie etwa Ezechiel mit den Priesterkreisen und Jeremia mit denen, die das Buch *Deuteronomium hervorgebracht haben.

Lukasevangelium

Gliederung: 1. Verfasser. 2. Gliederung. 3. Inhalt. a) Vorwort; b) Geburt und Kindheit Johannes' des Täufers und Jesu; c) Beginn des Wirkens Jesu; d) Galiläische Wirksamkeit; e) Reise nach Jerusalem; f) Ereignisse der Passionswoche; g) Auferstehung, Erscheinungen und Himmelfahrt. 4. Abfassungszeit. 5. Quellen. 6. Zielsetzung und Theologie. 7. Stil.

1. Verfasser des Lukasevangeliums: Das 3. Evangelium wird seit alters Lukas, dem Reisebegleiter und »geliebten Arzt« (Kol 4,14) des Apostels Paulus zugeschrieben. Dieser Lukas, der nach dem Zeugnis des Kolosserbriefs ein Heidenchrist war, wird auch in den Pastoralbriefen (2 Tim 4,11) als Gefährte des gefangenen Paulus erwähnt. Was sagt die kritische Einleitungswissenschaft zu der erstmals im Kanon Muratori (um 180 n. Chr.) niedergelegten Tradition von der Verfasserschaft des Lukas?

Mit großer Gelehrsamkeit hat man vor einigen Jahrzehnten den Nachweis erbringen wollen, daß sich die Lukasschriften (Evangelium und Apostelgeschichte) selber als Werke eines Arztes zu erkennen geben. Die Zahl der medizinischen Fachausdrücke sei auffällig groß und das Interesse für eine genauere Diagnose der Krankheiten nicht zu übersehen. Es dauerte jedoch nicht lang, bis ein anderer Gelehrter (Cadbury) die Schwäche der Argumentation aufdeckte: Alle von Lukas gebrauchten medizinischen Ausdrücke finden sich auch in der Septuaginta, bei Josephus, Plutarch und anderen hellenistischen Schriftstellern. Wenn Lukas in den Heilungsgeschichten die Krankheiten meist (nicht immer!) genauer beschreibt als seine Markusvorlage, so beweist dies nur, daß er eine bessere griechische Bildung genossen hatte, nicht aber, daß er Arzt war. Auch die andere Angabe der Tradition, Lukas sei ein Paulusschüler gewesen, läßt sich aus dem Text des Evangeliums nicht erhärten. Es muß sogar auffallen, daß typisch paulinische Vorstellungen wie die vom Sühnetod Christi zurücktreten (das Wort vom »Lösegeld« Mk 10,45 fehlt). Was sonst zum Erweis eines paulinischen Einflusses auf das dritte Evangelium angeführt wird, die Betonung des Glaubens oder der Sünderliebe Gottes, gehört zum Gemeingut christlicher Theologie in spätapostolischer Zeit. Eher könnte man vermuten, daß die Tradition sich Lukas zum Verfasser erkoren hat, um für das dritte Evangelium eine apostolische Autorität zu gewinnen.

Die Verfasserfrage ist schließlich nicht allein vom Evangelium her zu entscheiden. Da kein Zweifel besteht, daß die Apostelgeschichte von demselben Autor geschrieben wurde, konzentriert sich das Interesse der neueren Forschung auf die Frage, ob man sich dieses Buch als Werk eines Paulusgefährten denken könne. Die Antwort fällt, nach reiflicher Prüfung, meist negativ aus. Der Verfasser scheint zu Paulus nicht in unmittelbarer Beziehung gestanden zu haben. Sicher wissen wir nur, daß er ein Heidenchrist war und über ein großes schriftstellerisches Talent verfügte.

2. Gliederung: Der folgende Aufriß gibt ein gutes Bild von der Anordnung des Stoffes im dritten Evangelium:

a. 1,1–4 Vorwort
b. 1,5–2,52 Geburt und Kindheit des Täufers und Jesu
c. 3,1–4,13 Beginn des Wirkens Jesu
d. 4,14–9,50 Galiläische Wirksamkeit
e. 9,51–19,27 Reise nach Jerusalem
f. 19,28–23,56 Ereignisse der Passionswoche
g. 24,1–53 Auferstehung, Erscheinungen und Himmelfahrt

Die Anordnung des Materials folgt nur scheinbar einem besseren chronologischen Schema als Markus. In Wirklichkeit verfügte Lukas auch über keine genauere Kenntnis der historischen Abläufe. Seine Gliederung ist von einem dreiteiligen geographischen Rahmen bestimmt – Galiläa, Reise nach Jerusalem, Jerusalem –, und in diesen Rahmen hat er, sofern er nicht dem Markusevangelium folgte, seinen Stoff (Q und Sondergut) meist nach sachlichen Gesichtspunkten eingeordnet. Als künstlich geschaffen erweist sich besonders der Reisebericht (9,51–19,27), in den Lukas einen großen Teil seines Sonderguts, das ursprünglich wohl aus der galiläischen Wirksamkeit stammt, aufgenommen hat.

Das literarische Verfahren des dritten Evangelisten wird deutlicher, wenn man zum Vergleich das Matthäusevangelium heranzieht. Matthäus faßt das markinische Material in großen Blöcken zusammen und läßt ihm dann seine langen Redekompositionen folgen. Dagegen hat Lukas den Erzählungs- und Redestoff miteinander verwoben, Übergänge und Klammern geschaffen, so daß der Eindruck eines zusammenhängenden Berichtes entsteht. Unter dieser Rücksicht darf man mit einigem Recht sagen, Lukas habe das erste »Leben Jesu« geschrieben. Daß es aber schon zu seiner Zeit nicht mehr möglich war, eine historisch in allen Einzelheiten genaue Biographie Jesu abzufassen, beweist sein Evangelium zur Genüge.

3. Inhalt: *a) Vorwort:* Lukas hat seinem Buch nach dem Vorbild antiker Autoren ein Vorwort vorangestellt (1,1–4). Er widmet das Evangelium einem gewissen Theophilus (vgl. Apg 1,1) und weist auf frühere Versuche hin, Worte und Taten Jesu aufzuzeichnen.

b) Geburt und Kindheit Johannes' des Täufers und Jesu (1,5–2,52): Lukas hat in die ihm wohl aus Täuferkreisen überlieferte Kindheitsgeschichte des Johannes eine Kindheitsgeschichte Jesu eingearbeitet, so daß ein kunstreiches Diptychon entstanden ist: Auf die Ankündigung der Geburt des

Johannes (1,5–25) folgt die Verkündigung an Maria (1,26–38) und ein verbindendes Zwischenstück, der Besuch Marias bei ihrer Base Elisabeth (1,39–56) mit dem großartigen »Magnificat« (1,46–55). Die Geburt des Johannes (1,57–66) löst auch die Zunge seines mit Stummheit geschlagenen Vaters Zacharias zu messianischer Preisung, dem »Benedictus« (1, 67–79). Mit der Geburtsgeschichte Jesu (2, 1–20) endet die Gegenüberstellung zur Täuferlegende, und Lukas wendet sich nun einzelnen Überlieferungen aus der Kindheit Jesu zu: der Beschneidung und Darstellung im Tempel (2,21–40), dem Besuch des zwölfjährigen Knaben im Tempel (2,41–52).

c) Beginn des Wirkens Jesu (3,1–4,13): Dem öffentlichen Auftreten Jesu geht wie bei Markus ein Bericht über die Tätigkeit des Täufers voraus (3,1–20), dann folgt die Taufe Jesu (3,21–22), der Stammbaum (3,23–38) und die Versuchungsgeschichte (4,1–13).

d) Galiläische Wirksamkeit: Der Abschnitt beginnt mit zwei einleitenden Versen (4,14–15) und bringt dann gleich die Perikope von der »Antrittspredigt« Jesu in Nazareth (4,16–30), die bei Markus erst erheblich später kommt. Erst nach diesem programmatischen, die Verwerfung Jesu durch sein eigenes Volk vorwegnehmenden Geschehen schließt sich Lukas der Markusvorlage an: Heilung eines Besessenen in der Synagoge von Kapharnaum (4,31–37), Heilung der Schwiegermutter des Petrus (4, 38–39), Heilungen zur Abendzeit (4, 40–44). Die Berufung des Petrus, Jakobus und Johannes (5, 1–11) wird mit der Geschichte vom wunderbaren Fischfang (vgl. Joh 21) verbunden, dann folgt Lukas wieder seiner Markusquelle (mit zum Teil bedeutsamen redaktionellen Veränderungen): Heilung des Aussätzigen (5,12–16), Heilung des Gelähmten mit dem Streitgespräch über die Sündenvergebung (5,17–26), Berufung des Levi mit Zöllnermahl (5, 27–32), Fastenfrage (5, 33–39), das Ährenraufen am Sabbat (6,1–5), Heilung eines Mannes mit verdorrter Hand am Sabbat (6,6–11), Berufung der zwölf Apostel (6,12–16) und ein kurzes Summarium über die Heilungen durch Jesus (6, 17–19).

Mit der lukanischen Bergpredigt oder richtiger: Feldrede (6,20–49) beginnt die erste größere Einschaltung in die Markusfolge. Aus der Q-Quelle stammt auch die Geschichte vom Hauptmann von Kapharnaum (7,1–10), während die Auferwekkung des Jünglings von Naim (7,11–17) zum Sondergut des Evangelisten gehört. Q-Tradition und Sondergut lösen sich auch im folgenden ab: die Anfrage des Täufers mit Jesu Rede über Johannes (7,18–35; vgl. Mt 11,1–19) und die Salbung Jesu durch eine Sünderin (7,36–50). Auch die ersten Verse des nächsten Kapitels über die Jüngerinnen Jesu (8,1–3) sind dem Evangelisten eigen und verraten sein auch in der Apostelgeschichte zu beobachtendes Interesse für wohlhabende und wohltätige Frauen.

Mit dem Gleichnis vom Sämann (8,4–18) nimmt Lukas den Markusfaden wieder auf, freilich nicht ohne einiges umzustellen und anderes auszulassen. So kommt erst jetzt der Kurzbericht über den Besuch der Verwandten Jesu (8,19–21), dann aber folgen gleich die Stillung des Seesturms (8, 22–25), die Heilung des besessenen Geraseners (8, 26–39), die Heilung der blutflüssigen Frau und die Auferweckung der Tochter des Jairus (8,40–56). Auch das 9. Kapitel bleibt zunächst noch der Markusquelle treu: die Aussendung der zwölf Apostel (9,1–10), die Speisung der Fünftausend (9,11–17) und – nach Auslassung mehrerer markinischer Perikopen – das Petrusbekenntnis (9,18–27) mit der ersten Leidensweissagung (9, 22), einige Sprüche über die Nachfolge Jesu (9, 23–27), die Verklärung Jesu (9, 28–36), die Heilung des epileptischen Knaben (9, 37–43), die zweite Leidensweissagung (9, 44–45), der Rangstreit unter den Jüngern (9, 46–48) und schließlich das Wort über den fremden Exorzisten (9,49–50).

e) Reise nach Jerusalem (9,51–19,27): Der Abschnitt beginnt mit dem Bericht über das ungastliche Samariterdorf, in dem Jesus keine Aufnahme fand (9,51–56). Auf drei kurz gerahmte Nachfolgesprüche (9,57–62) läßt Lukas seine Aussendung der siebzig Jünger folgen (10,1–16); ihre Rückkehr wird von einem Jubelruf Jesu begleitet (10,17–24). Anschließend wird auf die Frage eines Gesetzeslehrers nach dem größten Gebot hin das Gleichnis vom barmherzigen Samariter erzählt (10, 25–37), und die Geschichte über den Besuch bei Martha und Maria beendet das Kapitel (10, 38–42). Eine systematischere Anordnung des Stoffes verraten die nächsten Kapitel, in denen Lukas meist seine Q-Quelle ausschöpft: über das Gebet, mit der lukanischen Fassung des Vaterunsers (11, 1–12), über den Sinn der Dämonenaustreibung (11,14–26) und – nach einem Merkwort zum Hören (11,27–28) – über den Unglauben seiner Generation

(11,29–32), vom Auge als dem Licht des Leibes (11,33–36), Weherede gegen Pharisäer und Schriftgelehrte (11,37–12,1), Mahnungen zu furchtlosem Bekenntnis (12,2–12), Warnung vor irdischen Sorgen (12,13–34), Mahnungen zu Wachsamkeit und Treue (12,35–56) und zu rechtzeitiger Buße (12,57–13,5). Das Gleichnis vom unfruchtbaren Feigenbaum (13,8–9) deutet die Verzögerung des Jüngsten Gerichts als Zeichen göttlicher Geduld.

Auf die Heilung der gekrümmten Frau am Sabbat (13,10–17) folgen zwei Gottesreichsgleichnisse (13,18–21) und eine Warnung, den Eintritt durch die »enge Tür« nicht zu verpassen (13,22–30).

Einige Pharisäer warnen Jesus vor Herodes, aber Jesus läßt sich nicht beirren und setzt seinen Weg nach Jerusalem fort (13,31–35). Im nächsten Kapitel hat Lukas im Rahmen einer Mahlzeit, die Jesus bei einem Pharisäer einnimmt, verschiedene Überlieferungen zum Thema des Mahles zusammengefaßt: die Heilung eines Wassersüchtigen (14,1–6), Warnung vor Ehrsucht und Eigennutz (14, 7–14), das Gleichnis vom großen Gastmahl (14, 15–24).

Nach einem Abschnitt über den Ernst der Nachfolge Jesu (14,25–35) lesen wir die tröstlichen Gleichnisse vom verlorenen Schaf (15, 1–7), von der verlorenen Drachme (15,8–10), vom verlorenen Sohn (15,11–32). Das Gleichnis vom ungerechten Verwalter (16,1–9) leitet ein anderes Thema ein, den rechten Gebrauch irdischer Güter (16,10–31), wiewohl die angeführten Gleichnisse – auch das vom reichen Mann und dem armen Lazarus (16,14–31) – ursprünglich sicher einen anderen Sinn hatten.

Das 17. Kap. handelt von Sünde und Vergebung (17,1–4), vom Glauben (17,5–6), von der Pflicht zu dienen (17,7–10), von der Dankbarkeit (17,11–19) und vom Kommen des Gottesreiches (17,20–37). Dann nimmt Lukas wieder das Thema des Gebets auf, allerdings unter dem Gesichtspunkt der Gerechtigkeit Gottes: das Gleichnis vom ungerechten Richter (18, 1–8) und vom Pharisäer und Zöllner (18, 9–14). Die folgenden Perikopen schließen sich schon wieder der Markusüberlieferung an: Segnung der Kinder (18,15–17), die Geschichte vom reichen Jüngling (18, 18–27), vom Jüngerlohn (18, 28–30), die 3. Leidensweissagung (18,31–34), Heilung eines Blinden bei Jericho (18,35–43).

Sondergut ist die Geschichte vom Oberzöllner Zachäus (19,1–10), während das Gleichnis von den anvertrauten Minen (19,11–27) in stark abweichender Form auch von Matthäus erzählt wird.

f) Ereignisse der Passionswoche (19, 28 bis 23, 56): Lukas folgt bis 22,53 im wesentlichen seiner Markusvorlage: Einzug in Jerusalem (19, 28–44), Tempelreinigung (19, 45–48); Vollmachtsfrage (20, 1–8), Winzergleichnis (20, 9–19), Zinsgroschen (20,20–26), Auferstehungsfrage (20, 27–40), Problem der Davidssohnschaft (20,41–44), Warnung vor den Schriftgelehrten (20, 45–47), Scherflein der armen Witwe (21,1–4), Parusierede (21, 5–38), Verrat des Judas (22, 1–6), Vorbereitung des Passahmahls und Einsetzung der Eucharistie (22,7–23). Die Abendmahlsszene ist durch eine Mahnrede an die streitenden Jünger erweitert (22,24–38), es folgen Jesu Gebet am Ölberg (22,39–46) und die Gefangennahme (22,47–53). Von 22,54 ab hat Lukas stärker in den markinischen Text der Leidensgeschichte eingegriffen und ihn durch Sondergut bereichert. So läßt er die Sitzung des Synedriums erst am Morgen stattfinden (22,54–71) und berichtet als einziger von allen Evangelisten über ein Verhör Jesu durch Herodes (23,6–12). Für Lukas eigentümlich ist auch seine in den Kreuzweg eingefügte Jesusrede an die klagenden Frauen von Jerusalem (23,27–31) und das Gespräch der beiden Schächer mit Jesus am Kreuz (23,39–43).

g) Auferstehung, Erscheinungen und Himmelfahrt (24, 1–53): Die Auffindung des leeren Grabes durch die Frauen wird im Anschluß an Markus erzählt (24,1–11), doch tilgt Lukas den Hinweis auf galiläische Erscheinungen. Der Auferstandene gibt sich den Emmausjüngern (24,13–55) und den versammelten Jüngern in Jerusalem zu erkennen (24,36–49). Im Unterschied zur Apostelgeschichte schließt sich sogleich die Himmelfahrt an (24,50–53).

4. Abfassungszeit: Da Lukas von Markus abhängig ist, muß das dritte Evangelium nach dem zweiten geschrieben sein. Außerdem finden sich deutliche Anzeichen, daß Lukas auf die Zerstörung Jerusalems zurückblickt (Lk 21,20). Erscheint so ein Datum nach 70 als sicher, führen uns innere Kriterien noch weiter herab in die Jahre zwischen 80 und 90.

Die lange Zeit übliche Frühdatierung (um 60) wird nur noch ganz vereinzelt gehalten. Ihr Hauptargument, die angebliche Abfassung der *Apostelgeschichte vor dem Tode des Paulus (um 64), ist hinfällig, seit man die wirkliche Zielsetzung des lukanischen Doppelwerks erkannt hat.

5. Quellen: In seinem Prolog (1,1–4) weist Lukas selber darauf hin, daß er kein Augenzeuge der Ereignisse gewesen ist, sondern seine Kenntnisse schriftlichen oder mündlichen Quellen verdankt.
Die eine seiner Hauptquellen ist das *Markusevangelium, von dessen 661 Versen er etwa 350 übernommen hat. Da er mit seiner Vorlage oft sehr frei umgeht, scheint es unnötig, einen sogenannten »Urmarkus« zu postulieren.
Die zweite Hauptquelle (»Q«) läßt sich nur aus den etwa 240 mit Matthäus gemeinsamen Versen erschließen. Wir wissen nicht, welchen Umfang diese Quelle hatte und ob sie Matthäus und Lukas in derselben Version vorgelegen hat. Manches spricht dafür, daß Lukas noch die ursprüngliche Anordnung beibehalten hat, während er den Wortlaut oft freier gestaltet.
Wieweit das lukanische Sondergut auf schriftliche Quellen zurückgeht, können wir nicht sagen. Alle diesbezüglichen Quellentheorien sind spekulativ. Da uns die neuere Erforschung der Apostelgeschichte gezeigt hat, daß Lukas über ein hohes Maß literarischer Gestaltungskraft verfügte, müssen wir mit der Möglichkeit rechnen, daß manche – und gerade die einprägsamsten – Szenen des Evangeliums nicht aus schriftlicher oder mündlicher Überlieferung geschöpft wurden, sondern schriftstellerischer Intuition entsprungen sind. Dies dürfte wohl besonders für die Kindheitsgeschichte Jesu zutreffen.

6. Zielsetzung und Theologie: Lukas schreibt zu einer Zeit, da der Glaube für viele Christen fragwürdig zu werden droht. Die historischen Ereignisse um Jesus von Nazareth liegen schon lange zurück, und die nahe geglaubte Wiederkunft Christi läßt immer mehr auf sich warten. Kein Wunder, daß sich Zweifel an der »Zuverlässigkeit« (1,4) der kirchlichen Unterweisung regen.
Das dritte Evangelium will den Gläubigen helfen, ihr Leben auf ein festes Fundament zu stellen. Dieses Fundament kann aber nicht die Hoffnung auf eine baldige Wiederkunft Christi sein, sondern die begründete Überzeugung, daß Gottes Heil in Jesus von Nazareth bereits erschienen ist. Deshalb darf der greise Simeon beim Anblick des Jesuskindes den Ausruf tun: »Jetzt lässest du deinen Knecht, o Herr, nach deinem Wort in Frieden dahingehen; *denn meine Augen haben dein Heil gesehen*« (2,29–30). Deshalb werden die Jünger von Jesus gepriesen: »Selig die Augen, die sehen, was ihr seht!« (10,23). Statt in die Zukunft zu blicken und sich die Herrlichkeiten des Himmels auszumalen, sollen die Gläubigen in die Vergangenheit schauen und sich das Bild Jesu, ihres Heilands und Retters, fest einprägen.
Die Geschichte Jesu stellt aber für Lukas kein isoliertes Faktum dar; sie ist die Mitte einer umfassenden Heilsgeschichte, in die Gott vom ersten bis zum letzten Tag der Welt alles eingeplant hat. So verkündigt sich der lukanische Jesus gleich zu Beginn seines öffentlichen Wirkens als die Erfüllung alttestamentlicher Verheißungen (4,21), während Markus noch vom »Nahegekommensein der Gottesherrschaft« (Mk 1,15) spricht. Ist die Vergangenheit des Volkes Israel (und darüber hinaus der ganzen Menschheit) in Jesus zur Ruhe gekommen (vgl. den lukanischen Stammbaum: 3,23–38), die Zukunft der Welt hat in ihm, seinen Taten und Worten, erst eigentlich begonnen. Alles im Evangelium zielt hin auf das nachösterliche Zeugnis der Jünger. Lukas versteht das missionarische Zeugnis der Jünger nicht einseitig als religiöse Propaganda, sondern – nach dem Vorbild Jesu – als den vom Geist bevollmächtigten Versuch, die Welt, den Menschen wahrhaft zu heilen. Deshalb definiert er den Inhalt der christlichen Verkündigung als »Predigt der Buße zur Vergebung der Sünden« (24,47) und betont sehr stark den sozialen Charakter des Evangeliums.

7. Stil: Da Lukas für Heidenchristen schreibt und anscheinend auch gebildete Leser ansprechen will, bedient er sich im allgemeinen einer gepflegten griechischen Sprache. Oft verbessert er den unbeholfenen, semitisierenden Stil des Markus und tilgt mit Ausnahme des »Amen« alle fremdsprachigen Worte. Als ausgezeichneter Kenner der griechischen Bibel, der Septuaginta, kann er aber seinen Stil auch der alttestamentlichen Diktion anpassen. So hat Lukas ein Werk geschaffen, das den Eindruck historischer Glaubwürdigkeit vermittelt und bis heute noch nichts von seinem literarischen Reiz eingebüßt hat.

M

Magie, Wahrsagerei, Aberglauben
Gliederung: 1. Magie und Zauberei in Ägypten. a) Die Rolle der Magie; b) Träume; c) Wahrsagekunst. 2. Magie und Zauberei in Assyrien und Babylonien. a) Magie zu Schutz- und Heilzwecken; d) Wahrsagekunst oder Divination; c) Träume; d) Schwarze Magie; e) Astrologie; f) Wechselbeziehungen zwischen Magie, Aberglauben und Religion. 3. Israel und die Magie. a) Biblische Terminologie; b) Amulette; c) Nekromantie; d) Magier und Zauberer; e) Fremdländische Einflüsse; f) Wahrsagekunst und sympathetische Magie; g) Entscheidung durchs Los; h) Propheten gegen Wahrsager; i) Nachexilische und neutestamentliche Zeit.
Wenn man von der Magie sagen kann, sie stelle die primitivsten Versuche des Menschen dar, den Naturkräften seinen Willen aufzuzwingen, so kann man den Aberglauben als die Anerkennung seiner Begrenzung ansehen. Mit der Entfaltung menschlicher Sozietäten entwickelte sich auch ein kompliziertes System magischer »Kenntnisse«. Mit ihrer Hilfe stellte man fest, welche spezielle übernatürliche (oder okkulte) Wirkkraft in einem bestimmten Fall im Spiele war oder angewandt werden sollte und welche Zauberformeln, Gegenstände oder Handlungen zur Erzielung eines gewünschten Resultats notwendig waren. Diese Pseudowissenschaft bildete im Lauf der Jahrhunderte eine ganze Reihe von Sektionen aus: Zauberei im allgemeinen, Animismus, Nekromantie (Beschwörung der Totengeister), Umgang mit den Geistern, von denen man annahm, daß sie die Welt und alles, was darin ist, bewohnten, Schicksalsvorhersage durch die Opferschau (s. *Opfer), durch Beobachten der Wolken oder der Sterne (s. *Astrologie und Astronomie), durch Anstarren von Bällen, Holzkugeln und Kristallen, durch das Werfen von Stöcken und Abschießen von Pfeilen.
Magie wurde in der ganzen Alten Welt allgemein ausgeübt. Man betrachtet sie am zweckmäßigsten unter ihrem doppelten Aspekt der »schwarzen« oder bösen und »weißen« oder wohltätigen Magie. Bei der »schwarzen Magie«, die Schaden stiften will, handelt es sich um Dinge wie Verwünschungen, Beschwörungen, das Zerbrechen oder Beschädigen von Bildern oder anderen, die verhaßte Person (oder Völkerschaft) darstellenden Objekten und um den Umgang mit bösen Geistern, von denen man sich Unterstützung erhofft. Im Gegensatz dazu versuchte die »weiße Magie« entweder die schädlichen Auswirkungen schwarzer Magie abzuwenden oder sich der Hilfe der verborgenen Naturkräfte und -geister zugunsten des Bittstellers (oder des für ihn agierenden Magiers) zu versichern. Magie und Wahrsagekunst weisen in Ägypten, Mesopotamien und Israel jeweils bestimmte charakteristische Merkmale auf.
1. Magie und Zauberei in Ägypten: *a) Die Rolle der Magie:* In Ägypten wurde Zauberei wie anderwärts angewandt, um den Menschen Mut zu machen, wenn die Ursachen von Ereignissen unbekannt waren oder die üblichen Maßnahmen nicht gefruchtet hatten. Die Beeinflussung der okkulten Kräfte erfolgte nach komplizierten Formeln, die ein sorgfältiges Studium erforderten und auf welche die Priester ein faktisches Monopol besaßen. Die Zauberei war eng mit der Religion verknüpft. Sie wurde angewandt auf die Beziehungen zwischen Menschen, zwischen Göttern und Menschen und auf Staatsangelegenheiten. Seit dem Beginn des 3. Jahrtausends v. Chr. stand die Magie (ägypt. *ḥk'*) unter der besonderen Schirmherrschaft von Schutzgöttern, dem Gott der Weisheit, *Tehut,* und der Hauptgottheit *Isis.* Die »schwarze Magie« war von der offiziellen Praxis ausgeschlossen und verboten. Magie wurde allgemein verwandt, um den Lebenden auf Erden und den Toten im Leben nach dem Tode ihr Dasein zu erleichtern. Ihre Hauptzweige waren: Schutzmagie zur Abwendung von Schaden; Fruchtbarkeitszauber; Divination (Wahrsagekunst); Magie zu Schutz und Führung der Toten in der Unterwelt und schließlich die dem Bewirken von Wundern dienende Magie. Das Ritual schloß in allen Fällen sympathetische Magie ein, die das erwünschte Resultat imitierte (wie in der symbolischen Beschreibung des Totenbuches auf dem wiedergegebenen Papyrus aus der Ptolemäerzeit, **Abb. 506,** im einzelnen dargelegt), sowie passende Beschwörungsformeln und Zeremonien.
Die Zauberei betreibenden Priester stellten eine besondere Gruppe dar; ihre Kunst erlernten sie im »Haus des Lebens«, in dem die wertvollen Lehrbücher des Systems

aufbewahrt wurden. Nach Abschluß ihrer Lehrzeit hatten sie für jede Gelegenheit den passenden Zauberspruch bereit und kannten sämtliche mit der Zauberei verknüpften Zeremonien und Traditionen. Sie wurden dann zu den in der Bibel erwähnten Magiern, hebr. *ḥarṭummîm*, ägypt. *ḥrj-tp*.
b) Träume: Die Ägypter befaßten sich auch mit Traumdeutungen. Träume spielen eine bedeutsame Rolle in der Josephserzählung, besonders die des Pharao und ihre Auslegung (Gen 41,8). Die Magier konnten die Deutungen vieler Träume in Handbüchern nachschlagen. In einem dieser Bücher, das aus dem 19.–18. Jhdt. v. Chr. datiert, sind die Träume nach den zukünftigen Ereignissen, die sie ankündigen, in einer Tabelle geordnet. Zuerst kommen die Träume, die Gutes verkünden, und danach die, welche auf Unheil deuten. Für die Deutungen gibt es eine feste Formel: »Tut jemand dies oder das, so ist es gut (schlecht) für ihn, und es ist ein Zeichen, daß ihm dies oder jenes widerfahren wird.« Das Buch enthält gleichfalls einen Zauberspruch gegen böse Träume samt einem Gebet an Isis.
c) Wahrsagekunst: Die Ägypter sagten auch unter Benutzung von Bechern die Zukunft voraus (Gen 44,4.5.15); sie übernahmen diesen Brauch von den Babyloniern. Einem mit Wasser gefüllten Becher wurde tropfenweise Öl zugesetzt und die Zukunft nach der Form vorausgesagt, die die Tropfen annahmen. Umgekehrt konnte man auch einen Tropfen Wasser in einen Becher voll Öl tun. Die Juden übten den gleichen Brauch in der Zeit der *Mischna, in der sie ebenfalls die Zukunft nach den Formen vorauszusagen pflegten, die sie in einem Glas Wein erblickten.
2. Magie und Zauberei in Assyrien und Babylonien: Zauberer, welche die gleichen Ziele wie die ägyptischen Magier verfolgten, wirkten in Mesopotamien bereits im 3. Jahrtausend vor Chr. Den sumerischen Magiern jener Zeit war es ebenfalls in erster Linie um die Erhöhung des Wohlergehens ihrer Mitmenschen zu tun, doch auch sie besaßen eine Anzahl von Formeln zur Abwendung der ungünstigen Auswirkungen schädlicher Zaubersprüche und Verwünschungen. Auch in Mesopotamien war die Zauberei ein hochspezialisierter Beruf, der ein langes Studium und ausgedehnte Kenntnisse voraussetzte. Die Durchführung magischer Rituale verlangte große Präzision der Bewegungen des Körpers, die genau auf die dabei rezitierte magische Beschwörung abgestimmt werden mußten. In Mesopotamien gliederte sich die Zauberei in folgende Hauptzweige:
a) Magie zu Schutz- und Heilzwecken: Sie diente hauptsächlich zur Heilung von Krankheiten, Austreibung von Dämonen (bösen Geistern) und so weiter. **Abb. 507** zeigt Schutzgeister, die einen Eimer und einen Tannenzapfen halten. Dieses Emblem wird häufig mit dem »heiligen Baum« verbunden (Nimrud-Relief, 9. Jhdt. v. Chr.). Ein *šurpu* (Feuersbrunst) genanntes Buch führt alle Sünden auf, die von Menschen begangen werden. Hatte jemand ein göttliches oder Sittengesetz verletzt, so konnte der Magier dort die Formel zur Lösung von dem Zauberbann finden. Vermutete jemand, ein Zauberer habe ihn mit einem Bann belegt, so ging er zu einem Magier; dieser verbrannte eine Wachsfigur des Zauberers und sprach dabei: »So wie diese Figur schmilzt, möge der Zauberer (oder die Hexe) schmelzen.«
Pazuzu **(Abb. 508)**, der »Greifer«, mit Klauen an Händen und Füßen, Adlerfittichen und verzerrten Gesichtszügen, ängstigte die Assyrer und Babylonier. Er bedrohte während ihrer ganzen Geschichte Leben und Gesundheit. Das hier abgebildete Amulett **(Abb. 509)** aus Karkemisch trägt auf einer Seite einen Zauberspruch gegen den weiblichen Dämon Lamaschtu. Es zeigt ihn auf einem wilden Esel stehend, Schlangen in den Händen haltend und einen Schakal und ein Wildschwein säugend.
b) Wahrsagekunst oder Divination beruht auf dem Glauben, daß jedes günstige oder ungünstige Ereignis im menschlichen Leben von sichtbaren Omina begleitet wird, die jeder dieser Kunst Mächtige, der somit die Zukunft vorauszusagen vermag, lesen kann. Die in Frage kommenden Omina wurden ebenfalls aufgeschrieben. Ein solches Buch bestand aus 170 Tontafeln, welche die Bedeutungen von Himmelsbeobachtungen (zum Beispiel eines Hofes um den Mond, einer Sonnen- oder Mondfinsternis), von atmosphärischen Phänomenen (zum Beispiel Gewittern), des Verhaltens bestimmter Vögel und Tiere wie Schlangen, Hunde, Mäuse und so weiter und die Besonderheiten von Menschen- und Tiergeburten – namentlich von anomalen – aufführten.
Eine der beliebtesten Wahrsagetechniken war die Leberschau bei Opfertieren (Hepatoskopie). Die »wissenschaftliche« Divination verlangte die sorgfältige Führung einer Liste aller beobachteten Omina und der im Zusammenhang mit ihnen auftretenden Ereignisse. Die genaue Protokol-

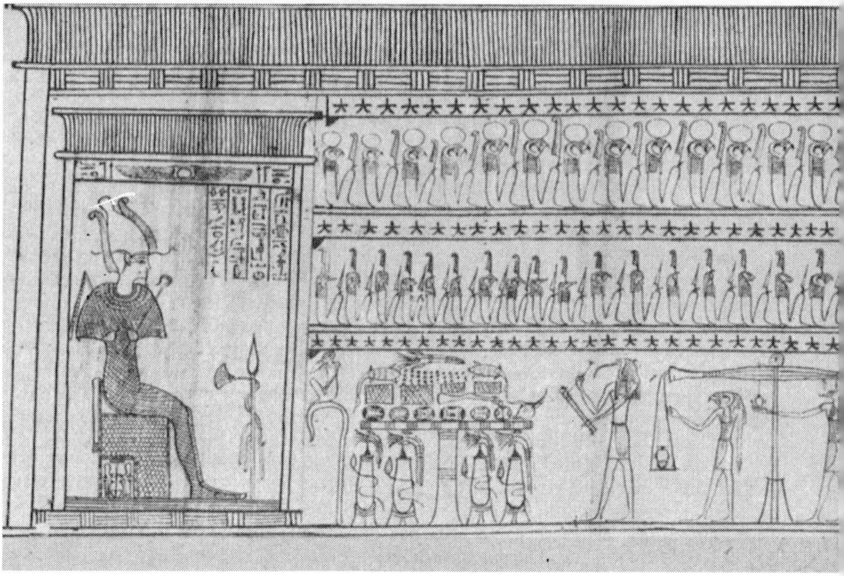

Abb. 506. Papyrus eines Totenbuches aus der Ptolemäerzeit

Abb. 507. Schutzgötter mit Eimer und Tannenzapfen (Relief aus Nimrud, 9. Jhdt. v. Chr.)

Abb. 508. Pazuzu, der »Greifer«, war die Verkörperung einer bösen Macht bei den Babyloniern und Assyrern

Abb. 509. Der weibliche Dämon Lamaschtu auf einem Amulett aus Karkemisch. Er steht auf einem Wildesel, hält in den Händen Schlangen und säugt einen Schakal und ein Wildschwein

Abb. 510, 511. Tonmodelle von Lebern, auf denen für jede Abweichung vom Normalen in jeder Region die Bedeutung der gefundenen Anomalie eingezeichnet war

Abb. 512. Zauberer mit Stab, an dessen Spitze eine Schlange erscheint

Abb. 513. Skarabäus mit Zauberer, der vor drei Göttern eine Schlange beschwört

Abb. 514. Mann mit vier Kälbern, der entweder einen Stab mit Schlangenkopf oder einen in eine Schlange verwandelten Stab trägt

Abb. 515. Griechische Inschrift aus Ephesos (6. Jhdt. v. Chr.) über die Omina des Vogelflugs

Abb. 516, 517. Römische Zauberhand aus Bronze zur Abwendung des bösen Blicks

lierung des Baus der Leber war daher ebenfalls notwendig. Da man sie nicht aufbewahren konnte, wurde von jeder ein Tonmodell, wie das in diesem Werk abgebildete **(Abb. 510, 511)**, angefertigt und die Ereignisse, die der Leberschau folgten, festgehalten. In Mari wurden 32 derartige Tonmodelle aus dem Beginn des 2. Jahrtausends v. Chr. gefunden (s. *Babylon und Israel). Es wurden auch Tonmodelle der Leber als allgemeine Anleitung für Wahrsager hergestellt, auf denen bestimmte Punkte, deren Beobachtung besonders wichtig war, markiert wurden. Von besonderer Bedeutung war die Wahrsagekunst vor dem Beginn und während eines Feldzuges. Eine lebendige Illustration hierzu findet sich bei Ezechiel (21,21): Nebukadnezar steht dort »am Scheideweg«, unschlüssig, ob er Jerusalem oder Rabbath-Ammon angreifen soll. Um zu einem Entschluß zu kommen, schüttelt er beschriftete Pfeile (oder läßt sie fallen), fragt dann die *terāfīm* um Rat und »beschaut die Leber«. Aus einigen der Mari-Urkunden wird deutlich, daß die Omina beträchtliche Verwirrung stiften konnten, zumal jede Einheit ihren eigenen Wahrsager hatte. Widersprüche zwischen ihren Auslegungen hatten einmal zur Folge, daß die eine Hälfte der Truppe zum Angriff schritt, während sich die andere zurückzog. In einem anderen amtlichen Schreiben heißt es: »Ich und Ibbi-Amurra haben in Agdamatim den Feldzug gegen Warad-Ilišu vorbereitet, doch sind unsere Omina ungünstig. Ich habe sie meinem Gebieter geschickt. Möge mein Gebieter diesen Omina seine höchste Aufmerksamkeit zuwenden« (Jean, Archives Royales de Mari).

c) Träume: Große Aufmerksamkeit widmeten die Babylonier und Assyrer auch der Traumdeutung. Assurbanipals berühmte Bibliothek in Ninive enthielt viele Tafeln, die die Deutung verschiedener Träume verzeichneten. Insgesamt werden über 2000 Omina mit ihren Deutungen aufgeführt. Es finden sich auch Zauberformeln, die man aussprechen muß, um von schlechten Träumen befreit zu werden. Eine weitere Sammlung von Tafeln beginnt mit den Worten: »Der Gott Saphyr, der Gott der Träume.« Die Zeichen sind hier nach den im Traum vorkommenden Handlungen angeordnet: Essen, Trinken, Zusammenkommen und so weiter. Jede Zeile beschreibt einen Traum, und es folgt die Formel: »Wer dies im Traum tat, dessen Omina sind: . . .«.

d) Schwarze Magie war, wie in Ägypten, offiziell verboten und wurde nur von nicht zugelassenen Zauberern praktiziert. Den offiziellen Magiern oblag es, ihrer schädlichen Tätigkeit entgegenzuwirken.

e) Astrologie: Divination und Astralzauberei (s. *Astrologie und Astronomie) wurden in Babylonien von Spezialisten, den *ašipu* (hebr. *'ašif*), betrieben, die den Tempeln beigegeben und unter dem Schutz der Hauptgötter Ea und Marduk tätig waren.

f) Wechselbeziehungen zwischen Magie, Aberglauben und Religion: Auch in der institutionalisierten Religion findet sich in einer höheren Form noch im wesentlichen das gleiche Verhältnis zwischen Mensch und Übernatürlichem, wie bei magischen Vorstellungen. Der Unterschied besteht darin, daß die Magie die Geister unterjochen und dem menschlichen Willen dienstbar machen soll, während in der Religion ein Gott – zuweilen in Tempeln – als ein dem Menschen unbedingt überlegenes Wesen verehrt wird. Er muß besänftigt werden, und man muß Gebete an ihn richten. Versuche, ihn unter Druck zu setzen, sind ausgeschlossen.

Im Alten Orient war die organisierte Religion in vieler Hinsicht eine Angelegenheit institutionalisierter Magie. Geriet die Religion in Mißkredit – entweder weil sich die Priester zu weit von der breiten Masse des Volkes entfernten, zu intellektuell oder zu materialistisch wurden, das heißt die Forderungen nach Zehnten und Opfern ein allzu unvernünftiges Ausmaß annahmen, oder weil die sittlichen Normen des religiösen Verhaltens zu sehr absanken –, dann wandte sich das Volk aufs neue der Magie und dem Aberglauben als Ersatz für eine Religion zu, die ihre Bedeutung eingebüßt hatte. Man kann dieses Schema bis in die Gegenwart hinein beobachten. Nach wie vor kann man Beispiele von Völkern finden, die der Religion abtrünnig geworden sind und sich statt dessen dem Aberglauben zugewandt haben. Andere Religionen der Alten Welt räumten Magie und Aberglauben einen Platz in ihrem System ein. Die hier abgebildete griechische Inschrift **(Abb. 515)** aus Ephesos (frühes 6. Jhdt. v. Chr.) definiert die aus dem Vogelflug abgeleiteten Omina.

Im Gegensatz hierzu hatte die Ausübung der Magie in der Religion Israels keinen Platz.

Die biblische Religion anerkannte die Wirksamkeit der Magie, aber ihre Ausübung war streng untersagt. Gleichwohl steht fest, daß sich die israelitischen Massen von abergläubischen Vorstellungen und magischen Elementen in der einen oder anderen Form niemals gänzlich lösten.

In Zeiten religiöser Erneuerung schienen sie ausgerottet zu sein, doch blieben sie unmittelbar unter der Oberfläche des nationalen Lebens bestehen, bereit, beim geringsten Anlaß wieder hervorzubrechen.

3. Israel und die Magie: Offiziell sah das Judentum wie andere semitische Religionen den Aberglauben als tiefstehende Glaubensform an. Die Propheten und Gesetzestreuen verdammten ihn rundweg; sicheren Schutz vor Übeln, so lehrten sie, biete einzig der Glaube an den einen Gott und Gehorsam gegen Seinen Willen. Das mosaische Gesetz verbot nicht allein alle magischen Praktiken (Lev 19,26; Dt 18,10), machte Zauberei zu einem Kapitalverbrechen (Ex 22,18) und verwarf Bräuche, wie Totenopfer, denen man bei Nachbarvölkern begegnete; es wies auch darauf hin, daß diese Vorschriften Israel einer anderen Ebene zuordneten.

Andere Nationen mochten an Magier und Zauberer glauben. Die Propheten Gottes waren allein Israel zuteil geworden (s. unten).

Es kam jedoch vor, daß alte Bräuche in neuem Gewand fortlebten. So bestimmt etwa das Buch *Leviticus (19,9–10), daß zur Erntezeit die Ecken der Felder, die Nachlese und die abgefallenen Beeren in Weinbergen dem Armen und dem Fremdling überlassen werden sollen. Wahrscheinlich setzte diese Vorschrift einen alten Brauch fort, von der Ernte etwas für die Geister des Korns und anderer Feldfrüchte übrig zu lassen, um für das nächste Jahr einer guten Ernte gewiß zu sein. In ähnlicher Weise wurde den Kindern Israel geboten, sich an den Zipfeln ihrer Kleider mit blauen Fäden durchsetzte Quasten (*ṣīṣit*) zu machen (s. *Kleidung), nicht zur Abwehr böser Geister, sondern als Erinnerung an Gottes Worte. Die Juden befestigten (und befestigen heute noch) auch eine Mesusa *(m·zūzā)*, die eine Pergamentrolle mit einem Gebet enthielt, am Türpfosten. Das geht auf sehr viel ältere Gebräuche zurück, die wohl ein Haus und seine Einwohner beschützen sollten. Der jüdische Brauch, der vielleicht aus einem bewußten Gegensatz zu solchen magischen Praktiken entstand, wird damit begründet, daß er Israel an die Worte seines lebendigen Gottes erinnern soll.

a) Biblische Terminologie: Wegen ihrer fortdauernden Beschäftigung mit magischen Praktiken und Magiern enthält die Bibel eine Reihe von Ausdrücken, die mit Hexerei und Zauberei in Zusammenhang stehen. Ein Zauberer oder Hexer ist ein *kaššāf* (Ex 7,11; 22,18; Dt 18,10; Jer 27,9; 2 Chr 33,6; Dan 2,2); es gibt auch einen Spezialausdruck: *ḥarṭum* (s. oben 1). Das Wort *laḥaš* (= Wahrsager) wird in der Bibel auf denjenigen angewandt, der Beschwörungen singt oder flüstert. Es meint insbesondere Schlangenbeschwörung (Ps 58,5), während sich *ḥobēr* (= Zauberer; Jes 47,9.12; Ps 58,5) offensichtlich auf die Benutzung von Zauberformeln und magischen Amuletten bezieht. Im *Daniel-Buch wird das Wort »Chaldäer« sowohl in ethnischer Bedeutung gebraucht wie zur Bezeichnung einer bestimmten Klasse von Fachleuten auf dem Gebiet der Zauberei und Magie. Das NT nimmt häufig auf Magie und Hexerei Bezug (zum Beispiel Apg 8,9.11; 13,6.8). Beispielsweise waren die Weisen aus dem Morgenland (Mt 2) in Wirklichkeit eine Volksgruppe aus Medien, deren Name, wie der der Chaldäer, ein terminus technicus für einen Magier wurde.

Während viele Formen von Magie von der offiziellen Religion scharf bekämpft wurden, wurde die Divination (Wahrsagekunst) von ihr übernommen und war wenigstens in der Frühzeit ein bedeutsamer Aspekt der Religion.

b) Amulette: Zu den ausdrücklich verbotenen Formen von Magie gehörte auch das Tragen von Amuletten. Ihre Benutzung war weit verbreitet und offenbar unausrottbar; die Propheten verdammten sie nur, wenn sie den Glauben an andere Götter als Jahwe in sich schlossen. Eine kürzlich durchgeführte Ausgrabung förderte ein aus der Königszeit stammendes hebräisches Amulett gegen Nachtdämonen zutage. Unter den in der Liste weiblicher Schmucksachen in Jes 3,18–23 aufgeführten Gegenständen befindet sich das Amulett oder die »summende Muschel« *(laḥaš)*, das anscheinend bei der Schlangenbeschwörung eine Rolle spielte. Einige Forscher vermuten, daß diesen Gegenständen infolge hineingeflüsterter Zauberformeln eine besondere Kraft innewohnte. Nach anderer Vermutung kommt der Name von *naḥaš*, dem Wort für Schlange (im hebräischen werden die Buchstaben *l* [*Lamed*] und *n* [*Nun*] häufig ausgewechselt) und der Gegenstand hatte ursprünglich eine schlangenähnliche Form. Man weiß, daß die Kanaanäer Schlangen sehr verehrten, und bei Ausgrabungen sind viele Gefäße mit eingravierten oder aufgeprägten

Schlangen **(Abb. 445)** aus der kanaanäischen und israelitischen Zeit gefunden worden.

Ein weiterer Gegenstand in Jesajas Verzeichnis, die »Halbmonde« (*saḥronīm*), wurde als Verzierung für die langen Hälse von Kamelen benutzt und auch von den Midianiterkönigen getragen (Ri 8,21.26). Derselbe Jesajavers erwähnt »Kopfbänder« (*š·bīsīm*). Diese wurden durch die Ausgrabungen von Ugarit (s. *Kanaanäische Kultur und Ugarit) illustriert, wo man derartige Amulette fand, die in der ugaritischen Literatur denselben Namen tragen. Über die weite Verbreitung der Zauberei unter den Völkern Kanaans geben uns die ugaritischen Epen reichen Aufschluß; sie tragen zur Erklärung der kompromißlosen Haltung der Bibel bei. Magische Praktiken schlossen Divination durch Beobachtung des Vogelfluges und der Bewegung der Sterne ein (s. *Astrologie und Astronomie). Diese und ähnliche Praktiken wurden verdammt.

c) Nekromantie: Die Bibel untersagte vor allem die Nekromantie (Totenbefragung): »Es soll in deiner Mitte keiner gefunden werden, der seinen Sohn oder seine Tochter durchs Feuer gehen läßt, kein Wahrsager, Zeichendeuter, Schlangenbeschwörer oder Zauberer, kein Bannsprecher oder Geisterbeschwörer, keiner, der Wahrsagegeister befragt oder sich an die Toten wendet« (Dt 18, 10.11). Nekromanten, die »Gespenster« und »Hausgeister« beschworen, waren augenscheinlich recht zahlreich, denn mehrere Könige bemühten sich, diese Praktiken auszurotten. Saul versuchte, Zauberern und Nekromanten das Handwerk zu legen, doch am Ende seines Lebens wandte selbst er sich an eine solche Frau (1 Sam 28,7–25). Der Drang, Ahnen und jüngst Verstorbene um Rat zu fragen, war in den Herzen der Menschen offenbar tief verwurzelt und setzte sich über obrigkeitliche Widerstände und direkte Verbote hinweg.

d) Magier und Zauberer: In der Erzählung von Moses am Hof des Pharao werden die ägyptischen Magier, die ebenfalls ihre Stäbe in Schlangen verwandeln konnten (Ex 7,11), erwähnt. Die Zeichnungen **(Abb. 512–514)** zeigen, daß dies ein bekannter Trick der ägyptischen Zauberer war. Oben senkt ein Magier seinen Stab, an dessen Ende eine Schlange erscheint; in der Mitte ein Skarabäus aus Tanis, der einen sich vor drei Göttern produzierenden Schlangenbeschwörer zeigt, und unten ein Mann oder Gott von einem Flachrelief in einem ägyptischen Tempel, der vier Kälber führt und entweder einen Stock mit einem Schlangenkopf oder einen in eine Schlange verwandelten Stock trägt.

Die Zauberer des Pharao konnten es auch mit Moses und Aaron aufnehmen, als sie das Nilwasser in Blut verwandelten (Ex 7,22) und als sie eine Froschplage über das Land kommen ließen (Ex 8,7), doch als sie die Mückenplage hervorbringen sollten (Ex 8,18), mußten sie sich geschlagen geben, und sie wurden mit allen übrigen Ägyptern von der Beulenpest befallen (Ex 9,11).

Sehr wenige Zauberer werden mit Namen genannt. Isebel galt als Zauberin (2 Kg 9,22), und Zauberer werden generell im Michabuch (5,12) erwähnt. Manasse, König von Juda, wird verdammt, weil er Zauberer förderte (2 Kg 21,6), und Ezechiel (Ez 13,17–23) weissagt den Frauen Weh, »die Zauber-Binden nähen für alle Handgelenke und Kopfüberwürfe machen für Leute jeden Wuchses, um Seelen zu erjagen!«

e) Fremdländische Einflüsse: Die Hinweise in den Prophetenbüchern auf Magie und Zauberei betreffen zumeist fremde Völker. Ein Beispiel ist die Weissagung des Deuterojesaja, Babylonien werde dem Unheil nicht entgehen: »...ob auch deiner Zauberei gar viel ist und stark deine Beschwörung« (Jes 47,5–15).

Ein weiteres Beispiel ist Daniels Erzählung: König Nebukadnezar ließ in seinem Palast junge jüdische Adlige in der Sprache und den Künsten der Chaldäer unterweisen (Dan 1,3–5), und als ihre Ausbildung abgeschlossen war, »fand sie der König allen Gelehrten und Beschwörern in seinem ganzen Reich zehnfach überlegen« (1,20). Sie waren es (und insbesondere *Daniel), die die Träume des Königs deuteten, welche den babylonischen Weisen ein Rätsel waren (Dan 2–4).

f) Wahrsagekunst und sympathetische Magie: Andererseits forderten die Könige von Israel und Juda, möglicherweise durch das Beispiel anderer Herrscher veranlaßt, vor dem Beginn von Kriegszügen oder Schlachten von den Propheten Orakel, die diese (*Elia, *Elisa und *Micha) auch lieferten. Ein Beispiel für derart benutzte sympathetische Magie ereignete sich, als König Joas von Israel (800–784 v. Chr.) den sterbenden Elisa aufsuchte. Elisa hieß Joas von einem Bogen Pfeile abschießen und damit auf den Boden schlagen als Omen des Sieges über die Syrer (s. *Elisa).

g) Entscheidung durchs Los: Zu den harmloseren Formen der von den israelitischen Priestern offiziell geübten Magie zählte die Einholung von Orakeln durch den *Ephod* und die *Urim* und *Thummim* (über die nur wenig bekannt ist). Eine Entscheidung zwischen alternativen Handlungsweisen suchte man zuweilen auch durch das Loswerfen. Im Altertum waren die Lose für gewöhnlich kleine Holzstücke oder Tierknochen, Steine, Pfeile oder Stricke. Die Entscheidung wurde dergestalt gesucht, daß man entweder die Lose hinwarf und eine Schlußfolgerung daraus zog, wie sie fielen, oder sie in einem geschlossenen Behälter schüttelte und dann eins auf gut Glück herauszog. Das Resultat galt den Juden wie den übrigen Völkern der Alten Welt als Gottes Wille (Spr 16,33).

Dieser Brauch war auch in Kanaan gang und gäbe gewesen. In einem Fragment aus Ugarit (s. *Kanaanäische Kultur und Ugarit) findet sich ein Hinweis auf den »glückhaften Rescheph«, der augenscheinlich damit zusammenhängt, daß dieser einen Bogen besaß, der ihm als Wahrsagewerkzeug diente. Das AT verzeichnet drei Fälle, in denen das Los befragt wurde, um zu entscheiden, wer für Gottes Zorn verantwortlich war: die Achan-Episode (Jos 7), der Streit zwischen Saul und Jonathan (1 Sam 14,38–45) und in der Erzählung von Jona (1,7), doch erfahren wir nicht, wie man beim Loswerfen verfuhr.

Am Versöhnungstag pflegte der Hohepriester das Los zu befragen, welcher von den beiden Sündenböcken »für den Herrn« geopfert und welcher für Asahel (»einen bösen Wüstengeist«; Lev 16,8; s. *Opfer) in die Wüste getrieben werden sollte.

Die Verwendung von Losen im religiösen Ritual deutet darauf, daß sie auch bei weltlichen Angelegenheiten benutzt wurden, vgl. Spr 18,18: »Das Los macht Streitigkeiten ein Ende, und zwischen Mächtigen entscheidet es.« Nach der *Landnahme wurde das Gelobte Land durchs Los unter den israelitischen Stämmen und ihren Clans aufgeteilt (s. *Volkszählung), und genauso verfuhr man bei der Zuweisung der Levitenstädte (Jos 21,4.6.10.20). Es finden sich auch viele Hinweise auf die Verlosung der einem besiegten Feinde abgenommenen Beute (Jo 3,3; Ob 11; Ps 22,18).

In der Erzählung von Esther ließ Haman das Los entscheiden, an welchem Tag die Juden ausgerottet werden sollten (Est 3,7), und in diesem Fall deutet der für die Lose verwandte Ausdruck *pūr* auf die benutzte Methode. Sie folgte einem assyrischen Brauch, bei dem man zwei Würfel rollen ließ, der eine, *aban ereši,* war der wünschenswerte, der andere, *aban la ereši,* der unerwünschte.

h) Propheten gegen Wahrsager: Viele Forscher haben auf die Ähnlichkeiten zwischen den frühen Berufspropheten und Wahrsagern und den inspirierten Propheten Jahwes verwiesen. Beide sagten die Zukunft voraus, häufig unter Benutzung sehr ähnlicher Methoden, doch zeigt die Entwicklung der inspirierten Prophetie, wie weit sie sich von der einfachen Wahrsagerei der Berufsprophetie entfernte. Magie, die mit Zaubersprüchen und Symbolen arbeitete und sich der okkulten Eigenschaften bediente, die man Pflanzen und anderen Dingen zuschrieb, wurde von den Propheten allgemein verdammt, obschon andere Magieformen zu dem Geist des Jahwismus angemessenen Symbolen sublimiert wurden. Prophetie im klassischen biblischen Sinn war ein wesentlicher Teil eines erhabenen, göttlich inspirierten Jahwismus, der selbst von den üblichen Praktiken der Volksreligion, die in Wahrsagekunst und Magie eine bedeutsame Rolle spielten, weit entfernt war. Da diese Praktiken häufig an die verbotene schwarze Magie grenzten oder sie einbezogen, wurden sie von den Propheten rundweg verdammt. Gleichwohl mußte dem Wunsch des Volkes, die Zukunft zu erfahren und sich göttlicher Hilfe bei den Unternehmungen der Einzelnen zu versichern – die Motive, die für gewöhnlich Divination und weiße Magie ins Leben rufen –, ebenfalls entsprochen werden. Die Propheten machten die Vorhersage zukünftiger Ereignisse, bei der sie sich häufig der alten Methoden der Wahrsagekunst bedienten, zum Medium der Offenbarung des »Wortes« Gottes oder der Botschaft an sein Volk (s. *Offenbarung).

Derartige Formen ließ man, wie viele Stellen des AT zeigen, durchgehen. Um ihren Vorhersagen größeres Gewicht zu verleihen, setzten sie auch den altvertrauten Omina ähnliche »Zeichen« fest. Diese Benutzung magischer Techniken wurde mit der Erklärung gerechtfertigt, solche Zeichen gebe Gott seinen wahren Propheten wie auch Scharlatanen. Die Ausübung göttlicher Macht in geringfügigen Angelegenheiten war nach ihrer Darstellung ein Beweis dafür, daß die Menschen Gott auch in bedeutungsvolleren vertrauen konnten (Ri 6,36; Ex 4,8; Jes 7,11).

Die Propheten nahmen ihre Verdammung der Magie als solche niemals zurück, doch wurde ein Unterschied gemacht zwischen Wahrsagung, bei der es lediglich darum geht, künftige Ereignisse im voraus zu erfahren, und wirklicher Magie, die sich zur Herbeiführung bestimmter Ziele übernatürlicher Hilfe zu versichern sucht.

i) Nachexilische und neutestamentliche Zeit: Das einfache Volk benutzte in Palästina weiterhin die Amulette und Zauberformeln, die in der ganzen alten Welt zum Schutz gegen Dämonen und böse Geister verwandt wurden, sei es, daß diese lediglich boshaft waren oder aber heimtückisch und gefährlich, wie Lilit, die kinderraubende Dämonenkönigin. Überall stieß man auf Aberglauben. So zeigt zum Beispiel die abgebildete römische bronzene Zauberhand **(Abb. 516, 517)** Symbole zur Abwendung des bösen Blicks.

Bei den Israeliten waren solche Zeichen jedoch nicht mit dem Glauben an heidnische Götter verknüpft. Die offizielle Religion, die übermäßiges Interesse für Engel sowohl wie für Dämonen mißbilligte, verwarf sie, was ihre Bedeutung im Leben der breiten Masse jedoch nicht minderte.

Die *Rabbiner lehnten diese Vorstellungen und damit verbundene alte Praktiken als »amoritische Sitten« ab, doch breiteten sie sich infolge persischer und babylonischer Einflüsse nach dem Exil und in der Talmudzeit sehr viel stärker aus. Hieraus ergibt sich zum Teil die Erklärung, warum der im NT so denkbar deutlich hervortretende Dämonenglaube im AT anscheinend eine ganz untergeordnete Rolle spielt. Auf den Einfluß der ägyptischen okkulten Wissenschaft im 1. Jhdt. v. Chr. und im darauffolgenden Jahrhundert weist auch die *Mischna hin. Nach dem Zeugnis des NT wurde sie von Juden wie von Zauberern praktiziert: Simon (Apg 8,9) und Elymas (Apg 13,8).

Die in den Glaubensanschauungen des jüdischen Volkes aufgenommenen Dämonen unterschieden sich jedoch von ihren ausländischen Vorläufern darin, daß sie nicht von Gott unabhängig und ihm nicht gleich sind. Statt dessen können sie nicht umhin, seine Überlegenheit anzuerkennen, und müssen ihm auf Geheiß gehorchen (s. Lk 10,17–19; Mk 3,22–23). Apg 19,18 f berichtet, daß bekehrte Zauberkundige in Ephesos unter dem Wirken des Paulus ihre Zauberbücher verbrennen.

Obwohl unser Wissen für eine Erklärung der Fortdauer von Aberglauben und okkulten Einflüssen im späteren Judentum noch nicht ausreicht, gibt die Stellung des AT zur Magie – besonders zur okkulten, schwarzen Magie – einige Hinweise. Tatsächlich stellt das AT die Macht der Magie niemals in Frage. Es erklärt sie nur für unerlaubt. Mit Verboten konnte man jedoch die Menschen niemals davon abbringen, an Magie zu glauben und sie zu praktizieren. Der Glaube an die Magie und die Zuflucht zu ihr ließen erst im Aufklärungszeitalter nach, als man ihre gesamte Grundlage auf rationale Weise zu entlarven und zu zerstören vermochte.

Die Verwerfung der Magie wurde somit nicht allein durch die dem nachexilischen Judentum gemeinsame Glaubensfestigkeit erreicht. Sie resultierte aus besserer Einsicht im Verein mit dem unnachsichtigen Widerstand, den die Führer Israels zu allen Zeiten volkstümlichen religiösen Praktiken entgegengesetzt hatten, in denen ein latentes magisches Element fortbestand.

Makkabäer

Volkstümliche Bezeichnung für eine Gruppe jüdischer Partisanen, die während des 2. Jahrhunderts v. Chr. für die Beseitigung der Fremdherrschaft und Religionsverfolgung in Judäa kämpfte. Bedeutung und Herkunft des Namens »Makkabäer« sind umstritten. Er wird auf Judas Makkabäus angewandt und, unexakt, auf andere Angehörige seiner Familie sowie auf die ganze Hasmonäerdynastie. Zur Geschichte des Makkabäeraufstandes, des Judas und der Hasmonäerdynastie s. *Hasmonäer.

Makkabäer (Bücher)

1. Das erste Makkabäerbuch: Das Buch umfaßt 16 Kap. und ist nur in griechischer Sprache erhalten, wurde aber sicher ursprünglich in Hebräisch verfaßt, zumal Origenes und Hieronymus noch ein semitisches Original kannten. Außerdem wird diese Ansicht durch die Ähnlichkeit mit dem Stil der alttestamentlichen Chronistik – unverbundene Aufzählung der Ereignisse (R. Hanhart) – bestätigt.

Das Buch bringt eine Geschichte der *Hasmonäer, des Makkabäeraufstandes und seines Erfolges. Das Buch ist ein authentischer Bericht von der Zeit der Hellenisierung in Jerusalem und dem Aufstand, der die Hasmonäer an die Macht brachte. Die Abfassungszeit des Buches ist etwa um 100 v. Chr. anzusetzen. Der terminus post quem ist um diese Zeit anzusetzen, da die Notiz 16,23 anscheinend den Tod oder den Ablauf eines beträchtlichen Teiles der Amtszeit des Johannes von Gazara voraussetzt. Terminus ante quem ist wahrscheinlich das Jahr 63 v. Chr., da besonders Kap. 8 von einer großen Sympathie des Autors für die Römer zu sprechen scheint. Als Heimat des Buches ist sicher Palästina, wahrscheinlich sogar Jerusalem anzunehmen. Die Übersetzung ins Griechische ist wohl bald nach der Fassung des hebräischen Originals zustande gekommen.

Die Theologie des ersten Makkabäerbuches ist ganz deutlich eine Geschichtstheologie. Die Ereignisse, die jetzt eintreten, erscheinen häufig als Wiederholung oder unmittelbare Fortsetzung der Geschehnisse zur Zeit der *Landnahme, der *Richter und der Anfänge des Königtums. Im Gegensatz dazu wurden jedoch die Ereignisse vom babylonischen *Exil bis zu der nun anbrechenden bedeutsamen Zeit totgeschwiegen. So erscheint die Wiedereinrichtung des jüdischen Staates nicht nur als Wiederherstellung des Zeitalters der Erhebung der Makkabäer, sondern als Wiedergeburt des alten, vorexilischen Israel. Zahlreiche Parallelen verbinden die Hasmonäer mit den Davididen. Jahwe ist es – wie der Begriff Himmel oder das alleinige Personalpronomen andeuten –, der im letzten das Geschick seines Volkes in Händen hat; er ist der eigentliche Retter Israels. Das mosaische Gesetz ist der kostbarste Besitz, »den man mit dem Schwert in der Hand und notfalls bis zum Tode verteidigen muß« (J. Nelis). Die neue Freiheit und die Macht, die nun plötzlich aus der alten Ohnmacht neu entstanden, erscheinen dem Autor des 1. Makkabäerbuches als Anbruch einer neuen Heilszeit.

Doch bei all der messianischen Hoffnung ist der Autor sich seiner Deutung doch nicht ganz sicher. Denn das Wort Gottes durch seinen unmittelbaren Boten, den Propheten, steht noch aus. Erst wenn Gott wieder seinen lebendigen Boten mit seinem Wort zu seinem Volk schickt, ist Israel wiederhergestellt, erst dann ist die letztlich doch noch herrschende Vorläufigkeit, die sich noch ausbreitende Ungewißheit in jenem Frieden eingetaucht, den nur Jahwe selbst vermitteln kann (D. Arenhoevel).

2. Das zweite Makkabäerbuch: Das Buch ist außer den beiden voranstehenden Briefen 1,1–2,18, die wahrscheinlich auf ein hebräisches Original zurückgehen (O. Eißfeldt), griechisch abgefaßt. Der unbekannte Verfasser gibt in 2,23 an, er wolle das fünfteilige Werk von Jason von Kyrene, einem Juden der nordafrikanischen Diaspora, zusammenfassen. Das Werk Jasons dürfte gegen Ende des 2. Jhdts. v. Chr. entstanden sein und scheint eng an einer seleukidischen Königschronik und an hohenpriesterlichen Annalen (J. Nelis) orientiert zu sein. Die Epitome des Buches ist etwa ein bis zwei Menschenalter später anzusetzen.

Das zweite Makkabäerbuch handelt über eine relativ kurze Zeit (175–161 v. Chr.). Sein Aufbau ist nach dem Geschichtsbild der göttlichen Bewahrung des Volkes in der Bewahrung des Tempelheiligtums in Jerusalem gestaltet (R. Hanhart) und bringt die Vorgeschichte der Makkabäerkriege von Judas Makkabäus unter Antiochus IV. bis zum Sieg über Nikanor 161 v. Chr.

Das zweite Makkabäerbuch gehört zu der in der damaligen hellenistischen Welt üblichen Gattung der pathetischen Geschichtsschreibung, gekennzeichnet durch lange Sätze mit endlos ineinandergeschachtelten Partizipien, durch bombastische Rhetorik, hitzige Reden, übertriebene Zahlenangaben und übermäßigen Gebrauch von Schimpfworten gegen die Feinde der jüdischen Orthodoxie (J. Nelis). Das Buch ist voll von Wundertaten und Schilderungen von großartigem Mut im Angesicht der Verfolgung. Diese Züge machten es später unter der Märtyrerliteratur sehr berühmt.

Dem Epitomator des 2. Makkabäerbuches ist das Exemplarische des Geschehens wichtiger als seine Tatsächlichkeit, und darin hebt sich das 2. Makkabäerbuch besonders vom ersten ab. Die Epitome erzählt ihre Geschichte nur als Beispiel, das die unveränderliche Struktur des Gottesstaates illustriert; das gegenwärtige Heil erklärt sich aus dem ewigen Wesen der heiligen Polis Jerusalem. Während 1 Makk die genau umgrenzte empirische, jüdische Gemeinde von Judäa sieht, erblickt der Epitomator von 2 Makk in demselben Staat nur den irdischen Teil eines größeren Ganzen, eines von Gott regierten Reiches, das irdische und überirdische Bereiche, Engel und Menschen, Lebende und Verstorbene umfaßt; eine Vorstellung, die der *Apokalyptik sehr nahesteht. Aus diesem Verständnis resultiert schließlich auch die Darstellung der irdischen Wirklichkeiten. Kommen diese in 1 Makk noch viel stärker aus sich selbst heraus zur Geltung – Gott greift nicht von außen ein, sondern läßt das Geschehen aus sich heraus, von sich selbst entwickeln –, so ist in 2 Makk Gott der »Allherrscher« (3,30), der »offenbare Herr« (15,34), seine Epiphanie erfüllt den ganzen Raum der Polis Jerusalem.

Daher kennzeichnet auch eine innere Distanz von der konkreten Ordnung des jüdischen Staates der Makkabäerzeit die Haltung des Epitomators von 2 Makk. Zwar steht er den Institutionen nicht ablehnend gegenüber, aber er betont bei aller Erfüllung der Gesetze doch besonders jene Wirklichkeit, die hinter diesen Ordnungen steht, Hingabe und Tapferkeit, mit denen diese Vorschriften zu erfüllen sind. »Alles Geschehen spielt sich ab zwischen der Allmacht Gottes und der Entscheidung des menschlichen Herzens« (D. Arenhoevel). Zum 3. und 4. Makkabäerbuch s. *Deuterokanonische Bücher und Apokryphen 2a/2, 2b/4.

Maleachi (Buch)

Gliederung: 1. Inhalt. 2. Der Tag Jahwes. 3. Stil. 4. Bedeutung Maleachis.

Das Buch Maleachi, im hebräischen Kanon die letzte der zwölf kleinen Prophetenschriften, ist zweifellos während der persischen Epoche entstanden. Das Buch spricht vom Pekah (dem Satrapen), der von den persischen Königen eingesetzt war, um die Provinzen ihres Reiches zu verwalten. Der Text erwähnt auch die Opfergaben und Zehnten, die für die Vollendung des zweiten Tempels (515 v. Chr.) darzubringen waren. Andere Hinweise deuten an, daß es zur Zeit Esras oder davor geschrieben wurde. Theorien, die als Entstehungszeit die hasmonäische Epoche vermuten, werden auf Grund der Hinweise durch Jesus Sirach (s. *Deuterokanonische Bücher und Apokryphen) widerlegt, der um 200 v. Chr. gelebt hat (also vor den Hasmonäern) und der alle zwölf kleinen Propheten erwähnt.

Die Mehrzahl der Experten nimmt an, das Buch Maleachi sei zur Zeit *Haggais und *Sacharjas, möglicherweise auch *Joels und *Obadjas, also vor Esra, vielleicht während der ersten Hälfte des 5. oder Ende des 6. Jahrhunderts v. Chr., entstanden.

1. Inhalt: Das Buch handelt von der Liebe Gottes und seiner Fürsorge für Israel (1,2–5) und von dessen Treulosigkeit gegen die Gesetze Gottes, die sich darin äußerte, daß lahme, kranke oder gestohlene Tiere geopfert wurden (1,6–14). Der Zehnte wird zurückbehalten (3,8–12), die Macht Gottes angezweifelt (3,13–15) und den angetrauten Frauen, »dem Weibe seiner Jugend«, die Treue gebrochen und »Töchter eines fremden Gottes« gefreit. Der Prophet zählt auch die Eigenschaften eines guten Priesters auf (2,4–9) und den Segen, den dieser ernten wird. Den leichtfertigen und unehrlichen Priester allerdings wird der Herr mit schwerem Fluch beladen (2,2–3.9).

2. Der Tag Jahwes: Nach dieser Mahnrede weissagt Maleachi über das Gericht, das der Herr über die übermütigen und sündigen Menschen am »Tag Jahwes« halten will, der »brennend wie ein Ofen« (4,1) kommen wird. An diesem Tag werden die Übeltäter, »Wurzel und Zweig«, zerstört. Den anderen läßt er hingegen sagen: »Euch aber, die ihr meinen Namen fürchtet, wird die Sonne der Gerechtigkeit aufgehen, die Heilung birgt unter ihren Flügeln« (4,2). Ehe jedoch dieser Tag kommt, so verheißt der Prophet, wird Gott seinen Gesandten schicken; er wird kommen »wie das Feuer des Schmelzers« (3,2), das das reine Metall vom Rückstand trennt – und wird die Priesterschaft (»die Söhne Levis«) richten und reinigen. Das Buch schließt mit der weiteren Versicherung, daß der Prophet Elia als Bote Gottes gesandt werden wird, um das Volk an seine Pflichten gegen Gott zu erinnern und so den Bannfluch Gottes abzuwenden (4,5–6; im hebr. Text 3,23–24).

3. Stil: Die Weissagungen werden in der rhetorischen Form des Dialogs zwischen dem Propheten und seinen Zuhörern oder zwischen Gott und seinem Volk vorgetragen. Jeder Dialog schließt mit einer Verheißung oder einer Mahnung.

Die Prophetie des Maleachi bekräftigt die Botschaft der großen vorexilischen Propheten. Er verkündet die väterliche, liebende Güte Gottes, seine Heiligkeit und Gerechtigkeit – aber auch sein furchtbares Strafgericht, das er über die Übeltäter hereinbrechen lassen wird. Anders jedoch als seine Vorgänger im Prophetenamt betont Maleachi ganz besonders das Gesetz als Grundregel des Daseins und verurteilt streng die Mißachtung irgendwelcher Gesetzesvorschriften. So setzt er den Sinn der Prophezeiungen direkt um in die konkrete Beobachtung einzelner Gesetze.

4. Bedeutung Maleachis: In vieler Hinsicht entspricht die Prophetie Maleachis vom »Tag Jahwes« der Behandlung dieses Themas bei anderen Propheten (s. *Joel). Gleichwohl, in Maleachis Vision wird der »Tag Jahwes« gesehen als ein reinigendes Gericht an Gerechten und Sündern, dem eine Erneuerung des Kults und des Lebens nach dem Gesetz folgt. Dieser Prophet schaut nicht das Ende der Tage, das infolge einer unmittelbaren Unwachsamkeit des Volkes hereinbricht. Er sieht ein Reich von Gerechtigkeit und die Erneuerung des eigentlichen Rituals, das von einer gereinigten Priesterschaft gefeiert (ausgeführt) wird. Der Anbruch des »Tages Jahwes« wird angezeigt durch den Engel des Bundes, der den Weg bereiten soll, bevor der Herr zu seinem Tempel zurückkehrt; bevor der große Tag anbricht, wird der Prophet Elia zurückkehren, um die Generation umzuformen und die Aussöhnung zwischen Vätern und Söhnen herbeizuführen. Himmlische Boten, die eine bedeutsame Rolle am Ende der Tage spielen, erscheinen erstmals in der Vision Maleachis vom Tag Jahwes und finden von nun an in der jüdischen Literatur Erwähnung (Ecclesiasticus, *Sirach und Esra 2; s. *Deuterokanonische Bücher und Apokryphen). Die Verbindung von Moses und Elia als Boten, die das Kommen des Messias (den Tag Jahwes) vorbereiten, verweist auf eine bedeutsame Entwicklung im nachexilischen Judentum. Sie war ein Teil einer bedeutenden Geistes- und Lebensbewegung, welche einen dauernden Einfluß auf die jüdisch-messianische Vorstellung ausübte (s. auch *Obadja; *Joel; *Haggai; *Sacharja).

Markusevangelium

Gliederung: 1. Verfasser. 2. Abfassungszeit. 3. Gliederung. 4. Inhalt. 5. Quellen. 6. Stil. 7. Zielsetzung und Theologie.

1. Verfasser: Nach dem Zeugnis des Papias (um 140 n. Chr.), das bei Eusebius erhalten ist, hat Markus, »der Dolmetscher des Petrus«, sorgfältig aufgeschrieben, was vom Herrn gesagt worden ist (Kirchengeschichte 3,39,14). Ohne Zweifel denkt Papias an den in der Apostelgeschichte erwähnten Johannes Markus, den Sohn einer wohltätigen Christin namens Maria in Jerusalem, in deren Haus ein Teil der Urgemeinde zusammenkam (Apg 12,12). Nach Kol 4,10 war er ein Vetter des Barnabas, der ihn auf die erste Missionsreise des Paulus nach Zypern mitnahm (Apg 13,5). Doch trennte sich Markus bald wieder von Paulus und kehrte nach Jerusalem zurück (Apg 13,13). Später zogen Barnabas und Markus allein auf eine Missionsreise, nachdem Paulus sich geweigert hatte, den wankelmütigen jungen Mann noch einmal mitzunehmen (Apg 15,36–39). In den Gefangenschaftsbriefen erscheint jedoch Markus wieder als Mitarbeiter des Apostels (Phm 24; Kol 4,10), während ihn der wahrscheinlich pseudonyme erste Petrusbrief in Beziehung zu Petrus stellt (»Markus, mein Sohn«: 5,13).

In neuerer Zeit mehren sich die Stimmen, die an dem Zeugnis des Papias Kritik üben. Von einer besonderen Beziehung des Evangeliums zu Petrus sei nichts ersichtlich, und der Verfasser scheine wegen seiner scharfen antijüdischen Polemik eher ein Heidenchrist gewesen zu sein. Auch verrate das Evangelium keine genaue Kenntnis der palästinensischen Geographie (vgl. Mk 7,31). Wer also »Markus« war, muß offen bleiben.

2. Abfassungszeit: Von Irenäus (adv. Haer. 3,1,2) erfahren wir, daß Markus sein Evangelium erst nach dem Tode des Petrus und Paulus geschrieben hat. Als unterste Grenze ergibt sich demnach die Mitte der sechziger Jahre. Ob man über das Jahr 70 hinausgehen darf, entscheidet sich hauptsächlich an der Auslegung der Parusierede. Die meisten Gelehrten sind der Ansicht, Markus blicke im Unterschied zu Lukas (vgl. Mk 13,14 mit Lk 21,20) noch nicht auf die Zerstörung Jerusalems zurück. Andere dagegen meinen, daß die ganze Parusierede erst durch die Unruhe ausgelöst worden sei, die der Untergang Jerusalems und seines Tempels in den christlichen Gemeinden hervorgerufen habe.

Als Abfassungsort nennt man gewöhnlich Rom und verweist auf die Vielzahl lateinischer Lehnwörter im Evangelium. Doch handelt es sich meist um militärische oder wirtschaftliche Fachausdrücke, die überall im römischen Reich bekannt waren. So käme auch jede andere heidenchristliche Gemeinde in Betracht.

3. Gliederung: Markus ist das kürzeste von den vier Evangelien, aber dies beruht nicht darauf, daß der Autor sich knapp und präzis auszudrücken versteht. Was Markus beschreibt, schildert er oft in aller Ausführlichkeit. Doch hat das Evangelium von vornherein seinen Umfang begrenzt, weil es sich mehr auf die Taten Jesu als auf seine Worte beschränkt. Außerdem fehlt eine Kindheitsgeschichte, das Evangelium beginnt gleich mit dem öffentlichen Auftreten Jesu. Besondere Probleme wirft der Schluß des Evangeliums auf. Die Verse Mk 16,9–20 sind ein Nachtrag von anderer Hand, weil man schon früh das Ende von Mk 16,8 als unbefriedigend empfand. Es gibt drei Möglichkeiten, den abrupten Schluß zu erklären: 1. Der ursprüngliche Schluß ist verlorengegangen; 2. Markus wurde, vielleicht durch den Tod, daran gehindert, sein Evangelium zu vollenden; 3. die »Unfertigkeit« des Evangeliums ist vom Verfasser beabsichtigt, weil nur die Wiederkunft Christi die Ostergeschichte zu Ende führen kann.

Das zweite Evangelium läßt sich, ganz

grob, in zwei große Abschnitte einteilen. Vom galiläischen Wirken Jesu berichten die Kap. 1–9, während die Kap. 11–16 den Ereignissen der Passionswoche in Jerusalem gewidmet sind. Das zehnte Kapitel dient gewissermaßen als literarische Brücke zwischen den beiden Hauptteilen. Obwohl das Evangelium die gesamte öffentliche Wirksamkeit Jesu umfassen will, ist die Hinordnung des Stoffes auf die Passion unverkennbar. Nicht zu Unrecht hat man deshalb das Evangelium eine »Passionsgeschichte mit ausführlicher Einleitung« genannt. Schon früh klingt das Passionsmotiv an (2,20; 3,6), um in den drei Leidensvorhersagen (8,31; 9,30–32; 10,32–34) breit ausgeführt zu werden.

4. Inhalt: Die ersten dreizehn Verse bilden eine Art Einleitung zur Geschichte des öffentlichen Wirkens Jesu: Auftreten des Täufers (1,1–8), Taufe Jesu (9–11), Versuchung in der Wüste (12–13).

Der geographische Rahmen des langen Abschnitts 1,14–7, 23 ist Galiläa, vor allem Kapharnaum und der See Genezareth. Gleich zu Beginn beruft Jesus seine bekanntesten Jünger, Simon (Petrus), Andreas, Jakobus und Johannes (1,16–20). In Form eines Tagesablaufs schildert der Evangelist dann Jesu Wirken in Kapharnaum: Heilung eines Besessenen in der Synagoge (1,21–28), Heilung der Schwiegermutter des Petrus (29–31), Heilungen zur Abendzeit (32–34). Am Morgen entflieht Jesus der drängenden Menge und durchzieht ganz Galiläa (35–39). Die Heilung des Aussätzigen (40–45) ist situationslos überliefert, während das erste der fünf sogenannten »galiläischen Streitgespräche« wieder nach Kapharnaum verlegt wird.

Diese Streitgespräche (2,1–3, 6) spiegeln Debatten wider, die wahrscheinlich in judenchristlichen Gemeinden und in Auseinandersetzung mit jüdischen Gegnern entstanden sind. Es geht um folgende Themen: Sündenvergebung (im Anschluß an die Heilung des Gelähmten), Tischgemeinschaft mit Sündern (Berufung des Levi), Frage des Fastens, Beobachtung des Sabbats (Ährenraufen und Heilung des Mannes mit der verdorrten Hand). Das von Jesus aufgestellte Prinzip: »Der Sabbat ist um des Menschen willen geschaffen worden und nicht der Mensch um des Sabbats willen« (2,27) findet sich ähnlich auch bei einigen Rabbinern (vgl. Mechilta 104 a).

Nach einem der für Markus typischen Summarien (3,7–12) folgt die Berufung der Zwölf (13–19). Das Streitgespräch über den Sinn der Dämonenaustreibungen (22–30) ist eingefügt in einen Bericht vom Besuch der Verwandten Jesu (20–21. 31–35); sie halten Jesus für »von Sinnen« (d. h. nach damaliger Anschauung von einem Dämon besessen), und Jesus sagt sich von ihnen los, um seine Jünger als seine wahre Familie zu bezeichnen.

Das markinische Gleichniskapitel enthält nur drei Gleichnisse: vom Sämann (4,1–9) – anschließend die Deutung der Parabel (10–25) –, von der selbstwachsenden Saat (26–29) und vom Senfkorn (30–34).

Die Geschichte von der Stillung des Seesturms (4,35–41) leitet eine Reihe breit ausgeführter Wundererzählungen ein, in denen sich die göttliche Macht Jesu manifestiert: Heilung des besessenen Geraseners (5,1–20), Heilung der blutflüssigen Frau und Auferweckung der Tochter des Jairus (21–43).

Mit der Verwerfung Jesu in seiner Heimatstadt Nazareth (6,1–6) kündigt sich das Ende seines galiläischen Wirkens an. Die Aussendung der Zwölf (7–13) weist auf die nachösterliche Missionstätigkeit, und welcher Leser des Evangeliums müßte nicht, wenn er von der Enthauptung Johannes' des Täufers hört (14–29), schon an das Schicksal Jesu denken? Die Speisung der Fünftausend (30–44) ist mit der Geschichte vom Seewandeln Jesu (45–52) verbunden. Das Kapitel schließt mit einem Summarium (53–56).

Die Streitrede um Rein und Unrein (7,1–23) enthält scharfe Angriffe gegen die jüdischen Speisevorschriften, die *kaschrut*. Jesus stellt Gottes Gebote höher als menschliche Satzungen.

Der Abschnitt 7,24–9,50 zeigt Jesus – sofern geographische Angaben überhaupt gemacht werden – auf der Wanderung durch die Galiläa benachbarten Gebiete von Tyrus, Sidon oder der Dekapolis. Er heilt die Tochter der Syrophönizierin (7,24–30), einen Taubstummen (31–37), speist die Viertausend (8,1–10), verweigert den Pharisäern ein Zeichen (11–13) und warnt die Jünger vor dem Sauerteig der Pharisäer (14–21). Die Heilung des Blinden bei Bethsaida (22–26) kündigt an, daß sich die Augen der Jünger bald öffnen werden, damit sie erkennen, wer Jesus ist. Und in der Tat legt Petrus bei Caesarea Philippi ein Messiasbekenntnis ab (27–30). Offensichtlich genügt es aber nach Auffassung des Markus nicht, den Glauben an Jesus als den Messias Gottes zu bekennen, man muß dem leidenden und gekreuzigten Menschensohn nachfolgen. So folgt gleich anschließend die erste Leidensvorhersage mit der scharfen Zurückweisung des Petrus (8,31–33) und eine Ansprache über die Nachfolge Jesu zum Kreuz (34–38). Auch die Verklärungsgeschichte (9,1–13) bestätigt zwar, besonders durch die Erscheinung des Moses und Elias, die Messianität Jesu, verweist aber zugleich auf sein Todesschicksal.

Die Heilung des epileptischen Knaben (9,14–29) ist keine Wundergeschichte üblicher Art, sie steht im Zusammenhang der Jüngerbelehrung über Glauben, Auferstehung und Gebet. Im Rahmen der Jüngerbelehrung stehen auch die folgenden Perikopen: die zweite Leidensvorhersage (30–32), vom Rangstreit (33–37), vom fremden Exorzisten (38–41), über die Verführung zur Sünde (42–50).

Das 10. Kap. bedeutet, geographisch gesehen, einen Wendepunkt in der Darstellung des Evangeliums. Jesus beginnt seine Todesreise nach Jerusalem. Thematisch freilich wird die Jüngerbelehrung und Gemeindekatechese fortgesetzt: Verbot der Ehescheidung (10,1–12), Segnung der Kinder (13–16), Verhältnis zu den irdischen Gütern (17–27), vom Lohn der Jünger (28–31), dritte Leidensvorhersage (32–34), vom Knechtsdienst als dem wahren Großsein in der Gemeinde Jesu (35–45). Auch die Heilung des blinden Bartimäus bei Jericho (46–52) gipfelt in der Nachfolge auf dem Weg zum Kreuz.

Die Ereignisse der Passionswoche beginnen mit dem feierlichen Einzug in Jerusalem (11,1–11), der Reinigung des Tempels (15–19) und der Verfluchung des Feigenbaums (12–14. 20–26). Markus läßt dann seine fünf jerusalemischen Streitgespräche folgen: die Vollmachtsfrage mit dem Gleichnis von den bösen Winzern (11, 27–12, 12), die Frage der Pharisäer nach der Erlaubtheit der Kaisersteuer (12, 13–17), die Frage der Sadduzäer nach der Totenauferstehung (12,18–27), die Frage der Schriftgelehrten nach dem größten Gebot (12,28–34), die Frage Jesu nach der Davidssohnschaft des Messias (12, 35–37). Eine kurze Warnung vor der Ehrsucht und Habsucht der Schriftgelehrten (12, 38–40) und die Anekdote vom Scherflein der armen Witwe (41–44) schließen das Kapitel ab.

Das 13. Kap. fällt aus dem Rahmen des Evangeliums heraus. Es ist das einzige große Redestück, und es unterbricht die Schilderung der Passionswoche. Wahrscheinlich hat Markus diese »Abschiedsrede« Jesu aus aktuellem Anlaß zusammengestellt und in sein Werk eingefügt. Man könnte sich denken, daß gerade die Zerstörung des Tempels (13, 1–2) in den christlichen Gemeinden die Frage nach der Parusie und dem Weltende (13,3–4) wach werden ließ. Die Antwort, die der Evangelist im Namen Jesu gibt, will überhitzte Erwartungen dämpfen und zur Wachsamkeit aufrufen (13,5–13).

Das Mittelstück der Parusierede (13, 14–23) und die Schilderung der Wiederkunft des Menschensohnes (24–27) erinnern stark an bekannte Motive der apokalyptischen Literatur. Nicht ganz zu Unrecht hat man oft vermutet, der Evangelist habe hier eine jüdische oder judenchristliche Flugschrift, die das baldige Kommen des Menschensohnes ankündigte, in seine Jesusrede eingearbeitet. Seine Absicht war es aber – wie die Schlußmahnungen zeigen –, schwärmerischen Berechnungen des Jüngsten Tages entgegenzutreten und die Pflicht wachsamer Treue einzuschärfen (13,28–37).

Mit Kap. 14 beginnt die eigentliche Passionsgeschichte. Die Hohenpriester und Schriftgelehrten suchen nach einer Gelegenheit, Jesus ohne großes Aufsehen festzunehmen, und Judas bietet sich als Verräter an (14, 1–2. 10–11). Zwischen diesen alten Bericht hat Markus die Salbungsgeschichte (3–9) gestellt, eine symbolische Ankündigung des Begräbnisses Jesu. Nach der Vorbereitung des Passahmahls (12–16) kündigt Jesus den Verrat des Judas an (17–21) und stiftet dann das Mahl des Neuen Bundes (22–25).

Danach überstürzen sich die Ereignisse: Gebet und Todesangst im Ölberggarten (14, 26–42), Gefangennahme (43–52), nächtlicher Prozeß und Urteilsspruch des Synedriums (53–65), Verleugnung des Petrus (66–72). Am nächsten Morgen wird Jesus vor Pilatus angeklagt (15,1–5), der Statthalter bietet dem Volk seine Freilassung an, aber die aufgehetzte Menge fordert Barabbas, und Jesus wird zum Tod verurteilt (6–15). Römische Soldaten verspotten und mißhandeln den angeblichen Messiaskönig (16–20), und dann geht Jesus seinen Weg zum Kreuz nach Golgatha. Die Hinrichtung wird mit größter Nüchternheit berichtet, man spürt vor allem das Interesse der gläubigen Gemeinde an der Schrifterfüllung (21–41). Mit der Grablegung (42–47) hat die irdische Geschichte Jesu von Nazareth ein Ende.

Die letzte Perikope (16,1–8) macht noch einmal deutlich, daß die Auferstehungsbotschaft nur denen zuteil wird, die den

Gekreuzigten suchen. Wer glaubt, wird Jesus »in Galiläa« sehen. – Von den Problemen, die der abrupte Schluß des Evangeliums aufgibt, haben wir schon gesprochen (s. oben 3). Der Nachtrag (9–20) setzt die Kenntnis der drei übrigen Evangelien bereits voraus und bietet eine kurze Zusammenfassung aller Ostererscheinungen.

5. Quellen: Das Problem der Markusquellen wird sich wohl nie mit Sicherheit lösen lassen, da von den ersten schriftlichen Versuchen, die Jesustraditionen zu sammeln, nichts mehr erhalten ist. Daß es solche vormarkinischen Sammlungen gegeben hat, steht außer Zweifel. Mit großer Wahrscheinlichkeit hat Markus z. B. die fünf galiläischen und die fünf Jerusalemer Streitgespräche schon in einer Quelle vorgefunden. Desgleichen dürfte die Leidensgeschichte in ihrem Grundbestand vormarkinischen Ursprungs sein. Schwieriger zu beantworten ist die Frage, ob Markus die Logienquelle Q gekannt hat. Neuere Hypothesen, die Existenz eines Urmatthäus, von dem Markus abhängig wäre, zu erweisen, haben nicht überzeugt. Da wir uns aber vom Umfang der Logienquelle keine genaue Vorstellung machen können, muß es offenbleiben, ob nicht ein Teil des markinischen Materials aus einer Q-Version stammt, zumal Matthäus und Lukas erstaunlich oft in der *traditio triplex* gegen Markus zusammengehen. Jedenfalls wird die Frage nach den Quellen oder genauer: nach dem Verhältnis von Tradition und Redaktion im zweiten Evangelium die Forschung noch lange beschäftigen.

6. Stil: Der Verfasser des Evangeliums war kein Literat, seine Art, sich auszudrücken, steht dem Stil mündlicher Erzählung noch sehr nahe. Aber gerade dies verleiht seinem Werk eine unnachahmliche Frische und Lebendigkeit. Trotz mancher Aramäismen handelt es sich um eine original griechische Schrift; die Annahme einer Übersetzung aus dem Aramäischen, die von C. C. Torrey und anderen vertreten wurde, hat mit Recht keinen Beifall gefunden. Die Aramäismen erklären sich zur Genüge aus der Herkunft des Materials.

7. Zielsetzung und Theologie: Das Evangelium wurde ohne jeden Zweifel für Heidenchristen geschrieben. Jüdische Bräuche und Anschauungen werden dem Leser regelmäßig erklärt (vgl. 7, 3–4; 12, 18; 15, 42). Der Unglaube des jüdischen Volkes wird wiederholt scharf angeprangert (3,6; 7,6–8; 8,31; 9,31; 10,22; 12,12; 13,2; 14,41; 15,38). Jerusalem erscheint als der Ort, von dem die jüdische Verstockung gegenüber Jesus ausgeht (3,22; 7,1; 10,33; 11,18). Dies ist wohl auch der Grund, warum Markus das Wirken Jesu fast ganz auf Galiläa konzentriert. Galiläa ist für ihn offensichtlich die Landschaft des Heils, wo Jesus mit Macht gepredigt und unter gewaltigem Zulauf des Volkes Kranke und Besessene geheilt hat. Nach Galiläa will der Auferstandene seinen Jüngern vorangehen (14,28; 16,7), dort ist also der Ort endzeitlicher Offenbarung.

Im Zeitalter der liberalen Jesustheologie glaubte man, aus dem Markusevangelium eine allmähliche Entwicklung des Messiasbewußtseins Jesu herauslesen zu können. Dies hat sich längst als Irrtum erwiesen; der Jesus des zweiten Evangeliums steht von Anfang an im vollen Licht des nachösterlichen Christusglaubens. Was aber den Eindruck einer Entwicklung – nicht im Bewußtsein Jesu, sondern im Fortschritt der Offenbarung – hervorruft, das ist die von Markus seinem Stoff aufgeprägte Theorie des »Messiasgeheimnisses«. Jesus hat, so will der Evangelist seinen Lesern sagen, nicht gewollt, daß seine wahre messianische und göttliche Würde vorzeitig bekannt werde. Deshalb hat er den Dämonen, die er austrieb, und den Kranken, die er heilte, ein striktes Schweigegebot auferlegt (selbst in Fällen, wo sich die Heilung in aller Öffentlichkeit abspielt!), deshalb hatte seine Gleichnisrede den Sinn, die Botschaft zu verhüllen statt sie verständlicher zu machen (4,10–12.34). Merkwürdig aber ist, daß die Schweigegebote (1,34.44; 3, 12; 5, 43; 7, 36; 8, 26. 30; 9, 9) immer wieder übertreten werden, daß Jesus, der in die Einsamkeit flieht, nicht verborgen bleiben kann. Über den Sinn dieser markinischen Theorie ist viel gerätselt worden, und eine in jeder Hinsicht überzeugende Deutung steht wohl noch aus.

Obwohl das Evangelium neunzehn Wundergeschichten enthält, wird Jesus doch nicht einfach als Thaumaturg hingestellt. In den »Krafttaten« wird Gottes Macht epiphan, so daß die Menschen »erschauern« und »sich entsetzen« (1,22; 6,2; 7,37; 10,26 u. ö.). Jesu Dämonenaustreibungen und Krankenheilungen sind Zeichen, daß Gott seine Herrschaft wieder über einer heillosen Welt aufrichten will. Deshalb kann man auch nicht behaupten, daß die Wunder im Markusevangelium den ersten Platz einnehmen. Sie haben eine durchaus dienende Funktion, sie wollen die eigentliche Offenbarung des »Geheimnisses der Gottesherrschaft« (4,11) vorbereiten und veranschaulichen. Aus diesem Grund werden die Wundergeschichten immer seltener, je mehr sich Jesus seinem Leiden und Sterben nähert. In der Passionswoche, da es, menschlich gesehen, am nötigsten gewesen wäre, wirkt er kein Wunder mehr – es sei denn die symbolische Verfluchung des Feigenbaums (11,20). So fehlen in der markinischen Leidensgeschichte fast alle triumphalen Züge, mit denen die anderen Evangelisten das Sterben Jesu verklärt haben. Markus verschweigt und beschönigt noch nichts: weder die Feigheit und Treulosigkeit der Jünger noch die völlige Ohnmacht und Hilflosigkeit Jesu. Man hat wohl nicht zu Unrecht vermutet, daß Markus sein Evangelium für eine Gemeinde schrieb, die unter dem Eindruck der Neronischen Verfolgung stand. Dies würde nicht nur die Eigenart seiner Passionsdarstellung erklären, sondern auch die Tatsache, daß er wiederholt auf die Notwendigkeit der Kreuzesnachfolge hinweist (8, 34–38; 10, 38–39; 13, 9–13). Jüngerschaft kann es nur als Teilhabe am Leiden und Sterben Jesu geben.

Matthäusevangelium
Gliederung: 1. Verfasser. 2. Abfassungszeit. 3. Quellen. 4. Stil. 5. Gliederung. 6. Inhalt. 7. Zielsetzung und Theologie: Matthäus als »kirchliche« Schrift. a) die »Kirche«; b) Gottesvolk des Neuen Bundes; c) Katechetische Lehrschrift; d) Liturgischer Charakter; e) Immerwährende Gegenwart des Auferstandenen in der Kirche. 8. Matthäusevangelium und Qumran.

1. Verfasser: Die kirchliche Tradition hat das erste Evangelium dem Apostel Matthäus zugeschrieben. In Wirklichkeit aber gibt es für diese Ansicht kaum eine Stütze. Wenn der Apostel Matthäus, ein Augen- und Ohrenzeuge des Wirkens Jesu, das Evangelium verfaßt hätte, würde er sich bestimmt nicht in einem solchen Umfang dem Markusevangelium angeschlossen haben. Sollte er nicht fähig gewesen sein, aus eigener, unmittelbarer Anschauung zu berichten?

Die Tradition, die den Apostel zum Verfasser des ersten Evangeliums gemacht hat, geht augenscheinlich auf Papias, den »etwas beschränkten« (Eusebius) Bischof von Hierapolis (um 140), zurück. Vielleicht bezog sich die Überlieferung, die der Bischof von seinen Gewährsleuten erhalten haben will, ursprünglich überhaupt nicht auf unser erstes Evangelium, sondern auf eine aramäische Logiensammlung. Das Mißverständnis des Papias hat denn auch zu der unhaltbaren Meinung geführt, dem griechischen Matthäusevangelium liege ein hebräisches bzw. aramäisches Original zugrunde. So behauptete Irenäus in seiner historische Daten mit apologetischen Konstruktionen vermengenden Art: »Matthäus veröffentlichte unter den Hebräern ein Evangelium in ihrer eigenen Sprache, als Petrus und Paulus in Rom predigten und die Gemeinde gründeten« (adv. Haer. 3,1). Man hat sich gefragt, wie diese Tradition entstanden sein mag und ob sie nicht doch einen historischen Kern enthalte. Vielleicht war Matthäus Verfasser der aramäischen Logienquelle Q oder er hat alttestamentliche Testimonien zum Erweis der Messianität Jesu zusammengestellt? Oder hat er etwa gar ein ganzes Evangelium geschrieben, den sagenhaften »Urmatthäus«? Alle diese oft mit großem Scharfsinn vorgetragenen Hypothesen müssen reine Spekulationen bleiben, solange nicht eine aramäische Evangelienschrift gefunden wird, die sich als Werk des Apostels Matthäus zu erkennen gibt. Bis dahin ist es redlicher einzugestehen, daß wir weder wissen, wer unser erstes Evangelium geschrieben hat, noch wie Matthäus in den Ruf eines Evangelisten gekommen ist.

2. Abfassungszeit: Da Matthäus von *Markus abhängig ist, kann das Evangelium nicht vor 70 geschrieben sein, worauf auch der Zusatz im Gleichnis vom Hochzeitsmahl (22,7) hinweist. Die früheste Bezeugung bieten uns die Ignatiusbriefe (um 110), so daß sich die Jahre zwischen 80–100 als wahrscheinlichste Abfassungszeit empfehlen.

Als Abfassungsort nennt man gewöhnlich Syrien. Phönizien oder gar Palästina kommen weniger in Betracht. Die ersten Leser waren griechisch sprechende Christen meist jüdischer Herkunft.

3. Quellen: Die zwei literarischen Hauptquellen des ersten Evangeliums sind das Markusevangelium und die hypothetische Logienquelle Q (s. *Synotische Evangelien). Sehr wahrscheinlich hat Matthäus noch andere, kleinere Quellen verarbeitet, doch ist ihre Rekonstruktion äußerst schwierig. Man hat z. B. vermutet, daß die messianischen Beweistexte des Evangeliums aus einer besonderen Quelle stammen, und der Fund einer Testimoniensammlung unter den Handschriften von *Qumran hat die Möglichkeit einer solchen Quelle überzeugend dargetan. Andere Gelehrte möchten jedoch die Auswahl und Sammlung der alttestamentlichen Beweisstellen lieber dem Evangelisten selber zuschreiben, da die Frage der messianischen

Schrifterfüllung bei ihm einen so zentralen Platz einnimmt. Auch die sprachliche Untersuchung der Reflexionszitate hat zu keinen einheitlichen Ergebnissen geführt. So verzichtet man wohl besser darauf, für das Sondergut des Evangeliums irgendwelche schriftlichen Quellen namhaft zu machen. (Das verschiedentlich gebrauchte Sigel »M« ist nur eine Verlegenheitslösung.) Alles, was wir mit Sicherheit sagen können, ist, daß Matthäus aus dem breiten Strom katechetischer und missionarischer Traditionen geschöpft hat, mögen diese nun mündlich oder schriftlich weitergegeben worden sein.

4. Stil: Der literarische Stil des Matthäusevangeliums hält ungefähr die Mitte zwischen der schlichten, unbeholfenen Art des Markus und dem gepflegten Griechisch des Lukas. Eine Übersetzung aus dem Aramäischen erscheint schon deshalb ausgeschlossen, weil der Verfasser zahlreiche Verse wörtlich der Markusquelle entlehnt hat. Auch in dem mit Lukas gemeinsamen Redestoff finden sich viele gleichlautende Abschnitte. Die Wahl derselben, oft seltenen griechischen Ausdrücke läßt sich aber nur erklären, wenn beide Autoren eine griechische Quelle benutzt haben.

5. Gliederung: Der Vorzug des Matthäusevangeliums liegt in seiner klaren Kompositionstechnik. Wenn wir von den Kindheitsgeschichten (Kap. 1–2) und dem Passionsbericht (Kap. 26–28) absehen, weist das Evangelium fünf deutlich gegliederte Hauptteile auf. Jeder dieser Hauptteile beginnt mit einem Block markinischen Materials, auf den dann eine längere, hauptsächlich aus Q-Texten komponierte Rede folgt. Obwohl alle Reden mit der gleichen Formel schließen (»Und es geschah, als Jesus diese Worte beendet hatte«; vgl. 7,28; 11,1; 13,53; 19,1; 26,1), hat jede ihr eigenes, ausgeprägtes Thema. Auf diese Weise sind Leben und Lehre Jesu in ein zusammenhängendes, wenn auch künstliches Schema gebracht worden. Was freilich den geographischen und chronologischen Rahmen betrifft, so hat ihn Matthäus – im wesentlichen unverändert – von Markus übernommen.

6. Inhalt: Das Evangelium beginnt mit dem Stammbaum Jesu (1,1–17), der dem Nachweis der Abrahamskindschaft und Davidssohnschaft dient, d. h.: Jesus ist legitimer Erbe der dem Abraham gegebenen Verheißungen (vgl. Gal 3,16) und der Messias aus dem Hause Davids. Die Verse 18–24 berichten, vielleicht schon in apologetischer Absicht, von der jungfräulichen Geburt Jesu, und hier begegnet das erste »Reflexionszitat«, das die Erfüllung der »Immanuel-Weissagung« (Jes 7,14) anzeigt. Auch die Geschichte vom Besuch der Magier in Bethlehem will die Messiaswürde Jesu bezeugen und darüber hinaus auf die künftige Heidenmission hindeuten (2, 1–12). Dem alttestamentlichen Erfüllungsbeweis verdanken sodann die Geschichten von der Flucht nach Ägypten (13 bis 15) und vom Kindermord in Bethlehem (16–18) ihre Gestaltung. Die Rückkehr aus Ägypten erfolgt auf göttliche Weisung, und die Niederlassung in Nazareth wird wieder mit einem Schriftwort begründet (19–23).

Der *erste* größere Abschnitt des Evangeliums umfaßt die Kap. 3–7. Die mehr erzählenden Stücke sind zumeist aus dem Markusevangelium übernommen. So folgt auf den Bericht über das Wirken des Täufers (3, 1–12) die Taufe Jesu (13–17) und die Versuchungsgeschichte (4,1–11), die freilich wie bei Lukas durch das dreiteilige Streitgespräch mit Satan erweitert ist. Den Beginn der galiläischen Wirksamkeit schildern die V. 12–25.

Die Bergpredigt (Kap. 5–7), die erste und bedeutendste Redekomposition des Evangeliums, will wohl schon durch die Ortsangabe (5,1) zum Vergleich mit der mosaischen Gesetzgebung auf dem Berg Sinai herausfordern. In den Seligpreisungen (5,3–12) wird ein Bild des wahren Gottesvolkes entworfen (ähnlich verstand sich die Qumrangemeinde als die »Armen der Gnade« oder die »Armen des Geistes«), und vom hohen Selbstbewußtsein der christlichen Kirche künden auch die Sprüche über das »Salz der Erde« und das »Licht der Welt« (5,13–16). Jesu Haltung gegenüber dem Gesetz – wie sie Matthäus interpretiert – ist in 5,17–48 erläutert. Im Unterschied zum radikalen Verbot jeder Ehescheidung (Mk 10,11–12) gestattet Matthäus eine Trennung im Falle des Ehebruchs (5,32; 19,9), eine offensichtliche Anpassung der eschatologisch motivierten Weisung Jesu an die Verhältnisse des Alltags. Das Gebot, den Feind zu lieben, wird einer angeblich alttestamentlichen Satzung, den Feind zu hassen, entgegengestellt. Diese Antithese gab der Auslegung lange Zeit ein Rätsel auf, weil sich nirgendwo im AT ein ausdrückliches Gebot, den Feind zu hassen, findet. Dagegen werden die Mitglieder der Qumransekte aufgefordert, die »Söhne der Finsternis« zu hassen (1 QS 1,10 u. ö.). Vielleicht hat Jesus an dieses qumranische Gebot gedacht.

Von den Übungen der Frömmigkeit: Almosengeben (6,1–4), Gebet (5–15), Fasten (16–18), gilt der Grundsatz, daß sie »im Verborgenen« geübt werden sollen. Hier hat Matthäus auch das »Vaterunser« (9–13) eingefügt. Die nächsten Spruchreihen (19–34) warnen vor Habsucht und weltlichen Sorgen, während die Verse 7,1–5 wieder das rechte Verhältnis zum »Bruder« behandeln, hier wohl im Hinblick auf die innergemeindliche Bußdisziplin. Fragen des christlichen Zusammenlebens und der Beurteilung charismatischer Phänomene werden in 7,6–23 besprochen, und das Schlußgleichnis (24–27) schärft noch einmal die Notwendigkeit ein, Jesu Wort nicht nur zu hören, sondern vor allem zu tun. Den Eindruck der Bergpredigt beim Volk schildert Matthäus mit einer Mk 1,22 entlehnten Wendung (7,28–29).

Der *zweite* größere Abschnitt (8,1–11,1) stellt zunächst einen Zyklus von Wundergeschichten zusammen: Heilung des Aussätzigen (8,2–4), Heilung des Knechtes des Hauptmanns von Kapharnaum (5–13), der Schwiegermutter des Petrus (14–15), die Stillung des Seesturms (23–27), Heilung zweier Besessener im Land der Gadarener (28–34; vgl. Mk 5,1–20); es folgen drei der fünf galiläischen Streitgespräche: Heilung des Gelähmten (9,1–8), Berufung des Matthäus (9–13), Ablehnung des Fastens (14–17), und nach diesem Einschub wird die Reihe der Wundergeschichten fortgesetzt: Heilung der blutflüssigen Frau und Erweckung der Tochter des Jairus (9,18–26), Heilung zweier Blinder und eines besessenen Stummen (27–34). Die nächsten Verse (9,35–38) leiten schon zur Berufung der zwölf Apostel (19,14) und zur Aussendungsrede (10,5–11,1) über. Matthäus hat den markinischen Grundstock der Missionsrede (vgl. Mk 6,7–11) durch Worte aus Mk 13 und Q erweitert, um seine Leser besonders zur Standhaftigkeit in Verfolgungen aufzurufen.

Zentrales Thema des *dritten* Teils (11,2–13,52) ist das Kommen der Gottesherrschaft. Jesus beantwortet die Anfrage des Täufers mit dem Hinweis auf seine messianischen Wundertaten (11,2–6) und bestimmt die Stellung des Johannes in der Heilsgeschichte (7–19). Dem Weheruf über die unbußfertigen Städte Galiläas (20–24) schließt sich das »johanneische« Logion mit dem Heilandsruf Jesu (25–30) an. Matthäus trägt jetzt erst die zwei letzten galiläischen Streitgespräche nach, vom Ährenraufen am Sabbat (12,1–8) und die Heilung des Mannes mit der verdorrten Hand am Sabbat (9–14), auf die ein für ihn typisches längeres Reflexionszitat folgt (15–21). Das Beelzebub-Streitgespräch wird redaktionell mit einer Dämonenaustreibung eingeleitet und durch die Spruchreihe vom Jonaszeichen erweitert (12,22–45). Das Wort Jesu über seine wahren Verwandten (46–50) schränkt Matthäus im Unterschied zur missionarischen Weite der Markusfassung auf den Jüngerkreis ein.

Am Gleichniskapitel läßt sich die systematische Art des Evangelisten besonders gut studieren. Er stellt sieben »Himmelreichsgleichnisse« zusammen: vom Sämann mit Deutung (13,1–23), vom Unkraut unter dem Weizen (24–30), vom Senfkorn (31–32), vom Sauerteig (33), Deutung des Unkrautgleichnisses (36–43), vom Schatz im Acker (44), von der Perle (45–46) und vom Fischnetz (47–50). Während die vier ersten Gleichnisse der Volksmenge vorgetragen werden, sind die drei letzten als Jüngerbelehrung gekennzeichnet. Dementsprechend hat die Gleichnisrede zwei Abschlüsse (34–35 und 51–52).

Der *vierte* Teil reicht von 13,53 bis 18,35. Die erzählenden Texte mit den dazugehörigen Spruchgruppen sind im wesentlichen unverändert aus Mk 6,1–9,32 übernommen: Verwerfung in Nazareth (13,53–58), Enthauptung Johannes' des Täufers (14,1–12), Speisung der Fünftausend (14, 13–21), Seewandeln Jesu und des Petrus (14, 22–33), Summarium (34–36), Streitrede über die pharisäischen Überlieferungen und Reinheitsvorschriften (15, 1–20), Heilung der Tochter der Kanaanäerin (21–28), Summarium (29–31), Speisung der Viertausend (32–39), Zeichenforderung der Pharisäer und Sadduzäer (16,1–4), Warnung vor dem Sauerteig der Pharisäer und Sadduzäer (5–12), Messiasbekenntnis und Seligpreisung des Petrus (13–20), erste Leidensvorhersage (21–23), von der Nachfolge Jesu (24–28), die Verklärungsgeschichte (17, 1–13), Heilung des mondsüchtigen Knaben (14–21) und zweite Leidensvorhersage (22–23). Sondergut des Evangelisten ist die mit legendären Zügen ausgestattete Geschichte von der Tempelsteuer (24–27). Die in 17,27 als »Stater« bezeichnete Münze war nur in Antiochien und Damaskus zwei Doppeldrachmen wert; dies weist darauf hin, daß die Heimat des Matthäusevangeliums in Syrien, vielleicht in Antiochien, bestimmt aber im Osten zu suchen ist.

Die Jüngerbelehrung von Kap. 18 knüpft

an die markinische Perikope über den Rangstreit der Jünger (Mk 9,33–37) an und wendet sich dann den schwierigen Fragen kirchlicher Bußdisziplin zu. In diesen Zusammenhang hat Matthäus das Gleichnis vom verlorenen Schaf (18,12–14) und vom Schalksknecht (18,21–35) eingeordnet.

Der *fünfte* und *letzte* große Abschnitt des Evangeliums vor der Leidensgeschichte umfaßt die Kap. 19–25. Auch hier folgt Matthäus mit mancherlei Einfügungen bis 22,46 seiner Markusvorlage (Mk 10,1–12, 37): Lehrgespräch über die Ehescheidung (19, 1–12), Segnung der Kinder (19, 13–15), vom reichen Jüngling (19, 16–26), vom Lohn der Nachfolger Jesu (19, 27–30).

Sondergut ist das Gleichnis von den Arbeitern im Weinberg oder, wie es richtiger heißt, vom gütigen Arbeitsherrn (20, 1 bis 16). Dann wird der Markusfaden wieder aufgenommen: dritte Leidensvorhersage (20, 17–19), vom Ehrgeiz der Zebedäussöhne und ihrer Mutter (20, 20–28), Heilung zweier Blinder bei Jericho (20, 29–34).

In die markinische Darstellung des Jerusalemer Wirkens Jesu hat Matthäus nur ein Gleichnis aus dem Sondergut (von den zwei ungleichen Söhnen: 21,28–32) und eins aus Q (vom königlichen Hochzeitsmahl: 22,1–14) eingefügt. Sonst erscheinen die Perikopen in fast der gleichen Reihenfolge: Einzug in Jerusalem (21, 1–11), Tempelreinigung (21, 12–17), Verfluchung des Feigenbaums (21, 18–22), Vollmachtsfrage (21, 23–27), Gleichnis von den bösen Winzern (21, 33–46), Frage nach der Kaisersteuer (22, 15–22), Sadduzäerfrage nach der Auferstehung (22, 23–33), Frage nach dem ersten Gebot (22, 34–40), Frage Jesu nach der Davidssohnschaft (22,41–46).

Die große Warn- und Weherede gegen Pharisäer und Schriftgelehrte (23,1–36) knüpft an eine kurze Polemik des Markustextes (Mk 12,38–40) an. Sie zeigt, daß die Gemeinden des Matthäus in harter Auseinandersetzung mit dem Judentum stehen. Eine Wehklage über Jerusalem (23, 37–39) beendet das Kapitel.

An der Parusierede (24,1–44 = Mk 13) hat Matthäus nur einige redaktionelle Änderungen vorgenommen, ihr aber dann eine Reihe von Gleichnissen angefügt: vom guten und bösen Knecht (24,45–51), von den zehn Jungfrauen (25,1–13), von den anvertrauten Talenten (25,14–30), vom Endgericht (25,31–46). Diese Gleichnisse wollen die Gläubigen von einer übertriebenen apokalyptischen Naherwartung ablenken und ihnen die Pflichten christlichen Lebens einschärfen: Treue, Wachsamkeit, Arbeitseifer, Nächstenliebe in den Werken der Barmherzigkeit.

Die drei restlichen Kapitel (26–28) müssen bei unserer Einteilung des Evangeliums als eine Art Epilog aufgefaßt werden. In der Tat hat die Passions- und Auferstehungsgeschichte nicht das gleiche Gewicht wie im Markusevangelium, da Matthäus von Anfang an Jesus als den in seiner Kirche gegenwärtigen und lehrenden Herrn darstellt. Von 26,1–27,2 wird der Markustext mit kleineren Korrekturen und Zusätzen übernommen (Todesbeschluß der Hohenpriester und Ältesten, Salbung in Bethanien, Verrat des Judas, Vorbereitung des Passahmahls, Bezeichnung des Verräters, letztes Abendmahl, Gebet am Ölberg und Gefangennahme, Nachtsitzung des Synedriums mit Verurteilung Jesu, Überführung an Pilatus). Das Ende des Judas (27,3–10) ist in einer von Apg 1,16–20 abweichenden Version dargestellt. Sondergut oder, wohl richtiger, redaktionelle Zusätze des ersten Evangelisten sind die Episoden vom Traum der Frau des Pilatus (27,19) und vom Händewaschen des Pilatus mit der Selbstverfluchung des jüdischen Volkes (27, 24–26). Verspottung (27, 27–31), Kreuzigung (32–44), Tod Jesu (45–56) und Grablegung (57–61) folgen dem Markusbericht. Nur hat Matthäus die Zeichen des Todes Jesu um das Erdbeben und die Auferstehung der Gerechten (51–53) vermehrt. Von ihm stammt auch die Geschichte von der Grabeswache (27, 62–66).

In der Geschichte von der Auffindung des leeren Grabes (28,1–8) hat Matthäus die Erscheinung des Engels zu einer alttestamentlich stilisierten Theophanie ausgestaltet, um so wenigstens indirekt die Auferstehung Jesu zu schildern. Gleichsam als habe die Engelsbotschaft nicht ausgereicht, erscheint Jesus den vom Grabe zurückkehrenden Frauen selber und wiederholt die Worte des Engels (28,9–10). Zum Sondergut gehört auch die Geschichte von der Bestechung der römischen Grabeswache durch die Juden (28,11–15). Das Evangelium schließt, fast wie es begonnen, auf einem »Berg« in Galiläa. Der mit göttlicher Macht ausgestattete Menschensohn sendet seine Jünger in alle Welt und verheißt ihnen seinen immerwährenden Beistand (28,16–20).

7. Zielsetzung und Theologie: Das Matthäusevangelium hat nicht ohne Grund eine führende Stellung in der alten Kirche erlangt. Es ist eine seinem Wesen nach *kirchliche* Schrift, und dies aus mehreren Gründen:

a) Die »Kirche«: Als einziges von allen vier Evangelien verwendet Matthäus den Begriff »Kirche« (*ekklesía*). Während das Wort in 18,17 die Ortsgemeinde bezeichnet, meint es in der berühmten Stelle 16,18 die ganze von Jesus begründete Heilsgemeinde. In der wissenschaftlichen Exegese besteht heute weitgehend Einigkeit, daß Mt 16,17–19 ein redaktioneller Einschub des Evangelisten ist, der mit dem Felsenwort das unerschütterliche Vertrauen seiner Gläubigen zur Kirche Christi stärken will. Die Kirche ist von Jesus gestiftet und ruht auf dem Fundament der Apostel, vorab des Petrus – diese Überzeugung begegnet uns auch in anderen Schriften der spät- und nachapostolischen Zeit.

b) Gottesvolk des neuen Bundes: Matthäus bemüht sich, auch theologisch den Nachweis zu führen, daß die Kirche Christi das wahre Gottesvolk des Neuen Bundes ist. Durch ihren Unglauben schon gegenüber Johannes dem Täufer und erst recht gegenüber Jesus haben die Juden den Anspruch auf die Königsherrschaft Gottes verscherzt, jetzt wird »der Weinberg an andere Weingärtner verpachtet, die ihm die Früchte abliefern werden zu ihrer Zeit« (21,41), oder, wie es gleich danach unverschlüsselt heißt: »Das Reich Gottes wird von euch (d. h. den Juden) genommen und einem Volk gegeben werden, das dessen Früchte bringt« (21,43).

c) Katechetische Lehrschrift: Das Evangelium ist eine Lehrschrift, bestimmt für den katechetischen Gebrauch. Man könnte es fast das erste der kirchlichen Praxis dienende Handbuch nennen, das den Lehrern, Katecheten und Vorstehern Weisungen für die Ordnung des Gemeindelebens und Argumente für die Verteidigung des Glaubens an die Hand geben will. Anordnung und Gliederung des Stoffes verraten den guten Pädagogen, der Gedächtnisstützen bietet und das Verständnis durch Vergleichstexte fördert. Der Verfasser stellt wiederholt Dreier-, Fünfer- und Siebenergruppen zusammen, damit sich die Hörer den Text besser einprägen können.

d) Liturgischer Charakter: Nicht zu verkennen ist ferner der liturgische Charakter des Evangeliums. Wo Markus oft breit und anschaulich schildert, hat Matthäus streng stilisierte »Kultbilder« geschaffen. Die Gestalt Jesu als des in seiner Kirche gegenwärtigen und wirkenden Herrn rückt in den Mittelpunkt, die bei Markus noch unverständigen Jünger werden zu gläubigen Anbetern des Gottesohnes (vgl. Mk 6,52 mit Mt 14,53), in den Kranken und Leidenden, den Suchenden und Fragenden können sich die Leser des Evangeliums mit Leichtigkeit selber erkennen. So war das Evangelium von Anfang an besonders dazu geeignet, im Gottesdienst vorgelesen zu werden.

e) Immerwährende Gegenwart des Auferstandenen: Obwohl Matthäus wie alle anderen neutestamentlichen Schriftsteller an der Parusiehoffnung festhält, hat er doch sein Evangelium nicht mit einer Verheißung der Wiederkunft Christi, sondern mit einer Bekräftigung der immerwährenden Gegenwart des auferstandenen Herrn in seiner Kirche geschlossen. Deshalb kann er auch an mehreren Stellen die von Jesus verkündigte Gottesherrschaft mit der gegenwärtigen, sichtbaren Kirche gleichsetzen. Auf dem »Acker des Himmelreichs« gibt es noch »Unkraut« (13,24–30), beim »Hochzeitsmahl« des Gottessohnes finden sich Gäste ein, die kein hochzeitliches Gewand anhaben (22,11). »Himmelreich« meint also an diesen und anderen Stellen die auf Erden zusammengerufene Kirche aus Sündern und Heiligen. Das sektiererische Ideal einer schon auf Erden von allen Makeln und Runzeln befreiten, unbefleckten Heilsgemeinde hat Matthäus nicht geteilt.

8. Matthäusevangelium und Qumran: Nach der Entdeckung der Qumranschriften haben Exegeten und Historiker begreiflicherweise das NT durchforscht, ob sich in ihm nicht gleichartige oder zumindest ähnliche Anschauungen, Bräuche und Ausdrucksformen finden.

Da das Matthäusevangelium schon von der Tradition her als das judenchristliche Evangelium *par excellence* gekennzeichnet war, bot es sich in erster Linie zum Vergleich an. In der Tat haben die Qumrantexte zum besseren Verständnis mancher sprachlichen Wendungen des Evangeliums erheblich beigetragen. Die Parallelen gehen aber noch weiter.

Auch die Qumran-Essener verstanden sich als Gottesvolk der Endzeit, als das wahre Israel, mit dem Gott einen neuen Bund geschlossen habe. Sie fühlten sich nicht als Zuschauer, sondern als Mitspieler und Hauptpersonen im großen Drama der Heilsvollendung. Ihnen allein hatte Gott seine Geheimnisse durch den Lehrer der Gerechtigkeit geoffenbart, die anderen Juden galten ihnen als verworfene »Söhne der Finsternis«. Um ihren exklusiven Anspruch zu begründen, suchten sie im AT nach Beweistexten und stellten sie in Florilegien oder Testimonien zusammen. Doch darf gleich hinzugefügt werden, daß Matthäus trotz mancher formaler Ähnlichkeiten das AT ganz anders interpretiert hat, als es in Qumran üblich war.

Es wäre jedoch maßlos übertrieben, den Verfasser des ersten Evangeliums einen zum Christentum bekehrten Essener zu nennen. Überhaupt haben viele volkstümlichen Darstellungen den falschen Eindruck erweckt, als hätten die Verfasser des NT und insbesondere Matthäus in weitem Umfang bei Qumran »Anleihen gemacht«. Die unbestreitbaren Ähnlichkeiten erklären sich ohne Schwierigkeit aus dem gemeinsamen Ursprungsmilieu, dem gemeinsamen alttestamentlichen Erbe, der hier wie dort vollzogenen Absonderung vom offiziellen Judentum, der in beiden religiösen Gruppen herrschenden Überzeugung, daß Gottes Heil nahegekommen sei. Damit sind aber die Ähnlichkeiten auch schon erschöpft.

Das Matthäusevangelium wartet nicht auf die Ankunft eines oder mehrer Messiasse, wie es die Qumransektierer taten. Es verkündigt, daß der Messias bereits gekommen ist, in der Person Jesu von Nazareth. Während man in Qumran die Mitglieder nach extrem strengen Grundsätzen aussonderte, tritt Matthäus für Geduld und Nachsicht mit menschlicher Schwäche ein: Gott werde selber am »Ende«, zu seiner Zeit, die Böcke von den Schafen und das Unkraut vom Weizen scheiden. Und noch eins: Dem Matthäusevangelium fehlt, trotz seines liturgischen Charakters, jedes Interesse an Fragen der priesterlichen Abstammung oder besonderer priesterlicher Riten, wie sie in Qumran für wesentlich gehalten wurden. So gibt es wohl einige Parallelen, aber von direkter Verwandtschaft oder gar Abhängigkeit kann keine Rede sein.

Medizin, Krankheit, Gesundheit

Gliederung: 1. Krankheit. a) Stellung der Bibel zur Krankheit; b) Dem AT bekannte Krankheiten; c) Aussatz und Fluß. 2. Medizinische Praxis. a) Ägypten und Mesopotamien; b) Medizinische Praxis im AT; c) Arzneien; d) Geisteskrankheiten; e) Öffentliche Gesundheitspflege in biblischer Zeit. 3. Medizin in der nachexilischen und neutestamentlichen Zeit. a) Kenntnis der Krankheiten; b) Anatomische und physiologische Kenntnisse; c) Frauenleiden; d) Geisteskrankheiten.

Ein Arzt, der die Bibel, besonders das AT, nach medizinischen Fakten untersucht, wird wenig Hinweise auf die damaligen Krankheiten und die benutzten Heilmittel finden. Ägyptische und babylonische Quellen sind z. B. sehr viel ausführlicher (s. unten). Einige Aufschlüsse über Israel kann man sich durch sorgfältige Auswertung der im AT, im NT und im talmudischen Schrifttum enthaltenen spärlichen Zeugnisse und durch einen Vergleich dieser Angaben mit dem Wissensfortschritt in den Nachbarländern verschaffen. Angaben über Krankheiten auf der einen Seite und die Ausübung der Heilkunst auf der anderen sind nicht unmittelbar miteinander verknüpft und werden am besten gesondert betrachtet.

1. Krankheit: *a) Stellung der Bibel zur Krankheit:* Die Stellung der Bibel zur Krankheit und ihrer Ursache ist ganz eindeutig. Leiden, Krankheit eingeschlossen, ist die Folge von Sünde und häufig die Strafe dafür. Der Kausalzusammenhang ist ein unmittelbarer und wird stark betont. »Wenn du dem Herrn, deinem Gott, treulich gehorchst und ... alle seine Satzungen hältst, so will ich keine von den Krankheiten über dich bringen, die ich über Ägypten gebracht habe; denn ich, der Herr, bin dein Arzt« (Ex 15,26); doch: »Wenn ihr meine Satzungen mißachtet ... so werde ich Schreckliches über euch bringen: die Schwindsucht und das Fieber, daß euch die Augen erlöschen und das Leben hinschwindet« (Lev 26, 15–16). Hunger und Krankheit widerfuhren den Israeliten in ihrer Gesamtheit als Folge ihrer Vergehen (Jer 24,10; 32,24; Ez 14,13.9 und viele andere Beispiele), aber auch andere Nationen – die Philister (1 Sam 5,6) und die Assyrer (2 Kg 19,35) – konnten sich Gottes Strafe zuziehen.

Bisweilen konnte die Sünde eines einzelnen vielen Bestrafung bringen. 70 000 Mann sollen infolge von Davids Sünde an der »Pest« gestorben sein (2 Sam 24, 15–17). Um was für Heimsuchungen es sich im einzelnen handelte, wird kaum gesagt. Die überkommene Vorstellung von dem Zusammenhang zwischen Krankheit, Leiden und Sünde kommt in dem Disput zwischen Job und seinen »Freunden« klar zum Ausdruck. Ihr Standpunkt wird absichtlich übertrieben dargestellt, doch wendet sich Job mit wirkungsvollen Argumenten gegen die ganze Lehre (Job 19; vgl. 1,1–2.10). Auch in Jesaja (53) wird der

Sinn des Leidens ganz anders interpretiert.

b) Dem AT bekannte Krankheiten: Die als »Seuche« oder »Pest« bezeichnete Krankheit ist nicht leicht zu identifizieren. Die in 2 Sam 24,15 erwähnte »Seuche« wird ausdrücklich als »die Pest« (*dæbær*) bezeichnet, und die Philister wurden (1 Sam 5,6) offensichtlich von Beulenpest (*'ofæl*; vgl. Dt 28,27) heimgesucht. Außer diesen unterscheidet die Bibel ausdrücklich nur Krankheiten, deren Symptome für das Auge sichtbar sind: Aussatz (*ṣāra'at*); Geschwüre (*š·ḥîn*), an denen Job (2,7–8) und König Hiskia litten (2 Kg 20,7); Krätze und Skorbut (*gārāb* und *ḥæræs*; Dt 28,27). Alle diese Krankheiten waren normalerweise unheilbar – doch wird von wunderbaren Heilungen berichtet, und die Krankheit verschwand bisweilen auch von selbst.

Andere Krankheiten kann man nur aus Hinweisen auf Beinleiden, Kinderkrankheiten und Ruhr erschließen. Die in Dt 28 als Folgen von Sünde und Ungehorsam erwähnten Krankheiten schließen außer den Hautleiden ein: Pest (*dæbær*), Fieberfrost (*qadahat* oder »die Fieber des Landes«); Schwindsucht (*šaḥæfæt*); Entzündung (*dalækæt*) und Geschwülste (*'ofæl*). Hinzu kommen Wahnsinn (*šiggā'ōn*), Blindheit (*'ivvārōn*; Augenleiden gehören zu den häufigsten Krankheiten in den biblischen Ländern) und nicht näher definierte psychische Störungen (*timmāhōn-lebāb*).

Andere nicht spezifizierte Krankheiten werden erwähnt, die sich heute nur sehr schwer diagnostizieren lassen, z. B. das Leiden des Sohnes der Frau aus Sarepta, das Elia durch Mund-zu-Mund-Beatmung heilte (1 Kg 17,17–21).

c) Aussatz und Fluß (Lev 13–15): Diese werden als verwandte Zustände genannt und gelten im Unterschied zu den anderen in der Schrift erwähnten Krankheiten als Formen von Unreinheit (s. *Reinheitsgesetz), die sorgfältig zu ermitteln und sodann zu reinigen sind. Die Diagnose sollte nicht so sehr irgendeinen Heilungsversuch einleiten, sondern ihr Zweck war die Feststellung des Unreinheitsgrades.

Lev 13 zählt die Symptome auf, an denen man den Aussatz erkennen kann. Tatsächlich sind diese Zustände der klassischen Lepra (*elephantiasis graecorum*) nicht eigentümlich, sondern kommen auch bei anderen Hautkrankheiten vor. Der Ausdruck »Aussatz« wurde auf eine Reihe von infektiösen Hautkrankheiten und dermatologischen Erkrankungen angewandt, namentlich auf übertragbare, die sich in einem ländlichen Gemeinwesen für gewöhnlich rasch ausbreiten. Daß mit dem Wort für »Aussatz« vielerlei »unreine« Zustände bezeichnet wurden, geht aus seiner Anwendung auf Schimmel und Schwamm in Kleidern und Häusern hervor (Lev 14, 47–59).

Die Diagnose und Heilung oder vielmehr Reinigung des Aussatzes oblag den Priestern. Die Juden folgten hierin dem Brauch anderer Völker, bei denen die Priester regelmäßig Ärzte waren. Es gibt eine Anzahl Beispiele dafür, daß in Krankheitsfällen der Rat der Propheten eingeholt wurde (1 Kg 14,1–13; 2 Kg 1,2–4; 8,8–9; Jes 38,1). Nach biblischem Gesetz (s. *Reinheitsgesetze) waren »unreine«, vom Aussatz (wahrscheinlich Schuppenflechte) befallene Personen von den Gesunden abzusondern, bis sie von den Priestern für »rein« erklärt wurden. Stellte der Priester am Ende der Isolierungsperiode fest, eine Heilung sei in der Tat eingetreten – er gab nicht vor, sie herbeizuführen –, so mußten die Kranken sich und die Kleider, die sie während ihrer Krankheit getragen, waschen und die von ihnen benutzten Gebrauchsgegenstände vernichten. Zur Zeit des Herodes gab es besondere »Aussätzigenviertel«, wo Priester sieben Tage lang Reinigungsriten an unreinen Personen vollzogen.

Fluß (*zôb* = krankhafte Absonderung der Geschlechtsorgane, ein häufiges Frauenleiden) wurde ebenfalls als eine Form von Unreinheit mit dem Aussatz in Verbindung gebracht. Bei Männern meint der Ausdruck wahrscheinlich Gonorrhöe oder Spermatorrhöe.

2. Medizinische Praxis: Die Bibel berichtet nirgendwo von Versuchen, die Ursachen von Krankheiten festzustellen, und beschreibt, von den wenigen erwähnten Fällen abgesehen, weder ihre Symptome noch ihren Verlauf. Die Ursache war den biblischen Autoren und ihren Zeitgenossen im allgemeinen völlig klar; die Krankheit war die Folge von Sünde, häufig die Strafe dafür. Dieser Einstellung begegnet man auch in ägyptischen und babylonischen Berichten, wenn sie auch einer Beschreibung der Krankheit sehr viel mehr Aufmerksamkeit widmen. Die Beschreibungen erscheinen für gewöhnlich in Verbindung mit Beschwörungen und Gebeten an die Götter um Heilung.

a) Ägypten und Mesopotamien: Ein anonymer sumerischer Arzt (Ende des 3. Jahrtausends) zeichnete seine wichtigsten Rezepte auf der in Nippur aufgefundenen Tafel **(Abb. 518)** auf. Es ist dies das älteste uns bekannte Arzneibuch. Das assyrische und babylonische Schrifttum der *ašipu* (Magier; s. *Magie, Wahrsagerei und Aberglauben) enthält sehr viel Material über Krankheiten. Die meisten Krankheiten wurden entweder auf Dämonen zurückgeführt, beispielsweise auf die *lamaštu,* Geister der Verstorbenen, oder auf Würmer oder den Einfluß von Zauberern, wiewohl sich auch pragmatische Kenntnisse mit dem Aberglauben vermischten. Ein Relief **(Abb. 521)** eines assyrischen Exorzisten aus der Zeit Sargons III. (7. Jhdt. v. Chr.) zeigt in der Linken des Priesters Mohnkapseln. Der Opium liefernde Mohn war ein häufiger Bestandteil von Arzneien. Der ägyptische Bittsteller auf **Abb. 520,** ein Opfer der spinalen Kinderlähmung, bringt mit seiner Familie einem syrischen Heiligtum in der Hoffnung auf Heilung eine Spende dar.

Die Arzneikunde der Ägypter war weit entwickelt; das gleiche gilt von ihrer Beobachtung bestimmter Krankheiten. Bereits im 17. Jhdt. v. Chr. hatte man sehr viel ältere medizinische Kenntnisse aufgezeichnet; diese Sammlung ist als »Papyrus Edwin Smith« auf uns gekommen. Ein anderer berühmter medizinischer Traktat ist der Papyrus Ebers. Trotz der in ihnen enthaltenen Fülle von Zauberei und sympathetischer Magie zeugen sie auch von scharfsinniger Beobachtung der körperlichen Funktionen. Das Herz wurde als die Quelle der Lebensstoffe erkannt; vom Blutkreislauf hatte man allerdings keine Vorstellung. Der Papyrus Edwin Smith handelt über Diagnose und Behandlung von Knochenbrüchen, in der Hauptsache manuelle Behandlung, Ruhe, Diät und Kräuterarzneien. Die darin aufgezeichneten wissenschaftlichen Beobachtungen bekunden ebenfalls ein recht hohes Niveau. Man hat detaillierte Verzeichnisse von Kräuterarzneien gefunden, wenn sich auch von den darin genannten Pflanzen nur einige wenige identifizieren lassen. Für Diätkuren wurden Honig, Milch, Mehl, Öl, Essig und Wein verwandt. Unter den babylonischen Urkunden finden sich ähnliche Verzeichnisse.

In Babylonien wie auch in Ägypten glaubten die als Ärzte tätigen Priester, sie könnten Krankheiten mit Hilfe ihrer eigenen Kenntnisse, mit Arzneipflanzen und Magie oder Zauberei besiegen. Zaubertränke kannte man auch in Israel, obwohl die Magie in der biblischen Erörterung des Phänomens der Krankheit keine unmittelbare Rolle spielt. Sie bildet jedoch in der Antike die Grundlage für sämtliche medizinischen Kenntnisse und Praktiken.

Ebenso wie die Babylonier zur Heilung der Kahlköpfigkeit der überkommenen Beschwörung eine Art Alkoholmassage hinzufügten, benutzten die Hebräer bei der Behandlung eines Pestgeschwürs außer Gebeten ein Feigenpflaster (2 Kg 20,7). Im Laufe der Zeit rüsteten die aufgezeichneten Erfahrungen von Generationen babylonischer Ärzte und ihre verschiedenen Heilmittel einen Arzt mit einem beträchtlichen Wissen aus. Wenn man auch für gewöhnlich unwissenschaftlich argumentierte, waren die verordneten Arzneien doch häufig von Wert. Selbst wenn Umschläge, Puder und Wässer aus Safran, Senf, Kassie oder anderen Ingredienzien darauf abzielten, den Krankheitsdämon wegzulocken, so waren sie deswegen nicht weniger wirksam.

Assyrischen Texten zufolge waren die Ärzte im 8. Jhdt. v. Chr. weiter fortgeschritten und hatten sich von der Magie völlig losgesagt: »Leidet jemand an der und der Krankheit, so benutze die und die Arzneien, und er wird vielleicht genesen«, lauten für gewöhnlich ihre Rezepte. Von den Namen, die sie den in ihren Arzneien enthaltenen Pflanzen und Kräutern gaben, sind viele heute noch gebräuchlich: Kassie, Sesam, Zichorie, Krokus, Safran, Ysop, Narde, Myrrhe u. a. Das AT erwähnt sie nur als Ingredienzien für Weihrauch, Salböle oder Einbalsamierungsparfüms; aber im nachbiblischen talmudischen Schrifttum wird auch ihre medizinische Verwendung beschrieben.

Entwicklungen in Nachbarländern blieben auf das Leben der Juden nicht ohne Einfluß, besonders während des babylonischen Exils und danach. Der lange Lobpreis des Arztes, den ben Sirach zu Beginn des 2. Jhdts. v. Chr. verfaßte (Sir 38,1–15), zeigt, welche Stellung die Ärzte damals erlangt hatten. **Abb. 522** zeigt einen bronzenen römischen Arzneibehälter, **Abb. 519** ein bronzenes Aderlaßgefäß.

b) Medizinische Praxis im AT: Die Medizin erscheint größtenteils als eine Angelegenheit volkstümlichen Aberglaubens (z. B. glauben Rahel und Lea, Alraunwurzeln unter dem Bett ihres Mannes gewährleisteten Fruchtbarkeit, Gen 30,14–16). Der Ausdruck »Arzt« wird kaum benutzt (Ex 15,26 wendet ihn ausdrücklich nur auf Gott an), und seine übliche Verbindung mit »Magier« oder »Medizinmann« macht den Frommen das Ganze Thema verdächtig (z. B. 2 Chr 16,12; Job 13,4).

Abb. 518. Keilschrifttafel aus Nippur, auf der ein sumerischer Arzt Rezepte niedergeschrieben hat (Ende 3. Jahrtausend v. Chr.)

Abb. 519. Römischer Bronzeschröpfkopf

Abb. 520. Ein Opfer spinaler Kinderlähmung auf einem ägyptischen Relief. In der Hoffnung auf Heilung bringt der Verkrüppelte ein Opfer dar

Abb. 521. Assyrischer Exorzist aus der Zeit Sargons III. In der linken Hand hält der Priester Mohnkapseln

Abb. 522. Bronzener römischer Arzneibehälter

Abb. 524. Chirurgische Instrumente, mit denen bei Komplikationen das Kind im Mutterleib zerstückelt wurde

Abb. 523. Thermalbäder von Tiberias, die in Palästina den Ruf hatten, besonders heilkräftig zu sein

Abb. 525. Chirurgische Instrumente (Steinrelief aus dem Asklepieion in Athen)

Abb. 526. Chirurgische Instrumente aus Pompeji

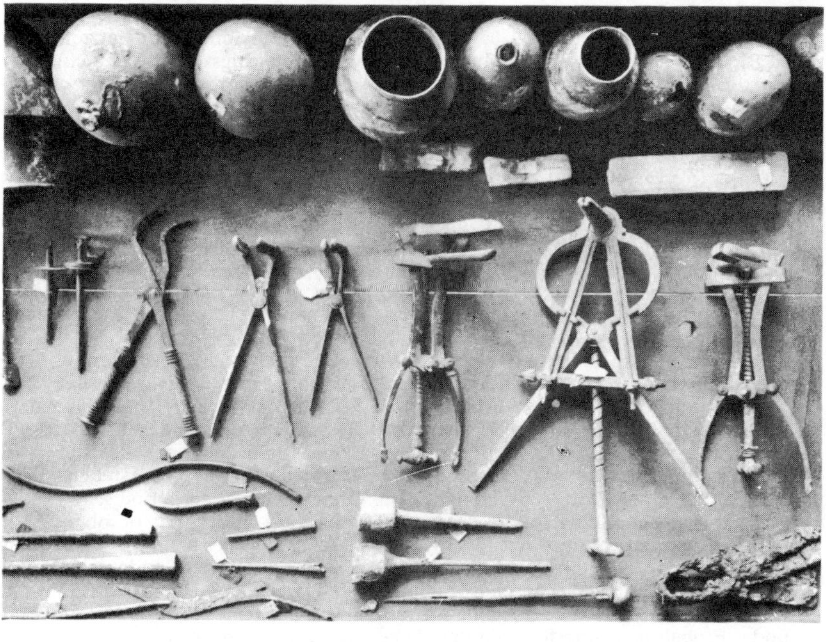

Die einzigen Heiler, denen man vertraute, waren die Priester und andere heilige Männer. Die Propheten stellten viele Diagnosen und führten viele Heilungen herbei (2 Kg 1,2–4), besonders Elisa, von dem es hieß, er habe unfruchtbares Land bestellbar (2 Kg 3,16) und brackiges Wasser trinkbar gemacht (2 Kg 2,20–22); er habe den am Hitzschlag gestorbenen Knaben wieder zum Leben erweckt (2 Kg 4, 18–35), Gift unwirksam gemacht (2 Kg 4, 38–41), Lepra geheilt (2 Kg 5) und den unmittelbar bevorstehenden Tod Ben-Hadads, des Königs von Damaskus, diagnostiziert (2 Kg 8,7–10). Auch Elia heilte (1 Kg 17,17), und Jesaja verordnete das Feigenpflaster für Hiskias Pestgeschwür.

Von den erwähnten Ausnahmen abgesehen, sind alttestamentliche Hinweise auf Krankheiten für gewöhnlich nicht sehr instruktiv. Nur gelegentlich läßt sich aus den geschilderten Symptomen eine bestimmte Krankheit oder Gruppe von Krankheiten erschließen.

c) Arzneien: Die beste Medizin war ein gottgefälliges Leben und ein fröhliches Herz (Spr 17,22). Gewisse Arzneien wurden jedoch angewandt, wenn auch nicht immer ausführlich beschrieben. Wunden und Entzündungen sollten durch Anwendung von Kataplasmen, Ölen und Verbänden behandelt werden (Jes 1,6; Jer 8,22; 51,8); aber die für solche Heilmittel benutzten allgemeinen Ausdrücke (*r·fû'ā; t·rûfā;* Spr 17,22) werden auf verschiedene Weise übersetzt. Überdies handelt es sich für gewöhnlich um allgemeine Hinweise. Jeremia (30,13) weissagt, einem sündhaften Israel werde kein »Heilmittel« zur Verfügung stehen; 46,11 vergleicht er Ägypten mit einer unheilbar kranken Frau, die sich vergeblich nach dem heilsamen »Balsam« von Gilead auf den Weg macht. Dieser berühmte Balsam war anscheinend ein schmerzstillendes Mittel. Der für viele Salben verwandte Balsam (*commiphora opobalsamum*) wurde in *Jericho und *En-Gedi angebaut. Ez 47,12 beschreibt die Vision des Propheten von Bäumen, die dereinst neben dem Toten Meer wachsen werden: ihre Früchte werden als Speise dienen und »ihre Blätter als Heilmittel«. Die Kaper wie auch die Alraune werden als Aphrodisiaka erwähnt (Gen 30,14; Sir 12,5). Aromatische Substanzen – Myrrhe, Anissamen, Raute und römischer Kümmel – werden als Ingredienzien von Parfüms und Einbalsamierungsflüssigkeiten erwähnt, nicht als Arzneien.

Die Schriften enthalten ferner eine Anzahl von Hinweisen auf die heilenden Eigenschaften von Gewässern, wie z. B. des Jordan, des Galiläischen Meeres, des Teichs von Siloah (Joh 9,7) und Bethesda und des Toten Meeres. Diese gehören anscheinend eher in das Gebiet der religiösen Glaubensanschauungen und der Magie als zur medizinischen Praxis.

d) Geisteskrankheiten: Geistesstörungen werden im AT für gewöhnlich als physische Leiden beschrieben. Die Ausnahmen kann man anführen. Eine ist der Fall des Königs Saul, eines begabten Herrschers, der zu Depressionen neigte: »ein böser Geist, vom Herrn gesandt, quälte ihn« (1 Sam 16,14 u. ö.). Später litt er an paranoiden Wahnvorstellungen und neigte zu Zornesausbrüchen, die für an dieser Krankheit leidende alternde Menschen typisch sind; vielleicht war dies auch ein Grund für seine wiederholten Angriffe gegen David (s. *David und Salomo). Der andere Fall einer offenbar exakten Beschreibung einer Geistesstörung ist der des Königs Nebukadnezar (Dan 4), dem »ein Tierherz« gegeben war. Obwohl die Geschichte von seinem Wahnsinn keine historische Grundlage hat und vielleicht die Juden daran erinnern sollte, daß Gottes Macht größer sei als die von Königen, bezog sie sich wahrscheinlich ursprünglich auf Nabonid, den letzten König von Babylon, der die letzten Jahre seiner Regierungszeit absichtlich fern von seinem Hof verbrachte. Unter den *Qumran-Texten wurde ein ›Gebet des Nabonid‹ entdeckt, das berichtet, der König sei »auf Geheiß des Allerhöchsten von einer schrecklichen Krankheit« befallen worden und habe, »von seinen Mitmenschen getrennt«, sieben Jahre in der arabischen Oase Teima zugebracht.

e) Öffentliche Gesundheitspflege in biblischer Zeit: Die im mosaischen Gesetz enthaltenen Hygienevorschriften standen unter den Völkern des alten Orients einzig da, wenn auch alle organisierten Gemeinschaften notwendig bestimmte sanitäre Vorschriften hatten. Viele Forscher sind der Ansicht, ohne ihre sehr strengen Praktiken hätten die Juden das Leben in der Wüste niemals überstehen können. Gleichwohl waren periodische Epidemien keinesfalls unbekannt (s. oben; *Numeri [Buch]; *Volkszählung), doch dämmte man sie mittels der Sondervorschriften ein (s. *Deuteronomium [Buch]), die Abfälle und Fäkalien, zu vermeidende und erlaubte Speisen betrafen, sowie durch die für bestimmte Krankheiten verfügte vierzigtägige Quarantäne und durch andere

Maßnahmen, wie Händewaschen vor dem Essen, denen eine offensichtlich religiöse Bedeutung zukam (s. *Reinheitsgesetze). In der ganzen zivilisierten Welt waren Wasservorräte (s. *Wasserversorung) stets von Bedeutung. Für die Hebräer, die sie zu allen Zeiten sorgfältig hüteten, waren sie besonders wichtig; sie wurden stets geschützt und saubergehalten (2 Chr 23, 3; 2 Kg 20,20).

Der Tod warf sanitäre Probleme auf; es wird häufig berichtet, wie man sich Leichen gegenüber verhielt (s. *Begräbnis). Grabungsfunde haben biblische Zeugnisse für Bestattungen fern von Wohnsiedlungen bestätigt (Gen 23, 4–11). Um die Lebenden nicht zu verunreinigen, wurden die Toten außerhalb der Stadtmauer beerdigt. Allein Könige wurden in Familiengrüften begraben (1 Kg 2, 10; 16, 28). Am 6, 10 deutet darauf hin, daß man nach einer besonders verheerenden Epidemie die Leichen verbrannte, und aus Dt 21, 22–23 geht hervor, daß die Juden die Leichen aufgehängter Verbrecher vor dem Einsetzen der Verwesung wegschafften und begruben.

3. Medizin in der nachexilischen und neutestamentlichen Zeit: *a) Kenntnis der Krankheiten:* Angaben in den nachexilischen Bibelbüchern, den *Deuterokanonischen Büchern und Apokryphen, im NT und bei Josephus deuten immer noch auf eine zwischen Empirie und Magie gespaltene Einstellung zur Krankheit und ihrer Behandlung hin. Wirkliche Fortschritte in Verständnis und Praxis der Medizin werden im Schrifttum der Mischna und des Talmud viel deutlicher sichtbar. Obwohl dies nach dem Abschluß der biblischen Periode kompiliert und herausgegeben wurde und daher weitaus jünger als die oben erwähnten Quellen ist, wurde es vermutlich von dem am Ende dieser Periode (2.–1. Jhdt. v. Chr.) vorherrschenden Standpunkt aus verfaßt.

Tob 6, 7 wird die Verwendung einer Fischgalle zur Heilung eines Blinden erwähnt, nachdem Leber und Herz des Fisches bereits zur Teufelsbannung benutzt worden waren. Der barmherzige Samaritaner (Lk 10, 34) behandelte Wunden mit Öl, Wein und Verbänden, wenn auch (Mk 5, 26) derartige Arzneimittel häufig unwirksam blieben. Einer der wenigen biblischen Hinweise auf die Natur einer Krankheit ist Lukas' Erwähnung (14, 2) des Wassersüchtigen; Lukas soll nach allgemeiner Ansicht Arzt gewesen sein.

Jesus war ein Heiler – hatte er doch Macht über die »bösen Geister«, die vor allem Geisteskrankheiten und Epilepsie verursachten (Mt 12, 22; Lk 13, 13). Er bewirkte auch viele Heilungen durch Handauflegen (Mt 9, 29; Mk 5, 17; 8, 23–24; Joh 9, 6 und viele andere Belege).

Das NT unterscheidet genau zwischen Kranken, die, wie es scheint, an Epilepsie litten, und den übrigen geistigen Verirrungen, die Jesus und später seine Jünger heilten (Apg 5, 16). Im letztgenannten Fall wurden die »Besessenen« zu Sprachrohren des Dämons, der in sie eingedrungen war.

b) Anatomische und physiologische Kenntnisse: Aus dem talmudischen Schrifttum geht hervor, daß die anatomischen Kenntnisse der Juden auf der Beobachtung der zu Opferzwecken geschlachteten und sezierten Tiere beruhten (s. *Opfer). Dieses Schrifttum, das die in der ganzen nachexilischen Periode angesammelten Kenntnisse spiegelt, gibt reichen Aufschluß über das damalige Wissen vom menschlichen Körper und seiner Funktionsweise. Man glaubte, der menschliche Körper setze sich aus 613 Teilen zusammen, wobei man zwischen mit Muskeln und Gewebe bedeckten knöchernen Teilen und den Arterien, Nerven usw. unterschied. Die verschiedenen Organe wurden entsprechend ihren Funktionen klassifiziert: Verdauung, Atmung, Herz und Arterien, Gehirn und Hauptnerven. Über Befruchtung und die Entwicklung des Embryos wußte man auf Grund empirischer Beobachtungen Bescheid. Hautkrankheiten und Augenleiden wurden klassifiziert und die geeignete Medikation vorgeschrieben. Insektenstiche und Schlangenbisse wurden sofort ausgesaugt, aufgeschnitten oder ausgebrannt. Malaria wurde erkannt – wenn man auch ihre Ursache nicht kannte–, und die empfohlene Therapie schloß die Verlegung in Hohenluft ein. In der hellenistischen und römischen Zeit waren die Thermen von Tiberias berühmt (in der Nähe der heißen Quellen von Hamath, wo 1962 eine *Synagoge entdeckt wurde; s. **Abb. 523,** *Astrologie und Astronomie). Die Quellen von Gadara und von Kallirrhoë in Moab, die *Herodes I., der Große, in der Hoffnung auf Genesung aufsuchte, galten ebenfalls als heilkräftig. Die talmudischen Texte, die zweifellos nicht nur jüdische Traditionen, sondern auch viele aus Babylonien und anderen vorderorientalischen Ländern bezogene Kenntnisse und Praktiken enthalten, behandeln Krankheiten und Leiden sämtlicher Körperteile, vom Scheitel – gegen dessen »Jucken« Schwefel verordnet wird

– bis zu bewegungsunfähigen oder nicht gehfähigen Füßen. Die Rabbiner jener Zeit erkannten, daß viele Krankheiten, besonders Pest, Diphtherie und Ruhr, ansteckend sind. Sie warnten Gesunde davor, die Nahrungsmittel, Teller, Kleidung usw. Kranker zu benutzen, und verboten das Spucken in der Öffentlichkeit, wiewohl ungewiß ist, ob aus ästhetischen oder hygienischen Gründen. Sie kämpften gegen die Fliegen, die eine große Plage waren und die Abfälle unschwärmten, und lobten nichtjüdische Orientalen, die »nur die Hand küssen«. Öffentliche Versammlungen in Pestzeiten wurden ausdrücklich verboten.

c) Frauenleiden: Die bedeutsamsten Angaben in den späteren Schriften und in der talmudischen Literatur befassen sich mit Vorschriften (*halakôt*) über die Unreinheit von Frauen während der Menstruation und Niederkunft und ihre Reinigung (*ṭōhorā*). Diese Vorschriften geben einige Aufschlüsse über das vorhandene Ausmaß des Verständnisses für die Physiologie der Frau. Die Anatomie der Vagina und Gebärmutter wird zutreffend beschrieben; die Pubertät wurde richtig verstanden, während die Menstruation mit dem Saft der Reben verglichen wird. Zwischen Monatsfluß, Wochenbettfluß und Hämorrhagien wurde genau unterschieden. Geburtshilfemaßnahmen schlossen damals Kaiserschnitte in Nachahmung der römischen Praxis ein, wiewohl man bei Schwergeburten eher dazu neigte, das Kind zu entfernen und zu opfern, um die Mutter zu retten, deren Leben als das wichtigere galt. Das zur Zerteilung des totgeborenen Kindes im Mutterleib benutzte Instrument ähnelte dem abgebildeten **(Abb. 524),** das für viele im Vorderen Orient und in Indien benutzte typisch ist. Die Weisen widersprachen einer Abtreibung nicht, wenn sie zur Rettung der Mutter gerechtfertigt erschien. Es ist nicht unwahrscheinlich, daß von den chirurgischen Instrumenten, die auf dem im Asklepieion von Athen gefundenen Relief **(Abb. 525)** dargestellt sind – oder von den in Pompeji entdeckten und von römischen Ärzten benutzten **(Abb. 526)** –, viele im damaligen Palästina bekannt waren.

d) Geisteskrankheiten: Die Mischna enthält eine Anzahl Hinweise auf Idioten und die schwachsinnigen *šotte,* deren Zeugnis rechtsunwirksam ist. Resch-Lakisch sah Missetäter als Wahnsinnige an: »Niemand verletzt das Gesetz, außer wenn er von Wahnsinn befallen ist.«

Wie das NT weist auch der Talmud auf Epileptiker und Hysteriker hin und widerrät der Ehe mit ersteren. Andere Nervenleiden werden auf Erkrankungen des Gehirns oder der Wirbelsäule zurückgeführt.

Megiddo

Gliederung: 1. Expeditionen. 2. Anfänge Megiddos. 3. Megiddo am Anfang der mittleren Bronzezeit. a) Tempel; b) Ägyptische Ächtungstexte. 4. Glanzzeit, Zerstörung und Wiederaufbau. a) Geschichtlicher Hintergrund; b) Wiederaufbau; c) Zeugnis der Amarnabriefe. 5. Megiddo im 12. Jhdt. v. Chr. a) Funde; b) Wasserversorgung. 6. Israel in Meggido? 7. Meggido unter den israelitischen Königen. 8. Von der Assyrerbis zur Römerzeit.

Megiddo beherrschte den Paß von *wādi ʻāra,* der die große Verteidigungsgrenze an der alten Straße war, die Ägypten und Mesopotamien, Afrika und Asien miteinander verband. Seine Bedeutung als strategisches, wirtschaftliches und kulturelles Mittelglied zwischen den Ländern des Mittelmeeres und den weiter nördlich und östlich gelegenen Ländern bestand viele Zeitalter hindurch.

1. Expeditionen: Der Ort mit einem Umfang von $5^1/_4$ Hektar wurde vor dem Ersten Weltkrieg durch eine deutsche Expedition unter Schumacher, später durch das orientalische Institut der Universität Chikago 1925–1939 unter Leitung von Fisher, Guy und Lord ausgegraben. Zuerst bearbeitete die amerikanische Expedition die eisenzeitlichen Schichten auf der ganzen Oberfläche des *tell,* später wurde die Arbeit auf drei begrenzte Gebiete konzentriert: AA im nördlichen Stadtteil, wo sich das Stadttor und ganz in der Nähe der Palast der kanaanäischen Herrscher befand; BB der heilige Bezirk oder *témenos,* die einzige Stelle, wo man bis auf den gewachsenen Felsboden hinunterdrang; und CC an der Südseite, wo die Ausgrabung bald aufgegeben wurde **(Abb. 527).** Die Rekonstruktion im Modell zeigt die drei Gebiete **(Abb. 528).** Die obersten Schichten sind israelitisch, die unteren, rechts, kanaanäisch. Unter der Leitung von Y. Yadin fanden neuerdings in den Jahren 1960, 1966 und 1967 Ausgrabungen statt, aufgrund deren die ursprünglich der Salomonischen Zeit zugesprochenen Pferdeställe in die Zeit Ahabs zu datieren waren, ebenso ist die Fleschenmauer in dieser Zeit anzusetzen. Die Kasemattenmauer der Salomonischen Zeit ist sicher erst in dieser errichtet worden.

2. Anfänge Megiddos: Zwanzig Schichten wurden unterschieden, die eine ununterbrochene Besiedlung umfassen. Die älteste Schicht stammt von einer Ortschaft der neolithischen Zeit (die ungefähr um 4000 v. Chr. zu Ende ging). Darauf folgte ein chalkolithisches Dorf Ende des 4. Jahrtausends v. Chr. mit einem interessanten Heiligtum, 4 × 12 m groß, mit einem Altar, der nach Osten zu auf die Ebene von Jesreel gerichtet war, und einem Eingang gegenüber dem Altar an einer der Längsseiten. Die nächsten drei Schichten (XVIII–XVI) gehörten zu Städten der frühen Bronzezeit und wurden von den Ausgräbern zwischen 2500 und 1950 v. Chr. angesetzt, d. h. in die Zeit vor den Patriarchen. In Schicht XVII wurde ein großer Altar für Brandopfer aufgedeckt, der zu einer *bāmā,* einer heiligen Höhe, gehörte (s. *Kanaanäische Religion; *Höhenheiligtümer). Die Bewohner der nachfolgenden Stadt Schicht XVI behielten die *bāmā* bei, veränderten sie aber in gewisser Hinsicht.

3. Megiddo am Anfang der mittleren Bronzezeit: *a) Tempel:* Megiddo XV gehört an den Anfang der mittleren Bronzezeit um das 19. Jhdt. v. Chr. Der runde Altar des Höhenheiligtums blieb erhalten, vermutlich aus Ehrfurcht vor dem Kult der Vorfahren. Bei gewissen Gelegenheiten wurde er weiterbenutzt. Jedoch enthielt diese Stadt drei neue Tempel. Zwei davon wurden zuerst gleichzeitig direkt nebeneinander errichtet. Dann wurde ein dritter, in spitzem Winkel zu den anderen beiden, über einer zerstörten Mauer des einen älteren erbaut. Dieser dritte ist der besterhaltene. Er besteht aus zwei Räumen: einem Altarraum und einer Vorhalle, die hintereinander liegen, der eine nördlich, der andere südlich. Der Altar ist ein Quader mit etwa 2,5 m Seitenlänge. Er besteht aus unbehauenem Stein, was an die biblische Vorschrift Ex 20,25 erinnert, doch anders als bei den israelitischen Altären führten vier Stufen auf ihn hinauf. Was von den Tempeln übrig ist, zeigt **Abb. 529,** links ist die runde *bāmā;* s. auch das Diagramm **Abb. 530.**

Nahe diesem Altar stand im selben Raum ein viel kleinerer Altar, woraus vielleicht hervorgeht, daß in diesem Tempel mehrere Gottheiten verehrt wurden oder der kleinere Altar der Gemahlin des Hauptgottes geweiht war. Der Altar konnte aber auch nur zur Ablage gedient haben. Vor den Altären standen die Basen von zwei Säulen, beide gut behauen, woraus man schloß, daß der Tempel ein zweites Stockwerk hatte. Die Vorhalle war wahrscheinlich ohne Dach. Man betrat sie durch ein Mitteltor. An ihrer Außenseite fand man die Basen von zwei weiteren Säulen. Diese hatten wahrscheinlich keine architektonische Bedeutung, sondern dienten als Symbole des Gottes und seiner Macht, wie Jachin und Boas am Tempel Salomos. Östlich des Altarraumes war ein Seitenraum, und es mag noch weitere Räume im oberen Stockwerk gegeben haben.

Die sehr dicken Mauern des Tempels lassen vermuten, daß er ebenso wie der Tempel von Jerusalem in Belagerungszeiten als Festung dienen konnte.

b) Ägyptische Ächtungstexte: In dieser und weiteren Schichten von Megiddo gibt es Spuren ägyptischer Besatzung. Das beste Zeugnis für die ägyptische Einmischung in Kanaan liefern die sogenannten Ächtungstexte des Sesostris III. (1878–1843 v. Chr.) und anderer ägyptischer Könige. Es sind dies hieratische (kursive) Inschriften, die die Fürsten verschiedener Städte oder bestimmter Volksgruppen nennen und die auf Tongeschirr oder Statuetten angebracht wurden **(Abb. 43),** die absichtlich bei einem magischen Ritual zerbrochen wurden, um auf diese Weise die genannten Feinde zu treffen. Da aus dieser Zeit andere geschichtliche Quellen über das Land Kanaan sehr spärlich fließen, sind diese Texte von großem Wert.

Aus der späteren, XIII. Schicht der Stadt (mittlere Bronzezeit) gab das Gebiet rund um das Stadttor die besten Aufschlüsse. Ein Teil der Stadtmauer, das Tor und die Stufen, die zu ihm hinaufführten, wurden aufgefunden.

4. Glanzzeit, Zerstörung und Wiederaufbau: *a) Geschichtlicher Hintergrund:* Es folgen die Städte XII bis X, die in die zweite Hälfte der mittleren Bronzezeit gehören (18.–15. Jhdt. v. Chr.), als die Hyksos Ägypten und Kanaan beherrschten. Sie entsprechen der Patriarchenzeit (s. *Patriarchen, Geschichte) und sind Zeugnisse für eine Glanzzeit Megiddos, wie es sie erst wieder zur Regierungszeit Salomos erreichen sollte.

Im Leben von Palästina herrschte in der Zeit direkt nach der Hyksosherrschaft (1720–1570 v. Chr.) eine beträchtliche Unruhe. Diese dauerte an bis eine besser organisierte Herrschaft unter Thutmosis III. aufgerichtet wurde (s. *Ägypten und seine Beziehung zu Israel). In seinen Annalen, die Thutmosis auf die Mauern des Amontempels in Karnak schreiben ließ, schildert er die entscheidende Schlacht bei

Abb. 527. Megiddo. Im ganzen sind zwanzig Besiedlungsschichten ausgegraben worden, wobei sich das Interesse der Ausgräber vornehmlich auf die Grabungen AA (im Norden des *tell,* wo sich die Stadttore befanden), auf BB (den heiligen Bezirk der Stadt) und CC (das von einem bestimmten Zeitpunkt an nicht mehr besiedelt wurde) konzentrierte

Abb. 528 (rechte Seite). Rekonstruktionsmodell von Megiddo, das für die israelitische Epoche die Ergebnisse in den drei Ausgrabungszentren veranschaulicht. Das darunterliegende Stratum ist kanaanäisch

A
A

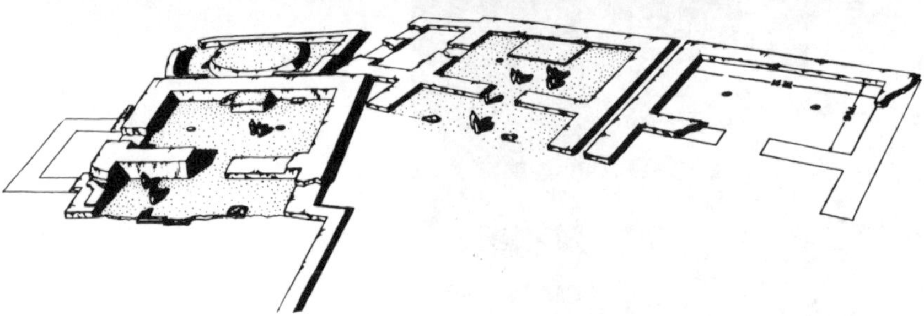

Abb. 529, 530. Ausgrabung und Diagramm eines in Megiddo gefundenen Tempels aus der Schicht XV (19. Jhdt. v. Chr.)

Abb. 531. Reste eines Stadttores aus Megiddo

Meggido 1479 v. Chr. Die Ägypter hatten einen starken Bund kanaanäischer Fürsten unter der Führung des Kanaanäerkönigs von Kades am Orontes gegen sich. Deren Streitkräfte waren im Tal Jesreel aufgestellt und erwarteten einen ägyptischen Anmarsch von Süden her. Der Pharao aber nahm statt dessen einen kürzeren Weg durch ein Tal nahe Megiddo, das er das Tal der *Keniter nennt. Auffallend ist die Erwähnung dieses Stammes in einem Gebiet weit im Norden dessen, was sonst als seine Heimat gilt (in der Geschichte von Debora gibt es vielleicht eine Nachricht über diese Gruppe, denn Sisera, der die kanaanäischen Streitkräfte befehligte, wurde von Jael, der Frau des »Keniters« Heber, getötet; s. *Richter; *Keniter).

Bei jenem früheren Zusammenstoß ließen die Kanaanäer ihre Kriegswagen im Stich und flohen vor dem ägyptischen Heer in die ummauerte Stadt von Megiddo. Der Sieg hätte sofort vollkommen sein können, wenn die ägyptischen Soldaten ihren Plünderungen Einhalt geboten hätten. So hatte der König statt eines Blitzfeldzuges eine monatelange Belagerung zu organisieren. Zuletzt wurde die Stadt eingenommen und zerstört. In der Inschrift von Karnak fügt der Pharao ruhmredig eine lange Liste der Beute bei, die die wirtschaftliche und militärische Bedeutung der Stadt zu jener Zeit deutlich anzeigt. Es überrascht nicht zu lesen: »Seine Majestät setzte nun die Fürsten aufs neue ein . . . Das Ackerland wurde in Felder eingeteilt, welche die Inspektoren der königlichen Verwaltung berechneten, um ihren Ertrag zu ernten« (nach Galling, Textbuch zur Geschichte Israels). Wahrscheinlich blieb infolge dieser Verwaltungsmaßnahmen Thutmosis' III. das Tal von Jesreel während einer langen Periode der biblischen Geschichte königliche Domäne.

Nachdem er den Widerstand des kanaanäischen Bundes gebrochen hatte, zog Thutmosis weiter an den Euphrat und legte damit die Grenze des ägyptischen Reiches in Westasien fest.

b) Wiederaufbau: Megiddo selbst wurde nach ungefähr demselben Plan wie Stadt IX wiederaufgebaut (Schicht VIII). Obwohl es keine ägyptische Besatzung erhielt, wie das benachbarte *Beth-Sean, wurde es ein Schlüsselpunkt der ägyptischen Herrschaft. Noch ist das gut gemauerte Stadttor zu sehen **(Abb. 531),** während im alten Tempelbezirk ein neuer Tempel mit sehr einfachem Grundriß, aber außerordentlich dicken und festen Mauern errichtet wurde. Dieser Tempel hat seine besondere Bedeutung als Zeugnis für die *kanaanäische Religion. Er bestand aus einer großen Haupthalle mit einer flachen Nische an der Rückwand, in der vermutlich das Kultobjekt stand. Es gibt keinerlei Entsprechung zum »Allerheiligsten«. Die Kultteilnehmer durften offenbar direkt vor die Gottheit treten. Zwei kleine Kammern auf beiden Seiten des Eingangs mögen als Räume für Priester oder Vorratskammern gedient haben. Dieser Tempel war jenem zur selben Zeit in Sichem gebauten ähnlich. Unter der Keramik dieser Schicht ist viel Importware aus dem ägäischen Gebiet, woraus hervorgeht, daß um diese Zeit die mykenische Kultur großen Einfluß auf Kanaan gewann.

c) Zeugnis der Amarnabriefe: Unter den Amarnabriefen (aus der 1. Hälfte des 14. Jhdts. v. Chr.) stammen etliche von Biridija, dem König von Megiddo. Sie geben uns ein lebhaftes Bild vom Leben in der Kanaanäerstadt zu einer Zeit, wo sie von allen Seiten her bedroht war und im ganzen Land beinahe Anarchie herrschte. Aus diesen Umständen erklärt sich, daß man unter dem Boden des Königspalastes in Schicht VIII einen Schatz gehortet fand **(Abb. 532, 533).** Dieser Hort von Gold, Edelsteinen, Elfenbein und kosmetischen Gefäßen nach bekanntem ägyptischen Muster enthielt auch Schmuckstücke (Perlen, goldene Diademe), so daß man vermutet, daß er einer der Damen des Hofes gehörte. Der gesamte Fund ist von unschätzbarem Wert für die Geschichte der Kunst und Kultur von Kanaan am Vorabend der israelitischen Eroberung.

5. Megiddo im 12. Jhdt. v. Chr.: *a) Funde:* In der nächsten Schicht, Megiddo VII, kam die Basis einer Statue von Ramses VI. zum Vorschein (ca. 1148–1142 v. Chr.). Es ist das das späteste Datum dieser Schicht. Das Schatzhaus des Königspalastes dieser Stadt enthielt eine große Zahl Elfenbeingegenstände, die von Eroberern, die Megiddo um die Mitte des 12. Jhdts v. Chr. überwältigten, zurückgelassen wurden. Unter diesen Stücken ragt besonders eine Elfenbeinplakette hervor, die die Feier eines Sieges darstellt **(Abb. 534).** Der kanaanäische Fürst ist zweimal dargestellt, einmal auf seinem Thron sitzend bei der Mahlzeit und einmal beim Heranführen von Gefangenen, die abgesehen von ihrer Kopfbedeckung nackt sind, ähnlich den ägyptischen Darstellungen von Beduinen (genannt *Šasu*). In einem ägyptischen Brief (Papyrus Anastasi I aus der Zeit Ramses' II.) wird über das *wādi ʿārā* bei Megiddo

Abb. 532

Abb. 532, 533. Elfenbeinarbeiten, die mit zu dem Schatz gehören, den man unter dem Fußboden des königlichen Palastes im Stratum VIII Megiddos entdeckte

Abb. 533

Abb. 534. Darstellung eines kanaanäischen Fürsten, einmal bei der Mahlzeit auf seinem Thron sitzend (rechts), zum anderen bei der Heimkehr von einem Feldzug (Nachzeichnung einer Elfenbeinschnitzerei aus Megiddo, Schicht VII)

Abb. 535. In der Ausgrabungsschicht VII von Megiddo entdeckte man ein Wasserversorgungssystem für Notzeiten. Es bestand aus einem Schacht und einem langen Tunnel, der zu einer verborgenen Quelle führte

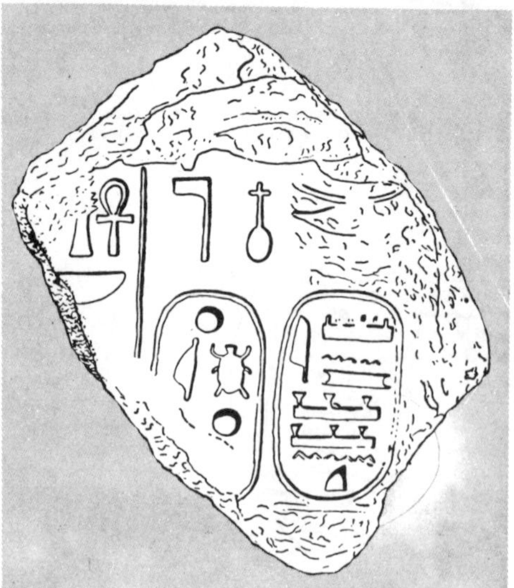

Abb. 536. Fragment einer Stele mit dem Namen Scheschonks I. (Megiddo, Schicht V)

Abb. 537–539. Pferdeställe in Megiddo; unten: Krippe und Rekonstruktion

gesagt, es sei »gefährlich, weil die Beduinen sich in seinen Büschen verbergen«. Die Plakette wird einen erfolgreichen Streifzug gegen sie verherrlichen.

b) Wasserversorgung: Schicht VII (nach K. Kenyon erst Schicht VI) enthielt auch ein System der Wasserversorgung **(Abb. 535),** nämlich einen Schacht von 30 m, der durch einen Tunnel von 60 m Länge zu einer Quelle führte. Diese großartige Ingenieurarbeit war dazu bestimmt, eine Wasserversorgung für Notzeiten zu schaffen – es gibt wasserreichere Quellen näher an der Stadt –, und ihr Plan entspricht dem in mykenischen Städten (s. *Wasserversorgung).

6. Israel in Megiddo? Das spätbronzezeitliche Megiddo VII wurde total zerstört. Eine 60–180 cm dicke Aschenschicht trennt es von der nächsten Schicht, in der die früheren Fundamente nicht wieder benutzt wurden. Diese Zerstörung mag eine Tat der Philister gewesen sein. Die biblischen Erzählungen geben keinen Anhalt für die Vermutung, daß die Israeliten sie ausgeführt hätten. Eine Zeitlang lag Megiddo als Trümmerhaufen verlassen, und sein Name wird kaum erwähnt. Zur Zeit der Debora war es offenbar keine befestigte Kanaanäerstadt mehr (s. *Richter). Dann aber wurde eine andere Stadt von verschiedenen Maßen auf der Stätte errichtet (Schicht VI). In ihrer Lebensweise waren deren Einwohner ihren Vorgängern ziemlich gleich. Megiddo blieb außerhalb des israelitischen Gemeinwesens in der Zeit des Stämmebundes. Vielleicht stand es damals unter Philisterherrschaft. Diese Schicht lieferte typische Philisterkeramik, aber es läßt sich nicht entscheiden, ob sie von einer Philisterherrschaft herrührt oder durch Handel nach Megiddo kam. Biblische und archäologische Zeugnisse lassen Philisterbesatzungen *Beth-Sean und *'affūle* (Ophel) zu dieser Zeit erkennen.

Dieser Abschnitt der Besiedlung von Megiddo scheint bis ungefähr 1000 v. Chr. gedauert zu haben. Dann wurde die Stadt wieder zerstört und blieb nochmals eine Zeitlang unbesiedelt. Ein Zeugnis, daß dies einem Eingriff der Israeliten zuzuschreiben wäre, fehlt, doch mögen sich die Israeliten die Herrschaft über das Gebiet während der Zeit, als die Stadt unbewohnt war, angeeignet haben.

7. Megiddo unter den israelitischen Königen: Obwohl die Bibel nichts davon berichtet, muß Megiddo dem Königreich Israel bei Davids Reichserweiterung nach Norden einverleibt worden sein. Doch scheint sich der israelitische Einfluß in der Stadt Megiddo V (10. Jhdt. v. Chr.) nicht sehr bemerkbar gemacht zu haben. Die Bewohner blieben bei derselben Lebensweise wie früher. Man hat eine Anzahl kanaanäischer Kultgegenstände (s. *Kanaanäische Religion) aufgedeckt.

Später wurde Megiddo eine der »Vorratsstädte, die Salomo besaß, die Städte für seine Streitwagen und seine Reiterei« (1 Kg 9, 19). Bei Salomos Verwaltungsreform wurde Megiddo die Hauptstadt des umfangreichen fünften Bezirkes. Als man Ställe **(Abb. 537)** und Krippen **(Abb. 538)** für 480 Pferde in dieser Schicht fand (s. auch die Rekonstruktion **Abb. 539**), dachte man natürlich zuerst an dieses biblische Zeugnis über Salomo. Spätere Forschung zeigte jedoch, daß sie tatsächlich wohl eher der Zeit von Ahab angehören (s. *Israel und Juda). Dessen Interesse für die Wagentruppe bezeugt die Bibel (z. B. 1 Kg 18, 5), und der assyrische Bericht über die Schlacht von Karkar 853 v. Chr. schreibt ihm 2000 Streitwagen zu, das größte derartige Aufgebot innerhalb des antiassyrischen Bundes. Das monumentale Stadttor **(Abb. 527, 531),** das in *Gezer und *Hazor seinesgleichen hat, bestätigte die Angabe der Bibel, daß Salomo und seine Nachfolger phönikische Baumeister anstellten.

Trotz ihrer Kasemattenmauern, ihrem gewaltigen Stadttor mit sechs Wachräumen und der nördlichen Festung wurde die Stadt Salomos (10. Jhdt. v. Chr., Schicht VA–IVB 926 v. Chr.) mindestens teilweise durch den Pharao Scheschonk I. (950–929 v. Chr.) zerstört, als dieser vergeblich versuchte, die ägyptische Vorherrschaft in Westasien wieder aufzurichten. Ein Bruchstück einer Stele, die seinen Namen trug, hat man in Megiddo gefunden **(Abb. 536),** was seine Behauptung auf der Inschrift in Karnak bestätigt, er habe Megiddo erobert (s. *Ägypten und seine Beziehung zu Israel).

Das Hauptmerkmal der Stadt, die hierauf wiedererstand (Schicht IVA), ist eine massive Stadtmauer, nach dem Prinzip von Vorsprüngen und Einbuchtungen (sog. Fleschenmauer) angelegt, die zum Teil auf den Resten der vorherigen Kasemattenmauer errichtet ist (s. *Stadtanlage, israelitische 1). Die Akropolis von Meggido (auf **Abb. 531** links hinten) bestand ebenso wie das *Samaria Ahabs und vielleicht *Jerusalem und *Lachis aus einer Gruppe von Regierungsgebäuden, die das Stadtbild beherrschten. Dort fand die erste deutsche Expedition das durch sein Löwenbild berühmte Siegel des Schema, eines Beamten

des Königs Jerobeam I., das dieser Zeit angehört **(Abb. 737).**
Bei dem Aufstand Jehus gegen Ahab wurde Ahasja, der König von Juda, in Megiddo getötet. Wahrscheinlich hat König Hasael von Damaskus die Stadt dieser Schicht (Megiddo IV A) zerstört.
Megiddo III, eine Stadt von bescheidenem Umfang, wurde erbaut, nachdem König Joahas von Israel die Städte zurückgewonnen hatte, die sein Vater verloren hatte. Es blieb noch immer ein bedeutsames Zentrum, und ein großes Getreidesilo (s. *Akkerbau und Viehzucht), das mit Lehmziegeln ausgemauert ist, deutet an, daß die Bauern des Jesreeltals regelmäßig ihre Steuern an den Stadthauptmann in Naturalien zu zahlen hatten.
8. Von der Assyrer- bis zur Römerzeit: Die Eroberungen Tiglatpilesars III. umfaßten auch Megiddo (734 v. Chr.) Eine neue Stadt (Schicht II) wurde die Hauptstadt des assyrischen Verwaltungsbezirks von Megiddo, von wo aus Galiläa regiert wurde. Als die Meder und Babylonier die Assyrer angriffen und schließlich 612 v. Chr. deren Reich zusammenbrach, wollte König Josia von Juda die Gelegenheit benützen, das nördliche Gebiet wiederzugewinnen. Ob er Megiddo befestigte oder nicht, jedenfalls wählte er es als Verteidigungsstellung, wo er der ägyptischen Armee entgegentrat, mit der Pharao Necho den Assyrern zu Hilfe kommen wollte und durch Palästina zog. Josia fiel im Kampf (609 v. Chr.; s. *Israel und Juda). Wieder lag der Ort verlassen, und erst in der Perserzeit nach 450 v. Chr., in der Periode des Esra und Nehemia, entstand dort wieder ein neues Dorf. Nach den Eroberungen Alexanders des Großen wurde Palästina ein Teil seines Reiches, und neue Ansiedler aus Syrien und Makedonien strömten nach Megiddo. Der Gipfel des Hügels, unter dem die alten Städte lagen, war zu klein für eine weitläufigere Besiedlung. So wurde eine neue Stadt ein Stück weit abseits gegründet, da, wo heute das arabische Dorf *el-leǧǧūn* liegt. Der Name stammt von der römischen Legion, die hier ihr befestigtes Lager aufschlug. Damit hatte die Geschichte von Megiddo ihr Ende erreicht, aber sein Name blieb von machtvoller Symbolik. In der christlichen *Eschatologie gilt der Hügel von Megiddo (hebr. *hār megiddō*), als der passende Ort für die letzte Schlacht der Weltgeschichte, wenn es Apk 16, 14. 16 heißt: »(Sie sind nämlich Dämonengeister, die Zeichen tun,) die zu den Königen des ganzen Erdkreises ausziehen, um sie zum Krieg am großen Tag des allmächtigen Gottes zu versammeln . . . an den Ort, der auf hebräisch Harmageddon heißt.«

Menschwerdung (Inkarnation)
Gliederung: 1. Jesu Geburt. 2. Der Anspruch Jesu. 3. Früheste neutestamentliche Interpretation. 4. Die apostolische Verkündigung und Paulus. 5. Paulinische Theologie. 6. Johannes. 7. Hebräerbrief. 8. Pastoralbriefe. 9. Jungfrauengeburt.
Die christliche Religion basiert auf dem Glauben an Jesus Christus als Gott und Mensch. Das ursprüngliche und noch immer fortbestehende Fundament des Christentums ist der Glaube an den apostolischen Bericht von Jesu Geburt, Leben und Tod und besonders von seinem eigenen Wissen um eine besondere Beziehung zu Gott. Für die Christen wurde in dem Menschen Jesus Gott Fleisch. Die Glaubwürdigkeit dieses Glaubens nachzuprüfen ist nicht die Aufgabe des Historikers; dieser kann aber die Ursprünge des Glaubens an die einzigartige Weise, wie Jesus in die Welt kam und sie wieder verließ (s. *Auferstehung), im Bericht des Neuen Testamentes aufspüren.
1. Jesu Geburt: Die Evangelien Matthäus' und Lukas' stellen keinerlei metaphysische Fragen nach Jesu übernatürlicher Geburt, sondern berichten einfach, daß er, ohne Zwischentreten eines menschlichen Vaters, durch einen übernatürlichen, schöpferischen Akt Gottes von einer Jungfrau empfangen wurde. Jesus ist also der »Sohn Gottes«, obwohl der christliche Glaube nicht von der Jungfrauengeburt abhängig ist. Weil der Messias aus Davids Stamm kommen mußte, dachten die Evangelisten, sie würden ihrer Sache dadurch eine größere Beweiskraft geben, daß sie einen Stammbaum brächten, der Jesu Herkunft von David und Abraham über Joseph nachweise. Diese Genealogie hat aber keinen Bezug zur Erzählung von der Jungfrauengeburt. Die Genealogie ist mit der Abstammung von David verknüpft, die Jungfrauengeburt hingegen mit den messianischen Zeichen Jes 7, 14. Die Evangelisten oder Editoren ließen das Faktum, daß die Jungfrauengeburt mit der davidischen Abstammung in Widerspruch steht, unbeachtet. Die Erwartungen des Messias und seines Kommens (s. *Jesus von Nazareth) nahmen eine Vielfalt von verschiedenen Formen an. Grundlegend war die Vorstellung eines davidischen Messias, von dessen Persönlichkeit man annahm, daß sie göttliche und menschliche Attribute ver-

bände. Die *synoptischen Evangelien zeigen Jesus als den sittlich vollkommenen Menschen und glauben auch, daß er göttliche Eigenschaften besitzt. Die Ansicht der ersten Apostel ging nicht darüber hinaus. Später schien es Paulus, Johannes dem Evangelisten und dann den Heidenchristen, daß ohne eine Inkarnation die messianischen Erwartungen nicht erfüllt und die göttlichen Eigenschaften nicht gegenwärtig werden könnten. Von daher entstand die Vorstellung von einem präexistenten göttlichen Wesen, das in die Welt gekommen war. Matthäus und Lukas haben diese Vorstellung nicht.

Die legendenhaften Inkarnationen der heidnischen Religionen sind wahrscheinlich mehr als Ausdruck einer allgemein menschlichen Sehnsucht nach Vereinigung mit der Gottheit. Im Christentum erst wird Inkarnation fundamental.

2. Der Anspruch Jesu: Ausgangspunkt aller christlichen Theologie ist das historische Phänomen Jesus von Nazareth. Was Jesus gesagt, getan und gelitten hat, bildet die Grundlage des nachösterlichen Glaubens der Kirche, ihrer apostolischen Verkündigung und späteren theologischen Reflexion. Da sich in den mit einiger Sicherheit auf Jesus selbst zurückzuführenden Worten kein eindeutiges Zeugnis dafür findet, daß Jesus sich als menschgewordener Gott ausgegeben hat, haben viele Gelehrte den Inkarnationsglauben als eine spätere Eintragung des hellenistischen Christentums, vorab des Paulus und des Johannes, bezeichnet. Die neuere Diskussion um den historischen Jesus hat jedoch überzeugend nachgewiesen, daß Lehre und Wirken Jesu einen Anspruch enthalten, von dem aus ein legitimer Weg zur Theologie der Menschwerdung führt. Jesus war sich bewußt, mit seinem Wort Gottes Schöpferwillen in seiner ursprünglichen Reinheit zu verkünden und mit seinem Handeln Gottes Gnadenwirken gegenwärtig zu setzen. Es bleibt nur die Frage, ob die später formulierte Inkarnationslehre mehr besagen kann und will, als in diesem Anspruch des historischen Jesus enthalten ist.

3. Früheste neutestamentliche Interpretationen: Die Jünger hatten Jesus schon vor seinem Tod als Messias anerkannt. Die *Auferstehung gestaltete ihren Glauben an ihn um, und sie wurde nun die Mitte ihrer Verkündigung. Den Juden im allgemeinen fiel es sehr schwer, Jesus als Gott und Mensch anzunehmen, und selbst das NT ist sich über diesen Punkt nicht völlig klar. Die eigentliche Schwierigkeit liegt darin, ihn als Messias anzuerkennen und die Auferstehung anzunehmen. Das NT gibt ein Bild von den ersten Interpretationsstufen. Es überrascht in der Tat nicht, daß es kein allgemein angenommenes, festes Bild gab und daß man verschiedene Stufen eines Christusglaubens unterscheiden kann.

4. Die apostolische Verkündigung und Paulus: Als die Apostel ihr Missionswerk unter den Heidenvölkern begannen, hatte die konstante Wiederholung der Ereignisse aus dem Leben Jesu und die Verkündigung natürlich einen Einfluß auf ihr eigenes Denken. Allmählich gaben sie die Vorstellung, daß die Inkarnation nur eine vorläufige gewesen sei, zugunsten der Annahme einer zukünftigen, bedeutenderen Manifestation auf.

Das Hauptanliegen der apostolischen Verkündigung und vor allem von Paulus war nicht so sehr, die Art der Erscheinung Christi auf Erden, sondern vielmehr deren Bedeutung herauszustellen. Wenn Jesus der Sohn Gottes war, dann mußte er auch vom Himmel in einer Weise und zu einer Zeit, die von Gott zu seinem eigenen Zweck gewählt worden war, auf die Erde gekommen sein. In den ersten Briefen des Apostels Paulus spricht dieser von Christus vom personalen Gesichtspunkt aus, als einem, mit dessen Hilfe Gott eine Aussöhnung ausgeführt hat, und einem, der den Bruch, der durch die Sünde zwischen Gott und Menschen in die Welt gekommen ist, wieder geheilt hat. Die späteren Briefe und der Brief an die Hebräer sprechen unter einem mystischeren Aspekt von der Inkarnation.

Ein präexistenter Christus tritt an die Stelle des wiederkehrenden Christus. Mit der Vollendung der Inkarnation setzte Gott ihn »zu seiner Rechten in den Himmeln« und hat schon alles »ihm zu Füßen gelegt« (Eph. 1,20.22).

Für Paulus hat Christus die Bestimmung der Menschheit und damit des gesamten Universums als sein erster und letzter Grund erfüllt. Wie dem auch sei, das Kommen Christi hatte nicht das Werk der Inkarnation vollendet.

5. Paulinische Theologie: Das Paulinische Denken kreist vorzugsweise um die Heilsbedeutung des Todes und der Auferstehung Christi. Über die Art, wie Jesus in diese Welt gekommen ist und welcher »Natur« er war, macht der Apostel nur gelegentliche Andeutungen. Jesus ist Gottes »Sohn, der aus dem Samen Davids hervorgegangen ist nach dem Fleisch, der eingesetzt ist zum Sohne Gottes voll Macht nach dem Geiste der Heiligkeit kraft der Auferstehung von den Toten« (Röm 1,3–4). Hier erscheint die Inkarnation, das Dasein Jesu »im Fleisch«, nur als Vorbereitung auf die eigentliche Offenbarung des Gottessohnes in »Macht« und Heiligem Geist. So zeigt Paulus in seinen Briefen auch wenig Interesse an einzelnen Ereignissen des Lebens und Wirkens Jesu; und daß er den Umständen der Geburt Jesu keine Bedeutung beigemessen hat, geht aus Gal 4,4 hervor: »Als aber die Fülle der Zeit gekommen war, sandte Gott seinen Sohn, von einem Weibe geboren, dem Gesetz unterstellt.«

Näher an die Lehre von der Menschwerdung heran führt der (vorpaulinische?) Hymnus des Philipperbriefs: »Seid so gesinnt wie Christus Jesus, der, als er in Gottes Gestalt war, es nicht für einen Raub hielt, Gott gleich zu sein; vielmehr entäußerte er sich selbst, nahm Knechtsgestalt an, ward Menschen gleich. Und in seinem Aussehen erfunden wie ein Mensch, erniedrigte er sich selbst, wurde gehorsam bis zum Tode, ja bis zum Tode am Kreuz« (Phil 2,5–8). In ähnliche Richtung weist 2 Kor 8,9: »Erkennet daran die Gnade unseres Herrn Jesus Christus, daß er euretwegen arm geworden ist, obwohl er reich war, damit ihr durch seine Armut reich werdet.« Armut und Reichtum meinen hier das gleiche wie »Gottes Gestalt« und »Knechtsgestalt«. So schwer die Paulinischen Aussagen im einzelnen zu deuten sind, aus ihnen spricht noch kaum ein spekulatives Interesse an der metaphysischen Wesenheit Christi, sondern eine unmittelbar seelsorgliche Absicht: Die Philipper sollen in Selbstlosigkeit und Gehorsam der Gesinnung Jesu nacheifern, die Korinther sollen sich an der göttlichen Freigebigkeit Christi ein Beispiel nehmen und reichlich für die Jerusalemer Gläubigen spenden.

6. Johannes: Der Übergang zu einer kosmischen und mystischen Schau der Inkarnation hat bei Johannes seine Vollendung gefunden. Er mußte die Kluft, die zwischen den Judenchristen von Jerusalem Mitte 1. Jhdt. n. Chr. und dem platonischen Hellenismus von Ephesos wie der umliegenden Welt am Ende des Jahrhunderts bestand, überbrücken. Johannes versuchte das Christentum in diese verschiedenartige Welt zu stellen, und so wandelte er die Geschichte von Jesus in allegorische und symbolische Formen, um so die Schwierigkeiten zu beseitigen, die sich aus der griechischen philosophischen Spekulation ergeben hatten. Der Christus der Geschichte wurde verwandelt durch das Licht des Christus des Glaubens und bekam eine neue Gestalt. – Die hebräische Vorstellung des Terminus »Wort« geht zurück auf die Genesis, wo die Ursache der Schöpfung das »Wort« (*dabār*) Gottes war, das vom Beginn an bestand. Unter dem Einfluß von stoischem Gedankengut (s. *Hellenismus im Nahen Osten) modifizierten Philo und die alexandrinischen Juden-Philosophen diese Idee zur Konzeption des *logos* (Wort) als beides: Gottes gegenwärtige Schöpfermacht und das Werkzeug, durch das er wirkte. Johannes ging darüber hinaus, um eine Vorstellung von Christus als dem »Wort« (*logos*), das Fleisch ward, zu erreichen. Im Prolog zum 4. Evangelium wird Christus in seinem Handeln als das schöpferische »Wort« vor und während der Schöpfung beschrieben. Der Evangelist spricht von Jesus als dem fleischgewordenen »Wort«, das »sein Zelt unter uns aufgeschlagen hat«, um den Menschen offenbar zu werden. In dieser Beschreibung kehrt Johannes zum früheren Stil, eine abstrakte Vorstellung zu personifizieren, zurück.

Wenn Johannes »Fleisch« und nicht einfach »Mensch« schreibt, hat er gewiß polemische Gründe. Manche doketische Irrlehrer behaupteten, Jesus habe nur eine menschliche Seele – den göttlichen Lichtfunken –, nicht aber einen Fleischesleib angenommen. Allerdings meint der biblische Begriff »Fleisch« mehr als nur den materiellen Teil des Menschen, »Fleisch« ist der ganze Mensch mit besonderer Betonung seiner Hinfälligkeit, Sterblichkeit und sittlichen Schwäche. Dagegen ist die Deutung dessen, was Johannes unter dem Begriff »Logos« – der nur sehr unvollkommen mit »Wort« wiedergegeben wird – verstanden hat, immer noch umstritten, da der Logosbegriff außerhalb des Prologs nicht mehr vorkommt. Aus dem übrigen Evangelium scheint aber hervorzugehen, daß der Johanneische Logos kein bloßes Mittelwesen wie bei Philo sein will, sondern Gottes schöpferisches und heilbringendes Handeln in Person. Der Johanneische Christus offenbart sich mit der altorientalischen Theophanieformel: »Ich bin es.« Er ist Spender ewigen Lebens und alles dessen, wonach Menschen verlangen: Brot, Wasser, Licht, Geborgenheit, Freude. Wer ihn sieht, sieht Gott, den Vater.

7. Hebräerbrief: Der Hebräerbrief widmet der Menschwerdung des Gottessohnes größere Aufmerksamkeit als Paulus. Jesus erscheint hier als himmlischer »Bruder« der Menschen, der an Fleisch und Blut Anteil nimmt, um die im Todesgefängnis schmachtenden »Kinder« Gottes zu befreien. Er ist in allem den Brüdern gleich geworden und hat wie sie Versuchungen erfahren (2, 11–18), »ausgenommen die Sünde«. Auch in diesen, an gnostische Vorstellungen vom himmlischen Urmenschen erinnernden Aussagen dient die Inkarnationslehre einem praktischen Zweck, der Aufmunterung müde und mutlos gewordener Christen.

8. Pastoralbriefe: In einer Zeit, da die Gestalt Jesu von Nazareth zum Gegenstand mythischer Spekulationen zu werden drohte, bekennt sich der Verfasser der Pastoralbriefe zu den »gesunden Worten unseres Herrn Jesus Christus« (1 Tim 6, 3) und zu einem praktischen Christentum der guten Werke. Seiner Auffassung nach ist in Jesus die »Güte und Menschenfreundlichkeit Gottes« erschienen (Tit 3, 4), die »heilbringende Gnade, die uns anleitet, der Gottlosigkeit und den weltlichen Lüsten zu entsagen und besonnen und gerecht und fromm in diesem Äon zu leben« (Tit 2, 11–12). Diese Epiphanie-Christologie ähnelt stark der Art, wie die Evangelien, vor allem Markus, das Geheimnis der Person Jesu interpretieren. In Jesu Wort und Tat wird Gottes heilbringende, die Kräfte des Bösen überwindende Macht epiphan.

9. Jungfrauengeburt: Obwohl weder Paulus noch Johannes etwas über eine jungfräuliche Geburt Jesu berichten, haben sie den Glauben an die Menschwerdung Gottes verkündigt und theologisch begründet. Es ist deshalb unzutreffend, wenn verschiedentlich behauptet wird, die Menschwerdung Gottes habe sich nur auf dem Wege einer jungfräulichen Empfängnis vollziehen können. Gewiß sind die Verkündigungsgeschichten bei Matthäus (Mt 1, 18–25) und Lukas (Lk 1, 26–38) an dem Mißverständnis nicht ganz unschuldig, Jesus sei nur deshalb Gottes Sohn, weil er keinen menschlichen Vater gehabt habe. Lukas bringt die vaterlose Geburt Jesu und nennt Maria unmittelbar Jungfrau (Lk 1, 27), während Matthäus die Nichtbeteiligung Josephs bei der Zeugung des Kindes berichtet und Maria mittelbar Jungfrau genannt wird (Mt 1, 23). Die Überschattung durch den Geist (die Kraft) Gottes betont in besonderer Weise die Würde des so Gezeugten. Die Bezeichnung der Mutter als Jungfrau erfolgt in Verbindung und Erfüllung von Jes 7, 14. Obwohl Jesus im Zusammenhang der adamitischen Menschheit kommt, ist seine Geburt ein außergewöhnliches Zeichen dafür, daß in dieser Geburt Jesu die Menschwerdung Gottes und der Anfang der neuen Menschheit geschieht. – Die Frage der Gottessohnschaft hat mit dem biologischen Wunder einer Parthenogenese an sich nichts zu tun, da vollmenschliche Erzeugung und Gottes Vaterschaft auf zwei verschiedenen Ebenen liegen.

Micha (Buch)

Gliederung: 1. Inhalt. a) Kap. 1–3; b) Kap. 4–5; c) Kap. 6–7. 2. Stil. 3. Botschaft. 4. Die Sünde des Volkes und die soziale Ungerechtigkeit. 5. Micha und Jeremia. 6. Der Rest von Israel und Juda. 7. Micha und Jesaja.

Micha stammt aus Moreseth-Gath in der Sephela-Niederung von Juda. Er lebte eine Generation vor *Amos und war ein jüngerer Zeitgenosse des Propheten *Jesaja. Er wirkte als Prophet während der Regierungszeit der Könige von Juda, Jotham (etwa 743–733 v. Chr.), Ahas (733–727 v. Chr.) und Hiskia (727–698 v. Chr.).

1. Inhalt: Das Buch, das bei den kleinen Propheten an sechster Stelle steht, läßt sich in drei Abschnitte einteilen.

a) Kap. 1–3: Diese enthalten Weissagungen über das Gericht und die Strafe, die über Israel, seine Herrscher, die Propheten und das Volk kommen wird. Es sind Worte des unerbittlichen Strafgerichts (außer den wenigen Versen im Text von 2, 12ff), und zwar über jenes an Samaria (1, 2–9), die Wehklage über Juda (1, 10–16), das Urteil über die Grausamkeit der Mächtigen. Er schließt mit einer gnädigen Verheißung der Rettung (2, 12–13). Das dritte Kapitel, das des Propheten leidenschaftliche Anteilnahme an den Armen verrät, spricht über das dunkle Geschick, das Jerusalems Führer zu erwarten haben, von der Sünde seiner Richter und vom bösen Ende, das die volkstümlichen Propheten und Jerusalem selbst nehmen werden.

In jedem Abschnitt wird die gegenwärtige Korruption beschrieben, das drohende Strafgericht angekündigt und eine oder mehrere Visionen einer strahlenden Zukunft geschildert. Diese Ausführungen stellen keine drei zusammenhängenden Themengruppen dar, vielmehr handelt es sich um drei Zusammenfassungen der Hauptthemen der mündlichen Aussagen des Propheten. Zwar sind diese nicht chronologisch geordnet, aber jene, die seine Worte in ihrem Gedächtnis bewahrt und gesammelt haben, folgten einem allgemei-

nen Schema: Verderbnis, Gericht, Erlösung der Übrigen, Erhebung. Die einzelnen Äußerungen wurden jedoch nicht irgendwie miteinander verbunden.
b) Kap. 4–5 bestehen fast ausschließlich aus Zukunftsverheißungen. Jerusalem ist der religiöse Mittelpunkt der Welt (4, 1–5). Es wird Zeuge sein der Sammlung all derer, die verstreut sind, und der Wiederherstellung des Königtums nach großem Leid (4, 6–13). Dieses Bild erfährt in der eschatologischen Schau des Schützers von Juda, des Messias, eine nochmalige Steigerung (5, 1–6); es wird keine Kriege und keinen Götzendienst mehr geben (5, 7–17).
c) Kap. 6–7 sind eine Anklage Gottes gegen die Undankbarkeit dieses Volkes und eine Weissagung über die Strafe, die Unehrlichkeit im Handel nach sich ziehen wird (6, 1–16). Der Abschnitt 7, 1–7 ist eine Klage über die herrschende Verderbnis; der Text schließt im 8.–20. Vers mit einem Gedicht über den Sieg Sions über die Heidenwelt. Diese Aussage steht im Gegensatz zu den vorhergehenden Worten vom Gericht
2. Der Stil: Da zwischen den ersten und letzten Kapiteln stilistische Unterschiede erkennbar sind, haben einige Kritiker darzulegen versucht, daß lediglich die Verse 1, 2–2, 10 und Teile des 4. und 5. Kap. tatsächlich von Micha stammen; die anderen Abschnitte hingegen müßten einer späteren Epoche als dem 8.–7. Jhdt. v. Chr. zugeordnet werden. Im Text von 4, 8 ff finden sich Anklänge an die Exilszeit, wie etwa die Erwähnung Babylons (im 10. Vers). Einige halten diese Stelle jedoch für eine Randglosse, die die frühere Prophezeiung an eine spätere Epoche anzupassen versucht. Dagegen sehen andere Bibelwissenschaftler gerade in dem kraftvollen deskriptiven Stil des gesamten Buches, der das göttliche Strafgericht, das Erbarmen und die Zukunftshoffnung betont (ein in der klassischen Prophetenliteratur gebräuchliches Schema), sehr deutliche Hinweise auf einen einzigen Verfasser der ganzen prophetischen Schrift. In dem Buch scheint weder die Sprache noch der Gottesbegriff, noch der Stil mit der Verkündigungsweise der Propheten des 8. Jhdts. v. Chr. im Widerspruch zu stehen.
So scheint die naheliegendste Schlußfolgerung die zu sein, daß das Buch Micha der theologischen Denkweise der Prophetenkreise seiner Zeit entspricht, die auch in seinen Prophezeiungen zutage tritt. Da die Zusammenstellung der Bücher der zwölf kleinen Propheten vor dem Exil noch nicht vollendet war, kann es wohl kaum in seiner jetzigen Fassung vorher erschienen sein.
3. Die Botschaft: Über seine Liebe zu den einfachen und demütigen Menschen hinaus und die Andeutung, daß er in ländlicher Umgebung wohne, kennen wir keinerlei Einzelheiten aus dem Leben des Propheten Micha. Er fällt strenge Urteile über die Verderbnis in den Städten Israels, besonders in Jerusalem (4, 10). Ihm, wie auch Jesaja und Amos, fiel die wachsende Unterdrückung der Armen durch die reichen Grundherren auf (2, 1–2). Er bemerkte die Schwäche der religiösen Führer (2, 11) und die schreienden Ungerechtigkeiten, die von denen begangen werden, die eigentlich Stütze des Gesetzes sein sollten (3, 9–11). Möglicherweise verschlechterten sich die Zustände noch mehr während der Zeit, da die Assyrer Juda beherrschten und während des heidnischen Gegenschlages unter Ahas (s. *Israel und Juda 4). Eine Verleugnung des alten Bundesglaubens würde sicherlich auch die Mißachtung des Gesetzes (s. *Gesetz Israels) zur Folge haben, das dazugehört. Tatsächlich unterscheidet Micha auch nicht zwischen Israel und Juda (1, 5–9). Die falsche Frömmigkeit des verderbten Volkes, das noch immer dachte, »ist nicht der Herr in unserer Mitte? Es kann kein Unglück über uns kommen«, erschien ihm als Gipfel der Gotteslästerung (3, 11).
Er hingegen wies auf die Überlieferung des ursprünglichen Glaubens an Gott hin und drohte denen strengstes Gericht an, die Gott gegenübertraten mit »vieltausend Widdern« und ». . . ungezählten Bächen Öls . . .«, die es aber unterlassen hatten, ihm das darzubieten, was er gefordert hatte, nämlich: »nichts als Recht üben und die Güte lieben und demütig wandeln vor deinem Gott« (6, 7–8).
4. Die Sünde des Volkes und die soziale Ungerechtigkeit: Wie seine Zeitgenossen *Amos, *Hosea und *Jesaja, so betont auch Micha die absolute Gerechtigkeit Gottes und seine Grundforderung, daß auch der Mensch sich sowohl als einzelner wie auch in der Gemeinschaft ebenso der Rechtschaffenheit zu befleißigen habe. Micha befaßte sich allerdings weniger als etwa Amos und Hosea mit der Ausübung fremder Kulte, sondern eher mit sozialen Mißverhältnissen. Wenn er sich gegen die politischen und religiösen Führer des Volkes richtet, so sind auch die bestechlichen Priester mit eingeschlossen. Er sagte denen Unheil voraus, die andere unrechtmäßig um ihren Besitz bringen (3, 1–4), und

drohte damit, daß Jerusalem wegen der Verderbtheit seiner Führer zerstört werde, da sie das Fundament des Staates untergraben hätten. Die politischen Führer unterstützten jedoch den offiziellen Kult, so daß man von daher kaum in der Lage war, die herrschende Schicht zu kritisieren, die großen Einfluß in der Öffentlichkeit ausübte. Durch die Betonung kultischer Äußerlichkeiten wird der Eindruck erweckt, als ob die Forderungen Gottes lediglich durch Opfer und Ritus erfüllt werden könnten. Seine Zeit, die Epoche der assyrischen Invasion, war eine Zeit sozialen und moralischen Tiefstandes, für den die offizielle Religion keine wirksame Gegenmaßnahme bot. Bitterkeit liegt in Michas Anklagen gegen die falschen Propheten, die »wahrsagen um Geld«, und die Priester, die Weisung geben »um Lohn« (3,5 und 11).

Die zweite Hälfte des 8. Jhdts. v. Chr. sah das Ende einer Blütezeit des Doppelkönigreiches und den Anfang des unerbittlichen Drängens der Assyrer gegen Westen. Wie die anderen Propheten, so glaubte auch Micha, Gott werde sich dieses heidnischen Volkes bedienen, um sein sündiges Volk zu bestrafen. So sagte er auch die Verwüstungen im Nordreich und die Zerstörung seiner Hauptstadt Samaria durch Salmanassar V. voraus (1,6–9; s. *Israel und Juda 4). Ebenso prophezeite er, daß die assyrische Invasion unter Sanherib lediglich das Vorspiel einer weit größeren Katastrophe darstelle.

5. Micha und Jeremia: Ein Jahrhundert nach dem Tod Michas erinnerte man sich an seine Weissagung vom Untergang Zions. Dies kam einem späteren Propheten, nämlich Jeremia, zugute, denn sein Bußruf wurde mit einer Unheildrohung in Verbindung gebracht. Man bedrohte ihn dafür, daß er eine solche Prophezeiung machte, mit dem Tod. Gewiß hätte man ihn getötet, wenn nicht »etliche Älteste des Landes« daran erinnert hätten, daß Micha genau dasselbe gesagt hatte: »Haben ihn da Hiskia, der König von Juda, und ganz Juda etwa getötet? Haben sie nicht den Herrn gefürchtet und ihn angefleht, so daß sich der Herr das Unheil gereuen ließ, das er ihnen angedroht hatte?« Sie bereuten (Jer 26,18–19).

6. Der Rest von Israel und Juda: Micha glaubte, die Zerstörung des Reiches sei unausweichlich das einzige Mittel, um »Jakob« von seinen Sünden zu säubern und die letzte Rettung für einen »Überrest« herbeizuführen. Eine verderbte Religion und eine korrupte Gesellschaft konnte durch weniger drastische Mittel nicht mehr gesäubert werden (5,10–15; vgl. Jes 2,5–22). Die Zeit des Strafgerichts würde eine Zeit der Drangsal und des Leides sein, aus der sich keine Stimme der Hoffnung erheben werde (3,6–7). Ihr würde die Schmach der Gefangenschaft inmitten fremder Völker folgen (5,7–8). Wenn das Strafgericht auch unvermeidlich war, so war es doch die Voraussetzung für eine Wiederaufnahme in die Gnade und Huld Gottes. Micha oder die Prophetenjünger, die seine Worte bewahrten, verloren niemals den Glauben an die im Bund Davids enthaltenen Verheißungen. Wenn Micha auch denen nicht traute, die an den dauernden Bestand der Dynastie Davids glaubten, so verkündete er doch den kommenden Triumph Judas, den ein Fürst aus dem Stamme Davids herbeiführen würde. Dieser werde in Bethlehem geboren werden und auftreten, um die Kinder Israels zu weiden »in der Kraft des Herrn« (5,2–6).

7. Micha und Jesaja: Mit dem Eintreffen dieses Ereignisses würde das Volk endlich von der Bedrängnis errettet werden. Schwerter würden zu Pflugscharen geschmiedet und Spieße zu Rebmessern: »Kein Volk wird wider das andere das Schwert erheben, und sie werden den Krieg nicht mehr lernen. Sie werden ein jeder unter seinem Weinstock und unter seinem Feigenbaum sitzen ... Denn der Mund des Herrn der Heerscharen hat es geredet« (4,3–4). Das heißt, wirtschaftlicher und sozialer Wohlstand könne nur durch den Gehorsam gegenüber dem Willen Gottes herbeigeführt werden. Diese messianische Botschaft steht bei *Jesaja (2,1–4) in ähnlichen Worten.

Viele Textabschnitte im Buch Micha verraten den Einfluß Jesajas. Die Gedanken des älteren Propheten scheinen jedoch dem geistlichen Weltbild Michas für gewöhnlich fremd zu sein. Michas eigenes Weltbild wurde stark beeinflußt von den mehr nationalistischen älteren Überlieferungen des Bundes (Num 23,24; 24,8–9; Dt 32,41–43). Micha betrachtet die Mißbräuche der Volksführer als Sünden gegen den Bundesgott. Wie es im Text 6,1–8 heißt, hatte der Herr Klage gegen sein Volk geführt, weil es seine Wohltaten vergaß. Sie hatten geglaubt, die Bundesverpflichtungen könnten allein durch eifrigere Kulthandlungen erfüllt werden. Micha ging jedoch über Jesaja hinaus. Er weigerte sich, den im Staatsglauben enthaltenen religiösen Optimismus anzuerkennen, und drohte

Jerusalem und dem Tempel die völlige Zerstörung an (3,4–12). Er begegnete zwar Widerspruch, aber offensichtlich kamen seine Worte dem König Hiskia zu Gehör (Jer 26, 18 ff), und der König tat Buße. Davon und vielleicht von anderen Gelegenheiten abgesehen, bei denen man ihm widersprach, wurde Hiskia im allgemeinen durch Michas Predigt ermutigt, seine Anstrengungen um eine Reform fortzusetzen. Zumindest jedoch haben die harten Vorwürfe des Propheten das Gewissen des Königs getroffen und ihn zur Buße bewogen. Offenbar hatten die Predigten des Propheten Jesaja eine ähnliche Wirkung.

Mischna

Gliederung: 1. Begriffsbestimmung. a) Begriff; b) Verhältnis zum Alten Testament und zum nachexilischen mündlichen Gesetz; c) Midrasch und Halacha. 2. Entwicklung der Mischna. a) Eigenart der rabbinischen Überlieferung; b) Hellenistische Rhetorik und die Methoden der rabbinischen Schulen; c) Vor und nach der Zerstörung des Tempels; d) Faktoren, die zur Kodifizierung führten; e) Bedeutung der frühen Abschnitte der Mischna; f) Veränderungen zwischen 70 und 140 n. Chr.; g) Rabbi Akiba und Rabbi Meir; h) Kodifizierung der Mischna durch Rabbi Juda ha-Nasi; i) Literarische Komposition der Mischna. 3. Inhalt. a) Die Traktate der Mischna; b) Verschiedene Methoden der Anordnung; c) Sprache der Mischna. 4. Tosefla und Baraita. 5. Der Talmud.

Die Mischna ist die formelle Kodifizierung aller wesentlichen Teile des im Judentum *mündlich* überlieferten Gesetzes.

1. Begriffsbestimmung: *a) Begriff:* Das Wort »Mischna« kommt von der hebräischen Wurzel *šnh,* die »wiederholen«, »überlieferten Stoff lernen« bedeutet. Der technische Begriff für das Rezitieren eines Schrifttextes war *miqra'* (»lesen« oder »vorlesen«). Den Unterschied zwischen beiden Wörtern erkennt man sehr deutlich an der von den Rabbinern festgelegten Terminologie. Die Schrift wird immer »gelesen« *(qarō);* die Mischna wird immer studiert *(šnh).*

Ursprünglich wurde der Begriff »Mischna« auf das ganze mündliche Gesetz angewandt. Es umfaßte sowohl die Interpretation und homiletische Auswertung der Schrift *(midrāš)* als auch die nicht im geschriebenen Gesetz enthaltenen ergänzenden Gesetze und Anordnungen *(halakā* = »Vorschrift«, »Gesetz« im Sinne von »traditionell anerkannte Interpretationen des geschriebenen Gesetzes«). Einige von diesen Gesetzen und Anordnungen waren aus einem Schrifttext abgeleitet (eine als *midraš halakā* bekannte Methode, s. u.); einige gehörten zu einer alten Überlieferung, die von einer Gelehrtengeneration zur anderen weitergegeben worden war und als »die dem Moses am Sinai gegebene Halacha« bezeichnet wurde. Andere waren auf der Grundlage einer aus dem Schrifttext gezogenen logischen Schlußfolgerung formuliert. Obwohl dieser umfassende Gebrauch des Wortes »Mischna« noch in der talmudischen Literatur begegnet, haben die Rabbiner den Begriff gewöhnlich gebraucht, um nur eine einzige *halakā* oder eine Reihe von halakôt zu bezeichnen. Die ›Mischna‹, wie sie heute bekannt ist, ist eine von Rabbi Judah ha-Nasi (der Patriarch oder »Fürst«) gegen Ende des 2. Jhdts. n. Chr. herausgegebene Sammlung. Um sie von anderen Sammlungen zu unterscheiden, wird sie auch »Unsere Mischna« genannt.

Der Begriff *mišnā* bezeichnet heute: a) eine einzelne Bestimmung des mündlichen Gesetzes; b) den gesamten Inhalt des überlieferten mündlichen Gesetzes, wie es sich am Ende des 2. Jhdts. n. Chr. entwikkelt hatte; c) die hauptsächlichsten Lehren irgendeines Tannaiten (= Gesetzeslehrer aus der Zeit bis etwa 200 n. Chr.; s. *Rabbiner; *Gesetz Israels).

b) Verhältnis zum Alten Testament und zum nachexilischen mündlichen Gesetz: Nach jüdischer Überlieferung soll Moses neben dem geschriebenen Gesetz des Pentateuch zugleich auch alle die für dessen anwendung notwendigen Erklärungen sowie den formellen Befehl erhalten haben, diese Erläuterungen als das »mündliche Gesetz« von Mund zu Mund weitergeben zu lassen. Dieser Glaube verschaffte dem mündlichen Gesetz die notwendige Autorität. Viele Gelehrte datieren die Anfänge des mündlichen Gesetzes in die Zeit kurz nach dem Exil, als die Thora erstmalig öffentlich vorgelesen und dem Volk erklärt wurde (vgl. Neh 8,1–9; Einzelheiten s. *Bibelkanon und *Bibeltext).

Dies war die »Periode der Schriftgelehrten« oder die der Mischna voraufgehende Periode, da man die *halakôt* in Verbindung mit dem geschriebenen Gesetz studierte, d. h. zusammen mit dem Vers der Thora, von dem sie abgeleitet werden konnten oder mit dem sie in Beziehung standen. Zum Beispiel wurde von dem Text Ex 16,29: »So bleibe denn ein jeder daheim, niemand verlasse am siebten Tag seine Wohnung«

die Bestimmung abgeleitet, niemand dürfe am Sabbat mehr als zweitausend Schritte weit außerhalb der Stadt- (oder Lager-) grenzen gehen.

c) Midrasch und Halacha: Die Methode, mit der man Vorschriften aus einem Schrifttext ableitete, ist als »midraschartige Halacha« bekannt; sie führte freilich zu zahlreichen Schwierigkeiten. Die verschiedenen Halachot oder Gesetze wurden der Versfolge in der Thora entsprechend zusammengestellt, aber die Vorschriften der Bibel sind oft nicht logisch geordnet, und die gleiche Vorschrift kann mehrmals an verschiedenen Stellen begegnen. So wurden die Halachot zu einer Sammlung von Bestimmungen, die ohne jede Rücksicht auf Inhalt und Gegenstand aneinandergereiht waren. Im Traktat *Bechorôt* zum Beispiel enthält der achte Abschnitt Bestimmungen, die aus Lev 27,26ff abgeleitet sind und die Weihe der Erstgeburt betreffen, während der aus Lev 27,32ff abgeleitete neunte Abschnitt vom Viehzehnten handelt. Wo eine Vorschrift mehrmals begegnet, benutzten die Rabbiner die verschiedenen Stellen, um Zusätze zum allgemeinen Gesetz anzubringen.

Es wurde bald notwendig, die verschiedenen Halachot in ein zusammenhängendes System einzuordnen. Außerdem forderten die rasch wechselnden Verhältnisse der nachexilischen Zeit neue, zusätzliche Gesetze, so daß sich die Zahl der Halachot, der Verfügungen *(taqqanôt)* und Dekrete *(gezerôt)* ständig vermehrte. Diese Bestimmungen hatten sehr oft kaum mehr eine Beziehung zu irgendeinem biblischen Vers und mußten deshalb gesondert gelernt werden.

Die unbefriedigende Situation führte dazu, daß die Halachot nach ihrem Gegenstand und nicht mehr nach dem entsprechenden Bibelvers geordnet wurden.

Eine der frühesten Methoden, die Halachot zu sammeln, war die Aneinanderreihung von Satzungen, welche die gleiche Form aufwiesen. So enthält das erste Kapitel des Traktats Megillah eine Reihe von vierzehn Bestimmungen, die nichts gemeinsam haben außer der Tatsache, daß sie alle mit den hebräischen Worten *ēn-bēn* beginnen. Es geht um die Unterschiede, die zwischen ähnlichen Dingen bestehen, z. B. zwischen Städten, die eine Mauer haben, und solchen, die keine haben; zwischen dem Sabbat und den Festtagen; zwischen Jerusalem und Silo, zwischen großen und kleinen *Höhenheiligtümern; Unterschiede im Gebrauch verschiedener Schriftarten und Sprachen (die Heilige Schrift kann in allen Sprachen geschrieben werden; Tephilin und Mezuza nur in Quadratschrift; s. *Alphabet und Schrift). Später wurden alle Vorschriften, die einem bestimmten Gegenstand galten, in einem ›Handbuch der Unterweisung‹ gesammelt. Manche dieser Handbücher oder *mišjanôt* blieben exegetische Kommentare zu den entsprechenden Abschnitten des geschriebenen Gesetzes, während andere nur Sammlungen von Vorschriften waren.

2. Entwicklung der Mischna: Wir wissen nicht genau, wann die Rabbiner begonnen haben, die Halachot schulmäßig zu lehren. Die ersten Anzeichen für ein systematisches Studium der Mischna stammen aus der Zeit des Jose ben Joezer (Mitte des 2. Jhdts. v. Chr.), der eines der ersten »Schulhäupter« unter den Gesetzeslehrern war, die über ein Jahrhundert dem Synedrium vorstanden (s. *Verfassung, Verwaltung und Staatsformen; *Rabbiner). Es ist nicht bekannt, ob Jose schon einen Vorgänger hatte. Nach der Zeit des Rabbi Jose gewann die Methode der Halacha ständig an Bedeutung, obwohl das System des halachischen Midrasch in den rabbinischen Schulen niemals ganz ausgestorben ist und sich Spuren von ihm in den Sammlungen der halachischen Midraschim erhalten haben.

Der Unterschied in der Methode wirkte sich auch im rabbinischen Schulwesen aus. Es gab Schulen, die der alten Midraschform folgten und die Vorschriften aus dem Bibeltext ableiteten. In anderen Schulen dagegen bevorzugte man die neue Form der Mischna und lehrte das Gesetz in mehr systematischer Weise, wobei die Bestimmungen thematisch geordnet dargeboten wurden. Die Periode von der Zeit der »Schulhäupter« bis etwa 200 Jahre nach der Zerstörung des Tempels (um 270 n. Chr.) ist deshalb als die »Mischna-Periode« bekannt, und die Schriftgelehrten dieser Zeit heißen die »Tannaiten« (Plural von *tannā*).

Die Tannaiten waren wandelnde Nachschlagewerke der Gesetzeskunde. Es war ihre Aufgabe, den gesamten im Schulunterricht benötigten Lernstoff im Gedächtnis zu haben und fast mechanisch wiederzugeben.

a) Eigenart der rabbinischen Überlieferung: Das in der Mischna gesammelte rabbinische Material dient hauptsächlich der Gesetzesauslegung (im Unterschied zum Traditionsstoff der Evangelien, wo die Erzählung vorherrscht und die Mnemotechnik des rabbinischen Unterrichts keine große Rolle spielt). Die rabbinische Auslegung war in der Frühzeit fast ganz darauf abgestellt, den genauen Sinn einzelner Gesetze festzulegen. Da man alles dem Gedächtnis einprägen mußte, nahm die Auslegung die Form einer stereotypen Reihe von Fragen an, die nacheinander zu jedem Gesetz gestellt wurden. Auch die Antworten waren in gleichlautende Formeln gekleidet, die immer wieder begegnen. Die rabbinische Überlieferung war eine Tradition von Lehrern, denen es oblag, das Gesetz zu lehren. So zeigt das tannaitische Material trotz beachtlicher Lehrunterschiede größte Einförmigkeit, was die literarische Gesalt angeht.

b) Hellenistische Rhetorik und die Methoden der rabbinischen Schulen: Der Kontrast zwischen den Methoden der rabbinischen Schulen und denen der hellenistischen Rhetorik wirft ein interessantes Streiflicht auf die kulturelle Entwicklung des Judentums während der letzten zwei Jahrhunderte vor Christi Geburt. Die rabbinischen Schulen schützten das nachexilische Judentum auf wirksame Weise vor der Verbreitung des hellenistischen Einflusses, aber ihre eigentliche Blüte und Ausgestaltung verdankten sie offensichtlich den Schulen hellenistischer Rhetorik. Außerdem ist der Erfolg der rabbinischen Schulen zum Teil darauf zurückzuführen, daß sie sich viele hellenistische Erziehungsmethoden zu eigen machten. Der Unterschied zwischen einem Schreiber oder Abschreiber und einem Rabbi oder Gesetzeslehrer hat eine gewisse Entsprechung im Unterschied zwischen einem gewöhnlichen hellenistischen »Grammatikos« und dem voll ausgebildeten »Sophistes«. In griechischen wie jüdischen Schulen wurden klassische Texte auswendig gelernt, und hier wie dort hatten die Studenten den Wunsch, einmal in der Lage zu sein, die Texte genau rezitieren zu können. Beide Schulen benutzten mnemotechnische Mittel und bedienten sich weitgehend der gleichen Lehrmethoden. Ob die Juden unmittelbar von den hellenistischen Schulen beeinflußt waren, ist eine offene Frage (s. *Rabbiner). Manche Gelehrte glauben, daß ein gemeinsames kulturelles Milieu ausreicht, um ähnliche Institutionen unabhängig voneinander entstehen zu lassen. Dem heutigen Menschen mag die literarische Art der Mischna esoterisch und abseitig vorkommen, zu ihrer Zeit waren ihre Methoden durchaus modern und allgemein anerkannt.

c) Vor und nach der Zerstörung des Tempels: Es ist irreführend, wenn gelegentlich behauptet wird, das Judentum habe vor und unmittelbar nach 70 n. Chr. ein einheitliches Lehrzentrum besessen und von ihm stammten die »Halachot«. Die genannte Zeit war vielmehr eine Periode lebhafter theologischer und juristischer Kontroversen zwischen den *Pharisäern und *Sadduzäern, zwischen dem Hause Hillels und der Schule Schammais (s. *Rabbiner), zwischen dem »orthodoxen« Judentum und den verschiedenen sektiererischen Strömungen. Die Essener, die Zeloten, die Judenchristen und die *Samaritaner, sie entwickelten und verteidigten ihre eigenen gesetzlichen Traditionen. Unter der Masse des einfachen Volkes (des *'am hā'āræṣ*), das seinen eigenen Bräuchen folgte und den Gottesdienst in seinen eigenen Synagogen feierte, gab es vermutlich eine Mehrheit, die den pharisäischen Lehren zuneigte, aber ihren Forderungen nach strenger Beobachtung des Gesetzes und der *miṣwôt* weniger Verständnis entgegenbrachte (s. *Gesetz). Alle Fragen, die den Lehrgehalt der Mischna und ihre Überlieferung betreffen, müssen im Zusammenhang mit dieser komplizierten Situation gesehen werden.

d) Faktoren, die zur Kodifizierung führten: Die Frage, ob es zu dieser Zeit schon verbindliche Halachot gegeben hat oder nicht, wird unter den Gelehrten noch diskutiert. Das orthodoxe Judentum folgt den Ansichten, die im Brief des Scherira Gaon (987 n. Chr.) ausgedrückt sind.

Nach H. Albeck wurde vor der Zerstörung des Tempels (70 n. Chr.) noch kein Versuch gemacht, vorhandene *mišnajôt* zu sammeln, noch habe es vor diesem Datum irgendeine offiziell festgelegte und verbindliche Ausgabe der von einzelnen Rabbinern vorgetragenen *mišnajôt* gegeben. Jeder Gesetzeslehrer habe *halakôt* in der ihm zusagenden Form gelehrt (gewöhnlich war es die, welche er selbst von seinem Lehrer gelernt hatte) und sich an die Methode gehalten, die ihm am zweckmäßigsten erschienen sei. Als sich dann die Schriftgelehrten nach der Zerstörung des Tempels in Jabne (Jamnia; s. *Rom und die Juden) niederließen, seien sie besorgt gewesen, die traditionelle Mischna der Gesetzeslehrer könnte mit dem Untergang der alten Institutionen und bisherigen Lebensformen verlorengehen. Umwälzungen, wie sie Palästina durch die Wirren des Jüdischen Krieges erfahren habe, seien häufig der Anlaß, Traditionen, die in ruhigen Zeiten ohne Schwierigkeit weitergege-

ben werden könnten, schriftlich niederzulegen. Die Rabbiner von Jabne hätten beschlossen, so zu verfahren und die verschiedenen *halakôt* in eine feste Ordnung zu bringen. Dadurch hätten sie die Grundlagen für die systematische Zusammenstellung der Mischna gelegt.
Andere Gelehrte nehmen an, daß auch die Bildung des NT und seine wachsende Anerkennung die Juden angespornt habe, ihr eigenes mündliches Gesetz zu kodifizieren und so das AT durch eine verbindliche Tradition zu ergänzen.
Ein stärkerer Antrieb war jedoch wohl die Umwälzung, die sich im Leben der jüdischen Gemeinde vollzogen hatte. Man denke an das Beispiel der Sekten: Diese hatten sich immer schon so unsicher gefühlt, daß sie ihre Satzungen von Anfang an schriftlich niederlegten. Die Essener mögen das Muster für alle abgegeben haben. Im Gegensatz dazu hatte sich das mündliche Gesetz lange Zeit gehalten, ohne daß auch nur ein Buchstabe niedergeschrieben worden wäre. Dafür gibt es eine Reihe von Gründen, und einer der wichtigsten ist, daß die mündliche Form der Weitergabe so eng mit seinem Wesen verbunden war. Es bestand aus verschiedenen Schichten, von denen jede neues Material, das von einer neuen Generation geschaffen war, enthielt. So stellte das mündliche Gesetz, aufs ganze gesehen, eine ständige Neuinterpretation der ihm zugrunde liegenden Textüberlieferung, die selbst unverändert blieb, dar. Es war der größte Erfolg der Pharisäer unter »Rabban« Jochanan ben-Zakkaj und der Akademie von Jabne (*Rabbiner), daß es ihnen gelang, noch während oder gleich nach dem Jüdischen Krieg und den Richtungskämpfen innerhalb des Judentums die Kodifizierung des geltenden Rechts einzuleiten.
Die in Jabne geleistete Editionsarbeit war naturgemäß nur ein Anfang. Man war sich unter den dort versammelten Gelehrten bewußt, daß das begonnene Werk, die *halakôt* zusammenzustellen, erst von späteren Generationen vollendet werden würde. Einige Reste ihrer Überlegungen sind im Traktat *Eddujot* erhalten (s. unten 3a/4).
Nach Meinung zahlreicher Gelehrter (z. B. Rabbi David Zvi Hoffmann, J.N. Epstein und anderer) muß jedoch die Edition der Mischna schon zu einer Zeit begonnen haben, als die Akademie von Jabne noch nicht bestand. Sowohl aus nicht zur Mischna gehörigen Quellen als auch aus der Mischna selbst gehe mit aller Deutlichkeit hervor, daß die Anfänge der Editionsarbeit viel weiter zurückreichten. Von einigen Sammlungen könne man sogar beweisen, daß sie während bestimmter Perioden der Makkabäerzeit entstanden seien.
e) Bedeutung der frühen Abschnitte der Mischna: Frühe Texte haben sich hauptsächlich in den historischen Traktaten der Mischna erhalten (Middot, Tamid, Schekalim u. a.), die sich mit dem ehemaligen Tempel und den in ihm dargebrachten Opfern beschäftigen. Sehr wahrscheinlich wurden diese frühesten Abschnitte der Mischna unmittelbar nach der Zerstörung des Tempels aufgezeichnet. Vor dieser Zeit scheint man derartigen Stoff nicht auswendig gelernt zu haben. J. Epstein verlegt die Niederschrift der ältesten uns erhaltenen Mischnatexte in die Zeit während oder unmittelbar nach der Zerstörung des Tempels. Anderseits wird im Talmud (s. u.) ausdrücklich behauptet, daß manche Traktate wie *Middot* und *Tamid* von Gesetzeslehrern herausgegeben worden seien, die in der Zeit des zweiten Tempels gelebt hätten. Ferner ist aus verschiedenen Quellen (Baraita = Abot d'Rabbi Nathan, s. u.: Tosefta und Baraita) bekannt, daß viele Kompilationen des halachischen Midrasch und der Mischna von Rabbi Akiba, einem Zeitgenossen des Freiheitskämpfers Bar-Kochbas herausgegeben wurden.
Man darf also sagen, daß Sammlungen des mündlichen Gesetzes schon lange vor der Kompilation der Mischna, wie sie heute vorliegt, bestanden haben. Manche Tannaiten besaßen ihre eigenen Sammlungen von *halakôt*. Am bekanntesten von ihnen ist die Sammlung des R. Akiba, die von seinen vier bedeutendsten Schülern – R. Meir, R. Juda (ben Elai), R. Jose und R. Simeon ben Gamaliel II. – in getrennten Traditionen weitergegeben wurden.
f) Veränderungen zwischen 70 und 140 n. Chr.: G. Allon hat nachgewiesen, daß sich die jüdische Religion in den Jahren zwischen 70 und 140 n. Chr. rasch gewandelt hat. Es war die Zeit des Übergangs vom pharisäischen zum eigentlich rabbinischen Judentum, eine Periode ständiger Spannungen und Konflikte in Palästina. Das Judentum des Rabbi Akiba und seiner Anhänger in den Tagen Bar-Kochbas war nicht so konservativ wie das seiner pharisäischen Vorgänger und auch nicht so eng an ihre Tradition gebunden (s. *Rabbiner). Die neuen Zeiten und Verhältnisse forderten neue Bemühungen um die Traditionen des mündlichen Gesetzes. Viele Texte, die in den Schulen Hillels und Schammais dem Gedächtnis eingeprägt wurden, waren ver-

gessen, oder man hatte sie zugunsten neuer, aktuellerer Formeln preisgegeben. Sogar die Namen der Gesetzeslehrer, die vor 70 gelebt hatten, waren bis auf wenige dem Gedächtnis entschwunden. Und wo sich ein Name erhalten hat, ist von der ihm zugeschriebenen Lehre kaum mehr etwas bekannt. Es gehört zu den wichtigsten Grundsätzen der Mischna und des Talmud, daß ein Ausspruch immer unter dem Namen dessen, der ihn getan hat, angeführt werden sollte. Die Tatsache, daß viele von den wenigen Halachot, die aus der Zeit vor 70 erhalten sind, anonym überliefert werden oder in einer neuen Sammlung Platz gefunden haben, scheint zu beweisen, daß nach der Zerstörung des Tempels ein revolutionärer Wandel stattgefunden hat.

g) Rabbi Akiba und Rabbi Meir: Der Wendepunkt in dem angedeuteten Prozeß scheint um die Zeit des Rabbi Akiba gekommen zu sein. Bis zu seiner Zeit war der Unterricht eine Sache des Hörens und Lernens gewesen. Nach ihm konnte das, was man gehört und gelernt hatte, ergänzt werden durch eigene Schlußfolgerungen. (Dies wird nicht berührt von der Tatsache, daß die Mischna des R. Akiba nach Prinzipien weitergegeben und gelernt wurde, die schon vor ihm in Geltung waren.) Dadurch ist es möglich, in der Überlieferung der Mischna zwischen frühen und späten Schulen zu unterscheiden.

Jedenfalls kann man leicht verstehen, daß die Rabbiner in den völlig veränderten Verhältnissen des 2. Jhdts. n. Chr. jene Traktate fast ganz neu gestaltet haben, die sich mit Fragen des täglichen Lebens befaßten. Aus diesem Grund enthält auch die heutige Mischna kaum noch eine Spur von der Mischna des R. Akiba. Seine Mischna ist ganz in den *mišnajôt* seiner Schüler aufgegangen. Einer dieser Schüler war Rabbi Meir; nachdem der Aufstand *Bar-Kochbas zusammengebrochen war, wurde er Mitglied des Synedriums von Uscha (s. *Rom und die Juden). Zu dieser Zeit lag ganz Judäa in Trümmern, und die auf den Ruinen von Jerusalem erbaute neue Stadt Aelia Capitolina durfte von Juden nicht betreten werden. So war die zweite Hälfte des 2. Jhdts. n. Chr. wieder eine der für die Erhaltung der jüdischen Kultur entscheidenden Phasen, und ohne die Arbeit des Synedriums von Uscha wäre diese Aufgabe wohl nicht geglückt. R. Meir gehörte zu den vornehmsten Mitgliedern der Versammlung. Ein hervorragender Redner, bekannt für seine Parabeln und Fabeln, erntete er weithin Beifall, und wenn andere Rabbiner sich seiner Ansicht nicht anschließen konnten, so lag dies daran, daß »seine Kollegen die Tiefe seiner Gedanken nicht auszuloten vermochten« (Erubin 13b). Die Mischna des R. Meir – mit den aus der Mischna des R. Akiba stammenden Elementen – wurde die Grundlage für die offizielle Kodifizierung der Mischna durch R. Juda ha-Nasi. Man stellte sogar den Grundsatz auf, daß jede Vorschrift, die in der Mischna anonym angeführt wird, aus der Sammlung des R. Meir entnommen sei (Sanhedrin 86 a).

h) Kodifizierung der Mischna durch R. Juda ha-Nasi: In der Zeit, da die Schüler R. Akibas als Lehrer wirkten, wuchs die Zahl der Akademien, es mehrten sich die Sammlungen der *mišnajôt* und folglich auch die Streitigkeiten um den Sinn der Halacha. Jeder Gelehrte erläuterte in seiner Schule seine eigene *mišnā,* und jede *mišnā* unterschied sich in vielen Punkten von der eines anderen Rabbi. Diese Situation wurde durch das Werk des R. Juda ha-Nasi beendet. Wie der Talmud berichtet, hatte er bei jedem einzelnen der Schüler R. Akibas studiert und sich entschlossen, eine einheitliche, endgültige Version der Mischna herzustellen, die alle halachischen Vorschriften enthalten und in allen Akademien als verbindlich anerkannt werden sollte. Ob R. Juda wirklich vorhatte, eine offizielle Version herzustellen, auf deren Grundlage gesetzliche Entscheidungen zu treffen waren, oder ob er nur die verschiedenen Traditionen der einzelnen Akademien zu sammeln wünschte, wird wohl immer Gegenstand gelehrter Auseinandersetzungen bleiben. Um die Ansicht des Talmud zu stützen, verweist man auf die Tatsache, daß R. Juda in seiner Mischna eine *halakā* häufig anonym zitiert, auch wenn er weiß, daß es sich um die – von vielen anderen bestrittene – Meinung eines bestimmten Gesetzeslehrers handelt. Auf diese Weise habe Rabbi Juda festlegen wollen, was nach seiner Ansicht die maßgebende *halakā* sei. Andere Gelehrte sind jedoch nach wie vor der Meinung, daß R. Juda mit seiner Mischna kein Gesetzbuch herausgeben, sondern nur eine umfassende Sammlung aller Gesetze veranstalten wollte.

i) Literarische Komposition der Mischna: Die Mischna des R. Juda basierte auf dem mündlichen Gesetz, das er vom R. Meir und dessen Kollegen gelernt hatte, sowie den Mischna-Sammlungen dieser Gesetzeslehrer. Dieses Material kombinierte er mit der *mišnā* seines Vaters, des Patriar-

Abb. 540. Krüge zur Aufbewahrung von Olivenöl

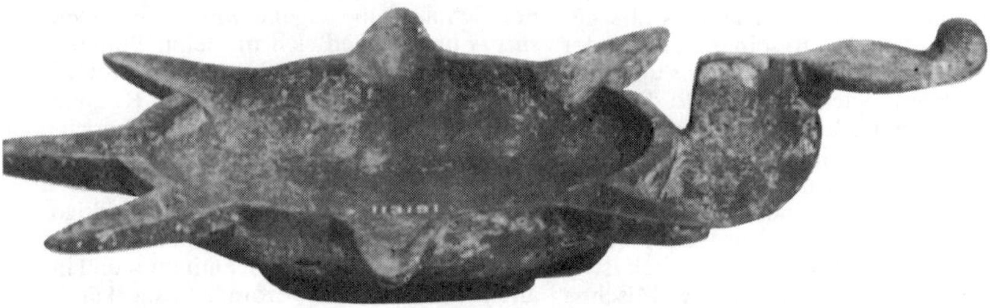

Abb. 541, 542 (rechte Seite). Lampe (2. Jhdt. n. Chr.) und Laterne

Abb. 543. Die römischen Ruinen der Thermen von Gezer

ר"ע מברטנורה עוקצים פרק א עיקר תוי"ט קכה

כל שהוא יד. העץ המחובר אל הפרי. ואדם אוחז בו בשעה שאוכל הפרי. כגון עוקצי תפוחים ענבים ואגסים. קרויין ידות. וכן עצם (א) שיש בראשו בשר. ואדם אוחז בעצם כדי לאכול הבשר שבראשו. הוי העצם יד לבשר: ולא שומר. לאפוקי חלק העוקץ הנוגע בפרי ודבוק לגרעין שאותו החלק שומר הוא לפרי: מיטמא. היד. ואע"פ שאינו ראוי לאכילה. אם נגעה טומאה באוכל דחשיב היד חבור לאוכל וכאילו הוא גוף אחד: ומטמא. אם נגעה טומאה ביד נטמא האוכל אף ע"פ שלא נגעה הטומאה באוכל. ולמדוהו רבותינו מן המקרא דכתיב (ויקרא יא) וכי יפול מנבלתם על כל זרע זרוע אשר יזרע וגו' טהור הוא לכם. לכל שצריכים. כלומר כל דבר הצריך לאוכל מקבל טומאה כמותו וטמא ומטמא עמו: ולא מצטרף. אם היה אוכל פחות מכביצה דאין טומאת אוכלין בפחות מכביצה (ב) אין יד האוכל מצטרפת עמו להשלימו לכשיעור: שומר אע"פ שאינו יד. כגון קליפת הפרי (ג) ששומר אותו שלא יפסד: מיטמא ומטמא ומצטרף. דכתיב על כל זרע זרוע אשר יזרע. ומאי אשר יזרע (ד). כדרך שבני אדם מוציאין אותן לזריעה חטין בקליפתן ושעורים בקליפתן. דהיינו עם השומר שלהן. ומאי איצטריך קרא אי למיטמא ומטמא. השתא יד הפרי מיטמאה ומטמאה כדילפינן מלכם לכל שצריכים. שומר מיבעיא. הא לא אתא קרא אלא למצטרף עמו. דיד אינו מצטרף ושומר מצטרף עמו: וכל שאינו לא יד ולא שומר. כמו שיער שבפירות: לא מיטמא ולא מטמא. ואין צ"ל שאינו מצטרף:

ב והקפלוטות. כרתי בל' מקרא ובערבי כורא"ת ובלע"ז פורו"ש: והפטמא שלהן. כמין פטמא של רימון שבראשן. והוי שומר ומצטרף: והעמוד שהוא מכוון כנגד האוכל. הוא הלב שבבצל שהזרע עולה בקנהו: ושרשי החזרים. הכרס של חזרת היא חסא בלשון גמ'. וכן בערבי ובלע"ז לטוג"א: והנפוס. מין לפון הוא אלא שעליו דומים לעלי הלפת: והסיב שלו. פי' הרמב"ם שבצדי ראש הצנון יוצאים גידים דקים. כמו חוטין והואכין אותן המוכרים ביד בשעה שמוכרין אותן ונשארין מהן והן נקראים סיב: והמינתא. כך שמה בלע"ז מינט"א ובערבי נענ"ע: והפיגם. רוד"א בלע"ז ובערבי סדא"ב: שעקרן. כדי לשתלן במקום אחר: והשדרה של שבולת. חוט האמצעי. שהמוטים דבוקים בו: והלבוש שלה. והקרום שעל גרעין החטה. וכל אלו שומרים הן לפרי: הסיג של רצפית. אבק הנדבק על ראשי הירקות ורצוף בהם כקורי עכבים. וגם הוא חשוב שומר לפרי. ואין הלכה כר' אלעזר:

ג מיטמאים ומטמאים ולא מצטרפים. לפי שהן ידות בלבד. ואינן משמרין את האוכל: ויד הפרכיל. כשהענבים כרותות עם הזמורה נקראים פרכול. לשון פרכילי ענבים: טפח מכאן וטפח מכאן. בזמורה שנקצצה והאשכלות תלוין בה. טפח מן הזמורה מימין לאשכול וטפח משמאל חשיב יד. טפי לא: יד האשכול. עוקץ האשכול שתלוי בזמורה. הוא יד האשכול: כל שהוא. אפי' ארוך הרבה: זנב האשכול. סופו של אשכול: שריקנו. שהוסרו ממנו גרעיני הענבים. אף הוא יד לענבים שבראשו שאוחזים אותו בזנבו ואף הוא שעורו בכל שהוא ואפי' ארוך הרבה: והמכבד של תמרה. מכבדות של תמרים. ונכון תמרים. שעור אורך היד שלהן להביא את הטומאה ארבעה טפחים אבל טפי לא: ומלעין של שבולין. זקן העליון של שבולת שיוצא בראשו כמין שערות של זקן:

ד אלו לא מטמאין. שאין חשובין לא שומר ולא יד: קולסי כרוב. הרמב"ם פי' ראשי הכרוב שיוצאים מהם גידים שמוצבים (ממוצבים נ"ל). ולכך מוכרי

סכוב

מסכת עוקצים

כל שהוא יד. ולא שומר. מיטמא ומטמא. ולא מצטרף. שומר אע"פ שאינו יד. מיטמא ומטמא. ומצטרף. לא שומר. ולא יד. לא מיטמא. ולא מטמא: ב שרשי השום. והבצלים. והקפלוטות. בזמן שהן לחין. והפיטמא שלהן. בין לחה. בין יבשה. והעמוד שהוא מכוון כנגד האוכל. שרשי החזרים. והצנון. והנפוס. דברי ר"מ. רבי יהודה אומר שרש צנון גדול (ה). מצטרף. והסיב שלו. אינו מצטרף. שרשי המיתנא והפיגם. וירקות שדה. וירקות גנה. שעקרן לשתלן. והשדרה של שבולת. והלבוש שלה. ר' אלעזר אומר אף הסיג של רצפית. הרי אלו מיטמאים. ומטמאים. ומצטרפין: ג אלו מיטמאין. ומטמאין. ולא מצטרפין. שרשי השום והבצלים והקפלוטות. בזמן שהן יבשים. והעמוד שאינו מכוון כנגד האוכל. ויד הפרכיל. טפח מכאן וטפח מכאן. ד האשכול. כל שהוא. וזנב של אשכול שריקנו. ויד המכבד של תמרה (ו). ד' טפחים. וקנה של שבולת ג' טפחים. ויד כל הנקצרים ג'. ושאין דרכן לקצר. ידיהם ושרשיהן כל שהן. ומלעין של שבולין. הרי אלו מיטמאים. ומטמאין. ולא מצטרפין: ד אלו לא מיטמאין. ולא מטמאין. ולא מצטרפין. שרשי קולסי הכרוב.

וחלפות

פרק א (א) שאין בו מוח.
רש"י: (ב) משמע בין לטמא ובין ליטמא: (ג) וכ"ש העוקץ הנוגע ודבק בו כדלעיל: (ד) שא"ל לאמרו בתחלת העיון. לפי שבכל זרע אין ספק כי יזרע. הר"מ ועתוי"ט: (ה) גדול כו'. ג"ד דק שבקלי הכרב הטמון בקרקע מן הלנין. הר"מ: (ו) המכבד כו'. ידוע' כי עוקצי התמרים יש להם קלה. עבה כו' ונקרא יד המכבד לפי שהוא דמוי יד המטלטלים

Abb. 544. Blatt aus der Mischna mit dem Traktat *Uqzîn*

chen Rabban Simeon ben Gamaliel, die auch schon manche *mišnajôt* der Schüler R. Akibas in ihrem ursprünglichen Wortlaut aufgenommen hatte.
Es gelang dem Rabbi, alle diese Elemente zu einem einheitlichen Werk zusammenzuschweißen, obwohl eine genaue Nachprüfung noch die verschiedenen Schichten entdecken kann (dies wurde die hauptsächliche Aufgabe der Mischnaforschung). Da sich in der Tosefta und den Baraitas viel von dem Material erhalten hat, das R. Juda für seine Arbeit zur Verfügung stand, lassen sich die Quellen der Mischna zu einem guten Teil feststellen. Der verwickelte literarische Entstehungsprozeß hat sich naturgemäß auch auf die Gliederung und den Inhalt der Mischna ausgewirkt.
Was die Gliederung betrifft, so sind die *halakôt* der gegenwärtigen Mischna im allgemeinen thematisch geordnet; man findet alle *halakôt,* die sich auf einen bestimmten Gegenstand beziehen, systematisch zusammengestellt, und *halakôt,* die von verwandten Gegenständen handeln, sind zu einem Kapitel vereinigt. Die 525 Kapitel der Mischna (unterteilt in Paragraphen, bekannt als *mišnajôt*) bilden 63 Traktate, die wiederum in sechs Hauptteile *(s·dārîm)* zusammengefaßt sind.
Die Beziehung dieses ungeheuer umfangreichen Materials zum Leben der jüdischen Gemeinde – war doch die Mischna bestimmt, dieses Leben zu regeln, und regelt es heute noch – kann in dem folgenden summarischen Überblick nur angedeutet werden.
3. Inhalt: *Die Traktate der Mischna: 1. Seder (Hauptteil, Ordnung) »Zera'îm«* (Feldfrüchte) enthält hauptsächlich religiöse Gesetze, die sich auf Ackerbau und Ernte beziehen. Er besteht aus elf Traktaten:
Berakôt (Preisungen), besonders über tägliche Gebete und die Art, wie sie verrichtet werden müssen.
Pea (die »Ecke des Feldes«), über die allgemeinen Abgaben und Zehnten, die von der Nachlese der Felder, Olivenhaine und Weinberge für die Armen aufgespart werden mußten (vgl. Lev 19, 9–10; Dt. 24, 19–22).
Demai, wie man sich Früchten gegenüber verhalten soll, von denen vielleicht der Zehnte für die Leviten oder für Hebeopfer der Priester (s. *Priester) nicht entrichtet wurde.
Kil'ajîm, über das Verbot, Pflanzen, Tiere oder Garne verschiedener Art, aber der gleichen Gattung miteinander zu vermischen. Hier wird die Erlaubtheit behandelt, Kohl, Zwiebeln und Kürbisse auf dasselbe Feld zu säen, verschiedene Tiere zusammen unter das Joch zu spannen oder Kleider aus verschiedenen Garnarten zu machen (vgl. Lev 19,19; Dt. 22,9–11).
Šebi'it, über Sabbatjahre und wie der Anbau zu erfolgen habe, um sie zu beobachten. Dieser Traktat enthält auch das Gesetz über die Freilassung von Schuldnern oder »Prosbul« (s. *Gesetz).
Terumôt, über Hebeopfer für die Priester und wie sie aufgehoben werden sollten (s. *Opfer; Num 18,8).
Ma'asrôt, über den für die Leviten bestimmten Zehnten von Feldfrüchten und der Ölkelter (vgl. Num 18,21–32). Olivenöl wurde in solchen Krügen (s. **Abb. 540**) aufbewahrt.
Ma'asēr Šenī, über den Zehnten, der in Naturalien oder in Geld jedes Jahr in Jerusalem verjubelt werden sollte (Dt 14,22–27).
Ḥalla, über Hebeopfer von Teigwaren, $^1/_{24}$ vom gewöhnlichen Volk, $^1/_{48}$ von Bäckern (Num 15,18–21).
Orla, welche Dinge man vermischen dürfe mit der Frucht von Bäumen während der ersten drei Jahre ihres Wachstums (deren Genuß oder Gebrauch verboten war; vgl. Lev 19,23).
Bikkurim, Darbringung der Erstlingsfrüchte (Dt 26, 1–11) und ihr Verhältnis zu Hebeopfern und dem zweiten Zehnten.
2. Seder Moēd (festgesetzte Zeit) enthält Gesetze über den Sabbat, Festtage usw. und zählt zwölf Traktate:
Šabbat, Bestimmungen, was man am Sabbat tun dürfe und was nicht, bezüglich Nahrung, Körperpflege, Handarbeit, Gehens innerhalb erlaubter Grenzen (2000 Schritte), Fütterns des Viehs und Bergung des Eigentums (vgl. Ex 20,10; 23,12; Dt 5,14); welchen Schmuck Mann oder Frau am Sabbat anlegen dürfen. Zur Beleuchtung mögen am Sabbat (wie an anderen Tagen) die pantoffelförmigen Lampen aus dem 2. Jhdt. n. Chr. **(Abb. 541)** oder Laternen der Art von **Abb. 542** gedient haben.
Erubîn, hier werden verschiedene Fingerzeige gegeben, wie lästige Sabbatvorschriften umgangen werden können; z. B. »wenn ein Priester eine Wunde am Finger hat, kann er sie im Heiligtum mit Bast umwikkeln, aber nicht anderswo«. Die Pharisäer griffen Jesus an, weil er am Sabbat heilte (Mt 12,10 ff; Mk 3,1 ff u. ö.). Der Traktat enthält ferner zahlreiche Gesetze verschiedenster Art, einschließlich über das Binden

von Gebetsriemen (*t·fillîn,* Phylakterien).
Pesaḥîm, über die Passahopfer, die Beseitigung des Sauerteigs, Schlachtung des Passahlamms, Gemeinschaftsmahl und Passahmahl (Ex 12; Lev 23,5 ff; Num 28,16 ff u.ö.).
Scheqalîm, über die Bezahlung der Tempelsteuer (ein halber Sekel), mit der die Kosten des Gottesdienstes im nachexilischen Tempel bestritten wurden (s. *Tempel); über die Verrichtungen im Heiligtum; über das Aufstellen der Zahltische für die Geldwechsler – vgl. die Darstellung auf einem römischen Sarkophag **(Abb. 411)** –, welche die Pilger mit den vorgeschriebenen »heiligen« Münzen, in denen die Steuer bezahlt werden mußte, versorgten. Ihre Anwesenheit in den Tempelhöfen ist durch die Tempelreinigung Jesu weltbekannt geworden. Manche in Palästina gefundenen Münzen aus der römischen Zeit spiegeln die Besonderheiten des Räucheropfers am Versöhnungstag wider. Es gab 13 Opferkästen, 13 Tische und 13 Tore im *Tempel.
Joma, über den Großen Versöhnungstag (s. *Festtage) und das Ritual des Hohenpriesters; Fortschicken des Sündenbocks; Fasten und Sühnemittel (Sündopfer, Schuldopfer, Buße usw.). Der Traktat spricht auch von Ausbesserungen am Tempel, die von der Königin Helena von Adiabene – einem parthischen Königreich, dessen königliche Familie sich samt dem Hof zum Judentum bekehrt hatte – veranlaßt wurden. Das Mausoleum, das sich diese parthischen Juden in Jerusalem erbauten, zeigt **Abb. 171.**
Sukka, über das Laubhüttenfest und den festlichen Strauß *lûlāb* **(Abb. 237)**, bestehend aus einem Palmzweig, einem Myrtenzweig, einem von einer Wasserweide und einer Zitrone (s. *Feste und Feiertage), und über die Wasserspende.
Besa, über das Verhalten an Festtagen. Der Traktat beginnt mit einem klassischen Disput zwischen den Schulen Hillels und Schammais, ob man ein Ei verwenden dürfe, das von einer Henne gelegt sei, die zum Schlachten (und nicht zum Eierlegen) bestimmt war, und das an einem Festtag oder an einem Sabbat getragen wurde.
Rōš-ha-šana, Bestimmungen über das Neujahrsfest.
Ta'anît, über Fasten und öffentliches Trauern.
Megilla, über das Lesen des Buches Esther und mit Büchern (bzw. Schriftrollen) zusammenhängende Fragen.
Moēd Qatan, welche Arbeiten auf dem Feld während der Tage zwischen dem ersten und dem siebten Tag des Passah- oder Laubhüttenfestes erlaubt sind.
Ḥagiga, über die Festopfer, die an den drei Wallfahrtsfesten (Passah, Wochenfest, Laubhüttenfest) dargebracht werden mußten (vgl. Dt 16,16 ff).
3. Seder Našîm: Gesetze über die Ehe, Scheidung und Gelübde; besteht aus sieben Traktaten:
Jebamôt, hauptsächlich über die Leviratsehe (Dt 25,5–10; s. *Familie).
Ketubbôt, über Eheschließung, eheliche Pflichten, Scheidung, Rechte der Kinder (Ex 22,16 u.ö.).
Nedarîm, Gelübde und welche Gründe zu ihrer Annullierung führen können (Num 30).
Nazîr, Bestimmungen über das Nasiräat (Num 6).
Gittîn, Scheidebriefe und Scheidungsgründe (Dt 24,1; s. *Familie).
Sota, über Frauen, die des Ehebruchs verdächtig sind; das Gottesgericht durch Bitterwasser und das Eifersuchtsgesetz (Num 5,11–31).
Qiddušîn, über den Erwerb eines Weibes (Verlobung und Heirat) und Erwerb von Eigentum (Waren und Grundbesitz).
4. Seder Nezikîn (Schaden), euphemistisch auch *»ješu'ô«* (Hilfswerke) genannt; Zivil- und Strafrecht in neun Traktaten:
Baba Qamma, Schäden infolge Diebstahls, Raubs und Unterschlagung (Ex 21, 33; 22,5 ff; s. *Gesetz).
Baba Meṣi'a, Bestimmungen über Fundsachen, Zinsen; Spekulation um Preiserhöhungen; Speisung der Arbeiter, Verpachtung von Feldern, erlaubte Handlungen auf oder an öffentlichen Plätzen u. a.
Baba Batra, Teilung gemeinsam verwalteten Eigentums; Verkauf von Eigentum, Waren oder Grundbesitz.
Sanhedrîn, Bestimmungen über Gerichtshöfe und Gerichtsverfahren (s. *Gesetz); Vorrechte des Hohenpriesters und des Königs; Todesstrafe durch Steinigung, Verbrennen, Enthauptung, Erhängen. Verfahren gegen einen widerspenstigen, andersdenkenden Lehrer.
Šebu'ôt, über den Eid (unbedachte Eide, Meineide, Zeugniseid); Bewußtsein, sich verunreinigt zu haben (Lev 5, 2 ff), Krieg.
Edujjôt, Erläuterungen späterer Rabbiner zu Aussagen älterer Gesetzeslehrer und gesetzliche Erklärungen zu Fragen, die zwischen den rabbinischen Schulen umstritten sind.
Aboda Zara, Vorschriften bezüglich Speisen, Gefäßen, Götzenbildern, Astrologie usw. Soll vor der Berührung mit Götzen-

dienern in Gasthäusern und bei der Hebammentätigkeit schützen.

Abôt (Sprüche der Väter oder *Pirqê Abôt*), eine Sammlung von Weisheitssprüchen und Lebensregeln, ausgestattet mit dem Gewicht der Überlieferung.

Horajôt, irrige Entscheidungen in Fragen des religiösen Gesetzes und die entsprechenden Sündopfer (Lev 4,13 ff).

5. Seder Qodašîm (heilige Angelegenheiten): elf Traktate über das Opferwesen und die Fragen des Tempelkultes:

Zebaḥîm, Tieropfer (Lev 1–4 u. ö.). Der Anteil der Priester. Die Geschichte der Stätten, an denen Opfer dargebracht werden konnten.

Menaḥôt, Opfermähler (Lev 2; 5,11); Dankopfer; Schaubrote (s. *Opfer).

Ḥullîn, Schlachtung von Tieren, die nicht zum Opfer bestimmt sind, und Vorschriften über das Essen von Fleisch und tierischen Produkten, einschließlich der Fragen um Terepha und Kasher, und das Gesetz, welches das Kochen von Fleisch in Milch verbietet (Ex 23,19; Dt 14,21).

Bekorôt, Weihe der Erstgeburt von Tieren (Ex 13,2.12; Lev 27,26; Num 8,16 u.ö.).

Arakîn, Schätzung eines Menschen in Geldwert nach Alter und Geschlecht, der Gott durch ein besonderes Gelübde geweiht ist (Lev 27,2 ff).

Temura, Auslösung oder Ersatz für ein Tieropfer (Lev 27,10.53).

Keritôt, besondere Sünden, die zur Strafe des »Ausgeschlossenseins von seinem Volk« führen (gemeint ist das Sterben ohne Nachkommenschaft im Alter von 20–50 Jahren).

Me'ila, Vergehen an geweihten Gegenständen (Num 5,6–8; Lev 5,15 ff).

Tamîd, das tägliche Morgen- und Abendopfer im Tempel (s. *Opfer; Ex 29,38–42; Num 28,3–10); Gebete und Segnungen.

Middôt, Ausmaße und Ausstattung des Tempels; Beschreibung des Saales aus behauenem Stein, wo das Synedrium tagte.

Qinnîm, über die Tauben, die von armen Frauen nach der Geburt eines Kindes als Sünd- und Brandopfer dargebracht werden mußten, oder von armen Leuten als Sühnopfer (Lev 12,8; 5,11).

6. Seder Toharôt (Reinheitsgesetze), zwölf Traktate, die sich hauptsächlich mit den Fragen ritueller Reinheit bzw. Unreinheit beschäftigen:

Kelîm, Grade der Unreinheit, denen Gefäße, Haushaltsgeräte, Kleider u. ä. unterworfen sein können (Lev 6,27; Num 19,11 ff).

Ohalôt, Unreinheit, die durch Berührung mit einem Leichnam erworben wird oder durch das Wohnen im gleichen Zelt oder Haus (Num 19,14).

Nega'îm, Vorschriften bezüglich des Aussatzes (Lev 13,14).

Para, das Ritual mit der roten Kuh (s. *Opfer).

Toharôt, von kleineren Befleckungen, die mit Sonnenuntergang unwirksam werden. Warnungen an einen gewissenhaften Pharisäer, sich zu hüten, daß nicht etwas von seinen Sachen unabsichtlich befleckt werde durch jemand, der des Gesetzes unkundig ist.

Mikwaôt, Bestimmungen über Tauchbäder. Solche Bäder müssen mindestens 40 se'a (etwa 525 Liter) »lebendigen« Wassers enthalten, d. h. solches, das unmittelbar aus Quellen, Bächen oder Flüssen geschöpft ist. **Abb. 543** zeigt Ruinen von römischen Bädern und Baderäumen im zeitgenössischen *Gezer; s. auch **Abb. 523.**

Nidda, Vorschriften für Frauen während der Menstruation und während und nach der Geburt (s. *Familie).

Makširîn, die sieben Flüssigkeiten: Wein, Honig, Öl, Milch, Tau, Blut, Wasser können trockene Nahrungsmittel unter ganz bestimmten Bedingungen unrein machen (Lev 11,34. 37–38).

Zabîm, über unreine Ausflüsse vom Körper (Lev 15) und Befleckungen, die durch sie verursacht werden.

Tebul Jom, über jemand, der ein Tauchbad genommen hat und doch für den Rest des Tages unrein bleibt, einschließlich der möglichen Befleckungen, die er verursachen kann.

Jadajîm, über die rituelle Unreinheit und das Reinigen der Hände (vgl. Mt 15,2–20; Mk 7,2 ff; s. *Bibelkanon; *Bibeltext).

Uqzîn, wie die Henkel von Gefäßen oder die Schalen und Kerne von Früchten betroffen werden, wenn das Gefäß oder die Frucht unrein wird.

Abb. 544 zeigt ein Blatt der Mischna aus dem Traktat *Uqzîn.*

b) Verschiedene Methoden der Anordnung: Obwohl die Traktate im allgemeinen thematisch geordnet sind, gibt es eine Reihe von Ausnahmen. Einige Sammlungen von *mišnajôt* stehen unter den Namen der für sie verantwortlichen Autoritäten, ohne Rücksicht auf die in ihnen behandelten Gegenstände. Gittin IV, 2–5.7 verzeichnet eine Liste von Verordnungen *(taqqanôt),* die von den Gesetzeslehrern »für das allgemeine Wohl« erlassen wurden. Andere *mišnajôt* sind aneinandergereiht, obwohl sie nicht mehr gemeinsam haben als eine

ähnliche Einleitungsformel, z. B. »X unterscheidet sich von Y nur in Z« (Megilla I,4–11).
Während in der modernen Mischna die Mehrzahl der Halachot unabhängig vom Schrifttext gelehrt wird, werden einige durch die Midraschmethode erläutert, und in diesen Fällen sind die entsprechenden Bibelverse zitiert. Diese Unterschiede erklären sich aus der Tatsache, daß die Mischna aus einer Vielzahl einzelner *mišnajôt* zusammengestellt wurde. Derselbe Umstand hat sogar dazu geführt, daß über bestimmte Gegenstände widersprüchliche *mišjanôt* aufgenommen wurden (d. h. die voneinander abweichenden Meinungen verschiedener Gelehrter). Selbst innerhalb einer einzelnen *mišnā* können Widersprüche enthalten sein, wenn diese aus zwei divergierenden Quellen zusammengesetzt ist.
Die Sorge des Rabbi Juda, die ursprüngliche Form und Sprache seiner Quellen nach Möglichkeit zu erhalten, hat anderseits auch dazu geführt, daß die Mischna eine Reihe von Dubletten aufweist. Wo eine einzelne *mišnā* sich auf mehrere Gegenstände bezog, hat sie der Rabbi nicht zwischen den entsprechenden Traktaten aufgeteilt, sondern sie jedesmal in vollem Wortlaut wiederholt (vgl. Ketubot VII,7 und Kidduschin II,5). Manche Gelehrte (besonders J.N. Epstein) sind der Ansicht, daß Rabbi Juda in seiner Mischna zahlreiche Veränderungen und Zusätze angebracht habe, aber von Neuformulierungen und radikalen Änderungen kann keine Rede sein.
Man hat auch viel darüber gestritten, ob Rabbi Juda die schriftliche Abfassung der Mischna angeordnet hat. Auf jeden Fall wurde sie noch zu seinen Lebzeiten niedergeschrieben, wenn auch nicht notwendig von ihm selbst. Trotzdem wurde sie im Schulbetrieb sehr wahrscheinlich weiterhin mündlich vorgetragen und auswendig gelernt. Das geschriebene Wort zog man nur heran, wenn Zweifel entstanden oder etwas in Vergessenheit geraten war.
c) Die Sprache der Mischna: Die Mischna ist in jenem nachbiblischen Hebräisch abgefaßt, das als die »Sprache der Gesetzeslehrer« *(lašon ḥakamîn* oder *lašon ḥazal)* bekannt ist. Es ist die Sprache, in der auch die Tosefta, die halachischen Midraschim und die hebräischen Abschnitte des Talmud geschrieben sind (s. *Sprachen).
4. Die Tosefta und die Baraita: Die Herausgabe der Mischna wurde nach Rabbi Judas Tod von seinen Schülern abgeschlossen, und diese waren auch dafür verantwortlich, daß die Mischna offizielle Geltung erlangte und alle anderen Sammlungen von *mišnajôt* verdrängte. Diese Sammlungen wurden später zu »außenstehenden« *mišnajôt* erklärt, im Aramäischen *barajatā* (sg. *baraitā*). Sie waren also nicht gänzlich vergessen. Teile von ihnen benutzte man in den Schulen weiterhin, um schwierige Stellen der Mischna zu erklären. Nur eine von diesen »außenstehenden« Sammlungen ist vollständig erhalten, die *Tosefta.* Von anderen Baraitas besitzen wir aber zumindest Fragmente im Talmud. Die Tosefta ist eine Sammlung von *baraitas,* die, wie der Name sagt *(tosæfæt* heißt »Zusatz«), die Mischna ergänzen will. Sie erklärt den Text der Mischna, gibt Gründe für ihre *halakôt* an, zitiert abweichende Meinungen, wo die Mischna nur einen anonymen Ausspruch bringt, und entscheidet gelegentlich auch anders als die Mischna. Manchmal führt die Tosefta die Lehre eines Rabbi an, während die Mischna die Meinung eines anderen wiedergibt. Manchmal nimmt sie *halakôt* und andere Einzelheiten auf, die von der Mischna weggelassen wurden.
Der Herausgeber der Tosefta ist nicht mehr zu ermitteln. Wahrscheinlich lebte er eine Generation später als Rabbi Juda (d. h. zu Beginn des 3. Jhdts. n. Chr.). Eine *Tosefta* gibt es fast zu jedem Traktat der Mischna, mit Ausnahme der drei Traktate *Tamîd, Middôt, Qinnîm,* vermutlich wegen ihres hohen Alters. Die als *Abôt d'Rabbi Nathan* bekannte *Baraita* stellt eine Art *Tosefta* zum Traktat *Abôt* dar.
5. Der Talmud: Die gelehrten Diskussionen und die praktische Handhabung des jüdischen Gesetzes in den Akademien Palästinas und Babylons während der Jahrhunderte nach Vollendung der Mischna sind aufgezeichnet in zwei großen Sammelwerken: im babylonischen und im palästinensischen Talmud.
Der Form nach besteht der Talmud zumeist aus Mischnazitaten, die mit einer »Gemara« verbunden sind, d. h. mit einem Kommentar und Zusätzen zum Mischnatext. Der Talmud ist nach der Schrift das vornehmste jüdische Gesetzbuch und bildet auch heute noch die Grundlage der religiösen Erziehung unter gesetzestreuen Juden. Näher auf seinen Inhalt einzugehen, würde die unserer biblischen Enzyklopädie gesetzten Grenzen weit überschreiten.

Moab

Gliederung: 1. Ursprünge. 2. Archäologi-

scher Befund. 3. Geschichte. a) Zeit der Landnahme; b) Nach der Landnahme; c) Davids Eroberungszüge; d) König Mesa; (1) Mesa-Stein; (2) Biblische Berichte und Mesa-Stein; e) Unter assyrischer Herrschaft; f) Moabs Untergang. 4. Religion. 5. Moabitische und ammonitische Herrscher.

Das Land Moab liegt östlich vom Jordan und Toten Meer, zwischen dem Hesbon im Norden und dem Zered im Süden **(Karte 25).** Im Westen wird es vom Toten Meer begrenzt; seine östliche Grenze bildet das allmählich zur Wüste Moab ansteigende Tafelland von Moab. Der Arnon teilt das Land in zwei Hälften, von denen die südliche höher, steiler und wilder als die nördliche Ebene ist. Zur Vermeidung häufiger Durchquerungen der Wadis, die sich von den Bergen westwärts erstrecken, verlief die alte Königsstraße (s. *Straßen, Beförderungsmittel, Handelswege) längs der Hochebene im Osten. Moabs natürliche Grenzen eröffneten nur nach Norden Expansionsmöglichkeiten, denn die östliche Wüste hatte nichts sonderlich Anziehendes.

1. Ursprünge: Die Moabiter waren mit den Hebräern eng verwandt. Zu einer kulturellen Annäherung zwischen ihnen und der Ruben-Gruppe (s. *Stämme Israels) kam es schon in einem frühen Stadium ihrer Ansiedlung. Nach einer Tradition von Gen 19,37–38 stammten die Moabiter und Ammoniter vom Abrahamneffen Lot ab. Dieser nahen Verwandtschaft wegen war es den Hebräern verboten (Dt 2,9), gegen die Moabiter Krieg zu führen. Dieses Unterlassungsgebot ist jedoch Teil einer Überlieferung, die offensichtlich nicht in den richtigen Zusammenhang gestellt wurde. Sie ist nicht mit den Überlieferungen der Zeit vor der *Landnahme verknüpft, und die Ereignisse zeigen, daß man sich gewiß nicht daran hielt (Jos 24,9; Dt 23,3 ff). Aus der Expansion in Südtransjordanien ansässiger hebräischer Stämme erwuchs eine erbitterte Feindschaft zwischen den beiden Völkern.

Die Moabiter scheinen im 13. Jhdt. v. Chr. mit der Besiedlung ihres Gebietes begonnen zu haben, um dieselbe Zeit, da die Hebräer in Transjordanien und Kanaan ansässig wurden (s. *Josua und Richter [Bücher]), *Landnahme, *Richter [Zeit und Buch]). Das Land hatte schon in der ferneren Vergangenheit einige Umwälzungen erlebt. Am Ende der Frühbronzezeit (23.–20. Jhdt. v. Chr.) scheinen Nomadeneinfälle eine Katastrophe für ganz Palästina herbeigeführt zu haben, und östlich des Jordan hörte jede Seßhaftigkeit faktisch auf. Während des 2. Jhdts. v. Chr. erholten sich Westpalästina und Nordtransjordanien und wurden von verschiedenen Neuankömmlingen, darunter den Amoritern (s. *Patriarchen, Geschichte), besiedelt. Auf Grund einer Oberflächenuntersuchung von Hunderten von Ortschaften in Transjordanien hat N. Glueck die Theorie aufgestellt, das Land sei, von einer Nomadenbevölkerung abgesehen, von ca. 1900 bis 1300 v. Chr. unbesiedelt gewesen. G. Lancaster Harding weist jedoch darauf hin, daß die kürzlich erfolgte Entdeckung von Gräbergruppen der Mittelbronzezeit auf dem Berg Nebo, in *nā'ūr* und *'ammān* sowie die eines Tempels aus der Mittelbronzezeit in Ammān auf das Vorhandensein einer Stadtbevölkerung in dem an die Ebene Moab angrenzenden Gebiet zur Hyksos- und in der Spätbronzezeit (vor dem 13. Jhdt. v. Chr.) schließen lassen. Der nebenstehend abgebildete heilige Felsen **(Abb. 545)**, auf dem ein römischer Tempel errichtet wurde, war der Altar und die Gebetsstätte (s. *Höhenheiligtümer) eines sehr viel älteren ammonitischen Heiligtums. Merkwürdig ist, daß biblische Hinweise kein weiteres Zeugnis von Ereignissen im Ostjordanland zwischen der Zeit der *Patriarchen und dem *Exodus (s. auch *Auszug) geben und daß der archäologische Befund nach Ansicht vieler Forscher darauf deutet, daß das Gebiet während dieser Periode unbewohnt war. Der frühe Hintergrund des Exodus setzt ein vollbesiedeltes Edom, Moab und Ammon voraus – und diese Länder können in den ein oder zwei Generationen vor dem Auszug aus Ägypten unmöglich wieder besiedelt worden sein. Man nimmt nunmehr an, daß in den dem Auszug voraufgehenden Jahrhunderten mehrere Dauersiedlungen in dem Gebiet bestehen blieben. Dies würde anscheinend das frühe Volk – die späteren Moabiter und Ammoniter – und sogar die Edomiter mit halbnomadischen Völkern verknüpfen, die ein Zweig der nordwestsemitischen Amoriter waren (s. *Patriarchen, Geschichte 5 e). Ihre Landnahme brachte die Aufsaugung von Halbnomaden oder seßhafter Bevölkerung mit sich, die das Land zuvor als ihr Territorium betrachtet hatten. Die bekanntesten von ihnen waren die Sutäer *(šutū)*, ein halbnomadisches Volk, das vom 18. Jhdt. v. Chr. an häufig in Keilschrifttexten wie auch in den ägyptischen »Ächtungstexten« (als *šasu;* s. *Ägypten und seine Beziehung zu Israel; vielleicht die »Söhne Seths« von

Num 24,17) erwähnt wird. Mit der moabitischen Landnahme setzte der normale nationalhistorische Prozeß und der Aufstieg der neuen Städte ein, und das Land und seine Völker standen bis zum Zusammenbruch des Reiches im 6. Jhdt. v. Chr. (s. unten) in voller Blüte.

2. Archäologischer Befund: In Moab sind nur wenige Grabungen durchgeführt worden; eine Ausnahme bilden die in Dibon *(dībān)*. Die Ergebnisse waren dort enttäuschend, und es erfolgte keine eindeutige Schichtenbestimmung. An anderen Orten wie Madeba, Adar, *bālū'a,* Kir-Moab (Kerak) und Hesbon hat man über der Erde durch Zufall die Überreste vieler Baulichkeiten gefunden. Diese deuten darauf hin, daß die moabitische Kultur der der anderen palästinischen Völker sehr ähnlich war. Die bedeutsamste epigraphische Entdekkung in Moab war die Stele Mesas (s. unten), die das hochentwickelte politische und kulturelle Niveau des Königreiches Moab im 9. Jhdt. v. Chr. widerspiegelt. In Moab gefundene keramische Erzeugnisse und Ritualgegenstände, darunter Figurinen, sind andererseits allen an der Westküste des Toten Meeres (Kanaan) gemachten Funden sehr ähnlich. Der früheste archäologische Fund ist die *bālū'a*-Stele **(Abb. 547)**, ein großer, roh gestalteter schwarzer Basaltblock, in den drei menschliche Figuren gemeißelt sind. Letztere stellen offenbar zwei Götter mit einem König in der Mitte dar. Die Stele stammt aus dem 12. Jhdt. v. Chr. und ihr interessantester Bestandteil ist eine vierzeilige Inschrift, die Ähnlichkeit mit dem protosinaitischen Stil aufweist (s. *Alphabet und Schrift). Sie deutet darauf hin, daß die Stele aus einer fernen Periode der moabitischen Frühgeschichte stammt, von der kein Zeugnis auf uns gekommen ist. Außerdem hat man in Dibon ein Bruchstück einer Stele gefunden, und die wenigen darauf eingezeichneten Buchstaben haben Ähnlichkeit mit der Mesa-Inschrift. In dem Gebiet sind viele Siegel gefunden worden, die den Namen des Nationalgottes Kamos tragen. Eine jüngere Inschrift aus der Perserzeit wurde in einem arabischen Haus in Kerak gefunden; sie weist auf die Bewahrung moabitischer Elemente in der Bevölkerung nach der Zerstörung des Nationalreichs hin.

3. Geschichte: *a) Zeit der Landnahme:* Zu der Zeit, da die Moabiter im biblischen Bericht erscheinen (Gen 36, 35; Num 22–24), hatten sie sich gleich den Ammonitern im Norden und den Edomitern im Süden (Num 20, 14) bereits zu einem Königsstaat zusammengeschlossen. Im Gegensatz hierzu war Kanaan vor der hebräischen Landnahme in eine Anzahl kleiner Stadtstaaten aufgeteilt. Wir wissen nicht, wie es zur Errichtung der Reiche kam. Ihre Organisationsform erhellt aus der Tatsache, daß die Hebräer in Verhandlungen mit dem »König von Moab« eintraten (Num 22–24). Der lange Umweg um das edomitische und moabitische Territorium, den die Hebräer am Ende ihrer Wüstenwanderungen machten (s. *Numeri [Buch]), paßt ebenfalls zu der bekannten Tatsache, daß die Grenzen von Edom, Moab und Ammon im 13. Jhdt. v. Chr. im Osten zum Schutz ihrer Gebietshoheit durch eine Festungslinie gesichert waren. Die Hebräer umgingen diese Festungen, marschierten in weitem Bogen ostwärts, wurden im Bergland östlich von Moab vom König von Hesbon angegriffen und schlugen ihn aufs Haupt. Dieser König hatte vorher dem König von Moab eine schwere Niederlage beigebracht und den gesamten nördlichen Teil des Landes zerstört (Num 21, 26–30). Der Sieg der Hebräer über König Sihon von Hesbon machte sie zu Herren des ganzen Landes östlich vom Jordan zwischen Arnon und Jabbok **(Karte 25;** Num 21, 24 f). Durch weitere Siege setzten sie sich in den Besitz des größten Teils des ostjordanischen Berglandes (Num 21, 33–35; s. *Landnahme). Der Hintergrund der Geschichte von Balak, dem König von Moab (Num 22–24), spiegelt sich in den unsicheren Zeiten nach der Eroberung des Reiches Sihons durch Israel wider. Die Moabiter, denen es nicht gelungen war, die Niederungen nördlich des Arnon zurückzuerobern, begrüßten Sihons Niederlage und hofften, das an ihn verlorene Gebiet wieder in Besitz nehmen zu können. Doch fürchteten sie, Israel werde ihnen ihr Land wegnehmen. Balak schloß daher mit den midianitischen Stämmen Verteidigungsbündnisse gegen Israel. Nach der Überlieferung forderten sie Bileam, offenbar einen berühmten Seher und Propheten, auf, Israel zu verfluchen. Von Gott inspiriert, segnete dieser es statt dessen. Aus Num 24, 25 und Ri 11, 25 geht hervor, daß die Situation nicht zur Krise kam, abgesehen von einer Schlacht gegen die Midianiter, in welcher Bileam den Tod fand.

b) Nach der Landnahme: Während sich die Hebräer ganz allmählich in Kanaan seßhaft machten, nahmen die Königsstaaten Moab und Ammon an Stärke zu. Zu Anfang des 12. Jhdts. v. Chr. herrschte Eglon, König von Moab, 18 Jahre lang über Teile von Is-

Abb. 545. Heiligtum (heiliger Felsen, über dem ein römischer Tempel erbaut wurde) in Moab aus ammonitischer Zeit

Abb. 546. Kalksteinstatuen zweier Könige oder Götter aus Amman (9. oder 8. Jhdt. v. Chr.)

Abb. 547. Einer der ältesten moabitischen Funde ist diese Stele aus Basalt (12. Jhdt. v. Chr.)

Abb. 548 (rechte Seite). Die Mesa-Stele aus Moab (9. Jhdt. v. Chr.); sie berichtet von König Mesas Triumph über das Haus Omri in Israel

Abb. 549. Assyrisches Relief, das eine Schlacht zwischen assyrischen Truppen und kamelberittenen Nomaden schildert

rael (s. *Richter), bis Ehud ihn umbrachte (Ri 3, 12–30). In der Erzählung von Saul wird auf Moab nur einmal beiläufig Bezug genommen. Während seiner Regierungszeit »...stritt er wider alle seine Feinde ringsum, wider Moab, wider die Ammoniter, wider Edom...«. Für Sauls Feldzüge gegen Moab, Edom und Ammon gibt es keine andere Quelle, und viele Forscher vermuten, daß der Hinweis an dieser Stelle vielleicht nur eine, auf zu Beginn der Königszeit unterworfene Völker bezügliche formelhafte Wendung ist und kein historisches Zeugnis für einen tatsächlichen Krieg.
Der Ruben-Stamm hatte sich im Frühstadium der *Landnahme östlich vom Jordan auf ammonitischem Gebiet angesiedelt (Num 32). Wie es ihm erging, ist ungewiß, aber im 11. Jhdt. v. Chr. waren diese Besitztümer in Transjordanien faktisch verschwunden, vermutlich infolge ammonitischer und moabitischer Raubzüge.
c) Davids Eroberungszüge: Zu Anfang seiner Regierungszeit eroberte David nach der Besiegung der Philister das Land der Moabiter, wobei er ihnen schwere Verluste beibrachte (2 Sam 8, 2), und machte sie danach tributpflichtig. Als sich Salomos Reich in der Mitte des 10. Jhdts. spaltete, blieb Moab ein Vasallenstaat des Nordreichs (Israel), aber nicht Judas, wiewohl Juda näher lag. Biblische Berichte über das darauffolgende Jahrhundert sind verworren; sie weisen auf eine Unterbrechung der israelitischen Herrschaft hin. Der zeitgenössische Stein des Mesa (s. unten d) deutet darauf hin, daß Omri, König von Israel (s. *Israel und Juda 2), die Herrschaft seines Reichs über Moab erneuerte (2 Kg 3, 4), das sie vermutlich zuvor abgeschüttelt hatte.
d) König Mesa. (1) Mesa-Stein: 2 Kg 3, 4 heißt es: »Mesa nun, der König von Moab, unterhielt eine Schafzucht und er entrichtete dem König von Israel 100 000 Lämmer und 100 000 Widder mit der Wolle«, d. h. dies war der von ihm gezahlte jährliche Tribut. Dies war der König, dessen in seiner Hauptstadt Dibon von ihm selbst errichtetes Denkmal im Jahre 1868 entdeckt wurde und, als man es entzifferte, das biblische Zeugnis über ihn bestätigte und ergänzte. Es brachte viel Licht in Moabs Geschichte und Religion.
Während Israel gegen Aram Krieg führte oder vielleicht zur Zeit der Schlacht bei Karkar (853 v. Chr.), empörte sich Mesa gegen Joram, Ahabs Nachfolger als König von Israel. Nach einem Anfangserfolg befestigte er die moabitische Grenze. Mit Unterstützung des Königs Josaphat von Juda und Edom begann Joram um 850 v. Chr. eine Strafexpedition (2 Kg 3, 6), die zunächst außerordentlich erfolgreich verlief (3, 24–26). Die Judäer und Israeliten nahmen fürchterliche Rache und verwüsteten Moab. Als sie die moabitische Stadt Kir-Moab (das moderne *kerak*) belagerten, suchte Mesa innerhalb der Stadtmauer Schutz. Als er in seiner Verzweiflung erkannte, daß ihn kein Mensch zu retten vermochte, wandte er sich an seinen Gott Kamos. Laut 2 Kg 3, 27 »nahm er seinen erstgeborenen Sohn, der nach ihm König werden sollte, und opferte ihn als Brandopfer auf der Mauer«, worüber die Israeliten dermaßen erschraken, daß sie »von ihm abließen und in ihr Land zurückkehrten«. Man versteht nicht recht, warum diese Handlungsweise Mesas die beschriebene Wirkung zeitigte. Möglicherweise hatte sie eine uns heute unverständliche Bedeutung. Dieser merkwürdige Vorfall spiegelt sich jedoch augenscheinlich nicht im Mesa-Stein wider und ereignete sich möglicherweise zu einem früheren Zeitpunkt. Nach dem Rückzug der israelitischen Streitmacht aus Kir-Moab verloren Joram und Josaphat die Herrschaft über Moab und danach über Ammon.
Der Mesa-Stein ist die einzige bisher in Moab gefundene zeitgenössische Urkunde, die auf 2 Kg 3 Bezug nimmt. Es ist dies eine große, von Mesa in seiner Hauptstadt Dibon *(dībān)* errichtete Stele mit einer Inschrift in einer dem Hebräischen der Bibel ähnlichen moabitisch-kanaanäischen Mundart. Der auf **Abb. 548** gezeigte Stein wurde von Beduinen – zur Erzielung eines höheren Erlöses durch stückweisen Verkauf – durch Erhitzen zum Zerspringen gebracht, doch war glücklicherweise von der Inschrift vorher eine Abschrift angefertigt worden, und heute steht der große Stein, restauriert und rekonstruiert, im Pariser Louvre-Museum. 1,13 m hoch und 70 cm breit, trägt er eine 34zeilige, in der ersten Person Singular verfaßte Inschrift, die mit einer etwas prahlerischen Aufzählung seiner Triumphe über das Haus Omris, des Königs von Israel, durch Mesa, König von Moab, beginnt. Der Inhalt ist hochinteressant, wenn man ihn mit dem Bericht im zweiten Königsbuch vergleicht. Die Inschrift lautet:
»Ich bin *Meša'*, Sohn des *KMS,* König von Moab, der Dibonite. Mein Vater war König über Moab dreißig Jahre, und ich wurde König nach meinem Vater. Und ich machte

dieses Höhen(heiligtum) für *Kamoš* in *Qeriḥo,* als Zeichen der Rettung, denn er errettete mich von allen Angreifern und ließ mich triumphieren über alle meine Gegner.
Omri war König von Israel, und er bedrängte Moab lange Zeit, denn *Kamoš* zürnte seinem Land. Und es folgte ihm sein Sohn. Und er sprach: Ich will Moab bedrängen. In meinen Tagen sprach er, aber ich triumphierte über ihn und sein Haus. Und Israel ist für immer zugrunde gegangen. Und es hatte sich *Omri* des ganzen Gebietes von *Madeba* bemächtigt und er wohnte darin während seiner Tage und der Hälfte der Tage seines Sohnes, vierzig Jahre. Und ich baute *Baal-Meon* (wieder auf) und errichtete die Zisterne darin. Und ich baute *Kirjaton* (wieder auf). Und die Leute von *Gad* wohnten seit jeher im Lande von *Ataroth* und der König von Israel hatte *Ataroth* für sich gebaut. Und ich griff die Stadt an und nahm sie ein. Und ich tötete alles Volk der Stadt als Darbringung für Kamoš und für Moab. Und ich brachte von dort den Altar ihres *DWD* und schleppte ihn vor *Kamoš* in *Qerejoth*. Und ich ließ dort wohnen die Leute von *Saron* und die Leute von *MḤRT*. Und *Kamoš* sprach zu mir: Geh, nimm *Nebo* (im Kampf) gegen Israel! Da zog ich bei Nacht los und kämpfte gegen es von Tagesanbruch bis Mittag. Und ich nahm es ein, tötete alles: 7000 Männer, Klienten, Frauen, Klientinnen und Sklavinnen, denn ich hatte sie dem *Aštar–Kamoš* (durch Bann) geweiht. Und ich nahm von dort die (Geräte?) Jahwes und schleppte sie vor *Kamoš*. Und der König von Israel hatte *Jahaṣ* gebaut und lagerte darin während seines Feldzuges gegen mich. Da vertrieb ihn *Kamoš* vor mir und ich holte aus Moab 200 Mann, alle seine Anführer. Und ich brachte sie nach *Jahaṣ* und nahm es ein, um es Dibon anzugliedern.
Ich habe *Qeriḥo* gebaut, die Mauer des Parks und die Mauer der Akropolis. Und ich habe seine Tore gebaut und ich habe seine Türme gebaut. Und ich habe den Königspalast errichtet und machte die Umfassungsmauern des Beckens für die Quellen inmitten der Stadt. Aber eine Zisterne gab es nicht inmitten der Stadt, in *Qeriḥo,* sondern ich sprach zu allem Volk: Macht euch jeder eine Zisterne in eurem Haus! Und ich habe die Gruben bauen lassen für *Qeriho* durch Gefangene Israels.
Ich habe *Aroer* gebaut und machte die Straße am *Arnon*. Ich habe *Beth-Bamoth* wieder errichtet, denn es war zerstört. Ich habe *Beṣer* wieder erbaut, denn es lag in Trümmern, mit 50 Mann aus *Dibon,* denn (die Leute von) ganz *Dibon* sind (meine) Untertanen. Und ich regierte (über?) 100 Städte, [anders in Galling, Textbuch: mit Hundertschaftsführern in den Städten], die ich dem Lande angegliedert hatte. Und ich baute (... *Made)ba* und *Beth-Diblathon* und *Beth-Baal-Meon* (wieder) auf und trug dort davon das ... Kleinvieh des Landes. Und (was) *Ḥawronān* (anlangt), (so) wohnte darin ... Und es sprach *Kamoš* zu mir: Steige hinab, kämpfe gegen *Ḥawronān*! Da stieg ich (hinab und kämpfte gegen die Stadt und nahm sie ein, und) *Kamoš* (wohnte) in ihr in meinen Tagen. Und ... von dort ... *ST SDQ* und ich ...« (Übersetzung aus: H. Donner – W. Röllig, Kanaanäische und aramäische Inschriften II [1964] S. 168 f).
(2) Biblische Berichte und Mesa-Stein: Der hier beschriebene erfolgreiche Feldzug gehört in dieselbe Periode wie 2 Kg 3. Mesas Gegner war Israel, und die Kriege, die er unter dem Schutz Kamos', des Gottes von Moab, führte, sollten Israel austreiben und die von Omri und Ahab eroberten Gebiete zurückgewinnen, einschließlich Ataroth, das, wie Mesa prahlt, lange zuvor von Gad besiedelt worden war. In Num 32, 3.34–35 wird es zusammen mit Jaeser und Dibon als Stadt der Gaditen genannt. Die göttlichen Gebote des Kamos gemahnen an die Antwort der Propheten Israels an den König, der sie vor dem Auszug in die Schlacht um Rat fragt: »Zieh hinauf nach Ramoth in Gilead, und du wirst Glück haben! Der Herr wird es in die Hand des Königs geben« (1 Kg 22, 12). Moabs Niederlage wie auch sein Sieg wird als Handlung des Kamos gedeutet (s. unten 4). Mesa nahm seine ihm durch Israel beigebrachte Niederlage als Zeichen dafür, daß sein Gott ihm zürnte, eine Auffassung, die auch regelmäßig in anderen Ländern begegnet. Die Einnahme von Nebo wird ebenfalls als Handlung des Kamos gedeutet. Diese Stelle ist der einzige außerhalb des eigentlichen Palästinas gefundene Text, der den Namen Jahwes erwähnt. Das biblische *ḥērœm* kannte man ebenfalls in Moab: als der Gott Mesa siegen ließ, »weihte« dieser ihm alle Einwohner der Stadt sowie die Gold- und Silberschätze einschließlich des Tempelschatzes. Mesas Vater trägt einen auf dem Namen Kamos basierenden theophoren Namen.
Auf dem Stein findet sich eine Anzahl Wörter in moabitischer Mundart, darunter *qīr* im Sinne von *qirjā* (Stadt). Diese Wör-

ter leben in der Bibel in den Namen der moabitischen Städte »Kir-Moab« (Jes 15, 1) und »Kir-Heres« (Jer 48, 31) fort **(Karte 37).**

Wie der Stein berichtet, konnte der Moabiterkönig augenscheinlich die Verteidigungsanlagen seines Landes später verstärken, so daß Amasja, König von Juda, in der Wüste Thekoa, seinem eigenen Territorium westlich des Toten Meeres, gegen die Moabiter kämpfen mußte, wo er sie aufs Haupt schlug. Moab wird in der Bibel kaum wieder erwähnt, obwohl es anscheinend während der Regierungszeit Jerobeams II. erneut unter die Herrschaft Israels kam. Auf seinen Niedergang während des 8. Jhdts. v. Chr. deuten auch Hinweise in 2 Chr 26, 8; Jer 49, 1; Am 1, 13 hin, die zu implizieren scheinen, daß der nördliche Bereich von Moab am Anfang des Jahrhunderts unter ammonitische Botmäßigkeit kam.

e) Unter assyrischer Herrschaft: Gleichwie die meisten umliegenden Nationen wurde Moab von der neuerlichen Expansion des assyrischen Machtbereiches unter Tiglatpilesar III. (745–727 v. Chr.) verschlungen. Anscheinend bot diese Aufsaugung beiden Seiten Vorteile. Die Assyrer gewährten den Moabitern Schutz vor Angriffen der Wüstennomaden (das Relief **Abb. 549** aus *nimrūd* schildert ein schicksalhaftes Treffen), während Moab zu weit vom Zentrum des Reiches entfernt zu sein schien, um Assyrien bedrohen oder es durch politische Intrigen gefährden zu können. Moab, Ammon und Edom waren Assyrien tributpflichtig und mußten sich die Überwachung durch Statthalter gefallen lassen. Zwischen 713 und 701 v. Chr. schlossen sich die Moabiter den Koalitionen syrischer und palästinischer Staaten gegen Sargon und Sanherib an, doch kapitulierten sie schließlich, zahlten Assyrien Tribut und durften nominell ihre Unabhängigkeit behalten.

f) Moabs Untergang: In den Kriegen Assurbanipals (s. *Assyrien und Israel) gegen die Araberstämme nahm Moab für die Assyrer Partei und zahlte ihnen weiterhin Tribut. Nach dem Zusammenbruch des assyrischen Reiches war es marodierenden Nachbarn preisgegeben. Nach einigen bezieht sich ein altes moabitisches Totenklagelied, das das Schicksal des Landes betrauert, auf diese Zeit. Es dürfte sich jedoch eher um ein Klagelied über den Raub moabitischen Gebiets durch Sihon (s. o.) handeln. Das Thema, wenn nicht gar das in Rede stehende Klagelied, wurde von Jeremia (Kap. 48) und Jesaja (Kap. 15) in ihren Weissagungen über das endliche Schicksal Moabs aufgegriffen. Diese Periode kündigte das Ende Moabs als eines autonomen Staates an; nach dem Ausgrabungsbefund trat es im 6. Jhdt. v. Chr. ein.

Josephus (Altertümer X, 9, 7) berichtet, Moabs Nachbar Edom sei an Nebukadnezar gefallen, und dieser habe kurze Zeit nach der Zerstörung des ersten Tempels gegen Moab und Ammon gekämpft. Der Zusammenbruch dieser Länder dürfte jedoch eher die Folge wiederholter Raubzüge der Wüstenstämme gewesen sein. Bei den späten Propheten hören wir zum letztenmal im Alten Testament von Moab. Ezechiel deutet Moabs Unterwerfung unter die Wüstenstämme als göttliches Strafgericht, hatte es doch Juda angegriffen, als dieses sich nach der Zerstörung des ersten Tempels in einer verzweifelten Situation befand.

Moab taucht kurz bei Josephus (Altertümer XIII, 14–15) wieder auf und in 1 Makk 9, 35 ff als abhängiges Gebiet des seleukidischen Reiches. Die frühen *Nabatäer hatten von dem Land Besitz ergriffen.

4. Religion: Von einigen wenigen Hinweisen in der Bibel und dem Bericht des Mesa-Steins abgesehen, gibt es nur sehr wenige Zeugnisse für die Religion der Moabiter. Der Hauptgott war anscheinend Kamos, dem sie in erster Linie ihre Verehrung darbrachten. Auf die Stätten, an welchen er und andere lokale Gottheiten vielleicht verehrt wurden, weisen Ortsnamen wie Baal-Peor, Bamoth-Baal, Beth-Baal-Meon hin; möglicherweise deuten sie auch darauf hin, daß man den Nationalgott als »Baal« bezeichnete. Die moabitische Religion ähnelte der der Nachbarvölker (Ammoniter und Edomiter). Der Mesa-Stein führt die Niederlage Moabs im Kampf gegen Israel auf Kamos' Zorn über sein Land zurück und Mesas Sieg auf die Gunst des Gottes. Der König weiht die Gefangenen seinem Gott. Einige Forscher haben aus dem Namen Ischtar-Kamos auf dem Mesa-Stein geschlossen, daß er Ischtar als Gemahlin des Kamos bezeichnet. Nach anderen ist dies ein zusammengesetzter Name, der Kamos mit dem männlichen Gott Ischtar identifiziert (s. *Kanaanäische Religion).

Stil, Kleidung und andere Züge der in Amman gefundenen beiden Kalksteinstatuen **(Abb. 546)** eines Königs oder einer Gottheit (9. oder 8. Jhdt. v. Chr.) erweitern unsere Kenntnis dieser Periode in beträchtlichem Maße.

5. Moabitische und ammonitische Herrscher:

Zeit	*Moab*	*Ammon*
Späte Bronzezeit, ca. 1550–1200 v. Chr.	Balak	Sihon (in Hesbon)
Frühe Eisenzeit, ca. 1200–950 v. Chr.	Eglon	Nahas Hanun Sobi
Späte Eisenzeit, ca. 950–549 v. Chr.	Mesa, ca. 850 v. Chr. Kamos Nadab Musuri	Sanibu Pudiel

Unter assyrischer Herrschaft

Kamos Jehi	Ammi Nadab
Kamos Haleth	Baalis

Moses

Gliederung: 1. Charakter der Berichte über Moses. a) Jugend; b) Berufung; c) Moses in Ägypten; d) Der Auszug aus Ägypten; e) Der Name Jahwes. 2. Moses und die moderne Kritik. a) Bedeutung Moses'; b) Geschichtlichkeit; c) Mosaischer Monotheismus – oder nicht? d) Mosaische Religionsgemeinschaft; e) Moses als Apostel des Gottesbundes; f) Der Dekalog; g) Schlußfolgerung. 3. Der gegenwärtige Stand der Forschung. a) Die neuere Entwicklung; b) Der Name Moses; c) Der Eisodus nach Ägypten; d) Moses' Jugend und Flucht; e) Der Exodus; f) Die Theophanie am Sinai; g) In Kades; h) Einzug ins Ostjordanland und Tod Moses'.

1. Charakter der Berichte über Moses: *a) Jugend:* Die Geschichte von der Geburt und den ersten Lebensjahren des Moses wird in Ex 2 berichtet. Anders als sonst bei historischen Gestalten in der Bibel, wie etwa Simson oder Samuel, enthält dieser Bericht außer der Tatsache, daß seine Eltern dem Stamm Levi angehörten, keine genealogischen Einzelheiten. Späteres priesterschriftliches Gut (Num 26, 59) machte Moses' Mutter zur Tochter des Jakobssohnes Levi, doch muß sie in Wirklichkeit einige Generationen später gelebt haben. Diese spätere Quelle legte auch ihr und ihrem Mann die Namen Jochebed und Amram bei. Möglicherweise hießen sie wirklich so, doch ist diese Angabe sonst nirgendwo überliefert. Das Fehlen genealogischer Nachrichten im ältesten Bericht steht mit allen frühen Kapiteln des Buches *Exodus im Einklang, die bemerkenswert wenige Einzelheiten über das Leben der Hebräer in Ägypten berichten, außer daß sie die Härte ihrer Knechtschaft betonen. Moses' Name deutet auf ägyptische Erziehung. Er leitet sich wahrscheinlich nicht von dem hebräischen Wort *māšah* »herausziehen« her, wie die biblische Erklärung lautet, sondern von ägyptisch *mesu* (von den Hebräern *Mosche* ausgesprochen), das mit dem ägyptischen Wort für Kind zusammenhängt und in Namen wie Thut-moses, Ra-mses usw. erscheint. Die Bibel berichtet (Ex 1, 15–2, 10), die Ägypter hätten die wachsende Zahl der Hebräer zu beschränken versucht, indem sie die Tötung aller neugeborenen Knaben verfügten. Moses' Mutter vermochte ihn zu verstecken, bis er drei Monate alt war; sie legte ihn sodann in einem Korb im Schilf am Nilufer nieder; dort fand ihn die Tochter des Pharao und zog ihn auf.

Dies ist der wesentliche Punkt der Geschichte seiner Jugend, denn der Verfasser wollte nachdrücklich betonen, daß Gott auf diesem unwahrscheinlichen Hintergrund einen *gō'ēl* (Befreier) für sein Volk bereitete, wobei er selbst eine ägyptische Prinzessin zum Überleben des Kindes beitragen ließ. Dieses Thema eines göttlichen Befreiungsplans erklärt wahrscheinlich die offenbare Symmetrie von Moses' Lebensgeschichte und Werdegang, der Tatsache

Abb. 550. Blick von der Spitze des Berges Pisga in das Land Kanaan

zum Trotz, daß die Erzählung im Pentateuch von späteren Herausgebern aus einer großen Menge unabhängiger Überlieferungen und Elemente zusammengetragen wurde. Mehrere Schulen biblischer Literarkritik haben interessante Rekonstruktionen der verschiedenen ursprünglichen mosaischen Stoffe erstellt, wie sie in den hypothetischen Urkunden E, J, D und P erschienen (s. *Bibelkritik). Man findet sie in allen maßgebenden Einleitungen in das AT. Die verschiedenen Theorien stimmen nicht miteinander überein, aber ihre wechselseitigen Widersprüche beeinträchtigen weder die Geschichtlichkeit Moses' noch die einzigartige Bedeutung seines Lebens und Wirkens.

b) Berufung: Sowohl die frühen als auch die späteren Überlieferungen berichten, daß Moses im Haus des ägyptischen Königs aufwuchs, sich aber, als er von seiner Herkunft erfuhr, für seine Stammesgenossen zu interessieren begann und aus Ägypten flüchten mußte, nachdem er einen Ägypter getötet hatte, den er einen hebräischen Sklaven hatte mißhandeln sehen. Moses fand in Midian Zuflucht, wo er bei Jethro, dem dorigen Priester, als Schäfer in Dienst trat und seine Tochter Zippora heiratete, die ihm zwei Söhne, Gersom und Elieser, gebar.

Am Horeb erschien Gott dem Moses zum ersten Mal in Gestalt eines Busches, der brannte, aber nicht verzehrt wurde (Ex 3, 2–4). (Spätere rabbinische Kommentatoren erblickten darin ein Symbol für das Volk als Ganzes.) Dort befahl Gott dem Moses, nach Ägypten zurückzukehren, um sein Volk in die Freiheit zu führen. Diese Phase der Erzählung schließt auch die Offenbarung des Namens Gottes ein (Ex 3, 13–15; weiteres s. unten 1 e).

c) Moses in Ägypten: Gehorsam dem Gebot des Herrn, kehrte Moses nach Ägypten zurück und bat, von seinem älteren Bruder *Aaron unterstützt, den Pharao, er möge die Israeliten aus Ägypten ausziehen und ihrem Gott in der Wüste opfern lassen. Zum Beweis ihres göttlichen Auftrags ließen sich Moses und Aaron auf einen, wie viele Forscher meinen, Prestigewettkampf mit den Hofmagiern ein und produzierten eine Reihe übernatürlicher Kunststücke, die die Überlegenheit einer Art von Magie über eine andere erweisen sollten (s. *Magie, Wahrsagerei und Aberglauben). Trotzdem schlug der Pharao ihnen ihre Bitte ab: die Israeliten müßten in Ägypten bleiben – und härter arbeiten. Daraufhin suchte Gott Ägypten mit den zehn Plagen heim (Ex 7, 14–10, 29). Entscheidend war nicht, daß die Plagen eintraten, sondern daß Moses sie voraussagte und seine Voraussagen sich jedesmal erfüllten, so daß die Ägypter annahmen, seine Magie sei stärker als die ihrige und er könne über die Kräfte eines mächtigen feindseligen Gottes gebieten. Dies sind alles Mutmaßungen. Die Überlieferung berichtet lediglich, die Überlegenheit Jahwes über die ägyptischen Götter sei in Wundern und den gewaltigen Taten des Auszugs aus Ägypten zum Ausdruck gekommen. Dieses Thema wurde in die Berichte von Moses und seiner Führerschaft eingeflochten.

Der Pharao ließ sich schließlich dazu bewegen, den Israeliten und ihren Familien den Auszug zu gestatten, doch bestand er darauf, sie müßten ihr Vieh zurücklassen. Dies, entgegnete Moses, sei unmöglich: ihre Herden müßten sie mitnehmen, da ihnen sonst keine Opfergaben zur Verfügung stünden. Als der Pharao unnachgiebig blieb, verkündete Moses den Tod der Erstgeborenen in ganz Ägypten (Ex 10, 24–26. 28–29; 11, 4–9), und der Pharao willigte endlich in den Abzug der Israeliten ein. Diese Episode bildet einen hervorstechenden Zug der traditionellen Passahfeier (s. *Feste und Feiertage).

d) Der Auszug aus Ägypten: Später, nachdem er sich abermals eines anderen besonnen, nahm der Pharao die Verfolgung der Hebräer auf, doch blieben er und sein Heer samt den Streitwagen im Schilfmeer, das die Hebräer zuvor sicher durchquert, stekken und versanken schließlich darin. Dieses Gewässer wird für gewöhnlich fälschlich mit »Rotes Meer« übersetzt (die Anwendung des Ausdrucks auf das Rote Meer geht auf die Septuaginta und vermutlich auf noch frühere Zeiten zurück). Ein See oder »Schilfmeer« kann sehr gut in oder nahe bei dem heute vom Suezkanal durchquerten Sumpfgebiet oder in der nordöstlichen Ecke der Sinai-Halbinsel gelegen haben (Einzelheiten s. *Auszug aus Ägypten).

Nach langen Märschen und einem schweren Kampf mit den Amalekitern führte Moses das Volk zum Berg Horeb auf der Sinai-Halbinsel. Dort schuf Moses auf den Rat seines Schwiegervaters Jethro hin ein Rechtspflegesystem (Ex 18), und dort wurden Moses die zehn Gebote von Gott offenbart; Moses gab dem Volk als Ergänzung hierzu einen vollständigen Gesetzeskodex. Ex 20–23 enthalten die ältesten, durch eine der frühesten Quellen (wahrscheinlich E) bewahrten Gesetze Israels.

Die gleiche Quelle berichtet auch die Zeremonie der Bundesschließung (Ex 24, 3–8, s. u.). Nach dieser oder vielleicht einer anderen Quelle vertraute Moses, als er den heiligen Berg hinaufstieg, das Volk der Obhut Aarons und Hurs an (Ex 24, 13–14). Während seiner Abwesenheit machte *Aaron ein goldenes Kalb, damit das Volk es verehre. Als Moses es bei seiner Rückkehr erblickte, zerbrach er die steinernen Tafeln und zerstörte das Bild, und Gott schickte als Strafe eine Plage, lenkte dann aber ein. Eine spätere Quelle (P) erzählt, Moses sei auf den Berg gestiegen (Ex 24, 15–18) und habe dort Anweisungen für die Aufstellung der Stiftshütte (s. *Stiftshütte und Bundeslade) und die darin zu übende Form der Gottesverehrung entgegengenommen (Ex 25–31, 17).
Die Geschichte der Wanderungen wird vom Buche Numeri im zweiten Jahr aufgegriffen. Als die Hebräer in Kades-Barnea weilten (der zentrale Punkt für die Wanderungen), wurde eine Zählung der wehrfähigen Männer vorgenommen, die auf dem Marsch verfügbar sein würden. Der Verfasser der Priesterschrift ergriff diese Gelegenheit, um über die Organisation der priesterlichen und levitischen Familien zu berichten (s. *Volkszählung).
In den ersten Jahren der Wanderungen geriet Moses häufig mit verschiedenen Gruppen des Volkes in Streit; einmal wollten sogar einige von ihnen nach Ägypten zurückkehren (Num 14, 1.3 ff.). Als die Kinder Israel in der Wüste Pharan lagerten und zwölf Männer zur Erkundung des Landes Kanaan ausgesandt wurden, sollten die Nachrichten, die sie heimbrachten, die Israeliten von einem Angriff abschrecken (Num 13, 31–33). Allein Josua und Kaleb gaben einen günstigen Bericht, weshalb nur sie das Gelobte Land betreten durften (Num 13, 30; 14, 6–24.30).
An dieser Stelle erfährt die Erzählung anscheinend eine Unterbrechung. Die Quelle E in Numeri berichtet, das Volk sei gegen Moses' Rat nach Kanaan vorgerückt und von den Amalekitern und anderen Landesbewohnern in die Flucht geschlagen worden (Num 14, 39–45). Die Erzählung wird in Num 20 mit dem Wunder des Wassers aus dem Felsen (20, 2–13), der Weigerung des Königs von Edom, den Israeliten den Durchzug durch sein Land zu gestatten (20, 14–21), dem Tode des Hohenpriesters Aaron am Berge Hor (20, 22–29) und der Nachfolge seines Sohnes Eleasar in seinem Amt (Dt 10, 6) fortgeführt.
Abgesehen von der Feststellung, daß die Generation, die aus Ägypten auszog, das Gelobte Land nicht schauen soll (Num 14, 22–23), schweigt sich die Bibel über die Ereignisse zwischen dem 2. und dem 39. Jahr des Exodus aus. Im 39. Jahr versuchte Moses erneut, die durch ihre Wüstenjahre gehärtete neue Generation nach Kanaan zu führen. Ihr erster Zusammenstoß mit den Kanaanäern bei Horma endete mit einem israelitischen Sieg (Num 21, 1–3). Sodann marschierten sie über Edom nach Moab, schlugen den Amoriterkönig Sihon (Num 21, 11–15. 21–24. 27–30), die Moabiter und die Midianiter und töteten Bileam (Num 22–24; 31, 1–12; s. *Numeri [Buch]). Die Eroberung von Basan (s. *Landnahme) festigte Israels Herrschaft über das Ostjordanland und verschaffte dem Volk eine Basis für den Angriff auf das Gelobte Land selbst. Nachdem er Josua (s. *Josua und Richter [Bücher]) zu seinem Nachfolger ernannt (Dt 31, 14 ff. 23), durfte Moses von der Höhe des Berges Pisga aus das Land Kanaan schauen, wo sich ihm wahrscheinlich im wesentlichen derselbe Anblick bot, den die von der gleichen Stelle aus aufgenommene **Abb. 550** zeigt. Danach starb er auf dem Berge Nebo in Moab und wurde dort bestattet (Dt 34, 5 f.); seine Grabstätte ist nicht bekannt.
e) Der Name Jahwes: Nach den Quellen, die im Buche *Exodus vereinigt sind, wurde der Name JHWH erstmals dem Moses in Midian geoffenbart, und Moses verkündete ihn den Israeliten in Ägypten. Ex 3, 6 und 6, 3 verbinden beide eindeutig Jahwe mit dem »Gott der Väter«, was darauf hindeutet, daß die Religion, die Moses predigte, für die Hebräer keineswegs etwas Neues war. Der Gott der Väter war El. Moses benannte El mit der neuen, vorher nicht derart gebrauchten Bezeichnung JHWH. Man kann Moses' Beitrag vielleicht als eine eindeutigere Feststellung des Bundesverhältnisses zwischen den Menschen und Gott und eine präzisere Definition Gottes als des Erlösers und der Israeliten als des auserwählten Volkes (s. *Erwählung und auserwähltes Volk) auffassen. Woher der Name JHWH selbst stammt, ist eine andere Frage.
Gottes Offenbarung seines Namens als das Tetragramm JHWH (ausgesprochen: *Jahwe*) ist der entscheidende Punkt der Berufung Moses' (Ex 3, 13–17). Das Wort scheint von dem Verbum *hjh* abgeleitet zu sein und kann mit »er ist« übersetzt werden oder, einem anderen Verbalstamm zufolge, mit »er erschafft, er bewirkt«. Laut Ex 3, 14 bedeutet der Gottesname »Ich bin

der Ichbin«, und zahlreiche Kommentare sind über diesen Text verfaßt worden. Das Verbum *hjh* erscheint jedoch immer in einem handlungsreichen Kontext – es bezieht sich niemals auf eine statische Situation oder Begebenheit wie ein einfaches »sein«. Seine Verwendung als Gottesname im Sinne von »Ich bin der Schöpfer« wäre eine zutreffende Beschreibung eines schaffenden, hervorbringenden Gottes. An anderer Stelle im Buche Exodus, in dem historischen Zusammenhang des Sinai, scheinen die mosaischen Formeln jedoch andere Eigenschaften und Attribute Gottes zu betonen: in Ex 33, 19 und 34, 6–7 seine Barmherzigkeit und Gnade gegenüber seinem Volk, das Thema des ganzen Buches, die die Bedeutung »Ich bin der Gnädige, der Mitfühlende« implizieren. Ex 34, 14 benutzt eine Formel, die für gewöhnlich mit Jahwe, der »eifersüchtige Gott«, wiedergegeben wird, was aber eine ungeschickte Übersetzung ist. »Denn er schafft Eifer« würde dem Original insofern eher entsprechen, als dies den Eifer impliziert, mit dem er Israel an sich bindet in einem ausschließlichen Verhältnis des Rechts und der Pflicht, des Urteils und der Gnade, aber auch des Versprechens und der Drohung.

2. Moses und die moderne Kritik: *a) Bedeutung Moses':* Frühere Forschungen haben derart viel von der Gesetzgebung und Entwicklung des Monotheismus von Moses in spätere Zeiten verlegt, daß Moses' eigene Rolle häufig beträchtlich verkleinert erscheint. Tatsächlich ist jedoch der Versuch, ihn auf eine nebelhafte, nur aus der Legende bekannte Figur zu reduzieren, in keiner Weise gerechtfertigt. Eine gründliche Bibelkritik hat die Gültigkeit der biblischen Überlieferungen über Moses dargetan. Heute besteht Einigkeit darüber, daß zu Moses' Zeit als Ergebnis seiner Botschaft und Führung eine neue Religionsgemeinschaft ins Leben trat, wenn auch Moses selbst schattenhaft bleibt.

Den Vertretern der gegenteiligen Auffassung (z. B. M. Noth) geht es darum, die Einzigartigkeit von Moses' Werk zu bezweifeln. Obwohl sich die Einzigartigkeit des Sinai-Ereignisses nicht leugnen läßt, wenn der historische Nachweis auch schwierig ist, gilt diesem Forscher die Überlieferung, daß Moses der »Gründer« des neuen Glaubens oder daß der Mosaismus als solcher eine neue Religion war, nicht notwendig als geschichtlich. Er führt die Überlieferungen auf einen deuteronomistischen Ursprung zurück und betrachtet sie als das Ergebnis der Kristallisation einer panisraelitischen Nationalreligion in späterer Zeit, nach der Ansiedlung in Kanaan. Die spätere Tradition übertrug diese Berichte und Glaubensanschauungen auf den fernen Hintergrund des Auszugs aus Ägypten und des Moses. Dieser Führer war daher mit dem Auszug aus Ägypten verknüpft, wenn auch nicht notwendigerweise mit dem Sinai-Ereignis und seiner Überlieferung. Diese extreme Anschauung, die Moses jegliche historische Existenz abzusprechen versucht, hat kaum noch etwas mit nüchterner Kritik zu tun. Die Theorie, daß die ihn betreffenden Erzählungen sämtlich Legenden seien, wird ebenfalls von der modernen Kritik als weder wissenschaftlich noch kritisch zurückgewiesen. Mag sein, daß nicht alle über ihn berichteten Einzelheiten Wort für Wort wahr sind, doch enthalten, genauso wie im Falle der Patriarchen (s. *Patriarchen, Geschichte), auch die Erzählungen über Moses einen beträchtlichen historischen Kern.

b) Geschichtlichkeit: Die Geschichte Israels setzte nicht plötzlich zur Zeit des Moses ein. Die Forschung hat nachgewiesen, daß der biblische Bericht bewußt simplifiziert wurde und daß Überlieferungen, die sich über ein halbes Jahrtausend erstrecken, hinter dem Buch Exodus liegen – oder rasch in die Folklore seines Volkes eingingen. (Für die Probleme der Ursprünge Israels s. *Patriarchen, Geschichte, und *Landnahme.)

Es ist oftmals schwierig, den historischen Kern, der sich aus den Überlieferungen herausschält, von der sie umgebenden Folklore und den vielen magischen Elementen zu trennen, mit denen sie durchsetzt sind (die Seuchen, die Wunder, der Durchzug durch das Meer usw.). Diese drücken die Überzeugung aus, daß Jahwe bei der Errettung seines Volkes tatsächlich anwesend und tätig war. Dies ist der Kern der Überlieferung, wenn sie sich auch nicht mit Tatsachen belegen läßt. Die vorherrschende Überzeugung von der Verläßlichkeit der Tradition führt viele Forscher zu der Annahme, daß die Ereignisse des Auszugs aus Ägypten und am Sinai als ihren Brennpunkt eine einzelne herausragende Persönlichkeit voraussetzen. Obwohl es sich nicht mit historischen Tatsachen beweisen läßt, meinen sie, daß das hebräische Volk von Moses völlig umgewandelt wurde. Zudem: Wiewohl die Umstände des Sinai-Ereignisses einer historischen Analyse nicht zugänglich sind, setzte der einzigartige Glaube der Hebräer an *einen*

Gott in ihrer Tradition einen individuellen Begründer des neuen Glaubens voraus. Es wird auf analoge Führergestalten im Christentum und im Islam hingewiesen.

c) Mosaischer Monotheismus – oder nicht? Im 19. Jhdt. bekannte sich der evangelische Theologe und Orientalist J. Wellhausen (s. *Bibelkritik) zu der Überzeugung, daß man die Moseszeit als »die eigentlich schöpferische Periode« der Geschichte Israels und als Ursprung seiner nationalen Geschichte ansehen könne. Sehr viel mehr Meinungsverschiedenheiten rief das Wesen der auf diese Weise geschaffenen Religion hervor – es ist auch heute noch umstritten. Einige Forscher sehen in Moses nicht den Schöpfer des neuen Glaubens. Gewiß, ein neuer Glaube trat ins Leben, doch läßt er sich in seinen Anfangsstadien schwer definieren. Um sich vollständig zu entwickeln und auch nur die Keime des ethischen Monotheismus hervorzubringen, brauchte er Jahrhunderte. Z.B. behauptet J. T. Meek, das Auftauchen und die Annahme der Idee eines Weltgottes setze eine Weltauffassung im politischen Sinne voraus. Zu Moses' Zeit war Israel ein zusammengewürfelter Haufe, der eben seine ersten Schritte auf dem Wege zur Volkseinheit tat. Auf einem solchen Hintergrund konnte die Idee eines allmächtigen Weltgottes kaum entstehen.

Anderseits definieren Oesterley und Robinson die von Moses verkündigte Religion als eine Religion mit der Losung »Jahwe ist der Gott Israels, und Israel ist das Volk Jahwes«, zu der sich eine Menge primitiven Aberglaubens gesellte. W. F. Albright hat behauptet, die Religion des Moses sei bereits das gewesen, was man gemeinhin Monotheismus nennt, und »der orthodoxe Jahwismus« sei sich »von Moses bis Esra im wesentlichen gleichgeblieben«. Viele Forscher haben dies jedoch bestritten. Der Streit dürfte kaum zu schlichten sein, denn die Fragen, um die es sich dabei handelt, gehen nicht nur den Historiker, sondern auch den Theologen an, und das ganze Thema scheint gegensätzliche Anschauungen über das Wesen der Religion heraufzurufen, d. h. es läuft auf ein Definitionsproblem hinaus. Die Gegner des mosaischen Monotheismus behaupten, der Ausdruck sei auf eine Religion, die keine philosophische Theologie besitze, nicht anwendbar. Die Religion Israels war nicht auf abstrakter Theologie fundiert. Sie gründete auf der Erinnerung an eine historische Erfahrung und auf ihrer Ausdeutung. Jahwe, so glaubten die Israeliten, habe sie mit Vorbedacht aus der Knechtschaft befreit und sie durch den Bund zu »seinem« Volk, im Sinne seiner Untertanen, gemacht (s. *Erwählung und auserwähltes Volk).

Ein anderes Argument lautet, Monotheismus müsse stets als ausdrückliche Leugnung anderer Götter in Erscheinung treten. »Götter« gab es in jedem heidnischen Tempel, und die wiederholten Brandmarkungen götzendienerischer Praktiken unter den Israeliten durch die Propheten deuten darauf hin, daß sie niemals so etwas wie eine monotheistische Religionsgemeinschaft im Sinne eines philosophischen Monotheismus bildeten. Ein weiteres Zeugnis ist die Stellung des vorprophetischen Schrifttums zu heiligen Stätten, zur Stiftshütte und zum Allerheiligsten. Alle alten sakralen Stätten, selbst ehedem den Kanaanäern heilige Orte, gingen als Orte, an denen Jahwe sich geoffenbart, in der Religion auf, ohne daß er an sie gekettet war oder geographisch auf sie beschränkt blieb. Die israelitische Religion war von jeglichem Polytheismus frei. Sie war gewissermaßen ein praktischer Monotheismus ohne die Stütze einer umfassenden philosophischen Rationalisierung.

Viele Forscher meinen, man solle sie besser als »Monolatrie« oder »Henotheismus« bezeichnen (= Verehrung eines einzigen Gottes bei gleichzeitiger Anerkennung der Existenz anderer Götter). Ihr göttlicher Status wurde diesen nur widerwillig zugebilligt, und die Israeliten bestritten solchen »Göttern und Götzen« die Kräfte, die ihre Anhänger für sie beanspruchten. Jahwe, den die Israeliten verehrten, ging über die Personifizierung der Naturkräfte, welche die polytheistischen Götter darstellten, weit hinaus. Jahwe war selbst der Gott der gesamten Natur, und er allein besaß die Macht, die Naturkräfte und die Weltgeschichte zu lenken und zu beherrschen. Es dauerte Jahrhunderte, bis man sich der ganzen Bedeutung dieser Geisteshaltung bewußt wurde; doch der Glaube an einen einzigen Gott, den Moses lehrte, enthielt sämtliche wesentlichen Elemente des vollentwickelten Monotheismus späterer Zeiten. Im Anfangsstadium verbot der mosaische Glaube die Anerkennung anderer »Götter« und schloß alle Formen von Synkretismus aus. Kulturelle Entlehnungen konnte er jedoch nicht ausschließen (und tat es auch nicht); einige von diesen erwiesen sich für Israels Entwicklung als segensreich, wiewohl es auch kultische Entlehnungen gab, die dem reinen Mosaismus entgegenwirkten (s. *Götzendienst in Israel; *Phönikien und seine Städte).

d) Mosaische Religionsgemeinschaft: Viele Forscher bezeichnen das frühhebräische Gemeinwesen als eine Bundesgemeinschaft. Gruppen, die auf der Grundlage einer Vereinbarung oder eines Bundes zwischen Menschen, aber nicht mit einer Gottheit, zusammenarbeiteten, waren vor Moses' Zeit häufig (s. *Gesetz Israels), doch waren solche Bundeszusammenschlüsse in der alten Welt im allgemeinen ephemer und unvorhersagbar. Nach einer anderen Theorie war das frühe Israel eine Ansammlung von Verwandtschaftsgruppen, die durch Blutsbande zusammengehalten wurde, doch hat man auch dies bestritten. Israel hatte vor dem 13. oder 10. Jhdt. v. Chr. keine zentrale Staatslenkung, und seine Geschlossenheit war in den ersten Jahrhunderten seiner Existenz ständig bedroht. Doch wurden Israel und seine Religion in den Stand gesetzt, starkem militärischem Widerstand zum Trotz und ungeachtet einer großen kulturellen Vielfältigkeit innerhalb des eigenen Gemeinwesens und eines ständigen Drangs zu religiösem Synkretismus zu überleben. Wenn die Kraft, welche die Gesetzesgemeinschaft schuf und erhielt, eine Religion oder ein Bund war, so müssen diese alles andere als »primitiv« gewesen sein (s. *Exodus [Buch] 7).

e) Moses als Apostel des Gottesbundes: Wellhausens »eigentlich schöpferische Periode« umfaßt etwas mehr als die Schaffung einer nationalen Gemeinschaft. Zusammen mit der nationalen Gruppe trat eine religiöse Tätigkeits- und Glaubensstruktur in Erscheinung. Nachdem Israel durch den Bund Jahwes Oberherrlichkeit zu seinen Bedingungen anerkannt hatte, nahm ein Geflecht spezifischer Elemente, das Traditionen, Geschichte, Gesetz und Kult vereinigte, Gestalt an. Jedes dieser Elemente muß seine eigene Geschichte gehabt haben, und dies gilt insbesondere von den religiösen Aspekten. Die Traditionen, die von Israels Religion aufgesogen wurden, umfaßten die der Patriarchen (s. *Patriarchen, Religion), des *Sabbats und des Passahopfers am Frühlingsvollmond in der Wüste (s. *Auszug aus Ägypten; *Exodus [Buch]), deren jede ihre eigene lange und verwickelte Geschichte hatte.

Es mag sein, daß die Begriffe »Bund« und »Auserwählung« in der Zeit der Wanderungen niemals formell ausgesprochen wurden, doch kann kein Zweifel daran bestehen, daß die an den Wanderungen Beteiligten glaubten, durch das vorsätzliche Eingreifen Jahwes von einem harten und bitteren Schicksal erlöst und durch das ihnen vertraute Mittel eines Bundes zu seinen Knechten und seinem dienstbaren Volk gemacht worden zu sein.

Es scheint somit, daß die Gemeinschaft selbst in der Moseszeit geschaffen wurde. Diese Gemeinschaft verkörperte Überlieferungen und Erfahrungen ihres Volkes, und diese verschmolzen zu einer religiösen Struktur. Die besondere Dimension kam dadurch hinzu, daß sich die Gruppe als eine zum Reiche Gottes gehörende »Heilige Gemeinschaft« erfahren hatte (s. *Bund; *Reinheitsgesetz; *Kriegführung) – ein Begriff, der der damaligen Welt völlig unverständlich gewesen wäre. Diese Bundestradition war der ausschlaggebende Faktor in der gesamten nachfolgenden Geschichte Israels, die allein im Kontext dieser Tradition verstehbar ist (s. Israel und Juda; *Richter [Zeit und Buch]).

f) Der Dekalog: Die Forschung hegt hinsichtlich der Kontinuität vormosaischer religiöser Traditionen kaum Zweifel, was ein sehr gutes Argument für die noch größere Annehmbarkeit der Überlieferungen der (schöpferischen) Moseszeit zu sein scheint. Die den frühen Ursprung des Dekalogs und des Bundesbuches betreffenden Fragen werden in den Artikeln *Exodus und *Bibelkritik ausführlich erörtert. Viele Forscher sprechen sich mit andersartiger Begründung für einen mosaischen Ursprung des ethischen Dekalogs aus.

Ein Vergleich des vertrauten Dekalogs von Ex 20 mit der anderen Gebotsreihe in Ex 34, 10–27 (dreizehn im vorliegenden Text, wenn auch möglicherweise einstmals zehn) zeigt, daß sich letztere mehr mit rituellen Fragen befaßt und zu einer agrarischen Gemeinschaft zu gehören scheint. Die Beweisführung setzt voraus, daß beide Fassungen im selben Entwicklungsablauf liegen, doch ist dies in Wirklichkeit eine bloße Hypothese. Wahrscheinlicher ist, daß beide Gesetzesreihen zwar nicht zeitlich miteinander zusammenfallen, aber parallel laufen und sich auf durchaus verschiedenartige Umstände und Bedingungen verschiedener, zu Israels Vorfahren gehörender Gruppen des frühen 12. oder des 11. Jahrhunderts v. Chr. beziehen. Tatsächlich würde Ex 20 etwas besser in die Wüstenzeit passen als Ex 34. (Die Dekaloge werden im allgemeinen der Quelle J der biblischen »Urkunden« zugeschrieben.) Daß sie schließlich im Buch Exodus aufgingen, berechtigt nicht zu der Vermutung, sie stell-

ten Phasen einer fortlaufenden Entwicklung dar.
g) Schlußfolgerung: Wir wissen nicht, ob Jahwe vor der Moseszeit verehrt wurde oder nicht. Falls ja, so dürfte Moses derjenige gewesen sein, der dem Jahwismus einen neuen Inhalt und eine neue Identität gab. Der Einfluß seiner inspirierten Persönlichkeit hob Israels Religion auf ein neues, höheres Niveau. Später, als die Propheten vor der Aufgabe standen, Degenerationserscheinungen in der Religion ihrer Zeit zu bekämpfen, gemahnten sie ihr Volk an die Idealzeit der mosaischen Religion. Der Bund mit Jahwe blieb der Mittelpunkt der mosaischen Religion. Er wurde zusammen mit vielen Elementen der mosaischen Tradition die Grundlage der Gebiets- und Gesellschaftsstruktur, wenn auch viele Dinge von den Siedlern in Kanaan den Notwendigkeiten der neuen Zeit angepaßt wurden.

3. Der gegenwärtige Stand der Forschung:
a) Die neuere Entwicklung: Seit den letzten Jahrzehnten hat sich in der Beurteilung der Geschichtlichkeit der Mosesgestalt vorsichtige Zurückhaltung durchgesetzt. Während E. Meyer 1906 noch die Ansicht vertrat, Moses sei überhaupt keine geschichtliche Persönlichkeit, sondern die Gestalt einer genealogischen Sage, und M. Noth 1948 nur in der Mosesgrabtradition »das Urgestein eines nicht mehr ableitbaren geschichtlichen Sachverhaltes« erkennen wollte, kommt S. Herrmann (Evangelische Theologie 1968) zu dem Schluß: »Es besteht kein Grund, Mose aus irgendeinem ›Thema‹ des Pentateuch auszuklammern.« Dahinter steht eine Wandlung im Verständnis der traditionsgeschichtlichen Methode (s. *Bibelkritik). Während noch M. Noth die vorgegebene Überlieferung in verschiedene Einzelkomplexe oder »Themen« zerlegte (er unterscheidet 5 Komplexe: Herausführung aus Ägypten, Hineinführung ins Kulturland, Verheißung an die Erzväter, Führung in der Wüste und Offenbarung am Sinai) und die Gemeinsamkeiten als Ergebnisse redaktioneller Angleichung ansah, will S. Herrmann davon ausgehen, daß die Überlieferung wenigstens in ihrem Grundbestand wahrscheinlich historische Zusammenhänge wiedergibt, die nicht willkürlich nach vorgefaßten überlieferungsgeschichtlichen Gesichtspunkten zerschnitten werden dürfen. Zumindest müsse man nämlich bei dem analytischen Vorgehen Noths erklären können, wieso und unter welchen Umständen die einzelnen Überlieferungskomplexe später zusammengefügt und einander angeglichen worden sind. Es sei keineswegs notwendig, anzunehmen, daß erst die Überlieferungsgeschichte heterogene Traditionen nachträglich miteinander verklammert habe; viel wahrscheinlicher sei, daß hinter der Gemeinsamkeit bestimmter Überlieferungen die reale geschichtliche Potenz unvergleichlicher Persönlichkeiten stehe.
b) Der Name Moses: Bei der Frage nach der historischen Gestalt des Moses wird zunächst vom Namen auszugehen sein. »Moses« ist ein im ägyptischen Neuen Reich (s. *Ägypten und seine Beziehung zu Israel) gängiger Name, eine Kurzform ohne theophores Element, abgeleitet von *mśj* »gebären, erzeugen«. Vollformen dieses Namens sind u. a. Thutmoses, Ahmoses, Ramses (= Re hat ihn gezeugt). Zudem war es üblich, wie S. Herrmann nachweisen konnte, daß nach Ägypten einziehende Ausländer (»Asiaten«, ägypt. *ʿ:m /ʿ:m.t*) zu ihrem Eigennamen einen ägyptischen Rufnamen erhielten. Die Kinder solcher Einwanderer, die in Ägypten geboren wurden, erhielten dagegen sogleich einen ägyptischen Eigennamen.
Die Tatsache, daß die biblische Überlieferung den Auszug Israels unter Führung eines Semiten mit ägyptischem Namen berichtet, dürfte daher auf eine hohe geschichtliche Wahrscheinlichkeit dieser Tradition hinweisen.
c) Der Eisodus nach Ägypten: Allerdings ist die Frage zu stellen, auf welchen Wegen die Hebräer zuvor nach Ägypten gelangt waren. Es spricht einiges dafür, daß der Eisodus nach Ägypten in Zusammenhang steht mit den großen aramäischen Stammesbewegungen in der letzten Hälfte des 2. Jahrtausends v. Chr. Nach S. Herrmann dürften die »Protoisraeliten« in Ägypten eine Gruppe von nach Südwesten versprengten Aramäern gewesen sein, die ähnlich wie die noch von Ramses III. bekämpften Schasu (ägypt. *s:św*) im ägyptischen Ostdelta Weideplätze suchten – während die aramäischen Schwesterstämme bereits ihre Landnahme im Norden Palästinas vollzogen. Vermutlich siedelte sich die Ägypten-Gruppe in der Nähe des *wādi ṭumilat* an, wurde aber dann von Ramses II. zum Bau seiner neuen Großraum-Residenz in Frondienst genommen (A. Alt). Nach relativ kurzer Zeit aber gelang es ihnen dann, sich aus der Macht des Pharao wieder zu befreien (vgl. *Ägypten und seine Beziehung zu Israel; *Auszug aus Ägypten).

d) Moses' Jugend und Flucht: Moses selbst dürfte während dieses Aufenthalts in Ägypten geboren sein. Die Schilderung seiner Errettung und Erziehung (Ex 2, 1–10) enthält zweifellos literarische Topik, verrät aber zugleich typisch ägyptisches Kolorit. Vielleicht ist Moses nach Adoption durch einen Ägypter zu einer leitenden Stellung in einem ägyptischen Hause aufgestiegen. Die Verbindung zu seinen Volksgenossen dürfte er dagegen nicht abgebrochen haben.

Der Anlaß für seine Ex 2, 11 ff überlieferte Flucht zu den Midianitern könnte illoyales Verhalten gegenüber den ägyptischen Behörden gewesen sein, weshalb er (wie auch von Sinuhe berichtet) für kurze Zeit das Land verlassen mußte. S. Herrmann faßt ein Zusammentreffen mit Midianitern nahe der Ostgrenze Ägyptens ins Auge, H. Schmid lokalisiert die Midianiter östlich des Golfs von Akaba. In jedem Falle müßte sich bei diesem Aufenthalt die Begegnung Moses' mit dem Jahweglauben vollzogen haben, als dessen Exponent er später auftritt.

Nach H. Seebass ist die Berufung des Moses unlöslich mit dem Jahwe-Namen verbunden. Jahwe scheint aber zugleich eine Orts- wie eine Gottesbezeichnung gewesen zu sein, die am vulkanischen Sinai haftete (H. Schmid), wie nicht nur das plötzliche Auftauchen des Sinai in dem deuteronomisch bearbeiteten Psalm Dt 33 oder die Anspielung des Dornbusches (*s·næh*) auf den Sinai-Namen vermuten lassen, sondern vor allem durch die Flucht Moses' nach Midian nahegelegt wird. Demnach befand sich der (vulkanische) Sinai in Nordwestarabien, östlich des Golfes von Akaba, während H. Seebass ihn auf der Sinai-Halbinsel lokalisiert. Nach H. Schmid ist die Verlegung der Berufung Moses' durch E an den Horeb sekundäre Projektion eines späteren Geschehens (Zusammentreffen mit Aaron und der »Wüstenfestgruppe«) in die Berufungsgeschichte. Dieser (nichtvulkanische) Gottesberg Horeb sei vom Sinai wohl zu unterscheiden und müsse in der Nähe von Kades-Barnea gelegen haben.

Inhaltlich dürfte der Berufungsvorgang (Ex 3) eine erstmalige Begegnung Moses' mit Jahwe und das durch diese Begegnung vermittelte (oder zumindest: gefestigte) Sendungsbewußtsein einschließen, mit der Herausführung der »Israeliten« aus Ägypten beauftragt zu sein.

Die anschließend eingeschobene Erzählung vom »Blutbräutigam« (Ex 4) geht nach H. Schmid auf eine alte midianitische Legende von der Beschneidung in der Hochzeitsnacht zurück. Moses sei durch diesen Ritus bei den Midianitern kultfähig geworden. Zudem dürfte die Tradition von der midianitischen Frau Moses' auf geschichtliche Familienbindungen zu den Midianitern hindeuten.

e) Der Exodus: H. Schmid unterscheidet beim Auszug zwei verschiedene Vorgänge: die Entlassung eines Volksteils durch den Pharao zur Feier eines Festes in der Wüste und die Flucht der Gruppe unter Moses, bei der sich dann das Meerwunder ereignete. Die sog. »Wüstenfestgruppe« zog in den Oasenbereich nach Kades. Möglich wäre auch, daß es sich dabei nicht um einen festen Verband, sondern um die Abwanderung einzelner Familien handelte. In Kades soll die Wüstenfestgruppe dann auf den Leviten *Aaron getroffen sein, der ihr Priester wurde.

Die »Mosesgruppe« hingegen sei von Moses im Namen Jahwes zur Flucht aus Ägypten aufgefordert worden. Die Fliehenden wurden dann von ägyptischem Militär verfolgt, aber durch das Meerwunder gerettet. H. Schmid lokalisiert es »am Sirbonischen See oder sonstwo im östlichen Nildeltabereich«, während die Bezeichnung »Schilfmeer« (= Golf von Akaba) vom weiteren Wanderweg der Mosesgruppe nach Midian her in den Text eingedrungen sei. Aufgrund einer literarkritischen Analyse des Mirjam-Liedes wird geschlossen, die Mosesgruppe sei wahrscheinlich aus Verzweiflung in den durch starken Ostwind trockengelegten See hineingeflüchtet, die nachfolgenden Ägypter dürften dann mit Pferd und Streitwagen in dem schlammigen Gelände steckengeblieben und von der rückkehrenden Wasserflut überrascht worden sein. Durch diese wundersame Errettung ist Moses zweifellos in den Augen seiner Gruppe endgültig als Beauftragter Jahwes legitimiert worden.

f) Die Theophanie am Sinai: Über die weitere Auszugsroute sind die Meinungen geteilt (s. *Auszug aus Ägypten). E. Osswald und W. Beyerlin lassen die Ausziehenden den Weg nach Kades nehmen; von dort habe dann eine Wallfahrt zum Sinai/Horeb auf der Sinai-Halbinsel stattgefunden, wo später eine nabatäische heilige Stätte war. M. Noth, R. Smend, H. Gese und A. Gunneweg sehen die Verbindung von Exodus und Sinaitradition als nicht ursprünglich an. H. Schmid postuliert einen Auszug zum vulkanischen Sinai in NW-Arabien östlich des Golfes von Akaba, im Gebiet der Midianiter, zu denen Moses ja schon bei seiner Flucht Verbindung aufgenommen hatte. Die Sinai-Theophanie (Ex 19 und 34) deutet auf vulkanische Phänomene hin. Die Stimme (*qôl*), mit der Gott zu Moses geredet hat, sei als »Donner« oder »Geräusch tektonischen Ursprungs« (H. Schmid) zu bestimmen, das Moses dem Volk in menschlicher Rede interpretiert habe. In diesem Erlebnis, daß Gott zwar gehört, aber nicht gesehen werden konnte, liege auch die Bildlosigkeit des Jahwe-Kultes begründet. Auch Beyerlin sah die Mittlerfunktion des Moses bei der Sinai-Theophanie als wesentlich an; Seebass stimmte ihm zunächst zu, änderte später jedoch seine Meinung, weil es eine »Sinaitheophanie gegeben hat, in der Gott direkt mit dem Volk geredet hat (Ex 20, 19 E; 20, 22 Bundesbuch) und nicht mit Mose (19, 9 a. 19 b)«. In diesem Rahmen ist auch anzunehmen, »daß dort die Moseschar, vielleicht durch eine *b · rît* (= Verpflichtung), als Volk Jahwes konstituiert wurde« (H. Schmid).

g) In Kades: Vom Sinai müßte die Mosesgruppe dann nach Kades gezogen sein. Die Ungewöhnlichkeit dieses Weges könnte man zur Not dadurch erklären, daß Moses vielleicht levitischer Abstammung war und Kades das ursprüngliche Zentrum der Leviten vorstellte. Wenn man weiterhin der Darstellung von H. Schmid folgt, die zur Zeit wohl die beste Erklärung gibt, so ist die Mosesgruppe dort auf die unter friedlichen Umständen ausgezogene Wüstenfestgruppe gestoßen. Schon Seebass hatte erkannt, daß Moses und *Aaron ursprünglich Vertreter zweier verschiedener Glaubensrichtungen gewesen sein müssen, die später miteinander verschmolzen. Während die Mosesgruppe den Jahweglauben mitbrachte, dürfte die Wüstenfestgruppe die Vätergötter (s. *Patriarchen, Religion) verehrt haben. Beide Glaubensformen waren aber einander nicht unbekannt. Trotzdem muß es zwischen ihnen zu nicht mehr genau verifizierbaren Auseinandersetzungen gekommen sein, wie u. a. die Traditionen vom aaronitischen Stier (Ex 32) und vom Konflikt des Moses mit Aaron und Mirjam (Num 12) nahelegen. Schließlich habe sich aber der Einfluß und Glaube der Mosesgruppe auch bei der vielleicht zahlenmäßig überlegenen Wüstenfestgruppe durchgesetzt, und zwar wesentlich aufgrund der dramatischen Rettungstat am Sirbonischen See und der eindrucksvollen Theophanie am Sinai. Mit dem Num 12 berichteten Übertritt der Leviten zu Moses scheint die Entscheidung gefallen zu sein. Moses wird hier abermals als Vermittler einer *b · rît* aufgetreten sein und »soziologisch konstitutive ›Worte‹« (H. Schmid, vgl. Ex 24, 3–8) verkündet haben.

h) Einzug ins Ostjordanland und Tod Moses': Nach dem Aufbruch von Kades ist von den Midianitern nicht mehr die Rede. Möglicherweise ist die von Kades aus nach Norden versuchte Landnahme durch Traditionen des Abraham-Gottes angeregt worden, die mit Mamre/Hebron verbunden waren. Der erste Landnahmeversuch im Süden des Westjordanlandes (Dt 1) mißlang; nach einem erneuten Aufenthalt in Kades zog Moses ins südliche Ostjordanland, zunächst nach Punon, von dort durch die moabitische Hochfläche. Hier wurde nochmals eine *b · rît* geschlossen (Dt 28), in Form einer Verpflichtung der dort ansässigen Israeliten auf den Namen Jahwes. Das Grab des Moses, nach H. Schmid ein am Fuße eines Berges gelegenes Höhlengrab oder ein Schachtgrab (s. *Begräbnis), dürfte in einem Tal gegenüber Beth-Peor liegen. Moses wäre dann vor Eintritt ins Westjordanland gestorben.

Die Tatsache, daß Moses sein Volk in ein Land gebracht hatte, das nicht den Vätern verheißen worden war, spricht deutlich für die geschichtliche Wahrscheinlichkeit.

Die Gestalt des Moses wird also in den wissenschaftlichen Untersuchungen der neueren Zeit stärker in die Nähe geschichtlicher Vorgänge gerückt als je zuvor. Moses wird ein charismatischer Führer semitischer Stammesgruppen gewesen sein, die nach einem Ägyptenaufenthalt eine Landnahme in Palästina versuchten. Zudem muß man in ihm den Begründer des Jahwe-Volkes sehen. Moses ist die Durchsetzung des Jahweglaubens bei den Israeliten und seine Verschmelzung mit dem Väterglauben zuzuschreiben. Zugleich könnte Moses die Grundgesetze des israelitischen Gottes- und Volksrechtes maßgeblich geformt haben. Wenn auch dem Urbestand der Mosesüberlieferung später einzelne Sondertraditionen und interpretierende Reflexionen angefügt worden sind, so daß die einzelnen Schichten sich heute nur schwer unterscheiden lassen, so bestätigt das im Grunde nur, daß die geschichtliche Person Moses' der vorgegebene Kern und Ausgangspunkt dieser Gesamtüberlieferung gewesen sein muß.

Münzen

Gliederung: 1. Perserzeit. 2. Hasmonäerzeit. 3. Herodianische Zeit. 4. Die Zeit der

Prokuratoren. 5. Erster Krieg gegen Rom. 6. Nach der Zerstörung des Tempels. 7. Bar-Kochba-Krieg.

Münzgeld war in Palästina bis zur Perserzeit (5. Jhdt. v. Chr.) unbekannt. Statt dessen wurden unter Benutzung von Waagen Gold- und Silbermengen abgewogen (s. *Gewichte und Maße). Die von den Juden überall benutzte Grundeinheit war der ungefähr 16,4 g wiegende (Ez 45, 12) Sekel. Dieser wurde später Äquivalent für vier griechische Drachmen.

1. Perserzeit: Obwohl bereits im 7. Jhdt. v. Chr. in Lydien (Kleinasien) und anderwärts Münzen geschlagen wurden, wird angenommen, daß man in Palästina erst von der Mitte des 4. Jhdts. v. Chr. an Münzen prägte. Nach Ausweis des archäologischen Befundes wurden jedoch am Ende des 6. Jhdts. v. Chr. Münzen in Palästina eingeführt. Während des 5. Jhdts. v. Chr. kamen persische und griechische Münzen in Umlauf, die sämtlich entweder in Silber oder in Gold in den griechischen und kleinasiatischen Großstädten und Handelsplätzen geprägt worden waren – nicht aber in Palästina selbst.

In Palästina wurden Münzen erstmals wahrscheinlich um die Mitte des 4. Jhdts. v. Chr. geprägt, zur Zeit des Niederganges der persischen Macht, als die von ihr abhängigen Staaten viele Zugeständnisse zu fordern und zu erhalten vermochten. Vor diesem historischen Hintergrund prägten die Juden Silbermünzen in Nachahmung phönikischer und griechischer Muster, von denen einige die Aufschrift *jhd (j · hhûd,* **Abb. 551 b**) trugen – die amtliche Bezeichnung der Provinz Judäa im Perserreich (s. *Persien und Israel). Es waren dies Nachahmungen athenischer Münzen. Auf dem Avers erschien statt der Göttin Athene eine orientalische Figur, aber der Revers zeigte die berühmte athenische Eule und daneben den Namen Provinz Judäa. Es ist nicht genau bekannt, ob diese Münzen von den persischen oder von jüdischen Behörden ausgegeben wurden. Eine andere, ebenfalls während der Perserzeit hergestellte Gruppe trägt den Namen der Stadt Gaza, des Prägeortes.

Als Alexander im Jahre 332 v. Chr. Palästina besetzte, brachte er eine große Anzahl von Gold-, Silber- und Bronzemünzen in Umlauf, die sämtlich seinen Namen trugen.

In der hellenistischen Zeit zirkulierten in Palästina ptolemäische und seleukidische Münzen, die in Syrien und Ägypten geschlagen wurden. Von Zeit zu Zeit wurden auch in Akko, Joppe, Gaza, Askalon und Jerusalem lokale Münzen geprägt.

2. Hasmonäerzeit: Als die *Hasmonäer Palästina vom seleukidischen Joch befreit hatten, kamen von jüdischen Herrschern geprägte jüdische Münzen in Palästina in Umlauf. Obwohl Antiochus VII. Sidetes laut 1 Makk 15, 6 dem Hasmonäer Simon das Recht verlieh, seine eigenen Münzen zu prägen, wurden die ersten hasmonäischen Münzen anscheinend während der letzten Jahre des Johannes Hyrkan I. (125–104 v. Chr.) geprägt, zu welcher Zeit nahezu ganz Palästina in jüdischer Hand war. Die Münzen der Hasmonäer spiegelten ihren nationalistischen Geist wider: sie zeigten althebräische Schriftzeichen und jüdische Symbole wie *cornu copiae* (Füllhorn), *'etrog* (Zitrone), *lulāw* (Palmzweig), Palme, Trankopferkelch, Früchte, Blatt- und Blumenmuster, Korngarben usw. Johannes Hyrkan brachte Bronzemünzen in Umlauf, die in althebräischen Buchstaben die Aufschrift »Johannes der Hohepriester und der Rat der Juden« *(J · hōḥānān hakkōhēn haggādōl w · ḥæbær hajj · hūdīm)* trugen. Die Rückseite zeigt ein doppeltes Füllhorn **(Abb. 552).**

Sein Sohn Aristobul I. (104 v. Chr.) gab ganz ähnliche Münzen in seinem eigenen Namen heraus. Alexander Jannäus (104–76 v. Chr.) folgte seinem Beispiel. Als er jedoch König wurde, begann er Münzen mit der Aufschrift »Jonathan der König« *(J · hōnātān hammælæk)* in Hebräisch und »Alexander der König« *(basiléōs Alexándrou)* in Griechisch zu prägen **(Abb. 553).** Unter seinem Nachfolger, Johannes Hyrkan II. (76–40 v. Chr.), blieben die Münzen unverändert, während der letzte Hasmonäerkönig, Mattathias Antigonos (40–37 v. Chr.), eine große Anzahl Bronzemünzen in verschiedenen Größen in Umlauf brachte. Eine von ihnen zeigte den siebenarmigen Leuchter des Tempels, der bisher noch niemals auf Münzen erschienen war **(Abb. 554).** Auf einer anderen ist auch der Schaubrottisch abgebildet. Seine Münzen trugen ferner eine zweisprachige Aufschrift: »Mattathias der Hohepriester und die Judengemeinde« in hebräischen und »Antigonos der König« in griechischen Buchstaben.

3. Herodianische Zeit: Während der Regierungszeit des *Herodes I., des Großen (37–4 v. Chr.), wurden Bronzemünzen in verschiedenen Größen und in großer Zahl herausgegeben. Sie trugen sämtlich nur die griechische Aufschrift »des Königs Herodes« *(basiléōs Heródou)* **(Abb. 555).**

Abb. 551a. Münzen aus Palästina nach phönikischen und griechischen Vorbildern

Abb. 551b. Münze mit der Aufschrift *Jehud*

Abb. 552. Johannes Hyrkan I. (125–104 v. Chr.) brachte Bronzemünzen in Umlauf mit der Inschrift: »Johanan der Hohepriester und der Rat der Juden«. Die Rückseite zeigt ein doppeltes Füllhorn

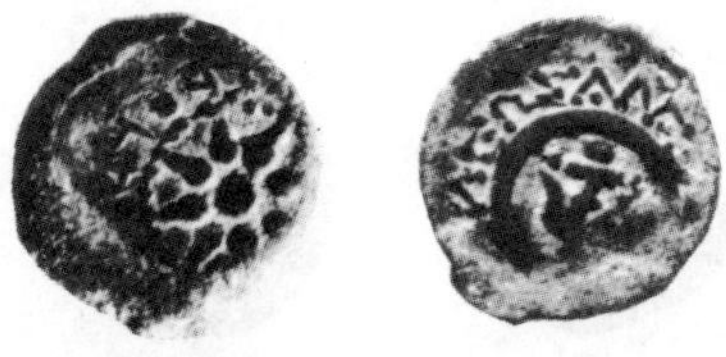

Abb. 553. Unter Alexander Jannäus (104–76 v. Chr.) wurden Münzen mit folgender Inschrift geschlagen: »Jonathan der König (in hebräischen Buchstaben) – Alexander der König (in griechischer Schrift)«

Abb. 554. Bronzemünzen des letzten Hasmonäerkönigs Mattathias Antigonos (40–37 v. Chr.)

Abb. 555. Münzen des Herodes I. (37–4 v. Chr.)

Abb. 556, 557. Münzen des (links) Herodes Archelaus (4 v. Chr.–6. n. Chr.) und des (rechts) Herodes Antipas (4 v. Chr.–39 n. Chr.)

Abb. 558. Münzen der Nachfolger der Herodier Agrippa I. und Agrippa II.

Abb. 559. Münze aus den Jahren 6–12 n. Chr.

Abb. 560. Münzen des Pontius Pilatus (26–36 n. Chr.) mit vornehmlich römisch-heidnischen Emblemen

Abb. 561. Münzen des Antonius Felix (52–60 n. Chr.)

Abb. 562. Münzen aus der Zeit des ersten jüdischen Aufstandes gegen die Römer (66–70 n. Chr.)

Abb. 563. Römische Münzen zum Sieg über die rebellierenden Juden (70 n. Chr.)

Abb. 564. In Palästina geprägte Gedächtnismünzen anläßlich der Niederschlagung des Judenaufstandes

Abb. 565. Bar-Kochba, einer der Führer des zweiten Judenaufstandes, ließ jüdische Münzen prägen, die die Wünsche der Juden zum Ausdruck brachten: »Simon, Fürst von Israel«, »Jahr 1 der Befreiung Israels«, »Für die Befreiung Jerusalems« etc. Eine der Münzen zeigt die Fassade des zerstörten Tempels mit dem Thora-Schrein im Hintergrund

Abb. 566, 567. Münzen aus Aelia Capitolina

Die drei Söhne des Herodes, die im Jahre 4 v. Chr. beim Tode ihres Vaters dessen Nachfolge antraten, verwendeten ebenfalls rein griechische Aufschriften, aber keine Bildnisse. Der Ethnarch von Judäa und Samaria, Herodes Archelaus (4 v. Chr.–6 n. Chr.), setzte Bronzemünzen mit Seemotiven, wie ankernden Schiffen, in Umlauf, die in griechischen Buchstaben seinen Namen trugen: »Herodes der Ethnarch« **(Abb. 556).** Herodes Antipas **(Abb. 557),** Herrscher über Galiläa und Transjordanien (4 v. Chr.–39 n. Chr.), setzte den Namen seiner Hauptstadt Tiberias auf seine dort geprägten Münzen. Unter Herodes Philippus (4 v. Chr.–34 n. Chr.) wurden die Namen von Trachonitis, Basan und Golan verwandt. Er war der erste herodianische Dynast, der eine Menschenfigur auf seine Münzen setzte. Einige der in seiner Hauptstadt Paneas (Caesarea Philippi) geprägten Münzen zeigen die Gestalt des römischen Kaisers Augustus. Münzen der Nachfolger der Herodier Agrippa I. und Agrippa II. zeigt **Abb. 558.**

4. Die Zeit der Prokuratoren: Nach 6 n. Chr. wurde Judäa zu einer von Prokuratoren verwalteten römischen Provinz (s. *Rom und die Juden). Die römischen Prokuratoren waren kaiserliche Steuereinnehmer und nahmen ihren Sitz in Caesarea. Ihre Münzstätte befand sich vermutlich in Caesarea. Dort wurden die kleinen Bronzemünzen mit dem Namen des römischen Kaisers geprägt. Münzen wie die auf **Abb. 559** wurden von den Prokuratoren Coponius (6–9 n. Chr.) und Ambibulus (9–12 n. Chr.) unter der Regierung des Kaisers Augustus in Umlauf gesetzt. Sie weisen außer dem Namen des Kaisers auch charakteristische palästinische Embleme, eine Palme oder Getreideähren, auf. Unter Tiberius ließen die Prokuratoren Valerius Gratus (15–26 n. Chr.) und Pontius Pilatus (26–36 n. Chr.) Münzen schlagen. Gratus' Münzen trugen bekannte Embleme wie z. B. ein Weinblatt, eine Palme oder eine Amphora, doch Pilatus setzte Münzen mit eindeutig heidnischer Ausschmückung – römischen Ritualgefäßen, dem *lituus* oder dem *simpulum,* einem rituellen Zwecke dienenden Schöpflöffel – in Umlauf **(Abb. 560).** Der *lituus* war ein hornförmiger Krummstab, der dazu diente, auf der Erde den Raum abzugrenzen, innerhalb dessen die Priester ihre Beobachtungen der Opfervögel anstellten. Der letzte Prokurator, der Münzen in Umlauf setzte, war Antonius Felix (52–60 n. Chr.). Er regierte Palästina unter Claudius und dann unter Nero und benutzte für seine Münzbilder sowohl römische wie jüdische Symbole **(Abb. 561).**

5. Erster Krieg gegen Rom: Im Jahre 66 n. Chr. empörten sich die Juden gegen ihre römischen Herren. Vom Beginn des Aufstands bis zur Zerstörung des Tempels (70 n. Chr.) setzten die Juden von Jerusalem aus ständig Münzen in Umlauf. Die silbernen Sekel und halben Sekel trugen auf dem Leben in Palästina und dem Tempelritual basierende Embleme **(Abb. 562):** Kelch und Amphora, die zweifellos im Tempel benutzt wurden, Granatäpfel, *lulāw* (Palmzweig), *'etrog* (Zitrone), Weinblätter usw. Die Aufschriften lauten: »Jerusalem, die heilige (Stadt)«, »Für die (oder »Die) Befreiung Jerusalems«, »Die Befreiung Sions«. Nach der Zerstörung des Tempels sollten über 60 Jahre vergehen, ehe wieder jüdische Münzen geprägt wurden.

6. Nach der Zerstörung des Tempels: Während des ersten nachchristlichen Jahrhunderts hatte sich die Geldpolitik in Palästina ständig gewandelt.

Römische Münzen waren an die Stelle tyrischen (s. *Phönikien und seine Städte) und anderen gängigen Geldes getreten. Dieser Vorgang wurde nach dem Kriege abgeschlossen, und vom Jahre 70 n. Chr. an wurden nur noch römische Münzen benutzt. Die Römer prägten für ihre östlichen Herrschaftsgebiete besondere Münzen mit griechischer Beschriftung und während des 1., 2. und 3. Jhdts. zirkulierten in ganz Palästina in Antiochia oder Tyrus geprägte römische Tetradrachmen. Innerhalb des Landes gab eine Anzahl Städte, zur Hauptsache diejenigen, bei denen das Münzen eigenen Geldes schon traditionell war, wie Gaza, *Askalon und Akko, Münzen heraus. Als die römische Herrschaft absolut wurde, erhielten andere Städte dasselbe Privileg: *Caesarea am Meer, *Sichem, Sepphoris, Gadara, *Beth-Sean und andere. Später, im 2. und 3. Jhdt. n. Chr., wurde weiteren Städten das Recht verliehen, römische Münzen zu prägen und in Umlauf zu setzen.

Der römische Sieg über die Juden wurde durch die Prägung einer Reihe von Münzen gefeiert, die im ganzen Römischen Reich in Umlauf gesetzt wurden und die Inschrift »*Judaea (oder Judaca) capta*« trugen **(Abb. 563).** Sie zeigten ein gefangenes jüdisches Paar, eine Palme, verschiedene Kriegsbeutestücke, den siegreichen Caesar und ähnliche Symbole. Derartige Gedenkmünzen wurden auch in Palästina herausgegeben; ihr Prägeort war vermutlich Caesarea. Sie trugen in griechischen Buchstaben die Namen der siegreichen Kaiser Vespasian **(Abb. 564)** und Titus. Sie waren im späten 1. Jhdt. zusammen mit den in den römischen Städten ausgegebenen Münzen in Palästina in Umlauf.

7. Bar-Kochba-Krieg: Während des zweiten jüdischen Aufstandes unter *Bar-Kochba wurde eine Reihe von Silber- und Bronzemünzen herausgegeben, die den Aspirationen der Juden Ausdruck gaben und entsprechende Symbole trugen. Die Legenden lauten: »Simon, Fürst von Israel« (**Abb. 565,** Simon Bar-Kochba), »Jahr 1 der Befreiung Israels«, »Die (oder »Für die) Befreiung Jerusalems« usw. Eine der Münzen erinnert an die Fassade des zerstörten Tempels mit dem Thora-Schrein im Hintergrund. Sonst werden als Symbole hauptsächlich sakrale Ritualgefäße aus dem Tempel, Amphoren, Trompeten und andere Musikinstrumente, Palmzweige *(lulāw), 'etrog* (Zitrone), Palmen oder Weintrauben verwandt. Diese Legenden wurden häufig auf römische Tetradrachmen, Denare und andere kursierende Münzen aufgeprägt. Jüdische Handwerker entfernten die Bildnisse und ersetzten sie durch die neuen Symbole und Legenden. Das Ende des Bar-Kochba-Krieges setzte den jüdischen Münzen in Palästina ein Ende. Fortan benutzte man als Geld die in den römischen Großstädten herausgegebenen Bronzemünzen.

Offenbar schon bald nach der Niederschlagung des Aufstandes, als die Stadt in eine römische Kolonie, Aelia Capitolina **(Abb. 566, 567),** umgewandelt wurde, ließ Hadrian in Jerusalem eine Münze errichten. Während der nächsten 130 Jahre wurden über 200 verschiedene Münztypen geprägt. Eine ähnliche Anzahl wurde von drei anderen Städten herausgegeben: Caesarea, Akko und Sichem. Die meisten Münzen wurden in Palästina im 3. Jhdt. n. Chr. geschlagen, doch setzte ein kaiserliches Dekret der Prägetätigkeit im Jahre 268 n. Chr. schließlich ein Ende.

Musik

Gliederung: 1. Die Musik Israels. a) Tempelmusik; b) Profane Musik; c) Profane Volksmusik; d) Der Klang des šôfār; e) Signal zum Heiligen Krieg; f) Der Klang israelitischer Musik. 2. Musikinstrumente. a) Schlaginstrumente; b) Holzblasinstrumente; c) Saiteninstrumente.

1. Die Musik Israels: Eine der alten Genesisüberlieferungen, welche die Anfänge des Menschengeschlechts berichtet, erzählt, die Musik sei von Jubal zur gleichen Zeit erfunden worden, als seine Brüder Jabal und Thubal-Kain Viehzucht und Metallbearbeitung einführten. Die Musik nahm im Leben der Alten Welt einen sehr wichtigen Platz ein – in der Liturgie, zur Rhythmisierung von Gruppenaktivitäten, zur angenehmeren Gestaltung von Gemeinschaftsarbeiten und als Begleitung zu allen bedeutsamen Ereignissen im Leben des einzelnen wie der Nation.

Die Musik der Israeliten geht – wie so viele andere Elemente ihrer Kultur – in großem Ausmaß auf die Kanaanäer zurück (s. *Kanaanäische Kultur und Ugarit). Die Bildung gewerblicher Musikergilden, die zu Beginn der Königszeit unter David und Salomo einsetzte, erfolgte wahrscheinlich in Nachahmung einer kanaanäischen Gepflogenheit.

Das AT weist sowohl auf geistliche wie auch auf weltliche Musik hin.

a) Tempelmusik: In der frühen Zeit wurden sakrale Tänze und Gesänge anscheinend zur Hauptsache von Frauen dargeboten – z. B. von Mirjam (Ex 15, 20–21) oder von den Frauen, die David nach dem Sieg über Goliath willkommen heißen (1 Sam 18, 6–7). Später blieb die Teilnahme am Tempelkult auf die Männer beschränkt. In seinem Bericht über die Reinigung des Tempels zur Zeit Hiskias gibt das chronistische Geschichtswerk eine ausführliche Beschreibung der musikalischen Tätigkeit der Leviten: »Er ließ auch die Leviten beim Tempel sich aufstellen mit Zimbeln (**Abb. 568, 569** zeigen ein phönikisches Instrument aus dem 10. Jhdt. v. Chr.), Harfen (**Abb. 570** zeigt eine ägyptische Harfe aus dem 12. Jhdt. v. Chr.) und Lauten« (**Abb. 571** zeigt Lauten, die von Gefangenen der Assyrer getragen werden, 8. Jhdt. v. Chr., und **Abb. 574** eine auf eine in Megiddo gefundene Vase aus dem 12. Jhdt. v. Chr. gemalte palästinische Laute). »Und sobald das Brandopfer begann, begann auch der Gesang zu Ehren des Herrn, und die Trompeten stimmten ein unter der Führung der Instrumente Davids, des Königs von Israel. Und die ganze Volksgemeinde warf sich nieder, und der Gesang ertönte, und die Trompeten schallten ... Und der König Hiskia und die Fürsten geboten den Leviten, dem Herrn zu Ehren den Lobpreis anzustimmen mit den Worten Davids und des Sehers Asaph; da stimmten sie mit Freuden den Lobpreis an, verneigten sich und beteten an« (2 Chr 29, 25–30). Die Parallelstelle des Königsbuches enthält diese Beschreibung nicht,

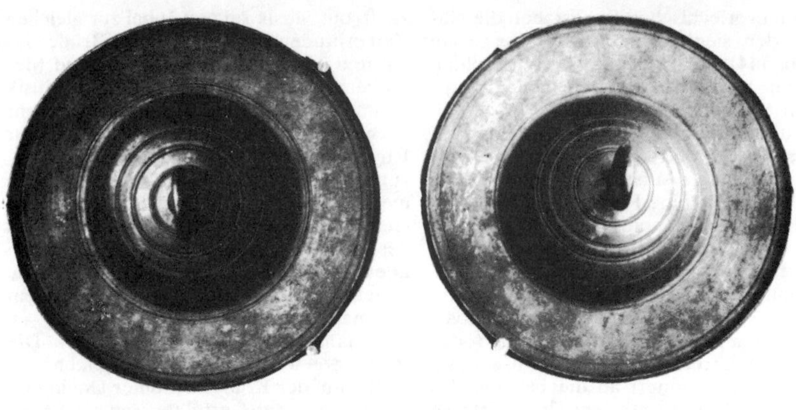

Abb. 568, 569. Phönikische Zimbeln (10. Jhdt. v. Chr.)

Abb. 570. Ägyptische Harfe (12. Jhdt. v. Chr.)

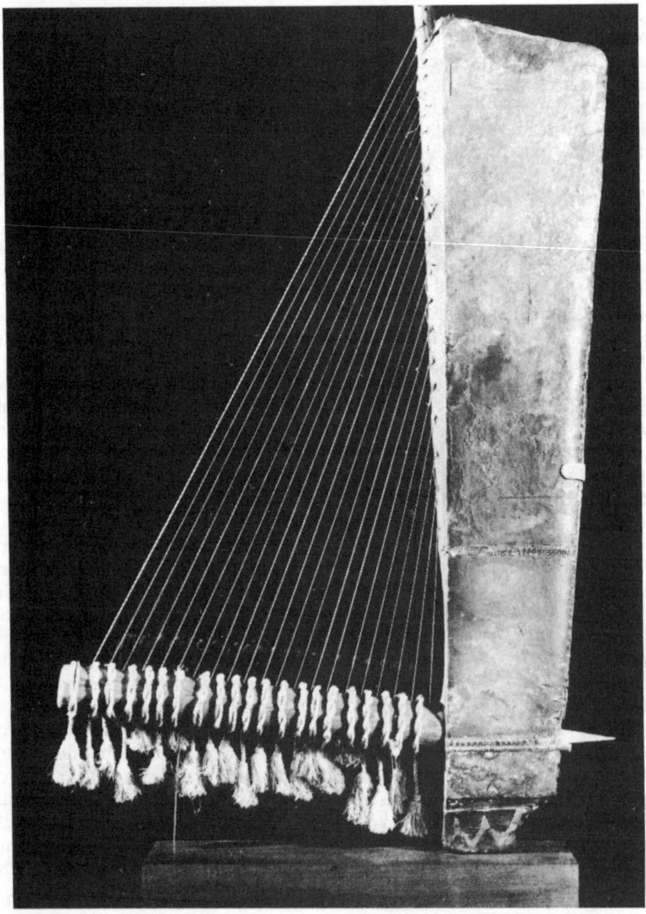

Abb. 571. Assyrische Gefangene, die Lauten tragen (8. Jhdt. v. Chr.)

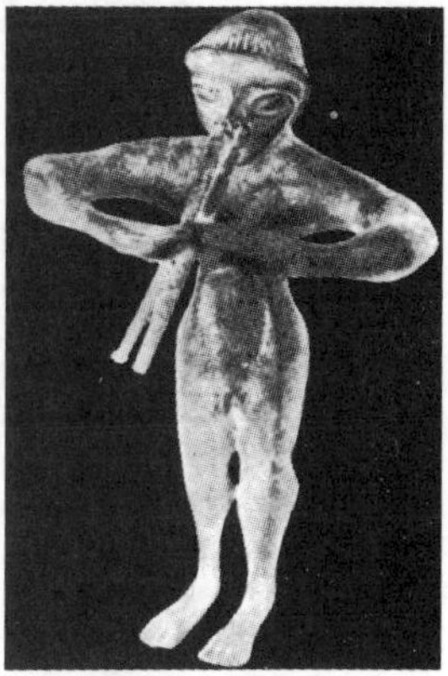

Abb. 572. Tonstatuette eines griechischen Knaben, der Doppelflöte spielt (7. Jhdt. v. Chr.)

Abb. 573. Leier auf einer griechischen Vase

Abb. 574. Palästinensische Laute auf einer Vase aus Megiddo (12. Jhdt. v. Chr.)

Abb. 575. Ägyptische Wandmalerei mit Orchester und Tänzerinnen

Abb. 576

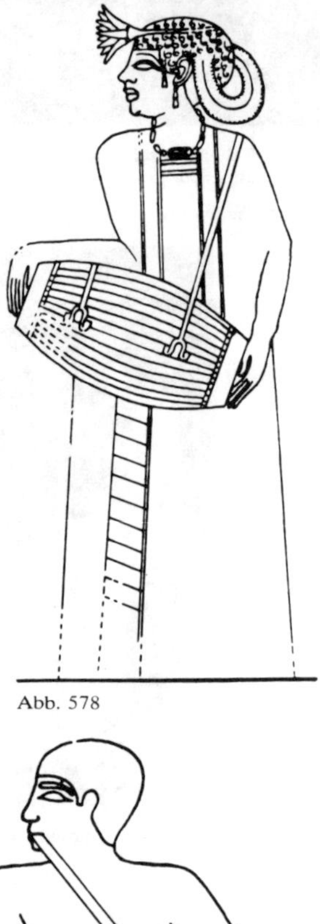

Abb. 578

Abb. 577

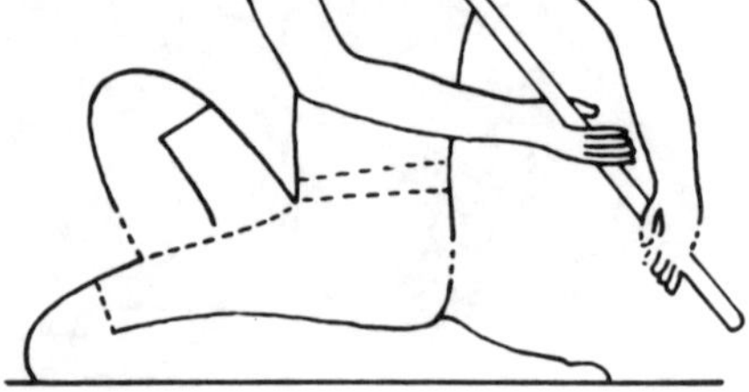

Abb. 579

Abb. 580

Abb. 581

Abb. 582

Abb. 576–582. Ägyptische Musikinstrumente

Abb. 583. Tamburin

Abb. 584. Sistrum (phönikisch, 10. Jhdt. v. Chr.)

Abb. 585. Schellen

Abb. 586. Horn (spätrömisches metallenes Instrument)

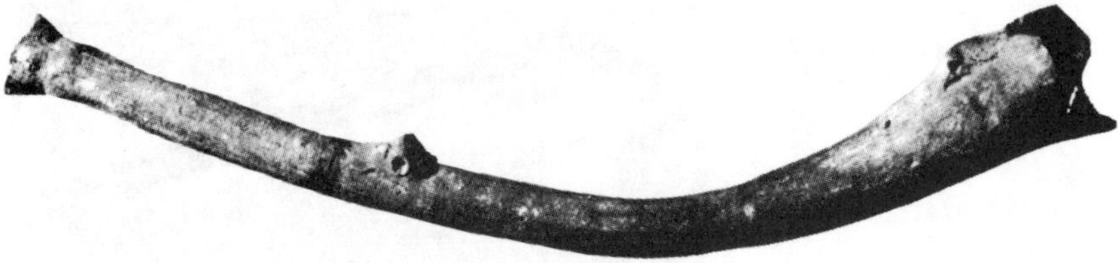

Abb. 587. Widder- oder Ziegenbockshorn (Holzblasinstrument)

Abb. 588. Trompeten (Detail vom Titusbogen)

Abb. 589. Leier mit Resonanzkasten aus Theben (15. Jhdt. v. Chr.)

Abb. 590. Römerin mit Kithara (1. Jhdt. v. Chr.)

woraus nach Ansicht einiger Forscher erhellt, daß sie die Organisation der Musikpflege vielleicht David fälschlicherweise zuschrieb und tatsächlich vielleicht die Situation im zweiten Tempel eher denn im ersten widerspiegelt (s. *Chronik [Bücher]). Andere Forscher sehen dieses Argument nicht als stichhaltig an und haben gegen die Zuschreibung an Hiskia nichts einzuwenden – zumal es an seinem Hofe bekanntlich königliche Sänger gab.

Im ersten Tempel war die Musik (Psalmengesang) nicht auf die Priesterschaft (die Leviten) beschränkt. Sie gehörte zum nichtpriesterlichen »äußeren« Kult. Die Sänger waren während dieser Zeit vielleicht Berufssänger, aber sie waren keine Leviten. Erst nach der Rückkehr aus dem Exil wurde die berufsmäßige Tempelmusik den Leviten und den Nachkommen Hemans anvertraut (Neh 12, 27.45 ff).

Die Schilderungen in der Chronik werden durch eine Anzahl näherer Angaben in der Mischna, besonders Sukkot V, 5, ergänzt, wo sich ein Bericht über das *simḥat bēt hašō'ebā* (Fest des Wasserschöpfens) findet: »und die Leviten mit Lauten und Harfen und Zimbeln und Trompeten und unzähligen anderen Instrumenten«. Dieser Text ist ebenfalls nachexilisch.

b) Profane Musik: Die einschmeichelnde Flöte *(ûgāb,* **Abb. 572,** illustriert durch das hier wiedergegebene, aus dem 7. Jhdt. v. Chr. stammende griechische Modell eines Knaben, der eine Doppelflöte spielt) oder die Oboe *(ḥālîl),* Leier *(kinnôr,* **Abb. 573**) und Trommel *(tôf)* wurden zur Begleitung von Liedern bei der Arbeit und für festliche Zusammenkünfte benutzt. In der Königszeit wurde die frühere ländliche Einfachheit durch ausländische Einflüsse und die Urbanisierung zerstört. Die Pracht des Orchesterklangs und raffinierte höfische und städtische Tanzmusik fanden, zum Teil unter ägyptischem Einfluß, Eingang (illustriert durch Wandmalereien, **Abb. 575**). An die Stelle der Flöte, veranschaulicht durch das abgebildete frühägyptische Instrument **(Abb. 576 bis 582),** und der Leier traten kräftigere Blas- und Streichinstrumente. Der königliche Hof beschäftigte wahrscheinlich schon vor Davids Zeit Musiker. Sie werden zum erstenmal in 2 Sam 19, 35 erwähnt, wo Barsillai bedauert, daß er seines Alters wegen »der Stimme der Sänger und Sängerinnen« an Davids Hof nicht mehr zu lauschen vermag. Im 8. Jhdt. v. Chr. führte Sanherib männliche und weibliche Musiker als Teil der Kriegsbeute aus Jerusalem fort, während Ps 137, 1–3 das babylonische Verlangen nach »Sionsliedern« bezeugt.

Musik als Begleitung zu einem luxuriösen und müßigen Leben wurde von den Propheten verdammt. Amos (6, 4–5) verspottet diejenigen, die auf Elfenbeinbetten liegen und auf ihrer Harfe klimpern. Jesaja (5, 11) sagte den Untergang derjenigen voraus, deren einzige Beschäftigung darin bestand, »dem Rauschtrank nachzujagen« und sich von »Laute und Harfe, Handpauke und Flöte« unterhalten zu lassen.

c) Profane Volksmusik: Von anderer Art war die profane Volksmusik, wie aus dem *Hohenlied erhellt. Auf die Lieder der Winzer und Kelterer wird auch in Jesajas Klage um Moab Bezug genommen (16, 10). Viel musiziert wurde natürlich bei Hochzeiten.

Das Hohelied dürfte viele dieser Lieder enthalten, und sie waren zum Singen bestimmt: Lied 2, 8 ist ein Ständchen zur Frühlingszeit; 7, 12 wurde bei der Obsternte gesungen; 4, 4 und 5, 10 ist ein Schwertertanz; 5, 12–16 wurde bei Hochzeiten mit Instrumentalbegleitung gesungen. Schon als Jakob aus Aram floh (Gen 31, 26–27), warf Laban ihm vor: »Warum bist du heimlich entflohen und hast mich getäuscht und mir nicht gesagt, daß ich dich mit Jubel und Gesängen, mit Handpauken und Harfen hätte geleiten können?« Musik vermochte zu erheitern; sie konnte auch trösten. Davids Spiel beruhigte *Saul, als der »böse Geist« über ihn kam (1 Sam 16, 23). Die starke emotionelle und psychische Wirkung der Musik ist ein hervorstechendes Thema in der antiken Literatur (z. B. die orphischen Mythen), das in späteren Legenden über David nachklingt und noch von arabischen Autoren des Mittelalters viel erörtert wird.

d) Der Klang des šōfār: Der Klang des *šôfār* (Widderhorn) war den Israeliten in allen Perioden ihrer Geschichte vertraut. Er rief das Volk zur feierlichen Versammlung, sein lauter Schall forderte Aufmerksamkeit für Kundmachungen, die Verkündung von Feiertagen und öffentlichen Veranstaltungen, Krönungen und natürlich für Rufe zu den Waffen und Alarme. Die Trompeten (s. unten 2) waren aus Metall. Man nahm an, daß sie bei den Gottesdiensten in der Stiftshütte und im Tempel die Aufmerksamkeit Gottes auf sich lenkten. Sie wurden dort häufig mit anderen Instrumenten vereinigt.

e) Signal zum Heiligen Krieg: Die Kriegsrolle von *Qumran ist eine wehmütige Rekonstruktion der Heldentaten der Vergangenheit. Hat die Trompete zu Gottes letztem Heiligen Krieg gerufen, so rüsten sie sich zur Schlacht. Ihr Heer ist gemäß den Vorschriften für das priesterliche Heerlager in der Wüste organisiert, doch geht die Schriftrolle auch bis zu einem gewissen Grade auf ein unter Herodes verfaßtes Militärhandbuch zurück. Bedeutsamer als die vorgeschriebene Taktik ist die Atmosphäre religiöser Verzückung, die im Lager herrscht und durch den Klang von *šôfār* und Trompeten, die die Erinnerung an Schlachtszenen aus Israels Vergangenheit wachrufen, noch gesteigert wird: »Von Leviten und Priestern geblasen, erschallen sie. Für den Ruf zu den Waffen: ein Tusch der Appelltrompeten; ein langgezogener Ton zur Formierung der Schlachtordnung; ein ruhiger und anhaltender Ton zum Vorrücken zur Front des Feindes; die Priester blasen mit den sechs Trompeten zur Leitung des Kampfes; die Priester sollen auf den Trompeten einen scharfen, schmetternden Ton blasen, um die Flanken zu leiten; und das ganze Volk soll mit dem Schall des Kriegslärms aufhören, aber die Priester fahren fort, auf den Trompeten zum Gemetzel zu blasen . . ., und die Priester sollen für sie in die Verfolgungstrompeten stoßen« (Kriegsrolle VII, 8–IX, 9).

Trat ein Rückschlag ein, so pflegten die Priester das Signal zum Rückzug zu geben oder die Krieger aufzumuntern und sie aufzufordern, »sich auf ihre Posten zu stellen. Die Priester blasen sodann auf den Trompeten ein zweites Mal Kriegslärm . . ., jeder erhebt seine Hand an seine Kriegswaffe, und die Priester blasen auf den Trompeten das Signal zum Gemetzel, und die ganze Mannschaft der Widderhörner bläst Kriegslärm, und die Infanterie wird mit dem feindlichen Heer handgemein« (Kriegsrolle XVI, 11–XVII, 5).

f) Der Klang israelitischer Musik: Es ist vielleicht leichter, an Hand des archäologischen Befundes und von Beschreibungen festzustellen, wie israelitische Musikinstrumente aussahen, als herauszufinden, wie sie klangen. Gleichwohl hat sich die Musikforschung einigen Aufschluß über den Rhythmus, die Notation und die akustischen Eigenschaften der alttestamentlichen Musik zu verschaffen vermocht, besonders der liturgischen Musik aus der Zeit des zweiten Tempels. Sie hat beispielsweise bestimmte musikalische Figuren vorläufig klassifiziert, die sich später zu traditionellen Kirchenmodi weiterentwikkelten, z. B. zum Gregorianischen Gesang. Die archäologische Evidenz hierfür wird durch die bemerkenswerte Ähnlichkeit zwischen frühkirchlichen Gesängen und den Weisen abgelegener jüdischer Gemeinden, die niemals mit dem Christentum in Berührung gekommen waren, unterbaut.

Die Reste der liturgischen und profanen Musik sind in den Gesängen und Liedern der jüdischen Gemeinden im Jemen, in Mesopotamien, Persien, Syrien und Nordafrika bewahrt worden, wo über 1300 Jahre lang Juden völlig abgeschlossen lebten. Der traditionelle liturgische Wechselgesang, der in vielen Psalmen (z. B. 13, 20, 38, 69, 89) verwendet wird, wurde in der Synagoge lange Zeit bewahrt, doch als der mittelalterliche *ḥāsān* seine Gemeinde beeindrucken wollte, begann er, die überkommenen Melodien auszuschmücken. Um den Sängern das Behalten ihrer Variationen zu erleichtern, wurden Zeichen oder »Akzente« eingeführt.

Das Buch der Psalmen, von denen viele sowohl vor als auch nach dem Exil in der Tempelliturgie verwendet wurden, gibt einige Aufschlüsse über den musikalischen Stil, in dem die einzelnen Psalmen deklamiert oder gesungen wurden. Leider haben sich die benutzten Ausdrücke, sei es, daß sie sich auf Musikinstrumente oder auf den Psalmtyp beziehen, als nahezu unverständlich erwiesen. Selbst die Septuagintaübersetzer mußten vor den meisten kapitulieren. Dies zeigt, daß die Überschriften bereits im 2. Jhdt. v. Chr. veraltet und unverständlich waren – obwohl sie jüngeren Datums sind als die Psalmen, die noch älter sein müssen.

Die am Kopf der Psalmen erscheinenden Wörter beschrieben offenbar ihren Charakter, z. B. *mizmôr* (Lied, *šîr* (Kult- oder Tempellied in den Psalmen), *miktām* (nach Mowinckel »Sühnepsalm«; Tourney: »geheimes Gebet«; H. J. Kraus: »Lied, das ein Geschehen unauslöschlich festhält«; vgl. Septuaginta *stēlografía*), maskîl (Kunstlied, Lehrgedicht?), *šîr hamma'alôt* (vielleicht Wallfahrerlied, Lied eines zurückkehrenden Exulanten oder eines auf den Tempelstufen stehenden Sängers). *Higgājôn* (hell erklingende Musik?) und *šiggājôn* (wilde oder stürmische Musik? vgl. akk. *šegû* »Klagelied«) gehören möglicherweise ebenfalls zu dieser Gruppe, wenn auch einige Forscher glauben, daß sich diese Wörter auf Musikinstrumente beziehen, die zur Begleitung der Sänger benutzt wurden. Auch über die Bedeutung von *gittît, neginôt* (nach Kraus »Klingen« eines Saiteninstruments), *neḥilôt* (vielleicht Blasinstrumente, vielleicht Flöte oder Schalmei), *'alāmôt* (nach Mädchenweise, Sopran?), *šemînît* (achtsaitiges Instrument, auf der 8. Saite, Oktav?), *mînîm* konnte man sich bisher noch nicht einigen (obschon allgemein Übereinstimmung herrscht, daß *mînîm* kein einzelner Gegenstand war, sondern eine Gruppe verwandter Instrumente meinte). Nach möglichen Bedeutungen dieser veralteten Ausdrücke wird noch immer geforscht. Allgemein ist man der Ansicht, daß zumindest einige von ihnen keine Instrumente, sondern Melodien oder Gesangsstile bezeichneten.

Eine andere Gruppe von Ausdrücken, z. B. *'al-'ajælæt hašaḥar* (die Hirschkuh der Morgenröte, Ps 22) hatte auf bekannte Lokalitäten Bezug, die eigens mit einer bestimmten Melodie indentifiziert wurden. Der Psalm, dem die Überschrift beigegeben war, sollte nach jener Melodie gesungen werden. Wahrscheinlich war der Name der Weise, wie in Kirchenliedern, von irgendeinem weltlichen Lied oder anderen Psalm übernommen, mit dem die Melodie anfänglich verknüpft war.

Selā bezeichnete, nach *diápsalma* der Septuaginta zu urteilen, einen Wechsel in der Musik, eine Pause oder das Heben der Stimme; andere denken an ein Wiederholungszeichen (Stieb), »da capo« (Stieb) oder an eine Aufforderung zur Verbeugung, vgl. arab. *salāt; lam · naṣṣēaḥ* meinte offenbar den Hauptmusiker oder Dirigenten (in der aramäischen Übersetzung wird das Wort durch ein Verbum wiedergegeben: »loben«; in der Septuaginta durch »auf ewig«). Man nimmt an, daß sich das in musikalischen Figuren des Orients noch heute gebräuchliche jüdische Modalsystem gegen Ende der Königszeit und in der nachexilischen Periode entwickelte. C. Sachs neigt der Ansicht zu, daß eine fünfstufige oder »pentatonische« Tonleiter vorherrschte, doch ist dies nicht gewiß.

2. Musikinstrumente: Die Deutung der Ausdrücke für Musikinstrumente bietet weniger Schwierigkeiten, wiewohl auch hier vieles dunkel bleibt. Beispielsweise sind einige Ausdrücke wie *nebæl* (Harfe) und *kinnôr* (Leier) austauschbar und werden in den früheren Übersetzungen miteinander ausgewechselt, obwohl sie ursprünglich Größenunterschiede oder Unterschiede in der Anzahl der Saiten bezeichneten. Andererseits kann man sich auf viele Feststellungen oder Erklärungen späterer Autoren offensichtlich nicht verlassen. Beispielsweise erklärt *Josephus feierlich, es habe in Palästina 500 000 Musiker gegeben! Obwohl wir nicht über Bildquellen verfügen, die eine Rekonstruktion der althebräischen Spielweise ermöglichen, geben uns ägyptische, assyrische, aramäische und griechische Bilder und Skulpturen zahlreiche zeitgenössische Beispiele an die Hand.

Im allgemeinen lassen sich die im hebräischen Schrifttum erwähnten Instrumente modernen Kategorien zuordnen:

a) Schlaginstrumente: tôf: Tamburin **(Abb. 583)**; *m · na'an'îm:* Handrassel (**Abb. 584:** phönikische Handrassel aus dem 10. Jhdt. v. Chr.); *meṣiltajîm* und *ṣelṣelîm*-Zimbeln **(Abb. 568, 569); Abb. 585:** *pa'amonîm:* Glocken oder Schellen; *šalîšîm:* noch nicht identifiziert (kleine Harfe oder Laute?).

b) Holzblasinstrumente: ḥālîl: Oboe oder Klarinette (?); *šôfār* oder *qæræn jobēl:* Widder- oder Ziegenbockhorn (**Abb. 587;** ähnlich dem heute in Synagogen benutzten); *'ugāb:* Flöte (im Aramäischen *abûbā); masrōkîtā:* Doppeloboe (nach C. Sachs); *qæræn:* Horn oder Trompete (**Abb. 586** zeigt spätrömische metallene Instrumente aus Spanien und Italien). *ḥaṣoṣerā:* Trompete oder Posaune (?); die Trompeten vom Tempel des Herodes **(Abb. 588),** auf dem Titusbogen (s. *Tempel) dargestellt, sind sogar noch länger als die auf jüdischen Münzen des 2. Jahrhunderts n. Chr. abgebildeten. Andere Münzen der Zeit zeigen Leiern. Interessant ist, daß sie paarweise erscheinen, wie in den Num 10, 2–10 gegebenen Anweisungen an Moses. Sie wurden entweder unisono oder antiphonisch von Priestern während der Gottesdienste im Tempel gespielt.

c) Saiteninstrumente: kinnôr: Leier, wie jenes aus dem 15. Jhdt. v. Chr. stammende Instrument aus Theben **(Abb. 589)** mit Resonanzkasten oder wie das griechische aus dem 7. Jhdt. v. Chr. **(Abb. 573);** *nebæl:* Harfe; *'āśôr:* Zither; *pesantērin* (offensichtlich nichtsemitisch): Psalterium (Hackbrett oder dreieckiges Saiteninstrument); *kātrôs: kithara* (auf **Abb. 590** von einer römischen Dame aus dem 1. Jhdt. v. Chr. gespielt); *sabkā:* wie eine Belagerungsmaschine, d. h. wie eine Leiter auf einem Boot geformte Harfe. Diese letzteren nichtsemitischen Namen tauchen nur bei der Beschreibung von Nebukadnezars Hof im Danielbuch auf. Dieses Buch erwähnt auch das Wort *»sampôneja«*. Es wurde für gewöhnlich als ein Instrument (Sackpfeife?) definiert, doch stellte sich kürzlich heraus, daß es eine mehr generische Bezeichnung war, wie in der Moderne »Symphonie« oder »Ensemble«.

N

Nabatäer (Geschichte, Kultur und Städte) *Gliederung: 1. Ursprünge der Nabatäer. a) Herkunft; b) Griechische und römische Zeugnisse. 2. Geschichte. a) Urbanisierung; b) Die ersten nabatäischen Könige; c) Konflikt mit den Hasmonäern; d) Nabatäas Aufstieg; e) Expansion in Arabien; f) Nabatäer und Römer; g) Römische Ambitionen; h) Annexion durch Rom. 3. Kultur. a) Sprache; b) Kunst; c) Religion; d) Landwirtschaft. 4. Städte der Nabatäer. a) Petra. (1) Geschichte, Lage und Bauweise; (2) Grabmäler; (3) Tempel und Heiligtümer; (4) Das römische Petra; (5) Orientalisch-hellenistisches Formengut; b) ḫirbet et-tannūr; c) er-rām; d) umm el-ǧimāl; e) Seia; f) Egra; g) Avdat (1) Allgemeiner Befund der Ausgrabungen; (2) Inschriften; (3) Badehaus; (4) Töpferwerkstätte und Keramiktypen; (5) Landwirtschaft; (6) Zerstörung und Wiederaufstieg Avdats.*

Die Nabatäer gehörten zu den nächsten Nachbarn des nachexilischen Juda, und ihr Reich war das interessanteste von den orientalischen Königreichen, welche die griechisch-römische Welt umgaben.

Expeditionen und einige Ausgrabungen ihrer Städte haben in den letzten Dezennien bewirkt, daß wir die Nabatäer und ihre Kultur heute besser kennen als irgendein anderes nordarabisches Volk jener Zeit. Während einer vom 4. Jhdt. v. Chr. bis zum 2. Jhdt. n. Chr. währenden Periode brachten die Nabatäer in der Tat die Wüsten zum Blühen, indem sie alte Kulturzentren wie Edom, *Moab und Ammon in dem Gebiet südlich und östlich des Toten Meeres und des palästinischen Negeb, zwischen dem Roten Meer und der syrischen Wüste (s. **Karte 28**) wieder zum Leben erweckten. Das Nabatäerreich wachte über die internationalen Karawanenwege dieses Gebietes, und dem Handel auf diesen Fernverkehrsadern der alten Welt (s. *Straßen, Beförderungsmittel, Handelswege; *Handel) verdankte es seinen Reichtum und seine Bedeutung.

1. Ursprünge der Nabatäer: *a) Herkunft:* Einige Gelehrte verknüpfen die Ursprünge der Nabatäer mit »Nebajoth«, Gen 25, 13; 28, 9; 36, 3 (vgl. 1 Chr 1, 29; Jes 60, 7), Ismaels Erstgeborenem und nach biblischer Genealogie Urvater aller Araber. Andere Gelehrte dagegen bringen die Nabatäer mit Nachkommen der Edomiter und mit den Völkern in Verbindung, von denen es Jes 42, 11 heißt, sie wohnten im edomitischen *sela'* (= Felsen), das die Griechen später »Petra« nannten (das ebenfalls »Felsen« bedeutet). Assyrische Chroniken aus dem 7. Jhdt. weisen auch auf *na-ba-'aatu* hin, womit Stämme aramäischer Abkunft gemeint sind, die um die südöstlich von Jordanien gelegene *wādi sirḥān*-Senke herum lebten. Diese Hinweise verknüpfen sie jedoch nicht mit Edom oder den daran angrenzenden Gebieten, und überdies erheben sich gegen diese Identifizierung schwerwiegende historische und besonders linguistische Einwände.

Zunächst einmal findet sich nach dem 7. Jhdt. v. Chr. nirgendwo ein Hinweis auf »Nebajoth«. Bedeutsamer ist, daß die nabatäischen Inschriften ihren eigenen Namen, *nbṭw* (Nebatu), mit dem emphatischen *ṭ* *(ṭēt)* schreiben, während die verschiedenen biblischen Formen von »Nebajoth« sämtlich mit t *(taw)* geschrieben sind. Jedoch nehmen der Grieche Diodoros von Agyrion (1. Jhdt. v. Chr.), der Römer Strabon, der ältere Plinius (frühes 1. Jhdt. n. Chr.) und Josephus (1. Jhdt. n. Chr.; Altertümer und Jüdischer Krieg) alle auf die Nabatäer unter der Gattungsbezeichnung »Araber« Bezug, obwohl sie keine Araber (s. *Araber, Arabien) waren. Überdies glauben viele Gelehrte, daß im 7. und 6. Jhdt. v. Chr., während des Zusammenbruchs der Großreiche Assyrien und Babylon, und schon zuvor, im gesamten Gebiet des fruchtbaren Halbmondes beträchtliche Bevölkerungsverschiebungen stattfanden. Vermutlich vermischten sich die Einwohner der später von den Nabatäern beherrschten Länder in Südostpalästina mit arabischen und schließlich nabatäischen Neuankömmlingen. Der Charakter ihrer politischen Expansion deutet auf die Oberherrschaft einer kleinen Gruppe von Händlern hin, die sich die transjordanischen Bauern dienstbar machten.

Die Frage der Ursprünge der Nabatäer ist nach wie vor umstritten. Man kann sie nicht bloß als die natürlichen Erben der Edomiter oder Amalekiter ansehen, die Jahrhunderte früher in derselben Gegend wohnten. Die Zeitlücke ist zu groß dazu.

Wirtschaftlich und geographisch waren die Nabatäer mit Nordarabien verbunden, und offenbar hatten sie ursprünglich einen halbnomadischen Hintergrund. Enge Bande verknüpften sie jedoch auch mit der

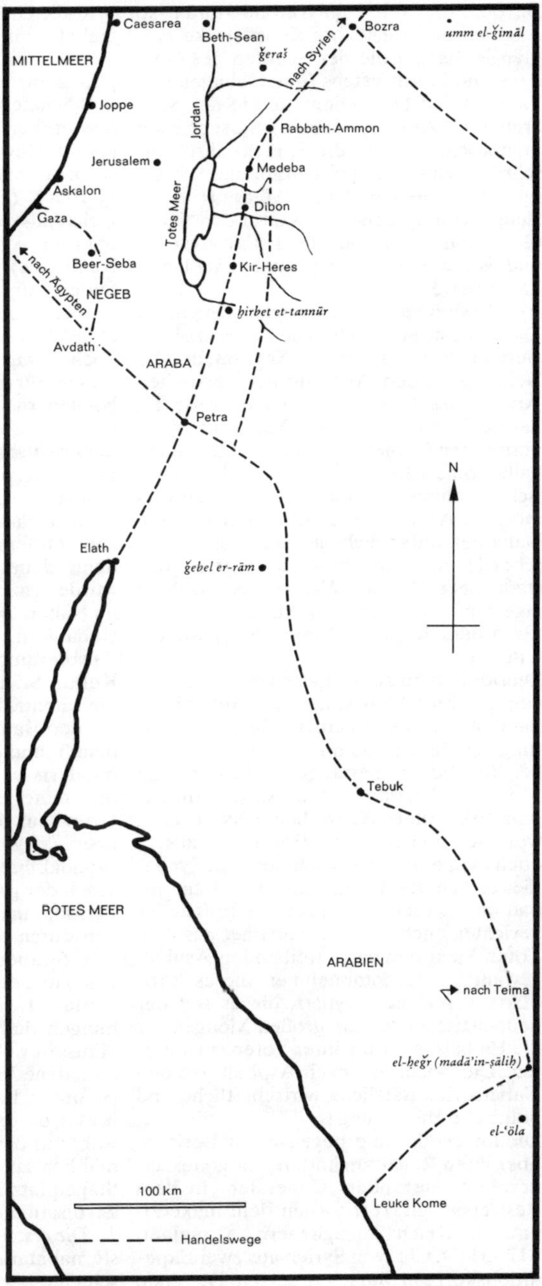

Karte 28. Handelswege der Nabatäer

Bevölkerung von Palmyra und Ituräa; so zeigt beispielsweise ihre Kunst starke Anklänge eher an die der Semiten des Nordens und Nordwestens (des Gebietes von Palmyra und Dura) denn an die der Südaraber (s. *Araber, Arabien). Sie schrieben aramäisch, doch ist die Sprache ihrer Inschriften zum Teil durch arabische Wörter und Namen verdorben. Das früheste Zeugnis für Sprache und Kultur der Nabatäer stammt vom Ende des 1. Jhdts. v. Chr. und ist, was ihre Ursprünge anbelangt, kaum beweiskräftig.

b) Griechische und römische Zeugnisse: Das früheste außerbiblische Zeugnis ist der Bericht des Diodoros von Agyrion, der die Nabatäer in den Ausgang der persischen Ära (spätes 4. Jhdt. v. Chr.) verweist, als das verfallende Reich die Macht über die peripheren Gebiete und die dort lebenden halbnomadischen syrischen und aramäischen Stämme nicht mehr auszuüben vermochte. Anscheinend betätigten sich die Nabatäer anfänglich als Agenten arabischer Händler, indem sie in ihrer Hauptstadt Sela (Petra) Waren aus Arabien lagerten und nach den Mittelmeerhäfen Gaza oder Raphia (Rhinocolura) weiterleiteten.

Diodor fügt hinzu, sie hätten mit für medizinische Zwecke bestimmtem Gummi gehandelt, was Spuren einer frühen Ausbeutung der Balsambaumhaine von *En-Gedi bei Jericho zu bestätigen scheinen (die *Josephus ebenfalls den Nabatäern zuschrieb). Aller Wahrscheinlichkeit nach war die Industrie von En-Gedi jüdisch; doch mag es durchaus sein, daß die Nabatäer östlich des Toten Meeres Balsam anbauten. Dieselben antiken Schriftsteller berichten auch, daß die Nabatäer aus dem Toten Meer den darin treibenden Asphalt gewannen. Hauptabnehmer dieses Produkts waren die Ägypter, die es seit der hellenistischen Zeit in großen Mengen für die Einbalsamierung ihrer Toten verwandten. Die Nachfrage nach Asphalt gab den Nabatäern zusätzliche wirtschaftliche und politische Bedeutung.

Diodor erzählt, die begeisterten Berichte über ihren Reichtum hätten Antigonos, einen von Alexanders Generalen, in dem Bestreben, ihr Territorium dem makedonischen Reich anzugliedern, veranlaßt, 312–311 v. Chr. von Syrien aus zwei Expeditionskorps in Marsch zu setzen. Der erste Versuch scheiterte kläglich, und nach dem zweiten gab sich Antigonos mit dem Tributangebot der Nabatäer zufrieden und zog sich zurück.

Wie alle Griechen verwechselte Diodor die Nabatäer mit den Arabern. Er beschreibt sie als Nomaden, die weder säten noch pflanzten, noch Häuser bauten, die Kamele und Schafe züchteten, in der Wüste Brunnen gruben und Weihrauch, Myrrhe und andere Gewürze zur Küste schafften. Ihm zufolge enthielten sie sich des Weins. Herodot (5. Jhdt. v. Chr.) berichtete gleichfalls (im Zusammenhang mit der Eroberung Ägyptens durch den Perserkönig Kambyses), »arabische« Könige hätten im Süden von Jenysos (möglicherweise das südlich von Gaza gelegene *ḫān-jūnis*) Handelsplätze am Meer gehabt. Es ist jedoch wenig wahrscheinlich, daß zwischen diesen »arabischen« Herrschern und den Nabatäern irgendeine Verbindung bestand.

2. Geschichte: *a) Urbanisierung:* Während der langen Hellenisierungsperiode im Vorderen Orient, in der Palästina und Transjordanien zunächst (3. Jhdt. v. Chr.) zum ptolemäischen Reich gehörten und dann dem Seleukidenreich angegliedert wurden (nach 200 v. Chr.; s. *Hellenismus im Nahen Osten), hört man nichts von den Nabatäern. Gleichwohl wirkte die neue Ausbreitung griechischer (hellenistischer) Kultur, Städte, Kunst und Architektur auf die Nabatäer ein, was sich am deutlichsten bei den Bauten von Petra zeigt. Zwischen dem 3. und den ersten Jahren des 2. Jahrhunderts v. Chr. muß sich das politische und materielle Leben der Nabatäer von Grund auf gewandelt haben. Wir verfügen über Zeugnisse für diesen tiefgreifenden Wandel ihrer nationalen Eigenheiten zwischen der griechischen und der römischen Periode, und die materiellen Belege werden durch schriftliche bestätigt. Der Römer Strabon (»Geographie«; 1. Jhdt. v. Chr.) und der ältere Plinius (»Naturalis historia«, 1. Jhdt. n. Chr.) haben Beschreibungen der Nabatäer als eines in festen Häusern wohnenden und Oliven und verschiedene Arten von Früchten anbauenden (s. unten Landwirtschaft) Volkes hinterlassen, die darauf hindeuten, daß Petra sich während des 3. und 2. Jhdts. v. Chr. allmählich zu einem großen mittelöstlichen Stapelplatz im Zentrum einer blühenden Zivilisation entwickelt hatte.

b) Die ersten nabatäischen Könige: Der erste nabatäische König, von dem die Geschichte berichtet, ist der als »Tyrann der Araber« bezeichnete Aretas I., zu dem sich der Hohepriester Jason von Jerusalem flüchtete, als ihn die Makkabäer während der Unruhen des Jahres 169 v. Chr. seines

Amtes entsetzten (2 Makk 5, 8 f; s. *Hasmonäer). Dieses verifizierbare Datum bildet die Grundlage für eine Chronologie der nabatäischen Könige (und erklärt, warum dieser Aretas »der Erste« heißt). Der Titel »Tyrann« besagt auch, daß Nabatäa zu dieser Zeit bereits ein unabhängiges Fürstentum war. Eine andere Quelle, Pompejus Trogus, stellt in der Epitome des Justinian (39, 5) fest, daß »Erotimos, König der Araber«, und sein Nachfolger Aretas II. (120–96 v. Chr.) das Nabatäerreich gründeten, das von Zeit zu Zeit Raubzüge nach Syrien und Ägypten unternahm. Akzeptiert man diese Feststellung, so mögen nach Ansicht vieler Gelehrter die inneren Wirren, welche die seleukidische Macht nach dem Tod Antiochus' VII. Sidetes (129 v. Chr.; s. *Hasmonäer) lähmten, die Gründung des Nabatäerreiches durch diese Herrscher ermöglicht haben. Andere Quellen aus der Zeit zwischen der Abfassung der letzten kanonischen Bücher des AT und der Bücher des NT bezeichnen die Nabatäer als ein den Juden gutgesinntes Volk. Als Judas Makkabäus und sein Bruder Jonathan den Jordan überquerten, um den Juden von Gilead Hilfe zu bringen (1 Makk 5, 25–27; s. *Hasmonäer), bereiteten ihnen die Nabatäer einen freundlichen Empfang. Als der syrische General Bakchides später Jonathan zeitweilig aus Judäa vertrieb, bat dieser seine »Freunde«, die Nabatäer, seine beträchtlichen Kriegsvorräte bei ihnen aufbewahren zu dürfen (1 Makk 9, 35).

c) Konflikt mit den Hasmonäern: Nach dem Erfolg des Makkabäeraufstandes und der Errichtung eines sich vom Mittelmeer bis östlich vom Jordan erstreckenden jüdischen Staates durch die triumphierenden hasmonäischen Monarchen hörten die guten Beziehungen zu den Nabatäern jedoch auf. Im Verlauf von Alexander Jannäus' Feldzug zur Beherrschung der südpalästinischen Küstenlinie wurde die Stadt Gaza – einer der wichtigsten nabatäischen Häfen – erobert. Fortan blieb den Nabatäern faktisch jeglicher Zugang zum Meer entlang der palästinischen Südküste nördlich der ägyptischen Grenze verwehrt. Der Seleukide Antiochus XII. versuchte gleichzeitig, die nabatäische Expansion im Norden zu begrenzen, in einem Gebiet, das infolge des Verlustes ihrer südlichen Häfen für die Nabatäer und ihren Handel überragende Bedeutung erlangt hatte. 88 v. Chr. besiegte Aretas III. Antiochus und bemächtigte sich der Stadt Damaskus und des ganzen umliegenden Gebiets. Sodann wandte er sich nach Süden, marschierte von Damaskus aus in das Zentrum von Jannäus' Reich und brachte ihm unweit der Festung Addida in der Küstenebene eine Niederlage bei. Die beiden Könige einigten sich sodann, und der Nabatäer trat den Rückzug an (Josephus, Altertümer 13). Einige Jahre später eroberte Jannäus zwölf nabatäische Städte in Moab und Idumäa, die sein Sohn, Hyrkan, jedoch wieder herausgeben mußte. Jannäus' Witwe, Alexandra Salome (s. *Hasmonäer), unterhielt gute Beziehungen zu den Nabatäern und schloß mit ihnen sogar einen Vertrag zur Verteidigung von Damaskus (75 v. Chr.).

d) Nabatäas Aufstieg: Während die Schwäche der hellenistischen Reiche den Nabatäern wahrscheinlich die Möglichkeit gab, über ihr ursprüngliches Territorium Edom hinauszugreifen, bietet sie an sich keine zureichende Erklärung für den Aufstieg des nabatäischen Staates. Das nördliche Transjordanien und das südliche Syrien wurden nacheinander erobert, und der Zug gipfelte in der Einnahme von Damaskus durch Aretas III. Die Auswirkungen dieser Erwerbungen lassen sich noch heute an den Überresten der materiellen Kultur der Nabatäer ablesen, welche die bereitwillige Absorption hellenistischer Einflüsse widerspiegeln. Die frühesten nabatäischen Münzen wurden nach einem hellenistischen Muster gestaltet, während sich die Könige, möglicherweise, um sich in die Gunst ihrer neuen Untertanen einzuschmeicheln, an die griechischen Ptolemäer erinnernde Namen, z. B. »Philhellene«, beilegten. Vermutlich stammen die hellenistischen, aus dem Felsen ausgehauenen Fassaden von Petra aus dieser Zeit.

Diese und andere Zeugnisse für die Entwicklung der nabatäischen Kunst unter hellenistischem Einfluß legen den Schluß nahe, daß sich die Herrscher und die Oberschichten in Petra zuerst hellenisierten. Dies geschah auch an vielen anderen Orten. Anderseits »war die gröbere Kunst von *ḫirbet et-tannūr,* Seia und *ḥaurān* das Werk ihrer Untertanen«, die in Transjordanien »die Äcker bestellten und Weizen, Öl und Wein anbauten« (M. Avi-Yonah). Die Übernahme – oder Ablehnung – der griechisch-römischen Kultur blieb jedoch freigestellt; sie wurde nicht, wie anderwärts im Vorderen Orient und in Palästina, als ein Teil der Politik einer Fremdherrschaft aufgezwungen.

e) Expansion in Arabien: Unter ihren frühen Königen (spätes 3. und frühes 2. Jhdt.

v. Chr.) dehnten sich die Nabatäer südwärts bis in das Gebiet nördlich von *heǧāz* in Südarabien aus und eroberten den am Roten Meer gelegenen Hafen Leuke Kome (das Weiße Dorf).

Ein wichtiges Provinzzentrum wurde dort in Egra (*mādā'in-ṣāliḥ*) errichtet. Im Laufe der Zeit stand dieses an Bedeutung nur noch Petra nach. Hatten die Nabatäer anfangs lediglich als Händler für die Araber fungiert, so begannen sie jetzt, Waren auf eigene Rechnung direkt von Arabien zu den Verschiffungshäfen am Mittelmeer zu transportieren.

Archäologische Untersuchungen im südlichen Transjordanien und in Nordarabien haben gezeigt, daß sich das nabatäische Herrschaftsgebiet am Ende seiner Expansionsperiode – allerdings mit Unterbrechungen – von diesem südlichen Punkt an der arabischen Küste des Roten Meeres aus nordwärts bis nach Südsyrien, ostwärts quer durch die syrische Wüste bis zum Euphrat und westwärts bis zum palästinischen Negeb und bis in die Nähe der Mittelmeerhäfen erstreckte (s. **Karte 28**). Die Herrschaft der Nabatäer über den Negeb bezeugt die große Zahl der dort gefundenen nabatäischen Tonwaren. Dies läßt sich nicht lediglich durch den ständigen Durchzug nabatäischer Händler erklären. Man hat große Mengen ihrer Töpferwaren an Orten gefunden, die weit von den Karawanenwegen entfernt liegen und keinerlei Verbindung damit hatten.

Im 1. Jhdt. n. Chr. hatten sie eine blühende Landschaft, einen ausgedehnten Handel und bedeutende Städte geschaffen oder wieder aufleben lassen. Ihre damalige Zivilisation hält einen Vergleich mit jeder anderen der jüngst hellenisierten vorderorientalischen Staaten aus. Ihr Einfluß spielte bei der Entwicklung von *ǧeraš* (*Gerasa) und anderer Zentren der Dekapolis (s. *Hellenismus und Naher Osten) eine Rolle. Das Ausmaß ihres Handels in jenem Gebiet erhellt aus den zahlreichen Münzen des nabatäischen Königs Aretas IV., die man in sämtlichen Städten der Gegend gefunden hat.

f) Nabatäer und Römer: Das Erscheinen der Römer in Syrien und Palästina hatte für die Nabatäer keine solche tragischen Auswirkungen, die es für die Juden zeitigte. Nach der Einnahme von Damaskus im Jahre 66 v. Chr. entsandte Pompeius zwar eine Streitmacht nach Petra, aber Aretas III. erkaufte sich mit 300 Talenten Silber seine Unabhängigkeit. Josephus fügt hinzu, das Abkommen zwischen den beiden Parteien sei von dem Idumäer Antipater (dem Vater des Herodes und Minister des Hyrkan von Judäa), der damals bei nabatäischen Freunden weilte und seinen Plan einer Machtübernahme in Judäa vorbereitete, zustande gebracht worden. Seit jener Zeit erscheint Nabatäa als von Rom abhängiger Vasallenstaat, wenn auch die Nabatäer selbst ihr Vasallentum immer nur als bloße Formalität ansahen. In der Zeit der Republik und in der Epoche der Bürgerkriege scheinen sie es nicht als schwere Last empfunden zu haben. Im Jahre 40 v. Chr., während des Krieges zwischen Rom und den Parthern, nahm Aretas' Nachfolger, Malichos I. (60–30 v. Chr.), jedoch unklugerweise für die Parther Partei. Marc Anton beauftragte *Herodes I., den Großen, die bisherige Ordnung wiederherzustellen und Malichos zur Abgabe seiner Steuern zu veranlassen, und ein verworrener Krieg endete mit einer Katastrophe für die Nabatäer. Herodes hatte eigene Ambitionen auf nabatäische Gebiete und ging nicht lediglich als Werkzeug der Römer vor. Zu seiner Zeit wurde Nabatäa von Obodas III. (30–9 v. Chr.) regiert, der sich von einem hochbegabten und skrupellosen Minister, Syllaios, beraten – und beinahe verdrängen – ließ. Die begrenzten Territorien der beiden Reiche waren zu klein, um die Rivalitäten zweier ehrgeiziger Plänemacher einzudämmen, aber die ihnen auferlegte *pax Romana* zwang Herodes und Obodas, ihren Kampf auf einen politischen, kalten Krieg zu beschränken, der zu jener Zeit die Form einer unaufhörlichen Folge von Anklagen und Gegenanklagen von Petra und Jerusalem vor dem römischen Senat und Kaiser Augustus annahm. Das NT erwähnt nur einen nabatäischen König, doch war er einer der bedeutendsten: Aretas IV. (9 v. Chr.–40 n. Chr.), Herrscher über Damaskus zur Zeit der Konversion des Apostels Paulus (2 Kor 11, 32). Herodes Antipas von Galiläa heiratete Aretas' Tochter, ließ sich jedoch schon bald wieder von ihr scheiden, um Herodias, die Frau seines Bruders, zu ehelichen. Aretas besiegte später Herodes Antipas, was viele Juden als gerechte Strafe für seine Tötung *Johannes' des Täufers ansahen.

g) Römische Ambitionen: Die Waren des Fernen Ostens – die Gewürze, Edelsteine und Luxusgüter aus Arabien, Ostafrika und Indien – waren schon jahrhundertelang in das nördliche Mittelmeerbecken gelangt, bevor Strabon und Plinius d. Ä. den großen Reichtum untersuchten, der den Nabatäern durch ihr Monopol auf die-

sen hochwichtigen Handel und durch ihre Ausbeutung von Asphalt und Salz des Toten Meeres zugewachsen war. Ein solcher Reichtum stellte jedoch für die Römer eine große Versuchung dar. Sobald sie ihr Reich gesichert hatten, zeigten sie sich entschlossen, den Handel in die neuen römischen Handelsplätze abzuleiten.
In den Jahren 24/25 v. Chr. wurde eine Streitmacht zur Eroberung der *Arabia felix* (Jemen; s. *Araber, Arabien) ausgesandt, doch erlitt sie eine vernichtende Niederlage. Die Römer richteten sodann als Alternative zu den Landverbindungen neue Seewege ein; sie beförderten die Waren über das Rote Meer nach Ägypten, entluden sie und schafften sie über Land zu den Mittelmeerhäfen. Dies ging nicht ohne Schwierigkeiten ab – vor allem zählten dazu die vorherrschend nördlichen Winde des Roten Meeres. Gleichwohl erwies sich der Versuch als erfolgreich, und ein beträchtlicher Teil des Verkehrs wurde von den Landwegen abgeleitet. Hatte der Wohlstand der Nabatäer unter Aretas IV. (9 v. Chr.–40 n. Chr.) seinen Höhepunkt erreicht, so ging er infolgedessen unter der Regierung Malichos' II. (40–71 n. Chr.) und Rabels II. (71–106 n. Chr.) erheblich zurück. Durch den Rückgang seines Handels büßte Nabatäa auch seinen wichtigsten Anspruch ein, in dem Gebiet als Macht zu gelten. Seine zahlreiche Bevölkerung blieb jedoch erhalten. Eine Wirkung des durch äußere Faktoren herbeigeführten wirtschaftlichen Niedergangs war die Entwicklung der charakteristischen nabatäischen Landwirtschaft, die unter Rabel II. in weitem Ausmaß gefördert wurde. Sein Herrschertitel endet mit der Formel: »Der Lebensspender und Retter seines Volkes«. Mag sein, daß sich diese Formel nicht auf seine Handlungen bezog; doch erinnerte man sich ihrer später vielleicht,weil sie zutraf. Nach der Eroberung Judäas durch die Römer (im Jahre 63 v. Chr.) blieben die Nabatäer weitere 170 Jahre unabhängig. Obgleich sie durch die römischen Eroberungen ihre Herrschaft über Damaskus einbüßten, blieb das Gebiet weiter südlich – *ḥaurān* und der angrenzende Bereich, heute *ǧebel ed-drūz* genannt – in nabatäischer Hand. Sie erhielten ihr Reich bis zum schließlichen Verlust ihrer Souveränität im Jahre 106 n. Chr. verhältnismäßig intakt, und selbst danach bestand ihre Zivilisation unter römischer Herrschaft fort.
h) Annexion durch Rom: Ihre Souveränität büßten sie ein, als Cornelius Palma von Kaiser Trajan beauftragt wurde, Petra zu erobern (106 n. Chr.) und sodann das ganze Reich der römischen »Provinz Arabia« anzugliedern. Ein mit Petra konkurrierendes Provinzzentrum wurde in Bozra gegründet, einer mit Wasser gut versorgten Stadt in Transjordanien, wohin die dritte römische Legion verlegt wurde. Eine weitere Legion war im Süden des Landes stationiert; die Lager, die sie in *el-kerak* und Petra errichtete, sind noch heute zu sehen. Eine große Nord-Süd-Straße, die Palmyra und Damaskus mit Bozra und Akaba (am Roten Meer nahe Ezeon-Geber, dem heutigen *Eilat*) verbinden sollte, wurde unter Trajan begonnen und bis Egra *(madā'in-ṣāliḥ)* fortgeführt.
Der Bau der Straße bis Egra schob ebenfalls jeder weiteren Ausdehnung des Nabatäerreiches in jener südlichen Oase einen wirksamen Riegel vor. Dic Hauptverkehrsader erhielt Seitenstraßen, und das ganze System bildete den *limes Arabicus,* der das Land erschloß und die Hauptstraße mit dem Überlandkarawanenweg und der zum Roten Meer und nach Ägypten führenden Land-See-Route verband. Die römische Besetzung wurde durch die Errichtung römischer Posten **(Abb. 591)** und Garnisonen überall im Land, von der Umgebung Petras bis zum südlichsten Punkt des nabatäischen Staates, verfestigt. Seine Souveränität war völlig untergraben worden. Zudem umgingen die neuen Straßen Petra und leiteten seinen Handel nach Palmyra und in die Städte der unter Trajan gebauten Straße von Elath nach Damaskus ab. Die Römer waren jedoch nicht daran interessiert, Nabatäa zu zerstören. Das Leben des Volkes ging unter der römischen Herrschaft, von der es in zunehmendem Maße ausgebeutet wurde, weiter. Im 2. und frühen 3. Jhdt. n. Chr. erlebte die nabatäische Kultur eine kurze Renaissance, auf die hier nicht weiter eingegangen werden kann. Die Nabatäer selbst gingen allmählich in neuen Völkerschaften, insbesondere heidnischen syrischen und arabischen Stämmen auf, die, ganz wie die frühesten Nabatäer einige Jahrhunderte zuvor, in aufeinanderfolgenden Wellen in das Gebiet eindrangen. Nach und nach trat in dem Gebiet an die Stelle der nabatäischen Sprache das Arabische, und die Nabatäer verschmolzen mit den hereinbrechenden Wellen der mohammedanischen Araber und verschwanden. Auf die nachrömische Periode ihrer Kultur wird weiter unten im Zusammenhang mit den Städten der Nabatäer näher eingegangen werden.
3. Kultur: *a) Sprache:* Die Nabatäer spra-

Abb. 591. Ruinen eines römischen Postens in Nabatäa

Abb. 592. Hadad-Zeus, die oberste Gottheit der Nabatäer (Relief aus *ḫirbet et-tannūr*)

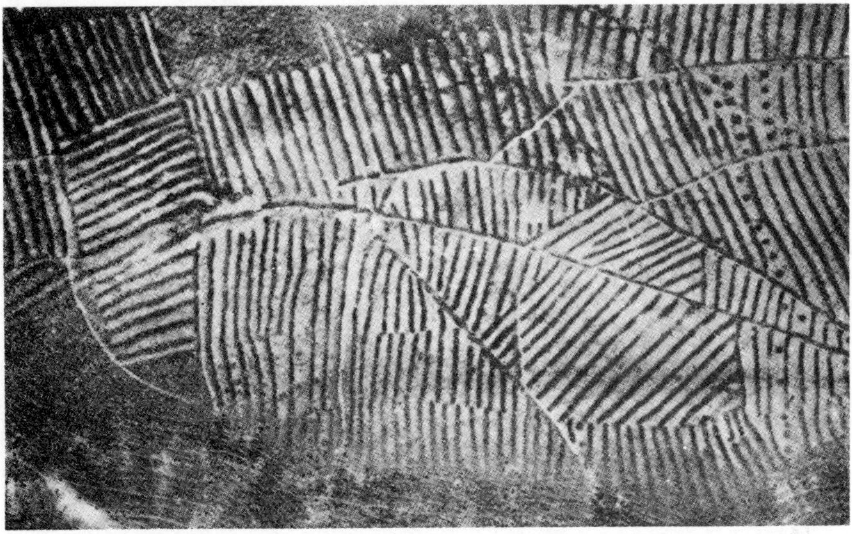

Abb. 593. Von nabatäischen Bauern angelegte terrassierte Felder (Luftbild von *qetsiōt* bei Nessana)

Abb. 594. Beschrifteter Steinblock aus der Nähe von Avdat, wahrscheinlich Altar des Regengottes Dusares

Abb. 595. Reste einer Weinpresse

Abb. 596. Steinbank mit Vertiefungen für die Krüge, in denen der Traubensaft zu Wein gegoren wurde

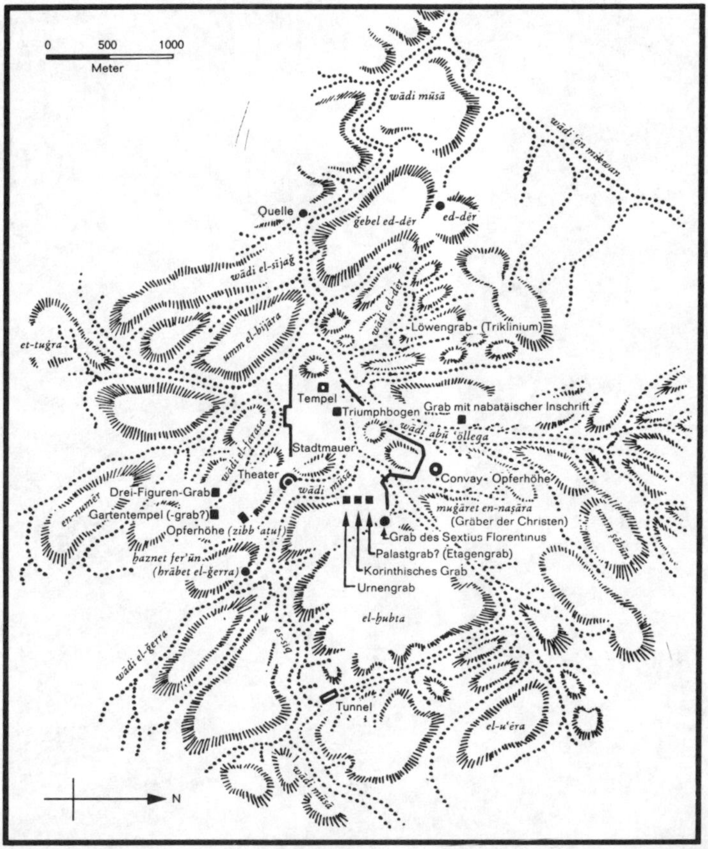

Abb. 597. Kartenskizze von Petra

Abb. 598. Felsenfort der Edomiter, das biblische Sela, über der Stadt Petra

Abb. 599. Die zwei Kilometer lange, schmale Schlucht, durch die man auch heute noch nur zu Fuß oder zu Pferd nach Petra gelangt

chen eine Art von Aramäisch, die ausgeprägte arabische Einflüsse aufwies. Wir kennen Tausende von in Stein gemeißelten Inschriften in nabatäischer Sprache, die insbesondere in Petra, *er-rām*, Egra, *ras en-naqab (naqab el-'arūd), umm el-ğimāl,* Bozra, *ğeraš,* im *ḥaurān,* im Negeb und auf der Sinai-Halbinsel gefunden wurden.

Ihre Schrift war vom Aramäischen abgeleitet und ähnelte dem nachexilischen Hebräischen, nur waren die Buchstaben sehr viel größer, und selbst bei dem auf Denkmälern benutzten Schreibstil waren einige Buchstaben verbunden. Die längste bekannte Inschrift ist in einigen, in einer Höhle an der Küste des Toten Meeres *(wādi murabba'at)* gefundenen nabatäischen Papyri, die sich als Handelsurkunden erwiesen, enthalten.

b) Kunst: Felszeichnungen, die man überall in Nabatäa gefunden hat, beinhalten Darstellungen sowohl der von den Nabatäern gezüchteten Tiere wie Kamele, Ziegen und, in fruchtbareren Gegenden, Schafe als auch der von ihnen gejagten Tiere, wie etwa des Steinbocks. Weiter finden sich darunter Kampfszenen mit Soldaten, die mit Schwertern kämpfen, Bilder von Jägern mit Pfeil und Bogen und friedlichere Darstellungen, z. B. tanzende Paare. (Töpferei, Architektur und Kunsthandwerk s. unter *Kanaanäische Städte; *Stadtanlage, israelitische.)

c) Religion: Die Hauptgötter der Nabatäer waren Dusares und seine Gemahlin Allat. Dusares bedeutet *Du-š-šarā,* »der (Gott) von *eš-šarā*«. Mit diesem *eš-šarā* dürfte nach M. Höfner die Gebirgsgegend zwischen Totem und Rotem Meer (das biblische Gebirge Seir oder Edom) gemeint sein, die noch heute diesen Namen führt und in der auch Petra, die Hauptstadt des Nabataerreiches, lag. *Du* muß hier die Relativpartikel *ḏ* oder *z* sein, die im Ugaritischen und biblischen Hebräischen zur Bezeichnung der Gottheit als »derjenige, welcher oder von usw.« benutzt wird. Dusares unterstand dem höchsten Gott, Hadad-Zeus, dem »Herrn des Himmels«, im Hebräischen unter dem Namen Baal-Schamaim bekannt; letzteren zeigt das Relief **(Abb. 592)** aus *ḫirbet et-tannūr* (s. *Hellenismus im Nahen Osten). Dusares war ein Fruchtbarkeitsgott – der Gott des Donners und des Regens, der Stiere und des Korns –, der seinen Ursprung in Mesopotamien oder den Randzonen Irans hatte. Dusares wurde mit Dionysos identifiziert und häufig von Weinbau und Weinsymbolen umgeben dargestellt.

Die Kultstätten des Dusares befanden sich auf »Höhenheiligtümern«, die an altsemitische Kulte gemahnten (s. unten Petra), während der Gott selbst durch einen Steinblock oder Obelisk dargestellt wurde.

Seine Gemahlin, Allat, war wahrscheinlich mit El und Elath verwandt und mit Atargatis, ebenfalls einer typischen Fruchtbarkeitsgöttin, unter Betonung ihrer besonderen Bedeutung für Fischfang und Getreide verbunden. Als Allat-Athena galt sie als die Schutzherrin der Quellen und des Wassers. Die Religion war im wesentlichen ein Fruchtbarkeitskult; jedoch wirkten auch sehr vielfältige Verbindungen und kulturelle Verknüpfungen mit. Griechentum und Orient trafen aufeinander und vermischten sich. In *es-suwēdā* (östl. von *ḥaurān* in Südsyrien) sind Statuen gefunden worden, die die nabatäische Trias zeigen: Allat-Athena, Hadad-Dionysos und Aphrodite-Atargatis.

Die frommen Nabatäer bezeigten ihren Toten große Verehrung (s. unten die Beschreibung der reich ausgestalteten Gräber von Egra und Petra, das größtenteils eine Nekropole war), und möglicherweise wurde außer der Hauptreligion des Dusares ein Totenkult praktiziert.

d) Landwirtschaft: Die Landwirtschaft entwickelte sich besonders in der späteren Periode der nabatäischen Zivilisation. Die verhältnismäßig große Bevölkerungsdichte des Landes – die, soweit bekannt, bisher größte in einem zur Hauptsache aus Wüste bestehenden Gebiet – erzwang die maximale Ausnutzung auch wenig rentabler Böden, die Entwicklung besonderer Fertigkeiten zu diesem Zweck und den Aufbau einer starken Streitmacht zum Schutz der Wüstenniederlassungen. Sichtbare Zeugnisse dieser Wirtschaftsform sind die sehr zahlreichen Zisternen, Reservoire, Dämme und Terrassen, die noch heute in den jetzt unproduktiven Gebieten zu sehen sind. Sie stammen aus der Periode vom 1. Jhdt. n. Chr. bis zur byzantinischen Zeit. Wasser war in solchen Gebieten die Hauptvoraussetzung für landwirtschaftliche Produktion. In der römischen und byzantinischen Zeit entwickelten die Nabatäer ein kompliziertes System zur Sammlung von Regenwasser in großen Zisternen – zunächst für den Gebrauch der Karawanenreisenden und -kamele –, später für die Bewässerung. Auf Überreste der von ihnen gebauten Zisternen, Reservoire und Dämme trifft man noch heute im unfruchtbaren Negeb – der früher schon genauso trocken war wie jetzt. Die in den wenigen

Abb. 600. Mittelhalle einer Grabanlage in Petra

Abb. 601. Das *ed-dēr,* ein Baudenkmal Petras aus dem 2. Jhdt. n. Chr. Die Fassade ist 50 m breit und 45 m hoch

Abb. 602. Gegend von *er-rām,* rund 160 km südlich von Petra

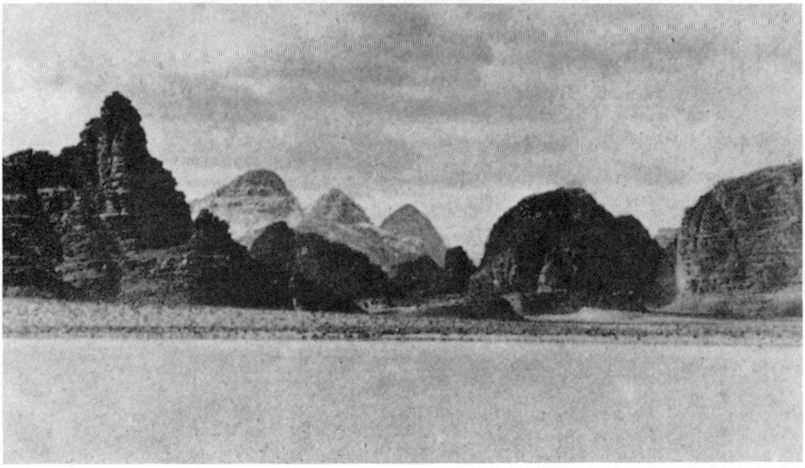

Abb. 603. Reste eines Tores in Petra (2. Jhdt. n. Chr.)

Abb. 604. Reste eines Privathauses in der Nabatäerstadt *umm el-ǧimāl*

Abb. 605. Badehaus in Avdat

Abb. 606. Luftbild der teilweise rekonstruierten Grabungsstätte von Avdat

Abb. 607. Nabatäische Keramik (50. v.–ca. 200 n. Chr.)

Abb. 608. Brennofen einer Töpferwerkstatt in Avdat

Abb. 609. Nabatäische Zisterne

Wintermonaten fallende jährliche Regenmenge betrug – und beträgt – dort nicht mehr als 10 cm. Sie wurde durch Dämme, Terrassen und Kanäle gesammelt, um alles verfügbare Wasser den besseren Böden der Täler zuzuführen, die, sofern sie bewässert wurden, für eine Bebauung hinreichend fruchtbar waren. Kahle Bergabhänge wurden mit verschlungenen Mustern von Kiesreihen und -mauern bedeckt, die sämtlich dazu dienten, Regenwasser zu sammeln und es zu den unten liegenden terrassenförmig angelegten Feldern oder Zisternen zu leiten, wie die Luftaufnahme von *qetsiōt* bei Nessana **(Abb. 593)** zeigt. Soweit wie möglich wurden die Abhänge selbst durch sorgfältige Terrassierung, Ausnutzung eines jeden Wasserlaufs und den Bau eines Netzes von Verbindungskanälen kultiviert. Einiger Dämme wurde augenscheinlich auf beschrifteten Steinen, wie dem bei Avdat gefundenen **(Abb. 594),** gedacht, die, wie A. Negeb glaubt, als Altäre benutzt wurden, auf denen man Dusares Opfer und Gebete um Regen darbrachte. Von den Dämmen und großen Zisternen waren viele weit von den Siedlungen entfernt, was ein weiteres Zeugnis für eine umfassende Entwicklung der Landwirtschaft in römischer und byzantischer Zeit ist.

Gerste, Oliven, Weintrauben, Granatäpfel und Balsam wurden zusammen mit vielen der übrigen palästinensischen Feldfrüchte als Trockenklimafrüchte in den bewässerten und regenreichen Gebieten des südlichen Transjordanien angebaut (s. *Ackerbau und Viehzucht). Tatsächlich ist die Erforschung ihrer Anbaumethoden und Agrarprodukte noch nicht abgeschlossen, und genauere Angaben sind noch nicht möglich. Fest steht, daß die landwirtschaftlichen Unternehmungen der Nabatäer im 6. und 7. Jhdt. n. Chr. weiterentwickelt wurden. Weinpressen **(Abb. 595)** und -keller aus dieser Zeit und eine Anlage zum Früchtetrocknen (vielleicht von Trauben) zeigen die Bedeutung des Weinbaus und weisen auf einen möglicherweise berühmten Wein hin. Die frisch gepflückten Weinbeeren wurden in verputzten Bassins gekeltert, wobei der Saft in kleine, in der Mitte befindliche Vertiefungen lief. Von dort floß er durch eine Rinne in große Klärbottiche. Aus diesen wurde der Saft in große Weinkrüge umgefüllt, die man in Kellern und dunklen, kühlen Räumen aufbewahrte. Auf der abgebildeten Steinbank **(Abb. 596)** wurden in einem solchen Raum Krüge mit reifendem Wein abgestellt.

4. Städte der Nabatäer: Die großartigste nabatäische Stadt ist das südöstlich vom Toten Meer gelegene Petra; es bietet eindrucksvolle Beispiele für Kultur, Architektur, Kunst und Lebensweise der Nabatäer und erhellt auf lebendige Weise die Frühgeschichte des ganzen Volkes und Landes.

Außerdem hat man Überreste vieler anderer nabatäisch-römischer Städte und Tempel entdeckt und ausgegraben: im Ostjordanland die über einer früheren moabitischen Stadt gleichen Namens erbaute Stadt Diban; *ḫirbet et-tannūr, er-rām* und *umm el-ǧimāl,* Egra *(madā'in-ṣāliḥ)* in Nordarabien, Seia im *ḥaurān* (Südsyrien). Im Negeb wurden bisher folgende Städte und Karawanenstationen entdeckt: *Avdat,* das für seinen nabatäischen und byzantinischen Staudamm berühmte Kurnub, Soubeita *(es-sbēta, ḥorbaṭ šivṭā),* Nessana, *('auǧā el-ḥafīr),* Elousa *(el-ḫalaṣa, ḥorbaṭ ḫalūṣā),* wo die früheste nabatäische Inschrift (aus dem Jahre 170 v. Chr.) gefunden wurde, und *er-reḥēbe.* Mehrere repräsentative Beispiele dieser Städte sind weiter unten beschrieben.

a) Petra: Die »rosenrote« Stadt Petra mit ihren aus den unterschiedlich getönten Sandsteinfelsen herausgehauenen Grabmälern, Kultstätten und Palästen ist seit 1812 bekannt, als sie Burckhardt als erster wiederentdeckte. Sie ist seither von Horsfield, Wiegand, Weilzinger und W. F. Albright eingehend erforscht worden. Albright hat überzeugend nachgewiesen, daß alle bedeutenden Denkmäler dem Andenken der Toten gewidmete Mausoleen waren. Obwohl sie Kapellen enthielten, in denen die Götter verehrt wurden, waren sie doch keine Tempel (s. **Abb. 597**).

(1) Geschichte, Lage und Bauweise: Die frühesten Spuren menschlicher Niederlassung in diesem Gebiet stammen anscheinend aus dem Jungpaläolithikum (ca. 10 000 v. Chr.), als Felsunterkünfte in einem der Täler von Petra nur eine kurze Zeit in jedem Jahr von Menschen bewohnt gewesen zu sein scheinen. Auf eine neolithische Siedlung (5. Jahrtausend v. Chr.) deuten auch aus dieser Periode stammende Pfeilspitzen und Werkzeuge aus Feuerstein hin, die etwas nördlich des Geländes gefunden wurden. Spuren chalkolithischer oder bronzezeitlicher Siedlungen wurden nicht gefunden, obwohl die Stadt während dieser Jahre bekannt war. Im Zentrum von Petra stand das biblische »Sela«, *umm el-bijjāra,* die turmartige Felsenfestung der Edomiter **(Abb. 598),** um die herum sich das nabatäische Petra entwickelte. Einige

wenige Überreste aus der Eisenzeit wurden dort gefunden. Die Bibel (2 Kg 14, 7) berichtet, Amazja, König von Juda, habe die Zitadelle von »Sela« im Sturm erobert (ca. 800 v. Chr.).
Nach den in der Stadt durchgeführten Ausgrabungen scheint es, daß dem byzantinischen Petra (4. Jhdt. n. Chr.) folgende drei Siedlungsstufen vorangingen: eine frühnabatäische vom 4. bis zum 1. Jhdt. v. Chr., ein klassisches nabatäisches Stadium vom 1. Jhdt. v. Chr. bis zur Ankunft der Römer im Jahre 106 und danach ein römisches, das bis zum 3. Jhdt. n. Chr. währte. Petra liegt in einem völlig von den kahlen Bergen der südidumäischen Wüste eingeschlossenen Tal. Einzigartig ist der erregende Zugang zur Stadt durch eine 2 km lange, enge, gewundene Schlucht, *sīq* genannt **(Abb. 599),** die man auch heute noch nur zu Fuß oder zu Pferde durchqueren kann. Mit einer einzigen Ausnahme wurden sämtliche erhaltenen Denkmäler der Stadt sowie ihre Wohnhäuser, Vorratshäuser und anderen Gebäude aus dem Felsen gehauen, wenngleich sie zeitweilig auch gemauerte Gebäude aufwies. Die Nabatäer hatten eine sehr charakteristische Art, den Stein zu behauen, und zwar bearbeiteten sie ihn mit einem Spitzhammer in einem Winkel von 45°. Das derart geschaffene Muster ist auf einzelnen Steinblöcken und auf den behauenen Felsen sichtbar.
(2) Grabmäler: Viele mit Zinnen versehene Pylongrabmäler stammen aus dem frühnabatäischen Stadium; ihre Fassaden ähneln ägyptischen Pylonen und werden von Giebelstufen ägyptisch-mesopotamischen Ursprungs gekrönt. Bei den klassischen nabatäischen Grabmälern sind die einfachen Pylonen mit hellenistischen Giebeln, Friesen und Simsen verziert.
Nahe dem Zugang zur Stadt steht die großartige rosenrote Fassade des *ḫaznet fer'ūn,* das Schatzhaus, ein im 2. Jhdt. v. Chr. aus dem Fels gehauenes Mausoleum, kein Tempel, wie man früher vermutete. Das Innere besteht aus einem großen zentralen und einem kleinen Raum an der Rückwand, zu dem drei Stufen hinaufführen, und je einem kleinen Raum auf den beiden Seiten der Portikus. Mehrere Skulpturen sind stark beschädigt; darunter befindet sich eine, die nach Ansicht einiger Fachleute die Göttin Isis darstellt. (Vgl. dies mit den monumentalen Grabmälern des Kidrontals; s. *Begräbnis 3 b.) Zu den ältesten Grabmälern zählt ein großes im *wādi abū 'öllēqa (wādi et-turkmānīje);* es stammt aus dem 1. Jhdt. v. oder n. Chr. und trägt über dem Eingang eine lange, interessante nabatäische Inschrift, die das Grabmal und seinen Inhalt dem Gott Dusares weiht und mit den Worten schließt: »nicht begraben werde in diesem Grab irgendeiner außer einem solchen, für den die Bewilligung eines Grabes in jenen Schriftstücken über die heiligen Stätten aufgeschrieben ist auf ewig«. Die Grabmäler von Petra bieten eine Fülle von Zeugnissen für die den Verstorbenen bezeigte Verehrung. Alle weisen einen großen Saal *(triclinium)* auf, in dem die Bestattungsfeierlichkeiten stattfanden **(Abb. 600).**
(3) Tempel und Heiligtümer: Außer den Grabmälern enthält Petra eines der schönsten erhaltenen Beispiele einer Opferstätte im Freien, den an der höchsten Stelle innerhalb der ummauerten Stadt Petra freigelegten »Conway-High-Place«, einen Prozessionsweg um einen Felsen herum. (In Nord- und Südarabien findet man viele Parallelen hierzu. Neuestens will Parr darin einen hellenistischen Befestigungsturm sehen.) Er datiert aus der klassischen Zeit der Stadtgeschichte und war vom 2./1. Jhdt. v. Chr. bis zur christlichen Epoche, in der er zerstört wurde, in Gebrauch.
Zu den größten Denkmälern Petras zählt der um das 2. Jhdt. n. Chr. aus dem weichen Sandstein gehauene Tempel *ed-dēr,* dessen Fassade ca. 50 m breit und bis zum obersten Rand der den Bau krönenden Urne fast 45 m hoch ist. Der Innenraum ist wie üblich ganz schmucklos. In einer Nische der Rückwand befand sich ursprünglich ein Steinblock, der Dusares verkörpern sollte. Die Forschung ist sich nicht einig, ob dies ein größerer Tempel oder einfach eine Kapelle war. In christlicher Zeit wurde *ed-dēr* als Kirche benutzt **(Abb. 601).**
(4) Das römische Petra: Zu beiden Seiten des *wādi mūsā* (Flußbett), westlich des Zugangs zur Stadt, liegt das wichtigste offene Gebiet von Petra. Südlich des Wadis ist ein Teil einer säulengesäumten römischen Straße freigelegt worden. Sie führte zu einem Bogen mit drei Durchgängen **(Abb. 603),** der augenscheinlich im 2. Jhdt. n. Chr. errichtet wurde und mit typischen orientalisch-hellenistischen nabatäischen Steinmetzarbeiten, darunter charakteristischen Blumenmustern, verziert ist. Obwohl nur einige wenige Pflastersteine übriggeblieben sind, ist deutlich, daß die Straße zu einem römischen Bauwerk *qasr el-bint* führte, das der einzige erhalten gebliebene Steinbau in Petra ist. Augenscheinlich wurde es zu Beginn des 2. Jahrhunderts n. Chr. als römisches Verwal-

tungszentrum errichtet. Über seinen Charakter und seine Funktion ist jedoch nichts Genaues bekannt.
Die römische Besetzung wirkte sich für Petra selbst zunächst vorteilhaft aus und führte zu einem Wiederaufblühen der Stadt und ihres Lebens. Das große Theater am Stadteingang (frühes 3. Jhdt. n. Chr.) und die vielgeschossigen Grabfassaden datieren alle aus dem 2. und 3. Jhdt. n. Chr. Obwohl bescheidener, zeugt das Grab des Statthalters der Provinz Arabia, Sextus Florentinus, von der wachsenden Bedeutung der Stadt in der späteren Zeit. Ihre Vormachtstellung als eins der großen Zentren der östlichen Welt war jedoch bereits im Schwinden begriffen. Nachdem sie in byzantinischer Zeit ein kirchliches Zentrum geworden war, hörte sie im Mittelalter auf zu existieren.
(5) Orientalisch-hellenistisches Formengut: Ungeachtet all der einzigartigen Anziehungskraft und Bedeutsamkeit der Stadt können die Überreste von Petra doch für sich allein kein vollständiges Bild von der einheimischen nabatäischen Kultur und Kunst vermitteln. Die monumentalen, in den Felsen gehauenen Fassaden wie die Bauwerke und Bögen übernehmen zumeist hellenistische Architektur- und Ornamentierungsstile unter Verwendung einiger spezifisch orientalisch-nabatäischer Motive. Die mit Ornamentik verzierten Außenseiten der meisten Überreste sind jedoch so sehr dem Zerfall preisgegeben, daß sich die Art der verwandten Motive und Stile kaum noch bestimmen läßt. Das Zeugnis anderer bedeutender nabatäischer Zentren ist folglich mit in Betracht zu ziehen. Orte wie Egra *(madā'in-ṣāliḥ)* im äußersten Süden Arabiens, *umm el-ǧimāl* im Osten, *ḫirbet et-tannūr* und Seia im *ḥaurān* und andere dortige Siedlungsstätten verewigten die einheimische Kunst der Nabatäer, die im verfeinerten und hellenisierten Petra ein Schattendasein führte.
b) ḫirbet et-tannūr liegt im *wādi el-ḥesā* (Bach Zered), das in das Südende des Toten Meeres mündet. Nelson Glueck grub dort einen nabatäischen Tempel aus dem 1. Jhdt. v./1. Jhdt. n. Chr. aus. Der Tempel hat einen äußeren, gepflasterten Hof, in dessen Nordostecke ein großer Altar stand. Auf der Nord- und Südseite lagen eine Anzahl kleiner Räume, die wahrscheinlich den Priestern vorbehalten waren. Die Westseite wies eine eindrucksvolle, mit Säulen und Pilastern geschmückte Fassade auf, in deren Mitte sich der Eingang befand; dieser führte in das Heiligtum, das den Hauptaltar, auf dem Opfer dargebracht wurden, enthielt. Der Altar war ein Quader von etwa 2 m Höhe und 3 m Seitenlänge, dessen Seiten durch eine Reihe von herausgemeißelten Pilastern verziert waren. In einer der durch sie gebildeten Nischen stand eine Statue eines bärtigen Gottes mit einem kleinen Stier zu seinen Füßen. Möglicherweise stellte er den Gott Hadad-Zeus dar. Die Pilaster waren abwechselnd mit Blumenmotiven und Frauenköpfen in Hochrelief verziert. Es sind Köpfe einer Göttin mit verschiedenen Kopfbedeckungen. Auf einem Feld trägt sie Getreideähren und ist von den Tierkreiszeichen umgeben **(Abb. 119).** Auf einem anderen Feld wird sie von zwei Fischen gekrönt. Die Göttin ist anscheinend Atargatis. Sie und der männliche Gott stellen vermutlich die lokalen Varianten von Duschara und Allat dar. Sie datieren offenbar aus dem späten 1. Jhdt. v. Chr. – 2. Jhdt. n. Chr.
c) er-rām: Etwa 160 km südlich von Petra und 36 km östlich von Elath (s. **Karte 28**) stehen in der furchteinflößenden Schlucht von *er-rām* **(Abb. 602)** die Ruinen eines großen, Allat geweihten nabatäischen Tempels. Im 1. Jhdt. v. Chr., kurze Zeit vor der Eroberung durch die Römer, erbaut, ähnelt er in der Konstruktion dem Tempel von *ḫirbet et-tannūr*. Das Tal wurde durch eine Anzahl kleiner Quellen bewässert, und in der Nähe fand man die Ruinen verschiedener nabatäischer Gebäude und Dämme sowie nabatäische und thamudische Inschriften (s. *Araber, Arabien; *Sprachen der Bibel).
d) umm el-ǧimāl: Am Am Rand der syrischen Wüste, neben der Straße, die vom östlichen Transjordanien nach Bagdad führte, befinden sich die Ruinen einer weiteren verlassenen Nabatäerstadt. Wasser wurde während der Regenzeit in Zisternen, von denen jedes Haus eine hatte, gesammelt. Die Stadt wurde im 1. Jhdt. v. Chr. als Karawanenaußenposten an der Karawanenroute gegründet. Sie bestand während der ganzen Römerzeit und bis in die byzantinische Zeit hinein, in der dort nicht weniger als fünfzehn Kirchen gebaut wurden (seit dem 4. Jhdt. n. Chr.). **Abb. 604** zeigt ein Privathaus in der Nabatäerstadt.
e) Seia: H. C. Butler beschreibt Seia: »Keine städtische oder dörfliche Siedlung, wie die meisten Lokalitäten im Hauran, sondern ein altes Höhenheiligtum, geschmückt mit Tempeln, eingefriedeten Höfen, prächtigen Torwegen usw.« Eine

gepflasterte Römerstraße und ein äußeres Tor aus dem 2. Jhdt. n. Chr. sind mit den heiligen Stätten verbunden. Das Tor hatte viel mit den überwölbten Toren von Petra und *Gerasa *(ğeraš)* gemein und ist ein gutes Beispiel für die orientalisch-hellenistische Sonderform der nabatäischen Architektur.

f) Egra (madā'in-ṣāliḥ), eine große Oase in Nordarabien, war die zweitwichtigste Nabatäerstadt. Sie besitzt ebenfalls viele in den Felsen gehauene Grabmäler, auf deren Eingängen Reliefs eingemeißelt sind, die geometrische Dekorationen, Masken und Adler mit stilisierten Schwingen darstellen (s. *Araber, Arabien; **Karte 4**).

g) Avdat war eine weitere wichtige nabatäische Karawanenstation. Es lag 600 m über dem Meeresspiegel und ca. 110 km nordwestlich von Petra. Obwohl es nicht die gleiche Bedeutung wie Petra und die oben genannten Städte hatte, ist es ein gutes Beispiel für die nabatäische Stadtbildung und Zivilisation im Negeb.

Wasser ist ca. 4 km von der Siedlungsstätte entfernt vorhanden, doch ist es ein wenig bitter, und die Einwohner scheinen sich aus den Zisternen und Wasserauffanganlagen versorgt zu haben, die, wie überall im Lande, die durchschnittliche jährliche Regenmenge von 10 cm bis zum letzten ausnutzten.

(1) Allgemeiner Befund der Ausgrabungen: Die Ausgrabungen wurden im Jahre 1958 unter der Leitung von Prof.M. Avi-Yonah begonnen und 1959/60 von A. Negeb von der Hebräischen Universität in Jerusalem fortgesetzt. Ihre Ergebnisse haben einen ziemlich genauen Aufriß der Stadtgeschichte sowie die Rekonstruktion wichtiger Teile von *Avdat* ermöglicht.

Die erste nabatäische Siedlung wurde anscheinend zu Beginn des 3. Jhdts. v. Chr. auf dem westlichen Ausläufer der Bergkette an einer Kreuzung der von Petra und vom Roten Meer nach Gaza am Mittelmeer führenden Handelsrouten gegründet. Um die Wende des 1. Jhdts. n. Chr. wurde eine kleine Stadt erbaut, mit einer befestigten Akropolis auf dem Westausläufer, deren Flanken durch riesige Mauern abgestützt wurden. In der Nordwestecke der Akropolis stand anscheinend ein großartiger nabatäischer Tempel, von dem aber nichts weiter erhalten geblieben ist als in die spätere byzantinische Kirche eingemauerte Steine und Reliefs.

Heute zeigt das rekonstruierte *Avdat* **(Abb. 606)** im Westen die teilweise wiederaufgebaute Stützmauer mit den Überresten der byzantinischen Nordkirche in der Nordwestecke.Die Zitadelle und die zum Teil wiederaufgebaute Südmauer liegen im Osten; ihnen gegenüber im Süden die Ruinen der römischen Stadt. Die Ruinen der byzantinischen Stadt sind längs der Abhänge deutlich sichtbar, während man in der unteren rechten Ecke der **Abb. 606** ein ausgezeichnetes Beispiel eines byzantinischen Haus- und Kellerkomplexes wahrnimmt.

(2) Inschriften: Nabatäische Inschriften hat man auf kleinen weißen Marmortafeln und Bausteinen im Schutt unter der Akropolis gefunden. Es sind sämtlich Weihinschriften, von denen einige den Namen des Königs Aretas erwähnen (d. h. Aretas' IV.). Ein Haufen zerbrochener Töpferwaren ergab 20 000 bemalte, aus der Zeit vom Ende des 3. bis zur Mitte des 1. Jhdts. v. Chr. stammende Bruchstücke, darunter Figurinen in Tier- und Menschengestalt, Münzen und andere Stücke von Tonwaren, importiert aus Parthien, Rhodos und Megara in Griechenland.

(3) Badehaus: Am West- (unteren) Ende von *Avdat* fand man ein vollständig erhaltenes, überdecktes Badehaus. Es hatte ein 4,20 × 4,10 m großes und 1,35 m tiefes Kaltwasserbecken. Im Norden waren zwei Schwitzräume *(tepidaria),* von denen die Überreste der Dampfheizungs- (hypokaustischen) Rohre noch zu sehen waren. Diese leiteten die Hitze in die *tepidaria.* Einer der Räume enthielt noch die Überreste von Kesseln aus gebrannten Ziegeln **(Abb. 605).** Eine entfernte Ähnlichkeit hiermit weist das viel größere und schönere *tepidarium* der prächtigen Bäder in Italien auf.

(4) Töpferwerkstätte und Keramiktypen: Die Nabatäer verfertigten charakteristische Tonwaren; sie wurden auf der Scheibe gedreht, waren aber sehr fein gearbeitet und so dünnwandig wie Porzellan. Solche aus der klassischen nabatäischen und der frühen Römerzeit (50 v. Chr.–ca. 200 n. Chr.) stammende Töpferwaren **(Abb. 607)** sind in allen ihren Siedlungen im südlichen Transjordanien und weiter draußen gefunden worden. Die typischen Stücke sind leichte, innen mit Blatt- und Linienmustern in schwarzer oder brauner Farbe dekorierte Schalen.

In Avdat wurde eine Töpferwerkstatt, die erste, die man in einer nabatäischen Stadt fand, entdeckt. Der Betrieb enthielt einen Raum für die Bereitung des Tons; in einer Ecke stand dort ein großer Bottich, und auf dem Boden lagen noch Tonklumpen herum. In einem zweiten Raum befand sich eine Töpferscheibe und eine Bank zum Trocknen der gedrehten Gefäße und ferner ein 2 m hoher, zweistufiger und noch intakter Töpferofen **(Abb. 608).** Im Ofen fand man noch Stücke von ungebrannten Gefäßen, und überall lagen große Mengen nabatäischer bemalter und unbemalter Tonwaren herum. Die Werkstatt scheint von ca. 40/30 v. Chr. an etwa 150 Jahre lang in Betrieb gewesen zu sein, eine Schätzung, die durch Münzen, Lampen und andere dort gefundene Gegenstände bestätigt wird.

(5) Landwirtschaft: Um Ackerbau zu ermöglichen, wurde, wie in Petra und anderwärts, das Wasser äußerst sorgfältig gesammelt. Nabatäische Dämme wurden in vier Tälern unweit Avdat entdeckt; die dazugehörigen Trankopferaltäre standen noch daneben. Nach den Inschriften auf den Altären wurden die Dämme anscheinend in der Zeit zwischen 88/89 und 98/99 n. Chr. unter der Leitung eines gewissen Carmo von Leuten gebaut, welche die *benē saruta* hießen. Die abgebildete Zisterne **(Abb. 609)** kann als typisch bezeichnet werden.

(6) Zerstörung und Wiederaufstieg Avdats: Im Zuge der Einverleibung Nabatäas in das Römische Reich durch Trajan (106 n. Chr.) wurde diese erste Stadt Avdat völlig zerstört. Der gesamte Akropolisbezirk lag unter einer dicken Aschenschicht, und innerhalb der Akropolis wurden im Treppenareal viele Bronzefigurinen, Lampen, Schmuckstücke und Töpferwaren gefunden **(Abb. 606).**

Nach seiner Zerstörung trat Avdat in ein »dunkles Zeitalter« ein, das bis zur Mitte des 3. Jhdts. n. Chr. währte; danach wurde eine neue Stadt gebaut und gegen Ende des Jahrhunderts vollendet. Eine große Totenstätte aus dieser Zeit wurde aufgedeckt, und die noch nicht abgeschlossenen Ausgrabungen dürften weitere Einzelheiten enthüllen.

Noch später, im 6. und 7. Jhdt. n. Chr., erhob sich auf dem Gelände von Avdat eine bedeutende byzantinische Stadt mit prächtigen Kirchen, zu deren Bau viele Steine und Teile der früheren nabatäischen Gebäude benutzt wurden **(Abb. 606).**

Nahrungsmittel

Gliederung: 1. Nahrungsmittel und Speisen. a) Getreide; b) Hülsenfrüchte und Gemüse; c) Gewürze; d) Salz; e) Mittel zum Süßen; f) Früchte; g) Wein und Oliven; h) Milch und Milchprodukte; i) Fleischnahrung; k) Geflügel und Eier; l) Insekten und Fische; m) Verbotene Speisen. 2. Zubereitung. a) Arten der Zubereitung; b) Kochgeräte; c) Kochstellen und Backöfen; d) Mahlzeiten; e) Tischsitten.

1. Nahrungsmittel und Speisen: Die Eßgewohnheiten der frühen Israeliten spiegeln ihre allgemeinen Lebensbedingungen wider. Anfangs als Halbnomaden und später als Kleinbauern folgten sie dem Beispiel der Kanaanäer und anderer Nachbarvölker mit dem betonten Unterschied, daß den Israeliten ihr Gesetz gewisse Speisen verbot. Die Geschichte des Sinuhe (s. *Ägypten und seine Beziehung zu Israel) erzählt von einem ägyptischen Flüchtling in Kanaan zur mittleren Bronzezeit. Ein Wüstenscheich gab ihm Wasser und gekochte Milch, um seinen Durst zu stillen. Kanaan ist nach der Schilderung gesegnet mit Feigen, Trauben, Wein, Honig, Oliven, Obst, Gerste, Emmer (einer frühen Sorte von Weizen) und Vieh (vgl. Dt 8, 8). Nachdem Sinuhe der Schwiegersohn eines kleinen Fürsten geworden ist, berichtet er von täglicher Mahlzeit von Brot und Wein, ferner in Milch gekochten Speisen, gekochtem Fleisch, gebratenem Geflügel und Wild.

Obwohl die Lebensweise der Israeliten während der größten Spanne ihrer frühen Geschichte recht bescheiden gewesen sein dürfte, sollten sie später mit einem Überfluß an Getreide, Obst, Öl und Fleisch gesegnet werden (Dt 7, 13; 32, 14). Über die Hauptnahrungsmittel gibt der Bauernkalender aus Gezer aus dem 10. Jhdt. v. Chr. einige Aufschlüsse (s. *Ackerbau und Viehzucht). Er verzeichnet Gerste, Weizen, Spelt und Hirse als Getreidenahrung, daneben Oliven, Trauben, Feigen, Granatäpfel, Sesam und Gemüse. Die Hauptnahrungsquelle für jeden Haushalt war das eigene Feld, der Weinberg und Gemüsegarten. Die Hauptnahrung war Brot, das mit Wasser und Wein gegessen wurde. Oft stehen Brot und Wein als Ausdruck für Speise im allgemeinen, besonders bei rituellen oder zeremoniellen Mahlzeiten (Gen 14, 18; Dt 29, 6). Wein war Luxus, der entweder eine Festmahlzeit oder eine Auszeichnung für einen Teilnehmer der Mahlzeit anzeigte. Milch und andere Milchprodukte wurden viel genossen, als Zugaben dazu kamen, wenn erreichbar, Früchte und Gemüse. Die eigentliche Nahrung eines Durchschnittshaushalts war fast ganz vegetarisch. Außer in reichen Häusern kam Fleisch nur an Festtagen auf den Tisch, z. B. bei einer Hochzeit (Gen 29, 22; Ri 14, 10; Est 2, 18); bei Bewirtung eines verehrten Gastes (Gen 18); bei Opfermahlzeiten beim Heiligtum (Sam 10, 5–9) oder an religiösen Feiertagen (Jos 5, 10).

1 Sam 25, 18 verzeichnet die Nahrungsmittel, die Davids Gefolgsleute auf ihrer Festung erhielten. 2 Sam 17, 28 verzeichnet für ihn und seine Helfer die Beschaffung von »Weizen, Gerste, Mehl, geröstetem Korn, Bohnen und Linsen, Honig und Butter sowie Schaf- und Kuhkäse«. Salomo konnte es vermeiden, viele Kriege wie sein Vater zu führen; nach 1 Kg 5, 2 f trieb er an seinem Hof eine sehr viel üppigere Lebenshaltung. »Salomo aber bedurfte zum Unterhalt täglich 30 Kor feines Mehl, 60 Kor gewöhnliches Mehl, 10 Mastochsen und 20 Weiderinder, 100 Schafe, dazu Hirsche, Gazellen, Rehe und gemästetes Geflügel.«

a) Getreide: Die Hauptnahrung der Israeliten in ihrer ganzen Geschichte blieb das Brot. Man bereitete es aus Mehl, sei es von Weizen oder von Gerste, das in einer Handmühle oder mit einem Reibstein gemahlen wurde. Die Mühle bestand aus zwei übereinanderliegenden Steinen (s. *Geräte und Werkzeuge), wie auf **Abb. 610, 611,** wo ein Reibstein und ein Mörser aus Gezer zum Schroten des Getreides zu sehen sind. **Abb. 612** zeigt eine drehbare Handmühle, wie sie noch in Gebrauch ist. **Abb. 613** eine große Mühle der Römerzeit, die mit Hilfe von Tieren betrieben wurde. Handmühlen der einfachsten Art hat man in vielen Ausgrabungsstätten der mittleren Bronzezeit gefunden. Der neueste Fund stammt aus *Arad, einer südlichen Festung der Könige von Juda. Nach dem Mahlen konnte das Mehl entweder Schrot *(qæmaḥ) oder Feinmehl (solæt)* sein. Was das Feinmehl auf dem Markt am Tor von Samaria zu Ende der Belagerung kostete, sagt 2 Kg 7, 1. 16. Aus dem Mehl wurde gewöhnlich gesäuertes Brot hergestellt, doch zur Zeit des Passahfestes aß man ungesäuertes Brot (Ex 12, 8; s. *Geräte und Werkzeuge). Das ungesäuerte Brot, das für die Passahfeier vorbehalten war, haben die Juden bis zum heutigen Tag beibehalten. Unter den Urkunden aus der jüdischen Militärkolonie in Elephantine in Ägypten gibt eine (Nr. 21, Cowley) im Namen des Darius, Königs von Persien, die Anordnung, das Fest der ungesäuerten Brote (Passah) einzuhalten (s. *Feste und Feiertage).

Anstatt Brot zu bereiten, konnte man das Korn auch roh essen (2 Kg 4, 42), indem man die Ähren in den Händen rieb, um das Korn von den Hülsen zu sondern (Dt 23, 25). An einem denkwürdigen Sabbat haben die Jünger Jesu Ähren vom Feld gepflückt, als sie hungrig waren, um sie roh zu verzehren (Mt 12, 1). Man konnte das Getreide auch rösten oder dörren *(qalî)*. Aus gedörrtem Getreide, Brot und saurem Wein bestand die Mahlzeit der Schnitter in der Erzählung von Ruth (2, 14). Und David brachte seinen Brüdern gedörrtes Getreide und Brot, als sie mit Saul zu Felde zogen (1 Sam 17, 17). Im Mörser zerrieben ergaben die Weizenkörner das geschrotete Korn (arabisch *burgol)*, das Lev 2, 14. 16 erwähnt wird. Man trocknete es dann und kochte es. In der Frühzeit pflegte das ärmere Volk Gerstenkuchen statt Brot zu benützen (Ri 7, 13), und in neutestamentlicher Zeit waren offenbar Gerstenbrote und Fische eine übliche Mahlzeit (Joh 6, 9). Neben Weizen und Gerste aß man auch Hirse und Spelt (hebr. *kussæmæt;* Ez 4, 9), ebenso Mohrenhirse. Letztere, auch Emmer genannt (hebr. *doḥan*, akk. *duḥa)*, ersetzte den ärmeren Bauern bei der Brotbereitung oft den Weizen. Ezechiel empfiehlt, ihn mit Weizen, Gerste und verschiedenen Pflanzen zu einem gemischten Teil zu verarbeiten. **Abb. 614** zeigt Gerstenbrote aus Theben, die 3500 Jahre alt sind.

b) Hülsenfrüchte und Gemüse (s. *Ackerbau und Viehzucht): Eine Mahlzeit, die nur aus Pflanzen bestand, »ein Gericht Gemüse« ohne Fleisch galt als eine recht armselige Kost (Spr 15, 17), obwohl sie, wie oben erwähnt, recht weit verbreitet war. Wenn die Menschen hungerten, wurden die Gemüse höher bewertet, z. B. verhandelte Esau sein Erstgeburtsrecht für einen Topf roter *'adāšîm*, Linsen (Gen 25, 29. 34). Wahrscheinlich war es ein Schmorgericht mit Zwiebeln und anderen Zutaten. Als die Israeliten sich über das spärliche Essen in der Wüste beklagten (Num 11, 5), dachten sie an die Fülle von Pflanzenkost, die sie in Ägypten gehabt hatten: »die Gurken, Melonen, Lauch, Zwiebeln und Knoblauch«. Alle diese wurden auch in Palästina angebaut. Vier verschiedene Arten von Bohnen werden genannt, dazu andere Gemüse wie Erbsen und Kichererbsen. An einer, zwei Stellen werden diese Gemüse herausgehoben und alle anderen übergangen. Daraus läßt sich schließen, daß grüne Gemüse nicht besonders hoch geschätzt waren und, soweit sie als Speise gebraucht wurden, auf den Feldern gepflückt wurden, wo sie wild wuchsen. Sicher gilt das vom Lattich, denn dieser war ursprünglich ein Bitterkraut, und seine süßen Abarten wurden erst in der späteren alttestamentlichen Zeit gezüchtet.

Abb. 610. Reibstein

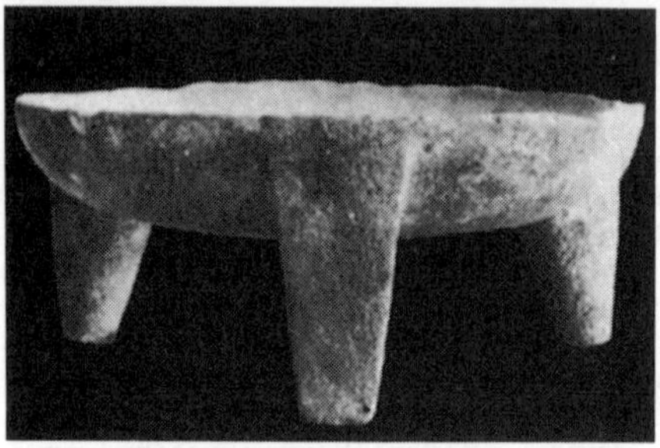

Abb. 611. Mörser

Abb. 612. Handmühle

Abb. 613. Mahlstein aus der Römerzeit, der mit Hilfe von Tieren betrieben wurde

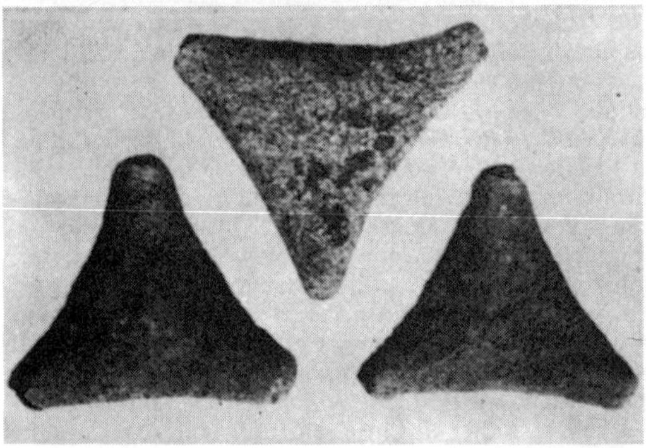

Abb. 614. Gerstenbrote aus Theben (3500 Jahre alt)

Abb. 615. Feigenkuchen

Abb. 616

Abb. 618

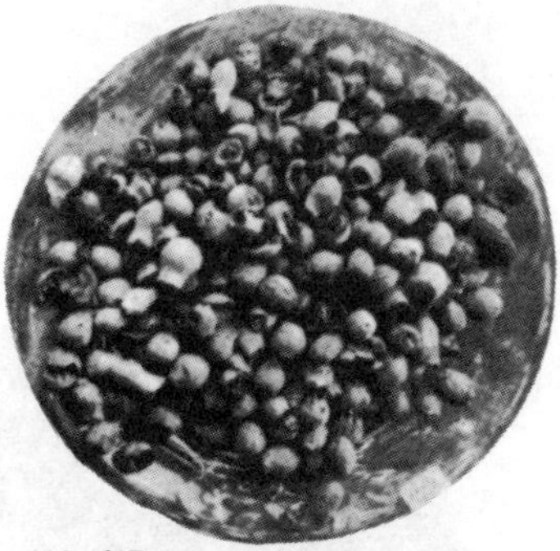

Abb. 617

Abb. 619

Abb. 620

Abb. 621

Abb. 616–621. Zutaten zur Verfeinerung der Speisen. Die abgebildeten Produkte stammen aus Pompeji, waren aber auch in Palästina bekannt: Piniensamen (616), Gewürz (617), Datteln (618) Johannisbrot (619), Walnüsse (620), Persimon (621)

Abb. 622. Fischfang in Ägypten

Abb. 623. Irdener Topf (1. Jhdt. v. Chr.)

Abb. 624. Mit Weinamphoren beladenes Dromedar (Terrakottafigur, hellenistische Zeit)

Abb. 625. Getrocknete Fische (13. Jhdt. v. Chr.)

Man pflückte noch viele andere Bitterkräuter, die offenbar nicht angepflanzt wurden, von den Feldern. Dazu gehörten Zichorie und Endivien (die zum Passahritual gehörten, Ex 12, 8); Rettich, Senfsamen (13, 31) oder Mandragora und viele andere. Man aß sie entweder roh oder gekocht. Die Traktate der *Mischna in Seraim, die den Landbau behandeln, geben ausführlichen Bericht über die große Anzahl von »Kräutern«, die man später anbaute und die zur Ergänzung von einfachen pflanzlichen sowie von Fleischgerichten zur Verfügung standen. Die Mischna Pesahim 2, 6, die die Zeiten nach dem Exil widerspiegelt, nennt fünf Arten Kräuter, die zum Passahmahl gebraucht werden können, nämlich Lattich, Zichorie, Pfefferminz, Schlangenwurz und Löwenzahn.

c) Gewürze: Die Gewürze waren immer hochgeschätzt, und der Gewürzhandel mit Arabien und dem Fernen Osten war von großer Bedeutung. Man hat vermutet, daß, bevor der Pfeffer bekannt wurde (der zuerst in der Mischna erwähnt wird), andere Samen, z. B. Koriander (Ex 16, 31), schwarzer Kümmel (Jes 28, 25), Origanum, oder die nachexilische Nigella (hebr. *qæzah̩,* griech. *melanthion*) bei der Speisenzubereitung eine große Rolle spielten und auch im Land selbst wuchsen. Kapernbeeren (Ex 12, 8) aß man als Anregung vor der Mahlzeit und verwendete sie auch als Gewürz. Andere Kräuter, so namentlich Minze und Raute, wurden hauptsächlich zu Heilzwecken angebaut. **Abb. 616–621** zeigen getrocknete Produkte, die man in Pompeji gefunden hat, die aber auch in Palästina häufig waren: a) Piniensamen, b) Gewürz, c) Datteln, d) Johannisbrot, e) Walnüsse, f) Persimon. Jesus verurteilte das System der Pharisäer, gewisse Gewürze und Kräuter zu versteuern (Lk 11, 42), während sie die wesentlichen Tugenden vernachlässigten. In seinen Gleichnissen werden Gewürze und besonders das Senfkorn erwähnt (Mt 13, 31).

d) Salz: Das Salz spielte im Opferritual und für bestimmte Zeremonien eine besonders wichtige Rolle. Es stammte hauptsächlich aus den Salzbecken des Toten Meeres. Weil es dazu diente, die Speisen zu konservieren, galt Salz als Symbol der Dauer. So darf man den »Salzbund« (Lev 2, 13; Num 18, 19; 2 Chr 13, 5) als dauerhaften, unverletzlichen Vertrag auslegen, der für alle Zeiten gelten soll. Auf diese Weise kann das Salz, das bei jedem Opfer gebraucht wurde, zum Symbol des unwiderruflichen Bundes zwischen Gott und Israel geworden sein (s. *Bund). Forschungen aus letzter Zeit zeigen, welche Bedeutung Salz bei Riten und Verträgen hatte. Ein Element in dieser Symbolsprache scheint der Brauch zu sein, ein erobertes Gebiet mit Salz zu bestreuen, um seine dauernde Unfruchtbarkeit hervorzurufen. Das Wort für Salz im biblischen Aramäisch (Esr 4, 14) ist Synonym mit dem Ausdruck für Dauer und Hilfe. Darin mögen ähnliche Gedankenverbindungen und Riten zum Ausdruck kommen.

e) Mittel zum Süßen: Um die Speisen zu süßen, pflegte man Feigen oder den Sirup von Johannisbrot zu verwenden, da Zucker in der biblischen Zeit noch unbekannt war. Wo die Bibel Honig erwähnt *(d·baš),* ist wahrscheinlich, wie beim arabischen Wort *dibs,* Dattelhonig gemeint, vielleicht auch der Johannisbrotsirup. Der Johannisbrotbaum ist in Palästina weit verbreitet, obwohl er in der Bibel kaum erwähnt ist. Seine Schoten (griech. *keratia)* sind im Gleichnis vom verlorenen Sohn (Lk 15, 15) erwähnt. Solchen Honig verwendete man zur Bereitung von gebackenem Fleisch und zum Kochen (Ex 16, 31). Bienenhonig war für Simsons Familie eine Leckerei (Ri 14, 8 f). Später wurde er allgemein erhältlich (Ps 19, 10; Spr 16, 24).

f) Früchte: Palästina war mit einer vielfältigen Fülle von Obstbäumen gesegnet (Lev 19, 23 ff; s. *Ackerbau und Viehzucht). Gott versprach den Israeliten »ein Land voll Weizen, Gerste, Reben mit Feigen- und Granatbäumen, ein Land voll Ölbäumen und Honig« (Dt 8, 8), und bei intensivem Anbau erfüllte Palästina reichlich dieses Versprechen. Die Kundschafter, die Moses nach Kanaan sandte, berichteten, das Land sei reich an Granatäpfeln, Feigen und Weintrauben (Num 13, 24).

Feigen gehörten zu den wichtigsten Früchten. Die Feigenbäume wuchsen im ganzen Land, und sie werden oft mit dem Wein zusammen als Sinnbilder des Gedeihens angeführt: »Jedermann unter seinem Weinstock und unter seinem Feigenbaum« (1 Kg 9, 5; Mich 4, 4; Sach 3, 10). Die ersten Früchte, die besonders süß sind, galten als große Delikatesse (Jes 28, 4; Jer 24, 2), während man die Früchte, die später reiften, zu Kuchen von getrockneten Feigen verarbeitete *(d·belā;* 1 Chr 12, 40; 2 Kg 20, 7; s. *Ackerbau und Viehzucht, *Medizin, Krankheit, Gesundheit). **Abb. 615** zeigt einen Feigenkuchen.

Aus der Mischna geht hervor, daß man auch die Datteln teils frisch aß, teils wegen des bequemeren Transports zu Kuchen ge-

preßt verzehrte. Die Dattelpalmen (Ps 92, 12) waren eine Besonderheit des Gebietes um *Jericho und lieferten sowohl dem König Herodes wie Kleopatra reichen Gewinn (s. *Herodes I., der Große; *Rom und die Juden).
Es gab noch andere Fruchtbäume, z. B. Granatäpfel, Zitronen, Sykomoren (Maulbeerfeigen; Am 7, 14; s. *Ackerbau und Viehzucht), mehrere Sorten von Mandeln (Gen 43, 11; 30, 37; Jer 1, 11 ff) und Walnüsse (HL 6, 11).
g) Wein und Oliven: Die meisten Trauben, die in den Weinbergen wuchsen, wurden zu Wein verarbeitet. Das Land war vor allem ein Land des Weins und der Weinberge (2 Kg 18, 32). Dafür bieten die Funde von alten Weinpressen in ganz Palästina reichliche Zeugnisse (Genaueres darüber s. *Ackerbau und Viehzucht). Der Wein wurde gewöhnlich mit Wasser gemischt und war ein üblicher Bestandteil der Mahlzeit. Leichtere Weine mögen in alter Zeit auch unverdünnt getrunken worden sein. Nach dem Talmud wurde gewöhnlich ein Teil Wein mit drei Teilen Wasser gemischt, aber in neutestamentlicher Zeit mischte man dem leichteren Saron-Wein nur zwei Teile Wasser bei. Den asketischen Nasiräern (Num 6, 3) und Rechabiten war Wein in jeder Form verboten. Ihre Gelübde enthielten die Verpflichtung zur Enthaltsamkeit von Wein. **Abb. 624** zeigt die Terrakottafigur eines Dromedars, das Weinkrüge trägt (hellenistische Zeit).
Oliven pflanzte man zur Ölgewinnung. Öl war notwendig zu rituellen Zwecken, ersetzte in der Küche Butter und anderes Fett der modernen Zeit; in Salzwasser eingelegte Oliven waren eine beliebte Delikatesse und ein wesentlicher Bestandteil der Nahrung. Wie im alten Griechenland konnten Arbeiter und Soldaten jederzeit und auf lange Dauer von Oliven, Zwiebeln und Brot leben, aber die Hauptverwendung der Oliven war doch die Ölgewinnung. Reines Öl aus »zerstoßenen Oliven« (s. *Ackerbau und Viehzucht; *Geräte und Werkzeuge) war im religiösen Zeremoniell besonders für das Heiligtum (Ex 27, 20) notwendig und bildete einen wichtigen Artikel in Israels Steuersystem und Handel (1 Kg 5, 11). Eine Anzahl Topfscherben mit Inschriften aus dem 8. Jhdt. v. Chr., die in den Ruinen von *Samaria, der Hauptstadt des Nordreichs, gefunden wurden, waren in der Hauptsache Quittungen für die Lieferung von Wein und Öl (s. *Siegel; *Inschriften; *Stämme Israels).
h) Milch und Milchprodukte: Die Milch kam von Schafen, Ziegen und in geringerem Ausmaß von Kühen. Milchprodukte – Milch, Butter und Käse – waren ein regelmäßiger Bestandteil der Nahrung (Spr 27, 27; 30, 33; Job 10, 10). Jael gab Sisera Milch zu trinken, als er sie um Wasser bat (Ri 4, 19). David brachte »zehn Käse dem Oberst« im Regiment seiner Brüder (1 Sam 17, 18). Die »Butter« war wahrscheinlich ausgelassener und geläuterter Rahm (heute *samne* [oder *gi*] bei den Orientalen). Käse konnte man in Jerusalem im Käsemachertal (Typropoiion) kaufen (s. *Jerusalem).
i) Fleischnahrung: Fleisch war das am meisten geschätzte Nahrungsmittel. Man aß es bei festlichen Gelegenheiten und bot es besonders geehrten Gästen an (z. B. Abraham, Gen 18, 7, und Esau, Gen 25, 28). Das älteste Passahmahl bestand aus einem gebratenen Lamm (Ex 12, 8), das mit bitteren Kräutern und ungesäuertem Brot zusammen gegessen wurde (s. *Samaritaner). Zur Königszeit war für das ärmere Volk Fleisch ein Luxus, dagegen war es auf den Tischen der Reichen und natürlich der Könige (1 Kg 4, 22 ff) ein regelmäßiges Gericht.
Bis in die neutestamentliche Zeit war das beliebteste Gericht das gemästete Kalb (Gen 18, 7; 1 Kg 4, 23; Lk 15, 23) oder der im Stall gehaltene, gemästete Ochse (Spr 15, 17).
Ebenso war das Ziegenfleisch, besonders von jungen Zicklein, hochgeschätzt, doch wurde in nachexilischer Zeit ein Lamm mit schönem Fell vorgezogen. Das Zicklein wurde das häufigste Opfertier und also auch am häufigsten gegessen. Das veranschaulicht die Klage des älteren Bruders des verlorenen Sohnes, er hätte seinem Vater viele Jahre gedient und sei nie ungehorsam gegen sein Gebot gewesen; doch hätte er niemals auch nur ein Zicklein bekommen, »um mit meinen Freunden fröhlich zu sein« (Lk 15, 29).
Hauptsächlich war das Fleisch wichtig für den Dienst am Tempel, wo gewisse Teile eines Tieres als Brandopfer dargebracht wurden. Für den Gebrauch am Tempel waren als Tiere Rinder, Kälber, Ziegen, Widder und Lämmer des Fettschwanzschafes, Turteltauben und andere Tauben vorgeschrieben. Bestimmte Teile waren jedesmal den Priestern vorbehalten, das Übrige verzehrten die Opfernden (s. *Opfer; *Priester und Leviten).
k) Geflügel und Eier: Die Eier von »erlaubtem Geflügel« dienten zur Nahrung (Dt 22, 6). Bei gemästetem Geflügel waren

offenbar Gänse und Hühner während der Königszeit und danach reichlich vorhanden (1 Kg 4, 23; Jes 10, 14; Lk 11, 12). Manche Gelehrte glauben, daß das Huhn erst im 7. bis 6. Jhdt. v. Chr. in den Vorderen Orient gelangt sei und in Palästina erst in der Perserzeit häufiger wurde, doch zeigt die Zeichnung eines Haushahns auf einem Siegel aus *tell-en-naṣbe,* 13 km nördlich von Jerusalem, aus der Zeit um 600 v. Chr., daß das Huhn schon früher bekannt war; es ist als Geschenk des Assyrerkönigs an den König von Ägypten schon im 15. Jhdt. v. Chr. erwähnt. Zu den Vögeln, die man verzehren durfte, gehörten auch Tauben, Rebhühner und Wachteln (s. auch *Gastfreundschaft).

l) Insekten und Fische: Bestimmte Insekten aus der Ordnung der Heuschrecken waren den Israeliten als Speise gestattet (Lev 11, 22 ff), und von *Johannes dem Täufer heißt es, er habe in der Wüste von Heuschrecken und wildem Honig gelebt (Mt 3, 4). Man beseitigte Köpfe, Flügel und Beine, röstete den Leib der Heuschrecke in ausgelassener Butter *(samne)* oder legte ihn in Salz ein.

Die Fischerei entwickelte sich während der Königszeit. Man fing die Süßwasserfische des Sees Genezareth und des Jordan (Jer 16, 16). Die Fischer hatten Netze in Gebrauch, ebenso wie das in Ägypten und Assyrien der Fall war **(Abb. 622).** Neh 3, 3 spricht von der Reparatur des Fischertors in Jerusalem und beklagt sich später (13, 16), daß »Fische und allerhand Waren« am Sabbat verkauft würden. Um diese Zeit hatten die Kaufleute von Tyrus (s. *Phönikien und seine Städte) einen beträchtlichen Handel mit getrockneten und geräucherten Fischen, die meist aus Syrien und Kleinasien stammten. Jesu Leben und Lehre hatte hauptsächlich in Galiläa seine Stätte, wo der See Genezareth der Mittelpunkt einer bedeutenden Fischereiindustrie war (s. *Jesus von Nazareth). Die Mehrzahl der Jünger Jesu, und vielleicht viele seiner anderen Anhänger, waren Fischer. Abgesehen von dem Verkauf von Frischfisch auf den lokalen Märkten wurden die Fische auch gesalzen und an der Sonne getrocknet, um mit ihnen in ganz Palästina zu handeln. Geräucherter Fisch war ein üblicher Reiseproviant. Beim Wunder Jesu, der Speisung von 5000 Leuten, muß man vermutlich an geräucherten Fisch denken (Mt 15, 32–38). Lukas spricht 11, 11 ff von Fisch und Eiern. **Abb. 625** zeigt getrockneten Fisch aus der Zeit um 1250 v. Chr.

m) Verbotene Speisen: Den Israeliten waren strenge Regeln auferlegt, nach denen bestimmte Speisen rituell unrein waren und deswegen nicht gegessen werden durften (Lev 11, 2 f; Dt 14, 4–20). Fleisch durfte nicht in Milch gekocht werden (Dt 14, 21), in absichtlichem Gegensatz zu den Kanaanäern, bei denen diese Art der Zubereitung beliebt war. Das Blut irgendeines Tieres zu genießen war absolut verboten (s. *Opfer), ebenso das Verzehren des Fetts, das die Eingeweide der Opfertiere bedeckt (Lev 3, 3 ff). Auch Obst von Bäumen, die noch nicht das vierte Jahr ihres Wachstums erreicht hatten, durfte nicht gegessen werden (Lev 19, 23 f).

Man durfte das Feld nicht bis in jeden Winkel abernten, ein kleiner Teil mußte nach der Vorschrift Lev 19, 9 als Anteil für den Armen stehen bleiben. Vielleicht war diese Sitte aber ursprünglich als Anteil für die Feldgeister gemeint (s. *Magie, Wahrsagerei und Aberglaube). Zwei verschiedene Sorten von Samen durften nicht untereinander gesät werden (Lev 19, 19; s. *Ackerbau und Viehzucht).

2. Zubereitung: Zur Zeit des AT gab es keine Küchen. Man kochte das Essen im Freien »vor dem Zelt« und in den Städten in den abgeschlossenen Höfen der Häuser (s. *Stadtanlage, israelitische) oder im Raum, wo man zusammenwohnte. Die Mahlzeiten wurden bald von den Männern, bald von den Frauen zubereitet (Gen 18, 7. 8), und es scheint, daß Männer und Frauen gemeinsam aßen (Dt 16, 14; 1 Sam 1, 4; Job 1, 4; Ruth 2, 14).

a) Arten der Zubereitung: Köche von Beruf *(ṭabbaḥîm* und *ṭabbaḥôt;* 1 Sam 8, 13; 9, 23) werden erwähnt, aber natürlich kamen solche nur in den reichsten Haushalten vor. Mehrfach hören wir von der Zubereitung von Fleisch, aber nur selten von Gemüsen (Gen 25, 29; 2 Kg 4, 38 f). Gewöhnlich kochte man das Fleisch entweder als Schmorgericht in einem irdenen Topf (Ri 6, 19 ff; Ez 24, 3–5) oder röstete es über dem offenen Feuer (Ex 12, 9). Bei den heutigen *Samaritanern wird das Passahlamm noch immer in der alten Weise zubereitet, nämlich über heißer Glut in einem Erdofen am Spieß geröstet, wobei dem Lamm ein Granatapfelzweig in das Maul gelegt wird.

Man salzte das Fleisch auch häufig ein, um es aufzubewahren (Lev 2, 13). Mit dem Fleisch zusammen wurden verschiedene Gewürze und Zutaten gegessen, wie sie im Vorderen Orient verbreitet waren.

Pfannkuchen bereitete man aus einem Mehlteig, der in einer schmackhaften Mi-

Abb. 626. Schaufel zum Rösten von Getreidekörnern

Abb. 627, 628. Teig wurde in einem steinernen Trog geknetet, wie es die tönerne Nachbildung zeigt (oben), oder gerollt wie in dem Modell aus Griechenland (5. Jhdt. v. Chr.)

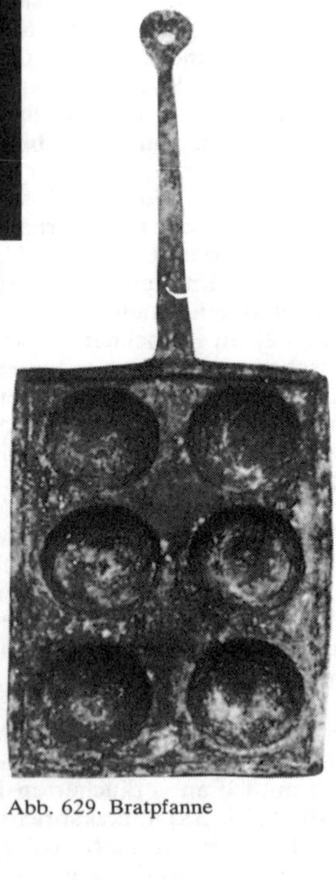

Abb. 629. Bratpfanne

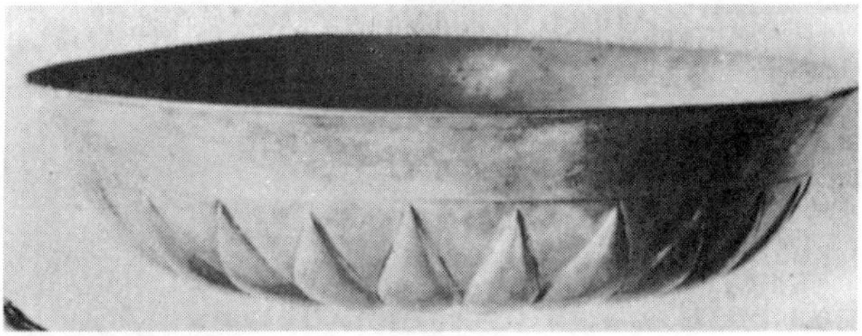

Abb. 630. Der *kijôr,* eine flache Pfanne

Abb. 631. Der *dūd,* ein Kessel

Abb. 632. Der *quallaḥat,* ein Topf

Abb. 633. Tragbarer Behälter aus Terrakotta zum Brotbacken, den man über das Feuer stellen konnte

Abb. 634. Strohmatte, auf der man in der Zeit vor dem Exil beim Essen saß

Abb. 635. Niedriger Holztisch, an dem gegessen wurde (Detail aus einer ägyptischen Malerei)

Abb. 636. Schöpflöffel

Abb. 637. Holztisch aus der mittleren Bronzezeit (gefunden in einem Grab in Jericho)

schung geknetet und in Öl (2 Sam 13, 8) oder auf heißen Steinen, die man aus der Glut des Feuers herausholte (1 Kg 19, 6), gebacken wurde. Bei den Ausgrabungen kamen viele Backpfannen zum Vorschein **(Abb. 238),** in denen der Teig für Brot und Kuchen gebacken wurde. Als Gideon den Engelboten ehren wollte (Ri 6, 19), bereitete er eine Mahlzeit von ungesäuerten Mehlkuchen und kochte Fleisch, das er in einen Korb *(sal),* die Fleischbrühe aber in einen Topf *(pārur)* gab. Ein solcher irdener Topf war gewöhnlich klein und sah aus, wie ihn **Abb. 623** (1. Jhdt. v. Chr.) zeigt.
Die Fische wurden über einem Kohlenfeuer geröstet, gewöhnlich an einem hölzernen oder eisernen Spieß; die Jünger Jesu jedoch aßen Fisch, der direkt auf der Kohle geröstet war. Daß man die Fische vor dem Kochen an der Sonne trocknete, zeigt **Abb. 625** aus dem 13. Jhdt. v. Chr.
Nach der Mischna kochte man Eier entweder in der Schale oder buk sie in Olivenöl in einer Pfanne.
Getreide, sei es Weizen oder Gerste, röstete man auf einer Eisenplatte oder Schaufel **(Abb. 626),** um das geröstete Korn zu bereiten, von dem oben die Rede war. Man konnte es auch in einem Topf kochen, um eine grobe Grütze zu bereiten. Manchmal fügte man dem Korn noch andere Pflanzen hinzu, um ein Schmorgericht zu bereiten, zu dem man bisweilen noch ausgelassene Butter dazugab.
Das meistverwendete Fett war Olivenöl. In ihm wurden Gemüse, Fisch und Eier gebraten und feine Kuchen gebacken.
Die Witwe in Sarepta bereitete für Elia Kuchen aus einer Handvoll Mehl, das auf heißen Steinen gebacken und mit heißer Asche umgeben wurde (1 Kg 17,13 ff). Dünne Teigblätter bespritzte man mit Öl (Ex 29,2) und bestreute sie bisweilen mit Samen; gebacken wurden sie in einem irdenen Ofen. Manchmal wurden die Kuchen mit Honig gebacken (Ez 16,13.19); diese Honigkuchen schmeckten so gut, daß mit ihnen das Manna der Wüste verglichen wurde (Ex 16,31; Num 11,8).
Den Teig knetete man in steinernen Trögen, wie **Abb. 627** einen zeigt. Manchmal wurde der Teig ausgerollt wie auf der griechischen Nachbildung aus dem 5. Jhdt. v. Chr., **Abb. 628.**
b) Kochgeräte: Zum Backen und Kochen gab es eiserne Geräte, nämlich das Backblech, eine dünne, eiserne Platte, und die Bratpfanne **(Abb. 629;** Lev 2,5–7; Ez 4,3). Die gewöhnlichen Kochschüsseln und Töpfe waren ursprünglich aus gebranntem, unglasiertem Ton, Ritualgefäße und gelegentlich besondere Schüsseln hingegen aus Kupfer. Unter den verschiedenen erwähnten oder bei Ausgrabungen gefundenen Gefäßen findet man auch den *ṣîr,* einen »Fleischtopf« (Ex 16,3) von der Größe eines Schmelztiegels **(Abb. 212)** und wohl aus Bronze (1 Kg 7,40; Ez 24,3; Sach 14,21) gefertigt. Daneben benutzte man den *kijôr* – eine flache Pfanne **(Abb. 630)** –, den *dûd* **(Abb. 631)** oder Kessel und den *quallaḥat* oder Topf **(Abb. 632;** 1 Sam 2, 14; Jer 1, 13; 5; s. *Töpferei). In der Zeit nach dem Exil traten an die Stelle der gewöhnlichen, irdenen Gefäße in reichen Häusern glasiertes »Tafelgeschirr« (so nennt es die Mischna) oder metallene Schüsseln, bisweilen sogar aus Silber und Gold, wie gleichzeitige Stücke römischer Ware beweisen.
Messer, um das Fleisch zu zerschneiden, stellte man anfangs aus Feuerstein (Jos 5,2), später aus Bronze her. Gabeln waren, abgesehen von einer besonders großen dreizinkigen, mit der man die Fleischstücke aus dem Topf holte (1 Sam 2,13), nicht üblich. Andere Geräte und Trinkgefäße, die bei den Ausgrabungen zum Vorschein kamen, sind unter *Töpferei beschrieben. Schöpflöffel waren häufig **(Abb. 636).**
c) Kochstellen und Backöfen: Man kochte an einem offenen Herd, der teilweise mit Steinen zum Schutz gegen den Wind aufgebaut war. Die meisten ausgegrabenen Häuser haben im Boden, entweder in der Mitte des Raumes oder in einer Ecke, eine Vertiefung von wechselnder Größe, die deutliche Feuerspuren trägt. Offenbar war dies der Familienherd (Jes 30,14). Bisweilen wurden die Herde (Öfen) besser ausgebaut (Lev 11,35). In Mesopotamien reichen Kochherde wie etwa jene, die man gefunden hat, bis ins dritte und zweite Jahrtausend v. Chr. zurück. Bei den Ausgrabungen in Palästina, aus der Zeit der Reiche Israel und Juda, wurden runde Herde aus ungebranntem Ton, verstärkt durch Topfscherben, in großer Zahl gefunden. Sie maßen ungefähr 70 cm im Durchmesser. Der Backofen, in dem man Brot und anderes bereitete, war ein tragbarer Krug oder Behälter aus Terrakotta, den man über einem Feuer erhitzen konnte **(Abb. 633).**
d) Mahlzeiten: Die erste Mahlzeit am Tag war nur ein »Morgenbissen«, wie sich der Talmud ausdrückt, und bestand aus Brot und Oliven sowie einer Zwiebel oder anderer Frucht oder Gemüse, wie es eben die Jahreszeit brachte. Ein üppigeres Früh-

stück gab Anlaß zu Tadel (Pred 10,16). Das Mittagsmahl wurde nachmittags auf dem Feld oder daheim eingenommen und bestand aus Brot in Wein getunkt, einer Handvoll geröstetem Korn, einer »Schale von eingebrocktem Brot« (Bel und der Drache 1,33; s. *Deuterokanonische Bücher und Apokryphen) oder aus Brot mit geröstetem Fisch (Joh 21, 9. 13). Die Hauptmahlzeit des Tages wurde nach der Bibel und Josephus am Abend eingenommen, gewöhnlich kurz vor und nach Sonnenuntergang, ehe es ganz dunkel wurde. Dies ist die Zeit des »Abendmahls« bei Lk 14,17; 17,7f.

e) Tischsitten: In der frühen Zeit saß das Volk zum Essen am Boden, auf Kissen, Strohmatten **(Abb. 634)** oder Teppichen. In der Zeit nach dem Exil pflegte man, wie die Mischna angibt, im Hause das Essen auf niedrigen »runden, viereckigen oder länglichen« Holztischen aufzutragen, während die Teilnehmer rund herum auf Lagern oder Diwanen saßen. Einen ähnlichen Tisch aus Ägypten zeigt **Abb. 635.** So scheint es auch in *Qumran gehalten worden zu sein. In vornehmen Häusern erhielt jeder geehrte Gast einen eigenen Tisch. **Abb. 637** zeigt einen hölzernen Tisch aus der mittleren Bronzezeit, den man in einem Grab in Jericho gefunden hat.

Numeri (Buch)

Gliederung: 1. Titel des Buches. 2. Allgemeiner Rahmen. 3. Quellen, Komposition und Abfassungszeit. 4. Inhalt und Stoff der drei Hauptteile. a) Am Berge Sinai; b) Vom Sinai nach Kades; (1) Num 10,11–12,15; (2) Auskundschaftung des Landes Kanaan; (3) Aufruhr des Korah, Dathan und Abiram; (4) Eingefügte gesetzliche Vorschriften;(5) Kades und die Eroberung des Ostjordanlandes; (6) Eingefügte Gesetze des zweiten Teils; c) In den Gefilden Moabs; (1) Bileam und seine Segenssprüche; (2) Abfall des Volkes; Eifer des Pinehas; (3) Eingefügte gesetzliche Vorschriften; (4) Verzeichnis der Wanderstationen und die Landnahme; (5) Verteilung des eroberten Landes unter die Stämme; (6) Levitenstädte und Freistädte.

1. Titel des Buches: Das vierte Buch des Pentateuch wird im Hebräischen *bammidbār* (In der Wüste) genannt, und zwar auf Grund seines fünften – und ersten charakteristischen – Wortes. In der nachbiblischen Literatur erscheint es auch unter der Bezeichnung *wajj·dabbēr* (Und er sagte), oder gelegentlich als das Buch Census (Verzeichnis), weil es zwei wichtige Verzeichnisse enthält. Von daher stammt auch der Name, den das Buch in der Septuaginta erhalten hat: Arithmoí, in der Vulgata wiedergegeben mit »Numeri«, dem jetzt im Deutschen üblichen Titel (neben ›Viertes Buch Mose‹).

Trotzdem verrät der ursprüngliche hebräische Name dem heutigen Leser noch etwas von der Eigenart des Buches. Sein verschiedenartiger und jeder thematischen Ordnung entbehrender Inhalt kann in der Tat als eine »wüste« Sammlung von Listen, Gesetzen, Traditionen und Legenden erscheinen, zusammengestellt von späteren Chronisten, die wohl den Wert ihres Materials erkannten, aber nicht in der Lage waren, es in seinen historischen Zusammenhang einzuordnen, da sie von den Ereignissen viel zu weit entfernt waren.

2. Allgemeiner Rahmen: Das in viele kleine Einzelstücke zerfallende Material des Buches ist in den allgemeinen Rahmen eines Berichts von der Wüstenwanderung des Volkes Israel gestellt. Der Bericht beginnt mit dem Frühling des zweiten Jahres nach dem Auszug aus Ägypten (Num 1,1) und endet mit den Ereignissen, die dem Tode Aarons »am ersten Tag des fünften Monats im vierzigsten Jahr nach dem Auszug« (33, 38) folgten. Die abschließenden Kapitel enthalten die Verfügungen, die an die Kinder Israel »in den Gefilden Moabs am Jordan gegenüber Jericho« (36,13) ergingen.

3. Quellen, Komposition und Abfassungszeit: Die Frage nach den Quellen des Buches Numeri läßt sich nicht ohne den Versuch, seine Entstehungsgeschichte zu erklären, beantworten. Nach einer weithin anerkannten Theorie wurde das Buch, neben anderen Priesterschrift-Dokumenten (P), während oder nach dem Exil von einem Kreis priesterlicher Schriftsteller verfaßt. (Die P-Quelle oder Priesterschrift – vgl. *Bibelkritik – enthält außer einigen Erzählungen hauptsächlich die mit dem Wüstenzug verknüpften Gesetzestexte; ihr Stoff ist über die Bücher *Exodus, *Leviticus und Numeri verteilt. Ein Teil des Materials ist sehr alt, anderes stammt aus recht später Zeit. Die endgültige Redaktion von P hat wohl erst nach der Rückkehr der jüdischen Gemeinde aus Babylon stattgefunden.) Gewöhnlich wird P als eine besondere Quelle des Buches betrachtet, die ein späterer Herausgeber mit Stoff aus J (Jahwist) und E (Elohist) verknüpft habe. Manche Gelehrte nehmen jedoch an, daß der Verfasser von P auch der Herausgeber des Buches gewesen sei. Auf dieser

Grundlage teilt man z. B. die Bileamgeschichte in die Abschnitte 22, 2–21. 35 bis 41 (E) und 22, 22–35 (J) ein. In den Kap. 23 und 24 wird jedoch eine Unterscheidung zwischen J und E fast unmöglich. Leichter zu unterscheiden ist immer P: Alles gesetzliche und statistische Material stammt aus dieser Quelle, während der Erzählungsstoff zwischen den Quellen J und E aufgeteilt wird. Da aber das P-Material wenig Einheitlichkeit zeigt, ist man versucht, es auch noch weiter zu unterteilen. Mag die endgültige Redaktion des Buches erst in nachexilischer Zeit erfolgt sein, das in ihm gesammelte Material ist zum Teil bedeutend älter. So stammen die Bileamsprüche wahrscheinlich schon aus der Zeit des Stämmebundes oder zumindest der frühen Königszeit (s. u.), und selbst dem priesterschriftlichen Material billigt man heute zunehmend ein höheres Alter zu (6. Jhdt. v. Chr.), als es in der Periode der klassischen Pentateuchkritik üblich war (s. *Bibelkritik; *Volkszählung und *Deuteronomium).

4. Inhalt und Stoff der drei Hauptteile: Folgt man dem geographischen und chronologischen Rahmen, so läßt sich das Buch in drei Hauptteile gliedern: a) die zehn ersten Kapitel (1, 1–10, 10 und Kap. 26); sie umspannen die Zeit vom ersten bis zum zwanzigsten Tage des zweiten Monats des zweiten Jahres nach dem Auszug aus Ägypten, einschließlich der Volkszählungen, der ersten in Kap. 1–4 und der zweiten in Kap. 26; b) die Wanderungen in der Wüste vom Sinai zu den Gefilden Moabs, eine Periode von etwa vierzig Jahren (10, 11–21, 35); c) Lagerung in den Gefilden Moabs (Kap. 22–36) mit der Bileamgeschichte, der Geschichte vom Eifer des Pinehas (25, 1–15) und dem immer wiederkehrenden Thema der Versuchung zum Götzendienst und der dafür auferlegten Strafe.

a) Am Berge Sinai (1,1–10,10): Das Buch beginnt mit der Zählung des ganzen Volkes (Kap. 1); es folgt die Lagerordnung der einzelnen Stämme mit ihren Feldzeichen, sie gilt auch für den Aufbruch (Kap. 2). Selbstverständlich handelt es sich bei dieser Lager- und Marschordnung um ein stilisiertes und idealisiertes Bild aus viel späterer Zeit. Das ganze Material trägt deutlich die Züge von P.

In Kap. 3 und 4 hören wir von der Musterung der Leviten und ihren besonderen Dienstpflichten. Eine zweite Volkszählung oder Musterung ist in Kap. 26 aufgezeichnet (s. *Volkszählung). Das Kap. 7 zählt die Opfergaben auf, die von den Stammesfürsten zur Einweihung des Zeltheiligtums dargebracht wurden, und Kap. 8 enthält Vorschriften über die Reinigungsriten der zum heiligen Dienst ausgesonderten Leviten. Von der Wolkensäule, die dem Heer der Israeliten bei Tag, und dem Feuerschein, der ihm bei Nacht voranzog, erzählt der Abschnitt 9,15–10,10.

In den Erzählungsrahmen haben spätere Bearbeiter des Buches eine Reihe von Gesetzen eingefügt und nach Möglichkeit eine passende chronologische Anknüpfung gesucht. Manchmal ist die Verbindung klar, so schließt sich z. B. das Gesetz über die Ausweisung von levitisch unreinen Männern oder Frauen aus dem Lager (5, 1–4) gut an die Lagerordnung von Kap. 2 an. Oder der priesterliche Segen (6, 22–27) und das Nachtragsgesetz vom Passah (9, 1–14) stehen in direktem Zusammenhang mit der Weihe des Heiligtums (Kap. 7). Die Verordnung über die silbernen Trompeten (10, 1–10) folgt dem Bericht von der Wolkensäule, weil die Trompeten ebenfalls das Zeichen für den Aufbruch des israelitischen Lagers geben sollten. In anderen Fällen bleibt jedoch die Verbindung unklar. So stehen die Gesetze bezüglich der Erstattung veruntreuten Eigentums (5, 5–10), bezüglich des »Eifersuchtsopfers« bei Ehebruchsverdacht (5, 11–35) oder bezüglich des Nasiräatsgelübdes in keinem logischen Zusammenhang mit der Rahmenerzählung.

b) Vom Sinai nach Kades (10,11–21,35): (1) Num 10, 11–12, 15: Der erzählerische Rahmen des zweiten Hauptteils – er gehört vermutlich zu P – schildert den Zug der Israeliten durch die Wüste von Sinai nach Kades (10, 11–21, 35). Hier werden die im ersten Teil aufgestellten Vorschriften über die Marschordnung in die Tat umgesetzt. Die Wolkensäule über dem Zeltheiligtum bestimmt den Zeitpunkt des Aufbruchs und den Ort der nächsten Lagerung (10, 11–12). Während nach P das Volk allein von der Wolkensäule geführt wurde, läßt der Abschnitt 10, 29–32 erkennen, daß Israel einen ortskundigen Führer durch die Wüste brauchte. Moses bittet seinen Schwiegervater Hobab, mitzuziehen und dem Volk als »Auge« zu dienen.

Die Bedeutung des Abschnitts liegt nicht nur darin, daß er die an Moses ergangene Offenbarung Jahwes in einem Land geschehen sein läßt, das von *Kenitern bewohnt war, sondern auch darin, daß er engere historische Beziehungen zwischen ihnen und den Israeliten andeutet. Nach

Ansicht von W. F. Albright waren sowohl die Keniter als auch die Vorfahren der Hebräer aus Gruppen des gleichen oder verwandten Typs zusammengesetzt. Die Keniter beanspruchten Midian als ihr Heimatland. Da sie Schmiede und Metallhandwerker waren, trugen sie wahrscheinlich auch zur Errichtung von Gruben und metallverarbeitenden Industrien in der südlichen Araba bei, und dies schon zu einem sehr frühen Zeitpunkt. Die Verbindung mit Israel – und der Metallbearbeitung – sollte sich bis in die Zeit der Monarchie fortsetzen (Ri 1, 16; 1 Sam 15, 6).

Auf die Verhandlung mit Hobab folgen zwei Sprüche, die das Aufheben und Niedersetzen der Bundeslade begleiteten (10, 35–36), offensichtlich zwei sehr alte, aus dem Geist kriegerischer Nomadenfrömmigkeit stammende Formeln. Vom Murren des Volkes und seiner Bestrafung bei Thabera (11, 1–3) und Kibroth-Hatta'awah (11, 4–23. 32–35) erzählt das 11. Kapitel. Dazwischen ist von der Geistbegabung der siebzig Ältesten die Rede (11, 24–30). Kap. 12 berichtet über die Auflehnung Mirjams und Aarons gegen Moses; Gott aber verteidigt den alleinigen Führungsanspruch des Moses, weil »er mit meinem ganzen Hause betraut ist«. Mit ihm rede Gott »von Mund zu Mund, nicht in Gesichten und nicht in Rätseln, und die Gestalt des Herrn schaut er« (12, 7–8). Diese beiden Kapitel gehören zu einer Traditionsschicht, die mit dem »Zelt der Zusammenkunft« (Ex 33, 7–11) in Verbindung steht und sehr altertümliche Züge aufweist.

(2) Auskundschaftung des Landes Kanaan (Kap. 13–14): Die meisten Gelehrten betrachten diese Erzählung als eine Kombination aus JE und P. In der P-Geschichte werden die Kundschafter ausgesandt, durchziehen das ganze Land (13, 1–17.21) und kehren nach vierzig Tagen (13,25–26) mit einem ungünstigen Bericht (13,32) wieder nach Kades zurück. Daraufhin beginnt das Volk zu wehklagen und wünscht sich nach Ägypten zurück (14,1–4). Auch die günstigeren Nachrichten, die Josua und Kaleb bringen, steigern nur den Widerstand des Volkes (14,6–10). Zur Strafe müssen die Rädelsführer des Aufruhrs sterben, und die Überlebenden verurteilt Gott, vierzig Jahre lang in der Wüste umherzuwandern, so daß keiner von den erwachsenen Israeliten, die Ägypten verlassen haben, das Gelobte Land betreten darf – mit Ausnahme Kalebs, des Sohnes Jephunnes, und Josuas, des Sohnes Nuns (14,26–39).

Diese P. zugeschriebenen Verse bilden eine zusammenhängende Geschichte. Der aus JE zusammengesetzte Bericht wird erst verständlich, wenn man einige Einzelheiten von P hinzufügt. Dann ergibt sich folgendes: Die Kundschafter ziehen in das Gebirge und in den Negeb bis nach Hebron, um die Beschaffenheit des Bodens und die Stärke der Befestigungen auszukundschaften (13,17–24); sie kehren mit dem Bericht zurück, das Land sei wohl fruchtbar, aber seine Bewohner seien zu stark und die Städte uneinnehmbar (27–29). Trotz der optimistischeren Einschätzung der Lage durch Kaleb (30) murrt das Volk und wünscht, nach Ägypten zurückzukehren (14, 1–4). Gott zürnt und schickt sich an, das ganze Volk auszurotten, aber Moses legt Fürbitte ein und erlangt die Verheißung, daß die Nachkommen der aus Ägypten ausgezogenen Israeliten das Gelobte Land betreten werden (14, 13–24). Gott befiehlt dann eine Rückkehr in die Wüste (14,25), aber das widerspenstige Volk versucht, vom Süden her in Kanaan einzudringen, was mit einer vernichtenden Niederlage bei Horma endet (14,39–45).

Widersprüche zwischen und innerhalb der beiden Berichte (so widerspricht z. B. 13,29 der Behauptung von JE, die Kundschafter seien nur bis Hebron gekommen; oder 14,9 spricht von der Furcht der Israeliten vor den Kanaanitern, ein Element, das zu JE und nicht zu P gehört) lassen vermuten, daß der Redaktor nicht mechanisch zwei selbständige Erzählungen nebeneinandergestellt, sondern verschiedene Traditionen miteinander verschmolzen hat.

(3) Aufruhr des Korah, Dathan und Abiram (Kap. 16): Auch dieses Kapitel verknüpft verschiedenartige Überlieferungen. Der älteste Teil der Geschichte ist die JE-Tradition vom Aufruhr des Dathan und Abiram aus dem Stamme Ruben gegen den Führungsanspruch des Moses und von ihrer Beschwerde, er habe sie aus einem Land, das von Milch und Honig fließe, herausgeführt. Zur Strafe und zugleich zum Beweis, daß die Autorität des Moses wahrhaft von Gott stamme, werden die Aufrührer, ihre Familien und ihre ganze Habe von der Erde verschlungen, »so daß sie mit allem, was sie hatten, lebendig hinunter in die Unterwelt fuhren« (16,33). Die P-Tradition hat es mit einer Revolte des Korah und 250 »Vorstehern der Gemeinde« gegen Moses und Aaron zu tun, und hier wird der Aufruhr niedergeschlagen, indem »Feuer vom Herrn ausging und

die 250 Männer verzehrte« (16, 35). Außerdem wird Korah als Levit bezeichnet, der seine Genossen gegen Aaron und dessen hohepriesterliche Vorrechte aufgewiegelt habe. (Es gibt eine – allerdings umstrittene – Theorie, daß die ältesten Überlieferungen praktisch keinen Unterschied zwischen Priester und Leviten machen; s. *Priester und Leviten.) Die gegenwärtige Form der Geschichte, die manche Widersprüche enthält, scheint zwei Überlieferungen zu verbinden, die ursprünglich nichts miteinander zu tun hatten: den aus wirtschaftlichen und politischen Gründen erwachsenen Widerstand einiger Sippen des Stammes Ruben gegen die Führung durch Moses sowie das Murren des Volkes wegen der Entbehrungen in der Wüste; und zweitens die religiösen Anliegen der Korahiten. Diese spätere Überlieferung spiegelt vielleicht Bemühungen der Sippe Korahs wieder, gewisse Rechte im Jerusalemer Tempel zu erlangen.

Die Korah-Geschichte ist ergänzt durch a) einen Bericht über den Ursprung des kupfernen Altares, eine Ex 27,1–2 widersprechende Tradition; b) die Geschichte von der das murrende Volk vertilgenden Plage, der durch das vom Altar genommene Räucherwerk Einhalt geboten wird (16,41–50) und c) das Grünen des Aaronstabes als Zeichen der Überlegenheit des Hauses und Stammes Aaron über das ganze Volk Israel (17,2–10).

(4) Eingefügte gesetzliche Vorschriften: Im Anschluß an diese Geschichte fügt der priesterliche Redaktor Bestimmungen über die Leviten und ihre Funktionen ein sowie über den »Dienst« Aarons und seiner Söhne im Zeltheiligtum (Kap. 18). Sie sollen ihres Priestertums walten »in allem, was es am Altar zu tun gibt, und drinnen hinter dem Vorhang« (18,7). Man hat wiederholt auf die Beziehung zwischen P und Ezechiel hingewiesen und vermutet, das Buch Numeri transponiere die Verhältnisse des ezechielischen Tempels auf das Zeltheiligtum der Wüstenzeit. Die Liste Ezechiels über die Pflichten der Leviten unterscheidet sich nur dadurch, daß sie die Priesterschaft als »Söhne Zadoks« statt als »Söhne Aarons« bezeichnet. Wahrscheinlich handelt es sich im Buch Numeri und bei Ezechiel um Parallelüberlieferungen, die aus einer gemeinsamen Quelle stammen und Verhältnisse des Jerusalemer Tempels und seiner Priesterschaft gegen Ende der Monarchie vor Augen haben.

(5) Kades und die Eroberung des Ostjordanlandes: In Kap. 20 wird vom Tod der Mirjam und ihrem Begräbnis berichtet (20,1), vom »Haderwasser«, das Moses aus dem Felsen herausschlägt (20,2–13), von der Weigerung Edoms, Israel durch sein Land ziehen zu lassen (20,14–21), und vom Tode Aarons auf dem Berge Hor (20, 22–29). Das Kap. 21 erzählt zunächst von einem Sieg der Israeliten über den König von Arad bei Horma (21,1–3). Die Geschichte fällt aus dem Rahmen, weil sonst immer wieder betont wird, die Israeliten hätten nach ihrer Niederlage bei Horma (14,45) nicht mehr versucht, Kanaan vom Süden her zu betreten.

Es folgt dann die Geschichte von der ehernen Schlange, wohl eine ätiologische Kultlegende (21, 4–9), die mit dem Schlangenbild zusammenhängt, das im Tempel bis zur Reform Hiskias aufgestellt war (2 Kg 18,4). Die **Abb. 638** zeigt einen ähnlichen assyrischen Kultgegenstand aus Nimrud. Anschließend wird der Zug des Volkes entlang der Grenzen von Moab geschildert, und hier finden sich zwei alte Lieder, eines aus dem ›Buch der Kriege Jahwes‹ (21, 14–15), das zweite ein Volkslied, das beim Brunnengraben gesungen wurde (17–18). Die letzten Abschnitte des Kapitels (21,21–35) berichten von den erfolgreichen Feldzügen gegen Sihon, den König der Amoriter, und Og, den König von Basan. Hier ist ein anderes altes Lied aufgenommen (27–30), das vielleicht sogar, wie bedeutende Gelehrte meinen, von den Amoritern stammt.

(6) Eingefügte Gesetze des zweiten Teils: Ohne irgendeinen Zusammenhang mit der historischen Rahmenerzählung sind folgende Vorschriften eingefügt: über Brand-, Schlacht- und Trankopfer (15, 1–21), über die Sühne für unwissentliche Gesetzesübertretung (15, 22–31), über Schändung des Sabbats (15, 32–36), über das Tragen von blauen Quasten an den Kleidern (15, 37–41). Der Redaktor versuchte eine Verbindung zu schaffen, indem er die Vorschriften mit der Formel einleitete: »Wenn ihr in das Land eurer Wohnsitze kommt, das ich euch geben will...«; dies könnte eine Anknüpfung an die Kundschaftergeschichte (Kap. 13–14) sein. Viel klarer ist der Zusammenhang in den Texten, die sich auf Aaron und die Leviten beziehen (Kap. 18).

c) In den Gefilden Moabs; (1) Bileam und seine Segenssprüche (Kap. 22–24): Die Geschichte von Bileam, dem heidnischen Propheten des Königs von Moab, der Segen über Israel kündete statt Fluch, gehört ohne Zweifel zu den Höhepunkten des Buches Numeri. Das in Prosa geschriebene, aber von weit älteren poetischen Abschnitten unterbrochene Stück wird ganz zu JE gerechnet. Die beiden Erzählungsfäden lassen sich gleich zu Beginn von Kap. 22 unterscheiden. Nach E sendet Balak, der König von Moab, zweimal die Ältesten von Moab und Midian zu Bileam, damit er den eindringenden Israeliten entgegentrete und ihnen fluche; und nach anfänglichem Widerstand zieht Bileam mit den Ältesten zu Balak (22,2–21). In den Versen 22–34 reist Bileam aber nur mit seinen zwei Dienern, und von den Ältesten Moabs und Midians ist keine Rede. Dieser Abschnitt – incl. der Episode mit Bileams Eselin, die vom Engel des Herrn am Weitergehen gehindert wird und dann den Propheten zur Rede stellt, weil der sie geschlagen hatte – gehört zu J; er unterbricht den Erzählungsfaden von E, der in V. 35 wieder aufgenommen wird.

Die Geschichte berichtet dann, wie Balak den Seher Bileam viermal gedrängt habe, den Israeliten zu fluchen, und jedesmal habe Bileam, von Gott inspiriert, die Israeliten gesegnet. Die ersten drei Orakel (23,7–10.18–24; 24,3–9) sind Preislieder auf Israel und seinen Gott; das vierte (24,15–24) kündigt den Untergang anderer Völker an. Diese Gedichte geben der Auslegung schwere Rätsel auf. Neuere Kommentare finden in ihnen kriegerische Ereignisse aus der Zeit der Monarchie angedeutet, angefangen mit Sauls Sieg über Agag (24,7) und endend mit den Assyrern (24,22–24). So nimmt man meist an, daß die Orakel in der Zeit Davids entstanden sind und später noch einige Zusätze erfahren haben. W. F. Albright denkt freilich noch an ein weit früheres Datum (13.–12. Jhdt. v. Chr.); er beruft sich auf die stark archaische Sprache der Gedichte und möchte in ihnen einen Reflex des neuerwachten Nationalgefühls sehen, das Israel zur Zeit der Landnahme beseelt haben müsse. Die erste schriftliche Fixierung der Orakel ist aber auch nach Albright erst um das 10. Jhdt. v. Chr. erfolgt.

Bileam weist alle Attribute eines mesopotamischen Priesters, eines erfahrenen Wahrsagers, auf, und doch erscheint er in der Geschichte als Diener Gottes, der die Worte spricht, die Gott in seinen Mund gelegt hat, und der sich weigert, gegen Gottes Willen zu handeln. Am Ende der Geschichte heißt es: »Da machte sich Bileam auf und kehrte in seine Heimat zurück« (24,25); dies läßt vermuten, daß der Erzähler die Geschichte für abgeschlossen

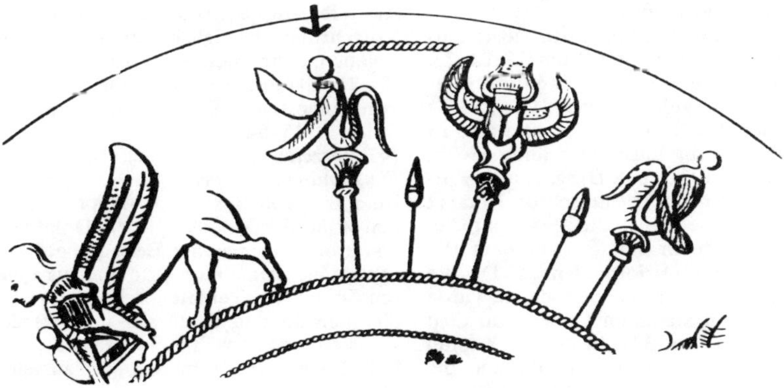

Abb. 638. Assyrischer Kultgegenstand aus Nimrud (Nachzeichnung)

hielt. Später ist jedoch noch einmal von Bileam die Rede (31,16), und hier wird er beschuldigt, die midianitischen Frauen angestiftet zu haben, die Israeliten zum Götzendienst zu verführen; daß er im Krieg zwischen Israel und den Midianitern gefallen sei, wird kurz vorher (31,8; vgl. Jos 13,22) berichtet. Wahrscheinlich handelt es sich an diesen Stellen um eine andere, vielleicht sogar ältere Bileam-Tradition.

Wie viele andere Stücke des Buches Numeri bildet die Bileam-Episode eine in sich geschlossene Einheit, die zur Geschichte der Landnahme in keiner wesentlichen Beziehung steht. Sie möchte in erster Linie das Vertrauen Israels auf Gottes Schutz und Hilfe stärken, indem sie zeigt, wie selbst heidnische Seher dem Gotte Israels dienen müssen. Der heutige Leser wird vor allem an ihrer hochpoetischen Sprache Gefallen finden und ihren sehr altertümlichen Vorstellungen (z. B. von der Wirksamkeit des Fluches oder der redenden Eselin) Interesse entgegenbringen.

(2) Abfall des Volkes; Eifer des Pinehas (Kap. 25–27): Kap. 25 erzählt zunächst, wie die Israeliten mit den »Töchtern Moabs« Unzucht getrieben hätten und dadurch zum Götzendienst des Baal-Peor abgefallen seien. Gottes Zorn habe eine mörderische Plage über das Volk kommen lassen, und ihr sei erst Einhalt geboten worden, als Pinehas, der Enkel Aarons, einen abgefallenen Israeliten und dessen midianitische Buhlin mit einem Spieß durchbohrt habe (25, 1–15). Danach wird kurz auf den Krieg mit den Midianitern hingewiesen (25, 16–18). Von der in Kap. 26 aufgezeichneten Volkszählung haben wir schon oben (a) gesprochen.

Wie Josua zum Nachfolger des Moses eingesetzt wurde, berichtet Num 27,12–23. Der Erzählungsfaden wird dann erst wieder in Kap. 31 aufgenommen: Die Israeliten rächen ihre Toten an den Midianitern und schlagen ihr Lager im Lande Moab, gegenüber Jericho, auf. Diese beiden Episoden gehören zur Priesterschrift. Ergänzt und abgerundet wird die geschichtliche Darstellung durch den Bericht über die Verteilung des Ostjordanlandes. Da die Gegend für Herden geeignet schien, wurde das Land den Stämmen Ruben und Gad zugewiesen (Kap. 32). In diesem Kapitel sind viele alte Traditionen erhalten, die noch etwas von dem sehr differenzierten, allmählichen Prozeß der Landnahme wissen (32,1–16. 39–42). Als Ganzes freilich spiegelt der Bericht sicher spätere Verhältnisse wider (s. *Landnahme).

Auch die Geschichte von den Töchtern Zelophehads aus dem Stamm Manasse (27,1–11), denen das Erbrecht am Eigentum ihres Vaters zugesichert wird – während sonst nur männliche Nachkommen als erbberechtigt galten –, scheint ein sehr spätes Stadium israelitischer Landnahme vor Augen zu haben. Ostraka aus dem 9. Jhdt. v. Chr., die in Samaria, das damals zum Königreich Israel gehörte, gefunden wurden, haben gezeigt, daß der Grundbesitz eines Clans tatsächlich die Bezeichnung »Töchter Zelophehads« trug. Es scheint sich um kanaanäische Siedlungen gehandelt zu haben, die in das Stammesgebiet von Manasse eingegliedert wurden. Die in mosaische Zeiten zurückdatierte Geschichte von den Erbtöchtern sollte diesen Vorgang rechtlich sanktionieren. Ein Nachtrag zum Erbtöchtergesetz (Kap. 36) klärt die Frage, ob Stammesbesitz durch die Heirat einer Erbtochter in den Besitz eines anderen Stammes übergehen dürfe, mit der Bestimmung, daß Erbtöchtern nur eine Heirat innerhalb ihres Stammes gestattet sei.

(3) Eingefügte gesetzliche Vorschriften: Die Kap. 28 und 29 bieten einen Kommentar zu den in Lev 23 niedergelegten Festopfergesetzen. Das hier vorgeschriebene Ritual entspricht genau den liturgischen Bräuchen, wie sie im zweiten Tempel nach der Zeit Esras geübt wurden. Dies bedeutet jedoch nicht, daß die Opfergesetzgebung von Num 28–29 erst aus dieser Zeit stammen muß.

Von Gelübden, besonders solchen, die sich Frauen auferlegen, handelt Kap. 30. Im Anschluß an den Kriegsbericht über den Rachefeldzug gegen die Midianiter werden Vorschriften bezüglich der Beutestücke gegeben: wie sie zu entsühnen seien (31,21–24) und wie die in einer Liste zusammengestellte Beute verteilt werden solle (31,25–54).

(4) Verzeichnis der Wanderstationen und die Landnahme: Das in Kap. 33 gebotene Itinerar – von Ramses in Ägypten bis zu den »Gefilden Moabs« – ist ein Dokument von großer historischer Bedeutung. Manche der hier genannten Orte sind aus anderen Stellen des Pentateuch bekannt, aber die meisten von ihnen (18–35) werden sonst nirgends erwähnt, so daß man über ihre Lage nur Mutmaßungen anstellen kann. Vielleicht läßt sich aus dem Itinerar der Schluß ziehen, daß die Israeliten die Gefilde Moabs erreichten, ohne den Umweg über Edom oder Moab gemacht zu haben, aber auch dies ist nicht sicher. Ferner

hören wir nichts davon, daß sich die Israeliten im Grenzland der Amoriter gelagert und gegen die Könige Sihon und Og Krieg geführt hätten (21,21–35).
Aus diesen und anderen Gründen vermutet B. Mazar, die Israeliten seien in zwei Wellen nach Palästina gekommen. Die erste Einwanderungswelle, bestehend aus den Lea-Stämmen, die in Kades gelagert hätten, habe versucht, in das Land von Süden her einzudringen, sei aber vom König von Arad geschlagen worden. Die zweite Welle, aus den Joseph-Stämmen, sei für sich allein nach dem Ostjordanland gezogen, bevor noch die transjordanischen Königreiche errichtet gewesen seien, und habe dann unter Führung Josuas den Jordan überschritten. So verstanden, bietet das Kapitel nicht die Beschreibung einer einzigen Route, sondern eine Vermischung von verschiedenartigen Traditionen, die dem Redaktor noch bekannt waren, für uns aber nicht mehr erreichbar sind.
(5) Verteilung des eroberten Landes unter die Stämme: Kap. 34 legt die Grenzen Kanaans fest (1–15) und nennt die Namen der Männer, die für die Zuteilung des Landes in den einzelnen Stämmen verantwortlich waren (16–29).
(6) Levitenstädte und Freistädte: Kap. 35 befiehlt die Errichtung von 48 Städten für die Leviten (2–8) und sechs Freistädten für flüchtige Totschläger (11–15). Das Gesetz will die Auswirkungen der Blutrache mildern, indem es solche schützt, die einen Menschen aus Versehen getötet haben (16 bis 34; s. *Gesetz Israels).
Die genauen und den mathematischen Geist der Priesterschrift verratenden Vorschriften über die Levitenstädte werfen schwierige Probleme auf. Im Deuteronomium werden die Leviten als Menschen geschildert, die über das ganze Land verstreut sind, »mit keinem Erbbesitz unter ihren Brüdern« (Dt 18,1–2), abhängig von der Mildtätigkeit der Mitbürger. Man kann sich unmöglich vorstellen, daß ihnen, und zwar ihnen ganz allein, 48 Städte gehört haben sollen – je vier im Gebiet eines Stammes –, und dazu noch Weideland in deren Umkreis. Die sechs Freistädte – eine sehr alte Einrichtung – waren keine Levitenstädte, und die in unserem Kapitel hergestellte Verbindung zwischen beiden Institutionen ist künstlicher Natur. Nach der von W. F. Albright vorgeschlagenen Lösung des Problems wurden die Levitenstädte in der ersten Hälfte der Regierungszeit Salomos eingerichtet. Der traditionsfreudige amerikanische Gelehrte stützt sich vor allem auf die Liste der Levitenstädte in Jos 21 (vgl. 1 Chr 6,39–66), die trotz ihres priesterschriftlichen Rahmens in der Zeit der vereinigten Monarchie entstanden sein müsse. Viele der dort genannten Orte seien kanaanäische Städte, die erst gegen Ende der Herrschaft Davids und während der Regierungszeit Salomos zu Israel gekommen seien.
Andere Gelehrte, wie J. Kaufman und M. Haran, halten jedoch die ganze Einrichtung von Levitenstädten für eine Utopie, die nach der Landnahme, und bevor noch die Heiligtümer gebaut wurden, ausgedacht, aber niemals verwirklicht worden sei. Wenn man aber schon an ein künstliches Produkt denkt, sollte man lieber mit Wellhausen eine Entstehung in nachexilischer Zeit vorschlagen. Andererseits ist es trotz der unleugbar utopischen Züge recht unwahrscheinlich, daß die Angaben des Buches Numeri nur der Phantasie entsprungen sein sollten.
Es könnte sich z. B. bei den Levitenstädten um die Heimatorte der Leviten handeln, die nicht an den großen Heiligtümern beschäftigt waren und deshalb – wie es das Deuteronomium beschreibt – ohne festes Einkommen ihr Leben fristen mußten (s. *Priester und Leviten). Vielleicht hängt die Einrichtung auch mit der Reform des Josia und der Auflösung der Höhenheiligtümer zusammen oder schon mit der Gründung des Jerusalemer Tempels. Eine Fülle von Hypothesen, die noch vermehrt werden könnte. Das einzige, was wir aus anderen Quellen mit Sicherheit wissen, ist dieses: Sowohl David als auch Salomo haben in neueroberten Städten und Dörfern auch Leviten angesiedelt, und einige von diesen Städten erscheinen später in der Bibel als die Heimatorte priesterlicher Familien – aber nicht ausschließlich als solche.
Die in diesem Artikel aufgeworfenen Probleme, besonders die Fragen um Bedeutung und Entstehungszeit des priesterlichen Materials (P), werden in anderen Artikeln z. T. noch eingehender behandelt (s. *Bibelkritik; *Gesetz Israels; *Deuteronomium; *Priester und Leviten).

O

Obadja

Gliederung: 1. Inhalt. 2. Entstehungszeit.
Mit nur einundzwanzig Versen ist Obadja eines der kürzesten Bücher des Alten Testamentes. Im hebräischen Kanon erscheint er als vierter (in der Septuaginta als fünfter) der zwölf kleinen Propheten.

1. Inhalt: Das Buch enthält die »Vision« oder Prophetie des Obadja. Diese »Vision« besteht aus drei Teilen: Die Verse 1–9 sind ein Fluch über Edom. Obadja benutzt hier (V. 1–5) das Fragment einer viel älteren Prophetie (dasselbe Fragment verwendet schon Jer 49,7–16). Wellhausen nahm an, dieses Fragment stamme aus dem 5. Jhdt. v. Chr., als Edom durch arabische Stämme zerstört wurde; da aber von einer Verheerung durch Araber nicht die Rede ist, scheint der Abschnitt auf eine ältere Sammlung von »Völkerorakeln« zurückzugehen, von der uns nur einige Sprüche in späteren Propheten erhalten sind. (Vielleicht gilt dies auch von dem Fluch gegen Moab in Jes 16, der in Jer 48 eine Parallele hat.) Die Verse 10–14 zählen die Gründe für Edoms Untergang auf: Es habe voller Schadenfreude und Spott auf das vernichtete Juda herabgesehen und Juden, die sich durch Flucht hätten retten wollen, der Sklaverei ausgeliefert. Die Verse 15–21 beschreiben den Tag Jahwes, an dem das Gericht über die Völker, vor allem aber über Edom hereinbrechen werde. Der Leidenskelch, den die Juden so randvoll hätten trinken müssen, werde nun Judas Feinden gereicht. Das wiedererstandene und vereinigte Israel werde alle seine Feinde vernichten, und Judas Grenzen würden Edom im Süden, das Philisterland im Westen und im Norden und Osten Ephraim und Gilead bis jenseits des Jordan einschließen.

2. Entstehungszeit: Die Frage nach der Entstehungszeit steht in engem Zusammenhang mit der Frage nach der Einheitlichkeit des Buches. Vereinzelt wird eine Abfassung vor dem Exil angenommen. Die Prophetie beziehe sich auf die Befreiung Edoms von Judas Oberherrschaft während der Regierungszeit des Ahas (4 Kg 16, 6). Doch findet diese Theorie im Text kaum eine Stütze.

Als die Edomiter beim Untergang des Königreiches Juda im Jahr 587 v. Chr. die gute Gelegenheit nutzten und ihre Herrschaft auf Südjuda bis nördlich von Hebron ausdehnten, verschärfte sich die Feindschaft zwischen beiden Völkern. In der voraufgegangenen Periode hatten die Könige von Juda den Negeb durch Befestigungsanlagen gegen Edom zu schützen gesucht (s. **Abb. 639,** die Anlagen von *'ēn ġadian,* **Abb. 640,** das Tor einer anderen Festung). Nach dem Exil flackerte die alte Gegnerschaft zwischen den feindlichen Nachbarn wieder auf und dauerte fort, bis Edom während der Makkabäerzeit (2. Jhdt. v. Chr.) dem wiedererstandenen und unabhängig gewordenen Staat Juda einverleibt wurde.

Aus dem Buch Obadja spricht grenzenloser Haß gegen Edom, zugleich aber auch tiefe Niedergeschlagenheit über eine ungeheure nationale Katastrophe – also nicht nur über eine verlorene Schlacht. Zudem erwähnt der zweite Teil des Buches (V. 20) die »Exulanten aus Jerusalem, die in Sepharad (= Sardis oder Sardes in Kleinasien) leben«. So müßte zumindest der zweite Teil des Buches (V. 15–21) aus nachexilischer Zeit stammen. Doch scheint es uns nicht notwendig, den ersten Teil in die Zeit der Monarchie zu datieren.

Der Prophet Obadja lebte in der Zeit nach dem Exil. Seinen tiefen Haß gegen Edom kann man leichter erklären, wenn man 1,1–5 liest. Auch Maleachi schreibt von einem Tag des Gerichts, da Juda in seinem angestammten Land wiedererstehen werde (3; 4). Wir haben hier enge Parallelen zu Ob 15–21 (vgl. auch *Joel).

Es ist also am wahrscheinlichsten, daß Obadja kurz nach dem Exil, vielleicht zur gleichen Zeit wie das Buch *Maleachi und *Joel, entstanden ist (s. auch *Haggai, *Sacharja).

Offenbarung

Gliederung: 1. Biblische Geschichtsdeutung. 2. Art der Offenbarung. 3. Geoffenbarte Gotteserkenntnis. 4. Kosmische Offenbarung. 5. Magie und Wahrsagerei. 6. Gotteswort und Prophetie. 7. Offenbarung und Kult.

Unter der Bezeichnung »Offenbarung« versteht man eine Kundgabe Gottes, sei es in Worten oder Taten, sei es unmittelbar durch eine Mitteilung Gottes oder mittelbar durch die Botschaft eines Engels. Das Wort »Offen«barung setzt voraus, daß die Wahrheiten, Ratschlüsse oder Tatsachen, die Gott kundtut, bislang dem Menschen

Abb. 639. Ausgrabung der Festungsanlage von *'ēn ġadīan*

Abb. 640. Zerfallenes Tor einer Festung im Negeb

verschlossen, geheim und verborgen waren. Eine Offenbarung kann an einen einzelnen Menschen wie Moses oder die Propheten ergehen, sie kann auch, wie am Sinai, einer ganzen Gemeinschaft gegeben werden.

Im Alten Testament offenbart sich Gott auf verschiedenartige Weise. Die in verständliche Worte gekleidete Botschaft ist eine häufige, aber nicht die einzige Form der Offenbarung. Manchmal erscheint Gott selbst einem Menschen und spricht mit ihm von Angesicht zu Angesicht, öfters aber übersteigt die Offenbarung das normale Sinnesvermögen des Menschen. Dann erscheint Gott im Traum, oder der Mensch darf ihn in einer Vision schauen oder er wird sich der göttlichen Gegenwart in seinem Innern bewußt. Auf seiten des Menschen bedarf es keiner besonderen Voraussetzung, um einer Offenbarung gewürdigt zu werden. Die Männer, denen sich Gott im Alten Testament kundgab, waren nach heutigen Moralbegriffen keine Heiligen. Moses hatte einen Mord begangen, und David war ein Ehebrecher.

1. Biblische Geschichtsdeutung: Ein wesentliches Merkmal des biblischen Offenbarungsbegriffs ist seine Bezogenheit auf die menschliche Geschichte. Gott verkündigt keine zeitlosen Wahrheiten, sondern handelt in der Geschichte und für die Geschichte. In äußerlich oft unscheinbaren Ereignissen geschieht eine fortschreitende Enthüllung des göttlichen Heilsplanes, eine Auffassung, die besonders den Exodusbericht und die mit ihm zusammenhängenden Überlieferungen geprägt hat. Das Alte Testament setzt als selbstverständlich voraus, daß alles, was dem auserwählten Volk widerfährt, von Gott kommt, sei es Gutes oder Böses. Dies führt manchmal zu merkwürdigen Kurzschlüssen, als sei Gott unmittelbar für das verantwortlich, was durch Menschenhand oder durch Naturgewalten geschieht.

Dem heutigen Menschen verbietet es die moderne Naturwissenschaft, sich Gott so naiv und unmittelbar in allen Dingen am Werk zu denken. Aus dem gleichen Grund wirft auch der Offenbarungsbegriff des Alten Testaments viele Fragen auf. Wir können uns nicht mehr vorstellen, daß Gott von Mund zu Mund mit Menschen geredet haben soll, daß die Siege Israels über seine Feinde mit der anschließenden Niedermetzelung von Frauen und Kindern auf ausdrücklichen Befehl Gottes, also auf eine Offenbarung hin, erfolgt sein sollten oder daß Gott all die Opfer- und Ritualgesetze des Pentateuch selber dem Moses gegeben hat.

Eine Lösung dieser Schwierigkeiten, die jeden Bibelleser ernsthaft bedrängen müssen, ist darin zu suchen, daß der Begriff Offenbarung schon innerhalb des Alten Testaments verschiedene Entwicklungsstufen durchlaufen hat und erst – wenn überhaupt – durch Jesus von Nazareth seine endgültige Klärung erfährt. Jeder Text, der von einem Offenbarungsgeschehen berichtet, muß deshalb im Licht der gesamten Heilsgeschichte gelesen und von der endgültigen Selbstmitteilung Gottes in Christus her verstanden werden – sofern man das AT als Offenbarungsurkunde ernstnimmt.

2. Art der Offenbarung: In vielen Fällen läßt die Bibel göttliche Offenbarungen von wunderbaren Naturereignissen begleitet sein. Solche Wunder dürfen nicht mit der Offenbarung selber verwechselt werden, sie sind meist sogar nur literarische Stilmittel, um die Bedeutung des verheißenden oder drohenden Gotteswortes hervorzuheben. Nun läßt sich aber nicht leugnen, daß es gerade die Wundergeschichten waren, die der religiösen Phantasie jahrhundertelang Nahrung geboten haben und daß wir ihnen viele Meisterwerke der bildenden Kunst verdanken. Das eigentliche Wesen der göttlichen Offenbarung wird jedoch dem heutigen Menschen durch diese Begleitwunder oft mehr verstellt als erhellt. Die Frage, was Gott, wenn er sich geoffenbart hat, wirklich vom Menschen will, muß von jeder Zeit aus neu gestellt und beantwortet werden.

3. Geoffenbarte Gotteserkenntnis: Die Bibel bekennt sich zu dem Glauben an einen Gott, der sich selber dem Menschen geoffenbart hat. Ohne diese Überzeugung gäbe es keine Religion Israels, kein Judentum und kein Christentum.

Der biblische Gottesbegriff wird niemals abstrakt analysiert, wobei es schon fast zuviel ist, von einem »Begriff« zu reden. Gottes Dasein wird als selbstverständlich vorausgesetzt – die Bibel kennt keine Theogonie, aber eine Schöpfungsgeschichte der Welt und des Menschen –, Gottes So-Sein, sein Wesen, wird aus seinem Handeln ersichtlich. Alle menschlichen Vorstellungen, die man auf Gott überträgt – wie die Titel »Vater«, »König«, »Hirte« u. a. –, zeigen, wie nahe und vertraut man sich Gott denkt, ohne je seine weltüberlegene Transzendenz in Frage zu stellen.

Man begegnet an vielen Stellen des Alten Testaments der Formel »Gott kennen«; sie meint nicht nur ein theoretisches Wissen von Gott, sondern vor allem ein lebendiges Verhältnis des Glaubens und der Treue gegenüber Gottes Gebot. Der Gedanke wird sehr klar ausgedrückt in Jud 2,10: »Und nach ihnen wuchs eine Generation heran, die Gott nicht kannte und nicht die Taten, die er gewirkt hatte für Israel.«

Wenn alle Offenbarung letztlich eine Selbstmitteilung Gottes ist, dann können viele als »Offenbarung« eingekleidete Texte des Alten Testaments nur eine sehr bescheidene Rolle im Prozeß der Selbstdarstellung Gottes spielen, falls sie nicht überhaupt nur als Kontrastbilder zu verwenden sind. Dabei ist nicht unbedingt gesagt, daß die Entwicklung zu einer reinen, von allen nationalen, irdischen und kultischen Interessen freien Gottesvorstellung immer dem zeitlichen Schema gefolgt sein müsse. Hinter sehr alten anthropomorph klingenden Aussagen verbirgt sich oft eine tiefere und echtere Erfahrung der Wirklichkeit Gottes, als dies in jüngeren Texten der Fall ist.

Das Neue Testament verkündigt den paradoxen Glauben, daß Gott sich nicht wie bei den Propheten *durch* Menschen, sondern *in* einem bestimmten Menschen, Jesus von Nazareth, endgültig und ganz offenbart habe (s. *Menschwerdung [Inkarnation]). Damit ist jeder Offenbarungsbegriff gerichtet, der sich einseitig an äußeren Phänomenen oder psychologischen Erlebnissen orientiert.

4. Kosmische Offenbarung: Schon das Alte Testament legt Wert darauf, den kosmischen, Himmel und Erde umspannenden Charakter des Offenbarungsgeschehens zu betonen. Am Sinai erscheint Gott in Feuer, Wolken, Donner und Blitz (Ex 19,16.18; Dt 5,19–23), zugunsten Israels läßt Gott sogar Sonne und Mond am Himmel stillestehen (Jos 10,12–14). Die ganze Erde soll erfüllt werden von Gottes Herrlichkeit (Num 14,21; Jes 6,3 u. ö.). Solche Aussagen begegnen in späterer Zeit besonders im Zusammenhang mit der Gerichtspredigt und der Ankündigung des »Tages Jahwes«. So wundert es nicht, daß die kosmischen Auswirkungen der Offenbarung (Erschütterung der Himmelskräfte, Herabfallen der Sterne, Verfinsterung von Sonne und Mond) zu einem stehenden Thema der apokalyptischen Literatur geworden sind (s. *Apokalyptik; *Johannesapokalypse). Daß es sich hier nicht, zumindest nicht im Sinne des Neuen Testaments, um kosmologische Belehrung über zukünftige Weltkatastrophen handelt, sondern um ein poetisches Stilmittel, das die Universalität und Endgültigkeit der göttlichen Offenbarung veranschaulichen will, dürfte heute weithin anerkannt sein.

5. Magie und Wahrsagerei: In allen Religionen der Antike war es Brauch, die Gottheit (oder die Götter) durch bestimmte Techniken zu befragen, um im Orakel eine die Zukunft deutende Antwort zu erhalten. Das mosaische Gesetz und die Propheten haben solche Praktiken zurückgewiesen oder zumindest sehr eingeschränkt (Num 23,23; Dt 18,10.11; 2 Kg 21,6 u. ö.). Anerkannt waren nur die »Urim und Thummim«, das priesterliche Losorakel (*Priester und Leviten). Wie viele Texte der Bibel verraten, hat freilich die israelitische Offenbarungsreligion (wie später das Christentum) immer wieder einen aussichtslosen Kampf gegen magische und abergläubische Vorstellungen im Volk und in der Priesterschaft führen müssen.

6. Gotteswort und Prophetie: Die Grundoffenbarung des Gotteswortes war im Alten Bund das am Sinai verkündete Gesetz. Außerhalb des Pentateuch ist die Bibel (materiell betrachtet) nicht so sehr »Gottes Wort« als ein Bericht über Gottes Taten und die Antwort, die von den Menschen auf sie gegeben wurde. Gottes Taten mußten jedoch gedeutet werden, und dies wurde die Aufgabe der von Gott gesandten Propheten.

Das Kennzeichen der Prophetie war die Einleitungsformel »Wort Gottes« oder »So spricht der Herr«. Die Propheten glaubten, nur Gottes Sprachrohr zu seinem Volk hin zu sein, und haben doch der göttlichen Botschaft ihren höchst persönlichen Charakter aufgeprägt. Sie waren keine Lehrer zeitloser Wahrheiten wie die etwa zeitgenössischen griechischen Philosophen, sie deuteten die Ereignisse ihrer eng begrenzten Erfahrung im Licht des göttlichen Heilsplanes für die Menschheit. Das Neue Testament hat an diese prophetischen Traditionen angeknüpft und die Ereignisse des Lebens und Leidens Jesu als endzeitliche Erfüllung des in »Gesetz und Propheten« vorherverkündigten Gotteswortes verstanden.

7. Offenbarung und Kult: Seit ältesten Zeiten gelten Kultstätten als die bevorzugten Orte göttlicher Offenbarung, wobei die Gründung des Heiligtums oft auf eine Theophanie oder auf besondere Anweisung der Gottheit zurückgeführt wird (z. B. Gen 28,10–22; Ex 25,40; 2 Sam 24,25). Im Extrem kann kultisches Denken sogar den Ausschließlichkeitsanspruch eines bestimmten Heiligtums behaupten: Gott könne oder wolle sich nur an diesem und keinem anderen Ort offenbaren. Israel wurde aber, nicht zuletzt durch die bitteren Erfahrungen des Exils, belehrt, daß Gott sich von denen, die ihn ehrlich suchen, überall finden lasse (Dt 4,29; Jer 29,13; Ps 32,6). Gottes Offenbarung ist nicht an einen besonderen, »heiligen« Ort gebunden (s. auch *Christentum, Frühgeschichte).

Opfer

Gliederung: 1. Opfer im Altertum. 2. Ursprung des israelitischen Rituals. a) Analogien zum kanaanäischen Ritual; b) Die Funktionen des Blutes im Opferritual. 3. Bedeutung des israelitischen Opfers. 4. Opferaltäre. a) Kanaanäische Altäre; b) Frühisraelitische Altäre; c) Altäre im ersten Tempel; d) Bedeutung des israelitischen Altars; e) Altäre im zweiten Tempel. 5. Opferanlässe. 6. Opferarten. a) Opfer als Tribut und Gabe; b) Warum wurde die Gabe zerstört? c) Brandopfer; d) Gemeinschafts- oder Friedopfer (zæbaḥ š·lāmīm). (1) Lobopfer und freiwilliges Opfer; (2) Votivopfer; e) Sühnopfer; f) Speise- oder Mahlopfer (minḥā); g) Trankopfer; h) Weihrauchopfer. 7. Menschenopfer. 8.' Die Opferzeremonie. 9. Geschichte des Opfers. a) Von der Patriarchenzeit bis zum Exodus; b) Von der Landnahme bis zur Richterzeit; c) Unter der Monarchie; d) Opfer in der nachexilischen Zeit; e) Opferriten in der griechisch-römischen Zeit. 10. Prophetische Polemik gegen das Opfer. 11. Das Opfer im Neuen Testament. a) Die Bedeutung des Opfers im Neuen Testament; b) Christus als Sühne. 12. Die Schechitta und der traditionelle weltliche Schlächter.

Das Opfer stellte den Mittelpunkt des israelitischen Kults dar. Sowohl für die Israeliten als auch für die anderen Völker des Alten Orients war das Opfer das Wesensmerkmal religiöser Feiern. Ein Kult ohne Opfer wäre undenkbar gewesen. Daher überrascht es auch nicht, daß ein Vergleich zwischen dem Ritual der Israeliten und jenem der anderen nordwestsemitischen Völker viele gemeinsame Elemente aufzuzeigen vermag.

1. Opfer im Altertum: Über die Stellung des Opfers im Altertum des Nahen Ostens wurden schon viele Theorien aufgestellt. So basiert eine Richtung auf der Annahme, daß beim Stämmebund die Glieder eines Stammes mit dem Stammesgott verwandt waren, von dem man glaubte, daß er sich durch das ihm geweihte Opfertier unter ihnen befände. So sollte das Opfer die Beziehung mit dem Gott stärken und an seinem Leben Anteil geben dadurch, daß man das heilige Tier aß.

Eine zweite Theorie betont den »stellvertretenden« Aspekt des Opfers, d.h. das Opfertier stand irgendwie stellvertretend für den Opfernden, der das Opfer als Ersatz für sich selbst darbrachte. Mit der Auflegung seiner Hände auf das Opfertier übertrug er ihm seine eigenen Sünden und seinen Lebensgrund (der in seinem Blut saß). Mit der Tötung des Tieres wurden die Sünden weggenommen. Das Blut, das den Lebensgrund enthielt, wurde der Gottheit geweiht und am Fuß des Altares vergossen, um das Leben des Opfernden mit der Gottheit in Beziehung zu bringen und um das Band zwischen beiden wiederherzustellen.

Ein dritter Erklärungsversuch will das Opfer einfach als ein Gott geweihtes Mahl darstellen – dies war die Bedeutung des Opfers in Babylonien.

Keine von diesen Theorien bietet jedoch eine befriedigende Auslegung des israelitischen Glaubens und Opferbrauches, weil sie viel zu allgemein sind, um sich der monotheistischen Religion Israels und ihrem Gottesverhältnis anzupassen.

2. Ursprung des israelitischen Rituals: *a) Analogien zum kanaanäischen Ritual:* Die wesentlichen Elemente des israelitischen Opfers waren das *'ōlā* (das Brandopfer, das auf dem Altar verbrannt wurde) und das Gemeinschaftsopfer oder *zæbaḥ*. Wahrscheinlich haben die Israeliten diese von den Kanaanäern übernommen, als sie sich im Land niederließen, obwohl sie diese mit ihren eigenen alten Riten verbanden, welche noch die Verfügung über das Blut einschlossen (von den Kanaanäern nicht praktiziert). Es gibt keinen biblischen Beweis, der einen wesentlichen formalen Unterschied zwischen dem israelitischen und dem kanaanäischen Ritual nahelegen würde. Wenn die Propheten die kanaanäischen Bräuche verurteilten, so nicht etwa deswegen, weil die Kanaanäer ihre Opfer in der falschen Weise dargebracht hätten, sondern weil sie heidnischen Göttern an einem nicht genehmigten Heiligtum Opfer darbrachten. Die tiefgehende Ähnlichkeit zwischen kanaanäischem und israelitischem Opfer wurde durch den Nachweis der Archäologie vollauf bestätigt (s. *Lachis).

Unter vielen ähnlichen Beispielen aus Kanaan sind der steinerne Hausaltar von Gezer und der Räucheraltar von Thaanach zu nennen. Bedeutsamer noch ist der Beweis aus den ugaritischen Texten (14. Jhdt. v. Chr.). Diese beschreiben Opfer, die jenen der Israeliten sehr ähnlich sind, z. B. das *šrp,* ein Opfer, das zur Gänze verbrannt wurde, und das *dbḥ* oder *š·lāmîm* (Friedopfer), dem eine religiöse Zeremonie vorausgeht, um sich seinen Gott günstig zu stimmen, oder das *aṯm,* das kanaanäische Gegenstück zum biblischen *'āšām* (Schuldopfer). Mit einem Wort, wie die Israeliten brachten auch die Kanaanäer Brand- und Gemeinschafts-, Speise- und Räucheropfer dar. Doch trotz dieser Ähnlichkeiten ist R. de Vaux der Ansicht, daß Israel nicht alle seine Opferriten von den Kanaanäern übernommen hat, obwohl diese Ähnlichkeiten darauf hinweisen, »daß das israelitische Ritual mit dem Kanaans enger verwandt ist als mit dem mesopotamischen oder dem arabischen. Das Merkmal, welches das israelitische und das kanaanäische Ritual gemeinsam haben und das sie von anderen semitischen Ritualen unterscheidet, ist die Tatsache, daß bei den Tieropfern das Opfertier oder ein Teil des Opfertieres auf dem Altar verbrannt wird. Dieser Brauch existierte nicht in Mesopotamien oder in Arabien, wohl aber – wie die Bibel berichtet – bei den Moabitern und Ammonitern. Dieser Brauch ist also den westsemitischen Völkern eigentümlich.« Dieser Autor behauptet, daß der Brauch bereits vor der Ankunft der Israeliten in Kanaan existierte. Nichts weist jedoch darauf hin, daß sie ihn schon ausübten, als sie noch Nomaden waren. Die Opferform, welche die frühesten Israeliten kannten, blieb vermutlich im Ritus des Osterlammes erhalten (der bis heute noch von den *Samaritanern in der ursprünglichen Weise gefeiert wird), wobei kein Teil des Opfertieres verbrannt und das ganze Fleisch von der Gemeinde gegessen wird. Dieser Brauch weist mehr Gemeinsamkeiten mit den kulturellen Erscheinungsformen der westsemitischen Völker auf als mit jenen Mesopotamiens, wo die Riten, ein Tier zu verbrennen und das Blut zum Bestreichen zu verwenden, unbekannt waren.

Über die eine Gemeinsamkeit zur Zeit der Ansiedlung der Israeliten in Kanaan hinaus entwickelten sich die zwei Formen des Opferrituals bei den zwei Völkern unabhängig voneinander (s. *Phönikien). Die theologische Bedeutung, welche die beiden Völker ihren Opfern gaben, war in der Frühzeit wie auch später unterschiedlich. Das sieht man deutlich an späteren phönikischen Inschriften, die über Opfer berichten. Auch die biblischen Texte liefern keinen Beweis dafür, daß alle Fachausdrücke für das Opfer bei den Israeliten und Kanaanäern dieselben wären. Die Hauptunterschiede in der Form der Opfer kann man beim Vergleich des kanaanäischen Rituals (s. *Kanaanäische Religion 2) mit dem der Israeliten vor allem in der israelitischen Verwendung des Blutes der Opfertiere sehen.

b) Die Funktion des Blutes im Opferritual: Das Wort *dam* für Blut ist allen semitischen Sprachen gemeinsam, obwohl seine etymologische Wurzel dunkel ist. Unter den meisten semitischen Völkern (und unter vielen, die ursprünglich nicht semitisch waren) glaubte man, daß das Blut eines Körpers dessen Lebensprinzip enthielte. Für die Israeliten gilt: »... das Leben des Fleisches sitzt im Blut, und ich selbst habe es euch zur Verfügung gestellt auf dem Altar, damit ihr für euch selbst Sühne schafft, denn das Blut ist es, das kraft des (in ihm sitzenden) Lebens sühnt. Niemand unter euch darf Blut essen ... denn das Blut ist das Leben allen Fleisches ...« (Lev 17, 11 bis 14). In Gelehrtenkreisen diskutiert man über den Ursprung und die eigentlichen Gründe dieses Verbots, Blut zu essen, das sich im AT wiederholt findet und eines der Hauptgesetze des frühen Judentums ist. Einige Gelehrte meinen, die Tatsache, daß Gott Blut geopfert werden soll, mache dieses zu einem Tabu für den sterblichen Menschen. Wieder andere meinen, daß die Vorschrift, das Opferblut auszuschütten und das Blut eines Vogels oder Tieres, das getötet wurde und nicht für ein Opfer bestimmt ist, auf die Erde zu gießen (Gen 9, 4; Lev 3, 17; 7, 26 f; Dt 12, 23–25; 1 Sam 14, 32–34), ein Schutz gegen den kanaanäischen Brauch sei, das Blut für magische Zwecke zu verwenden.

Dies läßt vermuten, daß das Verbot, Blut zu essen oder zu verwenden, mit dem Glauben in Beziehung stand, das Blut sei das Leben des Opfertieres. Blut zu trinken bedeutet danach, an der Kraft des Opfertieres, das ursprünglich ein menschliches Wesen gewesen sein soll, teilzuhaben. In diesem Sinne ist ein magisches Element darin eingeschlossen. Wenn man aber ein magisches Mittel verwendete, um an der Kraft eines anderen Wesens teilzuhaben, so verstieß man gegen das Vorrecht Gottes, welcher der einzige war, der den Menschen die Eigenschaften, deren sie bedurften, zu geben vermochte. Die alten Riten, die sich mit der Verwendung des Blutes beim Opfer befaßten, fand man nicht bei den Kanaanäern, obwohl sie bei den Israeliten sehr wichtig waren, die Blut nur für ein besonders feierliches Ritual verwenden durften. Das Blut des Bundes wurde über das Volk (Ex 24, 8) und seine Söhne gesprengt (Lev 8, 30). Beim Sühnopfer (Sünd- oder Schuldopfer) war das Blut das Hauptelement, denn »das Blut leistet Sühne für ein Leben (wegen des Lebens, das dem Blut innewohnt)«. Bei Schuld- oder Sündopfern eines einzelnen wurde das Opferblut auf die Hörner des Altares gerieben. Bei Opfern, die man für die Sünden des Volkes oder für den Hohenpriester und die Gemeinde darbrachte, wurde es auf den Vorhang, der das Allerheiligste verbarg, gesprengt. Am großen Versöhnungstag besprengte man damit die Versöhnungsplatte, den Sitz der göttlichen Gegenwart. Im Gegensatz zur freien Verwendung von Opferblut bei den Israeliten machen die ägyptischen, babylonischen und assyrischen Riten kaum davon Gebrauch, obwohl es zwei Belege auf babylonisch-assyrischen Inschriften gibt, nach denen das Opferblut auf die Schwelle des Palasttores oder in die vier Himmelsrichtungen gesprengt wurde.

3. Bedeutung des israelitischen Opfers: In israelitischer Sicht war ein Opfer vorwiegend eine Gabe. Die Israeliten glaubten, daß alles, was zu einem Menschen gehört, etwas von dessen Persönlichkeit annimmt; wenn daher ein Mensch eine Gabe darbrachte, so gab er etwas von sich selbst weg. So eignete einer jeden Gabe quasi-sakramentaler Charakter. Es war auch nicht leicht, eine Gabe zu erhalten, denn wenn der Empfänger annahm, übernahm er damit eine persönliche Verpflichtung gegenüber dem Geber. Nach dieser Prämisse war das Opfer ein feierliches Sakrament – eine Gabe an Gott, die, wurde sie angenommen, gegenseitigen Nutzen sicherte. Moderne Theorien neigen dazu, diese Vorstellung, daß das Opfertier ein Ersatz für den Opfernden sei, abzulehnen. Sogar in Fällen von Sühn- oder Versöhnungsopfern scheint es, daß das Opfer wesentlich eine Gabe war, die Gott zum spezifischen Zweck der Sühne dargebracht wurde, obwohl das AT keinen Beweis dafür bietet, wie es sich das genauer vorstellte.

In seinen bedeutendsten Opfern enthielt der Jahwismus der Israeliten sowohl ein Element der Gemeinschaft mit dem Göttlichen als auch die Sühne der Sünden und die Darbringung der Gabe. In der Tat sind diese drei Elemente – Gemeinschaft, Sühne und Gabe – Aspekte des einen Opferaktes. Die Darbringung des Opfers kann von verschiedenen Motiven veranlaßt werden, und der Opferakt folgt verschiedenen religiösen Imperativen. Dennoch umfaßten diese drei Grundelemente in der goldenen Zeit der israelitischen Geschichte (beginnend mit der Monarchie), als die religiösen Vorstellungen Israels in seiner literarischen Tradition am deutlichsten formuliert waren, eine Menge untergeordneter Aspekte. Außerdem gab es neben dem Brandopfer, das zur Sühne für die Sünden dargebracht wurde, viele Opfer, die man gewöhnlich als »geringere« Opfer bezeichnete (nicht so in der Liturgie). Das waren die Speise- oder Mahl-, die Trank- und Weihrauchopfer, die unten beschrieben werden. Man sollte auch daran erinnern, daß die verschiedenen Opferriten und der Vorstellungskomplex, der sie umgab, einen langen Prozeß geschichtlicher Entwicklung und Veränderung durchmachten, der sich in der Bibel, obwohl nicht deutlich differenziert, widerspiegelt. Einige der Riten und einige Fachausdrücke, die diese beschreiben, gehen auf die Vorgeschichte Israels zurück, und es dürfte unwahrscheinlich sein, daß einige Kulthandlungen spezifisch mosaische oder jahwistische Neuerungen sind. Die Bibel berichtet von Opfern, welche die ersten Menschen (Gen 4, 3) und Noah (nach der Tradition der Vater aller Rassen) Gott darbrachten (Gen 8, 20).

Die Hauptquelle für die systematische Beschreibung von Arten und Ritual der verschiedenen Opfer ist das Buch *Leviticus, das aber auch die späteren vollständigen Formen der »Opferanweisungen« von Lev 1–7 einschließt. Diese gehören zu einem Teil des Pentateuch, der zusammen mit der Quelle P entweder kurz vor der Zerstörung des ersten Tempels oder in der ersten Zeit des zweiten Tempels (s. *Bibelkritik) seine endgültige Form erhielt. Die priesterlichen Redaktoren, die diese Anweisungen kompilierten, nahmen an, daß die Liturgie, die sie kannten, jener, die Moses in der Wüste eingeführt hatte und die seitdem bestand, glich. Trotzdem richtete sich ihr Bestreben nicht auf historische Genauigkeit oder auf die Entfaltung der vollen Bedeutung des Opfers. Um diese Aspekte des Opfers richtig verstehen zu können, muß man bei der Geschichte des Opfers von allen modernen Disziplinen der Bibelkritik und von der Archäologie Gebrauch machen. Dies erreicht man am besten dadurch, daß man die spätesten, nach dem Exil entwickelten Formen des Rituals bis auf seine Anfänge zurückverfolgt.

4. Opferaltäre: Der Altar (hebr. *mizbēaḥ*) war Opferstelle und Kommunikationsmittel zwischen Gott und Mensch. Was Gott gehörte, wurde auf den Altar gelegt und verbrannt. Höhepunkt des Opferrituals allerdings war die Aussprengung des Opferblutes.

Zur Zeit der Patriarchen konnte jeder, der einer Theophanie (göttliche Erscheinung: Gen 12, 7; 26, 24 f) gedachte, an einem Altar Opfer darbringen; nachdem sich die Israeliten aber in Kanaan niedergelassen hatten, wurde der Dienst am Altar in einem anerkannten Heiligtum Aufgabe der Priester (s. *Priester und Leviten). Mit der Entfaltung des Opferrituals erlangte auch der Altar eine größere Bedeutung.

a) Kanaanäische Altäre: Im vorisraelitischen Kanaan opferte man auf der flachen Oberfläche eines Felsens oder auf einem in einer bestimmten Form behauenen Fels. In Gezer hatte der Altar **(Abb. 641)** auf seiner Oberfläche Öffnungen, die zu einer Aushöhlung führten, in der man die Gebeine von Opfertieren fand. (Kanaanäische Heiligtümer und Felsaltäre werden in den Artikeln *Kanaanäische Religion 2 und *Höhenheiligtümer beschrieben.) In einem kanaanäischen Tempel aus *Hazor aus dem 13. Jhdt. v. Chr. fand man einen Altar, der aus einem riesigen viereckigen Block besteht und an einer seiner Oberflächen ein ausgehöhltes Becken aufweist. In vielen kanaanäischen Heiligtümern, die in die Zeit von 3000–14./13. Jhdt. v. Chr. zurückgehen, wurden aus großen Steinen und Lehm gebaute, gegen eine Rückmauer stehende Altäre gefunden. Das Höhenheiligtum oder *bāmā* hatte Altäre, die, wie etwa die große Plattform in *Megiddo (s. *Arad, **Abb. 95**), aus großen Steinen errichtet waren.

b) Frühisraelitische Altäre: Die frühesten, in der Bibel erwähnten Altäre von der Patriarchenzeit bis zur ersten Periode der Monarchie wurden aus Stein gebaut und standen außerhalb der Hauptheiligtümer. Ex 20, 24–26 schreibt vor, daß die Altäre entweder aus ungebrannten Ziegeln oder aus unbehauenen Steinen gebaut werden sollten. Auch sollten keine Stufen zum Altar führen, um den Altar nicht dem Profanen auszusetzen. Opfernde Priester trugen Lendenschurze, um nicht ihre Blöße zu zeigen, wenn sie auf den Altar stiegen. Dies stand in absichtlichem Gegensatz zu den kanaanäischen Altären, die Stufen aufwiesen und auf denen Fruchtbarkeitsriten gefeiert wurden.

Ex 27, 1–8; 38, 1–7; 30, 1–5 gibt eine Beschreibung der Brandopfer- und der Räucheraltäre, wie sie in der Wüste Verwendung fanden. Sie werden als kunstvolle Gefüge aus Akazienholz, die mit Bronze überzogen und zwei oder drei Ellen hoch waren (s. *Gewichte und Maße), beschrieben. Viele Gelehrte sind der Ansicht, daß solche Spezifizierungen wahrscheinlich die Praxis der davidischen Darstellung der Stiftshütte und nicht jene des Wüstenzeltes (s. *Stiftshütte und Bundeslade; *Tempel) widerspiegeln.

c) Altäre im ersten Tempel: Die Altäre des Salomonischen Tempels enthielten wahrscheinlich den bronzenen Brandopferaltar, der an der Vorderseite des Tempels stand (2 Kg 16, 14), und den Räucheraltar im *hekal* vor dem Allerheiligsten *(d·bīr* – 1 Kg 6, 20 f; s. *Tempel). Der ursprüngliche Brandopferaltar, der fünf Ellen hoch und fünf Ellen breit und mit Stufen versehen war, wurde von König Ahas durch ein neues Modell (2 Kg 16, 10–16), das bis zum Ende des Exils in Verwendung blieb, ersetzt.

Der Altar des ersten Tempels muß imposanter gewesen sein als ähnliche Altäre dieser Zeit, die anderswo, vornehmlich in *Arad, ausgegraben wurden. In *Megiddo wurde ein typischer Räucheraltar aus Kalkstein **(Abb. 642)** gefunden. Er hatte die Form eines viereckigen Säulenschaftes (Ex 30, 1–5) und wies auf seinen oberen Ecken vier Hörner auf. Das Blut der Opfertiere wurde zur Altarweihe oder bei Sühnriten auf die Hörner gerieben. Zudem konnte ein um Asyl bittender Flüchtling die Hörner des Altars umfassen (1 Kg 2, 28; s. *Priester und Leviten).

d) Bedeutung des israelitischen Altars: In anderen alten Religionen war der Altar ein Tisch, wo für die Gottheit Festmahlzeiten in Form von Opfern zubereitet wurden. Ein Beispiel dafür ist der rote ägyptische Granitopfertisch **Abb. 643** aus dem 18. Jhdt. v. Chr. Der Form nach war der Altar wahrscheinlich eine Plattform oder ein Tisch, auf dem der Gottheit die Gaben unter Bitten und Danksagung hingelegt wurden. Obwohl der israelitische Altar aus einem ähnlichen Glauben heraus entstand, bekam er eine viel komplexere Bedeutung: Er war das Mittel, wodurch der Bund mit Gott erhalten und erneuert wurde. Zur Zeit der Patriarchen errichtete man einen Altar, um einer wirklichen Erscheinung Gottes zu gedenken, oder man baute ihn an einem Ort, der dem Gott der Patriarchen geweiht war. Solche Altäre waren aber wesentlich nur auf Funktion ausgerichtet. Sie

Abb. 641. Altar aus Gezer

Abb. 642. Weihrauchaltar aus Megiddo

Abb. 643. Ägyptischer Opfertisch aus Granit (18. Jhdt. v. Chr.)

Abb. 644. Illustration zum Zeremoniell eines Sühneopfers (assyrisches Relief, 8. Jhdt. v. Chr.)

Abb. 645. Männer führen einen Stier zum Opfer (Wandmalerei aus Mari, 17. Jhdt. v. Chr.)

Abb. 646. Früchteopfer (ägyptische Malerei aus Theben, 14. Jhdt. v. Chr.)

Abb. 647. Früchteopfer (hethitisches Relief, 9. Jhdt. v. Chr.)

kennzeichneten einen Ort, an dem Gott erschienen war, aber sie hatten keine weitere symbolische Bedeutung.
Der Tempel war das Haus Gottes, und als solcher brauchte er einen Herd – eine Funktion, die der Altar erfüllte. Dieser Aspekt wird nicht ausdrücklich erwähnt, aber er wird offenbar aus der Vorschrift, auf dem Altar ein Feuer brennend zu erhalten (Lev 6, 12 f; 2 Makk 1, 18–36) und im Tempel eine immerbrennende Lampe aufzustecken (Ex 27, 20 f; Lev 24, 2–4). Während der Monarchie wurde der Altar einmal im Jahr am großen Versöhnungstag entsündigt und erhielt dadurch eine außergewöhnliche Heiligkeit (Lev 8, 15; 16, 18f).
e) Altäre im zweiten Tempel: Der Idealaltar, dessen Einzelheiten Ezechiel (Kap. 43, 13–17) beschreibt, ist in drei Stockwerken gebaut und behält fast die Größe des Salomonischen Altares bei, doch scheinen die Form des neuen Altares und die Namen der verschiedenen Teile sowie die Symbolik, die sie beinhalten, auf babylonisches Vorbild zurückzugehen. Dennoch gibt es keinen Beweis dafür, daß der nach der *Restauration gebaute Altar der Beschreibung Ezechiels nachgebildet wurde.
Wahrscheinlicher ist es, daß die Brandopfer- und Räucheraltäre des zweiten Tempels den in 2 Chr 4, 1; 29, 16 ff beschriebenen entsprechen, da der Chronist seine Beschreibung des Salomonischen Tempels auf die Ausstattung des nachexilischen Tempels, mit dem er sehr vertraut war, basiert zu haben scheint. Zuverlässigere Beschreibungen findet man in nichtbiblischen Quellen der hellenistischen Zeit. Josephus gibt einen Bericht darüber, und eine zweite Beschreibung finden wir im Aristeasbrief (s. dazu *Deuterokanonische Bücher). Diese beschreiben den Brandopferaltar als einen viereckigen Altar, 20 Ellen breit und 10 Ellen hoch, der aus unbehauenen Steinen nach der Vorschrift von Ex 20, 25 gebaut war und auch mit der Beschreibung der Chronikbücher übereinstimmt. Es gab auch einen Räucheraltar. Die Altäre wurden im Jahr 164 v. Chr., als Antiochus Epiphanes den Tempel plünderte, entweiht und wurden wiederaufgebaut, als der Tempel von den siegreichen Makkabäern zurückerobert und entsündigt wurde (1 Makk 1, 21.59; 4, 47; s. *Hasmonäer).
5. Opferanlässe: Das Opfergesetz zählt eine Reihe von gemeinschaftlichen und privaten Anlässen auf, an denen Opfer dargebracht werden mußten. Die bedeutendsten religiösen Feste erforderten besondere Opfer: das Passahfest oder Fest der ungesäuerten Brote, das Wochenfest oder das Fest der Erstlingsfrüchte und das Laubhüttenfest oder Fest der Lese (Ex 23, 14–17; 34, 18–23; Dt 16; s. *Feste). Auch an jedem Sabbat (Num 28–29), am Neujahrsfest (der erste Tag des siebten Monats), am großen Versöhnungstag (der zehnte Tag des siebten Monats), am ersten Tag eines neuen Mondes sowie täglich morgens und abends im Tempel mußten Opfer dargebracht werden. In späterer Zeit nahm das Passahopfer eher den besonderen Charakter eines Familienfestes als den eines nationalen Feiertages an (s. *Feste).
Andere Privatopfer wurden bei bestimmten Anlässen, wie z. B. bei freudigen Ereignissen (Dankopfer) oder bei traurigen, bei Sühne und Reue (Schuld- und Sündopfer) und bei der Erfüllung von Gelübden (Votivopfer) dargebracht. Auch bei Wallfahrten des Volkes nach Jerusalem wurden Opfer dargebracht.
Zu den Opfern an den verschiedenen Jahreszeiten gehörten jene, die Gott als Dank für die Fruchtbarkeit dargebracht wurden, z. B. die Opfer der Erstlingsfrüchte (Ex 23, 19; Num 18; Dt 15, 19 ff; 18, 4 u. ö.) und die Überreichung eines Teiges aus Schrotmehl an die Priester (Lev 23, 17; Num 15, 18–21; Ez 44, 30). Diese Opfer repräsentierten den Anteil Gottes an der Fruchtbarkeit der Erde; der Rest konnte danach vom Menschen gegessen werden. Aus dem mosaischen Gesetz und späteren prophetischen Geboten wird deutlich, daß man die Opferfeste als spontane Akte des Dank-Opfers der Gemeinschaft oder des einzelnen für die Gemeinschaft mit Gott betrachtete.
6. Opferarten: *a) Opfer als Tribut und Gabe:* Wie die Untertanen einem König Tribut zollten, um sich so seine Gunst und seinen Schutz zu sichern, so mußte jeder Mensch Gott, dem souveränen Herrn jeglichen Besitzes, der der einzige war, der dem Menschen in seiner Not helfen konnte, Tribut entrichten. Der Tribut, der so geleistet wurde – die Erstlinge der Ernte und der Herde –, war für die Existenz des Menschen wesentlich. Indem man die Gaben seinem Gott opferte – und hatte man sie einmal geopfert, so konnte man sie nicht mehr für säkulare, profane Zwecke verwenden –, beraubte man sich selbst eines realen Wertes, den die Gabe für den Opfernden darstellte. R. de Vaux ist der Ansicht, daß Gott, indem er die Gabe annahm, auch dem Geber gegenüber eine

Verpflichtung auf sich nahm. Die Gabe (hebr. *minḥā*) wurde Gott in einem Opfer dargebracht, d. h. sie wurde ganz oder teilweise auf dem Altar zerstört. Die Opfertiere wurden geschlachtet und verbrannt – einige Teile wurden als Teil des Rituals gegessen –; Speiseopfer und Weihrauchopfer wurden ebenso auf dem Altar verbrannt, die Flüssigkeiten aber weggeschüttet.

b) Warum wurde die Gabe zerstört? Die Gabe wurde vor allem deswegen zerstört, um sie für den Menschen unbrauchbar zu machen. Gott wurde durch die Zerstörung der Gabe, die ihm im Opfer dargebracht wurde, geehrt. Gefäße, die für Trankopfer dienten, wurden zerbrochen, die für Votivopfer verwendeten in eine Quelle, einen Brunnen oder in das Meer geworfen. Die Opfertiere wurden in der Regel vom Opfernden und nicht vom Priester getötet; das Wesen des Opfers bestand in der Schlachtung und der Zerstörung der Tierleiber. Die Schlachtung des Opfertieres war ein Akt der Vorbereitung auf den eigentlichen Opferakt, wie später die Handauflegung als Einführungsritus eine andere Form von Widmung darstellen sollte.

Hierauf wurde die Gabe zerstört, um sie in den Bereich des Göttlichen zu überführen. Nachdem man das Opfer auf den Altar gelegt hatte, der als eine Art Tisch für die Zerstörung des Opfers diente, mußte jener Teil, der Gott gehörte, so verbrannt werden, daß kein Stück davon für den Menschen übrigbleiben konnte. Man nahm gewöhnlich an, daß, wenn der Rauch des verbrannten Opfers gen Himmel stieg, der »besänftigende Duft« die Gottheit günstig stimmen konnte, doch entspricht dies nicht modernen Auffassungen. Die Ursprünge des Opfers liegen weit zurück in der Vorgeschichte Israels, die Symbolik des Opfers liegt wesentlich in der Zerstörung des Opfers durch Gott – eine Anschauung, die auf primitivste Vorstellungen zurückgeht.

c) Brandopfer: Das Brandopfer, *'ōlā,* bei dem das ganze Opfertier auf dem Altar verbrannt wird, ist die älteste und typischste Form des israelitischen Opfers (Gen 4, 4 f; 8, 20; 22, 2; Ex 10, 25; 18, 12; Ri 6, 26; 13, 16 u. ö.). Es blieb der Hauptakt bei jeder Feier oder bei jedem feierlichen religiösen Anlaß (1 Kg 3, 4) bis zur Zeit Esras (Esr 3, 2–4). Man brachte es unter Begleitung von Musikinstrumenten (s. *Musik) und Wechselgesängen dar. Auf dem Höhepunkt des Opfers ließen zwei Priester die Trompeten erschallen, und die Gemeinde neigte sich in Anbetung. Nehemia legte dem Volk eine Steuer auf, um für das tägliche Brandopfer, das morgens und abends dargebracht wurde, Geld aufzubringen (s. *Restauration 3 b).

Das ganz verbrannte Opfer betrachtete man als das vollkommenste Opfer, da niemand etwas davon für sich behalten durfte. Es war ein Opfertier, das Gott gefällig war, der – so nahm man offensichtlich an – als Gegenleistung die Sünden des Opfernden wegnehmen würde. Es ist möglich, daß Paulus das Wort »Sünde« in diesem kultischen Sinn gebraucht, wenn er 2 Kor 5, 21 sagt: »Er hat den, der von keiner Sünde wußte (= Christus), für uns zur ›Sünde‹ (*ḥaṭṭāt,* das Opfertier für die Sünde) gemacht, damit wir in ihm die Gerechtigkeit Gottes würden.« Wenn Opfer als Sühne für die Sünden des Hohenpriesters oder der ganzen Gemeinde dargebracht wurden (wie am großen Versöhnungstag), durften weder die Priester (denn sie waren als Glieder der Gemeinde ebenso Sünder) noch die anderen Gemeindemitglieder vom Opferfleisch essen. Der Großteil des Opferfleisches wurde sonst normalerweise vom Opfernden und von den Priestern gegessen. Die Priester aßen es im Zustand der Reinheit, als ein »hochheiliges Ding«.

d) Gemeinschafts- oder Friedopfer (zæbaḥ s·lāmīm): Durch das Essen eines Teiles des Opfers in einem religiösen Mahl glaubten die Israeliten eine Art Gemeinschaft mit Gott zu erlangen. Dieser Glaube ging so weit, daß sie mit Gott eins zu werden wähnten, aber diese Teilnahme am Mahl – eine Weise, Verträge untereinander zu bekräftigen, in einem Land, wo Gastfreundschaft so hoch gehalten wurde – deutete auf einen ähnlichen Vertrag, der zwischen den Opfernden und Gott gute Beziehungen erhalten oder erneuern sollte.

In vorislamischer Zeit luden die Araber jedes Stammesmitglied zu einer Feier ein, bei der ein Kamel geschlachtet wurde. Zum Teil geschah dies in dem Glauben, daß bei einem gemeinsamen Mahl, an dem alle Stammesglieder teilnehmen, auch Gott nicht fehlt. Das Wandgemälde von Mari (**Abb. 645**; s. auch *Babylon) aus dem 17. Jhdt. v. Chr. zeigt Männer, die einen Stier zu einem Opferritual führen.

Frühere Völker, die glaubten, daß ein Opfer ein Mahl sei, bei dem die Gottheit genährt und gestärkt würde, waren auch der Meinung, wenn die Opfernden einen Teil des Opfers äßen, würden sie mit der Kraft und der Gegenwart der Gottheit erfüllt. In Israel war eine solche Ansicht nicht möglich, da die Beziehung zwischen Jahwe und seinem Volk von einer ganz anderen Art war. Der eigentliche Zweck des Gemeinschaftsopfers war es, die Gültigkeit des Vertrages oder des Bundes zwischen Jahwe und den Menschen zu bestätigen oder anzuerkennen. Es war eher ein Mittel der Kommunikation als irgendeine Form mystischer Vereinigung. In der Frühzeit der Geschichte Israels war das Gemeinschaftsopfer jene Form, die bei besonders wichtigen Anlässen praktiziert wurde (Ex 20, 24; 24, 5; 32, 6; 1 Sam 11, 15). R. de Vaux ist der Ansicht, daß das israelitische Opfer im allgemeinen als ein Dankopfer angesehen werden kann.

Es gab drei Arten von Friedopfern: Lobopfer, freiwilliges Opfer und Votivopfer.

(1) Lobopfer und freiwilliges Opfer: Der Unterschied zwischen Lobopfer *(tōdā)* und freiwilligem Opfer *(n·dābā)* – ein aus Frömmigkeit und nicht aus Gebotserfüllung dargebrachtes Opfer – war nicht sehr deutlich. Solche Opfer konnten eine reiche Ernte, einen erfolgreichen Feldzug oder ähnliches zum Anlaß haben – diesen Brauch fand man im ganzen Nahen Osten. Das Opfer nahm die Form eines Festmahles an, denn während Blut, Fett und Teile der Eingeweide Gott vorbehalten bleiben und auf dem Altar verbrannt, zwei Teile (rechte Schulter und Brust) aber den Priestern vorbehalten werden sollten, wurde der Rest des Fleisches von den Opfernden in einer festlichen und religiösen Atmosphäre gegessen. Das Auflegen der Hände, die Schlachtung des Opfertieres und das Versprengen des Blutes wurden jedoch genauso ausgeführt wie beim Brandopfer *('ōlā)*. Solche Feierlichkeiten waren zugleich Fest und Opfer (vgl. Spr 17, 1), und Feste, die gar keine religiöse Bedeutung hatten, wurden auch nicht mißbilligt (1 Sam 9, 12 f). Teilnehmer an Opferfesten mußten sich strengen Reinheitsgesetzen unterziehen (Lev 7, 19–21; 1 Sam 16, 5), und es wurde vorgeschrieben (Lev 7, 32 ff), daß das ganze Fleisch am Opfertag aufgegessen werden mußte und nichts für den nächsten Morgen übrigbleiben durfte. Als die Opfer in das Kultgesetz aufgenommen wurden, verloren sie ihre rein sozialen Züge – die einzige bemerkenswerte Ausnahme war das Passahfest, das ein ausgesprochenes Familienfest war (Ex 12, 27; 34, 25).

(2) Votivopfer: Votivopfer *(nædær)* wurden als Erfüllung früherer Gelübde dargebracht (Lev 7, 16 f; 22, 18–23). Es war eher Funktion des Opfers, das Gebet zu unterstützen, als damit eine Bedingung für die Annahme eines Gebetes zu stellen. Der Unterschied im Kult war folgender: Beim Votivopfer mußte das Opfertier vollkommen und makellos sein – dies war bei den freiwilligen Opfern nicht unbedingt notwendig (Lev 22, 23); das Fleisch der Votiv- und freiwilligen Opfer konnte am nächsten Tag gegessen werden, das Opfertier eines Lobopfers mußte am Opfertag selbst gegessen werden (Lev 7, 15 f).

e) Sühnopfer: Die Sünden, die von einzelnen oder der ganzen Gemeinde begangen wurden, verlangten, bevor wieder gute Beziehungen zwischen Mensch und Gott hergestellt werden konnten, Sühne. Die Bedeutung der vorsätzlichen Zerstörung, die sich bei jedem Opfer fand, wurde beim Sühnopfer noch besonders hervorgehoben. Bei diesen Sühnopfern war die rituelle Verwendung des Blutes ausschlaggebend, und vom Fleisch wurde nichts gegessen, weil der Sünder, der die Gabe darbrachte, sich nicht vermessen konnte, ein Mahl mit Gott zu halten, bevor ihm seine Sünden vergeben wurden. Opfer dieser Art, die für die Sünden der ganzen Gemeinde dargebracht wurden, erlangten in Zeiten nationalen Unheils, als das Volk fühlte, daß Gottes Huld wegen seiner Sünden von ihm gewichen sei, eine große Bedeutung. Für diese Opferart gab es zwei Bezeichnungen: *ḥaṭṭāt* (Sündopfer) und *'āšām* (Schuldopfer), obwohl der Unterschied zwischen diesen beiden nicht immer deutlich ist. Die priesterlichen Redaktoren, die das Gesetz im Buch Leviticus, das den Kult im zweiten Tempel regelte, aufstellten, verstanden offensichtlich die Bedeutung der alten Ausdrücke nicht ganz. Eine Theorie geht dahin, daß beide Opferarten den *Bund mit Gott, welcher durch die Sünden der Menschen gebrochen worden war, wiederherstellen sollten. Das Sündopfer bezog sich auf Vergehen gegen Gott, das Schuldopfer auf die Sünden gegenüber dem Nächsten. Wenn der zugefügte Schaden jedoch in Geld berechnet werden konnte, mußte man als Strafe diesen Betrag zahlen plus ein Fünftel davon. Diese Strafe konnte dann dem Schuldopfer hinzugefügt werden. Die Strafe wurde entweder den Priestern (die Jahwe repräsentierten) oder der geschädigten Partei gezahlt. Sie war kein Teil des Schuldopfers, das nur in der Sühnung der moralischen Schuld bestand.

Dennoch kann diese Unterscheidung nicht in jedem Fall angewendet werden. So mußte z. B. eine Frau nach der Geburt ein Sündopfer (Lev 12) darbringen, ein Aussätziger jedoch, wenn er als rein erklärt worden war, ein Schuldopfer und ein

Sündopfer (Lev 14). In beiden Fällen richtete sich das Opfertier nach dem Stand des Sünders, von einem Stier, der für den Priester und die ganze Gemeinde, oder einem Ziegenbock, der für einen Herrscher geopfert wurde, angefangen, bis zu Tauben, Turteltauben oder sogar etwas Feinmehl, das für einen armen Mann (Lev 4–5; vgl. Num 15, 24; Lev 9, 15; 16, 5) dargebracht werden mußte. Vom übriggebliebenen Fleisch durfte der Sünder nichts essen. Die äußere Form dieses Rituals ist an einem assyrischen Relief aus dem 8. Jhdt. v. Chr. zu sehen **(Abb. 644).**

Ursprünglich waren diese beiden Opferarten wahrscheinlich voneinander verschieden, obwohl man es heute nicht mehr mit Sicherheit sagen kann. Es ist klar, daß man von keinem Opfer glaubte, es sei wirksam gegen Bundesbruch, d. h. gegen Sünden mit erhobener Hand. Dem Sündopfer für den Hohenpriester und für die ganze Gemeinde folgten besondere Zeremonien (Lev 4, 11–21), bei denen das Blut auf den Vorhang des Zeltes der siebenmaligen Begegnung gesprengt wurde. Das Opfer wurde völlig verbrannt und nichts davon gegessen.

f) Speise- oder Mahlopfer (minḥā): Der Terminus *minḥā* begegnet in der Bibel in der Bedeutung: einer ausländischen Macht Tribut entrichten (Ri 3, 15; 1 Kg 4, 21; s. *Tribut), weiter in der Bedeutung von Opfer (1 Sam 26, 19), besonders von Tieropfer (1 Sam 2, 12–16). Oft jedoch wird der Terminus *minḥā* für das Opfer von Feinmehl, das mit einem Brand- oder Friedopfer (Lev 2; Num 15, 1–16) verbunden war, gebraucht. Nach Lev 2 konnte das Mahlopfer in der Form von Mehl dargebracht werden. Das Mehl wurde mit Öl vermengt, und außerdem wurde Weihrauch darübergestreut (Lev 2, 1 f). Der Teig mußte gesalzen werden – manchmal wurde auch Wein hinzugefügt (2, 13; 23, 13) – und wurde entweder als Kuchen in einem Backofen, auf einem Backblech oder in einer Pfanne gebacken (s. *Nahrungsmittel). Auf keinen Fall durfte man Sauerteig oder Honig hinzufügen. Ein ähnliches Speiseopfer wurde von den Erstlingsfrüchten dargebracht (s. die Opferszene aus Theben/Ägypten 14. Jhdt., **Abb. 646,** und die hethitische Szene aus dem 9. Jhdt. v. Chr., **Abb. 647**). Ein Teil des Speiseopfers wurde auf dem Altar als »Gedächtnis« verbrannt. Was nicht verbrannt wurde, blieb ausschließlich den Priestern vorbehalten (Lev 2, 3). Das war auch der Fall bei den Schaubroten, dem »Heiligen Brot der Gegenwart«, die in der Regel vor dem Allerheiligsten aufgestellt wurden (Lev 24, 5–9; 1 Sam 21, 3–6).

g) Trankopfer: Obwohl das Opfergesetz nur von Trankopfern von Wein berichtet (Num 28, 7 u. ö.), scheinen im israelitischen Kult doch Trankopfer von Öl (Gen 28, 18), Wein (Gen 35, 14) und Wasser (1 Sam 7, 6) vorgekommen zu sein. Der orientalische Brauch wird dargestellt auf **Abb. 112:** Der König Assurbanipal gießt nach der Jagd vor einem Opfertisch und einem Räucheraltar ein Trankopfer aus (7. Jhdt. v. Chr.). Die Opferszene **Abb. 649** ist noch zwei Jahrhunderte älter.

Essig, Milch und Honig waren als Trankopfer ausdrücklich verboten, wahrscheinlich weil sie schnell verderben. Salz hingegen wurde bei allen Speiseopfern (Lev 2, 13) und bei Brandopfern (Ez 43, 24) verwendet. Weihrauch wurde den Speiseopfern hinzugefügt, um ihnen einen festlichen Charakter zu geben, wurde aber auch getrennt geopfert (Ez 30, 7).

h) Weihrauchopfer: »Duft«-(Weihrauch-) Opfer *(l·bōnā)* wurden offensichtlich in vorexilischer Zeit (Jer 6, 20; 41, 5) dargebracht. Der Brauch war auch bei vielen Nachbarstaaten Israels wohlbekannt, wie die Weihrauchaltäre von *Megiddo **(Abb. 642)** und von Thaanach **(Abb. 648)** zeigen. In der frühesten Epoche israelitischer Geschichte wurden offenbar tragbare Weihrauchgefäße (Lev 16, 12 ff; 10, 1) verwendet. Im Salomonischen Tempel gebrauchte man Werkzeuge ähnlich einer Schaufel und einer Schale, um die glühenden Kohlen und Spezereien zum Altar zu bringen (vgl. Ex 30, 34 ff; s. *Tempel).

7. Menschenopfer: Das Menschenopfer als höchster Ausdruck religiöser Hingebung war in der klassischen Zeit des Nahen Ostens auf die Nordwestsemiten, vornehmlich die Kanaanäer und Phöniker, beschränkt, die dieses bis ins 5. Jhdt. v. Chr. beibehielten (vgl. **Abb. 651** – das Gründungsopfer des kanaanäischen *Gezer). Auch die Karthager brachten Menschenopfer dar (s. *Kanaanäische Religion 2), von den Ägyptern und Babyloniern hingegen ist nichts dergleichen bekannt. In Zeiten großer nationaler Gefahr wollte man seine teuersten Besitztümer sowie seine Kinder opfern, um den Zorn der Götter zu besänftigen. Nirgendwo in der Bibel wird das Opfer von Feinden und Kriegsgefangenen erwähnt, wohl aber findet sich in einer Anzahl von Stellen das Kinderopfer (als Brandopfer). Dt 12, 31 berichtet vom kanaanäischen Brauch. Er wurde zwar in gewissen Perioden von den

Abb. 648. Weihrauchaltar aus Thaanach

Abb. 650 (rechts). Kinderopfer (Obelisk aus Karthago, 4. Jhdt. v. Chr.)

Abb. 649. Darstellung eines Trankopfers (assyrisches Relief, 9. Jhdt. v. Chr.)

Abb. 651. Menschenopfer in den Trümmern der Grundmauern des kanaanäischen Gezer

Abb. 652. Opferszene auf einer griechischen Vase: das Opfer wird über dem Altar verbrannt; links der Priester

Abb. 653. Opferszene auf einem römischen Relief

Abb. 654. Bäuerliches Opfer auf einem römischen Terrakottarelief

Israeliten übernommen, doch wurden solche Opfer nie Jahwe dargebracht. So wurde in der Tat diese Praktik wiederholt verboten (Lev 18, 21; 20, 2–5; Dt 18, 10), und es war in Zeiten religiöser Reform eine der ersten Handlungen, diese zu verdammen und zu verbieten (z. B. 2 Kg 23, 10). Kinder, vorwiegend die Erstgeborenen, wurden fremden Göttern geopfert, so besonders dem ammonitischen Gott Moloch (2 Kg 23, 10; Lev 18, 21) und dem kanaanäischen Baal (Jer 19, 5; 32, 35). Die hervorstechenden Beispiele solcher von der Bibel erwähnter Opfer sind wohl jene bedrängter Herrscher: der König von *Moab, der seinen Erstgeborenen opferte, um die Belagerung seiner Stadt abzuwenden (2 Kg 3, 27), Ahas und Manasse, die Könige von Juda, und Pekah, der König von Israel (2 Kg 16, 3; 21, 6; 2 Chr 33, 6). Doch diese Seuche war offensichtlich auch beim gewöhnlichen Volk verbreitet. Nach 2 Kg 17, 17 war das Exil der zehn Stämme des Nordreiches die Bestrafung für die Sünde, daß sie »ihre Söhne und Töchter als Opfer« verbrannten, und Jeremia erhebt gegen das Volk von Juda dieselbe Anklage (Jer 7, 31; 19, 5; 32, 35).

Ein eigener Altar für diese Opfer wurde im »Tophet«, im Tal von Hinnom nahe Jerusalem, aufgestellt (2 Chr 28, 3; 33, 6) und stand offensichtlich noch bis zur Reform Josias in Verwendung (2 Kg 23, 10). Die Propheten und biblischen Autoren verdammen diesen Brauch ohne Ausnahme (z. B. Jer 7, 31 ff; Ez 20, 26 u. ö.), und obwohl sie selten direkt davon berichten, ziehen sie es vor, ihn »durch das Feuer gehen lassen« zu nennen. Erst nach der Restauration starb dieser Brauch in Israel völlig aus.

Obwohl Kinderopfer auch unter nordwestsemitischen Völkern dargebracht wurden, übernahmen die Israeliten diesen Brauch fast sicher von den Kanaanäern (über seinen Platz in der kanaanäischen Religion und Kultur wird im Artikel *Kanaanäische Religion genauer gehandelt). Einen Beweis für die Fortdauer des Brauches bei den frühen Kanaanäern und den späteren Phönikern liefern zudem Inschriften aus dem 7. und 6. Jhdt. v. Chr., die auf Malta, einer phönikischen Kolonie, gefunden wurden. Diese Inschriften bezeugen das Kinderopfer im Mutterland und in Karthago, wo es von römischen Schreibern vermerkt wurde. Der Obelisk **Abb. 650** aus Karthago (4. Jhdt. v. Chr.) zeigt einen Priester, der ein Kind auf seinen Armen hält. Der Brauch des Kinderopfers schlug im israelitischen Kult nie tief Wurzel und blieb seiner ganzen Natur und Ausübung nach der israelitischen Religion fremd.

8. Die Opferzeremonie: Im vorgeschriebenen Ritual des Sünd- und Schuldopfers – nicht aber des Friedopfers – gab es sechs Stufen:

1) Der Opfernde bringt sein Opfertier an die Opferstätte, d. h. an den Eingang des Zeltes der Begegnung oder in den Hof des Heiligtums, nördlich des Altars.

2) Der Opfernde legt seine Hand oder seine Hände auf den Kopf des Opfertieres (Lev 3, 2.8 u. ö.) und bekennt seine Sünden. Im Falle eines Opfers für das ganze israelitische Volk legen die Führer der Gemeinschaft ihre Hände auf den Kopf des Opfertieres (Lev 4, 15).

3) Im Fall eines privaten Opfers wird das Opfertier vom Opfernden selbst, im Fall eines Opfers für die Gemeinde wird es vom Priester geschlachtet (Lev 16, 11; 2 Chr 29, 24).

4) Das Blut des Opfers wird an der nordöstlichen oder an der südwestlichen Seite des Altars in einer Schale gesammelt. Hierauf besprengt der Priester wenigstens bei Brand-, Fried- und Schuldopfern, alle vier Seiten des Altars (Lev 1, 5; 7, 2). War das Opfertier eine Turteltaube oder eine junge Taube (Lev 1, 15) mit wenig Blut, so wurde dieses an der Wand des Altares ausgedrückt. Das Blut der Schuldopfer wurde auf den Altar gesprengt oder rings um ihn vergossen.

5) Das Verbrennen: Außer dem Blut, welches ganz Gott gehörte, mußten in jedem Fall »alles Fett, das die Eingeweide bedeckt, ferner die beiden Nieren mit dem Fett daran« (Lev 3, 3 f) auf dem Altar verbrannt werden. Bei den Fried-, Sünd- und Schuldopfern wurden nur diese Teile verbrannt, beim *ʿōlā* oder Ganzopfer, das für die Sünden des Hohenpriesters oder der ganzen Gemeinde dargebracht wurde, wurde das ganze Tier verbrannt, einzig die Leber wurde abgetrennt und den Priestern gegeben (Lev 7,4). Von den Speise- und Mahlopfern wurde nur ein bestimmter Teil, der »Teil des Gedächtnisses«, verbrannt (Lev 2,2 u. ö.).

6) Das Opferfest: Die nicht verbrannten Teile eines Opfers wurden bei einem feierlichen Fest gegessen. Beim Friedopfer fielen sie sowohl dem Opfernden und dessen Familie als auch den Priestern zu – davon beim Sündopfer dem Priester allein (Lev 7, 32). Der Priesteranteil an den Friedopfern (Lev 10, 14; 22, 10 ff), an den Erstlingsfrüchten und am Zehnten wurde als heilig

angesehen, doch durften die Priester und deren Familien ihn an jedem beliebigen reinen Platz in Jerusalem essen. Schuld- und Sündopfer (Lev 6, 26; 7, 6) sowie Speiseopfer galten als besonders heilig und durften von den Priestern nur im Zelt der Begegnung oder im Vorhof des Tempels gegessen werden.

9. Geschichte des Opfers: Die Geschichte des alttestamentlichen Opfers selbst – wie die Geschichte der israelitischen Religion, von der die Geschichte des Opfers ein wesentlicher Teil ist – kann in zwei große Abschnitte geteilt werden: 1) die Periode von Moses bis zum Ende der Monarchie (586 v. Chr.); 2) die Periode vom babylonischen Exil bis zur Zerstörung des Tempels im Jahr 70 n. Chr.

Heutige Gelehrte datieren das Zeugnis des Heiligkeitsgesetzes (s. *Leviticus) in verschiedene Epochen der vorexilischen Zeit, wollen es aber nicht, wie die Bibel selbst es beschreibt, in die früheste Epoche israelitischer Geschichte verlegen (s. *Bibelkritik). Um ein Bild von den verschiedenen, in der Frühzeit praktizierten Opferarten zu bekommen, muß auf die Überlieferungen, die im Pentateuch, in den Geschichtsbüchern und bei den frühen Propheten enthalten sind und allgemein als alt gelten, verwiesen werden. Natürlich gab es im Lauf der Jahrhunderte Änderungen und Entwicklungen, doch im wesentlichen blieb die Religion Israels unversehrt erhalten, und ihr Kult konnte das meiste von seinem altertümlichen Charakter bewahren.

a) Von der Patriarchenzeit bis zum Exodus: Die Kompilatoren der Bücher des Pentateuch nahmen es als Selbstverständlichkeit an, daß die Vorfahren der Israeliten schon vor ihrer Niederlassung in Kanaan Opfer dargebracht haben (Gen 12, 6–8; 15, 9–11; 22, 13; 31, 54). Die Patriarchenerzählungen berichten vom »Aufstellen eines Altares«, das gleichbedeutend war mit der Gründung eines Heiligtums. Im Buch Exodus finden sich alte Traditionen über Opfer, die in der Wüste dargebracht wurden (Ex 3, 18; 5, 3; 10, 25; 20, 24).

Gleichwohl scheint es aus dem wenigen, das wir sicher über die Religion der Patriarchen wissen, sehr unwahrscheinlich, daß ihre Riten viel mit denen späterer Jahrhunderte gemeinsam hatten.

Wie alle Halbnomaden im Nahen Osten werden auch sie Tiere als Opfer geschlachtet haben, die Art jedoch, in der sie das vollzogen, kann nur aus biblischem und archäologischem Befund erschlossen werden. Sogar das Passahfest bietet kaum ein beweiskräftiges Zeugnis, denn dieses Opfer nahm offensichtlich eine Sonderstellung ein und wurde nicht auf dem Altar dargebracht.

b) Von der Landnahme bis zur Richterzeit: Zur Zeit der Eroberung Kanaans wurden die Israeliten angehalten, drei Feste im Jahr zu beobachten (Ex 23, 14–17; s. *Feste), zugleich erhielten sie ihre ersten Opferanweisungen: »Du sollst das Blut meines Schlachtopfers nicht zusammen mit Gesäuertem darbringen, und das Fett von meinem Festopfer soll nicht bis zum anderen Morgen aufbehalten werden« (Ex 23, 18). Nach Ex 24, 5 wurden Jahwe in der Wüste Brand- und Friedopfer dargebracht; der Bund zwischen Jahwe und seinem Volk wurde bestätigt, als Moses die Hälfte des Opferblutes nahm und damit das Volk besprengte. Hierauf aß man das Fleisch der Gemeinschaftsopfer als Symbol der Bestätigung und Verwirklichung des Bundes.

Abgesehen von den besonderen *Festen, brachte man bei vielen persönlichen und nationalen Anlässen Opfer dar. In der ersten Zeit nach der Landnahme wurden solche Opfer und die sie begleitenden Feste an verschiedenen Orten begangen; oft wurden sie auf der nächsten *bāmā* gefeiert (1 Sam 9, 12 f; s. *Höhenheiligtümer).

Opferfeste waren ein wesentliches Charakteristikum von Wallfahrten (1 Sam 1, 3.21; 2, 19) und fanden zur Zeit der Richter wahrscheinlich am zentralen Stämmeheiligtum in Silo statt. Nach der Errichtung des Tempels in Jerusalem war dieser die bedeutendste und schließlich die einzige Opferstätte.

In Kriegszeiten oder in Zeiten nationaler Not wurden auch besondere Opfer dargebracht (z. B. Ri 20, 26; 21, 4). So brachte etwa Samuel während einer der ernstesten Krisenzeiten im Kampf gegen die Philister Jahwe ein Milchlamm als Ganzopfer dar (1 Sam 7, 9). Gideons Sendung begann mit einem Opfer (Ri 6, 28), und die Rückkehr der Bundeslade wurde auf ähnliche Weise gefeiert (1 Sam 6, 14 f). Die Krönung Sauls war von Gemeinschaftsopfern und von Freudenbezeigungen begleitet (1 Sam 11, 15), und als David die Bundeslade nach Jerusalem brachte, brachte er auch Brand- und Friedopfer dar (2 Sam 6, 17).

c) Unter der Monarchie: Der beste Beweis für das Opferritual zur Zeit der Monarchie stammt paradoxerweise aus der prophetischen Polemik gegen die Opfer. In 1 Kg 8, 62 ff wird außerdem berichtet, daß Salomo bei der Tempeleinweihung 22 000 Rinder und 120 000 Schafe und Ziegen geopfert habe, und nach 1 Kg 9, 25 war es ihm eine Selbstverständlichkeit, dreimal im Jahr Brandopfer und Heilsopfer darzubringen. 2 Kg 16, 10 erwähnt auch noch andere Opfer des Königs; den Bräuchen des gewöhnlichen Volkes wird im allgemeinen jedoch wenig Beachtung geschenkt.

d) Opfer in der nachexilischen Zeit: Das nachexilische Ritual setzte den Kult der Königszeit direkt fort. Weiterhin wurden Tiere, Pflanzenprodukte und Räucherwerk geopfert. Dennoch trat in dieser Zeit eine wichtige Änderung ein. Kamen zur Zeit der Monarchie am häufigsten Gemeinschaftsopfer vor, so wurde nach dem Exil das Brandopfer (*'ōlā,* Ganzopfer) die wichtigste Opferart (Esr 6, 16 ff). Zur gleichen Zeit zeichnete sich beim Sündopfer eine bedeutende Entwicklung ab, bis das Brandopfer selbst den Charakter der Sühne annahm. Das spiegelt sich in der Stelle Lev 1, 4 wider, die gegenüber der Priesterschrift (Quelle P) sekundär ist (s. *Leviticus).

Auch das Verhältnis zwischen dem Speiseopfer *(minḥā)* und dem Gemeinschaftsopfer wurde näher bestimmt. Zudem gab es beim Weihrauchopfer eine Änderung in der vorgeschriebenen Zusammensetzung der Kräuter und Spezereien. Dieses Opfer erhielt den Namen »Opfer der duftenden Kräuter« – *q·tōræt sammīm.*

e) Opferriten in der griechisch-römischen Zeit: Die Religionen der zeitgenössischen griechisch-römischen Welt beinhalteten die Beobachtung der *thysía,* die in mancher Hinsicht dem *zæbaḥ* oder Gemeinschaftsopfer der Israeliten glich.

Bei der *thysía* wurde ein Teil des Opfers feierlich der Gottheit dargebracht und auf dem Altar verbrannt. Der Rest wurde vom Priester und von der Gemeinde bei einem gemeinsamen Mahl gegessen. Die *thysía* war ein festes Element der vorhellenisch-mykenischen Kultur (2. Hälfte des 2. Jhdts. v. Chr.; s. *Ägäische Kultur) und wurde auch von den Griechen beibehalten. Die Gemeinde bestand bei der Darbringung der *thysía* nicht aus passiven Beobachtern, sondern aus aktiven Kultteilnehmern. Der Ritus begann mit der Lustration (Reinigungszeremonien) und mit dem Ausstreuen von Gerstenkörnern, darauf folgten Gebete in der Form von Gelübden und Danksagung. Den ersten Höhepunkt der Feier, die oft mit einer Prozession abgeschlossen wurde, bildete die Schlachtung des Opfertieres. Der eigentliche zentrale Akt der ganzen Feier bestand im feierlichen Verbrennen von Schenkelstücken des Opfertieres, die, wie aus der bemalten Vase **Abb. 652** ersichtlich wird, welche die Kultdiener zeigt, die das Fleisch mit fünfzackigen Gabeln anfassen (der Priester steht links), in Fett getaucht und mit anderen Fleischstücken bedeckt wurden. Auch Organe, die sich unter dem Zwerchfell befinden, wurden gegessen oder wenigstens berührt. Nachdem die Priester jene Teile, die der Gottheit gehörten, verbrannt hatten, wurde das gebratene Opfertier mit der Zugabe von Wein, Öl und Honig unter Musikbegleitung verzehrt.

Wie die kanaanäischen und israelitischen Opferarten stammt auch die *thysía* nach Ansicht vieler Gelehrter von alten Vorbildern des Nahen Ostens. Plattform und Altar der Opferstätte glichen der israelitischen *bāmā,* der Ritus der *thysía* hingegen ähnelte sehr dem israelitischen Gemeinschaftsopfer *(zæbaḥ)* und dem Brandopfer (obwohl verschieden vom *'ōlā*). Obwohl diese verwandten Bräuche sich bei jedem der späteren Völker weiterentwickelten, scheint die Ähnlichkeit zwischen ihnen doch einen weiteren Beweis dafür zu liefern, daß sie in den östlichen Kulturen des Mittelmeers (s. *Ägäische Kultur), die den Kanaanäern und Israeliten vorangingen, ihren Ursprung hatten.

Die *thysía* wurde bei den alten Griechen in zunehmendem Maße dargebracht, um den Göttern, die das Schicksal lenkten, zu danken. Im Lauf der Jahrhunderte prägte sich das Ritual weiter aus, und Neues kam hinzu. So ersetzten prachtvolle Tempel die bisher freistehenden Altäre, aber auch die spontanen Akte der Hingebung an die Götter wurden vom geregelten offiziellen Kult, den die verschiedenen *póleis* (Stadtstaaten) und Königreiche der griechisch-römischen Welt angenommen hatten, verdrängt. Dennoch behielten die verschiedenen Grundzüge der *thysía* ihre wesentlich religiöse Bedeutung. Das erklärt nach der Ansicht R. K. Yerkes' das lange Fortbestehen der *thysía* und ihre mühelose Vergeistigung in die Messe, den Kultmittelpunkt der Christenheit.

Die Griechen kannten auch besondere Riten gegen böse Geister; hier wurden die Opfertiere bei Nacht und bei absolutem Schweigen zur Gänze verbrannt. Diese Riten unterschied man aber sorgsam von der *thysía,* welche tagsüber als ein Kultakt für die gnädigen Götter des Olymps dargebracht wurde.

Das *'ōlā* oder Brandopfer war nur Israel eigentümlich und hatte unter den Völkern dieser Zeit keine Entsprechung. Seine be-

sondere Bedeutung als Totalhingabe des Opfernden an Gott kennzeichnet eine spezifisch israelitische Geistesentwicklung.
Die römischen Kulte wurden stark von der griechischen Religion beeinflußt, und während sie heimische italische Züge beibehielten, absorbierten sie auch andere nichtsemitische Kultureinflüsse. Alle römischen Opferriten waren darauf angelegt, sich die freundlichen Mächte geneigt zu machen, die feindlich gesinnten hingegen abzuwenden. Die Priester leiteten die Riten mit größter Genauigkeit nach einem Zeremoniell, das deren quasi-magischen Charakter bewahrte. Die wichtigsten Handlungen der Opferriten waren die feierliche Vorbereitung und Schlachtung des Opfertieres, ferner die genaue Untersuchung der lebenswichtigen Organe – um sich zu vergewissern, ob sie in tadellosem Zustand waren – und schließlich die Verbrennung des Opfertieres auf dem Altar. Der ganze Ritus wurde unter völligem Schweigen vollzogen, und um jeden Laut zu übertönen, begleitete man den Ritus mit Musik von Pfeifen (**Abb. 654:** die ländliche Szene eines Opfers auf römischer Terrakotta; **Abb. 653:** eine Opferszene auf einem römischen Sockelrelief). Wenn das Tier verbrannt war, so verlor es seine rituelle Heiligkeit und wurde zum Eigentum der Priester. Weil sich die römischen Kulte auf die Versöhnung der guten und Abwendung der bösen Geister ausrichteten, übernahmen sie nie ganz die griechische Opfervorstellung von einem Mahl, das mit den Göttern geteilt wurde. Doch behielten sie eine Zeitlang solche Riten von Opfermählern bei den jährlichen *feriae Latinae* oder bei den Festen der *fordicidia* und *parilia,* welche Reinigungsriten der Herden und der Ernte waren und im April gefeiert wurden, bei. Schließlich verschwanden diese Opfermahlzeiten wieder, ein Faktum, das nicht nur auf die römische Religion eine große Wirkung ausübte, sondern auch das Christentum noch beeinflußte.

10. Prophetische Polemik gegen das Opfer: Die Propheten der vorexilischen Zeit polemisierten oft heftig gegen das äußere Ritual des israelitischen Opferkultes, das eingehalten werden konnte, ohne überhaupt eine Beziehung zu einer geistigen Reinigung oder zum eigentlichen Sinn des Opfers zu haben (z. B. Jes 1, 11–17; Jer 6, 20; 7, 21–23; Hos 6, 6; Am 4, 4; 5, 21–27; Mich 6, 6–8). Diese Stellen dürfen nicht so ausgelegt werden, als ob die Propheten sich überhaupt gegen jegliche Art von Opfer gewandt hätten. Sie verurteilten ein Opfer, das zu bloßem Formalismus erstarrt war (vgl. Jes 29, 13), vor allem aber das Eindringen fremder Kultformen (z. B. Hos 2, 13). In den heidnischen Religionen betrachtete man das Ritual als die grundlegende religiöse Wirklichkeit, in Israel hingegen war es nur die Begleitung der eigentlichen religiösen Geschehnisse, nie aber das Wesen des Kultes. Nur in diesem Sinn haben die Propheten die Institution des Opfers angegriffen.
Die prophetische Botschaft über das Opfer und das Opferritual besagte, daß Gottes Urteil über sein Volk nicht durch äußere Formen abgewendet werden könne (1 Sam 3, 14; Jer 6, 19 f; vgl. Mich 3, 4). Die Propheten, die *Weisheitsliteratur und das *Gesetz betrachten das Opfer von verschiedenen Standpunkten, widersprechen aber einander nicht. Das Entscheidende ist, daß die genaue Einhaltung der Gesetze bei den verschiedenen Opferarten nicht das Ganze der israelitischen Religion ausmachte. Die Erfüllung der Verheißung Jahwes an Israel konnte nur durch Gehorsam allen Seiten des »Wortes« Gottes gegenüber erreicht werden. Nur eine aufrichtige Hinwendung der frommen Herrscher und des Volkes zu Jahwe konnte die Religion gegenüber allen heidnischen Einflüssen, die sie im Lauf der Zeit bedrohten, erhalten. Der Jahwismus und später das Judentum blieben deswegen bestehen, weil ihre Religion Gehalt hatte und nicht aus bloßem Ritual bestand. Die grundlegende Sorge der israelitischen Propheten und Lehrer um das Herz ihres Volkes hielt an durch die ganze Geschichte, und die Ehrfurcht, mit welcher das Volk auf sie hörte und ihre Lehren im Gedächtnis behielt, ist ein Beweis ihres Erfolges.
Als in der Zeit des babylonischen Exils der Priesterprophet Ezechiel sein Programm für die Zukunft aufstellte, lehnte er die Liturgie der Königszeit nicht ab, sondern setzte sie fort, entwickelte sie und traf Anweisungen für eine Zukunft, die ein Traumbild vom Ende der Tage war – das neue Zeitalter.

11. Das Opfer im Neuen Testament: *a) Die Bedeutung des Opfers im Neuen Testament:* Bis zur Zerstörung des Tempels von Jerusalem im Jahre 70 n. Chr. wurden dort weiterhin Opfer dargebracht. Sie waren daher ein wohlbekanntes Charakteristikum des Lebens zur Zeit Jesu und seiner Jünger und werden auch im NT öfter erwähnt (z. B. Mt 5, 23 f; 12, 3–5; 23, 16–22 parr.; 1 Kor 9, 13). Jesus hatte keine Einwände gegen das Opfer. Sogar nach seinem Kreuzestod brachten die Apostel weiterhin ihre Opfer dar (z. B. Apg 21, 23–26), obwohl die Vorstellungen über das Tieropfer in dieser Zeit einen Prozeß geistiger Entwicklung durchzumachen begannen. Noch bevor der Tempel und sein Altar in den Flammen untergingen, nahmen die Judenchristen (s. *Christentum, Frühgeschichte) dem Opfer gegenüber eine neue Haltung ein. Anstelle von Fleisch- und Blutopfern spricht das NT von geistigen Opfern (Joh 4, 24; Röm 12, 1; 15, 16; Phil 2, 17; 4, 18; 2 Tim 4, 6; Hebr 13, 15 f; 1 Petr 2, 5; Apk 6, 9; 8, 3 f). Der theologische Hintergrund dieser neuen Haltung wurde deutlicher, seitdem das Zeugnis von Qumran zu jenem der Schriften von Josephus und anderer über die Essener dazukam. Bei der Entwicklung des zentralen Themas der Zurückweisung des bestehenden Opferrituals schöpften die Christen vorwiegend aus den Schriften der Propheten, die ein Ritual um des Rituals willen verdammten. Ob nun die christliche Haltung direkt durch andersdenkende Gruppen – wie die Essener – inspiriert wurde oder nicht, kann nicht festgestellt werden. Die Theologie dieser Sekten bereitete jedenfalls den Grund für die Opfervorstellungen des NT (s. *Qumran; *Priester und Leviten).

b) Christus als Sühne: Der Sühnegedanke, der auf der alttestamentlichen Vorstellung der Sühnopfer beruht, ist ein sehr reales und wesentliches Element in der neutestamentlichen Einschätzung des Werkes Jesu und stammt wahrscheinlich von Jesus selbst. Abgesehen von sehr wenigen Ausnahmen glauben die meisten Gelehrten, daß dieser Sühnegedanke von der Vorstellung des »Schuldopfers des Knechtes *(‘æbæd)*« (Jes 53) beeinflußt wurde. Deuterojesaja sah den Knecht Israel als denjenigen, der sich für eine Erlösung der Welt opfert. Und diese Vorstellung ist ein Schlüssel für das Verständnis des Hintergrundes der christlichen Haltung gegenüber der Sühne Jesu.

Der Tod Jesu am Kreuz und das Werk der Sühne in seinem Leben wird im NT als das letzte und größte Opfer und als die eigentliche Sühne für den Menschen dargestellt. Er selbst, der vollkommene Mensch, war für die Sünden der ganzen Menschheit gestorben, und durch sein Blut wurden die Menschen von ihren Sünden befreit. Nach seinem Opfer war kein anderes Opfer mehr notwendig, denn »Christus, unser Passahlamm, ist geopfert worden ...« (1 Kor 5, 7). Christi Blut war es, das den »Neuen Bund« besiegelte (s. *Jesus; *Christentum, Frühgeschichte; *Paulus; *Bund).

Der Brief an die Hebräer (s. *Briefliteratur des NT), eine jüdisch-christliche Darstellung des Sühnegedankens in christlicher Zeit, zieht den Vergleich zwischen der Sühne im alten Bund, die wiederholt werden mußte und nie vollkommen sein konnte, und der absoluten und vollkommenen Sühne Christi. Christus wird hier mit dem Hohenpriester verglichen, der das Allerheiligste betritt und das Opferblut trägt, dabei aber nicht das Blut eines Tieres opfert, sondern sein eigenes. Die Haltung, die hier zum Vorschein kommt, impliziert eine gewisse Entwertung der alttestamentlichen Opfer, da ihre Wiederholung ein Zeichen ihrer Unwirksamkeit ist und zeigt, daß Tierblut für eine wahre Sühne nicht genügte. (Hebr 12, 2 f). Der alte Kult und der alte Sühnebegriff sind nur ein Schatten des Zukünftigen (Hebr 10, 1). – Zu einer ausführlichen Besprechung der Sühne im Werk Christi s. *Jesus; *Christentum, Frühgeschichte; *Paulus.

12. Die Schechitta und der traditionelle weltliche Schlächter: Im nachexilischen gesetzestreuen Judentum wurde das normale Schlachten von Tieren und Vögeln für den täglichen Bedarf *(š·ḥiṭā)* von Regeln bestimmt, die aus Opfervorschriften stammten. Ihrer Form nach folgten diese weltlichen Vorschriften sehr genau den Vorschriften der Bibel wie z. B. das Verwenden von bestimmten erlaubten Tieren und ihr sorgfältiges Ausblutenlassen, um den Genuß von verbotenem Blut zu vermeiden. Diese Form einer rituellen Schlachtung, die von einem eigens dazu bestimmten Schlächter, dem *šoḥēt,* durchgeführt wurde, kennt man heute noch beim *kašēr,* dem (rituell reinen) jüdischen Fleisch, obwohl es mit dem Opfer nichts zu tun hat.

Die ausführlichen Vorschriften über die *š·ḥiṭā* wurden zur Zeit des zweiten Tempels als Teil des mündlichen Gesetzes formuliert und im Talmud, der Tosefta, den jüdischen Gesetzbüchern und den rabbinischen Responsa, d. h. in einer umfangreichen Literatur, die nicht im Bereich dieses Buches behandelt werden kann, kodifiziert.

Die Zerstörung des Tempels brachte es mit sich, daß die Opfer in der jüdischen Religion durch Gottesdienste und Gebete in der Synagoge ersetzt wurden. Nur die *Samaritaner behielten den Brauch bei, an ihrem Passahfest ein Passahlamm zu opfern.

Verzeichnis der Karten des zweiten Bandes